Academia Brasileira de Filosofia
Volume 1

L'Imagination

Actes du 37e Congrès de l'Association des Sociétés de philosophie de langue française

Rio de Janeiro, 26-31 mars 2018

Volume 1
L'Imagination. Actes du 37ᵉ Congrès de l'Association des Sociétés de philosophie de langue française. Rio de Janiero, 26-31 mars 2018.
Jean-Yves Beziau and Daniel Schulthess, éditeurs

Academia Brasileira de Filosofia collection editor
Jean-Yves Beziau   jyblogician@gmail.com

L'Imagination

Actes du 37ᵉ Congrès de l'Association des Sociétés de philosophie de langue française
Rio de Janeiro, 26-31 mars 2018

Éditeurs

Jean-Yves Beziau

Daniel Schulthess

© Individual authors and College Publications 2020.
All rights reserved.

ISBN 978-1-84890-337-1

College Publications
Scientific Director: Dov Gabbay
Managing Director: Jane Spurr

http://www.collegepublications.co.uk

All rights reserved. No part of this publication may be reproduced, stored in a retrieval system or transmitted in any form, or by any means, electronic, mechanical, photocopying, recording or otherwise without prior permission, in writing, from the publisher.

L'Imagination

Actes du 37ᵉ Congrès de l'Association des Sociétés de philosophie de langue française

Rio de Janeiro, 26-31 mars 2018

Éditeurs

Jean-Yves Beziau

Daniel Schulthess

© Individual authors and College Publications 2020.
All rights reserved.

ISBN 978-1-84890-337-1

College Publications
Scientific Director: Dov Gabbay
Managing Director: Jane Spurr

http://www.collegepublications.co.uk

All rights reserved. No part of this publication may be reproduced, stored in a retrieval system or transmitted in any form, or by any means, electronic, mechanical, photocopying, recording or otherwise without prior permission, in writing, from the publisher.

Sommaire

Avant-propos du président d'honneur de l'ASPLF, Jean FERRARI 1

Allocution d'ouverture du président de l'ASPLF, Daniel SCHULTHESS . 3

Introduction de l'organisateur du congrès, Jean-Yves BEZIAU 7

Section 1. Questions logiques : imagination et modalités, philosophie des sciences

Imagination, possibilité et impossibilité, Saloua CHATTI 29

De l'imagination nécessaire pour encercler un concept, Amirouche MOKTEFI 45

Peut-on imaginer l'impossible et/ou l'inconcevable ? Jean-Yves BEZIAU 61

Comment l'activité de langage articule des images avec des expressions linguistiques, Jean-Pierre DESCLÉS 77

Imagination et révision de croyances, Juan REDMOND 109

Navigation dans les mondes imaginaires, Arnaud PLAGNOL 119

Pour un pluralisme fantastique, Fabien SCHANG 139

La folle logique du double. Comment imaginer un monde impossible qui ne s'effondre pas deux jours plus tard, Nicolas ERDRICH 161

L'imagination au pouvoir. Référence singulière et exploration des mondes intuitifs possibles, Bruno LECLERCQ 191

Imagination, abduction et types d'explication possibles, Claudio PIZZI 205

La fonction sémantique de l'imagination chez Helen Keller, Dominique BOUILLON 219

Le rôle de l'imagination et des expériences de pensée dans la production de la connaissance, Alberto OLIVA 229

Raisonnement, imagination et émotion, Serge ROBERT 253

De la modélisation à la créativité mathématique, Maurício VIEIRA KRITZ 267

Section 2. L'imagination dans l'histoire de la philosophie et l'histoire des sciences

La question des images chez Platon, Makoto SEKIMURA 293

La palette d'Empédocle : une philosophie de couleurs dionysiaques, Fernando SANTORO 309

Imagination et littérature : la parole mercurienne dans deux textes du XVIe siècle, le *Cymbalum mundi* attribué à Bonaventure Des Périers (1537) et *El Crotalón* de Cristobal de Villalón (ms. 1552-1553), Ruxandra VULCAN 323

Le chiliogone et autres images cartésiennes, Guy BERNARD 331

L'imagination dans la *Géométrie* de Descartes, Raquel Anna SAPUNARU 343

L'imagination, faculté cognitive dans les *Méditations métaphysiques* de Descartes, Daniel SCHULTHESS 353

Le statut de l'imagination chez Spinoza : une théorie de la connaissance spinoziste, André MARTINS 361

Imaginer, concevoir, démontrer et ordonner dans les *Nouveaux Éléments de Géométrie* d'Antoine Arnauld, Jorge Alberto MOLINA 393

Imagination et pouvoir dans la philosophie de Condorcet, Patrícia Carvalho REIS 409

Le développement de l'imagination – de l'ontologisme platonicien au transcendantalisme kantien, Rodica CROITORU 415

L'imagination, racine commune de la sensibilité et de l'entendement ? Lecture croisée de *Kant et le problème de la métaphysique* et de la *Critique de la faculté de juger*, Masumi NAGASAKA 425

Poncelet et les points imaginaires à l'infini, Jansley Alves CHAVES & Gérard Émile GRIMBERG 437

L'imagination dans les « Mémoires sur les *Quantics* » d'Arthur Cayley, Leandro da Silva DIAS & Gérard Émile GRIMBERG 451

Le problème de l'imagination chez Bergson – la fonction fabulatrice et l'émotion créatrice, Ichiro TAKI 461

La science et l'art chez Gaston Bachelard : rêverie et création, Flavio CARVALHO 467

Section 3. Imagination et pensée religieuse

Les *imagines* romaines et l'émergence de la *religio* au sens philosophique, Baudoin DECHARNEUX 487

La « haute fantaisie ». Entre art et prophétie, † Maurizio MALAGUTI 495

Imagination, foi et raison, Anne BAUDART 505

L'imagination pascalienne et son usage, Guy BERNARD 517

Religion et imagination dans le discours freudien, Ricardo JARDIM ANDRADE 523

Révéler et imaginer – contredire le commandement « Tu n'imagineras pas », à la suite de Vilém Flusser, Vinicius CLARO 535

Structure et dynamique de l'imagination religieuse, Slawomir SZTAJER 545

L'imaginaire du purgatoire, Dieudonné VAÏDJIKÉ 553

L'imagination connaît-elle ? Claire BRESSOLETTE 571

Section 4. L'imagination dans les questions éthiques et politiques

L'imagination et l'agir moral, Claudia PASSOS-FERREIRA 583

La fabrication d'image en politique et la prise en otage de l'imagination politique citoyenne, Sophie CLOUTIER 601

L'imaginaire social aux sources de la philosophie, André LACROIX ... 615

L'officier social en colonie. Imaginaires orientalistes et gouvernementalités hétérotopiques, Théophile LAVAULT 631

Trop ou trop peu d'imagination ? Des neurosciences à la critique de l'unilatéralité de la conscience, Ana BAZAC 639

L'image – le porte-parole ou comment imaginer une bonne communication, Ștefania BEJAN 657

Éclipse de l'imagination ? Imagination et émancipation chez Marcuse, Renata MARTINUSSI 665

L'imagination, le désir et le réel, Caroline MILHAU 671

L'image clivée du Monde d'un archipel d'Océanie, la Nouvelle-Calédonie, Hamid MOKADDEM 681

La symbolique du mal : en amont vers l'imagination, en aval vers l'action, Adna Candido de PAULA 695

L'imagination de soi : développer le goût d'exister pour réaliser sa vie, Xavier PAVIE 707

La philosophie pratique : un ensemble de questions pour examiner les projets et imaginer l'action, Alain LÉTOURNEAU 719

L'avenir n'est pas toujours ce que nous imaginons, Susana de CASTRO 743

Imagination, pseudonymes et humour chez Kierkegaard, Noëlla Patricia SCHÜTTEL 747

L'imaginaire social et la Révolution : Benjamin Constant sur le rapport entre les institutions et les « idées régnantes », Evgeny BLINOV .. 755

Section 5. Imagination, questions esthétiques, théorie du design

Le problème de la traduction chinoise du concept d'« imagination » et ses conséquences philosophiques, GUO Zhenzhen 767

Devons-nous croire ce que nous imaginons ? Gerhard SEEL 783

Émotions, imagination et art ou Pourquoi peut-on pleurer avec Anna Karénine tout en sachant qu'elle n'existe que dans notre imagination ? Mihaela POP 807

Aux origines de l'imagination : nature et fonctions de *pretence*, Gaetano ALBERGO 815

Le corps et la peau – image et enjeu de l'identité, Petru BEJAN 823

Sartre et Merleau-Ponty : l'espacement de l'imagination, Renato BOCCALI 835

Le monde imaginaire. Depuis la phénoménologie matérielle de Michel Henry, Paula LORELLE 847

À travers temps et terrains : d'un paysage à l'autre. Étude comparative entre Occident et Extrême-Orient, Caroline PIRES TING 丁小雨.... 857

L'émergence d'une forme : le modèle d'Alan Turing et la conception de l'image entre *Naturalia* et *Artificialia*, Irene CAZZARO 871

L'imagination réaliste et l'idéation des artefacts d'après Gilbert Simondon : eidogenèse et morphogenèse, Fabrizio GAY 883

Au-delà de l'écran – Chris Marker, un cinéaste sur *Second Life*, Vincent JACQUES 897

Brancusi ou la sculpture de l'imaginaire dans la translucidité de la matière, Vasile MARUTA 907

Index des philosophes, artistes, autrices et auteurs cités 925

Index des autrices et auteurs 935

Avant-propos du président d'honneur de l'ASPLF

Il est possible de traiter du pouvoir de l'imagination dans la description psychologique et anthropologique d'une faculté qui, selon les époques et les auteurs, a été décriée, réduite à n'être qu'une auxiliaire de la mémoire dont elle ne fait que composer différemment les images. On peut, au contraire, la mettre au fondement de toute création, en quelque domaine que ce soit, ou encore, avec Pascal, la considérer comme

> cette partie dominante dans l'homme, cette maîtresse d'erreur et de fausseté

qui fait la beauté, la justice et le bonheur qui est le tout du monde.
Et encore, du même Pascal :

> La raison a beau crier, elle ne peut mettre le prix aux choses.

En outre, l'imagination – ou plutôt l'imaginaire dont l'utopie n'est qu'une des formes – peut être considérée dans sa contestation de l'ordre établi. L'imagination en effet crée de l'imaginaire, quelque chose qui n'est ni réel, ni effectif au moment où il est pensé, selon la définition qu'en donnait déjà Furetière dans son *Dictionnaire* à la fin du XVIIe siècle. Si les images du passé sont données par la mémoire, l'imagination est toujours l'imagination du futur, dans la mesure où le futur n'est pas la simple reconduction du passé ni du présent, mais appelle quelque forme nouvelle de ce qui sera, ou pourrait être, la réalité de demain.

L'imagination, en ce sens, d'après la distinction traditionnelle que l'on trouve dans tous les dictionnaires de l'époque, et jusque dans l'article de la *Grande Encyclopédie* rédigé par Voltaire, peut être alors ou bien simplement reproductrice ou bien proprement créatrice, dans le domaine de l'art, mais aussi dans celui de la politique.

Très tôt en effet, les philosophes qui ont réfléchi aux conditions d'exercice du pouvoir politique ont mesuré le rôle que pouvait jouer l'imagination pour suggérer des formes nouvelles d'organisations sociales et politiques dont

Jean FERRARI

– sans qu'elles soient explicitement présentées comme telles, parce que tellement éloignées de la réalité d'alors – la mise en œuvre paraissait impossible. Mais elles ont été considérées et interprétées comme l'expression de contre-pouvoirs battant en brèche les institutions existantes.

Selon la plausibilité de tels changements, les formes imaginées seront rejetées, moquées comme utopies ; ou elles deviendront des repères et des points de départ pour l'établissement de sociétés nouvelles ; et *d'utopies, deviendront projets.*

Jean FERRARI
Dijon, France

Allocution d'ouverture du président de l'ASPLF

Monsieur le président de l'Académie brésilienne de philosophie, et dans cette fonction président du présent Congrès,
Monsieur le directeur des relations internationales de l'Académie brésilienne de philosophie, organisateur du présent Congrès,
Monsieur le président d'honneur de l'Académie brésilienne de philosophie,
Monsieur le membre du Comité directeur de la Fédération internationale des sociétés de philosophie,
Madame la commandante du Centre d'études du personnel,
Mesdames, Messieurs, chers Amis,

L'Association des Sociétés de philosophie de langue française (ASPLF) n'est pas une association simple, elle est une association au carré : elle fédère des personnes morales. Elle vit donc dangereusement : elle s'éloigne des personnes « réelles », les personnes physiques. Elle prend le risque de la nébuleuse. Ensuite, l'ASPLF aggrave son cas : non contente de fédérer des personnes morales, elle choisit les plus fragiles d'entre elles. Dédaignant les universités, instituts, départements, elle fédère des associations. Il faut oser ! Ne dit-on pas que l'individualisme triomphant et étroit du temps malmène durement les associations ? qu'elles sont à la peine, qu'elles galèrent ?

Ces considérations moroses se laisseraient étendre à merci et elles ont leur grain de vérité. Je suis tenté de dire, comme dans la dispute médiévale : *concedo*. Et je ne me sauverai pas par une pirouette du genre « baron de Münchhausen », en alléguant que de tels constats tiennent beaucoup de la prophétie autoréalisatrice chez ceux qui les tiennent. La réponse tient plutôt dans le fait que la volatilité des associations, si elle les dispose certes à entrer en sommeil assez facilement, leur permet aussi d'en sortir et de prospérer soudain, même avec peu de moyens. Si pour certaines, la préformation des germes garantit une pérennité plus ou moins heureuse, pour d'autres, la génération spontanée constitue la voie courte vers l'existence, éphémère ou durable, mais toujours féconde et aventureuse. Bref, c'est sur cette base toujours renouvelée que l'ASPLF se réjouit, en ce mois de mars 2018, de donner corps à sa vocation, telle que la formule l'article 2 de ses statuts :

> L'ASPLF communique des informations sur les travaux de philosophie en langue française, établit des liens d'amitié et de coopération entre les diverses Sociétés qui y adhèrent, favorise les manifestations philosophiques en langue française, suscite régulièrement des colloques et des congrès internationaux. Sa tâche principale est de maintenir la liaison entre les Sociétés de philosophie utilisant la langue française.

Il va sans dire que l'épreuve de réalité dans laquelle nous entrons aujourd'hui doit tout aux initiateurs de cette rencontre : à l'Académie brésilienne de philosophie, à João Ricardo Moderno, son président, professeur à l'Université d'État de Rio de Janeiro (UERJ), et à Jean-Yves Beziau, son directeur des relations internationales, professeur à l'Université fédérale de Rio de Janeiro (UFRJ). Avec leur comité d'organisation, ils ont surmonté l'adversité, remué ciel et terre, déplacé des montagnes, lutté tels des lions pour que se réalise le Congrès. Pour la première fois, ils donnent à notre ASPLF la possibilité de tenir son congrès en Amérique latine !

Il est vrai que les organisateurs pouvaient compter sur l'attrait incomparable qu'exerce leur pays, le Brésil, et tout particulièrement cette ville de Rio, joyau étincelant de mille feux ! Même si, bien sûr, nous ne pouvions savoir sans voir combien la crique de Leme, avec son semi-isolement, son centre d'études, sa couronne de rochers, sa microsociété souriante et diverse, donnerait à nos entretiens l'unité du lieu idéal. Je ne vois qu'un revers à cette brillante médaille : jamais dans nos congrès, le bain de mer n'avait été si frontalement mis en concurrence avec le suivi de nos communications ! Certes lors des Congrès de Rabat, Venise, Carthage, Nantes, Nice, Hammamet, brillantes villes maritimes, le même dilemme pouvait se dessiner. Mais ici, c'est le Nouveau Monde, tout est plus éclatant, plus vaste, plus fort ! et l'océan si attirant. Mais quoi qu'il en soit de ces attraits, je vous exhorte à affronter les vagues de la discussion au moins à égalité avec celles de l'Atlantique Sud.

Certes, pour avoir passé déjà 24 heures dans ce lieu d'exception, je puis vous dire qu'il suffit d'ouvrir les yeux pour être emporté et étonné presque en permanence. Les Cariocas sont toujours en mouvement et cela même nous permettrait de ne pas en faire autant – un peu comme Kant disait de sa ville de Königsberg que c'était pour vivre l'endroit idéal : sans même que l'observateur ne bouge, le monde entier vient se présenter à lui (note de la préface de l'*Anthropologie du point de vue pragmatique*). Ainsi hier, une parade de voiliers historiques – trois-mâts plus blancs et plus splendides les uns que les autres, quelques quatre-mâts – ornait les baies de Rio, les clippers les plus rapides d'avant la vapeur, manœuvrant, montrant leurs nervures, leurs gréements, leur élégance, c'était sidérant. Et plus près, sur la plage, les disciplines du corps sont pratiquées devant public – le chant, la percussion, la danse acrobatique. Tous les âges s'activent, on sent presque physiquement que les préjugés sont sans poids, sans portée, sans existence. Des préjugés qui ailleurs auraient pour effet une paralysie immédiate et générale, le cèdent ici à une ouverture attentive, enjouée, souriante. Et haut dans le ciel, au-dessus du fort Duque, le vol circulaire des urubus noirs et blancs calme le jeu. Les haruspices parmi nous sauront y lire les signes du succès de notre Congrès.

Ainsi, le décor dans lequel nous travaillons est absolument sensationnel. Sachons nous en montrer dignes ! Notre Congrès de Rabat avait eu pour thème le possible et l'impossible... et nous avions surtout circonscrit l'impossible. Notre Congrès de Iași, en Roumanie, avait cherché rien moins que le Beau. Nous pourrions dire ici que nous faisons la synthèse des deux : Rio le bel impossible... impossible aux autres, sans doute, mais pas aux Brésiliens !

À ce point, je devrais dire quelque chose sur la philosophie de langue française au Brésil, mais je laisse ce soin à d'autres. De même, je devrais m'exprimer sur le Brésil dans la philosophie de langue française, mais là aussi, je remets cette tâche à d'autres. En effet, je me réjouis de la participation de nombreux philosophes brésiliens parmi nous. Si nous devons beaucoup apprendre et comprendre du passé, nous devons aussi saisir cette occasion d'accéder au présent, et au présent du pays qui nous accueille aujourd'hui. Il est donc heureux que bien des tables rondes s'ouvrent ; à chacun de nous d'en tirer le meilleur parti.

Je dois relever l'absence contrainte de M. Jean Ferrari, président d'honneur de notre association. Sa santé devenue fragile ne lui a pas permis de nous rejoindre. Il nous donne ses salutations les plus amicales et attentives. Il s'est beaucoup engagé pour ce Congrès, nous lui adressons nos pensées dévouées.

Depuis son Congrès de Iași en août 2016, l'ASPLF a eu le regret de perdre son ancien secrétaire général, M. André Robinet, décédé à l'âge de 94 ans le 13 octobre 2016. Entrepreneur exceptionnel de l'édition philosophique, esprit vif, novateur, souvent étincelant, André Robinet a été secrétaire général de l'ASPLF de 1996 à 2004. Il a aussi organisé le Colloque du cinquantenaire de l'ASPLF à Paris en 1987. L'ASPLF lui doit beaucoup. Je vous prie d'observer un moment de silence en sa mémoire.

Il me revient à présent de déclarer ouvert le 37e Congrès de l'ASPLF.

Daniel SCHULTHESS
Neuchâtel, Suisse

Introduction de l'organisateur du congrès

0. Un choix étrange

Pourquoi organiser un congrès mondial de philosophie sur l'imagination en français à Rio de Janeiro ? Cela peut sembler déraisonnable, vu la faible présence de la langue française au Brésil en ce début de XXIe siècle.

Pour répondre à cette question, nous expliquerons comment et pourquoi la 37e édition du Congrès de l'Association des Sociétés de philosophie de langue française (ASPLF) a eu lieu à Rio de Janeiro du 26 au 31 mars 2018 avec pour thème l'imagination.

1. L'aspect fédérateur et interdisciplinaire de l'imagination

Commençons par l'imagination, épicentre de l'événement. Si l'on organise un congrès mondial de philosophie qui veut réunir une grande variété et quantité de philosophes, on a grosso modo deux options : accepter des conférences sur tout et n'importe quoi – c'est le principe du congrès mondial de la Fédération internationale des sociétés de philosophie (FISP), dont l'intitulé sert avant tout de bannière – ou choisir un thème fédérateur.

Pour le Congrès de Rio, c'est la deuxième option qui a été retenue, conformément à la politique de l'ASPLF, qui depuis 1938 organise régulièrement des congrès mondiaux sur un thème défini. Quelques exemples : la 4e édition, à Neuchâtel en 1949, avait pour thème la liberté ; la 15e (Montréal, 1971), la communication ; la 21e (Athènes, 1986), l'avenir.

C'est dans cet esprit que j'ai proposé l'imagination pour le 37e Congrès de l'ASPLF, un thème qui de plus, comme les trois exemples cités, ouvre la philosophie sur le monde et peut intéresser les non-spécialistes. Si la philosophie est la reine des disciplines, elle doit laisser ouvertes les portes et favoriser l'interdisciplinarité. C'est dans cette perspective que j'ai organisé un colloque interdisciplinaire sur l'imagination en 2007 à l'Université de Neuchâtel, auquel ont participé des collègues d'un peu toutes les disciplines (microbiologie, mathématique, psychologie, sociologie, littérature, journalisme, linguistique, géologie) :

Jean-Yves BÉZIAU

L'affiche du colloque soulève une question intéressante à laquelle j'ai été confronté : quelle image pouvons-nous avoir de l'imagination ? Il avait été plus facile de réaliser l'affiche d'un premier congrès interdisciplinaire organisé deux ans auparavant, dans la même université, sur le symbole :

Pour l'affiche du Congrès 2018 sur l'imagination à Rio, j'ai choisi, en fonction des circonstances locales, un oiseau typique du Brésil, face à la mer (voir la couverture du livre). Symboliquement, cela signifie que l'imagination peut nous emmener très loin, faire décoller notre pensée ; et les couleurs de l'oiseau manifestent la puissance visuelle des images.

2. L'intelligence des images

Je me suis intéressé à l'imagination pour des raisons artistiques, logico-mathématiques et proprement philosophiques, les trois s'étant liées d'une manière ou d'une autre. Qui dit imagination dit image et il y a différentes sortes d'images : la peinture, la photographie, le cinéma, les dessins, les croquis et toutes sortes de diagrammes.

J'ai étudié simultanément la philosophie, le cinéma et la logique mathématique à Paris, de 1986 à 1990. Mon diplôme d'études approfondies (DEA) de philosophie portait sur l'allégorie de la caverne de Platon [Beziau, 1988], une image condamnant les images, paradoxe assez typique de la philosophie platonicienne, que symbolise le chemin au milieu de la mer, lieu aporétique par excellence [Kofman, 1983]. Durant mes études de cinéma, j'ai suivi un excellent cours de Michel Marie sur la préhistoire du cinéma, où photographie et « images en mouvement » sont étroitement liées, notamment dans la fameuse expérience conduite par Eadweard Muybridge sur le galop du cheval à la ferme de Stanford (1878). Et en mathématiques, j'ai été habitué dès l'enfance à la pensée à base de diagrammes et dessins utilisée par le mathématicien belge Georges Papy (1920-2011), qui fut avec sa femme Frédérique l'un des plus importants promoteurs de la mathématique moderne.

Dans un petit livre pour enfants de 9 à 99 ans, ils expliquent à partir de chapeaux la théorie moderne de l'infini [Papy, 1971], en particulier la définition de Richard Dedekind suivant laquelle un ensemble est infini lorsque l'on peut établir une bijection entre cet ensemble et un de ses sous-ensembles.

Plus tard, *Proofs without Words* [Nelsen, 1997] mettra en avant le fait que bien des démonstrations mathématiques peuvent être visualisées simplement. Méthode que j'ai pratiquée pour démontrer par exemple que l'on ne peut généraliser l'idée de carré d'oppositions en un cube d'oppositions dont toutes les faces seraient des carrés d'oppositions. Utiliser la couleur facilite la preuve : j'ai ainsi attribué à chacune des trois oppositions (contrariété, contradiction, subcontrariété) une des trois couleurs fondamentales (respectivement bleu, rouge, vert) et représenté la subalternation par des flèches noires [Beziau, 2003]. En mettant un carré des oppositions ainsi coloré sur une face du cube, on *voit* immédiatement qu'il est impossible d'en placer un autre sur une autre face à son côté [Beziau, 2017c] :

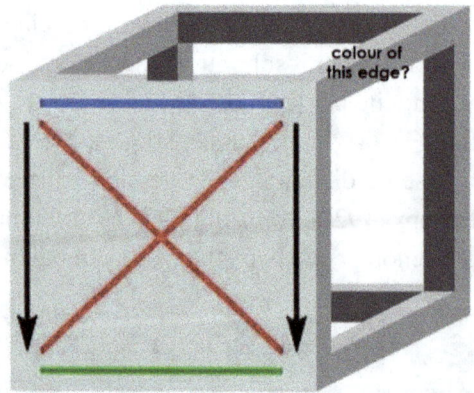

J'en suis convaincu, les images peuvent nous permettre de mieux comprendre la réalité et de développer notre intelligence. J'ai aussi pratiqué la peinture et lancé quelques projets visuels, cinématographiques et photographiques :

Mais ma ligne directrice a toujours été la philosophie. J'ai donc développé d'une part une réflexion philosophique sur l'imagination, d'autre part une philosophie à base d'images. Le deuxième aspect s'est naturellement épanoui en interaction avec le premier dans mon premier article sur l'imagination [Beziau, 2016]. J'ai continué dans cette voie, utilisant systématiquement des images pour rédiger des articles sur une grande variété de sujets. Dans ces textes, l'utilisation des images n'est pas purement illustrative : je montre comment les images développent notre compréhension.

J'ai ainsi publié un article sur le lancer de dés, la question posée étant : est-ce une bonne symbolisation du hasard ? [Beziau, 2018]. Au départ, je pensais plutôt que non, car le lancer de dés me semblait représenter le hasard comme quelque chose d'extrêmement indéterminé, semblable à la représentation de l'infini par les grains de sable sur une plage, un changement de qualité basé sur la quantité, ce que je trouvais peu satisfaisant – malgré le fait que l'eau bout passé une certaine température.

Je suis alors tombé sur une image qui m'a fait complètement changer d'idée : celle de deux énormes dés sur une plage (l'image ci-dessus est un montage que j'ai réalisé en plaçant le symbole de l'infini dans le ciel).

J'ai compris alors que dans le lancer de dés, on a, par contraste avec ces deux gros dés matériels, des objets abstraits et mathématiques (des *cubes* avec des *chiffres* sur chaque face) et que le lancer de dés est plutôt une abstraction mathématique qu'une indétermination physique. Ce qui m'a conduit à réhabiliter le lancer de dés comme symbole du hasard.

Un autre thème sur lequel j'ai travaillé est la question du rire, un sujet qui m'a toujours intéressé, essayant de comprendre ce phénomène que l'on dit caractéristique de l'être humain au même titre que la raison. Tout le monde connaît le mystérieux sourire de la Joconde. Faisant des recherches d'images, j'en ai trouvé une d'un renard dont l'expression ressemble à ce sourire.

Cette image m'a amené à penser que le sourire va plutôt dans le sens de la ruse, par opposition au rire plutôt lié à la raison, expliquant le rapport *rire/sourire* par le rapport *logos/mètis*. C'est une analogie au sens original du terme : *a* est à *b* ce que *c* est à *d* (voir [Beziau, 2018b], qui utilise des images pour expliquer l'analogie et la théorie des oppositions).

L'utilisation des images est souvent dévalorisée, pour au moins deux « raisons » : leur présence dans les livres d'enfants et dans la publicité. Dans ces deux cas, l'image joue un rôle prépondérant. Les deux cas sont différents : dans le premier, on pourrait dire que l'image est enfantine et qu'il faut passer ensuite aux choses sérieuses ; dans le deuxième, on considère que l'image est dangereuse, car elle peut générer des illusions entraînant des comportements douteux. Mais aucune des deux « raisons » ne tient vraiment la route : premièrement, notre intelligence peut continuer à tout âge à se développer par l'utilisation d'images ; deuxièmement, les images sont certes puissantes, mais les rejeter équivaudrait à rejeter la physique en arguant qu'elle nous conduit tout droit à Hiroshima.

Je projette donc de lancer une revue de philosophie dans laquelle les images joueront un rôle essentiel. Elle porte un titre en anglais. C'est l'occasion d'en venir à la question de la langue et de se demander s'il est encore viable de faire de la philosophie en français aujourd'hui.

Introduction de l'organisateur du congrès

3. **Philosopher en français ?** *That's the question!*

Qui dit philosophie en français ne dit pas nécessairement philosophie française, de la même manière que qui dit philosophie en anglais ne dit pas nécessairement philosophie anglaise. En particulier parce que le français, tout comme l'anglais, est utilisé dans de nombreux pays autres que sa contrée d'origine. Ensuite se pose la question de savoir si une pensée philosophique est intimement liée à une culture ou à une manière de penser particulière, ce qui est loin d'être clair.

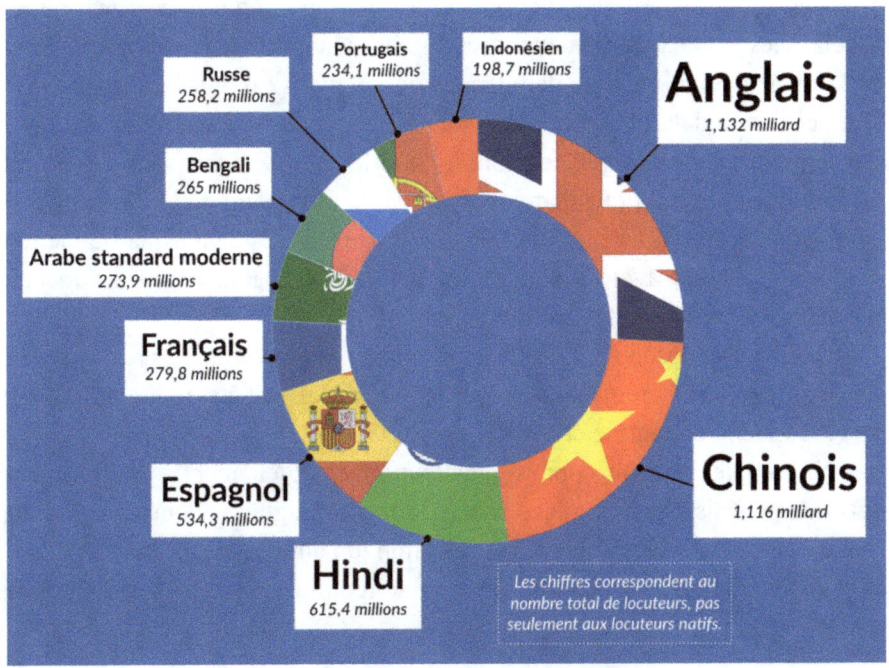

La langue qui domine actuellement dans le monde est l'anglais. Si l'on considère la langue maternelle, le mandarin arrive en tête avec 918 millions d'humains parlant cette langue, suivi de l'espagnol avec 480 millions et de l'anglais avec 379 millions. Plus loin, le portugais pointe en sixième position (221 millions) et le français en quinzième position (77 millions). Pour ce qui est des langues parlées, l'anglais arrive en tête avec 1,13 milliard, suivi par le mandarin (1,12 milliard), l'hindi (615 millions), l'espagnol (534 millions), le français, à la cinquième place (280 millions), le portugais se classant neuvième (234 millions). (Voir la figure ci-dessus, qui, soit dit en passant, prouve qu'un schéma en couleurs est beaucoup plus « parlant » qu'un texte en noir et blanc.)

L'anglais est une langue de communication, mais aussi une langue pour la science et la recherche. Aujourd'hui, la plupart des travaux de sciences exactes sont publiés en anglais. L'« anglais scientifique » est une langue simple et facile à écrire, d'un point de vue syntaxique et sémantique. L'absence d'accents ou autres « parasites » autour des lettres, telle la cédille, rend plus rapide son écriture lorsque l'on tape sur un clavier. Mais si l'on passe à la littérature, il semble peu probable qu'un jour tous les auteurs écrivent en anglais, on n'observe pas de tendance dans ce sens et la traduction résout le problème de communication.

Qu'en est-il de la philosophie ? Il y a une forte tendance, comme dans les sciences, à ce que l'anglais domine. C'est déjà le cas au niveau des revues spécialisées. Cela a été nettement renforcé par la politique des universités et de la recherche qui domine depuis plus de vingt ans : publier des articles (et non des livres) dans des revues à facteur d'impact élevé. L'immense majorité des journaux de philosophie qui ont un bon facteur d'impact sont en anglais et il n'y a pas de politique de traduction viable d'un point de vue éditorial, si ce n'est pour des recueils d'articles de philosophes très connus, la traduction pouvant d'ailleurs avoir lieu dans les deux sens : par exemple un recueil d'articles de Quine traduits en français.

Cela dit, en philosophie, la tradition d'écrire des monographies reste forte et une monographie, comme un ouvrage de littérature, peut être rédigée dans une autre langue puis traduite et publiée en anglais, cela fonctionne encore. L'un des philosophes les plus connus dans le monde actuellement, Alain Badiou, écrit en français ; ses ouvrages sont traduits en anglais, allemand, chinois, arabe voire tupi-guarani. Outre la traduction, un autre facteur favorise l'écriture de monographies : la philosophie ne se réduit pas forcément à un public restreint aux chercheurs universitaires, comme le montre l'exemple de Michel Onfray.

Moi-même de langue française aussi bien du côté paternel (mon père est originaire de Vendée) que maternel (ma mère est originaire de Suisse romande) et ayant fait mes études universitaires à Paris, après avoir publié quelques articles en français, je me suis cependant mis à écrire des articles essentiellement en anglais.

Cela s'explique par le fait que j'ai commencé mes recherches surtout par la logique mathématique et qu'à l'époque (années 1990), la plupart des textes de cette discipline étaient déjà écrits, publiés et lus en anglais. Mais plus tard, lorsque j'ai commencé à écrire des articles philosophiques, j'ai continué à écrire principalement en anglais. Cela est dû à la politique de la recherche mentionnée, mais aussi à deux autres raisons. La première est la question d'avoir une vaste panoplie de lecteurs ; comme j'ai principalement écrit des articles, le mieux était d'écrire directement en anglais. La deuxième raison est la lecture de l'*Essai de sémantique* de Michel Bréal [1897], qui a modifié ma vision des langues.

Avant de lire Bréal, je pensais qu'une langue comme le latin était une langue supérieure à une langue dérivée du latin comme le français, un idiome de seconde qualité, un peu comme le créole par rapport au français, bref, du petit nègre. Descartes, passé du latin au français, aurait ainsi vulgarisé la philosophie, comme si Michel Onfray commençait à écrire en verlan... ou en anglais. Il me semblait que l'anglais était au français, comme le français au latin, une langue plus pauvre. De ce point de vue, il n'est pas dramatique d'écrire un texte de mathématiques en anglais car la pensée mathématique se développe au-delà du langage. Quand on se place au niveau de la philosophie ou de la littérature, c'est une autre paire de manches.

Mais Bréal présente une théorie qui inverse tout : il montre grosso modo qu'une langue comme le latin a une architecture très lourde qui en quelque sorte paralyse la pensée. J'ai donc acquis la conviction que l'anglais est une langue plus flexible, directe et claire. Et se sont évanouies des réticences concernant les liaisons dangereuses entre un certain style de philosophie, du genre analytique, et la langue anglaise. Je me suis donc senti libre et motivé pour écrire des articles de philosophie en anglais et j'ai commencé à prendre plaisir à le faire, en jouant avec la langue sous l'influence de grands auteurs anglais et américains tels que Lewis Carroll ou Fredric Brown.

Cela dit, j'ai toujours continué à rédiger des articles de philosophie en français en fonction des circonstances. Travaillant en Suisse romande de 2002 à

2008, il était normal que j'écrive certains textes en français, tel un article sur le symbole lié au congrès susmentionné [Beziau, 2014]. Par la suite, revenu travailler au Brésil mais invité au congrès Badiou à Paris en 2010, un congrès 100 % francophone, j'ai préparé un long article en français sur la philosophie de Badiou [Beziau, 2011]. De même, j'ai écrit des contributions en français pour les congrès de l'ASPLF de 2006 et 2014. Ces circonstances m'ont certes amené à ne perdre ni le goût ni l'habitude d'écrire en français ; mais utiliser la langue française de manière plus subtile pour développer la pensée est une autre histoire, qui n'a vraiment recommencé pour moi que récemment, bien des années après mon DEA de philosophie sur la caverne.

En 2019, l'un de mes collègues de Rio, André Martins, m'a invité à écrire un hommage à Clément Rosset, sous la direction duquel il avait rédigé sa thèse à Nice. J'ai décidé naturellement de le faire en français et j'ai choisi comme thème le rire. Cet article est pratiquement intraduisible, en anglais ou en une autre langue, car j'y ai fait des centaines de jeux de mots et employé des tournures de phrase et des expressions typiquement liées à la langue française. Ce jeu avec le langage n'a pas seulement une dimension comique, ce qui est bienvenu pour un article sur le rire, mais c'est aussi toute l'astuce de la pensée qui ainsi se développe. Cela ne veut pas dire que l'astuce de la pensée ne peut se développer que dans une langue ou le peut plus dans une langue que dans une autre. Mais elle est liée à une expression linguistique particulière.

De plus, ayant à Rio un collègue, Fernando Santoro, qui travaille en étroite collaboration avec Barbara Cassin [2004] sur le projet des intraduisibles, je me suis intéressé de plus près à cette question. Il me semble évident que certaines notions ne sont pas équivalentes d'une langue à l'autre, à cause même de leur expression linguistique. Par exemple, en étudiant le rire, il m'a paru frappant que la relation entre rire et sourire est différente en anglais, où l'on utilise deux mots sans connexion syntaxique (*smile* et *laugh*), alors qu'en français, le *sourire* est construit avec un préfixe à partir du *rire*.

On peut faire une analogie avec la musique : la musique dépend d'une certaine manière des instruments utilisés. Certaines musiques sont difficiles à transposer d'un instrument à l'autre, ne serait-ce qu'un roulement de tambour. Mais il y a certainement une dimension universelle de la musique au-delà de tout instrument particulier. Paul de Senneville, auteur de mélodies célèbres dans le monde entier, telles que *Ballade pour Adeline* ou *Dolannes Mélodie*, ne sait jouer d'aucun instrument.

La musique est différente de la pensée car d'une part, tout être humain peut écouter tout genre d'instrument sans faire des études poussées ; d'autre part, les instruments peuvent se mélanger entre eux. Au niveau de la pensée, même s'il y a quelque chose d'universel, une musique de la raison (expression employée par James Joseph Sylvester pour décrire les mathématiques), il n'est pas facile de comprendre une langue étrangère et il semble difficile d'orchestrer un mélange de langues arrivant à autre chose qu'une cacophonie incompréhensible. Comme pour les différents instruments de musique, les particularités de chaque langue sont intéressantes et il semble bon de continuer à faire de la littérature et de la philosophie non seulement en anglais, mais aussi en chinois, en russe, en arabe, en allemand… et en français *of course* ! Ne faire de la philosophie qu'en anglais serait un peu comme de ne jouer de la musique qu'au piano.

Le français, comme l'anglais, occupe toutefois un statut spécial parmi les langues puisque, pour des raisons historiques, il s'est propagé dans le monde entier. Et si Napoléon n'avait pas vendu la Louisiane pour tenter vainement de dominer la Russie, peut-être le français occuperait-il la place dévolue à l'anglais aujourd'hui. Mais je ne le crois pas, en particulier du fait de la théorie de Bréal. Il n'en reste pas moins que le français joue encore un rôle certes moindre, mais similaire à celui de l'anglais, comme langue internationale, notamment au plan culturel puisque symboliquement l'UNESCO est une organisation tout à fait bilingue anglais/français – ainsi d'ailleurs que la FISP.

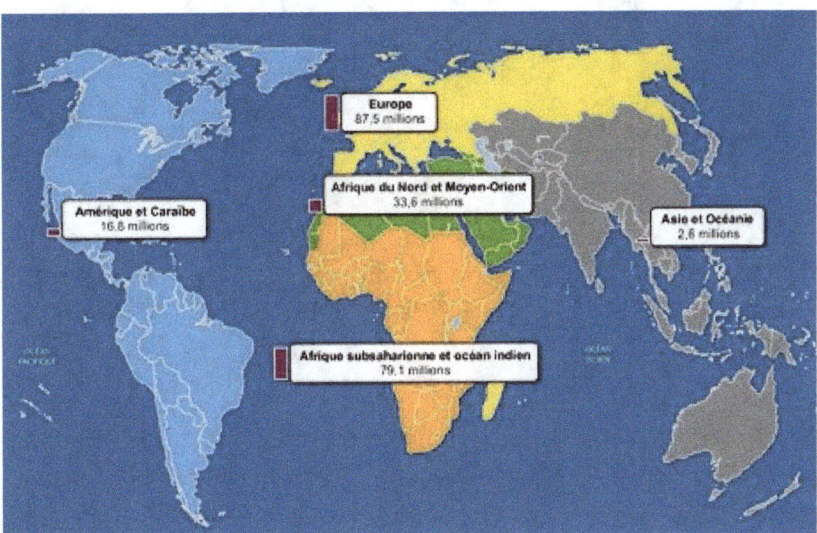

Organiser un congrès international de philosophie en français, comme le Congrès de l'ASPLF, ce n'est donc pas la même chose qu'organiser un congrès international de philosophie en turc ou un congrès international de biologie en suédois. Au présent ouvrage participent des philosophes venus d'une vingtaine de pays et des cinq continents, une variété qui n'a rien à envier à beaucoup de congrès de philosophie qui se déroulent en anglais.

4. Rio de Janeiro, l'ABF et l'ASPLF

Rio de Janeiro fait partie des villes les plus connues, au même titre que Paris, New York, Rome ou Londres. Son succès est dû à la beauté spectaculaire du site sur lequel elle s'est développée et à la culture locale, notamment le carnaval. Celui de Rio est devenu le plus célèbre du monde dans les années 1950, mis en particulier en avant dans *Orfeu Negro* de Marcel Camus (1959), film au scénario basé sur une pièce de théâtre de Vinícius de Moraes, un des poètes les plus célèbres du Brésil. Un phénomène musical qui a grandement aidé à faire connaître le Brésil dans le monde entier, la *bossa nova*, a aussi bénéficié du talent de Vinícius de Moraes, auteur entre autres des paroles de *Garota de Ipanema* (1962, musique de Tom Jobim) et *Samba da Benção* (1967, musique de Baden Powell).

Avant l'arrivée des Européens, l'emplacement actuel de la ville était occupé par les fameux cannibales Topinamboux qui avaient envahi la région, en provenance de l'Amazonie, vers l'an 1000. Les Européens découvrent l'endroit le 1er janvier 1502, lors d'une expédition portugaise dirigée par l'Italien Amerigo Vespucci. Ils prennent la baie de Guanabara pour une rivière et c'est le mois de janvier, d'où l'expression *Rio de Janeiro* (Rivière de Janvier). Mais les Portugais ne se lient pas d'amitié avec les Topinamboux et ne restent pas

Introduction de l'organisateur du congrès

sur place. Une ville est créée seulement après le débarquement de Nicolas Durand de Villegagnon, le 15 novembre 1555, sur une île à l'entrée de la baie de Guanabara, qui porte encore aujourd'hui son nom. Villegagnon crée une colonie française baptisée *France antarctique* et fonde les bases de la ville sous le nom d'Henryville. La colonie ne dure que cinq ans, en particulier du fait du caractère perturbé et tourmenté de Villegagnon, converti au calvinisme puis revenu au catholicisme. Les Portugais prennent le site en main.

L'influence de la France reste toutefois importante à Rio et au Brésil jusqu'à nos jours. Le 15 novembre 1889, la république du Brésil est proclamée à Rio de Janeiro par des positivistes qui inscrivent un raccourci de la devise d'Auguste Comte – *Amour, Ordre et Progrès* – sur le drapeau du Brésil créé à cette occasion : *Ordem e Progresso*. Depuis plusieurs années a lieu à Rio en mars le mois de la francophonie, avec le soutien des consulats de France, de Suisse, de Belgique, du Canada et du Liban (il y a plus de Libanais au Brésil qu'au Liban). C'est l'une des raisons qui nous ont fait décider d'organiser le Congrès de l'ASPLF au mois de mars, avec l'accord de ces consulats.

Ma première visite à Rio de Janeiro a eu lieu en 1992 alors que j'étudiais à l'Université de São Paulo (USP). Après avoir soutenu deux doctorats, l'un à Paris en mathématiques, l'autre à São Paulo en philosophie, j'ai décidé en 1995 de m'installer à Rio, considérant que c'était la plus belle ville du monde et la plus favorable à mes recherches. Suite à diverses circonstances, je suis toutefois reparti de Rio en l'an 2000, d'abord pour Stanford puis en Suisse. J'étais de retour dix ans après.

Je suis revenu à Rio de Janeiro en 2010, ayant obtenu un poste permanent au département de philosophie de l'Université du Brésil, également appelée Université fédérale de Rio de Janeiro (UFRJ), la première et la principale université brésilienne. J'ai rencontré le président de l'Académie brésilienne de philosophie (ABF), João Ricardo Moderno, ami de mon directeur de thèse à l'USP Newton da Costa, qui m'a invité non seulement à devenir membre perpétuel de l'Académie (Fauteuil 6), dont le siège est à Rio, mais à en être le directeur des relations internationales. Je trouvais l'idée intéressante, sachant que, curieusement, le Brésil est le seul pays au monde doté d'une Académie de philosophie.

En 2013 avait lieu le 23ᵉ Congrès mondial de philosophie à Athènes et je m'y suis rendu, notamment pour promouvoir l'Académie. À la dernière minute, j'ai décidé de proposer au nom de l'ABF la candidature du Brésil à l'organisation du prochain Congrès mondial de philosophie, en 2018, ce congrès n'ayant jamais eu lieu en Amérique du Sud. J'écrivis au secrétaire de la FISP, Luca Scarantino, que je connaissais depuis longtemps et qui m'encouragea à faire la démarche. Malheureusement nous perdîmes contre la Chine, déjà candidate en 2008.

Pour cette candidature, j'avais proposé l'imagination comme porte-bannière du futur congrès mondial au Brésil. J'ai par ailleurs organisé une table ronde sur l'imagination à Athènes. Je tenais un stand de l'ABF ; c'est là que l'ancien président de l'ASPLF (1996-2010) Jean Ferrari m'a proposé, en lieu et place, d'organiser à Rio le Congrès de l'ASPLF. Je savais bien ce qu'était l'ASPLF, ayant notamment participé à la 29e édition à Nice en 2002 et à la 31e à Budapest en 2006.

De retour au Brésil, j'en ai parlé à João Ricardo Moderno, à qui l'idée a plu immédiatement, lui qui a fait un doctorat d'esthétique à la Sorbonne et admire la langue et la culture françaises. En 2014, je suis allé à la 35e édition du Congrès de l'ASPLF à Rabat pour présenter officiellement la candidature de l'ABF. Nous avons perdu contre les Roumains, déjà en lice. Finalement, c'est donc en 2018 que les choses se sont mises en place, notamment avec le soutien constant de Daniel Schulthess, alors président de l'ASPLF et qui fut mon collègue à l'Université de Neuchâtel.

L'événement s'est déroulé au Leme, un des quartiers les plus agréables de Rio, où nous avons bénéficié de l'infrastructure de l'école militaire Centre d'études du personnel (visible au premier plan de la photo ci-dessus, au pied du rocher). Le succès n'était pas acquis d'avance, car le Brésil peut sembler très éloigné et nous avions choisi un moment de l'année inhabituel, les congrès de l'ASPFL ayant généralement lieu à la fin août. Nous n'étions pas sûrs non plus de pouvoir compter sur une forte participation locale, le français étant une langue en voie d'affaiblissement dans le domaine de la philosophie au Brésil. Finalement, tout s'est très bien passé.

5. Merveilles de la Philosophie et *Filosofia Maravilhosa*

Organiser la 37e édition du Congrès de l'ASPLF à Rio de Janeiro a été une expérience passionnante, qui a fortifié l'ASPLF, la philosophie francophone en général, les recherches sur l'imagination et la philosophie à Rio de Janeiro.

L'ASPLF est une organisation qui existe depuis de nombreuses années et qui poursuivra ses activités sans beaucoup de difficultés dans le proche avenir. La prochaine édition du congrès aura lieu à Paris en 2021. C'est une bonne chose de revenir dans la Ville Lumière, où le congrès ne s'est tenu que deux fois en 37 éditions, mais j'espère que les futurs congrès de l'ASPLF se dérouleront aussi dans des pays comme le Japon, où il n'a jamais encore eu lieu (ni ailleurs en Asie), ou retourneront en Afrique noire, après la 17e édition d'Abidjan en 1977 – et pourquoi pas à Pondichéry, Téhéran ou Jérusalem ?

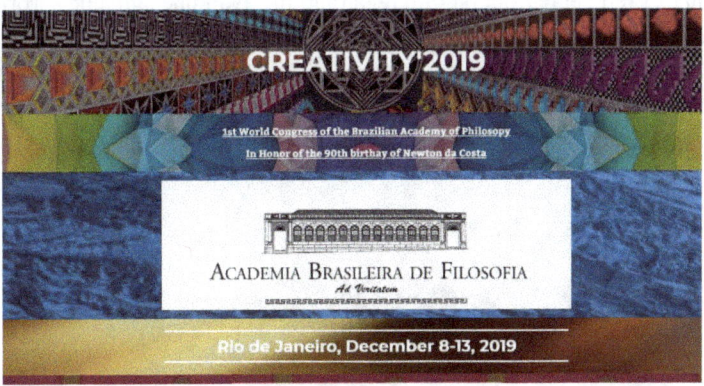

En novembre 2018, suite au décès subit de mon collègue João Ricardo Moderno, j'ai été élu président de l'Académie brésilienne de philosophie. En décembre 2019, j'ai organisé le premier congrès mondial de l'ABF à Rio de Janeiro sur le thème de la créativité. Ce congrès a été en quelque sorte une continuation de celui de l'ASPLF, de par la thématique et l'esprit, mais la langue officielle n'était évidemment pas le français. Nous avons cependant inclus le français comme une des quatre langues officielles du congrès avec le portugais, l'espagnol et l'anglais. Nous avons eu la participation d'artistes comme Gilberto Gil (ex-ministre de la Culture du Brésil), qui a présenté un concert d'ouverture avec son ami le musicien Jorge Mautner (Fauteuil 47 de l'ABF) et la musicienne et compositrice Cecilia Beraba. Le congrès a obtenu un grand succès et nous avons l'intention d'organiser une édition tous les deux ans, avec chaque fois un thème différent.

Nous avons décidé de créer la collection « Academia Brasileira de Filosofia » chez College Publications, où paraît le présent ouvrage. Nous allons également lancer dans cette nouvelle ligne éditoriale la revue de l'ABF, qui sera multilingue et s'intitulera *Filosofia Maravilhosa*, la ville de Rio de Janeiro étant connue comme *Cidade Maravilhosa*.

Rio de Janeiro et le Brésil peuvent être une source d'inspiration pour ouvrir de nouveaux horizons à la philosophie. Je terminerai par une citation de Stefan Zweig, qui a fini ses jours au Brésil après avoir écrit *Le Brésil, terre d'avenir* :

> En arrivant à Rio, j'ai reçu une des impressions les plus puissantes de toute ma vie. J'étais fasciné, et en même temps profondément ému. Car ce qui se trouvait devant moi ici n'était pas simplement l'un des paysages les plus magnifiques du monde, une combinaison unique de mer et de montagne, ville et paysages tropicaux, mais un tout nouveau type de civilisation.
>
> Il y avait des couleurs et des mouvements qui fascinaient et ne fatiguaient jamais l'œil ; et partout où l'on regardait, il y avait une agréable surprise. Je fus submergé par un afflux de joie et de beauté.
>
> L'importance du Brésil pour les générations à venir ne peut être évaluée, même par les calculs les plus audacieux. Je savais que j'avais vu le futur de notre monde. [Zweig, 1942.]

5. Références bibliographiques

Beziau, Jean-Yves [1988], *D'une caverne à l'autre*, DEA de Philosophie (dirigé par Sarah Kofman), Paris, Université Paris 1 Panthéon-Sorbonne.

— [2003], "New Light on the Square of Oppositions and its Nameless Corner", *Logical Investigations*, 10, 218-232.

— [2009], « Mystérieuse identité », in János Kelemen, Jean Ferrari & Grégory Harmati (dir.), *Le Même et l'autre. Identité et différence. Actes du XXXIe Congrès international de l'ASPLF (Budapest, 29 août-2 septembre 2006)*, Budapest, Eötvös, 159-162.

— [2011/2012], « Badiou et les modèles », in Isabelle Vodoz & Fabien Tarby (éd.), *Autour d'Alain Badiou*, Meaux, Germina, « Cercle de philosophie » ; version longue et imagée : « Les modèles selon Alain Badiou », *Al Mukhatabat*, 1/3, 251-305.

— (dir.) [2014], *La Pointure du symbole*, Paris, Pétra, « Transphilosophiques ».

— [2016], "Possibility, Imagination and Conception", *Princípios: Revista de Filosofia*, 23, 40, 59-95.

— [2017a], « Le possible et l'impossible : au-delà de la dichotomie », in Jean Ferrari, Sophie Grapotte & Abdeljalil Lahjomri (dir.), *Le Possible et l'impossible. Actes du XXXVe Congrès de l'ASPLF (Rabat, 26-30 août 2014)*, Paris, Vrin, 33-54.

— [2017b], "Being Aware of Rational Animals", in Gordana Dodig-Crnkovic & Raffaela Giovagnoli (eds.), *Representation and Reality in Humans, Other Living Organisms and Machines*, Cham, Springer International Publishing, « Studies in Applied Philosophy, Epistemology and Rational Ethics », 319-331.

— [2017c], "There Is No Cube of Opposition", in Jean-Yves Beziau & Gianfranco Basti (eds.), *The Square of Opposition: A Cornerstone of Thought*, Basel, Birkhäuser, « Studies in Universal Logic », 179-193.

— [2018a], "Dice: A Hazardous Symbol for Chance?", in Jean-Yves Beziau, Francicleber Ferreira, Ana Teresa Martins & Marcelino Pequeno (eds.), *Logic, Intelligence and Artifices. Tributes to Tarcísio H. C. Pequeno*, London, College Publications, 365-385.

— [2018b], "An Analogical Hexagon", *International Journal of Approximate Reasoning*, 94, 1-17.

— [2019], « Risoto et Rosita au Pays du Rire. A Comic Trip for the Few Happy Francophones », *Trágica: Estudos de Filosofia da Imanência*, 12, 2, 125-149.

Bréal, Michel [1897], *Essai de sémantique. Science des significations*, Paris, Hachette.

Cassin, Barbara (dir.) [2004], *Vocabulaire européen des Philosophies. Le Dictionnaire des intraduisibles*, Paris, Seuil/Le Robert.

Kofman, Sarah [1983], *Comment s'en sortir ?*, Paris, Galilée.

Nelsen, Roger B. [1997, 2000], *Proofs without Words. Exercises in Visual Thinking*, The Mathematical Association of America, 1-2, « Classroom Resource Materials ».

Papy-Lenger, Frédérique & Papy, Georges [1971], *Le Jeu des chapeaux ou les surprises de l'infini*, Paris, Classiques Hachette, « Papy ».

Zweig, Stefan [1942], *Le Brésil, terre d'avenir*, trad. Jean Longeville, New York, Éditions de la Maison française [1941, *Brasilien, ein Land der Zukunft*, Stockholm, Bermann-Fischer].

Remerciements

Ce congrès a eu lieu avec le soutien des consulats de France, de Suisse et de Belgique à Rio de Janeiro, de l'Agence universitaire de la Francophonie (AUF) et du Centre brésilien de la recherche (CNPq).

Je tiens à remercier toutes les personnes qui m'ont aidé d'une manière ou d'une autre à organiser cet événement et tous ceux et toutes celles qui ont participé à ce congrès et à cet ouvrage.

Jean Ferrari, président d'honneur de l'ASPLF, a fait la proposition initiale et décisive d'organiser ce congrès à Rio. Daniel Schulthess, président de l'ASPLF de 2010 à 2018, a suivi et soutenu ce projet du début à la fin, y compris la préparation des Actes ; je l'ai rencontré à plusieurs reprises pour discuter de l'organisation de cet événement et il m'a fait confiance pour mener à bien cette aventure. Guy Bernard, le trésorier de l'ASPLF, s'est montré efficace et toujours disponible pour traiter des questions financières.

À Rio de Janeiro, c'est avant tout le défunt président de l'Académie brésilienne de philosophie, João Ricardo Moderno, que je dois remercier. Il a été très enthousiaste pour l'organisation du congrès et a permis qu'il se déroule à l'école militaire du Leme. Je remercie aussi tous les militaires qui nous ont généreusement aidés à organiser l'événement dans leurs locaux. Ils étaient toujours attentifs et prêts à nous rendre service ; certains, qui comprenaient le français, ont assisté avec intérêt aux conférences.

Outre cela, mes remerciements vont au consul de France à Rio de Janeiro à l'époque Brice Roquefeuil, qui fut comme moi l'élève du philosophe heideggérien Pierre Jacerme (élève de Jean Beaufret), ainsi qu'à Alice

Introduction de l'organisateur du congrès

Toulemonde, de son équipe, tout comme au consul de Belgique Jean-Paul Charlier, à la consule du Canada Evelyne Coulombe et à Christophe Vauthey, consul adjoint de la Suisse. Ce dernier a de plus organisé dans les jours qui suivirent le congrès une petite expédition à Nova Friburgo, où avaient lieu les cérémonies célébrant le bicentenaire de la colonie suisse ; Daniel Schulthess y a présenté une conférence sur le rire.

Je remercie également tous ceux qui m'ont aidé sur place pour organiser cet événement, en particulier Manuel Mouteira, Vinícius Claro, Ricardo Silvestre et Catherine Chantilly.

Finalement, en ce qui concerne la préparation du présent livre, le travail de Johanne Lebel Calame a été fondamental. Je la remercie donc vivement, ainsi que Dov Gabbay et Jan Spurr, de College Publications, qui ont bien voulu accueillir cet ouvrage dans leur maison d'édition.

Jean-Yves BEZIAU
Rio de Janeiro, Brésil

Section 1.
Questions logiques : imagination et modalités, philosophie des sciences

Imagination, possibilité et impossibilité
Saloua CHATTI

Quels sont les liens entre l'imagination, la possibilité et l'impossibilité ? Peut-on imaginer l'impossible ? L'imaginaire est-il distinct du possible et du concevable ? Quel rôle l'imagination joue-t-elle dans les raisonnements basés sur des conditionnels contrefactuels ? Ces raisonnements font-ils intervenir des situations impossibles ? Ou bien y a-t-il au contraire des limites à ce qu'on peut imaginer, dans la mesure où on doit tenir compte des lois naturelles ? Quel rôle l'imagination joue-t-elle dans les sciences ?

Pour répondre à ces questions, je commencerai par définir l'imagination, puis les notions modales. Je distinguerai ensuite entre la possibilité et l'impossibilité logiques d'une part, la possibilité et l'impossibilité physiques de l'autre. Je montrerai que si l'imagination est incompatible avec l'impossibilité logique, elle est au contraire compatible avec l'impossibilité physique. En ce sens, elle joue un rôle essentiel dans les sciences et dans les raisonnements faisant intervenir des entités, des situations et des actions irréelles.

1. Qu'est-ce que l'imagination ?

Comment définir l'imagination ? En quoi se distingue-t-elle des autres facultés mentales ? L'imagination est une faculté de représentation. Elle se base principalement sur des images pour représenter des choses (ou des situations ou des actions) irréelles. En ce sens, elle se distingue à la fois de la perception et de la mémoire (qui sont liées au réel), de la conception (qui n'utilise pas d'images), du désir (qui vise à modifier le réel) et de la croyance (qui vise la vérité, contrairement à l'imagination). Ces caractéristiques engendrent des problèmes spécifiques, notamment eu égard aux relations de l'imagination avec les notions modales de possibilité et d'impossibilité.

De même, l'imagination, du fait de sa nature irrationnelle et du fait qu'elle est productrice de fictions, pose des questions quant à sa relation avec la conception, le raisonnement et la rationalité en général. On peut légitimement se demander : l'imagination, en tant que productrice de fictions qui peuvent être totalement débridées, s'oppose-t-elle à la rationalité ? Est-elle totalement incompatible avec la réalité ?

En tant que faculté de représentation, l'imagination dépasse l'observation. En ce sens, c'est une faculté créatrice et une source d'innovation. Elle produit des artefacts mais aussi des illusions, des rêves et des utopies éloignées de la réalité ; elle est fondamentalement irréaliste, c'est-à-dire en décalage par rapport à la réalité ou en conflit avec elle. Mais l'imagination peut aussi créer des théories scientifiques qui pourront devenir des explications plausibles de cette même réalité.

Contrairement à la perception, l'imagination ne reproduit pas le réel, mais produit des représentations irréelles, qui sont parfois tellement fantasmagoriques qu'elles n'ont aucune chance de se réaliser ni dans le présent ni dans le futur. De même, contrairement à la mémoire, l'imagination ne reflète pas une réalité passée, mais se représente des choses qui n'ont parfois jamais existé. Elle peut se représenter ce qui *aurait pu* exister dans le passé, mais pas ce qui s'est réellement passé – même s'il est toujours possible d'imaginer des situations ou événements qui ressemblent à s'y méprendre à des situations ou événements réels. Contrairement au désir, l'imagination ne vise pas forcément à réaliser dans la réalité ce qu'elle représente. On peut se contenter d'imaginer des objets, des actions ou des événements, se les représenter mentalement, sans pour autant avoir le désir ou l'envie de réaliser ce qu'on imagine. Faculté de représentation, l'imagination ne vise ni l'action ni la réalisation de ses représentations, car il n'est pas dans son essence d'œuvrer à la réalisation de ces représentations. Enfin, contrairement à la conception, l'imagination se base sur des images, comme son nom l'indique, alors que la conception est productrice de concepts qui ne sont pas forcément imagés et peuvent même ne jamais donner lieu à des images, tel le concept d'infini mathématique qui, comme le montre Bernard Bolzano dans sa critique du synthétique a priori kantien, ne peut jamais être imaginé [1990].

2. Sur quoi l'imagination porte-t-elle ?

On peut imaginer des objets irréels, voire matériellement impossibles, comme des chevaux ailés ou des sirènes. On peut aussi imaginer des situations irréelles, c'est-à-dire autres que celles qui ont réellement eu lieu, par exemple, comme le disait le logicien modal Saul Kripke, que Richard Nixon n'ait pas été élu président des États-Unis. On peut aussi s'imaginer (ou imaginer autrui) en train de faire une chose, même impossible, par exemple voler dans les airs. Dans tous ces cas, l'imagination dépasse la réalité, mais ne la modifie pas. Elle présente juste des options qui sont ou bien possibles, ou bien impossibles.

Ces options sont impossibles quand elles concernent le passé, comme pour Nixon, puisqu'on ne peut pas modifier ce qui a réellement eu lieu, ou quand elles évoquent quelque chose d'irréalisable matériellement ou physiquement, comme des humains volant dans les airs.

Elles sont possibles quand elles sont réalisables, par exemple marcher de nouveau sur la Lune ou aller sur Mars. Ou encore quand elles sont concevables, par exemple que le prochain congrès de l'ASPLF ait lieu non à Paris mais à Londres. On peut aussi imaginer et concevoir une figure géométrique donnée, tel le triangle ou l'hexagone, mais comme l'a montré Descartes avec son exemple du chiliogone, s'il est facile de concevoir cette figure à mille côtés, il est difficile de l'imaginer, c'est-à-dire de se la représenter par l'esprit d'une manière qui puisse la différencier clairement d'autres figures qui lui seraient proches, comme une figure à huit cent soixante-quinze côtés. Descartes dit en effet :

> Que si je veux penser à un chiliogone, je conçois bien à la vérité que c'est une figure composée de mille côtés, aussi facilement que je conçois qu'un triangle est une figure composée de trois côtés seulement ; mais je ne puis pas imaginer les mille côtés d'un chiliogone, comme je fais les trois d'un triangle, ni pour ainsi dire, les regarder comme présents avec les yeux de mon esprit. [Descartes, 1953, 318.]

Il montre ainsi que l'imagination a des limites, dans la mesure où l'esprit peut difficilement se représenter des figures que pourtant l'entendement conçoit facilement. Descartes poursuit un peu plus loin :

> Il arrive qu'en concevant un chiliogone je me représente confusément quelque figure, toutefois il est très évident que cette figure n'est point un chiliogone, puisqu'elle ne diffère nullement de celle que je me représenterais, si je pensais à quelque autre figure de beaucoup de côtés ; et qu'elle ne sert en aucune façon à découvrir les propriétés qui font la différence du chiliogone d'avec les autres polygones. [Descartes, 1953, 318-319.]

Il est donc clair que la représentation de cette figure, produite par l'imagination, manque de précision, et c'est pourquoi elle n'arrive pas à sa fin, qui est de permettre à l'esprit de « voir » mentalement l'objet représenté. L'objet en question, même s'il est concevable, n'est pas représentable dans tous ses détails par l'esprit humain, et l'imagination ne parvient pas à en donner une image claire. Visuellement et mentalement, il ne se distingue pas clairement du cercle, mais conceptuellement, il ne peut pas être identifié avec le cercle, qui n'a ni côtés proprement dits ni angles. On pourrait se demander si avec les moyens technologiques et informatiques contemporains, il serait possible de donner à cette figure une représentation plus claire ; il n'en demeure pas moins que cette représentation demeure hors de portée de l'esprit humain, donc hors de portée de l'imagination proprement dite.

L'imagination peut aussi créer des théories scientifiques, en physique, en astronomie ou dans d'autres sciences. En histoire, on peut imaginer les événements ou les comportements passés. On peut aussi imaginer la vie des hommes préhistoriques, par exemple.

L'imagination peut aider à créer des entités nouvelles, en mathématiques, par exemple les nombres imaginaires ou complexes, comme $i = \sqrt{-1}$. Le choix de la lettre *i* pour désigner ce nombre est lui-même, selon les mathématiciens, dû au fait qu'elle est l'initiale des deux mots *imaginaire* et *impossible* [Lehning, 2007].

3. Possibilité, conception, imagination et impossibilité

En général, les objets, situations ou actions sont possibles quand ils sont soit théoriquement concevables, comme le chiliogone de Descartes, ou non contradictoires (consistants), c'est-à-dire compatibles avec les lois logiques, ou encore possiblement existants, ou vrais dans quelque monde autre que le monde réel, comme les objets possibles considérés par les logiciens modaux dans le cadre de la sémantique des mondes possibles. On peut aussi considérer comme possible ce qui est concrètement réalisable, comme le fait d'aller (de nouveau) sur la Lune. De même que le possible peut être ce qui est en puissance ou potentiel, comme le fœtus, être humain en puissance (exemple d'al-Fārābī), ou le pouvoir de chauffer pour le feu (exemple d'Aristote). Dans une autre acception, le possible peut être également le virtuel, comme les personnages ou situations d'une fiction (roman, film, mythe ou encore bande dessinée, dessin animé ou autre scénario virtuel). Enfin, le possible peut représenter ce qui est matériellement concevable, par exemple une maison de mille pièces, qui est donc supposée réalisable.

Par suite, l'impossible peut avoir les sens suivants :
1. L'inconcevable, par exemple le cercle carré.
2. Le contradictoire ou l'absurde, par exemple le fait pour une même surface d'être à la fois blanche et non blanche.

3. Ce qui est incompatible avec les lois logiques et/ou mathématiques.
4. Ce qui n'est pas possiblement existant, par exemple un cheval ailé.
5. Ce qui est irréalisable, par exemple remonter le passé ou voler dans les airs.
6. Ce qui n'est pas conforme aux lois naturelles de la physique, de l'astronomie ou d'une autre science de la nature.
7. Ce qui est matériellement inconcevable et irréalisable, par exemple une maison en bulles de savon.

Dans le carré modal, le nécessaire et l'impossible sont contraires tandis que le possible est le subcontraire du non-nécessaire et le contradictoire du possible [Aristote, 1994]. Par suite, le possible-concevable est le contradictoire de l'inconcevable ; le possible-potentiel est le contradictoire de l'impossible en puissance, c'est-à-dire de ce qui ne peut jamais être ceci ou cela en puissance ; le possible-vrai dans un monde possible est le contradictoire de ce qui n'est jamais vrai dans aucun monde possible. De même, le possible-matériellement concevable est le contradictoire de l'inconcevable matériellement ; le possible-compatible avec les lois naturelles est le contradictoire de ce qui est incompatible avec les lois naturelles. Enfin, le possible-réalisable est le contradictoire de l'irréalisable.

Dans tous ces sens, l'impossible est-il compatible avec l'imagination ? Peut-on imaginer l'impossible au sens d'inconcevable logiquement ou mathématiquement ? Peut-on imaginer ce qui est impossible au sens d'inconcevable matériellement ou encore au sens d'irréalisable concrètement ? L'imagination a-t-elle accès à l'impossible au sens de ce qui est incompatible avec les lois naturelles ? Ou à l'impossible au sens d'incompatible avec les lois logiques ou mathématiques ? Peut-elle accéder à l'impossible au sens du jamais vrai (ou jamais existant) dans aucun monde possible ?

À ces questions, on répondra de manière différenciée. En effet, la réponse à la première question semble négative : il est difficile d'imaginer un cercle-carré, par exemple, étant donné qu'aucune image ne peut le représenter, du moins dans l'espace euclidien. Par contre, on peut répondre affirmativement à la deuxième question : il est parfaitement possible d'imaginer, c'est-à-dire de se représenter mentalement, un cheval ailé et il est même possible de le dessiner, c'est-à-dire de le représenter concrètement dans un cadre spatial. De même, l'imagination peut se représenter ce qui est irréalisable concrètement, par exemple modifier le passé. En effet, on peut parfaitement imaginer un passé différent, même s'il reste impossible de changer ce qui a eu lieu. Donc l'homme peut imaginer ce qu'il aurait pu faire dans le passé, même s'il n'a aucune possibilité de modifier réellement ni ce passé ni ses actions passées. De même, l'imagination peut braver les lois naturelles (virtuellement), puisqu'il est tout à fait possible d'imaginer un objet lourd qui flotte dans l'air sans tomber. Par contre, on ne peut pas imaginer une situation contradictoire, pas plus qu'on ne peut imaginer un objet contradictoire. L'imagination peut donc braver les lois physiques, mais pas les lois logiques ou mathématiques. Enfin, on peut répondre affirmativement à la dernière question : il est possible d'imaginer une planète de forme ovale, qui serait ainsi un objet d'un monde possible, même si cet objet n'existe pas dans le monde réel.

De plus, en logique, on peut distinguer les différents sens du possible de deux manières au moins. La première distinction se fait entre le possible logique (ou *de dicto*), qui porte sur les propositions, et le possible métaphysique (ou *de re*), qui porte sur les prédicats et concerne les objets. Ainsi, on distingue entre « Il est possible que quelques hommes soient courageux » : $\Diamond(\exists x)(Hx \wedge Cx)$ – possibilité *de dicto*, où $\Diamond$ est le symbole de la possibilité – et « Quelques hommes sont possiblement courageux » : $(\exists x)(Hx \wedge \Diamond Cx)$ – possibilité *de re*.

La deuxième distinction concerne le sens même du possible et sa relation avec le nécessaire : c'est la distinction entre le possible *unilatéral* et le possible *bilatéral*. Le possible unilatéral est exprimé ainsi : $\Diamond\alpha$ (exemple : « il est possible que le feu chauffe »), tandis que le possible bilatéral est exprimé ainsi : $\Diamond\alpha \wedge \Diamond\sim\alpha$ (exemple : « il est possible qu'il pleuve demain et il est possible qu'il ne pleuve pas demain »).

Au sens unilatéral, le possible est impliqué à la fois par l'actuel et par le nécessaire, puisque $\Box\alpha \rightarrow \alpha \rightarrow \Diamond\alpha$ ($\Box$ étant le symbole représentant le nécessaire). Dans ce sens, le possible est le contradictoire de l'impossible, qui est noté ainsi : $\sim\Diamond\alpha$. Au sens bilatéral, par contre, le possible est le contraire du nécessaire et de l'impossible puisque $\Diamond\alpha \wedge \Diamond\sim\alpha$ ne peut pas être vrai si $\Box\alpha$ est vrai, pas plus qu'il n'est vrai si $\sim\Diamond\alpha$ ($= \Box\sim\alpha$) est vrai [Blanché, 1966].

Ces relations avec le nécessaire et l'impossible valent pour le sens *de dicto* et pour le sens *de re*. Car « Certains hommes sont possiblement courageux » contredit « Aucun homme n'est possiblement courageux ». De même, « Certains hommes sont possiblement menteurs et possiblement non menteurs » est contraire à la fois à « Tous les hommes sont nécessairement menteurs » et à « Aucun homme n'est possiblement menteur ». Sa contradictoire est la proposition suivante : « Tous les hommes sont ou bien nécessairement menteurs ou bien non possiblement menteurs ».

De ces sens, lequel est compatible avec l'imagination ?

On peut dire que le possible unilatéral et *de dicto* est compatible avec l'imagination, car on peut imaginer une situation corroborant une phrase comme « il est possible que cette table soit circulaire ».

Mais peut-on imaginer une situation corroborant le possible bilatéral et *de dicto* ? Par exemple, peut-on imaginer une situation correspondant à la phrase « Il est possible qu'il pleuve demain et il est possible qu'il ne pleuve pas demain » ?

La réponse est évidemment négative si on considère une seule situation où il pleuvrait et ne pleuvrait pas *au même endroit et simultanément*. Mais elle peut être affirmative si on considère une situation où il pleuvrait à un endroit et ne pleuvrait pas à quelques mètres de là, même simultanément (un phénomène qui est parfois réellement observable).

La réponse est aussi affirmative si on considère que cette phrase rend compte de deux possibilités qu'on peut se représenter *successivement*. Par exemple, il se pourrait qu'il pleuve demain matin et qu'il ne pleuve pas demain après-midi. Mais dans ce cas, s'agit-il vraiment du possible *bilatéral* ? Ou plutôt de deux possibilités unilatérales distinctes, pas forcément liées entre elles ? En effet, les deux phrases « il est possible qu'il pleuve demain matin » et « il est possible qu'il ne pleuve pas demain après-midi » ne sont pas équivalentes à la phrase « il est possible qu'il pleuve demain et il est possible qu'il ne pleuve pas demain », qui est censée évoquer le *même laps de temps* et non deux moments distincts de la journée. Il est donc difficile de se représenter clairement par l'imagination une situation correspondant au possible bilatéral qui évoque deux événements contradictoires censés se produire en même temps, à moins de faire un effort mental qui consisterait à imaginer la pluie et l'absence de pluie à des secondes d'intervalle dans la même situation.

Qu'en est-il du possible métaphysique ou *de re* ? Peut-on imaginer une situation corroborant, par exemple, « Ce cheval est possiblement ailé et possiblement non ailé » ?

On peut imaginer (se représenter mentalement) ou dessiner un cheval ailé, mais dans ce cas, le cheval en question ne peut pas être aussi non ailé. On peut aussi imaginer un cheval non ailé, mais dans ce cas, l'image ne représentera pas un cheval ailé. Il en est donc de l'image mentale comme de l'image spatiale, car on ne peut pas imaginer un cheval qui soit *simultanément* ailé et non ailé. Tout ce qu'on peut faire, c'est imaginer successivement un cheval ailé et un cheval non ailé (ou l'inverse). On peut donc imaginer deux situations distinctes correspondant au possible bilatéral ; on ne peut pas imaginer une seule situation où « S est (à la fois) ◊P et ◊~P ». Mais la succession peut aussi, comme dans le cas du possible *de dicto*, être très courte (quelques secondes d'intervalle), ce qui pourrait donner l'impression d'imaginer quelque chose qui correspondrait plus ou moins au possible bilatéral. La représentation mentale ou même virtuelle a donc la capacité de dépasser la réalité en ce sens puisqu'elle peut engendrer des successions très rapides qui ne peuvent pas se produire avec la même rapidité dans la réalité. Néanmoins, même dans ce cas, ce qu'on imagine ne correspond pas exactement à ce qu'on appelle *le possible bilatéral*, qui présuppose la simultanéité dans le temps.

La même chose peut être dite du possible dans ses autres acceptions, c'est-à-dire du théoriquement concevable, du concrètement réalisable, du compatible avec les lois naturelles, du vrai dans un monde possible (autre que le monde réel), du potentiel ou en puissance et du virtuel.

Mais on peut se poser la question de savoir si le possible au sens de potentiel, par exemple, peut (ou non) être bilatéral. On peut en douter si on considère les exemples classiques, comme celui du fœtus et celui du feu. En effet, un fœtus, qui est potentiellement un être humain, peut-il aussi être potentiellement un être non humain ? De même, le feu, qui chauffe potentiellement, peut-il potentiellement ne pas chauffer ? Il est difficile de répondre affirmativement à ces deux questions, car un fœtus, même s'il n'est pas encore un être humain, ne peut jamais être autre chose qu'un être humain quand il se développera. On ne peut donc pas dire qu'il est potentiellement une souris, par exemple, ou un chat, ou n'importe quoi d'autre qu'un être humain. De même, le feu ne peut pas être potentiellement quelque chose qui produit de la glace plutôt que de la chaleur.

Mais avec d'autres exemples, le possible-potentiel bilatéral peut avoir un sens. Par exemple, on peut parfois dire « Cet artiste est potentiellement une star » et donner au possible son sens bilatéral. Dans ce cas, la phrase aurait le sens suivant : « Cet artiste peut devenir une star, et il peut aussi ne pas devenir une star » ; *potentiellement ceci ou cela* a le sens de *peut devenir ceci ou cela*. Et on peut s'accorder pour dire que dans ce cas, le possible au sens du potentiel est compatible avec le sens bilatéral, et que ce possible bilatéral-potentiel est parfaitement compatible avec l'imagination, puisqu'on peut imaginer qu'un artiste donné ait à la fois les caractéristiques qui pourraient en faire une star, comme une grande beauté et un grand charisme conjugués avec de la chance, de l'intelligence et de bonnes occasions de se montrer, mais aussi d'autres caractéristiques négatives, susceptibles de lui faire rater les chances qu'il aurait eues, comme d'être instable, négligent, irresponsable ou tout simplement inconscient de sa chance et incapable d'en tirer parti ou encore mal inspiré dans ses choix. Il pourrait alors aussi bien rater toutes les occasions que les circonstances lui auraient présentées. Cet artiste est donc dans le même temps potentiellement une star mais aussi potentiellement une non-star, ou même un artiste raté, étant donné les incohérences de sa personnalité. Comme on s'accorde généralement à le dire, une carrière artistique se travaille et ne dépend pas uniquement de la chance ou des qualités artistiques proprement dites, même si ces dernières jouent évidemment un rôle très important.

4. L'imagination est-elle compatible avec l'impossibilité ?

On peut affirmer que l'imagination est incompatible avec l'impossibilité logique (et mathématique) : on ne peut même pas imaginer l'inconcevable logiquement (un triangle circulaire ou le cercle carré), car aucune représentation de cette « figure » n'est possible, du moins dans l'espace euclidien, même si selon certains mathématiciens, une telle représentation est concevable dans des espaces non euclidiens. Mais justement, le problème se poserait alors de distinguer entre ce qui est concevable par la raison et ce qui est véritablement imaginé. L'imagination se confondrait-elle avec la conception dans les théories mathématiques non euclidiennes ou non classiques en général ?

Toutefois, dans tous les cas, l'imagination est parfaitement compatible avec l'impossibilité physique, car on peut imaginer ce qui est impossible physiquement ou matériellement. On peut aussi imaginer l'irréalisable, telle une maison penchée. On peut même imaginer ce qui est impossible à changer car définitivement passé et révolu. Et même ce qui est incompatible avec des lois naturelles comme la loi de la chute des corps : les rêves sont remplis de ce genre de fantasmagories.

Les objets impossibles matériellement peuvent être imaginés : on peut très bien se représenter mentalement un cheval ailé. Les situations impossibles matériellement, par exemple remonter le passé, peuvent être imaginées. Quelqu'un peut imaginer qu'il a réussi le concours d'agrégation, même si de fait il y a échoué, ou qu'il a visité le Groenland, même s'il n'y a jamais mis les pieds. Les actions impossibles matériellement, par exemple atteindre les étoiles, peuvent aussi être imaginées. Les romans et les films de science-fiction sont pleins de ce type de « réalisations » fantasmagoriques. On peut même dire que l'imagination peut rendre possible ce qui était impossible auparavant. Par exemple, avant d'aller sur la Lune, les hommes ne croyaient pas que cela serait un jour réalisable. Ils ont donc commencé par imaginer ce voyage, pour finalement parvenir à le réaliser effectivement.

Mais cela ne concerne que certains sens de l'impossible, tel l'irréalisable. En effet, aller sur la Lune, qui était impossible au sens d'irréalisable, est devenu possible-réalisable au XXe siècle. De la même manière, l'avion, la fusée ont permis de rendre possible le vieux rêve de l'humanité de parvenir un jour à voler dans les airs, moyennant bien sûr l'utilisation de ces moyens techniques.

En mathématiques, l'invention des nombres complexes (imaginaires et impossibles) a permis de résoudre des problèmes insolubles auparavant. De même, c'est parce qu'ils les ont d'abord imaginés que les architectes ont pu construire des gratte-ciel, chose impossible en des temps plus reculés.

L'imagination permet ainsi à l'homme de se surpasser et d'aller au-delà de ses limites, aussi bien dans les sciences que dans les technologies. C'est en ce sens qu'elle est fondamentalement créatrice et porteuse de progrès scientifique et technique.

L'imagination peut aussi aider à créer de nouvelles théories scientifiques ; un savant comme Albert Einstein n'a cessé de le proclamer. Elle est bien entendu à l'origine de la création artistique, qui ne se fait que grâce à ses capacités novatrices.

Toutefois, l'imagination ne peut pas dépasser l'impossibilité logique. Elle ne peut pas, par exemple, créer une chose contradictoire. Elle ne peut pas non plus faire renaître le passé, même si elle peut l'imaginer différent de ce qu'il a été. En ce sens, sa faculté créatrice a des limites, car elle n'a pas toujours un impact sur la réalité.

Elle est aussi incapable de représenter certains concepts, tel le concept mathématique d'infini, comme le souligne Bolzano : « La proposition selon laquelle toute ligne droite se peut prolonger à l'infini n'a aucune intuition pour elle » [Bolzano, 1990, 11]. Selon Bolzano, l'infini ne peut pas être imaginé ; il ne peut être que conçu. Là encore, on se heurte à la difficulté mentionnée par Descartes à propos du chiliogone, celle de l'esprit humain à se représenter quelque chose qu'il n'a jamais pu observer et dont les détails et la nature ne sont pas à la portée de sa capacité de représentation.

5. L'imagination dans les raisonnements contrefactuels

Quel est le rôle de l'imagination dans les raisonnements basés sur des conditionnels contrefactuels ? Un conditionnel contrefactuel est un conditionnel (relation exprimée par « si… alors… ») dont le conséquent est exprimé non pas à l'indicatif mais au conditionnel (au sens grammatical). Il prend la forme suivante : « Si telle chose n'avait pas eu lieu, alors il serait arrivé ceci ou cela ».

Dans ces conditionnels, on sait que l'antécédent est faux et on imagine ce qui aurait pu se passer s'il avait été vrai. Ces conditionnels font donc intervenir l'imagination pour déterminer le conséquent. Le raisonnement est ce qui conduit de l'antécédent au conséquent. Pour les logiciens classiques, qui adoptent une logique bivalente, ce raisonnement n'est pas valide, car le conséquent n'est pas forcément vrai quand l'antécédent est supposé vrai. Par exemple, Quine a montré que ce type de conditionnel peut être vrai ou faux selon le cas concret considéré, quand ses éléments sont tous les deux supposés vrais. Sa valeur de vérité n'est donc pas la même selon les cas, contrairement au conditionnel matériel, qui est vérifonctionnel.

Mais on peut poser un autre problème au sujet de ce type de conditionnel, qui serait lié directement à la notion d'imagination : peut-on imaginer n'importe quoi dans les raisonnements faisant intervenir les conditionnels contrefactuels ? Par exemple, peut-on imaginer des choses impossibles en énonçant le conséquent dans ce genre de conditionnel ?

On pourrait le penser, puisque l'antécédent lui-même est toujours irréel dans ces conditionnels. Néanmoins, en imaginant le conséquent, les gens qui ont recours à ce type de conditionnel tiennent toujours compte de la réalité et n'imaginent pas des choses complètement irréalisables ou inconcevables, comme le soulignent plusieurs auteurs [Gendler, 2016]. Si quelqu'un dit : « Si Victor Hugo n'avait pas été écrivain, alors il aurait... », peut-il mettre n'importe quel conséquent à l'intérieur de ce conditionnel ? Peut-il dire « Si Victor Hugo n'avait pas été écrivain, il aurait été astronaute » ?

À cette question, on peut répondre par la négative, car ce conséquent est irréaliste dans la mesure où Victor Hugo a vécu au XIXe siècle et n'aurait jamais pu être astronaute. C'est pourquoi les gens n'imaginent pas cette éventualité quand ils ont recours à ce type de conditionnel.

Ainsi, selon certains auteurs, dans ce genre de raisonnements, l'imagination est naturellement limitée à des choses réalisables et plausibles. En effet, les gens n'imaginent pas « des mondes où les lois naturelles sont différentes des lois actuelles » [Gendler, 2016, 4.4]. Ils ont également tendance à imaginer « des alternatives à des événements récents plutôt qu'à des événements plus anciens, des alternatives à des actions plutôt qu'à l'absence d'actions, et des alternatives à des événements qui sont sous leur contrôle plutôt qu'à des événements qui sont en dehors de leur contrôle » [Gendler, 2016, 4.4].

En d'autres termes, ce qu'ils imaginent demeure très raisonnable et n'est pas totalement fantaisiste ni complètement déconnecté de la réalité. De même, ils n'imaginent pas ce qui échappe à leur contrôle, car ce qui échappe à leur contrôle ne peut pas être maîtrisé. Il y a peu de chances que quelqu'un dise « Si je n'avais pas été enseignant, je serais devenu pharaon », puisque l'époque des pharaons égyptiens est révolue. Et il y a peu de chances que quelqu'un dise « Si la Lune disparaissait, la Terre s'arrêterait de tourner », puisque ce serait contraire à toutes les lois connues.

L'imagination se restreindrait donc volontairement dans ce genre de raisonnement. Elle n'imagine ni des choses absurdes, ni des choses irréalisables, ni des choses non conformes aux lois scientifiques connues, et se restreint aux domaines du réalisable, du raisonnable et du plausible.

Le conditionnel contrefactuel peut même servir à définir la possibilité et la nécessité. Ainsi, Timothy Williamson définit la nécessité et la possibilité de cette manière :

> (NEC) □A si et seulement si (¬A > ⊥) = Il est nécessaire que A si et seulement si au cas où ¬A serait vraie, une contradiction s'ensuivrait. […]
> (POS) ◊A si et seulement si ¬ (A > ⊥) = Il est possible que A si et seulement si ce n'est pas le cas que si A était vraie, une contradiction s'ensuivrait. [Vaidya, 2017, 3.1.]

Toutefois, on peut poser plusieurs questions à propos de ces conditionnels contrefactuels. Vaidya en analyse deux avec précision :

1. Si on dit que « tel rocher, qui est à l'endroit L, aurait pu être à l'endroit L* », a-t-on besoin de connaître toutes les caractéristiques (ou l'essence) des rochers pour le supposer ? [Vaidya, 2017, 3.2].

2. De même, « quand on imagine où un rocher serait tombé, si un arbuste n'avait pas été sur son chemin », imagine-t-on que « le rocher aurait emprunté la direction opposée à son chemin effectif » ? [Vaidya, 2017, 3.2].

Selon Vaidya, la réponse à ces questions est « non », car dans ces exemples on n'a pas besoin de connaître toutes les caractéristiques des rochers pour supposer le conséquent. Néanmoins, dans ce cas précis, une bonne connaissance des lois physiques peut aider à orienter la supposition du conséquent en éliminant les hypothèses totalement impossibles physiquement.

6. L'imagination dans les sciences

L'imagination est aussi très utilisée dans les sciences, notamment les sciences de la nature, pour créer de nouvelles théories. Le savant qui a le plus admis, utilisé et glorifié le rôle de l'imagination dans ce domaine est sans aucun doute Einstein.

C'est en effet le recours à l'imagination qui lui a permis de relativiser la loi newtonienne de l'inertie, selon laquelle « tout corps demeure immobile, ou continue un mouvement uniforme et rectiligne à moins qu'il ne soit amené à modifier cet état par des forces exercées sur lui » [Barnett, 1951, 111].

Cette loi a pour conséquence que « la quantité de force nécessaire pour accélérer un corps dépend de la masse de ce corps » [Barnett, 1951, 111]. Pourtant, quand les corps tombent, ils le font tous à la même vitesse, qu'ils soient légers ou lourds, comme Galilée l'a montré par sa loi de la chute des corps. C'est ce phénomène qui pose problème, comme le note Lincoln Barnett dans son analyse des théories d'Einstein, car les objets « se déplacent verticalement à la même vitesse », alors que quand leur mouvement est horizontal, ils « se déplacent à des vitesses strictement déterminées par leur masse ». La loi de la gravitation newtonienne l'explique en considérant que « plus l'objet est gros, plus forte est l'attirance de la gravité », alors que quand un objet est petit, aussi bien « son inertie ou tendance à résister » que « la force que la gravité exerce sur lui » sont également petites. La gravité s'exerce donc « au degré nécessaire pour vaincre l'inertie » [Barnett, 1951, 113].

Selon cet auteur, cette explication n'a pas convaincu Einstein, pour qui ces correspondances constituent une coïncidence inintelligible. C'est pourquoi il chercha une théorie plus convaincante. Pour ce faire, il eut recours à l'imagination. Il imagina d'abord une situation où des savants sont dans un ascenseur en train de tomber en chute libre. Dans cette situation, les objets lâchés dans l'ascenseur restent suspendus en l'air « car tout tombe dans le même mouvement qui entraîne l'ascenseur », selon la loi newtonienne. Cela pourrait conduire les savants à penser que leur ascenseur est en dehors du champ de la gravitation, alors qu'il ne l'est pas [Barnett, 1951, 116].

Toutefois, Einstein va encore plus loin en imaginant une autre situation où l'ascenseur est réellement en dehors du champ de la gravitation. Dans cette nouvelle situation, un câble est attaché au toit de l'ascenseur et le tire vers le haut avec force et « de plus en plus vite » [Barnett, 1951, 117].

Cette fois-ci, les savants (qui n'ont toujours aucune idée de leur situation) « constatent que leurs pieds tiennent solidement au sol » [Barnett, 1951, 117] tandis que les objets qu'ils lâchent tombent. De ce fait, ils pensent que la gravitation s'exerce sur leur ascenseur, alors qu'ils sont en réalité dans l'espace.

Ces expériences imaginaires et virtuelles ont permis à Einstein de découvrir « le principe d'équivalence de la gravitation et de l'inertie [...] Il établit simplement qu'il n'y a aucun moyen de distinguer le mouvement produit par les forces d'inertie (accélération, recul, force centrifuge, etc.) du mouvement produit par la force de gravitation » [Barnett, 1951, 120].

Barnett souligne que ce principe remet en question et modifie profondément la théorie newtonienne du mouvement absolu. Il modifie également l'idée même de gravitation qui, chez Einstein, n'est plus « une force », puisque la loi de gravitation d'Einstein « décrit le comportement des objets dans un champ gravitationnel – les planètes par exemple – non pas en termes d'attraction, mais simplement en termes décrivant les chemins qu'elles suivent » [Barnett, 1951, 122].

Cette modification de la théorie newtonienne est due entre autres à l'imagination fertile d'Einstein, qui a eu recours à des situations totalement fantaisistes et irréalisables, lesquelles ont quand même été à l'origine de la création d'une théorie qui rend compte de phénomènes tout à fait réels que, par exemple, les pilotes aéronautiques peuvent expérimenter, note Barnett.

Dans d'autres cas, ce que les savants imaginent demeure très rationnel et proche de la réalité. Les astronomes peuvent imaginer l'existence d'une planète supplémentaire pour expliquer les perturbations dans l'orbite d'une planète existante (voir [Chatti, 2011] pour une analyse de cet exemple). De même, pour expliquer certains phénomènes, les physiciens imaginent que la lumière est composée d'ondes comparables aux vagues de la mer, tandis que d'autres phénomènes les poussent à l'imaginer composée de particules comparables à des boules de billard [Barnett, 1951]. Dans les deux cas, l'imagination reste influencée par la réalité.

Pour rendre les deux théories compatibles, certains savants comparent les quantons à l'image d'un cylindre qui apparaît comme un cercle selon une certaine perspective et comme un carré selon une autre [Beziau, 2016, 78]. Par analogie, un quanton apparaîtrait comme une onde ou comme une particule, selon la perspective. Toutefois dans le cas des quantons, il est difficile d'imaginer ce qui correspond au cylindre [Beziau, 2016, 78].

Conclusion

L'imagination est compatible avec la possibilité physique et logique. Elle est capable de représenter aussi bien le possible unilatéral que le possible bilatéral, sous certaines conditions. Elle est compatible aussi avec l'impossibilité physique. Mais elle est incompatible avec l'impossibilité logique, car ce qui est impossible logiquement (ou mathématiquement) ne peut même pas être imaginé. Certains concepts mathématiques, comme le concept d'infini, ne peuvent pas non plus être imaginés. Certaines « entités » de la physique quantique, tels les composants ultimes de la lumière, qui seraient compatibles avec la théorie ondulatoire et la théorie corpusculaire, ne peuvent pas non plus être imaginées. L'imagination joue toutefois un rôle en physique et dans les sciences en général, en permettant d'inventer de nouvelles théories.

Bibliographie

Aristote [1994], *De l'interprétation*, trad. Jules Tricot, Paris, Vrin.

Barnett, Lincoln [1951], *Einstein et l'univers*, trad. Julien Nequaud, Paris, Gallimard, « Idées ».

Beziau, Jean-Yves [2016], "Possibility, Imagination and Conception", *Princípios: Revista de Filosofia*, 23, 40, 59-95.

Blanché, Robert [1966], *Structures intellectuelles. Essai sur l'organisation systématique des concepts*, Paris, Vrin.

Bolzano, Bernard [1990], « Sur la doctrine kantienne de la construction des concepts par les intuitions », trad. Jacques Laz & Martin Baltzer, *Philosophie*, 27, 3-12.

Chatti, Saloua [2011], "Extensionalism and Scientific Theory in Quine's Philosophy", *International Studies in the Philosophy of Science*, 25, 1, 1-21.

Descartes, René [1953], *Méditations touchant la première philosophie*, in *Œuvres complètes*, Paris, Gallimard, « Bibliothèque de la Pléiade », 267-334.

Gendler, Tamar [2016], "Imagination", in Edward N. Zalta (ed.), *Stanford Encyclopedia of Philosophy Archive*, https://plato.stanford.edu/archives/win2016/entries/imagination/.

Lehning, Hervé [2007], « Les nombres complexes », *La Recherche*, 414, 75-78.

Vaidya, Anand [2017], "The Epistemology of Modality", in Edward N. Zalta (ed.), *Stanford Encyclopedia of Philosophy Archive*, https://plato.stanford.edu/archives/win2017/entries/modality-epistemology/.

Saloua CHATTI
Université de Tunis
Tunis, Tunisie
salouachatti11@gmail.com

De l'imagination nécessaire pour encercler un concept
Amirouche MOKTEFI

1. Introduction

Les mérites des diagrammes sont bien connus. Les logiciens y recourent pour faciliter le raisonnement et donner à voir leurs propositions et leurs calculs. Les diagrammes dits d'Euler sont particulièrement prisés dans cette littérature. L'idée est assez simple : un cercle représente un concept (Fig. 1). Leonhard Euler, qui a fait un usage systématique de ces diagrammes dans ses *Lettres à une Princesse d'Allemagne*, explique cette idée :

> On peut aussi représenter par des figures ces quatre espèces de propositions, pour exprimer visiblement leur nature à la vue. Cela est d'un secours merveilleux, pour expliquer très distinctement en quoi consiste la justesse d'un raisonnement. Comme une notion générale renferme une infinité d'objets individus, on la regarde comme un espace dans lequel tous ces individus sont renfermés : ainsi pour la notion d'*homme* on fait un espace [*lettre A dans un cercle*] dans lequel on conçoit, que tous les hommes sont compris. [Euler, 1768, II, 98.]

Dès lors, les relations logiques entre concepts peuvent être représentées par des relations topologiques entre cercles. Par exemple, il suffit de dessiner un cercle *x* dans un cercle *y* pour représenter la proposition « Tous les *x* sont *y* » (Fig. 2).

Figure 1   Figure 2

Si ces « patates » ont été popularisées par Euler, leur usage lui est bien antérieur [Edwards, 2006 ; Lemanski, 2017]. À vrai dire, leur principe est si manifeste qu'on peut soupçonner plusieurs inventeurs à travers les âges, comme l'explique John Venn :

En fait, on peut supposer qu'ils ont dû être inventés indépendamment à plusieurs reprises par de nombreux logiciens [...] En effet, pour quiconque habitué à visualiser des figures géométriques, il me semble probable que le *dictum* d'Aristote, une fois compris, se présenterait naturellement sous la forme de figures fermées de quelque sorte qui s'incluraient les unes les autres avec succès[1]. [Venn, 1894, 506-507.]

La facilité qu'offrent ces figures pour représenter les propositions et les raisonnements explique leur diffusion, notamment pour des usages éducatifs et heuristiques. Charles S. Peirce jugeait que les mérites considérables de ces diagrammes « résultent du fait que ce système est véritablement iconique, naturellement analogue à la chose représentée » [Peirce, 1933, 316]. Ces diagrammes semblent si naturels qu'ils nous feraient presque oublier toute l'imagination nécessaire pour encercler un concept. Nous présentons ici diverses considérations liées à la représentation, au graphisme et à l'usage de ces diagrammes. L'objet est de montrer que leur apparente naturalité est en réalité le fruit d'efforts continus des logiciens pour accommoder ces figures à leurs besoins.

2. De la représentation

Si les diagrammes représentent quelque chose, c'est qu'il y a (ou doit y avoir) quelque chose à représenter. Il faut donc concevoir un objet à représenter (le concept, en l'occurrence). Or, on peut légitimement se demander quels objets logiques se prêtent le mieux à ce type de représentation. Lorsque nous dessinons un cercle, nous ne cherchons pas seulement à représenter un objet prédéfini, nous imaginons aussi l'objet qui se prêterait le mieux à cette représentation. Et c'est la relation entre le cercle et l'objet qui explique l'expressivité de ces représentations [Moktefi, 2015a]. Rappelons par ailleurs que c'est bien l'espace (et non la ligne qui en est la circonférence) du cercle qui représente le concept. Ce point a son importance pour comprendre la force visuelle des diagrammes d'Euler et il faut donc bien garder à l'esprit qu'un cercle est compris comme « une figure plane » [Euclide, 1966, 1 ; Goldstein, 1989].

Nous avons affirmé, avec assurance, qu'un cercle d'Euler représente un concept. Mais qu'y représente-t-on vraiment ? En effet, il y a différentes manières de définir un concept qui soit un terme dans une proposition logique. Les logiciens distinguent généralement l'intension d'un concept de son extension : l'intension renvoie aux qualités nécessaires au concept, tandis que

---

[1] Tous les passages issus de références en anglais ont été traduits par nos soins.

l'extension indique la classe des individus qu'il recouvre. Si l'on considère le concept de chat, par exemple, l'intension constitue les conditions requises pour être un chat et l'extension regroupe l'ensemble des individus qui sont des chats. Cette distinction peut paraître peu importante à première vue, mais elle est en réalité cruciale pour la construction de calculs logiques, comme on l'a compris au moins depuis Leibniz [Bassler, 1998].

Considérons la représentation de la proposition « Tout chat est un animal » avec des cercles d'Euler (Fig. 3). Il est évident que c'est bien l'extension des concepts qui est visualisée. En effet, l'ensemble des chats est inclus dans l'ensemble des animaux. En revanche, il n'est pas vrai que les qualités requises pour être un chat soient incluses dans les qualités requises pour être un animal. Bien au contraire, pour être un chat, il faut déjà posséder les qualités requises pour être un animal (en général) et y ajouter des qualités spécifiques à la classe des chats et qui les distinguent des autres animaux. Une interprétation intensionnelle montre donc que l'intension du concept 'Chat' contient l'intension du concept 'Animal' (Fig. 4). Si cette représentation est contre-intuitive, elle n'en est pas moins légitime. Cependant, la situation se complique lorsque l'on essaye de représenter d'autres propositions.

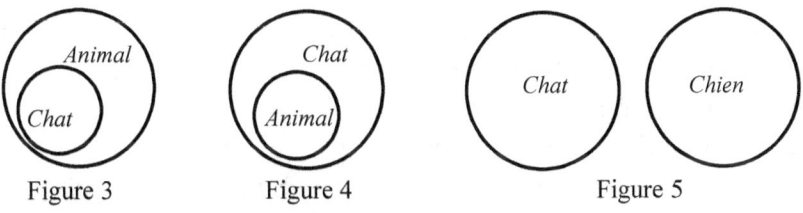

Figure 3   Figure 4   Figure 5

Considérons la négative universelle « Aucun chat n'est chien ». La représentation de la relation entre les extensions de ces deux concepts est assez facile : il suffit de dessiner deux cercles disjoints indiquant que les deux classes n'ont pas d'individu commun (Fig. 5). Il est en revanche difficile d'exprimer la relation entre les intensions de ces concepts. En effet, leurs intensions ne sont pas forcément disjointes puisque chats et chiens partagent plusieurs qualités, notamment celles nécessaires pour être un animal. Nous savons simplement qu'il ne peut y avoir de concept ayant à la fois les qualités nécessaires pour être un chat et celles nécessaires pour être un chien. Il faudrait donc représenter ce que Louis Couturat appelait une « répulsion morale » entre ces deux intensions [Couturat, 1901, 22]. Les diagrammes d'Euler ne s'y prêtent pas [Stapleton, Moktefi, Howse & Burton, 2018].

C'est donc bien l'extension du concept (c'est-à-dire la classe) que représentent les diagrammes d'Euler, tels que nous les utilisons communément. Il reste à considérer le procédé par lequel un cercle représente une classe. Umberto Eco écrit à ce sujet :

> [L]'appartenance à une classe est-elle un fait spatial ? Certes non, mis à part le fait que je puis être défini comme appartenant à la classe de tous ceux qui se trouvent dans un certain lieu ; mais si j'appartiens à la classe de ceux qui connaissent la passion, cette classe est une abstraction et non un espace. Pourquoi, dans la représentation par cercles, la classe devient-elle un espace ? *Par pure convention.* [Eco, 1988, 228-229.]

Ainsi, Eco voit dans l'homologie entre classes et espaces une pure convention, sauf à appartenir « à la classe de tous ceux qui se trouvent dans un certain lieu ». Cette dérogation est intéressante car c'est précisément ainsi qu'Euler semble avoir conçu ses diagrammes. Rappelons-nous comment, dans le passage cité, il nous invite à considérer un cercle représentant une classe comme « un espace dans lequel tous ces individus sont renfermés ». Reprenons l'exemple d'Eco : il suffit d'imaginer un rassemblement de « ceux qui connaissent la passion » en un certain lieu pour avoir une représentation spatiale de la classe de « ceux qui connaissent la passion ». Le fait qu'il soit impossible de rassembler *physiquement* en un même lieu tous « ceux qui connaissent la passion » importe peu. La formation de cette classe est une opération mentale et notre imagination suffit à cet effet.

Terminons cette section en considérant une extension des diagrammes d'Euler, dite diagrammes de Venn, souvent confondue avec le schématisme original. Au lieu de représenter directement les classes et leurs relations, Venn procède en deux étapes : il offre d'abord un diagramme-cadre montrant toutes les combinaisons possibles des termes représentés, puis ajoute des signes diacritiques pour indiquer l'état de chaque combinaison [Venn, 1880 ; 1894]. Imaginons que l'on veuille représenter la proposition « Tous les x sont y ». Comme il y a deux termes, x et y, nous dessinons deux cercles s'intersectant de sorte à diviser l'univers en quatre sous-divisions : $x\,y$, $x\,non\text{-}y$, $non\text{-}x\,y$ et $non\text{-}x\,non\text{-}y$ (Fig. 6). Notre proposition indique que tous les x sont y, ce qui signifie qu'il n'y a pas de x qui soit *non-y*. Exprimons-le en rayant le compartiment vide $x\,non\text{-}y$ (Fig. 7). On peut immédiatement noter que ce diagramme de Venn est moins accessible que le diagramme d'Euler représentant la même proposition (Fig. 2). Néanmoins, les diagrammes de Venn ont leur raison d'être, que nous expliquerons plus loin.

De l'imagination nécessaire pour encercler un concept

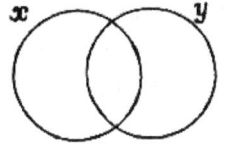
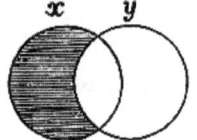

Figure 6   Figure 7

À ce stade, nous souhaitons simplement souligner la différence essentielle entre ces deux modes de représentation. Certes, Euler et Venn utilisent tous deux des cercles pour visualiser des concepts. Mais si Euler représente des classes, Venn ne représente que des « compartiments » :

> La meilleure façon d'introduire cette question est de se demander un peu plus strictement si ce sont vraiment des *classes* que nous représentons ainsi, ou seulement des *compartiments* dans lesquels les classes peuvent être placées ? […] La réponse la plus appropriée est que nos subdivisions schématiques, ou d'ailleurs nos symboles en général, représentent des compartiments et non des classes. Nous pouvons sans aucun doute les considérer comme représentant ces dernières, mais si nous le faisons, nous ne devons jamais manquer de garder à l'esprit la condition « s'il existe de telles choses ». Et quand on insiste sur cette condition, il semble que nous exprimons mieux notre propos en disant que ce que nos symboles représentent, ce sont des compartiments qui peuvent ou non être occupés. [Venn, 1894, 119-120.]

On voit ainsi comment un graphisme ressemblant peut tromper l'usager de ces diagrammes. Il est donc important de garder à l'esprit l'objet représenté et les théories logiques pour lesquels ces diagrammes ont été spécifiquement conçus.

3. Du graphisme

La relation logique entre les propositions étant représentée par la relation topologique entre les cercles, les propriétés métriques de ces figures importent peu. Bien sûr, dans la figure 8a représentant la proposition « Tous les x sont y », il faut bien que la surface du cercle x soit inférieure à celle du cercle y pour satisfaire l'inclusion. Néanmoins, il importe peu que x couvre une petite partie, la moitié ou une grande partie de y. La forme des figues n'a a priori pas de signification logique non plus. Euler écrivait déjà :

> Ces figures rondes, ou plutôt ces espaces, (car il n'importe quelle figure nous leur donnions) sont très propres à faciliter nos réflexions sur cette matière, & à

nous découvrir tous les mystères dont on se vante dans la Logique, & qu'on y démontre avec bien de la peine, pendant que par le moyen de ces figures tout saute d'abord aux yeux. [Euler, 1768, II, 100-101.]

Ainsi les figures 8a, 8b et 8c représentent pareillement la proposition « Tous les *x* sont *y* ». Il reste que si certaines autres formes apparaissent occasionnellement dans la littérature logique, seul le cercle connaît un usage répandu et régulier.

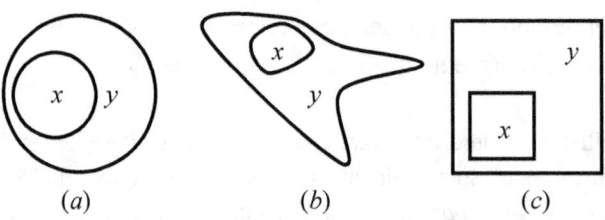

Figure 8

À vrai dire, des diagrammes linéaires ont aussi connu un certain succès par le passé. On en trouve même au XIIe siècle [Hodges, 2018] et on leur connaît plusieurs usagers au XVIIIe siècle, notamment Leibniz, Johann H. Lambert et Gottfried Ploucquet [Bellucci, Moktefi & Pietarinen, 2014]. L'idée est très simple : au lieu de regrouper les individus d'une classe à l'intérieur d'un espace, on les *aligne* pour former un segment qui représentera la classe. Dès lors, il est aisé de représenter la proposition « Tous les *x* sont *y* » avec un segment *x* qui serait une portion d'un segment *y* (Fig. 9a). Comme cette figure manque de clarté, on peut déplacer légèrement le segment *x* sous le segment *y* (Fig. 9b).

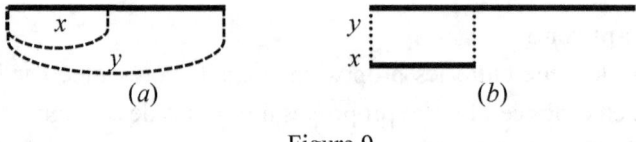

Figure 9

Si les diagrammes linéaires restent appréciés [Englebretsen, 1998 ; Rodgers, Stapleton & Chapman, 2015], les cercles dominent. Cette primauté est facile à comprendre : l'aisance du graphisme et la symétrie de la forme sont appréciées par les usagers. Néanmoins, l'usage des cercles a son propre lot d'inconvénients : d'abord, ces formes se prêtent peu à la représentation des proportions. Certes, il n'est pas commun de considérer des éléments quantitatifs lors de la représentation de propositions logiques. Venn expliquait justement :

> Les compartiments produits par nos diagrammes doivent être considérés strictement comme enfermés par tels et tels contours, comme situés dans ou en dehors de telles et telles lignes. Nous devons faire entièrement abstraction de toute considération quant à leur grandeur relative, comme nous le faisons pour leur forme, et ne faisons pas plus de lien entre ces faits et l'extension logique des termes qu'ils représentent que nous n'en faisons entre l'extension logique et la taille et forme des lettres les symbolisant, *A*, *B* et *C*. [Venn, 1894, 527.]

Néanmoins, Venn concède que l'introduction de quantités rendrait les cercles peu pratiques, à l'inverse des diagrammes rectangulaires [Venn, 1894, 526 ; Edwards & Edwards, 1992]. Cela est particulièrement intéressant dans le cas de la représentation de termes négatifs. En effet, dans les diagrammes circulaires d'Euler, nous représentons la classe positive dans un cercle et laissons la classe négative à l'extérieur du cercle. En cela, nous ne traitons pas équitablement les deux classes issues de la division dichotomique de l'espace, qui se voient attribuer des espaces de tailles et de formes différentes, la classe négative se retrouvant même sans frontières [Coumet, 1977].

Certains logiciens introduisent alors un rectangle autour du cercle pour enfermer la classe négative dans les limites de l'univers du discours. Une seconde étape consiste à se débarrasser entièrement du cercle et à diviser simplement l'univers en deux classes symétriques, de formes et de tailles égales (Fig. 10). Des diagrammes de ce genre ont été utilisés par les successeurs immédiats de Venn, notamment Allan Marquand (1881), Alexander Macfarlane (1885) et surtout Lewis Carroll [1887]. Un autre avantage des figures rectangulaires est de mieux se prêter à la construction de diagrammes pour un nombre élevé de termes [Moktefi & Edwards, 2011]. En effet, à partir de six termes, les diagrammes circulaires de Venn perdent leur régularité, contrairement à leurs rivaux rectangulaires [Moktefi, Bellucci & Pietarinen, 2014].

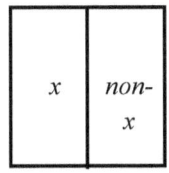
Figure 10

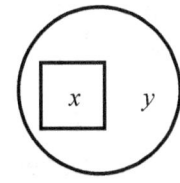
Figure 11

Jusqu'ici, nous avons considéré, comme il est communément l'usage, que la forme même des figures n'a pas de signification logique. Il est important de signaler que cette convention a parfois été transgressée. Notons déjà que dans les exemples précédents, le sujet et le prédicat des propositions représentées ont la même forme, le cercle généralement. Cette uniformité tend à effacer la distinction logique entre le sujet et son prédicat. Pour la restaurer, certains logiciens, tel John Leechman, ont utilisé des formes différentes pour les termes impliqués. Ainsi, la proposition « Tous les *x* sont *y* » peut être représentée avec un carré *x* inclus dans un cercle *y* (Fig. 11). Outre la relation logique adéquatement représentée, cette figure maintient la distinction entre le sujet et le prédicat [Leechman, 1864].

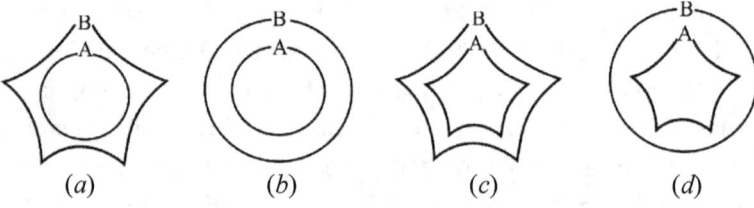

Figure 12

Un autre exemple, plus innovant, de l'attribution d'une signification logique à la forme des figures se trouve chez Peirce. En effet, celui-ci propose d'ajuster la position du terme positif à la forme des figures. Ainsi, pour toute figure, le terme positif se retrouvera du côté concave et le terme négatif du côté convexe [Bhattacharjee, Moktefi & Pietarinen, 2020]. Si cette convention s'accorde avec l'usage qu'Euler fait de ses cercles, elle ajoute la possibilité de recourir à des formes nouvelles où le terme négatif serait à l'intérieur de la figure. Par exemple, dans la figure 12a, l'intérieur de la forme *A* correspond au terme positif *A* puisque ce côté de la courbe est concave. En revanche, l'intérieur de la forme *B* est convexe et contient donc le terme négatif *non-B*. Le diagramme montre *A* à l'intérieur de *non-B* et représente donc la proposition « Aucun *A* n'est *B* ». De même, les figures 12b, 12c et 12d représentent respectivement « Tous les *A* sont *B* », « Tous les *B* sont *A* » et « Aucun *non-A* n'est *non-B* » (c'est-à-dire « Tout est *A* ou *B* »).

4. De l'usage

En examinant l'usage des cercles pour représenter des classes, nous avons vu que le choix même des classes comme objet représenté et des cercles comme objet représentant est loin d'être immédiat. Au contraire, un nombre important de facteurs et de considérations, quant à la représentation et au graphisme, guident la construction de ces rapports et le choix des objets et des figures. Étendons notre enquête pour considérer l'usage des diagrammes pour la résolution de problèmes logiques. Un simple syllogisme suffira à illustrer notre propos.

Supposons deux propositions : « Tous les *x* sont *m* » et « Tous les *m* sont *y* ». Il est demandé de trouver la conclusion qui découle de cette paire de prémisses. Il est assez aisé de résoudre ce problème avec les cercles d'Euler : on représente la première proposition en plaçant un cercle *x* à l'intérieur d'un cercle *m*. On ajoute la seconde prémisse en plaçant le cercle *m* à l'intérieur d'un nouveau cercle *y*. On obtient alors le diagramme d'Euler (Fig. 13). On peut voir *directement* sur ce diagramme que le cercle *x* est à l'intérieur du cercle *y*, ce qui donne la conclusion du syllogisme : « Tous les *x* sont *y* ».

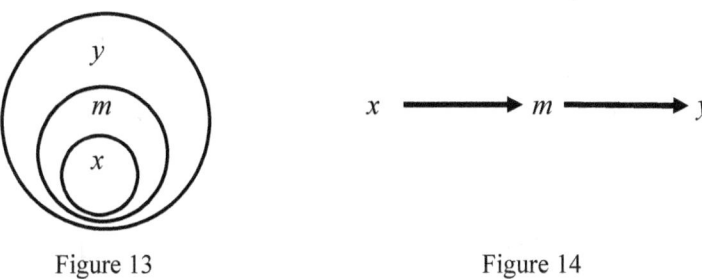

Figure 13   Figure 14

Cet exemple montre parfaitement la force de ces diagrammes : il suffit de représenter les prémisses pour voir directement la conclusion, sans recours à de nouvelles conventions ni application de règles de calcul. Pour comprendre ce mérite, imaginons un système graphique rival où l'inclusion d'une classe dans une autre serait représentée par une flèche reliant des lettres. Il est, là encore, aisé de représenter nos deux prémisses : une flèche mène de *x* à *m* et une seconde flèche de *m* à *y* (Fig. 14). En revanche, contrairement au diagramme d'Euler, ce système ne permet pas de déduire directement que *x* est inclus dans *y* puisqu'aucune flèche ne relie directement *x* à *y*. Pour cela, il faut énoncer une règle de transitivité stipulant que deux flèches successives dans la même direction peuvent être remplacées par une seule. C'est à ce prix-là que l'on extrait la conclusion appropriée. Les diagrammes d'Euler nous évitent ce désagrément en nous offrant un « trajet gratuit » des prémisses à la conclusion [Shimojima, 1996].

Si les diagrammes d'Euler possèdent cet avantage observationnel pour le calcul des classes [Stapleton, Jamnik & Shimojima, 2017], ils ont aussi leur lot d'imperfections. La plus évidente, et aussi la plus ennuyeuse, est sans doute l'imparfaite correspondance entre les rapports d'espace et les rapports entre classes dans les propositions traditionnelles de la logique. Ainsi, dans le syllogisme, nous avons simplement représenté la prémisse « Tous les x sont m » en plaçant un cercle x strictement à l'intérieur d'un cercle m. Or, la proposition autorise un autre rapport entre classes (et un autre diagramme), où x et m coïncideraient. Il faudrait donc, en réalité, deux diagrammes distincts pour exprimer l'ensemble des configurations permises par la proposition. Et comme la seconde prémisse « Tous les m sont y » nécessite également deux diagrammes, il faut en réalité quatre diagrammes, et non plus un seul, pour représenter *rigoureusement* les deux prémisses (Fig. 15).

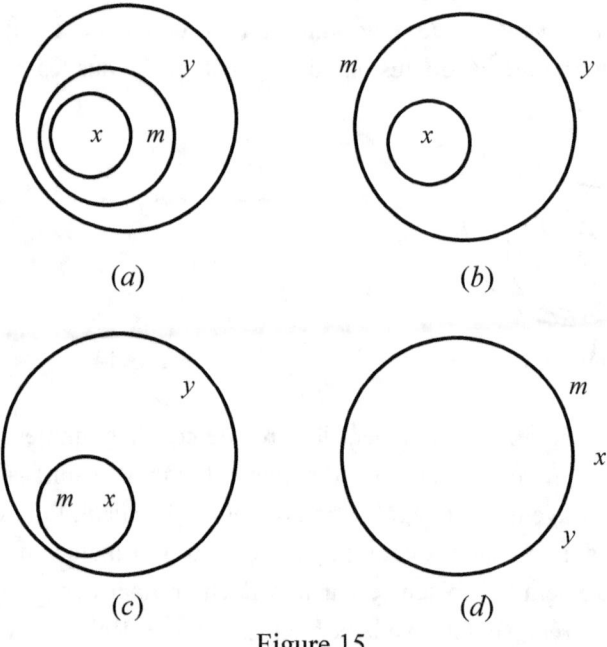

Figure 15

Évidemment, cela rend les choses beaucoup plus compliquées. C'est pour remédier à ce défaut que Venn a introduit ses propres diagrammes [Venn, 1880]. Nous avons déjà expliqué ses principes de représentation ; il est temps d'en expliquer l'usage pour résoudre notre petit problème logique. Pour un nombre prédéfini de termes, un seul diagramme de Venn suffit. Pour notre cas et ses trois termes x, m, et y, nous utilisons un diagramme à trois cercles entrelacés pour diviser l'espace en huit compartiments, représentant toutes les combinaisons des trois termes. Il suffit ensuite de rayer le compartiment x non-m pour représenter la première prémisse « Tous les x sont m » et le compartiment *m non-y* pour représenter la seconde prémisse « Tous les *m* sont *y* » (Fig. 16). On voit que le compartiment *x non-y* est entièrement rayé et est donc vide. On déduit la conclusion : « Tous les *x* sont *y* ».

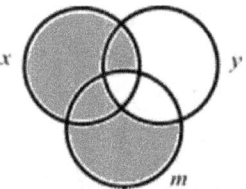

Figure 16

Évidemment, les diagrammes de Venn ne montrent pas directement la relation entre classes, comme le font les diagrammes d'Euler. En cela, ils sont moins satisfaisants visuellement. En revanche, leur expressivité est meilleure et ils permettent d'éviter un éparpillement des propositions sur plusieurs diagrammes. Malgré ces différences, Euler et Venn souffrent d'un défaut commun : ils ne représentent pas la conclusion seule. En effet, il faut extraire la conclusion entre deux termes d'un diagramme qui en représente davantage. Certes, cette action est assez facile dans notre exemple, surtout avec Euler, mais elle peut devenir complexe avec des propositions particulières ou des termes plus nombreux. Ce reproche a été formulé par Couturat pour justifier sa préférence pour les méthodes algébriques :

> Seulement ce schématisme, considéré comme une méthode pour résoudre les problèmes logiques, a de graves inconvénients : il n'indique pas comment les données se traduisent par l'annulation de certains constituants, et il n'indique pas non plus comment il faut combiner les constituants restants pour obtenir les conséquences cherchées. En somme, il ne fait que traduire une seule étape du raisonnement, à savoir l'équation du problème ; il ne dispense ni des étapes antérieures, c'est-à-dire de la « mise en équation » du problème et de la transformation des prémisses, ni des étapes postérieures, c'est-à-dire des combinaisons qui conduisent aux diverses conséquences. [Couturat, 1905, 77.]

Pour extraire la conclusion du diagramme de Venn (Fig. 16), il faut introduire des règles permettant d'éliminer les termes (et donc les cercles) indésirables ou superflus pour ne garder que ceux qui interviennent dans la conclusion recherchée. Dans le cas présent, on obtiendrait la figure 7 qui montre la proposition « Tous les *x* sont *y* ». Si Venn ne fournit pas strictement de telles règles, on en trouve chez un de ses contemporains, Lewis Carroll, qui a développé une théorie logique dans l'espoir de la vulgariser auprès d'un large public [Moktefi, 2015b ; 2019a]. La méthode diagrammatique qu'il conçoit est assez proche de celle de Venn, même s'il est difficile d'affirmer avec certitude sa connaissance des travaux de ce dernier [Moktefi, 2017a]. Sa particularité est qu'elle nécessite deux diagrammes pour résoudre les problèmes logiques : l'un pour représenter les prémisses et l'autre pour représenter la conclusion [Carroll, 1887]. Des règles de transfert précises permettent de transférer l'information de l'un à l'autre et donc d'extraire la conclusion, ce qui répond à l'objection de Couturat. Il n'est pas nécessaire pour notre propos de détailler les conventions ni les règles du schématisme de Carroll [Abeles, 2007 ; Moktefi, 2013]. Voyons simplement à titre d'illustration comment il traite nos deux prémisses. Il les représente d'abord sur son diagramme trilittéral (Fig. 17a), équivalent au diagramme de Venn (Fig. 16), les 0 remplaçant les rayures. Ensuite, conformément à ses règles de transfert, il extrait la conclusion que l'on retrouve sur le diagramme bilittéral (Fig. 17b). Carroll utilise donc une séquence de diagrammes plutôt qu'un diagramme seul. En cela, il anticipe le développement récent des systèmes diagrammatiques formels [Shin, 1994 ; Stapleton, 2014 ; Moktefi, 2019b].

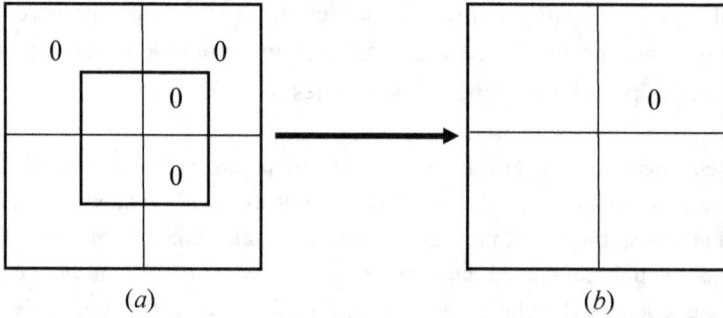

Figure 17

5. Conclusion

Les diagrammes d'Euler sont souvent prisés pour leur naturalité supposée. La correspondance entre les cercles et les classes semble si parfaite qu'elle intrigue les logiciens. Arthur Schopenhauer notait :

> La représentation de ces sphères avec des figures est une idée extrêmement heureuse [...] Euler a développé cette idée entièrement avec des cercles. Je suis incapable de dire ce sur quoi repose au final cette analogie complète entre

les relations de concepts et celles des figures. Néanmoins, c'est une circonstance fort heureuse pour la logique que toutes les relations de concepts […] puissent être rendues pleinement perceptibles avec l'usage de telles figures. [Schopenhauer, 1969, 42.]

Notre enquête montre que ce conte de fées n'en est pas un. À trop se demander pourquoi ces diagrammes fonctionnent si bien, on oublie vite qu'ils ne fonctionnent pas si bien que cela. Il y a de multiples circonstances où les diagrammes d'Euler sont peu pratiques, ce qui explique les nombreuses innovations des logiciens ayant travaillé sur ses pas, y compris Schopenhauer, dont les contributions restent peu connues [Lemanski, 2016 ; Moktefi, 2020].

Il faut penser les diagrammes, d'Euler et autres, comme des instruments conçus pour résoudre des problèmes particuliers, dans un contexte particulier [Giardino, 2013 ; Moktefi, 2017b]. Euler les a conçus pour enseigner la syllogistique. Venn introduit les siens dans un autre contexte : la logique symbolique est née et à la suite de Boole, les logiciens travaillent à résoudre le problème de l'élimination avec un grand nombre de termes [Durand-Richard & Moktefi, 2014]. Il en va ainsi des autres diagrammes, qui doivent à leurs concepteurs le choix d'un graphisme et d'un mode de représentation pour satisfaire un usage.

Il n'y a pas de diagrammes naturels.

Bibliographie

Abeles, Francine F. [2007], "Lewis Carroll's Visual Logic", *History and Philosophy of Logic*, 28, 1, 1-17.

Bassler, O. Bradley [1998], "Leibniz on Intension, Extension, and the Representation of Syllogistic Inference", *Synthese*, 116, 2, 117-139.

Bellucci, Francesco, Moktefi, Amirouche & Pietarinen, Ahti-Veikko [2014], "Diagrammatic Autarchy. Linear Diagrams in the 17th and 18th Centuries", in Burton & Choudhury (eds.) [2014], 23-30.

Bhattacharjee, Reetu, Moktefi, Amirouche & Pietarinen, Ahti-Veikko [2020], "The Representation of Negative Terms with Euler Diagrams", in Jean-Yves Beziau *et al.* (eds.), *Logic in Question*, Basel, Birkhäuser.

Burton, Jim & Choudhury, Lopamudra (eds.) [2014], *DLAC 2013: Diagrams, Logic and Cognition*, 1132, « Ceur Workshop Proceedings ».

Carroll, Lewis [1887], *The Game of Logic*, London, Macmillan.

Coumet, Ernest [1977], « Sur l'histoire des diagrammes logiques, "figures géométriques" », *Mathématiques et sciences humaines*, 60, 31-62.

Couturat, Louis [1901], *La Logique de Leibniz*, Paris, Félix Alcan.

— [1905], *L'Algèbre de la Logique*, Paris, Gauthier-Villars.

Durand-Richard, Marie-José & Moktefi, Amirouche [2014], « Algèbre et logique symboliques : arbitraire du signe et langage formel », in Jean-Yves Beziau (dir.), *La Pointure du symbole*, Paris, Pétra, « Transphilosophiques », 295-328.

Eco, Umberto [1988], *Le Signe. Histoire et analyse d'un concept*, trad. Jean-Marie Klinkenberg, Bruxelles, Éditions Labor, « Média ».

Edwards, Anthony William Fairbank [2006], "An Eleventh-Century Venn Diagram", *BSHM Bulletin*, 21, 2, 119-121.

Edwards, A. W. F. & Edwards, J. H. [1992], "Metrical Venn diagrams", *Annals of Human Genetics*, 56, 71-75.

Englebretsen, George [1998], *Line Diagrams for Logic. Drawing Conclusions*, Lewiston (NY), Edwin Mellen Press.

Euclide [1966], *Les Œuvres d'Euclide*, trad. François Peyrard, Paris, Albert Blanchard.

Euler, Leonhard [1768], *Lettres à une Princesse d'Allemagne sur divers sujets de physique et de philosophie*, Saint-Pétersbourg, Imprimerie de l'Académie Impériale des Sciences.

Giardino, Valeria [2013], "A Practice-Based Approach to Diagrams", in Amirouche Moktefi & Sun-Joo Shin (eds.), *Visual Reasoning with Diagrams*, Basel, Birkhäuser, 135-151.

Goldstein, Catherine [1989], « L'un est l'autre : pour une histoire du cercle », in Michel Serres (dir.), *Éléments d'histoire des sciences*, Paris, Bordas, « Cultures », 129-149.

Hodges, Wilfrid [2018], "Two Early Arabic Applications of Model-Theoretic Consequence", *Logica Universalis*, 12, 1-2, 37-54.

Leechman, John [1864], *Logic*, London, William Allan & Co.

Lemanski, Jens [2016], "Means or End? On the Valuation of Logic Diagrams", *Logiko-filosofskie Studii*, 14, 98-122.

— [2017], "Periods in the Use of Euler-Type Diagrams", *Acta Baltica Historiae et Philosophiae Scientiarum*, 5, 1, 50-69.

Moktefi, Amirouche [2013], "Beyond Syllogisms: Carroll's (Marked) Quadriliteral Diagram", in Amirouche Moktefi & Sun-Joo Shin (eds.), *Visual Reasoning with Diagrams*, Basel, Birkhäuser, 55-72.

— [2015a], "Is Euler's Circle a Symbol or an Icon?", *Sign Systems Studies*, 43, 4, 597-615.

— [2015b], "On the Social Utility of Symbolic Logic: Lewis Carroll against 'The Logicians'", *Studia Metodologiczne*, 35, 133-150.

— [2017a], "Are Other People's Books Difficult to Read? The Logic Books in Lewis Carroll's Private Library", *Acta Baltica Historiae et Philosophiae Scientiarum*, 5, 1, 28-49.

— [2017b], "Diagrams as Scientific Instruments", in Andras Benedek & Ágnes Veszelszki (eds.), *Virtual Reality – Real Visuality*, Frankfurt am Main, Peter Lang, « Visual Learning », 81-89.

— [2019a], "Logic", in Robin Wilson & Moktefi Amirouche (eds.), *The Mathematical World of Charles L. Dodgson (Lewis Carroll)*, Oxford, Oxford University Press, 87-119.

— [2019b], "Diagrammatic Reasoning: The End of Scepticism?", in András Benedek & Kristóf Nyiri (eds.), *Vision Fulfilled. The Victory of the Pictorial Turn*, Budapest, Hungarian Academy of Sciences & Budapest University of Technology and Economics, « Perspectives on Visual Learning », 177-186.

— [2020], "Schopenhauer's Eulerian diagrams", in Jens Lemanski (ed.), *Mathematics, Logic, and Language in Schopenhauer*, Basel, Birkhaüser.

Moktefi, Amirouche, Bellucci, Francesco & Pietarinen, Ahti-Veikko [2014], "Continuity, Connectivity and Regularity in Spatial Diagrams for N Terms", in Burton & Choudhury (eds.) [2014], 31-35.

Moktefi, Amirouche & Edwards, Anthony William Fairbank [2011], "One More Class: Martin Gardner and Logic Diagrams", in Mark Burstein (ed.), *A Bouquet for the Gardener. Martin Gardner Remembered*, New York, The Lewis Carroll Society of North America, 160-174.

Peirce, Charles Sanders [1933], *Collected Papers*, 4, Cambridge (MA), Harvard University Press.

Rodgers, Peter, Stapleton, Gem & Chapman, Peter [2015], "Visualizing Sets with Linear Diagrams", *ACM Transactions on Computer-Human Interaction*, 22, 6, 27:1-27:39.

Schopenhauer, Arthur [1969], *The World as Will and Representation*, trad. E. F. J. Payne, 1, New York, Dover.

Shimojima, Atsushi [1996], "Operational Constraints in Diagrammatic Reasoning", in Gerard Allwein & Jon Barwise (eds.), *Logical Reasoning with Diagrams*, New York, Oxford University Press, 27-48.

Shin, Sun-Joo [1994], *The Logical Status of Diagrams*, New York, Cambridge University Press.

Stapleton, Gem [2014], "Delivering the Potential of Diagrammatic Logics", in Burton & Choudhury (eds.) [2014], 1-8.

Stapleton, Gem, Jamnik, Mateja & Shimojima, Atsushi [2017], "What Makes an Effective Representation of Information: A Formal Account of Observational Advantages", *Journal of Logic, Language and Information*, 26, 5, 143-177.

Stapleton, Gem, Moktefi, Amirouche, Howse, John & Burton, Jim [2018], "Euler Diagrams Through the Looking Glass: From Extent to Intent", in Peter Chapman, Gem Stapleton, Amirouche Moktefi, Sarah Perez-Kriz & Francesco Bellucci (eds.), *Diagrammatic Representation and Inference*, Berlin, Springer, 365-381.

Venn, John [1880], "On the Diagrammatic and Mechanical Representation of Propositions and Reasonings", *Philosophical Magazine*, 10, 1-18.

— [1894], *Symbolic Logic*, 2nd ed., London, Macmillan.

Amirouche MOKTEFI
Tallinna Tehnikaülikool
Tallinn, Estonie
amirouche.moktefi@taltech.ee

Peut-on imaginer l'impossible et/ou l'inconcevable ?
Jean-Yves BEZIAU

0. Objectif et méthode

Nous cherchons ici à comprendre ce qu'est l'imagination en la mettant en rapport avec deux autres notions : la possibilité et la conception. Nous avons déjà défendu l'indépendance de ces trois notions [Beziau, 2016], illustrée par un diagramme de Venn[1] :

Figure 1. Trois notions indépendantes.

Nous nous concentrerons sur trois zones, pour expliquer qu'il y a des choses qui sont :

(1) imaginables, inconcevables et possibles (zone cyan) ;
(2) imaginables, impossibles et concevables (zone jaune) ;
(3) imaginables, impossibles et inconcevables (zone verte).

Comme le montre explicitement le diagramme, bien que dans les trois cas nous ayons affaire à de l'imaginable, il s'agit de trois situations exclusives. Cela n'empêche pas de considérer après coup des combinaisons de zones, telle que l'union de la zone verte avec la zone cyan, etc.

---

[1] Introduits par le logicien britannique John Venn en 1880, les diagrammes de Venn sont un outil simple et efficace de schématisation, quoique pas une panacée. Un exemple célèbre est celui de la théorie des couleurs [Jaspers, 2012 ; Beziau, 2017].

Notre méthode, outre l'aspect relationnel, systématique et logique illustré par la figure 1, utilisera la typicalité et la pictorialité. *Typicalité* veut dire penser le général à partir d'un cas, d'un exemple typique[2]. Par *pictorialité*, nous entendons l'illustration de la pensée par des images. La pictorialité est encore peu utilisée en philosophie, du fait peut-être d'une méfiance envers les images qui remonte à Platon. Mais la vision est le sens le plus développé chez l'être humain et il y a certainement des relations profondes – existantes et à développer – entre notre pensée et les images[3].

La combinaison entre typicalité et pictorialité est relativement naturelle. C'est de fait un phénomène fondamental dans le développement cognitif de l'être humain, lié à ce que Quine a qualifié d'ostentatoire [Quine, 1960]. On peut expliquer à un enfant ce qu'est une girafe, on lui montrant une image simplifiée qui résume les traits marquants de ce *genre* d'animal (Fig. 2), il n'est pas forcément nécessaire d'amener l'enfant en safari en Afrique, en pique-nique au zoo de Vincennes ou de l'asseoir devant la télévision.

Figure 2. Un dessin de girafe.

Voyant le dessin, l'enfant est évidemment loin de saisir tous les mystères de cet animal, mais il est capable d'avoir une vision générale lui permettant d'une part de saisir certains traits caractéristiques, à partir desquels il pourra identifier ce genre d'animal dans presque tous les mondes possibles, et d'autre part de le distinguer d'autres « choses », telles qu'un chat, un fromage ou un nombre premier.

---

[2] La notion de typicalité est systématiquement étudiée depuis plus de trente ans par Jean-Pierre Desclés [Desclés, 1993 ; Desclés et Kanellos, 1990].

[3] Pour une critique récente de la hiérarchie des sens, voir [Majid *et al.*, 2018].

Avant d'entrer dans le vif du sujet, il est important de clarifier ce que nous entendons par *imaginable*. Une notion peut avoir de multiples sens qui varient d'une culture à l'autre, d'une époque à l'autre, d'une humeur à l'autre.

Énumérer ou décrire tous les sens d'une notion peut être utile, mais c'est de notre point de vue plutôt un point de départ pour la pensée philosophique qu'un objectif.

La philosophie théorique est nécessairement normative : comprendre une notion, c'est en faire une théorie. Cette théorie doit prendre en compte tous les sens d'une notion, mais aussi surmonter et dépasser cet amalgame chaotique pour élaborer une forme distinctive intéressante qui élève la pensée au-dessus du magma des idées reçues, tout en gardant une perspective générale pour éviter de simplement jeter un pavé de plus dans la mare aux canards[4].

Figure 3. Un pavé dans la mare.

1. **Cyan : choses imaginables, possibles, mais inconcevables**

Nous défendons ici l'idée que tout ce qui peut être vu est imaginable : une vache, une montagne, un fromage. Quelqu'un pourrait rétorquer que ce n'est pas le cas, car si l'on ferme les yeux après avoir vu un emmental avec 56 trous, on aura du mal à retrouver ces 56 trous dans une image mentale. Donc ce

---

[4] Il est important de distinguer le mot, la chose et l'idée. Nous avons articulé cela dans une théorie pyramidale du sens où la « notion » chapeaute ce triangle de base [Beziau, 2018] et considérons ici l'imaginable dans cette perspective « notionnelle ».

quelqu'un pourrait dire que l'emmental n'est pas imaginable, que seul le gruyère l'est[5].

Figure 4. Peut-on imaginer un emmental ?

Nous ne voulons pas réduire l'imaginable au photogénique. Pour nous, une chose vue est forcément imaginable : on ferme les yeux, on a une image de cette chose, aussi imparfaite, déformée ou enjolivée soit-elle.

Cela ne s'oppose pas à la vision de l'imagination qu'avait Alain [1920], même si nous ne sommes pas forcément d'accord avec lui sur le caractère « débile » de l'imagination, qu'il a prise en défaut avec son fameux exemple des colonnes du Panthéon, moins alléchant peut-être que notre fromage, mais pour la bonne et simple raison que l'on fait avec ce que l'on a : Alain enseignait au Lycée Henri-IV, derrière le Panthéon. Et son élève Jean-Paul Sartre, qui n'avait pas beaucoup d'imagination, a repris son exemple [1936 ; 1940].

La question du non moins célèbre chiliogone de Descartes est différente, car ce n'est ni à Paris, ni à Gruyères que l'on peut « voir » ce genre de créature. (Pour plus de détails au sujet du chiliogone, voir [Bernard, 2020]. Et la rue Descartes se trouve de l'autre côté du Lycée Henri-IV.)

Par ailleurs, nous soutenons aussi que tout ce qui existe est possible ; c'est l'inverse qui est problématique. Par conséquent, un arbre donné est quelque chose d'imaginable et de possible.

Par contre, nous soutenons qu'un arbre n'est pas concevable. Cela apparemment peut sembler bizarre, tiré par les cheveux, et pourrait irriter les dendrologues. Tout d'abord, insistons sur le fait que l'idée de concevable proposée

---

[5] À qui veut approfondir sa connaissance des fromages suisses, nous conseillons le délicieux ouvrage de Dominik Flammer et Fabian Scheffold [2010].

ici n'est pas antiscientifique ; au contraire, nous considérons que quelque chose est concevable seulement si c'est une notion qui peut être développée systématiquement, clairement, rigoureusement.

Figure 5. Un arbre, inconcevable.

Pour nous, donc, beaucoup de choses généralement prises pour des concepts n'ont de concept que le nom. Le bruit, la saleté, la bêtise, la mocheté ne sont par exemple pas des concepts, même si l'on peut espérer qu'il y aura un jour une théorie scientifique composée de ces quatre éléments.

Parmi les éléments naturels, les êtres vivants sont particulièrement difficiles à concevoir, parce que la vie elle-même est difficilement concevable. Jusqu'à aujourd'hui, il n'y a pas de théorie scientifique qui explique clairement ce qu'est la vie. Il y a une tentative réductionniste physicaliste brouillonne, qui n'est qu'une hypothèse de travail (voir l'article classique de Niels Bohr [1933]). C'est pourquoi nous pouvons écrire qu'aucun être vivant n'est proprement concevable à ce jour.

Au lieu d'un arbre, nous aurions pu prendre l'exemple d'un singe. Mais l'exemple de l'arbre est amusant car, paradoxalement, la structure de l'arbre avec ses branches sert d'inspiration pour articuler notre pensée de façon à la fois non linéaire et déductive[6]. Cependant, une pensée arborescente ne suffit apparemment pas pour capturer l'essence de la vie[7], même si elle est capable d'une part de développer une classification des espèces d'arbres et d'autre part de faire la distinction entre un arbre, une tomate et un champignon.

Figure 6. Des pyramides, imaginables, possibles et concevables.

Cela contraste avec un objet mathématique tel qu'une pyramide ou le nombre trois (nous laissons de côté ici le chiliogone, aleph, 0 et autres nombres « imaginaires »). On peut dire que ces objets sont imaginables et possibles, et qu'ils sont aussi concevables au sens où il existe des théories mathématiques qui définissent parfaitement ce qu'ils sont et ne sont pas.

2. Jaune : choses imaginables, impossibles, mais concevables

Considérons l'ensemble de tout ce qui est jaune. Comme pour l'emmental, notre imagination n'est pas forcément capable de tout reproduire fidèlement (Fig. 7), mais nous pouvons dire que la « jaunitude » est imaginable.

La difficulté est au niveau conceptuel. Nous pouvons admettre qu'il existe aujourd'hui une théorie des couleurs suffisamment élaborée suivant laquelle nous pouvons dire que la couleur jaune est concevable [Jaspers, 2012]. Mais nous ne pouvons pas pour autant affirmer automatiquement que l'*ensemble*

---

[6] En logique mathématique, il existe une méthode de raisonnement appelée *méthode des arbres*, développée par Evert Willem Beth et Raymond Smullyan [Anellis, 1990].

[7] Dans la Genèse, un arbre symbolise la vie et la connaissance [Basset, 2014].

de tout ce qui est jaune est concevable, parce que pour ce faire, nous devons concevoir ce qu'est un ensemble.

Figure 7. Un ensemble de choses jaunes.

Un point de départ intuitif et simple d'une théorie des ensembles consiste à dire qu'à partir de toute propriété, on peut former un ensemble ; c'est ce que l'on appelle *axiome de compréhension ou d'abstraction*. Du point de vue de cet axiome, toutes les choses jaunes forment un ensemble. Le problème, c'est que cet axiome est contradictoire, comme l'a démontré Bertrand Russell avec un argument appelé à tort *paradoxe de Russell* [Quine, 1962].

On peut contourner cette contradiction en retenant une version restreinte de l'axiome de compréhension : un ensemble étant donné, on considère, au sein de cet ensemble, les choses qui ont telle ou telle propriété. Étant donné l'ensemble des gilets, par exemple, on peut considérer l'ensemble des gilets jaunes. C'est la solution choisie dans la théorie la plus connue, celle de Zermelo-Fraenkel.

Mais revenons à l'axiome de compréhension non restreint. Nous pouvons dire que cet axiome est concevable, de même d'ailleurs que la notion même de contradiction, les deux étant ici liés. On peut aussi dire qu'une chose contradictoire est impossible, si l'on considère la contradiction au sens de la logique classique, la contradiction étant l'impossibilité au sens logique par opposition à une impossibilité physique, par exemple. En ce sens, on dira donc que l'axiome de compréhension est concevable et impossible.

Peut-on dire que cet axiome est imaginable ? Ou plutôt : les ensembles qu'il génère sont-ils imaginables ? Si l'on considère l'ensemble de toutes les choses jaunes, cela paraît réaliste. Ce n'est pas la quantité et la variété qui nous retiendront, comme avec les trous de l'emmental.

La difficulté est de considérer la propriété de Russell et l'objet correspondant : l'ensemble des ensembles qui ne s'appartiennent pas. On peut faire un dessin (Fig. 8).

Figure 8. Impossible et imaginable.

Ce dessin met en évidence l'impossibilité et permet de dire que l'ensemble de Russell est quelque chose d'impossible, mais d'imaginable.

Un autre exemple un peu similaire est l'*argument diagonal* de Georg Cantor qui « montre » que l'ensemble des nombres réels ne peut être énuméré et qu'il existe donc différentes sortes d'infini.

$$
\begin{aligned}
s_1 &= 0\,0\,0\,0\,0\,0\,0\,0\,0\,0\,\ldots \\
s_2 &= 1\,1\,1\,1\,1\,1\,1\,1\,1\,1\,\ldots \\
s_3 &= 0\,1\,0\,1\,0\,1\,0\,1\,0\,1\,0\,\ldots \\
s_4 &= 1\,0\,1\,0\,1\,0\,1\,0\,1\,0\,1\,\ldots \\
s_5 &= 1\,1\,0\,1\,0\,1\,1\,0\,1\,0\,1\,\ldots \\
s_6 &= 0\,0\,1\,1\,0\,1\,1\,0\,1\,1\,0\,\ldots \\
s_7 &= 1\,0\,0\,0\,1\,0\,0\,0\,1\,0\,0\,\ldots \\
s_8 &= 0\,0\,1\,1\,0\,0\,1\,1\,0\,0\,1\,\ldots \\
s_9 &= 1\,1\,0\,0\,1\,1\,0\,0\,1\,1\,0\,\ldots \\
s_{10} &= 1\,1\,0\,1\,1\,1\,0\,0\,1\,0\,1\,\ldots \\
s_{11} &= 1\,1\,0\,1\,0\,1\,0\,0\,1\,0\,0\,\ldots \\
&\;\;\vdots
\end{aligned}
$$

$$s = 1\,0\,1\,1\,1\,0\,1\,0\,0\,1\,1\,\ldots$$

Figure 9. Concevable et impossible.

On dessine une énumération et on explique comment construire un nombre qui est différent de tous ceux qui sont dans l'énumération, cette différence étant conçue sur la base d'une diagonale. L'énumération des nombres réels est concevable, imaginable, mais impossible ; l'impossibilité est figurée par l'image de la diagonale et de l'objet indésirable qui en résulte (Fig. 9).

Maurits Cornelis Escher a mis en images de nombreuses choses impossibles et le succès de ses dessins est dû justement à l'alliance entre le concevable et l'impossible au plan géométrique ou physique[8] (Fig. 10).

Figure 10. Une version byzantine d'un des plus célèbres dessins d'Escher.

3. Vert : choses imaginables, impossibles et inconcevables

Nous avons gardé le plus facile pour la… faim. Notre lecteur ou lectrice, après d'abominables tensions nerveuses, pourra apprécier la troisième partie du menu, à base de cochon, de cochon volant. Pour en faire un vrai dessert, on peut lui ajouter de la confiture sur le nez, ce qui ne l'empêchera pas de voler.

Le cochon volant est une espèce malheureusement en voie de disparition, appartenant à la catégorie des *adynata*, qui par définition sont des êtres impossibles. Comment peut-on être par définition impossible ? En fait, le *flying pig*, outre-Manche, n'est pas par définition impossible, mais est

---

[8] [Mortensen, Leishman, Quigley & Helke, 2013]. Voir aussi l'article de Penrose, père et fils [1958], envoyé à Escher.

considéré comme le symbole de l'impossibilité. Et ce n'est pas forcément un mauvais choix... (faisant concurrence à la clef comme symbole de l'arbitraire [Beziau, 2019]).

Figure 11. Un *adynaton*.

Comme il n'existe pas de cochons volants, cet animal ne contredit pas notre principe suivant lequel ce qui existe est possible. Que cet animal soit imaginable, la figure 11 en est la preuve par a + b.

Qu'il soit inconcevable est certes une autre histoire, mais relativement facile à raconter. On peut évidemment concevoir de mettre un cochon dans un avion et affirmer qu'il y a donc des cochons volants. Le même stratagème s'applique d'ailleurs à presque tout : un fromage de la Gruyère, le nombre 7, la Bible. Autre chose est de formuler une théorie expliquant comment un cochon, de sa « propre » nature, pourrait voler. Nous mettons des guillemets non par manque de respect pour l'animal, mais parce que nous ne parlons pas forcément d'un cochon tel qu'il existe actuellement, mais d'un cochon génétiquement modifié qui aurait des ailes. Si un jour cela est concevable et réalisable, il sera possible de commander au restaurant une aile de cochon à la framboise comme dessert ; pour l'instant, nous en restons aux pieds de cochon à la myrtille.

Nous pouvons donc facilement imaginer des choses impossibles et inconcevables, c'est d'ailleurs ce que fait le cinéma depuis sa naissance. Suivant la théorie de l'évolution, les choses changent, à l'évidence, qu'elles soient ontologiques, épistémologiques ou fantasmagoriques... Ce qui était impossible peut devenir possible, ce qui était inconcevable concevable, ce qui était inimaginable imaginable. On n'arrête pas le progrès ! Quoi qu'il en soit, il y aura toujours des choses imaginables qui ne sont ni possibles, ni concevables, car l'imagination est libre – une liberté qui a cependant ses limites, car tout ne peut être imaginé.

Nous ne voulons d'ailleurs pas faire un éloge naïf de l'imagination, promouvoir le fantasme d'une faculté qui serait supérieure à l'intelligence, comme le sous-entend de façon ambiguë une phrase souvent citée d'Albert Einstein (Fig. 12).

Figure 12. Albert Einstein, citation tirée d'un entretien avec George Sylvester Viereck, *The Saturday Evening Post*, 26 octobre 1929.

Cette citation repose sur un malentendu, sur un usage abusif ou au mieux métaphorique du mot *imagination* (sans remettre en cause la théorie de la relativité et ses modèles temporels circulaires imaginés par Kurt Gödel [1949]).

4. Au-delà de l'imagination, la création

« Dieu créa l'homme à son image » : c'est pour nous de l'hébreu[9] et il est important de ne pas confondre imagination et création. En fait, l'imagination, si délirante soit-elle, si on la prend au sens simple de fabrication d'images, n'est qu'un mélange de choses déjà connues, phénomène parfaitement symbolisé par le centaure, mélange de cheval et d'homme. Ou de femme, pour une version postmoderne féminisante, qui ne remet pas en question la faible, pour ne pas dire nulle, teneur en créativité de l'imagination (Fig. 13).

Figure 13. Une centaure…

Tableau cabalistique que l'on peut comparer, si l'on ose, à la *Naissance de Vénus* de Botticelli, qui est aussi le fruit d'une mythologie anthropomorphique compositionnelle. Nous pouvons considérer ces deux tableaux comme représentationnels, quoique non figuratifs [Chantilly & Beziau, 2017]. Mais même les tableaux non représentationnels peuvent être vus comme des mélanges, ne serait-ce que de couleurs.

---

[9] Image se dit *Tselem* (צלם) en hébreu. Sur cette racine a été créé le mot *Matzlemah* (מצלמה) pour traduire *caméra*, une vision donc biblique du cinéma, bien mise en évidence dans le film de Thomas Purifoy *Is Genesis History?* (2017).

La création serait quant à elle peut-être mieux illustrée par la musique. Une mélodie est beaucoup plus qu'une combinaison de sons, autre chose apparaît qui ne se réduit pas à ses composantes.

Il y a aussi une différence spirituelle : l'imagination est beaucoup plus bestiale, comme romantiquement mis en évidence ci-dessus, alors que la musique touche le plus profond de notre âme, ce qui échappe à toute image, bien que l'on puisse tenter une petite illustration (Fig. 14).

Figure 14. La musique, plus qu'un mélange de sons.

L'image est alléchante, excitante, impressionnante et peut nous aider à développer notre pensée... ou nos fantasmes. Notons toutefois que dans les représentations imagées de l'impossibilité, c'est la conception qui domine. Imaginer l'impossible oui, mais au nom du concevable, sinon on en reste au bas niveau des tours de passe-passe[10], aux singeries d'une odyssée dans l'espace ou, au mieux, à la création de la femme par Dieu. La zone jaune est sans doute la plus intéressante. L'imagination débridée nous fait tout au plus chevaucher un(e) centaure !

La mathématique, pour reprendre le singulier promu par Bourbaki, permet de visualiser l'impossible, au-delà d'une imagination conforme, informe, difforme. Et de surcroît, la mathématique est créative. *Mathématique = Musique 2 la Raison*, c'est la fameuse équation du second degré de James Joseph Sylvester, sans solution jusqu'à ce jour.

---

[10] Avant de faire du cinéma, Georges Méliès était prestidigitateur. Il a créé en 1891 l'Académie de Prestidigitation. Un de ses premiers films s'intitule *Escamotage d'une dame au théâtre Robert-Houdin* (1896) [Malthête-Méliès, 1995].

Références bibliographiques

Alain [1920], *Système des beaux-arts*, Paris, Gallimard.

Anellis, Irving [1990], "From Semantic Tableaux to Smullyan Trees: A History of the Development of the Falsifiability Tree Method", *Modern Logic*, 1, 1, 36-69.

Basset, Lytta [2014], « Langage symbolique de Genèse 2-3 », in Jean-Yves Beziau (dir.), *La Pointure du symbole*, Paris, Petra, « Transphilosophiques », 87-101.

Bernard, Guy [2020], « Le chiliogone et autres images cartésiennes », in Jean-Yves Beziau & Daniel Schulthess (éd.), *L'Imagination. Actes du 37e Congrès de l'Association des Sociétés de philosophie de langue française (ASPLF)*, London, College Publications, 331 sq.

Beziau, Jean-Yves [2016], "Possibility, Imagination and Conception", *Princípios: Revista de Filosofia*, 23, 40, 59-95.

— [2017], "A Chromatic Hexagon of Psychic Dispositions", in Marcos Silva (ed.), *How Colours Matter to Philosophy*, Cham, Springer International Publishing, « Synthese Library », 273-388.

— [2018], "The Pyramid of Meaning", in Jan Ceuppens, Hans Smessaert, Jeroen van Craenenbroeck & Guido Vanden Wyngaerd (eds.), *A Coat of Many Colours*, Bruxelles, DJ60.

— [2019], "Arbitrariness Symbolic Key", in Jean-Yves Beziau (ed.), *The Arbitrariness of the Sign in Question. Proceedings of a CLG100 Workshop, Geneva, January 10-12, 2017*, London, College Publications, 423-448.

Bohr, Niels [1933], "Light and Life", *Nature*, 131, 421-423, 457-459.

Chantilly, Catherine & Beziau, Jean-Yves [2017], "The Hexagon of Paintings", *South American Journal of Logic*, 3, 2, 369-388.

Delahaye, Jean-Paul [2017], « Le tout est-il plus que la somme des parties ? », *Pour la Science*, 477.

Desclés, Jean-Pierre [1993], « Dialogues sur les prototypes et la typicalité », in Michel Denis & Gérard Sabah (éd.), *Modèles et concepts pour la science cognitive*, Grenoble, Presses de l'Université de Grenoble, « Sciences et technologies de la connaissance », 139-163.

Desclés, Jean-Pierre & Kanellos, Ioannis [1990], « La notion de typicalité : une approche formelle », in Danièle Dubois (éd.), *Sémantique et cognition. Catégories, prototypes, typicalité*, Paris, CNRS Éditions, « Sciences du langage », 225-244.

Flammer, Dominik & Scheffold, Fabian [2010], *Fromages suisses. Origines, traditions et nouvelles créations*, trad. Emmanuel Petit, Grenoble,

Glénat [2009, *Schweizer Käse. Ursprünge, traditionelle Sorten und neue Kreationen*, Baden, AT Verlag].

Gödel, Kurt [1949], "An Example of a New Type of Cosmological Solutions of Einstein's Field Equations of Gravitation", *Reviews of Modern Physics*, 21, 447-450.

Jaspers, Dany [2012], "Logic and Colour", *Logica Universalis*, 6, 227-248.

Majid, Asifa *et al.* [2018], "Differential Coding of Perception in the World's Languages", *Proceedings of the National Academy of Sciences of the United States of America*, 115, 45, 11369-11376.

Malthête-Méliès, Madeleine [1995], *Méliès l'enchanteur*, Paris, Ramsay.

Mortensen, Chris, Leishman, Steve, Quigley, Peter & Helke, Theresa [2013], "How Many Impossible Images Did Escher Produce?", *The British Journal of Aesthetics*, 53, 4, 425-441.

Penrose, Lionel Sharples & Penrose, Richard Alexander Fullerton [1958], "Impossible Objects: A Special Type of Visual Illusion", *British Journal of Psychology*, 49, 31-33.

Quine, Willard Van Orman [1962], "Paradox", *Scientific American*, 206, 4, 84-96.

— [1977], *Le Mot et la chose*, trad. Joseph Dopp & Paul Gochet, Paris, Flammarion [1960, *Word and Object*, Cambridge (MA), MIT].

Sartre, Jean-Paul [1936], *L'Imagination*, Paris, PUF.

— [1940], *L'Imaginaire. Psychologie phénoménologique de l'imagination*, Paris, Gallimard.

Venn, John [1880], "On the Diagrammatic and Mechanical Representation of Propositions and Reasonings", *Philosophical Magazine and Journal of Science*, 9, 59, 1-18.

Jean-Yves BEZIAU
Universidade do Brasil
Academia Brasileira de Filosofia
Conselho Nacional de Desenvolvimento Científico e Tecnológico
Rio de Janeiro, Brésil
presidente@academia-de-filosofia.org.br

Comment l'activité de langage articule des images avec des expressions linguistiques
Jean-Pierre DESCLÉS

À propos de l'activité de langage qui se manifeste par les systèmes sémiotiques que sont les langues, nous tenterons (imparfaitement) de répondre à quelques questions : l'activité de langage est-elle autonome ou entretient-elle des rapports avec d'autres activités cognitives ? La sémantique des langues fait-elle appel à des représentations cognitives (non spécifiquement propositionnelles, par exemple des figures) ? Comment ces représentations sémantiques s'articulent-elles avec la morphologie, la syntaxe et la pragmatique d'une langue ? Les analyses syntaxiques sont-elles suffisantes pour construire ultérieurement des représentations sémantiques ? Peut-on concevoir des homomorphismes entre constructions syntaxiques (arbres) et représentations sémantiques ? Les représentations sémantiques des unités linguistiques sont-elles logiques (G. Frege, W.O. Quine, R. Montague...), logico-algébriques (comme dans la sémantique associée aux grammaires catégorielles[1] de Husserl, Lesniewski, Adjukiewicz, Bar-Hillel, Lambek...) ou sémantico-cognitives (selon le courant actuel de la sémantique cognitive) ?

1. Un exemple introductif

Comment construire une séquence d'images qui traduirait la signification d'un texte ? Prenons le texte suivant : « Je roulais sur la partie droite de la chaussée quand un véhicule arrivant dans le virage a été complètement déporté. Serrant à droite au maximum, je n'ai pu l'éviter. »

Chez D. Battistelli [2000] et C. Valliez [2001], la reconnaissance des significations des verbes conjugués conduit à construire automatiquement une séquence des cinq figures imagées (Fig. 1). Il s'agit d'un transfert de représentations, depuis les expressions linguistiques vers des représentations figuratives (représentations iconiques et diagrammes...). En étudiant ces

---

[1] [Desclés, Guibert & Sauzay, 2016], II, 305-355.

transferts, la théorisation linguistique occupe une place importante dans la cognition ; peut-être que « les langues seraient le meilleur lieu d'observation du fonctionnement cognitif des humains », seule espèce vivante à avoir acquis la faculté de langage, qui lui permet non seulement de communiquer mais aussi de dialoguer, ce qui est la fonction la plus importante du langage [Desclés, 2016a].

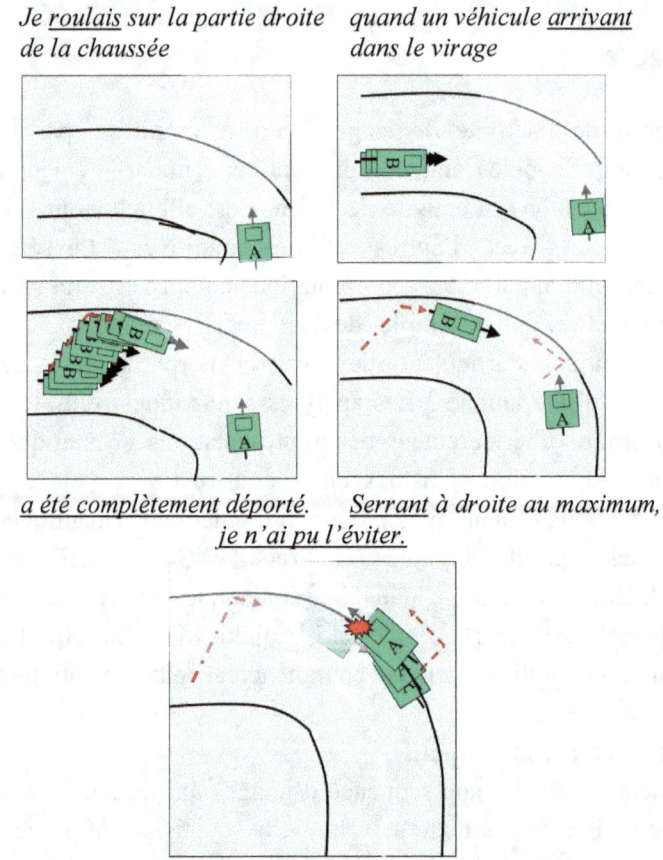

Figure 1. Construction d'une séquence d'images à partir d'un texte.

2. La topologie dans les représentations figuratives

René Thom a développé une théorie mathématique des catastrophes (ou singularités élémentaires) qu'il a appliquée aux représentations sémantiques supportées par les langues ; il représente par exemple le « schème du don » par un objet qui quitte le domaine du « donneur » pour rejoindre celui du « destinataire » (Fig. 2). Le linguiste Bernard Pottier a proposé un « schème analytique événementiel » où le donneur, marqué comme puissant (+), agit sur l'objet qui passe du donneur au destinataire, marqué comme non puissant (-). Dans le cadre de la sémantique cognitive, Ronald Langacker analyse la signification de *give* et *receive* par des représentations figuratives accompagnées d'indications symboliques : pour *give*, un objet transite d'un lieu centré autour d'un « agent » pour passer dans le lieu centré autour d'un « récepteur ». Ces représentations font implicitement appel à des conceptualisations empruntées à la topologie, c'est-à-dire à une représentation de lieux abstraits (pas nécessairement spatiaux).

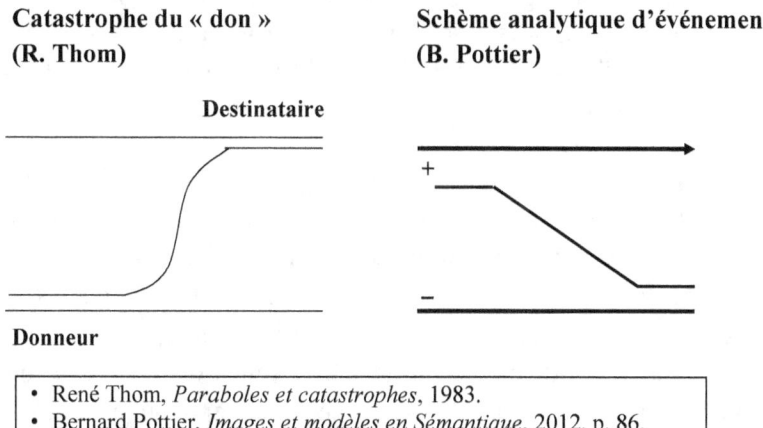

- René Thom, *Paraboles et catastrophes*, 1983.
- Bernard Pottier, *Images et modèles en Sémantique*, 2012, p. 86.

Représentations de « Give » et « Receive »

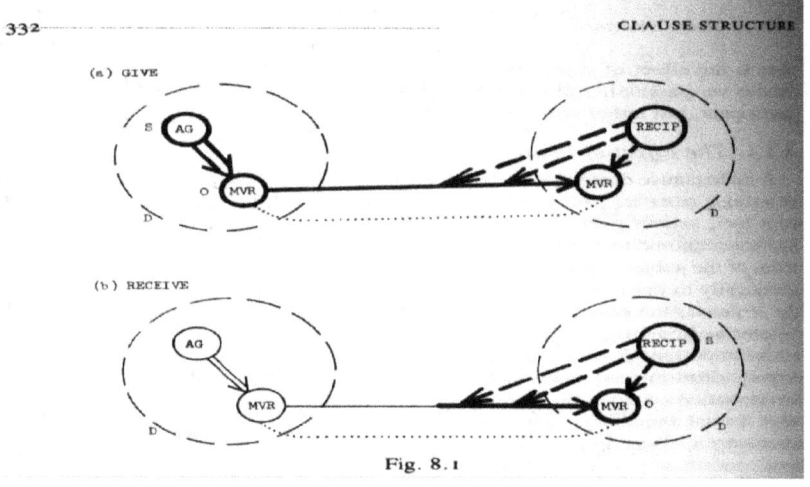

R. Langacker, *Foundations of Cognitive Grammar*, II, 1991, p. 332.

Figure 2. Représentations figuratives de *donner*.

Le mathématicien G. Th. Guilbaud souligne que la topologie est avant tout « un langage de l'à-peu-près » :

> Les images géométriques sont d'un grand secours, parce que la structure topologique y est, pour ainsi dire, donnée dans l'intuition. Mais il faut se méfier. Chaque fois que l'on veut introduire les procédures d'approximation sur une catégorie d'objets, il faut bien préciser de quelle espèce de topologie on va faire appel. Dans un grand nombre de problèmes d'origine géométrique, la topologie semble s'imposer ; mais viendra le moment où l'on s'apercevra qu'il faut choisir une topologie et que le mathématicien dispose alors d'une certaine liberté. [...] L'Analyse Mathématique n'a pas hésité à récupérer le langage commun. Elle aussi dit « PRESQUE ». Mais, comme disait Goethe, c'est tout autre chose ! [Guilbaud, 1985, 214 et 219.]

Goethe disait : « Les mathématiciens, c'est comme les Français, on leur parle, ils traduisent en leur langue, et ça devient, tout de suite, tout à fait autre chose. » Il faut espérer que l'utilisation de la topologie dans la construction des représentations n'amène pas les philosophes, les sémioticiens et les linguistes à y voir tout autre chose qui n'aurait aucune pertinence pour leurs objets d'étude. La topologie est fondamentalement qualitative, ce qui invite, comme le conseille Merleau-Ponty, à « penser le topologique plutôt que l'euclidien », ce dernier étant plutôt quantitatif. Le topologique géométrique doit pouvoir être relié à des opérateurs algébriques. Par exemple, le système S_4 (classification de Lewis) des systèmes modaux propositionnels (nécessaire, possible, contingent, impossible) a une interprétation topologique structurée dans une algèbre de Kuratowski [Barbut, 1965 ; Grize, 1973]. Plus généralement :

> L'idée de nombre et l'idée d'espace apparaîtront désormais dans l'histoire des mathématiques en un contrepoint qui tantôt donnera plus de force à l'orientation vers le nombre, tantôt à l'orientation vers l'espace. Ce que nous appelons orientation vers le nombre a du reste donné naissance à un traitement algébrique des objets qui met l'accent sur l'activité opératoire abstraite de la pensée. De sorte que l'on a pu mettre en vedette à différents moments une alternance d'un esprit algébrique et d'un esprit géométrique dans le développement mathématique de l'idée d'espace. [Granger, 1999, 225.]

Dans notre souci de mathématiser certains concepts de la théorisation de l'activité de langage [Desclés, 1982], les significations exprimées par les langues sont analysées par des opérations (certaines sont topologiques) chargées de représenter les significations de certains grammèmes (déictiques, prépositions, préverbes, morphèmes aspectuo-temporels et modaux…) et lexèmes (verbes de mouvement, mais pas uniquement). Dans la topologie, un lieu, désigné par Loc au sein d'un espace, est caractérisé par son intérieur, son extérieur, sa frontière, sa fermeture (l'union de son intérieur avec sa frontière), désignés respectivement par Int(Loc), Ext(Loc), Fro(Loc), Fer(Loc), d'où les opérateurs de détermination topologique Int, Ext, Fro et Fer qui construisent les lieux associés au lieu Loc (Fig. 3).

Un exemple : intérieur, frontière, extérieur du lieu Loc (Rio)

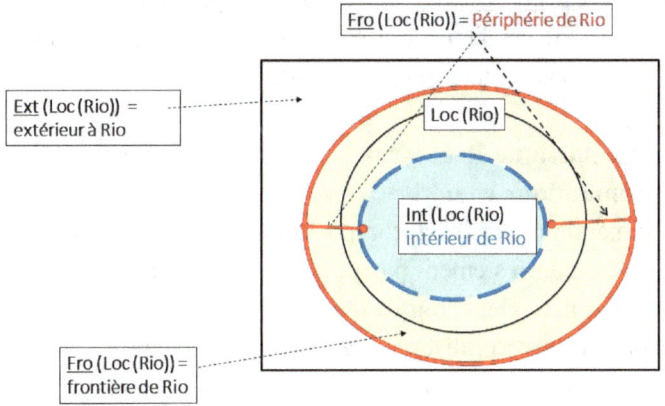

Figure 3. Les différents lieux caractérisant un lieu topologique.

Pour analyser la signification de nombreux marqueurs linguistiques (grammaticaux et lexicaux), il nous a fallu dépasser le cadre général de la topologie classique en recourant à des « opérateurs quasi topologiques » destinés à déterminer non seulement l'intérieur, la frontière et la fermeture d'un lieu, mais aussi une *frontière interne* et une *frontière externe*, d'où un *intérieur strict* et une *fermeture large*[2]. L'intérieur du lieu Loc(Paris) est « Paris intramuros », « Paris à l'intérieur du périphérique qui en fait le tour » ; son intérieur strict « l'Île de la Cité », le lieu du « Paris historique » ; sa fermeture large, le lieu du « Grand Paris » qui englobe le périphérique et la banlieue proche. L'analyse sémantique des expressions de la traversée d'un lieu spatial comme la ville de Rio distingue sept phases (*Il n'est pas à Rio / Il n'est pas encore à Rio / Il est déjà à Rio / Il est vraiment dans Rio / Il est encore à Rio / Il n'est déjà plus à Rio / Il n'est plus à Rio*) : (i) quitter

---

[2] [Desclés, 2012], [Desclés & Pascu, 2011 ; 2012].

l'extérieur du lieu, (ii) passer dans la frontière extérieure, (iii) passer dans la frontière intérieure, (iv) être dans l'intérieur du lieu, (v) passer dans la frontière interne, (vi) passer dans la frontière externe, (vii) atteindre l'extérieur du lieu.

L'analyse sémantique des marqueurs *pas encore / déjà / vraiment / encore / déjà plus* se généralise en considérant des lieux cognitifs plus abstraits : *Cette nouvelle proposition de règlement n'est pas du tout légale / elle n'est pas encore légale / elle est déjà légale / elle est vraiment légale / elle est encore légale / elle n'est déjà plus légale/ elle est complètement illégale* ou, dans un parcours non réversible : *Il est jeune / Il est encore jeune / Il n'est déjà plus jeune mais il n'est pas encore vieux / Il est déjà vieux / Maintenant, il est vraiment vieux...* Il est facile d'associer des figures topologiques et quasi topologiques à ces variations [Desclés, 2003 ; 2012].

3. De la linguistique structurale des sèmes aux schèmes de la sémantique cognitive

L'étude sémantique par les décompositions de traits booléens, qualifiés de *sèmes*, ne suffit manifestement pas pour décrire les significations des unités verbales et grammaticales. Pour développer la sémantique, il s'agit de passer d'une sémantique structuraliste à une sémantique cognitive plus complexe[3]. B. Pottier est ainsi passé d'une systématique des éléments de relation à des catégorisations linguistiques, des représentations mentales et des images [Pottier, 1962 ; 2000 ; 2012]. La sémantique cognitive fait appel non plus seulement à des jeux d'opposition entre traits sémantiques, mais également à différents types d'opérateurs et à des relations de relations ; elle s'est développée en Europe avec des linguistes comme G. Guillaume, B. Pottier, H. Seiler, W. Wildgen et des mathématiciens comme R. Thom, J. Petitot, B. Victorri, J.-P. Desclés, et aux États-Unis avec les travaux linguistiques de R. Jackendoff, R. Langacker, L. Talmy[4]... Aux configurations sémiotiques discursives (énoncés, textes, discours) exprimées dans une langue, nous devons associer des représentations sémantico-cognitives engendrées à partir de schèmes qui sont des représentations élémentaires de significations.

---

[3] [Langacker, 1987 ; 1991], [Talmy, 1988], [Desclés, 1990 ; 1995 ; 2003], [Lüdi & Zuber, 1995], [Croft & Cruze, 2004], [Geeraert & Cuykens, 2007], [Pottier, 2000 ; 2012], [Desclés *et al.*, 2016], II, 451-496.

[4] Une rencontre très instructive entre sémanticiens et linguistes européens et nord-américains a eu lieu à Sion (Suisse) en 1993 [Lüdi & Zuber, 1995].

Un **schème sémantico-cognitif** est une représentation structurée de la signification d'une unité linguistique, lexème (verbal, prépositionnel, préverbal...) ou grammème (aspectuo-temporel, modal, déictique...), une prise en charge énonciative d'un contenu propositionnel par un énonciateur (dans le cadre d'une théorie formalisée de l'énonciation). Chaque schème se présente sous la forme d'opérateurs et de relations portant sur des relations emboîtées.

Nous considérons des schèmes figuratifs (iconiques et diagrammes) et des schèmes symboliques qui peuvent leur être biunivoquement associés (mais pas toujours). Selon Kant, le schème est un produit de l'imagination sans être lui-même une image ; il permet de « rendre sensible » un concept. C'est donc une représentation intermédiaire entre l'entendement et le sensible :

> L'*image* est un produit du pouvoir empirique de l'imagination productrice [...] le *schème* des concepts sensibles, comme des figures de l'espace, est un produit et en quelque sorte un monogramme de l'imagination pure *a priori*, au moyen duquel et suivant lequel les images [...] ne doivent toujours être liées au concept qu'au moyen du schème qu'elles désignent et auquel elles ne sont pas en soi entièrement adéquates. [Kant, 1787, A 141/B 181.]

> Kant exige, pour rendre possible l'application des concepts purs de l'entendement aux intuitions sensibles, un tiers, un moyen terme grâce auquel les deux autres, bien qu'absolument hétérogènes peuvent coïncider – et il trouve cette médiation dans le schème transcendantal qui, d'une part, est intellectuel, et, de l'autre sensible. [Cassirer, 1973, 154.]

La Figure 4 présente le schème figuratif de la signification du prédicat verbal *sortir-de* à deux actants : une flèche symbolise un mouvement, le passage d'un objet de l'intérieur à l'extérieur d'un même lieu. À cette figure iconique est associé un diagramme bidimensionnel où l'axe horizontal porte la succession des instants (en correspondance avec des nombres réels) et l'axe vertical, une succession de lieux spatiaux.

La signification de la plupart des prédicats verbaux comprend une temporalité sous-jacente. La représentation figurative de *entrer-de* montrerait de façon analogue un passage de l'extérieur à l'intérieur d'un lieu quelconque ; le schème figuratif pour *traverser* indiquerait le passage de l'extérieur vers l'intérieur d'un lieu, puis le passage de l'intérieur vers l'extérieur, soit le franchissement de deux frontières, l'une, initiale et l'autre, terminale.

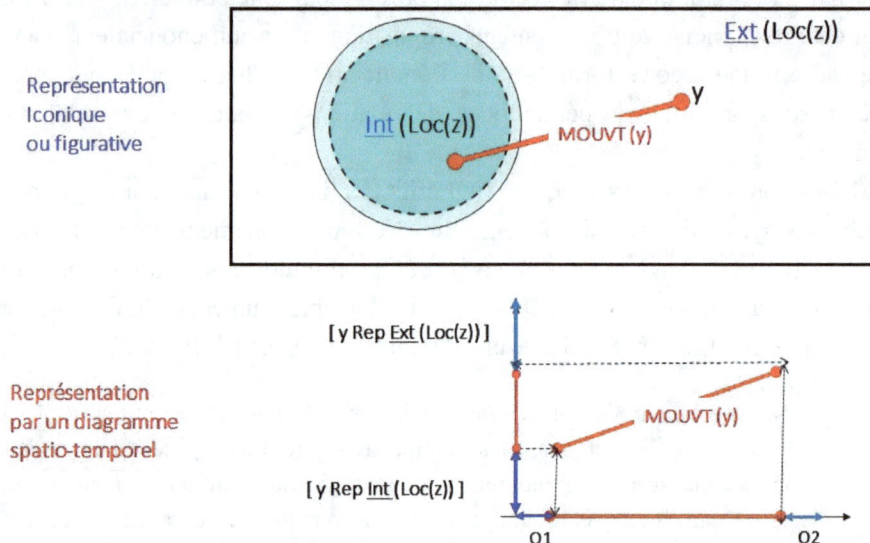

Figure 4 : Schème iconique et diagramme spatio-temporel du prédicat verbal *sortir-de*.

Les représentations opérées par les langues s'ancrent-elles nécessairement sur les représentations spatiales, selon l'hypothèse « localiste » des Stoïciens, réactualisée par quelques linguistes contemporains ? La réponse impliquerait que l'espace soit nécessairement premier, comme le soutient Kant :

> L'espace est une représentation nécessaire, *a priori*, qui sert de fondement à toutes les intuitions externes. [...] L'espace est donc considéré comme la condition de possibilité des phénomènes, et non pas comme une détermination qui en dépende, et il est une représentation *a priori* servant nécessairement de fondement aux phénomènes externes. [Kant, 1787, A24/B38.]

Pour G. Guillaume et B. Pottier, l'analyse sémantique des langues ne privilégie pas la spatialité. L'aspectualité (qui implique des supports temporels) nous paraît plus fondamentale et primitive [Desclés, 2011b ; 2016b], [Desclés & Guentchéva, 2012]. Nous avons déjà évoqué un exemple avec l'analyse des marqueurs aspectuels *pas encore*, *déjà*, *vraiment*, *encore*, *déjà plus*. Une langue n'est pas un simple système de nomenclatures (on le sait depuis F. de Saussure), mais un système de compositions d'opérations (de prédication, détermination, thématisation... et d'opérations d'énonciation avec des ajustements entre énonciateurs et co-énonciateurs...). Un système de représentations sémiotiques (composées de signes) possède une certaine épaisseur puisque les configurations de signes qui constituent des énoncés renvoient à des représentations sémantiques de situations inscrites nécessairement dans une temporalité et parfois dans une spatialité, en articulant, en même temps, différents référentiels (mondes possibles, mondes fictifs et imaginés, mondes représentés par autrui...), différentes prises de position de locuteurs (autres que l'énonciateur) et des « attitudes » prises par l'énonciateur par rapport au contenu propositionnel énoncé[5]. Si une langue peut représenter le monde externe, elle est également capable de construire des représentations autonomes, entièrement coupées de l'environnement externe perçu et dans lequel on agit. Comme toute science ayant un support empirique, notre approche cognitive du langage repose sur un certain nombre d'hypothèses théoriques, qui demandent à être confirmées ou précisées par des études plus fouillées.

Hypothèse interactionniste : les représentations élaborées par l'activité de langage ne sont pas complètement indépendantes des représentations construites par les activités cognitives de perception et d'action.

Hypothèse d'ancrage cognitif des catégories linguistiques : les catégories (grammaticales et lexicales) d'une langue sont ancrées sur (et non réduites à) des catégorisations opérées par la perception (visuelle mais pas uniquement) et l'action, en exprimant éventuellement les intentions des acteurs. Cet ancrage est étroitement lié aux primitives constitutives des schèmes interprétatifs des unités linguistiques.

4. Primitives sémantico-cognitives

Les schèmes descriptifs des unités linguistiques d'une langue sont des agencements structurés composés de primitives sémantico-cognitives. Quelques auteurs font explicitement appel à des primitives. Le *Dictionnaire syntaxique et sémantique des verbes français* [Bogacki, 1983] utilise, pour la description de la polysémie verbale, les 14 prédicats profonds :

ÊTRE / AVOIR / FAIRE PARTIE ; EXISTER / SE TROUVER ; ÉPROUVER / PERCEVOIR ; CHANGER / AGIR / CAUSER ; SAVOIR / CROIRE ; POUVOIR / VOULOIR.

---

[5] La théorie de l'énonciation s'appuie sur les travaux de Ch. Bally, E. Benveniste, A. Culioli [Desclés, 2011b ; 2016a], [Desclés *et al.*, 2016], II, 497-531.

La « grammaire des primitifs » d'Anna Wierzbicka est un « métalangage naturel » destiné à expliquer les significations des expressions des diverses langues. Le primitif y est une unité de pensée. Puisque les « fonctions du langage » sont universelles, il existe un nombre réduit de concepts élémentaires qui se retrouvent dans la description sémantique de toutes les langues. Wierzbicka fait appel à 55 primitifs :

[substantifs] I, YOU, SOMEONE, SOMETHING, PEOPLE; [déterminants] THIS, THE SAME, OTHER ... SOME; [quantifieurs] ONE, TWO, MANY (MUCH), ALL; [prédicats mentaux] THINK, KNOW, WANT, FEEL, SEE, HEAR; [prédicats non mentaux] MOVE, THERE IS, (BE) ALIVE; [discours] SAY; [action et événements] DO, HAPPEN; [évaluateurs] GOOD, BAD; [descripteurs] BIG, SMALL; [Temps] WHEN, BEFORE, AFTER... A LONG (SHORT) TIME, NOW; [espace] WHERE, UNDER, ABOVE... FAR, NEAR, SIDE, INSIDE, HERE; [partinomie et taxinomie] PART (OF), KIND (OF); [métaprédicats] NOT, CAN, VERY. [Wierzbicka, 1996.]

Notre approche de la sémantique par des schèmes ne reprend pas ces primitives qui soulèvent des critiques et des questions : sont-elles des prédicats lexicaux, des prédicats profonds ou des opérateurs et des relateurs abstraits ? Ont-elles un ancrage sur d'autres activités cognitives ? Dans quel système sont-elles formulées ? Comment sont-elles composées ? À quel niveau de description sont-elles pertinentes ? Comment un tel niveau est-il relié explicitement aux unités plus directement observables ? Par quel processus argumentatif sont-elles mises en place ?

Nous allons décrire de façon succincte les principales primitives utilisées dans nos analyses sémantiques. Les catégorisations premières des entités sont des primitives qui constituent des *types de base* puisque la perception des entités conduit à dégager des entités individuelles ou objets (*une table, un livre...*), des entités massives (*du café, du blé...*) ou collectives (*un troupeau, une armée...*), des lieux spatiaux (*dans le café, on discute...*), temporels (*pendant le café, on discute...*) ou notionnels (*être dans une grande angoisse...*). Les entités fonctionnent souvent comme des systèmes à plusieurs états (*enfant en bonne santé / malade / grippé...*). Les types sémantiques assignés aux autres primitives (opérateurs, relations) sont dérivés des types de base ; ce sont des *types fonctionnels* (de Church) définis par les règles suivantes[6] :

---

[6] [Desclés *et al.*, 2016], I, 212 *sq.* ; II, 478-482.

(i) Les types de base (ou sortes) sont des types fonctionnels ;
(ii) Si α et β sont des types fonctionnels, alors $\mathbf{F}\alpha\beta$ est un type fonctionnel qui est assigné aux opérateurs ; ceux-ci s'appliquent à des opérandes de type α pour construire des résultats de type β.

Remarque : un relateur (qui engendre une relation) est un opérateur binaire de type $\mathbf{F}\alpha\mathbf{F}\beta\gamma$, d'où le principe (dit *de curryfication*) qui associe biunivoquement à tout relateur R_2 un opérateur unaire R'_1 qui, en s'appliquant à un opérande de type α, construit un opérateur R''_1 de type $\mathbf{F}\beta\gamma$. Ainsi, la prédication d'un relateur binaire comme *aimer* construit la relation propositionnelle « (aimer (*Marie*)) (Jean) », sous-jacente à l'énoncé *Jean aime Marie*, en deux étapes successives, contrairement à la logique classique des prédicats, qui applique directement le prédicat binaire *aimer* au couple <*Jean, Marie*>.

Dans les modèles de la grammaire applicative et cognitive (GAC) et de la GRammaire des opérations Applicatives, Cognitives et Énonciatives (GRACE)[7], on distingue trois genres de primitives sémantico-cognitives :

- les relations primitives *structurantes*, à savoir (i) des primitives statiques ; (ii) des primitives cinématiques ; (iii) des primitives dynamiques ; (iv) des primitives de causalité ; elles constituent des « invariants du langage » ;
- les primitives *technico-culturelles*, étroitement liées aux expériences d'une ethnie, du développement d'une civilisation, d'un groupe social ;
- les primitives *formelles*, associées aux modes de composition des primitives structurantes et technico-culturelles constitutives des schèmes.

Donnons un exemple de primitive technico-culturelle. La notion de *roue* est une primitive étroitement liée à un état de développement technique d'un groupe social parlant une langue ; elle est associée à des lexicalisations comme *rouler, enrouler, dérouler* et aux constructions qui en découlent (*rouler sur la route, rouler dans le fossé, rouler un tapis, rouler quelqu'un…*) ; elle ne constitue pas un invariant sémantique du langage.

---

[7] Pour une présentation du modèle de la GAC : [Desclés, 1990 ; 2011a] ; pour la GRACE : [Desclés *et al.*, 2016], II, 499-531. Nous y reviendrons plus loin.

Nous nous restreindrons aux primitives relationnelles structurantes ancrées directement sur la perception et l'action (selon l'hypothèse interactionniste). Elles sont caractérisées par des propriétés (combinatoires et topologiques) formulées sous forme de relateurs et d'opérateurs insérés dans le formalisme de la logique combinatoire typée de Curry[8]. Ce formalisme met en œuvre les primitives formelles sous la forme d'opérateurs abstraits – appelés *combinateurs* – qui composent les primitives (structurantes et technico-culturelles) entre elles, ou les transforment, afin de structurer les schèmes interprétatifs des unités verbalisées. Les primitives structurantes sont mises en place par un processus inférentiel abductif (au sens de C. S. Peirce), ce qui revient à formuler une *hypothèse plausible* sur la pertinence et l'existence de primitives constitutives des schèmes, en se fondant sur la décomposition analytique des configurations linguistiques observables, d'une part, et sur des calculs qui relient explicitement les schèmes aux unités linguistiques qui les manifestent au sein des configurations observables, d'autre part. Les primitives, les schèmes et les représentations sémantico-cognitives font partie d'un niveau de représentation cognitive dont la structure non propositionnelle est entièrement différente de la structuration syntagmatique (selon un ordre linéaire) des énoncés. Cela conduit à devoir préciser l'architecture cognitive et computationnelle des différents niveaux de représentations, en particulier des niveaux de représentations sémantico-cognitives (dont les schèmes) et des niveaux de configurations observables, avec des niveaux de représentations intermédiaires. Lorsque de telles architectures sont explicitement décrites, il devient possible d'utiliser une machine informatique pour entreprendre une simulation expérimentale de la compréhension et de la production de configurations linguistiques interprétées et exprimées dans une langue.

Les primitives structurantes relationnelles permettent de construire différents types de situations[9].

Les **situations statiques** sont construites, pour la plupart, avec les relations de repérage (notées Rep) reliant des entités repérées à une entité repère, soit par une identification, notée = (*Luc est l'auteur de cette pièce de théâtre*), soit par une différenciation, notée ≠, spécifiée par une appartenance ∈ à

---

[8] [Curry *et al.*, 1958 ; 1972], [Fitch, 1974], [Hindley *et al.*, 2008], [Desclés *et al.*, 2016], I.

[9] [Abraham, 1995], [Desclés, 1990 ; 2003], [Desclés *et al.*, 2016], II, 451-496.

une classe (*Luc est un homme* ≅ [Luc ∈ {x ; est-un homme (x)}]), par une inclusion ⊆ entre classes (*les hommes sont des mammifères* ≅ [{x ; est-un homme (x)} ⊆ {x ; est-un- mammifère (x)}]), ou encore par une localisation par rapport à un lieu (*Luc est dans la Sorbonne*) ou par une mise en rupture, notée # (*Luc n'est pas à la Sorbonne*). Pour les lieux, spatiaux, temporels ou notionnels, des déterminations topologiques viennent spécifier un lieu Loc en prenant son intérieur Int (Loc), son extérieur Ext (Loc), sa frontière Fro (Loc) ou sa fermeture Fer (Loc) ; ainsi, pour le lieu Loc(Sorbonne), nous avons son intérieur (*dans la Sorbonne*), son extérieur (*hors de la Sorbonne*), sa frontière (*à côté de la Sorbonne*), sa fermeture (*à la Sorbonne*).

Les primitives relationnelles dans les **situations cinématiques** sont : le mouvement (noté MOUVT) d'une entité d'un lieu vers un autre lieu et le changement (CHANGT) d'un état d'une entité vers un autre état.

Les primitives relationnelles des **situations dynamiques** sont : l'effectuation d'une action (FAIRE, à ne pas confondre avec le verbe *faire*) d'un mouvement ou d'un changement ; le contrôle d'une action (CONTR) d'un mouvement ou d'un changement ; la visée téléonomique (TELEO) d'une représentation d'une situation qu'un mouvement ou un changement doit atteindre. La **notion de contrôle** est essentielle pour appréhender sémantiquement la notion d'agent qui structure diverses constructions des langues et organise la typologie (langues accusatives, ergatives, actives/inactives) [Desclés *et al.*, 2016, II, 419-450] : « est agent » une entité qui contrôle une action, c'est-à-dire qui exerce une capacité de déclencher et d'interrompre une action portant sur un objet. L'agentivité ne doit pas être analysée comme une relation directe entre un agent et un objet mais plutôt comme une relation entre un agent et une action dynamique (mouvement ou changement) concernant un objet (le patient). La primitive de téléonomie (TELEO) établit une relation entre un agent et une situation représentée mentalement et visée car non encore actualisée. Cette primitive cognitive liée à l'agentivité permet de distinguer les schèmes associés à des couples de lexèmes verbaux comme *voir/regarder*, *entendre/écouter*, *tuer/assassiner*…

Les relations constitutives des **situations de causalité** sont plus complexes que les relations dynamiques. Elles établissent des relations entre deux situations complètes, l'une devant nécessairement s'actualiser pour que la seconde puisse s'actualiser à son tour.

5. Schèmes symboliques associés aux significations de *sortir-de*, *donner*, *offrir*

Nous avons présenté les schèmes figuratifs associés à la signification de *sortir-de* (Fig. 5). Ces schèmes ne sont pas suffisamment complexifiés pour pouvoir appréhender adéquatement et représenter les différences entre des constructions syntaxiques similaires (exemples **a**, **b, c** et **d** ci-dessous) mais différentes sur le plan des significations. Les primitives relationnelles permettent de construire des schèmes symboliques. Prenons ces exemples :

(a) *[D'où je suis, je vois que] une voiture sort d'un garage.*
(b) *Luc sort la voiture du garage.*
(c) *Luc sort la voiture du garage à l'aide d'un tracteur.*
(d) *Un tracteur sort la voiture du garage.*

Le schème figuratif de la Figure 4 permet de représenter adéquatement la signification de *sort de* qui apparaît dans **a** mais pas les significations de cette même forme verbale dans les énoncés **b**, **c** et **d**, bien que s'inscrivant dans le même schéma syntagmatique « sujet + verbe + complément d'objet + complément circonstanciel ». Les schèmes symboliques sont des représentations plus fines, construites en emboîtant des relations dans des relations englobantes. Les schèmes figuratifs de la Figure 2 (auxquels sont ajoutées des étiquettes symboliques) ne permettent pas de représenter adéquatement les variations sémantiques d'une même unité lexicale[10].

Le **schème cinématique** de *sortir-de* dans **a** (avec [y = une-voiture] ; [z = un-garage]) est formulé par la relation symbolique **a'** de mouvement entre deux situations statiques :

Schème a' : $[SIT^1_{O1}[y, z]\ MOUVT_F\ SIT^2_{O2}[y, z]]$
Avec : $SIT^1_{O1}[y, z] =_{def} [y\ Rep_{O1}\ (\underline{Int}\ (Loc\ (z)))]$ et $SIT^2_{O2}[y, z] =_{def} [y\ Rep_{O2}\ (\underline{Ext}\ (Loc\ (z)))]$

Dans le schème **a'**, la situation statique $SIT^1_{O1}[y, z]$ est interprétée par « y est repéré par rapport à l'intérieur $\underline{Int}(Loc\ (z)$ du lieu $Loc(z))$ » et la situation statique $SIT^2_{O2}[y, z]$ par « y est repéré par rapport à l'extérieur $\underline{Ext}(Loc\ (z)$ du lieu $Loc(z))$ » ; ces situations sont actualisables sur les intervalles

---

[10] Pour une analyse des significations de *donner*, voir le réseau polysémique [Desclés, 2011a].

topologiques ouverts O_1 et O_2 composés des instants contigus et successifs ; ces deux intervalles ouverts sont séparés par l'intervalle fermé F. Ce schème est globalement interprété comme décrivant un mouvement événementiel, actualisable sur l'intervalle fermé F (où la borne initiale et la borne finale de F appartiennent nécessairement à F), ce mouvement faisant passer l'objet y de l'intérieur à l'extérieur du même lieu Loc(z).

Le ***schème dynamique*** de *sort-de* dans **b** (avec [x = Luc], [y = la-voiture], [z = le-garage]), est formulé par la relation symbolique **b'** dans laquelle la relation de contrôle a pour arguments une relation du mouvement transitionnel et un agent :

Schème b' : $[_1 \text{ x CONTR }_F [_2 \text{ x FAIRE}_F [_3 \text{ schème a' }_3]_2]_1]$

Par ce schème dynamique, il est indiqué que l'agent x contrôle et effectue lui-même le mouvement qui affecte l'objet y.

Le ***schème dynamique instrumental*** de *sort-de* dans **c** (avec [x = Luc], [y = la-voiture], [z = le-garage], [u = le-tracteur]) est formulé par la relation symbolique **c'** dans laquelle l'instrument u effectue une action qui met en mouvement y, cette action étant mise sous la dépendance de l'agent x qui contrôle ce mouvement par l'intermédiaire de cet instrument u :

Schème c' : $[_1 \text{ x CONTR }_F [_2 \text{ u FAIRE}_F [_3 \text{ schème a' }_3]_2]_1]$

Par ce schème **c'**, il est indiqué que l'instrument u effectue directement le mouvement décrit par le schème **a'**, tout en restant sous le contrôle de l'agent x.

L'énoncé **d** a exactement la même forme syntaxique que **b**, bien que les interprétations sémantiques ne soient plus les mêmes. L'interprétation sémantique du sujet syntaxique dans **d** est celle d'un instrument placé sous le contrôle d'un agent indéterminé dont seule l'existence est indiquée. Le **schème dynamique instrumental direct** de *sort de* dans **d** (avec [u = le-tracteur] ; [y = la-voiture] ; [z = le-garage]) est formulé par :

Schème d' : $(\exists \text{ x}) \{_0 [_1 \text{ x CONTR }_F [_2 \text{ u FAIRE}_F [_3 \text{ schème a' }_3]_2]_1]_0\}$

Par ce schème **d'**, il est indiqué qu'il existe un actant agentif indéterminé qui contrôle le mouvement effectué, par l'intermédiaire d'un instrument u, concernant l'actant y (présent dans le schème **a'**).

En examinant les structures internes des schèmes **b'** et **d'**, on constate que les schèmes syntaxiques identiques de **b** et **d** n'ont pas la même signification ; en revanche, les schèmes **c'** et **d'** ont des significations relativement proches alors que les organisations syntaxiques correspondantes dans **c** et **d** sont assez différentes puisque l'actant instrumental prend dans **d** la place d'un sujet syntaxique et dans **c** celle d'un complément circonstanciel. Ces exemples montrent que les relations d'interprétation sémantique des schèmes syntaxiques d'une forme verbale (avec ses différents actants et circonstants, au sens de L. Tesnière [1959]) par des schèmes (qui décrivent des significations) ne sont pas des homomorphismes, les structurations internes respectives étant très différentes. En effet, l'occurrence de la forme verbale dans le contexte d'un énoncé est caractérisée par ses divers actants et circonstants, les rôles sémantiques des actants et circonstants n'étant absolument pas représentés par le schéma syntaxique ; par contre, le schème interprétatif qui lui correspond représente explicitement ces rôles sémantiques au moyen des primitives relationnelles qui le structurent. Remarquons au passage que les représentations symboliques des schèmes ne sont pas représentables dans le langage logique des prédicats du premier ordre, puisque ce sont des relations de relations, actualisables sur des intervalles d'instants, avec des relations qui relient des arguments (objets individuels ou entités collectives, entités massives, lieux…) auxquels des types de base sont assignés.

Remarque : dans le cadre des modèles de la GAC et de la GRACE[11], les schèmes sont représentés par des expressions applicatives équivalentes, composées uniquement par des opérateurs et des relateurs (opérateurs avec deux opérandes) appliqués à leurs opérandes. Les calculs qui relient les schèmes à leurs expressions linguistiques sont réalisés avec des expressions applicatives préfixées (l'opérateur est toujours positionné devant l'opérande) ; dans la dernière étape, l'expression applicative est transformée en une expression syntagmatique [Desclés *et al.*, 2016, II, 491-496].

Les schèmes sont souvent plus directement perceptibles dans les séquences gestuelles et les changements de la direction du regard des signeurs qui utilisent la langue des signes française, laquelle possède toutes les capacités représentationnelles des langues parlées [Lejeune, 2004].

---

[11] Voir la note 7. Sur les expressions applicatives, voir [Desclés *et al.*, 2016], I, 149-158.

Comment l'activité de langage articule images et expressions linguistiques

Les trois schèmes symboliques **a'**, **b'** et **c'** décrivent les significations de la même forme lexicale *sort de* qui présente une occurrence avec ses divers actants dans les énoncés **a**, **b** et **c**. L'étude de la polysémie d'une forme verbale conduit à préciser les schèmes de chacune de ses significations puis à les relier de façon à dégager un invariant de signification (un « signifié de puissance » au sens de G. Guillaume) du réseau polysémique de cette forme lexicale. Pour *sort de*, il est facile d'établir les relations entre les schèmes symboliques **b'**, **c'** et **d'** et l'invariant commun exprimé par **a'**, auquel correspond un schème figuratif. La construction du réseau polysémique est cependant plus complexe lorsque que l'on veut tenir compte d'expressions comme *Le bateau sort d'une tempête*, *La porte sort de ses gonds*, *Luc sort de ses gonds*, *Le blé sort de terre*, *Le lion sort ses griffes*, *Luc sort sa petite sœur*, etc. ; l'invariant de signification est plus abstrait mais assez analogue à l'invariant déjà dégagé à partir des mouvements dans l'espace.

À titre d'exemples, voyons les schèmes symboliques de *donner* et *offrir* employés dans les exemples suivants :

(e) *Luc donne un livre à Marie.*
(f) *Luc offre une bague à Marie.*

Schème **e'** $DONNER_F$ [y, x, z] $=_{def}$ [$_1$ x $CONTR_F$ [$_2$ x $FAIRE_F$ [$_3$ SIT^1_{O1} [y, x] $MOUVT_F$ SIT^2_{O2} [y, z] $_3$] $_2$] $_1$]
Avec : SIT^1_{O1} [y,x] = [y Rep Int(Loc(x))] et SIT^2_{O2} [y,x] = [y Rep Int(Loc(z))] ; [$O_1 < F < O_2$]

Le schème **e'** signifie qu'un agent x contrôle et effectue un mouvement qui fait passer un objet y de l'intérieur du « lieu Loc(x) des objets accessibles pour x » vers l'intérieur du « lieu Loc(z) des objets accessibles pour z ». Les lieux Loc(x) et Loc(z) ne sont plus nécessairement des lieux spatiaux mais plus généralement des lieux cognitifs (par exemple dans *donner un renseignement*) d'acceptabilité pour x ou pour z, la possession devenant un cas particulier de l'accessibilité. L'étude de la polysémie de *donner* [Desclés, 2011a] conduit à construire un réseau de cette forme verbale polysémique, chaque valeur sémantique étant représentée par un schème relié dans le réseau à d'autres schèmes par des relations de spécification ou de généralisation. On pourra comparer ce schème **e'** de *donner* avec les schèmes figuratifs de la Figure 2 : le recours aux schèmes symboliques et aux organisations par des primitives ouvre la possibilité de formuler des représentations sémantiques plus en adéquation avec les analyses polysémiques. Le schème de *offrir* est plus complexe puisqu'il s'agit de représenter la visée téléonomique du but de l'action de l'agent ; ce but est une situation dynamique qui met en œuvre le destinataire qui peut accepter ou refuser l'offre qui lui est faite.

Schème f' OFFRIR [y, x, z] $=_{def}$ [$_1$ [$_2$ DONNER$_F$ [y, x, z] $_2$] & [$_2$ x TELEO [$_3$ ACCEPTER$_{F3}$ [y, z] $_3$] $_2$] $_1$]
Avec : ACCEPTER$_{F3}$ [y,z] $=_{def}$ [$_3$ z CONTR$_{F3}$ [$_4$ z FAIRE $_{F3}$ [$_5$ SIT$^5{}_{O5}$ [y, z] MOUVT$_{F3}$ SIT$^6{}_{O6}$ [y, z] $_5$] $_4$] $_3$]
SIT$^5{}_{O5}$ [y, z] = [y Rep$_{O5}$ <u>Ext</u>(Loc(z)] et SIT$^6{}_{O6}$ [y,x] = [y Rep$_{O6}$ <u>Int</u>(Loc(z)] ; [F$_3 \subseteq$ F] ; [O$_6$ = O$_2$]

Le schème **f'** signifie qu'un agent x donne un objet y à z en visant la situation dynamique dans laquelle z accepte le don y, c'est-à-dire que z contrôle et effectue le mouvement qui fait passer l'objet y de l'extérieur vers l'intérieur du lieu Loc(z), le lieu des objets qui sont accessibles pour z.

6. Comment un schème s'articule-t-il avec l'unité linguistique qui l'exprime dans une langue ?

Comment expliciter le passage des schèmes figuratifs (schèmes iconiques, diagrammes) et des schèmes symboliques aux unités linguistiques qui les expriment et, plus généralement, des représentations sémantiques structurées aux organisations syntagmatiques des énoncés (et discours) qui les expriment au sein du système sémiotique d'une langue ? Cette question est fondamentale en sémantique cognitive. Il y a peu d'approches théoriques qui visent à construire explicitement les correspondances entre les représentations sémantico-cognitives et leurs expressions linguistiques. Citons en particulier le modèle « sens-texte » d'Igor Mel'Čuk [1997] qui décrit les relations entre configurations morphosyntaxiques et représentations interprétatives (sous forme de graphes acycliques). De leur côté, les modèles de la GAC et de la GRACE cherchent à fournir des réponses opératoires à ce défi, notamment par des *architectures cognitives et computationn*elles avec plusieurs niveaux de représentations intermédiaires.

Comment le schème qui décrit une signification peut-il se synthétiser en un prédicat verbal *sortir-de (x, y, z)* qui, en français, s'exprime par le schéma prédicatif avec trois actants « x sort y de z » ? Il faut construire une relation qui relie le schème **b'** au schéma prédicatif :

$$[_1 \text{ x CONTR}_F [_2 \text{ x FAIRE}_F [_3 \text{ SIT}^1{}_{01}[y, z] \quad \text{MOUVT}_F \quad \text{SIT}^2{}_{02}[y, z] \;_3] \;_2] \;_1]$$
avec
$$\text{SIT}^1{}_{01}[y, z] = [\; y \; \text{Rep} \; (\underline{\text{Int}} \; (\text{Loc} \; (z)) \;]_{01}$$
$$\text{SIT}^2{}_{02}[y, z] = [\; y \; \text{Rep} \; (\underline{\text{Ext}} \; (\text{Loc} \; (z)) \;]_{02}$$

↓

sortir de (x, y, z)

La structuration interne du schème est très différente de celle du schéma prédicatif : les variables x, y et z présentent une seule occurrence dans le schéma prédicatif et plusieurs dans le schème ; dans le schéma prédicatif, aux variables sont associés (implicitement) des « rôles casuels » (actanciels) différents puisque x fonctionne comme un agent, y comme un objet en mouvement et z comme un lieu, alors que dans le schème interprétatif, ces « rôles actanciels » sont parfaitement décrits au moyen des primitives relationnelles. Le prédicat verbal *sortir-de* est une forme linguistique qui synthétise un contenu sémantique décrit par le schème qui lui est associé. Il s'agit donc de décrire *un processus de synthèse intégrative* qui fait passer du schème à la forme linguistique qui l'exprime publiquement dans le système linguistique du français et, d'autre part, de décrire *un processus de décomposition analytique* qui associe à la forme prédicative sa signification formulée par un schème. Pour expliciter ces deux processus, nous faisons explicitement appel à la logique combinatoire typée de Curry[12]. Celle-ci doit être pensée comme une logique d'opérateurs abstraits, appelés *combinateurs*, qui composent ou transforment des opérateurs quelconques et des relateurs (en fait des opérateurs agissant sur plusieurs opérandes), indépendamment des actions opératoires, dans des domaines d'objets, de ces opérateurs et relateurs composés ou transformés. Les combinateurs sont des programmes plus ou moins complexes de composition ou de transformation d'opérateurs quelconques, chaque opérateur étant déterminé par ailleurs dans un domaine interprétatif[13]. Ils sont engendrés récursivement à partir de combinateurs élémentaires engendrés à partir d'un nombre fini de combinateurs de base ; deux combinateurs de base peuvent engendrer tous les combinateurs élémentaires et donc tous les combinateurs. Chacun est caractérisé par des règles d'introduction et d'élimination, comme dans la « déduction naturelle » de Gentzen de la logique des propositions et des prédicats [Desclés, Djioua & Le Priol, 2010]. Pour

---

[12] Voir la note 8 et [Desclés *et al.*, 2016], II.
[13] Voir des exemples dans [Desclés *et al.*, 2016], II, 159-217.

synthétiser le schème interprétatif en son schéma prédicatif, il s'agit de composer entre elles les primitives constitutives du schème, de façon à dégager une seule place d'argument pour chacun des actants déterminés par le prédicat verbal. L'introduction successive de combinateurs élémentaires permet d'effectuer cette synthèse intégrative en construisant un combinateur complexe qui compose entre elles toutes les primitives du schème. Pour la synthèse du prédicat verbal *sortir-de (x, y, z)*, il faut construire un combinateur complexe **X** tel que nous puissions arriver à poser l'équivalence définitoire :

$$[sortir\text{-}de =_{def} \mathbf{X} \, CONTR_F \, FAIRE_F \, MOUVT_F \, Rep_{O1} \, Rep_{O2} \, \underline{Int} \, \underline{Ext}]$$

et tel que l'élimination successive de tous les combinateurs élémentaires qui sont les composantes de **X** reconstruise progressivement le schème interprétatif sous-jacent[14].

La description sémantique d'un énoncé est plus complexe puisqu'il faut composer les schèmes interprétatifs associés aux prédicats verbaux avec les schèmes interprétatifs associés aux morphèmes grammaticaux (temps et aspects, opérateurs modaux) qui sont des *traces linguistiques* des opérations de prise en charge par l'énonciateur d'un schéma prédicatif. Cela conduit à définir plusieurs niveaux de représentations métalinguistiques. Ces niveaux sont organisés dans une architecture cognitive et computationnelle où chaque représentation d'un niveau doit être explicitement transformée et changée par une représentation d'un autre niveau.

La Figure 5 présente l'architecture du modèle de la GRACE. Celui-ci s'inscrit dans le cadre d'une théorie formalisée des opérations énonciatives où un énoncé reçoit, en suivant le linguiste Ch. Bally, une première décomposition en un *modus* et un *dictum*. Le *modus* est un opérateur complexe, résultat des compositions des opérateurs de prise en charge énonciative d'un contenu propositionnel avec les opérateurs relevant de la catégorie complexe du TAM (temporalité, aspectualité, énonciation). Le *dictum* (*lexis* selon A. Culioli) est une organisation structurée par les opérations de prédication, détermination avec une thématisation éventuelle des arguments (comme dans *Marie, Jean, il l'aime beaucoup*) ; le *dictum* est ainsi pris en charge par l'énonciateur qui produit un énoncé[15].

---

[14] Exemples d'utilisation de la logique combinatoire : voir [Desclés *et al.*, 2016], II, 357-418, 482-496.

[15] [Desclés, 2016a], [Desclés *et al.*, 2016], II, 497-531.

Architecture cognitive et computationnelle
(GRammaire Applicative des opérations Cognitives et Énonciatives)

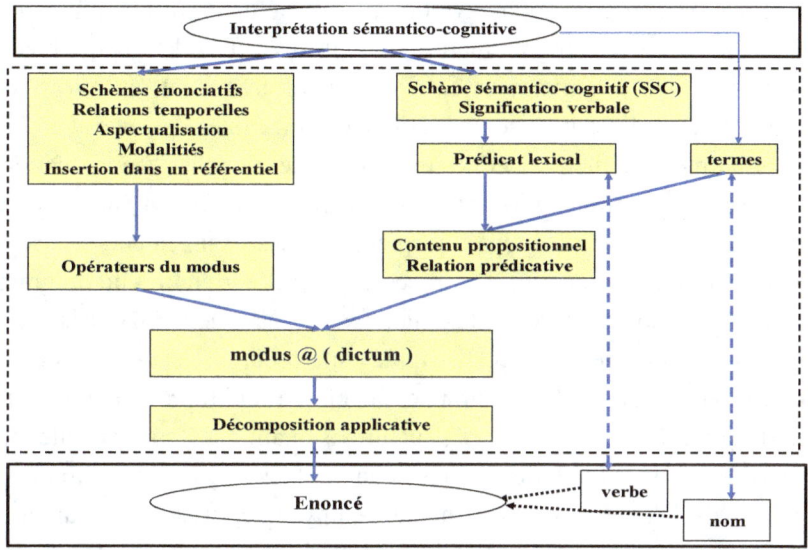

J.-P. Desclés, G. Guibert, B. Sauzay, *Calculs des significations par une logique d'opérateurs*, 2016.

Figure 5. Différents niveaux de représentation métalinguistique du modèle de la GRACE.

Dans une *démarche sémasiologique* (ascendante, des formes linguistiques aux formes interprétatives), l'énoncé est d'abord décomposé, par une grammaire catégorielle étendue[16], en une expression applicative organisée par des opérateurs linguistiques appliqués à leurs opérandes linguistiques. L'utilisation des combinateurs de la logique combinatoire permet de décomposer cette représentation applicative de l'énoncé en un *modus* appliqué à son opérande, le *dictum*. Le *modus* est décomposé à son tour en schèmes énonciatifs, tandis que le *dictum* est décomposé en un schème interprétatif du prédicat verbal appliqué aux arguments de la relation prédicative. Ces deux composantes ainsi analysées sont ensuite composées entre elles pour former la représentation sémantico-cognitive de l'énoncé complet. Dans une *démarche onomasiologique* (descendante, des formes interprétatives internes aux formes expressives externes), la synthèse intégrative opère en sens inverse.

---

[16] [Desclés & Biskri, 1997], [Desclés *et al.*, 2016], II, 305-355.

7. Hypothèse cognitive de la compilation généralisée

Le développement de l'informatique depuis 1950 nous a appris comment on peut relier des représentations symboliques structurées (programmes écrits dans des langages de programmation de haut niveau) à des représentations, dites de bas niveau, structurées entièrement différemment, car directement compatibles avec l'organisation matérielle des machines destinées à exécuter les programmes et à mémoriser des résultats et des données. Cette relation est réalisée par un programme informatique (appelé *compilateur*) implanté dans la machine et qui assure automatiquement tous les changements nécessaires de représentations structurées. Le processus identifie les unités du programme puis procède à son analyse syntaxique, avant d'associer aux unités du programme syntaxiquement correct des unités interprétatives et de procéder à des optimisations aboutissant à des graphes acycliques qui représentent la sémantique du programme initial ; ces structures sémantiques sont ensuite transformées en organisations directement compatibles avec la structuration des organes matériels de la machine (mémoire physique, organes de traitement). Ce « principe de compilation » de l'informatique montre que la relation à établir ne doit pas être directe, mais doit faire appel à des représentations intermédiaires. Dans les sciences cognitives, en particulier dans l'étude de la sémantique cognitive des langues, il paraît assez naturel de vouloir faire appel à un tel principe de « compilation généralisée », qui peut être formulé comme suit :

Pour traiter des changements de représentations structurées complexes (par exemple des représentations symboliques d'un langage formel) en d'autres représentations structurées complexes d'une tout autre nature (par exemple des organisations matérielles électroniques, des supports neurobiologiques, des interprétations cognitives), il faut recourir à des niveaux de représentations intermédiaires en construisant en même temps des processus explicites de changement de représentations entre ces niveaux, plutôt que de vouloir relier directement, terme à terme, ces représentations aux structures entièrement différentes.

Ce principe est mis en œuvre pour l'étude d'une sémantique cognitive et formelle de l'activité de langage manifestée par les langues : pour relier les représentations sémantico-cognitives internes (non directement observables) aux expressions linguistiques externes (plus directement observables), il est opératoire de passer par des représentations intermédiaires reliées entre elles, au sein d'une architecture précise, par des processus de changement de représentations. En analogie avec la compilation des langages de programmation, les langues sont considérées comme des langages (externes) de haut niveau, reliés par un processus de compilation à des représentations sémantico-cognitives, à la suite de changements de représentations à différents niveaux[17]. Dans une approche du langage par les neurosciences, il faudrait arriver à décrire comment les formes linguistiques symboliques, leurs interprétations sémantiques et leurs relations sont implantées et traitées, souvent en parallèle, par les organes neurobiologiques du cerveau (par exemple par des modules de réseaux de neurones).

8. Activité de pensée et activité de langage

Les relations entre pensée et langage demeurent largement débattues par les philosophes, les épistémologues et les linguistes, puisque nous n'avons pas un accès direct au fonctionnement de la pensée, laquelle ne peut être appréhendée que par ses traces observables (catégorisations naturelles, inférences, narrations, fictions, constructions picturales…). La notion d'un « langage de la pensée » est fort contestable car l'activité de pensée procède également en utilisant des images, des figures, des schémas, des symboles catégorisés, qui ne s'organisent guère dans un langage propositionnel formaté comme le langage formel des prédicats des logiciens… Les représentations cognitives et sémantiques sont des hypothèses plausibles touchant à un certain fonctionnement cognitif car mises en place par des inférences abductives à partir de traces observées et analysées par la psychologie, l'anthropologie et la sémantique, voire la sociolinguistique… L'étude sémantique de l'activité de langage, appréhendée et analysée à partir de ses manifestations linguistiques dans les langues, cherche à construire des représentations sémantico-cognitives des unités linguistiques (lexicales, grammaticales et discursives) et des configurations de ces unités dans des énoncés, des discours et des textes.

L'activité de pensée utilise des images mentales qui peuvent être exprimées par des énoncés. Se pose immédiatement une question : comment analyser l'esprit humain qui a acquis la capacité de passer de scènes saisies par la perception à des images mentales représentatives puis à des verbalisations de ces images et, inversement, de construire une séquence de représentations figuratives à partir de la compréhension d'une séquence textuelle ? C'est par des primitives constitutives des schèmes que l'activité de langage reste ancrée sur l'activité (elle aussi complexe) de perception, selon l'hypothèse

---

[17] [Desclés, 1998], [Sauzay, 2013], [Sauzay et al., 2014 ; 2015].

interactionniste (Fig. 6). Aux schèmes figuratifs sont associés des schèmes symboliques relevant d'une activité cognitive qui, en composant ces schèmes symboliques entre eux, élabore des représentations sémantico-cognitives (RSC). Dans le modèle de la GRACE [Desclés *et al.*, 2016, II, 499-504], ces RSC sont transformées en représentations sémiotiques inscrites dans le système d'une langue, par exemple sous la forme d'une séquence syntagmatique organisée selon un ordre linéaire. Les schèmes sémantico-cognitifs symboliques sont plus complexes et plus précis que les schèmes figuratifs puisqu'ils permettent de représenter, entre autres, les différents « rôles actanciels » (d'agent, d'instrument, d'objet mobile ou soumis à des changements d'état) et les prises en charge (aspectuo-temporelles et modales) d'un énonciateur, ce qui est clairement manifesté et exprimé par des procédés linguistiques variables selon les langues. Les seules représentations par les images mentales et par les schèmes figuratifs ont cependant un pouvoir moindre que les RSC symboliques et interprétatives des expressions formulées dans une langue.

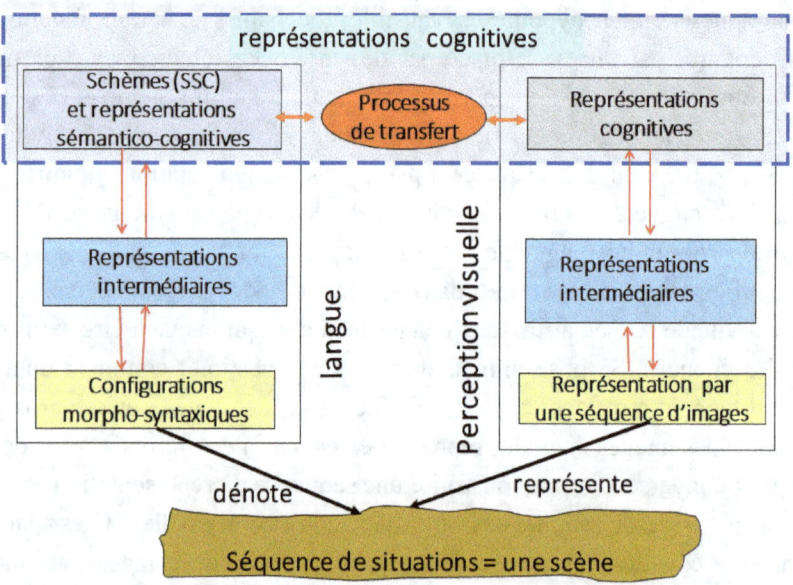

Figure 6. Interaction entre une langue et la perception visuelle.

Une langue a un pouvoir représentationnel sémantique beaucoup plus riche et complexe que celui qui est offert par les images et les schèmes figuratifs.

En effet, une image ou une représentation picturale doit souvent être interprétée (parfois de façon différente selon les récepteurs) pour devenir signifiante en étant verbalisée. Certaines représentations picturales (tels les dessins représentant des mains et des animaux des cavernes préhistoriques) sont chargées de trop d'interprétations multiples pour permettre d'en dégager une fonctionnalité pertinente. Une façon d'interpréter une image ou un diagramme consiste justement à lui associer un discours qui va en donner une interprétation, éventuellement contextualisée. Supposons une image dans laquelle on identifie une voiture dont on aperçoit le compteur qui indique une vitesse supérieure à 80 km/heure. L'énoncé interprétatif associé à cette image peut être dans certains contextes *Cette voiture a dépassé les 80 km/heure*. Hors de tout contexte, il s'agit simplement d'une information à propos d'un objet mobile, le schème cinématique associé à *dépasser* étant alors lié au contexte interprétatif. Dans un contexte élargi, l'énoncé *Cette voiture a dépassé les 80 km/heure, elle doit recevoir une contravention* acquiert une signification nouvelle puisque l'objet mobile y hérite des propriétés d'un agent (celles de son conducteur, par ailleurs inconnu) et de la propriété de contrôle qui lui est inhérente ; le schème associé à *dépasser* est devenu dynamique.

De nouvelles questions surgissent : l'activité de pensée est-elle totalement indépendante des langues ? Les expressions linguistiques sont-elles les manifestations d'une pensée préalable et autonome, indépendante de son expression linguistique dans une langue ? L'activité de langage enrichit-elle l'activité de pensée ? L'utilisation d'une langue particulière contribue-t-elle à configurer en partie la pensée ; ou bien toute pensée configurée par l'activité de langage est-elle totalement indépendante de la langue qui l'exprime ? Des prises de position épistémologiques existent dans la littérature. Le relativisme dit de Sapir-Whorf prétend que « chaque langue construit une représentation du monde ; elle se projette sur le monde pour le structurer », ce qui revient à affirmer que c'est par l'utilisation d'une langue que l'on organise une ontologie du monde externe, celle-ci n'étant pas la même pour ceux qui utilisent une langue européenne que pour ceux qui emploient uniquement une langue amérindienne (comme le hopi). Cette position relativiste, largement combattue, est actuellement réexaminée en y apportant certaines nuances. La position épistémologique opposée est dite anti-relativiste ou universaliste ; elle suppose un langage cognitif universel (qualifié de *mentalais* par Fodor) qui se projette dans les systèmes sémiotiques structurés de chacune des langues. Le linguiste Sebastian Shaumyan décrit, avec les outils de la logique combinatoire typée, dans son modèle de grammaire applicative universelle (GAU), un

« langage génotype » universel qui sous-tendrait les structures syntaxiques des diverses « langues phénotypes »[18] puisque certaines langues possèdent des cas morphologiques (latin, grec, russe…), d'autres pas (français, anglais…) ; des langues ont des conjugaisons, d'autres pas (chinois) ; certaines utilisent des constructions syntaxiques dites accusatives (langues indo-européennes), d'autres des constructions syntaxiques dites ergatives (basque, géorgien du Sud, langues du Caucase, langues polynésiennes…). R. Jackendoff défend une *conceptual structure hypothesis* :

> There is a single level of mental representation, conceptual structure, at which linguistic, sensory, and motor information are compatible. [Jackendoff, 1983, 17.]

Avec son projet de langage formel universel, indépendant de toute langue naturelle et capable d'exprimer toutes les inférences logiques, le fondateur de la logique moderne, G. Frege, soutient que « les langues sont des habits de la pensée » :

> Il est vrai que nous pouvons exprimer la même pensée dans différentes langues; mais le harnachement psychologique, l'habillement de la pensée sera différent. C'est pourquoi l'apprentissage de langues étrangères est utile pour l'éducation logique. En voyant que la même pensée peut être exprimée de différentes façons, nous apprenons à mieux distinguer l'écorce verbale du noyau auquel, dans toute langue, elle est organiquement liée. C'est ainsi que les différences entre les langues peuvent faciliter notre saisie de ce qui est logique. [Frege, 1969, 154.]

Notre approche est beaucoup plus nuancée car nous adoptons une position épistémologique que nous qualifions d'*anti-anti-relativisme* : « Chaque langue construit ses propres représentations cognitives mais il existe des *invariants de langag*e qui sont les composantes structurantes des schèmes spécifiques à chaque langue. » Il n'existe pas, selon nous, de représentations cognitives universelles et encore moins un langage mental interne (d'une pensée non observable) indépendant des langues puisque d'une part, chaque langue engendre des représentations mentales qui lui sont spécifiques et d'autre part, il existe des invariants cognitifs (les primitives structurantes ancrées

---

[18] [Shaumyan, 1977], [Guentchéva, 1976]. Sur ces notions de typologie des langues et les invariants, voir [Desclés *et al.*, 2016, II], 419-450.

sur la perception et l'action) constitutifs des schèmes et des représentations sémantico-cognitives engendrées à partir des schèmes spécifiques à chaque langue. Notre position se distingue radicalement du relativisme sur ce dernier point, sans être pour autant anti-relativiste. Elle n'adopte pas le projet d'une grammaire universelle (GU) qui est en partie le programme de recherche, sous des formes différentes, dans l'approche du langage par N. Chomsky où la GU est conçue comme un ensemble d'opérations formelles très générales, avec des principes généraux (supposés universels) des organisations syntaxiques formelles, computationnelles et autonomes, c'est-à-dire indépendantes du sens et du contexte.

9. Remarques conclusives

Notre approche conduit à problématiser sur des bases empiriques les rapports complexes entre l'activité de pensée et les représentations cognitives articulées avec l'activité de langage et ses expressions linguistiques dans les langues. L'hypothèse d'ancrage sur la perception et sur l'action dans l'environnement, des primitives structurantes considérées comme de véritables invariants langagiers, vise à comprendre le jeu des interactions complexes entre les images perçues, les images mentales représentées et leurs verbalisations linguistiques. L'hypothèse de la compilation généralisée revient à expliquer comment des représentations sémantico-cognitives peuvent se transformer en représentations sémiotiques formulées dans le système lexical et grammatical d'une langue : les images reconnues comme telles sont interprétées à l'aide de schèmes figuraux puis de schèmes symboliques pour être transformées en représentations sémiotiques échangeables entre énonciateurs et co-énonciateurs, utilisateurs d'une même langue ; ces représentations linguistiques peuvent à leur tour être à la source de figures et d'images mentales. La construction des schèmes fait souvent appel à des conceptualisations topologiques (et quasi topologiques) où les lieux ne sont pas uniquement spatiaux, mais aussi temporels, spatio-temporels et cognitifs (ou notionnels), plus abstraits, plus généraux. Les changements de représentations nécessitent l'introduction d'opérateurs abstraits de composition de la logique combinatoire pour effectuer des synthèses intégratives des unités et organisations des configurations linguistiques. L'élimination des opérateurs de composition contribue à décomposer analytiquement les unités linguistiques en des agencements interprétatifs formés à l'aide des primitives sémantico-cognitives. A. Culioli avait pressenti le rôle opératoire que devaient jouer la topologie et la logique combinatoire dans la mathématisation des conceptualisations effectuées par la théorisation et la formalisation du domaine de la linguistique, puisqu'il écrivait, dès 1968, dans *La Formalisation en linguistique* :

> Disons que le linguiste aura parfois des concepts-clés à portée de main (par exemple application, structure, ordre), parfois l'élaboration sera lente (ainsi en est-il de l'utilisation de la topologie en linguistique et de la logique combinatoire), parfois il faudra tout faire (ainsi dans le domaine des modalités). [Culioli, 1999, 25.]

Nous avons entrepris de développer concrètement ce programme de recherche. L'introduction de la compilation généralisée nécessite de repenser complètement le rapport Esprit-Matière. Sous une forme moins ambitieuse, nous cherchons à contribuer à l'étude des rapports entre la cognition humaine et les supports neurobiologiques du cerveau. Il s'agit de montrer comment les représentations sémantico-cognitives mises en œuvre par l'activité de langage peuvent être implantées sur et traitées par les circuits neuronaux du cerveau, en procédant non pas directement en une seule étape, mais en recourant à des changements successifs de représentations différemment structurées, c'est-à-dire entre les représentations linguistiques interprétées d'une langue et des représentations directement implémentées, souvent en parallèle, sur des réseaux de neurones localisés dans différentes zones du cerveau. Toute activité cognitive – perception, action motrice, langage – nécessite des supports et des opérations matérielles effectuées par des constituants du cerveau. C'est ainsi que l'on peut comprendre la formule « l'esprit est adhérent à la matière » de l'épistémologue Jean Ladrière : les activités cognitives effectuées par l'esprit peuvent acquérir une certaine autonomie à condition de pouvoir être implantées, par un processus de compilation complexifiable et adaptable avec l'expérience acquise, sur des organes matériels qui effectuent les opérations de l'esprit et en mémorisent les résultats. Il faudrait de très nombreuses pages pour argumenter et justifier nos hypothèses et propositions théoriques, mais il faut savoir s'arrêter.

Références bibliographiques

Abraham, Maryvonne [1995], *Représentation des verbes (verbes de mouvement) en vue d'un traitement informatique*, thèse de doctorat, Université de Paris-Sorbonne.

Barbut, Marc [1965], « Topologie générale et algèbre de Kuratowski », *Mathématiques et sciences humaines*, 12, 21-40.

Battistelli, Delphine [2000], *Passer du texte à une séquence d'images : analyses spatio-temporelles de textes, modélisation et réalisation informatique*, thèse de doctorat, Université de Paris-Sorbonne.

Bogacki, Krzystof *et al.* [1983], *Dictionnaire syntaxique et sémantique des verbes français*, Varsovie, Państwowe Wydawnictwo Naukowe.

Cassirer, Ernst [1973], *La Philosophie des formes symboliques*, trad. Ole Hansen-Love & Jean Lacoste, Paris, Minuit.

Croft, William & Cruze, D. Alan [2004], *Cognitive Linguistics*, Cambridge, Cambridge University Press.

Culioli, Antoine [1999], *Pour une linguistique de l'énonciation. 2. Formalisation et opérations de repérage*, Paris, Ophrys.

Curry, Haskell B., Feys, Robert & Craig, Willliam [1958], *Combinatory Logic*, I, Amsterdam, North-Holland.

Curry, Haskell B., Hindley, J. Roger & Seldin, Jonathan P. [1972], *Combinatory Logic*, II, Amsterdam, North-Holland.

Desclés, Jean-Pierre [1982], « Quelques réflexions sur les rapports entre linguistique et mathématiques », in Roger Apéry *et al.*, *Penser les mathématiques. Séminaire de philosophie et de mathématiques de l'École normale supérieure*, Paris, Seuil, 88-107.

— [1990], *Langages applicatifs, langues naturelles et cognition*, Paris, Hermès.

— [1995], « Langues, Langage et Cognition : quelques réflexions préliminaires », in Lüdi & Zuber [1995], 1-32.

— [1998], « Les représentations cognitives du langage sont-elles universelles ? », in Matteo Negro (éd.), *Essais sur langage, logique et sens commun*, 53-81, Fribourg, Éditions Universitaires Fribourg Suisse.

— [2003], « Représentations cognitives, schèmes prédicatifs et schèmes énonciatifs », in Aboubakar Ouattara (éd.), *Parcours énonciatifs et parcours interprétatifs. Théories et applications*, Paris, Ophrys, 21-46.

— [2011a], « Le problème de la polysémie verbale en français : *donner* en français », *Cahiers de lexicologie*, 98, 95-111.

— [2011b], « Une articulation entre syntaxe et sémantique cognitive : la Grammaire Applicative et Cognitive », *Mémoires de la Société Linguistique de Paris*, nouvelle série XX, *L'Architecture des théories linguistiques, les modules et leurs interfaces*, Leuven, Peeters, 115-153.

— [2012], « Du trimorphe aux frontières quasi-topologiques », *Ateliers d'anthropologie*, 37, Laboratoire d'ethnologie et de sociologie comparative, Université de Nanterre, hhtp://ateliers.revues.org/.

— [2016a], « Opérations et opérateurs énonciatifs », in Marion Colas-Blaise, Laurent Perrin & Gian Maria Tore (éd.), *L'Énonciation aujourd'hui, un concept clé des sciences du langage*, Limoges, Lambert-Lucas, 69-88.

— [2016b], "A cognitive and conceptual approach to tense and aspect markers" in Guentchéva, Zlatka, *Aspectuality and Temporality. Descriptive and theoretical issues*, Amsterdam/Philadelphia, John Benjamins Publishing Company, 27-60.

Desclés, Jean-Pierre & Biskri, Ismaïl [1997], "Applicative and Combinatory Categorial Grammar (from syntax to functional semantics)", *Recent Advances in Natural Languages Processing*, John Benjamins Publishing Company, 1-84.

Desclés, Jean-Pierre, Djioua, Brahim & Le Priol, Florence [2010], *Logique et langage : déduction naturelle*, Paris, Hermann.

Desclés, Jean-Pierre & Guentchéva, Zlatka [2012], "Universals and Typology", in Robert I. Binnick (ed.), *Oxford Handbook of Tense and Aspect*, Oxford University Press, New York, 123-154.

Desclés, Jean-Pierre, Guibert, Gaëll & Sauzay, Benoît [2016], I *Logique combinatoire et λ-Calcul : des logiques d'opérateurs*. II *Calculs de signification par une logique d'opérateurs*, Toulouse, Cépaduès.

Desclés, Jean-Pierre & Pascu, Anca Christine [2011], "Logic of Determination of Objects (LDO): How to articulate 'Extension' with 'Intension' and 'Objects' with 'Concepts'", *Logica Universalis*, 1/5, 75-89.

— [2012], "The Cube Generalizing Aristotle's Square in Logic of Determination of Objects (LDO)", in Jean-Yves Beziau & Dale Jacquette (eds.), *Around and Beyond the Square of Opposition*, Basel, Birkhäuser, « Studies in Universal Logic », 277-293.

Fitch, Frederic B. [1974], *Elements of Combinatory Logic*, New Haven, Yale University Press.

Frege, Gottlob [1969], *Fondements de l'arithmétique*, trad. C. Imbert [1884, *Die Grundlagen der Arithmetik*], Paris, Seuil.

Geeraert, Dirk & Cuykens, Hubert (eds.) [2007], *The Oxford Handbook of Cognitive Linguistics*, New York, Oxford University Press.

Granger, Gilles-Gaston [1999], *La pensée de l'espace*, Paris, Odile Jacob.

Grize, Jean-Blaise [1973], *Logique moderne III*, Paris, Gauthier-Villars.

Guentchéva, Zlatka [1976], *Présentation critique du modèle applicationnel de S.K. Šaumjan*, Paris, Dunod.

Guilbaud, Georges Th. [1985], *Leçons d'à peu près*, Paris, Christian Bourgois.

Hindley, J. Roger & Seldin, Jonathan P. [2008], *Lambda-Calculus and Combinators, an introduction*, Cambridge, Cambridge University Press.

Jackendoff, Ray [1983], *Semantics and Cognition*, Cambridge (MA), MIT Press.

Kant, Emmanuel [1787], *Critique de la raison pure*, trad. F. Alquié, Paris, Gallimard, Bibliothèque de la Pléiade.

Langacker, Ronald W. [1987, 1991], *Foundations of Cognitive Grammar*, I *Theoretical Prerequisites*, II *Descriptive Application*, Stanford, Stanford University Press.

Lejeune, Fanch [2004], *Analyse sémantico-cognitive d'énoncés en langue des signes française pour une génération automatique de séquences gestuelles*, thèse de doctorat, Université de Paris-XI Orsay.

Lüdi, Georges & Zuber, Claude-Anne (éd.) [1995], *Linguistique et modèles cognitifs. Contributions à l'École d'été de la Société Suisse de Linguistique*, Sion, 6-10 septembre 1993, *ARBA* 3.

Mel'Čuk, Igor [1997], *Vers une linguistique sens-texte*, leçon inaugurale au Collège de France, Paris.

Pottier, Bernard [1962], *Systématique des éléments de relation; Étude de morphosyntaxe structurale romane* (thèse principale, Sorbonne, 1955), Paris, Klincksieck.

— [2000], *Représentations mentales et catégorisations linguistiques*, Louvain-Paris, Peeters.

— [2012], *Images et modèles en Sémantique*, Paris, Honoré Champion, « Champion Essais ».

Sauzay, Benoît [2013], *Le concept informatique de compilation généralisée dans les sciences cognitives : contributions aux rapports entre la logique combinatoire et les T[Σ]-algèbres d'opérateurs*, thèse de doctorat, Université de Paris-Sorbonne.

Sauzay, Benoît, Guibert, Gaëll & Desclés, Jean-Pierre [2014], "Towards a mathematical and computational theory of meaning in natural languages", *FLAIRS* (FLorida Artificial Intelligence Research Society), 27.

— [2015], "Algebraic and logical operations on operators: an application to semantic computation", UniLog 2015, Istanbul, Springer.

Shaumyan, Sebastian K. [1977], *Applicational Grammar as a Semantic Theory of Natural Languages*, Chicago, Chicago University Press.

Talmy, Leonard [1988], "The relation of Grammar to Cognition", in Brygida Rudzka-Ostyn (ed.), *Topics in Cognitive Linguistics*, Amsterdam, John Benjamins Publishing Company, 165-205.

Tesnière, Lucien [1959], *Éléments de syntaxe structurale*, Paris, Klincksieck.

Thom, René [1983], *Paraboles et catastrophes*, Paris, Flammarion.

Valliez, Cyril [2001], *Contribution à la conception d'un système automatique d'interprétation de textes par des images*, thèse de doctorat, Université de Paris-Sorbonne.

Wierzbicka, Anna [1996], *Semantic Primes and Universals*, Oxford/New York, Oxford University Press.

Jean-Pierre DESCLÉS
Sorbonne Université
Paris
jeanpierre.descles@gmail.com

Imagination et révision de croyances
Juan REDMOND

Nous proposons que l'imagination, en tant que faculté de produire des représentations, occupe une place importante dans les processus inférentiels présents dans la pratique de la modélisation en science. Nous étudions la fonction du raisonnement substitutif que remplissent les modèles et proposons une approche qui est complétée par la logique de la révision des croyances et qui considère l'imagination comme une faculté qui garantit le succès du processus. En fait, nous soutenons que la pratique de la modélisation est un processus complet de production de nouvelles connaissances dans lequel est primordial le raisonnement substitutif comme condition d'adaptation et qui est soutenu par l'imagination.

Au cours des dernières décennies, l'utilisation de modèles dans la science est devenue l'un des problèmes les plus importants de la philosophie scientifique. Il est reconnu que cela est dû au fait que les scientifiques travaillant dans les sciences naturelles et sociales consacrent une partie considérable de leur travail à construire, à formuler et à évaluer différents types de modèles. Les modèles sont considérés comme un outil nécessaire et précieux dans la recherche scientifique.

Dans la littérature philosophique sur les modèles, des questions cruciales concernent non seulement la nature ontologique des modèles, mais aussi la relation entre les modèles et le système cible (*target system*) : comment les modèles représentent-ils leurs cibles ? Une autre question très importante est la manière dont nous apprenons à partir des modèles. Ils servent de substituts mais nous permettent néanmoins d'acquérir de précieuses connaissances sur le monde. Et même, selon certaines perspectives scientifiques, les modèles sont les seuls véhicules de la connaissance. Dans notre réflexion sur le rôle de l'imagination dans ce processus, nous nous concentrons sur la fonction inférentielle des modèles.

En effet, lors de l'étude de différents phénomènes (atomes, molécules, pendules, systèmes planétaires, écosystèmes, réseaux neuronaux, marchés des actions, marchés des produits et des services, marchés financiers et des capitaux, comportement social, dynamique des fluides, aérodynamique...), les scientifiques proposent souvent un modèle convenable. Une science basée sur des modèles est un style de travail théorique dans lequel un système imaginaire est introduit et substitué à la partie ou à l'aspect particulier du monde à étudier, donnant lieu à une étude indirecte de celui-ci. Lorsqu'ils présentent un modèle, les scientifiques accomplissent deux actes différents : (a) ils présentent un système hypothétique comme objet d'étude (modèle) ; (b) ils affirment que ce modèle « représente » (représentation, émulation, analogie, idéalisation ou inférence) une partie ou un aspect particulier du monde qui les intéresse, ce qu'on appelle *système cible*. Il est important de souligner que les modèles peuvent être utilisés (et le sont souvent) pour représenter un système cible, mais la nature intrinsèque du modèle ne dépend pas du fait que ce soit le cas ou non. Les modèles sont des objets indépendants et, en tant que tels, ils peuvent être étudiés en eux-mêmes.

Notre objectif principal est ici d'apporter un point de vue sur le rôle que l'imagination pourrait jouer dans ce processus. Nous ne nous intéressons pas au début du processus, c'est-à-dire à l'acte créatif de produire le modèle initial, mais au rôle de l'imagination dans le processus inférentiel de modélisation. Produire un modèle n'est que le début.

Il convient de mentionner que *modèle* est certainement l'un des termes les plus controversés de toute la philosophie des sciences. Néanmoins, même s'il n'y a pas d'accord sur la signification et la portée du terme *modèle* en science, certains auteurs acceptent l'idée que les modèles imaginaires jouent un rôle en tant que représentations scientifiques dans le processus de création ou d'acquisition de connaissances.

Qu'est-ce que la représentation dans le domaine scientifique ?
La pratique de la modélisation, donc, est basée sur la relation établie entre le modèle et le système cible. Nous appelons cette relation *représentation* et chaque approche – à définir – [Frigg, 2018], selon ses fondements, devrait remplir le vide :

S est une représentation scientifique/épistémique de T si et seulement si ___.

Cette formule est comprise comme le « problème de représentation scientifique/épistémique ». La différence entre *scientifique* et *épistémique* fait référence à ce que Callender & Cohen [2006, 68-69] appellent le *problème de démarcation* (Popper), mais appliqué aux représentations : « représentations scientifiques » pour ceux qui font la distinction entre représentations scientifiques et non scientifiques ; « représentations épistémiques » pour ceux qui considèrent que cette distinction n'est pas pertinente – suivant une suggestion de Contessa [2007] pour élargir le champ de l'enquête.

Les autres questions auxquelles devrait répondre une perspective sur la modélisation, pour être bien définie, sont les suivantes :

- Le **problème de la démarcation des représentations** (comment les représentations scientifiques diffèrent-elles des autres types de représentation ?) ;
- Le **problème du style** (quels sont les styles ? comment les caractériser ?) ;
- La formulation de **normes de précision** (comment identifier ce qui constitue une représentation *précise* ?) ;
- Le **problème de l'ontologie** (quels sont les types d'objet qui servent de représentations ?).

De plus, comme le fait remarquer Frigg [2018], des « conditions d'adéquation » doivent également être remplies de manière satisfaisante :

- **Raisonnement par substitution** (les représentations scientifiques permettent de générer des hypothèses sur leurs systèmes cibles) ;
- **Possibilité de représentation erronée** (si M ne représente pas correctement T, alors il s'agit d'une représentation erronée, mais pas d'une non-représentation) ;
- **Modèles sans cible** (que devons-nous faire des représentations scientifiques auxquelles il manque une cible ?) ;
- **Exigence de directionnalité** (de M à T, mais pas l'inverse : les représentations scientifiques portent sur leurs cibles, mais les cibles ne portent pas sur leurs représentations) ;
- **Applicabilité des mathématiques** (comment l'appareil mathématique utilisé dans certaines représentations scientifiques s'accroche-t-il au monde physique ?).

Nous soutenons la priorité du raisonnement par substitution sur les autres conditions. En effet, nous pensons que la fonction permettant de générer des hypothèses sur le système cible est une condition nécessaire qui ne peut être absente dans le processus de modélisation. Les différentes approches peuvent avoir des difficultés à valider les autres conditions, mais la suppression du raisonnement par substitution est la suspension du processus même. En ce sens, tant pour les inférentialistes [Suárez, 2004] qui considèrent que le raisonnement par substitution est au cœur de la définition de la représentation scientifique, que pour les représentationnistes qui le considèrent comme un sous-produit, le raisonnement par substitution assure la fonction première de la modélisation, qui est de produire des connaissances nouvelles et utiles.

Modélisation et raisonnement par substitution

Selon nous, toute tentative de clarifier de façon acceptable la manière dont nous acquérons des connaissances par la pratique de la modélisation en science devrait indiquer comment le raisonnement effectué dans un modèle conduit à des conclusions sur la partie de la réalité (la cible) pointée par le modèle. En effet, nous renvoyons ou transmettons des affirmations du modèle au système cible. La question est de savoir sur quel fondement nous le faisons. La réponse dépend de la façon dont chaque philosophe ou scientifique conçoit la relation entre le modèle et le système cible. Dans la littérature généraliste, cette relation est surtout connue sous le nom de *représentation*. C'est-à-dire que de la façon dont chaque théorie comprend la représentation découle la façon dont elle explique sur quelle base il est possible de renvoyer des affirmations du modèle au système cible.

Bien que les différentes approches divergent dans leur façon de comprendre ce qu'il faut représenter (isomorphisme, similarité, similitude, etc.), nous soutiendrons qu'elles semblent toutes avoir une caractéristique commune : le modèle remplit par déduction la fonction de substitut. Tel est le point de vue de Swoyer [1991, 449], qui a défini cette fonction comme un raisonnement de substitution. Quel type de fonction de substitution le modèle accomplit-il ? Dans un premier temps, nous considérerons qu'un modèle – en tant que représentation scientifique – doit permettre de générer des hypothèses sur ses systèmes cibles. Cela signifie que l'agent (le scientifique) travaille par inférence dans le modèle, obtenant des conclusions qui sont vraies pour le modèle, mais seulement hypothétiques pour le système cible.

Les trois moments du raisonnement par substitution

Nous voudrions proposer que le raisonnement par substitution se réfère au processus complet qui correspond à la pratique de la modélisation. La production ou l'invention d'un modèle n'appartient pas à ce processus. Le raisonnement par substitution commence une fois le modèle déjà proposé et constitue le point de départ du processus d'inférence. Bien sûr, nous envisageons des modèles indépendants et non subsidiaires d'une théorie, c'est-à-dire générés de manière à ce qu'un ensemble de déclarations soit vrai. Cette indépendance, à notre avis, requiert une participation très particulière de l'imagination puisqu'il ne s'agit pas d'une simple interprétation des déclarations, mais d'une véritable activité créative. Cette création pourrait même donner lieu à une nouvelle approche théorique.

Donc, il s'agit de véritables entités heuristiques de nature dynamique. Mais notre intérêt se concentre sur le processus qui suit et qui est généralement appelé *raisonnement par substitution* : quel rôle l'imagination y joue-t-elle ?

Pour approfondir le processus de raisonnement de substitution, il est utile de le diviser en trois étapes : une première étape où l'on obtient des conclusions en M ; une deuxième où ces conclusions sont prises sous forme d'hypothèses et testées dans le système cible ; une troisième où l'on revient au modèle pour confirmer, si le test est positif, ou pour reformuler, si le test est négatif.

En ce qui concerne la première étape, il convient de noter que bien que le modèle joue le rôle de substitut, les actions inférentielles sur lui ne sont pas des inférences dans le système cible. C'est-à-dire que les conclusions vraies ou correctes du modèle n'ont qu'un caractère hypothétique dans le système cible. C'est pourquoi nous initions la deuxième partie où les données (la conclusion) qui proviennent du modèle doivent être testées dans le système cible par le biais de mesures (avec tout ce que cela suppose d'un point de vue scientifique et épistémologique). Si les données sont confirmées, le modèle conserve son caractère de substitut. Si elles sont réfutées, on retourne au modèle, auquel des modifications doivent être apportées. Notre proposition est que c'est précisément dans cette troisième étape que l'imagination joue un rôle majeur. En tant que faculté de production, elle est la seule chargée de proposer de nouvelles possibilités d'ajustement entre le modèle et le système cible. Selon nous, cet ajustement correspond à la production de nouvelles connaissances.

C'est en effet dans cette étape que se joue la production de nouvelles connaissances. C'est là que l'imagination doit remplir son rôle en proposant une issue qui aura des conséquences non seulement logiques, sur le modèle, mais aussi ontologiques.

Le point de départ est donc l'existence d'un problème logique dans la troisième étape lorsque les données du modèle sont réfutées. Le problème est que nous revenons au modèle avec la négation d'une donnée de base. C'est-à-dire, par exemple, que nous avons p comme données réelles dans le modèle et qu'après le test, nous revenons au modèle avec -*p*. La coexistence des deux est impossible. Selon nous, la première chose à faire est de renoncer à la logique classique comme « cadre général » pour étudier ce processus ; une approche plus appropriée est celle de la révision des croyances.

Révision des croyances et imagination

Nous soutenons que le processus de révision nécessaire pour ajuster un modèle à son système cible en apportant les changements nécessaires est un processus où l'imagination a un rôle prépondérant. Nous pensons également que c'est l'approche AGM [Alchourrón, Gärdenfors & Makinson, 1985] qui met le plus clairement ce dernier point en évidence.

En fait, en prenant de la distance par rapport au principe de non-monotonie, nous pensons que la révision ou la mise à jour dans le raisonnement par substitution entre dans le cadre de la révision des croyances, car elle suppose l'ajout et la suppression de prémisses dans le modèle. Dans la logique de la révision des croyances, un état de croyance (ou base de données) est représenté par un ensemble de phrases. Les principales opérations de révision (changement) sont celles qui consistent à introduire ou à supprimer une phrase représentant une croyance dans le modèle. Dans les deux cas, des modifications affectant d'autres phrases peuvent être nécessaires (par exemple pour conserver la consistance). Des postulats de rationalité pour de telles opérations ont été proposés et des théorèmes de représentation ont été obtenus qui caractérisent des types d'opérations spécifiques en fonction de ces postulats [Hansson, 2017].

Contraction, expansion et révision

Dans le cadre de l'AGM, il existe trois types de changement de croyance et nous pensons qu'ils correspondent exactement au processus de raisonnement par substitution : *contraction*, *expansion* et *révision*.

- En *contraction*, une phrase spécifiée *p* est supprimée, c'est-à-dire qu'un ensemble de croyances *K* est remplacé par un autre ensemble de croyances *K-p* qui est un sous-ensemble de *K* qui ne contient pas *p*.
- En *expansion*, une phrase *p* est ajoutée à *K* et rien n'est supprimé, c'est-à-dire que *K* est remplacé par un ensemble *K+p* qui est le plus petit ensemble logiquement fermé qui contient à la fois *K* et *p*.

- En *révision*, une phrase *p* est ajoutée à *K* et en même temps d'autres phrases sont supprimées si cela est nécessaire pour garantir que l'ensemble de croyances résultant *K*∗*p* est cohérent.

Certains auteurs regroupent ce processus en deux étapes : (1) *Contraction*, suppression d'une croyance ; (2) *Révision*, à son tour divisée en deux : (2.1) ajout de la nouvelle croyance *p* à l'ensemble de croyances *K* et (2.2) vérification que l'ensemble de croyances résultant *K*∗*p* est cohérent (sauf si *p* est incohérent).

Parmi les trois types de changement, c'est le dernier qui requiert la faculté d'imagination pour s'assurer que les nouvelles croyances maintiennent la cohérence du système. À cette étape (révision), la production de nouvelles connaissances est en jeu. En ce sens, nous soutenons que l'imagination est impliquée dans les processus inférentiels en logique et en mathématiques. Nous envisageons ainsi une imagination logique ou mathématique qui produit des connaissances en fournissant des solutions géométriques ou arithmétiques. Cette imagination n'a pas pour fin une production qui reflète la réalité au sens du représentationnisme. Il s'agit plutôt, à notre avis, d'une imagination inférentialiste. En effet, elle ne suit pas les consignes du représentationnisme ; elle poursuit plutôt un objectif logique.

Par *représentationnisme*, nous comprenons ceci [Knuuttila, 2005, 33] :

1) La connaissance consiste en un ensemble de représentations (internes).
2) Ces représentations correspondent exactement aux parties de la réalité.
3) La réalité est déjà constituée : elle consiste en une totalité fixe d'objets indépendants de la représentation.

De notre point de vue, l'imagination impliquée dans le raisonnement de substitution prend de la distance par rapport aux engagements énumérés ci-dessus et s'engage davantage dans les ajustements logiques du modèle. Un exemple illustrera notre propos.

Kepler et les orbites elliptiques des planètes

Analysons brièvement le cas de Kepler et surtout la proposition de sa première loi planétaire en 1609 : « L'orbite d'une planète est une ellipse avec le Soleil à l'un des deux foyers. » Kepler préconise l'approche héliocentrique et suppose initialement la circularité des orbites planétaires. Cette circularité, mathématiquement, produit des données (dans son modèle) qui ne correspondent pas aux données enregistrées par Tycho Brahe (le système cible).

Les calculs problématiques concernaient l'orbite de Mars. Cette planète, en plus du mouvement fermé, montrait des complications qu'il fallait expliquer mathématiquement. On sait qu'il y avait une différence de 8 minutes d'arc que Kepler ne pouvait pas expliquer. Le point de départ de Kepler est que les mesures ont été bien prises et que ce qui doit être ajusté est le modèle. Selon ses propres termes :

> Après que la bonté divine nous a donné en Tycho Brahé un observateur si attentif que ses observations révèlent l'erreur de calcul de huit minutes, il est tout à fait approprié que nous reconnaissions avec gratitude et utilisions cette bienveillance de Dieu, c'est-à-dire que nous fassions un effort pour retrouver enfin la véritable forme des mouvements célestes[1].

Par conséquent, parmi plusieurs possibilités, Kepler décide de renoncer à la circularité des orbites et d'opter pour la forme elliptique. À ce sujet, Max Caspar – l'un de ses biographes les plus remarquables – dit ceci :

> Mais le formidable progrès de Kepler consiste précisément dans le fait qu'avec son théorème elliptique il a renversé pour toujours l'axiome vieux de deux mille ans, selon lequel tout mouvement revenant sur soi doit nécessairement être un mouvement circulaire uniforme, et a ainsi ouvert la voie à un nouveau développement de la science céleste. Et rien n'est plus difficile en science que d'éliminer des opinions aussi profondément ancrées[2].

De notre point de vue et selon notre compréhension du processus de raisonnement par substitution, les étapes sont les suivantes : le raisonnement

---

[1] „Nachdem uns die göttliche Güte in Tycho Brahe einen so sorgsamen Beobachter geschenkt hat, daß sich aus seinen Beobachtungen der Fehler der Rechnung im Betrag von acht Minuten verrät, geziemt es sich, daß wir dankbaren Sinnes diese Wohltat Gottes anerkennen und ausnützen, d. h. wir sollen uns Mühe geben, endlich die wahre Form der Himmelsbewegungen aufzuspüren." [Caspar, 1958], 147 ; notre traduction.

[2] „Doch der ungeheure Fortschritt Keplers besteht eben darin, daß er mit seinem Ellipsensatz das zwei Jahrtausende alte Axiom, wonach jede in sich zurücklaufende Bewegung notwendig eine gleichförmige Kreisbewegung sein müsse, für alle Zeiten umgestoßen und damit die Bahn für eine neue Entwicklung der Himmelskunde frei gemacht hat. Und nichts ist in der Wissenschaft schwerer, als solche tief eingewurzelten Anschauungen zu beseitigen." [Caspar, 1958], 155 ; notre traduction.

par substitution commence par la production de données (p) à partir du modèle, qui est ensuite pris comme hypothèse pour le système cible. Dans ce cas-ci, le système cible est répertorié dans le catalogue de Tycho Brahe (enregistrements de la position des étoiles et des planètes). Le test consiste alors à lire les données des observations et à noter la différence ($-p$). À ce stade, la logique de la révision des croyances commence : (i) contraction : p doit être éliminé ; (ii) révision : une nouvelle croyance doit être introduite dans le modèle, une croyance qui permet d'obtenir des résultats meilleurs ou mieux enracinés sur le plan épistémique (*epistemic entrenchment*) [Gärdenfors, 1988 ; Gärdenfors & Makinson, 1988]. Il faut ensuite s'assurer que l'ensemble de convictions qui en résulte n'est pas contradictoire.

C'est précisément dans cette deuxième étape (révision) que nous pensons que l'imagination joue sa plus grande carte. Caspar lui-même reconnaît que l'observation et l'expérimentation n'ont aucune place dans cette démarche :

> C'était l'observation contre l'observation, les deux incontestables. Logique décidée : il doit y avoir une erreur dans les conditions préalables posées concernant la forme du chemin et la forme du mouvement[3].

À notre avis, la logique de Caspar est guidée par une imagination qui a trouvé les connaissances nécessaires parmi d'autres. Donc, nous pensons que ce n'est pas une imagination faite pour générer des représentations précises de la réalité, mais pour trouver des solutions logiques ou mathématiques.

Conclusion

Notre objectif était de suggérer fortement la participation fondamentale de l'imagination dans les processus d'inférence qui caractérisent la pratique de la modélisation en science. Nous partons de l'idée que cette modélisation inférentielle est divisée en trois parties, et que pour l'analyser fidèlement, la perspective de la révision des croyances est nécessaire. Selon cette perspective, l'étape de révision est la plus décisive et celle qui, à notre avis, permet de proposer l'imagination comme faculté qui régit ce processus. De cette façon, le processus de raisonnement par substitution est complété comme une condition d'adaptation à laquelle les modèles doivent se conformer pour produire de nouvelles connaissances.

---

[3] „Hier stand Beobachtung gegen Beobachtung, beide unzweifelhaft. Die Logik entschied: in den Voraussetzungen, die bezüglich der Bahnform und der Bewegungsform gemacht wurden, muß ein Fehler stecken." [Caspar, 1958], 147 ; notre traduction.

Références

Alchourrón, Carlos, Gärdenfors, Peter & Makinson, David [1985], "On the Logic of Theory Change: Partial Meet Contraction and Revision Functions", *Journal of Symbolic Logic*, 50, 510-530.

Callender, Craig & Cohen, Jonathan [2006], "There Is No Special Problem About Scientific Representation", *Theoria*, 21, 1, 67-84.

Caspar, Max [1958], *Johannes Kepler*, Stuttgart, Kohlhammer.

Contessa, Gabriele [2007], "Scientific Representation, Interpretation, and Surrogative Reasoning", *Philosophy of Science*, 74, 1, 48-68, DOI: 10.1086/519478.

Frigg, Roman & Nguyen, James [2018], "Scientific Representation", in Edward N. Zalta (ed.), *Stanford Encyclopedia of Philosophy*, https://plato.stanford.edu/archives/win2018/entries/scientific-representation/.

Gärdenfors, Peter [1988], *Knowledge in Flux: Modeling the Dynamics of Epistemic States*, Cambridge (MA), MIT Press.

Gärdenfors, Peter & Makinson, David [1988], "Revisions of Knowledge Systems Using Epistemic Entrenchment", in Moshe Y. Vardi (ed.), *Proceedings of the Second Conference on Theoretical Aspects of Reasoning about Knowledge*, 83-95.

Hansson, Sven Ove [2017], "Logic of Belief Revision", in Edward N. Zalta (ed.), *Stanford Encyclopedia of Philosophy*, https://plato.stanford.edu/archives/win2017/entries/logic-belief-revision/.

Knuuttila, Tarja [2005], *Models as Epistemic Artefacts: Toward a Non-Representationalist Account of Scientific Representation*, Vantaa, Edita Prima, « Philosophical Studies from the University of Helsinki ».

Suárez, Mauricio [2004], "An Inferential Conception of Scientific Representation", *Philosophy of Science*, 71, 5, 767-779, DOI: 10.1086/421415.

Swoyer, Chris [1991], "Structural Representation and Surrogative Reasoning", *Synthese*, 87, 3, 449-508, DOI: 10.1007/BF00499820.

Juan REDMOND
Universidad de Valparaíso
Valparaíso, Chili
juan.redmond@uv.cl

Navigation dans les mondes imaginaires
Arnaud PLAGNOL

Nous sommes capables de nous affranchir mentalement de la présence immédiate pour naviguer dans des mondes inactuels. Nous pouvons voyager dans des mondes passés ou futurs (*mental travel* [Tulving, 2002]), plonger dans des mondes fictionnels (romans, films, théâtre...), explorer des mondes ludiques (du *pretense* enfantin à des jeux de type MMORPG[1]), pénétrer des mondes mentaux (*mind-reading*, psychothérapie)... C'est d'ailleurs une expérience aussi banale qu'essentielle de se laisser aller à une rêverie (*mind-wandering*), s'immerger dans quelque fantasme, être capté par un horizon désirable. Anticipation, prédiction et simulation, décisives pour notre vie quotidienne, mettent déjà en jeu notre capacité à explorer des alternatives hors du présent. La fonction principale de la conscience pourrait reposer sur cette capacité [Baumeister & Masicampo, 2010]. Même la science la plus austère ou l'éthique la plus noble reposent sur notre aptitude à poser des hypothèses, simuler des alternatives, élaborer des choix [Shepard, 2008].

Pourtant, si des outils formels puissants ont été forgés depuis longtemps pour aborder la logique des possibles, il n'existe pas de cadre conceptuel unifié pour rendre compte de notre capacité à naviguer dans les mondes possibles (ou *navigation modale*). Certes, depuis les sémantiques introduites il y a plus de cinquante ans par Hintikka et Kripke, les univers de mondes possibles ont été au cœur d'innombrables travaux visant à rendre compte d'aspects du raisonnement échappant à la logique « classique » et la philosophie de l'esprit s'est abondamment nourrie de ces travaux, car la considération du possible s'impose dès qu'il s'agit de rendre compte d'aspects intensionnels de la pensée. Cependant, les bases mentales de la navigation modale n'ont guère été abordées comme telles.

Par exemple, les recherches intensives dévolues aux croyances ou aux désirs les ont généralement traités en tant qu'attitudes propositionnelles, mais

---

[1] *Massively Multiplayer Online Role-Playing Game*, jeu de rôle en ligne massivement multijoueur.

comment construit-on, à partir de contenus propositionnels, des univers de croyance et de désir impliquant différents mondes – fictionnels, passés/futurs, fantasmatiques... – aussi riches que ceux dans lesquels nous nous mouvons naturellement avec une souplesse étonnante ?

En psychologie, de multiples corpus reposent sur la capacité à envisager des situations alternatives à la situation actuelle. Mentionnons les recherches sur la navigation spatiale virtuelle, la navigation temporelle, la compréhension de récits de fiction, le raisonnement contrefactuel, les bases de la « théorie de l'esprit » (attribution de croyances ou de désirs), l'estimation de probabilités, la prise de décision... Cependant, ces champs d'étude se développent en fonction de préoccupations spécifiques et il n'existe pas à notre connaissance de cadre unifié susceptible de les intégrer.

De même, nombre de travaux philosophiques stimulants abordent l'imaginaire ou la fiction [McGinn, 2004 ; Pasquinelli, 2012], mais, à notre connaissance, aucun n'a abordé la navigation modale comme telle, en mettant en lumière ses spécificités relativement à la navigation « générale » dans un univers mental.

Nous esquisserons ici quelques éléments susceptibles de fonder cet abord. Après avoir précisé les conditions à remplir pour une telle tâche, nous introduirons les rudiments d'une théorie de la représentation susceptible d'offrir un cadre approprié pour décrire la navigation modale, puis nous montrerons comment dans ce cadre un univers de mondes possibles peut être représenté de façon logiquement adéquate et mentalement pertinente. Enfin, nous préciserons de quelle façon la navigation modale peut servir de paradigme pour l'étude générale de la navigation mentale.

1. Conditions minimales de navigation

Commençons par dégager les principaux réquisits qui sous-tendent notre capacité à évoluer à haute vitesse dans des univers variés de mondes multiples. Nous nous limiterons ici à mettre en évidence à partir d'exemples quelques conditions logiques pour une navigation modale réussie, conditions que nous sommes capables de remplir dès notre plus jeune âge, si aisément que nous n'en avons ordinairement pas la moindre conscience.

Exemple 1. Avant même de savoir lire, un petit enfant dispose de puissantes capacités de navigation fictionnelle. Considérons l'album *Caroline en Russie* [Probst, 1994], destiné aux enfants à partir de 5 ans.

Caroline et ses sept petits compagnons animaux, après avoir lu les aventures de *Michel Strogoff* [Verne, 1974/1876], s'endorment et chacun rêve qu'il a été transporté en Russie, à une époque passée, où il rencontre des répliques de ses camarades. Par exemple, dans le rêve de l'un, Caroline est impératrice de Russie ; dans celui d'un autre, elle est une paysanne russe, etc.

Ainsi l'enfant à qui on lit *Caroline en Russie* sait :
- « emboîter » le monde de *Caroline en Russie* au sein du monde réel en le différenciant de celui-ci et du monde de *Michel Strogoff* ;
- emboîter et différencier les mondes mentaux propres à chaque personnage au sein du monde de *Caroline en Russie* ;
- emboîter le monde du rêve d'un personnage dans le monde mental de ce personnage ;
- situer les situations des mondes rêvés dans le passé ;
- « gérer » les répliques des différents personnages à travers les mondes rêvés et le monde de *Caroline en Russie* ;
- « gérer » des va-et-vient entre les mondes rêvés et le monde de *Caroline en Russie*, en particulier lorsqu'un personnage se réveille.

Le ou la jeune lecteur ou lectrice serait sans doute en difficulté pour décrire ce qui est modalement représenté. Cependant, même un·e adulte peut être embarrassé·e pour traduire avec précision en langage ordinaire ce qui est représenté lors d'une telle navigation fictionnelle.

Exemple 2. Soit Tom, étudiant en lettres classiques lisant un commentaire de l'*Odyssée* par le fameux érudit Victor Bérard. Au cours de sa lecture, Tom peut être conduit à se représenter le monde de Victor Bérard se représentant le monde (mental) d'Homère se représentant le monde de la mythologie grecque dans lequel Ulysse se représente les représentations de Pénélope se représentant le monde des Prétendants se représentant qu'Ulysse ne se représente pas ce qui se passe dans son palais.

Il faut une phrase assez alambiquée pour rendre compte de l'état mental de Tom, du type « Tom croit que Bérard pensait que dans la mythologie d'Homère Ulysse admettait que Pénélope pensait que les Prétendants imaginaient qu'Ulysse n'avait pas idée de ce qui se tramait dans son palais. » Pourtant, Tom n'a aucune difficulté à lire Bérard.

De tels exemples montrent que des êtres humains, sans pouvoir bien en rendre compte, peuvent facilement maîtriser :
(I) des mondes multiples, différenciés du monde de référence – leur monde réel le plus souvent – et entre eux ;
(II) des hiérarchies de mondes emboîtés comme des poupées russes ;
(III) des mondes hétérogènes relevant de catégories variées (fictionnels, mentaux, temporels...) ;

(IV) des répliques (ou avatars) d'un même individu d'un monde à l'autre, ce qui implique d'assurer l'identité individuelle des répliques à travers les mondes, dont éventuellement des mondes où l'individu est sans référence ;

(V) la *dynamique* navigationnelle entre mondes (parfois emboîtés), ce qui nécessite le repérage entre différents mondes, notamment relativement au monde de référence.

Un système mental doit assumer les contraintes I-V pour pratiquer la navigation modale. Cependant, il convient de moduler nos capacités de représentation des structures modales :

(1) Un sujet humain peut confondre des mondes « objectivement » distincts. Par exemple, dans un état dissociatif comme la mythomanie, nous mélangeons un état imaginaire avec le monde réel.

(2) Inversement, nous pouvons différencier deux mondes de façon erronée. Par exemple, un lecteur de Zola un peu dilettante peut ignorer que *La Joie de vivre* et *Une page d'amour* relèvent du même monde des *Rougon-Macquart*.

(3) Deux sujets peuvent représenter différemment ce qui correspond à une même structure modale « objective ». Par exemple, à la différence du lecteur dilettante, un lecteur expert de Zola unifiera le monde de *La Joie de vivre* et celui d'*Une page d'amour*.

(4) La représentation mentale d'une structure modale par un même sujet peut évoluer dans le temps, notamment en raison de l'affaiblissement en mémoire des contextes d'encodage et/ou d'interférences entre sources d'information [Goff & Roediger, 1998 ; Ecker *et al.*, 2010].

2. Bases représentationnelles

Naviguer dans un univers de mondes possibles, c'est naviguer dans des mondes qui se constituent à travers des représentations, c'est-à-dire ici des entités qui en présentent d'autres ou se présentent elles-mêmes. Il nous faut donc d'abord préciser les bases représentationnelles de la navigation modale. Nous nous appuierons sur un cadre conceptuel où un (univers de) monde(s) se constitue à partir de fragments de présence et de liens qui permettent d'unifier ces fragments.

Exemple 3. La navigation sur le *world wide web* permet de constituer un (univers de) monde(s) en unifiant par des liens *Hypertext* des fragments présentés dans la fenêtre du navigateur.

De façon générale, un univers U non trivial pour une entité E ne peut être donné à E dans une présence immédiate : pour accéder à U au-delà de ce qui lui est donné immédiatement, E doit « naviguer » dans U, c'est-à-dire disposer d'un *système de représentation* qui lui permet une présentification de U par fragments dont l'unification est virtuelle.

Définition 1. Un ensemble d'entités S est un *système de représentation* pour un univers U si et seulement si U peut être reconstitué à partir de S, au moins virtuellement, selon une fonction de représentation qui associe certains éléments de U (contenus) à certains éléments de S^2.

Définition 2. La *fenêtre de présence* de S est la capacité de présentation (« codéploiement ») maximale de S.

Une fenêtre de présence a au moins trois types de limitations : nombre restreint de dimensions, dimensions finies/bornées et pouvoir de résolution fini. Pour un système mental, la fenêtre de présence est définie par le *spatial field* de la mémoire de travail, au sein duquel on peut distinguer un « plan de travail » (lié au focus attentionnel) et un « arrière-plan » [Lyon *et al.*, 2008 ; Plagnol, 2019].

Définition 3. Un composant représentationnel C de S est *analogique* si son contenu est présent par C lorsque C est en fenêtre de présence, c'est-à-dire que C donne directement (immédiatement, « par *acquaintance* ») un fragment de l'univers U représenté par S.

Définition 4. Un composant représentationnel C de S est *symbolique* si C n'est pas analogique.

Scolie. En sciences cognitives, on distingue empiriquement les représentations « analogiques » (ou « iconiques », « pictoriales », « dépictives »...), qui partagent quelque identité de structure avec leur contenu, et les représentations « symboliques » (ou « numériques », « digitales »...), qui peuvent être arbitraires relativement à leur contenu. Dans notre cadre conceptuel, un composant analogique est *défini* comme ce qui se présente directement (la similarité représentation/contenu est donc ici *identité*), tandis qu'un composant symbolique de représentation nécessite une médiation analogique pour présenter un contenu (« principe de médiation analogique »). On montre aisément que toute représentation empirique (percept, image, carte, nom, proposition...) est une combinaison de composantes analogiques et symboliques ainsi définies [Plagnol, 2005].

---

[2] Dans la suite du § 1, S est un système de représentation quelconque.

S'agissant de systèmes linguistiques ou mentaux de représentation, le principe de médiation analogique a été confirmé par le riche corpus expérimental de travaux conduits dans le cadre de la « cognition fondée » (ou « incarnée ») [Barsalou, 1999, 2008 ; Glenberg, 1997 ; Lakoff & Johnson, 1999]. En fait, des arguments logiques, comme le *symbol grounding problem* [Harnad, 1990], c'est-à-dire l'énigme de la présence du contenu d'une représentation, suffisent à imposer le principe de médiation analogique [Plagnol, 2005, à paraître]. Une bonne façon d'introduire ces arguments est de souligner qu'aucun contenu débordant les capacités de présentification d'une entité ne peut être (re)constitué autrement que par l'unification de fragments donnés « successivement » dans la fenêtre de présence, ainsi que la constitution du *world wide web* le rend aujourd'hui évident.

La présentation des composantes symboliques de représentation ne peut elle-même s'effectuer que par médiation analogique, d'où la définition 5.

Définition 5. Une composante représentationnelle *syntaxique* est une composante représentationnelle analogique qui présente des symboles.

Un système représentationnel S, pour reconstituer un univers étendu au-delà des limites de sa fenêtre de présence F, doit enchaîner par des liens des fragments analogiques « successivement » présentés dans F. De plus, les fragments analogiques non déployés dans F à un instant donné doivent être codés et « stockés ». S doit donc disposer d'un système d'entités assurant le codage, le stockage et l'enchaînement des fragments présentés : les composantes symboliques de représentation assurent cette triple fonction.

Définition 6. La *trame* d'un système représentationnel S est le système de composants symboliques utilisé pour coder les fragments analogiques, stocker ces fragments sous forme codée (« mémoire ») et les enchaîner en fenêtre de présence lorsqu'ils sont activés.

Définition 7. Une *extension analogique* pour un système représentationnel S est un fragment d'univers reconstitué à partir de fragments analogiques et de la trame de S.

Exemple 4. Soit le système mental de Martin, Parisien expatrié à Rio. Martin effectue souvent des promenades mentales dans Paris en présentifiant des images mentales de Paris dans sa fenêtre de présence, projetées à partir de sa trame (c'est-à-dire sa mémoire à long terme) et successivement enchaînées grâce à des fragments de cette trame (comme l'on peut faire une promenade virtuelle dans Paris en surfant sur Internet et en présentifiant dans la fenêtre du navigateur des images de Paris, connectées par des liens *Hypertext*). Le Paris de Martin est une extension analogique pour son système mental.

Introduisons encore quelques définitions utiles en navigation ordinaire[3] :

Définition 8. Un *pli élémentaire* (ou *e-pli*) est un fragment analogique susceptible de « remplir » la fenêtre de présence. Par exemple, sur Internet, les plis élémentaires sont les pages de site *web* ; pour un système mental, les plis élémentaires sont les percepts, images mentales et modèles mentaux [Johnson-Laird, 1983] susceptibles de « remplir » le *spatial field* de la mémoire de travail.

Définition 9. Une *représentation unifiante* est une extension analogique « d'un seul tenant », c'est-à-dire que les situations qui la constituent peuvent être enchaînées par un même fragment de trame.

Définition 10. Un *dépli* est une représentation unifiante analogique, c'est-à-dire qu'un dépli codéploie virtuellement plusieurs situations.

Définitions 11-14. Une *structure symbolique* est un fragment de trame permettant d'enchaîner des situations (et donc de naviguer dans une représentation unifiante). Un *chaînon* est un fragment de structure symbolique enchaînant deux situations consécutivement. Si un chaînon unifie analogiquement deux situations (constituant ainsi un dépli), ce chaînon est un *A-chaînon*. Si un chaînon n'est pas un A-chaînon, il s'agit d'un *chaînon artificiel* (un tel chaînon n'est pas fondé sur un contenu effectif).

Définition 15. Un *objet* est une représentation unifiante organisée autour d'une unité symbolique spécifique connectant les différents fragments formant la représentation unifiante.

Exemple 5. Le Paris mental de Martin (Exemple 4) est un objet dans son système mental structuré autour d'un nom mental de type *Paris*.

Définition 16. L'*espace de représentation* est l'union de toutes les représentations unifiantes (ou de toutes les extensions analogiques), c'est-à-dire l'univers représenté effectivement par S.

3. Représentation des mondes possibles

Dans notre cadre conceptuel, un monde est un *déploiement analogique maximal*, c'est-à-dire un déploiement (et donc un contenu donné) qui ne peut être étendu dans un autre système de représentation, quel que soit le format de la fenêtre de présence. En particulier, une contradiction se définit par l'impossibilité d'un déploiement unifié en raison d'une incompatibilité irréductible entre deux fragments analogiques : même en étendant la fenêtre de présence,

---

[3] Pour une théorie précise, voir [Plagnol, 2019].

les deux fragments ne peuvent être unifiés dans un dépli[4], ce qui force la différenciation entre deux mondes et instaure un « plissement » au sein de l'espace de représentation.

Définition 17. Un *plissement* dans un espace de représentation est ce qui sépare deux déplis irréductiblement incompatibles (c'est-à-dire non unifiables analogiquement quel que soit le système de représentation).

3.1. Filet modal

D'un point de vue statique (« à un instant donné »), l'agencement des mondes dans un espace de représentation E peut être décrit dans un langage L si L est susceptible de satisfaire les contraintes I-IV énoncées au § 1, c'est-à-dire que L doit pouvoir assurer la différenciation des mondes entre eux, représenter les emboîtements entre mondes, représenter de façon homogène les différents types de monde (temporels, mentaux, fictionnels...) et représenter les répliques d'individus à travers les mondes.

Pour assumer ces contraintes, il faut et il suffit[5] :

(1) d'introduire dans le langage des termes de mondes possibles, indifférents à leurs types, et de disposer de la règle syntaxique M :
   (M) Si F est une formule et m un terme de monde possible, (m, F) est une formule.
(2) de définir pour chaque individu une fonction individuante associant ses répliques à chaque monde (ou éventuellement rien, l'énoncé nommant cet individu dans ce monde étant alors dénué de sens, tel « Ulysse s'endormit sur le sol d'Ithaque » pour notre monde réel).

Les langages QSAP constituent des langages formels remplissant ces deux conditions [Plagnol, 2019, 1989].

Exemple 6. La représentation de l'étudiant Tom (Exemple 2) peut être exprimée dans un langage QSAP par la formule[6] :

(T, (B, (H, (m_{my}, (U, (P_e, (P_r, non (U, ce-qui-se-trame-au-palais))))))))

Définition 18. Soit un espace de représentation E. Le *filet modal* de E est le fragment de trame décrivant à un instant donné la structure modale de E.

---

[4] À la différence des contradictions, certains types d'incompatibilité peuvent être réduits en étendant la fenêtre de présence, par exemple en augmentant le nombre de dimensions.

[5] Pour une démonstration précise, voir [Plagnol, 2019, 1989].

[6] « T » est le terme de monde pour le monde de Tom, « B » est le terme de monde pour le monde de Victor Bérard, etc.

Au sein du filet modal, il convient de différencier :
a. la *trame verticale*, constituée par les liens décrivant les emboîtements entre mondes. Par exemple, la suite (TBH m$_{my}$UP$_e$P$_r$U) dans l'Exemple 6 décrit dans un langage QSAP un fragment de la trame verticale de l'espace de représentation de Tom ;
b. la *trame horizontale*, constituée par les liens entre mondes emboîtés dans un même monde. Ces liens permettent de rendre compte d'énoncés tels que « Calypso et Circé aiment Ulysse ». (Les deux mondes mentaux de Calypso et Circé sont emboîtés au même niveau dans le monde de l'*Odyssée*) ;
c. la *trame diagonale*, constituée par les liens entre termes de mondes à différents niveaux de verticalité. Ces liens permettent de rendre compte d'énoncés tels que « Platon admire [le monde mental d']Ulysse » ou « Le monde du roman d'Orwell *1984* est à méditer pour notre monde [actuel] ».

3.2. Compartimentation fonctionnelle

Comme nous l'avons mentionné à la fin du § 1, la représentation d'une même structure modale « objective » varie d'un système mental à l'autre ; de plus, une telle représentation n'est pas stable, des plissements s'effaçant au cours du temps tandis que d'autres se forment, parfois de façon très labile. (Pensons aux effets d'une prise de LSD.)

Remarque. Même si un système mental peut être infidèle à une structure modale objective, la structure modale associée à un espace subjectif induit des plissements : si je différencie le monde de *La Joie de vivre* et celui d'*Une page d'amour*, cette structure modale est infidèle à l'univers des *Rougon-Macquart* créé par Zola, mais ces deux mondes dans mon espace mental sont non unifiables de droit pour n'importe quel système de représentation fidèle à cette structure.

Pour représenter de façon flexible les agencements de mondes dans un univers mental ainsi que les mouvements entre mondes en assurant le repérage adéquat, il suffit d'implémenter les termes de mondes comme nœuds dans un réseau d'activation[7]. Chaque nœud peut alors constituer la clef d'un compartiment fonctionnel assurant l'unité d'un monde et le différenciant des autres.

---

[7] Les valeurs d'activation dans un réseau peuvent être interprétées comme des potentiels de présentification [Plagnol, 2019].

Définition 19. Dans un espace de représentation E, un *compartiment* est une zone de E isolable fonctionnellement grâce à un nœud spécifique (nom du compartiment).

Soit un monde W dans un univers mental U, auquel correspond le nœud N(W) dans la trame de U. Si les nœuds encodant un contenu relevant de W sont associés par des liens suffisamment forts à N(W), N(W) est la « clef » d'un compartiment constituant le monde W. La compartimentation entre mondes est modulable en fonction de la force des liens aux nœuds de monde : si ces liens sont affaiblis, par exemple en raison de sources d'activation interférentes, cette compartimentation peut ne plus être assurée.

Exemple 7. Les Figures 1 et 2 représentent les résultats d'une expérience sur la compréhension de récits de fiction par des sujets sans pathologie connue et par des sujets schizophrènes [Plagnol, 1993 ; Plagnol *et al.*, 1996]. Chaque participant devait lire une série de six brefs récits de fiction, avant d'effectuer un test de reconnaissance de mots avec amorçage. Les résultats à ce test montrent que dans la population non clinique, deux mots appartenant à un même récit sont plus proches en mémoire que deux mots relevant de deux récits différents ; pour rendre compte de ces résultats, il est nécessaire de postuler un « nœud de monde » pour chaque récit, auquel tous les éléments relevant de ce récit sont fortement liés en mémoire (Fig. 1). Chez les sujets schizophrènes (Fig. 2), tout se passe comme si les connexions assurant la compartimentation étaient brouillées en raison de sources d'activation interférentes.

Un réseau d'activation peut ainsi aisément implémenter un filet modal, c'est-à-dire remplir les contraintes statiques I-IV énoncées au § 1, sous-jacentes à la navigation dans un univers mental :

- Les nœuds de monde ont un rôle de pointeurs (ou d'étiquette, *tag*) marquant fonctionnellement un item comme relevant de ce monde, quel que soit le type de monde concerné (fictionnel, épistémique, temporel...).
- Le monde actuel pour le sujet, étant le monde par défaut, n'a pas besoin de nœud spécifique.
- Un monde emboîté M dans un autre monde M' est dans ce cadre un objet (Déf. 15) de M' et le lien entre M et M' appartient à la trame verticale.
- La construction d'un monde M est limitée à ce qui le différencie du monde de référence grâce au marquage des items spécifiques de M par le nœud de M. En particulier, chaque réplique dans un monde est définie par ce qui la différencie de sa contrepartie dans le monde de référence (*ceteris paribus*).

Navigation dans les mondes imaginaires

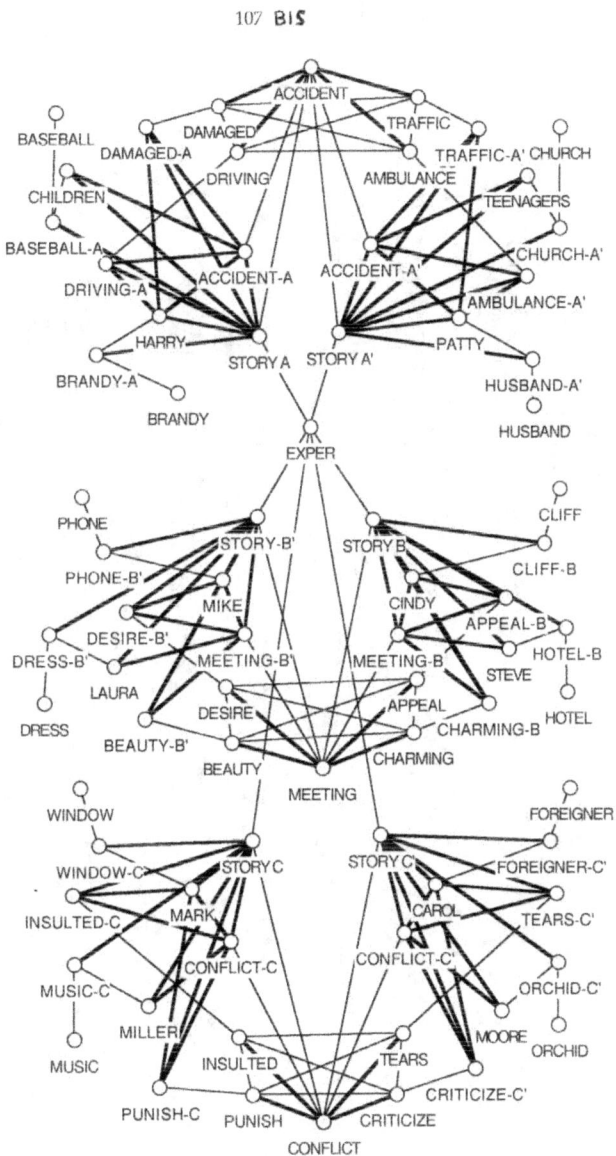

Figure 1. Représentation de récits de fiction par des sujets non pathologiques [Plagnol, 1993, 107bis]. Les nœuds de récits/mondes sont les nœuds Story A, Story A'... Plus un lien est épais, plus il est intense. On distingue six compartiments, chacun contrôlé par un nœud de récit/monde. Les six récits sont aussi appariés selon trois thèmes associés à trois nœuds contextuels (ACCIDENT, MEETING, CONFLICT). Le nœud EXPER représente le contexte expérimental.

115 BIS

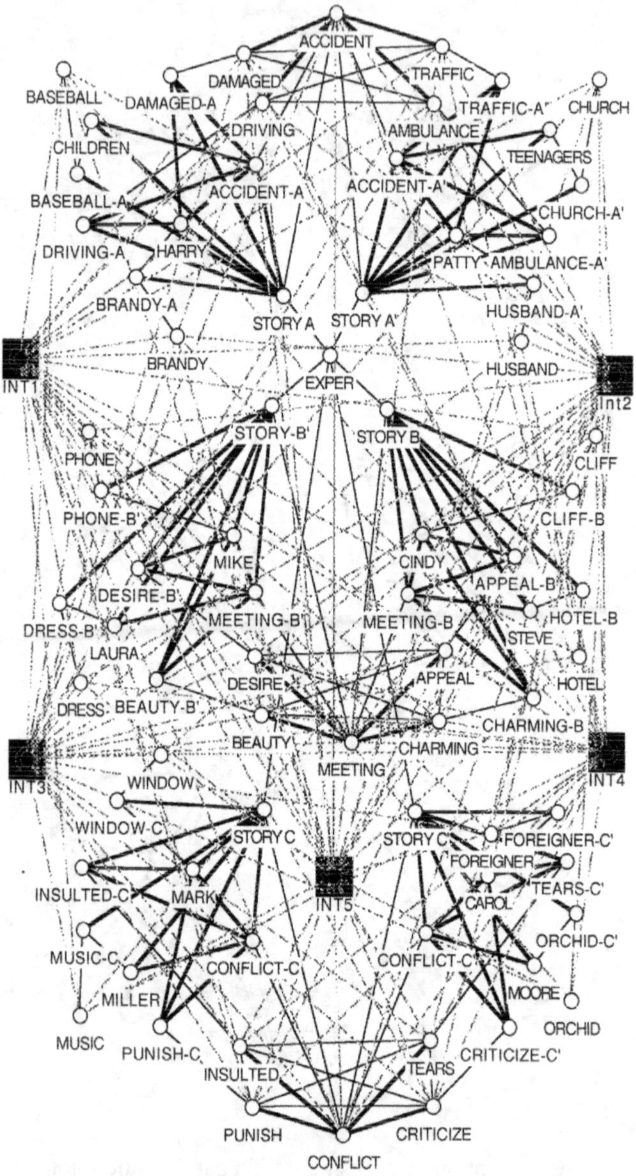

Figure 2. Représentation de récits de fiction par des sujets schizophrènes [Plagnol, 1993, 115bis]. Comparativement à la Figure 1, la structure à six compartiments est brouillée, ce dont l'hypothèse de puissantes sources d'activation interférentes (nœuds INT1 à INT5) permet de rendre compte.

Navigation dans les mondes imaginaires

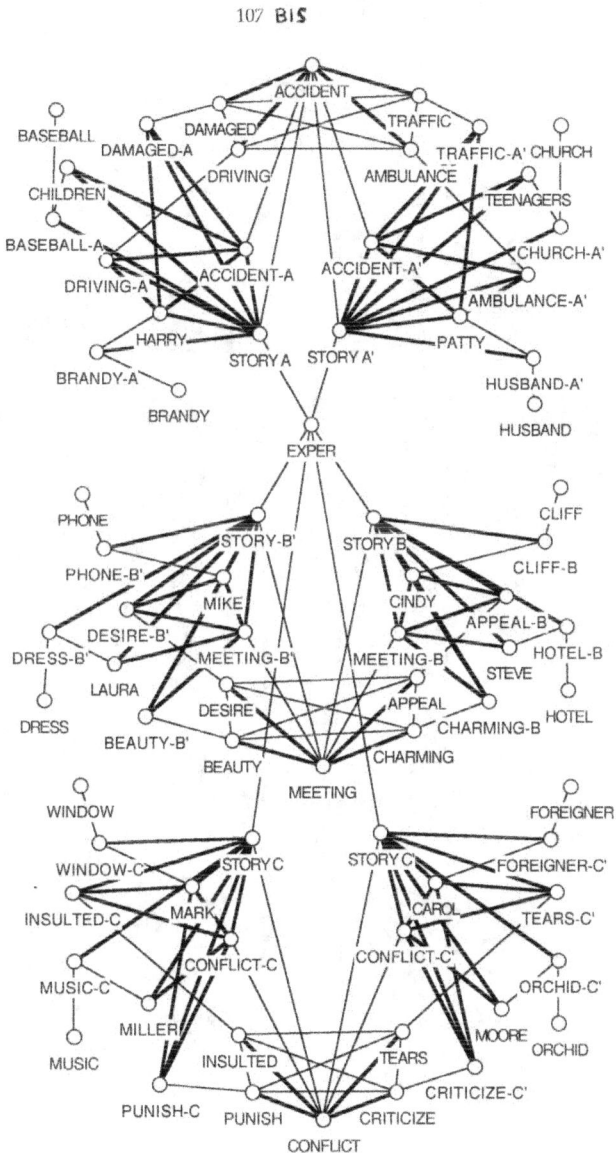

Figure 1. Représentation de récits de fiction par des sujets non pathologiques [Plagnol, 1993, 107bis]. Les nœuds de récits/mondes sont les nœuds Story A, Story A'... Plus un lien est épais, plus il est intense. On distingue six compartiments, chacun contrôlé par un nœud de récit/monde. Les six récits sont aussi appariés selon trois thèmes associés à trois nœuds contextuels (ACCIDENT, MEETING, CONFLICT). Le nœud EXPER représente le contexte expérimental.

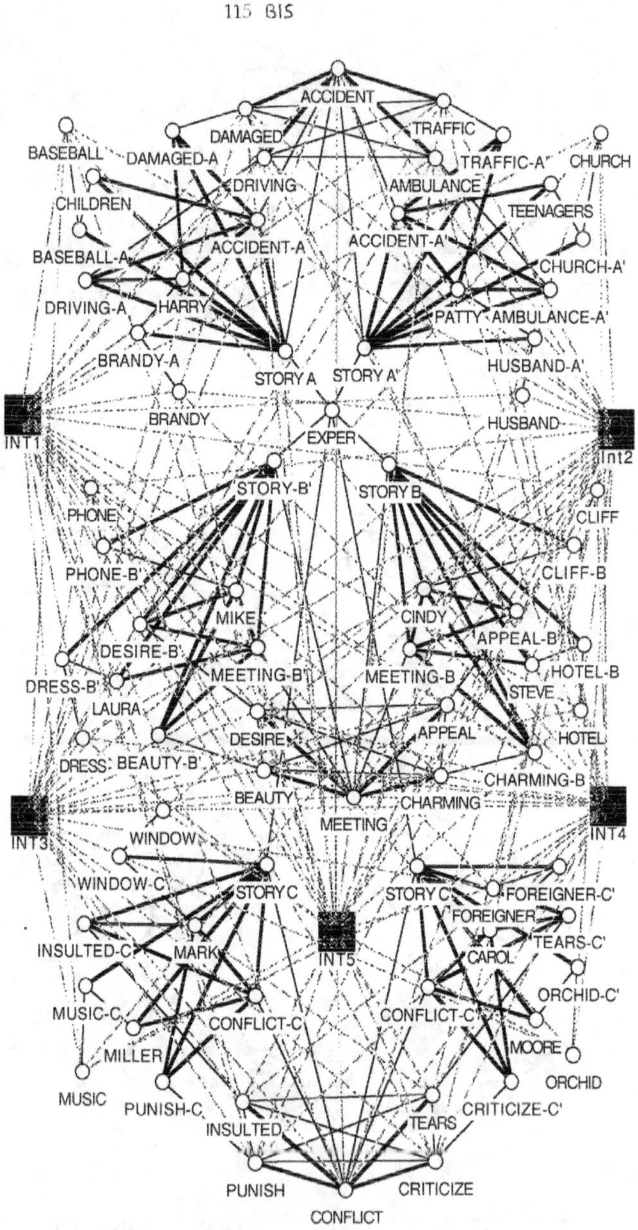

Figure 2. Représentation de récits de fiction par des sujets schizophrènes [Plagnol, 1993, 115bis]. Comparativement à la Figure 1, la structure à six compartiments est brouillée, ce dont l'hypothèse de puissantes sources d'activation interférentes (nœuds INT1 à INT5) permet de rendre compte.

Remarque. Une telle construction, « poolant » ce qui est commun à plusieurs mondes, correspond à notre économie psychique : lorsque nous lisons un roman qui se déroule à Paris, nous ne reconstruisons pas entièrement Paris, nous nous contentons de spécifier ce qui est propre au roman relativement au Paris de notre monde actuel, en marquant ces éléments par un symbole « nommant » le monde du roman (un lien au titre suffit en pratique).

De plus, l'état d'activation des nœuds de monde fournit les repères nécessaires pour s'orienter entre les mondes – autrement dit, la contrainte dynamique V sous-jacente à la navigation modale (§ 1) peut être remplie par un réseau d'activation. L'ajustement de l'activité des pointeurs modaux permet de passer rapidement d'un monde à un autre (comme lorsqu'on clique sur des onglets en naviguant sur le *world wide web*). Définissons quelques outils de base pour la navigation modale.

Définition 20. Un *repère modal* en fenêtre de présence est une occurrence active d'un nœud/terme de monde M, telle une étiquette permettant au sujet d'identifier immédiatement M. Par exemple, une occurrence de *Odyssée* présente dans une image mentale suffit à rapporter immédiatement le contenu de cette image au monde de l'*Odyssée*.

Définition 21. Au cours d'une navigation modale mentale, le *repère de travail* est le repère modal associé au plan de travail de la fenêtre de présence et le *point de départ* est le repère de travail à l'instant initial de la navigation. Le point de départ permet de revenir à un état antérieur et peut être laissé à l'arrière-plan.

Si des mondes intermédiaires ont été traversés depuis le départ – par exemple si l'on s'intéresse à ce que Bérard pensait qu'Homère pensait qu'Ulysse dans l'*Odyssée* pensait des Prétendants… –, une chaîne de repères intermédiaires peut être laissée à l'arrière-plan ou même dans un état d'activation quiescent, prête à servir de fil d'Ariane pour retrouver l'ancrage du réel.

Définition 22. L'*immersion* désigne une absorption dans un monde, telle qu'aucun repère modal lié à ce monde n'apparaît dans le plan de travail, ni même à l'arrière-plan. Lors d'une immersion dans un monde, tout se passe donc comme si le sujet « vivait » dans le compartiment fonctionnel dévolu à ce monde qui est alors le monde réel pour lui (par exemple un acteur absorbé par son rôle). L'immersion peut être pathologique (par exemple état dissociatif), mais peut aussi être utile en thérapeutique (hypnose).

Définition 23. Un *va-et-vient* est un jeu modal entre un monde de référence (en général le réel actuel pour le sujet) et un monde distinct du monde de référence, l'un et l'autre correspondant alternativement au plan de travail et à l'arrière-plan. Par exemple, un spectateur de théâtre effectue des va-et-vient entre le monde réel (où se déploient sur la scène des acteurs « en chair et en os ») et le monde de la pièce jouée (avec la vie des personnages incarnés par les acteurs).

Définition 24. Un *indice modal* est une occurrence mentale d'un objet spécifique à un monde. Par exemple, dans un cauchemar succédant à la lecture de l'*Odyssée*, l'esquisse du Cyclope est un indice modal du monde homérique, tandis que des indices du monde actuel (sonnerie de réveil) peuvent aider au réveil ; dans le film *Inception* [Nolan, 2010], ce sont les propriétés des répliques d'un *totem* qui servent d'indices modaux décisifs.

Dans notre cadre conceptuel, ce qui importe pour la navigation mentale modale est donc, en fonction du flux d'activation et des évènements rencontrés en fenêtre de présence, la formation, ou au contraire la suppression fonctionnelle, d'indices compartimentaux, relativement à telles ou telles zones de l'espace de représentation : de tels indices induisent, ou au contraire effacent, des plissements, c'est-à-dire des barrières de coprésence (codéploiement) de droit. Nous allons maintenant montrer qu'une telle perspective peut être généralisée à toute navigation mentale, le rôle d'indices contextuels généralisant celui des indices compartimentaux, à cela près que les barrières peuvent être assouplies et ne sont plus « de droit » hors des contextes modaux.

4. Verticalité en navigation mentale

Dans un espace de représentation, deux mondes distincts sont « séparés » par un plissement en raison d'une incohérence irréductible entre eux. Cependant, la finitude de la fenêtre de présence impose également des « pliages » : une extension analogique non triviale n'est que virtuelle et nécessite d'enchaîner de multiples plis élémentaires pour s'y déplacer.

Exemple 8. Dans l'espace mental de Martin (Exemple 4), l'objet Paris est « plié » : si Martin s'y promène mentalement, il doit « déplier » cet objet en enchaînant dans sa conscience phénoménale des images mentales de Paris.

Or, le pliage fonctionne mentalement comme un plissage [Plagnol, 2002, 2019]. De l'intérieur de sa fenêtre de présence, un sujet ne peut savoir si ce qui est déployé à deux instants différents relève du même monde ou de deux mondes distincts : il se peut que sans qu'il ne le sache, à chaque nouvel instant il change de monde [8]. D'un point de vue purement cognitif, la

---

[8] Bien sûr, des arguments extrapsychologiques (par exemple, métaphysiques) peuvent réfuter un tel doute.

compartimentation est un cas particulier de contextualisation, les termes de mondes (c'est-à-dire les pointeurs compartimentaux) sont des cas particuliers d'indices contextuels et, comme nous allons le préciser, la trame modale verticale peut être étendue en une trame contextuelle verticale.

4.1. Navigation mentale dans l'espace matériel

L'espace matériel tel qu'il se donne à un être humain, selon les formes a priori de la sensibilité humaine [Kant, 1976 (1787)], est simple : une unification analogique par un seul dépli est en principe possible, de sorte qu'un sujet peut idéalement explorer complètement ce domaine en navigant par « glissade » grâce à des A-chaînons entre les situations présentées successivement dans sa fenêtre de présence. Cependant, la position d'un but, la représentation globale du trajet à partir du point de départ, les étapes successives, etc., contraignent à des changements d'échelle variés – pensons par exemple à l'anticipation d'un trajet pour se rendre à la gare.

À cette fin, nous hiérarchisons les éléments de l'espace en fonction de « catégories » flexibles [Ferguson & Hegarty, 1994 ; Uttal *et al.*, 2010], ce qui repose sur deux opérations symétriques :

Définition 25. Une *globalisation* est le déploiement en fenêtre de présence d'un pli élémentaire condensant d'autres plis élémentaires, au prix d'une résolution moins fine.

Nous pouvons en effet développer des représentations abstraites déployant des relations spatiales globales [Plagnol, 2002]. De telles représentations permettent par exemple d'embrasser « d'un coup d'œil » en fenêtre de présence un trajet à effectuer.

Définition 26. Une *focalisation* est la projection d'un pli élémentaire, à partir d'un symbole syntaxiquement présent en fenêtre de présence (Déf. 5)[9].

Exemple 9. Un ensemble d'images mentales se rapportant aux étapes d'un itinéraire de la Tour Eiffel à la Concorde peut être condensé en une « vue globale » du trajet. Supposons que cette vue globale contient une unité symbolique *Grand Palais* : si cette unité est activée, une focalisation se déclenche sur une image mentale du Grand Palais.

Définition 27. Un pli élémentaire obtenu par globalisation est un *e-pli abstrait*.

---

[9] L'effet d'un clic sur un lien *Hypertext* lorsque l'on surfe sur le *world wide web* équivaut à une focalisation.

Définition 28. Un symbole dont l'activation déclenche une focalisation est un *nœud de pli*.

Les nœuds de pli sont des unités contextuelles minimales, car correspondant à un contexte de coprésence élémentaire. Un e-pli abstrait P contient généralement des occurrences de nœuds de plis permettant de redéployer par focalisation les e-plis que P condense. Nœuds de plis et e-plis abstraits permettent une navigation efficiente dans l'univers matériel. En effet, un contenu ne pouvant être présentifié que dans la fenêtre de présence, le format de présentation est unique quelles que soient l'étendue et la finesse objective du contenu, qu'il s'agisse d'un microbe ou d'une galaxie. Un fragment spatial objectif ne peut donc être donné que de façon très abstraite dans la fenêtre de présence et la façon la plus efficace de faire apparaître des contenus plus précis est de passer par une hiérarchie d'e-plis, les e-plis abstraits d'ordre supérieur contenant des onglets d'e-plis d'ordre moins élevé, avec de multiples niveaux possibles.

La trame verticale (Déf. 18a) peut maintenant être étendue aux « emboîtements » entre contextes spatiaux, c'est-à-dire qu'un lien entre le nœud de pli d'un e-pli abstrait P et les nœuds des e-plis que P « globalise » peut être considéré comme un *lien vertical*. Cette trame verticale spatiale, essentielle à une navigation mentale rapide dans l'espace matériel, ne cesse d'évoluer dans le temps en fonction de l'expérience subjective et des reconfigurations de la mémoire.

4.2. Généralisation

Les principes de navigation dans l'espace matériel sont valables pour tout domaine concret ou abstrait. En effet, une seule méthode est possible pour naviguer dans un univers mental étendu : présentifier dans une fenêtre au format très limité des fragments analogiques et les enchaîner par des structures symboliques.

Cependant, si un domaine dépasse trois dimensions – par exemple en physique relativiste ou quantique, en économie, en éthique… –, un sujet humain ne peut en principe totalement le présentifier par glissade dans un dépli mental unique. Dans un tel cas, il est nécessaire de se déplacer dans une représentation unifiante, pliée en modèles partiels, constituée d'une série de déplis tridimensionnels (ou bidimensionnels) qui ne peuvent eux-mêmes être unifiés par des A-chaînons et sont seulement unifiés par des chaînons artificiels (Déf. 14). L'utilité d'une trame verticale offrant une hiérarchie de nœuds contextuels devient alors évidente.

À cette fin, il suffit de généraliser l'extension de la trame verticale proposée dans le § 4.1 : un nœud (nom) fonctionnant comme marqueur contextuel peut être considéré comme connecté par un lien vertical à tout nœud attribué à une entité qu'il contextualise.

Remarque. Tout nœud est susceptible d'appartenir à la trame verticale à un instant donné, c'est-à-dire de jouer le rôle d'un nœud contextuel selon ses liens avec d'autres nœuds et l'état d'activation de la trame[10]. Dans un langage formel, cela correspond à l'adjonction de la règle syntaxique C :
(C) Si F est une formule et c un terme d'entité, (c, F) est une formule.

La trame horizontale peut aussi être étendue : la trame « interne » à un contexte C – c'est-à-dire l'ensemble des liens (associatifs, prédicatifs…) entre les nœuds représentant les entités internes à ce contexte – peut être considérée comme un fragment horizontal. L'extension de la trame diagonale dérive trivialement de l'extension des trames verticale et horizontale.

Les notions de nœud de pli et d'e-pli abstrait se généralisent également sans difficulté à tout domaine représenté. L'art de la navigation mentale repose ainsi sur la capacité à former les bonnes articulations pour le domaine concerné, avec les mêmes outils de base que pour la représentation de l'espace matériel :

(1) un nœud de pli définit une unité contextuelle minimale ;
(2) entre nœud de pli et nœud de compartiment/monde, la trame verticale peut comporter de multiples nœuds contextuels intermédiaires ;
(3) la finesse de résolution de la fenêtre de présence étant limitée, des plis abstraits doivent être forgés ;
(4) un pli abstrait doit contenir des nœuds de plis (ou *onglets*), susceptibles de déclencher des focalisations sur des e-plis d'ordre inférieur.

Ajoutons encore une définition généralisant la notion de repère :

Définition 29. Un *repère* en fenêtre de présence est une occurrence de nœud contextuel.

Conclusion

La navigation mentale est déterminée par la formation ou l'effacement d'indices contextuels relativement à telle ou telle zone de l'espace de représentation, modulant telle ou telle barrière de coprésence. Comme la représentation d'une structure modale dans un espace mental instaure des plissements,

---

[10] Rappelons que dans notre cadre conceptuel, un monde est un objet comme un autre, seule l'impossibilité d'une extension le spécifiant comme monde.

c'est-à-dire des barrières de coprésence de droit, la navigation modale offre un paradigme fécond pour appréhender les bases de la navigation mentale.

Références

Barsalou, Lawrence W. [1999], "Perceptual Symbol Systems", *Behavioral and Brain Sciences*, 22, 577-660.

— [2008], "Grounded Cognition", *Annual Review of Psychology*, 59, 617-645.

Baumeister, Roy F. & Masicampo, E.J. [2010], "Conscious Thought is for Facilitating Social and Cultural Interactions: How Mental Simulations Serve the Animal-Culture Interface", *Psychological Review*, 117(3), 945-971.

Ecker, Ullrich K. H., Lewandowsky, Stephan & Tang, David T. W. [2010], "Explicit Warnings Reduce but do not Eliminate the Continued Influence of Misinformation", *Memory & Cognition*, 38, 1087-1100.

Ferguson, Erika L. & Hegarty, Mary [1994], "Properties of Cognitive Maps Constructed from Texts", *Memory & Cognition*, 22, 455-473.

Glenberg, Arthur M. [1997], "What Memory is for", *Behavioral and Brain Sciences*, 20, 1-55.

Goff, Lyn M. & Roediger, Henry L. III [1998], "Imagination Inflation for Action Events: Repeated Imaginings Lead to Illusory Recollections", *Memory & Cognition*, 26, 20-33.

Harnad, Stevan [1990], "The Symbol Grounding Problem", *Physica D*, 42, 335-346.

Johnson-Laird, Philip N. [1983], *Mental Models: Towards a Cognitive Science of Language, Inference, and Consciousness*, Cambridge, Cambridge University Press.

Kant, Emmanuel [1976 (1787)], *Critique de la raison pure*, trad. Jules Barni, 2ᵉ éd., Paris, Flammarion.

Lakoff, George & Johnson, Mark [1999], *Philosophy in the Flesh: The Embodied Mind and its Challenge to Western Thought*, New York, Basic Books.

Lyon, Don R., Gunzelmann, Glenn & Gluck, Kevin A. [2008], "A Computational Model of Spatial Vizualisation Capacity", *Cognitive Psychology*, 57, 122-152.

McGinn, Colin [2004], *Mindsight: Image, Dream, Meaning*, Cambridge (MA), Harvard University Press.

Nolan, Christopher [2010], *Inception* [film], Burbank (CA), Warner Bros.

Pasquinelli, Elena [2012], *L'illusion de réalité – Toute ressemblance avec des personnes ou situations existantes ne saurait être que fortuite*, Paris, Vrin.

Plagnol, Arnaud [1989], *Problèmes sémantiques en logique modale quantifiée*, mémoire de diplôme d'études approfondies de logique et fondements de l'informatique, Paris, Université Paris 7.

— [1993], *Élaboration d'un modèle de désorganisation des représentations mentales par décontextualisation fonctionnelle de l'information*, thèse de doctorat en sciences cognitives, Orsay, Université Paris 11.

— [2002], « La structure pliée des espaces de représentation : théorie élémentaire », *Intellectica*, 35, 27-81.

— [2005], *La Fondation analogique des représentations*, thèse de doctorat de philosophie, Paris, Université Panthéon-Sorbonne.

— [2019], *Principes de navigation dans les mondes possibles – Tome 1 : Fondations*, Garches, Éditions Terra Cotta.

— [à paraître], "Logic and Theory of Representation", in Jean-Yves Beziau & Amirouche Moktefi (eds.), *Logic in question* 7, Springer.

Plagnol, Arnaud, Pachoud, Bernard, Claudel, Bertrand & Granger, Bernard [1996], "Functional Disorganization of Representations in Schizophrenia", *Schizophrenia Bulletin*, 2, 383-404.

Probst, Pierre [1994], *Caroline en Russie*, Paris, Hachette.

Shepard, Roger N. [2008], "The Step to Rationality: The Efficacy of Thought Experiments in Science, Ethics, and Free Will", *Cognitive Science*, 32, 3-35.

Tulving, Endel [2002], "Episodic Memory: From Mind to Brain", *Annual Review of Psychology*, 53, 1-25.

Uttal, David H., Friedman, Alinda, Hand, Linda Liu & Warren, Christopher [2010], "Learning Fine-Grained and Category Information in Navigable Real-World Space", *Memory & Cognition*, 38, 1026-1040.

Verne, Jules [1974/1876], *Michel Strogoff*, Paris, Le Livre de Poche.

Arnaud PLAGNOL
Université Paris 8
Paris
arnaud.plagnol@iedparis8.net

Pour un pluralisme fantastique
Fabien SCHANG

Autant la construction d'une logique de l'imagination est sujette à caution, dans la mesure où la plupart de ses sémantiques formelles sont de nature modale et supposent une relation d'accessibilité basée sur le critère rationnel de cohérence ; autant la question se pose de savoir s'il existe une seule ou plusieurs formes de logique de l'imagination. Pour conduire cette double réflexion sur la validité et l'unicité d'un traitement logique du concept d'imagination, je propose un cadre sémantique formel non modal déjà appliqué par ailleurs et basé sur un processus de questions-réponses.

L'objectif est double : comprendre les tenants et aboutissants d'une analyse logique du concept d'imagination ; évaluer les conditions d'une définition pluraliste, comparable à la pluralité des critères de justification en épistémologie. Après le pluralisme épistémique, place donc au pluralisme fantastique ?

Penser l'imagination

La proposition « Le concept d'imagination est clos sous implication » a un sens, tandis que la proposition « Ma tarte aux fraises est close sous implication » n'en a aucun. Pourquoi cette différence ? La première proposition a un sens, certes. Mais que signifie-t-elle au juste ? Est-elle vraie ? Quelle est son importance dans le cadre d'une analyse philosophique du concept d'imagination ?

Considérons un triangle sémiotique, en guise de cadre général de réflexion. Ce triangle se compose de trois sommets : le langage L, la réalité R et l'esprit E. Le problème central consiste avant tout à savoir s'il existe entre ces trois domaines une relation d'ordre ; ou tout au moins une certaine interdépendance qui ne signifierait pas nécessairement une relation déductive entre les propriétés de chacun d'eux. Trois positions générales peuvent être formulées : chaque domaine L, R, E contient ses lois propres, indépendamment de la question de leurs interrelations potentielles ; un ou plusieurs de ces domaines déterminent les domaines restants ; aucun domaine ne contient de lois propres, de sorte que la question de la relation d'ordre entre ces domaines n'a pas de sens. À moins d'admettre une situation de chaos général et de réduire les lois scientifiques à de simples normes arbitraires, l'idée d'une relation d'ordre entre les trois domaines fait sens et s'exprime de différentes façons dans les trois sections philosophiques qui leur sont associées : la philosophie du langage traite de L, la métaphysique de R et la philosophie de l'esprit de E. Si R détermine L et que L détermine E, le comportement transitif de la relation de détermination devrait conduire à admettre en conclusion que R détermine E. Si R détermine E et que E détermine L, la transitivité exige que R détermine L. Comment tirer une quelconque leçon valable de ces spéculations ? Quelles théories philosophiques devrait-on attribuer à chacun des six types de relations d'ordre entre les domaines L, E et R ?[1] L'analyse logique qui suit a pour but de délester au contraire notre réflexion de ces rapports de force disciplinaires entre métaphysique, philosophie de l'esprit et philosophie du langage. Nous étudierons les propriétés du concept d'imagination sur la base d'une analyse volontairement novatrice du terme, débarrassée de préjugés spéculatifs concernant ce que l'imagination devrait être ou ne pas être. Cette approche formelle et rationnelle ne consiste pas à inclure ou exclure des propriétés sur la base d'expériences ponctuelles, telle que l'analyse phénoménologique des données de la conscience ou l'analyse neurocognitive des aires d'activation du cerveau. Elle consiste encore moins à s'engager sur le terrain des réductionnismes, en vertu desquels l'un ou l'autre des trois domaines devrait être éliminé au profit d'un autre. À l'inverse de ces approches doctrinales, notre objectif est donc d'exploiter quelques outils logiques susceptibles d'élargir notre idée du concept d'imagination, voire de proposer de nouvelles pistes de réflexion s'agissant de ses propriétés.

1. La logique de l'*imagination*

Une première approche du concept d'imagination consiste à citer Descartes, dont la philosophie du sujet accorde une importance centrale au domaine de

---

[1] Ces six types de relations sont les suivants, où d est la relation binaire (transitive, non réflexive et non symétrique) de détermination $d(x,y)$: (1) $d(R,L)$, $d(L,E)$, donc $d(R,E)$; (2) $d(R,E)$, $d(E,L)$, donc $d(R,L)$; (3) $d(E,R)$, $d(R,L)$, donc $d(E,L)$; (4) $d(E,L)$, $d(L,R)$, donc $d(E,R)$; (5) $d(L,R)$, $d(R,E)$, donc $d(L,E)$; (6) $d(L,E)$, $d(E,R)$, donc $d(L,R)$. (1)-(2) correspondent à des métaphysiques, dans la mesure où R détermine L et E. (3)-(4) correspondent à des philosophies de l'esprit, où L détermine R et E. (5)-(6) sont des analyses linguistiques telles que L détermine R et E. Un autre problème consisterait à se demander comment et pourquoi les deux domaines secondaires (L et E dans (1)-(2), par exemple) sont reliés entre eux.

l'esprit en général et de la conscience en particulier. L'énumération qui suit présente l'imagination comme une des nombreuses manifestations possibles de la pensée :

> Qu'est-ce qu'une chose qui pense ? C'est une chose qui doute, qui entend, qui *conçoit*, qui affirme, qui nie, qui veut, qui ne veut pas, qui *imagine* aussi, et qui sent. [René Descartes, *Méditations métaphysiques*, II ; nos italiques.]

Descartes mentionne deux concepts qui vont de pair ici : l'imagination et la conception. La distinction entre les deux repose plus ou moins sur la nature psychologique de l'aptitude de la première à produire des images dans l'esprit, tandis que la seconde exprime la capacité de l'esprit à former des concepts et à établir des relations entre eux. De nos jours, on retrouve cette explication dans un texte important sur la logique de l'imagination :

> Chaque fois qu'un agent imagine quelque chose (ce quelque chose est alors une proposition particulière), nous disons qu'il y a un acte d'*imagination*. Nous concevons l'imagination de façon empirique, suivant l'approche de Hume. Cela veut dire que les actes d'imagination sont liés à des données des sens passées. Pour des raisons théoriques, nous supposons que le contenu d'un acte d'imagination donné est une proposition.
> La *conception* (ou pure intellection, dans la terminologie de Descartes) est une faculté de l'esprit capable de produire une compréhension de concepts et/ou de propositions. Elle n'est pas nécessairement liée à des *images*, mais à la compréhension. Chaque fois qu'un agent conçoit quelque chose (une proposition), nous disons qu'il y a un acte de conception. [Costa-Leite, 2010, 106 ; nos italiques.]

Costa-Leite explicite ainsi quelques conditions préalables à la construction d'une logique de l'imagination proprement dite. D'une part, il suit Hume en assimilant l'imagination à une donnée des sens constitutive de l'expérience. Ce n'est pas le cas de tous les logiciens de l'imagination. D'autre part, il présume que tout contenu d'une imagination peut être restitué sous la forme d'une proposition ou d'un énoncé inclus dans un langage donné. Ces hypothèses ne sont pas gratuites, car elles limitent le domaine d'étude de l'imagination et présupposent que les propriétés caractéristiques de celle-ci peuvent être exprimées par un langage. Notons que ces hypothèses de travail n'impliquent aucune relation d'ordre particulière entre les domaines de l'esprit et du langage : le fait que l'imagination puisse être exprimée sous la forme d'une proposition ne dit rien de précis sur la relation de fond entre le langage et l'esprit. En revanche, ces hypothèses passent sous silence des interrogations cruciales. Par exemple, le contenu d'une imagination peut-il être restitué intégralement dans une proposition ? Une imagination respecte-t-elle les propriétés d'un langage formel telles que la consistance ou la compositionnalité ? L'application de ces propriétés au sein d'une logique de l'imagination est-elle légitime ou constitue-t-elle une juridiction arbitraire du langage imposée au domaine de l'esprit ?

Sans un minimum de réponses concrètes à ces questions fondamentales, l'éventualité d'une logique de l'imagination reste sujette à caution.

2. Des logiques de l'imagination

Une citation d'Einstein peut servir de pied-de-nez au problème central consistant à justifier le projet même d'une logique de l'imagination :

> La logique vous conduira de A vers B. L'imagination vous portera n'importe où.

Prise au pied de la lettre, cette formule peut signifier plusieurs choses : que le contenu de l'imagination n'est soumis à aucune règle et peut inclure n'importe quelle propriété ; qu'un acte d'imagination n'exclut aucune conséquence particulière et peut conduire à tout et n'importe quoi. Si tel est le cas, l'idée même d'une logique de l'imagination ne peut être que saugrenue. Pire encore, l'impossibilité d'exclure quoi que ce soit en relation à un acte d'imagination signifierait que son contenu est indescriptible et ne peut pas être exprimé sous la forme d'une proposition finie. Or ces conclusions paraissent excessives, si un acte d'imagination singulier contient un contenu déterminé. La formule d'Einstein doit plutôt être rapportée à son contexte, celui de la découverte scientifique et en particulier des expériences de pensée. Prenons l'exemple de la chute libre d'un ascenseur dans un espace sans pesanteur : cet acte d'imagination d'Einstein doit-il être considéré comme un cas d'*imagination* ou plutôt comme un cas de redéfinition ou de *conception* nouvelle du principe d'accélération ? Si cet exemple ne porte pas sur tout et n'importe quoi, et si l'on ne peut pas déduire n'importe quoi de cette expérience de pensée, on peut en revanche admettre une autre définition provisoire de l'imagination, à savoir : un acte de pensée sensible, constitutif d'un ensemble d'images et relatif à un cadre conceptuel donné. La logique dont parle Einstein semble présupposer que ce cadre conceptuel est intangible, tandis que la force créative de l'imagination résiderait dans sa capacité à modifier ce cadre. Ce fut le cas pour la théorie de la relativité générale, si l'on considère que l'expérience de pensée d'Einstein a modifié le cadre physique de l'espace-temps.

Cette redéfinition provisoire du lien entre imagination et conception ne résout toutefois pas notre problème initial concernant l'idée de « logique » de l'imagination : dans quelle mesure un langage formel doté d'un ensemble de règles d'inférence et d'un modèle d'interprétation serait-il capable de définir l'imagination, en partant du fait que c'est cette dernière qui préside à la constitution du contenu du langage et qui peut modifier la structure de son modèle d'interprétation ? Malgré ce doute d'ordre transcendantal, quelques auteurs ont développé l'idée d'une logique de l'imagination ; le projet est viable, à condition de limiter la portée explicative de cette logique et de ne pas la concevoir comme une logique de type transcendantal, au sens d'une formulation propositionnelle des conditions de possibilité de l'expérience. Le philosophe et logicien finlandais Ilkka Niiniluoto, premier logicien de l'imagination consacré par la littérature, associe cette logique à des champs d'étude bien particuliers :

> L'imagination est nécessaire à la fois pour la création et la compréhension des textes de fiction. Pour des poètes romantiques comme Poe et Baudelaire, l'imagination était en fait la « reine des facultés ». Il n'est donc pas étonnant que l'acte d'imaginer conçu comme une activité mentale ait été étudié en profondeur en philosophie, en psychologie et en esthétique. Les logiciens n'ont pas apporté de contribution dans ce domaine, en revanche. Dans cet article, je prétends qu'une logique de l'imagination peut être développée comme un cas particulier de la sémantique des *attitudes propositionnelles* de Hintikka. Je pense également que cette logique peut nous aider à comprendre certaines caractéristiques et particularités du *discours fictionnel*. [Niiniluoto, 1985, 209.]

Il est vrai que les personnages de fiction de la littérature, considérée comme un champ d'application de l'imagination, mobilisent cette faculté pour autant qu'ils échappent au domaine de la réalité. Mais si c'est en ce sens que l'imagination doit être entendue ici, elle doit être comprise alors au sens plus modeste d'une capacité à produire des individus qui n'existent pas. Le processus humien de combinaison de propriétés existant dans différents individus peut servir d'illustration de l'imagination : Madame Bovary, Sherlock Homes ou le Père Noël sont les produits empiriques de cette faculté de l'esprit, en effet. Mais en quoi ce constat devrait-il déboucher sur une logique proprement dite ? Sans aller jusqu'à parler d'un tour de force effectué par un champ d'étude constitué sur un autre, on constatera néanmoins que la citation ci-dessus reconnaît une certaine forme d'enrégimentement ou, tout au moins, de corsetage du concept d'imagination dans le cadre d'une logique et d'une sémantique particulières : la logique modale et la sémantique des attitudes propositionnelles. Quiconque connaît quelque peu l'histoire de la logique moderne récente sait également que les attitudes propositionnelles ont été étudiées par le philosophe finlandais Jaakko Hintikka, qu'Illka Niiniluto fut son élève et que Hintikka fut un des grands promoteurs de la sémantique relationnelle. En d'autres termes, Niiniluoto propose ici une extension de la liste des attitudes propositionnelles au cas de l'imagination et, ce faisant, son traitement logique en termes d'opérateur modal.

Avant d'apprécier la valeur explicative de ce choix théorique, revenons sur la logique modale, puisqu'elle constitue le socle explicatif de la plupart des logiciens de l'imagination. Les logiques modales sont l'ensemble des logiques appliquées à un mode de vérité. La logique aléthique, par exemple, porte sur le discours dans lequel une proposition peut être qualifiée de nécessairement vraie ou fausse, de possible ou de contingente (ni vraie ni fausse). La logique temporelle s'applique au caractère permanent ou provisoire de la valeur de vérité d'une proposition, que ce soit dans le passé ou dans le futur. La logique déontique porte sur des actions et sur leur caractère obligatoire, interdit ou admissible[2]. Quant aux logiques d'attitudes propositionnelles, elles constituent un sous-ensemble des logiques modales et comprennent plusieurs types de concepts : la croyance et la connaissance, en logique doxastique (du grec *doxa*) et épistémique (du grec *épistémè*) ; mais aussi le désir et l'intention, la volonté ou encore la perception. Dans la mesure où le concept d'imagination renvoie au grec ancien *fantasia*, une analogie avec la logique épistémique nous conduit à une réflexion sur les fondements de la « logique fantastique » et son opérateur modal caractéristique $I_a\varphi$, qui peut être interprété par la formule « l'agent a imagine que (la proposition) φ est le cas »[3].

---

[2] La logique déontique ne porte donc pas spécifiquement sur des propositions et ne parle pas de valeurs de vérité, en ce sens. Cependant, les propriétés déontiques des actions peuvent être exprimées à l'intérieur d'une proposition et analysées au sein d'une sémantique relationnelle ordinaire.

[3] L'indice de variable d'agent a n'est pas nécessaire lorsque le rôle logique de cet agent est superflu. Nous l'omettrons dans ce genre de situation, par souci d'économie de symboles.

Cinq logiciens de l'imagination

Il est temps d'évoquer les principaux logiciens de l'imagination dans la littérature récente et les propriétés marquantes de leurs systèmes logiques.

Le premier, déjà mentionné, est **Ilkka Niiniluoto** [1985, 2014]. On peut retenir deux caractéristiques de sa logique de l'imagination, basée sur une sémantique des situations. D'une part, Niiniluoto souscrit à la thèse formulée par Hintikka de l'inten*ti*onnalité comme inten*si*onnalité, selon laquelle l'opérateur modal détermine les propriétés et relations des objets, et effectue cette opération à travers des « lignes de mondes ». Cet opérateur modal est censé incarner un acte de pensée, constitutif de son ontologie environnante. D'autre part, Niiniluoto reprend également la distinction de symboles effectuée par Hintikka entre un quantificateur objectival E et un quantificateur perspectival $\exists$, en vertu de laquelle un objet peut appartenir au domaine privé de la pensée d'un agent ou au domaine public de la réalité. Sans être idiosyncrasique, le domaine privé correspond à l'ensemble des jugements portés par un agent particulier et consistant à associer ou non un ensemble de propriétés à des individus donnés. Dans une telle sémantique des attitudes propositionnelles, les « mondes possibles » coïncident avec des contenus d'images mentales ; leur nature intentionnelle n'implique pas leur existence externe, ce qui amène Niiniluoto à la conclusion qu'un acte d'imagination n'implique pas la vérité de son contenu propositionnel φ : la vérité de Iφ n'implique pas la vérité de φ.

Malgré la faisabilité de son système, on peut formuler des objections à la logique de l'imagination de Niiniluoto.

Comment distinguer les modalités *de dicto*/*de re* dans ce contexte de discours incluant deux quantificateurs distincts ? En vertu de cette distinction médiévale, la portée d'un opérateur modal $\square$ modifie la valeur de vérité de la proposition dans laquelle $\square$ figure, selon qu'il est antéposé au quantificateur dans l'expression $\square \forall x Fx$ (modalité *de dicto*) ou postposé dans l'expression $\forall x \square Fx$ (modalité *de re*). Le résultat logique s'exprime, en logique modale quantifiée, par la formule dite de Barcan :

$$\forall x \square Fx \rightarrow \square \forall x Fx$$

et la tâche du logicien consiste à définir les conditions de validité de cette formule en termes de propriétés mathématiques des relations d'accessibilité de l'opérateur modal. Or l'introduction d'un nouveau type de quantificateur perspectival semble brouiller la distinction médiévale : si la modalité *de dicto* effectue déjà la séparation entre les individus des mondes possibles sur lesquels elle porte et les individus du monde réel qui ne la concernent pas, quelle est la fonction propre du quantificateur perspectival dans une formule *de dicto* telle que $I_a\exists xFx$?

De plus, quelle différence logique y a-t-il encore entre cette modalité de l'imagination *de dicto* et sa version *de re* $\exists xI_aFx$ si les individus figurant dans la portée du quantificateur perspectival ne sont pas considérés comme appartenant au monde réel ?

La distinction ontologique exprimée par les portées *de dicto* et *de re* semble redondante, en présence de la paire de quantificateurs perspectival et objectuel. Du moins, la combinaison d'un quantificateur perspectival et d'une modalité *de re* pose un problème quant au statut sémantique des individus quantifiés. Quelle différence y a-t-il entre, d'une part, les formules ExI_aFx et I_aExFx et, d'autre part, entre les formules $\exists xI_aFx$ et $I_a\exists xFx$? Si la formule *de dicto* $I_a\exists xFx$ signifie « L'agent *a* imagine qu'il existe (dans le monde de *a*) un *x* qui est F », alors comment interpréter la variante *de re* $\exists xI_aFx$? Si c'est « Il y a (dans le monde perspectival de l'agent *a*) un *x* tel que l'agent *a* imagine *x* comme étant F », alors la distinction entre le sens perspectival et le sens objectuel des quantificateurs est inutile.

Par ailleurs, il est difficile d'affirmer si, oui ou non, la consistance devrait être une propriété de l'opérateur d'imagination. Un agent *a* peut-il imaginer un contenu propositionnel φ et sa négation $\neg\varphi$? Et si oui, comment interpréter une telle situation ? Encore une fois, enrégimenter le concept d'imagination dans une sémantique relationnelle exige l'application des propriétés de consistance et de complétude conformes à tout monde possible. Mais afin d'affiner l'analyse de l'imagination, le monde possible est remplacé par un état de choses différent et qui est la *situation* : une partie d'un monde possible, tel que l'information disponible dans cette situation peut être incomplète. La sémantique de *situation* peut-elle améliorer l'analyse logique et l'agent imaginant peut-il admettre des situations inconsistantes ? Ces questions sont laissées en suspens, parce que les dispositifs formels susceptibles d'enrichir l'analyse logique du concept d'imagination ne peuvent garantir leur pouvoir explicatif.

Deuxième logicien de l'imagination, **Alexandre Costa-Leite** [2010]. Contrairement à l'analyse quantifiée de Niiniluoto, Costa-Leite se limite au cadre de la logique propositionnelle et ne s'attache pas au statut sémantique des individus mais aux relations logiques entre plusieurs concepts gravitant autour du concept d'imagination. Il explique qu'il y a des interrelations entre imagination, concevabilité et possibilité, citant pour l'occasion deux axiomes de sa logique de l'imagination. Citons d'abord la loi de Descartes-Vasiliev, relative au lien logique entre imagination et concevabilité :

(1) $I\varphi \to C\varphi$

en vertu de laquelle tout ce qui est imaginé est nécessairement conçu également. Cela signifie qu'un test pour le contenu d'une imagination est la possibilité de le penser et de l'exprimer sous la forme d'un jugement ou d'une définition ; ce qui n'est pas concevable n'est pas imaginable, par contraposition. Viennent ensuite les deux lois de Hume :

(2) $C\varphi \to \Diamond\varphi$

(3) $I\varphi \to \Diamond\varphi$

en vertu desquelles la concevabilité et l'imagination impliquent toutes deux la possibilité : rien n'est impossible qui soit concevable ou imaginable, et tout ce qui est impossible ne peut être ni imaginé ni conçu. D'autre part, Costa-Leite montre que ces interrelations peuvent produire des combinaisons de concepts par le biais de la méthode de « fusion » de modèles : en combinant les relations d'accessibilité des modèles caractéristiques des opérateurs de concevabilité et de possibilité, on peut obtenir par exemple un nouvel opérateur hybride tel que $(C \otimes \Diamond) = \Diamond C$.

Ce dispositif formel suscite lui aussi quelques questions.

En quoi ces structures logiques ont-elles une quelconque autorité philosophique ? Tout système logique repose sur un ensemble d'axiomes, de règles d'inférences, de théorèmes issus de la transformation d'axiomes par le biais de règles d'inférences, d'un domaine d'interprétation susceptible de vérifier la théorie logique composée des axiomes et théorèmes, ainsi que de propriétés métalogiques garantissant l'harmonie d'ensemble entre les propriétés syntaxiques et sémantiques. On ne doit donc pas reprocher au logicien de choisir un certain nombre d'axiomes caractéristiques d'un concept central, de préférence à d'autres ; en revanche, on est en droit d'attendre un minimum d'explications sur ce choix et, surtout, des résultats intéressants ou innovants en termes de théorèmes. Les résultats sont sujets à caution : si la machinerie logique permet de produire une théorie ordonnée, le caractère adéquat et instructif de cette machinerie peut laisser à désirer.

Par ailleurs, quelle est la différence entre une structure logique et une superstructure politique ? Cette analogie, aussi cavalière qu'elle puisse paraître, pose le problème du pouvoir de suggestion de la logique en philosophie, c'est-à-dire de la capacité d'un système logique à produire un ensemble de preuves qui, sous des apparences de légitimité a priori, sont le plus souvent une simple justification a posteriori d'un ensemble de prémisses injustifiables.

La cohérence interne n'empêche pas la fausseté externe, et le logicien de l'imagination ne doit pas oublier que son travail de formalisation ne peut pas persuader le philosophe par le seul fait de sa rigueur conceptuelle. Cette remarque, qui vaut pour tout logicien, concerne le lien d'interaction nécessaire entre philosophie de la logique et logique philosophique.

Enfin, Costa-Leite propose de combiner les opérateurs $\Diamond$ et C afin d'enrichir la gamme du vocabulaire de l'imagination. Mais un problème d'interprétation peut apparaître : si C signifie le concept de concevabilité, alors faut-il interpréter la combinaison $\Diamond$C comme une « concevabilité possible » et en quoi cette possibilité itérée apporte-t-elle un gain conceptuel au discours sur l'imagination ?

Troisième logicien de l'imagination remarquable, **Heinrich Wansing** [2017], selon qui l'imagination est comparable au volontarisme doxastique dans la mesure où la production d'une image est typiquement un acte volontaire du sujet et se distingue en cela des autres attitudes propositionnelles telles que la connaissance. Par ailleurs, Wansing affirme que l'imagination est close sous implication ; toute conséquence logique d'une imagination doit être imaginée également :

(4) $I\varphi, \varphi \rightarrow \psi \vdash I\psi$

La question de la consistance de l'imagination est également posée. Est-il possible pour un agent d'imaginer le contenu d'une proposition et de sa négation à la fois :

(5) $\neg(I\varphi \wedge I\neg\varphi)$

en supposant que la négation d'une proposition puisse être considérée comme une imagination à part entière ? Nous y reviendrons.

Quatrième logicien de l'imagination, **Graham Priest** [2017]. Pour le promoteur du dialethéisme, la logique de l'imagination donne l'occasion supplémentaire de justifier l'existence de « contradictions vraies ». Priest base toutefois sa démonstration sur un glissement conceptuel d'importance, en vertu duquel imagination et concevabilité sont synonymes : selon lui, l'imagination doit être entendue au sens scientifique de la construction d'hypothèses telles que l'expérience de pensée d'Einstein. L'image et sa conceptualisation sont ainsi rendues indissociables dans cette approche non humienne, de sorte que les axiomes (1)-(3) deviennent redondants dans ce cas. Priest énonce ensuite le principe selon lequel tout est imaginable/concevable, même l'impossible : un agent peut concevoir/imaginer tout ce qu'il peut comprendre et une sémantique de concevabilité peut recourir à des « mondes impossibles » afin de montrer qu'une contradiction demeure pensable malgré son incohérence. Cette modélisation de l'imagination contradictoire conduit tout naturellement à un plaidoyer pour une logique paraconsistante de l'imagination. Celle-ci aurait l'avantage de faire comprendre la structure mathématique de l'impossible et d'apporter dans le même temps une logique caractéristique de l'imagination, susceptible de faire écho à la citation d'Einstein et d'expliquer pourquoi ce dernier ne pouvait associer la logique à l'imagination en raison de sa farouche hostilité à l'introduction de contradictions dans la pensée scientifique.

Cinquième logicien de l'imagination, **Francesco Berto** [2017]. Par opposition à Wansing, Berto affirme que l'imagination n'est pas close sous implication et exige par conséquent des structures logiques non normales en guise de modélisation : soit une sémantique de mondes impossibles (Hintikka, Rantala), soit une sémantique de voisinage (Stalnaker).

Ce parcours rapide montre trois choses : ces systèmes logiques reposent sur des axiomes ou schémas d'interprétation relatifs ; le choix des axiomes et schémas est solidaire des affinités intellectuelles personnelles ; les axiomes susceptibles de caractériser le concept d'imagination ne font pas l'unanimité. Confirmant cette tendance au désaccord, nous souhaitons promouvoir une attitude de *pluralisme fantastique* : non seulement il n'y a pas d'accord entre les systèmes logiques de l'imagination, mais ce désaccord peut être analysé et expliqué au sein d'un seul et même cadre conceptuel.

3. Une logique des imaginations

Un présupposé répandu parmi les profanes est le *monisme* logique, en vertu duquel le statut propédeutique attribué à la logique est tel qu'il ne doit exister en théorie qu'une seule et unique logique correcte ou caractéristique de la pensée. Mais un bref coup d'œil sur la spécialisation des systèmes logiques (mathématiques, philosophie, linguistique, physique, informatique, etc.) et la distinction faite par Beziau entre la Logique comme activité générale ou abstraite et la logique comme théorie particulière ou appliquée permettent de démasquer ce faux-semblant en articulant les deux aspects de l'activité logique.

De même qu'une logique de l'imagination prolonge en général le programme de recherche développé par son auteur, je présente une position qualifiée de « pluralisme pluraliste ». Cette théorie repose sur l'idée qu'il existe différentes façons de promouvoir la pluralité dans un champ d'étude, en particulier celui de la logique. Un premier type de pluralité est le pluralisme *logique*, selon lequel la pluralité des définitions de la notion de validité logique repose sur la pluralité des définitions du concept de « cas ». Un deuxième type est le pluralisme *épistémique*, selon lequel la pluralité des affirmations de vérité par un agent donné repose sur la pluralité des critères de justification admis au sein d'une communauté épistémique donnée. L'autre forme de pluralisme avancée ici serait le « pluralisme fantastique » : de même que l'on peut admettre l'existence de plusieurs critères de satisfiabilité dans un modèle ou de justification dans une communauté épistémique, pourquoi ne pas admettre l'existence de plusieurs modes de production d'une image mentale et, par conséquent, de plusieurs concepts d'imagination au lieu d'un seul ?

Une raison de refuser cette position pluraliste consiste à établir un lien entre pluralisme et relativisme : la pluralité engendrerait la relativité et, de ce fait, l'impossibilité de construire un critère de vérité valable pour tous. Une analyse de ce genre a été proposée par Niiniluoto lui-même, dans sa critique contre une interprétation épistémique de la vérité. Le premier logicien de l'imagination défend une définition absolue de la vérité [Niiniluoto, 1985]. Voyons comment il procède, sachant que ma position pluraliste consiste à distinguer au contraire le pluralisme et le relativisme tout en défendant la nature épistémique de la vérité.

Selon Niiniluoto, le relativisme censé dériver d'une définition multiple ou relative du concept de vérité repose sur la validité de la formule

(6) $B_a\varphi \leftrightarrow T_a\varphi$

signifiant qu'un agent a quelconque croit que la proposition φ est vraie si et seulement si cette proposition est vraie pour lui. Cette vérité épistémique serait ruineuse, car elle produit des conséquences absurdes. Niiniluoto en compte au moins cinq :

(i) La vérité épistémique ne satisfait pas pleinement la logique de vérité de von Wright, dans la mesure où certains axiomes de vérité produisent des affirmations de croyances invalides lorsque l'on remplace T par B.

(ii) La propriété d'omniscience ne lui est pas applicable.

(iii) Elle ne pose pas de contraintes externes à la vérité et à la fausseté.

(iv) Elle invalide le schéma d'équivalence T de Tarski : non seulement la formule $T_a\varphi \leftrightarrow \varphi$ correspondante n'a pas de sens proprement dit, en confondant les versions épistémique et ontologique de la vérité ; mais de plus, les théorèmes $B_a\varphi \vdash \varphi$ et $\varphi \vdash B_a\varphi$ ne sont pas valables en logique doxastique.

(v) La définition de la vérité relative conduit soit à une autoréfutation, soit à une régression à l'infini.

Pour un pluralisme fantastique

Chacune de ces objections peut trouver une réponse conforme aux principes de base d'une conception épistémique de la vérité, ce qui laisse entendre que les partisans d'une définition absolue de la vérité ne peuvent pas réfuter cette conception sans refuser d'emblée ses principes de base et, par là même, interdire tout dialogue équitable avec les pluralistes :

(i) En quoi la logique de vérité de von Wright fait-elle autorité ? À moins de considérer cette dernière comme le seul ensemble d'axiomes valable pour caractériser le comportement déductif du concept de vérité, la première objection de Niiniluoto présuppose l'unicité du concept de vérité, c'est-à-dire la négation pure et simple du pluralisme ; par opposition, j'ai tenté de montrer que la réduction du concept de vérité à celui d'assertabilité implique plusieurs types d'agents doxastiques, donc plusieurs logiques de vérité et de croyance [Schang & Costa-Leite, 2016]. L'argument de l'unicité est donc une pétition de principe.

(ii) La clôture sous implication est le résultat d'une superstructure modale, celle des logiques normales interprétées dans une sémantique relationnelle de type K et qui produisent ce genre d'axiome indésirable. Or les sémantiques de vérité et de croyance proposées [Schang & Costa-Leite, 2016 ; Schang, 2017] reposent sur une sémantique multivalente et celle-ci n'exige pas les propriétés des structures modales de type K.

(iii) La contrainte externe demandée par Niiniluoto sous-tend un *réalisme* épistémologique, dans la mesure où l'attribution de vérité à une proposition reposerait sur une définition de type correspondantiste ou supposerait l'accord de tous les agents. Or il n'y a pas d'accord de ce genre dans une théorie pluraliste de la vérité, puisque différents agents peuvent être en désaccord à propos des critères minimaux pour l'attribution de vérité.

(iv) Le schéma T n'est pas valide pour *tout* agent doxastique : sa validation est relative aux conditions d'*assertabilité* des agents et la validité des pseudo-théorèmes $B_a\varphi \vdash \varphi$ et $\varphi \vdash B_a\varphi$ dépend de la même façon des critères de justification admis par *a*.

(v) D'une part, la définition de la vérité relative conduit à une validité ou invalidité *relative* à un type d'agent, de sorte que cet agent ne produit pas une définition autoréfutante de la vérité aussi longtemps qu'il ne la considère pas comme absolue. Ce premier volet de la critique présuppose à nouveau une définition absolue de la vérité. D'autre part, la vérité épistémique obéit à la même loi d'*itération* que la logique doxastique :

$B_a\varphi \rightarrow B_aB_a\varphi$ et $T_a\varphi \rightarrow T_aT_a\varphi$, en vertu de (6), de sorte qu'elle produit l'effet inverse de la régression à l'infini en réduisant la croyance d'une croyance (ou la vérité d'une vérité) à une simple croyance ou une simple vérité.

Face à ce constat d'immunité logique du pluralisme épistémique et en l'absence d'autres critiques susceptibles de réduire le pluralisme à un relativisme incohérent, ce pluralisme conduit à l'idée qu'il existe plusieurs types d'agents a_x et, ce faisant, plusieurs logiques doxastiques multivalentes. Le résultat technique est un cadre conceptuel appelé **AR**$_{4B}$, qui est un ensemble de matrices quadrivalentes contenant plusieurs logiques doxastiques particulières [Schang & Costa-Leite, 2016 ; Schang, 2017]. En vertu de notre interprétation épistémique du concept de vérité comme assertabilité, et pour toute formule φ, il s'ensuit que
- la valeur logique de φ est de forme $\mathbf{A}(\varphi) = \langle \mathbf{a}_1(\varphi), \mathbf{a}_2(\varphi) \rangle$
- sa fonction de valuation est de type $\mathbf{a}_i(\varphi) \mapsto \{1,0\}$

La paire ordonnée fait de la valeur de vérité un objet complexe ou structuré, tel que
- $\mathbf{a}_1(\varphi) = 1$ ssi « il y a un argument pour φ », et $\mathbf{a}_1(\varphi) = 0$, sinon.
- $\mathbf{a}_2(\varphi) = 1$ ssi « il y a un argument contre φ », et $\mathbf{a}_2(\varphi) = 0$, sinon.

Le second élément de valuation $\mathbf{a}_2(\varphi)$ peut être considéré comme l'existence d'un contre-argument, de sorte que l'on obtient l'équivalence logique

$$\mathbf{a}_2(\varphi) = \mathbf{a}_1(\neg\varphi)$$

en vertu de laquelle $\mathbf{a}_2(\varphi)$: « il y a un argument contre φ » signifie la même chose que $\mathbf{a}_1(\neg\varphi)$: « il y a un contre-argument pour ¬φ ». Comme **AR**$_{4B}$ est un ensemble de matrices quadrivalentes, toute proposition peut recevoir une paire de valuations parmi quatre possibles : 11, 10, 01 ou 00. Le problème central est celui de savoir à quelle condition un argument est suffisant ou non pour produire une croyance chez un agent. Alors qu'il y a un total de $4^4 = 256$ opérateurs unaires de croyance B_{ax} dans **AR**$_{4B}$, quatre types d'agent doxastique majeurs ont été mis en évidence [Schang & Costa-Leite, 2016 ; Schang, 2017]. Leurs caractéristiques sont décrites ci-dessous en termes d'opérateurs de vérité/vérification T_a et de fausseté/falsification F_a relatives, qui permettent de montrer la différence entre *information* (il y a un argument ou non en faveur d'une proposition φ) et *justification* (la présence ou l'absence d'un argument est considérée ou non comme suffisante pour croire la proposition correspondante φ ou sa négation ¬φ).

Agent 1 : positiviste

$A(B_{a1}\varphi) = A(T_{a1}\varphi) = 1$ ssi

il y a un argument pour φ ou il n'y a pas d'argument contre φ ;

$A(B_{a1}\varphi) = A(T_{a1}\varphi) = 0$, sinon.

$A(B_{a1}\neg\varphi) = A(F_{a1}\varphi) = 1$ ssi

il n'y a pas d'argument pour φ et il y a un argument contre φ ;

$A(B_{a1}\neg\varphi) = A(F_{a1}\varphi) = 0$, sinon.

φ	$B_{a1}\varphi$
11	10
10	10
01	01
00	10

Agent 2 : négativiste

$A(B_{a2}\varphi) = A(T_{a2}\varphi) = 1$ ssi

il y a un argument pour φ et il n'y a pas d'argument contre φ ;

$A(B_{a2}\varphi) = A(T_{a2}\varphi) = 0$, sinon.

$A(B_{a2}\neg\varphi) = A(F_{a2}\varphi) = 1$ ssi

il n'y a pas d'argument pour φ ou il y a un argument contre φ ;

$A(B_{a2}\neg\varphi) = A(F_{a2}\varphi) = 0$, sinon.

φ	$B_{a2}\varphi$
11	01
10	10
01	01
00	01

Agent 3 : sceptique

$A(B_{a3}\varphi) = A(T_{a3}\varphi) = 1$ ssi

il y a un argument pour φ et il n'y a pas d'argument contre φ ;

$A(B_{a3}\varphi) = A(T_{a3}\varphi) = 0$, sinon.

$A(B_{a3}\neg\varphi) = A(F_{a3}\varphi) = 1$ ssi

il n'y a pas d'argument pour φ et il y a un argument contre φ ;

$A(B_{a3}\neg\varphi) = A(F_{a3}\varphi) = 0$, sinon.

φ	$B_{a3}\varphi$
11	00
10	10
01	01
00	00

Agent 4 : éclectique

$A(B_{a4}\varphi) = A(T_{a4}\varphi) = 1$ ssi

il y a un argument pour φ ou il n'y a pas d'argument contre φ ;

$A(B_{a4}\varphi) = A(T_{a4}\varphi) = 0$, sinon.

$A(B_{a4}\neg\varphi) = A(F_{a4}\varphi) = 1$ ssi

il n'y a pas d'argument pour φ ou il y a un argument contre φ ;

$A(B_{a4}\neg\varphi) = A(F_{a4}\varphi) = 0$, sinon.

φ	$B_{a4}\varphi$
11	11
10	10
01	01
00	11

Par analogie avec le concept de croyance, je propose une interprétation pluraliste du concept d'imagination et, par voie de conséquence, la construction de différentes logiques de l'imagination en fonction de différents critères de production d'une image dans l'esprit.

Une définition multivalente de l'imagination $I_a\varphi$ par un agent fantastique a peut être la suivante. Un agent a imagine que φ (est le cas) ssi :

- a se représente l'image de φ
- a est autorisé à concevoir φ

De même que la justification implique le droit pour un agent de considérer une proposition comme vraie, l'imagination implique le droit de concevoir une proposition correspondante et comporte un sens *logique* de la possibilité. Cette caractérisation de l'imagination peut paraître contre-intuitive, puisqu'elle introduit un ingrédient normatif dans les règles de production d'une image et établit un lien entre imagination et conception. Néanmoins, notre explication va montrer dans quelle mesure le pluralisme fantastique repose sur une interprétation particulière et relative (mais pas absurde) du concept d'imagination. Celui-ci repose de nouveau sur la croyance à une structure analogique des concepts d'imagination et de connaissance. Si l'on s'en tient aux définitions standard de l'imagination et de la connaissance (Fig. 1), cette analogie ne tient pas.

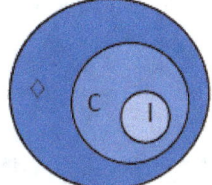 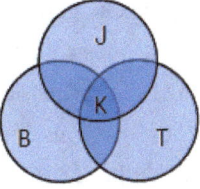

Figure 1. Définitions standard de l'imagination et de la connaissance.

Si l'on admet en revanche une redéfinition antiréaliste ou constructive, l'analogie devient correcte une fois modifiés les termes constitutifs de la connaissance et de l'imagination et les relations logiques entre chacun d'eux.

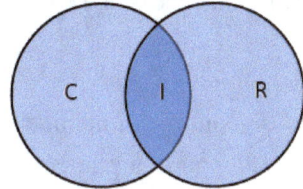 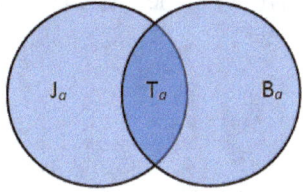

Figure 2. Définitions non standard de l'imagination et de la connaissance.

On voit que deux concepts disparaissent dans les versions non standard : la possibilité logique ◊ n'est plus utilisée à titre de *definiens* de l'imagination, dans la mesure où elle pose davantage de difficultés théoriques qu'elle n'apporte de résultats explicatifs ; la connaissance K elle-même disparaît dans sa définition antiréaliste, parce qu'elle présuppose un critère de vérité réaliste T et doit être remplacée en conséquence par un concept de vérité épistémique T_a.

Mais une telle analogie ne suffit pas pour imposer l'adhésion et doit donc être expliquée. D'une part, pourquoi admettre cette redéfinition basée sur une analogie structurelle entre vérité épistémique et imagination ? Pour plusieurs raisons, dont les deux suivantes : la vérité épistémique qui en découle permet de distinguer différents fardeaux de la preuve [Chiffi & Schang, 2017] ; le système $\mathbf{AR}_{4B}$ correspondant permet de distinguer différents types d'agents rationnels [Schang, 2020] : les agents « classiques » (consistants et complets), de type $\mathbf{a}_2$; les agents paracomplets (seulement consistants), de type $\mathbf{a}_3$; les agents paraconsistants (seulement complets), de type $\mathbf{a}_4$.

D'autre part, un pluralisme fantastique a-t-il un sens en dehors de cette analogie ? Celle-ci repose en tout cas sur une interprétation épistémique du concept de vérité comme l'existence d'une *image concevable* pour un contenu propositionnel φ. On peut construire ensuite une sémantique d'imagination analogue aux logiques d'information et de justification, pour toute formule φ :
- sa valeur logique est de forme $\mathbf{A}(\varphi) = \langle \mathbf{a}_1(\varphi), \mathbf{a}_2(\varphi) \rangle$
- sa fonction de valuation est de type $\mathbf{a}_i(\varphi) \mapsto \{1,0\}$

À la définition de la vérité en termes d'argument succède ici sa définition en termes d'images.

La paire ordonnée fait de la valeur de vérité un objet complexe ou structuré, tel que
- $\mathbf{a}_1(\varphi) = 1$ ssi « il y a une image de φ », et $\mathbf{a}_1(\varphi) = 0$ sinon.
- $\mathbf{a}_2(\varphi) = 1$ ssi « il y a une contre-image de φ », et $\mathbf{a}_2(\varphi) = 0$ sinon.

Un aspect plus controversé de cette analogie concerne le second élément de valuation $\mathbf{a}_2(\varphi)$: il peut être considéré comme l'existence d'une *contre-image*, qui préserve l'équivalence logique

$$\mathbf{a}_2(\varphi) = \mathbf{a}_1(\neg\varphi)$$

telle que $\mathbf{a}_2(\varphi)$: « il y a une contre-image de φ » signifie la même chose que $\mathbf{a}_1(\neg\varphi)$: « il y a une image de ¬φ ». Si un contre-argument a valeur d'argument négatif, une contre-image est censée correspondre à une image négative. D'où la difficulté d'interprétation qui découle de cette interprétation pluraliste de l'imagination. Une « image négative » est-elle un non-sens comparable à un « fait négatif », et un agent peut-il avoir à l'esprit une image et une contre-image à la fois ? La distinction entre image et contre-image peut produire un cadre sémantique admissible, sur la base de la Figure 3.

Figure 3. Image et contre-image.

L'image de gauche peut être exprimée par la proposition φ : « Ceci est un canard », tandis que l'image de droite est une sorte de négation de type ¬φ : « Ceci est un lapin ». L'affirmation d'une image de lapin est exprimable par un contenu propositionnel négatif, au sens où tout ce qui est un lapin *n'est pas* un canard. Mais cela ne signifie pas pour autant que tout contenu propositionnel autre que celui de l'image de gauche puisse être considéré comme une contre-image correspondante : les deux images ont même forme, mais leur contenu n'est pas interprété de la même manière et cette différenciation produit un lien conceptuel entre les contenus propositionnels φ et $\neg\varphi$.

Partant de cette analyse descriptive de l'image en termes de forme générale et de contenu particulier, on peut ainsi éviter la difficulté d'expliquer le sens de la négation propositionnelle grâce à une distinction entre contre-image et non-image (ou absence d'image) : de même que l'absence d'argument favorable à φ diffère de l'existence d'un contre-argument à φ, l'existence d'une contre-image à φ diffère de l'absence d'image de φ. Cela revient à dire la chose suivante, au sein d'une sémantique de l'imagination quadrivalente : la valuation $\mathbf{a}_2(\varphi) = 1$ diffère de la valuation $\mathbf{a}_1(\varphi) = 0$.

Une taxinomie des agents fantastiques (ou imaginants) peut être proposée de la même façon qu'elle l'a été dans le cadre de la sémantique doxastique **AR**$_{4B}$ [Schang & Costa-Leite, 2016].

Dans ce dernier cas, l'agent doxastique a_1 est qualifié de *positiviste* dans la mesure où ses croyances reposent sur une présomption de vérité de la proposition évaluée ; l'agent doxastique a_2 est appelé *négativiste* parce que, par opposition, sa croyance repose sur une présomption de fausseté ; quant aux agents a_3 et a_4, ils ont été qualifiés respectivement de *sceptique* et d'*éclectiste* : le premier, parce que son attitude exige un critère de justification forte ; le second, parce que son attitude exige un critère de justification faible.

Dans ce cas précis des agents doxastiques, leur attitude est basée sur la *relation d'ordre* admise par chacun entre argument et contre-argument : de la plus stricte à la moins stricte, situant le sceptique comme l'agent le plus exigeant et l'éclectiste comme le moins exigeant en matière d'affirmation de vérité. Dans le cas qui nous intéresse des agents fantastiques, la même relation d'ordre peut être appliquée aux notions d'image et de contre-image afin de concevoir plusieurs sortes de concept d'imagination. Elle produit des matrices exactement analogues à celles des agents doxastiques, comme le montre l'explication du système pluraliste **AR**$_{4F}$:

Agent 1 : réaliste naïf
$\mathbf{A}(I_{a1}\varphi) = 1$ ssi il y a une image de φ ou il n'y a pas de contre-image de φ ;
$\mathbf{A}(I_{a1}\varphi) = 0$, sinon.

$A(I_{a1}\neg\varphi) = 1$ ssi il n'y a pas d'image de φ et il y a une contre-image de φ ;
$A(I_{a1}\neg\varphi) = 0$, sinon.

φ	$I_{a1}\varphi$
11	10
10	10
01	01
00	10

Agent 2 : irréaliste

$A(I_{a2}\varphi) = 1$ ssi il y a une image de φ et il n'y a pas de contre-image de φ ;
$A(B_{a2}\varphi) = 0$, sinon.
$A(I_{a2}\neg\varphi) = 1$ ssi il n'y a pas d'image de φ ou il y a une contre-image de φ ;
$A(I_{a2}\neg\varphi) = 0$, sinon.

φ	$I_{a2}\varphi$
11	01
10	10
01	01
00	01

Agent 3 : phénoménologue

$A(I_{a3}\varphi) = 1$ ssi il y a une image de φ et il n'y a pas de contre-image de φ ;
$A(B_{a3}\varphi) = 0$, sinon.
$A(I_{a3}\neg\varphi) = 1$ ssi il n'y a pas d'image de φ et il y a une contre-image de φ ;
$A(B_{a3}\neg\varphi) = 0$, sinon.

φ	$I_{a3}\varphi$
11	00
10	10
01	01
00	00

Agent 4 : cubiste

$A(I_{a4}\varphi) = 1$ ssi il y a une image de φ ou il n'y a pas de contre-image de φ ;
$A(B_{a4}\varphi) = A(T_{a4}\varphi) = 0$, sinon.
$A(I_{a4}\neg\varphi) = 1$ ssi il n'y a pas d'image de φ ou il y a une contre-image de φ ;
$A(B_{a4}\neg\varphi) = 0$, sinon.

Pour un pluralisme fantastique

φ	$I_{a4}φ$
11	11
10	10
01	01
00	11

Le premier agent imaginatif I_{a1} est taxé de *réaliste naïf*, au sens où il privilégie toujours l'interprétation standard d'une image et présume l'existence d'un contenu « réel » derrière la forme de cette image. Le deuxième agent I_{a2}, par opposition, est qualifié d'*irréaliste* dans la mesure où il privilégie toujours l'interprétation commune d'une contre-image différente de l'image standard. Le troisième agent I_{a3} est dit *phénoménologue*, au sens où ce type d'agent ne privilégie aucune interprétation particulière d'une image et recherche une sorte de contenu unanime. Cette exigence supérieure rappelle le processus phénoménologique d'*épochê*, ou « mise entre parenthèses » des contenus d'une représentation imagée. Dans le quatrième cas, l'agent *cubiste* a un comportement dual à celui du phénoménologue en ceci qu'il admet plusieurs interprétations simultanées pour une même image.

Imaginer la pensée

Sur la base de notre reconstruction analytique (ni empirique, ni phénoménologique, ni neuropsychologique) et pluraliste du concept d'imagination, le lien établi entre ce dernier et le *definiens* de la représentation s'articule à différentes règles d'interprétation d'une image pour produire au moins quatre types d'agents imaginants. De la sorte, les logiques fantastiques du cadre conceptuel quadrivalent **AR**$_{4F}$ présentent la logique d'imagination comme une logique des relations d'interprétation entre le *sens* d'une image et sa *référence* supposée (au sens frégéen de ces termes).

Notre analyse logique, sans se prétendre plus « vraie » que tout autre type d'analyse du concept d'imagination, peut se conclure en répondant à quatre questions fondamentales :

1. Qu'est-ce qu'imaginer ?

La production d'une image résultant de la mise en forme de la matière et exprimable sous la forme d'un contenu propositionnel.

2. Qu'est-ce qu'une logique de l'imagination ?

Une théorie des relations (d'ordre) logiques entre différentes conditions de représentation d'une image.

3. Que peut-on imaginer ?

Tout objet de représentation, distinct à la fois du sens et de la référence. Le critère de représentation distingue la simple conception et l'imagination.

4. Qu'est-ce qui est imaginé ?

Ce qui existe, ou pas. La dyade productif/reproductif, utilisée en général pour distinguer les domaines du réel et de l'imaginaire, présuppose un réalisme sémantique et une distinction entre monde possible et monde réel. Dans le cadre d'une sémantique pluraliste, cette distinction n'est plus garantie et le prix à payer est une réflexion plus attentive sur les critères de construction de ladite « réalité sensible ».

Bibliographie

Berto, Francesco [2017], "Impossible Worlds and the Logic of Imagination", *Erkenntnis*, 82, 1277-1297.

Chiffi, Daniele & Schang, Fabien [2017], "The Logical Burdens of Proof. Assertion and Hypothesis", *Logic and Logical Philosophy*, 26, 1-22.

Costa-Leite, Alexandre [2010], "Logical Properties of Imagination", *Abstracta*, 6, 1, 103-116.

Niiniluoto, Ilkka [1985], "Imagination and Fiction", *Journal of Semantics*, 4, 209-222.

— [2014], "Against Relativism", in Kevin Mulligan, Katarzyna Kijania-Placek & Tomasz Placek (eds.), *The History and Philosophy of Polish Logic. Essays in Honour of Jan Woleński*, Springer, 141-159.

Priest, Graham [2017], "Thinking the Impossible", *Argumenta*, 2, 181-194.

Schang, Fabien [2017], "Epistemic Pluralism", *Logique et Analyse*, 60, 337-353.

— [2020], "A General Semantics for Logics of Affirmation and Negation", à paraître in *Journal of Applied Logics*.

Schang, Fabien & Costa-Leite, Alexandre [2016], « Une sémantique générale des croyances justifiées », *CLE-Prints*, 16, 1-24.

Wansing, Heinrich [2017], "Remarks on the Logic of Imagination. A Step towards Understanding Doxastic Control Through Imagination", *Synthese*, 194, 2843-2861.

Fabien SCHANG
Universidade Federal de Goiás
Goiás, Brésil
schangfabien@gmail.com

La folle logique du double. Comment imaginer un monde impossible qui ne s'effondre pas deux jours plus tard

Nicolas ERDRICH

> Tu me crois devenu fou ? Je le suis peut-être un peu, mais non pas pour les raisons que tu supposes. [Guy de Maupassant, *Lui ?*]

> Parmenides would be proud of me. I have gazed at a constantly changing world and declared that underneath it lies the eternal, the unchanging, the absolutely real. [Philip K. Dick, *How to Build a Universe That Doesn't Fall Apart Two Days Later.*]

1. Introduction

Dans la nouvelle intitulée *Lui ?*, Guy de Maupassant relate l'angoisse d'un personnage isolé mais néanmoins troublé par le sentiment d'une vague présence étrangère. L'auteur conclut son récit par les mots suivants : « Car il est là parce que je suis seul, uniquement parce que je suis seul ! » [Maupassant, 1979/1883]. La proposition exprimée par cette phrase semble inciter le lecteur à imaginer que le personnage est à la fois seul et accompagné, autrement dit qu'il est *seul, à deux*. Cet exemple montre que l'imagination, stimulée par la fiction, outrepasse parfois le domaine du simplement possible pour côtoyer le champ du difficilement concevable[1].

Quel traitement sémantique donner au sentiment *unheimlich*, comme le qualifient Ernst Jentsch [1906] et Sigmund Freud [1919], qui ressort de la situation paradoxale où est placé le personnage de Maupassant ? Il semble que *Lui ?* soit paradigmatique des récits fantastiques basés sur le thème du double.

---

[1] Il pourrait être objecté que la phrase n'a en fait rien de contradictoire, en ce qu'elle dirait simplement ceci : « Il est là quand je ne suis pas accompagné de quelqu'un d'autre (que lui). » La nouvelle privilégie néanmoins une interprétation *fantastique* que ne recouvrirait pas suffisamment une telle traduction. Le thème abordé est manifestement celui du double, *Lui ?* anticipant *Le Horla*, sans doute plus connu.

Nous rappellerons ici le fonctionnement général des logiques d'imagination basées sur la sémantique des mondes possibles et mettrons en exergue le problème particulier de l'interprétation du texte de Maupassant. Certaines logiques, dites *paraconsistantes* ou encore *dialéthéistes*, proposent de formaliser nos attitudes imaginatives nonobstant le rapport à la contradiction qu'elles occasionnent parfois. Des logiciens comme Graham Priest [2005] ou Francesco Berto [2017] ont étendu les structures modales normales de Saul Kripke en les complétant par l'extension de mondes impossibles. Leurs systèmes formels admettent des contradictions tout en rejetant le principe d'explosion de la logique classique. Cette formalisation se fait néanmoins au coût d'un réalisme d'objets simplement possibles tout droit sortis des profondeurs de la jungle meinongienne.

Après avoir rappelé l'usage de la logique épistémique pour formaliser les attitudes d'imagination, nous indiquerons en quoi ce type d'explication métaphysique manque cependant la nature essentiellement dynamique de nos actes d'imagination. Nous soulignerons l'importance interprétative du lecteur dont témoigne, dans l'acte de lecture, la caractéristique d'hésitation déjà indiquée par Tzvetan Todorov [1970]. Nous montrerons que dans le cas des récits fantastiques, l'interprétation logique des attitudes d'imagination nécessite de tenir compte d'une composante pragmatique essentielle de l'acte de lecture, à savoir l'hésitation du lecteur, qui reste compatible avec une explication en termes de structure de mondes possibles.

2. Imagination, conception et logique

Traditionnellement, l'imagination est définie par les philosophes comme une disposition à rendre présent à l'esprit quelque chose qui est actuellement absent, que cette chose soit réelle ou non. On peut la caractériser par la capacité de susciter une image mentale d'une chose en l'absence de cette chose. Il ne faut toutefois pas restreindre l'imagination aux seules images visuelles, puisqu'elle relève aussi des autres sens : on peut « imaginer » une mélodie, une odeur, une saveur, un contact tactile. En outre, puisque qu'il s'agit de susciter quelque chose en son absence, l'imagination a autant rapport à la mémoire qu'à la perception. Certains philosophes ont d'ailleurs assujetti l'imagination à la première ou à la seconde, réduisant les actes d'imagination à des perceptions appauvries, comme David Hume [1973], ou aux souvenirs, comme Henri Bergson [1896].

Néanmoins, on peut aussi conférer à l'imagination un rôle plus autonome à l'égard de la mémoire et des perceptions, comme Jean-Paul Sartre [1936 ;

1940]. On peut également la considérer comme un ensemble d'actes intentionnels dirigés vers des objets, des configurations d'objets, des situations et des circonstances, et plus généralement des *scénarios*. Cette caractérisation de l'imagination implique *de facto* qu'elle est liée à la conception[2] et au possible. David Chalmers souligne que l'imagination d'une situation s'accompagne généralement de nombreux détails, en particulier d'inférences déduites de la situation initiale. Ainsi, l'analyse logique d'une situation imaginée peut montrer que, pour une proposition S donnée, il est le cas que S, autrement dit que la situation vérifie S, ou plus précisément encore qu'il est imaginé que S. Chalmers appelle *conception positive* la capacité d'imaginer que S est le cas à partir d'une situation donnée :

> To positively conceive of a situation is to in some sense imagine a specific configuration of objects and properties. It is common to imagine situations in considerable detail, and this imagination is often accompanied by interpretation and reasoning. When one imagines a situation and reasons about it, the object of one's imagination is often revealed as a situation in which S is the case, for some S. When this is the case, we can say that the imagined situation verifies S, and that one has imagined that S. Overall, we can say that S is positively conceivable when one can imagine that S: that is, when one can imagine a situation that verifies S. [Chalmers, 2002, 5.]

Par ailleurs, l'examen de nos actes d'imagination montre qu'ils sont généralement régis de manière logique. Car c'est un fait que nous inférons certaines conséquences à partir des données exprimées dans un récit. Et c'est aussi un fait que nous n'imaginons pas n'importe quoi à partir du texte. Ainsi, et plus généralement, l'étude de l'imagination relève d'une analyse des relations entre un *contenu explicite*, ce qui est raconté, dit dans le texte, représenté sur l'image ou dans le film, et un *contenu imaginé*. En particulier, lorsque nous imaginons un scénario à partir d'un *contenu explicite*,

- nous tirons des inférences qui ne sont pas complètement anarchiques ;
- nous ne tirons pas toutes les conséquences dérivables du contenu explicite ;
- nous imaginons également des choses qui ne sont pas logiquement dérivables du contenu explicite ;

---

[2] On distinguera la conception de la concevabilité, ou possibilité de conception.

- et nous pouvons imaginer-concevoir des choses métaphysiquement ou physiquement impossibles.

La logique classique (disons celle de Frege-Russell) est néanmoins peu disposée à endosser une analyse des actes d'imagination, pour les raisons que :

1. du point de vue sémantique, elle considère que les expressions contenant des noms fictionnels sont soit toutes dénuées de vérité (Frege) soit toutes fausses (Russell). Or cela va à l'encontre de notre intuition que, par exemple, la proposition exprimée par « Sherlock Holmes est un détective londonien » est vraie ;
2. du point de vue logique, elle obéit au principe d'explosion : de toute contradiction on peut déduire n'importe quoi.

Néanmoins, il est possible de pallier ces deux obstacles moyennant quelques mesures préventives. Pour ce qui concerne la première difficulté, les théories réalistes de la fiction prétendent donner une explication simple de nos attitudes d'imagination par la thèse que les noms fictionnels réfèrent directement à des objets. Deux formes de réalisme font l'enjeu principal du débat. La première considère que les objets fictionnels existent, mais seulement d'une manière qui les fait dépendre de nos intentions. Ce sont des *artefacts abstraits* [Thomasson, 2011], comme le sont aussi les objets conventionnels comme les contrats[3]. Le deuxième type de réalisme est qualifié par Francesco Berto de *Modal Meinongian Metaphysics* [Berto, 2008]. Il s'agit de conférer aux personnages fictionnels le statut d'objets intentionnels en suivant une logique libre évitant l'engagement ontologique associé à la quantification [Priest, 2005 ; Berto, 2017], ce qui apporte une solution au problème de la référence des noms fictionnels. La stratégie repose d'une part sur le principe meinongien de compréhension, qui à tout ensemble de propriétés associe un unique objet intentionnel, fût-il inexistant, comme la Montagne d'or, qui est la réunion des propriétés « être une montagne » et « être en or », et d'autre part sur l'usage d'une sémantique modale recourant à des mondes possibles et impossibles[4].

Cependant, c'est plus exactement la deuxième difficulté qui retiendra notre attention : comment échapper à l'explosion lorsqu'on souhaite analyser le

---

[3] Pour une critique de ce type de réalisme, voir [Friend, 2007] et [Erdrich, 2018].

[4] Précisons qu'il existe d'autres stratégies qui évitent cette inflation ontologique, notamment la thèse des attitudes *de objecto* développée par Manuel Rebuschi [2017].

caractère logique des attitudes d'imagination en dépit de leur rapport à la contradiction. Comment rendre compte, de manière logique, de notre attitude imaginative à l'égard du récit de Maupassant qui semble contenir une impossibilité ?

Constatons que le récit de Maupassant semble témoigner d'une impossibilité plus contraignante que celles, nomologiques (c'est-à-dire physiques, chimiques, biologiques, etc.), des récits de science-fiction qui donnent à concevoir des voyages à une vitesse supraluminique ou que celles des récits fabuleux qui mettent en scène des dragons ou des transformations d'êtres humains. Sommes-nous acculés à affirmer que le récit de Maupassant contient quelque chose de logiquement impossible, mais néanmoins concevable ?

Quelles sont au juste les relations entre le concevable et le possible ? De nombreux philosophes ont souscrit au principe de concevabilité, énoncé par Hume, qui stipule que si une chose est concevable, alors elle est également possible :

> Tis an established maxim in metaphysics, that whatever the mind clearly conceives includes the idea of possible existence, or in other words, that nothing we imagine is absolutely impossible. [Hume, 1978, I, II, 2.]

Sous sa forme contraposée, ce principe énonce que si une chose est impossible, alors elle n'est pas concevable. De ce point de vue, le concevable ne peut pas outrepasser le possible : l'impossible est tout à fait hors d'atteinte de la représentation. Suivant en cela Hume, certains auteurs[5] affirment que l'imagination est une forme particulière de conception qui est elle-même réductible au possible, comme l'illustre la figure 1.

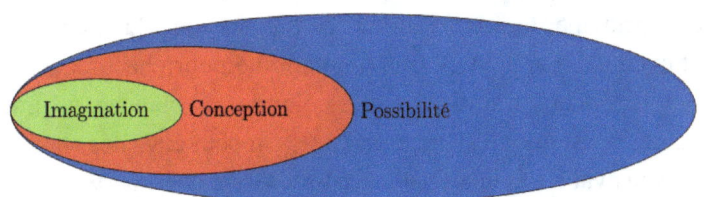

Figure 1. Interprétation classique des relations entre possibilité, conception et possibilité.

---

[5] Parmi les travaux relativement récents en logique de la fiction, Niiniluoto [1985], Costa-Leite [2010] et Wansing [2015] réduisent tous le concevable au possible.

Cette thèse, qui conditionne l'épistémique au métaphysiquement possible, a été contestée de multiples façons. De fait, on peut se représenter, voire percevoir des figures impossibles, comme le célèbre triangle de Reutersvärd-Penrose ou la cascade de M. C. Escher (*Waterval*, 1961). On peut également citer les conjectures mathématiques et les problèmes ouverts dont ni la validité ni l'invalidité n'est connue a priori et dont l'un des termes de l'alternative est impossible. Enfin, on citera les identités a posteriori mises en exergue par Kripke affirmant qu'il est métaphysiquement impossible que l'eau ne soit pas H_2O, même si cela est néanmoins concevable[6]. À cet égard, Jean-Yves Beziau [2016] a représenté les relations réciproques entre imagination, conception et possibilité par un diagramme de Venn (Fig. 2).

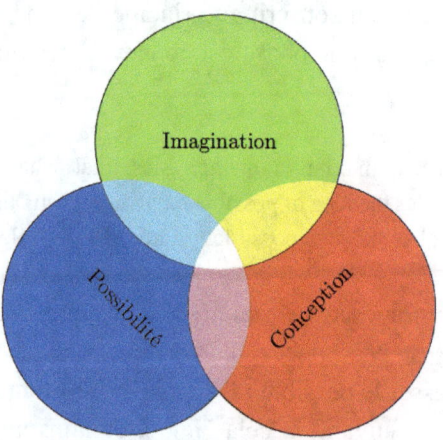

Figure 2. Relations entre possibilité, conception et possibilité
(d'après [Beziau, 2016]).

Contre le principe de concevabilité, ce diagramme illustre non plus trois mais sept éventualités, dont Beziau a déterminé pour chacune des exemples de choses y répondant. Parmi les zones coloriées, la blanche, à l'intersection des trois cercles, est manifestement habitée. On peut citer des choses à la fois possibles, concevables et imaginables, comme les camemberts et les triangles. Pour ce qui est de la zone magenta des choses concevables et possibles, mais pas imaginables, elle est souvent illustrée par le célèbre exemple du chiliogone de Descartes [1953], polygone à mille côtés dont il est prétendu qu'il ne peut

---

[6] À propos des relations entre possibilité et concevabilité, on consultera Chalmers [2002], Priest [2005], R. Byrne [2005], A. Byrne [2007], Fiocco [2007], Kung [2010], Jago [2014] et Berto [2017].

être imaginé. Cet exemple me paraît cependant très discutable, puisqu'on peut bien imaginer un cercle, ce qui donne une très bonne image du chiliogone régulier, et qu'une construction de ce polygone, dans sa forme régulière, est extrêmement aisée par programmation (Fig. 3). Néanmoins, d'autres exemples semblent bel et bien témoigner de l'occupation de la zone magenta, comme la bouteille de Klein[7] ou les espaces vectoriels à 12 dimensions.

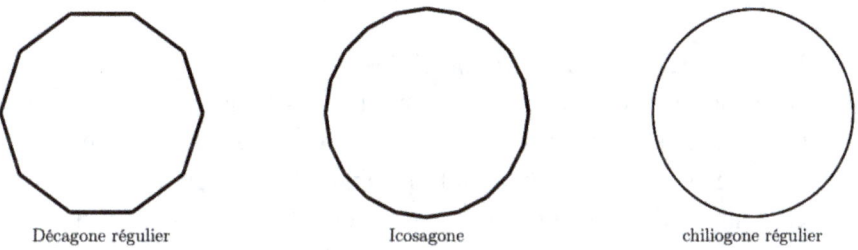

Figure 3. Du décagone régulier au chiliogone régulier.

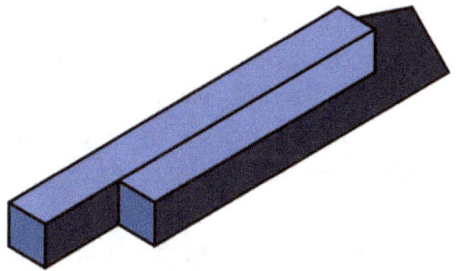

Figure 4. Une ou deux poutres ?

La figure 4 pourrait illustrer un habitant de la zone verte : objet imaginable mais ni concevable, ni possible. Remarquons que les zones dont l'occupation pose réellement question sont plutôt la bleue et la rouge. Précisément, on peut se demander s'il y a des objets dans la zone bleue, autrement dit des objets seulement possibles mais ni concevables ni imaginables. Beziau cite l'exemple de l'univers comme somme totale de tout ce qui est[8].

---

[7] Voir le site *Mathcurve* (https://www.mathcurve.com/surfaces/klein/klein.shtml) pour une description de la bouteille de Klein et une représentation paramétrée d'une projection de celle-ci en 3D.

[8] C'est peut-être la perspective de Clément Rosset [1997] lorsqu'il définit le réel comme quelque chose qui ne peut être ni conçu ni imaginé, parce que la seule manière de concevoir le réel est entièrement réduite à la pure tautologie : le réel, c'est le réel.

Posons-nous maintenant la question de savoir dans quelle zone placer la situation exposée par Maupassant. Apparemment, nous devrions considérer qu'il s'agit d'un récit à la fois imaginable et concevable, mais traitant de choses impossibles. Il faudrait donc le placer dans la zone jaune. Nous verrons que cela n'est néanmoins pas nécessaire, mais il faut commencer par rappeler l'usage que l'on peut faire de la sémantique modale pour l'explication des attitudes d'imagination.

3. La sémantique des mondes possibles

Commençons par constater qu'il nous arrive d'imaginer des scénarios contrefactuels plus ou moins vraisemblables. Considérons par exemple la proposition exprimée par la phrase « Emmanuel Macron aurait pu ne pas être élu président » : elle semble manifestement vraie. Par contraste, « Emmanuel Macron aurait pu avoir des branchies » semble certes logiquement vrai, quoique biologiquement faux. En revanche, « Emmanuel Macron aurait pu ne pas être identique à lui-même » paraît logiquement faux. Et une expression fictionnelle[9] comme la phrase « Meursault aurait pu ne pas commettre son crime » semble vraie, voire nécessaire à la compréhension du récit d'Albert Camus. Mais sur quels vérifacteurs peut-on faire reposer les valeurs de vérité que nous attribuons à de tels énoncés ? Comment traduire formellement nos intuitions concernant la possibilité, la nécessité et l'impossibilité dans nos actes d'imagination ?

Rappelons d'abord que les logiciens marquent la nécessité par l'opérateur carré $\Box$ et la possibilité par l'opérateur en forme de losange $\Diamond$. « Il est nécessaire que φ » s'écrit donc $\Box\varphi$ et « il est possible que φ » s'écrit $\Diamond\varphi$. Ces deux opérateurs sont interdéfinissables, ce qui n'est pas nécessaire est dit contingent ($\neg\Box\varphi$) et ce qui n'est pas possible est dit impossible ($\neg\Diamond\varphi$). Leurs relations peuvent être traduites sous la forme du carré logique d'Apulée (Fig. 5). La nécessité est contradictoire à la contingence ; la possibilité est contradictoire à l'impossibilité ; la nécessité est contraire à l'impossibilité ; la nécessité implique la possibilité et l'impossibilité implique la contingence.

En outre, l'idée d'une totalité conçue comme un objet nécessite une caractérisation méréologique puisque d'un point de vue purement ensembliste, l'axiomatique de Zermelo-Fraenkel rejette l'existence d'un ensemble de tous les ensembles. En revanche, on peut toujours définir la somme méréologique de tous les objets et elle constitue elle-même un objet.

[9] Une expression contenant un ou plusieurs noms purement fictionnels comme « Ignatus Reilly » ou « Erewhon ».

La folle logique du double. Comment imaginer un monde impossible...

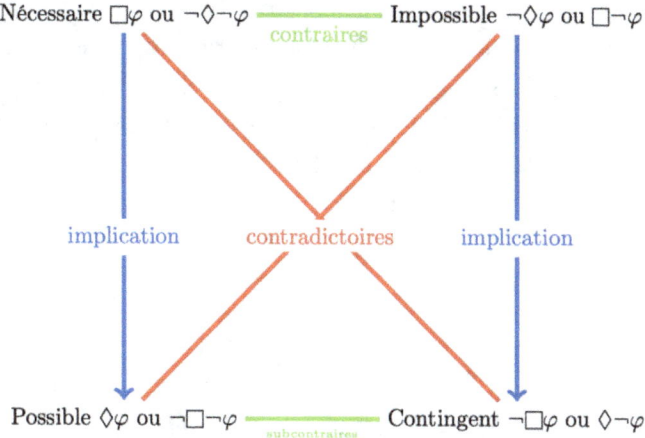

Figure 5. Carré logique d'Apulée des opérateurs de possibilité et de nécessité.

Dans un article fondamental, Saul Kripke [1963] a introduit la structure des mondes possibles pour conférer une sémantique aux expressions modales. L'idée est de considérer un ensemble de propositions atomiques $\{p_1, p_2, \ldots, p_n\}$, un ensemble $W = \{w_0, w_1, \ldots\}$ d'au plus 2^n mondes possibles dotés entre eux de relations d'accessibilité $R = \{<w_0, w_1>, <w_0, w_2>, <w_1, w_2>, \text{etc.}\}$ ainsi qu'une fonction de valuation v qui, à chaque proposition atomique p_i, associe les mondes possibles dans lesquels p_i est vraie. On appelle *structure de Kripke* la donnée $M = <W, R, v>$. Les expressions modales écrites au conditionnel sont alors transformées en expressions à l'indicatif au moyen de cette structure de mondes : par exemple, « Emmanuel Macron aurait pu ne pas être élu président » est traduit par « Il y a un monde possible accessible depuis le monde actuel dans lequel Emmanuel Macron existe et où il n'a pas été élu président ».

Considérons quelques exemples : dans la structure de Kripke M_1 (Fig. 6) traduisant la possibilité nomologique dont les relations d'accessibilité sont tracées en bleu, la proposition exprimée par « Il est possible que Macron ait été élu président » est vraie dans le monde actuel @ parce que cela est réalisé dans un monde accessible depuis @, à savoir @ lui-même. On a donc $M_1, @ \vDash \Diamond p$. Par ailleurs, il est également vrai dans @ qu'Emmanuel Macron aurait pu ne pas être élu, parce qu'il y a un monde accessible depuis le monde @ où p n'est pas vrai, à savoir le monde w_2. On a donc $M_1, @ \vDash \Diamond \neg p$. Par ailleurs, depuis le monde actuel @, il est nécessaire qu'Emmanuel Macron n'ait pas de branchies ($M_1, @ \vDash \Box \neg b$), parce que tous les mondes accessibles @ sont tels qu'il n'est pas le cas que b. Le monde w_3 dans lequel Emmanuel Macron a des branchies est bien un monde logiquement possible, mais il n'est pas accessible depuis le monde actuel, parce qu'il est jugé non biologiquement pertinent. On aurait alors pu choisir un autre critère de possibilité, comme la possibilité logique. Dès lors, on aurait une nouvelle structure de Kripke M_2, dont les relations d'accessibilité sont tracées en vert. Dans cette structure, le monde w_3 est maintenant accessible depuis @ : dans ce monde, il est donc possible que Macron ait des branchies : $M_2, @ \vDash \Diamond b$.

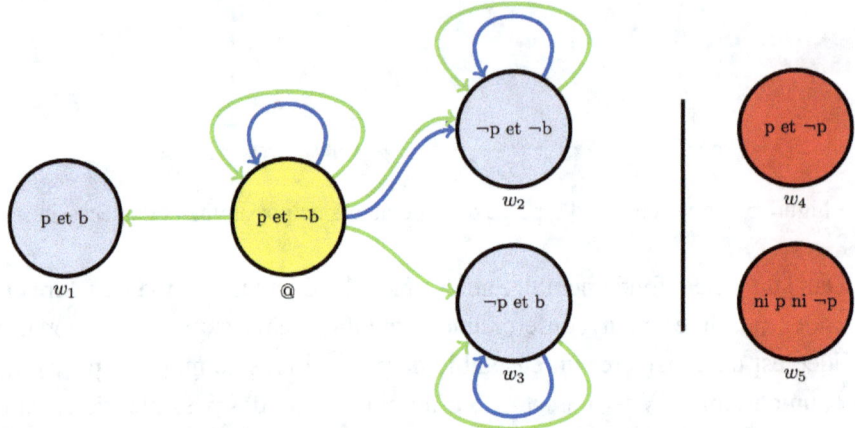

Figure 6. Notations : p = « Macron est élu président », b = « Macron a des branchies », @ = monde actuel. En vert : relations d'accessibilité entre mondes logiquement possibles ; en bleu : relations d'accessibilité entre mondes biologiquement possibles depuis @.

Constatons cependant que, quelle que soit la structure utilisée, dans tous les mondes accessibles depuis le monde actuel, on a toujours que p ou que *non-p*, autrement dit les mondes possibles sont toujours complets : $\vDash \Box(p \vee \neg p)$. Le monde w_5 dans lequel Emmanuel Macron n'est ni élu ni non-élu n'est pas un monde possible. Par ailleurs, quelle que soit la structure de Kripke utilisée, on n'a jamais à la fois p et *non-p* : $\vDash \neg\Diamond(p \wedge \neg p)$. Autrement dit, les mondes possibles sont consistants. Aussi, le monde inconsistant w_4 dans lequel Emmanuel Macron est élu et n'est pas élu n'est pas un monde possible. Kripke a qualifié les mondes w_4 et w_5 de mondes non normaux, en y définissant la modalité de manière atomique et non plus de manière récursive comme c'est le cas dans les mondes normaux. Dans ces mondes, tout est possible, et rien n'est nécessaire [Kripke, 1965].

Ce sont donc les relations d'accessibilité qui dessinent l'image du possible. Elles-mêmes dépendent des axiomes retenus dans le modèle choisi. Toutes les logiques modales normales obéissent à l'axiome de distributivité :

Axiome [K]   (axiome minimal) : $\Box(p \rightarrow q) \rightarrow (\Box p \rightarrow \Box q)$

Selon l'interprétation que l'on souhaite donner aux énoncés modaux, on peut doter la relation d'accessibilité d'axiomes supplémentaires :

Axiome [T]   (réflexivité[10]) : $\Box p \rightarrow p$
Axiome [B]   (symétrie) : $\Diamond \Box p \rightarrow p$
Axiome [4]   (transitivité) : $\Box p \rightarrow \Box \Box p$
Axiome [D]   (sérialité) : $\Box p \rightarrow \Diamond p$
Axiome [5]   (euclidianité) : $\Diamond p \rightarrow \Box \Diamond p$

Il faut toutefois remarquer que ces axiomes ne peuvent pas être choisis de manière complètement libre, parce que certains dépendent des autres. Par exemple, la réflexivité implique la sérialité, il n'y a donc pas de système obéissant à l'axiome T qui n'obéisse également à l'axiome D. On démontre qu'il y a exactement 15 systèmes normaux de logique modale. Ils sont nommés à partir des axiomes retenus, les plus utilisés étant KT4 (aussi abrégé S4) et surtout KT45 (ou S5), qui retiendra particulièrement notre attention.

Soulignons que l'introduction de mondes possibles a abouti à de nombreuses discussions concernant leur nature métaphysique. Admettre qu'il est le cas que Macron aurait pu ne pas être président pourrait en effet passer pour une forme de libéralisme psychologique à l'égard des événements réels. Ce type de pensée relèverait déjà d'une imagination débordante, considérant ce qui n'est pas sur un même plan que ce qui est. Selon la majorité des auteurs qui font usage de mondes possibles, ces derniers sont soit des artifices linguistiques n'ayant d'autre réalité que formelle, soit des entités abstraites comme des états de choses [Plantinga, 1974], soit des ensembles maximaux de propositions [Stalnaker, 1976]. Cependant, David Lewis [1986] objecte que la sémantique des mondes possibles a pour objet d'expliquer nos attitudes modales, et non l'inverse. Autrement dit, ce ne sont pas les attitudes modales qui doivent

---

[10]   Les qualificatifs de réflexivité, symétrie, etc. trouvent leur justification dans les relations tracées entre les mondes possibles lorsque les axiomes sont retenus. Par exemple, admettre T implique que tous les mondes soient reliés à eux-mêmes, donc que la relation d'accessibilité soit bien réflexive.

donner un sens aux mondes possibles. Cela implique pour Lewis d'abandonner ce qu'il appelle des *ersatz* de mondes possibles au profit d'un réalisme radical basé sur la thèse que les mondes possibles sont des concrets au même titre que le monde actuel. Autrement dit, Lewis soutient que les mondes possibles sont tous de la même nature métaphysique, l'actualité d'un monde n'étant qu'un terme indexical utilisé par l'habitant d'un monde pour désigner celui-ci. Dans cette conception, les mondes possibles sont modalement denses : pour toute possibilité, il existe un monde dans lequel est réalisée cette possibilité. S'il est le cas que Macron aurait pu ne pas être élu, cela implique alors qu'il y a un monde dans lequel il n'est pas élu. En revanche, les mondes possibles sont isolés les uns des autres, sans recouvrement. Il ne peut donc y avoir d'identité entre les parties du Macron actuel et celles de celui qui, dans un autre monde, n'est pas élu. Ainsi, ce n'est pas Macron lui-même qui, dans un autre monde, n'est pas élu. Pour éclaircir l'identification contenue dans l'expression modale, Lewis introduit la thèse des contreparties basée sur des relations de ressemblance : Macron-non-élu est l'unique individu du monde « là-bas » qui ressemble le plus à l'individu de ce monde, *ceteris paribus*. La théorie de Lewis introduit donc des doubles par ressemblance qui peuplent différents mondes possibles.

De ce point de vue, concevoir la possibilité d'un monde, c'est ni plus ni moins qu'admettre l'existence de ce monde. La signification d'une expression modale provient donc de l'existence de réalités différentes. Néanmoins, la thèse de Lewis paraît certainement encore plus improbable que la situation où Maupassant place son personnage. À cet égard, on rappellera la caractérisation que Clément Rosset donne au réel, à savoir qu'il est idiot, c'est-à-dire simple, sans *double* ; les dupliques témoignent de conceptions métaphysiques regrettant l'absence de sens du réel et y pourvoyant en complétant ce dernier par des dupliques illusoires. En outre, ces additions à un réel qui, pourtant, se suffit à lui-même, sont des indicateurs paradigmatiques des discours métaphysiques :

> La duplication du réel [...] constitue également, considérée d'un autre point de vue, la structure fondamentale du discours métaphysique de Platon à nos jours. Selon cette structure métaphysique, le réel immédiat n'est admis et compris que pour autant qu'il peut être considéré comme l'expression d'un autre réel, qui seul lui confère son sens et sa réalité. [Rosset, 1976, 55.]

Mais plutôt que de les considérer comme de vénérables entités métaphysiques, nous pouvons aussi voir les mondes possibles de la fiction comme de simples dispositifs épistémiques.

La folle logique du double. Comment imaginer un monde impossible…

4. De la logique épistémique à la logique de l'imagination

Le cadre formel de la sémantique des mondes possibles permet d'exprimer la possibilité et la nécessité. Mais une logique de la fiction nécessite également que soient explicitées les relations entre possibilité et conception, autrement dit que l'articulation entre la métaphysique et l'épistémique soit clarifiée. Dans les années 1960, Jaakko Hintikka [1962] a modélisé les attitudes de connaissance et de croyances à partir de la logique modale. Pour cela, il a interprété l'opérateur de nécessité comme un opérateur de connaissance (noté K), traitant l'expression « Jean sait que p » comme « Il est nécessaire que p ». Est récupérée ainsi la sémantique des mondes possibles afin de conférer une signification aux propositions intentionnelles. On peut alors sélectionner une classe de structures selon les formules que l'on souhaite valides en fonction de nos intuitions préthéoriques. Par exemple, si l'on opte pour une interprétation doxastique dans laquelle le carré exprime la croyance (B), il n'est alors pas souhaitable de retenir la réflexivité, puisqu'elle impliquerait que tout ce qui est cru est vrai, ce qui est manifestement faux.

Pour illustrer l'usage de la sémantique des mondes possibles pour les contextes épistémiques, considérons l'exemple suivant : admettons que Jean ne sache rien de Maupassant. On interprète la connaissance de Jean selon la structure modale représentée sur la figure 7, où tous les mondes sont reliés les uns aux autres et à eux-mêmes, car, en termes de connaissance de Jean, ces mondes sont tous indiscernables.

Admettons maintenant que Jean apprenne que Maupassant est un auteur, mais qu'il ne sache pas si Maupassant vit encore. On interprète alors la connaissance de Jean selon la structure modale représentée sur la figure 8, qui rend accessibles les mondes qui sont indiscernables selon la connaissance de Jean, donc depuis le monde actuel @, les mondes dans lesquels Maupassant est un auteur, autrement dit le monde actuel @ dans lequel Maupassant est un auteur qui n'est plus vivant, et le monde w_2 dans lequel Maupassant est un auteur vivant. Puisque Jean ne sait pas si Maupassant vit encore ou non, les mondes @ et w_1 sont indiscernables selon la connaissance de Jean. En revanche, le monde w_1 où Maupassant n'est pas un auteur n'est pas accessible depuis le monde @. On remarque ainsi que les relations d'accessibilité s'appauvrissent au fur et à mesure que progresse la connaissance de Jean.

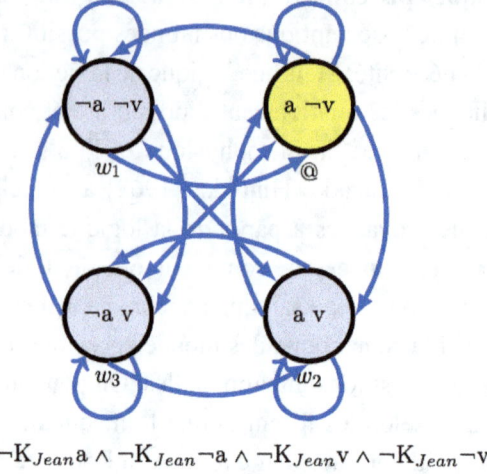

$\neg K_{Jean}a \wedge \neg K_{Jean}\neg a \wedge \neg K_{Jean}v \wedge \neg K_{Jean}\neg v$

Figure 8. Jean ne sait rien au sujet de Maupassant.

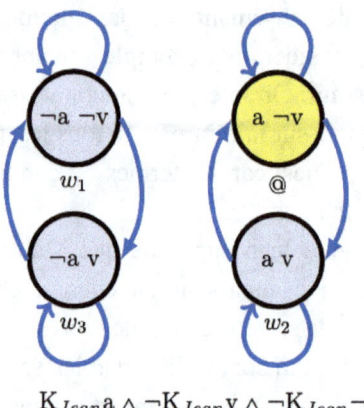

$K_{Jean}a \wedge \neg K_{Jean}v \wedge \neg K_{Jean}\neg v$

Figure 7. Jean apprend que Maupassant est un auteur, mais il ne sait pas s'il vit encore ou non.

Admettons enfin que Jean apprenne que Maupassant ne vit plus. On interprète cela selon la structure de mondes possibles illustrée sur la figure 9 dans laquelle le seul monde accessible depuis @ par la connaissance de Jean est le monde @ lui-même. Il n'y a qu'un seul monde accessible, Jean est alors omniscient : il sait tout ce qui est vrai à propos des deux propositions a et v.

La folle logique du double. Comment imaginer un monde impossible…

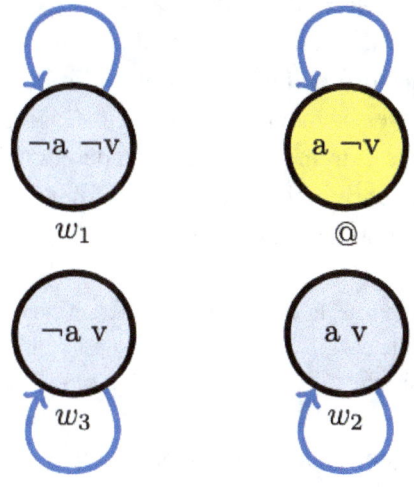

$$K_{Jean}a \land K_{Jean}\neg v$$

Figure 9. Jean sait que Maupassant est un auteur
et que Maupassant ne vit plus.

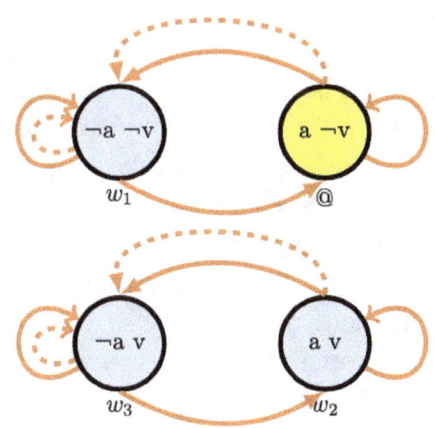

$$K_{Pauline}\neg v \land B_{Pauline}\neg a$$

Figure 10. Pauline sait (trait plein) que Maupassant ne vit plus
et croit (pointillé) qu'il n'est pas un auteur.

Terminons en remarquant qu'il est possible de croiser différentes attitudes modales. Considérons un exemple mettant en jeu à la fois une attitude de connaissance et une attitude de croyance. Admettons que Pauline sache que Maupassant ne vit plus mais qu'elle croit qu'il n'est pas un auteur. On interprétera la connaissance (relations représentées en trait plein orange) et la croyance (trait pointillé orange) comme illustré sur la figure 10.

Il reste toutefois des difficultés à surmonter afin d'expliquer nos attitudes intentionnelles en termes de mondes possibles. La logique épistémique modélise en effet une forme extrêmement idéalisée de connaissance et conduit au problème de l'omniscience logique. Plus précisément, la logique épistémique obéit aux trois caractéristiques suivantes :

Principe de clôture sous la dérivabilité : si $K\varphi$ et si $\varphi \rightarrow \psi$, alors $K\psi$.
Principe de validité : si φ est valide, alors $K\varphi$.
Principe de consistance : $\neg(K\varphi \wedge K\neg\varphi)$.

Précisons en outre que les deux premiers principes sont dérivables de toute logique modale normale obéissant à l'axiome K. Le troisième principe est dérivable depuis KD. Ils sont, par conséquent, tous les trois dérivables dans S5. Le principe de clôture logique affirme que toutes les vérités logiques découlant d'un fait connu sont elles-mêmes connues. Le principe de validité affirme que si une proposition est vraie, alors elle est connue. Enfin, le principe de consistance affirme que nous ne pouvons connaître des choses contradictoires. On voit donc que ces trois conséquences traduisent une forme très idéalisée de connaissance, et pour tout dire assez éloignée de la connaissance des êtres rationnels. En effet, connaître les axiomes de l'arithmétique n'implique pas que l'on sache si la conjecture de Goldbach est vraie ou fausse. Différentes stratégies peuvent être mobilisées afin de rendre la modélisation plus fidèle à la connaissance humaine. L'une d'entre elles, due à Veikko Rantala [1989], consiste à introduire dans la structure des mondes impossibles dans lesquels les propositions complexes ne sont plus définies de manière récursive mais de façon atomique : les valeurs de vérité ne sont pas déduites, mais stipulées. L'accès à de tels mondes permet alors d'éviter les trois conséquences précédentes, puisque la structure est dotée d'un monde impossible accessible et contrevenant à la clôture, à la validité et/ou à la consistance.

Maintenant, s'il est possible d'expliquer les attitudes doxastiques en termes de structures modales, il est sans doute alors également possible d'expliquer, de la même façon, nos attitudes de croyances-feintes (*make-believe*), c'est-à-dire les attitudes qui font l'enjeu de nos rapports aux fictions [Walton, 1990]. C'est notamment une telle analyse qu'a développée Lewis [2012].

Une phrase de la forme « Dans la fiction f, φ » est vraie si et seulement si, si w est un des mondes de la croyance collective de la communauté d'origine de f, alors un monde où f est racontée comme un fait connu et où φ est vraie, diffère moins du monde w, toutes choses égales par ailleurs, que n'importe quel monde où f est racontée comme un fait connu et où φ est fausse. [Lewis, 1978, 47.]

Il reste donc un pas de plus à faire pour développer une logique de l'imagination. Introduisons pour cela un opérateur ® qui sera interprété par « se représenter que » ou par « imaginer que ». Il s'agit de voir ® comme une sorte d'opérateur de nécessité réinterprété, à la manière dont sont développées les logiques épistémiques et doxastiques, autrement dit en faisant jouer à ® le rôle joué par K en logique épistémique. On dira ainsi que ®φ est vrai dans w si tous les mondes accessibles depuis w vérifient φ. Autrement dit, il est le cas qu'il est imaginé que φ depuis un monde w, s'il y a un monde accessible depuis w dans lequel φ est vrai. On détermine alors une nouvelle logique, ancrée sur la logique modale S5 et étendue à l'opérateur ®. Mais il faut encore prendre garde que les axiomes attachés à cet opérateur soient suffisamment aptes à retranscrire fidèlement les conséquences valides de nos actes d'imagination. En particulier, pour ce qui nous concerne ici, la question est de savoir comment rendre compte de la cohérence globale du récit de Maupassant tout en acceptant la contradiction singulière qu'il contient, d'être *deux* en étant *seul*.

5. Des mondes impossibles ?

Il semble qu'à vouloir formaliser de manière logique les attitudes d'imagination en rapport avec la fiction de Maupassant, on se heurte d'emblée au principe d'explosion logique, ou – comme le disaient les logiciens médiévaux – *ex falso sequitur quodlibet* : de la fausseté résulte n'importe quoi. Plus formellement, le principe d'explosion énonce que pour toute proposition φ, on a $φ ∧ ¬φ → ψ$ où ψ est une proposition quelconque. En voici la preuve formelle :

(1)	$φ ∧ ¬φ$	par hypothèse
(2)	$φ$	par (1) et simplification de la conjonction
(3)	$¬φ$	par (1) et simplification de la conjonction
(4)	$φ ∨ ψ$	par (2) et disjonction
(5)	$ψ$	par (3) et (4) et règle de résolution pour la disjonction

Qu'en est-il de cette déduction dans le langage de l'opérateur fictionnel ® ? Elle prend la forme suivante :

(1')	®φ ∧ ®¬φ	par hypothèse
(2')	®φ	par simplification de la conjonction dans (1')
(3')	®¬φ	par simplification de la conjonction dans (1')
(4')	¬®φ	par (3') et règle de négation pour ®
(5')	®φ ∨ ®ψ	par (2') et disjonction
(6')	®ψ	par (4') et (5') et règle de résolution pour la disjonction

Imaginer des choses contradictoires impliquerait donc d'imaginer n'importe quoi. Mais cela ne semble pas compatible avec la part de rationalité de l'imagination, car lorsqu'on imagine l'état de *solitude accompagnée* du personnage de Maupassant, il n'en découle pourtant pas qu'on imagine que, dans le même temps, la face cachée de la lune est occupée par des licornes broutant des carrés-ronds. Les actes d'imagination ne sont pas complètement anarchiques même s'ils peuvent contenir des éléments irrationnels.

Comment éviter la dérivation explosive ? Si on souhaite offrir un traitement curatif au schéma déductif précédent, il s'agit d'en bloquer le mécanisme en rejetant l'hypothèse de départ ou l'une des conséquences. On pourrait par exemple refuser le passage de (3') à (4'), c'est-à-dire l'équivalence entre ®¬φ et ¬®φ. Cela semble pourtant contraire à nos intuitions concernant nos actes d'imagination. Imaginer que le personnage n'est pas seul semble bien équivalent à ne pas imaginer qu'il est seul.

Une autre tentative de résolution consisterait à bloquer le schéma menant à l'explosion logique dès l'hypothèse de départ (1'), en objectant que ®φ ∧ ®¬φ et ®(φ ∧ ¬φ) sont des traductions impropres de ce qui est véritablement prescrit par le récit de Maupassant. Pour rendre compte de l'analyse logique de cette stratégie, il faut dès lors rejeter le principe d'adjonction par rapport à l'opérateur d'imagination : autrement dit de ®φ, ®¬φ, nous ne devrions pas inférer la contradiction ®φ∧¬®φ. Comment procéder pour légitimer cela de manière logique ? L'idée est de préserver la consistance globale du récit et d'aménager des mondes impossibles pour gérer les contradictions locales. Nicholas Rescher et Robert Brandom [1980] ont ainsi développé une logique paraconsistante basée sur l'intersection ou la réunion de mondes possibles. La réunion de deux mondes possibles constitue un troisième monde qui peut être localement inconsistant[11]. Admettons par exemple que w_1 soit un monde possible dans lequel le personnage de Maupassant est seul (propriété que nous notons *s*). Admettons également un deuxième monde

---

[11] Les auteurs suivent en cela la tradition liée à la logique discursive (*discussive logic*, qualifiée parfois de *discursive logic*) initiée par Stanislaw Jaskowski [1948].

possible w_2 dans lequel le personnage n'est pas seul. Considérons le monde w constitué par ce que les auteurs nomment *processus de superposition*, à savoir la réunion de w_1 et w_2 : $w = w_1 \cup w_2$. Dans un tel monde w, il est le cas que φ si et seulement s'il est le cas que φ dans w_1 ou dans w_2. Ainsi, dans w, il est à la fois le cas que le personnage est seul et le cas qu'il n'est pas seul. Mais il faut maintenant éviter l'explosion logique. Pour cela, les deux auteurs ont modifié l'interprétation sémantique de l'opérateur de conjonction en rejetant la condition nécessaire (principe d'adjonction) prescrite par la règle classique :

(S∧) : $v_w(φ \land ψ) = 1$ si et seulement si $v_w(φ) = 1$ et $v_w(ψ) = 1$.

Dès lors, la vérité de s et la vérité de ¬s n'impliquent plus celle de s∧¬s. Pour résumer, dans le monde w, il est à la fois vrai que le personnage est seul et vrai que le personnage n'est pas seul. En revanche, il n'est pas vrai que le personnage soit seul et qu'il ne soit pas seul. Il appert donc que les mondes construits de cette manière ne sont pas adjonctifs : $φ, ψ \nvDash φ \land ψ$. Ces mondes sont donc soumis à la clôture logique pour les implications aux prémisses atomiques, mais ont un comportement anarchique et ouvert pour les implications à prémisses multiples[12].

Cette construction paraît néanmoins assez artificielle, dans la mesure où elle emboîte des mondes possibles. Par ailleurs, le principe d'adjonction semble bel et bien utilisé dans nos actes d'imagination : lorsqu'il est vrai que nous imaginons que Sherlock Holmes est détective et lorsqu'il est vrai que nous imaginons que Sherlock Holmes habite Londres, il semble indéniable qu'il soit vrai que nous imaginions aussi que Sherlock Holmes soit détective et habite Londres. Le rejet du principe d'adjonction semble donc peu propice à expliquer notre compréhension du récit de Maupassant.

Mais on peut encore tenter de donner un autre traitement à la distinction entre l'acte d'imaginer que le personnage est seul et d'imaginer qu'il est accompagné (autrement dit ®s ∧ ®¬s) et celui d'imaginer que le personnage est à la fois seul et à deux (autrement dit ®(s ∧ ¬s)), sans pour autant invalider de manière générale l'adjonction logique. Alors que la deuxième caractérisation nécessite inévitablement d'imaginer une contradiction, la première peut trouver une interprétation non contradictoire, à condition de donner une

---

[12] Les mêmes auteurs ont également développé un modèle de mondes localement incomplets par le processus de schématisation de mondes possibles.

interprétation moins naïve de l'opérateur ®. De fait, l'expression *seul à deux* inciterait notre imagination à accoler deux situations différentes mettant en scène le même personnage, un peu comme la juxtaposition de deux clichés photographiques présentant la même personne dans des situations différentes. C'est notamment la stratégie qu'indique Heinrich Wansing, à propos d'une situation invitant à imaginer qu'une personne du nom d'Ingmar est simultanément en train de danser et de ne pas danser :

> The mental picture conception, however, supports the distinction between the conflicting imagination we encounter if (i) I imagine that Ingmar is dancing and at the same time imagine that Ingmar is not dancing ($I_a A \wedge I_a \neg A$), and (ii) the contradictory imagination that I would have if I imagined that Ingmar is both dancing and not dancing at the same time $I_a(A \wedge \neg A)$. [Wansing, 2015.]

Remarquons d'ailleurs que cette technique de narration est proche de celle utilisée par certains peintres de la Renaissance italienne qui font apparaître un même personnage à différents emplacements afin de le représenter dans différentes situations. C'est par exemple le cas de la fresque murale intitulée *Le Paiement du tribut*, peinte par Masaccio entre 1424 et 1427 dans l'église Santa Maria del Carmine de Florence, où l'on peut apercevoir le personnage de saint Pierre à deux emplacements différents. Soulignons que cette représentation ne demande pas au spectateur de supposer que le personnage ait la capacité de se dédoubler. L'effet contradictoire relève seulement d'une technique visant à produire un certain effet : raconter différentes choses sur le même support. Pour le spectateur, cela nécessite de relativiser la représentation de manière temporelle : à tel moment, saint Pierre fait telle chose, à tel autre moment, telle autre chose. Il ne faut donc pas voir de contradiction dans ce que représente le tableau de Masaccio.

C'est cette voie que nous explorerons plus avant. L'un de ses mérites, c'est qu'elle ne demande pas d'implémenter des mondes impossibles pour traiter localement l'apparente contradiction contenue dans le récit. En outre, il semble qu'elle ne nécessite pas forcément de distinguer entre conjonction interne et externe à l'opérateur d'imagination en refusant le principe d'adjonction logique. Cette stratégie nécessite en revanche de relativiser les opérateurs intentionnels, non à des moments différents comme Masaccio, mais à des *mondes possibles différents*. Dans ce cas, l'opérateur de fiction doit être différent selon la perspective choisie : $®_1 \varphi$ ou $®_2 \neg \varphi$.

La folle logique du double. Comment imaginer un monde impossible…

6. Concevoir l'impossible ?

Dans son étude sur la littérature fantastique, Tzvetan Todorov [1970] a distingué les genres de l'étrange et du merveilleux. Le premier est caractérisé par la présence, dans le récit, d'éléments étranges, mais qui se ramènent en bout de course à une explication rationnelle et compatible avec ce que nous savons du monde réel, ce que Todorov appelle une explication *naturelle*. En revanche, un récit dans lequel apparaissent des éléments absolument incompatibles avec les lois de la physique, de la chimie et de la biologie appartient au genre du merveilleux, dont le principe explicatif est *surnaturel*. C'est notamment le cas des récits de métamorphoses et des fictions mentionnant des êtres fabuleux. Précisons que le merveilleux est donc *nomologiquement* impossible, mais pas *logiquement* impossible. Dans ce qui suit, nous appliquerons les adjectifs spécifiant les genres de l'étrange et du merveilleux aux mondes possibles, autrement dit nous nommerons *monde étrange* un monde nomologiquement possible offrant une interprétation aux récits relevant du genre de l'étrange et *monde merveilleux* un monde (logiquement) possible interprétant une lecture relevant du genre du merveilleux.

Comment surmonter la difficulté posée par la contradiction qui ressort de la situation où est placé le personnage de Maupassant ? Le récit se range-t-il dans un genre ou dans l'autre ? Il pourrait être prétendu d'abord que le protagoniste de *Lui ?* est tout simplement fou. En admettant cela, on pourrait alors ranger la nouvelle de Maupassant dans le registre de la littérature réaliste, voire de la littérature naturaliste : il ne s'agirait ni plus ni moins que de la description des affres d'un esprit dont la perte de raison mène à des points de vue plutôt étranges et incohérents. Le récit serait bien cohérent, car l'impossibilité logique serait tout simplement le fait d'une illusion née de la maladie mentale du personnage. Cette hypothèse est d'ailleurs au centre de bon nombre d'interprétations psychanalytiques et psychiatriques. Celles-ci analysent généralement les trois nouvelles de Maupassant les plus fortement liées au thème du double (*Lui ?*, *Le Horla* et *Qui sait ?*) comme la minutieuse chronique d'hallucinations autoscopiques dont souffrait l'auteur. Ainsi, à propos du *Horla*, Johann Jung se réfère à la notion de double transitionnel pour expliquer la détresse du personnage, qui ne serait que l'évocation des propres souffrances de l'auteur : « nous pouvons faire l'hypothèse que le double constitue l'interface à partir de laquelle se constitue l'identité psychique à la limite du dedans et du dehors » [Jung, 2010]. L'incapacité où serait placé le personnage de céder au double transitionnel le mènerait à sa propre perte. Mais comme l'écrit justement Louis Vax, « personne ne confondra littérature fantastique et littérature psychiatrique. [...] Le médecin cherche à apaiser son malade, le conteur veut troubler son lecteur » [Vax, 1963].

Laissons donc provisoirement de côté cette interprétation. Une seconde possibilité consiste à considérer, à l'inverse, que le personnage n'est pas fou, et donc qu'il est effectivement accompagné dans sa solitude, sans pour autant admettre que cela n'engendre la moindre contradiction logique. Si cela semble assez paradoxal, c'est pourtant ce que proposent certaines philosophies pluralistes qui distinguent l'identité d'une chose de sa constitution matérielle. Depuis la théorie essentialiste de la dépendance sortale développée par David Wiggins [1980], des philosophes comme Mark Johnston [1992], Lyne Rudder Baker [1997] et Kit Fine [2003] affirment l'existence d'entités coïncidentes[13]. L'identité d'une statue est distinguée de l'identité du bloc de matière qui la constitue. Cette distinction peut être déduite de différences historiques lorsque la carrière de la statue ne coïncide que temporairement avec celle du bloc de matière, par exemple quand un même bloc de matière est remodelé en une statue différente. Elle peut aussi être déduite de différences modales lorsque leur coïncidence est permanente : une statue pourrait subir la perte d'un bras, contrairement au bloc qui la constitue. Selon ces auteurs, ces différences historiques et modales impliquent, par contraposée du principe d'indiscernabilité des identiques, qu'il y a en fait deux choses et non une, d'une part une statue et d'autre part un bloc de matière. L'identité des statues, mais plus généralement aussi des artefacts, des organismes et des personnes, est ainsi désolidarisée de leur constitution matérielle. Aussi, là où le langage naturel nous convie habituellement à ne voir qu'une seule chose, il se tiendrait en réalité deux choses coïncidentes. Cette thèse suppose de rejeter le principe métaphysique d'identité des coïncidents défendu par John Locke [2001], stipulant que deux choses ne peuvent se tenir simultanément au même endroit. On pourrait ainsi admettre que le personnage de Maupassant est non seulement sain d'esprit, mais effectivement dédoublé par un coïncident non identique, sans aboutir pour autant à une contradiction logique. Dans ce cas, le monde du personnage de Maupassant serait possible au sens logique du terme. À en croire les philosophes partisans de la désolidarisation entre l'identité numérique et la constitution matérielle, il ne s'agirait ni plus ni moins que de notre monde, et les coïncidents toucheraient les choses les plus ordinaires. L'explication serait sans doute *étrange*, au sens où elle pourrait choquer le sens commun, mais pas *illogique*. Nous aurions donc affaire, encore une fois, à un

---

[13] Sur la notion de coïncident comme type de double, voir Erdrich [2020].

monde possible relevant de l'étrange. En outre, dans le cas où nous refuserions d'accorder l'existence aux entités coïncidentes, notre désaccord ne serait pas logique, mais d'un autre ordre, physique ou métaphysique. L'hypothèse du dédoublement du personnage concernerait sans doute un monde merveilleux, autrement dit un monde ne répondant pas aux conditions nomologiques ou métaphysiques du monde actuel.

Avec ces deux solutions, nous n'avons plus à considérer que le récit de Maupassant relève d'une impossibilité logique. Il peut donc être interprété à l'aide de mondes possibles. Bien sûr, il reste que les hypothèses que le récit doit s'interpréter comme ayant lieu dans un monde étrange ou dans un monde merveilleux sont évidemment contradictoires. Et il appert qu'opter pour un terme de l'alternative à l'exclusion de l'autre impliquerait d'appauvrir considérablement la dimension interprétative du récit. Il nous faut donc conserver *les deux options* nonobstant leur aspect paradoxal. C'est d'ailleurs, à en croire Montague Rhodes James, le propre du genre *fantastique* : « It is not amiss sometimes to leave a loophole for a natural explanation; but, I would say, let the loophole be so narrow as not to be practicable » [James, 1924]. Il serait donc souhaitable de conserver, pour l'instant, l'aspect contradictoire du récit. À vouloir circonscrire la contraction de départ (« 1 = 2 »), on se heurte à une nouvelle contradiction : l'appartenance du récit à deux genres antithétiques.

7. Hésitation du lecteur et accessibilité à des mondes différents

La question est donc de déterminer où placer la contradiction. Dans les données du récit ? Dans l'acte d'imagination du lecteur ? Dans la technique de narration ? Dans un monde impossible ? De fait, le texte de Maupassant ne précise pas si le personnage est fou ou non, autrement dit si l'on a affaire à un récit relevant de l'étrange ou du merveilleux. La question reste indéterminée. Cette marge d'incomplétude est d'ailleurs essentielle aux récits fantastiques, que Todorov caractérise justement par l'hésitation du lecteur qui ne sait pas exactement à quel genre obéit le texte :

> Ou bien le diable est une illusion, un être imaginaire ; ou bien il existe réellement, tout comme les autres êtres vivants [...]. Le fantastique occupe le temps de cette incertitude ; dès que l'on choisit l'une ou l'autre réponse, on quitte le fantastique pour entrer dans un genre voisin, l'étrange ou le merveilleux. Le fantastique, c'est l'hésitation éprouvée par un être qui ne connaît que les lois naturelles, face à un événement en apparence surnaturel. [Todorov, 1970, 29.]

Le personnage de Maupassant vit-il dans un monde proche du nôtre, monde dans lequel il est fou et seul ? Ou vit-il dans un monde merveilleux où deux êtres peuvent matériellement coïncider ? Le « sentiment du fantastique » [Vax, 1965] provient de cette indétermination entre deux genres opposés. Sitôt que le récit reçoit une explication naturelle ou surnaturelle, il ne s'agit plus du fantastique, mais de l'étrange ou du merveilleux. Le fantastique est donc un genre instable dont la fragile carrière dépend de l'impossibilité de ranger le récit dans l'étrange ou le merveilleux. Il n'est pas absolu dans le sens où il pourrait caractériser l'ensemble d'un récit, mais relatif aux attitudes du lecteur, qui alternent ainsi entre des ensembles de mondes possibles différents.

> En nous demandant ce que c'est que l'étrange, nous cherchons moins à préciser le sens d'un mot dont nous usons correctement qu'à découvrir les causes d'une impression et à saisir une essence. […] Méthode équivoque et bâtarde ! Entreprise fondée sur les illusions des données immédiates et de la table rase ! Au fond de moi-même, ce n'est pas un fondement métaphysique que je découvre, mais le résidu d'une culture. Pour l'avoir oublié, je suis amené à juger fondamentale une expérience mouvante et bornée, à ignorer que le sens des mots varie selon les intentions du parleur, le contexte de discours et l'évolution des institutions. [Vax, 1965, 6.]

Lorsque les philosophes s'intéressent aux mondes fictionnels, ils les caractérisent parfois comme déjà construits, comme déjà-là, comme des mondes ouverts devant soi dont on peut explorer les méandres à coup de déductions logiques. Mais l'acte de lecture d'une œuvre ressemble plus à une construction, à une élaboration mentale qu'à une exploration de mondes préexistants.

Certaines hypothèses, que le lecteur échafaude d'abord, sont ensuite abandonnées au fur et à mesure de la progression d'une lecture. D'autres sont stipulées. Aussi, pour que la sémantique des mondes possibles soit un outil efficace pour l'interprétation des actes d'imagination dans le cas d'univers fictionnels appuyés sur des œuvres, les relations d'accessibilité qui traduisent ces attitudes semblent nécessiter une structure dynamique dont la forme se voit modifiée au fur et à mesure de la lecture. C'est particulièrement saillant dans le cas des œuvres fantastiques, parce que celles-ci répondent à des hésitations d'interprétations basculant d'un type à un autre au gré des informations prélevées.

Si les relations d'accessibilité peuvent être relativisées au temps, elles peuvent également être relativisées aux mondes. Ainsi, plutôt que de concevoir des mondes où le personnage est à la fois seul et accompagné, il est également possible de considérer des mondes accessibles selon les interprétations hésitantes du lecteur. Dans le premier type de monde, le protagoniste est fou et seul ; dans le deuxième, le principe d'identité des coïncidents n'est plus valable et le personnage est bel et bien accompagné. Les mondes de la fiction sont alors vus moins comme des mondes inconsistants que comme des ensembles de différents mondes possibles diversement reliés par des relations d'accessibilité différentes (bleues et vertes sur la figure 11).

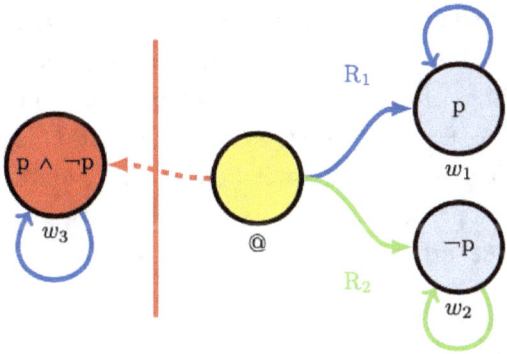

Figure 11. Plutôt que l'accès à un monde impossible (opérateur rouge), on peut concevoir un opérateur accédant à des mondes possibles selon les hésitations du lecteur (opérateur bleu-vert).

Ainsi, notre proposition, sous forme de boutade, est d'étendre la possible folie du personnage de Maupassant à l'esprit du lecteur. Plus précisément, d'étendre la manière de voir double, qui est celle du personnage, au contenu mental du lecteur qui oscille de manière permanente entre l'élaboration de deux types différents de monde : l'un, étrange, où le personnage est seul, l'autre, merveilleux, où il ne l'est pas. Cela nécessite donc de souscrire à une version pragmatique de la logique de la fiction, en donnant une place plus importante, dans la compréhension des attitudes imaginatives, au processus dynamique de la lecture, en constatant que cette dernière procède par construction-destruction de mondes possibles. Cela évite l'alternative entre l'hypothèse de contradictions internes $®(\varphi \wedge \neg \varphi)$ et l'hypothèse de contradictions externes $®\varphi \wedge ®\neg \varphi$ au profit d'une interprétation double $®_1\varphi \wedge ®_2\neg \varphi$ pour laquelle les relations d'accessibilité entre mondes possibles de la fiction dépendent de l'interprétation que le lecteur donne au texte. Le genre du fantastique serait ainsi caractérisé par la présence d'un opérateur fictionnel double, forme d'interrupteur articulant entre eux les accès à des mondes contenant des hypothèses contradictoires et traduisant l'hésitation du lecteur entre les genres de l'étrange et du merveilleux.

8. Conclusion

Le récit apparemment contradictoire de Maupassant peut être traité avec la structure des mondes possibles sans imposer pour cela de monde impossible pour résoudre la principale contradiction qu'il contient. L'idée est de considérer que le texte permet, en termes d'interprétations possibles, des scénarios alternatifs et contradictoires, mais dont chacun est pourtant, pris seul, logiquement possible. C'est l'attention du lecteur qui, dans le roman fantastique, dérive entre l'étrange et le merveilleux, et qui engendre ainsi le « sentiment » d'une impossibilité. De ce point de vue, la contradiction logique est délogée des mondes de la fiction. L'interprétation de la fiction de Maupassant ne consiste donc pas à penser l'impossible, mais à penser, alternativement et de manière dynamique, différents possibles.

Références

Baker, Lynne Rudder [1997], "Why Constitution is not Identity", *The Journal of Philosophy*, 94, 12, 599-621.

Bergson, Henri [1896], *Matière et mémoire. Essai sur la relation du corps à l'esprit*, Paris, Félix Alcan.

Berto, Francesco [2008], "Modal Meinongianism for Fictional Objects", *Metaphysica*, 9, 2, 205-218.

— [2017], "Impossible Worlds and the Logic of Imagination", *Erkenntnis. An International Journal of Scientific Philosophy*, 82, 1-21.

Berto, Francesco & Schoonen, Tom [2018], "Conceivability and Possibility: Some Dilemmas for Humeans", *Synthese*, 195, 6, 2697-2715.

Beziau, Jean-Yves [2016], "Possibility, Imagination and Conception", *Princípios: Revista de Filosofia*, 23, 40, 59-95.

Brandom, Robert & Rescher, Nicholas [1980], *The Logic of Inconsistency. A Study in Non-Standard Possible-World Semantics and Ontology*, Oxford, Basil Blackwell, « APQ Library of Philosophy ».

Byrne, Alex [2007], "Possibility and Imagination", *Philosophical Perspectives*, 21, 1, 125-144.

Byrne, Ruth [2005], *The Rational Imagination. How People Create Alternatives to Reality*, Cambridge (MA), MIT Press.

Chalmers, David [2002], "Does Conceivability Entail Possibility?", in Tamar Szabó Gendler & John Hawthorne (eds.), *Conceivability and Possibility*, Oxford, Oxford University Press, 145-200.

Costa-Leite, Alexandre [2010], "Logical Properties of Imagination", *Abstracta*, 6, 1, 103-116.

Descartes, René [1953], *Méditations métaphysiques*, in *Œuvres et lettres*, Paris, Gallimard, « Bibliothèque de la Pléiade ».

Erdrich, Nicolas [2018], « Pourquoi Hercule Poirot n'est-il pas un objet fictionnel ? », in Christophe Bouriau & Guillaume Schuppert (dir.), *Perspectives philosophiques sur les fictions*, Paris, Kimé, 3-22.

— [2020], « Répliques, doubles et coïncidents purs. Trois régimes d'indiscernables », *Philosophia Scientiæ*, 24, 2.

Fine, Kit [2000], "A Counter-Example to Locke's Thesis", *The Monist*, 83, 3, 357-361.

— [2003], "The Non-Identity of a Material Thing and Its Matter", *Mind*, 112, 446, 195-234.

Fiocco, M. Oreste [2007], "Conceivability, Imagination and Modal Knowledge", *Philosophy and Phenomenological Research*, 74, 2, 364-380.

Freud, Sigmund [1985/1919], *L'Inquiétante Étrangeté et autres essais*, trad. Fernand Cambon, Paris, Gallimard, « Folio essais ».

Friend, Stacie [2007], "Fictional Characters", *Philosophy Compass*, 2, 2, 141-156.

Hintikka, Jaakko [1962], *Knowledge and Belief. An Introduction to the Logic of the Two Notions*, Ithaca (NY), Cornell.

Hume, David [1973], *Traité de la nature humaine*, trad. André Leroy, Paris, Aubier-Montaigne [1739, *A Treatise of Human Nature*].

Jaskowski, Stanislaw [1948], « Rachunek zdan dla systemow dedukcyjnych sprzecznychi », *Studia Societatis Scientiarum Torunensis*, A, I, 5, 55-77.

Jago, Mark [2014], *The Impossible. An Essay on Hyperintensionality*, Oxford, Oxford University Press.

James, Montague Rhodes [1924], "Introduction", in Vere Henry Collins (ed.), *Ghosts and Marvels. A selection of Uncanny Tales from Daniel Defoe to Algernon Blackwood*, Oxford, Oxford University Press, « World's Classics ».

Jentsch, Ernst [1906], « Zur Psychologie des Unheimlichen », *Psychiatrisch-Neurologische Wochenschrift*, 8, 22, 195-198 & 8, 23, 203-205.

Johnston, Mark [1992], "Constitution is Not Identity", *Mind*, 101, 401, 89-106.

Jung, Johann [2010], « Du paradoxe identitaire au double transitionnel : Le Horla de Guy de Maupassant », *Revue française de psychanalyse*, 74, 2, 507-519.

Kripke, Saul [1963], "Semantical Considerations on Modal Logic", *Acta Philosophica Fennica*, 16, 83-94.

— [1965], "Semantical Analysis of Modal Logic II. Non-Normal Modal Propositional Calculi", in J. W. Addison, Leon Henkin & Alfred Tarski (eds.), *The Theory of Models*, Amsterdam, North-Holland, 206-220.

Kung, Peter [2010], "Imagining as a Guide to Possibility", *Philosophy and Phenomenological Research*, 81, 3, 620-663.

Lewis, David [1986], *De la pluralité des mondes*, trad. Marjorie Caveribère & Jean-Pierre Cometti, Paris, Éditions de l'éclat.

— [2012], « La vérité dans la fiction », *Klesis – Revue philosophique*, 24, *La Philosophie de David Lewis*, 36-55, trad. Yann Schmitt [1978, "Truth in Fiction", *American Philosophical Quarterly*, 15, 37-46, repris in *Philosophical Papers*, I, 1983, Oxford, Oxford University Press].

Locke, John [2001], *Essai sur l'entendement humain, Livres I-II*, trad. Jean-Michel Vienne, Paris, Vrin.

Maupassant, Guy [1979/1883], « Lui ? », in *Contes et nouvelles*, 2, Paris, Gallimard, « Bibliothèque de la Pléiade ».

Niiniluoto, Ilkka [1985], "Imagination and Fiction", *Journal of Semantics*, 4, 3, 209-222.

Plantinga, Alvin [1974], *The Nature of Necessity*, Oxford, Oxford University Press.

Priest, Graham [2005], *Towards Non-Being. The Logic and Metaphysics of Intentionality*, Oxford, Oxford University Press.

Rantala, Veikko [1989], "Impossible World Semantics and Logical Omniscience", *Acta Philosophica Fennica*, 35, 106-115.

Rebuschi, Manuel [2017], *Questions d'attitudes. Essai de philosophie formelle sur l'intentionalité*, Paris, Vrin.

Rosset, Clément [1976], *Le Réel et son double. Essai sur l'illusion*, Paris, Gallimard, « Folio essais ».

— [1997], *Le Démon de la tautologie, suivi de Cinq petites pièces morales*, Paris, Minuit.

Sartre, Jean-Paul [1936], *L'Imagination*, Paris, PUF.

— [1940], *L'Imaginaire. Psychologie phénoménologique de l'imagination*, Paris, Gallimard.

Stalnaker, Robert C. [1976], "Possible Worlds", *Noûs*, 10, 1, 65-75.

Thomasson, Amie L. [2011], *Fiction et Métaphysique*, London, College Publications, « Cahiers de logique et d'épistémologie », trad. Claudio Majolino & Julie Ruelle [2008, *Fiction and Metaphysics*, Cambridge, Cambridge University Press, « Cambridge Studies in Philosophy »].

Todorov, Tzvetan [1970], *Introduction à la littérature fantastique*, Paris, Seuil, « Poétique ».

Vax, Louis [1963], *L'Art et la littérature fantastiques*, Paris, PUF, « Que sais-je ? ».

— [1965], *La Séduction de l'étrange*, Paris, PUF, « Quadrige ».

Walton, Kendall L. [1990], *Mimesis as Make-Believe. On the Foundations of the Representational Arts*, Cambridge (MA), Harvard University Press.

Wansing, Heinrich [2015], "Remarks on the Logic of Imagination. A Step Towards Understanding Doxastic Control Through Imagination", *Synthese*, 194, 2843-2861.

Wiggins, David [1980], *Sameness and Substance*, Oxford, Blackwell.

Nicolas ERDRICH
Université de Lorraine
Nancy, France
nicolas.erdrich@univ-lorraine.fr

L'imagination au pouvoir. Référence singulière et exploration des mondes intuitifs possibles
Bruno LECLERCQ

Une certaine conception de l'imagination l'éloigne de la perception et la rapproche de la pure conception intellectuelle au nom du fait qu'imagination et conception permettent de considérer des possibles là où la perception serait irrémédiablement limitée au réel. À l'encontre de cette conception, nous voudrions souligner ici la proximité de l'imagination avec la perception, du fait que toutes deux donnent accès à des contenus concrets et singuliers, et leur écart commun d'avec la conception intellectuelle, qui ne donne accès qu'à des significations générales. Pour ce faire, nous partirons de considérations de psychologie descriptive sur les actes mentaux caractéristiques de l'imagination ; nous en viendrons à des réflexions logiques et ontologiques sur la nature et les spécificités des objets qui constituent les contenus de ces actes mentaux ; enfin, sur le terrain de la philosophie du langage, nous mettrons en évidence le type de référence que permet l'imagination.

Psychologie descriptive
En tant que « faculté de représentation », l'imagination est traditionnellement comparée à ces deux autres facultés que sont la perception d'une part, l'entendement ou faculté de conception intellectuelle d'autre part. Et, à cet égard, l'imagination est généralement présentée comme une faculté intermédiaire entre les deux autres, dans la mesure où elle partage avec la perception un certain appui sur des contenus sensibles (sensations ou images) là où l'entendement peut opérer avec ces contenus abstraits que sont les concepts, mais où elle partage par contre avec l'entendement une certaine capacité à prendre pour objets des entités inexistantes là où la perception est intrinsèquement astreinte à la réalité.

Sur ce second point – l'accès à des entités inexistantes –, la proximité de l'imagination et de l'entendement entraîne toutefois parfois un peu de confusion théorique quant aux contributions respectives de ces deux facultés dans la production et la réception d'une œuvre de fiction, et ce précisément faute que soit suffisamment pris en compte le premier des deux points évoqués ci-dessous – l'ancrage sensible. Nous souhaiterions donc ici clarifier la spécificité du rapport imaginaire aux objets fictifs et tordre par là même le cou à certaines théories qui ne distinguent pas suffisamment ce rapport de celui que permet déjà la simple conception intellectuelle d'entités inexistantes.

Nous nous appuierons moins sur une typologie des quelques grandes « facultés » de l'esprit, comme le faisaient les penseurs modernes, que sur une psychologie descriptive qui, dans la lignée des travaux de Brentano, repose sur une caractérisation et classification des « actes mentaux » – lesquels sont nettement plus nombreux et divers que les éventuelles « facultés ». En particulier, nous partirons des analyses descriptives que fournit la sixième des *Recherches logiques* d'Edmund Husserl à propos du remplissement des intentions de signification par des intuitions.

Pour Husserl, en effet, un certain rapport intentionnel à des contenus représentés peut jaillir de simples actes de visée signitive ; concevoir une certaine signification, ce n'est rien d'autre que la penser d'après un ensemble de traits définitoires – par exemple concevoir la signification 'montagne' comme gigantesque masse de terre surplombant les terres environnantes. Par ce moyen des intentions de signification, l'esprit se représente une certaine entité théorique – le concept de montagne – sans pour autant encore se rapporter à aucun objet singulier correspondant à ce concept. Il en va tout autrement lorsque, placé face à une montagne réelle, le sujet peut joindre à cette visée signitive un acte de perception qui lui donne un objet conforme au sens théorique initialement visé. Dans ce cas, dit Husserl, la perception « remplit » les intentions de signification initiales, qui étaient jusqu'alors « vides » de toute matérialité sensible.

Or, il est intéressant de noter que, pour Husserl, l'imagination joue de fait un rôle comparable à la perception plutôt qu'à la conception purement intellectuelle et signitive. Loin, en effet, de se borner à concevoir une signification générale d'après un certain nombre de traits définitoires, l'imagination fournit, comme la perception, des représentations sensibles – quoique endogènes et non reçues de l'extérieur – susceptibles de remplir les intentions de signification[1]. Lorsque j'imagine une montagne – au sens où je m'en construis une image mentale plus ou moins précise – je dote la signification 'montagne' d'une certaine matérialité sensible qui en fait, non plus un

---

[1] [Husserl, 1984], *Logische Untersuchungen*, VI, § 6, 14b, 21-23, 45 ; Hua XIX/2, 560, 591, 608-613, 672 ; trad. [1963], 40, 77, 99-106, 176-177.

simple concept, mais un objet singulier disposant d'un certain nombre de propriétés – une certaine forme, certaines couleurs, certains détails... – qui n'entraient pas dans sa caractérisation purement intellectuelle en tant que gigantesque masse de terre surplombant les terres environnantes. La signification générale 'montagne' s'enrichit de traits particuliers qui la singularisent. Et c'est pourquoi, au sujet qui imagine une montagne, il devient possible de demander : « La montagne à laquelle vous pensez a-t-elle de la neige éternelle à son sommet ? », question qui n'aurait pas de sens si le sujet s'était borné à concevoir la signification générale 'montagne'.

À cet égard, d'ailleurs, la consigne de se représenter une montagne ou de penser à une montagne apparaît, à l'analyse, comme ambiguë : s'agit-il simplement de concevoir la signification générale 'montagne' sans d'autres traits que ceux qui la définissent ? ou s'agit-il d'imaginer une montagne singulière dotée d'une multitude de traits supplémentaires par rapport à ceux qui participent de la définition conceptuelle ? L'invitation à se représenter UNE montagne incline en fait à un acte d'imagination qui singularise quelque peu la simple signification générale ou le simple concept. De même, lorsqu'il s'agit de se représenter des objets de fiction, il est différent de concevoir la signification générale 'licorne' comme équidé pourvu d'une corne au milieu du front et d'imaginer une licorne singulière forcément pourvue de traits sensibles en surplus.

Ontologie
Ces éléments de psychologie descriptive fournis par Husserl entraînent un certain nombre de conséquences sur l'ontologie même des contenus intentionnels ainsi représentés. Alors que le corrélat d'une intention de signification n'est qu'un simple concept, envisagé comme signification générale, le corrélat d'un acte d'imagination est un objet singulier, qui n'est pas simplement pensé théoriquement mais qui est d'une certaine façon donné dans une certaine « intuition » – ici imaginative et non pas perceptive – qui remplit de manière spécifique la simple visée signitive.

D'autres brentaniens, cependant, n'envisagent pas les choses de la même façon. Ainsi en va-t-il notamment de Kazimierz Twardowski, qui distingue systématiquement objet immanent et objet réel d'un acte mental. Il s'agit en fait, pour Twardowski, de répondre à une thèse avancée dès 1837 par Bernard Bolzano selon laquelle, quoique dotées d'un certain contenu (conceptuel), des représentations comme celle de 'licorne' ou de 'montagne d'or' seraient dénuées de tout objet, faute qu'il existe réellement dans le monde des entités conformes à ce contenu conceptuel[2]. Pour Twardowski, contrairement à Bolzano, il n'y a pas de représentation sans objet. Lorsque je pense 'montagne d'or', c'est bien, pour Twardowski, à un objet que je pense – un certain objet abstrait doté des seules propriétés d'être une montagne et d'être fait d'or –, quoique pas à un objet réel, puisqu'il n'existe rien de tel. La montagne d'or est l'objet (intentionnel) de l'acte de représentation, objet qui est « immanent » à cet acte, puisqu'il n'existe pas en dehors de lui et ne le « transcende » pas. À l'inverse, dit Twardowski, l'acte de penser 'montagne la plus haute sur Terre' a non seulement un objet immanent – correspondant au contenu conceptuel qui est ainsi pensé – mais aussi un objet transcendant, à savoir l'Everest, l'objet réel correspondant à ce contenu. Cette idée de distinguer systématiquement deux objets de la représentation – immanent et (éventuellement) transcendant – doit, pour Twardowski, notamment permettre de rendre compte des actes d'imagination et de leur rôle dans la fiction. Contrairement aux actes de perception, les actes d'imagination se rapportent en effet à des objets immanents mais pas à des objets transcendants[3].

On voit en quoi cette analyse se distingue de celle de Husserl. Pour Husserl, les intentions de signification 'montagne' et 'montagne d'or' ont pour corrélats de simples contenus conceptuels ; et, tandis que la première peut être remplie par la perception de montagnes singulières, la seconde ne peut être remplie que par l'imagination de montagnes d'or singulières, faute de l'existence de montagnes d'or réelles. Pour Twardowski, par contre, les deux intentions ont un authentique objet immanent mais seule la première a des objets transcendants.

Autre disciple de Brentano, Alexius Meinong défend lui aussi la thèse selon laquelle toute représentation a un objet, à savoir l'objet (intentionnel) caractérisé par les traits que lui attribue sa visée. Pour Meinong, la montagne d'or est bien un objet doté de propriétés (être montagne, être fait d'or), mais il se fait qu'elle n'existe pas. De même, Pégase est un objet doté des propriétés que lui attribue la mythologie grecque, mais cet objet n'existe pas. Pour Meinong, il faut distinguer systématiquement le fait d'être un objet de la question de savoir si cet objet existe ou non. Que la montagne d'or ou Pégase n'existent pas ne les empêche pas d'être d'authentiques objets (de

---

[2] [Bolzano, 1929], § 66-67, I, 296-305, trad. [2011], 191-197.
[3] [Twardowski, 1894], § 5, 23-29, trad. [1993], § 4-6, 105-116.

représentation) et d'avoir des propriétés, donc un certain « être tel » ; être tel (*Sosein*) n'exige pas nécessairement d'exister (*Sein*)[4].

L'écart avec l'analyse husserlienne s'est ici encore accru. Pour Meinong, les actes intentionnels visant 'montagne' et 'montagne d'or' ont tous deux d'authentiques objets, mais seul l'objet de la première existe tandis que celui de la seconde est inexistant.

Logique

Cette analyse meinongienne selon laquelle tous les contenus de représentation sont déjà des objets dotés des propriétés à travers lesquelles ils sont visés a donné lieu au développement de systèmes formels, dits « meinongiens », fondés sur une analyse logique différente de – et volontairement alternative à – la logique des prédicats standard issue des travaux de Gottlob Frege et Bertrand Russell. Pour les meinongiens, en effet, les objets représentés ont non seulement toutes les propriétés à travers lesquelles ils sont visés – la montagne d'or est une montagne, Pégase est un cheval ailé, etc. – mais ils n'ont aussi *que* les propriétés à travers lesquelles ils sont visés. Parce qu'elle n'est visée que comme montagne et faite d'or, la montagne d'or n'a pas de hauteur précise et il n'est pas déterminé si elle a ou non de la neige éternelle sur son sommet. De même, faute que la mythologie grecque lui attribue une couleur d'yeux particulière, Pégase n'a pas de couleur d'yeux particulière. Dans le système formel, cela se traduit par le fait que ces objets sont « incomplets », c'est-à-dire indéterminés pour certaines paires de propriétés complémentaires – avoir de la neige éternelle sur son sommet, ne pas avoir de la neige éternelle sur son sommet – et violent donc à leur égard le principe logique du tiers exclu : il n'est ni vrai que la montagne d'or a de la neige éternelle sur son sommet ni vrai qu'elle n'en a pas ; il n'est ni vrai que Pégase a les yeux bleus ni vrai qu'il n'a pas les yeux bleus[5].

Sans contester que les êtres fictifs soient en effet entachés d'une certaine indétermination, l'analyse husserlienne amène quant à elle à distinguer deux types d'indétermination assez nettement distincts. Les contenus conceptuels sont forcément et intrinsèquement incomplets ; ils sont forgés par des visées de signification limitées qui les caractérisent par un ensemble fini de traits

---

[4] [Meinong, 1904], § 2-4, trad. [1999], 68-76.

[5] Développée notamment par Meinong [1915], la thèse de l'incomplétude des objets inactuels se retrouve, d'une manière ou d'une autre, chez tous les héritiers de Meinong. Voir notamment [Routley, 1980], 92-93, ou [Parsons, 1980], 55-56.

définitoires – par exemple être une montagne et être fait d'or – et sont dès lors indéterminés pour tout ce qui échappe à cette caractérisation définitoire. Les objets singuliers donnés dans l'intuition, quant à eux, ne sont indéterminés que dans la mesure où cette intuition ne fournit pas toute l'information nécessaire à leur égard. En ce qui concerne les objets réels donnés à la perception sensible, la chose est claire : leur incomplétude n'est pas ontologique mais épistémique ; ils sont en fait complets (déterminés pour toute paire de propriétés complémentaires pertinentes) mais il se peut que la perception ne me permette pas de savoir ce qu'il en est pour telle ou telle paire de propriétés (par exemple la montagne que je vois mesure-t-elle ou non exactement 3000 mètres d'altitude ?). Pour ce qui est des objets imaginés, la chose est plus discutable : l'image forgée par tel esprit pour se représenter une montagne d'or particulière est suffisamment précise pour trancher certaines questions (par exemple la montagne d'or que j'imagine a-t-elle ou non de la neige éternelle sur le sommet ?) mais elle n'est pas suffisamment précise pour en trancher d'autres (par exemple la montagne d'or que j'imagine mesure-t-elle ou non exactement 3000 mètres d'altitude ?). D'une certaine façon, l'indétermination est ici aussi épistémique : les « données » de l'imagination, qui « remplissent » la simple visée signitive 'montagne d'or', ne sont pas suffisamment détaillées pour me fournir toute l'information nécessaire ; mais le fait que je prétendais imaginer une montagne d'or singulière laisse penser que cette dernière est plus complète que ce que me fournit son image actuelle : elle a d'autres faces que celles par laquelle je me l'imagine, elle a certaines propriétés (par exemple d'être couverte d'un certain nombre d'arbres) que je n'imagine que de manière très schématique et elle a en principe une altitude précise, qui n'est toutefois pas directement visible sur mon image mentale. De même, s'il est un objet singulier, Pégase doit avoir une couleur d'yeux déterminée, même si l'image que nous en a léguée la mythologie grecque n'est pas suffisamment précise pour nous dire laquelle.

Contrairement à ce que disent les logiciens meinongiens, il n'est donc pas du tout évident que l'incomplétude des objets imaginaires soit du même ordre que l'incomplétude intrinsèque des concepts. En termes husserliens, la détermination forcément limitée d'une intention de signification est d'une autre nature que la « non-plénitude » intuitive de telle ou telle image supposée la remplir.

Corollaire du précédent, un autre aspect des logiques meinongiennes témoigne d'une certaine confusion entre images et concepts dans le traitement des objets fictifs. Pour les meinongiens, un objet possède toutes les propriétés nucléaires[6] au travers desquelles il est pensé et rien qu'elles... Mais cela veut dire que chaque objet correspond à un ensemble fini de propriétés – a = {F, G, H, ... X} – et que tout jugement qui attribue une propriété à un objet est analytique en un sens très radical : le jugement est vrai si et seulement si la propriété attribuée à l'objet fait littéralement partie de l'ensemble des propriétés qui lui correspond – Fa ssi F ∈ {F, G, H, ... X} [Parsons, 1978, 140]. La montagne d'or est faite d'or parce que 'fait d'or' est une des propriétés contenues dans l'ensemble des propriétés constitutives de l'objet montagne d'or. Et Pégase est un cheval ailé parce que 'cheval' et 'ailé' sont des propriétés contenues dans l'ensemble des propriétés constitutives de l'objet Pégase.

Un tel principe, cependant, ne peut évidemment pas valoir pour les objets réels, qui ne se réduisent pas à des ensembles finis de propriétés. Que Bruno Leclercq soit chauve en 2018 paraît contingent et non pas analytiquement vrai ; cette propriété ne semble pas faire partie de l'ensemble de ses propriétés constitutives. Il se fait que Bruno Leclercq est chauve en 2018, mais cela n'est pas vrai par définition ou étant donné la manière dont il est pensé... À cet égard, Bruno Leclercq semble être chauve d'une autre manière que cet objet théorique et inexistant qu'est le roi de France chauve. Ce dernier est chauve par définition ; Bruno Leclercq, lui, est chauve de manière factuelle et contingente. Pour rendre compte de cette distinction entre deux manières de posséder des propriétés, les meinongiens sont alors contraints de distinguer deux types de prédication : l'encodage est la prédication analytique, qui rapporte une propriété à un objet théorique qui était pensé et caractérisé à travers elle ; l'exemplification est la prédication synthétique, qui rapporte une propriété à un objet existant qui la possède de manière contingente. Ainsi, la calvitie est encodée par le roi de France chauve mais elle est effectivement exemplifiée par l'objet réel Bruno Leclercq [Rapaport, 1978], [Zalta, 1988].

Si elle permet de distinguer nettement le rapport que les concepts entretiennent avec leurs propres traits définitoires – être fait d'or fait analytiquement partie de la signification 'montagne d'or' – du rapport que les objets existants entretiennent avec leurs propriétés contingentes – être chauve est une

---

[6] Les meinongiens distinguent en effet les propriétés nucléaires, qui caractérisent l'identité de l'objet, d'un certain nombre de propriétés extranucléaires, comme le fait d'exister ou non, qui ne peuvent pas elles-mêmes être constitutives de l'objet sous peine de permettre des preuves ontologiques a priori (« La montagne d'or existante est une montagne, elle est faite d'or et elle existe »).

propriété que, malheureusement, Bruno Leclercq exemplifie en 2018 –, cette distinction de deux prédications doit alors être mise à l'épreuve des objets fictifs. Ces derniers, en effet, encodent-ils ou exemplifient-ils leurs propriétés ? Pour les meinongiens, il faut dire qu'ils les encodent. Ainsi, Sherlock Holmes n'est, pour Parsons, rien d'autre que l'ensemble des propriétés que lui attribuent les romans de Conan Doyle. Et que Sherlock Holmes fume la pipe est dès lors analytiquement vrai : fumer la pipe fait partie de l'ensemble des propriétés constitutives de Sherlock Holmes. De toute façon, puisqu'il n'existe pas, Sherlock Holmes ne peut pas exemplifier la propriété de fumer la pipe ; donc, disent les meinongiens, il ne peut que l'encoder. Mais est-ce si évident que cela ?

Repartons de la montagne d'or que je me représente dans l'imagination. S'il s'avère que l'image mentale que je m'en forme la présente couverte de neige à son sommet, dois-je dire que la montagne d'or encode cette propriété, qu'elle la possède par définition ? Ou dois-je plutôt dire que la montagne d'or singulière qui est représentée dans mon image mentale apparaît comme étant couverte de neige ? Il semble que ce soit là une propriété contingente, qui est révélée par l'image mais qui n'était pas déjà incluse dans la signification générale 'montagne d'or'. À cet égard, la montagne d'or singulière imaginée semble bien exemplifier la propriété d'être couverte de neige à son sommet comme l'aurait fait une montagne singulière perçue. C'est ici l'intuition imageante plutôt que l'intention de signification qui fournit cette propriété.

Et qu'en est-il dans le cas de Sherlock Holmes ? Si, par ses romans, Conan Doyle entendait définir le concept 'Sherlock Holmes', on pourrait sans doute dire, comme le font les meinongiens, que chacun des énoncés de ces romans participe de la définition de ce concept et que Sherlock Holmes n'est finalement que l'ensemble des propriétés que lui attribue Doyle. Dans ce cas, il serait, par stipulation, analytiquement vrai que Sherlock Holmes fume la pipe. Mais est-ce bien là ce que font les romans de Doyle ? Ne prétendent-ils pas plutôt décrire les propriétés contingentes d'un objet certes fictif mais qui n'est pas un simple concept et qui va donc au-delà d'un simple ensemble de traits définitoires ?…

Quoiqu'il n'existe bien sûr que dans un monde fictif né de l'invention de Doyle, Sherlock Holmes est censé être un individu singulier à qui il arrive un certain nombre de choses et qui s'avère posséder un certain nombre de propriétés de manière contingente dans ce monde fictif. Sherlock Holmes fume la pipe, habite le 221b Baker Street, mène des enquêtes et traque notamment le maléfique professeur Moriarty, mais il semble qu'il aurait pu en être autrement. Les énoncés des romans de Doyle qui nous fournissent ces informations semblent bien synthétiques et non analytiques ; ils nous renseignent sur des propriétés que Holmes exemplifie, non bien sûr dans notre monde, mais dans le monde fictif créé par Doyle. Bien qu'il soit « conçu » par Doyle, Sherlock Holmes n'est pas un concept, une signification générale ; c'est un objet singulier qui tire sa singularité et sa « matérialité » (son épaisseur fictionnelle) des traits que lui procure l'imagination au-delà de certaines intentions de signification générales. À part peut-être le théoricien de la littérature, qui peut envisager Holmes comme l'ensemble exact des propriétés explicitement énoncées par Doyle (auxquelles s'ajoutent éventuellement les conséquences analytiques de ces dernières) et qui peut donc traiter comme analytiques tous les jugements à propos de Holmes, le lecteur des romans de Doyle est invité à envisager le récit comme synthétique et à remplir peu à peu, par son imagination, les visées signitives générales qui fixaient le cadre d'un roman policier et l'incitaient à concevoir l'idée de détective privé.

Sémantique

À cet égard, les logiques modales semblent mieux à même de fournir une sémantique pour la fiction que les logiques meinongiennes.

Dans *Meaning and Necessity*, Carnap avait posé les bases d'une logique modale fondée sur l'analyticité. Chaque expression du langage était en effet dotée tout à la fois d'une intension, c'est-à-dire d'un sens qui fixe ses conditions de satisfaction (pour les termes conceptuels) ou de vérité (pour les phrases), et d'une extension correspondant à l'ensemble des objets du monde actuel qui satisfont ces conditions (pour les termes conceptuels) ou à sa valeur de vérité dans le monde actuel (pour les phrases). L'idée était qu'une expression dotée d'une même intension pouvait varier son extension d'un monde (ou d'une « description d'état ») à l'autre ; sans changer de sens, l'expression « roi de France », qui avait pour extension le singleton Philippe le Bel dans notre monde en 1300, avait pour extension le singleton Louis XIV dans notre monde en 1700, mais a une extension vide dans le monde actuel ; et, si l'histoire avait tourné autrement, il aurait pu avoir d'autres extensions dans certains mondes possibles. Un jugement nécessaire, valable dans tous les mondes possibles, est vrai en vertu de l'intension des termes utilisés, donc il est analytiquement vrai : en vertu du sens des mots « célibataire » et « non marié », il est vrai dans tous les mondes possibles que « les célibataires sont non mariés » ; de même, il est vrai dans tous les mondes possibles que « le mari de Michelle Robinson est le dernier homme que Michelle Robinson a épousé » en vertu du sens des mots mobilisés dans cet énoncé. Il est par contre contingent que les célibataires soient bons cuisiniers – cela est peut-être vrai dans le monde actuel mais faux dans d'autres mondes possibles – ou que le mari de Michelle Robinson soit le précédent président des États-Unis – cela est vrai dans le monde actuel mais cela aurait pu être faux [Carnap, 1947].

Cette analyse de Carnap était censée valoir à peu près de la même façon pour les termes généraux et pour les termes singuliers, systématiquement ramenés à des descriptions définies (« Socrate » est « le maître de Platon »). Dans ce cadre, les termes dénués de référent comme « licorne », « montagne d'or » ou « Pégase » apparaissent comme dotés d'un sens, donc de conditions de satisfaction, mais simplement tels que dans le monde actuel, ces conditions ne sont factuellement satisfaites par aucun objet. Si donc Carnap invite, comme les meinongiens, à traiter un terme dénué de référent (par exemple « montagne d'or ») comme doté d'une intension, caractérisée par une série de traits définitoires (être montagne et fait d'or), il ne fait pas pour autant de cette intension un objet (inexistant) du monde actuel ; le terme a un sens mais précisément pas de référent dans le monde actuel et éventuellement un ou plusieurs référents dans d'autres mondes possibles où son extension ne serait pas vide. En ce qui concerne les termes singuliers comme « Pégase », on peut, pour Carnap, leur reconnaître un sens – 'le cheval ailé qui fut capturé par Bellérophon' – tout en disant que ce sens n'est satisfait par aucun objet singulier du monde actuel, mais seulement peut-être par des objets singuliers dans d'autres mondes possibles.

En fait, l'analyse de Carnap combine les avantages de l'analyse meinongienne, dans la mesure où elle fait droit aux intensions, lesquelles jouent un rôle déterminant dans les contextes modaux (« il est nécessaire que… », « il est possible que… ») et plus généralement intensionnels (notamment contextes d'attitudes intentionnelles : « je crois que… », « j'espère que… »), et ceux de l'analyse frégéo-russellienne, dans la mesure où elle fait droit aux extensions, lesquelles sont nécessaires pour rendre compte de jugements synthétiques (contingents) à propos du monde actuel ou d'un autre monde possible. Que le mari de Michelle Robinson soit nécessairement marié ou que les autres prétendants de Michelle Robinson espèrent que le mari de Michelle Robinson se désintéresse d'elle, cela concerne l'intension de l'expression « le mari de Michelle Robinson » : le mari de Michelle Robinson, quel qu'il soit, c'est-à-dire quelle que soit son extension dans quelque monde possible que ce soit, est marié et fait l'objet d'un certain nombre d'attitudes intentionnelles de la part de ses rivaux amoureux. Par contre, que le mari de Michelle Robinson soit le précédent président des États-Unis ou qu'il soit originaire d'Hawaï, cela concerne l'extension de l'expression « le mari de Michelle Robinson » : c'est le mari de Michelle Robinson dans le monde actuel, à savoir Barack Obama, qui est le précédent président des États-Unis et qui est originaire d'Hawaï ; cela n'est évidemment pas vrai du mari de Michelle Robinson quel qu'il soit.

On touche là l'importante distinction entre la lecture *de dicto* et la lecture *de re* de l'expression « le mari de Michelle Robinson » : envisagée *de dicto*, l'expression « le mari de Michelle Robinson » renvoie au mari de Michelle Robinson quel qu'il soit et en tant qu'il satisfait cette caractérisation ; envisagée *de re*, l'expression renvoie à l'objet singulier qui satisfait factuellement cette caractérisation dans le monde actuel mais aurait pu ne pas la satisfaire, à savoir Barack Obama. Or, cette distinction sera encore renforcée par le constat, opéré par Saul Kripke [1980], que les descriptions définies prises *de re* sont, comme les noms propres, des désignateurs rigides. En ce qui concerne les noms propres, Kripke s'était opposé à l'idée russellienne, reprise par Carnap, selon laquelle ils s'apparentent à des descriptions définies cachées – « Socrate » équivaut à « le maître de Platon » – qui pourraient donc varier d'extension d'un monde possible à l'autre. Pour Kripke, le nom propre « Socrate » désigne directement l'objet singulier Socrate sans passer par des conditions de satisfaction ; et c'est pourquoi il continue à désigner le même objet singulier dans tous les mondes possibles, même ceux où il ne satisfait pas telle ou telle condition de satisfaction généralement (mais erronément) associée à ce nom propre. En effet, je puis parfaitement dire que Socrate aurait pu ne pas être le maître de Platon, donc envisager un monde possible où Socrate ne serait pas maître de Platon ; qu'il ne soit pas maître de Platon dans ce monde n'empêche pas qu'il reste Socrate, ce qui prouve que 'le maître de Platon' ne constitue pas le sens de « Socrate ». Or, dit Kripke, même les descriptions définies prises *de re* peuvent s'abstraire des conditions de satisfaction qui leur sont initialement associées : si j'utilise l'expression « le mari de Michelle Robinson » pour parler de Barack Obama plutôt que du mari de Michelle Robinson quel qu'il soit, je puis tout à fait dire que le mari de Michelle Robinson aurait pu ne pas épouser Michelle Robinson, car il y a des mondes possibles où celui qui a actuellement épousé Michelle Robinson, à savoir Barack Obama, aurait opéré d'autres choix de vie conjugale.

Si on pense en termes de mondes possibles, il y a même, en fait, une troisième lecture possible de l'expression « le mari de Michelle Robinson », à savoir la lecture *de altero mundo*, qui, comme la lecture *de re*, désigne l'objet singulier qui satisfait la description dans un monde particulier, sauf qu'il ne s'agirait pas ici du monde actuel mais d'un autre monde possible. Dans le monde où Michelle Robinson aurait jeté son dévolu sur un autre jeune homme, « le mari de Michelle Robinson » désigne celui-ci ; et je peux alors formuler un tas d'énoncés à son propos : « le mari de Michelle Robinson (dans ce monde) est originaire du New Jersey », « le mari de Michelle Robinson (dans ce monde) est médecin »... Et, comme Kripke l'avait montré pour la lecture *de re*, le référent de l'expression prise *de altero mundo* peut aussi s'abstraire des conditions de satisfaction qui lui sont initialement associées : puisque ce jeune homme, qui a épousé Michelle Robinson dans ce monde possible, aurait lui aussi pu ne pas l'épouser, je puis parfaitement dire de lui que « le mari de Michelle Robinson (dans ce monde) aurait pu ne pas épouser Michelle Robinson ».

Or, il semble que ce soit là la sémantique qui convient aux énoncés de fiction : même si elle ne désigne pas d'objet singulier dans le monde actuel, l'expression « Sherlock Holmes » désigne un objet singulier dans un autre monde possible, objet qui fume la pipe et habite 221b Baker Street dans ce monde fictif mais qui a ces propriétés de manière contingente et aurait pu ne pas les avoir. « Sherlock Holmes » n'équivaut donc pas à une longue description définie reprenant toutes les propriétés que lui attribue Doyle, description qui fixerait le sens de « Sherlock Holmes » et les conditions de satisfaction nécessaires et suffisantes pour être un Sherlock Holmes dans les différents mondes possibles... Même s'il est associé à certains traits descriptifs, « Sherlock Holmes » est un désignateur rigide qui réfère directement à un objet singulier d'un autre monde possible (supposé être complet et parfaitement déterminé même si Doyle ne le décrit que partiellement) et il réfère à cet objet au-delà de ces traits descriptifs, c'est-à-dire que l'on peut envisager d'autres mondes encore où ce même objet – Sherlock Holmes – ne satisferait pas ces traits descriptifs (ne fumerait pas, n'habiterait pas Baker Street, etc.). La longue description de Holmes énoncée par Doyle tout au long de ses romans ne peut certes être lue *de re* – aucun objet ne la satisfait dans le monde actuel – mais elle doit être lue *de altero mundo*, c'est-à-dire comme désignant l'objet unique qui la satisfait dans un autre monde possible, mais qui ne s'identifie pas pour autant à cette description (comme le supposerait la lecture *de dicto*).

Sherlock Holmes est certes caractérisé par Doyle dans des termes descriptifs correspondant à des intentions de signification, mais il ne se résume pas à ces intentions de signification ; il tient son épaisseur de personnage fictif du fait que la lecture des romans de Doyle invite à remplir ces visées signitives d'images qui lui confèrent une concrétude, une matérialité et une singularité qui l'autonomisent alors des intentions de signification initiales et permettent la lecture *de altero mundo*, qui rend compte du caractère contingent des énoncés formulés à son propos. C'est là le pouvoir singulier de l'imagination.

Bibliographie

Bolzano, Bernard [1929], *Wissenschaftslehre*, Leipzig, Meiner ; [2011], *Théorie de la science*, trad. Jacques English, Paris, Gallimard.

Carnap, Rudolf [1947], *Meaning and Necessity. A Study in Semantics and Modal Logic*, Chicago, University of Chicago Press ; [1997], *Signification et nécessité*, trad. François Rivenc & Philippe de Rouilhan, Paris, Gallimard.

Husserl, Edmund [1984], *Logische Untersuchungen*, VI, La Haye, Martinus Nijhoff [Hua XIX/2] ; [1963], *Recherches logiques*, trad. Hubert Élie, Arion L. Kelkel & René Scherer, Paris, PUF.

Kripke, Saul [1980], *Naming and Necessity*, Cambridge (MA), Harvard University Press ; [1982], *La Logique des noms propres*, trad. Pierre Jacob & François Recanati, Paris, Minuit.

Meinong, Alexius [1904], *Über Gegenstandstheorie*, Leipzig, Barth ; [1999], *La Théorie de l'objet*, trad. M. de Launay & J.-F. Courtine, Paris, Vrin.

— [1915], *Über Möglichkeit und Wahrscheinlichkeit*, Leipzig, Barth.

Parsons, Terence [1978], "Nuclear and Extranuclear Properties", *Noûs*, 12, 12, 137-151.

— [1980], *Nonexistent Objects*, New Haven/London, Yale University Press.

Rapaport, William [1978], "Meinongian Theories and a Russellian Paradox", *Noûs*, 12, 2, 153-180.

Routley, Richard [1980], *Exploring Meinong's Jungle and Beyond*, Canberra, Department Monograph #3 of the Philosophy Department of the Australian National University.

Twardowski, Kazimierz [1894], *Zur Lehre vom Inhalt und Gegenstand der Vorstellungen* ; [1993], *Sur la théorie du contenu et de l'objet des représentations*, trad. Jacques English, in Edmund Husserl & Kazimir Twardowski, *Sur les objets intentionnels (1893-1901)*, Paris, Vrin.

Zalta, Edward [1988], *Intentional Logic and the Metaphysics of Intentionality*, Cambridge (MA), MIT Press.

Bruno LECLERCQ
Université de Liège
Liège, Belgique
b.leclercq@uliege.be

Imagination, abduction et types d'explication possibles
Claudio E. A. PIZZI

Un concept central pour la science et la philosophie est celui d'expérience de pensée (*Gedankexperiment*). Commençons par dire qu'il y a des expériences de pensée qui n'impliquent aucune visualisation. Dans son livre *Individuals: An Essay in Descriptive Metaphysics* [Strawson, 1959], P. F. Strawson imagine une expérience purement auditive et purement temporelle du monde, afin d'examiner à quelles conditions cette expérience pourrait permettre l'identification et la ré-identification d'objets particuliers. Selon Strawson, un monde sonore objectif est inconcevable si le sujet n'est pas capable d'ordonner, d'une manière ou d'une autre, les phénomènes présentés dans son expérience auditive : et ce sujet ne peut pas être un objet sonore[1].

Il s'agit là d'une expérience de pensée philosophique qui bien sûr partage quelques propriétés avec des expérimentations mentales scientifiques. Dans l'expérience proposée par Strawson, l'imagination, mais pas la visualisation, joue un rôle essentiel. Nous pouvons, par conséquent, faire la constatation que toutes les expériences de pensée ne sont pas des expériences de représentation visuelle. L'inverse s'applique également. Par exemple, un physicien fait une expérimentation mentale avec les atomes et les voit colorés, mais cela n'est point pertinent pour l'expérience projetée. Les enfants qui jouent au jeu appelé « Le Petit Chimiste » font des expériences chimiques et inventent des résultats, mais ce n'est pas une expérience de pensée. Une dernière distinction : les expériences fictionnelles, c'est-à-dire celles qui se rencontrent dans les œuvres de fiction – dans un film, un roman, etc. –, ne sont pas des expériences de pensée.

Le philosophe analytique Alan Ross White a consacré plusieurs de ses travaux au concept d'imagination, le distinguant clairement de ce qu'il appelle *imagery* (la représentation ou figuration de quelque chose)[2]. La représentation

---

[1] « *Would it not seem utterly strange to suggest that he might distinguish himself as one item among others in his auditory world, that is, as a sound or sequence of sounds? For how could such a thing – a sound – be also what had all those experiences?* »

[2] Voir en particulier [White, 1990].

implique une visualisation, mais l'imagination n'a pas essentiellement cette propriété : « *Imagery is confined to the copyable and the picturable, but imagination is not* » [White, 1990, 235]. Je peux imaginer avoir certaines sensations tactiles ou olfactives, mais je ne visualise certainement pas de telles expériences. La représentation se fait présente dans les hallucinations, les illusions d'optique, le « voir comme » au sens de la *Gestalt* (par exemple dans la célèbre figure « lapin/canard » de Jastrow) ou dans la rêverie.

À la différence de l'imagination, la représentation de quelque chose est une expérience. Imaginer quelque chose est surtout une activité sous le contrôle de la volonté du sujet, même s'il peut involontairement imaginer des choses désagréables, comme être conduit à l'échafaud après avoir été condamné à mort. L'imagination est générique, la représentation est spécifique : je peux imaginer vivre avec un tigre sans me représenter visuellement l'apparence du tigre. Pourtant, imaginer ne signifie pas essentiellement visualiser, mais élaborer, sous une forme conjecturale ou non conjecturale, une idée de quelque chose. Un problème intéressant est de comprendre comment ce type d'expérience contribue à l'explication des faits.

On dit souvent que les expériences de pensée peuvent être reconstruites dans la langue naturelle simplement comme des arguments avec des prémisses contrefactuelles, c'est-à-dire des arguments pour établir comment les choses seraient si certains états de choses devenaient réels[3]. Nous utilisons ici le terme *contrefactuel* dans un sens très large de telle manière qu'il puisse englober toute construction qui commence avec « supposons que ». En recherche de précision, les hypothèses peuvent, dans certains cas, être qualifiées de *préfactuelles* ou sans contenu factuel (*a-factuelles*) [Byrne & Egan, 2004].

Les hypothèses contrefactuelles qui sont entretenues dans les expériences de pensée sont souvent *contre-possibles*, c'est-à-dire qu'elles supposent des situations logiquement ou physiquement impossibles, et donc impossibles en principe. Si l'impossibilité est simplement physique, ce qui est conjecturé est un miracle et la prémisse est parfois dite *contre-légale*. En tout cas, elles consistent à imaginer des situations qui ne sont pas réelles, même si, pour ce qui a été dit, cela n'implique pas nécessairement une visualisation. Les conséquences qui découlent des hypothèses contre-possibles doivent cependant être strictement logiques et assurer le respect des faits et des lois compatibles avec l'hypothèse.

---

[3] Voir l'article *Counterfactual Thinking* [Wikipedia, s.d.] et [Mandel, Hilton & Catellani (eds.), 2005].

On pourrait aussi soutenir que les romans historiques tels que *I Promessi Sposi* d'Alessandro Manzoni et les romans de science-fiction tels que ceux de Jules Verne et d'Isaac Asimov sont aussi des expériences de pensée même s'ils ne peuvent pas être paraphrasés en termes de contrefactuels ; pour certains d'entre eux, de plus, nous pouvons dire que les événements qu'ils racontent *pourraient* effectivement se produire à l'avenir ou se sont produits dans le passé, de sorte qu'il n'est pas justifié de dire, strictement parlant, que dans ces cas sont imaginés des scénarios contrefactuels.

Les expériences de pensée partagent une caractéristique avec les romans : beaucoup des énoncés qui y entrent sont significatifs, mais non descriptifs : ce sont des exemples de *logos semantikòs*, mais pas de *logos apophantikòs*. Elles ne peuvent donc pas, à proprement parler, entrer dans les explications causales ou non causales des phénomènes réels. Malgré ce manque de référentialité, il ne fait aucun doute qu'elles contribuent à notre compréhension des mondes physique et social. Mais comment cela est-il possible ? Être un outil pédagogique important pour la transmission des informations, participer de la construction des explications, avoir une fonction heuristique, ne suffit pas pour conférer une valeur cognitive aux expériences de pensée. Le fait que presque toutes les expositions didactiques de la relativité einsteinienne sont basées sur des expériences de pensée – comme quand on demande à quelqu'un de s'imaginer à bord d'un vaisseau spatial qui se déplace à une vitesse proche de celle de la lumière – ne prouve pas leur importance pour la science.

Pour le reste, il est clair qu'il existe une ressemblance étroite entre le récit ou roman dit réaliste[4] et les expériences de pensée : 1) dans les deux cas, les mondes imaginaires préservent les lois de la nature compatibles avec l'hypothèse initiale ; 2) aux deux cas s'applique une clause *ceteris paribus*, c'est-à-dire qu'il est sous-entendu que tous les faits connus sur le monde, compatibles avec les faits imaginés, restent tels qu'ils sont dans le monde réel.

Après avoir indiqué comment l'imagination peut rapprocher la pratique scientifique de celle du romancier, il est bon de mettre en évidence les différences. L'imagination entre dans la science, mais pas dans le roman réaliste, par le moyen de l'opération d'*idéalisation*. Idéaliser un objet signifie abstraire un certain nombre de propriétés dont il jouit dans la réalité et lui attribuer des caractéristiques de perfection. La construction d'utopies consiste à assigner des propriétés de perfection à une société qui n'existe pas et dont l'on ne sait jamais si elle viendra à exister. Dans les romans réalistes, il n'y a pas de place

---

[4] Le « réalisme magique » à la García Márquez est à tort appelé *réalisme*.

pour l'idéalisation. La Lucia Mondella de *I Promessi Sposi* est clairement représentée comme un prototype de la fille lombarde « typique », mais on nous dit qu'elle portait des bas rouges, « avait des sourcils longs et noirs et la même couleur était celle de ses cheveux, divisés sur le front, avec une ligne blanche et fine ». Cette description relève plus du domaine de l'*imagery* que de l'imagination, qui est implicite dans toute idéalisation.

Une importante différence entre l'œuvre du romancier et la recherche en sciences sociales concerne l'option philosophique en faveur ou contre le déterminisme. Le déterminisme historique strict n'admet pas qu'il soit justifiable de parler de cours historique possible différent du seul qui a vraiment été réalisé. Par ailleurs, si le monde n'est pas soumis au déterminisme, il existe toujours la possibilité de penser que les choses pouvaient être différentes de ce qu'elles sont devenues en réalité.

Plusieurs historiens hégéliens, comme Benedetto Croce, ont soutenu que « l'histoire ne peut pas être faite avec des "si" ». *A contrario sensu*, nous devons retourner à la position claire prise par Max Weber, qui a non seulement admis, mais affirmé qu'il est essentiel de demander ce qui se passerait si un certain événement ne se produisait pas [Weber, 1922]. En l'absence de cette « expérimentation mentale », en effet, il ne serait pas possible de distinguer les causes déterminantes des causes occasionnelles. Même sans les coups de feu de Sarajevo qui ont déclenché la Première Guerre mondiale, un macro-événement semblable à ce que nous appelons la Première Guerre mondiale aurait eu lieu. Recourant à un type de raisonnement contrefactuel, Max Weber se demande : que serait-il arrivé au développement de la culture et de la civilisation grecque si les Perses avaient gagné les batailles de Salamis ou de Marathon ? Nous pouvons imaginer un monde possible : si les Perses avaient gagné, les sociétés ouvertes n'existeraient pas en Grèce et en Europe. Cette idée implique manifestement qu'une logique des contrefactuels est possible, contrairement à ce qu'un philosophe d'importance comme Quine a soutenu tout au long de sa vie.

En traitant du contexte de découverte, donc, il faut reconnaître que pour produire de la connaissance, deux types d'activité sont indispensables : le mode « direct », de premier ordre – essentiellement perceptuel – de représenter la réalité, et le mode « indirect », constructif – de second ordre – de nature imaginative et conceptuelle. Mais les capacités de discerner les liaisons entre la pensée imaginative et la pensée réelle, basée sur les faits, ne peuvent pas diverger sans le risque de faire prévaloir la spéculation sur l'observation.

L'imagination a-t-elle des limites ? D'après Poincaré, il y a des choses que l'on ne peut imaginer :

> Il est impossible de se représenter l'espace vide ; tous nos efforts pour imaginer un espace pur, d'où seraient exclues les images changeantes des objets matériels, ne peuvent aboutir qu'à une représentation où les surfaces fortement colorées, par exemple, sont remplacées par des lignes à faible coloration et l'on ne pourrait aller jusqu'au bout dans cette voie, sans que tout s'évanouisse et aboutisse au néant. C'est de là que provient la relativité irréductible de l'espace. [Poincaré, 1908, 95.]

Toutefois il y a des objets impossibles qu'il est possible de concevoir, comme le célèbre triangle de Penrose[5].

Dans les contrefactuels décrivant des expériences de pensée sont souvent présentés comme « êtres hypothétiques » des corps, des particules, des sujets humains *idéalisés*, non seulement parce qu'ils manquent de caractéristiques spécifiques, mais parce qu'ils n'ont pas les imperfections des entités réelles. Toutefois, l'idéalisation est aussi présente dans la formulation des lois physiques. Un corps qui persévère dans son état de repos ou de mouvement rectiligne uniforme ne peut le faire que s'il n'est pas sujet à la friction, et donc seulement s'il s'agit d'un corps qui n'existe pas dans le monde réel. En argumentant que les lois fondamentales de la physique sont, à la lettre, des mensonges, même si nous les prenons *comme si* elles étaient vraies, Cartwright [1983] donne le conseil suivant : « *We should believe only in laws for which we have evidence.* » À la construction des lois théorétiques le conseil ne s'applique pas.

La représentation qui entre dans les expériences de pensée peut avoir différentes formes, mais c'est sûrement une représentation extralinguistique. Ce qu'on néglige souvent de considérer, c'est que la représentation linguistique des événements peut être considérée comme un type particulier d'activité imaginative. En fait, la nature imaginative de la représentation linguistique résulte du fait que dans la constitution de connaissances de base (*background knowledge*), un même événement physique peut être décrit dans une langue (c'est-à-dire représenté linguistiquement en cela) d'un nombre arbitrairement grand de manières. Il ne faut pas oublier que déjà l'utilisation d'un langage naturel plutôt que d'un autre, par exemple de l'anglais au lieu de la langue des Hopis (Amérique du Nord), représente le choix d'un support expressif avec des caractéristiques spécifiques. Il est à noter que parfois les scientifiques

---

[5] Pour une analyse des différents types d'expériences de pensée : [Sorensen, 1992].

décrivent les faits en étendant le langage naturel, c'est-à-dire en introduisant des néologismes issus de l'imagination lexicale : par exemple, le mot *wavecle* (mélange de *wave* et *particle*), pour ne pas mentionner les noms d'animaux, de plantes ou de minéraux précédemment inconnus qui sont nommés par de nouveaux termes, en les insérant dans une taxonomie préexistante.

S'il y avait, pour chacun des faits, une seule représentation linguistique dans une langue donnée (comme le suggère la *picture theory of meaning* du « premier » Wittgenstein), il serait immédiat de traiter ces représentations comme un substitut des faits eux-mêmes et il n'y aurait pas de raison de parler du rôle de l'imagination. Mais ce n'est pas le cas : le même fait peut être représenté de différentes manières dans la même langue et ces modes dépendent souvent des préjugés ou schémas mentaux de ceux qui décrivent les faits. Cette dépendance donne un support aux critiques faites à la vision empiriste rustique selon laquelle « les faits ne parlent pas d'eux-mêmes ». L'exemple le plus classique est celui du phénomène par lequel, à un certain moment de la journée, la distance entre le soleil et l'horizon augmente : un phénomène qui peut être décrit comme « soleil levant » par un ptolémaïque et comme « s'abaissant sur l'horizon » par un copernicien.

Dans la création de descriptions alternatives du même fait, la fantaisie humaine peut apparemment s'exprimer sans limites. Précisément pour cette raison, toutefois, dans la recherche des preuves scientifiques, une sélection des différentes représentations linguistiques du même événement devrait être faite, en favorisant celles qui ont le plus faible degré de dépendance aux préconceptions, idéologies ou théories présupposées (*dé-relativisation*). Cette demande est un moyen de reprendre l'idée baconienne de la critique des idoles, et en particulier des *idola fori* : et notez que le mot *idolon* vient d'*eidolon* (simulacre), qui a donc la même origine que « idée » (vision) ou représentation mentale.

Les *idola fori* sont dus à l'imagination quand elle introduit un langage qui, sans relations référentielles avec la réalité, a la prétention de la représenter. Dans la philosophie spéculative, beaucoup de mots n'ont pas de sens, ils ne correspondent à rien de réel – un cas emblématique est le *Das Nichts nichtet* de Heidegger. Dans certains cas, beaucoup de confusions sont créées en utilisant le même mot pour connoter des choses différentes, laissant au lecteur la tâche de choisir une interprétation, la plus conforme à ses attentes et prédispositions. Il y a des mots à significations multiples, par exemple *justice*, qui, faisant référence à beaucoup de choses, rendent le dialogue et la communication difficiles.

L'imagination linguistique illustrée par les *idola fori* nous amène parfois à parler de la réalité d'une manière qui nous empêche de savoir objectivement de quoi nous parlons. L'imagination linguistique élabore des termes sans signification précise et stimule l'équivocité de manière à empêcher à la fois l'expérience réelle et l'expérience de pensée. L'absence d'une définition précise a l'effet que même les mots avec une identification clairement identifiée génèrent de la confusion et empêchent la représentation des choses avec un minimum de vraisemblance. Tout cela montre que l'imagination linguistique doit être plus contrôlée que l'expérimentation mentale.

Contrairement à ce que Bacon supposait, dans la phase de création d'une théorie, que nous pouvons appeler *abductive*, la fantaisie et l'imagination ont un rôle essentiel. Beaucoup de découvertes importantes sont dues au hasard, à la *serendipity*, puisqu'elles arrivent pendant que le scientifique est à la recherche d'autre chose. Le chercheur a la sagacité de remarquer quelque chose d'important, d'inattendu, de prodigieux qui le surprend en ouvrant une nouvelle voie de recherche. Les autres découvertes sont dues aux images produites par l'imagination, comme celles d'Einstein quand il s'imagina à cheval sur un rayon de lumière ou comme le rêve de Kekulé dans lequel il devina la structure du benzène en rêvant à un serpent qui se mordait la queue. Nous voyons ici encore à l'œuvre les expériences de pensée qui, en dépit de leur importance, n'entrent pas dans l'activité propre d'expliquer des faits, mais dans la préparation de la découverte.

La découverte des lois de Kepler a été admirablement décrite par Hanson dans *Patterns of Discovery* [1958]. (Sur ce sujet il y a aussi l'important essai de M. Kiikeri [2001].) L'imagination de Kepler et l'intuition qui l'a amené à identifier la forme correcte des orbites ont probablement été retenues par des préjugés séculaires sur la perfection de la figure du cercle ou de la sphère et par celui qui veut que la nature se conforme, par la volonté des dieux, aux formes parfaites. Une autre difficulté qui a entravé la découverte de Kepler est le fait bien connu qu'il était incapable de trouver une explication à la forme elliptique des orbites dans les lois qu'il connaissait.

Dedre Gentner, en explorant les écrits de Kepler [Gentner, 2002], a démontré que, en l'absence d'une explication rigoureuse des phénomènes qui l'intéressaient, Kepler est revenu à des analogies géniales pour expliquer le mouvement elliptique. Il parlait d'une *vis motrix* et antérieurement d'une *anima motrix* du soleil qui voyage à la manière de la lumière et qui pousse les planètes au mouvement (il ne parle pas d'une force attractive, qui est la force gravitationnelle découverte quatre-vingts ans plus tard). Ce n'était pas la seule analogie qu'il utilisait. Il a également comparé la puissance du soleil à celle de l'aimant. À d'autres moments de sa recherche, il l'a également comparée à un courant dans lequel les planètes naviguent comme des marins sur un bateau. Tournant sur son axe, le soleil semble créer un courant qui porte les planètes en les faisant tourner autour de lui, puis en les rejetant par la force centrifuge. Les analogies ne sont pas seulement auxiliaires dans la pensée de Kepler. Il a écrit une phrase très citée : « J'aime particulièrement les analogies, mes maîtres les plus fidèles, familiarisés avec tous les secrets de la nature. » L'utilisation d'analogies, à cette époque, était également récurrente. Un contemporain de Kepler, le médecin William Harvey, dans l'étude de la circulation sanguine, a été aidé en pensant au cœur comme à une pompe qui alimente un système de tuyaux hydrauliques. Les citations pourraient se multiplier.

Le chemin psychologique qui conduit à la découverte des faits et des lois scientifiques peut donc être tortueux et pas complètement rationnel. L'imagination joue un rôle essentiel dans le contexte de la découverte, dans l'*ars inveniendi*, puisqu'elle intervient dans le moment où les hypothèses sont lancées, éventuellement avec l'aide psychologique d'analogies suggestives. Ce fait a permis à Popper de comparer la création scientifique avec la création poétique et artistique et à Feyerabend de considérer comme injustifiable, voire nuisible, de faire une distinction claire entre l'art, la science et la technique. Léonard de Vinci n'est que l'exemple le plus célèbre d'une personnalité difficile à classer : plus scientifique ou plus artiste ? Et il y a des activités, telles que l'architecture et l'historiographie, dans lesquelles il est difficile de dissocier la composante artistique imaginative de la composante technico-scientifique.

Une caractéristique éloigne le positivisme de la caricature souvent faite de son épistémologie. Comte considère l'induction et la déduction comme « certainement insuffisantes, même à l'égard des plus simples phénomènes, aux yeux de quiconque a bien compris les difficultés essentielles de l'étude approfondie de la nature, si l'on ne commençait souvent par *anticiper* sur les résultats en faisant une *supposition provisoire*, d'abord essentiellement *conjecturale*, quant à quelques-unes des notions mêmes qui constituent l'objet final de la recherche » [Comte, 1835, 434 ; nos italiques]. La proposition de faire en science des suppositions provisoires, de nature conjecturale, est un précurseur du schéma de Popper des « *conjectures et réfutations* ». En opposition à Newton, Comte défend « l'introduction, strictement indispensable, des hypothèses en philosophie naturelle » et en même temps met en évidence que l'emploi de ce puissant artifice doit être constamment assujetti à une condition fondamentale, à défaut de laquelle il tendrait nécessairement, au contraire, à entraver le développement de nos vraies connaissances. Cette condition, jusqu'ici vaguement analysée, consiste à ne jamais imaginer que des hypothèses susceptibles, par leur nature, d'une vérification positive, plus ou moins éloignée, mais toujours clairement inévitable […]. [Comte, 1835, 434-435.]

La négation de l'observationalisme, c'est-à-dire de la vision que le processus de production de la science doit commencer par l'observation pure et neutre, ne nous dispense pas de faire remarquer que le contexte de la découverte est différent de celui de la justification. Nous devons abandonner les frontières rigides entre l'activité de découvrir et celle de justifier, sans endosser la thèse de l'inséparabilité défendue par des auteurs qui, par méconnaissance de Comte, se définissent à tort comme post-positivistes. Dans la phase de justification, une reconstruction rationnelle de la procédure abductive et explicative est effectuée. La reconstruction de l'abduction – c'est-à-dire de l'inférence des faits à expliquer à la meilleure hypothèse (IBE : *Inference to the Best Explanation*[6]) –, distingue logiquement deux moments, le créatif et le sélectif. Dans la reconstruction rationnelle de la procédure abductive, la génération des hypothèses – moment créatif – doit subir des contraintes logiques précises qui ne sont pas présentes dans la phase créative : notamment celle selon laquelle les autres hypothèses lancées doivent être exhaustives et disjointes (incompatibles entre elles). Dans le moment sélectif, les hypothèses sont mises en contraste avec les faits (évidence), pour nous amener à l'identification possible de la meilleure des explications possibles de l'*explanandum*.

Rien ne nous empêche de comprendre l'explication qui entre en jeu dans la procédure abductive décrite ci-dessus comme une explication au sens de Hempel-Oppenheim, et donc essentiellement comme un argument logique, même si pas nécessairement déductif, qui a comme conclusion l'*explanandum*. Mais il y a tout un courant, surtout antipositiviste, qui tend à renforcer d'autres outils pour l'explication des phénomènes – les modèles et toutes les constructions fictives, y compris les métaphores. Nous revenons ainsi à l'utilisation de l'analogie commune dans la science prémoderne et considérée avec suspicion après la fin du XVIIe siècle. La structure de l'atome « ressemble » à celle d'un système planétaire et est donc « comme si » c'était un système planétaire. Le « comme si » est exprimé rigoureusement à travers

---

[6] IBE ne coïncide pas exactement avec ce que Peirce voulait dire par *abduction* [McAuliffe, 2015].

un conditionnel contrefactuel de cette forme : « Si l'atome était un système planétaire, il aurait des propriétés similaires à celles qu'il possède réellement. » C'est un conditionnel très particulier, car l'antécédent est contre-possible, mais le conséquent est vrai.

Le livre important de Hans Vaihinger, *Die Philosophie des Als Ob* [1911], a été oublié dans la philosophie contemporaine[7], mais il contient des intuitions extraordinairement actuelles. Le fictionnalisme de Vaihinger est en effet sous-jacent aux élaborations de nombreux philosophes qui n'ont jamais lu son livre[8]. On dit souvent que le fictionnalisme est en contradiction avec le réalisme scientifique, qu'il serait une forme extrême d'antiréalisme. Cependant, ceci est controversé. Récemment, M. Suárez [2010] a soutenu que le fictionnalisme est neutre par rapport au choix entre le réalisme et l'antiréalisme. La conclusion qui peut être tirée de cette thèse est que la construction de mondes fictifs et idéaux dans la pratique scientifique n'exclut pas que les théories les plus avancées de la science puissent être des représentations aussi approximatives et floues de la réalité. Les conditionnels « comme si » sont des conditionnels contrefactuels d'un genre particulier, et même les réalistes ne nient pas aujourd'hui que les contrefactuels sont une partie légitime du langage scientifique. La croisade de Quine (qui était aussi antiréaliste) contre le langage modal et contrefactuel n'a plus aujourd'hui aucun adepte important.

Nous reprenons l'idée initiale que l'utilisation de constructions résultant de l'emploi de l'imagination, à condition d'être rationnellement conduite, ne nous éloigne pas du monde réel, mais est l'un des moyens d'obtenir ou d'approfondir les connaissances des faits ou des phénomènes et surtout des relations entre elles.

À l'appui de cette thèse, la considération suivante est simple à faire : l'existence d'un lien de causalité entre les phénomènes est reconnue, dans les tribunaux, mais aussi dans la science, en essayant d'établir la vérité de conditionnels contrefactuels sous condition que s'il n'y avait pas la cause présumée, il n'y aurait pas l'effet présumé. Il est important de noter que cette façon de comprendre la relation de cause à effet se trouve également dans Hume

---

[7] Voir cependant [Fine, 1993].

[8] Le fictionnalisme mathématique de Hartry Field et le fictionnalisme modal de Gideon Rosen (qui regarde les mondes possibles comme des fictions) en sont des exemples patents. En ce qui concerne la philosophie des sciences empiriques, la littérature est très vaste : voir par exemple [Cartwright & Woods, eds., 2010]. Le nom de Nancy Cartwright, déjà mentionné, et celui de Bas van Fraassen sont les plus en vue ; voir [Eklund, 2015].

(*Enquête sur l'entendement humain*, section VII), même si elle est apparemment en contradiction avec sa thèse bien connue que le lien de causalité est le produit psychologique de la simultanéité régulière de deux types d'événements :

> Suitably to this experience, therefore, we may define a cause to be "an object, followed by another, and where all the objects similar to the first are followed by objects similar to the second." Or, in other words, "where, *if the first object had not been, the second never had existed.*" [Hume, 1849, 51 ; nos italiques.]

Ainsi, l'existence d'un lien de causalité objective, qui peut aussi être de type productif (par exemple, transfert d'énergie d'un corps à l'autre, génération d'un enfant par la mère), est établie en ayant recours à la relation entre les situations, ou mondes, imaginaires. Il est difficile de trouver une meilleure preuve qu'une utilisation contrôlée de l'imagination est non seulement quelque chose qui enrichit notre connaissance, mais aussi quelque chose qui est essentiel à la compréhension du monde réel.

Une fois que ce qui précède est établi, il reste à réfléchir sur la nature des mondes possibles ou imaginaires qui entrent en jeu dans le raisonnement contrefactuel. À cet égard, différentes écoles de pensée se sont formées. Hors le fictionnalisme modal, déjà examiné, il est habituel de reconnaître les courants réaliste (David Lewis), conceptualiste (Saul Kripke) et nominaliste (Bas van Fraassen). Selon le premier, les mondes possibles sont réels, même s'ils n'ont pas l'existence actuelle ; selon le deuxième, ils sont des constructions mentales ; selon le dernier, ce sont des constructions linguistiques. Au premier abord, il semble que seuls les conceptualistes admettent le rôle de l'imagination dans le raisonnement contrefactuel : les mondes possibles sont, par définition, des mondes concevables à partir d'un monde donné. Mais cela n'est pas tout à fait vrai. Selon le réaliste Lewis, les mondes possibles sont peuplés par des homologues (*counterparts*), des entités qui peuplent le monde réel ou d'autres mondes accessibles au monde réel. Pour les « voir », une sorte de télescope mental est évidemment nécessaire, rappelant l'œil « platonicien » de l'esprit. On a ironisé au sujet de ce réalisme modal, comme dans l'article de Dana Scott « Y a-t-il de la vie sur les mondes possibles ? » [Lewis, 2015]. Il faut noter seulement que pour exercer cet outil mental qui permet de visualiser des mondes, il est besoin d'une bonne dose d'imagination, et non pas dans le sens de l'*imagery*.

Le nominalisme épousé par les empiristes peut sembler une position philosophique contraire à l'exercice de l'imagination. Dans sa forme la plus simple, celle de Wittgenstein-Carnap, les mondes possibles sont des descriptions linguistiques des états de choses, générées afin d'épuiser toutes les combinaisons possibles. Nous omettons de commenter le fait que, étant une langue logique basée sur un nombre infini de lettres propositionnelles ou prédicatives, une description complète d'un état de choses, c'est-à-dire un monde possible, est une construction infinitaire, qu'on peut considérer comme un produit de l'imagination. Cependant, avec le nominalisme on peut identifier une forme particulière du relativisme, qui est le relativisme linguistique. Différents langages formels « déterminent » des classes de mondes possibles différents. Alors que toute langue naturelle, quoique étant un produit culturel, est d'une certaine manière prédéterminée, les langages artificiels sont créés par des scientifiques individuels et adoptés ou rejetés par la communauté scientifique.

L'imagination entre inévitablement dans l'élaboration de ces langages artificiels. Qu'il suffise de dire que dans le contexte de la logique modale, vous pouvez avoir une logique du temps en utilisant les opérateurs logiques P et F pour le passé et l'avenir, ou le connecteur T pour « et ensuite » ou la relation R pour « avant – après ». L'imagination entre aussi en jeu dans l'établissement des règles de traduction entre différents langages. Notez également que vous pouvez imaginer utiliser une langue différente de ce qui est réellement utilisé. Considérez cette énigme attribuée à Abraham Lincoln : « Combien de pattes un chien aurait-il si la queue du chien s'appelait *patte* » ?

Ici nous rencontrons un nouveau type de conditionnel, le conditionnel *contre-linguistique*. Les conditionnels contre-linguistiques n'ont jamais été étudiés par la logique, mais peut-être seront-ils ces prochaines années un sujet important et innovateur pour évaluer l'ampleur du concept d'imagination.

Références bibliographiques

Byrne, Ruth M. & Egan, Suzanne N. [2004], "Counterfactual and Prefactual Conditionals", *Canadian Journal of Experimental Psychology*, 58, 2, 113-120.

Cartwright, Nancy [1983], *How the Laws of Physics Lie*, New York, Oxford University Press.

Cartwright, Nancy & Woods, John (eds.) [2010], *Fictions and Models: New Essays*, München, Philosophia.

Comte, Auguste [1835], *Cours de philosophie positive*, II, Paris, Bachelier.

Eklund, Matti [2015], "Fictionalism", *Stanford Encyclopedia of Philosophy*.

Fine, Arthur [1993], "Fictionalism", *Midwest Studies in Philosophy*, 18, 1-18.

Gentner, Dedre [2002], "Analogy in Scientific Discovery: The Case of Johannes Kepler", in Lorenzo Magnani & Nancy Nersessian (eds.), *Model-Based Reasoning. Science, Technology, Values*, New York, Kluwer, 21-39.

Hanson, Norwood Russell [1958], *Patterns of Discovery. An Inquiry into the Conceptual Foundations of Science*, Cambridge, Cambridge University Press.

Hume, David [1849], *Essays and Treatises on Various Subjects*, Boston, J. P. Mendum.

Kiikeri, Mika [2001], *Abduction, Inference to the Best Explanation, and the Discovery of Kepler's Ellipse*, http://www.helsinki.fi/tint/matti/kiikeri.pdf.

Lewis, David K. [2015], "A Reply to Dana Scott 'Is There Life on Possible Worlds?'", in Barry Loewer & Jonathan Schaffer (eds.), *A Companion to David Lewis*, Chichester, Wiley-Blackwell, 18-22.

Mandel, David R., Hilton, Denis J. & Catellani, Patrizia (eds.) [2005], *The Psychology of Counterfactual Thinking*, London, Routledge.

McAuliffe, William H.B. [2015], "How did Abduction Get Confused with Inference to the Best Explanation?", *Transactions of the Charles S. Peirce Society: A Quarterly Journal in American Philosophy*, 51, 3, 300-319, https://muse.jhu.edu/ article/608995.

Poincaré, Henri [1908], *Science et Méthode*, Paris, Ernest Flammarion, « Bibliothèque de Philosophie scientifique ».

Sorensen, Roy [1992], *Thought Experiments*, New York, Oxford University Press.

Strawson, Peter Frederick [1971], *Individuals. An Essay in Descriptive Metaphysics*, London, Routledge.

Suárez, Mauricio [2010], *Fictions, Inference and Realism*, in Cartwright & Woods [2010].

Vaihinger, Hans [1911], *Die Philosophie des Als Ob*, Leipzig, Meiner.

Weber, Max [1922], *Gesammelte Aufsätze zur Wissenschaftslehre*, Tübingen, Mohr.

White, Alan Ross [1990], *The Language of Imagination*, Cambridge (MA), Blackwell.

Wikipedia [s.d.], *Counterfactual Thinking*, https://en.wikipedia.org/wiki/Counterfactual_thinking.

Claudio E. A. Pizzi
Università di Siena
Sienne, Italie
pizzi4@gmail.com

La fonction sémantique de l'imagination chez Helen Keller
Dominique BOUILLON

Helen Keller (1880-1968), devenue sourde-muette et aveugle à l'âge de 19 mois, écrit à 20 ans une *Histoire de sa vie*[1] qui raconte comment elle est parvenue à rejoindre le monde des voyants et des entendants en investissant progressivement la langue (l'anglais américain), à l'âge de 7 ans, grâce aux efforts conjugués de son institutrice, Ann Sullivan (1866-1936), et de sa famille. Elle précise quelques années plus tard une thèse sur le rôle dévolu à l'imagination dans sa reconquête du monde vu et entendu par les autres[2].

Quel sens donner au mot *imagination* dans les textes d'Helen ? La relation entre l'imagination et la perception visuelle est manifeste dans les langues latines. Mais on ne peut créditer la cécité d'une imagination sans en déplacer nettement l'intrication au visible. Helen a dû traverser les idoles de la langue et les surmonter. Elle nous livre donc un effort de conceptualisation original, d'essence littéraire et réflexive. En allemand[3], l'emploi qu'elle fait du mot anglais, de 20 à 24 ans, évoque celui d'*Einfallsreichtum* (l'abondance des idées) et de *Vorstellungskraft* (la capacité de concevoir et de se construire une représentation au-delà du donné), mais aussi d'*Einbildungskraft* (ce même pouvoir, marqué par l'originalité, avec un indice d'irréalité) qu'elle inclut comme une condition d'origine. Il est clair que ce n'est pas celui de *Phantasie* (fantaisie capricieuse immotivée). Cela rejoint *Ideenreichtum* (l'inventivité).

Le test se poursuit dans son écriture poétique, d'un anglais élégant, riche, métaphorique et rythmé. Il s'agit manifestement d'une œuvre d'art et d'imagination. Le lecteur séduit ne peut à aucun moment soupçonner que l'auteur est privée de la vue et de l'audition. Cette création littéraire prouve par le style

---

[1] *The Story of Her Life* [Keller, 2004], abrégé en TSL.
[2] *The World I Live In* [Keller, 2009], abrégé en TWL.
[3] Helen porte un nom allemand – *Der Keller*, le cellier, la cave. Les premières langues étrangères qu'elle a pratiquées sont le latin et l'allemand. Elle a appris l'allemand et le français à travers les auteurs classiques et romantiques.

ou par l'exemple[4] la réussite du partage, en acte chez le lecteur. L'opérateur de la compensation qui a normalisé l'usage qu'Helen fait de la langue des voyants et des entendants est l'imagination symbolique du toucher, continuelle dans son éducation.

L'imagination supplée au défaut des sens. Elle marque donc leurs limites, en se fondant sur eux. Elle le fait au moyen de signes et de phrases qui en dépendent. Elle le peut grâce à l'entrée dans la langue d'institution. Interpréter le signe nouveau, transmis dans cette éducation première, est un travail permanent de l'imagination, qui compare et compose les parties déjà identifiées dans des rôles variés, en situation, pour établir le rapport de l'inconnu au connu intellectuellement et passer du signifié conçu au signe d'institution épelé. Le monde *signifié* est d'abord un monde *recomposé*, ou *imaginé*.

Les conditions d'intelligibilité de la pratique de l'éducatrice restent celles de la pensée adulte. Mais le succès de ses méthodes dépend d'une autre imagination, condition *sine qua non* de réussite : celle que l'adulte emprunte à l'enfance (ici l'imagination de l'enfant de 2 ans). Les psychologues humanistes de l'époque ont remarqué sa parenté avec le rêve éveillé et la fonction poétique [Perez, 1892, 176-178].

Ce rôle conféré à l'imagination pourrait être inspiré par les convictions du transcendantalisme, une philosophie influente à l'Institut Perkins pour les Aveugles de Boston[5], où Ann Sullivan puis Helen Keller ont trouvé instruction et soutien social chaleureux. Ralph Waldo Emerson[6] croyait à l'existence, en l'homme, d'une bonté expressive de toute la nature et d'un potentiel illimité que chacun avait le devoir de reconnaître en soi. Ces puissances s'expriment à travers l'intuition et l'imagination du juste dans les relations humaines. L'écoute de la nature en soi et l'optimisme qui s'ensuit sont bien des positions d'Helen. Mais Emerson reste victime d'un préjugé sédimenté dans la langue quand il fait dériver, dans son essai sur la Nature, le sens de la beauté du principe harmonique que l'œil, comme *globe* oculaire, lui donne [Emerson, 2000, 27]. Il ne semble pas retenir la *catalepse* tactile qu'Helen décrit. Elle-même soutient que seul un accident, que l'on peut surmonter par l'imagination, l'empêche d'utiliser normalement son cerveau qui dispose de cinq sens. Cette allusion à l'a priori naturaliste de l'hérédité impliqué par

---

[4] L'exemple ou induction incomplète, dans la *Poétique* d'Aristote ; [Zabarella, 2009], II, chap. XIX, 5, 245-247.

[5] Samuel Gridley Howe (1801-1876) en fut le directeur (1832).

[6] Son éloge de Swedenborg est cité dans [Keller, 1927], 1, 13-14.

l'évolution est par ailleurs conforme au discours de l'époque chez les psychologues [Sully, 1892, viii] lus par Ann[7] et les instructeurs de Perkins.

Helen a-t-elle vraiment réussi à rejoindre le monde des voyants et des entendants en entrant dans la langue grâce à l'imagination qu'elle décrit ? L'imagination sensualiste, au fondement du monde pensé par la langue, nous assure-t-elle d'un monde partagé, ou seulement rêvé par le goût ?

La thèse d'Helen sur l'imagination

Le monde des cinq sens s'impose comme une idéologie dominante[8]. La cécité ne prive pas l'aveugle de ce qui compte vraiment, le sens de l'entraide, l'amitié, l'humour, l'imagination, la sagesse. Mais il lui faut passer par la langue qui est celle des voyants, où tout se dit dans le langage de la vue : couleur, lumière, physionomie... Spontanément, il tend à réagir linguistiquement comme s'il avait les sens qui lui manquent. Il dit *I see* pour *I feel*. S'il veut participer au monde de tous les autres, il lui faut déchiffrer ces métaphores à partir des sens qu'il a et entrer dans la langue en usage. L'imagination sémantique est ce qui le lui permet : car on peut avoir des yeux en dehors de soi et se faire aider. Cette privation ne vous exclut pas si vous en décidez autrement. Elle exprime le cas de l'espèce.

Reconquérir le monde des voyants est pour un sourd-muet-aveugle un défi analogue à celui de l'astronomie pour l'esprit scientifique [TWL, 38]. L'aveugle qui veut s'inscrire dans le monde des voyants est comme le savant en quête du savoir, qui s'expose à l'inconnu et à l'invisible avec passion.

Cela conduit à proposer une thèse philosophique qui généralise la participation de l'imagination à la fonction cognitive :

> Le plus bel exemple de connaissance imaginative est le concert avec lequel les premiers philosophes ont commencé leur étude du monde. Ils ne pouvaient le percevoir en sa totalité. Cependant leur imagination, avec son splendide droit à l'erreur [*allowance for error*], son pouvoir de traiter l'incertain comme négligeable, a désigné le chemin à la connaissance empirique. [TWL, 38.]

---

[7] Ann Sullivan, lettre du 22 mai 1887 à Sophia Hopkins : « *Will you please ask Mr Anagnos to get me Perez's and Sully's psychologies ? I think I shall find them helpful.* » TSL, 236.

[8] « Quelle mascarade que la vue ! Il y a des voyants qui ne savent pas regarder, et ne voient rien ni dans le monde ni dans les livres. » TWL, VIII, « The five-sensed world », 36.

On remarque une semblable émancipation à l'égard des sens chez les grands poètes et les grands musiciens : ils s'élèvent très haut au-dessus de notre monde embrumé et obscurci, vers les régions de la lumière, de la musique et de l'intellect (Baudelaire, *Les Fleurs du mal*, *Élévation*). La cécité ne change donc rien au cours des réalités intimes et le monde le plus ravissant est toujours vu à travers l'imagination [TWL, 39].

L'entreprise exige de faire une place à l'autre face de l'imagination, sa part d'irrationalité. La capacité cognitive de l'activité de représentation exige de l'originalité impliquant une pointe d'irréel, comme une condition d'origine. Car le tout signifié n'est pas dans le toucher, ni même dans l'expérience. L'imagination nous réunit à une autre source que celle reconnue par l'empirisme ou le sensualisme.

Il faut accepter de faire une place aux visions intimes. Celles-ci reposent sur des correspondances objectives et subjectives entre les choses matérielles et spirituelles[9]. Et aux analogies de la perception sensible : « Je distingue le vermillon du cramoisi comme le parfum de l'orange et celui du raisin. La nuance du parfum et la saveur forment des degrés sinon des espèces, elles sont comme l'ombre pour la lumière »[10]. Les roses diffèrent entre elles. « La fraîcheur d'une fleur est analogue à celle d'une pomme fraîchement cueillie » [TWL, 44]. Les vibrations et les qualités des surfaces, des goûts et des saveurs sont aussi nuancées que celles que l'on tire de la vue et de l'ouïe par ailleurs : tous ces rapports d'intensité entre les qualités permettent d'établir un lien d'après les rapprochements faits par autrui et de penser « jeter un pont entre l'œil et la main » [TWL, 45].

La métaphore en question

Le pont entre la main et l'œil a dû être construit, et ce fut l'équivalent d'un travail ethnologique de traduction et d'assimilation à un nouveau monde [TWL, 52-53]. L'esthétique philosophique en permet la réalisation à Helen et à Claude Lévi-Strauss[11]. Le projet n'a été possible qu'en raison de la communauté de genre qui réunit n'importe quel être humain aux autres : sentiments, sensations, conscience lui permettent d'imaginer ce que vivent les

---

[9] « Inward visions », TWL, IX, 40-43.

[10] « Analogies in sense perception », TWL, X, 44.

[11] Le souvenir de Baudelaire pour pénétrer dans l'univers de l'American Museum of Natural History [Lévi-Strauss, 1975], I, I, 7-8 ; « Adorable civilisation de qui les reines cernent le songe avec leurs fards » [Lévi-Strauss, 1955], XX, 203-224.

autres. Comme la pensée du non-voyant est essentiellement la même que celle du voyant et ne manque pas, elle peut trouver des palliatifs aux sensations physiques qui font défaut. Ce palliatif est la *ressemblance* des choses entre l'extérieur et l'intérieur, la *correspondance* entre le visible et l'invisible. Il ne s'agit pas de donner un statut cognitif à cette relation, puisque la vérification échappe au non-voyant [TWL, 53]. La ressemblance ne prétend pas indiquer les attributs des choses en elles-mêmes. Il s'agit seulement d'établir une notion commune aux interlocuteurs derrière l'emploi des métaphores visuelles. L'usage de la correspondance reste subjectif. C'est une valeur pratique, un expédient unilatéral efficace, et cela reste une hypothèse de travail. En effet, le champ métaphorique de la lumière pour dire ce qu'est la pensée, hérité de Platon et transmis à toute la tradition occidentale, permet à Helen une autre conversion : l'intelligible (invisible) commun est mis en correspondance avec le visible et peut en donner les analogies linguistiques au non-voyant.

L'éclair de la pensée, sa vivacité explique celui de la lumière et le tracé de la queue de comète à travers les cieux. L'invisible devient le visible par les métaphores de l'activité mentale[12]. L'intelligible donne au visible son concept[13]. Et quand elle emploie les mots du registre visuel après une reconstruction conceptuelle par analogie, Helen reconnaît les métaphores comme telles [TWL, 53].

Cependant la *ressemblance* est à elle seule un argument sceptique. À cause d'elle, nous doutons de nos yeux ou de nos sens en général[14]. En inversant la conversion platonicienne, Helen exprime-t-elle la vérité de la *mimésis* entre le monde visible et le monde intelligible ou s'enferme-t-elle à nouveau dans les idoles de la langue et l'imaginaire de la tradition, la norme du théâtre d'ombres qu'elle a voulu rejoindre pour en avoir été exclue ? Elle-même a cru suffisant d'avoir pu imaginer le visible en son absence avec pour seuls moyens la langue et la pensée. L'esprit générique en serait la seule condition de réalisation possible et non la simple condition de possibilité. Son argument, qui est déclaré [TWL, 53], est anthropologique [Blumenberg, 2006].

---

[12] « Mon ciel mental m'ouvre l'immensité des cieux, et je les remplis de mes étoiles spirituelles » [TWL, 53].
[13] Platon, *République*, VI et VII.
[14] Sextus Empiricus, *Contre les logiciens*, I, 404 *sq.*, *Contre les physiciens*, I, 2-3 ; Descartes, *Méditations métaphysiques*, AT IX, 13 *sq.*, 15.

Le sens logique de la métaphore

Aristote, dans la *Poétique* [1975], accorde un sens logique à la métaphore à travers sa relation à l'analogie. Le texte dit : « Bien faire des métaphores, c'est bien juger de ce qui est semblable » [1459a 5-8]. *Theoreiv* : observer, inspecter, contempler, par l'intelligence, juger d'après des preuves, en comparant, réfléchir, méditer. Le verbe indique une activité de type philosophique, judiciaire ou scientifique. La métaphore s'apparente à l'activité d'un jugement vigilant qui cherche *to omoion* : ce qui est *égal* et désigne une *même* nature, à travers ce qui se présente.

La définition de la métaphore qui précède [1457b 6-33] – la substitution d'un nom à un autre, ceux du genre et de l'espèce, et suivant une analogie – va aussi dans ce sens. Le rapport d'analogie est celui où le second terme est au premier comme le quatrième est au troisième : le poète emploie le second au lieu du quatrième et peut aussi l'ajouter au terme auquel se rapportait le mot remplacé par métaphore. Si la coupe est à Dionysos comme le bouclier est à Arès, le poète peut dire de la coupe qu'elle est le bouclier de Dionysos ou du bouclier qu'il est la coupe d'Arès. Cela est rendu possible par l'identité de rapport qui unit deux à deux les termes analogues : celui d'un dieu à son *emblème*.

La métaphore nous donne à voir intellectuellement les relations d'idées qui unissent des choses par ailleurs hétérogènes, la coupe et le bouclier n'ayant pas de communauté substantielle, matérielle, essentielle ou finale. Mais ils sont les signes de reconnaissance des divinités et de leur domaine de toute-puissance. Cette figure explore donc le sens symbolique avec une opérativité spéciale, qui est la substitution de nom ou l'impropriété nominale sans erreur ni ambiguïté. C'est un jeu de langage qui économise une longue description et c'est un discernement, car la licence est frappante, elle fait apparaître la relation cachée par allusion, sans la déployer analytiquement.

La métaphore est donc directement une figure de l'esprit et de l'entendement le plus vigilant et le plus actif[15]. La fonction du poète n'est nullement de se livrer au délire, mais plutôt de le guérir, en purifiant le public d'un excès passionnel par le remède approprié[16]. Il est plus philosophe que l'historien[17] par le type d'argumentation qu'il emploie, car il trouve des exemples : une approche du général à travers des figures singulières ou particulières, qu'il

---

[15] [Gracián, 2005], 442-444, « Discours II », « Essence illustrée de l'acuité ».
[16] Aristote, *Poétique*, 1449b 24-27 ; *Politique*, VII, 1341b 35 *sq*.
[17] Aristote, *Poétique*, 1451b 5-11.

nous appartient de compléter par induction en tant que spectateur. L'effort exigé par les métaphores poétiques peut paraître relever de la même pédagogie : c'est à nous de découvrir leurs analogies implicites, comme nous avions à compléter les exemples ou les inductions en action dans le drame, en leur attribuant leurs règles universelles[18]. Nous déchiffrons les figures poétiques. Elles nous conduisent aux vérités générales que nous possédions auparavant ou que nous pouvions aborder par d'autres voies, qui sont exprimées par toute la suite des équivalences dont elles relèvent.

Mais il est vrai que les métaphores sont une translation singulière qui n'est pas prescrite par la règle qu'elles incarnent : elles s'inventent par une autre voie que celle du sens commun, qui ne possède que les notions auxquelles on peut les réduire. Elles ne sont pas l'effet d'une simple imitation et manifestent un talent singulier, mystérieux. L'imagination est magique, miraculeuse, dit Helen.

Le sens réel présupposé par le sens figuré (irréel) de la métaphore

L'*Essai sur l'origine des langues* de Jean-Jacques Rousseau nous permet de comprendre la compatibilité entre l'origine obscure, irréelle, de l'inventivité des noms, des codes, des instruments, et l'usage rationnel, constructif ou réflexif de la métaphore. L'imagination symbolique, dans son usage inventif pour former les premières langues et les premiers mots, commence par un délire hallucinatoire ou passionnel qui exprime la privation de norme, la démesure, effet de l'ignorance : le sujet forme le nom *géant* pour désigner un autre homme aperçu pour la première fois à travers l'image déformée de la surprise et de la peur. Mais il n'y a de métaphore au sens de la figure de style que dans le second moment : après le retour au calme, puis au sens propre ou à l'usage du nom commun *homme* pour désigner le même objet quand il revient. Ce qui veut dire que l'on a ouvert les yeux et reconnu les parités. Quand on fait un usage *métaphorique* des noms émotionnels imagés alors qu'on possède le nom propre, cet usage *sémantique*, impliquant réflexivité et distanciation, suppose l'*éveil* accompli du sens critique et le jeu d'esprit.

Claude Lévi-Strauss met en valeur l'absence d'analyse, la dénégation et l'acte de croyance qui accompagnent l'usage du mot imagé quand il est

---

[18] [Zabarella, 2009], II, chap. XIX. Les poèmes sont des *réfutations sophistiques* en action, dont nous complétons les inductions imparfaites.

accompagné du frisson de l'inquiétante étrangeté[19]. L'élaboration intellectuelle impliquée par la reconversion symbolique de l'image verbale, chez Helen, s'apparente à la version de l'anthropologue évolutionniste.

C'est ce qu'il fallait remarquer pour écarter un soupçon d'automatisme mental dans son écriture d'adulte. Elle n'a pas écrit en état d'absence, comme certaines patientes de Freud[20], en répétant inconsciemment un passé révolu. Il est vrai qu'un épisode de prime jeunesse[21], d'ailleurs excessivement cruel, qu'elle raconte avec douleur, a pu la faire accuser de plagiat inconscient dans le contexte de l'exploitation publicitaire de ses premiers écrits par l'Institut Perkins. Ce qui n'a pas manqué de lui donner la puissance d'être désormais impossible à confondre et de pratiquer l'*Einbildungskraft* en montrant un talent ou une originalité indéniable par l'invention de métaphores poétiques.

Conclusion

Nous n'avons pas de raison de mettre en doute le témoignage d'Helen. Il nous livre une expérience vécue et réfléchie de l'usage sémantique de l'imagination, à la fois dans l'apprentissage de la langue par l'enfant et dans la pratique volontaire de son usage linguistique adulte. Celui-ci peut servir de substitut conceptuel à une expérience sensorielle impossible directement et cependant de rigueur.

Comme Helen le dit elle-même, cette seconde situation est beaucoup plus générale qu'il ne paraît : elle représente non seulement le cas de la privation sensorielle, mais tous les cas où une expérience vécue est présupposée, inscrite dans l'usage commun dominant, sans être accessible – comme les métaphores de la vue s'imposent au non-voyant quand il veut parler la langue de sa communauté. La chance de l'enfant handicapé est de manifester clairement sa privation. Les parlers appauvris[22], dans les communautés fermées, dont les pratiques culturelles sont rares ou sans valeur reconnue, sont moins décelables, mais ils exigeraient autant d'énergie héroïque, de construction personnelle[23] et de secours individualisé qu'il en a fallu à Helen pour se figurer la

---

[19] « L'ethnocentrisme », [Lévi-Strauss, 1961], 19-26, 3 ; « L'inquiétante étrangeté », [Freud, 1933], 243, 163-210.

[20] « Mademoiselle Anna O », [Freud, 1978], 24.

[21] « Création littéraire et rêve éveillé », [Freud, 1933], 69-85 ; l'épisode « The Frost King » [TSL, 51-57].

[22] Friedrich Nietzsche, « Quel est le sens du mot commun ? », *Par-delà le bien et le mal*, IX, 268.

[23] [Rancière, 1987], [Perez, 1883], [Académie française, 2016].

norme linguistique. Un tel effort évite aux sujets l'enfermement dans le non-monde du groupuscule minoritaire. C'est ainsi que l'auteur défend elle-même l'exemplarité de son témoignage et sa portée philosophique, sociale et politique plus que singulière.

Enfin l'imagination n'est pas un concept théorique et ne débouche pas sur le projet d'une nouvelle science conjecturale. Helen évoque les philosophies par allusion, comme le chemin vers tout autre chose. Le « Connais-toi toi-même » s'impose, à l'évidence, par d'autres médiations. Vivre l'imagination sémantique comme l'intimité de l'esprit qui se construit le monde avec les autres la conduit plutôt à se former une religion. Ce que montre par ailleurs l'éclectisme de nos interprétations de lecteur, quand nous interrogeons le texte de son expérience à partir de nos présupposés. Cette imagination reste un nom pour une capacité générique de composition et d'éveil des idées, qui forme *en secret* des substituts d'expérience inaccessible, au-delà de nos sens et par eux. Nous ne pouvons pas non plus la réduire à une thèse déjà connue, même si elle en provoque la réminiscence. L'*Einbildungskraft*, dans ses poèmes, est comme une inventivité qui ne peut aller au bout de son propre mystère.

Bibliographie

Académie française [2016], *Déclaration sur la « réforme de l'orthographe » adoptée dans sa séance du jeudi 11 février 2016*.

Aristote [1975], *La Poétique*, trad. Janet Hardy, Paris, Les Belles Lettres.

Blumenberg, Hans [2006/1998], *Paradigmes pour une métaphorologie*, trad. Didier Gammelin, Paris, Vrin, « Problèmes & Controverses ».

Emerson, Ralph Waldo [2000], *La Confiance en soi et autres essais (1841-1844)*, trad. Monique Bégot, postface Stéphane Michaud, Paris, Payot & Rivages, « Rivages Poche, Petite Bibliothèque ».

Freud, Sigmund [1933], *Essais de psychanalyse appliquée*, trad. Marie Bonaparte & E. Marty, Paris, NRF, Gallimard, « Idées ».

— [1978], *Études sur l'hystérie*, trad. Anne Berman, Paris, PUF.

Gracián, Lorenzo [Balthasar] [2005], *Art et figures de l'esprit* [1648], in *Traités politiques, esthétiques, éthiques*, trad. Benito Pelegrín, Paris, Seuil.

Keller, Helen [1927], *Light in My Darkness (My Religion)*, New York, Doubleday, Page and Company.

— [2004/1903], *The Story of Her Life; with Her Letters (1884-1901) and A Supplementary Account of Her Education, including Passages from the Reports and Letters of her Teacher, Anne Mansfield Sullivan*, John

Albert Macy (ed.). The Restored Edition, James Berger (ed.), New York, Modern Library.

— [2009/1908], *The World I Live In*, New York, Dover.

Lévi-Strauss, Claude [1955], *Tristes Tropiques*, Paris, Plon, « Terre humaine ».

— [1961/1952], *Race et Histoire*, Paris, Gonthier, « Médiations ».

— [1975], *La Voie des masques*, Paris, Albert Skira, « Les sentiers de la création ».

Perez, Bernard [1883], *J. Jacotot et sa méthode d'émancipation intellectuelle*, Paris, Librairie Germer Baillière et Cie.

— [1892/1878], *La Psychologie de l'enfant, les trois premières années*, Paris, Germer Baillière ; 5ᵉ éd. remaniée, Paris, Félix Alcan.

Rancière, Jacques [1987], *Le Maître ignorant*, Paris, Fayard.

Sully, James [1892], « Introduction », in Perez [1892].

Zabarella, Jacques [2009], *La Nature de la logique*, trad. Dominique Bouillon, Paris, Vrin.

Dominique BOUILLON
Société française de philosophie
Paris
dominique.bouillon@bbox.fr

Le rôle de l'imagination et des expériences de pensée dans la production de la connaissance
Alberto Oliva

> Nothing is more free than the imagination of man [...] The imagination has the command over all its ideas, and can join and mix and vary them, in all the ways possible. It may conceive fictitious objects with all the circumstances of place and time. It may set them, in a manner, before our eyes, in their true colours, just as they might have existed. [Hume, 1952, 466-467.]

1. L'imagination est-elle un obstacle à la connaissance ?

D'un point de vue historique, l'imagination a été considérée par plusieurs philosophes rationalistes comme un obstacle à l'exercice de la raison capable d'amener à la connaissance. Si toute connaissance doit être construite et fondée sur des preuves élaborées et reconnues par la raison, l'imagination est dangereuse parce qu'elle ne se soumet pas aux impératifs de la justification épistémique. Pascal rejette péremptoirement l'imagination : « cette superbe puissance, ennemie de la raison, qui se plaît à la contrôler et à la dominer » :

> C'est cette partie décevante dans l'homme, cette maîtresse d'erreur et de fausseté, et d'autant plus fourbe qu'elle ne l'est pas toujours ; car elle serait règle infaillible de vérité, si elle l'était infaillible du mensonge. Mais étant le plus souvent fausse, elle ne donne aucune marque de sa qualité, marquant du même caractère le vrai et le faux. [Pascal, 1887, 31.]

Bacon a introduit une séparation rigide entre constater et imaginer, entre *découvrir* (les faits) et *inventer* (des spéculations), ce qui a été tacitement endossé par la majorité des philosophes empiristes. Base et fondement de toute connaissance possible, les faits doivent être identifiés sans la médiation d'aucune théorie. En opposition à l'*interpretatio naturae*, ce que Bacon [1986, X] caractérise comme *anticipatio mentis* résulte de l'exercice de l'imagination spéculative qui contribue à la formation des *idola* : « Il faut en effet d'abord préparer une histoire naturelle et expérimentale qui soit suffisante et de qualité ; c'est le fondement de tout, car il ne faut ni imaginer ni supposer, mais découvrir ce que la nature fait et admet. » La majorité des philosophes empiristes modernes a souligné les dangers impliqués par l'exercice de l'imagination qui ne se soumet pas au contrôle de l'expérience. Bien qu'il souligne le pouvoir créatif de l'imagination, Hume [1969, 314] compare « les hommes qui possèdent une imagination brillante à ces anges qui, comme l'Écriture les représente, se couvrent les yeux de leurs ailes ».

Épousant la thèse que toute connaissance ressort de l'expérience, par le moyen des informations reçues par les sens, l'empirisme est amené à regarder avec méfiance tout ce qu'on peut classer comme pur fruit de l'imagination dans le processus de production de la connaissance de type factuel. Pour l'empiriste, l'imagination sert, dans la meilleure des hypothèses, de tentative d'anticipation de ce qui pourrait arriver. Mais même dans ce cas, l'imagination doit s'appuyer sur ce que l'expérience a déjà dévoilé ; sa fonction serait alors purement projective, opérant avec la pensée par analogie. L'imagination peut être aussi l'action de se retourner dans le passé pour revivre dans sa pensée, avec l'aide de la mémoire, quelque chose de vécu. *Nec plus ultra*.

2. L'injustice envers le positivisme accusé de factualisme

Les philosophes de la science qui ont défendu l'idée que les faits parlent d'eux-mêmes ont tendance à considérer le recours à l'imagination comme une activité spéculative capable seulement de créer des théorisations déconnectées de l'observation de la réalité. Le positivisme a été injustement accusé d'être opposé à l'usage de l'imagination en science, de proposer un factualisme rustique, de croire que l'activité de recherche scientifique peut avoir un point de départ purement observationnel, sans avoir besoin de se servir d'une théorie préalable. Habermas représente bien la tendance à confondre positivisme avec empirisme naïf :

> Tout d'abord, le positivisme reprend la règle de base des écoles empiriques, qui est d'identifier toute connaissance par la certitude sensorielle de l'observation systématique qui assure l'intersubjectivité. En ce qui concerne la réalité, seule la perception peut réclamer des preuves. L'observation est donc « la seule base possible des cognitions vraiment réalisables qui soient sages pour nos besoins réels ». L'expérience sensorielle définit l'accès au domaine des faits. Une science qui fait des déclarations sur le réel est toujours la science de l'expérience. [Habermas, 1973, 96-97.]

Le rôle de l'imagination et des expériences de pensée...

Avec la prétention d'être le grand adversaire du positivisme et du néopositivisme, Popper [1976, 121] déclare que « la science [...] ne peut commencer par des observations, ou par la « collection des données », comme le croient certains ; avant de pouvoir recueillir des données, il faut qu'ait été suscité notre intérêt pour des données d'un certain genre : le problème est toujours premier ». Popper [1959, 59] est bien connu pour avoir retenu que « l'observation est toujours une observation faite à la lumière de théories ». Largement attribuée à Popper, cette thèse a cependant été formulée par le père du positivisme un siècle auparavant. Selon ses détracteurs, le positivisme se caractérise par la croyance dans l'existence de faits « purs et durs » auxquels est confiée la mission de construire et évaluer les théories qui ont l'ambition d'être scientifiques. Mais regardons ce que dit Comte à propos du factualisme :

> Car si, d'un côté, toute théorie positive doit nécessairement être fondée sur des observations, il est également sensible, d'un autre côté, que, pour se livrer à l'observation, notre esprit a besoin d'une théorie quelconque. Si, en contemplant les phénomènes, nous ne les rattachions point immédiatement à quelques principes, non seulement il nous serait impossible de combiner ces observations isolées, et, par conséquent, d'en tirer aucun fruit, mais nous serions même entièrement incapables de les retenir, et, le plus souvent, les faits resteraient inaperçus sous nos yeux. [Comte, 1908, 1, 5.]

Il est donc clair que Comte, à la différence de quelques néopositivistes du Cercle de Vienne, n'avait pas une vision *empiriste* étroite du processus de *description* ou de *détection* des phénomènes. Cela ne signifie pas que Comte relègue les contraintes empiriques dans les à-côtés de l'évaluation des théories. Les règles logiques d'inférence et les tests empiriques restent indispensables pour accepter ou rejeter une hypothèse. Même l'adversaire du positivisme doit reconnaître qu'on ne peut pas faire d'opérations objectives d'évaluation d'une théorie si les prétendues données empiriques sont dépourvues d'une existence autonome au moins relative. Bien qu'étant une thèse souvent attribuée au positivisme du XIXe siècle, l'existence des faits « purs ou bruts » n'a jamais été défendue par Comte. En vérité, Comte rejette avec véhémence ce que Sellars [1997, 140] a plus récemment appelé « mythe du donné » :

> L'empirisme absolu est impossible [...] L'homme est incapable, par sa nature, non-seulement de combiner des faits et d'en déduire quelques conséquences,

> mais simplement même de les observer avec attention, et de les retenir avec sûreté, s'il ne les rattache immédiatement à quelque explication. En un mot, il ne peut pas plus y avoir d'observations suivies sans une théorie quelconque, que de théorie positive sans observations suivies. [Comte, 1929, IV, 141.]

En n'ayant à faire qu'avec des descriptions de faits le plus possible objectivement identifiés, les relations que nous établissons entre les faits mêmes et entre ceux-ci et notre théorie dépendent de principes, lois, présupposés ; et pour établir de telles relations, la manière dont les faits sont sélectionnés et reconstruits est essentielle. Ici se pose évidemment le problème de savoir d'où viennent les *background assumptions* qui nous permettent de réunir et de sélectionner les faits. Pour répondre à cette question, nous devons attribuer un rôle important à l'imagination dans l'élaboration des théories.

Comte [1929, IV, 140-141] est manifestement proche de Bacon quand il affirme qu'« il est certainement incontestable aujourd'hui que l'observation des faits est la seule base solide des connaissances humaines ». Il est aussi précurseur du vérificationnisme défendu par l'empirisme logique initial : « On peut même dire strictement, en prenant ce principe dans sa plus grande rigueur, que toute proposition qui n'est pas réductible à la simple énonciation d'un fait, ou particulier, ou général, ne saurait avoir aucun sens réel et intelligible. » Néanmoins, Comte se démarque nettement de Bacon quand il souligne qu'« il n'est pas moins certain que le développement de la capacité d'imagination doit précéder celui de la capacité d'observation ».

Contre l'observation pure et l'imagination sans contrôle, Comte [1908, I, 24] retient que « le raisonnement doit contrôler constamment l'observation dont la domination exclusive aboutirait à l'empirisme, comme la prépondérance de l'imagination conduit au mysticisme ». Comme il n'est pas possible de réaliser des observations pures, l'esprit, selon Comte, a besoin de se créer des « théories », des hypothèses, faute de quoi les phénomènes lui apparaîtraient comme isolés, quand ils ne passeraient pas inaperçus pour lui ; mais ces hypothèses « doivent présenter le caractère de simples anticipations sur ce que l'expérience et le raisonnement auraient pu dévoiler immédiatement, si les circonstances du problème eussent été plus favorables ». Il faut reconnaître qu'en science l'imagination n'a pas de vie autonome comme elle peut en avoir une en art. Puisque dans les sciences empiriques, les faits doivent contrôler au moins partiellement l'espace d'exercice de l'imagination, Comte décrit la philosophie positive comme « profondément caractérisée [...] par cette subordination nécessaire et permanente de l'imagination à l'observation, qui constitue surtout l'esprit scientifique proprement dit, en opposition à l'esprit théologique ou métaphysique » :

> Quoiqu'une telle philosophie offre, sans doute, à l'imagination humaine le champ le plus vaste et le plus fertile [...], elle l'y restreint cependant sans cesse à découvrir ou à perfectionner l'exacte coordination de l'ensemble des faits observés ou les moyens d'entreprendre utilement de nouvelles explorations. [Comte, 1908, IV, 154-155.]

« Positivisme » est devenu, surtout au Brésil, le synonyme d'un propos épistémologique insultant, sur la base de la vision erronée qu'il se confond avec un empirisme rustique et étroit qui vénère les faits parce qu'il croit qu'ils parlent d'eux-mêmes. D'après Comte, « depuis que la subordination constante de l'imagination à l'observation a été unanimement reconnue comme la première condition fondamentale de toute saine spéculation scientifique, une vicieuse interprétation a souvent conduit à abuser beaucoup de ce grand principe logique, pour *faire dégénérer la science réelle en une sorte de stérile accumulation de faits incohérents* ». Selon Comte [1974, 24-25], « le véritable esprit positif *n'est pas moins éloigné, au fond, de l'empirisme que du mysticisme* ; c'est entre ces deux aberrations, également funestes, qu'il doit toujours cheminer » [nos italiques]. Pour Comte, « les faits proprement dits, quelque exacts et nombreux qu'ils puissent être, ne fournissent jamais que d'indispensables matériaux. [...] [Cela] ne permettra jamais de confondre la *science* réelle avec cette vaine *érudition* qui accumule machinalement des faits sans aspirer à les déduire les uns des autres. »

En vérité, les critiques adressées au prétendu factualisme de Comte s'appliquent plutôt à Bacon, à son mépris pour les hypothèses, et surtout à sa croyance qu'il existe une méthode presque mécanique qui permet d'extraire une théorie d'un ensemble de données de la même façon que le vin naît du foulage du raisin. D'après Bacon, la méthode unique, avec des règles universelles et éternelles, pourrait être appliquée sans la nécessité de l'imagination créatrice, sans l'intelligence privilégiée du génie, puisqu'elle enseignerait les procédures automatiques à suivre par tous les chercheurs sans distinction. Après avoir soutenu la thèse qu'« au reste notre méthode d'invention laisse bien peu d'avantage à la pénétration et à la vigueur des esprits, on peut dire même qu'elle les rend tous presque égaux », Bacon [1986, LXI] a affirmé : « de même que, pour tracer une ligne droite ou un cercle parfait, l'essentiel est dans l'aptitude de la main ou de la vue, si l'on essaie de le faire uniquement par la fermeté de la main et le jugement des yeux, mais qu'il n'en est plus ainsi si l'on use de la règle et du compas ».

Comme pour Bacon [1986, CIV], c'est dans la subtilité et la précipitation des esprits, quand ils se laissent aller à leur propre mouvement, que se trouve le danger de perdre le chemin vers la connaissance, il faudrait « consacrer tous nos soins à donner à l'esprit humain, *non pas des plumes et des ailes, mais du plomb et du lest* ». D'après Bacon, la mise en œuvre de la vraie méthode rend les activités et les usages de l'imagination minutieusement gouvernés par l'expérience. Pour étudier la nature, il faudrait empêcher l'imagination de se nourrir des délires et des affabulations du langage dépourvu de rapports avec des états de choses.

Il faut cependant noter que même s'il croit en l'existence d'une méthode capable d'être mécaniquement appliquée par tous avec efficacité, Bacon nie la possibilité d'une théorie qui serait directement dérivée des faits sans aucun traitement. Selon Bacon [1986, XCV], les philosophes qui se sont mêlés de traiter les sciences se partageaient en deux classes : les empiriques et les dogmatiques. L'empirique, semblable à la fourmi, se contente d'amasser et de consommer ensuite ses provisions. Le dogmatique, tel l'araignée, ourdit des toiles dont la matière est extraite de sa propre substance. L'abeille garde le milieu ; elle tire la matière première des fleurs des champs et des jardins ; puis, par un art qui lui est propre, elle la travaille et la digère. La vraie philosophie fait quelque chose de semblable ; elle ne se repose pas uniquement ni même principalement sur les forces naturelles de l'esprit humain, et cette matière qu'elle tire de l'histoire naturelle, elle ne la jette pas dans la mémoire telle qu'elle l'a puisée dans ces deux sources, mais après l'avoir aussi travaillée et digérée, elle la met en magasin. Ainsi notre plus grande ressource, celle dont nous devons tout espérer, c'est l'étroite alliance – peu éclairée par Bacon – de ces deux facultés : l'expérimentale et la rationnelle.

Sans avoir *per se* une nette capacité d'expliquer des faits, l'activité d'imaginer permet d'engendrer une association inventive entre ce qui existe et ce qui pourra ou pourrait exister. Une conception de la science dans laquelle aucune fonction n'est réservée à l'imagination se rencontre dans les *Principia*, où Newton [1946, 506] formule la fameuse thèse « *hypotheses non fingo* » (je ne feins pas d'hypothèses), et dans l'*Optics*, où Newton [1952, 404] – sous l'influence de Bacon – affirme que « pour les hypothèses, il ne faut y avoir aucun égard dans la philosophie expérimentale ». On pourrait se dispenser complètement de l'imagination s'il existait la possibilité de dériver une théorie directement des faits sans la médiation des construits inventés avec une créativité heuristique. Hume [1969, 137] a cherché à démontrer que cette dérivation n'est pas possible : en construisant des explications, en faisant des généralisations, nos théories dépassent toujours les faits enregistrés dans le passé et dans le présent. Reprenant Hume, Quine [1969, 83] souligne que tandis que l'input sensoriel est toujours maigre, l'output théorique est torrentiel. Nous sommes amené à penser que l'imagination est souvent le bateau – mis en mouvement par des règles régissant les transitions acceptables – sur lequel nous traversons la rivière allant de la rive de l'input à celle de l'output.

Contre l'empirisme rustique qui soutient qu'imaginer est une activité qui nous fait dévier de l'enregistrement fiable des données, nous pensons qu'imaginer est crucial pour se représenter les faits de façon articulée et systémique. Ce serait la voie à parcourir pour arriver à expliquer des faits au-delà de la pure et simple description. Entendue comme faculté d'inventer des images, de créer des mondes possibles à partir des états de choses identifiables, l'imagination joue en science le rôle de concevoir le possible et le contre-possible avec la finalité de mieux comprendre le réel. Par conséquent, l'imagination est une faculté de l'esprit essentielle pour déclencher et conduire le processus créatif indépendamment du but poursuivi, qu'il soit cognitif ou esthétique. Toutefois, il faut garder présent à l'esprit que l'imagination, libre en arts, doit être contrôlée en science par les faits qu'on veut expliquer. Comme les faits ne parlent pas d'eux-mêmes, il faut former des images capables de les reconstruire avec l'objectif de les organiser et de les intégrer dans un cadre explicatif.

Il est nécessaire de remarquer que malgré son importance dans la construction des théories et hypothèses, l'imagination ne participe pas au processus de justification des types d'explication qu'on appelle génériquement empiriques. Par conséquent, attribuer un rôle heuristique à l'imagination n'implique pas de renoncer à la distinction entre contexte de découverte et contexte de justification, entre *ars inveniendi* et *ars probandi*. Nous croyons qu'il faut diminuer l'abîme que l'empirisme logique a ouvert entre *ways of discovery* et *ways of validation*. Comme le contexte de découverte n'est pas peuplé seulement de facteurs sociaux, économiques ou politiques, l'imagination joue un rôle fondamental dans la création en science parce qu'elle développe une activité constructive à travers laquelle nous formons des images des faits réels, les plaçant hors de leur contexte original et les associant à des faits imaginaires.

3. Imagination et expérimentation mentale en philosophie

Étant principalement une activité d'analyse conceptuelle, la philosophie a besoin de construire les expériences de pensée. La question est de savoir si l'expérimentation mentale est capable d'amener à quelque forme effective de connaissance en philosophie. On peut dire que concevoir une chose en imagination est un moment essentiel du processus de construction de l'objet de la connaissance. Certains penseurs, comme Bachelard, croient que l'imagination est essentiellement métaphorique en ce sens qu'elle « vient donner un corps concret à une idée difficile à exprimer ». Parce qu'elles ont un grand pouvoir de suggestion, les vraies métaphores ne peuvent se borner à la description des faits. Pour Aristote [1932, 1459a], « [La métaphore] est la seule chose qu'on ne puisse apprendre des autres ; et c'est aussi un signe de génie original, car une bonne métaphore implique la perception intuitive de la similitude dans les choses dissemblables. »

Les expériences de pensée apparaissent aujourd'hui comme une méthode fondamentale d'investigation, surtout chez les philosophes analytiques ; mais elles ont une longue tradition dans l'histoire de la philosophie. On mentionnera ici quelques exemples célèbres. L'*anneau de Gygès*, chez Platon, raconte l'histoire d'un personnage qui trouve un anneau qui lui permet de devenir invisible et de faire ce qu'il veut sans être puni pour avoir exécuté des actions illégales, incorrectes ou injustes. Si les gens ne pratiquent pas la justice pour elle-même, mais simplement par peur de ce qui leur arriverait s'ils ne s'y conformaient pas, cela signifie que le comportement éthique est réductible à un épiphénomène des contrôles sociaux. Il s'agit d'une expérience de pensée qui met en évidence les effets sur l'éthique et la politique de croire qu'il serait possible pour quelqu'un de devenir invisible, de telle manière que ses délits ne pourraient pas lui être imputés :

> Ceux qui la pratiquent [la justice], la pratiquent contraints par impuissance à agir injustement [...]. Donnant à chacun le pouvoir de faire ce qu'il veut, au juste aussi bien qu'à l'injuste, suivons-les ensuite attentivement pour voir où son désir conduira chacun. Nous prendrions sans doute le juste en flagrant délit de suivre la même voie que l'injuste, du fait du besoin d'avoir plus que les autres que toute nature est par nature poussée à rechercher comme un bien, mais qui, par la loi et la force, est détourné vers la vénération de l'égalité. [Platon, 1967, 359b-c.]

Un autre exemple, c'est l'*âne de Buridan* qui représente la situation imaginaire dans laquelle un âne meurt de faim et de soif entre son picotin d'avoine et son seau d'eau, faute de choisir par quoi commencer. L'incapacité de choisir, de prendre une décision, serait paralysante et destructrice dans la mesure où l'homme, sans avoir sa volonté déterminée par des facteurs internes ou externes, resterait indifférent aux faits qui composent un endroit parfois hostile. Dans l'*Éthique*, Spinoza recourt à l'âne de Buridan pour répondre à une objection possible contre sa propre philosophie :

> On peut [...] objecter que, si l'homme n'opère pas par la liberté de la volonté, qu'arrivera-t-il donc s'il est en équilibre, comme l'ânesse de Buridan ? Mourra-t-il de faim et de soif ? Que si je l'accorde, j'aurai l'air de concevoir une ânesse, ou une statue d'homme, non un homme ; et si je le nie, c'est donc qu'il se déterminera lui-même, et par conséquent c'est qu'il a la faculté d'aller, et de faire tout ce qu'il veut. [...] J'accorde tout à fait qu'un homme placé dans un tel équilibre (j'entends, qui ne perçoit rien d'autre que la soif et la faim, tel aliment et telle boisson à égale distance de lui) mourra de faim et de soif. S'ils me demandent s'il ne faut pas tenir un tel homme pour un âne plutôt que pour un homme ? Je dis que je ne sais pas, pas plus que je ne sais à combien estimer celui qui se pend, et à combien les enfants, les sots, les déments, etc. [Spinoza, 2014, II, prop. 49, scolie.]

Il y a dans l'histoire de la philosophie beaucoup d'autres expériences de pensée qui, malgré leur importance, suscitent des doutes concernant leur valeur cognitive. En examinant ces exemples emblématiques, il est très difficile de déterminer le type de connaissance – à mi-chemin entre l'empirique et le conceptuel – qui peut se tirer de l'expérimentation mentale philosophique. Beaucoup d'expériences de pensée peuvent être qualifiées, faute de mieux, de « connaissance hybride ». Nous pouvons continuer en citant le spectre chromatique inversé chez Locke [1959, 520-521], qui est aujourd'hui formulé comme « les expériences d'inversion des *qualia* », et l'expérience de pensée proposée par Kant [1912, 38] et que les physiciens contemporains appellent « chiralité », c'est-à-dire la propriété de deux objets d'être à la fois ressemblants et dissemblables, comme une main gauche et une droite. Burge [2007, 105-115] fait aussi une intéressante expérience de pensée avec la signification, l'application et l'usage du mot « arthrite » pour faire référence à certains symptômes. Le *cerveau dans la cuve* chez Putnam [1981, 1-21] consiste à imaginer que le cerveau d'une personne donnée est en fait placé dans une cuve et reçoit des stimuli envoyés par un ordinateur en lieu et place de ceux envoyés par son propre corps. Dans ce cas, il faudrait savoir si ce cerveau, en dehors de ses conditions naturelles, a de bonnes raisons de croire ce qu'il croit. En dépit de leur valeur épistémique, l'élucidation conceptuelle et les expériences de pensée sont, *per se*, manifestement impuissantes à expliquer des faits.

On peut faire une évaluation semblable de la fameuse *chambre chinoise* au moyen de laquelle Searle [1980, 417-457] vise à montrer que « c'est une erreur de croire qu'on peut créer un esprit avec le symbolisme binaire d'une machine de Turing ». L'intelligence artificielle avait la prétention d'expliquer comment un ordinateur pouvait comprendre le langage.

> L'argument était qu'on pouvait raconter une histoire à l'ordinateur et qu'il était capable ensuite de répondre à des questions relatives à cette histoire bien que les réponses ne soient pas expressément données dans le récit. L'histoire était la suivante : un homme va au restaurant, commande un hamburger, on lui sert un hamburger carbonisé, l'homme s'en va sans payer. On demande à l'ordinateur : « a-t-il mangé le hamburger ? » Il répond par la négative. Les auteurs étaient très contents de ce résultat, qui était censé prouver que l'ordinateur possédait les mêmes capacités de compréhension que nous. C'est à ce moment-là que j'ai conçu l'argument de la chambre chinoise : Supposons que je sois dans une pièce fermée avec la possibilité de recevoir et de donner des symboles, par l'intermédiaire d'un clavier et d'un écran, par exemple. Je dispose de caractères chinois et d'instructions permettant de produire certaines suites de caractères en fonction des caractères que vous introduisez dans la pièce. Vous me fournissez l'histoire puis la question, toutes deux écrites en chinois. Disposant d'instructions appropriées, je ne peux que vous donner la bonne réponse, mais sans avoir compris quoi que ce soit, puisque je ne connais pas le chinois. Tout ce que j'aurais fait c'est manipuler des symboles qui n'ont pour moi aucune signification. Un ordinateur se trouve exactement dans la même situation que moi dans la chambre chinoise : il ne dispose que de symboles et de règles régissant leur manipulation. [Searle, 2000.]

Avec l'argument de la chambre chinoise, Searle croit avoir montré que « la sémantique du contenu mental n'est pas intrinsèque à la syntaxe du programme informatique, lequel est défini syntaxiquement par une suite de zéros et de uns » [Searle, 2000].

Il est douteux que des expériences de pensée philosophiques, comme celles présentées ci-dessus, aient réussi à contribuer à une meilleure connaissance des faits éthiques, psychologiques, sociaux, politiques, etc. Les exercices d'imagination en association avec l'activité d'analyse conceptuelle sont féconds s'ils sont pratiqués dans un territoire empirique bien délimité. Les types d'analyse conceptuelle faits par les philosophes sont capables d'aider à déterminer la nature des phénomènes investigués, mais non à *expliquer* les causes de leurs manifestations.

Puisqu'il n'y a pas une seule expérience de pensée qui ait été acceptée par les différentes écoles de pensée, on peut conjecturer que les genres d'expérimentations imaginaires élaborés par les philosophes cherchent à offrir un support pour des thèses préconstituées. De façon patente, les expériences de pensée ne sont pas décisives pour apporter une valeur explicative aux théories. Dans le meilleur des cas, elles contribuent à la clarification des concepts et à la caractérisation des faits qui ne parlent pas d'eux-mêmes. En supplément, elles ont une fonction didactique très importante, puisqu'elles aident à rendre compréhensibles des phénomènes assez complexes. Même si elles peuvent éclairer des concepts, remplir la fonction de représenter des phénomènes réels en les associant à des situations imaginaires, il est peu probable que les expériences de pensée aient, en elles-mêmes, une valeur explicative. En plus, il n'est pas aisé d'arriver à une définition consensuelle de l'expérience de pensée. Si on peut mettre en doute que les raisonnements philosophiques sur des cas imaginaires sont capables d'accroître notre connaissance ou compréhension du monde, on peut aussi, pour différentes raisons, se poser la question de l'efficacité de l'expérimentation mentale dans les sciences naturelles.

4. L'expérimentation mentale dans les sciences naturelles

L'utilisation des expériences de pensée en science remonte initialement à Galilée, qui leur attribuait un rôle essentiel dans ses recherches. Galilée met l'accent sur la puissance de la faculté imaginative quand il cherche à comprendre la notion de mouvement en refusant de prendre les données phénoménales de l'expérience comme point de départ et comme délimitation du domaine d'investigation. D'après Galilée, la collecte des faits ne représente pas la première et plus importante étape de l'activité scientifique. L'expérience de pensée précède souvent l'expérimentation physique et la prépare. Elle peut être comprise comme un processus au moyen duquel on obtient la confirmation de ce qui a été découvert par la raison. Ainsi, il y a une activité de reconstruction des faits par la raison et ensuite une étape de confirmation, *ex post facto*, de l'hypothèse élaborée à travers des expériences de pensée. De même, le philosophe et scientifique Ernst Mach [1908, 165] était un défenseur des expériences de pensée en science : « celui qui connaît l'histoire du développement de la science, ou qui a lui-même pris part à la recherche, ne peut douter que le travail scientifique demande une imagination très forte » :

> En dehors de l'expérimentation physique, l'homme arrivé à un développement intellectuel avancé, recourt souvent à l'expérimentation mentale. Ceux qui font des projets, ceux qui bâtissent des châteaux en Espagne, romanciers et poètes, qui se laissent aller à des utopies sociales ou techniques, font de l'expérimentation mentale ; d'ailleurs le marchand sérieux, l'inventeur réfléchi et le savant en font aussi. Tous se représentent des circonstances diverses, et rattachent à ces représentations certaines conjectures. Mais les premiers combinent dans leur imagination des circonstances qui ne se rencontreront pas dans la réalité, ou bien, ils se représentent ces circonstances comme suivies de conséquences qui n'ont pas de liens avec elles, tandis que le marchand, l'inventeur et le savant ont comme représentations de bonnes images des faits, et restent dans leurs pensées très près de la réalité. [Mach, 1908, 197-198.]

Considérée comme une construction imaginaire et idéalisée, l'expérimentation mentale (*Gedankenexperiment*) est pour la première fois *conceptualisée* par Mach dans son ouvrage *Erkenntnis und Irrtum*. Il a étudié la notion d'expérience de pensée en profondeur dans ses investigations de la Mécanique avec l'objectif d'offrir une justification épistémologique de son usage dans la science. Comme Galilée, qui cherchait à comprendre la notion de mouvement en refusant de privilégier les données immédiates de l'expérience, Mach [1908, 199] pense que l'expérimentation mentale est une condition préalable nécessaire de l'expérimentation physique : « tout expérimentateur, tout inventeur, doit avoir en tête son dispositif avant de le réaliser matériellement ». L'expérimentation de pensée et l'expérimentation réelle partagent, selon Mach, les mêmes procédures qui forment « la méthode de la variation ». Celle-ci a trois phases : (i) sélection et isolement des caractéristiques qui servent de variables, (ii) « manipulation » ou interaction des variables, (iii) « observation » de ce qui se produit. Plusieurs philosophes – par exemple Paul Humphreys, Sören Häggqvist, Michael Bishop, Kathleen Wilkes, Elke Brendel et Marco Buzzoni – sont d'accord que cette méthode peut être vue comme le trait distinctif de l'expérimentation de pensée.

Établir imaginativement des analogies entre les phénomènes est une façon de « voir » les analogies : il s'agit de manières d'appréhender des choses, leurs formes possibles d'être, assez différentes du mode sensoriel produit par la stimulation de l'appareil visuel. Évidemment, l'établissement d'analogies peut être conçu comme une activité hautement subjective qui débouche sur des suggestions complètement incorrectes. Toutefois, l'histoire de la science montre que l'exercice de l'imagination peut aller de pair avec un esprit attentif à tout ce qui peut être observé dans la réalité naturelle ou sociale.

> Entre la donnée empirique et l'objet théorique, il reste, et il restera toujours, une distance impossible à franchir. C'est là que l'imagination entre en scène. Allègrement, elle supprime l'écart. Elle ne s'embarrasse pas des limitations que nous impose le réel. Elle « réalise » l'idéal et même l'impossible. Elle opère avec des objets théoriquement parfaits, et ce sont ces objets-là que l'expérience imaginaire met en jeu. [Koyré, 1985, 225.]

En effet, au sein des sciences naturelles, il existe des exemples connus et importants, comme celui de Galilée [1980, 37 *sqq.*] sur la chute des corps et l'étude précieuse réalisée par Darwin [1977, 133] sur l'évolution de l'œil. Dans la liste assez longue des exemples possibles, nous pouvons citer le disque de Poincaré [1968, 240], l'ascenseur d'Einstein [Einstein & Infeld, 2008, 226], le chat de Schrödinger, le paradoxe EPR (Einstein-Podolsky-Rosen). Il y a aussi une modalité répandue d'expérience de pensée qu'on peut considérer comme plus proche de la philosophie que de la science empirique :

> Nous devons [...] envisager l'état présent de l'univers comme l'effet de son état antérieur et comme la cause de celui qui va suivre. Une intelligence qui, pour un instant donné, connaîtrait toutes les forces dont la nature est animée et la situation respective des êtres qui la composent, si d'ailleurs elle était assez vaste pour soumettre ces données à l'analyse, embrasserait dans la même formule les mouvements des plus grands corps de l'univers et ceux du plus léger atome ; rien ne serait incertain pour elle, et l'avenir, comme le passé, serait présent à ses yeux. [Laplace, 1795, 3.]

Connu comme le *démon de Laplace*, ce type d'expérimentation mentale est plus difficile à distinguer d'une expérience de pensée développée en philosophie. Sorensen [1992, 186] a soutenu la thèse controversée que les expériences de pensée sont toutes d'un même genre. D'après lui, il n'y a pas de différence substantielle entre les expériences de pensée et les expériences réelles : « les expériences de pensée ont évolué des expériences ordinaires par un processus d'atténuation ; cette histoire évolutionniste ouvre la voie à la conclusion que les expériences de pensée sont des cas limites d'expérimentation de la même manière que les cercles sont des cas limites d'ellipse ».

Cependant, s'il n'existe pas de différence entre expériences de pensée scientifiques et philosophiques, comme le pense Sorensen, le défi est de savoir comment nettement différencier, en termes épistémologiques, le contrôle que la philosophie peut exercer sur ses constructions purement conceptuelles et transcendantales (au sens kantien) de l'obligation de la science factuelle de soumettre ses théories à des tests empiriques. Même en étant toujours un essai pour affronter un problème en utilisant la puissance créative de l'imagination humaine, l'expérimentation mentale est construite de manière distincte, et poursuit des buts différents, dans les sciences et dans la philosophie. La question est de savoir si les expériences de pensée peuvent effectivement contribuer à résoudre un problème – et comment – quand il a une nature plus factuelle que conceptuelle. Poincaré nous invite souvent à utiliser l'imagination conjoncturelle non seulement dans les mathématiques mais aussi dans les sciences naturelles :

> Flammarion avait imaginé autrefois un observateur qui s'éloignerait de la Terre avec une vitesse plus grande que celle de la lumière ; pour lui le temps serait changé de signe. L'histoire serait retournée, et Waterloo précéderait Austerlitz. Eh bien, pour cet observateur, les effets et les causes seraient intervertis ; l'équilibre instable ne serait plus l'exception ; à cause de l'irréversibilité universelle, tout lui semblerait sortir d'une sorte de chaos en équilibre instable ; la nature entière lui apparaîtrait comme livrée au hasard. [Poincaré, 1912, 72-73.]

La tentative de placer les expériences de pensée scientifiques et philosophiques sur le même plan est problématique, car la philosophie crée des théories qui ne peuvent pas être jugées par les faits. Bien que l'imagination soit aussi importante dans la recherche scientifique que dans l'investigation philosophique, elle ne peut avoir dans un domaine éminemment conceptuel le même rôle que dans la recherche empirique. La science ne peut s'empêcher d'attribuer plus de valeur aux expériences réelles, aux efforts de décrire le monde tel qu'il est, qu'à l'expérimentation mentale. Les philosophes de la science qui se montrent critiques envers les expériences de pensée ont peur que celles-ci soient conçues comme un pur exercice de la raison, sans obligation de se soumettre ensuite aux tests empiriques. Les expériences de pensée en science sont vues avec méfiance par les scientifiques qui croient, comme Sorensen, qu'elles ne sont pas essentiellement différentes des expériences de pensée philosophiques. Reconnaître que les expériences de pensée ont une valeur heuristique inestimable dans la recherche scientifique n'équivaut pas à leur attribuer un pouvoir *explicatif*. Par contre, nier une féconde fonction « spéculative » à l'imagination équivaut à penser que l'entreprise scientifique est essentiellement une activité de constatation, pas de reconstruction théorique des faits. Bachelard [1968, 13-14] a raison quand il affirme que « dès les débuts, la connaissance doit avoir un élément spéculatif ».

D'une manière générale, on peut défendre les expériences de pensée comme des raisonnements sur des faits imaginaires avec l'intention de faciliter notre compréhension de ce qui existe, de ce qui peut être observé. Nous défendons ici la thèse que les raisonnements sur des cas imaginaires sont incapables, malgré leur efficacité reconstructive, d'accroître notre connaissance ou compréhension du monde. Il est peu probable que les expériences de pensée soient un type de dispositif épistémique capable de participer au processus de justification des explications ; mais elles sont certainement un outil heuristique utile. Le besoin de recourir à l'imagination pour former une théorie ou une hypothèse se manifeste partout. Tous les domaines de la recherche scientifique demandent une activité créative de construction, au sens kantien, des faits par le sujet. C'est une *vexata quaestio* que de savoir si une expérience de pensée peut aider à tester des conjectures sur ce qui peut être observé. En ce qui concerne l'efficacité explicative des expériences de pensée dans les sciences naturelles, il faut prendre en compte les considérations de Kuhn selon lesquelles les expériences de pensée testent les vertus non empiriques des théories, telles que la cohérence (interne ou externe), la simplicité et la fécondité. En outre, l'expérimentation mentale joue, d'après Kuhn, un important rôle critique principalement quand le paradigme est en crise :

> L'historien, au moins, doit les reconnaître comme un outil parfois puissant pour accroître la compréhension que l'homme a de la nature. Néanmoins, il est loin d'être clair comment ils ont déjà eu des effets très significatifs [...] La catégorie « expérience de pensée » est en tout cas trop large et trop vague pour l'épitomé [faire l'objet d'un résumé]. [Kuhn, 1977, 240-241.]

En vérité, la discussion concernant la fécondité de l'expérimentation mentale est nourrie par l'absence d'une identification claire des types de résultat qu'elle peut contribuer à générer au sein de la recherche empirique. On dit souvent qu'une expérience de pensée est composée de trois étapes : 1) la formulation d'une hypothèse ; 2) la description d'une situation contrefactuelle ; 3) le test de l'hypothèse. Avancer que par elles-mêmes les expériences de pensée sont capables d'assumer cette dernière fonction est contestable. Nous devons garder à l'esprit que l'utilité et la légitimité des expériences de pensée sont contestées – comme le fait, par exemple, le néopositivisme – même quand elles sont employées en sciences naturelles.

Kuhn se demande comment une expérience de pensée peut produire des connaissances empiriques inédites sans l'apport de données nouvelles. Si seule l'expérimentation réelle est en contact direct avec les faits, dont elle dérive directement du matériel nouveau, l'expérimentation mentale ne peut avoir accès qu'aux données anciennes. Dans ce cas, on peut mettre en doute la capacité des expériences de pensée à produire de la connaissance. Après avoir observé que « si nous devons nous occuper d'une expérience de pensée réelle, les données empiriques sur lesquelles elle repose doivent avoir été à la fois bien connues et généralement acceptées avant même que l'expérience ait été conçue », Kuhn [1964, 241] pose les questions suivantes : comment, puisqu'elle repose uniquement sur des données familières, une « expérience de pensée » peut-elle conduire à une nouvelle connaissance ou à une nouvelle compréhension de la nature ? Quel genre de nouvelles connaissances ou de compréhension peut-on produire ainsi ? Qu'est-ce que les scientifiques peuvent espérer apprendre des expériences de pensée ? Mais si les expériences de pensée ne fournissent pas de nouvelles informations sur la réalité, Kuhn souligne leur importance dans la reconfiguration conceptuelle :

> Une expérience de pensée ne peut rien enseigner qui n'était connu auparavant [...] elle enseigne au scientifique des choses concernant son appareil mental. Sa fonction est limitée à la correction des erreurs conceptuelles précédentes. [Kuhn, 1977, 252.]

Tant que l'esprit a la faculté de se représenter ce qui est possible, ou même contre-possible, l'imagination nous aide à construire des théories qui ne proviennent pas directement des faits même quand elles ont une capacité démontrée d'expliquer des phénomènes. Le *phainomenon*, mot grec qui signifie ce qui *apparaît*, a besoin d'être classifié, catégorisé et conceptualisé dans un système théorique élaboré avec l'aide de l'imagination créatrice. Au début d'une recherche, les faits semblent dépourvus d'identité ontologique unique : ils suggèrent la possibilité de plusieurs types d'approche parce qu'ils ne révèlent pas univoquement ce qu'ils sont. Ils n'exhibent pas des modes d'être qui permettraient, sans la médiation de l'imagination reconstructive, de leur attribuer automatiquement une classification ontologique. En cherchant à expliquer des faits, il est important, tout d'abord, de les placer dans des contextes qui favorisent leur représentation imaginative. Comme les relations entre les faits sont plus construites que constatées, les idéalisations peuvent toujours contribuer – en se soumettant à des contrôles empiriques – à élaborer de bonnes explications :

> Maintenant, si je veux passer au grand espace, qui ne sert plus seulement pour moi, mais où je peux loger l'univers, j'y arriverai par un acte d'imagination. Je m'imaginerai ce qu'éprouverait un géant qui pourrait atteindre les planètes en quelques pas ; ou, si l'on aime mieux, ce que je sentirais moi-même en présence d'un monde en miniature où ces planètes seraient remplacées par de petites boules, tandis que sur l'une de ces petites boules s'agiterait un lilliputien que j'appellerais moi. Mais cet acte d'imagination me serait impossible, si je n'avais préalablement construit mon espace restreint et mon espace étendu pour mon usage personnel. [Poincaré, 1912, 113.]

Pouvant fonctionner comme la faculté qui associe ce qui existe à ce qui n'existe pas ou ne pourrait exister, l'imagination est importante en science pour aider à faire la transition des constatations primaires à la construction des explications qui, selon la vision holistique de Duhem, ne peuvent pas être évaluées en comparant chacune de ses parties avec des états déterminés de la réalité. Plus qu'être une faculté capable de former des images préfigurées de ce qui jusqu'ici restait inconnu, d'intégrer des faits perçus par les sens de manière isolée, l'imagination postule l'existence d'objets et situations irréels avec l'objectif de comprendre ce qui arrive dans la nature ou dans la société. Il ne s'agit pas de fantaisie, mais d'imagination disciplinée par la recherche d'un but explicatif dont on peut savoir quand il a été atteint. Malgré les tentatives d'apprendre les rapports intégrés entre les faits – par le moyen de la création d'analogies et modèles – qui normalement bénéficient des exercices d'imagination, il reste douteux que ceux-ci sont toujours féconds dans la recherche empirique.

5. L'expérimentation mentale en sciences sociales : le manque de capacité explicative

Épousant la thèse que « les phénomènes sociaux sont des choses et doivent être traités comme des choses », l'objectivisme de Durkheim [1967, 27] rend inutile l'expérimentation mentale. Pour Durkheim, la chose est « tout ce qui est donné, tout ce qui s'offre ou, plutôt, s'impose à l'observation. Traiter des phénomènes comme des choses, c'est les traiter en qualité de *data* qui constituent le point de départ de la science » [1967, 35]. Il est discutable de penser que le scientifique réussira à expliquer le monde des faits sociaux, dont la plupart se distinguent en étant pré-interprétés, sans se mettre imaginativement à la place, dans la peau, des agents.

> S'il s'agit d'examiner des hommes, des égaux, des frères, la sympathie est le fond de la méthode. Mais devant ce monde inerte qui ne vit pas de notre vie, qui ne souffre d'aucune de nos peines et que n'exalte aucune de nos joies, nous devons arrêter toutes les expansions, nous devons brimer notre personne. [Bachelard, 1992, 10-11.]

C'est un recours important quand on a besoin de construire des explications qui ne peuvent se fonder exclusivement sur les évidences empiriques données ni être directement testées par elles. En vérité, de nombreuses expériences de pensée en sciences sociales sont déterminées par la nécessité d'affronter le défi de comprendre le sens que les acteurs donnent à leur vécu. Il faut comprendre comment le monde des relations sociales est perçu par les personnes pour expliquer leurs actions et réactions. Les tentatives de compréhension des phénomènes sociaux ont plus besoin de recourir à l'imagination reconstructive et, dans la plupart des cas, ne peuvent pas réussir sans recourir à l'empathie. De plus, dans les études sociales plus qu'ailleurs, « les inférences de la pensée ne peuvent parfois pas être distinguées de la perception des sens », comme l'a souligné Ferguson [1782, 22] en pionnier.

Les efforts sont assez connus dans les sciences sociales d'expliquer des faits avec l'aide non seulement d'expériences de pensée mais aussi de métaphores. Adam Smith [1981, 456] élabore la célèbre métaphore de la *main invisible* au moyen de laquelle la conciliation de l'intérêt particulier avec l'intérêt général peut s'expliquer. La métaphore de la main invisible a été créée dans le but d'expliquer comment un individu qui cherche seulement ses propres intérêts effectue des actions qui peuvent aboutir à des résultats qui profitent aux autres. L'idée de la main invisible peut être confirmée en observant certains faits de la vie économique, mais pas tous. C'est pourquoi elle n'est pas une théorie générale de la manière dont les actions égoïstes se transforment en bénéfices publics.

Dans le même esprit, la métaphore du *voile d'ignorance* a été introduite par Rawls pour proposer une nouvelle version de l'ancien contractualisme :

> Parmi les traits essentiels de cette situation, il y a le fait que personne ne connaît sa place dans la société, sa position de classe ou son statut social, pas plus que personne ne connaît le sort qui lui est réservé dans la répartition des capacités et des dons naturels, par exemple l'intelligence, la force, etc. [Rawls, 1978, 136-142.]

La question posée est d'expliquer comment se constituerait *ab ovo* un ordre politique, social et économique, quels choix les personnes feraient, c'est-à-dire quel degré de liberté et d'égalité les citoyens choisiraient s'ils ne connaissaient pas le statut et la position qu'ils atteindraient dans la société. Il s'agit d'une expérience de pensée où l'on imagine n'avoir aucune connaissance de notre place dans la société ni aucune idée de nos compétences personnelles et professionnelles. En dépit de ce voile d'ignorance, nous devons décider les règles du jeu, concevoir et donner pleine effectivité aux principes de la justice. Les expériences de pensée comme celles-là ont un rôle spécial dans les sciences sociales parce que dans leur domaine, il est pratiquement impossible de faire le type de recherche appelé expérimentale. Les tests à effectuer dans des conditions contrôlées dans le but d'examiner la validité d'une hypothèse ou de déterminer l'efficacité explicative de quelque théorie sont difficiles en sciences sociales. Il n'est même pas possible de reproduire artificiellement les phénomènes dans des conditions différentes de celles dans lesquelles ils se sont produits à l'origine. Le problème est que, malgré un usage disséminé, les expériences de pensée ont contribué à augmenter les controverses et divergences explicatives entre les écoles.

Comme faculté de spéculer, d'inventer, d'élaborer des scénarios différents, de construire des mondes possibles, de trouver des expédients, les expériences de pensée sont susceptibles d'être accusées de favoriser la construction de théories sociales imperméables aux faits. Pour cette raison, Carr [1990, 97-98] considère inutiles les exercices d'imagination en histoire à tel point qu'il les déprécie comme « *parlour-games which might have been* ». Il faut néanmoins reconnaître que, malgré l'exposition au risque de créer des théories purement spéculatives, un scientifique social, plus qu'un naturaliste, éprouve le besoin de s'imaginer comment le possible et le contre-possible peuvent aider à expliquer le réel. Dans les sciences de l'homme, il est important de problématiser ce qui existe par opposition à ce qui pourrait être puisque les réplications, à travers des tests empiriques, peuvent rarement être réalisées.

En science, il est sans doute essentiel d'inférer des conséquences non seulement entre ce qui arrive et ce qui va arriver ; tout aussi important est le travail d'associer les faits, ce qui existe, à tout ce qui pourrait se passer dans le monde réel ou dans un monde éventuel possible. En étudiant des faits sociaux, il est précieux d'identifier les conséquences de situations réelles, mais aussi les configurations possibles et contre-possibles. L'expérimentation mentale peut assurément nous aider à comprendre quelles différences subsisteraient dans le monde – naturel ou social – si les choses présentaient des modes d'être différents de ceux d'aujourd'hui. Toutefois, la constatation que les expériences de pensée peuvent être mises au service de la construction conceptuelle de bonnes théories ne signifie pas qu'elles ont la capacité d'expliquer les faits, comme le montre l'histoire des sciences sociales. La thèse ici défendue est que les expériences de pensée jouent le rôle fondamental de spéculer sur la nature des faits en associant ce qui est à ce qui pourrait être ou même à ce qui ne pourrait pas être, mais qu'elles sont incapables de contribuer, de manière décisive, à expliquer des faits soit causalement soit téléologiquement.

L'emploi continu de théories fondamentales destinées à lier constamment les faits qui s'accomplissent aux faits accomplis, comme l'a revendiqué Comte, doit être mis à l'épreuve pour éviter que la spéculation imaginative ne prenne la place de l'investigation empirique. Il est courant d'accuser les sciences sociales d'élaborer des théories dépourvues d'une solide base empirique. Cependant, comme le souligne Comte [1908, IV, 219-220], nous oublions qu'« il est évident que l'absence de toute théorie positive est aujourd'hui ce qui rend les observations sociales si vagues et si incohérentes ». Comte contredit aussi le jugement stéréotypé qui accuse le positivisme de factualisme quand il ajoute : « Les faits ne manquent point, sans doute, puisque, dans cet ordre de phénomènes encore plus clairement qu'en aucun autre, les plus vulgaires sont nécessairement les plus importants [...] mais ils restent profondément stériles, et même essentiellement inaperçus, quoique nous y soyons plongés, faute des dispositions intellectuelles et des indications spéculatives, indispensables à leur véritable exploration scientifique. »

Étant donné que les théories sociales en général voient leur statut scientifique constamment mis en doute, le grand nombre des expériences de pensée pratiquées dans les sciences sociales est une cause majeure du manque de résultats explicatifs acceptés par différentes *écoles de pensée*. Bien que les expériences de pensée soient utiles pour comprendre la nature des faits sociaux, elles sont incapables d'atténuer la vieille opposition entre *erklären* et *verstehen*. Puisque l'imagination ne peut pas être bannie du processus de production de la connaissance, il faut la contrôler afin d'éviter que ses exercices s'autonomisent de telle manière à s'imposer aux faits. L'imagination ontologique qui se soumet au contrôle des données de la réalité est un outil important pour la construction de bonnes explications. En termes ontologiques, il est fondamental d'affronter la question de comment relier, en construisant une théorie, ce qui pourrait être – ou même ce qui ne pourrait être – à ce qui est pour expliquer ce qui est. Dans beaucoup de cas, le monde réel devient plus compréhensible grâce à la construction de mondes imaginaires. Les expériences de pensée stimulent l'imagination ontologique – ou contrefactuelle – avec la finalité de penser la réalité sociale en prenant en considération ce qui pourrait ou ce qui ne pourrait être. À la traditionnelle question ontologique concernant *ce qu'il y a* nous pouvons en ajouter une autre : que se passerait-il si les faits, événements et situations étaient complètement différents de ce que nous observons ? Pour répondre à cette question, il est insuffisant d'observer les faits et d'identifier leurs relations. La participation de l'imagination devient fondamentale si nous voulons savoir comment les choses se passeraient si tel ou tel aspect de la réalité sociale était différent ou n'était pas présent. Les expériences de pensée ont sans doute le potentiel de contribuer à la construction d'explications des phénomènes sociaux, mais nous sommes loin de confirmer leur fécondité explicative au-delà de leur utilité heuristique.

Références bibliographiques

Aristote [1932], *Poétique*, trad. Joseph Hardy, Paris, Les Belles Lettres.

Bachelard, Gaston [1968], *Essai sur la connaissance approchée*, Paris, Vrin.

— [1992], *La Psychanalyse du feu*, Paris, Gallimard.

Bacon, Francis [1986], *Novum Organum*, Chicago, Encyclopedia Britannica.

Burge, Tyler [2007], "Individualism and the Mental", in *Foundations of Mind. Philosophical Essays*, 2, Oxford, Clarendon Press, 100-150.

Carr, Edward Hallett [1990], *What is History?*, London, Penguin.

Comte, Auguste [1908], *Cours de philosophie positive*, Paris, Schleicher Frères Éditeurs.

— [1929], *Système de Politique positive. Appendice*, I-IV, Paris, Librairie scientifique-industrielle de L. Mathias.

— [1974], *Discours sur l'esprit positif*, Paris, Vrin.

Darwin, Charles [1977], *The Origin of Species*, New York, Random House.

Durkheim, Émile [1967], *Les Règles de la méthode sociologique*, Paris, PUF.

Einstein, Albert & Infeld, Leopold [2008], *The Evolution of Physics*, London, Cambridge University Press.

Ferguson, Adam [1782], *The History of Civil Society*, London, T. Cadell.

Galilei, Galileo [1980], *Discorsi e Dimostrazioni Matematiche intorno a due Nuove Scienze*, UTET, Classici della Scienza.

Habermas, Jürgen [1973], *Erkenntnis und Interesse*, Frankfurt am Main, Suhrkamp.

Hume, David [1952], *An Enquiry concerning Human Understanding*, Chicago, Encyclopedia Britannica.
— [1969], *A Treatise of Human Nature*, Middlesex, Penguin Books.
Kant, Immanuel [1912], *Prolegomena to any Future Metaphysics*, trad. Paul Carus, Chicago, The Open Court Publishing.
Koyré, Alexandre [1985], *Études d'histoire de la pensée scientifique*, Paris, Gallimard.
Kuhn, Thomas [1977], "A Function for Thought Experiments", in *The Essential Tension*, Chicago, The University of Chicago Press, 240-265.
Laplace, Pierre-Simon de [1795], *Essai philosophique sur les probabilités*, Paris, Gauthier-Villars.
Locke, John [1959], *An Essay Concerning Human Understanding*, 1, New York, Dover Publications.
Mach, Ernst [1908], *La Connaissance et l'Erreur*, trad. Marcel Dufour, Paris, Ernest Flammarion.
Newton, Isaac [1946], *The Mathematical Principles of Natural Philosophy*, trad. Andrew Motte, Berkeley (CA), University of California Press.
— [1952], *Optics or A Treatise of the Reflections, Refractions, Inflections and Colours of Light*, New York, Dover.
Pascal, Blaise [1887], *Pensées*, Paris, Librairie Ch. Delagrave.
Platon [1967], *La République*, trad. Robert Baccou, Paris, Garnier/ Flammarion.
Poincaré, Henri [1912], *Science et Méthode*, Paris, Ernest Flammarion.
— [1968], *La Science et l'Hypothèse*, Paris, Flammarion.
Popper, Karl [1959], *The Logic of Scientific Discovery*, London, Hutchinson and Co.
— [1976], *The Poverty of Historicism*, London, Routledge and Kegan Paul.
Putnam, Hilary [1981], *Reason, Truth and History*, Cambridge, Cambridge University Press.
Quine, Willard Van Orman [1969], "Epistemology Naturalized", in *Ontological Relativity & Other Essays*, New York, Columbia University Press, 69-90.
Rawls, John [1978], *Theory of Justice*, Cambridge (MA), The Belknap Press of Harvard University Press ; [1987], trad. Catherine Audard, Paris, Seuil.
Searle, John [1980], "Minds, Brains and Programs", *Behavioral and Brain Sciences*, 3, 3, 417-457.
— [2000], « Langage, conscience, rationalité : une philosophie naturelle, entretien avec John R. Searle », *Le Débat*, 109, 177-192.

Sellars, Wilfrid [1997], *Empiricism and the Philosophy of Mind*, Cambridge (MA), Harvard University Press.

Smith, Adam [1981], *An Enquiry into the Nature and Causes of the Wealth of Nations*, 1, Indianapolis (IN), Liberty Fund.

Sorensen, Roy [1992], *Thought Experiments*, New York, Oxford University Press.

Spinoza, Baruch [2014], *Éthique*, trad. Bernard Pautrat, Paris, Seuil.

Alberto OLIVA
Universidade Federal do Rio de Janeiro (UFRJ)
Rio de Janeiro, Brésil
aloliva@uol.com.br

Raisonnement, imagination et émotion
Serge ROBERT

1. Le problème : Damásio vs Descartes

Dans *L'Erreur de Descartes* [1995], António Damásio s'est opposé radicalement à la thèse classique de René Descartes sur le rôle des émotions et de l'imagination dans la connaissance. Descartes avait soutenu, notamment dans *Les Principes de la philosophie* [1965, I, § 60], un dualisme oppositionnel entre l'âme et le corps, selon lequel l'âme est une substance pensante et le corps une substance étendue. Alors que l'âme nous permettrait de raisonner rationnellement et de connaître, le corps serait responsable de produire des émotions et une imagination corporelle [Descartes, 1966, Règle 12], qui pourraient perturber la raison et qui, à ce titre, n'auraient rien à voir avec la connaissance et la rationalité.

Au contraire, Damásio soutient que l'émotion et l'imagination jouent un rôle important et pertinent dans la connaissance humaine. Dans la mouvance naturaliste contemporaine, il considère l'esprit comme une émergence du cerveau et le cerveau comme une émergence du corps [Damásio, 1995, chap. 11]. L'émotion et l'imagination seraient en mesure de contribuer à la prise de décision rationnelle, en s'appuyant sur des marqueurs somatiques, les *gut feelings* [Damásio, 1995, chap. 8]. Ainsi, en attribuant un rôle négatif aux émotions et aux images sensibles, Descartes aurait, selon Damásio, commis une erreur.

Notre objectif est de nous appuyer sur des travaux récents en sciences cognitives du raisonnement pour contribuer à ce débat philosophique fondamental et pour déterminer dans quelle mesure les thèses de Descartes ou celles de Damásio sont pertinentes.

2. La psychologie cognitive des sophismes

Au cours des dernières décennies, de nombreuses expériences en psychologie cognitive du raisonnement ont montré la tendance spontanée des raisonneurs humains à commettre des sophismes. Plusieurs de ces recherches portaient sur les raisonnements conditionnels. Ainsi, on a pu établir que les humains ont tendance à utiliser le *modus ponendo ponens* et le *modus tollendo tollens*, tous deux logiquement valides, mais aussi à faire usage du sophisme de l'affirmation du conséquent (AC) et du sophisme de la négation de l'antécédent (NA). Seuls les raisonnements logiquement valides sont tels que, lorsque leurs prémisses sont vraies, alors leur conclusion est nécessairement vraie. Or, les deux derniers modes de raisonnement de la liste, l'affirmation du conséquent et la négation de l'antécédent, bien que non logiquement valides, sont souvent considérés comme tout aussi fiables que les deux premiers[1]. Notons ici que l'on utilise le verbe latin *ponere* pour désigner l'affirmation et le verbe *tollere* pour parler de la négation.

Tableau 1. Raisonnements conditionnels courants

***Modus ponendo ponens* (MPP)**
S'il pleut (P), alors Serge apporte son parapluie (Q). Et il pleut. Donc, Serge apporte son parapluie.
$((P \supset Q) \& P) \supset Q$
(raisonnement logiquement valide)

***Modus tollendo tollens* (MTT)**
S'il pleut, Serge apporte son parapluie. Et Serge n'apporte pas son parapluie. Donc, il ne pleut pas.
$((P \supset Q) \& \sim Q) \supset \sim P$
(raisonnement logiquement valide)

Sophisme de l'affirmation du conséquent (AC)
S'il pleut, Serge apporte son parapluie. Et Serge apporte son parapluie. Donc, il pleut.
$((P \supset Q) \& Q) \supset P$
(raisonnement logiquement invalide et souvent traité comme valide)

Sophisme de la négation de l'antécédent (NA)
S'il pleut, Serge apporte son parapluie. Et il ne pleut pas. Donc, Serge n'apporte pas son parapluie.
$((P \supset Q) \& \sim P) \supset \sim Q$
(raisonnement logiquement invalide et souvent traité comme valide)

Les sophismes AC et NA seraient des raisonnements valides si l'opérateur conditionnel (le « si P, alors Q ») était un opérateur biconditionnel (un « si et seulement si P, alors Q »). Les raisonneurs spontanés ont donc tendance à

---

[1] Voir entre autres [Evans, Newstead, & Byrne, 1993], chap. 2.

traiter les opérateurs conditionnels comme des biconditionnels, à traiter la dépendance antisymétrique entre P et Q comme une dépendance symétrique.

Par ailleurs, d'autres expériences ont aussi montré que les raisonneurs spontanés sont également portés à faire des sophismes avec des raisonnements disjonctifs. Ainsi, en contexte disjonctif, on considère non seulement que le *modus tollendo ponens* est valide, ce qui est juste, mais qu'aussi le *modus ponens tollens* est valide, alors qu'il ne l'est pas[2].

Tableau 2. Raisonnements disjonctifs courants

***Modus tollendo ponens* sur la disjonction (MTP)**
Je mange (P) ou je joue aux cartes (Q). Et je ne mange pas. Donc, je joue aux cartes.
$((P \vee Q) \,\&\, \sim P) \supset Q$
(raisonnement logiquement valide)

***Modus ponendo tollens* sur la disjonction (MPT)**
Je mange ou je joue aux cartes. Et je mange. Donc, je ne joue pas aux cartes
$((P \vee Q) \,\&\, P) \supset \sim Q$
(raisonnement logiquement invalide et souvent traité comme valide)

Les sophismes de type *ponendo tollens* seraient valides si l'opérateur de disjonction était exclusif, tandis que, en contexte de disjonction inclusive, seul le *modus tollendo ponens* est logiquement valide. Autrement dit, si je peux manger et aussi, à la fois, jouer aux cartes, alors seul le MTP est valide ; par contre, si les deux actions étaient exclusives, alors le MPT deviendrait tout aussi valide. Les raisonneurs spontanés ont donc tendance à traiter systématiquement les disjonctions comme exclusives, sans être portés à les considérer inclusives.

En nous inspirant de ces différents travaux sur les sophismes, nous avons également démontré [Brisson, Markovits, Robert & Schaeken, 2018] que les raisonneurs spontanés tendent à faire des sophismes en contexte de raisonnement avec des incompatibilités. Ainsi, ils utilisent avec la même confiance le *modus tollendo ponens*, pourtant invalide, que le *modus ponendo tollens* valide.

---

[2] Voir entre autres [Evans, Newstead & Byrne, 1993], chap. 5.

> **Tableau 3. Raisonnements courants avec incompatibilité**
>
> ***Modus ponens tollens* sur l'incompatibilité (MPT)**
> Inviter Paul (P) est incompatible avec inviter Marie (Q). Et j'invite Paul. Donc, je n'invite pas Marie.
> $((P \mid Q) \,\&\, P) \supset \sim Q$
> (raisonnement logiquement valide)
>
> ***Modus tollendo ponens* sur l'incompatibilité (MTP)**
> Inviter Paul (P) est incompatible avec inviter Marie (Q). Et je n'invite pas Paul. Donc, j'invite Marie.
> $((P \mid Q) \,\&\, \sim P) \supset Q$
> (raisonnement logiquement invalide et souvent traité comme valide)

3. L'explication des sophismes par les opérateurs duals

Il existe plusieurs théories en sciences cognitives du raisonnement pour expliquer cette situation. La nôtre identifie le fondement des sophismes AC et NA dans l'absence de prise en compte de l'opérateur dual des opérateurs concernés [Robert & Brisson, 2016] : les sophismes spontanés avec les opérateurs conditionnels, avec les disjonctions et avec les incompatibilités sont systématiquement, du point de vue logique, des situations de non-prise en compte des opérateurs duals des prémisses majeures, bien que ces duals soient des possibilités logiquement présentes dans ces prémisses.

Ces opérateurs duals sont obtenus en transformant les valeurs de vérité des opérateurs de départ. Soit (a, b, c, d), les valeurs de vérité possibles de notre prémisse majeure (en logique classique, ces valeurs sont « vrai » ou « faux »). Ainsi, pour l'opérateur conditionnel si P, alors Q ($P \supset Q$), les valeurs de la table de vérité sont (V, F, V, V). Son opérateur dual D(a,b,c,d) est obtenu par la formule ($\sim$d,$\sim$c,$\sim$b,$\sim$a). Autrement dit, pour obtenir le dual d'un opérateur, on doit à la fois inverser ses valeurs de vérité (V et F) et l'ordre de succession de ces valeurs. Le dual du conditionnel ($P \supset Q$) sera donc (F, F, V, F), lequel est équivalent à non-P et Q ($\sim$P & Q). Or, la conjonction entre non-P et Q est précisément ce qui n'est pas pris en compte dans les sophismes conditionnels, soit la situation qui ferait en sorte que le résultat Q se produirait, mais à la suite d'un événement autre que P (soit $\sim$P).

Pour l'opérateur de disjonction inclusive ($P \lor Q$), les valeurs de vérité successives sont (V, V, V, F). De sorte que son dual est D(a,b,c,d) ≡ ($\sim$d,$\sim$c,$\sim$b,$\sim$a), c'est-à-dire (V, F, F, F). Cette dernière table correspond à la conjonction de P et de Q (P & Q), ce qui est exactement la situation de coexistence inclusive des événements P et Q, non prise en compte dans les sophismes disjonctifs.

Cette absence de traitement des duals nous a mis sur la piste pour étudier les raisonnements spontanés avec incompatibilité. Nous avons alors pu démontrer que les sophismes d'incompatibilité ne prennent pas en compte le dual de cette incompatibilité. La table de vérité de l'incompatibilité (P | Q) est (F, V, V, V) et son dual D(a,b,c,d) sera donc (~d,~c,~b,~a), soit (F, F, F, V), qui correspond à la conjonction de non-P et de non-Q (~P & ~Q). Et ce qui se passe dans les sophismes d'incompatibilité, c'est précisément qu'on ne traite pas de l'absence possible des deux événements (par exemple, lorsque je n'inviterais ni Paul, ni Marie).

4. La relation aux antécédents différents, la mémoire et l'imagination

D'autres travaux, non moins pertinents pour notre propos, ont montré que les sophismes conditionnels se produisent beaucoup moins quand les sujets peuvent récupérer des antécédents différents dans leur mémoire sémantique. Ainsi, dans l'exemple du parapluie, si je peux me rappeler qu'il arrive à Serge d'apporter son parapluie pour une autre raison que la présence de pluie, alors je serai porté à ne pas faire le sophisme. Cette théorie a été démontrée par Markovits [2014]. La mémoire à long terme est ainsi une aide précieuse pour raisonner logiquement et éviter certains sophismes.

On peut penser qu'il en va de même avec les raisonnements disjonctifs et les raisonnements sur des incompatibilités : avoir en mémoire des co-occurrences d'événements disjoints doit aider à éviter les sophismes disjonctifs, tout comme la mémoire de la co-absence de deux événements incompatibles doit aider à éviter les sophismes d'incompatibilité. À partir de ces résultats, on peut aussi raisonnablement penser que d'avoir la capacité d'imaginer d'autres antécédents pour les conditionnels, ou des co-occurrences pour les disjonctions, ou des co-absences pour les incompatibilités doit aussi contribuer à éviter les sophismes. Voilà donc une première conclusion qui va dans le sens de la thèse de Damásio : la mémoire d'événements rencontrés et l'imagination de situations non rencontrées peuvent aider à raisonner logiquement.

5. Les contextes normatifs et la peur du tricheur

D'autres expériences ont montré que la situation est très différente lorsque le raisonnement spontané se fait en contexte normatif. Ce dont nous avons traité jusqu'ici vaut pour les raisonnements en contexte descriptif, lorsque nous nous référons à des liens logiques présumés entre des événements. Mais lorsque l'on raisonne avec ce qui devrait être, comme dans les contextes moraux ou légaux, la situation est différente. C'est ce que l'on retrouve dans la célèbre expérience du barman de Leda Cosmides et John Tooby [Cosmides, 1989].

Les travaux sur les sophismes spontanés ont commencé avec la tâche de sélection de Peter Wason dans les années 1960 [Wason & Johnson-Laird, 1972]. Dans cette expérience, l'expérimentateur place quatre cartes sur une table devant le participant et l'informe que chaque carte porte une lettre d'un côté et un chiffre de l'autre. Sur les quatre cartes déposées sur la table, on peut voir, respectivement, un A, un D, un 3 et un 7. La règle suivante aurait dû être appliquée à ces cartes : s'il y a un A d'un côté de la carte, alors il y a un 3 de l'autre côté. La question posée au participant est : « Quelle(s) carte(s) doit-on retourner pour vérifier si la règle a été respectée? » La réponse courante est de tourner le A (question de voir s'il y a un 3 de l'autre côté) et le 3. Tourner le A respecte le *modus ponendo ponens* valide, mais tourner le 3 est un sophisme de l'affirmation du conséquent. En plus du A, l'autre carte qu'il aurait fallu tourner pour respecter les lois de la logique classique et éviter le sophisme aurait été le 7, pour s'assurer qu'il n'y a pas de A de l'autre côté, ce qui aurait permis de vérifier si le *modus tollendo tollens* a été respecté. C'est sur la base de cette expérience que, par la suite, d'autres recherches ont corroboré la thèse de la tendance humaine spontanée à commettre certains sophismes, comme ceux de l'affirmation du conséquent et de la négation de l'antécédent.

Par contre, avec l'expérience du barman, cette thèse a été fortement nuancée. L'expérience se présente comme suit. Le patron d'un bar vous embauche. Il est important que vous respectiez la loi, sinon il risque de perdre son permis et devra vous congédier. La loi dit : « Si une personne boit de l'alcool, alors elle doit avoir au moins 18 ans. » Quatre clients sont assis à une table. L'un d'eux est jeune, un est vieux, un autre commande du Coca-Cola et le quatrième commande de la bière. Quel est le client ou quels sont les clients dont je dois vérifier l'âge ou la consommation ? La réponse valide est que je dois vérifier ce que boit le jeune, pour m'assurer qu'il ne boit pas d'alcool (*modus tollendo tollens*), et vérifier l'âge de celui qui commande de la bière (*modus ponendo ponens*). Et je n'ai pas à me préoccuper de ce que commande celui qui est vieux (affirmation du conséquent), ni de l'âge de celui qui commande du Coca-Cola (négation de l'antécédent). Depuis, plusieurs expériences ont été faites sur de tels contextes normatifs et ont corroboré la tendance à éviter les sophismes dans ces contextes. On a plus précisément établi que ces contextes expriment une relation de dépendance entre un privilège (dans l'exemple du barman, il s'agit de boire de l'alcool) et un prix à payer (avoir au moins 18 ans).

Cosmides et Tooby expliquent ces résultats dans une perspective modulariste forte, selon laquelle le cerveau humain est fait de modules fortement indépendants les uns des autres. Dans le raisonnement descriptif ou cognitif, les aires du langage (aires de Broca et de Wernicke) seraient activées, tandis que dans les relations entre prix et privilèges, un module frontal de détection des tricheurs serait à l'œuvre. En activant des zones cérébrales différentes, les deux types de raisonnements produiraient des effets différents : une abondance de sophismes en contexte descriptif, un respect des règles de la logique classique en contexte normatif de prix et de privilège [Cosmides, 1989]. Le module de détection des tricheurs nous permettrait de détecter rapidement les tricheurs, ceux qui cherchent à obtenir le privilège sans en payer le prix. En permettant des décisions rapides contre les prédateurs ou les compétiteurs, ce module serait responsable de la stabilisation de la coopération (dans les contrats sociaux), depuis au moins l'époque de nos ancêtres chasseurs-cueilleurs. Il aurait contribué à notre spécificité humaine, en faisant de nous des êtres normatifs, producteurs de conventions sociales, de lois, de morales, d'institutions politiques et économiques. Cosmides et Tooby en concluent que le maniement correct de la logique et, plus particulièrement, de l'opérateur conditionnel, appartient à notre bagage héréditaire, mais seulement pour les situations de contrat social. Ainsi, la logique, contrairement à ce que beaucoup de philosophes ont soutenu, ne nous servirait pas à nous aider à trouver la vérité, mais plutôt à vivre en société.

6. Les opérateurs duals, l'altruiste et le tricheur

La thèse du module de détection des tricheurs nous paraît pertinente, notamment du point de vue de sa force explicative relativement à l'importance des composantes normatives de notre activité mentale et de notre vie en société. Cependant, notre thèse sur les opérateurs duals nous amène à lui ajouter une dimension nouvelle. Comme nous l'avons vu, ce qui permet d'éviter les sophismes d'affirmation du conséquent et de négation de l'antécédent est la prise en compte du dual de l'opérateur conditionnel, soit la conjonction de non-P et de Q (~P & Q), c'est-à-dire la situation de l'antécédent différent, celle où Q se produirait en l'absence de P. Qu'en est-il du point de vue de la relation de prix et de privilège, à savoir une relation conditionnelle telle que « si on souhaite obtenir un privilège, alors il faut en payer le prix »? La situation duale est de ne pas obtenir le privilège (~P) et de cependant payer le prix (Q). Nous sommes ici en présence de l'altruiste, celui qui ne réclame pas le privilège quand il paie le prix ou encore qui laisse quelqu'un d'autre bénéficier du privilège à sa place.

Pour manier correctement l'opérateur conditionnel entre P et Q, il faut, comme l'ont vu Cosmides et Tooby, saisir que l'occurrence de P et de non-Q est fausse (non conforme à la condition), comme ce serait le cas s'il y avait un tricheur, qui cherche le privilège sans payer le prix. Encore faut-il aussi, pour éviter les sophismes, comprendre que l'on peut avoir la présence du dual, soit l'absence de P et néanmoins la présence de Q, comme avec l'altruiste. Puisque c'est la prise en compte du dual qui permet d'éviter les sophismes, la manipulation correcte de l'opérateur conditionnel en contexte normatif est fort probablement l'activation d'un module de détection des tricheurs, mais, également, de détection des altruistes, c'est-à-dire un module qui permet de juger si l'autre est tricheur, altruiste ou tout simplement un *fair player* (qui paie le prix et obtient le privilège, ou ne paie pas le prix et ne revendique pas le privilège). On peut alors penser que, autant c'est une émotion de peur qui nous permet de détecter les tricheurs, c'est une émotion d'empathie qui nous amène à reconnaître et à estimer les altruistes. L'aptitude à éviter les sophismes en ne se préoccupant ni de ce que boit le vieux ni de l'âge du buveur de Coca-Cola dépend de notre capacité à distinguer les tricheurs et les altruistes des *fair players*.

7. Évitement des sophismes, mémoire, imagination et émotion

Il résulte de l'analyse précédente qu'en contexte descriptif, nous sommes portés à faire des raisonnements sophistiques. Nous avons, par contre, la possibilité d'éviter ces sophismes, en tenant compte des opérateurs duals. Ces duals sont : ($\sim$P & Q) pour le conditionnel (P $\supset$ Q), à savoir un antécédent autre que P pour produire Q ; (P & Q) pour la disjonction (P $\vee$ Q) – il s'agit donc de la coprésence de P et de Q ; ($\sim$P & $\sim$Q) enfin, car il faut prendre en compte la possibilité de la co-absence de P et de Q, pour ce qui est de l'incompatibilité entre P et Q (P | Q). Ces situations duales peuvent être engrangées dans notre mémoire à long terme, en tant que traces d'événements passés, ou encore être des événements tout simplement imaginés. Cependant, il n'est pas toujours facile d'imaginer ces duals. On peut en conclure que, en contexte descriptif, la mémoire empirique et l'imagination sont des aides précieuses pour faire des raisonnements logiquement valides.

En contexte normatif, la situation est différente. Ici nous sommes portés à éviter les sophismes. Donc, nous serions facilement portés à envisager les opérateurs duals. Dans ces cas, imaginer un dual serait facilité par la présence d'émotions, soit la peur du tricheur, l'empathie pour l'altruiste et la neutralité émotive envers le *fair player*. Relativement à l'étude des sophismes, la thèse de Damásio est plus pertinente que celle de Descartes : l'imagination de situations empiriques possibles aide à raisonner logiquement en contexte descriptif ; en contexte normatif, les émotions, notamment la peur et l'empathie, stimulent spontanément l'imagination et permettent de raisonner logiquement avec facilité.

8. La suppression d'inférences valides et les inhibiteurs

Ruth M. J. Byrne a fait une autre découverte importante sur le raisonnement humain : la suppression des inférences valides. En plus de commettre des sophismes en étant portés à conclure avec assurance dans des situations d'affirmation du conséquent ou de négation de l'antécédent, il nous arrive de refuser de conclure dans des situations de *modus ponendo ponens* ou de *modus tollendo tollens*, où il serait pourtant logiquement valide de le faire [Byrne, 1989]. Le type d'expérience à l'appui de ce cas fonctionne comme suit. On demande d'abord au participant de faire un *modus ponendo ponens* simple, qu'il réussit facilement. Les prémisses sont : « Si Marie a un devoir à faire, alors elle étudie tard à la bibliothèque. Or, Marie a un devoir à faire. » Le raisonneur spontané conclut rapidement qu'elle va étudier tard à la bibliothèque. Ensuite, on informe le participant que la bibliothèque a un horaire déterminé, qui fait que parfois elle est ouverte et parfois fermée. Ensuite, on lui redemande de faire un même *modus ponendo ponens* et il s'abstient de répondre, considérant que la réponse dépendra de l'horaire de la bibliothèque. Ainsi, il considère que son ignorance relative à l'horaire de la bibliothèque est un inhibiteur du *modus ponendo ponens*. Pourtant, du simple point de vue de la logique, le raisonnement est monotone, de sorte qu'il ne doit pas être modifié par l'ajout de nouvelles informations, comme l'horaire de la bibliothèque. Étant donné que lorsque Marie a un devoir à faire, elle étudie tard à la bibliothèque, alors, dès qu'elle doit faire un tel devoir, on peut, du point de vue de la stricte logique, conclure qu'elle va étudier tard à la bibliothèque.

Ce que cette expérience montre, c'est que l'acquisition de nouvelles informations impose au raisonnement de ne pas être monotone et, ainsi, de suspendre le raisonnement logiquement valide pour tenir compte de cette nouvelle information. Apprendre nous impose de quitter les règles de la logique classique. Cette conclusion rejoint la thèse de Keith Stenning et Michiel van Lambalgen selon laquelle, en contexte cognitif, nous traitons implicitement le *modus ponendo ponens* comme ayant la forme : si P se passe et rien d'anormal, alors Q se passe aussi $((((P\ \&\ \sim ab) \supset Q)\ \&\ P) \supset Q)$. Mais si quelque chose d'anormal se produit (comme une bibliothèque fermée), alors on ne conclura pas que Q [Stenning & van Lambalgen, 2008].

Sur la base de ce que nous avons vu à propos des raisonnements disjonctifs et des raisonnements avec incompatibilité, on peut présumer que le même phénomène de suppression d'inférences valides peut se produire avec les raisonnements disjonctifs de type *modus tollendo ponens* et avec les raisonnements sur incompatibilité de type *modus ponendo tollens*. De la même façon qu'une suppression d'inférence conditionnelle valide est liée à un apprentissage, on peut penser à deux autres types d'apprentissage possibles : l'un, où il y a une situation anormale avec la disjonction, soit une troisième possibilité logique, R, au-delà de P et de Q ; l'autre, où la situation anormale serait en contexte d'incompatibilité, à savoir une troisième possibilité R, pouvant servir de compromis entre P et Q et qui annulerait leur incompatibilité. Ainsi, on aurait, du point de vue de la disjonction, une situation P ou Q ($P \vee Q$), qui devient $(P \vee Q) \vee R$ (R étant un nouvel événement possible qui s'ajoute aux deux autres) et, du point de vue de l'incompatibilité, on aurait P incompatible avec Q ($P \mid Q$), qui devient $(P \mid Q) \vee R$ (R étant un compromis entre P et Q qui les rend désormais compatibles).

9. Logique, imagination, émotion et apprentissage

La suppression d'inférences valides est une source d'apprentissage et, à la fois, une suspension de l'inférence logique. La monotonicité de la logique classique nous donne accès à un monde structuré, mais fermé relativement à l'acquisition d'informations nouvelles. Accéder à ces informations nouvelles se fait en ouvrant notre monde au-delà de ce que la logique classique permet. La suppression d'inférences valides est favorisée par le recours à l'activation d'informations gravées dans notre mémoire et non présentes dans les prémisses, ou encore par l'imagination de conditions non présentes dans le champ fermé des prémisses du raisonnement : donc, ici aussi, l'imagination intervient dans le raisonnement. Dans la mesure où l'imagination peut suspendre le raisonnement logiquement valide, la thèse de Descartes, à l'effet que l'imagination corporelle nuit à la rationalité, n'est donc pas entièrement fausse, puisque cette imagination peut empêcher de tirer des conclusions logiquement valides.

Ici aussi, on peut penser que l'émotion stimule l'imagination. Ainsi, l'émotion de la peur de l'inconnu freine l'ouverture du monde nécessaire à la suppression d'inférences et à l'apprentissage, alors que l'émotion de plaisir à rechercher la nouveauté favorise, au contraire, l'ouverture requise dans la suppression. Donc, dans la suppression d'inférences valides comme dans le refus de procéder à cette suppression, l'émotion peut jouer un rôle moteur important. La thèse de Damásio sur le rôle de l'émotion et de l'imagination est à nouveau appuyée.

10. L'avènement de la logique et de l'esprit scientifique

En plus de considérer le module de détection des tricheurs comme étant tout autant un module de détection des altruistes, nous nous démarquons également de la théorie de Cosmides et Tooby par une deuxième thèse. Tandis qu'ils sont des modularistes forts, nous privilégions le point de vue du modularisme faible. Leur modularisme est tel que les modules cérébraux sont fortement séparés, de sorte que le raisonnement descriptif et le raisonnement normatif sont totalement distincts. Ainsi, pour eux, nous sommes logiquement compétents en matière de raisonnements conditionnels en contexte normatif et nous ne le sommes pas pour le même type de raisonnements en contexte descriptif.

Nous considérons, au contraire, que même si notre cerveau comprend des modules relativement distincts, une certaine communication est possible entre ces modules. On peut ainsi avancer une hypothèse explicative sur l'origine de la logique comme discipline formelle. La logique, comme discipline capable d'élaborer les règles permettant de tirer des conclusions certainement vraies à partir de prémisses présumées vraies, est apparue dans l'Antiquité grecque, à partir d'Aristote. On peut rendre compte d'une telle réalisation par un transfert aux contextes descriptifs et cognitifs d'une compétence antérieure et innée pour le raisonnement valide en contexte normatif. Ainsi, en appliquant à notre connaissance du monde ce que nos ancêtres savaient faire spontanément dans leurs interactions sociales, des penseurs grecs de l'Antiquité ont contribué à faire passer l'humanité à un nouveau stade. Ils ont ajouté à l'animal moral la possibilité de devenir un animal scientifique.

11. Raisonnement, imagination et émotion – entre Descartes et Damásio

En s'appuyant sur les sciences cognitives du raisonnement, notre analyse nous amène à considérer trois types de raisonnement importants chez l'humain : le raisonnement logique, le raisonnement sophistique et la suppression d'inférences valides.

Relativement aux sophismes, nous avons vu que d'imaginer des alternatives exprimées par les opérateurs duals aide à raisonner logiquement en évitant les sophismes et cela s'avère cognitivement pertinent. La prise en compte des duals est par contre assez systématiquement spontanée dans nos raisonnements normatifs. Cette situation particulière est rendue possible par une émotion de peur du tricheur et une émotion d'empathie envers l'altruiste. On peut penser que l'accès à la compétence logique dans l'ensemble des contextes de raisonnement autres que normatifs est l'effet d'un transfert de la compétence normative à ces autres contextes.

Relativement aux suppressions d'inférences valides, nous avons vu que l'imagination joue à nouveau un rôle important, fournissant des inhibiteurs nécessaires à la réalisation de ces suppressions. De telles suppressions sont des entraves à la monotonicité du raisonnement logique. Imaginer un monde ouvert freine le raisonnement logique, mais est souvent cognitivement pertinent pour réaliser des apprentissages. L'émotion de peur de l'inconnu fait obstacle à ces suppressions ; par contre, l'émotion de plaisir à rechercher la nouveauté les stimule.

Revenons, enfin, sur l'opposition entre la thèse de Descartes et celle de Damásio. Dans le sens de Damásio, l'imagination et l'émotion aident au raisonnement logique en ce qui concerne l'évitement des sophismes. Par contre, en ce qui concerne la suppression des inférences valides, nos résultats vont davantage dans le sens de Descartes, à savoir que l'imagination et l'émotion de plaisir face à la nouveauté nuisent au raisonnement logique. Cependant, ces suppressions d'inférences valides contribuent souvent à l'apprentissage et peuvent ainsi avoir une grande pertinence cognitive.

Les marqueurs somatiques de Damásio contribuent à expliquer le rôle des émotions et de l'imagination dans le raisonnement et dans la connaissance. Cependant, ils ont une portée limitée en ce qui concerne l'explication de notre compétence à raisonner logiquement : cette compétence est en partie fondée dans notre corporéité (à travers ces marqueurs), mais elle s'en est aussi en partie émancipée, d'une manière un peu cartésienne, lorsque nous avons construit des outils formels monotones comme la logique classique.

Références

Brisson, Janie, Markovits, Henry, Robert, Serge & Schaeken, Walter [2018], "Reasoning from an Incompatibility: False Dilemma Fallacies and Content Effects", *Memory & Cognition*, 46, 657-670.

Byrne, Ruth M. J. [1989], "Suppressing Valid Inferences with Conditionals", *Cognition*, 31, 61-83.

Cosmides, Leda [1989], "The Logic of Social Exchange: Has Natural Selection Shaped How Humans Reason? Studies with the Wason Selection Task", *Cognition*, 31, 197-276.

Damásio, António R. [1995], *L'Erreur de Descartes. La raison des émotions*, trad. Marcel Blanc, Paris, Odile Jacob [1994, *Descartes' Error. Emotion, Reason, and the Human Brain*, London, Putnam Books].

Descartes, René [1965], *Les Principes de la philosophie*, Paris, Librairie philosophique J. Vrin [1644, *Principia philosophiae*].

— [1966], *Règles pour la direction de l'esprit*, Paris, Librairie philosophique J. Vrin, « Bibliothèque des textes philosophiques » [1628, *Regulae ad directionem ingenii*].

Evans, Jonathan St.B. T., Newstead, Stephen E. & Byrne, Ruth M.J. [1993], *Human Reasoning. The Psychology of Deduction*, Hove (UK), Lawrence Erlbaum Associates.

Markovits, Henry [2014], "Conditional Reasoning and Semantic Memory Retrieval", in Aidan Feeney & Valerie A. Thompson (eds.), *Reasoning as Memory*, Hove (UK), Psychology Press, « Current issues in thinking and reasoning », 53-70.

Robert, Serge & Brisson, Janie [2016], "The Klein Group, Squares of Opposition and the Explanation of Fallacies in Reasoning", *Logica Universalis*, 10, 2-3, 377-392.

Stenning, Keith & van Lambalgen, Michiel [2008], *Human Reasoning and Cognitive Science*, Cambridge (MA), MIT Press.

Wason, Peter C. & Johnson-Laird, Philip Nicholas [1972], *Psychology of Reasoning. Structure and Content*, London, Batsford.

Serge ROBERT
Université du Québec à Montréal
Montréal, Canada
robert.serge@uqam.ca

De la modélisation à la créativité mathématique
Maurício VIEIRA KRITZ

1. Introduction

La science, comme discipline mentale et système philosophique de connaissance, est apparue dans la culture occidentale avec la révolution scientifique, autour des années 1600. Elle a beaucoup évolué, ses concepts et ses méthodes se sont raffinés, mais la méthode scientifique évolue toujours. La compréhension d'une bonne partie de ses idées séminales, comme la force, a beaucoup changé. D'autre part, la science embrasse des phénomènes de plus en plus complexes [Wu, 2006] et a développé plusieurs ramifications. Pourtant, cela ne nous empêche pas d'en tracer en lignes simples les principaux éléments communs et les liens essentiels.

Les sciences sont des systèmes de connaissance collective. La méthode scientifique permet de poursuivre collectivement l'inconnu, de partager ce que l'on apprend et donc de construire des connaissances sur divers sujets. Tant les faits que les procédés et procédures scientifiques sont déterminés par l'ensemble des chercheurs d'un champ d'étude ; l'obtention de la connaissance doit aussi être collective. Toutefois, la méthode scientifique a des points d'appui et une structure générale qui sont indépendantes du champ de recherche. On peut donc dire que les sciences sont des synarchies de faits, de méthodes et de théories. Les modèles jouent dans ce processus un rôle homologue aux représentations en psychologie cognitive, comme le riche parallèle esquissé par Arnaud Plagnol [2007] le met en évidence. Autant que les observations, les modèles et leur construction sont depuis toujours une partie intégrante du développement des théories scientifiques, même si le terme *modèle* était rarement utilisé en sciences avant le début du XXe siècle.

L'importance du concept de modèle comme objet d'étude en soi, du rôle des modèles dans notre compréhension du monde et de l'influence de cette perception sur la méthode scientifique proprement dite a été mise en lumière par la théorie générale des systèmes, puis soutenue par une constellation de disciplines apparues vers le milieu du XXe siècle. Avec ces disciplines, la modélisation est devenue à la mode parmi les scientifiques et utilisée de façon indépendante, particulièrement pour l'étude de phénomènes complexes et organisés, comme ceux qui intéressent la biologie, ou de phénomènes dans lesquels interviennent des systèmes vivants.

D'autre part, les modèles sont des systèmes conceptuels, donc des objets mentaux, qui peuvent être exprimés de diverses manières. Les modèles scientifiques recourent surtout aux expressions symboliques, numériques et mathématiques. Par exemple, les équations de la cinématique, de la mécanique newtonienne et de l'électromagnétisme sont effectivement des modèles. En sens inverse, un grand nombre de théories mathématiques ont été créées à partir d'expériences et de considérations empiriques, principalement sur des phénomènes physiques.

La modélisation comme partie du processus de développement scientifique vise à établir une association entre une portion de la nature et un ou plusieurs systèmes formels de nature logique, mathématique, logicielle ou numérique, ce qui est nécessairement conditionné par les connaissances déjà acquises.

Dans ce contexte, nous tenterons de situer l'imagination dans l'aventure scientifique et d'éclairer comment l'exercice de développer des explications scientifiques peut stimuler la créativité et nous éveiller à découvrir de nouvelles mathématiques. Après avoir posé l'arrière-plan, nous revisiterons quelques concepts pour en fixer la notation et nous en introduirons d'autres qui aident à comprendre le processus scientifique et sa relation avec les mathématiques. Quelques événements de l'histoire des sciences nous serviront à illustrer la signification et l'importance des outils de modélisation introduits.

2. Arrière-plan historique

Les systèmes conceptuels que nous utilisons pour comprendre la nature et nos activités ont souvent un caractère mathématique. Plusieurs disciplines et objets mathématiques tirent leur origine de la vie quotidienne, soulignant ce qui est essentiel [Gårding, 1977]. Voici quatre exemples : les nombres entiers décrivent l'essentiel de l'activité de recenser les choses, soit au début, avec une probabilité élevée, les animaux élevés ; la combinatoire en est une extension ; la géométrie (plane) est apparue après l'activité de localisation sur la surface de la Terre et de division de cette surface, d'où son nom ; la géométrie spatiale était au début associée à des problèmes de perspective et à la construction des temples et des bâtiments publics.

Il n'en va pas autrement dans le développement des sciences. Beaucoup de branches des mathématiques ont été développées ou créées sous l'influence des besoins de la recherche sur le mouvement et sur d'autres phénomènes naturels directement observables, donc de la physique et des autres sciences empiriques. Certaines branches ont été encouragées par des considérations strictement empiriques, telles la théorie des graphes et les séries de Fourrier, dont la genèse peut être rattachée au problème de traverser les ponts de Königsberg et à l'étude des ondes et de la chaleur.

D'autres branches ont été développées sous l'influence des efforts pour résoudre les problèmes mathématiques posés par l'étude scientifique de divers phénomènes. La genèse des transformées de Fourrier et Laplace, de la théorie des distributions, des systèmes dynamiques et de l'optimisation est liée à la solution de problèmes scientifiques posés en termes mathématiques. À vrai dire, il est difficile de déterminer les origines de telle ou telle branche des mathématiques. Souvent, une recherche plus soigneuse montre plusieurs sources. Par contre, il y a des domaines dont la genèse est nettement mathématique, que l'on appelle *modèles de deuxième génération* [Gårding, 1977] : la topologie, la théorie des groupes et des structures algébriques en général, les géométries non euclidiennes et plusieurs branches nées au XXe siècle de la convergence d'autres disciplines mathématiques [Arnold, 2000].

Le concept de système – le concept vraiment général, applicable dans plusieurs domaines de discours – a été développé dans les années 1930 et 1940, grâce à l'apport de chercheurs en quête d'un traitement formel des phénomènes de la vie et de la complexité organisée, au sens de Warren Weaver [1948]. Vers le milieu du siècle, la première systémique naît de la convergence de l'analyse des systèmes de Ludwig von Bertalanffy ainsi que de concepts et d'une pensée herméneutique venant du structuralisme, de la cybernétique et de la théorie de l'information. Ce cadre méthodologique et philosophique autant qu'herméneutique porte divers objectifs philosophiques et méthodologiques [von Bertalanffy, 1976 ; Contributeurs de Wikipédia, 2020]. Dans les années 1970 et 1980, l'intégration de trois autres concepts essentiels – la communication, l'émergence et l'auto-organisation – fait apparaître la deuxième systémique, avec pour contexte les théories physiques sur les systèmes ouverts hors de l'équilibre et les aspects concrets de l'information [Zurek, 1990].

Comme cadre intellectuel, la recherche systémique a toujours eu deux branches principales : la recherche fondamentale perfectionne les concepts et développe le cadre formel ; la recherche appliquée développe des méthodes, des algorithmes et des techniques pour utiliser cette théorie comme base pour étudier le comportement des systèmes que constituent les phénomènes naturels ou artificiels [Zadeh & Polak, 1969, préface]. La recherche s'épanouit dans les deux branches jusqu'au début des années 1990, quand les problèmes de représentation et de développement théorique qu'apporte l'exploration de champs d'application présentant un degré d'organisation élevé, où des phénomènes à diverses échelles se conditionnent mutuellement d'une manière non négligeable, deviennent insurmontables dans le cadre intellectuel proposé par la systémique.

La recherche fondamentale disparaît de la littérature, à quelques efforts individuels près. Parfois dissimulée derrière les notions d'auto-organisation, d'émergence ou de synergie [Schweitzer, 1997], la recherche appliquée reste vigoureuse, particulièrement dans le génie et les sciences socio-économiques. La biologie systémique, née autour de l'an 2000, est souvent considérée comme une réapparition de la théorie des systèmes [Wolkenhauer, 2001]. Mais ses recherches restent limitées à la biologie et à l'étude de cas particuliers, elle n'a pas produit de résultats formels pouvant mener à une théorie du vivant et ne repose pas sur une fondation philosophique suffisante [Boogerd, Bruggeman, Hofmeyr & Westerhoff, 2007].

3. Phénomènes, systèmes et modèles

Sans nous enliser dans des controverses, il convient de préciser le sens de termes très utilisés dans le milieu scientifique, mais pas uniformément : *phénomène*, *système*, *modèle* et *formalisme*.

Les phénomènes

La différence entre un objet (une chose) et un *phénomène* est que le phénomène change et que l'objet reste immuable dans tous ses aspects observables. Ainsi, il faut un observateur pour remarquer si un objet change et pour décider s'il s'agit ou pas d'un phénomène. Le rôle de l'observateur est donc fondamental pour l'existence même des phénomènes [Hanson, 1958]. De ce point de vue, on peut dire « pas de changement, pas de phénomène » et « pas d'observateur, pas de phénomène ». Cependant, l'observateur n'est pas nécessairement un être humain. Aussi, nous pouvons poser la règle que s'il n'y a pas d'interactions entre les objets qui composent un phénomène, il n'y a pas non plus de changement dans les aspects observés.

La Figure 1 présente les éléments qui composent un phénomène. Il faut souligner trois points : 1) l'observation est aussi nécessaire pour reconnaître les choses observées et leurs changements comme un seul phénomène ; 2) le bord ou la limite du phénomène est arbitraire et un *choix* de l'observateur ; 3) les choses considérées comme parties d'un phénomène peuvent toujours interagir avec des choses qui n'en font pas partie.

De la modélisation à la créativité mathématique

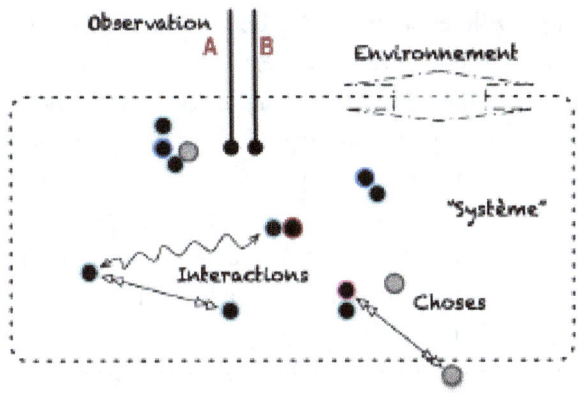

Figure 1. Schéma d'un phénomène.

Quand on délimite un phénomène en sélectionnant ses composantes et les interactions possibles, il faut bien documenter les objets qui n'appartiennent pas au phénomène mais peuvent éventuellement en influencer l'évolution, soit par interaction directe avec ses composantes, soit indirectement. Autrement dit, il faut bien établir le contexte ; même si l'on ne s'intéresse pas à celui-ci, on doit étudier l'influence de ses éléments. Pour certains domaines, par exemple les sciences de l'environnement, une description attentive du contexte est essentielle : la frontière dépend de l'intensité et de l'importance des interactions, autant que des rapports entre les objets. Il n'est pas rare que tant les composantes du phénomène que les relations entre elles changent avec l'évolution du phénomène [De Ruiter, Wolters & Moore, 2005 ; Vieira Kritz, 2010]. Donc, l'identité des phénomènes dépend de la caractérisation précise de leur contexte.

En général, cette caractéristique est une source de complexité importante dans la recherche sur l'environnement [Wu, 2006] et sur d'autres phénomènes organisés. La Figure 1 suggère qu'il faut décrire explicitement : 1) quelles sont les interactions possibles entre les objets d'un phénomène et 2) ce qui est échangé d'une composante à l'autre à travers les interactions. Cela permet de construire une hiérarchie des phénomènes en se basant, d'un côté, sur la complexité des objets qui interagissent (selon l'organisation et la capacité de décision de chacun) et, de l'autre, sur la complexité de ce qui est échangé ; laquelle, à son tour, est associée à la qualité de l'information échangée et à la difficulté de préciser la frontière du phénomène (Fig. 2 ; [Vieira Kritz, 2010]).

Deux dichotomies beaucoup plus fondamentales interviennent dès le départ dans le discours scientifique. La première divise ce qui existe en deux parties : ce qui est lié à l'observateur ou scientifique lui-même et ce qui est lié à son horizon plus large. Elle est liée à l'idée de conscience de soi et au problème du « caractère objectif et neutre des observations ». La deuxième dichotomie a trait à la manière dont nous partageons et organisons nos perceptions et nos observations de l'horizon plus large. Elle repose plutôt sur un consensus obtenu à propos des perceptions et imputé au cadre global par les scientifiques que sur des propriétés objectivement et directement perçues [Rosen, 1991]. Elle devrait résulter d'une décision consciente, mais tel n'est pas le cas. Le concept de système aide à maîtriser cette seconde dichotomie, qui est une des pierres angulaires de la méthode scientifique.

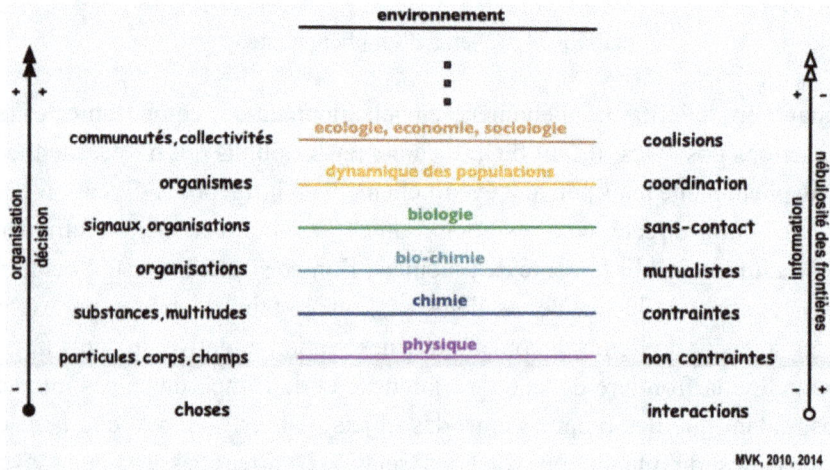

Figure 2. Classification des phénomènes naturels (version améliorée de [Vieira Kritz, 2010]). La flèche de gauche se rapporte aux choses, celle de droite aux interactions. Les signes + et - indiquent l'importance d'un aspect ou propriété. Selon le sens de la flèche, ces aspects deviennent parfois plus abstraits.

Les systèmes

Nous utilisons le mot *système* dans le sens qui intéresse la systémique. La science des systèmes étudie à la fois des systèmes spécifiques dans divers domaines et les principes généraux s'appliquant à tous les systèmes. Dans ce cadre, un système est un ensemble d'observations qui semblent appartenir les unes aux autres ; autrement dit, qui ont des liens suffisamment forts pour que nous les pensions étroitement unies au sein de quelque chose de plus grand qui les comprenne. Donc, un *système S* est un ensemble d'entités qui interagissent et entretiennent ainsi un rapport entre elles [Miller, 1972]. Ou, sous une forme un peu plus générale et abstraite, un système consiste en deux entités : un ensemble d'objets et une ou plusieurs relations entre eux [Klir, 2001].

Exprimé sous forme symbolique, $S = \{C, R\}$, où C représente un ensemble d'objets ou de variables et R est une relation ou un ensemble de relations entre les éléments de C. Si R est une relation binaire, le système S s'associe naturellement et de manière immédiate à un graphe $g_I(S) = \{N_S, A_S\}$, où on a $N_S = C$ et un arc $a_{i,j} \in A_S$ si et seulement si $a_{i,j} = (c_i, c_j)$ et la paire (c_i, c_j) est un élément de la relation R. Cela signifie : $(c_i, c_j) \in R$ ou $R_S(ci, cj) = V$. Le graphe $g_I(S)$ représente les possibilités d'interaction dans S et résume la quintessence de l'idée de système. Pour les relations binaires, il est appelé *graphe d'interaction* de S. Si la relation R_S est une relation quelconque, l'objet $g_I(S)$ est donc un hypergraphe [Berge, 1970] et est appelé *hypergraphe d'interaction*.

Le graphe d'interaction permet de voir immédiatement qu'il existe une étroite relation entre un phénomène et un système qui le représente. Il suffit d'associer les composantes du phénomène aux éléments de N_S et de prendre par arc de A_S toutes les paires de composantes qui peuvent interagir entre elles (Fig. 3). Les nœuds de $g_I(S)$ peuvent aussi représenter, au lieu des composantes, les attributs qui les caractérisent. La Figure 3b est incomplète en tant que graphe d'interaction du système solaire. Si le soleil et toutes les planètes peuvent interagir, $g_I(S)$ est vraiment le graphe complet K_{10}, partiellement dessiné dans la Figure 3.

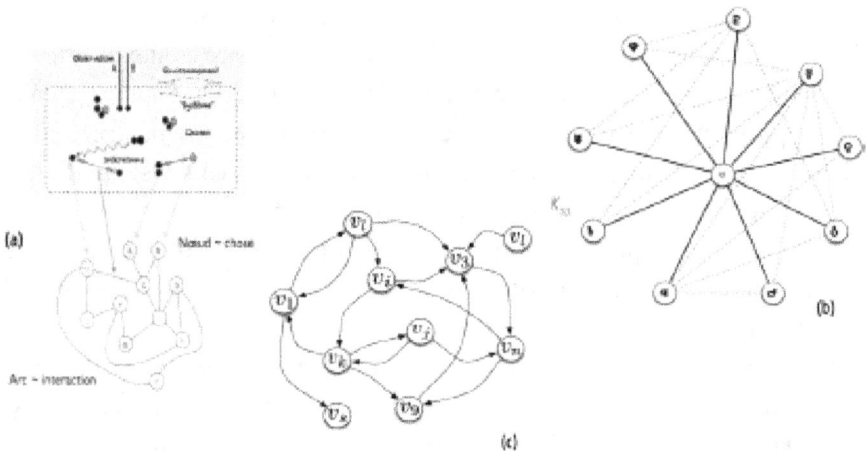

Figure 3. Phénomènes et systèmes. (a) Association fondamentale. (b) Les nœuds représentent les choses. (c) Les nœuds représentent les attributs (variables).

L'établissement de S explicite et fige presque ce qui appartient et ce qui n'appartient pas au système (et au phénomène) et résout les dichotomies évoquées. Cela divise la réalité observée en deux parties : le système et son environnement [Rosen, 1991]. Il faut noter que cette définition est intemporelle et ne fait pas référence à l'espace. Elle met au premier plan les objets et leurs associations mais englobe bien autre chose : la définition systémique d'un système dynamique [Kalman, Falb & Arbib, 1969], par exemple, inclut temps, espace, opérateurs de contrôle et observation. Ce qui motive une définition d'une telle généralité est bien expliqué par Mesarović & Takahara [1975]. La définition ci-dessus représente la quintessence du concept de système, car elle met en évidence deux notions fondamentales : les choses (C) ou *thinghood* et les aspects synthétiques, les relations (R) ou *systemhood* [Rosen, 1986]. C décrit les propriétés et les attributs qui appartiennent aux choses du phénomène, tandis que R évoque ce qui maintient les choses décrites dans un ensemble indivisible et leur donne une identité propre. Il va sans dire qu'il y a des propriétés, des attributs et des caractéristiques qui appartiennent aux deux côtés et qui ne peuvent pas être soumis à l'un ou à l'autre.

Les modèles

Le mot *modèle* est normalement employé dans au moins trois sens distincts, mais connexes. Un modèle peut être un modèle *de* quelque chose, un modèle *pour* quelque chose ou représenter les traits caractéristiques d'une *classe* de choses [Beziau & Vieira Kritz, 2010]. Seuls le premier et le troisième sens seront utilisés ici. Un modèle est « une *représentation abstraite* d'une chose quelconque dans un contexte différent de son propre contexte, utile à la connaissance de la réalité, exprimée à l'aide de figures, diagrammes, symboles, propositions, équations, maquettes, etc. » [Beziau & Vieira Kritz, 2010 ; Vieira Kritz & Beziau, 2011]. En biologie, en chimie et en physique (Fig. 2), les modèles intéressants sont presque toujours exprimés de manière plutôt symbolique, graphique, numérique et schématique. En écologie et en économie, l'agrégation des observations et des variables rend souvent possible l'utilisation de modèles semblables.

Un modèle est le résultat d'une série de choix et de décisions de son créateur. Sa conception fait donc référence à des entités observées au-delà du contexte immédiat. Cette particularité nous ramène à la nécessité de justifier les modèles [Vieira Kritz & Beziau, 2011] et à une sémantique et une ontologie associées au procédé de modélisation.

Le formalisme

Les formalismes ou systèmes formels (SF) sont des types spéciaux et contrôlés de langage. Malgré cela, ils sont fréquemment des sous-langages d'un langage naturel, particulièrement ceux qui interviennent dans les sciences « systémiques », telles que l'économie et la sociologie, qui ont pour objet d'étude des phénomènes complexes. Les langages sont une partie essentielle de notre monde intérieur et nous aident à organiser et même générer nos perceptions, ainsi qu'à les communiquer.

Une analyse plus approfondie dépasserait notre propos. Toutefois, il faut retenir le rôle essentiel du langage comme intermédiaire entre soi-même et son milieu, et la nécessité de références extérieures pour que le langage puisse vraiment exister [Rosen, 1991, 3D]. Cette particularité nous ramène à la dichotomie essentielle du langage, à savoir la distinction entre la syntaxe et la sémantique : la première reste enfermée dans le langage, la seconde établit un pont entre les éléments du langage et les éléments à l'extérieur.

Les aspects syntaxiques se bornent au langage proprement dit et font partie de la définition formelle de celui-ci quand il n'est pas naturel. Ils sont constitués de symboles primitifs (un cas spécial de proposition), de propositions et de règles de production qui définissent comment produire des propositions (nouvelles) ou des formules bien formées à partir d'un ensemble de propositions. À vrai dire, les règles de production sont une sorte de métalangage, même quand elles appartiennent au langage qui est défini, parce qu'elles font référence aux éléments de celui-ci. D'autre part, on peut considérer plusieurs niveaux de règles de production pour obtenir des grammaires à plusieurs niveaux [Wijngaarden *et al.*, 1975]. Donc, tout langage est à peu près autoréférentiel. Les aspects sémantiques, par contre, font toujours référence aux objets extérieurs au langage. Les *formalismes* sont un ensemble de règles de manipulation pour la formation de propositions bien définies, mais sans sémantique figée ou définie de façon unique. Néanmoins, les règles de production d'un formalisme permettent d'établir des enchaînements et des réseaux d'enchaînements sur l'ensemble de propositions, en donnant un sens à l'affirmation « la proposition A dérive (grammaticalement) de la proposition B » ; ce qui mène aux enchaînements d'inférences. De plus, les symboles primitifs n'ont pas nécessairement de lien avec les lettres ; ainsi, le terme *langage* est à prendre dans un sens très large.

4. Au-delà des systèmes

La théorie des systèmes a fourni ou raffiné plusieurs concepts et outils tant mathématiques que numériques [Kalman, Falb & Arbib, 1969 ; Mesarović & Takahara, 1975 ; Weinberg, 2001 ; Klir, 2001 ; Roberts, 2015]. Elle a apporté de nouveaux concepts épistémologiques qui disent ce qui peut être observé et contrôlé selon le paradigme scientifique. Son développement théorique s'est cependant arrêté à la fin des années 1980. Deux caractéristiques des systèmes, que nous présentons de façon très condensée et plutôt graphique[1], peuvent expliquer cet arrêt.

Les applications très générales n'ayant pas suscité beaucoup d'intérêt, le principal moteur de développement de la systémique a été la recherche de manières de décrire formellement les phénomènes associés à la vie [Mesarović, 1968 ; Miller, 1972 et 1995 ; Klir, 2001]. Ces phénomènes ont des caractéristiques qui mettent la théorie des systèmes à l'épreuve. Nous présentons brièvement deux caractéristiques qu'elle n'a jamais réussi à décrire convenablement : les systèmes à structure variable [Mohler & Ruberti, 1978] et l'intégration d'échelles hiérarchiques, en nous appuyant sur un exemple réel.

Il y a dans l'Amazonie des régions qui sont régulièrement inondées chaque année et quelques sous-régions où l'inondation dure presque toute l'année. Les systèmes écologiques sont adaptés et leurs réseaux trophiques passent d'un réseau de forêt à un réseau de forêt inondée, qui résulte d'une combinaison avec le réseau limnologique des fleuves ou des lacs (Fig. 4a). Ce mélange s'accomplit par l'addition des interactions entre les populations des deux écosystèmes originaux, par la modification d'interactions existantes et, parfois, par l'addition de nouvelles populations, ce qui pose de nouveaux problèmes d'observation, car il faut découvrir quelles populations appartenant au système sont influencées par celles qui arrivent (Fig. 4b).

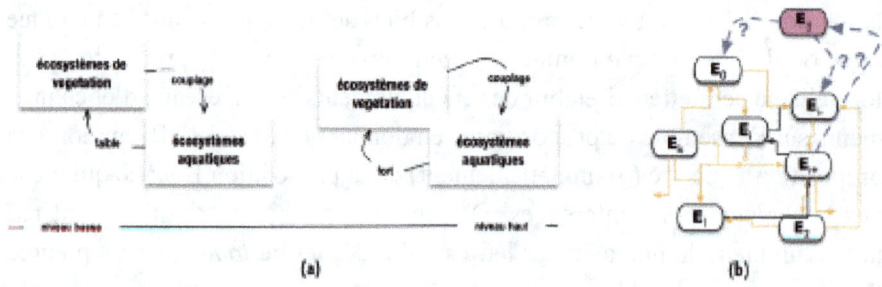

Figure 4. Mélange d'écosystèmes : la forêt inondée.

---

[1] Pour un compte rendu plus approfondi, voir [Vieira Kritz, 2017 ; 2020 ; Vieira Kritz & Trindade dos Santos, 2011].

Cela empêche de prendre l'union des modèles antérieurs comme modèle de la forêt inondée. Compte tenu que les réseaux trophiques correspondent exactement aux graphes d'interaction des écosystèmes, ces systèmes à structure variable sont des systèmes dont le graphe d'interaction varie avec leur comportement. Le graphe $g_I(S)$ dépend du temps et de l'état du système. À notre avis, un tel comportement n'est pas limité aux écosystèmes amazoniens et $g_I(S)$ change souvent parmi les phénomènes de la vie.

Il importe de souligner très rapidement un autre point : tous les phénomènes de la vie présentent une hiérarchie ; les écosystèmes en sont de bons exemples. Dans tous les écosystèmes, on trouve des processus sous-cellulaires qui interagissent avec des processus à grande échelle, au-delà des animaux. La photosynthèse, en particulier, comporte quelques étapes à l'échelle subatomique et peut finalement influencer tous les processus de l'écosystème, même ceux qui relèvent du catabolisme. Un autre phénomène important est lié à la hiérarchie des organisations : la transmission d'événements à travers plusieurs niveaux d'échelle. On sait depuis longtemps qu'il faut seulement quelques photons pour provoquer une impression visuelle [Bohr, 1933]. Pour aborder ce genre de questions, la théorie des systèmes utilise le concept de « systèmes composés d'autres systèmes » à côté d'un prétendu concept d'organisation. Toutefois, ce n'est qu'un artéfact métalinguistique qui n'apporte aucun outil formel ou intellectuel pouvant aider à comprendre ces aspects de la vie.

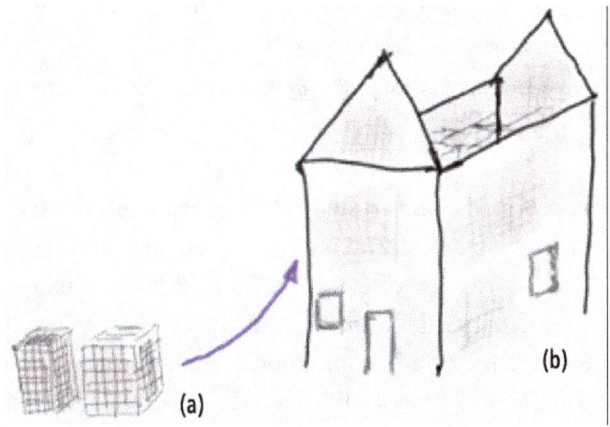

Figure 5. D'un tas ou d'une pile de briques à une maison…

Pourtant, l'organisation est omniprésente, même si on en saisit mal le sens. La bonne nouvelle est qu'il est possible de la définir clairement. L'organisation est quelque chose d'immatériel comme l'énergie et elle a trait, comme elle, aux positions relatives des objets. L'organisation est l'attribut qui différencie un tas ou une pile de briques de l'ensemble des parois d'une maison construites avec l'ensemble des briques du tas ou de la pile (Fig. 5). Il faut souligner qu'un tas de briques et une pile de briques sont deux organisations différentes du même ensemble de briques. Remarquons aussi que la maison a plusieurs parois qui forment elles-mêmes des groupes selon le compartiment de la maison qu'elles délimitent.

Les traits distinctifs qui font reconnaître qu'une chose ou une situation est organisée sont : 1) des éléments pour la construire, 2) une forme d'association entre les choses, 3) une relation du type tout-partie entre ses éléments, 4) une hiérarchie, 5) la dépendance de l'environnement ou contexte, 6) une fonction ou utilité. Nous saisissons la justesse des trois derniers traits quand nous observons ce qui est organisé chez nous. Du reste, il n'est pas nécessaire d'observer la totalité de ces traits pour reconnaître quelque chose comme organisé.

Initialement, nous considérons une définition purement opérationnelle. En faisant abstraction des trois derniers traits, il est possible de caractériser l'organisation d'une manière opérationnelle en utilisant un schéma récursif, où l'organisation est définie par le recours à soi-même :

* Définition 1
  - Une <u>organisation</u> est une de ces trois possibilités :
    - Un atome (logique, quelque chose qui reste indivisible)
    - Un ensemble d'<u>organisations</u>
    - Un ensemble d'<u>organisations</u> associées les unes aux autres
    - Rien de plus.

Si l'association d'organisations reste indéfinie, cette définition est utilisable dans diverses situations, pour représenter et comprendre une série d'objets et de phénomènes : les livres sur les étagères, les cellules, les textes techniques ou de fiction, les hypertextes, les aliments dans les réfrigérateurs, etc. Elle sert toutefois aussi de base pour définir un modèle mathématique d'organisation. La définition formelle de l'organisation est très générale. Elle repose sur un modèle mathématique qui emploie le concept d'hypergraphe [Berge, 1970] pour représenter les associations générales. Elle est aussi récursive et utilise des concepts de métamathématique et de théorie de la programmation. Elle satisfait enfin plusieurs critères de symétrie, de beauté et d'élégance.

Nous ne présenterons pas plus en détail la définition formelle des graphes tout-partie, ces modèles d'organisation. La présentation graphique de l'idée générale (Fig. 6) veut permettre de comprendre immédiatement que l'organisation est une généralisation directe du système, ici remplacé par son graphe d'interaction.

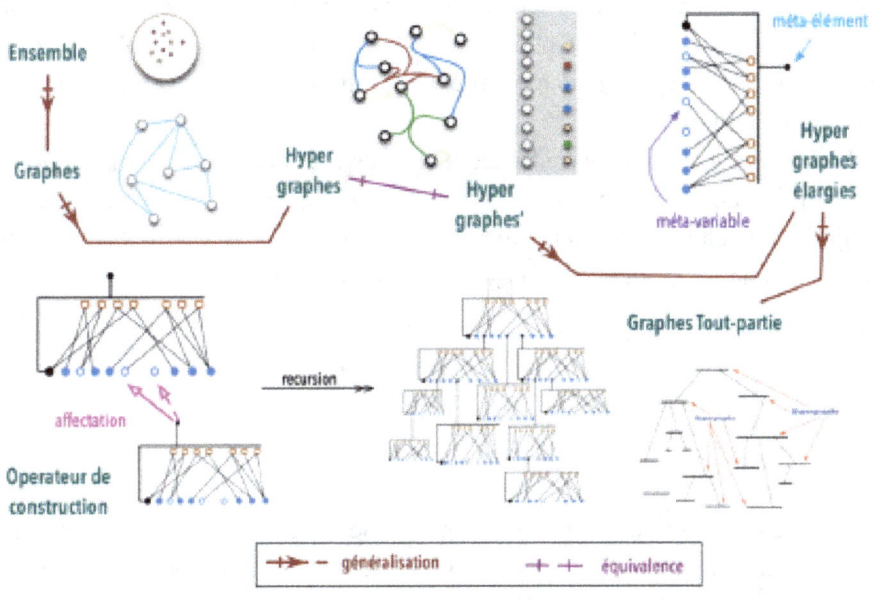

Figure 6. Construction d'un graphe tout-partie, modèle d'organisation.

Il faut rappeler que la définition formelle donne plus qu'une seule structure. Elle définit un espace Γ dont chaque point est un graphe tout-partie. Cet espace apporte une grande souplesse de représentation et permet de définir les transformations d'organisation, d'étudier leurs propriétés et de les immerger dans un espace d'attributs concrets. L'association résultant de cette immersion est plurivoque et indéterminée. On peut donc représenter un organisme comme une seule organisation, indépendamment de sa localisation et de son volume – qu'il soit gros ou petit, au premier ou au deuxième étage. Les organisations deviennent ainsi des volumes et des ensembles organisés, les *synexions*, qui comportent aussi les attributs concrets et qui peuvent représenter le comportement des phénomènes naturels organisés.

5. Modélisation, choses typiques et processus scientifique

Le processus scientifique est une construction collective de connaissance, réglée par la méthode scientifique. Processus de croissance la plupart du temps, il vise à découvrir les faits et propriétés les plus abstraits et les plus généraux. Toutefois, l'imprévu peut parfois surgir. Les étapes principales sont l'observation, la représentation abstraite des observations, d'une manière compréhensible par tous les scientifiques, et la définition des propriétés et du comportement associés au phénomène. La représentation des observations joue un rôle tout à fait fondamental pour établir les propriétés du phénomène et pour communiquer.

L'abstraction est une pierre fondamentale de la connaissance scientifique. À l'exception des formalismes, la Figure 7 montre comment les termes définis s'ajustent à cette omniprésente tendance à l'abstraction. On peut dire, pour le moment, que les modèles sont des systèmes plus détaillés.

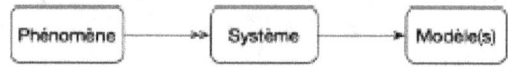

Figure 7. La spécification et l'abstraction des phénomènes.

Les systèmes sont très proches des phénomènes qu'ils décrivent et déterminent. Il suffit d'énumérer les choses et les interactions considérées comme des parties du phénomène pour définir le système de celui-ci. On peut même dire que la délimitation du phénomène à étudier n'est complète qu'une fois défini un système qui lui est associé. Par contre, les modèles sont plus éloignés du phénomène et de son système, puisqu'ils dépendent d'une recherche et de plusieurs décisions quant aux caractéristiques essentielles du phénomène à représenter. En fait, un phénomène peut avoir plusieurs modèles, qui reposent sur des directives différentes, commandées par des démarches distinctes.

Dès qu'un phénomène dépend fondamentalement d'un observateur, nous commençons par remarquer le rôle que jouent l'observateur et les observations entre le phénomène et le système, ainsi que le chercheur qui prend les décisions sur la modélisation entre le système et le modèle. La Figure 8a est plus conceptuelle et statique, la Figure 8b se rapporte au processus d'abstraction (Fig. 7). Nous attirons l'attention sur quelques points : l'observation (ob) d'un phénomène naturel (pN), l'organisation des données par l'idée d'un système (S) dérivé des observations (O), l'utilisation d'observations et de données pour créer le modèle (mo) et la vérification si le modèle reproduit convenablement les observations (rp).

De la modélisation à la créativité mathématique

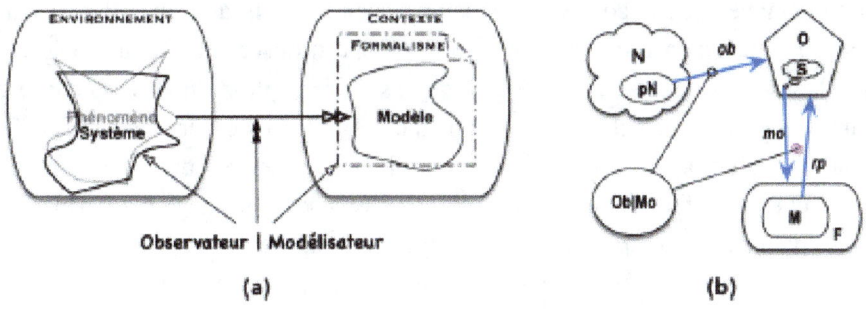

Figure 8. Deux représentations des dépendances du système et du modèle à l'égard de leur milieu et de l'agent qui modélise le phénomène [Vieira Kritz, Dias & da Silva, 2008].

L'interrelation entre ces points met en évidence quelques faits importants parfois ignorés : 1) Le système n'est pas le phénomène et, de plus, nous ne pouvons pas dire qu'il fait partie du phénomène. 2) Normalement, celui qui modélise peut également être un observateur. 3) Le modèle a un rapport étroit avec son contexte et le formalisme qui le décrit. 4) La modélisation est un procédé itératif. 5) Tous ces procédés reposent sur les observations et données obtenues à partir du phénomène. On peut ainsi dire que celui qui modélise est un observateur indirect et doit donc analyser soigneusement les observations sur le phénomène.

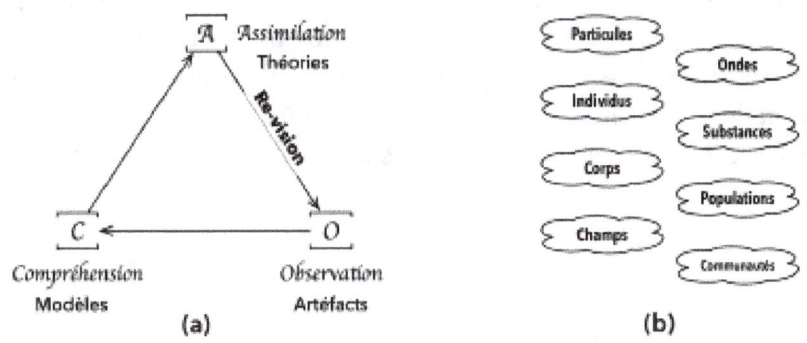

Figure 9. Le cycle magique actuel et les choses typiques.

L'histoire de la découverte des lois cinématiques [Hanson, 1958], au début de la révolution scientifique, est riche en enseignements sur l'importance de l'étape d'observation pour le processus et la méthode scientifiques, et sur la dépendance vitale des artefacts et procédés d'observation à l'égard de la connaissance et de la compétence technique au moment de l'observation. Par conséquent, il faut toujours retourner à l'étape d'observation pour s'assurer que la connaissance acquise ne change pas la perception du phénomène. Le parallèle entre la psychologie et l'épistémologie avancé par Plagnol [2007] éclaire plus en profondeur comment un tel changement est possible et même très fréquent. Il faut donc exprimer le processus scientifique par un cycle qui passe par ces trois étapes cruciales, le cycle magique (Fig. 9a).

Quel rôle les modèles jouent-ils dans le cycle du développement de la connaissance scientifique et qu'est-ce que la modélisation ?

Quand nous sommes face à un phénomène pour l'étudier et commençons à trier les choses et les interactions concernées, nous classifions les choses importantes pour sa compréhension dans quelques groupes traditionnels, qu'on peut nommer *choses typiques* (Fig. 9b). À vrai dire, ces choses typiques sont déjà des modèles en ce qu'ils soulignent les attributs considérés comme indispensables ou, par défaut, dispensables ; par exemple, les particules n'ont pas de volume tandis que les corps en ont un. De plus, une composante d'un phénomène peut appartenir à une classe ou à une autre, selon nos intérêts : les corps célestes d'un système planétaire peuvent être considérés comme particules ou corps suivant les questions posées.

Si on revient au parallèle proposé par Plagnol [2007], il est clair que les modèles jouent le rôle de représentation dans les systèmes de connaissances scientifiques et que tout objet d'étude peut avoir plusieurs représentations dans un même domaine de recherche. Toutefois, contrairement à ce qui se passe dans les cas généraux, les modèles sont construits collectivement. Cette construction est aussi une étape du processus scientifique, où le développement de la connaissance commence par l'abstraction de l'objet d'étude en système et où les observations obtenues à partir du système servent de base pour construire le modèle.

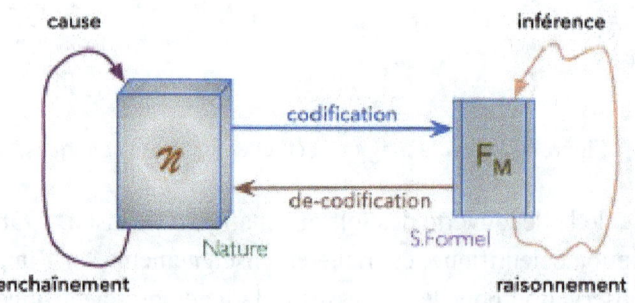

Figure 10. La relation de modélisation de Robert Rosen [1991].

La modélisation est justement ce processus de construction d'un modèle, bien représenté par la relation de modélisation de Robert Rosen [1991] (Fig. 10). La raison épistémologique fondamentale de cette relation est le diagramme implicite dans lequel elle commute. Pour ainsi dire, on peut suivre l'enchaînement naturel du raisonnement et de l'inférence au système formel, et réciproquement. Alors, les procédés de codification et de décodification doivent être tels que le diagramme commute.

La modélisation, l'action de construire les modèles scientifiques, est aussi un processus d'apprentissage collectif. Une partie de ses résultats consiste en la définition de procédures et procédés de modélisation. On observe que les choses typiques sont très stables : leur conception aussi bien que leur ensemble ne changent pas facilement au cours de l'histoire des sciences. Cet ensemble s'agrandit avec l'apparition de nouvelles sciences et domaines de recherche et même avec la découverte de nouveaux faits, comme l'illustre la découverte des champs électriques et magnétiques par Faraday[2].

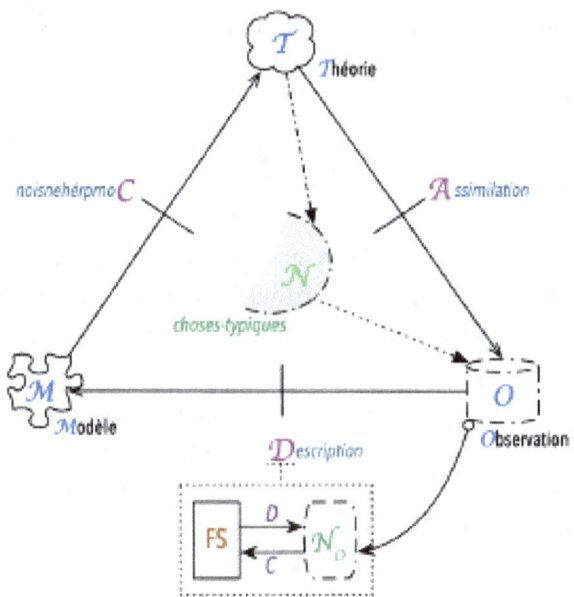

Figure 11. Le cycle magique éclairé par le filtre des choses typiques et la relation de modélisation de Rosen.

---

[2] Les champs quantiques ne sont pas directement observables. Ils ont été introduits comme modèles, dont le succès à expliquer la réalité nous a convaincus de leur existence.

De plus, les organisations définies ci-dessus peuvent aussi être considérées comme des choses typiques pour certains phénomènes.

Le meilleur outil pour résumer ce discours est un diagramme (Fig. 11).

Pour clore cette présentation des activités de recherche scientifique, il faut remarquer qu'un formalisme peut contenir plusieurs systèmes formels et que les théories sont un ensemble d'affirmations sur le modèle et, par extension, sur les phénomènes considérés vrais [Beziau & Vieira Kritz, 2010 ; Vieira Kritz & Beziau, 2011].

6. Les mathématiques et le processus scientifique

Où et quand l'imagination et la créativité se trouvent-elles dans le processus scientifique ? Nous répondons : toujours et partout. Elles sont là quand on trouve une bonne notation ou un bon moyen de communiquer ses idées, quand on utilise les choses typiques et les composantes originales d'un phénomène ou quand on prend une décision sur l'une ou l'autre partie d'une recherche. Toutefois, dans quelques étapes de ce processus, l'imagination est obligatoire. Elle est obligatoire pour établir la codification et la décodification entre système naturel et système formel. Elle est nécessaire pour bien choisir la chose typique qui sera la meilleure représentation et qui sera plus flexible pour le développement de la recherche. Parfois, elle est également nécessaire pour projeter de nouveaux artefacts d'observation.

D'autre part, la créativité, particulièrement la créativité mathématique, est nécessaire pour découvrir de nouveaux systèmes formels, pour formuler de bonnes affirmations, pour réinventer tout le processus et les procédés, améliorer les règles de la méthode scientifique et voir le processus scientifique comme un objet d'étude en soi.

Il est possible qu'il n'y ait rien de nouveau dans cette analyse du processus scientifique. Notre but est pourtant de souligner et d'exemplifier à l'aide des organisations en quoi l'activité de modélisation peut être une source de questions profondes et de créativité pour le développement des mathématiques et la mathématisation des sciences. La Figure 12 éclaire la relation entre le processus scientifique et le développement des sciences mathématiques, ici considérées comme incluant la métamathématique et l'informatique.

De la modélisation à la créativité mathématique

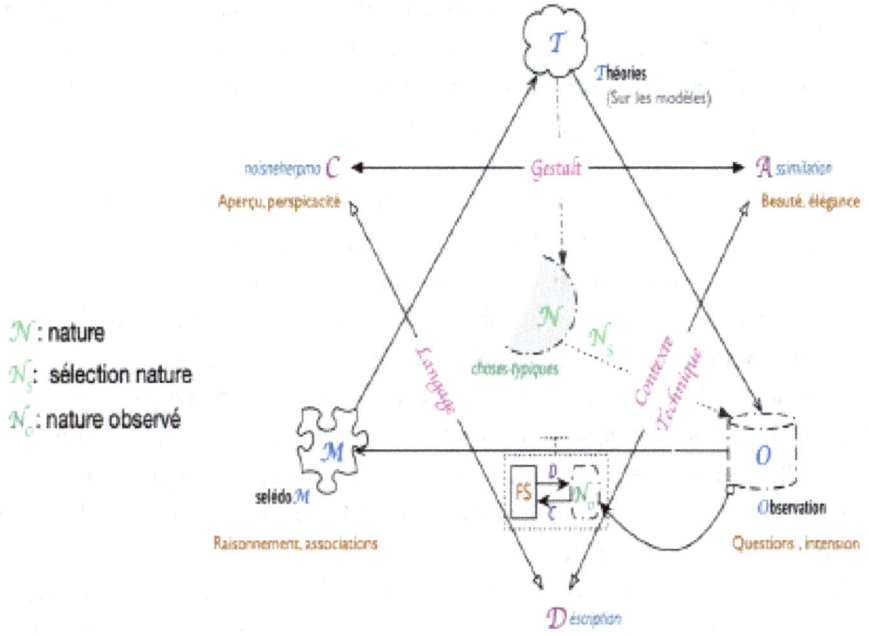

Figure 12. Le cycle métamagique, une étoile sans contrainte.

7. Commentaire personnel

Il est souvent très difficile d'être créatif, j'en ai pleinement conscience. Premièrement, il faut apporter quelque chose de nouveau, qui n'a jamais été accompli ou expliqué auparavant. Ensuite, il faut, pour s'assurer que la création est vraiment une création, que la société la reconnaisse comme telle. Par contre, l'imagination travaille par elle-même, si on la laisse faire. Elle parcourt à son aise les réserves de l'imaginaire en créant de nouvelles associations sans être contrainte par quelque facteur interne ou externe.

Tous les artistes, peu importe leur moyen d'expression, ont l'envie et le but d'être créatifs, et leurs camarades cherchent toujours à voir ce que leurs œuvres ont de neuf. D'une façon différente, les scientifiques ont pour but de comprendre les choses et la nature, sans avoir toujours au premier plan l'envie d'apporter quelque chose de nouveau, mais plutôt de tout faire soigneusement et d'argumenter avec rigueur pour soutenir leurs explications et conclusions. Et c'est exactement cela que leurs camarades valorisent. La nouveauté et la création sont envisagées, mais restent à l'arrière-plan, souvent très loin de l'attention des chercheurs. Ajoutons qu'en science, la nouveauté peut résulter d'une vraie création, dans un modèle ou une théorie, ou bien d'une découverte.

En conséquence, il est encore plus difficile d'être créatif dans le contexte scientifique, particulièrement en relation aux explications ; il faut abandonner ses raisonnements habituels, ce qui peut être troublant au plan psychologique. Comme exemple, je relate ici une expérience personnelle, dont je connais toutes les impressions et circonstances.

J'étais chargé de modéliser des lacs dans une région d'Amazonie inondée naturellement chaque année. Le sol amazonien est complètement stérile, dans presque toute son étendue, il ne contient guère de nutriments. En conséquence, les voies trophiques de l'anabolisme et du catabolisme doivent être de même grandeur pour conserver la masse et l'énergie, et on ne peut pas les étudier séparément. L'énorme diversité d'espèces dans la forêt favorise cet équilibre. En fait, ces processus font intervenir des événements à une multiplicité d'échelles temporelles et spatiales, sur des étendues kilométriques. Un modèle minimal du pont de vue environnemental était et est encore au-delà de ce qui est numériquement faisable.

Il faudrait trouver une façon plus simple de décrire le problème, au moins quant au nombre d'espèces nécessaire. Je croyais alors que pour réduire l'étonnante complexité du modèle traditionnel basé sur les idées de réaction-diffusion, il fallait introduire l'information dans la description du phénomène. En même temps, j'étais sûr que le concept courant d'information, celui de Shannon-Brillouin, ne servirait pas, en raison des variations du nombre de variables descriptives imposées par l'inondation annuelle.

Pendant plus de trois ans, je me concentrai au moins une heure par jour sur ce problème de représentation, sans arriver au moindre résultat. J'essayai plusieurs formalismes, cherchai des hypothèses nouvelles pour voir les systèmes écologiques autrement, mais je retournais toujours à l'entropie, à l'information de Shannon-Brillouin et à l'auto-organisation [Zurek, 1990 ; Pahl-Wostl, 1995]. Peu à peu, de plus en plus, je m'éloignai de tous les objets et des événements susceptibles de me ramener à ma formation scientifique et, finalement, culturelle aussi. J'arrêtai de lire, d'écouter des conférences, de voir des films – au début seulement scientifiques ou quelque peu techniques, mais à la fin même culturels : ni dessins animés, ni albums d'Astérix.

Un jour, quand je me réveillai d'une petite sieste d'après-midi, il y avait dans ma tête ce qu'aujourd'hui je présente comme l'organisation... Il m'a fallu encore presque trois ans pour formaliser l'idée. Mais le monde n'a jamais plus semblé pareil à ce qu'il était avant à mes yeux.

Bibliographie

Arnold, Vladimir Igorevitch [2000], "Polymathematics: Is Mathematics a Single Science or a Set of Arts?", in Vladimir Arnold, Michael Atiyah, Peter D. Lax & Barry Mazur (eds.), *Mathematics: Frontiers and Perspectives*, Providence (RI), American Mathematical Society, 403-416.

Berge, Claude [1970], *Graphes et hypergraphes*, Paris, Dunod.

Bohr, Niels [1933], "Life and Light", *Nature*, 131, 421-423, 457-459.

Beziau, Jean-Yves & Vieira Kritz, Maurício [2010], « Théorie et modèle I : Point de vue général et abstrait », *Cadernos UFS Filosofia*, 8, XIII, 9-17, http://200.17.141.110/periodicos/cadernos_ufs_filosofia/revistas/8/1.pdf.

Boogerd, Fred C., Bruggeman, Frank J., Hofmeyr, Jan-Hendrik S. & Westerhoff, Hans V. (eds.) [2007], *Systems Biology. Philosophical Foundations*, Amsterdam, Elsevier.

Contributeurs de Wikipédia [2020], « Systémique », *Wikipédia, l'encyclopédie libre*, https://fr.wikipedia.org/w/index.php?title=Syst%C3%A9mique&oldid= 170596044 (page consultée le 8 mai 2020).

De Ruiter, Peter C., Wolters, Volkmar & Moore, John C. (eds.) [2005], *Dynamic Food Webs. Multispecies Assemblages, Ecosystem Development and Environmental Change*, Boston (MA)/Amsterdam, Academic Press/Elsevier, « Theoretical Ecology Series ».

Gårding. Lars [1977], *Encounter with Mathematics*, New York, Springer-Verlag.

Hanson, Norwood Russell [1958], *Patterns of Discovery. An Inquiry into the Conceptual Foundations of Science*, Cambridge, Cambridge University Press.

Kalman, Rudolf Emil, Falb, Peter L. & Arbib, Michael A. [1969], *Topics in Mathematical System Theory*, W.T. Martin & E.H. Spanier (eds.), New York, McGraw-Hill, « International Series in Pure and Applied Mathematics ».

Klir, George J. [2001], *Facets of Systems Science*, 2nd ed., New York, Plenum Press.

Mesarović, Mihajlo D. (ed.) [1968], *Systems Theory and Biology. Proceedings of the 3rd Systems Symposium at Case Institute of Technology*, Berlin-Heidelberg-New York, Springer-Verlag.

Mesarović, Mihajlo D. & Takahara, Yasuhiko [1975], *General Systems Theory: Mathematical Foundations*, New York, Academic Press, « Mathematics in science and engineering ».

Miller, James Grier [1972], "Living systems", *Currents in Modern Biology*, 4, 2, 55-256.

— [1995], *Living Systems*, Niwot (CO), University of Colorado Press.

Mohler, Ronald R. & Ruberti, Antonio (eds.) [1978], *Recent Developments in Variable Structure Systems, Economics and Biology. Proceedings of US-Italy Seminar*, Berlin-Heidelberg-New York, Springer-Verlag, « Lecture Notes in Economics and Mathematical Systems ».

Pahl-Wostl, Claudia [1995], *The Dynamic Nature of Ecosystems. Chaos and Order Entwined*, Chichester, Wiley.

Plagnol, Arnaud [2007], « Psychologie, épistémologie et théorie de la représentation : fondation analogique et données séminales », *Psychologie Française*, 52, 3, 327-339, Elsevier Masson.

Roberts, Anthony John [2015], *Model Emergent Dynamics in Complex Systems*, Philadelphia (PA), SIAM, Society for Industrial and Applied Mathematics, « Mathematical Modeling and Computation ».

Rosen, Robert [1981], "The Challenges of System Theory", *General Systems Bulletin*, 11, 7-10.

— [1986], "Some Comments on Systems and System Theory", *International Journal of General Systems*, 13, 1, 1-3.

— [1991], *Life Itself. A Comprehensive Inquiry into the Nature, Origin, and Fabrication of Life*, New York, Columbia University Press, « Complexity in Ecological Systems ».

Schweitzer, Frank (ed.) [1997], *Self-Organization of Complex Structures. From Individual to Collective Dynamics*, Boca Raton (FL), CRC Press.

Vieira Kritz, Maurício [2010], "Boundaries, Interactions and Environmental Systems", *Mecánica Computacional*, XXIX, 2673-2687, http://www.cimec.org.ar/ojs/index.php/mc/article/viewFile/3183/3110.

— [2017], "From Systems to Organisations", *Systems*, 5, 1, 23.

Vieira Kritz, Maurício & Beziau, Jean-Yves [2011], « Théorie et modèle II », *Cadernos UFS de Filosofia*, 10, XIV, 7-16, http://200.17.141.110/periodicos/cadernos_ufs_filosofia/.

Vieira Kritz, Maurício, Dias, Claudia Mazza & da Silva, Jaqueline Maria [2008/2012], *Modelos e Sustentabilidade nas Paisagens Alagáveis Amazônicas*, São Carlos, SBMAC, Sociedade Brasileira de Matemática Aplicada e Computacional, « Notas em Matemática Aplicada » ; DOI 10.5540/001.2012.0034.02, version digital reviste, http://www.sbmac.org.br/p_notas_titulos.php.

Vieira Kritz, Maurício & Trindade dos Santos, Marcelo [2011], *Dynamics, Systems, Dynamical Systems and Interaction Graphs*, in Maurício Matos Peixoto Alberto Adrego Pinto & David A. Rand (eds.), *Dynamics, Games and Science II*, Berlin-Heidelberg, Springer, « Springer Proceedings in Mathematics », 507-541.

Von Bertalanffy, Ludwig [1976], *General System Theory. Foundations, Development, Applications*, New York, George Braziller.

Weaver, Warren [1948], "Science and Complexity", *American Scientist*, 36, 536-544.

Weinberg, Gerald M. [2001 (1st ed. 1975)], *An Introduction to General Systems Thinking*, New York, Dorset House, Silver Anniversary Edition.

Wijngaarden, A. van, Mailloux, B.J., Peck, J.E.L., Koster, C.H.A., Sintzoff, M., Lindsey, C.H., Meertens, L.G.L.T. & Fisker, R.G. [1975], "Revised Report on the Algorithmic Language ALGOL 68", *Acta Informatica*, 5, 1-236.

Contributeurs de Wikipédia, « Systémique », *Wikipédia, l'encyclopédie libre*, https://fr.wikipedia.org/w/index.php?title=Syst%C3%A9mique&oldid=170596044 (page consultée le 8 mai 2020).

Wolkenhauer, Olaf [2001], "Systems Biology: The Reincarnation of Systems Theory Applied in Biology?", *Briefings in Bioinformatics*, 2, 258-270.

Wu, Jianguo [2006], "Landscape Ecology, Cross-disciplinarity, and Sustainability Science", *Landscape Ecology*, 21, 1, 1-4.

Zadeh, Lotfi Asker & Polak, Elijah (eds.) [1969], *System Theory*, Bombay/New Delhi, TATA/McGraw-Hill, « Inter-University Electronics Series ».

Zurek, Wojciech H. (ed.) [1990], *Complexity, Entropy, and the Physics of Information*, Boca Raton (FL), CRC Press, « Santa Fe Institute Studies in the Sciences of Complexity ».

Maurício VIEIRA KRITZ
University of Manchester
Laboratório Nacional de Computação Científica
Manchester, Royaume-Uni / Petrópolis, Brésil
mkritz@icloud.com

Section 2.
L'imagination dans l'histoire de la philosophie et l'histoire des sciences

La question des images chez Platon
Makoto SEKIMURA

L'existence d'une réalité intelligible est l'hypothèse majeure de la philosophie de Platon. La nette distinction qu'il établit entre l'intelligible et le sensible lui permet de critiquer sévèrement les actions et les passions à l'égard des choses sensibles qui sont liées à la corporéité et dont on doit se détacher pour contempler la vérité. Il intègre cependant la fonction de la perception sensible dans son système de pensée à propos de la relation du sensible et de l'intelligible. Attentif à la modalité par laquelle les phénomènes apparaissent dans le champ de notre perception, Platon oppose deux types d'apparence : l'image et le simulacre. L'apparence est ce qui se place entre la présence et l'absence d'une chose ; tantôt elle contribue à établir un lien solide entre l'être et l'apparaître, tantôt elle trompe le spectateur en créant seulement une illusion. Cette opposition est capitale chez Platon, qui met en valeur l'image, clairement distinguée du simulacre, afin de s'engager dans la lutte contre l'illusionnisme et la sophistique. L'émergence de la théorie innovatrice des images chez Platon n'est pas indépendante de la formulation de la thèse selon laquelle les choses sensibles participent aux réalités intelligibles, exprimée explicitement pour la première fois dans le *Phédon*. C'est pourtant dans la *République* que le philosophe se préoccupe sans doute le plus de la mise en œuvre de cette thèse en approfondissant les questions concernant les images. Les actions de création et de réception y sont étroitement reliées et synthétisées pour former le système original de Platon, dans lequel le fondement des arguments sur les réalités intelligibles relève d'une réflexion sur le dynamisme des actions humaines qui envisagent les images. C'est dans le cadre de ce système dynamique que l'on pourra traiter du statut de l'image et de la puissance imaginative de l'homme chez Platon.

1. Deux types d'apparence

La lutte contre l'illusionnisme constitue la principale motivation philosophique de Platon. Dès lors, la question des apparences se superpose à l'opposition entre le philosophe et le sophiste, comme on l'entrevoit dans le

Sophiste, dont un passage [232b-236d] met en question la pertinence de la sophistique, considérée comme une technique imitative qui produit des apparences. On y trouve l'opposition entre deux types d'apparence : *eikôn* et *phantasma*, que je traduis respectivement par *image* et *simulacre*. L'image est une apparence qui invite le spectateur à saisir le modèle de façon appropriée et à mesurer la proportion de l'apparence par rapport au modèle, tandis que le simulacre est une apparence qui trompe le spectateur en lui faisant prendre pour réel ce qui n'est qu'une illusion. La distinction opérée entre les deux techniques de la phantastique et de l'eikastique se trouve, certes, dans un dialogue de vieillesse, mais elle semble capitale chez Platon, qui cherche à établir un système philosophique basé sur la fonction des images en s'opposant à la sophistique, qui prétend éduquer les jeunes mais qui, en réalité, ne produit que des apparences illusoires.

La critique platonicienne dirigée contre la technique imitative se trouve dans le livre X de la *République*, dialogue qui précède le *Sophiste*. Dans ce texte [595a-608b] où est réclamé l'exil hors de la cité des poètes imitateurs, on trouve la même situation que dans le *Sophiste* en ce qui concerne le caractère des apparences et de ceux qui les produisent et qui les reçoivent. Les deux textes, l'un pour critiquer le poète, l'autre le sophiste, traitent d'une pareille activité imitative et productive. Chez Platon, la manière de critiquer le poète ou l'artiste imitateur se rapproche de celle qui sert à critiquer le sophiste.

Or, cette activité imitative commune entre le poète et le sophiste s'appuie sur une technique qui fait apparaître des simulacres et non pas des images. Il est important ici de constater que, dans le texte de la *République* X qui traite de la critique des imitateurs, on ne rencontre jamais le mot *eikôn*, c'est-à-dire l'image, alors qu'y figurent *phantasma*, *eidôlon*, *mimèma*. Cependant, dans les autres livres de ce dialogue, *eikôn* se retrouve à plusieurs reprises[1] aussi bien que *eikasia*[2].

Les deux textes présentent des caractéristiques communes en ce qui concerne la relation de l'apparence avec son producteur et avec son spectateur. Les apparences produites sont montrées de loin aux « enfants » et aux « ignorants » [*Rép.* X, 598b8-c4, *Soph.* 234b8]. Le poète aussi bien que le sophiste produisent « promptement » [*Rép.* X, 596d8, *Soph.* 234a4] « toutes

---

[1] *Rép.* II, 375d5, III, 401b2, 5, 8, 402b5, c6, VI, 487e5, 6, 488a1, 489a5, 10, 509a9, e1 (deux fois), 510 b4, 8, e3 (deux fois), 511a6, VII, 515a4, 517a8, d1, 531b4, b6, 533a3, 538c5, IX, 588b10, d10.

[2] *Rép.* VI, 511e2, VII, 534a1, 5.

les choses » [*Rép.* X, 596c2, *Soph.* 233d9-10] et sont considérés comme des « magiciens » [*Rép.* X, 598d3, *Soph.* 235a1, 241b7]. Il est alors possible de considérer que le reproche platonicien adressé au sophiste suit la même orientation que celui qui est adressé au poète ou à l'artiste imitateur. L'analyse comparative du *Sophiste* et de la *République* X permet de comprendre l'étroite liaison qui existe entre l'imitateur et le sophiste, l'un et l'autre considérés comme des producteurs de simulacres. Bien plus, cela permet de constater que l'opinion réprobatrice de Platon à propos de la production des simulacres ne varie pas, tout au moins entre ces deux dialogues.

Voyons plus précisément la différence entre l'image et le simulacre. Dans le *Sophiste*, le *phantasma* est l'apparence derrière laquelle se cache une activité productive dont l'intention, qui est celle du sophiste, ne paraît pas saine pour Platon, qui identifie la phantastique comme une technique du sophiste. Devant ces apparences illusoires, le regard s'arrête sur le visible qu'il prend pour le réel et ne pénètre pas jusqu'à l'arrière-fond de l'apparition. En ce sens, le simulacre platonicien se caractérise par la *rupture entre la vision et ce qui prépare la vision*. De la sorte, on peut expliquer le choix platonicien d'opposer le *phantasma* à l'*eikôn*. Il semble clair que Platon cherche à promouvoir le statut de l'*eikôn* en l'opposant au *phantasma*.

Toutefois, il faut noter que la possibilité de faire la distinction dans l'apparence entre image et simulacre dépend non seulement de la condition du producteur des apparences, mais également de la condition du spectateur. Dans le *Sophiste*, Platon explique celle-ci en prenant comme exemple le regard fixé sur une statue. Lorsque le spectateur regarde une œuvre de grandes dimensions, il voit les parties inférieures de près, et de loin les parties supérieures. À partir de cet exemple de vision, Platon traite de la faculté du spectateur en définissant le simulacre, apparence phantastique :

> Ce qui a l'apparence de ressembler à ce qui est beau, du fait de n'être pas regardé du point de vue qui est le bon, mais qui, s'il était regardé par quelqu'un ayant la puissance (*dunamis*) de voir nettement d'aussi grands ouvrages, n'a même pas le semblant de ce à quoi il prétend ressembler, quel nom lui donnons-nous ? Puisque justement, tout en ayant l'apparence de ressembler, il ne ressemble pas cependant, ne l'appellerons-nous pas simulacre (*phantasma*) ? [236b4-7.]

Platon indique ici, en définissant le simulacre, que si l'on possède la puissance ou la capacité (*dunamis*) de voir correctement l'apparence, celle-ci cesse d'être un simulacre. C'est parce qu'il manque de cette puissance que le spectateur se laisse duper par le *phantasma*. Par ailleurs, dans le *Sophiste* aussi bien que dans la *République* X, les spectateurs trompés par les simulacres sont considérés comme des enfants ou des ignorants. On peut en déduire que la puissance du spectateur qui saisit la relation entre l'image et le modèle est en mesure d'annuler l'influence exercée par le simulacre.

Cette distinction platonicienne entre *phantasma* et *eikôn* me semble correspondre à la distinction entre l'idole et l'icône qui, selon Suzan Saïd [1987, 310], se fait depuis des temps archaïques, bien que chez Platon, notamment dans le *Sophiste*, l'*eidôlon* désigne l'apparence générale qui se divise en *phantasma* et *eikôn*. Selon Jean-Luc Marion, « quand l'idole apparaît, le regard vient de s'arrêter : l'idole concrétise cet arrêt ». L'idole se détermine par le regard qui « se fige » sur le visible, alors que l'icône « tente de *rendre visible l'invisible comme tel*, c'est-à-dire de faire que le visible ne cesse de renvoyer à un autre que lui-même, sans que cet autre ne soit pourtant jamais reproduit » [Marion, 1979, 440-441]. Contrairement au regard qui s'arrête sur l'apparition de l'idole, le regard convoqué par l'icône ne se fige jamais sur un visible mais pousse le spectateur à remonter à l'invisible. L'*eikôn* est ainsi une ouverture, en ce sens que le voyant ne s'attarde pas sur l'apparence mais est conduit, à partir de la perception de l'apparence, à exercer d'autres fonctions spirituelles. Cette ouverture est assurée chez Platon par l'obtention de la puissance psychique, *dunamis*.

Puisque la distinction entre l'image et le simulacre dépend de la capacité de ceux qui perçoivent les apparences, Platon traite – notamment dans sa théorie de l'éducation au travers de la *mousikê* exposée dans les livres II et III de la *République* – de la manière par laquelle il est possible d'obtenir cette capacité de percevoir les images. En effet, il dit qu'au terme de l'éducation musicale, on doit parvenir à distinguer, dans les œuvres poétiques ou artisanales, les espèces des vertus aussi bien que des vices opposés, en percevant « elles-mêmes et leurs images » [402c6], et utilise alors le terme *eikôn*. Cette image, *eikôn*, permet à ceux qui sont éduqués par la *mousikê* de saisir sa liaison étroite avec le modèle.

L'éducation musicale a pour but de faire obtenir aux futurs gardiens la capacité de saisir la relation entre l'image et son modèle, laquelle constitue la base de l'âme des philosophes. Platon fonde sa pensée sur cette démarche qui consiste dans le rejet des simulacres et dans l'intégration des images dans son système philosophique.

2. Émergence des images

En suivant le développement de la pensée platonicienne, on peut découvrir le parcours par lequel Platon met en évidence la fonction des images et voir comment il intègre cette fonction dans son propre système de pensée à propos de la relation du sensible et de l'intelligible. Dans cette recherche, le *Phédon*, qui précède la *République*, semble constituer le dialogue clef où l'on assiste à l'émergence de la théorie des images. Il faut donc examiner le *Phédon* avant d'étudier dans la *République* la pratique ample des images et l'établissement du système des actions réceptrices et créatrices. C'est dans le *Phédon* que Platon tente d'instaurer sa doctrine sur les Formes intelligibles et commence à réfléchir profondément sur la fonction de l'âme humaine qui se rapporte à la fois à l'intelligible et au sensible. Dans ce mouvement fondateur de la philosophie, on découvre l'amorce d'une théorie platonicienne des images.

On sait que le *Phédon* est le dialogue dans lequel on assiste à la mort de Socrate et qu'il a pour thème la séparation de l'âme et du corps. Dans l'atmosphère ascétique du *Phédon*, Platon introduit la notion de purification, qui consiste à séparer l'âme du corps pour obtenir la « pensée véritable » (*phronêsis*). Cette purification, qui vise la séparation de l'âme et du corps, devrait être, objectera-t-on, une négation totale de la fonction sensitive qui perçoit les images. Or, le statut de la sensation dans le contexte du *Phédon* est complexe ; en ce qui concerne l'estimation de la sensation, il existe une différence entre avant et après l'argument de la pratique de purification de l'âme.

Dans un passage situé juste avant la proposition de la purification, Socrate met en question « l'acquisition même de la pensée » (*autên tên tês phronêseôs ktêsin*, 65a). Plus loin, admettant une « parenté » (*suggenês*) entre l'âme et l'intelligible [79d], il définit la « pensée » comme un état de l'âme en contact direct avec l'intelligible. Il affirme que l'acquisition de la pensée véritable doit rendre l'âme capable de « toucher la vérité » (*tês alêtheias haptesthai*, 65b). C'est dans ce contexte concernant l'acquisition de la pensée que Platon introduit pour la première fois, dans ce dialogue, la théorie des Formes intelligibles et qu'il souligne que celles-ci dépassent la corporéité. Il y affirme l'existence des êtres intelligibles tels que « la justice » et « la beauté », et souligne son opinion négative à l'égard de la sensation corporelle dans l'acquisition de la pensée véritable qui touche les êtres intelligibles. Socrate insiste sur le fait que ceux qui atteignent la réalité intelligible ne font intervenir aucune sensation dans leur réflexion. Il estime ainsi négativement la fonction sensitive unifiée à la corporéité [66a]. De ce point de vue, il paraît presque impossible de discerner les aspects positifs que posséderait la sensation ou l'image, celle-ci ne pouvant être reçue qu'à travers la perception sensitive.

Or, faisant suite à cette discussion, il en est une autre qui relève de la conviction subjective des philosophes qui doivent rechercher la vérité tout en restant dans le monde sensible [66b-69e]. Là, Socrate insiste sur le fait que le philosophe lui-même ne peut échapper à la nécessité d'être dans le corps. Ainsi, cette seconde partie se fonde sur la réalité de la nature humaine. On doit donc admettre un décalage au niveau du discours entre les première [64a-66a] et seconde [66b-69e] parties de l'exposé de Socrate. Platon reconnaît que l'isolement de l'âme d'avec le corps ne se réalise jamais de façon parfaite chez les hommes vivants. Il affirme l'impossibilité pour les hommes de saisir entièrement la sagesse ou la pensée véritable tant qu'ils vivent dans le monde sensible. Dans la seconde partie de la discussion, il ne s'agit plus de toucher ou de saisir l'être intelligible mais de s'en approcher autant que possible. C'est dans ce domaine sensible que l'on exerce la puissance psychique pour tenter de s'approcher du suprasensible à partir de la perception des images.

C'est sur la base de cette condition de la nature humaine que Platon introduit dans la discussion la question de la purification qui consiste à viser la séparation de l'âme et du corps, laquelle ne peut pas être réalisée tant que l'on reste vivant, puisque seule la mort la rend possible. C'est dans ce cadre qu'il considère la philosophie comme étant un exercice de préparation à la mort. Dans la pratique de la purification, il est conseillé à l'être humain d'éviter les sensations qui le conduisent à s'attacher aux choses corporelles. En effet, Socrate fait une distinction entre le « philosophe, ou ami de la sagesse » (*philosophos*) et l'« ami du corps » (*philosômatos*) [68b-c]. L'amour des philosophes est ainsi conçu comme une activité qui ne s'attache pas à la corporéité. Ce sont les vertus telles que le courage (*andreia*) et la modération (*sôphrosunê*) [68c] qui doivent convenir aux philosophes. Or, les *amis du corps* sont courageux par peur et par lâcheté. Si les gens courageux affrontent la mort, c'est parce qu'ils ont peur de maux encore plus grands.

Pour décrire cette manière d'être des amis du corps, qui est reliée à la fausse vertu, Platon recourt à la notion de *skiagraphia*, ou « trompe-l'œil ». Il nous semble difficile de déterminer le sens exact de la *skiagraphia* dans l'histoire de l'art, mais on sait au moins que ce terme désigne une nouvelle technique apparue entre le Ve et le IVe siècle et à laquelle Platon reproche de tromper l'âme humaine. Nous nous contenterons de considérer la *skiagraphia* comme une technique consistant à créer une illusion par le modelé des ombres et des lumières[3]. C'est dans la discussion de la purification du *Phédon* que se trouve la première occurrence du terme *skiagraphia* dans le corpus platonicien. Or, dans la *République* X, Platon compte la *skiagraphia* parmi les procédés artificiels qui causent du trouble et du désordre dans l'âme par l'effet de l'illusion et par la production de simulacres ; et il fait un rapprochement entre ce trompe-l'œil de la « sorcellerie » (*goêteia*) et la « démonstration de marionnettes » (*thaumatopoiia*) [602d2-4]. Ainsi, dans le *Phédon* comme dans la *République*, la *skiagraphia* représente la puissance de l'apparence illusoire.

Certes, cette *skiagraphia* peut se différencier de la technique phantastique que Platon oppose à l'eikastique dans le *Sophiste*, en ce sens que la phantastique est présentée comme un art qui produit « les œuvres de grandes dimensions » [235e5-6] en peinture ou en sculpture. Toutefois, la *skiagraphia* et la phantastique convergent en ce qu'elles produisent des simulacres et trompent l'âme des spectateurs.

L'usage de *skiagraphia* chez Platon montre sa prise de conscience de la lutte contre l'illusionnisme. Ce terme est un indice révélateur de la position de Platon face à ceux à qui il s'oppose. Il nous semble possible de trouver dans le *Phédon* l'émergence de la formulation de la doctrine qui s'oppose à l'illusion skiagraphique ou sophistique, ce qui nous permet de découvrir comment Platon a établi la position qui consiste à élaborer sa propre doctrine de l'image en opposition à l'illusionnisme sophistique.

On peut considérer la notion de purification comme l'une des bases sur laquelle se formera la doctrine qui contrecarre l'illusionnisme. Certes, la question de la purification dans ce dialogue se fonde sur la doctrine pythagoricienne ou même sur des croyances plus archaïques, mais si l'on songe que la purification a pour but de s'approcher des Formes intelligibles et de s'opposer à l'illusionnisme skiagraphique, on doit admettre que la procédure de la purification est méthodiquement intégrée dans la philosophie de Platon lui-même. C'est donc en examinant la purification dans le *Phédon* que l'on pourra découvrir une piste qui mènera au fondement de la théorie platonicienne de l'image.

Dans la seconde partie [66b-69e] de l'exposé de Socrate, Platon traite de la corporéité de façon négative sans pourtant mentionner la fonction sensitive, alors que dans la première partie [64a-66a], il critiquait négativement la sensation qui relève du corps. C'est dans le sillage de cette observation que l'on

---

[3] À propos de la *skiagraphia*, voir [Rouveret, 1989], [Pollitt, 1974], [Schuhl, 1952], [Pemberton, 1976], [Keuls, 1975].

peut interpréter la théorie de la réminiscence qui se trouve dans le *Phédon*, où la sensation de la ressemblance entre l'image et le modèle joue le rôle du point de départ pour dépasser l'expérience temporelle afin de rejoindre l'être suprasensible et intemporel.

En effet, dans l'argument de la réminiscence qui est développé après celui de la purification, nous trouvons une réflexion fondamentale qui porte sur la réception mentale de l'image et sur l'intuition de l'intelligible, et qui montre que la sensation fonctionne comme l'occasion nécessaire pour s'approcher de l'intelligible. La réminiscence de « l'égal en soi » est alors mise en question à partir de la perception sensitive des choses ressemblantes. Dans ce processus qui aboutit à l'intuition de l'intelligible, la fonction évocatrice de l'image joue un rôle essentiel. Pour aboutir à la réminiscence de l'égalité intelligible, Platon part de l'exemplification de la remémoration quotidienne des choses sensibles[4]. Parmi les exemples présentés, on remarquera celui de la peinture qui est une *image imitée* et dont le dernier exemple est le suivant : à la vue de la peinture de Simmias, on se ressouvient de Simmias lui-même. C'est ainsi que Platon instaure dans cette argumentation un rapport entre l'image imitée et le modèle réel. La fonction qui s'exerce dans l'expérience de la réminiscence correspondrait plutôt à celle de l'image qu'à celle du simulacre parce que, dans l'expérience du ressouvenir, le spectateur de la peinture est invité à saisir l'existence du modèle.

Après avoir suivi l'argumentation de Platon à partir de la mise en question de la réalité des hommes destinés à vivre dans le monde sensible, il est possible d'en déduire que la purification ne désigne pas la négation totale de la sensation. La purification vise plutôt à permettre à l'homme d'obtenir une certaine perspicacité sensitive qui s'exerce dans le prolongement de l'exercice de l'intelligence. On peut y trouver l'émergence chez Platon d'une réflexion sur la fonction sensitive relative à la perception de l'image et d'une critique de l'apparence illusoire attachée à la corporéité.

L'analyse du texte concernant la réminiscence nous oblige cependant à admettre que la thèse selon laquelle les choses sensibles doivent être regardées comme les images des réalités intelligibles n'y est pas encore suffisamment

---

[4] On voit cinq exemples en 73d-74a : 1. À la vue d'une lyre, on se ressouvient de son bien-aimé à qui appartient cette lyre. 2. À la vue de Simmias, on se ressouvient de Cébès (parce qu'ils sont amis). 3. À la vue de la peinture d'une lyre, on se ressouvient de son bien-aimé à qui appartient cette lyre. 4. À la vue de la peinture de Simmias, on se ressouvient de Cébès (parce qu'ils sont amis). 5. À la vue de la peinture de Simmias, on se ressouvient de Simmias lui-même.

établie. Cette théorie de la réminiscence se limite en effet à établir une seule voie qui aboutit à l'intuition de l'égalité. Elle ne fonde pas l'intuition d'autres existences intelligibles. Il semble que c'est après l'argument de la réminiscence et dans la dernière partie du *Phédon* que Platon réussit à fonder l'idée de participation selon laquelle les choses sensibles sont les images des êtres intelligibles [100a-e]. Il juge que les images sont considérées comme produites par une action créatrice qui utilise l'intelligible comme modèle. Dans ce dialogue, Platon élabore l'idée que les choses sensibles sont des images fabriquées à l'imitation des êtres intelligibles, mais en faisant prononcer à Socrate des mots qui expriment son hésitation et son indécision, il laisse voir que cette question n'est pas encore suffisamment développée[5].

3. Pratique des images

C'est toutefois dans la *République*, notamment dans la théorie de l'éducation de l'âme des futurs gardiens de la cité, que la mise en question de la réception et de la création des images s'intègre pleinement dans la stratégie philosophique de Platon. En effet, l'éducation, à ses débuts, consiste à former l'âme enfantine en établissant la manière dont elle va recevoir les œuvres poétiques dans lesquelles se trouvent les actions de dieux ou de héros qui représentent les bons caractères que les enfants doivent acquérir. Platon admet qu'il est possible d'envisager que ces œuvres éducatives comportent des images. La formation de l'âme des enfants contribue à leur faire acquérir une puissance imaginatrice qui leur permettra de poursuivre la relation indiquée par les images afin de s'approprier leurs modèles.

Pour examiner la modalité de la réception et de la création des images dans la théorie de l'éducation, il paraît utile de porter l'attention sur l'usage platonicien du terme *tupos*, dont la fonction semble négligée par les interprètes de la philosophie de Platon. Ce terme *tupos*, qui signifie *empreinte*, *moule* ou *type*, est utilisé pour l'art du modelage ou du moulage. Platon introduit la notion de *tupos* pour mettre en évidence le problème de la conformité de l'image avec le modèle et pour assurer l'orientation du mouvement dynamique

---

[5] Socrate, expliquant la modalité de la participation des choses sensibles aux êtres intelligibles, exprime son hésitation ainsi : « Pour ma part, je refuse de compliquer les choses et de chercher plus loin, et je m'en tiens, avec naïveté sans doute, à ceci : rien d'autre ne rend cette chose belle sinon le beau, qu'il y ait de sa part présence, ou communauté, ou encore qu'il survienne – peu importe par quelles voies et de quelle manière, car je ne suis pas encore en état d'en décider » [100d].

de l'âme humaine qui se déclenche à partir de la perception sensible ou qui crée des images suivant leur modèle.

Dans la théorie de l'éducation, le *tupos* fonctionne à trois niveaux en tant que principe réglementant la perception et la création des images. Tout d'abord, il se trouve lorsqu'est évoquée l'âme des enfants [377b2], si tendre que l'on peut y laisser n'importe quelle « empreinte ». Ensuite, le *tupos* se rencontre dans le mythe raconté aux enfants [377c8], où il est le type de l'œuvre ou des caractères décrits. Et enfin le *tupos* apparaît en tant que norme qui réglemente la composition des mythes afin que les enfants reçoivent de bonnes images [379a2]. Dans le texte sur l'éducation musicale de la *République*, ces trois sortes de *tupos* se retrouvent à différents niveaux et sont liées les unes aux autres pour former un enchaînement solide. Le *tupos* assure la succession d'une même forme à différents niveaux en établissant la relation entre l'image et son modèle. Ainsi, la réception et la création, qui sont distinctes pour ce qui concerne leur agent, sont pourtant reliées par la fonction conductrice du *tupos*.

En se fondant sur la fonction conductrice et formatrice du *tupos*, Platon met en question la manière de s'exprimer, l'action des narrateurs reliée à celle des poètes mais aussi celle des enfants éduqués. L'introduction de l'action de s'exprimer représente une certaine transmutation qui est aussi un effet de l'éducation puisque s'y observe la conversion d'une âme qui reçoit passivement les images en une âme capable d'entrer en relation active avec des images. Platon applique le *tupos* à l'action des futurs gardiens qui interprètent les œuvres et qui s'assimilent au modèle à partir de la réception des images. Se forme alors un mouvement circulaire qui relie étroitement entre elles les actions réceptrices, créatrices et imitatrices, et dans lequel le *tupos* de l'action de s'exprimer est inclus en tant qu'élément jouant, dans l'âme des jeunes éduqués, le rôle de charnière entre la réception des images et l'imitation à partir de cette réception. Cette imitation, *mimêsis*, doit être distinguée de la *mimêsis* critiquée au livre X de la *République*, où il s'agit de la production des simulacres, puisqu'elle se fonde sur la réception et la création des images.

Parmi les gardiens ainsi éduqués dès l'enfance par la *mousikê*, on choisit les gouvernants de la cité. Pour Platon, qui réclame que ces gouvernants soient des philosophes, il est donc indéniable que le philosophe est un homme dont l'âme a été formée dans son enfance par la *mousikê*. Certes, un homme éduqué par la *mousikê* est encore loin d'être un philosophe et un gouvernant de la cité, et il sera encore nécessaire de lui donner encore plus d'éducation[6]. Mais la *mousikê* occupe une place fondamentale dans la pensée platonicienne puisque le dynamisme de l'activité réceptrice des images et de la *mimêsis*, acquis dans l'enfance, se poursuit aussi chez le philosophe. Platon décrit l'action mimétique du philosophe qui « s'efforce de se rendre semblable » (*aphomoiousthai*, 500c) aux réalités intelligibles.

Et pour expliquer ce que serait l'action de gouverner la cité par les philosophes, il fait une comparaison avec les peintres qui, lorsqu'ils créent une œuvre, regardent fréquemment d'un côté et de l'autre, d'une part vers les êtres intelligibles, d'autre part vers l'œuvre qu'ils sont en train de réaliser [501a-b]. De même, les philosophes qui gouvernent la cité s'engagent à la fois dans l'action imitatrice par rapport aux intelligibles et dans l'action créatrice des images dont le modèle est intelligible. C'est pourquoi le philosophe est considéré comme le « peintre des constitutions » [501c] ou comme l'« artisan » de toutes les vertus des citoyens [500d]. Ainsi, les philosophes créent des caractères humains fondés sur les vraies vertus.

4. Ombre et image dans la caverne

On peut voir également la mise en question de la capacité de percevoir correctement les apparences dans la fameuse allégorie de la caverne du livre VII de la *République*. Ce texte semble être fondé sur l'argument de l'éducation des futurs gardiens de la cité aux livres II et III, car comme l'indique Platon tout au début, cette allégorie représente la nature des hommes « considérée sous le rapport de l'éducation et du manque d'éducation » (*paideias te peri kai apaideusias*) [514a].

Platon nous fait imaginer une demeure souterraine en forme de caverne, où les hommes sont enfermés depuis leur enfance, les jambes et le cou enchaînés, de sorte qu'ils ne peuvent ni se déplacer ni voir ailleurs que devant eux. Ces hommes prisonniers sont obligés de se tenir tournés vers le fond de la caverne et de regarder les scènes du théâtre d'ombres dont les silhouettes sont projetées par un feu qui brûle derrière eux. Socrate précise ainsi à son interlocuteur le dispositif de ce théâtre :

> Or, entre ce feu et les prisonniers, imagine la montée d'une route, en travers de laquelle il faut te représenter qu'on a élevé un petit mur qui la barre, pareil à la

---

[6] De fait, Platon présente, dans le livre VII, le programme spécial qui précise les matières à étudier pour être philosophe-gouvernant [521c-541b].

cloison que les montreurs de marionnettes (*thaumatopoioi*) placent entre eux et le public et au-dessus de laquelle ils présentent ces marionnettes (*thaumata*). [514b3-6.]

Nous trouvons ici les mots *thaumatopoioi* et *thaumata*, sur lesquels quelques remarques s'imposent. Nous avons vu que selon Platon, le sophiste du *Sophiste*, de même que le peintre imitateur de la *République* X, est considéré comme étant un « magicien » (*goês*, *Rép*. X, 598d3, *Soph*. 235a1, 241b7) et se range dans le genre des « montreurs de marionnettes, ou faiseurs de miracles » (*thaumatopoioi*, *Soph*. 235b5). En utilisant ce terme pour parler du sophiste, il veut « mettre en relief le pouvoir d'étonner les gens naïfs avec des mirages qui ont l'apparence des réalités » [Cordero, 1993, 220]. Or, comme le dit Auguste Diès, le terme *thauma* possède aussi le sens particulier de *poupée* ou de *marionnette*[7]. Dans le texte de l'allégorie de la caverne dans lequel Platon décrit un dispositif de spectacle, il est clair que les mots *thaumatopoioi* et *thaumata* signifient *montreurs de marionnettes* et *marionnettes*. Les enfants sont fascinés par ce théâtre et ont tendance à prendre la scène pour la réalité. On sait qu'au temps de Platon, le théâtre de marionnettes était un des spectacles familiers pour les citoyens et notamment pour les petits enfants[8]. Il est vraisemblable que la description du dispositif de projection s'appuie sur un spectacle de marionnettes vu par Platon.

Il nous semble que l'on peut faire un rapprochement entre cette fonction théâtrale et l'activité du peintre à qui Platon reproche de produire des apparences illusoires. Le mécanisme du théâtre de la caverne n'est pas sans relation avec la technique des sophistes producteurs de simulacres. Autrement dit, le terme *thaumatopoioi* désignant les *montreurs de marionnettes* qui manipulent la projection des ombres dans le récit de la caverne n'est pas sans rapport avec le terme identique qu'on trouve dans le *Sophiste* et qui indique les *faiseurs de miracles* [235b5]. En définissant le sophiste comme appartenant aux *thaumatopoioi*, Platon met en relief cette technique trompeuse qui

---

[7] [Diès, 1925], 314. « *Thaumatopoiôn* means specially the puppet-showman, but it is used here to cover all species of "imitation" – artists and poets as well as Sophists (voir 224a) » [Cornford, 1935], 196.

[8] Dans un passage des *Lois*, l'Étranger d'Athènes imagine une compétition dont le « plaisir » est l'unique objet. Il y distingue quatre types de spectacle et d'amuseur public : le montreur de « marionnettes » (*ta thaumata*) qui donne le plus d'amusement aux « tout petits enfants », le comédien pour de plus grands enfants, le tragédien pour la majorité du public et le rhapsode pour les vieillards [658c10-d8].

provoque l'étonnement des gens puérils et naïfs au moyen d'illusions qui n'ont que l'apparence des réalités. Ajoutons que le terme *thaumatopoioi* se trouve chez Platon uniquement dans les deux passages de la *République* [VII 514b5] et du *Sophiste* [235b5]. Et rappelons encore qu'il emploie le terme *thaumatopoiia*, qui signifie *prestidigitation* ou *démonstration de marionnettes* [602d3], dans un passage de la *République* X où Socrate compare cette notion à la technique picturale de la *skiagraphia* qui produit des illusions.

En effet, la mise en scène de l'ombre portée chez Platon est destinée à l'éclaircissement de sa propre pensée. Ce qui semble essentiel dans le récit de la caverne consiste en ceci : les hommes, habitants dans la grotte, ne se rendent pas compte du vrai mécanisme de ce théâtre. Ils sont incapables de regarder les ombres comme telles, c'est-à-dire comme des images d'autres objets. Ils croient voir, devant eux, des choses réelles et non des scènes du théâtre d'ombres. Leurs regards se figent devant cette scène, comme nous l'avons vu à propos de l'idole. L'état mental du spectateur qui ignore la fonction d'image des ombres correspond à celui des gens auxquels le peintre et le sophiste montrent des simulacres, *phantasmata*, ou apparences trompeuses.

Or, la description de la scène de la caverne contient la question de la perception des apparences dans l'état d'âme réveillé par l'éducation aussi bien que dans l'état du manque d'éducation. C'est pourquoi Platon décrit l'action consistant à sortir de la caverne pour contempler les êtres véritables qui représentent les Formes intelligibles. D'une part, il présente l'ignorance des prisonniers dans la caverne qui se trouvent dans la situation du manque d'éducation ; d'autre part, il nous fait voir la guérison de l'« égarement » (*aphrosunê*, 515c) des habitants dans la caverne et l'effet éducatif dans la perception des apparences. Il détache un des prisonniers de ses liens pour l'obliger à retourner la tête et à regarder la lumière qui projette les ombres. Retenons que dans l'allégorie de la caverne, Platon considère l'ombre portée tantôt comme un simulacre pour les prisonniers, tantôt comme une image pour les hommes détachés. Ceux qui sont bien éduqués et qui obtiennent la *puissance* de voir les apparences arrivent à concevoir l'ombre comme l'image de quelque chose. Ainsi, l'ombre en tant que simulacre peut se changer en ombre tenant le rôle de l'image. Une fois sortis de la caverne, les hommes voient que les ombres portées sur le mur ne sont plus des simulacres et elles leur apparaissent comme des images susceptibles d'être saisies par rapport à leur modèle.

Ce qui est intéressant dans ce passage, c'est que Platon affirme que les philosophes, après être redescendus dans la caverne et une fois habitués à l'obscurité de cet habitat, peuvent y voir des choses « dix mille fois mieux » (*muriôi beltion*) que les gens de là-bas [520c1-6]. Ils peuvent saisir la relation entre l'apparence et son origine. Platon insiste ainsi sur la perspicacité du regard du philosophe devant les choses sensibles. La puissance du regard porté sur elles n'est pas sans rapport avec l'acquis par l'éducation musicale. L'expression *dix mille fois mieux* nous révèle que Platon considère le philosophe comme un homme qui est en mesure de regarder les choses sensibles d'une façon tout à fait différente de celle des autres gens.

Le philosophe est quelqu'un qui est sorti de la caverne et qui sait contempler les Formes intelligibles. C'est donc le philosophe qui possède la puissance de voir les apparences sensibles de façon perspicace. Or, il nous semble que la spécificité du regard du philosophe n'est pas sans relation avec le projet métaphysique de Platon qui cherche à fonder le rapport des choses sensibles avec les suprasensibles. Quoi qu'il en soit, en tant qu'êtres humains possédant un corps, les philosophes eux-mêmes doivent vivre dans la caverne. Il faut bien comprendre que la cité idéale gouvernée par les philosophes doit se situer non pas à l'extérieur mais à l'intérieur de la caverne, c'est-à-dire dans ce monde sensible où nous vivons en percevant des apparences et en essayant de les saisir comme des images qui renvoient à l'invisible.

Platon distingue nettement le domaine sensible du domaine intelligible qui est mis en valeur en tant qu'objet de la contemplation philosophique. Cependant, sa philosophie est faite pour éclairer la vie de l'homme, dont l'âme exerce à la fois la sensation et l'intellect. Platon est très sensible au danger et aussi à la possibilité de l'âme humaine qui s'engage dans la relation dynamique avec les apparences. Il est donc difficile d'isoler les questions esthétiques de la pensée centrale de Platon. Au contraire, l'esthétique de Platon et sa théorie des images paraissent se situer au sein même de la structure de sa philosophie. Les activités de la *mimèsis* et de la *poièsis* constituent le dynamisme philosophique qui relie le sensible et l'intelligible. On peut dire que la réflexion platonicienne sur la fonctionnalité des images va de pair avec le mouvement intellectuel pour établir et développer la théorie des Formes intelligibles.

Références bibliographiques

Cordero, Nestor-Luis [1993], *Platon, Le Sophiste* (trad., introduction et notes), Paris, GF-Flammarion.

Cornford, Francis M. [1935], *Plato's Theory of Knowledge*, London, Kegan Paul.

Diès, Auguste [1925], *Platon, Œuvres complètes, Le Sophiste* (éd., trad.), Paris, Les Belles Lettres.

Keuls, Eva C. [1975], "Skiagraphia Once Again", *American Journal of Archeology*, 79, 1-16.

Marion, Jean-Luc [1979], « Fragments sur l'idole et l'icône », *Revue de métaphysique et de morale*, 84, 4, 433-445.

Pemberton, Elizabeth G. [1976], "A Note on Skiagraphia", *American Journal of Archeology*, 80, 1, 82-84.

Pollitt, Jerome Jordan [1974], *The Ancient View of Greek Art. Criticism, History, and Terminology*, New Haven/London, Yale University Press.

Rouveret, Agnès [1989], *Histoire et imaginaire de la peinture ancienne (Ve siècle av. J.-C. - Ier siècle ap. J.-C.)*, Rome, École française de Rome.

Saïd, Suzan [1987], « Deux noms de l'image en grec ancien : idole et icône », *Comptes rendus des séances de l'Académie des Inscriptions et Belles-Lettres*, 131, 2, 309-330.

Schuhl, Pierre-Maxime [1952], *Platon et l'art de son temps (Arts plastiques)*, 2e éd. revue et augmentée, Paris, PUF.

Makoto SEKIMURA
Université de Hiroshima
Hiroshima, Japon
makotosekimura@gmail.com

La palette d'Empédocle : une philosophie de couleurs dionysiaques
Fernando SANTORO

À partir des fragments du *Poème sur la Nature* d'Empédocle, nous examinons la théorie et le langage philosophiques du sage d'Akragas, élaborés par son langage poétique. Le cycle de l'amour et de la haine se déploie dans des ritournelles répétées. Les images du monde se transforment allégoriquement dans un processus continu repéré par un schème de quatre figures, dont les êtres, les matériaux, les racines ou les dieux ne sont ni des principes ni des substrats, mais les différentes expressions d'un monde en changement perpétuel. Nous confrontons ainsi la vulgate d'Aristote – qui parle d'éléments chez Empédocle comme de principes matériels – et proposons de lire dans le poème une visée du multiple qui exprime un monde dionysiaque. La nature serait comme la surface mouvante d'une peinture, sans rien derrière elle.

Les manuels d'histoire de la philosophie présentent Empédocle comme un matérialiste, le principal porte-parole de la diversité de la matière procédant des quatre éléments : la terre, l'eau, l'air et le feu. Pourtant, on nous prévient rarement du fait que nulle part dans ses vers ne se rencontre le terme *stoikheion*, traduit par *élément*, même si ce terme circulait déjà parmi les sages italiques, notamment les pythagoriciens. L'opinion selon laquelle Empédocle aurait traité des quatre formes de la matière comme des éléments provient de l'interprétation d'Aristote, exposée surtout dans le *Livre A* de la *Métaphysique* [*Metaph.* I, 4, 985a/DK A 37] et dans le traité *De la génération et de la corruption* [315b].

L'usage philosophique du concept d'*élément* est attesté au moins depuis le *Cratyle* [432a] de Platon, à propos des lettres de l'alphabet dans la composition des noms, mais nous avons des indices, chez Aristote même [*Metaph.* 985b], que l'usage de la structure de l'alphabet comme image pour expliquer la composition du monde aurait des origines plus anciennes. Ainsi du moins chez Leucippe dans sa théorie atomiste, non pour expliquer la consistance de la matière – le plein indivisible (l'atome) –, mais pour penser la possibilité de composition d'« étants différents » comme « différents arrangements de parties indifférentes ». Ce modèle accompagne l'image fonctionnelle de l'alphabet : avec un petit ensemble de lettres (ses éléments), il serait possible d'écrire tous les mots des langues et de dire toutes les choses du monde.

Voyons comment Empédocle entre dans cette histoire téléologique aristotélicienne des causes et des principes. Aristote le présente comme celui qui non seulement présente l'Amour et la Haine comme des causes motrices opposées, mais aussi comme celui qui, le premier, compte les quatre éléments dans l'aspect de la cause matérielle. Nous pouvons observer que l'idée d'élément a au moins deux lectures possibles, toutes deux repérables dans la *Métaphysique* d'Aristote : une lecture à dominante temporelle, comme dans la définition de l'élément [983b 6-11] ; une autre à dominante géométrique, dans la présentation des atomistes et par analogie avec les lettres de l'alphabet [985b 15-19].

Le concept d'« élément » des atomistes, auquel Aristote assimilerait celui d'Empédocle, sera critiqué, par le fait même qu'il ne considère pas un autre type de « sous-jacent » (*hypokeimenon*), passible de génération et de corruption (le corps – composé de matière et de forme). Les atomes, qui sont des étants sous-jacents (*hypokeimena*), ne naissent ni ne se détruisent. C'est pourquoi pour les atomistes, il n'y a ni génération ni corruption. Celles-ci ne sont que des illusions de nos sens.

Pour Aristote, la matière qui subsiste au long des altérations et des différentes affections n'est pas engendrée et ne se corrompt pas, mais cela n'empêche pas qu'il y ait une altération essentielle, une altération par laquelle une essence devient ou se détruit. Les essences, qui sont pour Aristote ce qui est le plus effectivement réel, peuvent être engendrées et se corrompre, bien que l'élément matériel subsiste dans ces altérations. La table, par exemple, n'est pas une altération qualitative de l'arbre, elle est effectivement une autre essence. Dans la transformation du bois, il y a eu destruction de l'arbre qui était et production d'une table qui n'était pas.

En lisant les vers qui nous sont parvenus, quel type de conception matérielle pouvons-nous attribuer à Empédocle ? Les principes cosmiques que sont les quatre racines peuvent-ils être saisis comme des éléments ? Serait-ce une conception atomiste des éléments, ce que paraît proposer Aristote ? Serait-ce une conception de la matière comme ce qui subsiste aux affections, ce qu'il propose pour la plupart des physiciens ioniens ?

Il est d'usage de voir la série de configurations quadripolaires d'Empédocle comme des recompositions de l'eau, du feu, de la terre et de l'air. Toutefois, ce que montrent plusieurs extraits des fragments, si nous les regardons attentivement et les comparons, c'est plutôt une différence au plan aspectuel ou figuratif, comme si chacun des quatre pôles, que nous appelons ordinairement *élément*, était vraiment une source ou une racine (*rhizoma*) de figurations qui ne perdent pas leur rapport avec l'origine, semblables à des fugues musicales [Santoro, 2013]. Si nous tenons à la métaphore atomiste et aristotélicienne de l'alphabet, les quatre racines ne sont alors pas toutes les lettres, mais peut-être quatre voyelles différentes, chantées dans des variations syllabiques. Pourtant, la métaphore manque de précision parce qu'il n'y a pas plus de lettres pour faire les consonnes, juste leur mouvement tendu par l'Amour et la Haine. Ce qu'il faut conserver de l'image des voyelles, c'est que la variation découle d'une même source, laquelle peut être immortelle sans que ce qui en découle soit continuellement égal, au contraire. La variation, l'altération se fait comme une relation entre l'un et le multiple dans chacun des quatre pôles (racines, *rhizomata*), elle n'a pas besoin d'être une combinaison des quatre, bien que rien n'empêche aussi qu'il y ait des combinaisons selon différentes proportions.

Figure 1. L'image du mélange de couleurs dans une palette de peintre
[voir DK B 23].

Pour expliquer la théorie de la génération chez Empédocle, Aristote pourtant ne se sert pas d'images sonores mais d'images visuelles. Dans *De la génération et de la corruption* [B, 7, 334a26/DK A 43], il propose l'image d'un mur construit par l'agrégation de briques et de pierres. L'image ne se trouve dans aucun des vers qui nous sont connus. Elle pourrait même ne pas y être, car elle n'est, en fait, qu'une très bonne image pour comprendre comment Aristote interprète les *rhizomata* d'Empédocle en les transformant en éléments. C'est-à-dire comme des éléments résistants et continuellement égaux à eux-mêmes (Démocrite les appelle *ideai*), qui se réunissent et se séparent – c'est bien la conception atomiste des principes comme des éléments. Mais le processus de transformation envisagé par Empédocle dans la génération des choses ne se présente pas par agrégation et désagrégation, comme la composition ou décomposition d'une mosaïque [Joachim, 1922, 240] ou d'un assemblage de pièces de Lego (Fig. 2). Les principaux termes utilisés par le philosophe d'Agrigente pour rendre compte de la naissance et de l'éclosion (*physis*) sont en fait mélange (*míxis*) et crase (*krâsis*).

Figure 2. Philippe Hérard, *Isolement jour 42. Cent-titres*. Technique mixte sur carton. 34 x 34 cm [https://www.facebook.com/photo.php?fbid=702688423625190&set=a.179535445940493&type=3&theater]

Nous tentons de suivre un chemin à peine ouvert et proposons une lecture où non seulement les figures et les formes de la nature, mais aussi la matière, dans la théorie d'Empédocle, sont vues selon la perspective du dionysisme, une sagesse profondément liée aux cycles de transformation dans la nature. Dans cette perspective, ce n'est pas dans la permanence et la résistance de l'eau, de l'air, de la terre et du feu, que nous rencontrons le sens de la puissance et de la consistance matérielle du monde. Les racines ne sont jamais décrites à l'image de briques ou de pierres comme si c'étaient quatre types de pièces de Lego de quatre couleurs différentes. La matérialité n'est pas dans la substantialité et dans l'invariance de parties pleines et identiques à elles-mêmes qui demeurent comme telles, identiques, au long des continuelles transformations des étants – ce que l'on déduirait de l'interprétation aristotélicienne de l'élément comme une cause matérielle s'accordant très bien à la théorie atomiste.

Figure 3. Alexandre Le Grand à la bataille d'Issos, mosaïque du parterre de la Maison du Faune à Pompéi. Musée archéologique national de Naples [http://adelinemosaique.com/portfolio-posts/alexandre-le-grand/].

Le jeu empédocléen de l'alternance de l'un et du multiple concernant les formes du monde conserve partout un schème quadripolaire : chaque domaine, chaque tranche du monde est compris selon les différences de quatre figures qui se transforment mais conservent les relations de la tétrade. Ce qui est conservé dans ce jeu, ce n'est pas l'invariabilité de l'élément matériel, mais un schéma de transmutation de formes. Le jeu empédocléen de l'un et du multiple, vu sous l'angle de la consistance matérielle du monde, est plutôt gouverné par le **mélange** et la **crase**, ce que rendent visible les heureuses images des fragments que voici :

> εἰ δέ τί σοι περὶ τῶνδε λιπόξυλος ἔπλετο πίστις,
> πῶς ὕδατος γαίης τε καὶ αἰθέρος ἠελίου τε
> **κιρναμένων** εἴδη τε γενοίατο χροιά τε θνητῶν
> τόσσ', ὅσα νῦν γεγάασι συναρμοσθέντ' Ἀφροδίτηι ...
> [Simplicius, *De caelo* 529, 28/DK 31 B 71.]

> Si ta confiance touchant ces choses est ébranlée,
> Comment, de l'eau, de la terre, et de l'éther et du soleil ;
> **mélangés**, sortirent les formes et les couleurs de toutes ces choses
> mortelles qui naissent maintenant accouplées par Aphrodite

> ὡς δ' ὁπόταν γραφέες ἀναθήματα ποικίλλωσιν
> ἀνέρες ἀμφὶ τέχνης ὑπὸ μήτιος εὖ δεδαῶτε,
> οἵτ' ἐπεὶ οὖν μάρψωσι πολύχροα **φάρμακα** χερσίν,
> ἁρμονίηι **μείξαντε** τὰ μὲν πλέω, ἄλλα δ' ἐλάσσω,
> ἐκ τῶν εἴδεα πᾶσιν ἀλίγκια πορσύνουσι,
> δένδρεά τε κτίζοντε καὶ ἀνέρας ἠδὲ γυναῖκας
> θῆράς τ' οἰωνούς τε καὶ ὑδατοθρέμμονας ἰχθῦς
> καί τε θεοὺς δολιχαίωνας τιμῆισι φερίστους
> οὕτω μή σ' ἀπάτη φρένα καινύτω ἄλλοθεν εἶναι
> θνητῶν, ὅσσα γε δῆλα γεγάκασιν ἄσπετα, πηγήν,
> ἀλλὰ τορῶς ταῦτ' ἴσθι, θεοῦ πάρα μῦθον ἀκούσας.
> [Simplicius, *Phys.* 159, 27/DK 31 B 23.]

> Comme les peintres qui peignent leurs offrandes,
> hommes bien instruits dans l'astuce de leurs arts,
> en **mélangeant** harmonieusement, plus les unes, moins les autres,
> pour les faire pareilles aux aspects de toutes choses,
> ils créent des arbres, des hommes et des femmes,
> des bêtes, des oiseaux, des poissons nourris dans l'eau,
> dieux éternels, à qui appartiennent les suprêmes honneurs.
> Ainsi ne laisse pas l'esprit te tromper ni ne crois qu'il y ait
> d'autre source des êtres mortels, aux innombrables générations ;
> mais qu'il soit clair, à écouter la parole d'un dieu.

Le mélange et la crase sont ontologiquement très différents de l'agrégation. Cette différence dans les propriétés fondamentales de la substance

La palette d'Empédocle : une philosophie de couleurs dionysiaques

concerne les rapports entre les parties et le tout, le continu et le discret. Dans l'agrégation, les parties conservent les propriétés distinctives des ingrédients, contrairement à ce qui se passe dans un mélange, où les ingrédients sont dissous[1]. Le mélange et la crase opèrent, du point de vue de la matière, le même effet de désubstantialisation et de désillusion sur l'individualité que la dionysiaque transfiguration des masques sur les formes. L'image du mélange de couleurs dans la palette de peinture (Fig. 1 et 4), utilisée par Empédocle, convient très bien, parce qu'il est impossible de reconnaître dans le mélange les ingrédients purs qui étaient antérieurement séparés[2].

Il n'en va pas de même pour l'image du mur de briques et de pierres utilisée par Aristote. Autrement dit, qu'il soit possible à tel ou tel moment de reconstituer les ingrédients par la destruction du mélange n'implique pas que ceux-ci soient conservés en leur identité quand ils sont mélangés, comme dans l'agrégation. Plus précisément, cela n'implique pas qu'ils se conservent comme des parties simplement juxtaposées, comme dans les images du mur et de la mosaïque (Fig. 3).

Le mélange de l'eau, de la terre, de l'éther et du soleil compose toutes les formes et toutes les couleurs[3], de la plus sombre (l'eau profonde) à la plus

---

[1] En dépit de l'examen très complet de la théorie des couleurs chez Empédocle par Katerina Ierodiakonou [2005, 6], qui trouve dans les techniques de la peinture votive des raisons d'accepter l'interprétation aristotélicienne de la mosaïque.

[2] Pour une approche comparatiste avec les modèles modernes de mélange chromatique, basés sur la compréhension ondulatoire de la lumière depuis la théorie optique d'Isaac Newton, voir [Sassi, 2009 ; 2015b, 263 *sq.*].

[3] « Turning next to ancient painting, there is enough evidence, both archaeological and textual, that at a certain time in the classical period ancient painters used just four colours, namely white, black, red and yellow; or as Pliny says (*Nat.* 35. 50), white from Melos, Attic yellow, red from Sinope, and lamp-black (*atramentum*) » [Ierodiakonou, 2005], 13. La précision est donnée par des toponymes, ce qui montre que la variation dépend fortement des matériaux disponibles, et même des goûts culturels. La technique des quatre couleurs, au fil de sa longue présence dans l'histoire de l'art, n'implique pas qu'elles soient toujours nommées et perçues de la même façon ni qu'elles jouent nécessairement le même rôle : le jaune (*xanthos*) vire au vert (*chloros*), le noir au bleu foncé (*cyanos*), le rouge (*porphyros*) au violet (*iôkos*), le blanc (*leukos*) à l'argent (*argyros*). Selon Ierodiakonou, la technique des quatre couleurs pourrait remonter au temps de Polygnote et donc d'Empédocle [Ierodiakonou, 2005], 14-17. Voir aussi [Sassi, 2015b], 265 ; [Irribaren, 2013], 90. Sur la correspondance entre les couleurs et les dieux, voire les racines, voir [Picot, 2008], 85 *sq.*, n. 22.

brillante (le soleil dans les hauteurs)[4]. Toutefois, si paradoxal que cela puisse paraître, dans l'horizon des choses mélangées, avec leurs chromatismes et leurs aspects multipliés, on pourra toujours percevoir un monde quadripolaire, dans n'importe quelle tranche de la nature, avec des régions humides, terreuses, éthérées et empyrées [DK B 22, B 27, B 38, B 115] ; avec des êtres vivants aquatiques, terrestres, aériens et fauves [DK B 9, B 20, B 21, B 23, B 117]. Le monde lui-même, tout entier, est perçu partout dans le poème d'Empédocle avec un regard tétradique [Santoro, 2013]. Les quatre racines restent toujours vivantes et actives dans leur puissance différentielle, sans doute beaucoup plus dans le monde du mélange et de la crase que dans quelque autre moment où chacune serait seulement en rapport avec soi-même, comme si elles n'étaient que des éléments purs et isolés. Un tel moment du monde, de séparation extrême, est pour Empédocle l'état où prédomine la Haine absolue. Si bien que si nous suivons le fil du récit épique, la prétendue phase de séparation radicale des éléments [O'Brien, 1969, 146 *sq*.], tous séparés entre eux et réunis en soi totalement purs, cette phase dominée totalement par la Haine ne serait selon nous qu'une abstraction pour rendre compte schématiquement du fait que le mélange lui-même n'est pas stable, mais continue à se transformer. Tout aussi abstraite serait la phase dominée totalement par l'Amour, où le mélange total serait résolu dans l'unité absolue de la sphère.

En effet, le royaume de la Vie se fait dans des procès continus, réciproques et simultanés de transition de l'un au multiple et du multiple à l'un – ce que les mortels appellent *naissance* ou *éclosion* (*physis*) et *mort* (*thanatos*).

Un autre aspect auquel il faut réfléchir – du point de vue du mélange et de la crase, si nous ne voyons pas les ingrédients comme des éléments permanents – serait justement la constitution ontologique de tels ingrédients. Dans les vers où Empédocle les traite comme des racines, il leur donne des noms de dieux. On pourrait penser, de façon traditionnelle, que la divinité se montre dans la subsistance et dans l'immortalité, mais à notre avis, ce n'est pas une meilleure interprétation, ni de la théologie empédocléenne, que nous voulons dionysiaque, ni de son implicite ontologie.

---

[4] Qu'il y ait quatre couleurs primaires pour Empédocle reste pourtant controversé pour Ierodiakonou [2005] et même pour Sassi [2009], 281 *sq*., selon une autre interprétation où les couleurs seraient réductibles à des variations entre le sombre de l'eau et la splendeur du soleil. Ne pas confondre avec le noir et blanc et les tonalités du gris : quoique cette polarité binaire d'allure pythagoricienne soit présente, la perspective tétradique domine dans le poème d'Empédocle, comme dans les fragments cités.

La palette d'Empédocle : une philosophie de couleurs dionysiaques

Cette ontologie se fonde sur les forces de transmutation et, tout comme l'idée de divinité dionysiaque intègre la mort dans les cycles de la vie, les cycles de la nature intègrent et mettent en tension les forces de l'Amour et de la Haine, du même et de l'autre, de l'un et du multiple. Si les racines portent des noms divins, c'est d'abord parce que ce sont des puissances de vie en dispute et en tension. Le mélange et l'acte de mélanger sont des forces actives, comme des dieux, si ce ne sont pas les dieux eux-mêmes – déjà compris comme des puissances vitales [Picot, 2004-2005].

Figure 4. Gros plan sur une palette brillante [https://www.freepik.com/premium-photo/background-bright-oil-paint-palette-close-up_6410700.htm].

Les termes utilisés par Empédocle pour rendre compte de la consistance transitive de la matière nomment les phénomènes naturels et rituels les plus vitaux ; les actes de vie célébrés dans les bacchanales, les fêtes dionysiaques, les carnavals, les banquets : *míxis*, *krásis*. Cela n'est ni une simple coïncidence ni ne requiert une intention délibérée, que nous osons cependant supposer. Ce choix peut s'expliquer tout naturellement par le fait que les diverses manifestations du dionysisme et des sagesses chtoniques, comme la philosophie d'Empédocle, célèbrent et cherchent à comprendre la vie et les cycles de transformation de la vie et de la nature. *Míxis*, le mélange, est un des noms que les Grecs donnaient à l'acte sexuel, régi par Aphrodite, et qui commande toute la génération de la nature (pléonasme que le grec d'Empédocle rendrait évident dans un mot unique : *physis*). Les poèmes épiques des premiers sages de la nature, comme Parménide et Empédocle, sont aussi des hymnes de célébration d'Éros, d'Aphrodite et de tous les processus de génération (*physis*).

Figure 5. Lucian Freud, *Standing by the rags*, 1988. Tate Britain, Londres [https://arthive.com/lucianfreud/works/552520~Standing_by_the_Rags].

Dans les descriptions cosmologiques rencontrées dans les fragments de leurs poèmes, on voit souvent des références à une embryologie et à des procédés sexués de génération ; Jean Bollack les a réunies dans une section de son édition des *Origines*, à laquelle il a procuré ce beau titre : « L'Atelier d'Aphrodite ». Nous n'en doutons pas : Bollack pensait à l'image d'un atelier de peinture.

Krasis, la « crase », et le verbe *kirnao*, « assaisonner, tempérer », à leur tour, sont des termes du rite sympotique, qui parlent de la préparation du vin à boire ensemble. Le vin grec, Dionysos lui-même, ne doit jamais être bu pur, mais coupé d'eau. Pour l'homme, le risque de la pureté (par le vin ou par l'eau) est le risque de l'*hybris*, de l'excès, de l'arrogance, de la folie – c'est ce que nous apprend Euripide dans les *Bacchantes*, par les fautes de Penthée, le tyran arrogant qui interdit le rite sympotique et devient fou, beaucoup plus fou que les ivrognes. La pureté est pour Empédocle le royaume de la Haine. Dans le cratère, la grande coupe rituelle, il faut verser le vin pur sur une quantité bien réglée d'eau. La vertu de tempérance qui mesurait chez les Grecs le contrôle de soi, par opposition à l'acrasie, est mise à l'épreuve dans cette première « tempérance » ou *tempera* où sont mélangés l'eau et le vin fort.

C'est là peut-être un des problèmes les plus importants soulevés par la philosophie grecque, d'ordre physique, esthétique, éthique et politique, et dont il faut puiser la sagesse. Le mélange produit les drogues (*pharmaka*), les potions thérapeutiques du médecin, les encres coloriées du peintre, le vin sain. La deuxième « tempérance » est le mélange de ce mélange (*pharmakon*) avec notre corps, notre âme, qui nous donne du caractère et nous remplit de vie, nous nourrit et nous élève. La troisième « tempérance » qui s'ensuit, sera peut-être la vie commune dans la cité juste, le mélange entre les amants, la conversation franche et inspirée entre amis ou le dialogue autour de la vérité entre philosophes – les plaisirs les plus grands, la préparation pour la grande jouissance de *Sphairos*.

Bibliographie

Aristoteles [1922, réimp. 1968], *On Coming-to-be and Passing-away (De generatione et corruptione)*, ed. Harold Henry Joachim, Oxford, Clarendon Press.

— [1949/1989], *Categoriae et Liber De Interpretatione*, ed. Lorenzo Minio-Paluello, Oxford, Clarendon Press, « Oxford Classical Texts ».

— [1957/1985], *Metaphysica*, ed. Werner Jaeger, Oxford, Clarendon Press, « Oxford Classical Texts ».

— [1982], *Metafísica*, éd. trilingue Valentín García Yebra, 2e éd., Madrid, Gredos.

Bollack, Jean [1965-1969], *Empédocle* I-III, I. *Introduction à l'ancienne physique*, II. *Les Origines, édition et traduction des fragments et des témoignages*, III. *Les Origines, commentaire 1*, III. *Les Origines, commentaire 2*, Paris, Minuit.

Carastro, Marcello (éd.) [2009], *L'Antiquité en couleurs. Catégories, pratiques, représentations*, Grenoble, Jérôme Millon, « Horos ».

Cavalcante de Sousa, José [1973], *Os Pré-Socráticos*, São Paulo, Abril Cultural, « Os Pensadores ».

Cherniss, Harold [1935], *Aristotle's Criticism of Presocratic Philosophy*, Baltimore, The Johns Hopkins Press.

Diels, Hermann & Kranz, Walther [1951], *Die Fragmente der Vorsokratiker: Griechisch und Deutsch*, Zürich-Hildesheim, Weidmann, I, 276-375 & 498-501 (Appendix). Abrégé en DK.

Empédocle [1965-1969], voir Bollack.

— [2003], *Les Purifications. Un projet de paix universelle*, trad. Jean Bollack, Paris, Seuil, « Points ».

Holanda, Luísa Severo Buarque [2017], « As etimologias de sóma no *Crátilo* de Platão », *Revista Enunciação*, 2, 1, 104-118.

Ierodiakonou, Katerina [2005], "Empedocles on Colour and Colour Vision", *Oxford Studies in Ancient Philosophy*, 29, 1-37.

Irribaren, Leopoldo [2013], « Les peintres d'Empédocle (DK 31 B 23). Enjeux et portée d'une analogie préplatonicienne », *Philosophie antique*, 13, 83-115.

Martin, Alain & Primavesi, Oliver [1999], *L'Empédocle de Strasbourg (P. Strasb. gr. Inv. 1665-1666). Introduction, édition et commentaire*, Strasbourg/Berlin-New York, Bibliothèque nationale et universitaire de Strasbourg/De Gruyter.

O'Brien, Denis [1969], *Empedocles' cosmic cycle. A Reconstruction from the Fragments and Secondary Sources*, Cambridge, Cambridge University Press, « Cambridge Classical Studies ».

Picot, Jean-Claude [2004], « Les Cinq Sources dont parle Empédocle », *Revue des études grecques*, 117, 393-446 & Corrigenda, 118, 2005, 322-325.

— [2008], « La brillance de Nestis », *Revue de Philosophie Ancienne*, 26, 1, 75-100.

— [2014], « Un nom énigmatique de l'air chez Empédocle (fr. 21.4 DK) », *Les Études philosophiques*, 3, 110, 343-373.

Santoro, Fernando [2011], « O que é um filósofo demasiado poeta? », *Hypnos* (PUCSP), 26, 93-105.

— [2012], « Un philosophe plus poète (Simplicius, Com. in Ar. Phys., 24, 20 / DK 12 A 9) », *Revue de Philosophie Ancienne*, 30, 1, 3-22.

— [2012], « Empédocles, Aristóteles e os elementos », *Anais de Filosofia Clássica*, 7, 12, 39-55, https://revistas.ufrj.br/index.php/FilosofiaClassica/article/view/1452/1293.

— [2013], « Allégories et rondeaux philosophiques dans le *Poème de la Nature* d'Empédocle », *Chôra. Revue d'études anciennes et médiévales*, 11, 183-200.

Sassi, Maria Michela [2009], « Entre corps et lumière : réflexions antiques sur la nature de la couleur », in Carastro [2009], 277-300.

— [2015a], "Parmenides and Empedocles on Krasis and Knowledge", *Apeiron*, 5, 1-19.

— [2015b], "Perceiving Colors", in Pierre Destrée & Penelope Murray (eds.), *A Companion to Ancient Aesthetics*, Oxford, Blackwell, 262-273.

Skarsouli, Pinelopi [2009], « S'interroger sur la relation entre couleurs et mots. Le terme *pharmakon* chez Empédocle », in Carastro [2009], 165-177.

Wersinger, Anne-Gabrièle [2008], *La Sphère et l'intervalle. Le schème de l'Harmonie dans la pensée des anciens Grecs d'Homère à Platon*, Grenoble, Jérôme Millon, « Horos ».

Wismann, Heinz [2010], « Atomos Idea », in *Les Avatars du vide. Démocrite et les fondements de l'atomisme*, Paris, Hermann, « Le bel aujourd'hui » ; éd. originale 1979, *Neue Hefte fur Philosophie*, 15-16, 34-52.

Fernando SANTORO
Universidade Federal do Rio de Janeiro (UFRJ)
Rio de Janeiro, Brésil
fsantoro68@gmail.com

Imagination et littérature : la parole mercurienne dans deux textes du XVIe siècle, le *Cymbalum mundi* attribué à Bonaventure Des Périers (1537) et *El Crotalón* de Cristobal de Villalón (ms. 1552-1553)

Ruxandra VULCAN

Franco Zeffirelli, cinéaste et metteur en scène de génie, affirmait : « Voir des idées en crée de nouvelles. » Mais qu'en est-il de cette « vue » des idées ? Ne signale-t-elle pas un paradoxe productif à propos de l'imagination, qui serait créatrice d'images, de représentations, mais conceptuelles ?

C'est sous cet angle que nous étudions deux textes du XVIe siècle dont le rapprochement se prête à la comparaison littéraire, mais plus encore invite à approfondir leur motif central, l'imagination sonore liée à la « cymbale du monde » ou à la castagnette. C'est une trouvaille vraiment étonnante que ce complément à la si fameuse cymbale de 1537 attribuée à Bonaventure Des Périers [1983], ce texte énigmatique qui a reçu de multiples interprétations, à cause de sa structure ouverte et de ses réflexions cryptées sur le langage [Giacone, 2003]. Rien ne laissait prévoir cette découverte, à moins d'explorer en comparatiste l'histoire littéraire d'un autre pays – l'Espagne, en l'occurrence – et d'y rencontrer *El Crotalón de Cristóforo Gnosofo* de Cristobal de Villalón [1982] – c'est-à-dire *La Castagnette*.

Or quelle étrange similitude entre les deux titres ! Ils instaurent un rapport d'écoute à un son, qui en révèle le contenu : la parole mercurienne dans la communication que traduisent ces deux textes, faits de dialogues. Les textes, dans leur discursivité littéraire, mettent ainsi en évidence les avatars de l'écriture. En ce sens, c'est l'allégorie qui est en jeu, figure du discours qui relie par *poiesis* une représentation, un objet, à une idée ; elle s'élève du concret vers le concept pur, transcendantal, et le revêt en retour de diverses réalités, en tant que ses figurations. Or enjamber l'espace entre transcendance et immanence relève de l'imagination non reproductrice, selon Jean-Paul Sartre, mais productrice, selon Paul Ricœur. Ce dernier a développé une théorie du plus grand intérêt dans notre contexte, au sujet de ce qu'il nomme la « vie de l'imagination » (imagination vive, dans les mots de Jean-Luc Amalric [2013]) et qu'il inscrit dans un cercle herméneutique réflexif entre vie et pensée ; cela pour éviter une « réduction transcendantale » aux idées pures et les relier plutôt à une philosophie anthropologique de la créativité. Quelques éclaircissements sont nécessaires avant une approche discursive, en commençant par les titres.

En effet, l'acte imaginatif ou l'invention de production allégorique des deux intitulés n'est pas anodine, car l'imagination étant liée aux idées et aux images qu'elle génère [Sartre, 1936], cet acte situe d'emblée les deux textes dans la perception auditive globale, quoique distante dans un parcours phénoménologique fictionnel encore « à haut mystère ». En effet, le phénomène sonore est annoncé, mais non encore déchiffré ; placé en entrée, il suscite le questionnement, et éventuellement la critique.

L'image sonore frappante est néanmoins littéraire, placé au seuil textuel d'une fiction, ce qui ne l'amoindrit pas, bien au contraire. Selon Gaston Bachelard, elle est « l'imagination en pleine sève, l'imagination à son maximum »[1] – ce qui est d'autant plus vrai qu'elle recouvre les deux textes dans leurs parties discursives, c'est-à-dire les dialogues.

L'imagination prête au lecteur l'expérience vive des dialogues qui mettent à nu les enjeux de la communication, source de vacarme oral renouvelé. C'est le cas du *Cymbalum mundi*, constitué de quatre dialogues « poétiques, fort antiques, joyeux et facétieux » en une suite décousue. C'est moins celui du *Crotalón*, dont le dispositif énonciatif comprend un dialogue-cadre (celui du coq et de Micilo, le cordonnier) introduisant vingt « chants » du coq, soit autant de narrations de ses transmigrations à travers le temps, l'espace et les conditions ; bien plus, la fiction va même jusqu'à effacer les limites sonores entre les dialogues en leur prêtant une forme de songe global.

Les deux ensembles forment une fête de l'imagination dont la productivité s'attache à la question du langage.

Le *Cymbalum mundi* l'articule à un personnage-clé du Panthéon païen, Mercure, le messager des dieux et le dieu de la parole. Ce recours au mythe répond à une quête ontothéologique de la Vérité que devrait incarner Mercure, garant originaire de son autorité et de sa pratique.

Cependant, l'organisation fictionnelle joue sur les deux perspectives pragmatiques en cause, le point de vue des dieux et celui des hommes. Elle

---

[1] Bachelard [1947], 185, in [Amalric, 2013], 342, n. 79.

comporte le thème du messager divin, relié selon la topique au *logos* divin, au Livre de la Révélation et ici à la pierre philosophale aussi. Par moquerie, le messager, garant de vérités transcendantales, se tourne vers la matérialité. Le Livre sacré de Jupiter, en ruine, est remplacé par la mythologie. Le *logos* divin n'est que babil et « haut caquet » dans la bouche des théologiens, contrairement aux animaux qui raisonnent ; la pierre philosophale se voit réduite en poussière. En fait, la figure rhétorique de l'ironie abolit toute validité en de gaies saturnales.

L'imagination se donne libre cours pour mettre les personnages en situation. Les scènes sont exquises. Celle de la taverne fait voir comment les hommes se moquent de Mercure ; leur *praxis* est encore plus indigne que celle de leur maître. Ils se vantent même de l'avoir surpassé en volant le Livre d'immortalité de Jupiter – pour le remplacer par celui, analogue, de ses amours, la mythologie : « [...] « nous avons desrobé le prince et patron des voleurs (*robeurs*), qui est ung acte digne de mémoire immortelle », fait l'un d'eux [Des Périers, 1983, Dialogue I, 11], tandis que l'aubergiste rit des promesses d'immortalité du dieu. Ils exploitent ses dons (Dialogue II), la parole et la pierre philosophale qu'ils tentent de reconstituer (une allégorie des travaux exégétiques du temps). S'en suit une rixe entre théologiens dans un théâtre ; la scène est épique :

> Rhetulus[2]. N'as-tu point honte de presenter cela pour pierre philosophale ? Est-il pas bon à veoir que ce n'est que fable ? Phy, phy, oste cela !
> Drarig. Pourquoy me l'as-tu faict tumber ? Elle sera perdue [...].
> Rhetulus. Tu n'as pas perdu grand-chose, ne te chaille [...].

C'est alors à Mercure d'avouer que leur parole mercurienne, fallacieuse, est le contraire de la « belle pure parolle » (évangélique) [Des Périers, 1983, 20].

Dans les Dialogues III et IV, la parole pennigère de Mercure au caducée atteint même les animaux. « Gargabano, Phorbantas, Sarmotoragos ! » marmonne Mercure, et voici qu'un cheval parle : « [...] si le parler ne nous eust point esté osté non plus qu'à vous, vous ne nous trouveriez pas si bestes que vous faictes ! » Et son maître, stupéfait, de s'exclamer : « Par la vertubieu ! mon cheval parle ! » [Des Périers, 1983, 30].

Enfin, les deux chiens du dernier dialogue raisonnent savamment sur leur capacité langagière, supputant avoir mangé un lopin de la langue d'Actéon,

---

[2] Anagramme de Luther.

leur maître. Ils s'entretiennent aussi de leur perplexité entre action et connaissance : faut-il parler ou préférer le silence ?

> Pamphagus. Je vouldroye bien que je ne sceusse jà tant, car de quoy sert cela à ung chien, ny le parler avec ? [...]
> Hylactor. Il est vray, mais toutesfoys si ait-il bon sçavoir quelque chose davantage [...]. [Des Périers, 1983, 39.]

Cupidon apparaît également entre ciel et terre, s'amusant des talaires de Mercure et fredonnant des chansonnettes amoureuses, léger et joueur. Ses flèches dardées sur une jeune fille, Celia, attendrissent d'amour son cœur endurci, dédaigneux de son amoureux. Le Panthéon a donc une certaine influence sur les hommes, qu'il anime de ses dons : la transitivité entre ciel et terre est évidente, mais sujette à distorsions sur terre.

Ainsi, des questions métaphysiques font naître des représentations imaginatives facétieuses sur le mode spirituel du *serio ludere*.

C'est aussi le cas du *Crotalón*, qui se joue du thème de la parole, conférée à un coq, par dérision, mais sans explication mythologique. La fonction du coq est bien celle d'éveilleur de conscience à chaque petit matin, ce qu'il fait en révélant la *praxis* humaine, non sans critique.

Du point de vue fictionnel, une figure imaginative procure les rebondissements : l'imagination rend possible la métempsychose (aussi impossible qu'elle soit en fait) en créant une chaîne variée de situations qui transcende le temps et l'espace. Les affabulations des transmigrations sont source de dynamisme imaginatif, de même que les points sensibles anthropologiques, selon Ricœur, portant sur les présupposés socioculturels et les failles corporelles. C'est vrai pour la cour et les théologiens dans le *Crotalón*. Ainsi, nombre d'entre eux se révèlent des « pasteurs mercenaires » ignorants, adeptes de « l'industrie de Satan » et n'obéissant qu'à l'intérêt, comme les évêques dotés de riches bénéfices, alors que le peuple jeûne. À la cour, la galanterie est à son comble, les fêtes et les atours sont exquis, de telle sorte qu'un jeune preux, oublieux de ses devoirs guerriers, ne connaît plus que l'amour, enrubanné et parfumé, jusqu'au moment du désenchantement qui le pousse dans un couvent. Mais rien ne surpasse le dernier tableau de la servilité obligée des seigneurs et des grands de la cour (Chant 19), au prix de leur liberté.

Le désenchantement accompagne les récits volontiers satiriques. En voici une variante au Chant 18, sorte de mirage : lors du départ de la douce île de

Vérité et de Bonté (évidemment non cartographiée), les compagnons de voyage ont peine à se séparer de souches qu'ils avaient prises pour des femmes, et le narrateur de commenter : « nous eûmes de grandes difficultés et travail à les en séparer, car ils les avaient déjà prises en grande affection » [Villalón, 1982, 412].

Les failles du corps, autre source imaginative, suscitent diverses scènes, mais un seul exemple suffira, celui de Drusila (Chant 13). Andronico, délivré de prison par Drusila, sa femme, grâce à Sophrosina, s'embarque avec elles ; se trouvant en mer, en pleine tempête, Andronico, désireux de consoler Sophrosina, s'en éprend à tel point qu'il lui « transfert tout son amour » et abandonne nuitamment sa femme nue sur une île. À son réveil, cette dernière court jusqu'à un pic, en proie aux bêtes sauvages ; mais son premier soupirant, venant par hasard se désaltérer en l'île, la trouve. Tout se termine dans la prospérité à Constantinople[3].

Autant de changements de fortune, certes, mais scandaleux. Bien plus encore, l'exemple d'un monstre féminin, Rosicler de Syrie (Chant 16), qui assassine son futur mari pendant la nuit de noces et dégainant son épée lui coupe la gorge, puis, simulant un inceste, fait tuer son père. Serait-ce une erreur de la nature ou bien un fanatisme hors norme ? On peut se le demander.

En somme, toutes ces représentations, problématiques, même extrêmes, embellies par la littérature et l'art rhétorique, ne conduisent pas à leur résolution en un cercle herméneutique, mais bien plutôt à un suspens, une *épochê* de la pensée. Qui et que croire, en effet ? Autant d'indécidabilité, peut-on risquer en guise de conclusion, lance l'imagination vers de multiples dépassements créatifs, suppléant ainsi à une solution rationnelle par celles de la force imaginative. Sa manifestation discursive, enfin, se révèle une transposition « au maximum de la force du rêve » et de l'art. C'est ainsi que la parole ailée mercurienne, faisant résonner le monde, se joue de tous, sous forme de dialogues, par ricochets, ou de narrations au rythme trépidant des castagnettes, dont voici un dernier exemple :

> Plus nous blessions la baleine de l'intérieur, plus elle se mettait à tousser avec peine et à chaque accès de toux, dont elle ne supportait ni la fatigue ni l'angoisse, elle nous éjectait à cinquante lieues sains et saufs. [Villalón, 1982, 412.]

---

[3] Le roman byzantin du XIIe siècle, en particulier *Hysminé et Hysminias*, connut un succès durable surtout dans l'Europe de la Renaissance [Meunier, 2007], 38.

On reste admiratif devant la stylisation orale du dénouement qui le magnifie « au maximum ».

À ce point de l'épilogue, un dernier commentaire sur l'oralité des paroles ou *voces* s'impose ; cette dernière prime sur le versant cognitif, sémantique, à cause de l'approche phénoménologique perceptive de l'audition des intitulés. Il est vrai cependant que le versant sonore comprend, par définition, une signification et, dans le cas concret de la cymbale et de la castagnette, des connotations sacrées. Or à la fin de la circularité analytique, le sens de ces cérémonies sacrées devrait se révéler – sinon précisément leur questionnement, car le concept transcendantal reste obscur (même en sollicitant les sources lucianiques et pauliniennes [1 *Cor.* 13]).

En effet, l'intellection, au creux de la référence métaphorique de la parole, ne peut constituer de discours spéculatif univoque, car s'appuyant sur des fragments dialogiques, qui sont autant de variations imaginatives, elle rebondit à l'intérieur de l'horizon de la métaphore et se déploie sans ancrage ontologique ferme [Ricœur, 1975, 374 *sq.*]. C'est bien plutôt la dissémination de cette topique en de multiples locuteurs, hommes, dieux et animaux, sources d'actes d'énonciation variés, qui présente au lecteur la cacophonie de ce monde. Comme une grotesque, chère à la Renaissance, la parole pennigère s'irise selon les règnes et donne au spectacle un éclat renouvelé. Ainsi, la pensée spéculative s'élance sur de nouveaux modes exploratoires vers une constitution de sens précisément mise à distance par toutes les variations imaginatives ; leur variété correspond bien à l'attente mythologique (depuis Platon [*Phèdre* 270 d]) qui circonscrit une totalité. De fait, le questionnement est plus existentiel et anthropologique que métaphysique par le retour même de l'ancrage fictionnel en jeu. Néanmoins, le dépassement phénoménologique sonore donné par les métaphores tend à transcender les différences des parties : l'actualisation sonore englobant la chaîne, même discontinue, de signifiés en une durée, qui comble l'imagination par la présence du phénomène.

Références bibliographiques

Amalric, Jean-Luc [2013], *Paul Ricœur, l'imagination vive. Une genèse de la philosophie ricœurienne de l'imagination*, Paris, Hermann.

Bachelard, Gaston [1947], *La Terre et les rêveries de la volonté. Essai sur l'imagination de la matière*, Paris, José Corti.

Giacone, Franco (éd.) [2003], *Le Cymbalum mundi*, Actes du Colloque de Rome (3-6 novembre 2000), Genève, Librairie Droz, « Travaux d'humanisme et Renaissance », CCCLXXXIII.

Des Périers, Bonaventure [1983], *Cymbalum mundi*, éd. Peter H. Nurse, préface Michael Andrew Screech, Genève, Droz, « Textes littéraires français », CCCXVIII.

Meunier, Florence [2007], *Le Roman byzantin du XIIe siècle. À la découverte d'un nouveau monde ?*, Paris, Honoré Champion, « Essais sur le Moyen Âge », 36.

Ricœur, Paul [1975], *La Métaphore vive*, Paris, Seuil, « L'ordre philosophique ».

Sartre, Jean-Paul [1936], *L'Imagination*, Paris, Félix Alcan.

Villalón, Cristobal de [1982], *El Crotalón de Cristóforo Gnosofo*, ed. Asunción Rallo, Madrid, Cátedra, « Letras Hispánicas ».

Ruxandra VULCAN
Université Paris Sorbonne (Paris IV)
Paris
irivulcana@gmail.com

Le chiliogone et autres images cartésiennes
Guy BERNARD

La démarche que je me propose de suivre est somme toute assez simple : prendre pour point de départ une image cartésienne très et peut-être même trop connue – l'image du chiliogone que l'on trouve dans la *VIe Méditation métaphysique* [Descartes, 1995, AT IX, 57] –, de l'analyser et de déduire de cette analyse une définition de l'imagination ou du moins une propriété essentielle de celle-ci. Une fois cette première étape achevée, il conviendra de s'attacher à confronter cette image, et celles qui lui sont connexes, avec d'autres images cartésiennes, par exemple avec celles que l'on trouve dans le Premier Discours de la *Dioptrique* – l'image de l'aveugle et de son bâton, celle de la cuve pleine de raisins ou encore celle de la trajectoire de la balle. La question qui se posera à nous sera de comprendre quel rôle Descartes assigne à l'imagination et d'examiner si ce rôle concorde ou non avec celui qui lui a été attribué dans la *VIe Méditation*. Nous espérons tirer de ces analyses une meilleure compréhension du rôle joué par l'imagination dans la connaissance des phénomènes du monde et aussi un accès à la question de savoir pourquoi la connaissance du monde passe par la fiction. Nous pensons ainsi bien sûr à la formule que l'on retrouve sur le tableau de Jan Baptist Weenix[1] : *Mundus est fabula*[2].

Voyons d'abord comment la figure ou l'image du chiliogone intervient dans l'ordre cartésien des raisons. Elle occupe dans cet ordre une place très précise. Elle intervient dès les premières pages de la *VIe Méditation* où il s'agit de démontrer « l'existence des choses matérielles ». Plus exactement, elle prend sa place dans le second moment de cette longue et complexe démonstration, quand il convient d'établir que l'existence des choses matérielles hors de moi n'est pas seulement possible, mais encore probable. Il est très facile, notons-

---

[1] *Portrait de René Descartes*, Centraal Museum, Utrecht, 1647-1649.
[2] *À Mersenne*, 25 novembre 1630 : « La fable de mon Monde me plaît trop pour manquer à la parachever, si Dieu me laisse vivre assez longtemps pour cela ; mais je ne veux point répondre de l'avenir » [AT I, 179].

le, d'établir que cette existence est possible. Il suffit en effet de rappeler ce qui a été mis en place auparavant dans l'ordre des raisons, à savoir qu'il est tout à fait possible de concevoir qu'existent des choses matérielles dans la mesure où on les conçoit « comme l'objet des démonstrations de la Géométrie » [AT IX, 57]. En effet, dès la *Méditation II*, l'ordre des raisons a pu montrer que la substance des choses matérielles ne pouvait être que l'étendue en longueur, largeur et profondeur, que nous pouvons concevoir clairement et distinctement cette étendue et l'étudier grâce aux démonstrations de la géométrie. Comme nous pouvons ainsi connaître clairement et distinctement les objets de la Géométrie et comme les propriétés essentielles, substantielles, des choses matérielles peuvent se ramener à ces objets, leur existence est par là même *possible*. La preuve de l'existence du Dieu vérace ne viendra d'ailleurs que renforcer cette conviction : « il n'y a point de doute que Dieu n'ait la puissance de produire toutes les choses que je suis capable de concevoir avec distinction » [AT IX, 57].

Le point est donc acquis : l'existence des choses matérielles hors de moi est indubitablement possible. Mais nous ne pouvons pas nous en tenir là ; il nous faut aller plus loin et chercher à établir que cette existence est non seulement possible, mais aussi réelle. Or, du possible au réel la route est longue et il n'est pas du tout assuré que nous puissions la parcourir aisément. Pour aller du possible au réel, il faut un certain nombre d'étapes ; et il convient d'abord de montrer que l'existence des choses matérielles est *probable*. C'est là que l'imagination devra intervenir et qu'il faudra faire appel à la figure du chiliogone. Notons d'abord que tant que nous nous concentrons sur les idées claires et distinctes, sur les objets de la Géométrie, nous ne pouvons accéder qu'aux essences, aux essences des choses matérielles. Si nous voulons aller plus loin et opérer le passage de l'essence à l'existence, du possible au réel, il nous faut sans doute faire appel à une autre faculté que l'entendement, puisque celui-ci ne nous permet d'atteindre qu'une seule idée claire et distincte ayant une valeur objective, c'est-à-dire renvoyant nécessairement à une chose hors de moi : l'idée de Dieu. Comme il ne s'agit dorénavant plus de cela, mais qu'il convient maintenant de refaire ce que le doute – et plus précisément les raisons naturelles de douter – a défait, il faut faire appel à l'imagination, « à la faculté d'imaginer qui est en moi et de laquelle je vois par expérience que je me sers lorsque je m'applique à la considération des choses matérielles » [AT IX, 57]. Le recours à l'expérience doit ici être souligné. En effet, chez Descartes, le monde des possibles est plus vaste que le monde des existences : la nature de la substance corporelle autoriserait plusieurs natures. Ainsi, Dieu aurait pu faire un autre monde ; il ne l'a pas fait et ce n'est que l'expérience qui peut nous l'apprendre[3]. L'expérience que nous faisons de l'imagination nous invite à nous tourner vers l'existence des choses matérielles et c'est cette expérience qui peut « nous persuader de leur existence » [AT IX, 57]. Évidemment, persuader n'est pas convaincre et nous voyons déjà par là que la preuve de l'existence des choses matérielles ou corporelles n'aura pas le même degré de certitude que les preuves qui sont acquises par le seul entendement. L'existence des choses matérielles ne sera donc, à ce moment de l'ordre des raisons, que probable.

Qu'en est-il de l'imagination ? Pourquoi nous pousse-t-elle à penser l'existence des choses matérielles comme probable ? La réponse de Descartes est très nette. Il suffit de considérer « très attentivement ce que c'est que l'imagination » et de noter « qu'elle n'est autre chose qu'une certaine application de la faculté qui connaît, au corps qui lui est intimement présent, et partant qui existe » [AT IX, 57]. Il convient de noter que le texte cartésien ne dit pas qu'il y a par l'imagination possibilité de découvrir un lien direct avec les choses matérielles, mais que ce lien, s'il existe, passe nécessairement par le truchement du corps, sans doute du corps propre. Ce détour nécessaire par le corps, par le corps propre, ne doit pas nous étonner. D'une part, il est la conséquence de l'ordre même des raisons qui commande de passer d'abord par ce qui est le plus aisé et le plus proche de moi – l'esprit, la faculté de connaître – pour aller vers ce qui est le plus éloigné – le corps propre et les corps. D'autre part, cette simple remarque nous permet d'anticiper sur la suite de la *VIe Méditation* et de comprendre pourquoi elle prendra le chemin qui est le sien. Nous laisserons cependant ces considérations de côté puisque notre objet n'est pas de restituer la totalité de la démarche cartésienne, mais de nous attacher au chiliogone et aux figures qui lui sont connexes.

Revenons à la démarche suivie par Descartes. Pour établir ce qui vient d'être énoncé, c'est-à-dire que l'imagination n'est « autre chose qu'une certaine application au corps de la faculté qui connaît », Descartes s'attache à souligner « la différence qui est entre l'imagination, et la pure intellection, ou conception pure »[4]. C'est précisément dans ce contexte qu'intervient la

---

[3] « Les choses ayant pu être ordonnées de Dieu en diverses façons, c'est par la seule expérience et non par la force du raisonnement qu'on peut savoir laquelle de toutes ces façons il a choisie », *Les Principes de la philosophie*, III, art. 46 [AT IX, II, 124].

[4] AT IX, 57. Le texte latin dit simplement : « *inter imaginationem et puram intellectionem* », AT VII, 72.

figure du chiliogone, associée à d'autres figures connexes, à d'autres polygones connexes : le triangle, le pentagone et le myriogone. Avant d'examiner ces figures et leur usage dans la démarche cartésienne, insistons d'abord fortement sur un point : il faut bien avoir à l'esprit que ce que Descartes cherche à établir à ce moment du développement de l'ordre des raisons, ce n'est pas, contrairement à une lecture trop scolaire de ce texte, la distinction entre l'imagination et l'entendement, ou intellection, ou conception pure, mais bien la probabilité de l'existence des choses matérielles. Il lui suffit dès lors de rendre « manifeste » cette distinction, de l'examiner par simple inspection de l'esprit pour pouvoir avancer vers la conclusion recherchée. Cette distinction appliquée d'abord aux figures du triangle et du chiliogone, puis à celles du pentagone et du myriogone va nous permettre de voir un peu plus clair dans la nature et l'usage de l'imagination.

Pour le triangle, la distinction entre l'intellection – nous pourrions dire, bien que le terme ne soit pas proprement cartésien, le concept – et l'image ne va pas vraiment de soi. En effet, je peux tout aussi bien concevoir le triangle comme une figure géométrique dotée d'un certain nombre de propriétés – concevoir par exemple que la somme de ses angles est égale à deux droits – et en former dans mon esprit une image – ce qui est proprement le rôle de l'imagination. Je n'ai pas besoin d'un effort particulièrement puissant pour me représenter les trois lignes qui constituent le triangle. La figure imaginée n'est ainsi pas très éloignée du concept, qui seul me permettra de déterminer quelles sont les propriétés du triangle, objet géométrique. Il n'en va pas de même pour le chiliogone, polygone à mille côtés. Je peux en effet concevoir les propriétés du chiliogone : par exemple connaître la somme de ses angles en me fondant sur Euclide[5]. Je peux donc, par simple inspection de mon esprit, connaître le chiliogone. Mais je ne peux pas pour autant me l'imaginer aussi clairement et distinctement. En effet, si je cherche à former dans mon esprit une image du chiliogone, à me le représenter « comme présent avec les yeux de mon esprit », je ne pourrai en former qu'une image confuse, une image ou une figure que je serai dans l'incapacité de distinguer d'une autre figure « de beaucoup de côtés », par exemple de la figure d'un myriogone, polygone à dix mille côtés. Le concept – l'intellection – du chiliogone est clair et distinct, son image est pour le moins confuse.

---

[5] Le scolie de la Proposition 32 du Livre I des *Éléments* permet de connaître cette somme par la formule « $(n-2) \times 2$ droits », où n est le nombre de côtés du polygone.

L'argument est parfaitement clair et pourtant, dans la suite du texte, Descartes le reprend en usant non plus de l'image du triangle, mais de celle du pentagone. L'argument avancé est le même. Je peux tout aussi bien concevoir le chiliogone que le pentagone ; je peux en connaître les propriétés, qui seront parfaitement déduites des principes posés par la géométrie, par les *Éléments* d'Euclide par exemple. Mais si je veux au contraire imaginer le pentagone « en appliquant l'attention de mon esprit à ses cinq côtés », je n'éprouverai aucune difficulté. Il n'en ira pas de même pour le chiliogone, dont l'image ne pourra être que confuse.

La conclusion de toute cette démarche s'impose alors d'elle-même : « Ainsi je connais clairement que j'ai besoin d'une particulière contention d'esprit pour imaginer, de laquelle je ne me sers point pour concevoir » [AT IX, 58]. Avant de nous arrêter sur cette conclusion, il nous paraît utile de faire une remarque : pour établir sa conclusion, Descartes nous invite à prendre en considération une série d'images ou de figures. Il use en effet non seulement du chiliogone, mais aussi du triangle, du pentagone et du myriogone. La série des quatre polygones mise en œuvre par la démonstration peut se diviser en deux parties : d'une part, le triangle et le pentagone ; d'autre part, le chiliogone et le myriogone. Le triangle et le pentagone ont un petit nombre de côtés – trois et cinq –, le chiliogone et le myriogone « beaucoup » de côtés – mille et dix mille. Le myriogone n'intervient d'ailleurs dans le raisonnement que pour signifier que lorsque l'on dépasse un certain nombre de côtés – quel serait ce nombre ? pourrait-on demander –, la distinction s'efface et la confusion s'accroît. Nous pouvons, nous semble-t-il, tirer une conclusion provisoire de cet état de fait. Nous pouvons en effet penser que plus nous nous approchons des grands nombres, moins l'image peut être déterminée, plus nous entrons dans l'indétermination. L'argument a été utilisé par Descartes dans la *Méditation II*, au moment où il s'agit de comprendre les changements opérés dans le « morceau de cire » :

> Il ne reste rien que quelque chose d'étendu, de flexible et de muable : Or qu'est-ce que cela, flexible et muable ? N'est-ce pas que j'imagine que cette cire étant ronde est capable de devenir carrée, et de passer du carré à une figure triangulaire ? Non certes, ce n'est pas cela, puisque je la conçois capable de recevoir une infinité de changements, *et je ne saurais néanmoins parcourir cette infinité par mon imagination*, et par conséquent cette conception que j'ai de la cire ne s'accomplit pas par la faculté d'imaginer. [AT IX, 24 ; nos italiques.]

Pas plus que les grands nombres, l'imagination ne se révèle capable de représenter, de figurer une infinité de changements. Elle butte sur la représentation de l'infini et se perd dans l'indétermination. C'est là une propriété négative à retenir et sur laquelle nous devrons revenir.

Venons-en au sens qu'il convient d'accorder à cette « particulière contention d'esprit » qui caractérise l'imagination cartésienne. La contention désigne une tension, un effort particulier de l'esprit. Cette tension ou cet effort n'ont pas d'autre cause que l'application de l'esprit à autre chose qu'à lui-même. Elle indique que « la vertu – ou la force (*vis*) – d'imaginer [...] n'est en aucune manière nécessaire à ma nature, ou à mon essence, c'est-à-dire à l'essence de mon esprit » [AT IX, 58]. Son analyse nous suggère très fortement qu'en usant de l'imagination, l'esprit se tourne vers son autre, c'est-à-dire vers le corps dont on peut alors supposer qu'il lui est uni et conjoint[6]. Ce n'est là encore qu'une supposition – l'union de l'âme et du corps n'a pas encore été établie selon l'ordre des raisons – mais cette supposition suffit à rendre probable l'existence des choses matérielles dont je peux aussi présupposer entrer en relation avec elles par mon corps.

Le rôle et l'usage de l'imagination ainsi que de la figure du chiliogone sont maintenant bien définis. Reste à se demander ce que peut nous apprendre le passage de la *VIe Méditation* sur le rôle qu'il est possible d'assigner à cette particulière faculté de connaître dans d'autres domaines et en particulier dans celui de la connaissance des phénomènes du monde, dans la physique. Pour mieux cerner le rôle et le statut de l'imagination cartésienne, nous examinerons à titre d'exemple les trois images, ou plus exactement les trois comparaisons, que propose Descartes dans le Premier Discours de la *Dioptrique*. Ces trois images, ou comparaisons, sont successivement celle de l'aveugle et de son bâton, de la cuve pleine de raisins et de la trajectoire de la balle. Notons d'abord que le contexte est tout autre que dans les *Méditations métaphysiques*. Il ne s'agit pas ici – pas encore, puisque la *Dioptrique* est antérieure aux *Méditations* – de développer l'ordre des raisons, mais, comme l'indique le texte lui-même, de mieux faire comprendre un certain nombre de phénomènes physiques, ceux qui touchent à l'optique. Descartes se propose en effet dans sa *Dioptrique* d'éclairer les artisans auxquels sera confiée la réalisation des lunettes, dont l'invention « à la honte de nos sciences [...] n'a premièrement

---

[6] « Et je conçois facilement que si quelque corps existe, auquel mon esprit soit conjoint et uni de telle sorte, qu'il se puisse appliquer à considérer ce qu'il lui plaît, il se peut faire que par ce moyen il imagine les choses corporelles » [AT IX, 58].

été trouvée que par l'expérience et la fortune » [AT VI, 81-82]. Comme l'exécution des lunettes « doit dépendre de l'industrie des artisans, qui pour l'ordinaire n'ont point étudié », il conviendra de « se rendre intelligible à tout le monde, et de ne rien omettre, ni supposer, qu'on doive avoir appris des autres sciences » [AT VI, 82-83]. Les comparaisons utilisées ne veulent donc pas permettre autre chose que de faire comprendre à ceux qui ne sont pas versés dans les sciences, aux artisans en particulier, ce qu'est la lumière. Nous comprenons alors que l'on fasse appel à l'imagination, aux images plutôt qu'à la raison, mais nous devons aussi nous demander s'il est bien légitime de chercher à mieux saisir ce qu'est l'imagination cartésienne, la force de l'imagination (*vis imaginandi*), en prenant appui sur une démarche apparemment de si peu de poids.

Tentons cependant l'expérience et voyons ce que peuvent nous apprendre nos trois comparaisons. La première est celle de l'aveugle et de son bâton. Plus précisément, Descartes propose d'abord à son lecteur de se mettre dans la situation de celui qui « marchant la nuit sans flambeau, dans des lieux un peu difficiles [s']aide d'un bâton pour [se] conduire » [AT VI, 84]. Celui-ci aura la capacité de reconnaître les objets autour de lui. Mais comme cette expérience reste un peu trop « confuse et obscure », il vaut mieux la considérer « en ceux qui, étant nés aveugles, s'en sont servis toute leur vie ». On la trouvera alors « si parfaite et si exacte, qu'on pourrait quasi penser qu'ils voient des mains et que leur bâton est l'organe de quelque sixième sens qui leur ait été donné au défaut de la vue ». La comparaison avec l'aveugle et son bâton est ainsi bien établie. « Le mouvement ou la résistance des corps que rencontre l'aveugle [...] par l'entremise de son bâton » permet de comprendre le mouvement de la lumière sur l'œil. Elle opère une réduction de l'inconnu – le mouvement de la lumière sur l'œil – au connu – le mouvement du bâton sur la main de l'aveugle. Le lecteur peut ainsi en déduire, d'une part, que la lumière est un mouvement et, d'autre part, que ce mouvement est instantané – « Ce qui vous empêchera de trouver étrange, que cette lumière puisse étendre ses rayons en un instant, depuis le soleil jusques à nous ; car vous savez que l'action, dont on meut l'un des bouts de bâton, doit passer en un instant jusques à l'autre » [AT VI, 84]. Elle permet aussi de comprendre comment il nous est possible « de voir toutes sortes de couleurs », car si l'aveugle est capable de faire la différence entre les choses qu'il touche avec son bâton – les arbres, les pierres, l'eau « et choses semblables » –, nous devons nous aussi être aptes à distinguer et à reconnaître les différentes couleurs possibles. Elle nous permet enfin de nous débarrasser de l'idée que de « petites images voltigeantes » passent dans l'air pour venir frapper nos yeux. Il n'est pas besoin en effet de supposer « des *espèces intentionnelles*, qui travaillent tant l'imagination des philosophes » [AT VI, 85] – les εἴδωλα de Démocrite et Épicure, ou les *simulacra* de Lucrèce – pour comprendre le mécanisme de la vision ; la connaissance de la lumière comme mouvement instantané y suffira.

Il convient cependant d'aller plus loin dans l'étude des propriétés de la lumière et c'est à cette fin que Descartes propose à son lecteur deux autres comparaisons[7]. La première s'attache à comparer la matière subtile et le vin contenu dans une cuve pleine de raisins. Il n'est pas nécessaire de l'examiner en détail, il suffira de signaler qu'en comparant le mouvement du « vin doux » que la « cuve pleine de raisins à moitié foulés contient » avec celui de la matière subtile qui occupe tout l'espace entre le soleil et nous, nous constatons que les rayons de lumière qui ont comme support matériel la matière subtile se meuvent en ligne droite « sans être empêchés par les parties grossières des corps transparents ». Il faut en conclure que les rayons de lumière peuvent aller en tous sens et se croiser sans se gêner et se contrarier, de même que l'on peut imaginer qu'« une infinité de lignes droites […] viennent de la superficie du vin » et s'écoulent vers deux points différents « sans que les unes empêchent les autres » [AT VI, 88].

La dernière comparaison – celle de la trajectoire de la lumière et de la balle – permettra de comprendre comment se comporte la lumière lorsqu'elle rencontre un corps et de montrer qu'elle « suit les mêmes lois que le mouvement ». La balle, celle du jeu de paume par exemple, peut rencontrer des corps de diverses natures : si le corps rencontré est mou, le mouvement de la balle sera ralenti ; s'il est dur, la balle sera renvoyée de l'autre côté. Il faut aussi tenir compte de la manière dont se présente la superficie du corps rencontré par la balle : soit « toute égale et unie », soit « raboteuse et inégale ». Si elle est unie, elle peut être plate ou courbée. Le mouvement de la balle dépendra alors de la surface du corps rencontré, et Descartes détaille les divers mouvements possibles en prenant l'hypothèse de plusieurs balles « venant d'un même côté et rencontrant le même corps ». Il en résulte, par exemple, que « quand plusieurs balles, venant d'un même côté, rencontrent un corps, dont la superficie est toute unie et égale, elles se réfléchissent également, et en même ordre, en sorte que, si cette superficie est toute plate, elles gardent entre

---

[7] « Mais parce qu'il y a une grande différence entre le bâton de cet aveugle et l'air et les autres corps transparents, par l'entremise desquels nous voyons, il faut que je me serve encore ici d'une autre comparaison » [AT VI, 86].

elles la même distance » [AT VI, 89-90]. Bref, même si nous ne suivons pas « cette comparaison jusqu'au bout », nous comprenons aisément qu'elle n'a pas d'autre fin que de nous faire voir quels seront les mouvements de la lumière, comment en particulier il nous sera possible d'approcher le phénomène de la réfraction auquel est consacré le Second Discours de la *Dioptrique*.

Arrêtons-nous là et essayons de répondre à la question que nous avons posée plus haut. Il y a ici incontestablement usage de l'imagination. Si celle-ci est la « faculté de former des images », comme l'indique Bachelard [1943, 6], il y a bien recours à l'imagination dans la mesure où Descartes s'appuie sur tout un ensemble d'images pour approcher un phénomène physique, celui de la lumière. La physique qu'il entreprend de construire ici, dans un de ses premiers essais publiés, n'est pas la physique déductive des *Principes de la philosophie*. Il ne s'agit pas de déduire de l'essence de la nature corporelle le détail des phénomènes physiques, même si finalement tout peut s'expliquer par figures et mouvements ; même si, en dernière analyse, les comparaisons utilisées rendront possibles l'expression mathématique du phénomène de la réfraction. S'il en est ainsi, c'est-à-dire si Descartes recourt à des comparaisons, c'est, comme il l'explique lui-même, parce que son projet ne nécessite pas d'entreprendre « de dire au vrai quelle est la nature [de la lumière] », mais simplement de se servir des « deux ou trois comparaisons, qui aident à la concevoir de la manière la plus commode ». Il entend procéder à la manière des « astronomes, qui, bien que leurs suppositions soient toutes fausses ou incertaines, toutefois à cause qu'elles se rapportent à diverses observations qu'ils ont faites, ne laissent pas d'en tirer plusieurs conséquences très vraies et très assurées » [AT VI, 83].

Sommes-nous alors si éloignés de l'usage de l'imagination rencontré dans l'appel à la figure du chiliogone ? Il ne le semble pas. Tout d'abord, si l'imagination ne nous donne pas dans les deux cas – la figure du chiliogone et les comparaisons de la *Dioptrique* – une connaissance certaine, elle nous permet cependant d'approcher d'une certaine connaissance, d'une certitude qu'on pourrait presque dire « morale ». La « particulière contention d'esprit » qui caractérisait l'imagination dans la *VIe Méditation* nous faisait penser que l'existence des choses matérielles était probable. L'usage des trois comparaisons dans la *Dioptrique* nous rapproche, sans certitude certes, mais avec une forte probabilité, de la nature de la lumière. Cette première conclusion n'est cependant pas suffisante. Il serait possible en effet d'objecter au rapprochement que nous tentons de faire que l'on ne retrouve pas dans l'usage des comparaisons du Premier Discours de la *Dioptrique* cette « particulière contention d'esprit » que nous fait découvrir la figure du chiliogone. Est-ce toutefois bien certain ? Si nous définissons la « contention » comme un effort particulier, comme une tension particulière de l'esprit, il semble bien que dans le cas des comparaisons de la *Dioptrique*, elle ne soit pas présente. En effet, dans ce cas, nous relâchons la bride et laissons notre imagination jouer très librement. Nous la laissons jouer avec notre expérience en usant des images les plus aisées à saisir : l'aveugle et son bâton, la cuve pleine de raisins, la balle du jeu de paume. En revanche, si nous nous rappelons que la « contention d'esprit » qui caractérise l'imagination n'est pas avant tout un effort ou une tension de l'esprit, mais qu'elle est le signe ou l'indice que l'esprit se tourne vers ce qui est son autre, se tourne vers les choses corporelles, nous devons dire que dans le cas des comparaisons de la *Dioptrique*, il y a aussi « contention d'esprit ». Il y a en effet nécessité pour l'esprit, pour l'entendement, de sortir de lui-même et de se tourner vers son autre, c'est-à-dire vers les choses matérielles. Ce n'est qu'ainsi qu'il pourra s'approcher de ce qui caractérise en propre la lumière. La déduction à partir des seuls attributs de la matière corporelle ne saurait suffire à la connaissance de celle-ci ; elle permettrait tout au plus de la caractériser comme un mouvement, mais elle ne permettrait sans doute pas d'ajouter que ce mouvement est rectiligne et instantané. Elle ne permettrait pas non plus de rendre compte des propriétés particulières que l'usage des comparaisons a révélées. Pour ce faire – pour les révéler –, il faut faire appel aux images, aux comparaisons que l'expérience la plus commune nous suggère. Il convient alors de noter que ce détour par les images, par l'imagination n'est pas sans conséquences. La principale d'entre elles a déjà été signalée. La connaissance que nous donne le recours à l'imagination ne saurait être certaine : elle ne nous permet pas de « dire au vrai ce qu'est la nature » de la lumière. Elle nous en donne simplement une connaissance vraisemblable. Peut-être pouvons-nous dire que nous en tirerons des conséquences vraies et assurées ? Mais nous n'avons aucune certitude sur ce point. En d'autres termes, le recours à l'imagination, l'usage des comparaisons nous fait mieux comprendre pourquoi nous restons dans le domaine de la fiction ; nous saisissons mieux la raison pour laquelle dans sa *Lettre à Mersenne* du 25 novembre 1630, Descartes parle de la « fable de son monde ». Toute la question serait alors de se demander si la physique cartésienne n'obéit pas finalement à cette formule, déjà citée, que Jan Baptist Weenix a reproduite sur son *Portrait de Descartes* : *Mundus est fabula*.

Références bibliographiques

Bachelard, Gaston [1943], *L'Air et les songes. Essai sur l'imagination du mouvement*, Paris, Librairie José Corti.

Descartes, René [1995], *Méditation VI*, in *Œuvres complètes*, IX, éd. Charles Adam & Paul Tannery, Paris, Vrin (en abrégé AT).

Guy BERNARD
Lycée du Parc
Lyon, France
guybernard@free.fr

L'imagination dans la *Géométrie* de Descartes
Raquel Anna SAPUNARU

Introduction

L'imagination appartient à la vie intérieure et pour Descartes elle ne saurait rester inactive. Dans le *Dictionnaire de philosophie* de Nicola Abbagnano, l'entrée « Imagination » associée à la philosophie cartésienne identifie d'innombrables activités spirituelles dans l'imagination. Ici nous nous intéresserons à l'imagination liée à la création de nouvelles figures, que le philosophe a aussi appelée *représentation* ; et à l'imagination agissant en soi appelée *compréhension* [Abbagnano, 2003]. Dans la Règle XII des *Règles pour la direction de l'esprit* (1628), Descartes déclare :

> Enfin il faut se servir de toutes les ressources de l'intelligence, de l'imagination, des sens, de la mémoire, pour avoir une intuition distincte des propositions simples, pour comparer convenablement ce qu'on cherche avec ce qu'on connoît, et pour trouver les choses qui doivent être ainsi comparées entre elles ; en un mot on ne doit négliger aucun des moyens dont l'homme est pourvu. [Descartes, 1826, 261.]

On peut même dire que l'imagination constitue une sorte de second univers ou d'univers parallèle au sein de l'esprit humain, et qui du reste concerne aussi sa vie extérieure. Il est possible de tout inventer : des animaux mythologiques aux événements qui n'ont pas eu lieu ; des utopies sociales à l'art d'avant-garde [Dortier, 2014b]. Oui ... quand il s'agit d'imagination, tout est permis !

Historiquement, l'imagination est l'une des compétences humaines les plus anciennes. Certes la pensée et son externalisation ont été grandement améliorées par un langage argumentatif et descriptif. Mais la pensée acquise par les cinq sens a précédé le langage argumentatif et descriptif pendant des centaines de milliers d'années. Il n'y avait alors qu'un langage communicatif perçu par les cinq sens [Dortier, 2014b]. La grotte de Lascaux est un excellent exemple de cette langue rudimentaire. Selon le site officiel de la grotte (http://archeologie.culture.fr/lascaux/fr), sa découverte en 1940 a non seulement ouvert une nouvelle page dans la connaissance de l'art préhistorique et des origines de l'homme, mais a également rendu possible une nouvelle façon de penser la relation entre l'art et l'imagination. Cette œuvre rare continue à nourrir l'imaginaire collectif, avec non seulement une magnifique faune préhistorique, mais aussi des signes énigmatiques inscrits sur les parois – points, lignes en pointillé, flèches, triangles et autres motifs géométriques. Ce sont peut-être les premiers rudiments d'un langage mathématique, déjà argumentatif et descriptif, qui utilise l'imagination.

Figure 1. La Grotte de Lascaux. Source : http://archeologie.culture.fr/lascaux/fr.

Pour les premiers humains, une sorte d'intervalle cognitif s'est ouvert entre le stimulus et la réponse. Cette lacune a créé la possibilité de réponses multiples pour la même perception, parce que tout ce qui s'y trouve serait retenu. Cela a été crucial pour développer la capacité d'imaginer des choses. Certainement, un espace intérieur approprié s'est créé pour le développement des esprits humains. Ensuite, les premiers cerveaux humains ont commencé à générer des informations, plutôt que de simplement les enregistrer et les traiter. Ce fut alors le début de la création de représentations de choses qui n'ont jamais existé, c'est-à-dire de choses imaginées [Dortier, 2014a ; Engel, 2014 ; Damásio, 2014 ; Weinberg, 2014a, 2014b].

Passant directement de la grotte de Lascaux au XVIIe siècle de Descartes, nous nous demandons : l'imagination peut-elle jouer un rôle important dans la connaissance mathématique ? Si oui, comment cela s'est-il présenté dans l'œuvre de Descartes ?

L'imagination dans la *Géométrie* de Descartes

Les philosophes ont généralement une relation amour-haine avec l'imagination. Descartes n'a pas échappé à cette règle. D'une part, il la méprisait, la traitait d'obstacle ; de l'autre, il lui donnait un peu de crédit, mais pas beaucoup. En tout cas, pour lui, l'imagination semblait davantage déranger qu'aider. Car ce n'est pas avec l'imagination que Descartes entendait arriver à la vérité, aux réponses aux questions les plus profondes sur la nature de l'existence, ni aux vérités mathématiques, écrivait-il, en 1641, dans les *Méditations métaphysiques* [Dortier, 2014a ; Engel, 2014 ; Damásio, 2014 ; Weinberg, 2014a, 2014b].

Selon la première des six méditations, il serait stupide de chercher à obtenir une image plus claire du monde à travers les rêves, ou en s'endormant [Descartes, 2005, Sepper, 2016]. Mais dans la seconde, Descartes décrit l'imagination comme l'une des manières de concevoir l'idée d'une chose. Chaque fois que quelqu'un se concentre sur ce que cette personne veut savoir, c'est-à-dire quand cette personne pense à quelque chose, elle aurait la « conception » de cette chose à l'esprit. Alors, imaginer quelque chose est-il simplement visualiser à travers le genre d'idées qui proviennent des sens : qualités spatiales et temporelles, qualités physiques de toutes sortes ? La présentation produite par la conception et la présentation produite par l'imagination ne sont pas des moyens antagonistes de la connaissance. Certaines choses peuvent être imaginées et également être considérées, par exemple conçues sans être imaginées : un triangle, par exemple, peut être simplement pensé en termes de sa définition comme une figure contenant trois angles ou être considéré comme une chose physique [Descartes, 2005 ; Sepper, 2016].

Cependant, ce ne sont pas les *Méditations métaphysiques* qui serviront ici de base à la discussion sur l'imagination. Descartes avait aussi des problèmes d'imagination auparavant dans ses essais scientifiques et mathématiques, comme dans *Le Monde* de 1633 et en 1637 dans le *Discours de la Méthode pour bien conduire sa raison et chercher la vérité dans les sciences*.

Dans l'annexe au *Discours de la Méthode* dont le titre est la *Géométrie*, au Livre II, Descartes discute une méthode utilisée dans une autre annexe du même livre, *La Dioptrique*, pour expliquer la forme conique, soit des cercles, paraboles, hyperboles et ellipses. Puis, malgré son succès avec ces courbes, il déclare qu'il ne peut pas traiter n'importe quel autre type de courbe qui se comporte parfois comme une ligne droite et parfois comme une ligne courbe. Par exemple la cycloïde, des fonctions trigonométriques, des fonctions logarithmiques, des fonctions exponentielles, la spirale d'Archimède, entre autres.

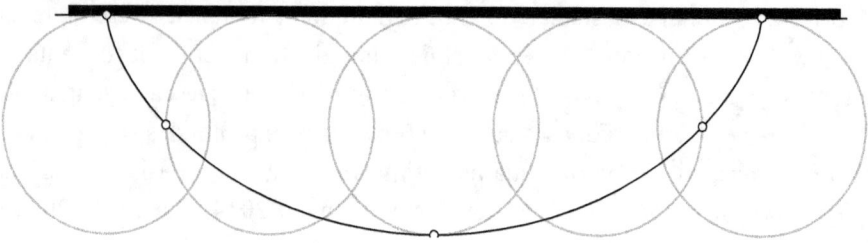

Figure 2. Cycloïde.

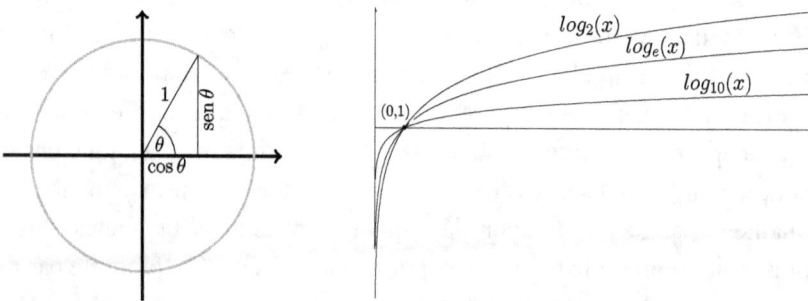

Figure 3. Fonctions trigonométriques.　　　Figure 4. Fonctions logarithmiques.

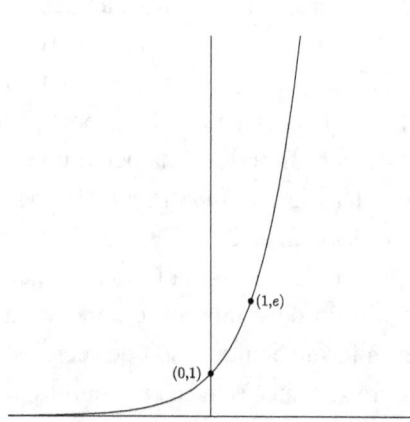
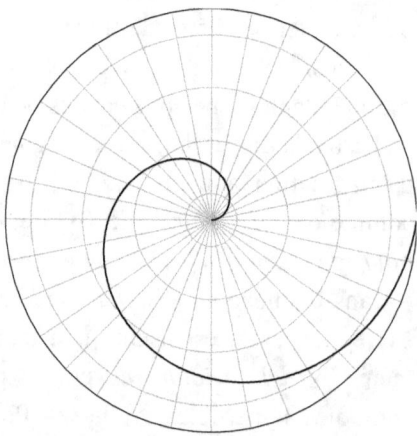

Figure 5. Fonctions exponentielles.　　　Figure 6. Spirale d'Archimède.

Dans les mots de Descartes :

> [...] bien que nous ne puissions les traiter comme ressemblant à ces cordes, c'est-à-dire qu'elles deviennent parfois droites et parfois courbes, à cause de la proportion inconnue entre les droites et les courbes, je crois qu'elle ne peut pas être connue par les hommes. [Descartes, 2015, 51.]

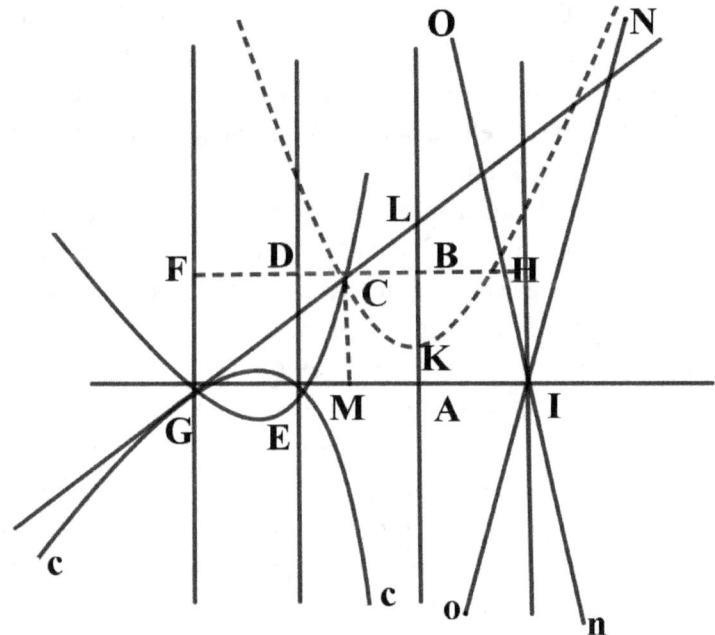

Figure 7. Graphique de la *Géométrie* de Descartes représentant des courbes qui peuvent être tracées sans l'imagination.
Source : Adaptation de Bruna Fernandes Barbosa pour GEOGEBRA.

Il est maintenant nécessaire de comprendre les limites de Descartes pour traiter certaines courbes, à travers l'examen de la Figure 7, qui porte sur les coniques d'Apollonius. La Figure 7 montre la transformation des coniques dans l'algèbre rudimentaire naissante du XVIIe siècle, à l'aide de ce qu'on pourrait appeler le plan cartésien. Descartes commence son analyse en établissant que les lignes recherchées sont AB, IH, ED, GF et GA. Ensuite, il prend un point C, de sorte qu'en traçant les droites CB, CF, CD, CH et CM perpendiculairement aux lignes recherchées, le parallélépipède soit formé avec les droites CF, CD, CH, égales à celles formées par les deux droites CB et CM et une troisième AI. L'importance de ce point se distingue pour tout le raisonnement du philosophe, sans lequel il tournerait en rond [Descartes, 2015].

Alors Descartes fait $CB = y$, $CM = x$, AI ou AE ou $GE = a$, de sorte que le point C est positionné entre les lignes AB et DE, $CF = 2a - y$, $CD = ay$ et $CH = y + a$. Puis, il multiplie ensemble les trois et obtient $CF \cdot CD \cdot CH = y^3 - 2ay^2 - a^2y + 2a^3$, ce qui est égal à l'$axy$ produit. Dans la séquence, Descartes considère la ligne courbe CEG qu'il prétend décrite par l'intersection de la parabole CKN, dont le diamètre KL se trouve toujours le long de la droite AB et de la règle GL. Cependant, cette règle tourne sur le point G de sorte qu'elle tombe toujours sur le plan de la parabole et passe par le point L. Descartes continue à faire $KL = a$ et le *latus rectum* principal, c'est-à-dire le segment de droite qui traverse l'un des foyers de la conique dont la longueur est minimale, celle qui se rapporte à l'axe de la parabole donnée, est également égal à a et $GA = 2a$ et $CB = MA = y$ et $CM = AB = x$. Par conséquent, en raison des triangles similaires GMC et CBL, $GM / MC = 2a - y / x$, ainsi que $CB / BL = y / xy / 2a - y$ et puisque $KL = a$, $BK = a - xy / 2a - y = 2a2 - ay - xy / 2a - y$. Enfin, Descartes conclut que, de même que ce même BK, étant un segment du diamètre de la parabole, est pour BC, il l'est pour a, qui est le *latus rectum*. Le calcul montre que $y^3 - 2ay^2 - a^2y + 2a^3 = axy$. Donc, C est le point demandé et peut être pris sur n'importe quelle partie de la courbe CEG que l'on veut, ou dans son complément $cEGc$, décrite de la même façon que la précédente, sauf que le sommet de la parabole sera tourné dans le sens inverse, dans leurs contre-positions de NIo et nIO, qui sont décrites par l'intersection que fait la ligne GL de l'autre côté de la parabole avec KN [Descartes, 2015].

Descartes poursuit son analyse en réaffirmant sa méthode de trouver un point par lequel il est possible de tracer des lignes droites et courbes. Cependant, le philosophe attire l'attention de ses lecteurs sur une question cruciale : la différence entre cette méthode de trouver beaucoup de points pour dessiner une ligne courbe et une autre pour les courbes transcendantes. Pour ces courbes, tous les points ne peuvent pas être trouvés facilement. Par conséquent, pour Descartes, on ne peut pas trouver un point tel que C. Par conséquent, la solution de certains problèmes serait compromise, dans ses propres mots. Ainsi Descartes croyait que les mathématiques qui impliquaient ces lignes ne pouvaient pas être connues des hommes, car elles allaient au-delà de leur capacité de connaissance ou seraient limitées au domaine de l'imagination [Descartes, 2015].

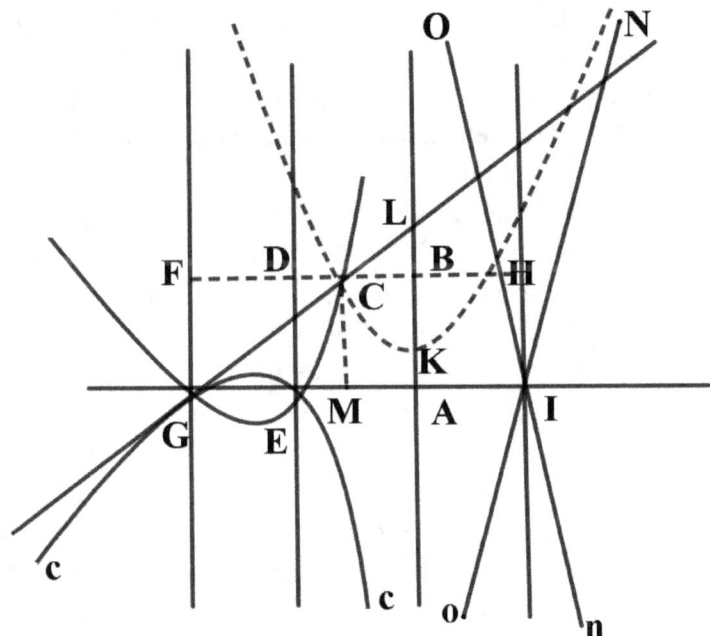

Pour mieux comprendre la *Géométrie*, il faut toujours garder à l'esprit que ce travail a été écrit pour démontrer les méthodes de raisonnement correct discutées dans le *Discours de la Méthode*. Ainsi, comme nous l'avons déjà dit, ce n'est pas par hasard que la *Géométrie* est apparue pour la première fois en annexe du *Discours*. De plus, Descartes, dans le *Discours*, parle à plusieurs reprises du « clair et distinct », mais dans la *Géométrie*, cette clarté et cette distinction laissent à désirer parce que le philosophe exagère les détails de certaines explications et omet ceux des autres, rendant le travail « sombre et mélangé ». Ce manque de « clarté et distinction » peut être associé à un malaise dans le travail avec les courbes que Leibniz, entre autres mathématiciens, appellera *transcendantes*, comme indiqué ci-dessus. Malheureusement, Descartes, pour n'avoir pas exploré son imagination mathématique, de crainte de contrecarrer un principe rationnel, n'a pas fait avancer ses constructions, laissant lui échapper la découverte du calcul différentiel et intégral [Boutroux, 1900, 1955 ; Gondim & Sapunaru, 2016 ; Sepper, 2016].

Dans les travaux scientifiques de Descartes, il y avait la préoccupation de chercher à éliminer l'imagination : « L'objectif principal de Descartes était de diminuer le rôle de l'imagination » [Boutroux, 1900, 21]. Pour cela, il était nécessaire de fournir une connaissance générale des quantités qui permettrait d'y réduire toutes les autres sciences : il fallait créer une mathématique universelle. Cette nouvelle science apporterait à elle-même une grandeur abstraite, mais non celle acquise par l'intellectualisation ou la construction d'une image, susceptible de devenir le réceptacle de déterminations particulières. Cette nouvelle science aurait pour objets des idées de quantités dépourvues de toute imagerie qui représenterait l'imagination. Finalement, Descartes n'a pas créé cette mathématique universelle parce qu'il pensait qu'il n'était pas possible de l'opérationnaliser ; lorsqu'il a dit qu'il ne pouvait expliquer certaines courbes, il entendait dire qu'il ne pouvait pas, même en imagination, imprimer le mouvement de forme nécessaire pour les intégrer dans leur grande machine universelle [Boutroux, 1900, 1955 ; Gondim & Sapunaru, 2016 ; Sepper, 2016].

Conclusion

Un aspect de la pensée de Descartes moins discuté que son scepticisme et son dualisme est sa reconnaissance qu'il existe des caractéristiques humaines qui ne se réfèrent pas seulement au corps ou à l'esprit, mais qui impliquent les deux, comme l'imagination. Descartes a établi une philosophie dans laquelle le monde se compose de deux types distincts de substances : *res cogitans* et *res extensa*, la pensée et la matière. Le monde physique est matière, Dieu et les anges sont des esprits. Les humains sont une composition des deux, esprit et matière. Tout comme la matière a ses propriétés, telles que la taille, la forme, le poids, l'esprit a les siennes, c'est-à-dire penser, douter, comprendre, affirmer, nier et raisonner [Sepper, 2016].

Le problème réside dans les sensations et les émotions qui englobent à la fois le corps et l'esprit dans une union corps-esprit inséparable. Ainsi, alors que la sensation nécessite des organes sensoriels, qui sont matériels, l'émotion comporte de nombreux changements corporels. Or, l'imagination pourrait aussi être incluse dans cette dualité corps-esprit, car elle serait considérée comme la combinaison d'une image mentale et d'une sensation. Cependant, l'image n'est pas quelque chose qui se révèle sous nos yeux, mais quelque chose que nous avons évoqué à nos yeux [Sepper, 2016].

Par conséquent, l'émotion, la sensation et l'imagination ne correspondraient pas à la structure philosophique dualiste de Descartes, puisqu'elles nécessitent un corps. Ainsi, selon Descartes, l'intellection pure doit être supérieure à l'imagination, en s'assurant toujours que Dieu a une compréhension supérieure à la nôtre. Cela nous permet de comprendre des choses que nous imaginons, comme des figures géométriques sur plusieurs côtés ou même des lignes qui se comportent à la fois comme des droites et parfois comme des courbes. Ce fait semble perturber Descartes à un niveau presque insupportable [Sepper, 2016 ; Descartes, 2015].

À plusieurs reprises, tout au long de la *Géométrie*, Descartes déclare que l'on ne peut que comprendre ce que l'on peut imaginer, ce qui implique, par conséquent, que l'imagination serait un mode de pensée commun. Il s'ensuit donc que Descartes était, d'une part, un farouche adversaire de l'imagination et cherchait à tout prix à la pousser en marge de sa philosophie, mais d'autre part, se sentait obligé d'y recourir lorsqu'il rencontrait des polynômes et mettait en œuvre son instinct de transformer la géométrie en algèbre. En raison de cette dualité, il a laissé couler entre ses doigts le calcul différentiel et intégral qui sera plus tard consacré par Newton et Leibniz [Boutroux, 1900, 1955 ; Gondim & Sapunaru, 2016 ; Sepper, 2016].

Références

Abbagnano, Nicola [2003], *Dicionário de Filosofia*, São Paulo, Martins Fontes.

Boutroux, Pierre [1900], *L'Imagination et les mathématiques selon Descartes*, Paris, Félix Alcan.

— [1955], *L'Idéal scientifique des mathématiciens dans l'Antiquité et les Temps modernes*, Paris, PUF, « Nouvelle collection scientifique ».

Damásio, António [2014], « Les émotions, source de la conscience », in Dortier [2014], 278-285.

Descartes, René [1637], *Discours de la méthode, plus la dioptrique, les météores et la géométrie qui sont des essais de cette méthode*, BNF Gallica, http://gallica.bnf.fr/ark :/12148/btv1b86069594 ?rk=150215 ;2.   Dernière consultation : 5 décembre 2017.

— [1826], *Règles pour la direction de l'esprit*, in *Œuvres de Descartes*, XI, Paris, Levrault, 201-329.

— [2005], *Méditations métaphysiques*, Paris, PUF, « Quadrige ».

— [2015], *A Geometria*, trad., introduction & commentaires Bruna Barbosa Fernandes, Clediana da Silva, Filipe Bruzinga Brant & Raquel Anna Sapunaru, 2e ed., São Paulo, Editora Livraria da Física.

Dortier, Jean-François (dir.) [2014], *Le Cerveau et la pensée : le nouvel âge des sciences cognitives*, Auxerre, Éditions Sciences Humaines.

— [2014a], « Qu'est-ce que la philosophie de l'esprit ? », in Dortier [2014], 151-160.

— [2014b], « Les émotions en questions », in Dortier [2014], 271-277.

Engel, Pascal [2014], « La cognition est-elle représentation ? », in Dortier [2014], 161-171.

Gondim, Diegeo de Matos & Sapunaru, Raquel Anna [2016], *Os Atores (Des)conhecidos dos Cálculos*, Porto Alegre, Editora Fi.

République française, Ministère de la Culture [2017], *La Grotte de Lascaux*, http://archeologie.culture.fr/lascaux/fr. Dernière consultation : 11 février 2018.

Sepper, Dennis L. [2016], "Descartes", in Amy Kind (ed.), *The Routledge Handbook of Philosophy of Imagination*, Abingdon, Routledge.

Weinberg, Achille [2014a], « L'alchimie des émotions », in Dortier [2014], 286-290.

— [2014b], « Les formes du raisonnement », in Dortier [2014], 330-338.

Raquel Anna SAPUNARU
Universidade Federal dos Vales do Jequitinhonha e Mucuri (UFVJM)
Diamantina, Minas Gerais, Brésil
raquel.sapunaru@ict.ufvjm.edu.br

L'imagination, faculté cognitive dans les *Méditations métaphysiques* de Descartes
Daniel SCHULTHESS

L'imagination comme faculté de la pensée humaine s'insère chez Descartes dans une tripartition caractéristique : les sens, l'imagination, l'intellection, comme l'indique avec clarté le passage du « morceau de cire » dans la *Méditation II*[1] [AT VII, 31]. L'imagination, puissance intermédiaire dans la tripartition des facultés, nous place cependant devant un problème difficile quant au véritable rôle qui doit être le sien dans les *Méditations*. Voici comment le problème peut être posé, en partant du projet initial de l'œuvre. L'enquêteur de la *Ire Méditation* pose un projet intellectuel de grande ampleur : il veut renverser toutes les opinions jusque-là admises par lui, afin de réaliser un nouveau commencement et de parvenir à des connaissances assurées. Pour le renversement d'abord nécessaire, l'enquêteur simplifie son projet en deux étapes. La première consiste à ne requérir, pour le renversement d'une opinion donnée, que le constat de son caractère douteux, et non l'établissement positif de sa fausseté. La seconde consiste à rattacher les opinions à des « principes » [18, l. 13] et à affecter les opinions de doute en vertu de leur dépendance à l'égard des « principes », en alléguant la faillibilité de ceux-ci. Dans la mesure où ces « principes » sont en petit nombre, le projet du renversement de toutes les opinions anciennes se simplifie et devient praticable.

Mais quels sont donc ces « principes » ? L'enquêteur note d'abord :

> Tout ce que jusqu'à présent j'ai admis comme le plus vrai, c'est ou bien des sens que je l'ai reçu, ou bien par les sens. [AT VII, 18, l. 15-16.]

Donc ici Descartes traite « les sens » comme l'un de ses « principes » : les sens opèrent comme une sorte de filtre. Dans la démarche de renversement

---

[1] Sur cette tripartition, voir aussi [AT VII, 38, 51, 53]. Toutes nos références sont au volume VII de l'édition Adam & Tannery [Descartes, 1995].

ainsi lancée, un grand domaine d'opinions est frappé de doute ; chaque fois, cependant, un domaine plus restreint reste préservé, à l'abri de cette raison-là de douter, sans doute du fait de sa dépendance d'un autre « principe ». Nous rencontrons donc une scansion qui opère pour ainsi dire sur les parties concentriques d'un disque : le « principe » de la couronne extérieure des opinions, ce sont les sens. Ceux-là sont suspectés de nous procurer des opinions douteuses ; en application de la clause de prudence, nous devons les traiter comme fausses. Il ne reste alors du domaine de nos opinions qu'un disque intérieur, provisoirement non suspect.

Ce déplacement extrêmement clair se retrouve trois fois dans la Ire *Méditation*. Cependant Descartes nous surprend en négligeant, les deuxième et troisième fois, de nommer son « principe ». Est-il possible de suppléer à ce silence ? Il va peut-être de soi que nous pouvons parler de la pure intellection comme du « principe » des opinions de la partie la plus intérieure du disque : pour « l'arithmétique, la géométrie, et les autres disciplines de cette sorte qui ne traitent que de choses très simples et très générales » [20, l. 23-25], ces opinions procèdent, pourrait-on dire, du « seul esprit » ou encore de la « pure intellection ». Mais qu'en est-il de la couronne intermédiaire du « disque » ? Quel en est le « principe » ?

L'imagination comme « principe » ?

En vertu de la tripartition des facultés, il est tentant de considérer qu'il s'agit de l'imagination. Mais cette hypothèse attrayante nous place devant plusieurs difficultés. En premier lieu, s'il est commun de parler des sens et de l'intellection comme de sources de nos connaissances, cela ne se fait pas pour l'imagination. De plus, si par la suite, les *Méditations* nous procurent les moyens de dépasser le doute d'abord pour ce qui concerne l'intellection [*Méd. IV* et *V*], puis pour les sens eux-mêmes [*Méd. VI*], nous ne rencontrons rien de semblable pour l'imagination. Puis – la plus productive peut-être des difficultés qu'elle suscite – cette hypothèse exige de comprendre positivement l'œuvre de l'imagination. Sous l'angle exégétique, enfin, il s'agira de trouver une raison plausible pour laquelle Descartes n'a pas identifié de « principe » de nos opinions dans le cas du doute fondé sur la possibilité que nous soyons livrés au rêve.

L'alternative concernant l'imagination

Nous devons donc nous poser la question suivante : dans la deuxième vague du doute, Descartes aurait-il pu en nommer le « principe » selon le dispositif

L'imagination, faculté cognitive dans les Méditations métaphysiques

permettant la simplification de la démarche du doute ? S'agit-il d'une faculté rassembleuse de choses admises, comme il nous la faudrait pour diligenter la deuxième vague du doute ? Si nous répondons « non » à cette question, nous devrons renoncer à l'idée qu'il y a une faculté qui est concernée et envisager un autre « principe ». Si nous répondons « oui », nous devrons admettre que la faculté d'imagination est bien concernée, mais que Descartes avait certaines raisons de ne pas vouloir la nommer. Notons, pour compléter la position du problème, que Descartes met en place la troisième raison de douter, dans la Ire *Méditation*, sans mentionner l'intellection, alors même que c'est de cette faculté qu'il s'agit. Ainsi, ne pas nommer une faculté n'exclut pas de s'y rapporter en fait.

Un obstacle constitutif

Au départ, l'idée de traiter l'imagination comme une faculté susceptible d'apporter des connaissances paraît peu prometteuse. Reprenons quelques points de la Ire *Méditation*. Selon l'argument du rêve, les choses tenues pour vraies et qui ont survécu à la possibilité qu'elles procéderaient des erreurs des sens se trouvent à leur tour révoquées en doute par d'autres voies. S'il nous arrive de rêver et si nous admettons alors pour vraies des choses qu'au réveil nous tenons pour fausses, la prudence n'exige-t-elle pas que nous traitions de la même manière toutes les choses qui seraient de la même nature, dans ce que nous croyons constituer la trame de notre vie éveillée ? Par une démarche utilisant la comparaison avec la peinture, Descartes oppose le composé et le simple. Ce que nous admettions comme vrai pour les choses composées est révoqué en doute. Il ne subsiste, pour ce qui est imperméable à cette raison de douter-là, que ce que nous admettions pour vrai en ce qui concerne les choses simples [19, l. 8-20, l. 31].

Par rapport à notre problème de départ, on notera seulement que la force de composition illustrée par l'activité du peintre ne constitue pas une base très sûre pour constituer dans la vraie vie une faculté susceptible d'apporter des connaissances. L'asymétrie avec le cas des sens et celui de l'intellection est patent. Au cœur de la difficulté se trouve le verbe *fingere* (participe *fictum*), que nous traduisons faute de mieux par *feindre*, alors même que le « feint » et le « fictif » ne se recoupent pas tout à fait, ce qui montre le problème de traduction. C'est à l'aide de ce verbe clé *fingere* que Descartes caractérise la faculté d'imagination [27, l. 29-28, l. 19] – où l'on voit aussi le rapport entre le rêve et l'imagination, qui n'est pas explicite dans la Ire *Méditation*. À cette occasion, Descartes donne une définition d'*imaginer* :

> *rei corporae figuram, seu imaginem, contemplari*
> contempler la figure ou l'image d'une chose corporelle [AT VII, 28, l. 4-5.]

Par implication, Descartes souligne ici que *fingere* est une sorte d'activité bien différente de celle des sens ou de l'intellect, où le vrai semble en quelque sorte naturellement au rendez-vous. Ici, c'est le contraire qui s'impose (voir aussi [64, l. 9-11]). On trouve sur cette ligne dans les *Méditations* un usage d'*imaginaire* qui est interchangeable avec *faux* [22, l. 12-18]. (37, l. 15-17 est plus ambigu à cet égard, mais qu'est-ce qu'« imaginer une chèvre » ?) Nous rencontrons donc ici un obstacle notable au traitement de l'imagination comme faculté cognitive. Cet obstacle se répercute jusqu'aujourd'hui dans l'usage courant : dire qu'une chose est imaginaire n'est pas une bonne recommandation pour l'attitude qui aurait cette chose pour objet ou pour produit. Ou, en d'autres termes : cette attitude n'est pas d'ordre cognitif.

Audiatur et altera pars

Nous ne pouvons toutefois pas en rester là. Un passage décisif nous contraint à quitter une approche de l'imagination où *imaginarium* serait généralement convertible en *falsum*. Il s'agit du passage de la *IVe Méditation* où Descartes confronte la nature de Dieu et la nature de l'homme. Avant d'aborder le sujet de la volonté en des termes bien connus, Descartes écrit :

> [S]i j'examine la faculté de se souvenir ou d'imaginer (*facultatem* [...] *imaginandi*), ou n'importe quelle autre faculté, je n'en trouve absolument aucune que je ne reconnaisse pauvre et circonscrite en moi, immense en Dieu. [Descartes, 1995, trad. Beyssade, 57, l. 8-11.]

Ici, la façon dont Descartes parle de la *facultas imaginandi* et la met en parallèle avec la *facultas recordandi* nous oblige bien à en faire une faculté cognitive (certes non exigée par l'essence de notre esprit [73, l. 5-9]). La question est donc relancée. Et nous arrivons à la même observation si nous considérons deux autres passages. Dans l'étude du « morceau de cire », nous relevons ceci : si d'entrée de jeu la capacité de l'imagination d'être une faculté cognitive devait être considérée nulle (comme on devrait le dire si d'aventure la convertibilité *imaginarium/falsum* restait acquise), la question de savoir si la connaissance du morceau de cire peut procéder de l'imagination ne serait même pas posée. Ou, en d'autres termes (en termes positifs), la position de l'imagination comme faculté cognitive est un présupposé de sa présence dans la liste des possibilités existantes de connaître les choses. Descartes demande :

L'imagination, faculté cognitive dans les Méditations métaphysiques

« ce morceau de cire, est-ce que je l'imagine ? » [30, l. 30-31]. Cette question rend un son bien bizarre tant que nous restons dans la première approche de l'imagination. Dans le contexte du « morceau de cire », il y a certes échec de l'imagination. Mais il s'agit d'un échec dans la tentative de répondre valablement à une question précise (« le corps, qu'est-ce ? »), et non dans la tentative de répondre à n'importe quelle question sur la base de la mise en œuvre de cette faculté. L'échec est en quelque sorte « local ». L'imagination se heurte à des limites représentationnelles, l'échec est lié à une granularité limitée de ses représentations (même point en *Méd. VI*, 72, l. 10-23). Du reste, les données de ce passage sont caractéristiques du problème abordé ici : sur ce que l'imagination *ne sait pas faire cognitivement*, Descartes est assez loquace. Il est plus laconique sur ce que l'imagination *sait faire*.

Pour l'imagination comme capacité cognitive, un autre passage donne un résultat semblable. Quand Descartes écrit au tout début de la *IIIe Méditation* :

> [...] même les images des choses corporelles, toutes, ou bien je les effacerai de ma pensée, ou du moins, parce que cela est presque impossible, je les compterai pour rien, comme vaines et fausses [AT VII, 34, l. 13-16]

il réitère la démarche du doute, mais sur fond d'une situation dans laquelle les *imagines etiam rerum corporalium* sont au départ prises pour une source de connaissance. Une source qu'il faut suspendre, et cela par une sorte d'effort contre un premier mouvement (dans le même sens, voir aussi [53, l. 3-5]).

Une difficulté rémanente

Dans la *VIe Méditation*, il y a – par rapport à la nécessité de faire de l'imagination une faculté cognitive – une difficulté composée. D'une part, il n'est pas très clair que le raisonnement qui écarte l'argument du rêve puisse compter comme une réhabilitation de l'imagination [89, l. 8-90, l. 12]. Il reste donc une asymétrie nette entre le cas de l'imagination (non réhabilitée) et les cas de l'intellection (réhabilitée dans la *Ve Méditation*) et des sens (réhabilités dans la *VIe Méditation*). D'autre part, la longue discussion sur la faculté d'imagination au début de la *VIe Méditation* amène bien un résultat, mais il ne consiste pas vraiment en une réhabilitation de cette faculté sur le plan cognitif qui lui est propre [71, l. 20-74, l. 10]. Bien sûr, un doute est levé en ce qui concerne l'imagination (si ce doute n'était pas levé, l'imagination serait fautive en ceci que le jeu de l'imagination paraît dépendre de la réalité des corps) ; c'est le thème de la probabilité de l'existence des corps, qui amène du reste une nouvelle façon de parler de l'imagination :

> *quaedam applicatio facultatis cognoscitivae ad corpus ipse intime praesens, ac proinde existens*
> une application de la faculté cognitive à un corps qui lui est intimement présent, et donc existant. [Descartes, 1995, trad. Beyssade, 72, l. 1-3.]

Vers une approche positive

Au vu du dossier qui se constitue au fil des *Méditations*, il doit exister une faculté cognitive chargée de l'activité de composer telle qu'elle est thématisée dans la Ire *Méditation*. Pour elle, il doit y avoir une *bonne* façon de composer ; ses produits doivent être adéquats à ce qui se trouve dans le monde (certes dans l'ordre des choses corporelles, c'est un élément constant [27, l. 17-28, l. 19 ; 53, l. 3-5]). Cette faculté doit avoir des conditions d'activité très strictes si localement elle veut être fiable. Pour lui faire une place, sans doute faut-il redessiner à la baisse ce que font les sens eux-mêmes (voir la division du travail au tout début de la IIIe *Méditation* [34, l. 12-16]). Des jalons importants sur l'activité légitime de l'imagination sont posés au début de la Ve *Méditation*, où l'imagination accède manifestement aux données de base de la géométrie et va jusqu'à se débarrasser de l'élément proprement fictif [63, l. 16-65, l. 15]. Le même sujet est repris dans la VIe *Méditation*, au moment de distinguer l'imagination et la pure intellection [72, l. 4-73, l. 28]. La suite du passage mentionne une autre facette de l'imagination, au moment où elle prend ses contenus des sens [74, l. 1-4]. Sur un plan systématique – vu les ponts qui ont été jetés dans l'argument du rêve –, il faudra bien aussi que la science humaine reconquière la connaissance des objets composés avec les sciences diverses qui en traitent et qui ont été mentionnées dans la Ire *Méditation* : physique, astronomie, médecine... Gageons donc que l'imagination reprendra du service chez Descartes, et cela comme faculté cognitive fondamentale.

La question exégétique

Si Descartes, dans la Ire *Méditation*, n'a pas identifié formellement l'imagination comme « principe » et s'il ne l'a pas réhabilitée explicitement dans la Ve *Méditation*, c'est parce que le plan des *Méditations* pose l'objectif prioritaire suivant : écarter les prétentions des sens dans le domaine de la connaissance et ne réhabiliter les sens qu'à la condition qu'ils opèrent dans le périmètre strict des idées claires et distinctes. Dans la formulation de cet objectif

L'imagination, faculté cognitive dans les Méditations métaphysiques

(qui compte de nombreuses occurrences), la place de l'imagination tend à s'effacer. Il faut cependant prendre au sérieux l'apport de l'imagination, qui est de fournir des images des choses composées, ce qui implique une certaine unification dans la représentation, sur un plan quasi conceptuel. Dans l'ordre systématique, il faut bien que l'accès cognitif à la véritable composition des choses corporelles soit possible. Toutefois, l'apport que les sens font à l'imagination fait de celle-ci une victime de ce projet prioritaire.

Jamais la gloire de l'imagination ne sera vraiment célébrée par Descartes. Dans les *Méditations*, elle reste un simple filigrane – ce qui n'est pas une raison pour l'ignorer. N'est-elle pas tout de même une faculté divine ?

Références bibliographiques

Descartes, René [1990], *Méditations métaphysiques*, trad. Michelle Beyssade, Paris, Le Livre de poche, « Les Classiques de la philosophie ».

— [1995], *Méditations métaphysiques*, in *Œuvres complètes*, VII, éd. Charles Adam & Paul Tannery, Paris, Vrin (en abrégé AT).

Daniel SCHULTHESS
Université de Neuchâtel
Neuchâtel, Suisse
Daniel.Schulthess@unine.ch

Le statut de l'imagination chez Spinoza : une théorie de la connaissance spinoziste
André MARTINS

Dans la tradition philosophique, le statut de l'imagination est souvent celui d'une perception ou d'une connaissance imparfaite ou fausse, liée aux sens et opposée à la raison. Spinoza, pourtant considéré comme un rationaliste radical, a une tout autre conception de l'imagination, de son statut et de son processus. Il conçoit autrement ses rapports avec la raison, qu'il définit aussi en s'écartant de la tradition. Nous essayerons de mettre en évidence les conséquences de la conception de l'imagination de Spinoza pour sa théorie de la connaissance.

1. La connaissance par les affections corporelles : les affects et l'idée du corps

Depuis le *Court Traité*[1], en passant par le *Traité de la réforme de l'entendement*[2] et l'*Éthique*[3], Spinoza affirme que l'homme est un mode de la substance unique, qui a comme attributs l'extension et la pensée, si bien que la modification de ces attributs chez l'homme fait que celui-ci est un corps *et* l'idée des modifications de ce corps (c'est-à-dire l'esprit) – ce qui peut être exprimé par : un corps et son idée, ou un corps et l'idée de ce corps.

Spinoza soutient ainsi que dès qu'il y a une modification dans le corps (due à la rencontre avec d'autres corps), il se produit une modification dans l'idée de ce corps, c'est-à-dire que la modification du corps est à la fois pensée et ressentie ; c'est pourquoi « les hommes sentent »[4].

Les hommes sentent parce qu'ils sont affectés, et l'affect se définit comme une modification du corps et son idée [E II, déf. 3]. De même, on peut dire

---

[1] *Court Traité sur Dieu, l'homme et la béatitude* [Spinoza, 1964], abrégé en CT.
[2] *Tractatus de intellectus emendatione* [Spinoza, 1994], abrégé en TIE.
[3] *Ethica* [Spinoza, 1999], abrégé en E.
[4] [CT II, XX, § 4, 4ᵉ note]. Curieusement, Spinoza appelle ici ce sentir *idea reflexiva* (terme présent dans le manuscrit A, du XVIIᵉ siècle).

que les hommes pensent parce qu'ils sont affectés, et que l'affect est déjà un mode du penser [E II, ax. 5]. Ou encore :

> Il n'y a de modes de penser, tels que l'amour, le désir, ou tout autre désigné par le nom d'affect d'âme, qu'à la condition qu'il y ait, dans le même individu, l'idée d'une chose aimée, désirée etc. [E II, ax. 3.]

Autrement dit, la chose singulière modifie le corps (par les sens – vue, ouïe, odorat, goût, toucher...), sans quoi il n'y en aurait ni idée ni affect.

D'une façon ou d'une autre, l'homme perçoit ce sentiment des choses qui modifient son corps. L'idée réflexive dont parle Spinoza dans le *Court Traité* pourrait ainsi être comprise comme le sentiment ou l'affect lui-même, qui serait ainsi considéré comme perçu, en tant qu'effet. Même si l'homme n'est pas conscient de sa cause, il aura conscience de l'effet affectif de la modification, ce qui rendra possible de considérer cette idée (du corps) comme réflexive. L'idée du corps serait elle-même réflexive, même si l'homme n'est pas conscient de cette réflexivité.

Dans le *Traité de la réforme de l'entendement*, Spinoza reprend sa conception de l'idée du corps, en y ajoutant non seulement que l'esprit (*mens*) peut avoir des idées de cette idée – qu'il appelle *idée de l'idée* –, mais encore que l'esprit peut avoir une idée de l'idée de l'idée, et ainsi de suite. La première essence objective du corps [TIE, 34], c'est-à-dire l'idée même du corps, nous est donnée, *ipso facto*, par la modification même de ce corps. Pourtant, cette première idée, donnée comme pensée même de ce corps, peut être l'objet d'une autre idée, donc l'essence formelle d'une autre idée :

> L'idée du corps n'est pas le corps lui-même. Et comme elle est quelque chose de différent de son idéat, elle sera aussi, en elle-même, quelque chose d'intelligible. C'est-à-dire, l'idée, prise dans son essence formelle, peut être l'objet d'une autre essence objective, et, à son tour, cette autre essence objective, envisagée en elle-même, sera quelque chose de réel et intelligible, et ainsi indéfiniment. [TIE, 33.]

Nous pouvons penser à nos idées et enchaîner des idées qui auront leur origine dans la modification de notre corps (l'idéat, une chose singulière, sera en fait toujours initialement une trace faite dans notre corps qui indiquera le corps extérieur qui l'a modifié) – il s'agira d'une idée de l'idée (du corps), puis de l'idée de l'idée de l'idée (du corps), et ainsi de suite.

L'idée de l'idée, à son tour, peut être adéquate ou non ainsi que vraie ou fausse, mais également ni vraie ni fausse mais fictive [Martins, 2017]. Elle sera adéquate (et donc vraie) lorsqu'elle se rapporte clairement et distinctement à l'idée du corps ou lorsqu'elle en découle ; elle pourra être vraie mais non adéquate si ses prémisses sont vraies mais que la conclusion qui en est tirée n'est pas claire et distincte. L'idée de l'idée sera, enfin, ou fictive ou fausse lorsqu'elle associe confusément des idées et des images, sans par conséquent avoir une compréhension claire et distincte de ce processus d'association.

La fiction [TIE, 58-65] est formée par des idées confuses des objets existants dans la nature, c'est-à-dire par l'association confuse d'images formées dans l'esprit par les affections du corps. « Remarquons que la fiction envisagée en elle-même ne diffère pas beaucoup du rêve » [TIE, 64, note]. Dans la fiction, comme les causes des affections (ce qui impressionne l'homme) apparaissent au moyen des sens aux hommes en état d'éveil au moment où ils sont affectés, ils concluent que les images associées dans l'esprit ne sont pas produites « en ce moment » actuel « par des choses existantes en dehors d'eux », mais sont produites par l'imagination ; tandis que dans le rêve, cette inférence (selon laquelle les images qui apparaissent ne sont pas causées directement par des affections présentes) n'a pas lieu, aussi le plus souvent ne savons-nous pas que nous sommes en état de sommeil lorsque nous rêvons. C'est pourquoi « l'erreur est le rêve à l'état de veille » : l'erreur a lieu lorsque l'homme ignore que les causes des associations et des représentations ne sont pas des choses existantes présentes en ce moment (il ignore que les causes des associations actuelles sont imaginées comme présentes, parce qu'elles viennent à l'esprit à travers la mémoire d'affections passées). Aussi appelle-t-on cette erreur *délire* [TIE, 64, note] lorsqu'elle est intense.

Il n'y a « aucune différence » entre la fiction et l'idée fausse, « si ce n'est que l'idée fausse implique l'assentiment », c'est-à-dire que dans la fiction, on sait que « ces représentations ne proviennent pas de choses extérieures » [TIE, 66], alors que l'idée fausse a lieu lorsque l'esprit croit que ces représentations proviennent directement des choses extérieures. Cette attribution, cet assentiment aux représentations comme si elles étaient vraies et adéquates, véritablement présentes, est bien ce qui fait l'erreur de l'esprit. Celle-ci peut aller jusqu'au délire, selon l'intensité de la négation de la réalité et par là même de l'attribution de véracité et nécessité aux affects ressentis ou aux idées ainsi formées. La fausseté n'est donc pas une caractéristique intrinsèque de l'idée inadéquate, mais bien l'attribution fausse d'adéquation à l'idée inadéquate.

Nous n'avons, partant, pas à craindre la fiction en elle-même, car elle n'est erreur ou idée fausse que si nous donnons notre assentiment à sa prétendue réalité ou accordons une prétendue présence actuelle à ce qui n'est pourtant pas présent actuellement.

Autrement dit, l'idée du corps est l'idée qui se forme spontanément à partir des affections du corps, de façon concomitante à ces affections, dès lors que l'esprit est l'idée même du corps, c'est-à-dire dès lors que le corps est l'objet nécessaire de l'idée (de l'idée du corps), soit de la première idée. Cette première idée peut ne pas être adéquate, car le corps affecté sera toujours déjà un corps modifié d'une façon ou d'une autre par ses rencontres (*occursus*) avec les autres corps – de sorte que la rencontre actuelle avec d'autres corps est constitutive de cette première idée. Elle est issue des modifications déjà existantes elles-mêmes modifiées dans cette rencontre, ce qui comprend les images (déjà formées dans l'esprit) des affections passées de ce corps. L'idée du corps inclut l'association *immédiate* avec ces images passées ainsi qu'avec des traces d'idées passées. L'idée de l'idée sera fausse si l'effet inadéquat de ces images passées dans le présent est pris comme vrai et nécessaire. Elle sera une fiction si l'on n'accorde pas de vérité à ses associations inadéquates d'images. Et elle sera adéquate (donc intrinsèquement vraie) si elle comprend (*intelligit*) l'idée du corps, et dans son essence et dans ses associations à partir des traces des objets de la nature qui l'ont affecté.

2. Les affections et les traces de ces affections

Dans l'*Éthique*, Spinoza souligne que, si l'être actuel de l'esprit humain est l'idée de son corps existant en acte, alors « tout ce qui arrive à l'objet de l'idée constituant l'esprit humain », c'est-à-dire le corps, « doit être perçu par l'esprit humain, autrement dit, il y en aura nécessairement une idée dans l'esprit », c'est-à-dire encore « il ne pourra rien arriver dans ce corps qui ne soit perçu par l'esprit » [E II, 12]. Cela parce que l'esprit est l'élaboration psychique – d'abord spontanée et immédiate, puis réfléchie – de l'activité somatique du corps, soit la pensée des modifications ou affections du corps.

Spinoza réaffirme ensuite que « l'objet de notre esprit (*mens*) est le corps existant et rien d'autre » [E II, 13, dem.]. « De là suit que [...] le corps humain existe tel que nous le sentons » [E II, 13, cor.]. L'esprit est la pensée spontanée et inévitable du corps (que nous sentons), puisqu'il est l'idée même des affections ou modifications du corps ainsi que les élaborations des activités du corps et des pensées déjà pensées : l'idée du corps (existant donc) et la chaîne des idées des idées. Alors le corps humain existe tel que nous le sentons, puisque nous ne pouvons que le sentir, et ce sentiment est déjà l'affect et la première idée, qui est nécessairement vraie dans le sens où elle est le réel, elle est ce qui a été senti et donc l'idée du corps qui a effectivement été pensée, qu'elle soit adéquate ou inadéquate. Aussi le corps humain est-il tel que nous le sentons, indépendamment des idées adéquates ou inadéquates que nous en formons ou en formerons. De plus, l'esprit ne peut penser que ce qui a modifié le corps existant dont il est l'idée.

Dans le long scolie de cette proposition surnommée « le petit traité de physique », Spinoza observe que « toutes les manières dont un corps est affecté par un autre corps suivent de la nature du corps affecté, et en même temps de la nature du corps qui l'affecte » [E II, 13, lemme 3, ax. 1]. Cela parce que la seule façon de connaître un autre corps et par là même son propre corps se fait par ses propres affections, dès lors que la pensée est l'idée des affections de notre corps. Ainsi, chaque corps sentira, et donc connaîtra, un autre corps et le sien même, d'après la nature de son corps affecté, modifié, et à la fois d'après la nature du corps qui l'affecte. (Il n'y a pas un corps en soi, de même qu'il n'y a pas son phénomène, mais des corps réels qui s'affectent et se pensent, selon leur nature.)

Spinoza observe que « le corps humain est composé d'un très grand nombre d'individus (des natures diverses), dont chacun est très composé » [E III, 13, postulat 1] ; que « les individus composant le corps humain, et par conséquent le corps humain lui-même est affecté par les corps extérieurs d'un très grand nombre de manières » [E III, 13, post. 3], ses affections étant toutes perçues par l'esprit selon une intensité quelconque ; que « le corps humain a, pour se conserver, besoin d'un très grand nombre d'autres corps, qui pour ainsi dire le régénèrent continuellement » [E III, 13, post. 4] ; et finalement que la répétition (ou la forte intensité, pourrions-nous ajouter) d'une modification du corps « y imprime comme des traces (*vestigia*) du corps extérieur » [E III, 13, post. 5].

L'idée du corps est donc l'idée des modifications de ce corps, mais il y a en outre des modifications plus fortes qui laissent des traces dans le corps, et ces marques restent même après la modification actuelle du corps, sans, peut-on dire d'après Spinoza, se régénérer suffisamment. Ces traces peuvent être physiques mais aussi psychiques, générant une idée fixe ou ce que nous nommerions aujourd'hui un *trauma*. Ce point est important pour mieux comprendre l'idée spinoziste du délire (*delirium*) et, avant cela, l'idée spinoziste de l'imagination entendue aussi bien comme association d'images que comme genre de connaissance inadéquate.

3. L'association ou concaténation d'images et l'imagination comme vertu

Spinoza le réaffirme : « l'idée de chacune des manières par lesquelles le corps humain est affecté par les corps extérieurs doit envelopper (*involvere*) la nature du corps humain et à la fois la nature du corps extérieur » [E II, 16]. Cela a deux conséquences directes très importantes. Il s'ensuit, tout d'abord, « que les idées que nous avons des corps extérieurs indiquent plus l'état de notre corps que la nature des corps extérieurs » [E II, 16, cor. 2], car nous connaissons un corps extérieur non pas directement ou en lui-même mais par le biais de la modification (ou de la marque) que la relation (l'interaction) avec lui a produit dans notre corps. Ensuite, une fois que « le corps humain est affecté d'une manière qui enveloppe (*involvit*) la nature d'un corps extérieur, l'esprit (*mens*) humain contemplera ce même corps extérieur comme existant en acte, ou comme étant en sa présence » [E II, 17]. Car, si nous connaissons le corps extérieur par ses modifications en nous, et ce d'autant plus que ses modifications sont ou ont été intenses au point de laisser des traces de ce corps extérieur dans le nôtre, alors il n'est pas difficile de comprendre que l'esprit puisse continuer à considérer sa présence, et par là son existence, même si le corps extérieur n'y est plus – puisque sa modification ou sa trace y demeure. L'esprit humain a « l'idée d'un mode existant en acte » seulement en tant qu'idée de l'affection du corps ; ce qui revient à dire que c'est l'idée de l'affection qui « pose l'existence ou la présence de la nature du corps extérieur » [E II, 17, dem.], si bien que l'esprit pourra, « une fois affecté » par des corps extérieurs, les considérer « comme s'ils étaient présents, même s'ils n'existent pas ou ne sont pas présents » [E II, 17, cor.].

Lorsque le corps est marqué par un autre d'une certaine manière nouvelle et que par la suite il se trouve affecté de la même manière par d'autres corps extérieurs, l'esprit sera incliné à penser la même chose qu'il a pensée ou ressentie la première fois : « c'est-à-dire, l'esprit contemplera de nouveau le corps extérieur comme présent », et cela « aussi souvent que cette action du corps se répétera » [E II, 17, dem.] et « tant que dure cet état du corps » [E II, 17, scol.]. Autrement dit, l'esprit sera amené à penser à ces marques anciennes (donc à penser ce qui les entoure et à ressentir les affects qui les ont accompagnées dans le passé) chaque fois que les modifications actuelles du corps les rappelleront (par une ressemblance quelconque) ; il aura tendance à penser aux images formées autrefois comme si elles étaient actuelles, présentes, et il ressentira les affects qui ont auparavant accompagné ces images. L'esprit, c'est-à-dire l'idée du corps, une fois marqué, sera amené à ressentir et penser la même chose qu'il avait ressentie et pensée lorsque l'autre corps extérieur semblable (ou semblablement) l'avait marqué, en le projetant sur l'actuel. (L'esprit, par l'idée de l'idée, pourra, à son tour, donner son assentiment à cette pensée et à cet affect comme s'ils révélaient l'essence ou la nature du corps extérieur actuel, qui prend le premier objet alors absent comme s'il était présent, et dans ce cas, il s'en fera une idée fausse ; ou bien il pourra comprendre clairement et distinctement ce processus d'association et s'en faire ainsi une idée adéquate – c'est-à-dire une idée de l'idée adéquate.)

C'est à ce moment précis que Spinoza donne sa première définition de l'imagination dans l'*Éthique* :

> Les affections du corps humain dont les idées représentent les corps extérieurs comme étant en notre présence, nous les appellerons des *images* des choses, quoiqu'elles ne reproduisent pas les figures des choses. Et quand l'esprit contemple les corps de cette façon, nous dirons qu'il *imagine*. [...] les *imaginations* de l'esprit, considérées en soi, ne contiennent pas d'erreur, autrement dit, l'esprit ne se trompe pas (*non errare*) parce qu'il imagine. [E II, 17, scol. ; nos italiques.]

Ce passage exige la plus grande attention. Spinoza affirme que l'esprit imagine la présence d'un corps extérieur « jusqu'à ce que le corps soit affecté d'un affect qui exclut l'existence, ou la présence de ce corps » [E II, 17]. Si le corps extérieur est présent, l'esprit en principe le considérera jusqu'à ce qu'il s'absente. Si toutefois le corps extérieur n'est plus présent mais l'a été un jour, alors l'esprit ne le considérera présent que s'il est affecté par un autre affect qui en exclut la présence. Or, il est clair que si le corps devient absent, parce qu'il est parti (en se retirant ou en cessant d'exister, etc.), cela doit suffire pour affecter l'esprit d'un affect qui exclut sa présence.

Mais il n'en est pas nécessairement ainsi. L'esprit imaginera un corps extérieur qui n'est pas présent comme s'il l'était, et son absence peut ne pas suffire pour en exclure la présence. Dans les cas les plus extrêmes, il s'agira d'hallucination, mais aussi de délire (*delirium*). Le délire (l'absence d'un objet ou d'une réalité ne suffit pas pour que l'objet ou la réalité soit exclus de l'esprit) a lieu lorsque l'homme, inconsciemment (car il a conscience de ses désirs, mais non des raisons qui l'amènent à désirer ceci ou cela), souhaite se défendre d'un mal en niant la réalité ou en niant l'absence de l'objet (c'est-à-dire en le ressentant comme si sa présence était toujours réelle). La présence ou la réalité est ainsi imaginée. L'erreur n'est pas dans l'imagination entendue comme affection actuelle du corps en association avec d'autres affections précédentes du corps. L'erreur a lieu lorsque l'esprit dénie l'affection du corps qui révélerait qu'il s'agit d'une image passée et non présente, c'est-à-dire lorsqu'il attribue une réalité à quelque chose qui n'existe que dans son imagination. Le contraire de cette attribution délirante, donc, ne serait pas une réalité objective concrète et absolue, mais la conscience qu'il s'agit d'une imagination.

> Si l'esprit, pendant qu'il imagine avoir en sa présence des choses qui n'existent pas, en même temps savait que ces choses, en vérité, n'existent pas, il est sûr qu'il attribuerait cette puissance d'imaginer à une vertu de sa nature. [E II, 17, esc.]

C'est d'ailleurs ce qui arrive dans la fiction ou, à bien y penser, dans l'art : l'effet esthétique ou artistique est suscité par des associations d'images qui ne prétendent pas à la vérité, mais peuvent procurer à l'esprit l'expérience d'un lien avec la nature et avec soi-même qui constitue une véritable connaissance. Mais lorsque les images suscitées par des marques passées, comme si elles étaient présentes, diminuent la puissance de l'esprit, un premier pas pour les surmonter ou s'en défaire est de comprendre qu'il s'agit d'une influence affective du passé, et pas seulement de la réalité présente. Comprendre les associations d'images psychiques que notre esprit a opérées, et dans quel but (recherche inconsciente du moindre mal, défense de la réalité présente ou d'une réalité passée, dénégation de la réalité présente ou passée), est un deuxième pas. L'association d'images peut être une vertu, et c'est particulièrement le cas lorsque nous parvenons à la comprendre. En dépit de la tristesse qu'une association d'images peut nous avoir causée, cette compréhension est elle-même source de joie.

L'imagination serait ainsi une vertu « surtout si cette faculté d'imaginer dépendait de sa seule nature [de l'esprit], c'est-à-dire si cette faculté qu'a l'esprit d'imaginer était libre » [E II, 17, scol.], affirme Spinoza, qui renvoie à sa définition de la liberté [E I, déf. 7], selon laquelle est libre ce qui n'est déterminé à agir que par soi-même (seule l'unique substance, soit le réel ou la nature elle-même, est absolument libre). L'imagination, donc, n'est pas libre et cela veut dire qu'elle est déterminée par d'autres choses. Celles-ci, en l'occurrence, sont précisément les marques des affections passées, les modifications actuelles, les affects, les idées du corps et les idées de l'idée passées. Cette remarque de Spinoza peut s'expliquer ainsi : lorsque l'esprit sait que l'imagination consiste à associer spontanément des images, tout en sachant que l'esprit ne peut pas contrôler ses associations (car l'imagination ne dépend pas de la seule nature de l'esprit), alors l'imagination peut être une vertu, une force de l'esprit. Une fois conscient des associations de l'imagination, l'esprit a le pouvoir de comprendre ses raisons au lieu d'y adhérer.

La perception des choses par l'esprit se fait, nous l'avons vu, de la même façon pour les choses présentes que pour les choses absentes. Celles-ci sont appelées à notre esprit lorsqu'il est affecté par des choses semblables, qui lui rappellent des fragments de choses passées et leurs affects alors ressentis. La mémoire, toujours intrinsèquement affective, est marquée surtout par les affections passées intenses, qu'elles soient bonnes ou mauvaises. Aussi la seule façon de connaître les choses est-elle par l'affection (du corps, c'est-à-dire sa mémoire et ses marques en rapport aux marques actuelles), par l'affect (actuel ou passé, selon leur intensité, les deux étant intrinsèquement liés), par les idées du corps (actuelles ou passées, celles-ci agissant sur celles-là) et par l'imagination (qui associe les images et les idées, actuelles et passées).

Spinoza poursuit la présentation de ce qui découle de l'imagination, comprise comme le fondement du fonctionnement psychique :

> Si le corps humain a une fois été affecté par deux ou plusieurs corps à la fois, quand ensuite l'esprit en imaginera un, aussitôt il se souviendra aussi des autres […] L'esprit *imagine* un corps quelconque parce que le corps humain se trouve affecté et disposé par les traces (*vestigiis*) d'un corps extérieur de la même manière qu'il fut affecté lorsque certaines de ses parties furent poussées par le corps extérieur lui-même. [Si] le corps fut, la première fois, disposé de telle sorte que l'esprit imaginât deux corps à la fois […], quand il imaginera l'un ou l'autre, aussitôt il se souviendra aussi de l'autre. [E II, 18 ; 18, dem. ; nos italiques.]

Spinoza entend avoir défini ainsi « ce qu'est la mémoire » [E II, 18, scol.] :

> Ce n'est en effet rien d'autre qu'un certain *enchaînement d'idées* (*concatenatio idearum*) qui enveloppent la nature des choses qui sont à l'extérieur du corps humain, enchaînement qui se fait dans l'esprit suivant l'ordre et l'enchaînement des affections du corps humain. [E II, 18, scol. ; nos italiques.]

Cet « enchaînement d'idées », c'est donc l'enchaînement des idées des affections du corps humain par les corps extérieurs, *soit l'enchaînement d'images* (selon la définition de [E II, 17, scol.]), *c'est-à-dire l'imagination* [E II, 17, scol.]. L'imagination est ainsi entendue comme la perception actuelle des images (les affections *et* leurs idées) et ses concaténations, ce qui, dans l'esprit, se fait nécessairement avec le concours de la mémoire.

Sur ce point, Spinoza fait une remarque éclairante, qui sera importante pour comprendre la différence entre l'imagination en tant que vertu et l'imagination qui permet l'idée fausse :

> Je dis, *premièrement*, que [la mémoire] est seulement une concaténation d'idées qui enveloppent la nature des choses qui sont à l'extérieur du corps humain ; et non des idées qui expliquent la nature de ces mêmes choses [...] je dis, *deuxièmement*, que cette concaténation se fait suivant l'ordre et la concaténation des affections du corps humain [...] pour le distinguer de la concaténation des idées qui se fait selon l'ordre de l'intellect grâce auquel l'esprit perçoit les choses par leurs premières causes, et qui est le même chez tous les hommes. [E II, 18, scol.]

Cet ordre expliquerait la nature de ces mêmes choses. En somme : l'esprit ne peut connaître et percevoir les choses que par la concaténation des affections du corps humain (dont il est l'idée) ; et la connaissance que Spinoza appellera *rationnelle* vient de la concaténation des images visant leurs causes premières et se fait dans la recherche de la compréhension claire et distincte de la façon dont les images se sont formées dans notre esprit.

L'esprit perçoit donc comme présentes non seulement les choses que la chose présente rappelle par ressemblance, mais aussi celles que la chose présente rappelle uniquement par habitude : « par là nous comprenons clairement pourquoi l'esprit, de la pensée d'une chose, tombe aussitôt dans la pensée d'une autre chose qui n'a aucune ressemblance avec la première » [E II, 18, scol.]. L'exemple donné est précieux : le langage. Précieux car il illustre le fait que la concaténation entre images par l'habitude du corps n'a rien d'un vice, mais constitue un fait neutre, qui peut être utile – même s'il ne permet pas de comprendre selon les causes, il est partie constitutive et partant nécessaire et inséparable de la compréhension :

> Comme, par ex., du mot *pomum*, un Romain tombera aussitôt dans la pensée d'un fruit qui n'a aucune ressemblance avec ce son articulé, ni rien de commun avec lui sinon que le corps de cet homme a souvent entendu le mot *pomum* alors qu'il voyait ce fruit ; et c'est ainsi que chacun, d'une pensée, tombera dans une autre, suivant la façon que la coutume aura ordonnée, pour chacun, dans son corps, les images des choses. [E II, 18, scol.]

L'exemple suivant rend clair le fait que l'idée spontanée du corps est celle d'un corps déjà marqué par ses habitudes et ses expériences :

> Un soldat, par exemple, voyant dans le sable des traces de cheval, tombera aussitôt de la pensée du cheval dans la pensée du cavalier, et de là dans la pensée de la guerre etc. Tandis qu'un paysan tombera, de la pensée du cheval, dans la pensée de la charrue, du champ, etc., et ainsi chacun, de la manière qu'il a accoutumé de joindre et de concaténer les images de choses, tombera d'une pensée dans telle ou telle autre. [E II, 18, scol.]

Par là nous pouvons comprendre que la raison consistera à avoir de nouvelles idées, venues de l'association à d'autres images perçues auparavant (liées également donc à la mémoire et aux expériences passées, y compris aux expériences de pensée passées), qui indiqueront la présence ou l'absence des choses, tissant des liens qui expliquent les affects ressentis et les idées venues à l'esprit, permettant de comprendre les choses par leurs causes.

La suite est encore plus claire, lorsqu'elle montre que l'imagination est la seule façon de connaître quoi que ce soit, et qu'elle n'est donc jamais fausse en elle-même : « L'esprit humain ne connaît le corps humain lui-même, et ne sait qu'il existe, qu'à travers les idées des affections dont le corps est affecté » [E II, 19]. L'esprit ne connaît pas seulement les autres corps par le biais des affections de son corps, mais aussi ne connaît son propre corps que par ce biais. Encore une fois, il est clair que nous ne connaissons les choses, y compris nous-mêmes, que par nos affections, donc par nos affects, et que la raison consiste non pas proprement à surmonter l'imagination, mais à l'ordonner de façon à la comprendre, c'est-à-dire à comprendre nos affections et nos affects – et par là les choses qui nous affectent. L'ordre de l'intellect n'est pas un ordre imposé aux sens, venu de l'esprit lui-même, mais un ordre de compréhension qui consiste à organiser les images, les idées du corps et les affects.

« L'esprit humain est l'idée même, ou la connaissance, du corps humain » [E II, 19, dém.] : dire que l'esprit est l'idée du corps, c'est dire que l'esprit est la connaissance du corps, mais aussi que la connaissance du corps est tout d'abord l'idée même des affections du corps. Ce qui revient à dire que c'est bien l'idée de l'idée qui peut être effectivement rationnelle lorsqu'elle explique (c'est-à-dire lorsque l'esprit comprend) l'idée du corps. Mais l'esprit peut ne pas associer correctement l'idée actuelle à des idées passées, de sorte que l'idée de l'idée devienne fausse, c'est-à-dire qu'elle ne distingue pas assez la nature des choses présentes des images et des affects passés, ou la disposition de son corps et la disposition des corps extérieurs.

Spinoza affirme ensuite que « l'idée de l'esprit », c'est-à-dire l'idée de l'idée du corps (car l'esprit est l'idée du corps), « n'est rien d'autre que la forme de l'idée » [E II, 21, scol.], c'est-à-dire son être formel ou son essence formelle. « L'idée de l'esprit et l'esprit lui-même sont une seule et même chose » [E II, 21, scol.] : l'idée de l'esprit est ainsi « l'idée de l'idée » (l'idée de l'idée du corps), ou mieux encore, la première idée de l'idée, car elle est une idée-de-l'idée toute particulière. L'idée de l'idée du corps est la forme de l'idée même du corps, c'est-à-dire l'idée du corps « en tant qu'on considère celle-ci comme une manière de penser, sans relation à l'objet » [E II, 21, scol.]. Si l'idée du corps est un affect (une modification du corps et son idée, selon E III, déf. 3), mais que cet affect est une modification d'un corps singulier, marqué en plus par les expériences et la mémoire de tout un chacun, alors cet affect est déjà et dès sa genèse, automatiquement, immédiatement, une idée (l'idée des modifications), une idée de l'idée, une idée de l'idée de la modification du corps (du corps marqué), donc un raisonnement inconscient, immédiat. L'idée du corps est à la fois et l'affect (le *sentire*) et l'idée de l'idée qu'accompagne l'affect (son idée formelle), c'est-à-dire une concaténation d'images et d'idées spontanée et automatique, à la fois sentie et pensée. Dans l'idée du corps, les modes du penser que sont l'idée et l'affect (l'idée de l'affection du corps est l'affection et idée) sont une seule et même chose. C'est bien l'idée de l'idée du corps qui est à proprement parler une idée réflexive qui fait retour sur l'idée du corps, c'est-à-dire sur l'idée de l'idée en tant que forme de l'idée du corps. Autrement dit, la première idée de l'idée est la forme de l'idée du corps ; alors que l'idée de l'idée proprement dite est en fait l'idée de l'idée de l'idée, et ainsi de suite, dans le processus de réflexion et d'abstraction.

Or, écrit Spinoza, en s'approchant des termes du *Traité de la réforme de l'entendement* : « dès que quelqu'un sait quelque chose, il sait par là même qu'il le sait, et en même temps il sait qu'il sait ce qu'il sait, et ainsi à l'infini » [E II, 21, scol.]. Ce qu'il ne sait pas toujours, ou pas encore, ce sont les causes des connexions de l'esprit et des affects. Il arrive aussi (comme il est dit dans le TIE) que l'individu n'ait pas encore conscience de ce qu'il sait, encore qu'il sache qu'il sait (puisqu'il le sent). La réflexion peut ainsi être la perception de ses propres pensées, l'effort pour comprendre ses propres pensés, ses raisonnements spontanés, ses associations automatiques d'images et ses propres sentiments. Comme dans l'exemple des traces du cheval sur le sable, la connexion d'images et d'idées associant les traces d'un cheval à un usage déterminé (la guerre ou le labour), qui a lieu dans l'esprit d'un soldat ou d'un paysan, se fait spontanément d'après l'expérience, la mémoire et les affects de chacun, dans l'instant même de l'affection, de la perception ou de la contemplation.

La suite reprend ce qui a été démontré auparavant [E II, 12] – que l'esprit perçoit les affections du corps – et ajoute qu'il perçoit de même « les idées de ces affections » [E II, 22]. C'est bien ce que nous venons de voir : l'idée de l'idée découle de l'idée du corps, et l'idée de l'idée de l'idée-du-corps, et ainsi de suite. Et pour que l'esprit se connaisse lui-même, c'est-à-dire pour qu'il connaisse ses affections et sa nature, cela ne se fait que s'« il perçoit les idées des affections du corps » [E II, 23]. Il ne peut se connaître soi-même que par des idées de l'idée de son corps. Cette connaissance, néanmoins, ne garantit pas une connaissance adéquate ni de soi-même ni du corps extérieur qui l'a affecté [E II, 24-27].

> Quand l'esprit contemple les corps extérieurs à travers les idées des affections de son propre corps, nous disons qu'il les imagine ; et l'esprit n'a pas d'autre façon d'imaginer les corps extérieurs comme existant en acte. Et par suite l'esprit, en tant qu'il imagine les corps extérieurs, n'en a pas la connaissance adéquate. [E II, 26, dém.]

Ainsi, « les idées des affections du corps humain, en tant qu'elles se rapportent seulement à l'esprit humain, ne sont pas claires et distinctes, mais confuses » [E II, 28], car elles « sont comme des conséquences sans prémisses » [E II, 28, dém.]. Autrement dit, « l'idée de l'idée d'une quelconque affection du corps humain n'enveloppe pas la connaissance adéquate de l'esprit humain » [E II, 29]. Ce que Spinoza résume en ces termes :

> L'esprit n'a ni de lui-même, ni de son propre corps, ni des corps extérieurs une connaissance adéquate, mais seulement une connaissance confuse et mutilée, chaque fois qu'il perçoit les choses par l'ordre commun de la nature, c'est-à-dire chaque fois qu'il est déterminé de l'extérieur, à savoir par la rencontre fortuite (*fortuito occursu*) des choses. [E II, 29, scol.]

En effet, cette rencontre procure une connaissance des effets de la rencontre, révélant l'état actuel du corps extérieur et l'état actuel de notre propre corps, sans que nous puissions distinguer ce qui y est un état momentané et ce qui tient de la nature de l'un et de l'autre. L'idée du corps (ainsi que la forme de cette idée, soit la première idée de l'idée) n'est jamais adéquate car elle est la conséquence intrinsèque des affections d'un corps singulier avec ses traces et ses mémoires. La perception initiale est ainsi inévitablement chargée d'affects et déterminée par la disposition actuelle de ce corps. Cela ne veut pas dire, toutefois, qu'il existerait une façon *pure*, *vraie* en soi, non corporelle ou non affective, de percevoir, et qu'il faudrait la rechercher, en tant qu'elle serait plus véritable que celle qui se donne par le biais des affections de son propre corps.

Ainsi : la connaissance n'est possible que par le biais de nos affections ; elle n'est jamais adéquate, c'est-à-dire claire et distincte, car elle est déterminée par une perspective incontournable, celle du corps affecté lui-même ; néanmoins, l'esprit n'a pas à se purifier des sens ou du corps pour qu'une vérité immatérielle des corps singuliers réels ou de la réalité lui soit révélée, dévoilée ou atteinte ; autrement dit, la raison ne consiste pas à tirer de l'expérience empirique une vérité formelle ou logique. Loin de nier la réalité ou le corps, la raison selon Spinoza consiste dans la connaissance dynamique adéquate des affections du corps, des affects, des idées du corps et de l'idée de l'idée, permettant à l'esprit la compréhension de sa nature, de la nature de son propre corps, ainsi que de celle des corps extérieurs.

Mais alors, comment donc en former une idée claire et distincte ? Comment avoir une idée de l'idée qui soit adéquate ? On l'a vu, l'imagination est chez Spinoza une connaissance inadéquate, non parce qu'elle est fausse, mais parce que les images s'enchaînent d'après les affections corporelles et psychiques qui suivent des impressions affectives contingentes et des marques particulières, informant plutôt de la disposition actuelle du corps affecté que de la nature de ce même corps, ainsi que de la façon dont les corps extérieurs marquent ce corps (déjà marqué) plutôt que de la nature des corps extérieurs. Cette inévitable inadéquation n'est pas une idée fausse, elle ne constitue pas une erreur de l'esprit. L'idée fausse ou l'erreur de l'esprit consiste précisément dans un manque de connaissance ou de compréhension de ces connexions, de ces concaténations, menant à l'assentiment à des perceptions mutilées et confuses comme si elles étaient claires et distinctes. Seule l'attribution de vérité aux perceptions partielles rend fausse la connaissance imaginative. L'erreur n'est pas dans l'association d'images, tel un péché originel qui devrait être expié par un détachement des sens ou du réel. L'erreur, si elle a lieu, consiste à considérer notre façon passionnelle de percevoir comme une connaissance de la vraie nature des choses et de nous-mêmes. Autrement dit, l'erreur de l'esprit a lieu lorsqu'il nie la réalité au profit d'une vérité supposée transcendante ou transcendantale, quelle que soit la façon dont celle-ci est conçue. Le contraire de l'idée adéquate (donc claire et distincte) n'est pas l'idée imaginative (idée ni vraie ni fausse mais expression vraie du réel), bien qu'elle soit inadéquate (donc confuse et partielle), mais le délire ou l'idée fausse (donc confuse et obscure, car résultant d'une mise à distance du réel présent par l'esprit, lorsqu'il lui apparaît comme un mal).

Posons-nous à nouveau la question : comment connaître ou comprendre adéquatement ? Ce qui équivaut à demander : qu'est-ce que la raison ? Sans doute la première description de la connaissance rationnelle dans l'*Éthique* apparaît-elle dans le scolie de la proposition 29 [E II]. L'esprit a, de lui-même, de son corps et des corps extérieurs, une connaissance adéquate lorsqu'il est « déterminé du dedans à comprendre », en contemplant « plusieurs choses à la fois, en quoi ces choses se conviennent, diffèrent ou s'opposent » [E II, 29, scol.]. L'explication est claire : la connaissance rationnelle consiste à comparer des perceptions des choses (par le moyen de leurs affections dans notre corps), c'est-à-dire *des images*, pour en appréhender les convenances, les différences et les oppositions. Connaître rationnellement consiste dans un processus d'organisation d'images, visant à en comprendre les associations. Il s'agit de les ordonner pour en tirer d'une part ce qui est *commun* et d'autre part ce qui est projection des états d'âme ou des états corporels sur la perception des choses. Cette projection doit être perçue, pour que ce qui est commun puisse être connu. Cette perception des dispositions des corps est la première idée du corps, donc elle est réelle. C'est en acceptant cette réalité constitutive de toute perception qu'est la projection perspectivale de ses états actuels d'âme et du corps, que l'esprit peut en avoir une connaissance rationnelle, c'est-à-dire y distinguer le commun et la projection.

Essayons de résumer clairement ce qu'est l'idée inadéquate et ce qu'est l'idée fausse. L'inadéquation se dit d'une idée ou d'une pensée mutilée et confuse en ce qu'elle indique partiellement le corps affecté, partiellement le corps extérieur et partiellement l'esprit qui ressent et connaît. L'idée inadéquate devient fausse seulement quand elle attribue une vérité en soi ou une adéquation à cette perception partielle. La fausseté n'existe jamais en soi-même, positivement : toutes les idées, en tant qu'elles se rapportent au réel (à la substance unique), sont vraies [E II, 32], si bien qu'« il n'y a rien dans les idées de positif par quoi on les dit fausses » [E II, 33]. Ainsi, « la fausseté consiste dans une privation de connaissance qu'enveloppent les idées inadéquates, autrement dit mutilées et confuses » [E II, 35]. La fausseté se réfère nécessairement à l'absence d'une perception vraie, ce qui fait que l'esprit se trompe en attribuant le caractère de vérité, c'est-à-dire de présence, à ce qui n'est pas présent. C'est pourquoi la première idée peut être dite vraie, tout en étant inadéquate : elle est inadéquate car partielle, mais elle est vraie au sens où elle est actuelle. Il n'y a de fausseté que dans une idée de l'idée : il faut qu'il y ait une réflexion, une inférence, un assentiment, une attribution de présence pour qu'il y ait de la fausseté. D'où il suit que toute idée adéquate est évidemment vraie ; toute idée fausse est inadéquate ; mais les idées inadéquates ne sont pas pour autant nécessairement fausses – car la fausseté n'est pas une caractéristique de l'idée, mais du statut de vérité ou d'adéquation que l'esprit peut à tort lui attribuer.

Que l'idée du corps ne soit jamais fausse, cela peut se comprendre par le fait que « l'on dit des esprits qu'ils se trompent ou sont dans l'erreur, mais on ne le dit pas des corps » [E II, 35, dém.]. Les corps s'affectent. L'idée du corps est cet affect qui est *ipso facto* une pensée. Cette pensée ne peut pas être fausse, car elle *est*, tout simplement. Elle peut ignorer des causes, mais seul l'esprit peut tomber dans l'erreur, lorsqu'il tient pour existante une réalité qui n'existe pas ou considère comme cause ce qui n'est qu'effet.

Spinoza reprend un exemple déjà utilisé [E 1, app.] :

> Les hommes se trompent en ce qu'ils se pensent libres, opinion qui consiste seulement en ce qu'ils sont conscients de leurs actions, mais ignorent les causes qui les déterminent. C'est pour ne connaître aucune cause de leurs actions qu'ils ont cette idée de leur liberté. [E II, 35, scol.]

Leur liberté est déduite de l'ignorance des causes de leurs actions. L'ignorance de la genèse des choses est souvent à l'origine de la présomption de liberté conférée aux choses. « Que les actions humaines dépendent de la volonté, ce sont des mots dont ils n'ont aucune idée » [E II, 35, scol.] : la liberté de la volonté est une considération (une idée fausse) d'après l'ignorance des causes qui nous amènent à désirer et à agir. Et la raison comme mode de penser et genre de connaissance consiste justement dans la compréhension des causes.

Pour illustrer la différence entre l'imagination et l'erreur de l'esprit, Spinoza ajoute un deuxième exemple, devenu célèbre :

> Quand nous regardons le soleil, nous l'imaginons à une distance d'environ deux cents pieds de nous, erreur qui ne consiste pas dans cette seule imagination, mais dans le fait que, pendant que nous l'imaginons ainsi, nous ignorons sa vraie distance et la cause de cette imagination. [E II, 35, scol.]

L'imagination ne constitue pas l'erreur. Celle-ci consiste dans la privation de l'idée adéquate qui nous amène à croire que l'imagination représente véritablement la réalité. Ainsi,

> Même si plus tard nous savons qu'il est à une distance de nous de plus de 600 diamètres de la terre, nous n'en continuerons pas moins à l'imaginer proche de nous ; car, si nous imaginons le soleil si proche, ce n'est pas parce que nous ignorons sa vraie distance, mais parce que l'affection de notre corps enveloppe l'essence du soleil en tant que le corps lui-même est affecté par lui. [E II, 35, scol.]

Si bien que dans ce cas, il n'y aura plus d'erreur. Si nous apprenons la vraie distance, cela ne change pas les images que nous en formons, car elles sont formées par les modifications de notre corps en rapport avec le soleil et sous son effet – le corps ne se trompe pas[5] et l'idée du corps est une idée vraie. En l'occurrence, cette idée pourrait être énoncée de la sorte : le soleil semble effectivement proche de nous. L'imagination entre encore en jeu quand on sait que le soleil est lointain, mais l'esprit ne se trompe plus lorsqu'il le perçoit toujours proche. L'idée du soleil proche sera ainsi une imagination et une fiction, pas une idée fausse. Il n'y a pas d'autre façon d'appréhender le soleil sinon par les affections qu'il provoque sur notre corps ; cela n'est pas faux ; il ne s'agit pas proprement de *corriger* les perceptions faites des images concaténées, mais de connaître la nature et les causes de ces associations ou concaténations d'images.

La connaissance adéquate se fait par la compréhension de ce qui est commun aux choses. N'appartenant pas à l'essence d'une chose singulière, ce qui est commun à toutes les choses ne sera pas une projection d'un esprit particulier dont les idées sont celles des affections d'un corps singulier avec des marques singulières. Ainsi, « les choses qui sont communes à tout, et qui sont autant dans la partie que dans le tout, ne peuvent se concevoir qu'adéquatement » [E II, 38]. Supposons que A est quelque chose de commun à tous les corps, et qui est autant dans la partie de chaque corps que dans le tout ; alors A ne peut se concevoir qu'adéquatement car son idée sera nécessairement adéquate autant pour le corps humain affecté que pour le corps extérieur (puisque A appartient autant à l'un qu'à l'autre, ainsi qu'au tout de la nature dont l'un et l'autre sont des modes).

---

[5] Tel qu'on l'a vu, « l'on dit des esprits qu'ils se trompent ou sont dans l'erreur, mais on ne le dit pas des corps » [E II, 35, dém.].

> Il y a certaines idées ou notions communes à tous les hommes [car] tous les corps conviennent en certaines choses, lesquelles doivent être perçues par tous de manière adéquate, autrement dit claire et distincte. [E II 38, cor.]

Ce sont ces notions qui permettront à l'esprit de distinguer clairement et distinctement dans les images ce qui est commun et partant adéquat, de ce qui reste confus et peut pour cette raison constituer l'erreur. Ces notions ne sont pas abstraites ni ne viennent d'un monde immatériel, mais au contraire sont appréhendées à partir de l'observation des choses qui affectent le corps (et son idée). La raison est un processus de connaissance, qui se pratique et s'améliore, qui permet d'appréhender des notions communes à l'égard des choses, par l'observation de ses propriétés communes. Par conséquent,

> [De] ce qui est commun et propre au corps humain et à certains corps extérieurs par lesquels le corps humain est ordinairement affecté, et est autant dans la partie de chacun d'eux que dans le tout, l'idée en sera adéquate dans l'esprit. [E II, 39.]

Il s'ensuit que « toutes les idées qui, dans l'esprit, suivent d'idées qui y sont adéquates, sont également adéquates » [E II, 40], car lorsqu'une idée est adéquate dans l'esprit humain, cela se fait *parce qu*'elle est adéquate dans la nature, c'est-à-dire qu'elle exprime une propriété de la nature, du réel. L'adéquation signifie que l'idée est une expression mentale ou idéelle d'éléments ou de caractéristiques présentes dans la nature et par là même à la fois dans le corps humain et son idée et dans les corps extérieurs. La compréhension adéquate est une compréhension (plus qu'une simple cognition) d'un élément commun à la partie et au tout – qui sera (ou non) communiqué en langage, c'est-à-dire par le biais d'une convention en proie aux équivoques, d'où d'ailleurs le besoin de ne pas confondre mots et choses (et l'avertissement de Spinoza à ce sujet).

4. La raison comme concaténation adéquate des notions communes

Chez Spinoza, l'imagination est la concaténation inévitable d'images, spontanée et automatique, mais menée par l'intensité des affects associés à elles. Les images sont l'effet immédiat des affections du corps dues aux interactions avec des corps extérieurs. Et elles sont autant actuelles que passées, rendues présentes par ressemblance ou par habitude ou coutume, grâce à la mémoire. L'imagination est ainsi la seule manière de connaître et est la première pensée, spontanée et en elle-même non consciente : on ne peut connaître que par concaténation d'images et d'idées. Par conséquent, l'imagination se confond avec l'idée du corps et avec la forme de cette idée du corps, elle est une première idée-de-l'idée, car étant donné que le corps est toujours un corps marqué par des traces, la première idée est aussi un raisonnement immédiat à partir d'une association spontanée d'images et d'idées passées suscitées par les affections présentes (comme dans l'exemple du cheval). Il s'ensuit encore que cette connaissance est intrinsèquement non adéquate, en tant qu'idée de l'idée, une fois qu'elle est déterminée et modifiée par les états d'âme et par les états physiques du corps affecté, c'est-à-dire par la disposition actuelle du corps affecté. L'imagination pourtant n'est pas fausse. Elle devient une erreur de l'esprit, une idée fausse, seulement lorsque l'esprit donne son assentiment à cette perception imaginée, en lui conférant un caractère de vérité. Alors seulement, on peut dire que l'esprit se trompe ou a tort – non pas parce qu'il imagine, mais parce qu'il croit à la vérité ou à la réalité (ou à la présence) de ce qu'il imagine, étant privé de la connaissance de ce qui montrera ce qui dans la réalité imaginée n'est pas présent dans la réalité actuelle. Aussi la raison est-elle le processus dynamique de connaissance qui cherche à ordonner les images en les concaténant selon ce qui est commun, c'est-à-dire selon ce qui appartient à la réalité commune aux corps et au tout de la nature.

C'est ainsi que la connaissance rationnelle, par comparaison et raisonnement, permet de distinguer avec un degré croissant de clarté ce qui est, dans les images, de l'ordre de la nature, donc commun et partagé, de ce qui est de l'ordre de la projection des états du corps et de l'esprit. La raison peut ainsi être une façon de connaître la genèse et les causes d'une imagination. L'imagination, néanmoins, ne cessera pas, puisqu'elle est la seule connaissance existante et que la raison n'est, dans un certain sens, qu'une organisation d'images formées et enchaînées depuis les modifications du corps et ses idées. Elle est une sorte d'imagination organisée selon ce qui est commun dans la nature. La raison ne se substitue donc pas à l'imagination ; nous vivons dans un monde à la fois imaginaire et réel, car la réalité est toujours une réalité partagée et commune aux divers corps et esprits singuliers. La raison ne corrige pas l'imagination, elle fait plutôt la part des choses, en nous aidant à distinguer ce qui est actuel et commun de ce qui est de l'ordre de la projection et fait obstacle à la connaissance adéquate. On ne peut donc pas dire que l'homme a la faculté de raisonner, mais plutôt qu'il peut développer son raisonnement, à partir de l'effort spontané, mais aussi de l'apprentissage et de l'habitude d'associer des images dans le but de comprendre la connexion et la nature des choses.

5. L'imagination comme genre de connaissance (idée de l'idée) inadéquat

La proposition 40 [E II] organise en *genres de connaissance* ce qui a été proposé jusqu'alors. Les notions communes constituent « les fondements de notre raisonnement ». Pourtant, dans l'opinion vulgaire (selon la *doxa* ou le sens commun, c'est-à-dire le sens commun *convenu*, *habituel*), mais aussi dans la tradition philosophique, il y a d'autres formes de connaissance qui sont à tort considérées comme relevant de l'ordre de la raison. Il y a des concaténations d'images qui semblent adéquates parce qu'elles suivent un ordre logique, mais s'avèrent fondées sur des prémisses, notions ou axiomes inadéquats[6], dans une chaîne d'idées-de-l'idée dissociée de la réalité actuelle, si bien que le raisonnement se trouve entièrement compromis. Attachées à des explications dissociées des idées du corps, qui tentent en vain de donner un sens extérieur à ce qui a été ressenti, les philosophies et la *doxa* cherchent en fait à échapper aux sens, au corps (et à son idée), aux affects, que l'esprit ressent comme des émotions et pulsions désagréables, dangereuses, déstabilisantes. Parce qu'elles sont difficiles à comprendre mais surtout à vivre, les émotions passionnelles sont prises pour des obstacles et au bonheur personnel et à la vie commune et sociale ; par conséquent, les affects passifs ont été chassés de la philosophie et de l'entendement commun, plutôt que compris – mais, avec eux, on a aussi chassé les affects actifs et leur compréhension. La raison traditionnelle, métaphysique, comme l'attitude métaphysique du sens commun, du *vulgus*, a été définie comme une sorte de raisonnement dissocié des affects et par conséquent de la seule façon de comprendre les choses, à savoir par les affections du corps. Ce faisant, cette prétendue raison devint un fétiche de raisonnement, un raisonnement tournant à vide, dépréciant les images au lieu de les connaître, tout en forgeant malgré elle une image creuse d'une raison purement formelle ou logique, jamais adéquate ni aux parties ni au tout : une raison *pure*, purifiée précisément de ce qu'elle était censée connaître et comprendre, créant ainsi une idée fictive des choses qu'elle prétend expliquer. Cette supposée raison est ainsi une idée fausse, puisqu'elle prétend exprimer la vérité de la chose, alors qu'elle ne peut qu'inventer des essences détachées de ce dont elles seraient l'essence.

---

[6] Or, « les idées inadéquates et confuses suivent les unes des autres avec la même nécessité que les idées adéquates » [E II, 36].

Lorsque Spinoza indique comme inadéquate la connaissance qui suit l'ordre naturel des sens, il peut sembler qu'il adopte la même perspective que la philosophie métaphysique ; c'est pourtant tout le contraire. C'est précisément parce que l'imagination est inadéquate, mutilée et confuse, que la raison doit non pas dévier des affections sensibles et des affects, mais, à l'inverse, s'y pencher, non pas pour les corriger mais pour les comprendre. La connaissance rationnelle, le raisonnement adéquat consistera alors à ordonner les images, à en chercher les causes dans la réalité, en imaginant des hypothèses, à connaître des différences et des points communs dans les choses et dans la nature, des régularités, des continuités, qui pourront être décrites comme des normes ou des lois. Le réel, on ne le corrige pas, on le comprend pour le transformer dans son processus même.

Spinoza rappelle qu'il a abordé dans le TIE (« je les ai consacrées à un autre Traité ») les questions de la première idée vraie dans l'esprit et de la manière dont, à partir d'elle, on peut arriver à des idées secondes [Martins, 2017]. Il passe à l'analyse des « causes d'où ont tiré leur origine les termes dits *transcendantaux*, comme étant, chose, quelque chose (*ens, res, aliquid*) » [E II, 40, esc. 1] :

> Ces termes naissent de ce que le corps humain, puisqu'il est limité, n'est capable de former en soi de manière distincte qu'un nombre précis d'images à la fois ; si ce nombre est dépassé, ces images commenceront à se confondre, et, si ce nombre d'images que le corps est capable à la fois de former en soi de manière distincte est largement dépassé, elles se confondront toutes entièrement entre elles. [E II, 40, esc. 1.]

La compréhension claire et distincte dans l'esprit vient premièrement de *la formation distincte d'images (donc adéquate ; l'imagination peut être adéquate sans la médiation de la raison en tant que genre de connaissance ; l'imagination, l'idée du corps, peut donc être non seulement vraie mais aussi adéquate)*. En effet, la raison n'est rien d'autre que *la perception des images (des choses extérieures, ainsi que de son corps et de son esprit) avec distinction* ; de même, le raisonnement adéquat n'est en fait que la procédure d'organisation des images des choses par ce qui leur est commun, en cherchant ainsi la compréhension de leurs causes.

> Il ressort évidemment que l'esprit humain pourra imaginer de manière distincte autant de corps à la fois qu'il peut se former à la fois d'images dans son corps. Et quand les images dans le corps se confondent entièrement, l'esprit aussi

> imaginera tous les corps confusément sans aucune distinction, et les embrassera pour ainsi dire sous un même attribut, à savoir sous l'attribut de l'étant, de la chose, etc. [E II, 40, esc. 1.]

Les transcendantaux signifient ainsi « des idées confuses au plus haut degré ». Spinoza ajoute un deuxième exemple de notions créées à partir d'une difficulté à appréhender distinctement des images par le corps et par l'esprit :

> C'est de semblables causes que sont nées les notions qu'on appelle *universelles*, comme l'homme, le cheval, le chien, etc., à savoir, parce que dans le corps humain se forment tellement d'images à la fois, par exemple, d'hommes, qu'elles dépassent la force d'imaginer (*vim imaginandi*), non pas tout à fait, bien sûr, mais assez cependant pour que l'esprit humain ne puisse imaginer les petites différences entre singuliers (à savoir la couleur, la grandeur, etc., de chacun) ni leur nombre déterminé, et n'imagine distinctement que ce en quoi tous, en tant qu'ils affectent le corps, conviennent ; car c'est cela qui, se trouvant dans chaque singulier, a le plus affecté le corps ; et c'est cela qu'il exprime par le nom d'*homme*, et c'est cela qu'il prédique de l'infinité des singuliers. [E II, 40, esc. 1.]

Ces exemples d'idées confuses telles que les transcendantaux et les universaux sont précieux pour distinguer encore l'idée inadéquate, l'idée adéquate et l'idée fausse. Les notions inventées à partir d'images très confuses dans les sens et, partant, dans l'esprit, telles que les transcendantaux, sont des idées évidemment inadéquates, qui deviendront fausses lorsque l'esprit les tiendra pour de véritables explications, pour des choses réelles. L'hypothèse de ne pas prendre les transcendantaux pour des choses réelles semble pourtant impossible, vu que le terme même (*transcendantaux*) a été créé dans le but de donner sens à des réalités non comprises ou non acceptées. On l'a formé depuis le début en tant qu'idée fausse[7].

Pour ce qui est du deuxième exemple, les notions universelles, elles aussi, elles sont formées à partir de l'impossibilité du corps d'être affecté de façon distincte (et par là même de l'esprit d'en avoir l'idée de façon distincte) par des singularités des choses singulières, si bien que l'esprit tendra à faire abstraction des singularités pour n'en percevoir que des images ou des

---

[7] C'est le cas aussi pour l'idée d'âme en tant que substance liée au corps, selon l'exemple donné par Spinoza dans le TIE et repris dans l'*Éthique*.

caractéristiques générales communes. Or, tout le langage, et partant aussi la communication, est fondé sur ce genre d'expédient qui généralise les différences singulières. Ce sont ainsi des idées inadéquates, qui deviendront fausses lorsque l'esprit considérera une catégorie comme si elle était l'essence de ces choses singulières. Catégorie pourtant simplement créée pour nommer un ensemble de choses singulières semblables d'après une image commune – due à une limitation de la perception, servant uniquement à une utilité pratique de compréhension simplifiée, ou de communication. C'est ainsi que Platon tient l'idée de l'homme pour l'essence de l'homme. Aristote, à son tour, caractérise cette essence par une différence spécifique entre l'homme et les autres espèces du même genre animal (en l'occurrence, cette différence est la raison), alors que toute taxonomie ne fait sens qu'en tant que classification conventionnelle à partir de traits communs et non point en tant que classement d'essences réelles présentes dans les choses.

Une telle confusion dans la perception de l'essence d'une chose, la remplaçant par de simples images communes, est due au fait que « les images n'ont pas toujours la même vigueur », si bien « qu'elles varient en chacun en fonction de la chose qui a plus souvent affecté le corps, et que [par conséquent] l'esprit a plus de facilité à imaginer ou à se rappeler » [E II, 40, esc. 1]. L'essence d'une chose sera à tort attribuée à une simple caractéristique commune aux choses classifiées. Cette attribution confuse s'explique simplement par le fait que la caractéristique (ou image) commune a marqué vivement le corps et l'esprit de celui qui la fait. La généralisation est, par projection, proposée faussement comme si elle était l'essence des choses. Ainsi,

> Par exemple, ceux qui ont le plus souvent contemplé avec admiration la stature des hommes, sous le nom d'homme entendront un animal de stature droite. Mais ceux qui sont habitués à contempler autre chose formeront une autre image commune des hommes, à savoir, que l'homme est un animal doué de rire, un animal bipède sans plumes, un animal rationnel ; et de même, chacun formera selon la disposition de son propre corps des images universelles des choses. [E II, 40, esc. 1.]

Ces exemples font clairement référence à la définition platonicienne de l'homme comme un « bipède sans plumes » (définition dénoncée comme non essentielle par Diogène le Cynique, qui nomma « l'homme de Platon » son coq déplumé) et à la définition aristotélicienne comme animal rationnel, en suggérant qu'Aristote (qui considérait le rire comme un phénomène uniquement humain) l'a proposée parce qu'il était plus intensément affecté par le raisonnement de l'homme (ou par son sérieux ? Aristote serait-il maussade ?) que par une autre de ses caractéristiques (le rire, s'il eût été plus enjoué ?).

La raison, définie à tort en tant que pur raisonnement logique formel, détaché de la perception affective réelle des sens, des affects et du corps[8], finalement n'a fait dans l'histoire qu'ériger en essences universelles ce qui en vérité n'était qu'une sorte de logique particulière européenne, blanche, masculine et jeune, tout en excluant d'autres cultures humaines (africaines, indiennes, autochtones, précolombiennes et autres), d'autres races (dans l'histoire notamment les noirs), les femmes, les enfants et les vieux, justifiant également le traitement réservé aux animaux, considérés comme des objets au service de l'« homme » ainsi défini. L'histoire nous a montré de manière irréfutable l'influence néfaste de cette fausse définition basée sur des préjugés[9] (y compris religieux) concernant l'esclavage, les guerres et autres impositions tyranniques. Ces préjugés sont encore présents jusqu'à aujourd'hui dans certains rapports humains et sociaux.

Comment alors distinguer d'une part les universaux faussement essentiels et d'autre part les idées adéquates des essences, les vraies notions universelles ou communes ? C'est ce qu'établit Spinoza lorsqu'il distingue trois manières de former des notions universelles, deux inadéquates et une adéquate, c'est-à-dire claire et distincte.

Les idées inadéquates se forment « 1. À partir des singuliers qui nous sont représentés par nos sens de manière mutilée, confuse et sans ordre pour l'intellect » [E II, 40, esc. 2]. Spinoza appelle de telles perceptions *connaissance par expérience vague*. Dans ce cas, l'esprit projette (par le fait d'avoir vécu dans le passé une expérience semblable à l'actuelle) son expérience particulière passée sur des cas présents ou futurs, où pourtant cette expérience n'est pas pertinente. Alors on infère inadéquatement que d'autres personnes seraient affectées de la même manière qu'on l'a été soi-même auparavant, et donc que son expérience vécue est la seule façon de vivre une telle situation. C'est bien le cas lorsqu'on attribue une essence à l'homme d'après les affects qui ont le plus fréquemment ou intensément affecté le corps de celui qui émet ce jugement.

---

[8] La compréhension des affects est ce qui permet de connaître plus clairement les choses et leur fonctionnement dynamique.

[9] Les préjugés sont la fixation sur des images formées à partir d'affects passifs fréquents et intenses, ressentis dans un contexte précis de culture et d'habitude, dirigées à la fois par des intérêts liés au contrôle social et privé.

« 2. À partir des signes, par exemple, de ce que nous, ayant entendu ou lu certains mots, nous souvenons de choses, et en formons certaines idées semblables à celles par le moyen desquelles nous imaginons les choses » [E II, 40, esc. 2]. Spinoza ne donne pas de nom à cette sorte de perception, déterminée par convention à travers les mots et le langage. Elle est inadéquate par le fait même que nous n'y vivons pas l'expérience mais l'apprenons par des tiers, par le biais du langage. Dans ce cas d'inadéquation par l'imagination, il ne s'agit pas non plus d'idées fausses – or cette sorte d'imagination est la seule façon de comprendre le langage, ce qui est dit ou écrit, ou de faire usage de tout code ou symbole (mathématique, par exemple). Encore une fois, cette idée inadéquate ne devient fausse que lorsque nous y donnons notre assentiment : dans le langage, ce cas de figure est à l'origine d'idées fausses lorsque l'idéat n'a pas été vécu, ne correspond pas à la réalité, ne fait pas sens (n'est pas une notion commune), mais que tout de même nous lui attribuons le caractère de vérité. Cela relève de l'« argument d'autorité » (autorité de quelqu'un, d'un écrit, d'une parole ou d'une image).

Spinoza appelle « l'une et l'autre manière de contempler les choses [...] connaissance du premier genre, opinion ou *imagination* » [E II, 40, esc. 2 ; nos italiques]. À quoi il ajoute que « la connaissance du premier genre est l'unique cause de fausseté, et celle du deuxième et du troisième genre est nécessairement vraie [car] à la connaissance du premier genre appartiennent toutes les idées qui sont inadéquates et confuses » [E II, 41 ; E II, 40, dém.] et « c'est la connaissance du deuxième et du troisième genre, et non du premier, qui nous enseigne à distinguer le vrai du faux » [E II, 42].

Le sens de ces affirmations est évident. Premièrement, si la raison (deuxième genre de connaissance) est le raisonnement qui concatène les images et idées d'une façon adéquate (le simple fait de raisonner ne garantit pas que le raisonnement sera vrai), et si le troisième genre part de la raison (c'est-à-dire part de la distinction du réel et de l'irréel), alors il va de soi que ces deux genres de connaissance sont nécessairement vrais et nous enseignent à distinguer le vrai du faux, car le deuxième est cette distinction même et le troisième part du second. Puis, si le premier genre est le seul inadéquat, la fausseté ne peut être causée que par lui. Pourtant, et c'est là le point qu'il faut absolument souligner, dire que la connaissance du premier genre est *l'unique cause de fausseté* ne revient pas à dire qu'il est *toujours ou nécessairement cause de fausseté*. Nous venons de le voir : c'est une connaissance inadéquate, certes, mais l'inadéquation ne devient fausseté que lorsque nous adhérons à ce qui est imaginé comme si c'était vrai. En tant qu'inadéquate, elle ne peut pas nous apprendre à *distinguer* entre le vrai et le faux, mais cela ne veut pas dire qu'elle est toujours fausse. En somme : (i) le deuxième genre, et le troisième qui s'ensuit, étant par définition adéquats, ne peuvent être que vrais ; (ii) le premier genre est en principe inadéquat (ne nous aide pas à distinguer le vrai du faux), et il peut (ou non) *devenir* faux.

L'expérience vague est fausse du fait qu'elle se caractérise par une projection de nos propres affections passées sur le vécu des autres – ou sur un vécu actuel de nous-même –, en inférant faussement la connaissance de leur nature. Le lien entre signes et choses, par contre, ne devient faux que lorsque nous confondons mots et choses, comme c'est le cas de l'argument d'autorité, quand nous prenons les mots ou d'autres signes pour des réalités actuelles. Le nom d'*imagination* donné, dans ce scolie [E II, 40], à ces deux sortes de connaissance inadéquate qui peuvent donner naissance à des idées fausses a, semble-t-il, égaré une bonne part des commentateurs. C'est comme si les importantes explications sur la nature de l'imagination et sa genèse, depuis la proposition 11 jusqu'à la proposition 40 de l'*Éthique* II, mais aussi dans le TIE, montrant que l'imagination est tout d'abord la concaténation d'images par laquelle se fait toute connaissance adéquate ou inadéquate, vraie ou fausse, n'étaient soudain plus prises en compte. Cette projection de la fausseté sur l'imagination dans le texte de Spinoza, qui ne le dit nulle part (bien au contraire), paraît être elle-même un exemple d'idée inadéquate. Par habitude, on importe des interprétations philosophiques (cartésiennes et autres) qui considèrent la raison comme une faculté qui s'oppose à l'imagination et la corrige, et on les projette faussement sur le texte spinoziste, contre ce texte même. Croire que toute imagination, puisque inadéquate, est fausse a, en fait, comme condition l'identification erronée de l'inadéquation à la fausseté. On conclut faussement que la première implique nécessairement la seconde. Que Spinoza ait nommé le premier genre de connaissance *imagination* ne change rien à tout ce qu'il a expliqué auparavant.

Nous pouvons dire que l'imagination, tout en étant définie d'une seule façon, est pourtant considérée par Spinoza selon deux statuts, l'un primaire et l'autre secondaire : en tant qu'association d'images présentes et passées, ce qui constitue la base de toute connaissance et pensée, mais aussi en tant que genre de connaissance qui inclurait le langage et la fiction (selon le TIE, et par conséquent pouvant inclure aussi l'art et même des intuitions, comme l'intuition religieuse, ainsi que le dit le *Traité théologico-politique*). Lorsque l'esprit se trompe (même si c'est pour se défendre d'une réalité actuelle confuse ou menaçante, ou de souvenirs d'une réalité passée mauvaise), cela donne naissance à des idées fausses (c'est-à-dire à des idées-de-l'idée fausses). Conçue de cette première façon (en tant qu'association d'images), l'imagination n'est jamais fausse, c'est le fonctionnement même de l'esprit en tant qu'idée du corps et ses idées. L'imagination est ainsi nécessairement partie intégrante de la connaissance du deuxième genre, qui n'en est qu'une variante attentive aux propriétés communes des choses et aux notions communes. Par conséquent, elle est aussi présente dans le troisième genre de connaissance.

L'imagination en tant que genre de connaissance (donc en tant qu'idée-de-l'idée, consciente ou inconsciente) n'est pas foncièrement différente de l'imagination en tant qu'association d'images ; mais c'est tout simplement une façon inadéquate d'associer les images, qui devient une idée fausse lorsqu'on y adhère. Elle n'est pas fausse en soi, mais est inadéquate dans la formation d'idées, de sorte que l'esprit peut adhérer à ces connaissances comme si elles étaient vraies (puisque dans l'inadéquation, le vrai et le faux ne sont pas intrinsèquement distincts), les rendant ainsi fausses. Le langage est un bon exemple d'association d'images *neutre* qui est comprise par Spinoza dans le premier genre de connaissance (connaissance par signes) et qui ne devient fausse que si nous confondons mots et choses, mots et réalité, comme, par exemple, lorsque nous projetons la structure grammaticale d'une langue sur le réel.

L'imagination est ainsi l'idée du corps et sa forme, l'idée de l'idée immédiate. D'une part, l'imagination est définie comme association d'images, entre des images formées actuellement et d'autres formées dans le passé, redevenues présentes par la force de la mémoire et des traces. L'imagination ainsi comprise n'est pas fausse, ni, encore moins, mauvaise, car, d'abord, c'est l'unique façon de connaître ; puis, elle est une force ou vertu car elle nous permet de comprendre le fonctionnement de notre esprit et de notre perception des choses, telles que nous les concevons. D'autant plus si ces images sont formées d'une façon claire, non confuse. D'autre part, lorsque l'imagination fait que l'esprit donne son assentiment à ce qui est imaginé, elle devient un faux genre de connaissance. L'erreur est celle de l'esprit, et pas de l'association spontanée et vécue des choses. L'affect n'en est qu'une conséquence, un effet. L'imagination devient alors une sorte d'idée de l'idée dissociée de la réalité actuelle, médiatisée par des mots ou des affects passés qui font obstacle à la perception de la réalité présente. Au lieu de comprendre l'idée du corps et son inadéquation, ce genre de connaissance cherche ailleurs une explication qui sera faussement appliquée à l'expérience vécue.

Finalement, la troisième façon de connaître les choses en formant des notions universelles [E II, 40, scol. 2] serait la raison, la seule des trois qui est adéquate, que Spinoza appellera donc *deuxième genre de connaissance* (puisque les deux premières façons de connaître les essences sont incluses dans le premier genre), consistant à avoir « des notions communes, et des idées adéquates des propriétés des choses ». Spinoza conclut en ajoutant un troisième genre de connaissance, appelé *science intuitive*, qui « procède de l'idée adéquate de l'essence formelle de certains attributs vers la connaissance adéquate de l'essence des choses » singulières [E II, 40, scol. 2]. L'imagination aura encore un rôle essentiel dans l'*Éthique* V, qui part du troisième genre de connaissance et aboutit à la compréhension intellectuelle de l'amour de la nature, à laquelle nous appartenons, et à l'expérience, dans la durée, de l'éternité de l'esprit. Il s'agira d'un amour compris comme communion avec tous les modes de la substance.

En guise de conclusion

Nous avons tenté d'éclaircir les points suivants :
(i) L'imagination peut être claire et donc adéquate lorsque les images sont formées de façon claire et que son idée est claire.
(ii) Elle tend à être le plus souvent inadéquate car dans l'imagination, l'esprit suit les images formées par les affections actuelles du corps et ses affects, à quoi s'ajoutent des idées passées qui viennent à l'esprit en raison du lien avec des affections et affects passés (par la mémoire déterminée par l'habitude et par l'intensité de l'affect au moment de l'impression qui a laissé des traces).
(iii) Même inadéquate, l'imagination n'est pas nécessairement fausse, car la fausseté ne procède ni de l'imagination ni de l'inadéquation, mais elle est due à l'assentiment de l'esprit à ce qui est imaginé.
(iv) L'imagination est vraie, donc, en tant qu'imagination, c'est-à-dire en tant que processus de concaténation d'images et de leurs idées, autant actuelles que passées et suscitées par les actuelles.
(v) Si l'on sait que l'imagination est une fiction, elle demeure vraie (dans ce sens *premier*) et peut contenir ou susciter des compréhensions vraies.
(vi) La raison même n'est rien d'autre que le processus de l'esprit consistant à organiser les images en les concaténant, en les imaginant donc, en fonction de ce qu'elles ont en commun les unes avec les autres et avec le tout de la nature.

(vii) La raison est un apprentissage d'usage et de compréhension de l'imagination qui permet de s'ouvrir au nouveau, c'est-à-dire à l'actuel présent sans se réfugier dans le déjà connu (bien différent de ce que la tradition métaphysique a nommé *raison*, qui n'est qu'un raisonnement logique dissocié de l'objet ressenti, et donc, selon Spinoza, une idée fausse).

(viii) Imagination et raison peuvent ainsi participer de la créativité de l'esprit dans ses expérimentations autant rationnelles qu'esthétiques (aussi bien au sens artistique que sensoriel).

(ix) L'imagination peut être utilisée par l'esprit pour la négation d'une réalité fâcheuse, sous la forme du délire, de la superstition ou des préjugés, comme elle peut servir, au contraire, non seulement à la raison, mais à la créativité en général, en favorisant les affects actifs.

(x) Même lorsque l'imagination est claire et distincte, donc adéquate, elle ne procure pas par elle-même la connaissance adéquate des causes, si bien que, tout en étant un instrument d'intensification des vécus, y compris des vécus vrais, elle n'est pas un instrument servant à *distinguer avec clarté* l'idée adéquate et l'idée inadéquate, le vrai et le faux, les affects passifs et les affects actifs.

(xi) Tant l'imagination vraie que l'idée adéquate ou la raison ne remplacent pas ni ne corrigent l'idée du corps ou l'expérience, qui est le fait réel et sans signifié intrinsèque ni absolu, mais au contraire, elles permettent de la comprendre pour mieux la vivre, car c'est à être mieux affecté (augmenter sa puissance d'agir, de sentir et de penser) que revient l'utilité de la connaissance vraie (ainsi que l'inutilité ou le caractère nuisible de la connaissance fausse).

Le bonheur ou béatitude de la puissance spinoziste n'est ni un stoïcisme qui proposerait une normalisation des comportements ayant comme *télos* le bonheur, ni un hédonisme qui chercherait un plaisir sans la reconnaissance de l'utilité de la douleur.

Certains commentateurs de Spinoza ont tendance à considérer que l'imagination peut être utilisée par la raison ou pour une fin rationnelle. Nous irions plus loin, en affirmant que l'imagination est l'instrument qui constitue la raison même : c'est elle qui est à l'œuvre lorsque nous trouvons (ou imaginons) des solutions à des problèmes en comprenant leurs causes, ou lorsque nous concaténons des variables de façon créative, inattendue et originale. La raison, plus précisément le processus dynamique de raisonnement (qui est ce que Spinoza nomme *raison*, et non pas une faculté ou une volonté libre), est ainsi *une sorte d'imagination* qui cherche des propriétés communes et formule des notions communes – ce en quoi consiste son adéquation. C'est grâce à ces notions communes que l'esprit ne donne plus son consentement aux fantasmes, aux projections, aux délires, aux imaginations inadéquates qui confondent cause et effet en proposant des causes imaginaires qui ne font qu'apaiser faussement les angoisses de l'individu – et expriment l'impuissance de l'esprit.

L'imagination est ce qui permet une raison affective et créative. C'est pourquoi sans la raison, il n'y a pas de connaissance de l'essence singulière des choses (qui ne peut être qu'intuitive, donc de troisième genre), c'est-à-dire de l'essence actuelle, réelle, la seule qui en fait existe. La croyance à ce qui est imaginé comme si c'était la réalité même, est ce qui provoque la dissociation de l'esprit d'avec l'idée de son corps, le délire, l'idée fausse, l'erreur. L'esprit ne se trompe pas lorsqu'il imagine, de même que le corps ne se trompe pas lorsqu'il sent. Le corps sent et pense, et l'esprit est cette pensée du corps. C'est pourquoi on pourrait dire de la raison entendue au sens traditionnel qu'elle est un délire lorsqu'elle prétend corriger le sens à partir d'une abstraction logique ou formelle dissociée de toute réalité singulière. Spinoza entend par *raison* l'organisation des images qui permet de comprendre non seulement le réel mais aussi les affects humains, leur fonctionnement et leurs causes, de façon à augmenter la puissance d'agir de l'individu. La raison conçue par la tradition métaphysique, au contraire, appelle *intellect* ce qui relève en fait de l'imagination, car elle prétend imposer une vérité abstraite aux actions à partir d'idées imaginatives dissociées de l'idée du corps (sans observer les propriétés communes des corps ou de modes réels). Or cela correspond à la définition même d'une idée fausse chez Spinoza.

La puissance de la raison est dans l'imagination. Et l'imagination est d'autant plus puissante qu'elle ne consiste pas en une fuite de la réalité – fuite qui s'opère tout aussi bien quand les formules logiques deviennent le substitut d'un réel vécu comme insupportable. Lorsque l'esprit conçoit l'imagination comme ce qui constitue le réel, en l'acceptant et en l'affirmant, l'imagination est une vertu dont on fait usage pour embellir l'existence.

Références bibliographiques

Martins, André [2017], « A primeira ideia verdadeira no *Tractatus de intellectus emendatione*: ideia do corpo e ideia da ideia », *Revista Trágica: estudos de filosofia da imanência*, 10, 3, 58-71.

Spinoza, Baruch [1964], *Court Traité*, in *Œuvres I*, trad. Charles Appuhn, Paris, Flammarion, « GF ».

— [1994], *Traité de la réforme de l'entendement*, trad. Alexandre Koyré, Paris, Vrin.

— [1999], *Éthique*, bilingue latin-français, trad. Bernard Pautrat, Paris, Seuil, « Points ».

André MARTINS
Universidade Federal do Rio de Janeiro (UFRJ)
Rio de Janeiro, Brésil
andre.mar@terra.com.br

Imaginer, concevoir, démontrer et ordonner dans les *Nouveaux Éléments de Géométrie* d'Antoine Arnauld
Jorge Alberto MOLINA

1. L'œuvre et ses sources

Les *Nouveaux Éléments de Géométrie* d'Antoine Arnauld ont été publiés en 1667. Une deuxième édition a paru en 1683 avec des modifications, introduites par l'auteur après sa lecture d'*Euclides logisticus sive De ratione euclidea*, texte de François de Nonancourt qui avait déjà été publié en 1652. Ces modifications concernent les Livres II, III et IV, où Arnauld développe sa théorie des raisons et des proportions (ce qui correspondrait à peu près au Livre V des *Éléments* d'Euclide). Une troisième édition a paru en 1683. Cette œuvre d'Arnauld a connu un grand succès comme manuel pour étudier la Géométrie plane élémentaire.

On peut reconnaître plusieurs sources qu'a utilisées Arnauld pour rédiger ses *Nouveaux Éléments*. D'un côté, on voit la présence de la doctrine ramiste de la méthode. C'est une source implicite, puisque Arnauld ne la cite pas. Selon Ramus, si l'on veut développer une discipline dans un ordre qui soit tout à fait correct et naturel, on doit d'abord définir son sujet. Ensuite, on doit diviser cette discipline en ses parties. Prenons l'exemple de la Grammaire. D'après Ramus, la Grammaire est l'art de bien parler et elle a deux parties : l'Étymologie (ce que nous appellerions Morphologie) et la Syntaxe. Ensuite, en définissant l'Étymologie et en la divisant en ses parties, on descendra aux exemples très spécifiques, lesquels iront à la dernière place. Et l'on fera de même pour l'autre partie de la Grammaire, c'est-à-dire la Syntaxe. Dans tous les cas, selon Ramus, on doit commencer l'exposition d'une science par les concepts les plus généraux. L'on doit placer en premier les propositions dont les concepts sont les plus globaux et terminer avec les propositions contenant les concepts les plus particuliers.

Il est clair que l'ordre suivi par Euclide dans ses *Éléments* ne correspond pas à celui qu'indique Ramus. Euclide ne définit pas le thème de la Géométrie ; il ne dit pas qu'elle est la science de l'espace, de l'étendue, de la quantité continue. Si l'on examine l'ordre de l'exposé d'Euclide, on perçoit tout de suite les différences par rapport à la méthode de Ramus. En effet, les livres I, II, III et IV des *Éléments* traitent de la Géométrie plane. Le livre V, qui vient ensuite, expose une théorie générale des raisons et proportions. Cette théorie s'applique à des grandeurs quelconques, qu'elles soient les grandeurs discrètes de l'Arithmétique ou les grandeurs continues de la Géométrie. Dans l'Antiquité, la Renaissance et à l'Âge classique, on a cru y voir une sorte de *mathesis universalis* [Sasaki, 2003, II]. Quoi qu'il en soit, Euclide ne possède pas l'ordre que Ramus recommande, lequel sera dit *naturel* par Arnauld, ordre qui consiste à aller du plus général au plus particulier, puisque Euclide aurait dû placer les livres sur la Géométrie plane après le livre V, les premiers ayant pour sujet les quantités continues et le dernier les quantités en général. Au livre VI, Euclide retourne à la Géométrie plane. Les livres VII, VIII et IX ont été appelés *arithmétiques* parce qu'Euclide y développe sa théorie sur les nombres. Le livre X est une continuation du livre V. Euclide y traite de la distinction entre grandeurs commensurables et incommensurables. Autrement dit, son sujet est plus général que celui qui est développé dans les livres qui le précèdent immédiatement. Nous voyons donc là une nouvelle violation de la méthode de Ramus. Finalement, du livre XI au livre XIII, Euclide expose la Géométrie de l'espace.

On peut se borner à considérer le livre I des *Éléments* d'Euclide pour voir comment le géomètre grec, dans son exposition de la Géométrie, se situe hors de l'ordre recommandé par Ramus. Dans la proposition I.1, Euclide montre comment construire un triangle équilatéral ; dans la proposition I.22, il indique comment construire un triangle quelconque. L'ordre prescrit par Ramus est brisé, puisque ce que montre I.22 est plus général que ce que dit I.1. Dans la proposition I.16, Euclide prouve que dans tous les triangles, si l'une quelconque de leurs trois lignes est prolongée, l'angle extérieur ainsi formé est plus grand que chacun des angles intérieurs opposés. Mais Euclide prouve aussi la proposition I.32, qui dit que cet angle extérieur est égal aux deux angles internes opposés. Clairement, ce que dit I.32 est plus général que ce qu'affirme I.16.

Un des buts d'Arnauld, en écrivant ses *Nouveaux Éléments*, était de donner à l'exposition de la Géométrie une organisation qui soit conforme à la méthode de Ramus. Dans sa conclusion, Arnauld dit :

> Outre que n'ayant entrepris ces Éléments que pour donner un essai de la vraie méthode qui doit traiter les choses simples avant les composées, et les générales

avant les particulières, je pense avoir satisfait à ce dessein, et avoir montré que les géomètres ont eu tort d'avoir négligé cet ordre de la nature, en s'imaginant qu'ils n'avaient autre chose à observer, sinon que les propositions précédentes servissent à la preuve des suivantes : au lieu qu'il est clair, ce me semble, par cet essai, que les éléments de géométrie étant réduits selon l'ordre naturel, peuvent être aussi solidement démontrés, et sont sans comparaison plus aisés à concevoir et à retenir. [Pascal, Arnauld & Nonancourt, 2009, 761.]

Arnauld suit les préceptes ramistes dans ses *Nouveaux Éléments*. Du livre I au livre IV, il traite de la grandeur en général, des opérations qui se peuvent appliquer à toutes sortes de grandeurs (ajouter, soustraire, multiplier et diviser), des raisons et proportions entre grandeurs et de la distinction entre raisons commensurables et incommensurables. Toute cette partie de l'œuvre correspondrait à peu près aux livres V à X des *Éléments* d'Euclide. C'est seulement après son livre V qu'Arnauld entreprend l'étude de la Géométrie plane. Arnauld va donc du plus général (la grandeur en général) au plus particulier (la grandeur continue, objet d'étude de la Géométrie). Les mots *quantité* et *grandeur*, qui sont synonymes pour Arnauld, signifient tout ce qui se peut augmenter en ajoutant ou multipliant et diminuer en soustrayant ou divisant, c'est-à-dire l'étendue, le nombre, le temps, les degrés de vitesse [Pascal, Arnauld & Nonancourt, 2009, 112]. Ce soin de suivre les préceptes ramistes se voit également dans les livres où Arnauld traite spécifiquement de la Géométrie plane, où le théologien français critique Euclide pour avoir démontré ses propositions à propos des lignes parallèles et perpendiculaires en utilisant le concept de triangle. Dans la proposition I.10 des *Éléments*, par exemple, Euclide nous enseigne comment diviser une ligne donnée en deux parties égales. La construction de cette bissectrice est justifiée par des propriétés des triangles précédemment démontrées. De façon analogue, dans la proposition I.11, Euclide enseigne comment construire une ligne perpendiculaire à une autre ligne donnée, qui traverse un point à l'extérieur de cette ligne donnée. La justification de ces constructions viole la méthode de Ramus parce que le concept de triangle qui donne leur justification présuppose le concept de ligne. Arnauld essaiera de faire ces constructions et de les justifier sans employer le concept de triangle.

Autre source des *Nouveaux Éléments* d'Arnauld, deux opuscules de Pascal : *L'Esprit de la Géométrie* et *De l'art de persuader*. Le premier décrit ainsi l'ordre à suivre dans la construction de la Géométrie :

> Cet ordre, le plus parfait entre les hommes, consiste non pas à tout définir ou à tout démontrer, ni aussi à ne rien définir ou à ne rien démontrer, mais à se tenir dans ce milieu de ne point définir les choses claires et entendues de tous les hommes, et de définir toutes les autres ; et de ne point prouver toutes les choses connues des hommes, et de prouver toutes les autres. [Pascal, 2008, 19-20.]

Les choses que l'on ne doit pas définir sont, d'après Pascal, l'espace, le temps, le mouvement, le nombre et l'égalité. Ces termes désignent si clairement ce qu'ils signifient « que l'éclaircissement qu'on en voudrait faire apporterait plus d'obscurité que d'instruction » [2008, 20]. Les choses qu'on n'a pas besoin de démontrer sont les principes de la Géométrie. Quels sont-ils ? Dans *L'Esprit de la Géométrie*, Pascal ne les cite pas. En revanche, il est plus explicite dans les fragments conservés de son *Introduction à la Géométrie*. Pascal y mentionne les suivants : l'espace est infini selon toutes les dimensions et immobile en tout et en chacune de ses parties ; les points ne diffèrent que de situation ; les lignes diffèrent de situation, de grandeur et de direction ; les droites sont le plus court chemin entre deux points ; la distance de deux points est la ligne droite ; les surfaces peuvent différer de situation, de longueur, de largeur, de contenu, de direction. En outre, Pascal désigne comme « théorèmes connus naturellement » un ensemble de propositions, lesquelles n'auraient pas besoin d'être démontrées. Dans cet ensemble, nous trouvons entre autres : les cercles dont les semi-diamètres sont égaux sont égaux ; les arcs égaux de mêmes cercles ne diffèrent que de situation ; l'intersection de deux lignes est un point. Cette conception pascalienne selon laquelle, dans la Géométrie, on ne doit pas tout définir ni tout prouver, est présente dans le livre I des *Nouveaux Éléments* où Arnauld traite des opérations qui se peuvent appliquer à toutes sortes de grandeurs. Là il justifie que pour développer la Géométrie, on peut supposer des connaissances préalables :

> Toutes les sciences supposent des connaissances naturelles, et elles ne consistent proprement qu'à étendre plus loin ce que nous savons naturellement. Ainsi quoiqu'il semble que ce soit contre le vrai ordre des sciences de supposer dans les supérieurs, ce qui ne se doit traiter que dans les inférieurs […] néanmoins ce n'est point contre cet ordre que de supposer dans une science supérieure ce qui regarde l'objet de l'inférieure, lorsque *nous ne supposons que ce qui se peut savoir par la seule lumière naturelle sans l'aide d'aucune science*. C'est pourquoi ayant de traiter ici [livre I] de la quantité ou grandeur en général […] je ne ferai point de difficulté de supposer qu'on sait de certaines choses qui semblent appartenir à la science des nombres qu'on appelle arithmétique, ou

à la science de l'étendue qu'on appelle géométrie ; *parce que je ne supposerai rien qu'on ne puisse savoir sans l'aide de l'arithmétique ou de la géométrie pour peu d'attention qu'on y fasse, ou qu'on y ait déjà fait* [Pascal, Arnauld & Nonancourt, 2009, 113 ; nos italiques.]

Ainsi nous pouvons supposer que l'on sait additionner et multiplier les petits nombres, comme 4 et 5 font 9 ; que l'on sait ce qu'on appelle *corps*, *espace*, *étendue* ; que la multiplication et la division se peuvent appliquer à toutes grandeurs, et pas seulement aux nombres ; et aussi certains principes généraux du tout et des parties comme celui qui dit que toute grandeur est considérée comme divisible en ses parties ; et, en outre, que l'on connaît certains principes d'égalité et d'inégalité, par exemple que le tout est plus grand que sa partie et que les grandeurs égales à une même grandeur sont égales entre elles.

De l'art de persuader de Pascal nous apprend quelles sont les règles à observer concernant les définitions et les axiomes. Ces règles apparaissent aussi dans *La Logique ou l'art de penser* d'Arnauld et Nicole (chapitre III, quatrième partie) et elles sont respectées dans les *Nouveaux Éléments*. Ce sont celles-ci : tous les termes obscurs ou équivoques doivent être définis ; on doit employer dans les définitions des termes parfaitement connus ou déjà expliqués ; les axiomes doivent être évidents ; toutes les propositions un peu obscures doivent être démontrées, en n'employant à leur preuve que les définitions qui les auront précédées, ou les axiomes, ou les propositions qui ont déjà été démontrées, ou la construction de la chose même dont il s'agit, lorsqu'il y aura quelque opération à faire ; finalement, on ne doit pas abuser de l'équivoque des termes, en manquant d'y substituer mentalement les définitions qui les restreignent et qui les expliquent.

La troisième source des *Nouveaux Éléments* est *Euclides logisticus* (Euclide calculateur) de François de Nonancourt. Cette petite œuvre, écrite par un « honnête homme » janséniste, développe une théorie des raisons et des proportions différente de celle que l'on trouve dans les *Éléments* d'Euclide. Nonancourt introduit deux nouveautés : considérer les raisons comme des quantités, tandis que pour Euclide elles ne sont point quantités mais relations entre quantités ; admettre comme quantités des raisons de raisons, c'est-à-dire des expressions comme (a/b)/(c/b). Comme ces expressions-ci sont des quantités, on peut additionner, soustraire, multiplier, diviser les raisons entre elles ; en outre, on peut faire ces opérations entre raisons de raisons, par exemple, additionner (a/b)/(c/d) et (f/g)/(h/i). La plupart des modifications introduites par Arnauld dans la deuxième édition des *Nouveaux Éléments* concernant les quatre premiers chapitres sont dues à sa lecture d'*Euclides logisticus*.

2. Didactique de la Géométrie et apologie de la religion chrétienne

Les *Nouveaux Éléments* d'Arnauld avaient principalement deux finalités. D'un côté, Arnauld envisage un but pédagogique. Il y a une pédagogie de l'esprit dans laquelle les sciences mathématiques jouent un rôle important. L'étude de ces sciences sert à étendre la capacité de notre esprit et à l'affermir[1]. Dans cette perspective, leur valeur consiste à perfectionner notre raison. Elles n'ont pas de valeur intrinsèque[2]. Mais il y a aussi une pédagogie de la Géométrie. Il s'agit d'écrire un manuel de Géométrie élémentaire pour rendre cette discipline plus aisée à comprendre et retenir [Pascal, Arnauld & Nonancourt, 2009, 761]. Cet objectif peut être atteint, pense Arnauld, en exposant la Géométrie d'une manière plus naturelle qu'Euclide, c'est-à-dire en utilisant la méthode de Ramus.

Mais Arnauld avait aussi, en écrivant ses *Nouveaux Éléments*, un objectif apologétique. Dans la préface, Nicole, dissertant sur l'inclination de l'âme pour les choses sensibles et extérieures, affirme :

> [...] entre les exercices humains qui peuvent le plus servir à la diminuer [cette inclination], et à disposer même l'esprit à recevoir les vérités chrétiennes avec moins d'opposition et de dégoût, il semble qu'il n'y en ait guère de plus propre que l'étude de la géométrie. Car rien n'est plus capable de détacher l'âme de cette application aux sens, qu'une autre application à un objet qui n'a rien d'agréable selon les sens ; et c'est ce qui se rencontre parfaitement dans cette science. [Pascal, Arnauld & Nonancourt, 2009, 96-97.]

En outre, la Géométrie nous enseigne qu'il y a des choses dont la nature reste pour nous incompréhensible, mais qui néanmoins existent, par exemple

---

[1] « La capacité de l'esprit s'étend et se resserre par l'accoutumance, et c'est à quoi servent principalement les mathématiques, et généralement toutes les choses difficiles [...] car elles donnent une certaine étendue à l'esprit, et elles l'exercent à s'appliquer davantage et à se tenir plus ferme dans ce qu'il connaît. » [Arnauld & Nicole, 2014], 71.

[2] « On se sert de la raison comme d'un instrument pour acquérir les sciences, et l'on devrait se servir, au contraire, des sciences comme d'un instrument pour perfectionner sa raison ; la justesse de l'esprit étant infiniment plus considérable que toutes les connaissances spéculatives [...]. » [Arnauld & Nicole, 2014], 59.

les grandeurs incommensurables et l'infinie divisibilité de l'espace[3]. Dans *La Logique ou l'art de penser*, Arnauld et Nicole écrivent : « Mais il faut remarquer qu'il y a des choses qui sont incompréhensibles dans leur manière, et qui sont certaines dans leur existence. On ne peut concevoir comment elles peuvent être, et il est certain néanmoins qu'elles sont » [2014, 511]. Dans le livre IV des *Nouveaux Éléments*, Arnauld, développant le sujet des grandeurs incommensurables, écrit :

> Cela paraît incompréhensible [qu'il y ait des raisons incommensurables] et l'est en effet, parce que ce qui est cause de cela, ne peut être que la divisibilité de la matière à l'infini. Or, il est clair que tout ce qui tient de l'infinité, ne saurait être compris par un esprit fini tel qu'est celui de tous les hommes. [Pascal, Arnauld & Nonancourt, 2009, 315.]

D'après Arnauld, parmi les choses qui sont incompréhensibles mais existent, se trouvent celles liées aux mystères de la religion chrétienne, comme la Trinité, l'Incarnation de Christ, l'Eucharistie. C'est parce qu'elle nous montre l'existence de choses incompréhensibles pour notre raison que l'étude de la Géométrie est une sorte de propédeutique pour la connaissance des mystères de la foi. Dans *La Logique ou l'art de penser*, Arnauld et Nicole écrivent :

> L'utilité qu'on peut tirer de ces spéculations [mathématiques] n'est pas simplement d'acquérir ces connaissances, qui sont d'elles-mêmes assez stériles ; mais c'est d'apprendre à connaître les bornes de notre esprit, et à lui faire avouer, malgré qu'il en ait, qu'il y a des choses qui sont, quoiqu'il ne soit pas capable de les comprendre ; et c'est pourquoi il est bon de le fatiguer à ces subtilités, afin de dompter sa présomption, et lui ôter la hardiesse d'opposer jamais ses faibles lumières aux vérités que l'Église lui propose, sous prétexte qu'il ne les peut pas comprendre […]. [Arnauld & Nicole, 2014, 517-518.]

Cette idée de la valeur apologétique de la Géométrie a aussi été défendue par d'autres. Par exemple, l'oratorien Bernard Lamy affirme, dans la préface à son *Traité de la Grandeur en général*, dont la première édition a paru en 1680, que la Mathématique nous aide à concevoir les réalités spirituelles parce

---

[3] Le XVIIe siècle ajoutera la preuve de l'existence des solides de longueur infinie et aire finie. L'exemple typique est le solide de Torricelli [Mancosu, 2008].

qu'elle détache l'âme des choses perçues par les sens. En outre, Lamy écrit que la Mathématique nous enseigne l'extension et les limites de notre esprit[4].

3. Le rôle de l'imagination dans les *Nouveaux Éléments*

Dans la *Grammaire générale et raisonnée*, Antoine Arnauld et Claude Lancelot affirment qu'il y a trois opérations de l'esprit : concevoir, juger, raisonner. *La Logique ou l'art de penser* y ajoute une quatrième : ordonner. Concevoir est défini, dans la première de ces œuvres, comme « un simple regard de notre esprit sur les choses soit d'une manière purement intellectuelle » quand nous concevons la pensée, Dieu, l'être, la durée, « soit avec des images corporelles » quand nous nous imaginons un carré, un chien, un cheval. La forme par laquelle nous nous représentons ces choses s'appelle *idée*, disent Arnauld et Nicole dans *La Logique ou l'art de penser* [2014, 93]. Mais ils soulignent que l'on ne doit pas restreindre la signification du mot *idée* « à cette seule façon de concevoir les choses, qui se fait par l'application de notre esprit aux images qui sont peintes dans notre cerveau, et qui s'appelle *imagination* » [Arnauld & Nicole, 2014, 99]. En effet, « nous concevons un très grand nombre de choses sans aucune de ces images » comme la pensée et le *oui* et le *non*. Celui qui juge que la terre est ronde et celui qui juge que la terre n'est pas ronde ont tous deux les mêmes choses dans leur esprit, à savoir l'image de la terre et celle d'une sphère, mais l'un y ajoute « l'affirmation, qui est une action de son esprit, laquelle il conçoit sans aucune image corporelle, et l'autre une action contraire, qui est la négation, laquelle peut encore moins avoir d'image ». Et de conclure ainsi :

> [...] on ne peut faire réflexion sur ce qui se passe dans notre esprit, qu'on ne reconnaisse que nous concevons un très grand nombre des choses sans aucune de ses images, et qu'on ne s'aperçoive de la différence qu'il y a entre l'imagination et la pure intellection. [Arnauld & Nicole, 2014, 99.]

Par sa dimension sensible, l'imagination a un pouvoir limité de conception. L'exemple cartésien du chiliogone, dans la *Sixième Méditation*, nous fait voir

---

[4] « Mais si ce traité fait voir l'étendue de l'esprit, il fait aussi connaître ses bornes ; car il y a des démonstrations claires et convaincantes, qu'une grandeur finie est divisible jusqu'à l'infini [...] ce qui démontre qu'il y a des vérités qui sont également certaines et incompréhensibles ; et que par conséquent les vérités que la Religion nous enseigne ne doivent pas être suspectes, parce qu'on ne les comprend pas entièrement. » [Lamy, 1765], xxi.

que la capacité de l'imagination de produire des images claires est bornée : nous ne pouvons pas nous former une image d'un polygone de mille angles qui soit clairement distincte de celle que nous nous formerions d'un polygone de neuf cents angles. En outre, l'exemple du morceau de cire, donné par Descartes dans la *Seconde Méditation*, prétend montrer que l'imagination ne peut pas saisir l'essence des objets.

Revenons aux deux autres opérations de l'esprit citées dans la *Grammaire*. Le jugement est considéré par Arnauld comme une « action de notre esprit par laquelle, joignant ensemble diverses idées, il affirme de l'une qu'elle est l'autre, ou nie de l'une qu'elle soit l'autre, comme lorsque ayant l'idée de la terre et l'idée du rond », l'esprit affirme que la terre est ronde ou nie qu'elle soit ronde [Arnauld & Nicole, 2014, 94]. Raisonner, c'est se servir de deux jugements pour en faire un troisième. Dans la réalisation de ces trois opérations de l'esprit, concevoir, juger et raisonner, interviennent les facultés de connaissance considérées à l'Âge classique. On trouve une liste de ces facultés dans les *Règles pour la direction de l'esprit* de Descartes, dont l'influence sur la rédaction de la quatrième partie de *La Logique ou art de penser* est visible. Ce sont : l'intelligence ou entendement, l'imagination, les sens et la mémoire. Parmi elles, l'intelligence est placée au premier rang, parce qu'elle peut concevoir des choses que les autres facultés ne peuvent pas concevoir. Par exemple, l'intelligence peut avoir une idée claire et distincte du chiliogone qui lui permet de déterminer la somme des angles intérieurs de cette figure, tandis qu'il est impossible de l'imaginer clairement. Au reste, dans la construction de la connaissance, les sens jouent un rôle tout à fait secondaire. Arnauld et Nicole écrivent dans la *Logique* :

> [...] nulle idée qui est dans notre esprit ne tire son origine des sens, sinon par occasion, en ce que les mouvements qui se font dans notre cerveau, qui est tout ce que peuvent faire nos sens, donnent occasion à l'âme de se former diverses idées qu'elle ne se formerait pas sans cela, quoique presque toujours ces idées n'aient rien de semblable à ce qui se fait dans les sens et dans le cerveau, et qu'il y ait de plus un très grand nombre d'idées qui, ne tenant rien du tout d'aucune image corporelle, ne peuvent, sans une absurdité visible, être rapportées à nos sens. [Arnauld & Nicole, 2014, 100.]

Descartes, dont l'influence sur Arnauld est marquante, avait déjà écrit dans les *Règles pour la direction de l'esprit* que, bien que l'intelligence seule soit capable de concevoir la vérité, elle doit s'aider de l'imagination (Règle XII). Ainsi, nous pouvons concevoir la différence entre les couleurs (le rouge, le jaune, le bleu...) moyennant leur représentation par des figures différentes. Nous pouvons aussi traiter un concept abstrait comme celui de l'unité au moyen d'images de trois manières différentes : par un carré, si nous considérons l'unité comme longue et large, par une ligne, si nous la pensons comme longue, et enfin par un point, si nous ne l'examinons qu'en tant qu'elle sert à former une pluralité (Règle XV). Dans la Règle XV, Descartes dit que souvent il est bon de trouver des figures et de les montrer aux sens externes, pour tenir plus facilement notre esprit attentif. Finalement, dans les *Passions de l'âme* (articles 20 et 21), Descartes fait la distinction entre l'imagination active et l'imagination passive. Un exemple du premier type est quand notre âme imagine quelque chose qui n'est point, comme un palais enchanté ou une chimère ; nous parlons d'imagination active dans ce cas parce que ces images dépendent de notre volonté. Les rêves nous donnent un exemple d'imagination passive parce que notre volonté ne s'emploie point à former les images des rêves.

Nicole affirme dans la préface aux *Nouveaux Éléments de Géométrie* que l'organisation qu'Arnauld a donnée à cette œuvre l'a obligé à restreindre le rôle de l'imagination dans les quatre premiers livres :

> La raison qui a obligé d'en user ainsi [les démonstrations de l'algèbre] est, que traitant des grandeurs en général, en tant que ce mot comprend toutes les espèces de quantité, on ne pouvait pas se servir de figures pour aider l'imagination [...]. [Pascal, Arnauld & Nonancourt, 2009, 103.]

Souvenons-nous que ce texte commence en développant une théorie générale de la raison et des proportions qui s'appliquerait à toutes les sortes de quantités. C'est pour cela qu'Arnauld est contraint d'utiliser, dans les premiers livres, les notations de l'Algèbre et les démonstrations données dans cette science. En effet, les lettres employées dans l'Algèbre peuvent représenter les quantités continues comme un segment de ligne aussi bien que des nombres. En revanche, l'emploi de figures est traditionnellement lié à l'étude des quantités continues, c'est-à-dire à la Géométrie. Mais au surplus, Arnauld déclare que

> [...] l'une des plus grandes utilités de ce Traité, est d'accoutumer l'esprit à concevoir les choses d'une manière spirituelle sans l'aide d'aucunes images sensibles ; ce qui sert beaucoup à nous rendre capables de la connaissance de Dieu et de notre âme. [Pascal, Arnauld & Nonancourt, 2009, 117.]

Mais comment Arnauld pensait-il se passer de l'imagination dans ce qui suit les quatre premiers livres, c'est-à-dire dans la partie des *Nouveaux Éléments* où il essaie de développer la Géométrie plane, laquelle était traditionnellement étudiée au moyen de figures ? Nous avons vu qu'Arnauld écrit que l'une des plus grandes utilités de son traité, c'est « d'accoutumer l'esprit à concevoir les choses d'une manière spirituelle sans l'aide d'*aucunes images sensibles* ». Et quelle est la justification de cette finalité ? C'est que cette façon de concevoir « sert beaucoup à nous rendre capables de la connaissance de Dieu et de notre âme », ce qui correspond à la finalité apologétique que, selon Arnauld, doit avoir la Géométrie. Au surplus, nous lisons dans la préface aux *Nouveaux Éléments* que la Géométrie « n'a rien du tout qui puisse favoriser tant soit peu la pente de l'âme vers les sens ». Nous sommes ainsi amené à nous demander quel rôle Arnauld pouvait donner aux figures dans l'exposition de la Géométrie. Dans la Géométrie ancienne, les figures avaient un triple rôle : représentatif, heuristique et démonstratif. En premier lieu, ce qui est démontré dans la Géométrie, ce ne sont pas les propriétés des figures que nous dessinons et imaginons ou leur existence. Ces figures représentent des entités idéales, des *entia rationis*, qui sont conçues dans la tradition platonicienne comme des archétypes et dans l'aristotélicienne comme ce qui résulte de l'abstraction faite par l'intelligence des données des sens. En deuxième lieu, les figures servent à trouver la solution d'un problème ou à indiquer la voie pour prouver un théorème dans la méthode de l'analyse géométrique, qui a eu une grande importance dans la formation de la pensée cartésienne. Finalement, elles servent à la preuve des théorèmes, comme dans la preuve de la proposition I.32 des *Éléments* d'Euclide, qui affirme que, étant donné un triangle quelconque, la somme de ses angles intérieurs est égale à deux angles droits et chacun de ses angles extérieurs est égal à la somme des angles intérieurs qui lui sont opposés. Pour prouver cette proposition, on doit tracer une ligne qui passe par un des sommets du triangle et qui soit parallèle au côté du triangle déterminé par les deux autres sommets.

Il est vrai que dans sa reconstruction de la Géométrie plane élémentaire, Arnauld n'admet pas l'usage sans restrictions de l'imagination. Sa position sur les preuves par superposition des figures le montre. Ces preuves prennent leur point d'appui dans l'axiome des *Éléments* d'Euclide qui affirme que les choses qui coïncident entre elles sont égales. La preuve de la proposition I.4 des *Éléments* en est un exemple. Cette proposition dit que si deux côtés d'un triangle sont égaux à deux côtés d'un autre triangle, chacun à chacun, et si l'angle compris entre la première paire de côtés est égal à l'angle formé par la deuxième paire, alors ces deux triangles seront aussi égaux entre eux. Pour le prouver, on doit *imaginer* que l'on peut déplacer une figure pour l'appliquer à l'autre, puis, après avoir vu qu'elles coïncident, affirmer, par l'axiome cité, que les deux triangles sont égaux. Jacques Peletier du Mans, dans son commentaire aux *Éléments* d'Euclide, écrit que le géomètre grec aurait dû placer I.4 comme un axiome et non comme une proposition qui a besoin d'être démontrée, parce que superposer des figures sur des figures appartient à la Mécanique tandis que comprendre est la tâche de la Géométrie. La critique de Peletier a son origine dans le livre M, 3 de la *Métaphysique* d'Aristote, où le philosophe grec distingue entre les Mathématiques et la Physique comme suit :

> [...] ainsi les objets mus [c'est-à-dire les objets étudiés par la Physique] pourront aussi donner lieu à des propositions et à des sciences [les Mathématiques] qui les considéreront non pas en tant que mus, mais seulement en tant que corps ; les corps, à leur tour, seront considérés en tant que surfaces seulement, ou en tant que longueurs seulement, ou en tant que divisibles, ou en tant qu'indivisibles mais occupant une position, ou enfin en tant qu'indivisibles seulement [Aristote, 1979].

En revanche, Arnauld nous donne une raison différente de celle de Peletier pour rejeter la démonstration euclidienne de la proposition I.4. Il qualifie la preuve euclidienne de « grossière et matérielle ». Cette démonstration, écrit-il, peut satisfaire seulement « ceux qui aiment mieux se servir, dans la connaissance des choses, de leur *imagination* que de leur intelligence, ce [qu'Arnauld] trouve fort mauvais, parce que l'esprit se rend par-là incapable de bien comprendre les choses spirituelles, s'accoutumant à ne recevoir pour vrai que ce qu'il peut concevoir par des fantômes et des images corporelles » [Pascal, Arnauld & Nonancourt, 2009, 384].

En considérant ce que Nicole a écrit sur la valeur apologétique de la Géométrie dans la préface aux *Nouveaux Éléments* et ce qu'Arnauld et Nicole ont exprimé sur les limites de l'imagination dans *La Logique ou l'art de penser*, on pouvait s'attendre à ce que les figures aient un rôle peu important dans les *Nouveaux Éléments* et soient remplacées plusieurs fois par les symboles de l'algèbre. On espérerait trouver qu'Arnauld a écrit son texte dans un style semblable à celui de la *Géométrie* de Descartes. Mais c'est seulement dans les livres quatorzième et quinzième des *Nouveaux Éléments* que l'on découvre un usage, quoique timide, de l'algèbre dans les démonstrations géométriques. Comment donc Arnauld pourrait-il avoir pensé que la Géométrie, une science qui emploie les figures, rendît l'esprit apte à « concevoir les choses d'une manière spirituelle sans l'aide d'aucunes images sensibles » ? Comment concevons-nous les choses spirituelles comme, par exemple, le *cogito* ? Arnauld et Nicole répondent à cette dernière question dans *La Logique ou l'art de penser* quand ils traitent de l'abstraction :

> Si je fais, par exemple, réflexion que je pense, et que, par conséquent, je suis moi qui pense, dans l'idée que j'ai de moi qui pense, je puis m'appliquer à la considération d'une chose qui pense, sans faire attention que c'est moi, quoique en moi, moi et celui qui pense ne soit que la même chose. Et ainsi l'idée que je concevrai d'une personne qui pense, pourra représenter, non seulement moi, mais toutes les autres personnes qui pensent. [Édition de 1664, première partie, chap. V ; Arnauld & Nicole, 2014, 128.]

C'est ce processus d'abstraction qui donne naissance aux entités qu'étudie le géomètre. Ce processus a lieu « quand une même chose ayant divers attributs, on pense à l'un sans penser à l'autre, quoiqu'il n'y ait entre eux qu'une distinction de raison ». Ainsi, ayant dessiné un triangle équilatère, si je le considère avec tous les accidents qui le déterminent, je n'aurai l'idée que d'un seul triangle. Mais, ajoutent Arnauld et Nicole,

> [...] si je détourne mon esprit de la considération de toutes ces circonstances particulières, et que je ne l'applique qu'à penser que c'est une figure bornée par trois lignes égales, l'idée que je m'en formerai me représentera d'une part plus nettement cette égalité des lignes, et de l'autre sera capable de me représenter tous les triangles équilatères. Que si je passe plus avant, et que ne m'arrêtant plus à cette égalité des lignes, je considère seulement que c'est une figure terminée par trois lignes droites, je me formerai une idée qui peut représenter toutes sortes de triangles. Si ensuite, ne m'arrêtant point au nombre de lignes, je considère seulement que c'est une surface plate, bornée par des lignes droites, l'idée que je me formerai pourra représenter toutes les figures rectilignes [...]. [Arnauld & Nicole, 2014, 128.]

Une autre manière de connaître par abstraction dans la Géométrie se présente quand on considère un mode sans faire attention à la substance dont il est le mode ou deux modes qui sont joints ensemble dans une même substance, en les regardant chacun à part. Ainsi les géomètres, ayant pris pour objet de leur science le corps étendu en longueur, largeur et profondeur, pour mieux le connaître, font attention à une seule dimension, qui est la longueur, et ils lui donnent le nom de *ligne*. Ils peuvent aussi le considérer selon deux dimensions, la longueur et la largeur, et ils l'appellent *surface*. Et puis en considérant le corps étendu selon toutes les dimensions ensemble, longueur, largeur et profondeur, ils l'appellent *corps* [Arnauld & Nicole, 2014, 125]. C'est parce que la Géométrie use de l'abstraction qu'elle rend l'esprit apte à concevoir les choses spirituelles. Les choses qui existent sont, selon Arnauld, les choses singulières.

> Quoique toutes les choses qui existent soient singulières, néanmoins, par le moyen des abstractions que nous venons d'expliquer, nous ne laissons pas d'avoir tous plusieurs sortes d'idées, dont les unes ne nous représentent qu'une seule chose, comme l'idée que chacun a de soi-même, et les autres en peuvent également représenter plusieurs, comme lorsque quelqu'un conçoit un triangle sans y considérer autre chose, sinon que c'est une figure à trois lignes et à trois angles ; l'idée qu'il en a formée peut lui servir à concevoir tous les autres triangles. [Arnauld & Nicole, 2014, 129.]

Il y a des choses singulières spirituelles, comme Dieu et les âmes, et d'autres qui sont matérielles, comme notre corps. Les spirituelles peuvent être conçues seulement par le moyen de l'entendement. En outre, l'entendement peut concevoir par abstraction comme séparées des choses qui dans la réalité ne se trouvent pas séparées. Les sceptiques doutent des vérités de la Géométrie en disant que cette science suppose l'existence des lignes et des surfaces qui ne sont point dans la nature. Mais les géomètres ne supposent pas qu'il y ait dans la nature des lignes sans largeur ou des surfaces sans profondeur, « ils supposent seulement qu'on peut considérer la longueur sans faire attention à la largeur ». Au surplus, par le moyen de l'abstraction, l'entendement forme des idées qui représentent plusieurs choses, comme « lorsque quelqu'un conçoit un triangle sans y considérer autre chose, sinon que c'est une figure à trois lignes et à trois angles », cette idée peut servir à concevoir tous les triangles parce qu'elle les représente. Ce n'est pas qu'il y ait dans la réalité l'archétype du triangle en général, demeurant dans le ciel platonicien. Ce qu'il y a, c'est une façon de considérer les triangles qui permet d'en former une idée qui les représente tous. On pourrait pousser plus loin l'abstraction qui est employée dans la Géométrie, en utilisant les lettres de l'Algèbre qui servent à représenter toutes sortes de quantités continues. L'abstraction est une manière de connaître les choses, qui peut être réalisée seulement par l'entendement. C'est une action propre à l'entendement quoique celui-ci puisse s'aider des autres facultés de connaissance, comme l'imagination, au moyen de la représentation des figures. Mais cette dernière faculté joue, dans ce cas, un rôle auxiliaire. L'étude de la Géométrie demande l'exercice continu de cette action de l'entendement qu'est l'abstraction, laquelle, au fur et à mesure qu'elle est poussée plus loin, dépend moins des données sensibles et de l'imagination. C'est dans ce sens que la Géométrie prépare à l'étude des réalités spirituelles comme Dieu et l'âme.

4. Conclusion

En écrivant ses *Nouveaux Éléments de Géométrie*, Arnauld a voulu rédiger un manuel pour l'étude de la Géométrie élémentaire plus didactique que les *Éléments* d'Euclide. Il pensait qu'en donnant à son œuvre l'organisation du savoir que Ramus avait suggérée dans ses œuvres sur la Dialectique, il pourrait atteindre ce but. En considérant que le texte d'Arnauld a eu plusieurs éditions aux XVIIe et XVIIIe siècles, on peut penser qu'il a réussi à écrire un bon manuel de Géométrie. Mais au surplus, Arnauld avait une conception de la valeur de cette science, partagée par plusieurs religieux qui se sont adonnés à son étude, à savoir que, quoique la Géométrie, comme les autres sciences, n'ait pas de valeur intrinsèque, elle peut néanmoins aider à faire recevoir les vérités de la religion chrétienne. Cette conception trouvait son appui, premièrement, dans le fait que la Géométrie montre qu'il y a des choses dont la nature est incompréhensible et qui, néanmoins, existent et, deuxièmement, dans le fait que l'étude de la Géométrie demande un exercice continu de l'entendement, seule faculté de l'âme apte à concevoir les réalités spirituelles. En effet, les objets de la Géométrie peuvent seulement être conçus par cette façon de connaître, propre à l'entendement, qui s'appelle *abstraction*. Mais pour atteindre ce deuxième but, que nous pourrions appeler *apologétique*, Arnauld aurait dû exposer la Géométrie d'une façon plus abstraite qu'il ne l'a fait, en faisant un moindre usage des figures et en leur substituant les lettres de l'Algèbre.

Bibliographie

Aristote [1979], *Les Seconds Analytiques*, trad. Jean Tricot, Paris, Vrin.

Arnauld, Antoine & Nicole, Pierre [2014], *La Logique ou l'art de penser*, éd. Dominique Descotes, Paris, Honoré Champion.

Euclide [1956], *The Thirteen Books of the Elements*, trad. Thomas Heath, New York, Dover.

Lamy, Bernard [1765], *Traité de la grandeur en général*, Paris.

La Ramée, Pierre de, dit Petrus Ramus [1996], *Dialectique 1555*, éd. Nelly Bruyère, Paris, Vrin.

Mancosu, Paolo [2008], *Philosophy of Mathematics & Mathematical Practice in the Seventeenth Century*, New York, Oxford University Press.

Pascal, Blaise [2000], *Pensées*, éd. Gérard Ferreyrolles & Philippe Sellier, Paris, Librairie Générale Française.

— [2008], *L'Esprit de la Géométrie. De l'art de persuader*, Paris, Bordas.

Pascal, Blaise, Arnauld, Antoine & Nonancourt, François de [2009], *Géométries de Port-Royal*, éd. Dominique Descotes, Paris, Honoré Champion.

Ramus, Petrus, voir La Ramée.

Sasaki, Chikara [2003], *Descartes's Mathematical Thought*, New York, Springer.

Jorge Alberto MOLINA
Universidade Estadual de Rio Grande do Sul
Porto Alegre, Brésil
jorge-molina@uergs.edu.br

Imagination et pouvoir dans la philosophie de Condorcet
Patrícia Carvalho REIS

Le thème de l'imagination et celui du pouvoir peuvent être analysés de diverses manières. Nous pouvons réfléchir sur le sens de l'imagination, les processus biologiques par lesquels il est possible d'imaginer, les êtres vivants dotés de la faculté d'imagination… Dans le cas du pouvoir, nous pouvons penser au sens du pouvoir, aux différents lieux où le pouvoir s'exerce (dans une relation conjugale, professionnelle, politique…).

Nous aborderons ici le thème de l'imagination et du pouvoir dans le cadre de la pensée du philosophe des Lumières Condorcet. Au premier abord, nous pourrions être amenée à affirmer que l'imagination n'est pas un sujet sur lequel Condorcet a écrit de manière récurrente. Mais si nous considérons que l'intervention des citoyens dans les lois présuppose leur usage de l'imagination (au sens de la créativité, de la pensée critique), nous constatons que l'imagination est bel et bien présente sous l'angle politique dans plusieurs de ses textes. En ce sens, l'imagination correspond à ce moment où le citoyen, réfléchissant sur lui-même, pense au type de société et aux lois sous lesquelles il souhaiterait vivre.

Selon Condorcet, tous les citoyens doivent avoir le droit d'imaginer, de penser la politique, et pas seulement certains d'entre eux. En défendant cette idée, Condorcet affiche son opposition à la définition du rôle des gouvernés dans un régime autoritaire, comme par exemple dans le régime despotique décrit par Montesquieu. Dans ce régime analysé par le philosophe de La Brède, les gens (aussi appelés *sujets*) exécutent des ordres comme des animaux dociles, toujours prêts à accepter ce que leur maître ordonne. Bien sûr, la personne peut imaginer en son for intérieur un monde différent et avoir des pensées qui contredisent ses actions. Dans un célèbre passage des *Lettres persanes*, Roxane écrit au seigneur du harem, Usbek, pour lui dire qu'elle ne l'a jamais vraiment aimé et qu'elle avait toujours dissimulé ses sentiments véritables à son égard. Mais dans un régime où le despote est tout et où le sujet n'est rien, il devient presque naturel pour les gouvernés eux-mêmes d'imaginer qu'ils n'ont pas même le droit d'imaginer des questions intimes et politiques, aussi contradictoire que cela puisse paraître.

Il est important de souligner que Condorcet s'oppose également à ce qui se passe dans les pays où les citoyens sont chargés d'imaginer la politique uniquement lorsqu'ils élisent leurs représentants. Ainsi, Condorcet est opposé à l'idée selon laquelle les gouvernés seraient de simples électeurs. Il est conscient du fait que, dans les grands pays, il n'est pas possible pour les gens de contribuer directement à l'élaboration des lois. Mais cela ne signifie pas pour Condorcet qu'ils doivent s'exonérer de cette tâche. Selon lui, les gens ne doivent pas déléguer *en totalité* le droit de faire les lois à des représentants. En conséquence, pour Condorcet, l'Angleterre du XVIIIe siècle n'est pas un modèle à suivre par la France de son temps. En ce sens, nous pouvons voir comment les idées de Condorcet divergeaient de celles de Sieyès, qui était critique sur la possibilité des citoyens d'intervenir plus activement dans l'activité législative. Un penseur qui défend des idées semblables à celles de Condorcet est Thomas Paine. Selon l'auteur de *Common Sense*, il doit être possible de concilier la démocratie directe avec le gouvernement représentatif.

Selon Condorcet, le résultat de l'imagination de chaque individu en matière d'activité législative doit être exprimé non seulement de manière informelle, mais aussi de manière institutionnalisée et selon des règles claires établies à l'avance dans la loi. De plus, selon le dernier philosophe des Lumières, dans le cas où la plupart des citoyens imaginent une loi contraire à celle que proposent leurs représentants, la volonté de la majorité des citoyens devrait être respectée. Ainsi Condorcet, en plus de préconiser que tout le monde imagine la politique, considère que la pensée issue de l'imagination populaire a plus de valeur que celle qui vient de l'imagination des représentants. Cependant, la volonté de la majorité des citoyens ne peut pas selon lui violer les droits prévus dans une « Déclaration des droits ». Par conséquent, chez Condorcet, la volonté de la majorité ne peut pas s'opposer aux droits des citoyens.

Nous ne devons pas oublier que pour Condorcet, les citoyens doivent être incités à imaginer les lois auxquelles ils veulent être soumis. Ainsi, ils doivent indiquer de temps à autre s'ils acceptent la Constitution écrite par les représentants élus d'une assemblée constituante. De plus, un citoyen remplissant certaines conditions peut à tout moment proposer une nouvelle loi ou un nouvel article constitutionnel. D'autres citoyens seront appelés, dans ce cas, à faire entendre leur voix sur ce sujet. Par conséquent, il doit y avoir des moyens qui, dans la loi, encouragent les citoyens à se faire entendre au sujet de la législation. Selon Condorcet, seule une partie active des citoyens pourra influer sur la politique si de telles incitations n'existent pas.

De plus, si les citoyens peuvent faire entendre leur voix sur la politique de façon constante et pacifique, Condorcet estime qu'ils n'ont pas besoin de faire usage de la violence. L'auteur est conscient du fait que, dans certaines situations extrêmes de grand mécontentement populaire, le seul recours des citoyens serait l'insurrection. Pour éviter ce stade de grande violence, Condorcet estime que les citoyens doivent être encouragés non seulement à imaginer la politique mais aussi à afficher, de manière régulière et institutionnalisée, le résultat de cette imagination.

Nous constatons, après ces quelques considérations, que l'imagination est directement liée au pouvoir chez Condorcet, pour autant que nous considérions ce terme au sens de souveraineté et de pouvoir de décision. Nous pouvons affirmer que la personne qui imagine, exprime cette imagination et voit au final le produit de son imagination respecté, possède aussi du pouvoir, de la souveraineté. Condorcet aborde le sujet de la souveraineté d'une façon particulière. Selon lui, tout citoyen détient le pouvoir de souveraineté et ce pouvoir est inaliénable ; cependant, l'exercice de la souveraineté doit être attribué aux citoyens et aux représentants. Cette remarque mérite plus ample considération. Selon lui, dans une situation de grande instabilité politique où la voix des citoyens n'est plus entendue, ceux-ci peuvent se rebeller contre leurs représentants et les révoquer. Dans les situations plus calmes où règne une certaine stabilité politique, les décisions législatives qui entreront en vigueur dans une société doivent être obtenues après l'interaction des représentants et des citoyens. Dans ce cas, les citoyens et les représentants imaginent les lois et, après avoir dialogué, parviennent à une conclusion sur les lois auxquelles ils souhaiteraient être soumis. Ainsi, au lieu de prétendre que l'imagination du peuple devrait annuler l'imagination des représentants et réciproquement, Condorcet pense à la façon dont les citoyens et les représentants peuvent utiliser leur imagination, leur créativité et, suite à leur interaction, arriver à une conclusion produisant de meilleures lois.

En défendant cette idée, Condorcet présente son concept de volonté nationale. Contrairement au concept de volonté générale exposé par Rousseau, la volonté nationale de Condorcet est le fruit d'un dialogue entre représentants et citoyens. Selon les termes de Pierre Rosanvallon [2000], la volonté nationale de Condorcet résulte d'un processus continu d'interaction et de réflexion entre les personnes et les représentants.

Patrícia Carvalho REIS

À la fin du livre *Esquisse d'un tableau historique des progrès de l'esprit humain* [1993], Condorcet propose des réflexions sur l'avenir. Nous pourrions supposer que Condorcet avait une vision pessimiste de ce qui pourrait advenir dans la mesure où, au moment où il finit ce travail, l'auteur traverse une grande adversité : il est fugitif et vit réfugié chez une amie ; de plus, beaucoup de ses connaissances ont été tuées par le gouvernement révolutionnaire. Mais au lieu de porter un regard négatif sur l'avenir, Condorcet réaffirme les idées qu'il défend depuis des années. Comme on peut le voir dans ses derniers écrits, certaines inégalités devraient être diminuées, comme celles concernant la richesse, le niveau d'instruction des personnes, la différence de traitement entre les êtres humains. Ces questions sont directement liées à ce dont il s'agit ici. En d'autres termes, comment les gens peuvent-ils imaginer la politique et les lois s'ils n'ont pas les conditions minimales pour une survie décente ? Comment faire en sorte que les gens dotés d'un grand pouvoir économique n'exercent pas de domination politique ? De même, comment les gens peuvent-ils utiliser leur pouvoir créatif pour donner leur avis sur les lois de leur pays, s'ils éprouvent des difficultés à exprimer leurs désirs, leurs opinions ?

Le manque de lecture, d'écriture, d'interprétation des textes ainsi que la méconnaissance des lois de leur pays empêchent les gens de faire entendre leur voix sur la politique. Comme le fait remarquer Condorcet, l'instruction publique devrait fournir des outils aux gens pour manifester leur opinion ; mais elle ne devrait pas indiquer quelle loi, quelle religion ou quelles mœurs les étudiants devraient suivre, car ces questions sont d'ordre personnel. De tels sujets dépendront ainsi de l'utilisation de l'imagination de chaque personne et l'école est un des principaux lieux pour stimuler l'imagination des peuples.

Enfin, pourquoi les femmes, les noirs, ceux qui pratiquent une foi religieuse autre que la foi catholique ne peuvent-ils pas être considérés comme des citoyens et, par conséquent, imaginer la politique de leur pays ? Dès ses premiers écrits, Condorcet se bat pour les droits de ces personnes et affiche son indignation face au traitement qu'elles reçoivent. Cela lui a valu quelques critiques en retour. Comme Condorcet l'a affirmé lui-même, et Élisabeth Badinter a déjà écrit sur ce point [1991], certaines femmes n'étaient pas disposées à recevoir son discours féministe. De plus, il n'est pas surprenant de constater une insatisfaction vis-à-vis de la position de Condorcet chez ceux qui profitaient de l'esclavage ainsi que chez certains représentants de l'Église catholique.

En exposant ces idées, nous trouvons pertinente la pensée exprimée par Laurent Loty [2011] selon laquelle il importe peu pour Condorcet que le monde soit bon ou mauvais : l'essentiel est de l'améliorer. En d'autres termes, Condorcet croit que le monde peut devenir meilleur si les gens s'efforcent de le rendre tel. À cet égard, Condorcet reste un utopiste ; non pas au sens péjoratif du terme, mais au sens où il se donne le droit de ne pas accepter les règles en vigueur et de proposer des changements en conséquence. Ainsi, au lieu de se soumettre passivement à l'imagination des autres, Condorcet utilise sa propre imagination et, en même temps, invite chacun à utiliser son pouvoir imaginatif. Et comme il le remarque très bien, c'est uniquement dans une société sans différence de droits entre les êtres humains, sans grandes inégalités de richesse entre les peuples et où tous reçoivent une éducation publique de qualité, que ce pouvoir peut réellement se concrétiser.

Références bibliographiques
Badinter, Élisabeth (éd.) [1991], *Palavras de Homens (1790-1793)*, trad. Maria Helena Franco Martins, Rio de Janeiro, Nova Fronteira.

Condorcet [1993], *Esboço de um quadro histórico dos progressos do espírito humano*, trad. Carlos Alberto Ribeiro de Moura, apresentação Maria das Graças de Souza, Campinas, Editora Unicamp.

Loty, Laurent [2011], « L'optimisme contre l'utopie. Une lutte idéologique et sémantique », *Europe*, numéro spécial *Regards sur l'utopie*, dir. Jacques Berchtold, 89, 985, 85-102.

Rosanvallon, Pierre [2000], *La Démocratie inachevée. Histoire de la souveraineté du peuple en France*, Paris, Gallimard.

Patrícia Carvalho REIS
Universidade Federal de Minas Gerais (UFMG)
Minas Gerais, Brésil
patricia.carvalhoreis@hotmail.com

Le développement de l'imagination – de l'ontologisme platonicien au transcendantalisme kantien
Rodica CROITORU

Si l'imagination appartient bien au processus de connaissance chez Platon, son apport reste très modeste : l'imagination se place parmi les facultés inférieures de l'âme, qui s'occupent seulement des ombres et des réflexions, appelées génériquement *apparences*. De façon générale, cette position ne présente que de faibles points de repère pour les développements de l'époque moderne. Pourtant, dans la *République*, certains contextes devancent la ligne générale ; ils viennent à la rencontre de la perspective critique de Kant sur l'imagination en traitant celle-ci comme la capacité de créer mentalement une image de l'âme. L'image est ce qui donne libre cours à la création, suscitant des êtres fantastiques comme Chimère, Scylla ou Cerbère, mais également ce qui travaille avec exactitude, offrant une image unitaire de l'homme, qui est composé tant d'un intérieur que d'un extérieur ; pour celui qui ne dispose que de l'extérieur de celui-ci, l'imagination a la capacité de combler les lacunes de la perception, en contribuant à la formation d'une image unique [*Rép.* IX, 588b-e].

Kant a développé le premier sens platonicien, celui par lequel on donne libre cours à la création, dans sa troisième *Critique* ; tandis que du deuxième, où l'imagination travaille avec exactitude, il s'est occupé dans sa première *Critique*. Nous examinons ici ce deuxième sens de l'imagination dans le processus de formation de la connaissance, parce qu'il est responsable de la compatibilité de principe de ces deux modes d'approche philosophique. De plus, il permet une fructification plus substantielle de cette faculté, en collaboration avec le temps et le sens interne, d'où a résulté un renforcement de la sensibilité dans laquelle elle s'encadre[1]. Pour construire ce sens, selon

---

[1] Selon Angelica Nuzzo, la nouveauté de la position de Kant ne consiste pas dans une forme nouvelle d'imagination, « jusqu'à présent privée de thématisation dans le répertoire traditionnel des facultés mentales proposées par la psychologie empirique, mais dans la pensée de la sensibilité d'une perspective *transcendantale*, et ainsi créant un espace de fonctionnement de l'imagination qui est demandé si la sensibilité doit

Kant, nous percevons, dans ce qu'on nomme *objets d'expérience*, que les représentations se suivent les unes après les autres, générant une succession qui met deux perceptions en connexion dans le temps. Au fur et à mesure que la conscience intervient afin de garantir les perceptions ainsi connectées, celles-ci s'identifient avec l'appréhension, qui intègre les représentations dans la synthèse réalisée par l'imagination. D'où il résulte que les diverses représentations devenues phénomènes sont toujours produites dans l'âme de manière successive, comme un produit de la faculté synthétique de l'imagination, dont la tâche est de déterminer le sens interne concernant le rapport temporel. Or, comme le temps ne peut pas être conçu en soi-même, ce que nous disons de lui résulte seulement de ce rapport de la perception avec l'imagination ; notamment que, en invoquant le temps, on peut déterminer dans l'objet, de manière empirique, ce qui précède et ce qui suit. Et bien que nous soyons conscients que notre imagination met un état avant elle et un autre après elle, nous n'avons pourtant pas la conscience que *dans l'objet* un état précède l'autre, ni que la perception est seule responsable de l'indétermination du rapport objectif des phénomènes qui se succèdent. Afin que le rapport entre eux soit connu comme déterminé, Kant invoque la *nécessité* de mettre un des deux états avant et l'autre après [Kant, 1968, B 234]. Or, le transcendantalisme kantien ne permet pas que la responsabilité de la nécessité de cette connexion soit assumée entre ces limites perceptuelles, mais seulement au niveau supérieur du concept pur de l'entendement, concept qui ne se trouve pas dans la perception et s'identifie avec le rapport entre la cause et l'effet. Comme un segment cognitif parcouru par l'âme entre l'entendement/la raison et le grand nombre des perceptions à ordonner, on retrouve, dans ses points principaux, la position platonicienne dans laquelle en soi, l'imagination ne remplit pas des tâches créatrices, mais seulement de synthèse ; parce que l'image unitaire qu'elle donne à l'homme selon la *République* est, en fait, une synthèse.

Cette image unitaire, réalisée depuis l'extériorité humaine afin de mettre en quelque sorte en lumière son intériorité, souligne le niveau phénoménal de l'action de l'imagination. Kant place l'action de l'imagination au même niveau ; il argumente que si l'imagination s'exerçait aussi au niveau de l'en-soi, nous ne réaliserions pas, à partir de la succession des représentations, comment leur divers est lié dans l'objet, parce que nous ne sommes pas affectés par l'en-soi. Et si seuls les phénomènes peuvent nous être donnés en vue

---

accomplir son rôle spécifique dans le processus cognitif, qui est le rôle de prévoir les conditions a priori de la connaissance » [Nuzzo, 2013], 23.

de la connaissance, il faut établir si le type de représentation du divers dans l'appréhension est constamment successif. Ce qu'on peut éclaircir sur la confirmation du type de succession, c'est que par la succession de plusieurs événements perçus et comparés à des phénomènes antérieurs, on est conduit à la découverte d'une *règle*[2] établissant que certains événements succèdent toujours à d'autres, succession par laquelle se forme le concept de cause [A 195/ B 240-241]. Ce mode de formation est empirique et la règle produite, selon laquelle tout ce qui se passe a une cause, est contingente, comme l'expérience ; n'étant pas fondée a priori, mais seulement sur l'induction, elle n'a pas de validité universelle. Toutefois, nous pouvons utiliser ce concept causal, qui se trouve dans la même situation que d'autres représentations pures a priori, comme l'espace et le temps ; nous pouvons les extraire seulement de l'expérience comme des concepts clairs, parce que nous les avons introduits dans l'expérience afin de la rendre possible. Ainsi, la clarté logique de la représentation de la règle qui détermine la série des événements, comme le concept de cause, n'est possible que si nous lui donnons une utilisation dans l'expérience ; de cette façon, la considération de la règle, comme une condition de l'unité synthétique des phénomènes qui se succèdent dans le temps, est le fondement de l'expérience et la précède a priori.

L'argumentation de cette position se fonde sur les moments suivants. Pour toute connaissance empirique, la synthèse du divers est produite dans l'imagination, où les représentations se succèdent toujours les unes aux autres. Toutefois, la succession dans l'imagination n'est pas déterminée conformément à l'ordre de ce qui précède et ce qui suit, parce que la série des représentations qui se suivent peut être considérée tant vers l'avant que vers l'arrière. Si cette synthèse est celle de l'appréhension du divers d'un phénomène donné, alors l'ordre dans l'objet est déterminé ; l'ordre de la synthèse détermine un objet, d'après lequel quelque chose doit précéder nécessairement. Par rapport à la succession, la simultanéité des substances dans l'espace peut être connue aussi dans l'expérience, mais en supposant une action réciproque des substances entre elles. Celle-là est la condition de la possibilité des choses comme objets de l'expérience, à l'aide de l'espace (la succession, elle, se réalise dans le temps), dans laquelle nous devons voir la condition formelle a priori des expériences externes. Kant distingue entre ce qu'on peut faire à l'aide de

---

[2] Comme Michael Young l'observe, l'imagination est « la capacité de placer l'affection sensible sous une règle, de la construire comme une prise de conscience de quelque chose qui manifeste des traits généraux » [Young, 1988], 164.

l'imagination et ce qu'on peut faire sans son aide, dans le processus de la connaissance. Il attribue le premier cas à la synthèse figurée, par laquelle on construit une figure géométrique, par exemple un triangle, dans l'imagination ; elle est identique à la synthèse utilisée dans l'appréhension d'un phénomène afin d'en faire un concept de l'expérience ; celle-ci est la seule qui fait la connexion de ce concept à la représentation de la possibilité d'une chose [A 224/B 271]. La possibilité des grandeurs continues et des grandeurs en général se fonde sur une telle connexion, parce que les concepts sur les grandeurs sont totalement réalisés par la synthèse. Pour Kant, la synthèse, dans les limites de ce segment cognitif, est « l'action d'ajouter les unes aux autres différentes représentations et de concevoir leur diversité dans une connaissance » [A 77/B 103]. Une telle synthèse est *pure*, si le divers n'est pas donné empiriquement, mais a priori (comme dans l'espace et dans le temps) ; la synthèse d'un divers, empirique ou a priori, produit une connaissance qui, pouvant être d'abord confuse, nécessite une analyse qui la clarifie ; seule la synthèse qui suit celle-ci assemble les éléments en connaissances, en les unifiant dans un certain contenu.

Il résulte de ces considérations que les représentations sont seulement soumises à la loi prescrite par la faculté connectrice. Le divers de l'intuition sensible est mis en connexion par l'imagination, qui dépend de l'entendement conformément à l'unité de sa synthèse intellectuelle, mais il dépend aussi de la sensibilité, conformément à la diversité de l'appréhension. De la synthèse de l'appréhension dépend toute perception possible, mais cette synthèse empirique dépend, à son tour, de la synthèse transcendantale et, par elle, des catégories[3] ; parce que toutes les perceptions possibles et tout ce qui peut arriver à la conscience empirique comme un phénomène de la nature, conformément à sa liaison, doivent être soumis aux catégories, desquelles dépend la nature en général, comme raison originaire de sa nécessaire formalisation (comme

---

[3] Edgar M. Wolff observe que tandis qu'à « l'imagination il est interdit de légiférer a priori, parce qu'elle est une faculté empirique, créatrice des synthèses ou des liaisons en eux-mêmes contingentes, [l'imagination transcendantale] opère, dans sa souveraineté infaillible, l'information du donné, produisant des séries de perceptions liées nécessairement les unes aux autres [...] en construisant l'ordre de la nature » [Wolff, 1943], 69. Elle représente « l'application de l'activité spirituelle du "je pense" au divers de l'intuition, représenté dans le cadres de l'espace et du temps [...] le caractère dominant de l'imagination transcendantale ne sera plus son pouvoir synthétique, mais bien sa propriété d'être *figurée* » [Wolff, 1943], 75.

natura formaliter spectata). Dans la mesure où l'imagination peut déterminer a priori le sens selon sa forme conformément à l'unité de l'aperception, elle est la faculté qui détermine a priori la sensibilité ; la synthèse qu'elle réalise des intuitions, conformément aux catégories, doit être la synthèse transcendantale de l'imagination, qui est un effet de l'entendement sur la sensibilité et sa première application possible pour nous aux objets de l'intuition. Étant figurée, elle est différente de la synthèse intellectuelle produite par l'entendement sans l'aide de l'imagination.

En synthétisant, l'imagination produit le schéma, qui a pour but l'unité dans la détermination de la sensibilité. Par son but, le schéma se distingue d'un autre produit de l'imagination qui s'exerce sur la sensibilité – l'image – mais qui n'a pas un rôle unificateur et se manifeste à un autre niveau de la connaissance. Pourtant, en dépit de cette différence, dans la représentation du procédé universel de l'imagination – procurer l'image d'un futur concept – l'image est nommée le schéma de ce concept [B 180]. Si l'on prend, par exemple, le schème du triangle, il existe seulement dans la pensée et signifie une règle de la synthèse de l'imagination concernant les figures pures dans l'espace. Grâce aux processus inconnus qui se produisent dans notre intériorité, et dont la pensée arrive à transformer quelques-uns en connaissances, Kant caractérise le schématisme de l'entendement concernant les phénomènes comme « un art caché dans les profondeurs de l'âme humaine, dont nous arracherons toujours difficilement le vrai mécanisme à la nature pour le mettre à découvert devant nos yeux » [A 141/B 181 ; Kant, 2006, 226]. Mais en dépit de la méconnaissance de son mécanisme, nous savons que le schème est indispensable, notamment qu'une figure comme objet de l'expérience ou une image de celui-ci ne peut pas constituer un concept empirique, s'il ne se rapporte pas inconditionnellement au schème de l'imagination, comme à une règle de la détermination de notre intuition, conformément à un concept universel donné. Tandis que l'image est un produit de la faculté empirique de l'imagination productrice, le schéma des concepts sensibles, comme des figures dans l'espace, est un produit et une sorte de « monogramme » [A 142/B 181] de l'imagination pure a priori, par lequel les images deviennent possibles, mais celles-ci doivent être mises en connexion avec le concept au moyen du schème indiqué par elles, dont la congruence n'est pas complète. Le schéma d'un concept pur de l'entendement ne peut être réduit à aucune image, mais il est la synthèse pure, conformément à une règle de l'unité selon les concepts en général, que la catégorie exprime. C'est un produit transcendantal de l'imagination, qui se réfère à la détermination du sens interne en général, conformément aux conditions de sa forme ; celles-ci sont les conditions du temps, concernant toutes les représentations, dans la mesure où elles doivent se trouver a priori en connexion dans un concept, d'après les revendications de l'unité de l'aperception. Ainsi sont possibles a priori les jugements synthétiques, quand nous rapportons les conditions formelles de l'intuition a priori, la synthèse de l'imagination et son unité nécessaire dans une aperception transcendantale, à la connaissance de l'expérience, possible en général. Ainsi, nous disons des conditions de possibilité de l'expérience en général qu'elles sont, en même temps, des conditions de possibilité des objets de l'expérience et c'est pourquoi, dans un jugement synthétique a priori, elles ont une validité objective. La synthèse figurée, qui provient de l'unité originaire-synthétique de l'aperception, réalise la synthèse, comme unité transcendantale de l'imagination[4] ; où l'imagination est définie comme la faculté de représenter dans l'intuition un objet sans la présence de celui-ci. Parce que toute notre intuition est sensible, l'imagination appartient à la sensibilité, à cause de la condition subjective par laquelle on peut donner aux concepts de l'entendement une intuition correspondante. Mais dans la mesure où la synthèse de l'entendement est un exercice de la spontanéité qui est déterminant et, comme tel, peut déterminer a priori le sens selon sa forme conformément à l'unité de l'aperception, l'imagination est, dans la même mesure, la faculté de déterminer a priori la sensibilité. La synthèse des intuitions qu'elle réalise conformément aux catégories doit être la synthèse transcendantale de l'imagination, qui est un effet de l'entendement sur la sensibilité et sa première application aux objets de l'intuition possible pour nous. Dans la mesure où l'imagination est spontanéité, elle est créatrice et peut être appelée *imagination productrice*, étant différente de l'imagination reproductrice, dont la synthèse est soumise exclusivement aux lois empiriques de l'association, qui ne contribue pas à expliquer la possibilité de la connaissance a priori et n'appartient pas à la philosophie transcendantale, mais à la psychologie. En vertu de cette fonction de synthèse, Kant a pu affirmer, dans la première rédaction de la *Critique*, qu'un réel dans l'espace ne peut être créé et produit par aucune imagination [A 374] ; pourtant, par la diversité de cette faculté peuvent être créés certains objets qui, en dehors de

---

[4] Richard Aquila soutient que l'unité transcendantale de l'aperception est compatible avec « la dimension formelle de l'intuition comme telle ». Il se fonde sur le fait que Kant utilise apparemment les termes *aperception transcendantale* et *unité de l'aperception* réciproquement, comme il le fait avec *intuition pure* et *forme de l'intuition* [Aquila, 1995], 485.

l'imagination, ne trouvent pas leur place empirique dans l'espace ou dans le temps. Ce phénomène a lieu de pair avec les sensations de plaisir et de souffrance ou avec les sensations des sens externes, comme les couleurs, la chaleur et autres. Il en résulte que pour qu'existe la perception, il faut d'abord qu'existe la matière, pour que les objets de l'intuition sensible soient pensés.

Platon n'accordait pas beaucoup de crédit à l'imagination, vu qu'elle traite des apparences ; de même, Kant a eu des doutes sur cette faculté et a vu sa faiblesse. Certes, il l'a différenciée fonctionnellement en une faculté plus dépendante et plus liée à la sensibilité, et en une faculté plus indépendante et plus proche de l'entendement. En même temps, il a pensé la renforcer et la protéger par un contrôle efficace, en veillant à ce qu'elle ne dépasse pas ses limites, mais crée sous le contrôle de la raison. À cet effet, on demande d'abord à l'imagination de s'exercer sur quelque chose de pleinement certain. La certitude est donnée par la possibilité de l'objet, après quoi le degré de certitude peut décroître et l'on peut recourir à quelque chose de moins certain, comme l'opinion sur la réalité de l'objet. N'étant pas fondée, l'opinion doit être mise en connexion avec ce qui est donné comme réel et certain, et est alors nommée *hypothèse*. L'imagination peut donc utiliser des hypothèses, à condition de ne pas dépasser ce qu'elle a rencontré dans l'expérience. Par conséquent, nous ne pouvons pas utiliser notre imagination pour nous imaginer originairement un objet d'une nature nouvelle qui n'a pas été donnée dans l'expérience et prendre cet objet comme fondement d'une hypothèse permise. À propos des imaginations non permises, Kant passe à l'imagination des forces originaires nouvelles, comme un entendement capable d'intuitionner son objet en dehors des sens ou une force d'attraction en dehors d'un contact ou une espèce nouvelle de substance présente dans l'espace en dehors de l'impénétrabilité ; par conséquent, des communautés de substances, différentes de celles que met à notre disposition l'expérience, qui n'admet que des présences dans l'espace et des durées données dans le temps [B 798]. Notre raison doit disposer des conditions de l'expérience possible, comme des conditions de la possibilité des choses, mais non se créer soi-même, indépendamment de ces conditions, des autres semblables, parce que de tels concepts, bien qu'ils puissent être non contradictoires, n'auraient pas d'objet. Analytiquement, différentes représentations sont réduites à un concept, comme dans la logique générale ; mais la logique transcendantale n'enseigne pas à réduire les représentations aux concepts, mais à réduire la synthèse pure des représentations aux concepts. Le premier moment, qui doit être donné a priori comme but de la connaissance de tous les objets, est le divers de l'intuition pure ; la synthèse de ce divers dans l'imagination est le deuxième moment, duquel ne résulte pas encore la connaissance. Les concepts, qui donnent de l'unité à cette synthèse pure et consistent exclusivement dans la représentation de l'unité synthétique nécessaire, donnent le troisième moment de la connaissance d'un objet, qui nous parvient par l'entendement et se fonde sur lui.

Platon lui-même manifeste le besoin d'un contrôle de l'imagination exercé par la raison ainsi que de la progression, dans ses investigations, des hypothèses vers les principes. Il affirme que les investigations de l'âme se fondent sur les réflexions et les ombres des objets imités antérieurement, qu'elle utilise pour former des images [*Rép.* VI, 510b-511a]. Ce procédé est employé surtout dans la géométrie, où les figures sont utilisées comme des images de la réalité même, par l'entremise de la raison. À l'aide des postulats, l'âme entreprend des investigations dans le domaine de l'intelligible, en utilisant aussi des images. À ce niveau, à partir de l'utilisation des images, elle ne peut pas s'élever aux principes, mais elle utilise comme des images même les objets imités, « en employant ces images comme des entités qui s'imposent à l'opinion avec clarté et poids, afin de connaître les autres réalités [supra-ordonnées] ». La raison ne prend pas les postulats comme des principes, mais seulement comme des moyens d'aborder quelque chose, pour arriver avec leur aide à ce qui n'était pas postulé, c'est-à-dire au principe de tous, sans utiliser des objets sensibles, mais seulement des idées, « pour elles-mêmes et par eux et de finir en se dirigeant vers des idées » [*Rép.* VI, 511b-c].

Nous pouvons retenir de ces deux représentations de l'imagination le fait que Platon a attiré l'attention sur elle comme faculté de l'âme et, bien qu'il l'ait placée à l'ombre de l'entendement, en diversifiant ses sens, il a indiqué aussi ceux qui ont pu faire un pas vers la modernité. Kant a fait croître en importance l'imagination, en réussissant à mieux mettre en valeur tant la sensibilité sur laquelle elle s'exerce que l'entendement, auquel elle fournit le schéma, précieux instrument de conceptualisation. Grâce à cette importance accrue, l'imagination est sortie de sa position secondaire, soutenant par ses propres forces les revendications de l'idéalisme transcendantal sur le segment cognitif dans lequel elle est impliquée.

Références bibliographiques

Aquila, Richard E. [1995], "Transcendental Unity as a 'Quasi-Object' in the first *Critique*", in Hoke Robinson (ed.), *Proceedings of the Eighth International Kant Congress: Memphis, 1995*, I.2, 3C, Milwaukee, Marquette University Press, 483-501.

Kant, Immanuel [1968], *Kritik der reinen Vernunft*, Akademie-Textausgabe, Berlin, Walter de Gruyter.

— [2006], *Critique de la raison pure*, trad. Alain Renaut, Paris, Flammarion, « GF ».

Nuzzo, Angelica [2013], "Imaginative Sensibility: Understanding, Sensibility, and Imagination in the *Critique of Pure Reason*", in Michael L. Thompson, *Imagination in Kant's Critical Philosophy*, 19-47, Berlin, Walter de Gruyter.

Platon [1823], *La République*, IX, Πολιτεία, Θ, 571a-592b, in *Œuvres*, trad. Victor Cousin, Paris, Bossange frères.

Young, Michael [1988], "Kant's View on Imagination", *Kant-Studien*, 79, 2, 140-164.

Wolff, Edgar M. [1943], *Étude du rôle de l'imagination dans la connaissance chez Kant*, Carcassonne, Bonafous et fils.

Rodica CROITORU
Academia Română
Bucarest, Roumanie
rodica_croitoru77@yahoo.com

L'imagination, racine commune de la sensibilité et de l'entendement ? Lecture croisée de *Kant et le problème de la métaphysique* et de la *Critique de la faculté de juger*

Masumi NAGASAKA

L'interprétation phénoménologique de la *Critique de la raison pure* par Heidegger, notamment celle déployée dans son *Kant et le problème de la métaphysique* (ci-après *Kant-Buch*), est foncièrement innovante, dans la mesure où elle tente de renouveler la philosophie kantienne à partir des notions d'imagination transcendantale et de schématisme transcendantal. Néanmoins, la thèse heideggérienne qui considère l'imagination non seulement comme la racine commune de la sensibilité et de l'entendement, mais plus encore, comme l'origine de la raison, prend le risque d'accomplir un coup de force : elle déplace en effet le rôle unificateur de la raison vers l'imagination, contrariant ainsi foncièrement l'architectonique kantienne.

Nous chercherons ici quelles sont les nouvelles possibilités que peut impliquer cette lecture heideggérienne, en la confrontant non pas à la *Critique de la raison pure* mais à la *Critique de la faculté de juger*. C'est cette *Troisième Critique* qui nous semble donner une réponse plausible à la question de savoir si l'imagination est une racine commune de la sensibilité et de l'entendement, racine qui n'était jusqu'alors caractérisée que comme « racine inconnue » dans la *Première Critique*. Lorsqu'il s'agit du jugement esthétique réfléchissant, la rupture entre la sensibilité et l'entendement, essentielle au jugement cognitif, disparaît. C'est là, à notre avis, que l'interprétation heideggérienne de l'imagination comme racine commune des deux facultés peut devenir significative.

Dans un premier temps, nous récapitulerons les quatre points importants développés par le *Kant-Buch* dans la continuité du cours que Heidegger donna lors du semestre d'hiver 1927-1928 à Marbourg. Ce faisant, nous verrons pourquoi cette interprétation a un « caractère violent » (*Gewaltsamkeit*), comme l'écrira Heidegger dans sa préface de 1950.

Nous expliquerons ensuite en quoi l'interprétation développée dans le *Kant-Buch* peut s'avérer significative pour le jugement sur le beau décrit dans l'Analytique du beau de la *Troisième Critique*. Plus concrètement, nous étudierons 1) la schématisation sans concept dans le jugement sur le beau comme jugement synthétique a priori, 2) la temporalité comme auto-affection de l'esprit dans la schématisation sans concept, 3) l'unification du « sentir » et du « penser » dans le jugement esthétique réfléchissant, 4) l'idée esthétique comme produit de l'imagination, 5) la nécessité du jugement esthétique réfléchissant à l'origine du jugement déterminant et cognitif.

1. Quatre caractéristiques de l'interprétation dans le *Kant-Buch*
i) Le jugement synthétique a priori comme connaissance ontologique et le schématisme transcendantal éclaircissant la structure interne de cette synthèse

La *Critique de la raison pure* présente entre autres la tâche de sauver, comme principe a priori, la causalité décrite par Hume en tant qu'habitude sans nécessité objective. Pour cela, Kant démontre d'abord qu'il y a un jugement synthétique a priori à l'intérieur de la sphère de l'expérience possible et ensuite comment ce jugement est rendu possible. C'est le schématisme transcendantal qui explique la façon dont cette synthèse devient possible. Chez Kant, la connaissance est la connexion de l'intuition et de la pensée [KrV A15, B29 *sq.*, A50 *sq.*, B74 *sq.*], et le jugement synthétique a priori est la connexion entre l'intuition non empirique et la pensée non empirique, à savoir entre l'intuition pure et la pensée pure. Le « schème » a la fonction, d'une part, « de rendre sensible les concepts » ([*die*] *Begriffe sinnlich zu machen*) et, d'autre part, « de rendre compréhensible l'intuition » ([*die*] *Anschauungen sich verständlich zu machen*) [KrV A51, B75]. Comme le précise Heidegger avec justesse, le schème accomplit la « sensibilisation des concepts purs » (*Versinnlichung der reinen Begriffe*) [GA3 91, § 19]. Ainsi, c'est le schème qui est l'intermédiaire entre l'intuition et le concept, et c'est le schématisme transcendantal qui explique comment peut se faire le lien entre l'intuition pure (l'espace et le temps) et la pensée pure (les concepts purs de l'entendement).

Si Heidegger comprend le jugement synthétique a priori rendu possible par le schématisme transcendantal comme connaissance ontologique, c'est parce que ce jugement ne concerne pas la connaissance d'un étant quelconque, mais la condition de la possibilité de la connaissance d'un étant, à savoir de son être. Par exemple, dans la connaissance de la cause (feu) et de son effet (fumée), la connaissance des étants (le feu et la fumée) – à savoir la connaissance des phénomènes – est tout autre chose que celle de la causalité (la connaissance d'une catégorie) qui concerne l'être du feu ou de la fumée.

Heidegger développe son interprétation en s'appuyant sur la déduction transcendantale des catégories dans la première édition de la *Critique de la raison pure*. Dans ce passage, Kant explique les trois sortes de synthèses : l'« appréhension dans l'intuition » (*Apprehension in der Anschauung*), la « reproduction dans l'imagination » (*Reproduktion in der Einbildung*) et la « recognition dans le concept » (*Rekognition im Begriffe*). Ces trois synthèses sont décrites comme s'appuyant sur la synthèse pure de l'imagination [KrV A98-115]. Seul le schème, en tant que médiateur, peut connecter deux termes totalement hétérogènes : l'intuition pure et la pensée pure. L'origine de ces trois synthèses se trouve dans l'imagination. C'est ainsi que Heidegger soutient l'idée selon laquelle l'appréhension dans l'intuition et la recognition dans le concept (y compris l'unité de l'aperception transcendantale) présupposent une synthèse accomplie par l'imagination pure.

Si cette interprétation heideggérienne peut être convaincante, c'est que Kant traite de la question du temps non seulement à l'intérieur de l'esthétique transcendantale, mais aussi à l'intérieur de la logique transcendantale. La logique transcendantale n'est pas la logique de la pensée pure (logique formelle), mais la logique qui explique la façon dont se connectent l'intuition pure (le temps) et les catégories (les concepts purs de l'entendement).

Kant décrit, dans « l'analytique des principes » déployée dans l'Analytique transcendantale, le schème jouant le rôle de médiateur lorsque les catégories sont appliquées aux phénomènes, en tant que « détermination transcendantale du temps » (*transzendentale Zeitbestimmung*). Si les catégories ne risquent pas d'être de simples cadres vides de la pensée mais peuvent être représentées avec concrétude, c'est qu'elles se lient avec le temps [KrV A147, B187].

Heidegger soutient ainsi la thèse suivante : seul le schématisme peut déclencher la production (*Geschehen*) de la connaissance ontologique. Selon lui, c'est l'imagination productrice qui crée la détermination transcendantale du temps et peut laisser apparaître l'être de l'étant.

ii) Temps originairement fini comme auto-affection

Ainsi, après avoir développé la thèse selon laquelle le temps émerge à partir de l'imagination transcendantale, Heidegger dégage la façon (*Art und Weise*) dont le temps apparaît comme auto-affection de l'esprit par lui-même [GA3 173]. C'est en s'appuyant sur cette idée d'auto-affection que Heidegger reconnaît que Kant a réussi à traiter le temps à partir du temps originairement fini.

Il est vrai que Kant décrit le temps comme une « modification de l'esprit » (*Modifikation des Gemüts*) [KrV B291] : non pas celle causée par le fait que l'esprit reçoit quelque chose de l'étant, mais celle qui se produit bien que l'esprit ne reçoive « rien » d'étant. Heidegger distingue cette conception de la « réception » (*Hinnehmen*) d'un présent (*ein Anwesendes*) [GA3 188]. Le temps est la modification de l'esprit par le fait que celui-ci reçoit l'être et non l'étant. Puisqu'il se modifie sans recevoir aucun étant de l'extérieur, Kant le décrit comme affection de l'esprit par lui-même [KrV B156]. Heidegger le précise comme une « auto-affection pure » (*reine Selbstaffektion*) » [GA3 188 ; KrV A77, B102], le « se rapporter à soi-même » (*Sich-selbst-angehen*) [GA3 189]. Il s'agit du « souci » (*Sorge*) [GA25 397], de « la structure essentielle de la subjectivité » [GA3 189].

Pour Heidegger, c'est cette auto-affection qui rend possible un traitement du temps et de l'être comme originairement finis. D'après lui, à travers cette conception, Kant arrive à concevoir le temps fini autrement que comme dérivé du temps infini (éternité) et se distingue de la tradition de la métaphysique, qui, elle, avait présupposé dogmatiquement le temps infini.

iii) L'imagination comme racine commune de la sensibilité et de l'entendement

Heidegger ne s'arrête pas là. En effet, il va jusqu'à dire que les fonctionnements de l'intuition pure et de l'entendement pur (y compris celui de l'apperception transcendantale) doivent être produits par l'imagination pure. Pour l'expliquer, il s'appuie sur les expressions de Kant, lorsque ce dernier qualifie le temps d'« *ens imaginarium* » [KrV A291 *sq.*, B347 *sq.*, GA3 143] ou lorsqu'il parle du « schématisme de notre entendement » (*Schematismus unseres Verstandes*) [KrV A141, B180 *sq.* ; GA3 151]. Selon Heidegger, l'apperception transcendantale est originairement temporelle si l'on entend *temporel* dans le sens de temps non empirique mais originaire (authentique) [GA3 192 *sq.*].

Ainsi, l'interprétation heideggérienne que nous avons étudiée jusqu'ici marque une distance avec la philosophie kantienne. Certes, l'imagination comme faculté a priori est une des découvertes capitales de Kant. Néanmoins, on ne peut pas oublier non plus que Kant avait pour tâche de délimiter la sphère de la connaissance. C'est grâce à la séparation de l'intuition et de la pensée que l'on peut distinguer la pensée pure (sans intuition) de la connaissance (la pensée liée à l'intuition). En d'autres termes, la racine de la sensibilité et de l'entendement est « inconnue pour nous » (*uns unbekannt*) [KrV A15, B29].

Si elle peut être portée à la connaissance, cela signifie que nous risquons d'aller au-delà de la limite de la connaissance circonscrite par Kant.

iv) La raison superposée à l'imagination

L'imagination n'est cependant pas seulement la racine commune de la sensibilité et de l'entendement. En effet, Heidegger en fait aussi la racine de la raison. Chez Kant, l'entendement unifie le divers dans l'objet à travers des concepts et la raison unifie le divers des concepts à travers des idées [KrV A644, B672]. Heidegger considère que cette unité qu'accomplit la raison est issue du fonctionnement de l'unification originaire de l'imagination transcendantale. Selon lui, la raison a le « caractère imaginatif » (*Einbildungscharacter*) dans sa « formation de l'idée » (*das Bilden der Idee*). Pour Heidegger, la raison n'est en effet rien d'autre que l'imagination elle-même [GA3 152].

Parvenus à ce point, nous nous demandons : le raisonnement peut-il être superposé à l'imagination ? Pour Kant, ce sont deux activités différentes (l'une suit les règles, l'autre en est libre). Il nie clairement que l'idéal transcendantal formé par la raison soit le produit de l'imagination (« l'idéal de la sensibilité ») [KrV A570 *sq.*, B598 *sq.*]. Heidegger en est très conscient et explique la chose suivante : Kant nie que l'idéal transcendantal est produit par l'imagination empirique productrice, sans pour autant nier qu'il est le produit de l'imagination transcendantale [GA3 152].

Nous voyons ici à la fois le point le plus attractif et le plus dangereux de l'interprétation heideggérienne de Kant. Il est capital pour Kant que l'idéal transcendantal soit au-delà de la connaissance. Néanmoins, dans l'interprétation heideggérienne, il devient le produit de l'imagination transcendantale, ici décrite comme faculté de la connaissance. Cela revient à réduire la dialectique transcendantale à l'intérieur de l'analytique transcendantale.

2. Quatre points significatifs dans le jugement sur le beau corrélatifs aux quatre caractéristiques de l'interprétation heideggérienne dans le *Kant-Buch*

L'interprétation heideggérienne qui tient le jugement synthétique a priori pour une connaissance ontologique (compréhension de l'être) est éclatante et éloquente, mais la thèse qui décrit l'imagination comme racine de la sensibilité, de l'entendement et de la raison nous semble aller au-delà de la limite de la connaissance circonscrite par Kant. Néanmoins, nous pouvons nous demander : cette thèse ne pourrait-elle pas avoir un sens, s'il ne s'agissait pas de la connaissance mais du jugement esthétique réfléchissant que Kant décrit dans la première partie de la *Critique de la faculté de juger* ?

i) Le schématisme transcendantal dans le jugement esthétique réfléchissant en tant que jugement synthétique a priori

Dans la première partie de la *Critique de la faculté de juger*, Kant décrit comme jugement esthétique réfléchissant le jugement sur le beau, celui sur le petit, le moyen ou le grand et celui sur le sublime. Il souligne que le jugement esthétique réfléchissant n'est rien d'autre qu'un jugement synthétique a priori. D'abord, il est synthétique dans la mesure où le sujet de la proposition (par exemple un objet de l'intuition) est subsumé sous le prédicat de la proposition (sentiment de plaisir ou de déplaisir), sans que ce dernier ne soit contenu dans le sujet de la proposition [AA V 288, KU § 36]. Ensuite, ce jugement est a priori pour la raison suivante : si le jugement esthétique réfléchissant était un jugement synthétique a posteriori, il ne pourrait jamais prétendre à l'universalité, mais dépendrait de l'expérience individuelle propre à chacun, comme le jugement des sens. Néanmoins, les quatre caractéristiques décrites par Kant – satisfaction sans intérêt (qualité), universalité subjective (quantité), finalité sans fin (relation) et nécessité subjective (modalité) – attestent que ce jugement prétend être valable au-delà de la sphère individuelle et donc n'est pas a posteriori [AA V 288 *sq.* § 36]. S'appuyant sur ces deux arguments, Kant montre que le jugement esthétique réfléchissant est un jugement synthétique a priori[1].

Nous comprenons ainsi qu'il est possible, non seulement dans le domaine du jugement cognitif pur, mais aussi dans le jugement esthétique réfléchissant, d'aborder la question posée par Heidegger dans le *Kant-Buch* de savoir comment le jugement synthétique a priori en tant que compréhension de l'être est possible.

---

[1] Nous devrions ici prêter attention au fait que l'imagination qui fonctionne dans le jugement esthétique réfléchissant n'est pas empirique. Il s'agit, bien que Kant lui-même ne la désigne pas ainsi, d'une sorte d'imagination transcendantale au sens large. Nous empruntons ici le mot *transcendantal* en le distinguant de son usage au sens étroit qui concerne la condition de possibilité de la connaissance [KrV A11 *sq.*, B25]. Ainsi que l'explique Kant, le jugement esthétique réfléchissant doit être traité à l'intérieur même de la philosophie transcendantale (car il n'est ni a posteriori ni l'objet de la psychologie empirique) et nous pouvons aborder, en éclairant la façon dont ce jugement émerge, la question de savoir comment le jugement synthétique a priori est possible [AA V 289, KU § 36].

L'imagination, racine commune de la sensibilité et de l'entendement ?

Une autre question est de savoir si nous pouvons discerner, dans le jugement esthétique réfléchissant, une sorte de schématisme transcendantal, tel qu'il a été développé pour le jugement cognitif pur de la *Première Critique*. Kant emploie peu la notion de « schème » dans la *Critique de la faculté de juger*. Dans la plupart des cas, il semble réserver le terme *schème* à ce qui rend sensible le concept dans le jugement cognitif et le terme *symbole* à ce qui rend sensible l'idée[2].

Néanmoins, Kant utilise aussi le mot *schème* lorsqu'il s'agit du jugement esthétique réfléchissant, en précisant que, dans ce jugement, « l'imagination schématise sans concept » (*daß die Einbildungskraft ohne Begriff schematisiert*) [AA V 287, KU § 35]. À la différence du jugement cognitif où l'imagination produit le schème qui rend sensible un concept présupposé et déterminé, dans le jugement esthétique réfléchissant, l'imagination produit le schème qui rend sensible un concept non déterminé : elle accomplit la sensibilisation d'un concept sans que celui-ci soit déterminé.

Dans la première introduction à la *Critique de la faculté de juger* (§ VIII), Kant explique que la relation entre l'imagination et l'entendement peut être considérée non seulement comme objective (comme le jugement cognitif) mais aussi comme subjective. Et dans ce dernier cas, la relation entre l'imagination et l'entendement devient « possible à éprouver » (*empfindbar*), car l'esprit est affecté lorsque ces deux facultés se favorisent ou s'entravent l'une l'autre [AA XX 223]. Selon le philosophe, cette sensation est « liée, subjectivement, à travers la faculté de juger, à la sensibilisation des concepts de l'entendement » (*subjektiv mit der Versinnlichung der Verstandesbegriffe durch die Urteilskraft verbunden*) [AA XX 223]. Ce mot se superpose précisément au terme que Heidegger emprunte dans le *Kant-Buch* lorsqu'il explique la notion de schéma : « sensibilisation des concepts purs » (*Versinnlichung der reinen Begriffe*) (GA3 91, § 19, déjà cité).

---

[2] Il s'agit de deux espèces différentes de « sensibilisation » (*Versinnlichung*). Le terme *schème* est utilisé lorsqu'on dispose d'une intuition correspondant à un concept, et *symbole* lorsqu'on ne dispose d'aucune intuition applicable à une idée et que l'on y substitue ainsi l'intuition d'un objet dont la règle est semblable à celle de cette idée [AA V 351 *sqq.*, KU § 59]. Kant dit aussi que la subsumation du sujet sous le prédicat est « schématique » (*schematisch*) ou « mécanique » (*mechanisch*) dans le jugement cognitif, tandis que la subsumation du sujet sous le prédicat est « technique » (*technisch*) ou « artistique » (*künstlich*) dans le jugement esthétique réfléchissant [AA XX 213 *sq.*].

Cette schématisation sans concept n'est pas produite empiriquement, mais a priori. Et dans cette mesure, bien que Kant emprunte le terme de *schématisme transcendantal* seulement lorsqu'il s'agit du jugement cognitif, nous pouvons appeler la façon dont cette schématisation sans concept s'accomplit *schématisme transcendantal* au sens large. C'est précisément cela qui répond à la question de savoir comment le jugement synthétique a priori est possible. Ce jugement esthétique réfléchissant ne dispose pas d'un concept mais de la *forme* d'un concept. La schématisation en question doit donc être comprise comme schématisation de la *forme* d'un concept non déterminé. Pouvons-nous alors parler ici d'une intuition pure ?

ii) Le temps comme auto-affection de l'esprit dans la schématisation sans concept

Le jugement esthétique réfléchissant, bien qu'il prenne la forme « S est P » (« il est beau », par exemple), ne démontre pas une connexion de l'objet de l'intuition (le sujet dans cette proposition) et du sentiment de plaisir ou de déplaisir (le prédicat de cette proposition). L'étant qui est l'objet de l'intuition peut susciter ce jugement, mais il n'est pas essentiel de savoir s'il existe ou non. Ce sentiment de plaisir ou de déplaisir est l'objet de l'imagination et, lorsque l'esprit est affecté, ce dernier s'affecte lui-même [AA V 204, KU § 1].

Dans le jugement esthétique réfléchissant, il n'y a plus de distribution des rôles telle que la sensibilité reçoit un étant quelconque et l'entendement le subsume sous un concept. La sensibilité ne reçoit pas quelque chose d'étant et ce dernier n'affecte pas l'esprit. Dans ce jugement, le sentiment de plaisir ou de déplaisir n'est pas une connaissance ; il n'est pas connu, mais imaginé. Ce qui est imaginé n'existe pas forcément. Bien que l'esprit ne soit affecté par aucun étant, il se modifie. Il s'affecte lui-même par le fonctionnement de l'imagination.

Le jugement esthétique réfléchissant est donc bien une auto-affection de l'esprit par lui-même. Mais alors, l'intuition pure fonctionne-t-elle dans le cas présent ? Il apparaît que oui, car dans la mesure où l'esprit se modifie sans recevoir aucun étant, cette auto-affection n'est rien d'autre qu'une émergence du temps originairement fini, telle que Heidegger l'a conçue dans le *Kant-Buch*.

Bien que Kant ne développe pas de considération systématique sur le temps dans la *Critique de la faculté de juger*, nous pouvons néanmoins y trouver quelques indications à ce sujet. Nous nous référons à sa description du temps, non pas dans son analyse du jugement sur le beau (qui est une coopération de l'imagination et de l'entendement), mais dans celle du jugement sur le sublime (qui est une coopération de l'imagination et de l'idée), afin de reconstruire à partir de là une interprétation possible du temps dans le jugement sur le beau.

En vue d'expliquer le jugement sur le sublime, Kant commence par préciser en quoi consiste le jugement sur le « petit », le « moyen » ou le « grand ». Le jugement sur le sublime émerge lorsqu'un sujet juge que quelque chose est absolument grand au-delà de toute comparaison (à savoir infini au sens esthétique et non mathématique). Nous voyons ici que Kant introduit la distinction entre le fini et l'infini au sens esthétique (et non cognitif) de ce mot. Dans ce jugement sur le sublime, il distingue encore deux fonctionnements de l'imagination : l'appréhension (*Auffassung*) et la compréhension (*Zusammenfassung*). L'appréhension est le « mouvement en avant » (progression) de l'imagination et la compréhension est son « mouvement en arrière » (régression). La première suit la « condition temporelle » qui est la « succession temporelle ». À l'opposé, la seconde ne saisit pas un objet à travers la succession temporelle, mais comprend en un instant ce qui a été appréhendé. En ce sens, elle est décrite comme ce qui donne de la « violence (*Gewalt*) » à la condition temporelle, à savoir la succession temporelle [AA V 258 *sq.*, KU § 27]. Cette violence est d'autant plus remarquable que ce qui est compris est grand. Par conséquent, dans le jugement sur le sublime, l'imagination se donne à elle-même une violence au-delà de sa capacité.

Si nous considérons ici le jugement sur le « petit », le « moyen » ou le « grand » qui n'atteint pas l'infini (au sens esthétique), à savoir si nous restons au jugement sur le fini, ce jugement peut être considéré comme mouvement en avant selon la succession temporelle et sa totalisation présentant peu de violence. Nous pouvons considérer l'auto-affection de l'esprit dans ce jugement comme l'émergence du temps fini. Il s'agit d'une temporalité purement subjective, en deçà de la temporalité objective saisie dans le jugement cognitif.

Ainsi, nous avons confirmé que dans le cas du jugement esthétique réfléchissant qui n'est pas un jugement sur le sublime, nous pouvons dégager le schématisme transcendantal au sens large et l'auto-affection de l'esprit par lui-même comme source de la temporalité originairement finie (originairement, puisqu'elle n'est pas dérivée de la temporalité infinie présupposée dogmatiquement). Bien que Kant lui-même ne distingue pas la temporalité originaire et la temporalité dérivée (comme le fait Heidegger), nous pouvons considérer cette modification de l'esprit purement subjective en deçà de la connaissance comme une temporalité originaire.

iii) L'indistinction du sentir et du penser dans le jugement esthétique réfléchissant

Nous montrerons à présent qu'il est impossible de distinguer les rôles que jouent la sensibilité et l'entendement dans le jugement esthétique réfléchissant. Dans la première introduction (§ VIII) mentionnée plus haut, après avoir décrit que la relation entre l'imagination et l'entendement devient possible à éprouver (*empfindbar*), Kant s'explique comme suit : bien que le jugement en général soit d'abord considéré comme objectif, appartenant au fonctionnement de l'entendement et non à celui de la sensibilité, le jugement esthétique réfléchissant peut être qualifié de « sensible » [AA XX 223]. Il est vrai que nous ne pouvons pas distinguer si nous *sentons* une chose comme belle ou si nous *pensons* qu'elle est belle. Dans ce jugement, ces deux fonctions du « sentir » et du « penser » sont entremêlées. L'imagination fonctionne ici en deçà de la séparation du sentir et du penser. En d'autres termes, nous pouvons considérer, dans le cas du jugement esthétique réfléchissant, que, comme le dit Heidegger dans le *Kant-Buch*, l'imagination est une racine commune de la sensibilité et de l'entendement, ce qui n'est pas le cas du jugement cognitif[3].

iv) L'imagination qui se représente l'idée esthétique

Nous voudrions ici, poursuivant encore notre réflexion, poser la question de savoir si l'interprétation heideggérienne consistant à identifier l'idéal transcendantal au produit de l'imagination transcendantale peut avoir un sens dans le cas du jugement esthétique réfléchissant. Nous nous référons pour ce point au § 49, où Kant parle de l'« idée esthétique » (*ästhetische Idee*) qui est le « pendant » de l'idée de la raison [AA V 314].

Un jugement cognitif peut être vrai ou faux, être la vérité ou son apparence. L'idéal transcendantal étant une apparence transcendantale, il est impossible pour nous de concevoir que l'imagination transcendantale produise l'idéal transcendantal à l'intérieur du jugement cognitif vrai. Contrairement à cela, le jugement esthétique réfléchissant ne concerne ni le vrai, ni l'illusoire. Lorsque nous jugeons que quelque chose est beau, puisque cette beauté n'existe pas et n'est qu'un objet de l'imagination, il est insensé de poser la question de savoir si elle est illusoire ou non. La conception heideggérienne de l'idéal transcendantal comme produit de l'imagination transcendantale peut avoir un

---

[3] Par exemple, lorsque nous jugeons que quelque chose est rouge, la sensibilité qui reçoit une sensation de couleur et l'entendement qui la subsume sous le concept de « rouge » sont bien distincts.

sens dans le cadre du jugement esthétique réfléchissant, si nous tenons l'idéal transcendantal pour cette « idée esthétique », le pendant de l'idée de la raison. La tâche de la dialectique transcendantale dans la *Première Critique*, celle consistant à enlever l'apparence transcendantale, devient dans ce contexte inutile.

v) La précédence du jugement réfléchissant par rapport au jugement déterminant, du jugement esthétique réfléchissant par rapport au jugement cognitif

Cependant, c'est précisément ce jugement esthétique réfléchissant qui est la présupposition du jugement déterminant, car celui-ci a besoin du concept préalablement déterminé afin de subsumer le sujet de la proposition sous le prédicat qu'est ce concept. Or, pour que cette subsumation soit rendue possible, nous avons d'abord besoin du jugement réfléchissant qui cherche le concept sans le présupposer. Kant précise encore que si nous n'étions pas poussés par le sentiment de plaisir (à savoir par un jugement esthétique réfléchissant), nous n'arriverions jamais à la connaissance (à savoir le jugement déterminant cognitif) [AA V 187]. Cela signifie que le jugement esthétique réfléchissant précède toujours le jugement cognitif.

Conclusion

Ainsi, si le jugement esthétique réfléchissant est à l'origine du jugement cognitif et si, dans ce jugement, l'imagination fonctionne comme racine de la sensibilité et de l'entendement, il nous semble que l'interprétation heideggérienne formulée dans le *Kant-Buch* peut acquérir un nouveau sens. Dès lors, nous devrions aussi payer le prix élevé de ne plus prétendre à la connaissance, fût-ce la connaissance ontologique. Il ne s'agit plus de la question de la connaissance ontologique, ni de celle de l'ontologie, mais il s'agira du sentiment purement subjectif en deçà de l'ontologie.

Nous citerons pour conclure un passage où Heidegger décrit le beau en lisant *Phèdre* de Platon :

> Le Beau est ce qui vient à nous de la façon la plus immédiate et nous captive. Tandis qu'il nous frappe en tant qu'étant, il nous ravit dans la vision de l'Être. [...] Ainsi le Beau est ce qui nous arrache à l'oubli de l'Être et nous ouvre le regard sur l'Être. [...] Le Beau selon son essence est, de tout ce qui brille, ce qui resplendit avec le plus d'évidence dans le domaine du sensible, de telle sorte que, par sa luminosité propre, il laisse luire l'Être même. [GA6-1 199 ; Heidegger, 1971, 178 *sqq*.]

Bibliographie

Heidegger, Martin [1953], *Kant et le problème de la métaphysique*, trad. Alphonse de Waelhens & Walter Biemel, Paris, Gallimard.

— [1971], *Nietzsche I*, trad. Pierre Klossowski, Paris, Gallimard.

— [1975...], *Gesamtausgabe*, Frankfurt am Main, Klostermann (en abrégé GA).

Kant, Immanuel [1900...], *Kants gesammelte Schriften, herausgegeben von der Königlich Preußischen Akademie der Wissenschaft*, Berlin, Reimer (en abrégé AA).

— *Kritik der reinen Vernunft*, in AA, III, IV (en abrégé KrV).

— *Kritik der Urteilskraft*, in AA, V (en abrégé KU).

Masumi NAGASAKA
Université Waseda
Tokyo, Japon
masumi.nagasaka@waseda.jp

Poncelet et les points imaginaires à l'infini
Jansley Alves CHAVES et Gérard Émile GRIMBERG

L'imagination joue un rôle essentiel dans l'élaboration des nouvelles géométries au cours du XIXe siècle. Le *Traité* de Jean-Victor Poncelet (1822), qui servira de fondement à ce qui s'appellera plus tard *géométrie projective*, l'illustre bien. Écrit exclusivement du point de vue synthétique, c'est-à-dire sans introduire de coordonnées, il est fondé sur deux principes. Selon le principe de projectivité, la projection centrale laisse invariantes certaines propriétés projectives qui sont des transformations de droites en droites et cette transformation conserve le point d'intersection des lignes droites, des cercles et des coniques. Le principe de continuité affirme que l'on peut faire varier une figure jusqu'à faire disparaître certains objets à l'infini sans que les propriétés projectives ne soient modifiées.

Dans ses premiers carnets de Saratoff (1813-1814), Poncelet étudie d'abord analytiquement les propriétés des coniques et de la projection centrale. Il parvient, entre autres, à classer les coniques en fonction de leur intersection avec la droite de l'infini. Ainsi, la parabole a un point à l'infini et la droite de l'infini est tangente à la conique en ce point. L'hyperbole possède deux points à l'infini, qui sont les points à l'infini des asymptotes. L'ellipse a deux asymptotes imaginaires et donc deux points imaginaires à l'infini. Tous les cercles du plan ont deux points imaginaires à l'infini en commun (appelés aujourd'hui *points cycliques*). Ainsi apparaissent des concepts d'objets géométriques qui sont absents de toute figure plane réelle : point à l'infini et points imaginaires à l'infini. Une fois ces objets déterminés analytiquement, Poncelet les utilise de manière synthétique et montre leur importance dans l'étude des propriétés projectives des figures.

La géométrie inaugurée par Poncelet se distingue de celle d'Euclide par deux aspects. D'abord par ces nouveaux concepts, qui donnent la règle de formation, c'est-à-dire le schème au travers duquel se forment ces nouveaux concepts et se définissent leurs relations avec les concepts traditionnels de la géométrie du plan. Ensuite par le nouveau statut que les deux principes de Poncelet confèrent à la figure, au diagramme, dans le raisonnement géométrique. Une figure est dynamique et c'est dans la variation des figures soumises à une projection centrale qu'apparaissent les propriétés projectives, celles précisément qui se conservent sous l'effet de la projection. Dans le *Traité* de Poncelet, la considération d'une figure est déterminée non seulement par ce qui est visible, mais par ce qui n'apparaît pas, la variation de la figure et l'existence de ces points à l'infini qui sont ses véritables déterminations.

Avec Poncelet et les géomètres qui suivront (Chasles, Steiner, Plücker…), les quantités imaginaires, qui n'étaient que des fictions jaillies du calcul analytique, gagnent une matérialité essentielle dans leurs correspondants géométriques, même si ceux-ci n'apparaissent pas dans les figures. Cela devient une constante dans la production mathématique : ce qui paraît être là comme en dehors de la théorie gagne une signification nouvelle et un rôle essentiel dans une théorie plus générale.

Imagination et mathématiques

La théorie de Poncelet présente les notions d'éléments infinis et amène la notion de transformations projectives entre figures en utilisant deux principes – continuité et projectivité – qui permettent de justifier des expressions telles que *points à l'infini, lignes à l'infini, plan à l'infini, points imaginaires* et *points imaginaires à l'infini*. L'idée la plus élémentaire pour comprendre ces principes serait d'imaginer un point dans l'espace, toute courbe plane et tout plan, de sorte que le point ne soit pas incident au plan et que la courbe se trouve entre les deux entités géométriques. Imaginons maintenant des rayons vectoriels provenant du point, passant par la courbe et se concentrant sur le plan. Nous avons donc la courbe projetée dans le plan. Comme le point se déplace le long d'une ligne parallèle au plan, disons la projection, la figure projetée est continuellement déplacée. De cette façon, nous sommes confrontés, de manière simple, à l'idée de continuité et de projectivité.

Le principe de continuité permet d'affirmer que les propriétés descriptives sont conservées et que les propriétés métriques conservent leur forme et peuvent nécessiter des changements de signes. Le principe de continuité permet de donner du sens aux éléments devenus imaginaires.

Ainsi, la géométrie inaugurée par Poncelet nous emmène dans un espace imaginaire à partir duquel on peut trouver des explications qui étaient interdites aux géométries mais admises dans l'analyse. Poncelet rend ces considérations possibles en introduisant les éléments à l'infini. Ce qu'il fait, fondamentalement, dans ses *Considérations philosophiques et techniques sur le principe de continuité dans les lois géométriques* (1818) et son *Traité des propriétés projectives des figures* (1822).

Le principe de continuité et le principe de projection centrale

Pour Poncelet, le principe de continuité qu'il prétend adopter dans la géométrie est similaire à celui utilisé implicitement dans l'analyse ; le principe de projection centrale est basé sur la théorie de la géométrie descriptive de Monge. Les solutions de systèmes utilisant des méthodes algébriques doivent être considérées, car ce seront les bases pour justifier le processus de synthèse. Poncelet ne met pas de côté les solutions de quantités négatives ni les imaginaires ; pour lui, des solutions positives s'appliquent aux hypothèses implicites dans l'équation, les négatives correspondent aux paramètres dont certaines quantités changent de signe et les imaginaires à des situations où certains éléments disparaissent et présentent une impossibilité de construction.

Poncelet utilise le principe de continuité pour généraliser des situations particulières d'un système.

Un exemple accessible est de déterminer le point milieu de la corde qu'une ligne sécante détermine sur une circonférence de cercle. Ainsi, soient une circonférence du cercle de centre O, une semi-droite r, un point d'incidence P à la droite et extérieur à la circonférence du cercle de centre O (Fig. 1).

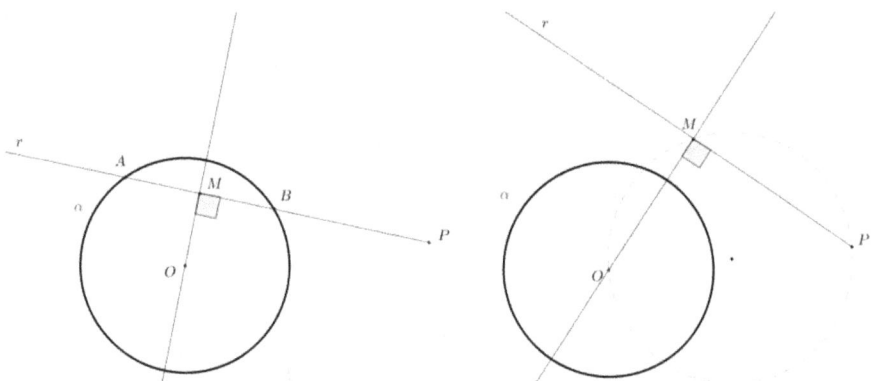

Figure 1. Milieu d'un segment dont les extrémités sont imaginaires.

Dans un premier temps, on doit déterminer le point médian de la corde dont les extrémités sont les points réels A et B. On sait que la médiatrice de AB détermine le point recherché. Cependant, si la ligne r sort de la circonférence du cercle, les points A et B deviennent imaginaires. Même ainsi, il est possible de déterminer le point médian du segment « imaginaire ». Il suffit de tracer la perpendiculaire au demi-cercle r à travers le point O, centre de la circonférence du cercle. Ainsi, même si *A* et *B* sont des points imaginaires, Poncelet peut concevoir la construction du point médian. Dans cet exemple, facilement compréhensible, il est clair que Poncelet a pour objectif de permettre à la géométrie d'obtenir les mêmes résultats que l'analyse, c'est-à-dire d'obtenir le point M même si la droite r est en dehors du cercle.

Dans cet exemple, l'analyse démontrerait par le système suivant :

$$\begin{cases} A: x + iy \\ B: x - iy \\ M = \dfrac{A + B}{2} \end{cases}$$

De cette façon, on voit facilement que le point M a des coordonnées réelles. Ce qui, en fait, justifie la construction de Poncelet dans la Figure 1.

Points imaginaires, points imaginaires à l'infini et points d'infini

Nous présentons de manière générale comment Poncelet attribue aux outils de la géométrie une compréhension élargie. Bien que Poncelet utilise souvent les sections coniques, nous examinerons les circonférences de cercle, qui sont des cas particuliers.

Voyons un premier exemple qui apparaît chez Poncelet.

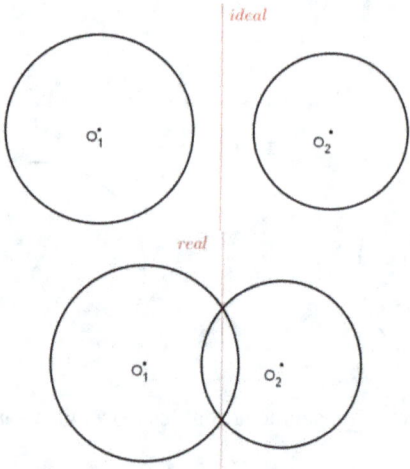

Figure 2. Sécantes communes aux circonférences de cercle.

Deux ou plusieurs circonférences de cercles coplanaires arbitrairement placés sur le même plan sont évidemment similaires et ont quatre points d'intersection et deux lignes sécantes : une sécante infinie, passant par les points cycliques (points d'infini), et une autre à une distance finie, réelle passant par les points réels ou idéale passant par les points imaginaires.

Puisque ces circonférences de cercle sont concentriques, alors les sécantes communes seront deux lignes coïncidentes à l'infini.

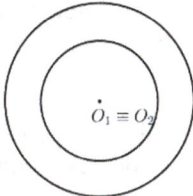

Figure 3. Circonférences de cercles concentriques.

L'idée de Poncelet est qu'il y a deux sécantes, une à une distance finie et l'autre à une distance infinie ; dans le cas de la Figure 3, cela est justifié par l'existence des quatre points d'intersection des deux circonférences de cercle. De cette façon, les circonférences de cercles placés arbitrairement sur un plan ne sont pas complètement indépendantes l'une de l'autre, comme on pourrait le penser dans une observation superficielle. Puisqu'ils ont quatre points d'intersection dans les deux droites, deux imaginaires réels ou finis (si la droite est réelle ou idéale) et deux à l'infini réel ou imaginaire (si la droite est réelle ou imaginaire), ces points doivent jouir des propriétés appartenant au système. Ainsi, par exemple, les tangentes de n'importe quel point de la sécante commun à l'infini sont égales les unes aux autres et les cordes polaires sont parallèles.

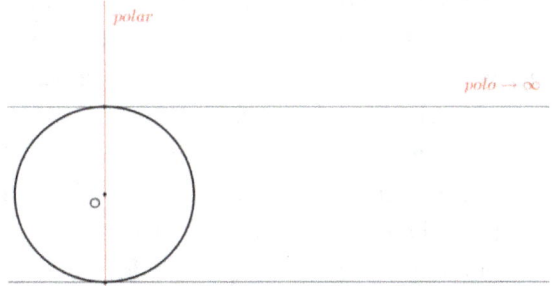

Figure 4. Tangentes avec la même origine, de même mesure.

De même, une circonférence d'un cercle sur un plan dont le rayon tend vers l'infini dégénérera en deux lignes : l'une à la distance finie et l'autre à une distance infinie, affectant ainsi les quatre points. Ces considérations, qui justifient des notions purement métaphysiques, peuvent être démontrées par des méthodes d'analyse coordonnée. Nous présenterons ici de manière synthétique les notions abstraites et purement figuratives, qui ont comme motivation unique le désir de Poncelet d'étendre à l'objet, où tout est vraiment géométrique et possible, les différents états par lesquels cet objet peut passer, qui perd son existence absolue et réelle.

Il ne serait pas pertinent d'examiner ici ce qu'il advient de ces notions et les propriétés des sécantes réelles ou idéales communes aux sections coniques et aux circonférences de cercle dans les diverses circonstances particulières que ces courbes peuvent présenter : points ou lignes. Bien sûr, ces notions subsisteront de la même manière et avec des modifications qui indiqueront toujours la loi de la continuité. Ce qui nous intéresse, c'est comment Poncelet conçoit naturellement les points imaginaires dans ses constructions.

Regardons un autre exemple. Considérons une suite de circonférences de cercles coplanaires (C), (C')... avec une sécante commune réelle ou idéale. D'un point P quelconque, incident à la droite mn, on trace les tangentes PT, PT'... PT, PT^* à différentes circonférences du cercle, toutes ces tangentes ont la même mesure, parce que la droite mn est un axe radical, à savoir le lieu géométrique où les distances des tangentes à l'une quelconque des circonférences du cercle ont la même mesure. Ainsi, les points de contact T, T'... appartiennent à une circonférence de cercle, qui aura le point central P où les tangentes ont été établies. La suite de circonférences de cercle sera coupée par la circonférence du cercle de centre P orthogonalement, et en suivant, les circonférences de cercle ont leurs centres incidents sur la droite CC'. La ligne droite mn, l'axe radical, sera idéale lorsque la droite CC' est réelle par rapport à la suite de circonférences de cercles de centre P et vice versa.

Le cas où la sécante mn commune à une suite de circonférences de cercles (C), (C')... est idéale offre une circonstance particulière qui mérite d'être notée ; à cause de l'infinité de cercles dont la séquence est composée, il y a toujours deux circonférences de cercle qui ont des dimensions infiniment petites, c'est-à-dire qu'elles dégénèrent aux points K et L (Fig. 5), sont symétriquement liées à l'axe radical et sont logiquement incidentes à la ligne centrale. Ces points sont précisément ceux où passent toutes les circonférences de cercles de la suite orthogonale réciproque de la proposition, c'est-à-dire toutes les circonférences de cercles de centre dans la ligne *mn* ; on peut les appeler *points* ou limiter les cercles de cette séquence : ceux de la suite réciproque sont évidemment imaginaires quand les premiers sont réels et inversement.

D'après ces propriétés de la sécante idéale commune à la suite des circonférences de cercle, on reconnaît facilement la ligne droite que les géomètres ont appelée *axe radical* (désignation due à Louis Gaultier de Tours). Les séquences ordinaires de deux ou plusieurs circonférences de cercles, construites dans un plan, jouissent d'un grand nombre d'autres propriétés non moins remarquables. Nous nous arrêtons pour l'instant à quelques propriétés utiles pour exposer les idées des imaginaires dans les constructions de Poncelet.

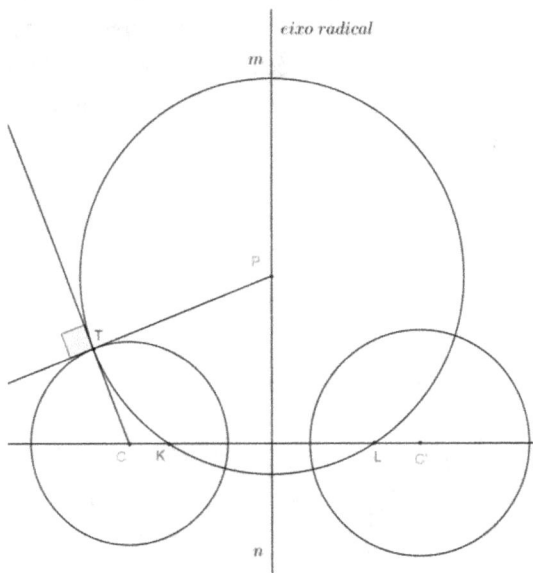

Figure 5. Cercles de frontière : K et L.

L'exemple de la Figure 5 montre les points limites, réels ou imaginaires. L'exemple qui suit (Fig. 6) vérifie une division harmonique.

Soit A un point arbitraire dans le plan d'une séquence de circonférences de cercles (*C*)(*C'*) ayant une ligne *mn* sécante réelle ou idéale commune, nous imaginons pour ce point un cercle *ABKL* coupant orthogonalement tous les cercles de cette suite et ayant par conséquent son centre *P* incident à la ligne *mn*, l'axe radical. Par conséquent, nous traitons les étapes suivantes : joindre le point *A* au centre *C* de l'une quelconque des circonférences de cercles de la séquence pour une ligne indéfinie *AC*, le réunir à nouveau à la circonférence du cercle (*P*) à *B'* et déterminer, par leurs intersections avec (*C*), le diamètre *FG*. Compte tenu de cela, *T* est l'un des points appartenant à la fois à la circonférence du cercle (*P*) et à la circonférence du cercle (*C*), le rayon *CT* ou *GC* est égal à la moyenne proportionnelle entre la ligne *CB'* et les segments *AC*, mais le diamètre *FG* est harmoniquement divisé par les points *A* et *B'* et donc le point *B'* est le conjugué harmonique du point *A* sur ce diamètre.

Il s'ensuit que le point B' est le milieu du cordon ou pôle de contact *MN* du pôle *A* par rapport à la circonférence du cercle (C). On peut noter au passage que quel que soit le diamètre de la circonférence du cercle (C) examiné, *B'* et *A* divisent harmoniquement la ligne *AC* et l'on peut conclure que : deux circonférences de cercles qui se coupent orthogonalement sur un plan ont leurs diamètres croisés harmoniquement. Par conséquent, si une séquence de circonférences de cercle, avec une sécante commune, a deux points limites, ces deux points diviseront, de manière harmonique, tous les diamètres qui leur correspondent dans les différentes circonférences de cercle de cette séquence.

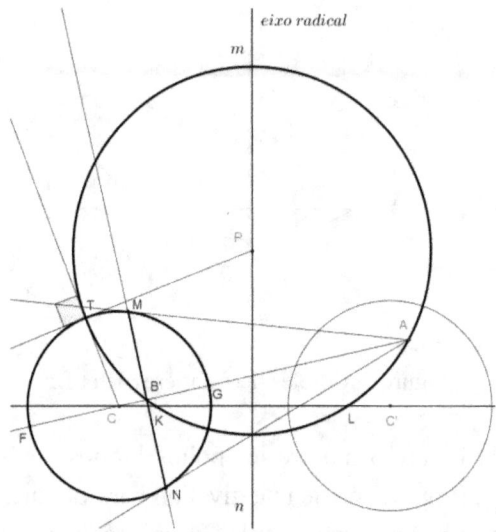

Figure 6. Division harmonique.

Nous concluons de cette propriété des points *K* et *L* de deux ou plusieurs circonférences de cercles (*C*), (*C'*)… qui ont une ligne idéale commune *mn*, que chacun des points est en même temps, pour différentes circonférences de cercles de la séquence, le pôle de la ligne passant par l'autre, en d'autres termes, qu'ils sont inverses l'un de l'autre.

La même propriété se produit évidemment par rapport à chacun de ces points limites et au point situé à l'infini sur la ligne *mn* sécante commune, puisque celle-ci est polaire, pour les différentes circonférences de cercle, et nécessairement confondue avec la ligne reliant les centres CC'. Enfin, en ce qui concerne la suite des circonférences des cercles considérés, seuls les trois points ci-dessus – les deux points limites et le point à l'infini – ont la propriété d'être à la fois polaires par rapport à toutes ces circonférences de cercle. Ensuite, on peut dire en général que dans deux ou plusieurs circonférences de cercles coplanaires avec une ligne idéale commune, il y a trois points et trois points de ce plan, à savoir les limites du colon et du point à l'infini de la sécante commune, de sorte que l'un d'eux est le pôle de la ligne contenant les deux autres, par rapport à toutes les circonférences des cercles considérés.

On peut voir sur la Figure 7 que tous les points B' de la corde MN de contact ou polaire sont inverses du point A appartenant à la circonférence du cercle (P). Ces polaires sont en concurrence à l'autre extrémité A' du diamètre du cercle passant par A. Ceci est une conclusion facile parce que la ligne AC est perpendiculaire à la polaire de A, AA' doit être le diamètre des cercles (P). Dans ce cas, nous pouvons noter que A et A' sont réciproques.

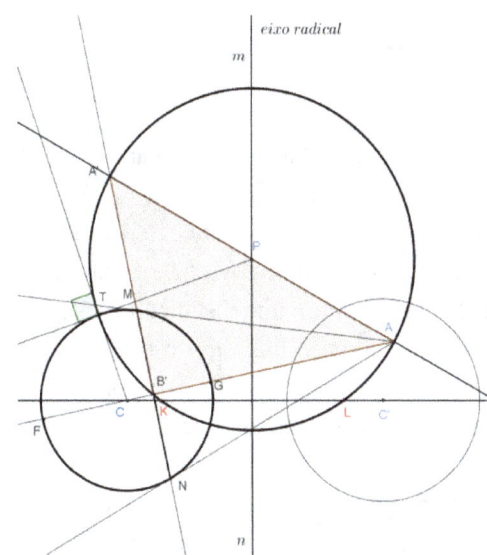

Figure 7. A et A' réciproques.

Supposons que *mn* est une sécante idéale commune à une suite de cercles $(C), (C')$... coplanaires ; toutes les circonférences des cercles orthogonaux (P)

passeront par les deux points K et L, les points limites de la séquence. Si DE est une ligne quelconque sur le plan de la séquence (Fig. 8), chacune des circonférences des cercles (P) la traversera en deux points A, B, dont la réciproque A', B' sera située à la fin du diamètre correspondant, dans une ligne droite ou corde $A'B'$, parallèle à DE, et qui viendra trouver la droite CC' à un point S, de sorte que nous aurons :

$$SA'.SB' = SK.SL$$

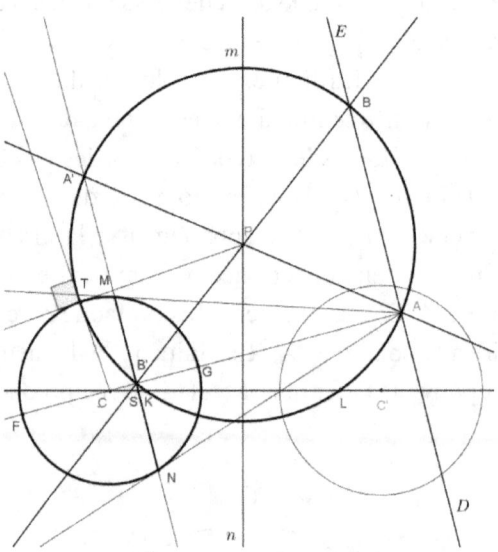

Figure 8. Puissance du point S.

Cette relation indique que tous les points A', B' sont dans une conique, puisque la courbe passe par les points K et L, points qui sont soit à l'infini, lorsque l'axe radical est réel, soit à une distance finie, quand l'axe est idéal.

La relation ci-dessus, lorsque la ligne mn est une sécante réelle commune aux cercles circulaires de la suite (C), (C')… et donc que les points limites K et L sont imaginaires, cesse d'être applicable, c'est-à-dire que la relation $SA'.SB' = SK.SL$ perd sa signification concrète. Cependant, comme la courbe existe encore, par le principe de continuité, il doit s'agir d'une section conique, avec la droite sécante idéale CC' commune à toutes les circonférences de cercles (P). Ainsi, selon ce qui précède, cette ligne droite devrait avoir les mêmes propriétés dans tous les cas possibles. On peut donc dire que tous les points réciproques d'une droite, donnée dans le plan d'un système de circonférences de cercles, ayant une sécante réelle commune, se trouvent dans la même

Poncelet et les points imaginaires à l'infini

section conique passant par les deux points limites.

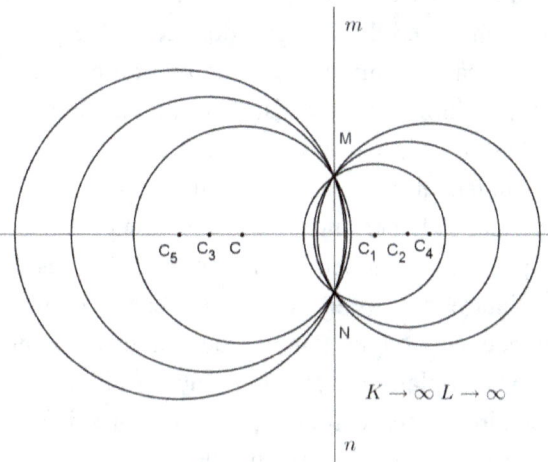

Figure 9. Séquence de circonférences de cercle.

L'explication ci-dessous permet de mieux comprendre l'exemple précédent.

Du centre C de toute circonférence de cercle de la séquence proposée, dessinons la perpendiculaire *CA* à la ligne *DE* et concevons la circonférence du cercle orthogonal (*P*) passant par le pied *A* de cette perpendiculaire.

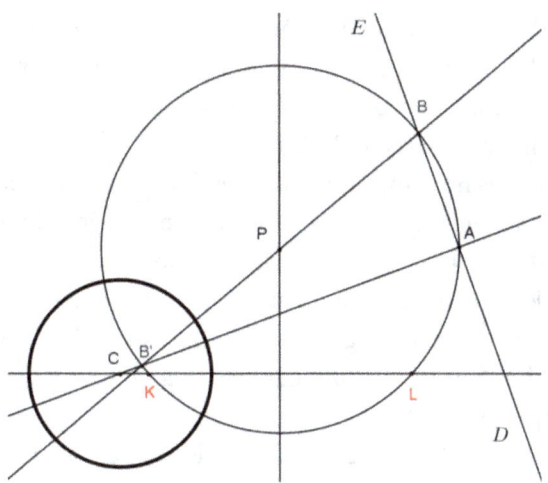

Figure 10. Courbe conique *KBB'L*.

CA trouvera à nouveau la circonférence du cercle (P) en B', qui sera le pôle de DE par rapport à la circonférence du cercle (C), et la ligne DE coupera la circonférence du cercle (P) en B, qui sera évidemment le réciproque de B', puisque BB' est un diamètre de (P). Ainsi, la courbe de degré 2 qui contient tous les points réciproques d'une ligne donnée sur le plan d'une suite de cercles ayant une sécante commune est une section conique. Soit une ellipse lorsque les points limites sont réels, soit une parabole ou une hyperbole lorsque ces points sont imaginaires à l'infini.

Considérons maintenant un système de deux ou plusieurs hyperboles similaires dans un plan. Ces hyperboles ont évidemment leurs asymptotes parallèles. Par conséquent, elles ont deux points communs situés à l'infini dans ces asymptotes. En d'autres termes, elles ont une sécante commune à l'infini.

De même, lorsque deux ou un nombre quelconque de points de suspension sont similaires dans un plan, il existe un nombre infini de systèmes d'hyperboles supplémentaires à ces courbes, pour une direction donnée, dont les diamètres de contact sont parallèles ou concurrentes à l'infini. Cependant, pour chacun de ces systèmes pris isolément, les hyperboles supplémentaires sont évidemment toutes similaires. Et, d'après ce qui précède, elles ont une vraie corde ou sécante commune à l'infini, que l'on peut supposer parallèle à la direction donnée. De même, les ellipses proposées ont une sécante idéale commune à l'infini, ou, en d'autres termes, deux points imaginaires communs à l'infini.

Si nous supposons que les courbes, qui sont déjà semblables, sont aussi concentriques, les hyperboles touchent évidemment les deux points communs à l'infini, ou elles ont une sécante réelle de contact à l'infini. De même, les ellipses ont une sécante de contact idéale dans l'infini ou, si on le préfère, un double contact imaginaire avec l'infini.

Ces considérations ne peuvent pas être appliquées directement à la parabole, car la conique supplémentaire d'une telle courbe est nécessairement aussi une parabole. Ayant leurs axes parallèles, les paraboles sont similaires. Si, alors, nous les considérons comme infiniment allongées, on peut supposer qu'elles ont une extrémité de l'axe long dans les ellipses infinies avec une tangente commune à l'infini, c'est-à-dire des tangentes paraboles similaires en un point réel dont la tangente est à l'infini.

Par conséquent, les deux circonférences de cercles situés sur un plan ont toujours une sécante commune, réelle ou idéale, une distance finie, sauf dans les cas où elles sont concentriques, où les deux sécantes coïncident à l'infini. De plus, nous pouvons considérer les deux circonférences de cercle comme idéalement deux sections coniques qui ont quatre points communs, dont deux ne sont pas nécessairement imaginaires et infinis, alors que les deux autres sont nécessairement réels ou imaginaires et se trouvent à une distance finie.

En général, quand une ligne est portée dans un mouvement continu à une distance infinie, sans quitter le plan qui la contient, elle devient nécessairement indéterminée par rapport aux autres objets. C'est le résultat de l'acceptation du principe de continuité, ce qui signifie que tous les points infinis d'un plan peuvent idéalement être considérés comme étant répartis sur une seule ligne, elle-même située à l'infini sur ce plan.

Considérations finales

Nous ne cherchons pas à justifier les concepts directement liés aux sections coniques. Nous avons voulu présenter, d'une manière générale, en utilisant les circonférences de cercle, la façon naturelle dont Poncelet a travaillé avec les points imaginaires, imaginaires à l'infini et réels à l'infini, sous une forme qui ne laisse rien à désirer du point de vue géométrique.

Il suffisait donc de donner une idée des conséquences des principes établis, le principe de continuité et le principe de projectivité. C'est grâce à eux que Poncelet a pu travailler avec les circonférences de cercle comme un cas particulier des sections coniques.

Les circonférences de cercles placés arbitrairement sur un plan ne sont pas complètement indépendantes l'une de l'autre. Elles ont deux points imaginaires à l'infini, continuant à jouir de certaines propriétés appartenant à leur système, de manière analogue à celles qu'ils possèdent lorsqu'ils ont une sécante commune ordinaire. Ainsi, les tangentes de tout point de la sécante commun à l'infini sont égales et les cordes polaires ou de contact correspondantes sont parallèles.

L'idée de Gaultier de Tours que deux circonférences de cercles coplanaires ont toujours une sécante commune, réelle ou idéale, à une distance finie, sauf quand elles sont concentriques, auquel cas les sécantes seront à l'infini, associée aux principes de Poncelet, permet de considérer les circonférences de cercle comme des sections coniques et inverses et d'utiliser cet axe radical pour trouver des solutions géométriques qui n'étaient « permises » qu'aux géométries analytiques.

Ainsi, on peut observer que la section conique passe par les points réciproques et par les points limites K et L du système de circonférences de cercles (C), (C')... De plus, elle passe par le point situé à l'infini dans la sécante commune mn. Ce fait corrobore l'existence de la conique, justifiée par la géométrie analytique, et permet de comprendre les points cycliques et l'idée métaphysique que chaque circonférence passe par deux points à l'infini.

Les travaux de Poncelet au début du XIXe siècle ont apporté une nouvelle approche de la géométrie et ouvert la voie à une génération de géomètres qui traiteront les points imaginaires, imaginaires à l'infini et points réels à l'infini de façon naturelle.

Bibliographie

Gaultier de Tours, Louis [1813], « Mémoire sur les Moyens généraux de construire graphiquement un Cercle déterminé par trois conditions, et une Sphère déterminée par quatre conditions », *Journal de l'École polytechnique*, XVI, 124-214.

Poncelet, Jean-Victor [1862], *Applications d'analyse et de géométrie qui ont servi, en 1822, de principal fondement au Traité des propriétés projectives des figures ; comprenant la matière de sept cahiers manuscrits rédigés à Saratoff dans les prisons de Russie (1813 à 1814), et accompagnés de divers autres écrits, anciens ou nouveaux*, Annotés par l'Auteur et suivis d'Additions par MM. Mannheim et Moutard, anciens Élèves de l'École polytechnique, Paris, Mallet-Bachelier, imprimeur-libraire.

— [1864], *Applications d'analyse et de géométrie, qui ont servi de principal fondement au Traité des propriétés projectives des figures*, avec Additions par MM. Mannhein et Moutard, tome deuxième et dernier, Paris, Gauthier-Villars.

— [1864a], « Essai sur les propriétés projectives des sections coniques », in Poncelet [1864], 365-454.

— [1864b], « Sur la loi des signes de position en géométrie, la loi et le principe de continuité », in Poncelet [1864], 167-295.

— [1864c], « Considérations philosophiques et techniques sur le principe de continuité dans les lois géométriques », in Poncelet [1864], 296-364.

Jansley Alves CHAVES et Gérard Émile GRIMBERG
Universidade Federal do Rio de Janeiro (UFRJ)
Rio de Janeiro, Brésil
chavesrizo@gmail.com, gerard.emile@terra.com.br

L'imagination dans les « Mémoires sur les *Quantics* » d'Arthur Cayley

Leandro da Silva DIAS et Gérard Émile GRIMBERG

Cayley a écrit une série d'articles connus sous le nom de « Mémoires sur les *Quantics* », célèbres dans l'historiographie des mathématiques pour leur traitement de la théorie des invariants. En outre, dans le Sixième Mémoire, Cayley parvient à des résultats importants pour la classification des géométries euclidienne et non euclidiennes. La relation étroite entre l'algèbre et la géométrie est fondamentale pour comprendre le processus créatif de Cayley dans ses travaux sur les invariants. Nous soulignerons les points importants qui mettent en évidence le processus d'imagination et la création de concepts mathématiques par Cayley, en particulier dans les « Mémoires sur les *Quantics* ». Nous montrerons que la vision géométrique des concepts est fondamentale pour le développement de la métrique de Cayley et pour ses résultats dans le Sixième Mémoire. De plus, les résultats algébriques issus du travail avec les polynômes homogènes ont influencé la théorie de la géométrie, changeant les paradigmes de la géométrie elle-même. Enfin, nous donnerons les principales conséquences du processus créatif lié à l'élaboration du Sixième Mémoire.

Arthur Cayley et les mathématiques de son temps

Les mathématiques impliquent l'utilisation d'images d'objets concrets et abstraits. Sans elles, la pensée mathématique serait inaccessible et tout le processus de développement des théories et des concepts impossible, aussi l'histoire des mathématiques est-elle pleine de cas où l'on peut observer le processus créatif de l'esprit humain dans le développement de cette science première. Nous aborderons ici quelques processus impliquant l'utilisation de l'imagination dans le développement de théories et de concepts qui relient l'algèbre et la géométrie, au milieu du XIXe siècle, en soulignant la participation du mathématicien britannique Arthur Cayley.

Arthur Cayley (1821-1895) est un des mathématiciens britanniques les plus productifs de son temps. Il naît à Richmond, dans le Surrey, le 16 octobre

1821. Son père, Henry, un marchand prospère, décide de déménager à Saint-Pétersbourg à cause de ses affaires en Russie ; les premières années de sa vie, Cayley les vit dans ce pays, de 1821 à 1828. De retour de Russie, son père cherche à l'envoyer étudier ; Cayley entre à l'école privée Eliot Place en 1831. Il entre au King's College en 1835.

En octobre 1838, Cayley réside à Trinity College et commence ainsi sa trajectoire académique à Cambridge. Dans sa première année, il a George Peacock pour tuteur [Crilly, 2006, 27]. Peacock était l'un des fondateurs de la Société analytique, dont le but était de défendre l'utilisation des méthodes analytiques et la nouvelle notation du calcul différentiel dans les universités britanniques, plutôt que l'ancienne notation de Newton [Ball, 1889, 120]. Ainsi, lorsque Cayley commence ses études, il s'inscrit déjà dans ce mouvement d'ouverture des mathématiques britanniques aux mathématiques pratiquées sur le continent européen.

Parmi les autres innovations de la Société analytique, on peut souligner l'augmentation progressive du travail en géométrie analytique, auquel Cayley participe activement. Nous renvoyons pour plus de détails à un article [Dias & Grimberg, 2015, 18] où nous montrons que les mathématiques anglaises du début du XIXe siècle ont participé à une pratique courante où l'algèbre s'accompagnait toujours d'une vision géométrique. Ce fait accompagne le développement des travaux de Cayley et participe à son processus créatif dans plusieurs publications.

Cayley se démarque en étudiant les grands mathématiciens de son temps dès ses débuts à Cambridge. Ce fait, relevé par Crilly, est également important. Andrew Russell Forsyth, qui succédera à Cayley comme Sadleirian Professor of Pure Mathematics, en 1895, année du décès de Cayley, déclare : « Cayley avait évidemment lu, dans un esprit investigateur et critique, la mécanique analytique de Lagrange, une partie des travaux de Laplace, et divers mémoires des deux périodiques continentaux de son temps, celui de Liouville et de Crelle » [Forsyth, 1895, xii].

L'un des premiers thèmes de recherche qui séduit Cayley est celui des transformations linéaires dans les travaux de George Boole. Boole [1841] écrit sur l'utilisation des transformations linéaires pour trouver des expressions analytiques, dérivées de polynômes homogènes, en fait des fonctions des coefficients de ces polynômes qui demeurent invariantes sous l'effet d'une telle transformation, ce que Sylvester, plus tard, appellera *invariants*. On le voit, le travail de Boole, malgré son fort caractère algébrique, implique des relations géométriques. Cela inspire Cayley et le conduit à lancer un nouveau champ de recherche, connu sous le nom de *théorie des invariants*, qui traverse pratiquement toutes ses recherches. Nous y reviendrons.

Un autre exemple qui témoigne de l'aspect géométrique des travaux de Cayley est son article *On Geometrical Reciprocity* de 1848. Cayley y traite le théorème fondamental de la réciprocité, qui porte sur la dualité dans le plan. Il travaille sur des relations importantes dans les coniques, dont chacune a un double théorème. La source des théorèmes présentés se trouve chez Plücker :

> Les constructions précédentes ont été entièrement prises dans le *System der analytischen Geometrie* de Plücker, chapitre 3, *Allgemeine Betrachtungen über Coordinaten-Bestimmung*. J'ai ajouté des preuves analytiques de certains des théorèmes en question. [Cayley, 1848, 380.]

Cet article indique que le travail de Cayley utilisant des coordonnées homogènes découle des développements de Julius Plücker, un mathématicien allemand connu pour l'introduction de coordonnées homogènes dans ce qui viendra à s'appeler *géométrie projective*. Ensuite, on voit combien le travail mathématique de Cayley est étroitement lié aux recherches géométriques poursuivies dans les principaux pays européens.

La théorie des invariants

La théorie des invariants, initiée par George Boole en 1841, est un exemple de domaine de recherche algébrique qui a une relation intime avec la géométrie. Dans cette branche de l'algèbre, les transformations linéaires, impliquant des polynômes homogènes, correspondent, par exemple, aux rotations de points dans l'espace et représentent donc des transformations géométriques. Boole [1841] traite de cette relation algèbre-géométrie dans ses articles, ce qui stimule le jeune mathématicien Arthur Cayley. Dans une lettre que Cayley envoie à Boole en juin 1844, nous trouvons ceci :

> Permettez-moi d'utiliser le prétexte du plaisir fourni par un de vos articles publié il y a quelque temps dans le *Mathematical Journal*, Sur la théorie des transformations linéaires, et de l'intérêt que j'ai porté au sujet, pour vous envoyer quelques formules que votre article si intéressant m'a suggérées. Je serais heureux si cela vous amène à aborder à nouveau ce sujet qui semble vraiment inépuisable. [Cayley *apud* Crilly, 2006, 86.]

Arthur Cayley participe d'une tradition britannique dans le développement de la théorie des invariants algébriques. Dans les années 1850, il développe cette théorie dans dix « Mémoires sur les *Quantics* » (1851-1878), avec en particulier dans le sixième des résultats importants concernant la relation entre l'algèbre et la géométrie.

Un de ces aspects est l'utilisation des polynômes homogènes, qu'il appelle *quantics*, qui représentent des équations de courbes dans l'espace projectif. Un élément important est l'utilisation de coordonnées homogènes permettant de travailler de façon analytique dans un espace projectif. Ce système de coordonnées rend visibles les points imaginaires (qui sont les points de coordonnées imaginaires), c'est-à-dire que la représentation analytique permet une vue d'ensemble plus vaste de géométrie projective réelle dans laquelle les quantités imaginaires jouent un rôle géométrique essentiel.

Nous avons pointé dans un article [Dias & Grimberg, 2013, 25] l'origine de l'approche algébrique-géométrique de Cayley. Dans un premier temps, nous avons mis en évidence une forte influence de Julius Plücker et Michel Chasles sur l'approche analytique de la géométrie projective. Le deuxième aspect est la nette influence, déjà évoquée, de Boole.

Nous aborderons les méthodes et l'utilisation des images dans les six premiers Mémoires sur les *Quantics*, et leur influence sur le développement de la géométrie au milieu du XIXe siècle, en essayant de rendre compte d'un processus créatif analysable à partir des articles de Cayley et qui a influencé le travail d'autres mathématiciens sur le continent européen, tel le programme de Felix Klein. Les quantités imaginaires, par exemple, ont une représentation analytique lorsque l'on travaille avec des coordonnées homogènes. La question de la distance est étendue à l'espace projectif à partir d'expressions analytiques fonctionnant selon la propriété fondamentale de la distance déjà connue pour la géométrie euclidienne. Ces expressions analytiques servent de modèle pour les travaux de Beltrami, Klein, Riemann, entre autres, dans le développement de géométries non euclidiennes.

Les coordonnées homogènes

Les coordonnées homogènes sont attribuées à Plücker (1823) et Möbius (1827) ; Möbius les appelait *coordonnées barycentriques*. Ce système de coordonnées permet de travailler analytiquement dans l'espace projectif. Avant ces travaux, la géométrie projective n'avait pas d'approche analytique, en raison des points à l'infini qui ne sont pas représentés en coordonnées cartésiennes. Au moment où Cayley travaille sur la théorie des invariants, ce système est déjà largement connu et utilisé par la communauté mathématique.

L'imagination dans les « Mémoires sur les Quantics » d'Arthur Cayley

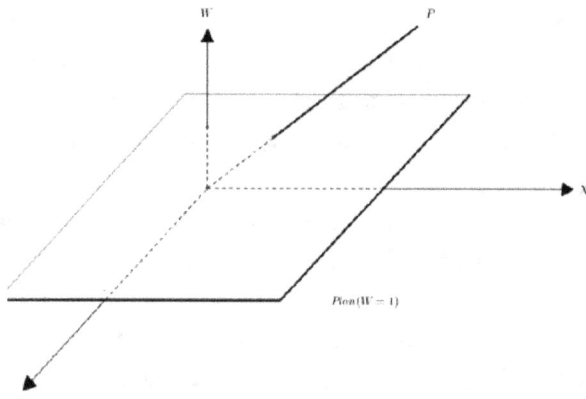

Figure 1. Coordonnées homogènes.

Cayley s'inspire des travaux de Plücker traitant de la géométrie projective en coordonnées homogènes. Il commence ses articles sur les *quantics* en expliquant le système de coordonnées qu'il utilise, en plus des interprétations géométriques sur lesquelles nous reviendrons.

À titre d'exemple, Cayley écrit dans son premier Mémoire sur les *Quantics* :

> Je dis donc simplement que x, y, z sont les coordonnées d'un point (strictement parlant, c'est le rapport de ces quantités qui sont les coordonnées et les quantités de x, y, z sont indéterminées elles-mêmes, c'est-à-dire étant donné que les coordonnées d'un point sont α, β, γ, nous entendons seulement que $x:y:z = \alpha:\beta:\gamma$, et jamais par conséquent obtenir $x, y, z = \alpha, \beta, \gamma$, mais seulement $x:y:z = \alpha:\beta:\gamma$, mais une fois cela compris, il n'y a pas d'objection à parler de x, y, z comme coordonnées). [Cayley, 1854, 222.]

Dans la notation moderne, soit (x, y, w) en coordonnées homogènes, où $X = x/w$ et $Y = y/w$. Alors (X, Y), en coordonnées cartésiennes, correspond à une infinité de triplets $(w.X, w.Y, w)$. Parmi eux, ceux dont le type est $(x, y, 0)$ ne peuvent être analytiquement représentés dans l'espace euclidien. Ce sont les points de l'infini qui, dans l'espace projectif, appartiennent à la droite de l'infini, où se rejoignent les lignes parallèles. Dans la Figure 1, les points à l'infini seraient représentés par les droites qui passent à l'origine et appartiennent au plan XY.

Il est clair que, bien que Cayley ne mette pas l'accent sur le caractère géométrique de ces coordonnées à partir du Deuxième Mémoire sur les *Quantics*, il ne perd pas cette relation de vue, puisqu'il y revient dans les Cinquième et Sixième Mémoires, en faisant cette fois appel aux propriétés géométriques que traduisent les relations algébriques.

Les *quantics*

Cayley définit le terme *quantic* comme un polynôme homogène avec un nombre donné de variables et un degré donné ; $ax^2 + 2bxy + cy^2$.

Une fois un binaire quadratique a le degré 2 et deux variables – dans la symbologie Cayley : $(a, b, c \, \rlap{)}{(} \, x, y)^2$.

Si le *quantic* est égal à zéro, nous avons une équation. Une équation ou un système d'équations a des solutions de coordonnées, qui seraient les racines, identifiées comme des points dans l'espace par Cayley. Il considère un espace « idéal » de n dimensions, mais l'espace naturel comme étant de trois dimensions. Ainsi, les quantièmes à deux variables représenteraient des points sur la courbe, ce que Cayley appelle *géométrie unidimensionnelle* ; la quantité de trois variables étant représentée dans une géométrie bidimensionnelle, et ainsi de suite.

Il utilise également la « théorie de la réciprocité », qui équivaut aux relations de dualité de la géométrie projective actuelle – il dit que le mot *point* peut signifier *ligne* et le mot *ligne* signifier *point*. Ce qui précède la pensée algébrique est la vision géométrique, comme nous l'avons souligné.

L'on peut observer que depuis le premier Mémoire sur les *Quantics*, Cayley travaille avec une vision géométrique, c'est-à-dire que son processus créatif dans ses Mémoires sur les *Quantics* a comme axe principal la relation entre algèbre et géométrie. Et pour cela, les coordonnées homogènes sont fondamentales, car cette vision géométrique opère avec d'autres géométries telle la projective, ce qui n'arrive pas avec les coordonnées cartésiennes.

Le « Sixième Mémoire sur les *Quantics* »

Dans l'introduction de ce mémoire, en plus de présenter son but, Cayley reprend les définitions présentées dans le premier mémoire qui relient le *quantic* à la représentation d'un *locus* qui lui donne une vision géométrique. Il explique ensuite ce qu'il appelle *la géométrie d'une dimension*, de la géométrie bidimensionnelle, et ce qu'il considère des relations possibles entre les points et les lignes, et entre les lignes et les plans.

Cette distance a, bien sûr, une expression analytique. Selon que l'Absolu est une conique réelle, imaginaire ou réduite à deux points, on obtient une géométrie hyperbolique, sphérique ou euclidienne.

Cayley travaille avec la géométrie sphérique dans le Sixième Mémoire ; il utilise la dualité polaire, et dans cette géométrie la dualité est complète, comme dans la géométrie euclidienne. Il définit la distance du rapport d'angle :

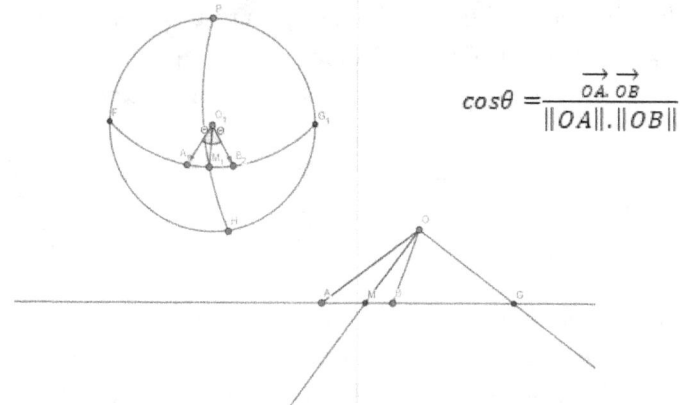

Figure 2. Métrique de Cayley.

La notion de métrique

Dans ce cas, l'Absolu est une conique, et en utilisant les relations d'involution et de rapport harmonique, Cayley atteint la relation de distance. Alors, pour l'absolu, dans la notation de Cayley : $(a, b, c, f, g, h \cdot x, y, z)^2 = 0$, on trouve la relation de distance suivante, donnés les points (x, y, z) et (x', y', z') :

$$\cos^{-1} \frac{(a, b, c, f, g, h)(x, y, z)(x', y', z')}{\sqrt{(a, b, c, f, g, h)(x, y, z)^2}\sqrt{(a, b, c, f, g, h)(x', y', z')^2}}$$

Cayley démontre la validité de ces relations de distance à la propriété fondamentale pour la distance entre trois points consécutifs :

$$\text{Dist.}(P, P') + \text{Dist.}(P', P'') = \text{Dist.}(P, P'').$$

Cette distance a une expression analytique. Selon que l'Absolu est une conique réelle, imaginaire ou réduite à deux points, la géométrie sera hyperbolique, sphérique ou euclidienne. À noter que Cayley effectue soigneusement toutes les étapes pour établir une métrique, en utilisant sa définition de l'absolu ainsi que les propriétés des *quantics*.

Voelke [2005, 201] fait remarquer que Klein définirait la distance comme le logarithme d'un birapport. Cela sera fondamental pour définir la métrique de la géométrie hyperbolique ; Cayley lui-même affirme que la définition de Klein est une grande amélioration par rapport à la sienne. Cayley, dans son Sixième Mémoire, ne considère que des métriques elliptiques et euclidiennes.

Dans la métrique euclidienne, il obtient son résultat le plus important. Cayley traite la métrique euclidienne comme un cas particulier, c'est-à-dire que l'Absolu est une conique dégénérée dans une paire de points :

> Dans la géométrie plane, l'Absolu dégénère en une paire de points, qui est, la ligne infinie de points d'intersection d'un cercle, ou ce qui est la même, l'Absolu est les deux points circulaires à l'infini. [Cayley, 1859, 592.]

De ce résultat, il arrive à la conclusion la plus importante de ce mémoire : « la géométrie métrique est donc une partie de la géométrie descriptive, et la géométrie descriptive est toute la géométrie ». La « géométrie métrique » concerne la géométrie euclidienne et la « géométrie descriptive » la géométrie projective, c'est-à-dire que la géométrie la plus élémentaire est la géométrie projective, ce qui brise le paradigme de la géométrie euclidienne comme la plus fondamentale, d'où même la géométrie projective jusque-là était fondée. Pour plus de détails, voir [Dias 2013], où est analysée la vision géométrique qui a guidé Cayley dans ses premiers Mémoires sur les *Quantics*.

On observe aussi que la théorie algébrique est tellement utilisée qu'elle provoque des changements structurels dans la géométrie, modifiant même son rôle et son organisation. Ces résultats de Cayley ont été obtenus par Felix Klein, qui a réussi à classer les géométries euclidienne et non euclidiennes. Klein a utilisé le logarithme et non l'arc cosinus, comme l'a fait Cayley. Rosenfeld [1988, 238] montre comment Klein définit la notion de distance à partir de la géométrie hyperbolique de Lobachevsky, ainsi que les différenciations qui se produisent pour la géométrie elliptique et la géométrie euclidienne.

Dans ce mémoire, Cayley ne mentionne pas la géométrie hyperbolique, mais il en fournira plus tard un modèle en réponse au premier article de Klein sur les géométries non euclidiennes. Car ce sont ces expressions analytiques qui permettent de fournir des modèles des géométries non euclidiennes, ce que commencera à faire Beltrami inspiré par Riemann, puis Klein, Cayley et Poincaré. Le travail de Cayley dans son Sixième Mémoire sur les *Quantics* joue un rôle important dans l'acceptation des géométries non euclidiennes [Dias & Grimberg, 2014].

Considérations finales

Ce travail de Cayley est l'un des exemples où la géométrie est essentielle dans le processus créatif d'un domaine qui paraissait purement algébrique ; il montre combien la pensée mathématique est constamment soumise à la dialectique de l'image et de l'analytique.

Pour faire des mathématiques, il est nécessaire de produire et travailler avec des images des concepts impliqués, car elles donnent la matérialité nécessaire au travail et à la pensée du mathématicien. Cayley utilise la vision géométrique des *quantics* pour avancer dans la théorie des invariants.

La vision géométrique des *quantics* était au cœur du processus créatif de Cayley. Et l'utilisation de coordonnées homogènes permet de travailler analytiquement dans l'espace projectif ; Cayley a ainsi pu utiliser les propriétés géométriques de manière plus puissante et plus complète.

La définition de la métrique dans le Sixième Mémoire participe d'un processus créatif où le modèle de géométrie sphérique était fondamental pour Cayley. De ce résultat, il arrive à la conclusion la plus importante de ce texte : « La géométrie métrique fait donc partie de la géométrie descriptive, et la géométrie descriptive est toute la géométrie » [Cayley, 1859, 592]. La géométrie projective devient la géométrie la plus générale. Cela montre comment une théorie à fort caractère algébrique peut modifier la conception de la géométrie et influencer d'autres mathématiciens qui pourront contribuer à une vision plus moderne des diverses géométries.

Le Sixième Mémoire témoigne du processus créatif de Cayley qui inspire d'autres mathématiciens comme Felix Klein. Celui-ci comprend l'importance des considérations de Cayley et innove avec la notion d'un groupe de transformations, d'où il peut faire la classification des géométries euclidienne et non euclidiennes à partir de la géométrie projective. Klein souligne l'influence de Cayley sur son travail sur les géométries non euclidiennes de 1871 et 1873.

En outre, nous pouvons voir dans ce cas que le processus de création en mathématiques a un caractère collectif, ce qui démystifie l'idée faussement répandue que les mathématiques sont une science individualiste, où quelques génies parviennent aux résultats décisifs. Nous soulignons l'importance des contributions de Cayley, mais nous voyons aussi qu'elles s'inscrivent dans un contexte de recherche plus large où le travail collectif est évident.

Bibliographie

Ball, W. W. Rouse [1889], *A History of the Study of Mathematics at Cambridge*, Cambridge, Cambridge University Press.

Boole, George [1841], "Exposition of a General Theory of Linear Transformations – Part I", *The Cambridge Mathematical Journal*, 3, 13, 1-20.

Cayley, Arthur [1848], "On Geometrical Reciprocity", *The Cambridge Mathematical Journal*, 7, 173-179, in Cayley [1889-1897], 1, 379-387.

— [1854], "An Introductory Memoir upon Quantics", *Philosophical Transactions of the Royal Society of London*, 144, 245-258, in Cayley [1889-1897], 2, 221-234.

— [1859], "A Sixth Memoir upon Quantics", *Philosophical Transactions of the Royal Society of London*, in Cayley [1889-1897], 2, 561-592.

— [1889-1897], *The Collected Mathematical Papers of Arthur Cayley*, Cambridge, At The University Press.

Crilly, Tony [2006], *Arthur Cayley. Mathematician Laureate of the Victorian Age*, Baltimore (MD), Johns Hopkins University Press.

Dias, Leandro Silva [2013], *Geometria e álgebra nas seis primeiras memórias de Cayley sobre* Quantics, Dissertação (Mestrado em Ensino de Matemática), Rio de Janeiro, Universidade Federal do Rio de Janeiro, Instituto de Matemática, PEMAT.

Dias, Leandro Silva & Grimberg, Gerard Emile [2014], « A classificação das geometrias: um diálogo entre os textos de Arthur Cayley e de Félix Klein », in *7º Encontro Luso-Brasileiro de História da Matemática*, Óbidos, Portugal, Anais, No prelo.

— [2015], « Algebra e Geometria Projectiva Analítica na Inglaterra dos anos 1841-1853 », *Llull, Revista de la Sociedad Española de Historia de las Ciencias y de las Técnicas*, 38, 81, 11-31.

Forsyth, Andrew Russell [1895], "Biographical notice of Arthur Cayley", in Cayley [1889-1897], 8, ix-xliv.

Parshall, Karen H. [1989], "Toward a History of Nineteenth-Century Invariant Theory", in David E. Rowe & John McCleary, *The History of Modern Mathematics*, San Diego (CA), Academic Press, 1, 157-206.

Richards, Joan L. [1988], *Mathematical Visions: The Pursuit of Geometry in Victorian England*, San Diego (CA), Academic Press.

Rosenfeld, Boris A. [1988], *A History of Non-Euclidean Geometry. Evolution of the Concept of a Geometric Space*, New York, Springer.

Voelke, Jean-Daniel [2005], *Renaissance de la géométrie non euclidienne entre 1860 et 1900*, Berne, Peter Lang.

Leandro da Silva DIAS et Gérard Émile GRIMBERG
Universidade Federal do Rio de Janeiro (UFRJ)
Rio de Janeiro, Brésil
leandro.dias@ifrj.edu.br, gerard.emile@terra.com.br

Le problème de l'imagination chez Bergson – la fonction fabulatrice et l'émotion créatrice
Ichiro TAKI

0. L'image comme expérience pure et l'imagination comme mot

Le bergsonisme commence par réfléchir sur « les données immédiates de la conscience » et, dans *Matière et mémoire* (1896), pose d'abord « l'image » comme « existence qui est plus que ce que l'idéaliste appelle une représentation, mais moins que ce que le réaliste appelle une chose » [Bergson, 1896, 1]. Entre la « chose » et la « représentation », « l'image » est « l'expérience *pure*, qui n'est ni subjective, ni objective » [1972, 660][1]. Pour Bergson, « l'image » est ainsi « une réalité », alors que « l'imagination » n'est qu'un « mot » [1932, 205] qui divise artificiellement la réalité, pour la commodité pratique du langage. Quand on aborde le problème philosophique de « l'imagination » chez Bergson, il faut donc, en suivant le philosophe, « subdiviser [l']objet selon les lignes marquées par la nature » [1932, 111] en termes d'« image » plutôt que d'« imagination ». Sous la rubrique psychologique de « l'imagination », nous remarquons ici une paire de termes bergsoniens : « fonction fabulatrice » et « émotion créatrice ».

1. La fonction fabulatrice et l'émotion créatrice

Dans *Les Deux Sources de la morale et de la religion* (1932), Bergson distingue deux sens des mots *imagination* et *religion* : « la religion statique » qui est issue de « la fonction fabulatrice » et « la religion dynamique » qui est issue de « l'émotion créatrice ». En effet, Bergson dit que « la fonction fabulatrice [a pour rôle] d'élaborer la religion [...] que nous appelons statique [ou] naturelle » [1932, 216], alors que « l'émotion créatrice », qui est « à l'origine des grandes créations de l'art, de la science et de la civilisation en général » [1932, 40], « ressemble [...] au sublime amour qui est pour le mystique l'essence même de Dieu. En tout cas le philosophe devra penser à elle [l'émotion créatrice] quand il pressera de plus en plus l'intuition mystique pour

---

[1] Lettre de Bergson à W. James, 20 juillet 1905.

l'exprimer en termes d'intelligence » [1932, 268]. « L'émotion créatrice » se trouve enfin à l'origine de « la religion dynamique qui [...] s'oppose à la religion statique, issue de la fonction fabulatrice, comme la société ouverte à la société close » [1932, 285].

« Une virtualité d'instinct » ou « le résidu d'instinct qui subsiste autour de l'intelligence » [1932, 124], « la fonction fabulatrice » fait surgir les représentations mythiques dans la société close. Elle suscite des « imaginaires qui tiendront tête à la représentation du réel et qui réussiront, par l'intermédiaire de l'intelligence même, à contrecarrer le travail intellectuel ». Cependant, dans la société ouverte, « l'émotion créatrice », née de l'intuition mystique, c'est-à-dire « une frange d'intuition [...] autour de l'intelligence » [1932, 224] intensifiée et complétée en action, est une émotion « supra-intellectuelle » qui, n'étant plus « une agitation consécutive à une représentation », « précède l'idée et qui est plus qu'idée, mais qui s'épanouirait en idées si elle voulait » en tant qu'« âme toute pure [qui se donnerait] un corps » [1932, 268] ou « forme qui voudrait créer sa matière » [1932, 269][2]. Nous pouvons donc comparer la fonction fabulatrice avec l'émotion créatrice : la première représentant la complémentarité de l'instinct virtuel et de l'intelligence actuelle dans le domaine de la *theôria* (la vision), la deuxième représentant la coopération entre l'intelligence actuelle et l'intuition virtuelle dans les domaines non seulement de la *poiesis* (la création), mais aussi de la *praxis* (l'action).

2. La logique de l'imagination et le schéma dynamique

La « fonction fabulatrice » nous renvoie au *Rire* (1900), qui n'est, d'après Bergson, qu'une « étude sur l'association des images, sur leur « contamination réciproque », sur le mouvement par lequel l'apparence comique se propage de l'une à l'autre » [1972, 437][3]. Nous trouvons ici une imagination sociale qui prépare la « fonction fabulatrice » dans *Les Deux Sources*. Selon Bergson, une proposition telle que « Un nez rouge est un nez peint » ou « Un nègre est un blanc déguisé » est absurde aux yeux de la raison, mais vraie pour l'imagination :

---

[2] L'« émotion créatrice » servit de pont entre la création divine et l'invention humaine. Pour Bergson, l'acte de créer n'est pas mystérieux, mais plus ou moins vécu comme donnée de la conscience par référence au musicien (Beethoven) ou à l'écrivain (Rousseau).

[3] Lettre de Bergson à L. Dauriac, 4 décembre 1900.

> Il y a donc une logique de l'imagination qui n'est pas la logique de la raison, qui s'y oppose même parfois, et avec laquelle il faudra pourtant que la philosophie compte, non seulement pour l'étude du comique, mais encore pour d'autres recherches du même ordre. C'est quelque chose comme la logique du rêve, mais d'un rêve qui ne serait pas abandonné au caprice de la fantaisie individuelle, étant le rêve rêvé par la société entière. [Bergson, 1900, 32.]

Quoiqu'elle ressemble à « la logique du rêve », « la logique de l'imagination » trouvée dans le phénomène du rire n'est pas suffisamment caractérisée comme « la logique de l'absurde » [1900, 139], car « cette interpénétration des images ne se fait pas au hasard. Elle obéit à des lois, ou plutôt à des habitudes, qui sont à l'imagination ce que la logique est à la pensée » [1900, 32]. De même que la pensée observe la logique, l'imagination est soumise à « un mécanisme monté en nous par la nature, ou [...] par une très longue habitude de la vie sociale » [1900, 150-151].

Cependant, l'« émotion créatrice » nous rappelle le « schéma dynamique » de *L'Effort intellectuel* (1902). Dans cet article, Bergson explicite « la caractéristique intellectuelle de l'effort intellectuel » [1902, 164], tout d'abord dans le cas de l'effort de rappel :

> On se transporte en un point où la multiplicité des images semble se condenser en une représentation unique, simple et indivisée. C'est cette représentation que l'on confie à sa mémoire. Alors, quand viendra le moment du rappel, on redescendra du sommet de la pyramide vers la base. On passera, du plan supérieur où tout était ramassé dans une seule représentation, à des plans de moins en moins élevés, de plus en plus voisins de la sensation, où la représentation simple est éparpillée en images, où les images se développent en phrases et en mots. [Bergson, 1902, 170-171.]

Bergson appelle *schéma dynamique* une telle « représentation simple [et] développable en images multiples », en ce sens qu'elle contient « moins les images elles-mêmes que l'indication de ce qu'il faut faire pour les reconstituer » [1902, 172]. Dans le cas de l'effort d'intellection ainsi que de l'effort d'invention, Bergson trouve le même mouvement de l'esprit, c'est-à-dire monter et redescendre, réduisant l'effort intellectuel à « un jeu entre schéma et images » [1972, 550] qui consiste en une « matérialisation croissante de l'immatériel qui est caractéristique de l'activité vitale » [1902, 202] :

> À côté de l'influence de l'image sur l'image, il y a l'attraction ou l'impulsion exercée sur les images par le schéma. À côté du développement de l'esprit sur

> un seul plan, en surface, il y a le mouvement de l'esprit qui va d'un plan à un autre plan, en profondeur. À côté du mécanisme de l'association, il y a celui de l'effort mental. [1902, 201.]

Dans le « jeu de représentations » [1902, 194], Bergson finalement distingue deux mouvements différents de l'esprit : l'un est le mouvement horizontal de l'association des images ; l'autre est le mouvement vertical de l'effort mental. Bergson trouve le premier mouvement en détente d'esprit dans le phénomène du rire (une logique de l'imagination) ainsi que dans la religion statique (la fonction fabulatrice) et le second en tension d'esprit (le schéma dynamique) dans la religion dynamique (l'émotion créatrice).

3. L'analogie imaginale entre deux imaginations

Nous pouvons ainsi distinguer deux types d'imagination dans la philosophie de Bergson : l'imagination originairement sociale, immanente à la vie, et l'imagination essentiellement individuelle, transcendante et créatrice. L'une est infra-intellectuelle, s'exerçant en-deçà des images, l'autre est supra-intellectuelle, s'exaltant au-delà des images. Or, quelle est la relation entre ces deux imaginations, ou autrement dit dans les termes de Bergson, la relation entre « fabulation » (ou « fiction ») et « création » ? Cela revient à s'interroger sur le rapport entre « le clos » et « l'ouvert », « le statique » et « le dynamique ». On peut demander enfin à Bergson, comme l'a fait Loisy : *Y a-t-il deux sources de la religion et de la morale ?* Cette question est d'autant plus importante qu'il s'agit du problème de l'imagination, car l'image y joue un rôle médiateur.

Dans *L'Intuition philosophique* (1911), Bergson parle d'une « certaine image intermédiaire entre la simplicité de l'intuition concrète et la complexité des abstractions qui la traduisent » [1911, 119]. « Fuyante et évanouissante », cette *image médiatrice* est « une image qui est presque matière en ce qu'elle se laisse encore voir, et presque esprit en ce qu'elle ne se laisse plus toucher » [1911, 130]. Une telle image nous rappelle celle de Jésus ressuscité disant *Noli me tangere* (Ne me touche pas) (Jean 20, 17) à Marie-Madeleine. Un tel « corps de résurrection » appartiendrait à *'âlam al-mithâl* (le monde de l'Image) du soufisme, traduit par Henry Corbin [1983] comme *mundus imaginalis* (le monde imaginal). Ce monde, intermédiaire entre le monde sensible et le monde intelligible, n'est pas imaginaire (utopique au sens étymologique du terme), mais aussi réel ontologiquement que le monde des sens et le monde de l'intellect.

N'est-ce pas dans ce monde imaginal que les deux limites extrêmes, « contraires mais complémentaires » [Bergson, 1932, 250], se rejoignent ? « La religion dynamique [...] s'oppose à la religion statique [...], comme la société ouverte à la société close. Mais de même que l'aspiration morale nouvelle ne prend corps qu'en empruntant à la société close sa forme naturelle qui est l'obligation, la religion dynamique ne se propage que par des images et des symboles que fournit la fonction fabulatrice » [1932, 285]. On peut donc dire que l'émotion créatrice descend dans ce monde en s'incarnant en images, alors que la fonction fabulatrice monte dans ce monde en suscitant des images.

Dans le monde imaginal, la dualité d'origine se résorbe dans l'unité de la vie [1932, 98]. À travers ce monde, l'émotion créatrice entraîne les conséquences. Citant l'exemple d'une grande œuvre dramatique, Bergson dit : « c'est [de l'émotion créatrice] que l'œuvre est sortie [...] » :

> Elle n'était qu'une exigence de création, mais une exigence déterminée, qui a été satisfaite par l'œuvre une fois réalisée et qui ne l'aurait été par une autre que si celle-ci avait eu avec la première une analogie interne et profonde, comparable à celle qui existe entre deux traductions, également acceptables, d'une même musique en idées ou en images. [Bergson, 1932, 44.]

De même que la fonction fabulatrice infra-intellectuelle joue des variations sur le même thème, l'émotion créatrice supra-intellectuelle produit des traductions pour le même texte original. S'il y a une logique de l'imagination bergsonienne, ce serait une analogie imaginale, intermédiaire entre l'être et le néant.

Conclusion

L'imagination chez Bergson ne se place pas entre l'intelligence et la sensibilité comme l'*Einbildungskraft* de Kant, faculté médiatrice du *Verstand* et de la *Sinnlichkeit*. En tant qu'émotion créatrice, elle est au-dessus de l'intelligence, mais elle est au-dessous de l'intelligence quand elle est considérée comme fonction fabulatrice. L'émotion créatrice se situe entre l'intuition et l'intelligence ; la fonction fabulatrice se trouve entre l'intelligence et l'instinct. L'imagination bergsonienne se meut verticalement dans le monde imaginal, s'élevant en tension vers l'un, descendant en relâchement vers le multiple et se développant en images horizontalement sur le plan de l'intelligence. La logique de l'imagination n'est ni *analogia entis*, ni *analogia nihilis*, mais *analogia imaginalis* (analogie imaginale), ce qui n'est pas la ressemblance externe et superficielle entre des images statiques du tout fait, mais la similitude interne et profonde entre des images dynamiques par rapport à ce qui les engendre.

Bibliographie

Bergson, Henri [1896], *Matière et mémoire. Essai sur la relation du corps à l'esprit*, Paris, Félix Alcan.

— [1900], *Le Rire. Essai sur la signification du comique*, Paris, Félix Alcan.

— [1902], « L'effort intellectuel », in Bergson [1919], 163-202.

— [1911], « L'intuition philosophique », in Bergson [1938], 117-142.

— [1919], *L'Énergie spirituelle. Essais et conférences*, Paris, Félix Alcan.

— [1932], *Les Deux Sources de la morale et de la religion*, Paris, Félix Alcan.

— [1938], *La Pensée et le mouvant. Essais et conférences*, Paris, PUF, « Quadrige ».

— [1972], *Mélanges. L'idée de lieu chez Aristote, Durée et simultanéité, Correspondance, pièces diverses, documents*, éd. André Robinet, Paris, PUF.

Corbin, Henry [1983], « *Mundus imaginalis* ou l'imaginaire et l'imaginal », in *Face de Dieu, face de l'homme. Herméneutique et soufisme*, Paris, Flammarion, 7-40.

Loisy, Alfred [1933], *Y a-t-il deux sources de la religion et de la morale ?*, Paris, Nourry.

Ichiro TAKI
Université Osaka Kyoiku
Osaka, Japon
takiichi@cc.osaka-kyoiku.ac.jp

La science et l'art chez Gaston Bachelard : rêverie et création
Flávio CARVALHO

Gaston Bachelard, penseur infatigable, a vécu une période des plus troublée pour la science, les années qui ont suivi la révolution d'Albert Einstein. Mais ce qui représente la ruine et la destruction pour certains manifeste, pour le philosophe du *Nouvel Esprit scientifique*, un mouvement inhérent à la connaissance scientifique, qui doit se fonder sur des corrections et des approches constantes. De plus, Bachelard comprend que la connaissance se développe sous la dynamique originaire de l'imagination créatrice, ce dynamisme qui favorise également la création artistique. La dichotomie traditionnelle entre la science et l'art n'est pas nécessairement valable. Les activités scientifique et artistique peuvent être liées, leurs différences constitutives bien conservées, parce que les deux utilisent la rêverie créatrice, la capacité de surmonter et d'élargir la réalité, ainsi que la possibilité de créer du radicalement nouveau. À la lecture attentive de l'œuvre philosophique de Bachelard, de ses écrits épistémologiques et de sa poétique, nous comprenons comment l'imagination créatrice soutient à la fois l'activité de *l'homme de jour* et celle de *l'homme de la nuit*, un seul et même homme qui pense pendant qu'il rêve et qui rêve pendant qu'il pense.

En 1938, dans *La Psychanalyse du feu*, Bachelard délègue à la philosophie la tâche d'harmoniser la poésie et la science, de rendre complémentaires leurs démarches et discussions en reconnaissant que l'activité poétique et la science ne sont pas antagonistes : elles sont complémentaires bien que différentes. « Les axes de la poésie et de la science sont d'abord inverses. Tout ce que peut espérer la philosophie, c'est de rendre la poésie et la science complémentaires, de les unir comme deux contraires bien faits » [Bachelard, 2008b, 12].

Bachelard n'a pas l'intention de réduire une activité à l'autre, de les identifier ; au contraire, en préservant les particularités de chacune, il pose la question de savoir comment et dans quelle mesure on peut briser l'ancienne opposition entre art et science.

Pour diriger notre réflexion, nous formulons une hypothèse qui reconnaît l'imagination créatrice comme cause de la création artistique et de la création scientifique. S'il est possible de briser la dichotomie traditionnelle entre science et poésie, cela dépend de la prise en compte de l'imagination comme condition de possibilité d'existence des deux activités.

La culture occidentale est légataire d'une longue tradition rationaliste qui a établi la raison comme point de départ et moyen pour mener toutes les recherches, comme moyen de connaissance et d'appropriation de la réalité. Elle a relégué l'imagination – dans la construction des connaissances – au statut d'instance de second ordre, au mieux – dans la mesure où son activité et ses produits, considérés comme des images évanescentes, ont été associés à l'illusion, à la tromperie, à la distorsion morale ; même lorsqu'elle est jugée pertinente pour le processus de connaissance, l'imagination doit rester sous le contrôle d'une juridiction supérieure : l'entendement. En raison de ce caractère de fugacité, l'imagination a posé de graves difficultés pour maintenir les notions de « définition », de « certitude » et de « preuve », ces attributs essentiels de la stabilité des connaissances.

Dans ce mouvement de construction de la culture occidentale, de nombreux penseurs ont traité de l'imagination. D'Aristote à nos jours, la philosophie a traité la question de la constitution et de l'activité de l'imagination selon différentes orientations. La ligne directrice que nous suivons reconnaît la condition originaire de l'imagination dans le processus de création dans l'art et la science.

Ayant compris que les deux activités se déroulent sous l'impulsion de l'imagination créatrice, nous reconnaissons la *complémentarité* comme condition originaire de leur existence. Si les deux activités se produisent sous l'impulsion de l'imagination créatrice, si celle-ci les rend radicalement complémentaires, nous ne pouvons pas séparer l'être humain en deux hommes – l'un qui produit la science et l'autre qui crée l'art. La pensée bachelardienne nous guide donc vers la considération qu'un même homme, qui produit de l'art avec des mouvements rationnels, crée aussi la science avec des mouvements poétiques. L'homme imagine et crée intégralement, sans division schizoïde ni réduction absolue.

Bachelard présente l'imagination comme constitutive du processus de création humaine, en se distançant de la tradition philosophique qui considérait l'acte d'imaginer comme le jeu de reproduire ou de déformer la réalité ou même de la falsifier. Selon lui, l'imagination a été mal abordée surtout par

La science et l'art chez Gaston Bachelard : rêverie et création

la philosophie (la métaphysique) ainsi que par les approches psychologiques et psychanalytiques.

La question de l'imagination, quoique pas la seule, apparaît comme l'une de ses préoccupations les plus récurrentes, dans ses approches et débats épistémologiques – *Le Nouvel Esprit scientifique* – et dans ses lectures et enquêtes poétiques – *La Poétique de la rêverie*. L'activité imaginative émerge toujours, en tant que révélation, dans la dynamique pérenne du génie scientifique et de la pensée de l'artiste. Cette portée du problème de l'imagination dans le travail intellectuel de Bachelard le met en relation avec d'autres idées de sa philosophie, comme « la rêverie créatrice », « la rupture épistémologique », « la surréalité » et « la surrationalité ».

Nous examinerons donc de quelle façon et dans quelle mesure l'imagination créatrice est l'activité des scientifiques et des artistes face à la réalité, dans des manifestations différentes et complémentaires, par laquelle cette réalité se construit et prend un sens.

Création imaginative : une source, deux activités

Dans les premiers écrits de Bachelard, nous ne trouvons aucune mention ou utilisation du terme *imagination*, tout au plus le verbe *imaginer* au sens de *faire l'hypothèse* – « La contradiction a un autre pôle. Communément on imagine qu'un mouvement a d'autant moins d'énergie qu'il a moins d'empan. C'est l'inverse ici » [Bachelard, 1937, 49] – ou le mot *imaginaire* comme grandeur mathématique – « Aux lieux et places de l'expression symbolique p_x nous écrirons – $h/2\pi i \, \delta/dx$. Le facteur imaginaire i indique assez que nous désertons la réalité » [Bachelard, 1937, 92] – ou une référence à quelque chose qui ne correspond pas à des données physiques – « Hélas ! Cette prétendue donnée est tout imaginaire ; elle n'a pas la moindre réalité physique ; elle ne correspond à aucun cas concret ; elle est une de ces étranges *possibilités* qui sont *impossibles* à réaliser » [Bachelard, 1937, 106]. Mais il est évident qu'une « dynamique » se manifeste dans la connaissance scientifique, qu'il y a une « pluralité » de lignes directrices théoriques et méthodologiques, en particulier dans la physique et la chimie. Cela suscite chez Bachelard une perception aiguë du « caractère vivant » de la construction des connaissances humaines.

Une séquence d'arguments dans *L'Expérience de l'espace dans la physique contemporaine* nous a intrigué. Au chapitre IV, « Les opérateurs mathématiques », Bachelard débat des idées des partisans du symbolisme mathématique – ils défendent la thèse de l'utilisation des opérateurs mathématiques comme de simples conventions de représentation mathématique de la réalité

– et met en question les thèses des partisans du réalisme philosophique – ils soutiennent que le jeu mathématique est un simple intermédiaire de première équivalence avec la réalité.

Dans les arguments de Bachelard afin de repenser le conventionnalisme en mathématique, nous reconnaissons des éclaircissements qu'il apportera dans ses écrits de poétique. Nous tenons à souligner son observation selon laquelle la réalité est constituée – et construite – avec la dynamique et la pluralité des phénomènes. Bachelard affirme aussi que le travail de la pensée humaine est exécuté dans le domaine de la possibilité.

> À ces partisans du réalisme philosophique, nous répondons : l'information mathématique nous donne plus que le réel ; elle nous donne le plan du possible ; elle déborde l'expérience effective de la cohérence ; elle nous livre le compossible. Il ne s'agit pas d'une cohérence concrète, mais bien d'une cohérence abstraite. En fait, l'hamiltonien conçu comme opérateur nous livrera, dans l'équation de Schrödinger, le spectre de toutes les valeurs possibles de l'énergie. La constante E qui, dans l'ancienne épistémologie réaliste, était considérée comme une donnée, comme une réalité empirique, est ici un paramètre qui doit se mettre en accord avec les conditions mathématiques incluses dans l'opérateur hamiltonien ; dès lors, une constante unique, attachée à une expérience unique, ne nous paraît donner qu'un prétexte pour la pensée inventive et productrice. Guidés par l'information mathématique, nous pouvons espérer faire converger les probabilités et créer de toutes pièces des phénomènes dont la structure première peut, à bon droit, être qualifiée de mathématique. On le voit, aux critiques des partisans du symbolisme et des partisans du réalisme nous faisons une même réponse : les mathématiques dépassent en pensée inventive aussi bien les conventions que les expériences. [Bachelard, 1937, 97-98.]

Bachelard défend l'existence de l'activité inventive dans la construction de la connaissance mathématique, qui dépasse les limites de la situation expérimentale (dans sa réflexion poétique, il se référera à *l'expansion de la réalité*) et les paramètres des conventions. Il fait référence à un plan du *compossible* qui, à notre avis, met l'accent sur la notion de complémentarité applicable à la fois au domaine théorique et à l'expérientiel. Cependant, une absence nous interroge : Bachelard ne se demande pas quelle faculté permet les mouvements de dépassement de l'expérience, la création du plan du compossible ou encore la production d'une pensée productive et inventive. Cette réflexion viendra des années plus tard, quand Bachelard reconnaîtra l'imagination créatrice comme condition de possibilité de toute création.

Dès ses premières réflexions, la *dynamicité* et la *variabilité* accompagnent la pensée épistémologique bachelardienne. Bachelard comprend les attributs de l'activité imaginative avant de se référer directement à l'imagination créatrice, selon son *originairité*, en la considérant comme condition pour créer un mouvement, le changement, le renouvellement et l'innovation dans le domaine des connaissances, notamment scientifiques.

Le dépassement de la réalité n'est pas une fonction de la raison, son activité reste donc liée à la fonction du réel. Ainsi, compte tenu des difficultés et des limitations qu'une crise impose à la science, il faut chercher, en dehors des limites de la fonction du réel, d'autres modes de compréhension de la réalité et de ses phénomènes problématiques, et s'ouvrir à la force de l'imagination créatrice, en établissant des relations de complémentarité à l'activité de la raison. Marly Bulcão et Elyana Barbosa [2004] affirment que « dans les moments de crise, la raison se nourrit de l'imagination créatrice ». L'imagination peut favoriser la création scientifique en s'engageant dans les fantasmes de l'activité imaginative. Rêver est une condition fondamentale pour la science.

Albert Einstein, dit-on, affirme que l'imagination est l'élément le plus important dans la construction de la science, plus que la raison elle-même. Cette idée rejoint la pensée bachelardienne en reconnaissant dans le travail du scientifique l'activité imaginative, sans laquelle la science serait limitée au fait objectif de l'empirie, de la limitation spatiale et temporelle de la réalité physique. Il n'y aurait plus aucune condition au mouvement de dépassement de la réalité, compris comme l'action libératrice de l'esprit humain dans l'acte de connaître. Sans ce mouvement pour surmonter la fonction du réel, qui révèle l'autonomie du sujet connaissant face à la réalité, il n'existe pas de processus de construction et, en particulier, de renouvellement théorique et d'innovation technologique dans la science. L'imagination créatrice nous offre le plan du possible, chaque rêverie nous pousse au champ des possibles ; dans ce mouvement, elle montre l'inédit, crée la nouveauté.

> Un monde se forme dans notre rêverie, un monde qui est notre monde. Et ce monde rêvé nous enseigne des possibilités d'agrandissement de notre être dans cet univers qui est le nôtre. Il y a du futurisme dans tout univers rêvé. Joé Bousquet a écrit : Dans un monde qui naît de lui, l'homme peut tout devenir. [Bachelard, 1999, 8.]

Chaque rêveur, scientifique ou artiste, est un visionnaire.

Malgré la compréhension selon laquelle l'être humain doit vivre immergé dans son contexte sociohistorique, nous observons que les êtres humains reprennent constamment leurs pensées, se jettent vers le passé et vivent toujours selon le mouvement de projection, de projeter, c'est-à-dire de faire des projets pour leur propre existence. Lorsque l'être humain s'occupe de projections, il se situe dans les domaines de la *réalité possible*, donc dans les domaines de l'imagination créatrice. L'homme de science illustre le mouvement constant de projection futuriste [Lazorthes, 1999, 100], puisque pour penser la science, une vision dans le futur est nécessaire, un regard qui rêve, le fantasme.

En partant du fait que la rêverie nous jette dans l'infinité des champs et des manières possibles d'approcher la réalité, nous admettons que toutes les constructions sociohistoriques, tous les éléments institués par l'être humain – par exemple la science – sont modifiables et renouvelables. Ainsi, la rêverie est l'action révolutionnaire de l'imagination au moment où il y a un désaccord avec la limite fixée par la fonction réelle, l'institution sociohistorique ; « la rêverie s'oppose au social plus que tout, selon Bachelard. La rêverie est anti-conventionnelle par excellence » [Japiassú, 1976, 93]. La rêverie propre à *l'être imaginaire* (l'être qui imagine, l'être qui rêve) révèle le visage autonome qui est constitutif de l'être humain.

Malgré la réflexion de Bachelard sur l'émergence d'un nouvel esprit scientifique dans le contexte des révolutions einsteinienne, non euclidienne et de la théorie des quanta, malgré son affirmation que toutes les époques historiques construisent leur propre esprit scientifique, aujourd'hui encore, la relation entre l'activité scientifique et la rêverie (l'activité imaginative) ne jouit pas d'acceptabilité consensuelle parmi les scientifiques (les intellectuels en général, aussi les philosophes). L'imagination est considérée comme une faculté importante ; cependant, elle ne produit que de nouvelles idées. Or l'imagination n'est pas une « machine » à produire des idées, elle participe de toutes les étapes du processus de construction de la connaissance scientifique. L'être humain qui « rationalise » et « manipule » l'objet de la connaissance est le même que celui qui « imagine ».

Il est très important de reprendre aujourd'hui la discussion sur le nouvel esprit scientifique préconisé par Bachelard dans la première moitié du XXe siècle. Décrivant ce contexte inhospitalier pour la rêverie – à son époque, mais possible à n'importe quelle autre – Bachelard déclare :

La science et l'art chez Gaston Bachelard : rêverie et création

> Le travailleur scientifique a une discipline d'objectivité qui arrête toutes les rêveries de l'imagination. Ce qu'il observe dans le microscope, il l'a déjà vu. On pourrait dire, d'une manière paradoxale, qu'il ne voit jamais pour la première fois. En tout cas, dans le règne de l'observation scientifique en sûre objectivité, la « première fois » ne compte pas. L'observation est alors du règne des « plusieurs fois ». [Bachelard, 2008a, 146.]

L'« habitude sûre » répète l'événement objectivé en vue de préserver l'universalité de la théorie et sa permanence :

> En particulier, « la conscience de rationalité » a une vertu de permanence qui pose un difficile problème au phénoménologue : il s'agit pour lui de dire comment la conscience s'enchaîne dans une chaîne de vérités. [Bachelard, 1999, 167.]

Ainsi, l'homme de science, impliqué dans une telle objectivité, considère comme plus important de raisonner que d'imaginer, donc l'homme de science ne rêve pas.

Dans le domaine scientifique, il est problématique que l'imagination joue un rôle fondamental dans la construction de la connaissance. Cela peut causer un peu d'inconfort et même d'éloignement chez certains scientifiques. Dans la création artistique, que l'imagination constitue le mouvement créatif est presque une idée redondante. Cela ne provoque ni dégoût ni désaccord chez les artistes. Cette observation très banale ne nous dispense pas d'interroger la raison de cette différence d'attitude.

Le rationalisme et le positivisme ont imprimé dans la culture occidentale, au fil des siècles, un ensemble d'orientations théoriques et méthodologiques qui ont construit cette posture intellectuelle. Ils ont élaboré une mauvaise interprétation de l'imagination et de son activité, qui renforce la séparation entre penser et imaginer, entre science et art. De plus, s'il est accepté que l'imagination créatrice est constitutive de la connaissance, cela pose problème pour maintenir les concepts d'ordre et d'évolution progressive des connaissances, car cela ouvre un espace pour les concepts de possibilité, de complexité et d'indétermination, qui sont des présupposés de la connaissance humaine.

Dans le contexte de la création artistique, la situation est différente puisque l'imagination est reconnue comme un élément fondamental de l'activité artistique. Le génie et l'avant-garde sont généralement associés à la capacité de l'artiste d'imaginer.

L'art ne reproduit pas les éléments de la réalité, l'art ne copie pas la réalité, l'art crée une nouvelle réalité. L'expression artistique révèle ce que nous ressentons, comment nous comprenons la réalité, c'est-à-dire notre propre réalité. Donc l'esthétique (domaine de la philosophie) n'est pas réduite à la réflexion sur l'œuvre d'art ; elle réfléchit dans quelle mesure nous ressentons et signifions la réalité à travers l'expression artistique. Bachelard présente l'image poétique comme une production de la rêverie créatrice, une manifestation qui est liée aux concepts archétypiques inhérents à la vie mentale humaine et qui révèle notre engagement global avec la réalité. Selon ces lignes directrices, le fait d'accepter ou non l'imagination créatrice comme un élément constitutif de la connaissance est lié à la façon dont les êtres humains se sentent et représentent la réalité. Chez Bachelard, les théories sont imprégnées de posture philosophique. Et toute théorie est influencée par la conception esthétique de la réalité.

Si l'imagination créatrice est l'élan créatif de l'art – qui est l'expression intime de l'humanité de l'homme, de son primitivisme et de sa transcendance –, l'art ne représente pas une sorte d'image de la réalité, car l'art crée une sorte de réalité. Par conséquent, nous nous demandons dans quelle mesure la science – qui est l'expression d'un sujet connaissant également dont l'activité imaginative crée des nouveautés – devrait être considérée comme une modalité de la connaissance objective, neutre et universelle. Chez Bachelard, la science se désengage de la fonction du réel absolu, elle devient un acte créateur d'une conscience intentionnelle. Ainsi :

> Avec Bachelard, la science n'est plus une description de la réalité, elle devient une construction dans laquelle théorie et technique se rapportent dialectiquement, en produisant ainsi l'objet de la connaissance. Cette idée fait germer de nouveaux aspects qui modifient le concept de science, d'objectivité et d'objet scientifique. La science devient production, elle n'est pas représentation ; son aspect contemplatif est remplacé par une activité, ce qui signifie reconnaître la dynamique essentielle qui la caractérise. [Bulcão, 1999, 157.]

Bref, l'art et la science entretiennent un rapport dialectique selon la dynamique constitutive de la création, ce sont des modes de construction de la réalité.

Rêverie et création

Si tout le savoir ne peut être réduit à l'imagination, il y a au moins un moment d'activité imaginative dans la construction de toute connaissance.

Par-delà le jeu de mots, nous soulignons la participation de l'imagination créatrice aux activités de l'être humain. Ainsi, l'homme des sciences et l'homme des arts se lient en raison de leurs connexions originelles avec l'activité imaginative au moment où ils comprennent, signifient et construisent la réalité.

Traditionnellement, l'activité autour des preuves objectives et vérifiables est un moyen de différencier le domaine de la science de celui de l'art. Selon cette opinion, l'art est un lieu où le développement créatif est guidé surtout vers les événements fictifs. La difficulté de maintenir cette différenciation fondamentale se pose quand on constate qu'il y a des situations dans la recherche scientifique où le travail ne se fait pas avec des éléments visibles et vérifiables : le travail à l'aide de données ou hypothèses indirectes ou conjecturales nécessite le concours de l'imagination en vue de préserver la base projective dans la recherche. Donc, dans certaines circonstances du domaine scientifique, on ne peut pas observer, on imagine. On crée une réalité sur laquelle la recherche scientifique s'appuie.

De manière analogue, les éléments observables n'ont pas une nécessité absolue dans l'art, puisque les travaux de création et de construction d'une œuvre (une chanson, une sculpture ou un poème) ne sont pas limités à l'existence ou à l'observation d'un élément concret. La production artistique ne s'arrête pas aux limites spatio-temporelles, la fonction du réel n'impose pas de limites à la production de l'art, car celle-ci est créatrice de réalités qui complètent la réalité vécue, qui dépassent la réalité bio-physico-chimique et la réalité sociohistorique.

La liaison et la restriction établies de l'activité de la science aux éléments observables et vérifiables sont problématiques. Regardons une autre situation qui révèle cette insuffisance : toute recherche scientifique commence par des constructions hypothétiques, des situations probables, autour de mondes possibles – dans les mots de Bachelard : des mondes compossibles. Ainsi, le mouvement initial de l'activité scientifique est médiatisé par l'imagination créatrice.

La rêverie est un élément commun

Nous admettons que la dynamique de l'imagination créatrice est le processus de création propre à l'activité de la science et de l'art. Il faut maintenant réfléchir au phénomène créateur de la rêverie en vue de mieux comprendre la congruence possible entre ces activités. Pour Bachelard, toute l'activité psychique de l'être humain reçoit son impulsion de la rêverie :

> Nous souscrivons à cette vue : plus que la volonté, plus que l'élan vital, l'Imagination est la force même de la production psychique. Psychiquement, nous sommes créés par notre rêverie. Créés et limités par notre rêverie, car c'est la rêverie qui dessine les derniers confins de notre esprit. [Bachelard, 2008b, 187.]

Donc, s'il y a une limite à la production psychique, elle sera révélée dans le mouvement même de la rêverie. S'il y a un moyen de refaire la réalité, c'est la rêverie, qui émancipe l'esprit humain de ce qu'impose la société. L'art et la science sont des activités libertaires, ils portent l'impulsion de la liberté de l'imagination créatrice.

Cette compréhension nous amène à *Lautréamont*, où Bachelard développe une réflexion perspicace à propos des *Chants de Maldoror* d'Isidore Ducasse, dont le pseudonyme donne le titre au livre. Dans l'œuvre de Lautréamont, le philosophe appelle le lecteur à réfléchir sur les situations de soumission imposées aux êtres humains et sur la capacité originelle à se rebeller, sur la base d'images « violentes », en révélant la force de transformation : « Lautréamont personnifie une sorte de *fonction réalisante* qui fait pâlir la *fonction du réel* toujours alourdie par la passivité » [Bachelard, 1939, 113]. La fonction créatrice de l'art et de la science doit représenter cette fonction réalisatrice, en révélant l'élan transformateur de la rêverie créative.

Selon cette compréhension, *rêverie* n'a pas le même sens que *rêve* (nocturne). Quelqu'un qui rêve (au sens de rêverie) participe comme une conscience individuelle, comme une conscience créatrice. Rêver (vivre la rêverie) implique de ne pas devenir insensible à la réalité, au contraire, le sujet se reconnaît lui-même en tant que participant de la réalité, qui peut être surmontée, transformée, grâce à la rêverie créatrice. Le rêveur (de la rêverie) se reconnaît lui-même dans la construction de la rêverie, cette conscience active est présente au phénomène créateur :

> Le rêveur de la nuit ne peut énoncer un *cogito*. Le rêve de la nuit est un rêve sans rêveur. Au contraire, le rêveur de rêverie garde assez conscience pour dire : c'est moi qui rêve la rêverie, c'est moi qui suis heureux du loisir où je n'ai plus la tâche de penser. [Bachelard, 1999, 20.]

La réalité que je rêve, que je crée et que j'habite, c'est intégralement moi-même.

La rêverie dépasse la réalité

Dans cette perspective, le savant visionnaire et l'artiste d'avant-garde se mettent dans une posture d'avenir constante dans la mesure où leurs œuvres sont intentionnellement orientées vers l'extension de la réalité. Ils osent tous deux déplacer les limites habituelles, qui sont le plus souvent socialement instituées. « Les poètes toujours imagineront plus vite que ceux qui les regardent imaginer » [Bachelard, 1999, 23]. *Regarder* dénote ici l'attitude d'analyse et d'explication caractéristique du rationalisme classique, qui définit l'objet, donc le réduit, qui cherche l'identité (la substance) de l'objet, donc l'immobilise. Quelqu'un qui réalise le mouvement créateur de la rêverie peut comprendre le caractère dynamique et complexe de la réalité et de l'activité imaginative. Il ne se conforme donc plus aux différentes limites établies. Il s'agit d'une attitude nécessaire pour surmonter la réalité et les paradigmes dominants.

Cette compréhension se matérialise au moment où le scientifique ne s'arrête pas aux limites physiques, physiologiques ou sociohistoriques dans son activité de construction de connaissances. Cela se produit quand il s'oppose aux paradigmes, aux principes et aux théories établies. Ensuite il les confronte et en propose d'autres, ce qui fait progresser les connaissances scientifiques. Il en est de même du poète qui ne s'arrête pas au normativisme du mot ou à la linéarité métrique, de l'artiste qui n'est pas prisonnier de la tendance et de la normalisation d'une société, de l'homme de l'art qui effectue un déplacement ou une relecture esthétique en proposant une autre tendance. Ces nouvelles idées, postures et actions peuvent créer une situation problématique car, après un mouvement de transformation, une nouvelle normalisation tend à faire stagner la dynamique inhérente à la construction de la connaissance scientifique et de l'expérience esthétique.

Une vigilance constante pour éviter la stagnation est ainsi indispensable. Cela exige d'admettre la vie de la connaissance comme un mouvement dialectique, non cumulatif ou progressif, mais à comprendre dans un chemin d'approximations successives, c'est-à-dire que la science atteint le réel par approximations successives. Dans le domaine de l'esthétique, cela ne peut être différent et, en conséquence, « l'accélération du temps, la métamorphose et le devenir continu des formes poétiques s'expriment, esthétiquement et symboliquement, au niveau de la connaissance par les images, des analogies avec les révisions et les récurrences inhérentes au progrès de la connaissance scientifique » [Cesar, 1989, 29].

Bachelard a toujours été attentif aux mouvements et aux contre-mouvements, à la fois dans les arts et dans les sciences. Il en a souligné le caractère dynamique et complexe, en remarquant leurs relations avec la réalité, tout aussi complexe et dynamique. Sa réflexion sur l'épistémologie et la poétique culmine respectivement dans les notions de surrationalité et de surréalité [Bulcão & Barbosa, 2004, 14].

La rêverie montre la surrationalité et crée la surréalité
Sous l'égide du principe de ne pas respecter la limitation prévue par la réalité physique, physiologique ou historique, le scientifique et l'artiste investissent tous leurs efforts pour surmonter les limites. Ce mouvement épistémologique de dépassement de la réalité, de penser au-delà de la logique identitaire – la *surrationalité* – permet l'émergence d'une réalité élargie qui complète la réalité actuelle, ce que Bachelard appelle *surréalité*. Ce mouvement dépend du concours de l'imagination, par lequel nous sommes capables de concevoir une autre réalité possible :

> [...] dans sa fraîcheur, dans son activité propre, l'imagination avec du familier fait de l'étrange. Avec un détail poétique, l'imagination nous place devant un monde neuf. Dès lors le détail prime le panorama. Une simple image, si elle est nouvelle, ouvre un monde. Vu des mille fenêtres de l'imaginaire, le monde est changeant. [Bachelard, 2008a, 129.]

L'imagination est présente dans la posture d'incompatibilité devant la réalité établie jusqu'à la projection du nouveau réel. Elle est une impulsion originelle pour la construction de la connaissance et de la réalité.

La surréalité résulte donc d'un mouvement d'émancipation de la conscience individuelle contre la fonction du réel, une sorte de mouvement libertaire. Ainsi, quand on ne voit pas ce qu'on veut voir, quand on ne comprend pas ce qu'on veut comprendre, on peut nier la réalité, donc on crée une surréalité [Lazorthes, 1999, 98]. Bachelard comprenait la surréalité comme la manifestation d'une activité imaginative capable de transformer et de mettre en rapport les différentes parties de la réalité complexe.

Ce mouvement de dépassement de la réalité révèle la capacité d'émancipation de l'être humain qui est créateur, qui construit sa réalité existentielle et historique. À l'origine, l'être humain est imaginatif et autonome, il est aussi capable de créer sa propre réalité. Cependant, il ne se reconnaît pas toujours comme un créateur, à cause de plusieurs raisons sociales et historiques. L'émancipation est liée à la prise de conscience de l'acte créateur :

> Pour nous, toute prise de conscience est un accroissement de conscience, une augmentation de lumière, un renforcement de la cohérence psychique. Sa rapidité ou son instantanéité peuvent nous masquer la croissance. Mais il y a croissance d'être dans toute prise de conscience. [Bachelard, 1999, 5.]

L'être humain qui crée sa propre réalité manifeste son autonomie. Cette création révèle à la fois la vitalité de l'imagination et la situation d'autonomie humaine : « Nous sommes sûrs, avec une image exagérée, d'être dans l'axe d'une imagination autonome » [Bachelard, 2008a, 149].

Bachelard a développé une partie de sa réflexion sur l'autonomie de l'être humain dans *Lautréamont*, où une séquence d'arguments présente la notion d'autonomie constitutive de l'être sous les images d'une volonté de casser, la bestialité comme l'impulsion de l'imagination créatrice :

> La vie et le verbe réels doivent être des révoltes, des révoltes conjuguées, des révoltes éloquentes. Il faut donc *dire* sa révolte, il faut la dire à son maître, à ses maîtres, au Maître : « Eh bien ! crie Lautréamont, je me présente pour défendre l'homme, cette fois, moi contempteur de toutes les vertus ». La créature créaturée va, par la violence, devenir créaturante. [...] Désobéir – pour celui qui n'a pas été touché par la grâce ou par la raison – est la preuve immédiate et décisive de l'autonomie. [Bachelard, 1939, 96-97.]

Ce passage est une sorte de manifeste et de convocation qui exhorte l'individu à se positionner comme créateur de sa propre histoire, et même, s'il le faut, à se rebeller contre l'école, contre la religion, contre tout ce qui peut lui imposer des limites et l'emprisonner dans une vie vertueuse mais aussi passive, sur laquelle Bachelard pose un diagnostic : « Alors la vie vertueuse est une vie trop monotone » [1939, 96].

Donc, dans l'art et dans la science, il peut y avoir des mouvements d'émancipation de la conscience, qui révèlent le caractère original de la création de nouvelles théories et manifestations artistiques, qui ne résulte pas de certains héritages ou de reproductions de la réalité.

> Chez Bachelard, l'art et la science ne sont pas simplement des reproductions d'un monde qui s'offre, elles sont des activités créatives où l'imagination apparaît avec un rôle fondamental. L'art et la science sont des créations dans lesquelles l'homme participe pleinement avec toute son expérience psychologique. Chez Bachelard, ni l'onirique ni le rationnel ne sont formés par la réalité existante ; au contraire, en brisant avec la réalité immédiate, celles-là (l'art et la science) instituent une nouvelle sorte de réalité. [Barbosa, 1996, 18.]

Bachelard a vécu un moment historique particulièrement important de l'institution d'une nouvelle sorte de rationalité et aussi de compréhension de la réalité, car il a été contemporain de la révolution dans la science au début du XXe siècle, quand la théorie de la relativité, la pensée quantique et la géométrie non euclidienne ont posé plusieurs problèmes aux scientifiques et aux philosophes, en présentant les compréhensions de l'espace non linéaire, du temps non absolu, des corpuscules atomiques, parmi de nombreux autres principes et hypothèses qui ont interrogé la vérité des théories en vigueur.

Considérations finales

Briser les dichotomies. Ce thème très fréquent dans les réflexions de Bachelard représente également son projet de pensée non dichotomique et d'orientation méthodologique pluraliste. Sa posture et son attitude intellectuelle sont cohérents avec la compréhension que l'imagination est un lien entre le sujet et l'objet, entre l'esprit et la nature, qu'elle vise la profondeur ou l'intimité des choses dans la mesure où elle les crée [Japiassú, 1976, 90]. Ainsi, le concept d'imagination créatrice guide ce projet de liaison entre oppositions établies. Nous observons un philosophe engagé dans la dissolution de dichotomies.

En ce qui concerne l'activité psychique, Bachelard défend la constitution psychique de l'être humain comme un lien entre le réel et la fonction irréelle [Bachelard, 2008a, 17], car l'être humain a le pouvoir d'étendre la réalité à laquelle il participe, en faisant des projets, en vivant dans le mode de l'avenir, qui sont étroitement liés au phénomène de la rêverie. Rêver, c'est créer. La réalité établie change sous cette impulsion créatrice qui a ses racines dans l'imagination. La vie psychique ne se fait pas exclusivement dans la fonction réelle, mais dialectiquement en fonction de l'irréel, à savoir l'alternance entre les deux axes, la rationalité du plafond et l'irrationalité du sous-sol :

> La verticalité est assurée par la polarité de la cave et du grenier. Les marques de cette polarité sont si profondes qu'elles ouvrent, en quelque manière, deux axes très différents pour une phénoménologie de l'imagination. En effet, presque sans commentaire, on peut opposer la rationalité du toit à l'irrationalité de la cave. [Bachelard, 2008a, 35.]

Il convient de rappeler que la posture antidichotomique de Bachelard est également associée au caractère dialectique de l'activité de l'imagination, qui produit le sens du dialogue permanent et la notion de mouvement complémentaire entre concepts différents. La connaissance est dialectique, l'existence est dialectique, la compréhension de l'être est dialectique : « L'escalier qui va à la cave, on le *descend* toujours [...]. L'escalier qui monte à la chambre, on le monte et on le descend. [...] l'escalier du grenier plus raide, plus fruste, on le *monte* toujours » [Bachelard, 2008a, 43]. Il n'y a pas un seul mouvement, une seule direction, il y a des chemins qui se croisent aux carrefours, des mouvements qui se propulsent réciproquement.

Bachelard a aussi brisé la dichotomie entre la philosophie et la science, et donc proposé l'engagement nécessaire de la philosophie dans la démarche de l'activité scientifique. Il ne conçoit pas une philosophie scientifique qui soit élaborée sur la base de principes idéaux, qui ne prenne pas en compte la particularité du mouvement de la science. Alors, il propose un rationalisme appliqué, en reconnaissant que « Dans ces conditions, toute expérience sur la réalité déjà informée par la science est en même temps une expérience sur la pensée scientifique. Et c'est cette *expérience doublée* du rationalisme appliqué qui est propre à *confirmer discursivement* une existence, à la fois dans l'objet et dans le sujet » [Bachelard, 1998, 54]. Pour lui, donc, il n'y a pas de séparation ou d'opposition absolue entre le sujet et l'objet : il y a plus de sujet dans l'objet qu'il ne peut percevoir ; le sujet est aussi influencé par l'objet choisi qu'il le souhaite. Sur la base de cette existence relationnelle, Bachelard déclare encore : « Si nous avions raison à propos de la réelle implication du sujet et de l'objet, on devrait distinguer plus nettement l'homme pensif et le penseur, sans cependant espérer que cette distinction soit jamais achevée » [2008b, 14]. Il ne s'agit pas de fonder une nouvelle dichotomie, un homme pensif et un homme pensant, mais de reconnaître une dualité dans la constitution originelle de l'être humain.

Chaque nouvelle position non dichotomique nous montre que Bachelard était un philosophe subversif qui a pratiqué l'insubordination face à l'institution, aux notions établies, à l'usage habituel. Cela lui a permis de se lancer dans un territoire épistémologique où les certitudes peuvent être revues et les valeurs réinterprétées, tout comme les concepts esthétiques sont revisités et les méthodes de recherche adaptées à de nouvelles compréhensions. Bachelard a proposé une nouvelle attitude dans le processus de construction du savoir, dans l'approche de la réalité et de sa signification, à la fois dans l'esthétique et dans la science. Il a simultanément élaboré la caractérisation d'un individu qui l'assume.

Il ne faut pas que l'individu se préoccupe exclusivement des questions théoriques et expérimentales de la science, il ne faut pas non plus que l'individu s'adresse uniquement à la création et à la production artistiques.

Dans la pensée bachelardienne, la constitution profonde de chaque individu manifeste la dualité – pas une dichotomie – de telle sorte que quand on crée l'art, on ne se dissocie pas du rôle rationnel ; de même, quand on produit la science, on développe l'activité expérientielle. On ne fait pas ou l'art ou la science, mais la science et l'art : « Dans l'instant passionné du poète, il y a toujours un peu de raison ; dans le refus raisonné, il reste toujours un peu de passion » [Bachelard, 1988, 225]. L'homme nocturne se manifeste aussi dans la lumière de la science et, de même, l'homme diurne se mélange à l'intimité des images poétiques. Ainsi, Bachelard admet « l'homme de vingt-quatre heures » [1972, 51].

Pour Bachelard, dans la constitution originale de l'être humain, il y a un homme pensif et un homme penseur, un homme de la nuit et un homme du jour, un homme de la science et un homme de l'art, tous inséparables. La connaissance humaine est constituée de manière unitaire, dans la dynamique de la complémentarité entre pensée artistique et pensée scientifique. Bachelard « fait un premier pas dans la direction qui affirme le rôle de l'homme intégral dans la constitution de la connaissance » [Cesar, 1989, 71].

Selon François Dagognet, l'art contemporain a adopté une perspective similaire, c'est-à-dire brisé la dichotomie qui divisait le monde en deux blocs esthétiques et politico-économiques :

> Mais la vraie raison pour laquelle l'art actuel a élu l'endommagé, le déformé, et même le fermenté, vient probablement du fait que l'artiste refuse de diviser le monde en deux : d'un côté, ce qui reflète la lumière et brille grâce à la surface intacte ; de l'une autre, ce qui est sale et en haillons, sans oublier que la face cahoteuse bénéficie d'un autre avantage, celui de nous libérer d'un écran insurmontable qui nous confine et nous prive de cette cause qui nous déguise (la face arrière). Et cette opposition en cache une autre, plus politique : celle de la richesse et de la pauvreté, celle des privilégiés et de leurs subordonnés ; et la plupart des artistes veulent rassembler la légion des défavorisés. [Dagognet, in Bulcão, 2010, 106.]

Nous comprenons donc que l'être humain est constitué d'instances et d'impulsions à la fois antagonistes et complémentaires, qui existent dialectiquement et se manifestent dans l'activité même du sujet. L'activité impétueuse de l'imagination créatrice se produit dans la simultanéité de la tendance humaine à rester. Bachelard n'entend pas adopter la notion de dichotomie dans la constitution du sujet. Au contraire, il veut démontrer que la discontinuité dans la démarche de la construction des savoirs – notamment scientifiques – tient ses racines dans la formation de l'être humain même, chez qui toutes les instances participent dialectiquement à son existence.

Références

Bachelard, Gaston [1934], *Le Nouvel Esprit scientifique*, Paris, PUF.
— [1937], *L'Expérience de l'espace dans la physique contemporaine*, Paris, Félix Alcan.
— [1939], *Lautréamont*, Paris, José Corti.
— [1972], *L'Engagement rationaliste*, Paris, PUF.
— [1988], *Le Droit de rêver*, 6ᵉ éd., Paris, PUF.
— [1998], *Le Rationalisme appliqué*, 3ᵉ éd., Paris, PUF, « Quadrige ».
— [1999], *La Poétique de la rêverie*, 5ᵉ éd., Paris, PUF, « Quadrige ».
— [2008a], *La Poétique de l'espace*, 9ᵉ éd., Paris, PUF, « Quadrige ».
— [2008b], *La Psychanalyse du feu*, 9ᵉ éd., Paris, Gallimard.
Barbosa, Elyana [1996], *Gaston Bachelard: o arauto da pós-modernidade*, 2ᵉ ed., Salvador, EDUFBA.
Bulcão, Marly [1999], *O Racionalismo da Ciência Contemporânea: uma análise da epistemologia de Gaston Bachelard*, 2ᵉ ed., Londrina, EDUEL.
— [2010], *O gozo do conhecimento e da imaginação. François Dagognet diante da ciência e da arte contemporânea*, Rio de Janeiro, Mauad X.
Bulcão, Marly & Barbosa, Elyana [2004], *Bachelard. Pedagogia da razão, pedagogia da imaginação*, Petrópolis, Vozes.
Cesar, Constança Marcondes [1989], *Bachelard: Ciência e Poesia*, São Paulo, Paulinas.
Japiassú, Hilton [1976], *Para ler Bachelard*, Rio de Janeiro, Francisco Alves.
Lazorthes, Guy [1999], *L'Imagination. Source d'irréel et d'irrationnel. Puissance créatrice*, Paris, Ellipses, « Culture et histoire ».
Paiva, Rita [2005], *Gaston Bachelard. A imaginação na ciência, na poética e na sociologia*, São Paulo, Annablume.
Quillet, Pierre [1977], *Introdução ao Pensamento de Bachelard*, trad. César Augusto Chaves Fernandes, Rio de Janeiro, Zahar.

Flávio CARVALHO
Universidade Federal de Campina Grande
Campina Grande, Brésil
flavio.carvalho@ufcg.edu.br

Section 3.
Imagination et pensée religieuse

Les *imagines* romaines et l'émergence de la *religio* au sens philosophique
Baudouin DECHARNEUX

L'origine latine du mot *religion* : *relegere*[1]
Depuis l'Antiquité, le mot *religion* (latin *religio*) a fait l'objet d'une foule de définitions aussi multiples que contradictoires. Au Ier siècle avant J.-C., Marcus Tullius Cicero (106-43), éminent politique et orateur romain, propose une réponse à la délicate question de l'étymologie de *religio* (*De natura deorum* 2, 71-72). Dans le sillage de la philosophie grecque qu'il connaît fort bien, il suggère que le mot provient de *relegere*, un verbe signifiant « relire ». Plus avant dans son propos, Cicéron soutient qu'il est nécessaire d'opérer une distinction entre *religio* et *superstitio*, car, précise-t-il, ce ne sont pas uniquement les philosophes mais aussi les ancêtres du peuple romain qui ont pris soin de distinguer la religion de la superstition. Il visait ainsi l'orthopraxie religieuse romaine qui, au travers des récits historiques et des écrits juridiques, balisait la vie d'une société dont on sait qu'elle était fort attachée au respect des mœurs ancestrales.

Ceux qui s'adonnent des journées entières à des rites sous la forme de prières ou de sacrifices dans le but que leurs enfants leur survivent ont toujours, du moins si l'on en croit notre auteur, été qualifiés de *superstitieux* (*superstitiosi sunt appellati*) ; en revanche, ceux qui s'appliquent avec diligence au culte des dieux, reprenant et relisant les fondements de leur tradition, méritent la qualification de *religieux* (*religiosi*). Il s'agit donc d'une certaine façon de relire et d'élire le divin. Cicéron soutient qu'il est une différence fondamentale entre le superstitieux et le religieux puisque la première posture est en fait la manifestation d'une faiblesse, à savoir la monstration d'un vice ; la seconde mérite quant à elle des louanges car elle témoigne d'une vertu, à savoir la manifestation d'une qualité[2]. Il ne faut pas confondre l'imposture et la posture.

---

[1] Je prolonge ici ma réflexion sur le rapport entre religion et philosophie [Decharneux, 2012a ; 2012c]. Voir aussi [Grondin, 2012], 66-80.

[2] Nous laissons ici en marge la délicate question du *scrupulus*.

L'idée d'élection du divin, une forme de reconnaissance liée à l'intimité du sujet pensant et qui bientôt débouchera sur le primat de la conscience, connaîtra une fortune exceptionnelle dans l'histoire de la théologie et de la philosophie. Dans un contexte chrétien, Lactance, se réappropriant Cicéron de façon critique, questionne à son tour l'étymologie de *religio* en l'associant à l'idée biblique d'élection (en hébreu *bahar*). Le « Cicéron chrétien », comme se plut à le qualifier l'histoire de la théologie, forge une nouvelle définition de la *religio* en l'associant à l'idée de *religare*[3] (associer avec) qui renvoie implicitement à celles de génération (*tôldot*) et d'alliance (*berit*). Si l'on suit le raisonnement de Lactance, la tension *religio-superstitio* serait directement liée à la définition de la vérité ; aussi associe-t-il les cultes polythéistes à la superstition et non à une piété naïve ou à des pratiques cultuelles. Cicéron, dans le droit fil de Platon (*Lois* 884e-891e)[4], s'opposait à ceux qui tentent de négocier avec les dieux afin de faire profiter leur clan, leur fratrie, d'avantages divers. Il ne peut être question de trafiquer avec les dieux. Lactance déplace l'enjeu du débat sur le plan de la philosophie spéculative, ce qui lui permet d'associer ensuite Jésus, le Christ, à l'idée de vérité[5]. Il ne peut être question de soumettre le vrai à une pluralité de sens.

Deux axialités philosophiques sont donc tracées dès l'Antiquité afin de définir l'idée de religion : la première, horizontale et diachronique, circonscrit le concept dans son rapport à la tradition, aux lignages, aux rites ; la seconde, verticale et ponctuelle, le saisit au niveau de l'intimité même du sujet pensant, en ce lieu mystérieux où la pensée, opérant un pli sur elle-même, se conçoit et se comprend sans concession aux artifices de la mondanité. Un axe immanent et un axe transcendant qui, par le truchement de sa représentation cruciforme, ne va pas sans évoquer symboliquement la figure du Christ, comme si les textes classiques étaient la préfiguration de l'irruption du divin dans l'histoire. Les chrétiens ont ainsi pu rêver que leur *religio*, universelle et incarnée à la fois, était annoncée de toute éternité. C'est bien d'une tension entre deux formes de temporalité qu'il est question ici : la première, familiale et

---

[3] Lactance, *Divinae institutiones*, IV, 28.1. Il est intéressant de noter que l'idée d'alliance et celle de lignage entretiennent une relation dialectique originale dans la littérature biblique [Decharneux, 2013].

[4] L'idée est déjà présente dans l'*Euthyphron* 14.

[5] Sur le schématisme filial chrétien, citons Jn 14, 6 : Λέγει αὐτῷ ὁ Ἰησοῦς, Ἐγώ εἰμι ἡ ὁδὸς καὶ ἡ ἀλήθεια καὶ ἡ ζωή· οὐδεὶς ἔρχεται πρὸς τὸν πατέρα, εἰ μὴ δι' ἐμοῦ (Jésus lui dit : « Moi, Je suis le chemin, la vérité et la vie. Nul ne vient près du Père sinon à travers moi. »).

Les imagines *romaines et l'émergence de la* religio *au sens philosophique*

traditionnelle, ponctuée par les prières et les rites, massivement destinée à préserver les membres d'une même famille des aléas de la destinée en s'assurant la bienveillance des dieux ; la seconde, personnelle et fulgurante, manifestée par l'élection du divin au plus profond de l'intime, prioritairement orientée vers la quête, voire l'urgence, du salut. Quoi qu'il en soit, Cicéron pose le débat en des termes philosophiques. Pour le philosophe romain, la *religio* est philosophique en soi ou elle n'est pas ; bref, la *religio* est le contraire de la *superstitio*.

Détour par un rite romain

Cicéron qualifie de *superstitio* les comportements qui, par un excès de rites, de prières, de sacrifices, bref une majoration des pratiques visant à conjurer la crainte du divin (et de ses effets), ont pour but de convaincre les dieux d'assurer leur protection à une famille, à un clan, en faisant par exemple en sorte que des enfants survivent à leurs parents[6]. Ceux-ci, en situation d'attester la survivance d'un lignage, d'assurer la postérité d'une famille (*gens*), d'affirmer la puissance d'un clan, d'assurer la domination politique d'une fratrie, prolongent la volonté de puissance d'un lignage et son déploiement au sein de l'*urbs*. C'est donc bien l'universalité du concept de *religio* qui retient l'attention de Cicéron, une universalité liée à l'histoire, à la différence de l'universalité hénologique chrétienne, car le concept ne saurait être opérant s'il était réservé à une fraction de la population et à ses intérêts particuliers. De même, l'importance de la parenté est manifeste. Le comble de la superstition serait en conséquence de tenter d'attirer des avantages pour soi-même ou pour son lignage au détriment de tiers. Instrumentaliser le rapport au divin pour renforcer son autorité, son pouvoir est une ambition que l'on peut qualifier de *clanique* car mobilisant l'idée de parenté au sens historique (et non au sens schématique) qu'elle revêt lorsqu'il s'agit d'exprimer le rapport unissant les vivants et les morts. La question se pose alors de comprendre si Cicéron avait en tête une forme, un rite particulier qui aurait pu faire l'objet d'une telle méconnaissance du religieux *en soi*.

Pour l'orateur, l'insistance sur le lien unissant vivants et morts au sein d'une même *gens* appartenant à l'*urbs* n'est pas sans évoquer les *imagines* qui, sous la forme de masques de cire, sont pieusement conservées dans des armoires par les familles romaines patriciennes – mais aussi, semble-t-il, par certaines

---

[6] Les rites magiques sont peut-être visés. En ce cas, il s'agit de « contraindre » une déité.

familles plébéiennes[7]. Ces traces, par essence porteuses des traits ancestraux, sont étroitement associées non seulement au lignage mais aussi à la maison où ont vécu les défunts [Flower, 1996]. Les Romains étaient extrêmement attentifs à cette forme de piété, régie par un droit, le *jus imaginis*, désigné par l'érudition renaissante sous l'appellation de *ius imaginum* [Conventi, 2008, 257-263 ; Giulani, 2008 ; Varner, 2004].

Les *imagines*, moulages du visage du mort, témoignent de la coprésence des ancêtres au sein de la vie domestique et de la pérennité du lignage au travers des vicissitudes et avatars du temps. Les notables ont droit à une cérémonie au forum – sur les rostres, plus précisément, ce lieu hautement évocateur des victoires navales romaines – durant laquelle un homme influent de la famille, souvent le fils aîné, prononce l'éloge funèbre du défunt. Derrière l'orateur, la litière sur laquelle se trouve le corps du mort est posée et, à l'arrière-plan, des acteurs choisis pour leur ressemblance physique avec les ancêtres portent leurs masques mortuaires, silencieusement alignés en l'attente que la parole des vivants porte les mânes du mort au rang de l'ancestralité. Au-delà des barrières de la mort, comme s'ils étaient venus aux portes des enfers accueillir leur descendant appelé à les rejoindre, ces ancêtres symboliques, nommés pour la circonstance *effigies*, participent à ce surprenant exercice oratoire qui est aussi un rite funèbre. Ce travail de mémoire, performance difficile entre toutes, était de toute évidence un acte politique visant à asseoir les prérogatives de ceux qui, pratiquant les antiques vertus et respectant les mœurs ancestrales, étaient donnés en exemple aux autres citoyens [Badel, 2005 ; Hédi, 1976]. La mise en scène spectaculaire de la piété d'un clan, d'une famille, fait ainsi partie de la vie civique, comme l'atteste Polybe, qui précise que les enterrements ont une portée pédagogique (le propos est de taille).

L'orateur est ainsi placé devant un choix : ou bien verser dans un éloge convenu du mort, en montrant par exemple combien sa famille est importante pour la ville et en magnifiant du coup sa propre position sociale, ou bien mettre en exergue combien la vie, les actes, les paroles du défunt ont été profitables à l'ensemble des citoyens et donc à toute la cité, rapportant à l'intérêt commun le caractère par nature subjectif d'une trajectoire humaine. La première posture, démagogique par excellence, n'est que la manifestation de la volonté de puissance d'une famille et donc d'intérêts particuliers ; la seconde, à

---

[7] Voici les principales sources antiques : Polybe, *Histoires*, VI, 53 ; Tite-Live, *Histoire romaine*, III, 58, 1-2 ; Tacite, *Annales*, IV, 9 ; Horace, *Epodes*, 8, 2 ; Pline (l'Ancien), *Histoire naturelle*, 35, 4-8 ; Juvénal, *Satire*, XIII, 115.

proprement parler philosophique car visant le bien commun, magnifie l'*urbs* dans son ensemble comme si la destinée singulière du mort à l'instant de son éloge se confondait avec celle de chacun des citoyens. Notons au passage qu'une telle critique laisse transparaître en filigrane l'art du sophiste – opposé par Platon à celui du philosophe – qui, sous le couvert d'un verbe brillant, s'efforce de faire triompher les intérêts particuliers, parfois au détriment de l'intérêt collectif, et ce occasionnellement pour des raisons bassement vénales. Après que Rome a intégré la Grèce dans sa sphère d'influence politique et que cette dernière l'a en retour conquise par ses arts et lettres, l'opposition classique du sophiste et du philosophe rebondit dans un espace voué à l'art oratoire et au sein duquel la dimension juridique est prépondérante : le Sénat romain. Catilina complote pour ses intérêts particuliers ; Cicéron défend les valeurs collectives de la République. Point n'est besoin d'aller plus loin dans le propos historique pour mesurer la portée du raisonnement de celui qui avait été consul à un moment où le bien commun traversa un péril extrême.

Les *imagines*, encore et toujours

Le rite des *imagines* est profondément romain – importance de l'ancestralité, rapport au droit, primauté de l'orateur, glorification du politique, surdétermination de la mémoire – et il peut être directement rapproché de la distinction que Cicéron opère entre *religio* et *superstitio*. N'est-il ici question que du bien commun, de la relecture soigneuse et rigoureuse d'une tradition, du déploiement et de l'interprétation de la mémoire collective ? Cette mémoire collective se mettant en scène, se constituant face à un public devenu en quelque sorte témoin de la destinée d'un citoyen par et au travers d'un éloge, se déploie à l'intersection de l'histoire et du droit. La métamorphose du vivant en mort et du mort en ancêtre est une affaire de mots. C'est l'art oratoire qui consacre un tel changement de statut. Cette forme d'assomption du défunt est portée par et au travers de la parole ; celle-ci se doit dès lors d'être collective, à la mesure d'un enjeu qui devient celui d'un destin commun façonné par des hommes éminents formant une longue chaîne qu'il ne peut être question de limiter aux stricts liens de la parenté au sens ordinaire.

La Rome antique n'a pas de théologiens ou, plus précisément, ses théologiens se nomment *juristes* (ceux qui disent le rapport aux antiques traditions et la façon d'arbitrer le rapport que les vivants entretiennent avec elles) ou *historiens* (ceux qui disent les moments fastes – le *fas* – et néfastes – le *nefas* – que la cité a dû traverser pour se construire et prospérer). Rite formel qui pourrait laisser entendre que nous sommes bien dans le registre de la *superstitio*, l'éloge funèbre associé aux *imagines* est aussi et surtout une relecture de l'histoire de Rome et de la prégnance de ses mœurs ancestrales.

L'art de l'orateur serait donc en ce cas d'infléchir le rite dans le sens d'une pratique qu'il conviendrait de qualifier de *religio*. Que l'on ne s'y trompe pas, la frontière qui se dessine entre la *religio* et la *superstitio* peut être discriminante ; elle sert à distinguer les religions « officielles », ayant le droit d'organiser un culte à l'intérieur de l'enceinte du *pomoerium* (sillon réputé tracé par le soc de la charrue de Romulus lors de la fondation de la ville de Rome et ayant en tant qu'enceinte un statut sacré), et celles extérieures à la cité, dont celles pratiquées par les peuples soumis, volontairement ou non, à l'autorité romaine [Turcan, 1998, 157-215]. La tension entre cultes appartenant au *mos maïorum* et à l'*externa superstitio* est donc importante à relever. En effet, si la religion romaine n'est pas à proprement parler « excluante » à la manière des cultes monothéistes maniant volontiers des catégories d'opposés comme l'orthodoxie et l'hérésie, le canonique et l'apocryphe ou l'orthodoxe et l'hétérodoxe – pour ne citer que ces opposés complémentaires bien connus –, elle procède par agrégation et agglutination de cultes à mesure que la fortune de ses armes, le jeu des alliances politico-militaires, l'habilité diplomatique du Sénat élargissent sa zone d'influence politique, culturelle et sociale.

La *religio* peut donc s'avérer discriminante, voire clivante [Decharneux, 2002 ; 2012b]. En témoigne l'évolution du statut des cultes dits à mystères (ou orientaux) qui, suspects en un premier temps de dépraver les mœurs ancestrales – l'angoisse du métissage n'est pas une invention de nos seuls contemporains –, sont peu à peu intégrés au point de paraître nimbés de belles vertus initiatiques et spirituelles. Sous l'Empire, la fortune des cultes de Mithra et d'Isis atteste de cette évolution des mentalités religieuses [Turcan, 1989, 16-21 ; Decharneux, 2004]. Il y a donc eu un changement d'appréciation quant aux religions de l'*externa superstitio*, ce qu'attestent non seulement les jugements moraux portés sur les cultes cités, mais aussi ceux qui affectent le christianisme. Vu au travers du prisme des catégories romaines se rapportant à la religion, le christianisme (les christianismes) est une religion de l'*externa superstitio* qui a progressivement acquis ses lettres de noblesse pour devenir religion officielle de l'Empire sous Théodose Ier (347-395). Le choc entre polythéisme et monothéisme fut avant tout une affaire de définition du religieux.

Les *imagines* de l'orateur romain préfigurent ainsi involontairement les thématiques du *kat'eikona* ou de l'*imago dei* qui, associées à l'homme idéal, sont un moment culminant pour expliquer l'incarnation de Dieu en la figure de Jésus. C'est finalement la leçon de Lactance qui s'impose en philosophie tandis que celle de Cicéron est reconnue par la philologie. Le chiasme est saisissant, il n'en est pas moins déterminant pour le devenir théologico-philosophique d'une tradition qui commence à se structurer : le christianisme. Et pourtant, si tout semblait dit, la pensée contemporaine, en un singulier retour ou pli sur elle-même, est de nouveau convoquée par Cicéron. Entre trace et mémoire, la pensée de l'orateur romain est quotidiennement, mais aussi involontairement, réactualisée par l'actualité politique.

La destruction des traces du passé a pris sous d'autres cieux la forme d'une priorité idéologique se revendiquant d'une relecture prétendument littérale de l'Islam. Elle invite à penser que couper le fil unissant les hommes à leur passé – au singulier car à la fois divers et un – reste la priorité religieuse de ceux qui l'instrumentalisent à leur propre profit. Damner la mémoire de l'Autre, la fameuse *damnatio memoriae*, reste un des moyens de nier l'identité et l'être-au-monde de tous et chacun, comme si le lien au passé était l'apanage d'un clan. L'enjeu cicéronien est demeuré le même au-delà des barrières du temps et, à l'instar du prestigieux penseur latin, nous sommes toujours convoqués aux portes du royaume des morts pour y déclamer l'éloge de ceux qui, au-delà de leurs aspirations humaines, trop humaines, ont su hisser leurs pensées à un tel niveau qu'elles sont devenues un bien commun. Comme l'acteur du théâtre Nô, le philosophe s'efforce de donner vie à des masques hérités du passé et, lorsqu'il comprend bien l'art et s'applique à l'exercer, l'espace d'un moment, parfois si fugace que sa fragilité seule lui confère une densité vibratoire, il donne vie aux traits du penseur figé par le temps, confondant ou fusionnant du même coup ses propres traits indécis avec les contours plus précis d'un visage, de visages, l'ayant précédé dans sa quête d'universalité.

Entre l'image, l'imagination et l'imaginé, une ligne est alors tracée par la parole raisonnée, toujours déjà dite, sans cesse à redire et, en une fulgurance ultime, radicalement autre. *Diligenter*.

Références bibliographiques
Badel, Christophe [2005], *La Noblesse de l'Empire romain. Les masques et la vertu*, Seyssel, Champ Vallon, « Époques ».

Conventi, M. [2008], « Il potere delle *imagines* : propaganda pubblica e privata nella piazza forense », in *La comunicazione nella storia antica*, Roma, Giorgio Bretschneider, « Serta antiqua et mediaevalia », 11, 257-263.

Decharneux, Baudouin [2002], « Hérésies, sectes et mystères des premiers siècles de notre ère », in Alain Dierkens & Anne Morelli (éd.), *« Sectes » et*

« *hérésies* » *de l'Antiquité à nos jours*, Bruxelles, Éditions de l'Université de Bruxelles, « Problèmes d'histoire des religions » XII, 29-43.

— [2004], "Mithra's Cult: An Example of Religious Colonialism in Roman Times?", in Jonathan Draper (ed.), *Orality, Literacy and Colonialism in Antiquity*, Atlanta, Society of Biblical Literature 1, 93-106.

— [2012a], *La Religion existe-t-elle ? Essai sur une idée prétendument universelle*, Bruxelles, Académie royale de Belgique, « L'Académie en poche ».

— [2012b], « Le blasphème et l'idolâtrie. Regard croisé sur les Antiquités juive, grecque et chrétienne », in Alain Dierkens & Jean-Philippe Schreiber (dir.), *Le Blasphème : du péché au crime*, Bruxelles, Éditions de l'Université de Bruxelles, « Problèmes d'histoire des religions » XXI, 35-44.

— [2012c], « Sur la définition de la religion », in Jean-Pierre Delville (dir.), *Mutations des religions et identités religieuses*, Paris, Mame-Desclée, 405-420.

— [2013], *Lire la Bible et le Coran. Repères philosophiques*, Bruxelles, Académie royale de Belgique, « L'Académie en poche ».

Flower, Harriet I. [1996], *Ancestor Masks and Aristocratic Power in Roman Culture*, Oxford, Clarendon Press.

Giulani, Luca [2008], « *Imagines maiorum*, Öffentliche Bildnisstatuen und die Extensivierung der *res publica* », in Monika Bernett, Wilfried Nippel & Aloys Winterling (Hrsg.), *Christian Meier zur Diskussion. Autorenkolloquium am Zentrum für Interdisziplinäre Forschung der Universität Bielefeld*, Stuttgart, Franz Steiner Verlag, 143-159.

Grondin, Jean [2012], *La Philosophie de la religion*, Paris, PUF, « Que sais-je ? ».

Hédi, Slim [1976], « Masques mortuaires d'El-Jem (Thysdrus) », *Antiquités africaines*, 10, 79-92.

Turcan, Robert [1989], *Les Cultes orientaux dans le monde romain*, Paris, Les Belles Lettres.

— [1998], *Rome et ses dieux*, Paris, Hachette, « La vie quotidienne ».

Varner, Eric R. [2004], *Mutilation and Transformation.* Damnatio memoriae *and Roman Imperial Portraiture*, Leiden-Boston, Brill, « Monumenta graeca et romana ».

Baudouin DECHARNEUX
Université libre de Bruxelles (ULB) et FNRS belge
Bruxelles, Belgique
bdecharn@ulb.ac.be

La « haute fantaisie ». Entre art et prophétie
Maurizio MALAGUTI

Présentation de Maurizio MALAGUTI (1942-2018)

Le professeur Maurizio Malaguti nous a quittés le 28 novembre 2018. Professeur de philosophie théorique – herméneutique et philosophie de la religion – à l'Université de Bologne, il honorait la faculté de son travail d'érudit, de chercheur, d'écrivain, mais aussi de sa personnalité généreuse, désireuse de « vivre la philosophie », au sens plein de l'expression. Le Centre d'études Saint Bonaventure perdait aussi un de ses acteurs éminents dans la recherche et le dévoilement du penseur médiéval.

Et notre ASPLF se trouvait subitement dépourvue d'un membre actif, au rayonnement intellectuel et spirituel apprécié, qui avait donné beaucoup de son temps pour la réalisation du Congrès de Bologne en 2000 sur *La philosophie et la paix* et la confection des Actes qui a suivi. En 2010, Maurizio Malaguti, avec ses collaborateurs, organisait encore le Congrès de Venise sur le thème de *L'action : penser la vie, « agir la pensée »*, dont tous les membres actifs et sympathisants de l'ASPLF se souviennent. C'est l'île de San Servolo, face à Venise, qui abritait nos travaux et nos rencontres. Les Actes, publiés chez Vrin, ont donné en 2013 le déroulement exhaustif de ces journées à jamais inscrites dans nos mémoires de philosophes.

Maurizio Malaguti, touché par la maladie en mars 2018, m'avait remis son texte. Daniel Schulthess s'était offert, au sein de la table ronde que je dirigeais (« Imagination, foi et raison »), à lire quelques pages de l'article de Maurizio. Nous reproduisons ici la totalité du texte destiné au Congrès organisé par Jean-Yves Beziau, que nous remercions de son acceptation de ce trait d'union au passé récent, partagé par le philosophe de Bologne. Nous remercions aussi le président, aujourd'hui président d'honneur, Daniel Schulthess, de sa demande d'insertion de textes d'une table ronde, qui avait donné la parole à un absent pour qui cette participation vivante avait été réjouissance et consolation.

Anne BAUDART
Secrétaire générale de la Société française de philosophie
Vice-présidente (France) de l'ASPLF

Maurizio MALAGUTI

La « haute fantaisie ». Entre art et prophétie

Les sciences considèrent le monde ambiant (*Umwelt*) comme un flux d'énergies et de particules que les recherches mathématiques et physiques peuvent mesurer et dominer. Par suite, on accorde une grande attention aux effets pratiques des sciences : on en célèbre les succès, non sans motifs. Notre « sentir » attise le désir, et la raison en prévoit et en procure les instruments de conquête. Rien de cela n'est absurde, évidemment ; mais tout cela demeure « pauvre » en humanité. « À quoi bon des poètes en temps de détresse ? »[1] Ils sont des témoins envoyés pour révéler les « qualités » qui tomberaient autrement dans le marécage de l'indifférence. L'indifférence est le « non-amour », perte de la joie ravie par le plaisir fugace.

La phénoménologie a retrouvé le monde de la qualité et dépassé l'utilitarisme suffoquant. Nul n'a le droit de mettre en discussion la valeur et le développement des sciences contemporaines. Mais il serait désastreux de perdre la richesse du *phainesthai* : notre existence ne peut être réduite aux sécurisantes prétentions de la science et de la technocratie qui en découle. Platon a compris que le Principe originel, *epekeina tès ousias* [*Rép.* 509b], au-delà de l'essence et de l'existence, est le Bien lui-même : il a vu ce qui échappe à beaucoup, l'Un unique est l'Absolu qualitatif.

L'homme est libre : l'intelligence s'ouvre au toujours nouveau en raison de la liberté. Il est possible que certains animaux supérieurs puissent s'adapter au milieu plus efficacement que des hommes ; mais ils n'en restent pas moins toujours liés à leur nature. Nous, les hommes, nous ne construisons ni tanières ni nids, mais des « cités » qui soient des demeures et mettent en évidence notre possible noblesse. La fantaisie, il y a quelques décennies, était invoquée par les jeunes comme source d'une *auctoritas* plus humaine et non plus prise dans les filets de l'oppression anonyme des « marchés »[2]. Nous voudrions tous, en effet, imaginer et réaliser un monde nouveau. Mais l'improvisation ne mène à rien. Seule la mémoire, conservée par une fidèle intelligence, ouvre au nouveau. L'Esprit, écrit Friedrich Hölderlin, « aime la colonie » [1990, 154 ; 2001, 958]. Il ne justifie pas ainsi, évidemment, le vol des biens donnés à autrui, mais indique la *renovatio foci* possible : que la méchanceté soit éteinte dans ses propres cendres et que se renouvellent les espérances.

---

[1] « Wozu Dichter in dürftiger Zeit » [Hölderlin, 1990], 124.

[2] « L'imagination au pouvoir », disait-on, criait-on, lorsqu'on annonçait la révolution.

Nous ne parlons pas sans images. Tout notre monde, en effet, surgit à partir des expériences élémentaires et habituelles. Les sons deviennent peu à peu paroles, qui restent toujours en rapport au sens. Le doux et l'amer, la lumière et l'ombre, le haut et le profond, le plaisir et la douleur : tout devient alphabet de notre construction du monde humain, au-delà de notre environnement. « *In humanis est tota illa civitas* »[3] : la « cité céleste », écrit Bonaventure de Bagnorea, s'accomplira à l'horizon de l'humanité. Quoi que soit l'humanité véritable, pourtant, elle n'est encore qu'annoncée. Le véritable humanisme naît à partir de la dialectique ouverte sans limites de l'intelligence et de la liberté. Devant nous s'ouvre un chemin infini.

Nous sommes essentiellement « entre » : entre ciel et terre. Le ciel est la hauteur de l'esprit, autrement dit la transparence de l'intelligence qui accueille l'être et sa manifestation de soi. L'*apex mentis* est l'étoile qui resplendit dans la « mémoire ontologique » de la radieuse splendeur originelle de l'être. Saint Bonaventure le dit explicitement : « L'intelligence tire son origine de la mémoire » [1891b, 305a]. Et d'autre part, nous sommes sur terre : le désert est vaste qui attend d'être transformé en *èthos*, en demeure où l'on vit ensemble selon des lois de justice. Il faut que les merveilles et les réconforts de la cité-patrie se renouvellent ici aussi en profondeur, là où nous sommes encore. Mais la patrie véritable est céleste. Prétendre élever certaines nations du monde pour en dominer d'autres a été horrible. Nous devons construire des constellations qui aient l'humilité de reconnaître la différence entre la mémoire idéale du bien et la pesante réalité de chaque jour. Notre devoir requiert des esprits audacieux. Il apparaît qu'on ne peut plus proposer de chercher avec Hegel ou Marx une dialectique historique définitivement contraignante, qui soit le critère du développement vers le savoir absolu. Nous sommes dans l'« ouvert » comme des naufragés qui abordent une rive inconnue. Nous ne rejoignons pas les hauteurs du ciel (spirituel) et nous ne possédons pas même les racines de la terre. Vers qui nous tournerons-nous alors ? Nous comprendrons que tout est symbole. Même les événements historiquement déterminés ont des significations ultérieures et nouvelles : le bien en soi et le mal radical demeurent cachés, l'un dans la hauteur lumineuse et inatteignable, l'autre dans l'abîme le plus obscur. L'art nous est donné comme une voie vers le *logos* de l'univers qualitatif entre ciel et terre. La grossièreté est trouble, opaque ; mais la poésie éduque le cœur à la transparence lumineuse de la vie. Saint Bonaventure parlait à bon droit de « sens spirituels » qui doivent être

---

[3] [Bonaventure, 1901], 629b. La *lectio* « humanis » est sujette à discussion.

récupérés et rendus à nouveau prompts pour libérer les hymnes de la joie. Si l'amour ne s'ouvre pas en poésie, il s'appauvrit en banalité et il en meurt. Nous avons besoin d'un art qui nous ouvre à un sentir authentiquement humain : la peinture enseigne à voir ; la musique nous porte à vibrer en résonance, au-delà des concepts, en annonçant des choses encore secrètes ; l'architecture prépare des demeures qui, par leur beauté, sont le signe de la dignité royale de tout homme ; l'art cinématographique (même miné par le grand commerce) conduit l'œil de l'étendue la plus vaste à ses plus infimes particularités. Comme le suggère le grand Akira Kurosawa, le cinéma renouvelle l'imaginaire inépuisable du rêve. L'art est, en un certain sens, « idéographique » puisqu'il transmet la pensée en figures données à l'interprétation.

La poésie – comprise en son sens le plus large comme un sentir esthétiquement élevé – naît de l'intériorité. Mais si l'on comprend l'intériorité comme une sorte de banal « intimisme psychologique », on tombe dans un grave danger, et c'est pire encore si on l'entend comme un solipsisme narcissique. Notre sentir s'enracine évidemment dans notre capacité à nous comprendre ; mais nous ne sommes pas « l'arbre de la vie ». Nos racines plongent à peine dans la terre et notre intelligence se lève, hésitante, dans l'étendue lumineuse du soleil. La vie est brève : notre mort est très proche de notre naissance, et nos jours s'effacent sans que nous en retirions toutes les richesses. Nous sommes semblables à la fleur des champs qui s'ouvre au matin dans la fraîcheur lumineuse de l'aube, mais se dessèche bientôt : « Et déjà voici le soir »[4]. Le silence s'étend sur nos espérances. Nous pouvons néanmoins penser encore en priant : la gratitude du matin et l'invocation du soir font résonner notre esprit avec la hauteur de la lumière qui resplendit depuis l'aurore jusqu'au-delà du couchant. Nous habitons sur la terre ; chacune de nos demeures est un seuil entre la hauteur et la profondeur. À nous la responsabilité du choix, sans que les reflets éblouissants des superficies éteignent notre pensée et notre désir de vérité. Il suffit de peu, quelquefois, pour renouveler le courage. Ce que Vitruve raconte d'Aristippe, philosophe socratique, est en ce sens frappant : une tempête le jette, avec ses compagnons, sur un rivage inconnu ; après une angoisse si prégnante, on devait craindre encore pire. Mais quand il vit sur le sable de la plage les dessins et les traces d'arguments géométriques, il réconforta ses compagnons :

Bene speremus, hominum enim vestigia cerneo. [Vitruvius, 1993, VI, 6.]

---

[4] « *Ognuno sta solo sul cuor della terra / trafitto da un raggio di sole / ed è subito sera* » [Quasimodo, 1994], n. 16.

La « haute fantaisie ». Entre art et prophétie

La fantaisie est importante pour nous projeter dans le nouveau ; mais elle est encore trop faible pour guérir nos amertumes. Il ne suffit pas de proposer des choses nouvelles en réélaborant les éléments, les significations tirées de l'expérience du quotidien. Nous avons la responsabilité de ne pas nier le rapport à la dimension « élevée » de l'existence : Jacques Maritain a parlé, à ce sujet, d'un « inconscient ou plutôt d'un préconscient spirituel »[5]. Notre esprit peut s'ouvrir en transparence à l'être dont l'existence est sa propre manifestation : l'*aletheia* rend l'être à soi-même... À l'opposé de l'inconscient inférieur, s'ouvre l'inconscient supérieur dont parle Roberto Assagioli [1980] : il est l'ouverture à l'hyperouraniale « idée du bien ». Pavel Florenskij en donne un témoignage convaincant :

> Quand l'âme est ravie au ciel, elle devient dans l'extase participante de significations qu'elle ne peut rendre par aucune forme de science ou d'argument rationnel. Revenue aux conditions normales de l'expérience, la nouveauté expérimentée dans l'*ascensus* produit des effets que nous pourrions dire symétriques aux fortes tensions émotives qui donnent naissance aux plus connus des symboles oniriques. [Florenskij, 1977.]

Si les rêves surgissent des passions, des émotions de l'inconscient inférieur décrit par Freud, après les extases surviennent des éléments aux signes diamétralement opposés à ceux des rêves. Et ce sont alors des images qui ne sont plus relatives à l'élaboration fantastique d'expériences de ce monde, mais bien des signes puissants qui suggèrent à l'intelligence comment s'orienter : on rejoint ici les *somnia a Deo missa* [Eccl. 34, 6] dont la tradition biblique rend témoignage. Les images prophétiques qui ouvrent des scénarios parfois grandioses dans l'histoire sont de cette nature. Quand l'art rejoint des niveaux particulièrement élevés d'intensité spirituelle, il devient lui-même authentiquement prophétique. Florenskij écrit à ce sujet :

> Dans la création artistique, l'âme est haussée du monde terrestre au monde céleste. Là, sans images, elle se nourrit de la contemplation de l'existence du monde céleste, elle touche les noumènes des choses et, imprégnée, chargée de

---

[5] Sur la notion d'inconscient spirituel, voir par exemple [Maritain, 1966], 84 : « Il est nécessaire de reconnaître l'existence d'un inconscient, ou plutôt d'un préconscient spirituel, que Platon et les Anciens étaient loin d'ignorer et dont la méconnaissance au profit du seul inconscient freudien est un signe de la lourdeur d'esprit de notre époque. »

connaissance, elle retourne au monde terrestre. Et redescendant par la même voie, elle arrive à la frontière du terrestre, où son acquis spirituel est investi en images symboliques – celles-là mêmes qui, en se fixant, forment l'œuvre d'art. [Florenskij, 1977, 34.]

Au début du chant dédié au voyage dans le Paradis, Dante parle de l'extase dont découle la possibilité d'en raconter l'issue au moyen d'images symboliques : il ne donne pourtant que « l'ombre du royaume bienheureux ». On comprend que surgissent des images accordées à des significations qui ne peuvent être traduites ou comprises par les termes de la rationalité ordinaire. Il ne s'agit plus de ressemblances par lesquelles le poète exprime sa pensée ; il s'agit plutôt d'images qui surgissent, arrivent de manière complètement inattendue et transmettent un message transcendant les expériences de celui qui les raconte. Dante parle à ce sujet d'une « haute fantaisie » qui est « neuve » et qui ne peut être confondue avec la simple élaboration fantastique des expériences ordinaires. Des images surviennent comme des lampes inattendues, qui prennent évidemment valeur de signe prophétique : ce sont les « visions » qui nous montrent la « réalité » du monde transcendant, mais qui en annoncent les perspectives de sens.

> *La gloria di Colui che tutto move*
>   *per l'universo penetra e risplende*
>   *in una parte più e meno altrove.*
> *Nel ciel che più della sua gloria prende*
>   *fu' io e vidi cose che ridire*
>   *né sa né può chi di là su discende ;*
> *perché appressando sé al suo disire,*
>   *nostro intelletto si profonda tanto*
>   *che dietro la memoria non può ire.* [Dante, 2002, I, 1-9.]

> La gloire de Celui dont tout est mû
>   pénètre l'univers et resplendit
>   en un lieu davantage et moins dans l'autre.
> Au ciel qui prend le plus de sa lumière,
>   j'y fus, et vis merveilles, que redire
>   ne sait l'esprit qui de là-haut descend :
> ni le pourrait, car pour joindre le terme
>   de son désir il plonge si profond
>   qu'à le suivre en ces voies mémoire bronche.

La hauteur de l'intuition ne peut être transmise telle quelle, mais il en est donné une trace qui ne peut être tue :

> *O buon Apollo, all'ultimo lavoro*
>   *fammi del tuo valor sì fatto vaso,*
>   *come dimandi a dar l'amato alloro.* [...]
> *O divina virtù, se mi presti*
>   *tanto che l'ombra del beato regno*
>   *segnata nel mio capo io manifesti,*
> *venir vedra' mi al tuo diletto legno,*
>   *e coronarmi allor di quelle foglie*
>   *che la materia e tu mi farai degno.* [Dante, 2002, I, 13-15, 22-27.]

> Bon Apollon, pour la finale tâche,
>   fais de moi tel vaisseau de ta vaillance
>   comme il faut à saisir tes chers lauriers. [...]
> Sainte vertu, si à moi tu te prêtes
>   assez pour que je montre, en moi marquée,
>   une ombre au moins du bienheureux royaume,
> tu me verras à ta plante chérie
>   venir quêtant couronne en ces feuillages
>   dont la matière et toi me ferez digne.

On voit clairement la proximité étroite entre l'image de l'art divinement inspirée et la prophétie. On ne demande plus aux prophètes comment tourneront nos entreprises, comme le prétendaient les marchands qui, à Delphes, consultaient la Pythie pour tirer avantage de leurs trafics. La prophétie est plutôt la parole qui met en évidence la destination de notre existence. La prophétie nous convoque tous à la liberté et à la responsabilité qui s'ensuit : elle ne donne ni solutions ni calculs des opportunités, mais elle nous rejoint et exige notre décision.

Quand on en vient à l'expérience prophétique, l'Apocalypse s'impose par la valeur symbolique puissante de sa narration. Le texte est parfois lu de manière incorrecte, dans la terreur, dans l'attente d'événements catastrophiques. Mais il s'agit là d'une lecture erronée : le texte parle en réalité à chacun de nous de l'histoire présente et suggère de mettre aujourd'hui même notre espérance dans l'Agneau qui a été sacrifié et vit maintenant pour toujours. C'est lui qui domine au-delà de toute angoisse, au-delà des massacres inutiles, au-delà des mondes glacés par des pouvoirs cachés qui exercent leur contrôle sur tout et sur tous. Il est déjà présent, le monde nouveau où la vie est plus forte que la mort, et l'*Apocalypse* en est la révélation. Nous vivons dans la profondeur, mais nous sommes quand même rejoints par des courants de vie qui soutiennent en nous toute espérance audacieuse. Cette présence est décrite par des images : l'Agneau est le jeune Fils de l'Homme qui se tient debout, droit sur le mont inaccessible au mal ; à l'opposé, la prostituée et le dragon sont jetés dans l'abîme de l'obscurité qu'ils ont choisie pour agir avec une indestructible méchanceté. Vouloir trouver la signification du texte en cherchant à définir chaque symbole par rapport aux événements de l'histoire signifierait en perdre la valeur essentielle. Les interprétations peuvent, et doivent, être multiples, pourvu qu'elles restent cohérentes. Saint Bonaventure a écrit dans ses *Collationes in Exaëmeron* que de nombreuses, d'innombrables interprétations sont envisageables sur chaque page du Texte sacré :

> Qui pourrait connaître l'infinité des semences, puisque que dans un grain il y a des forêts de forêts et finalement des graines innombrables ? De même, à partir des Écritures, on peut induire un nombre infini de théories, que nul n'est capable de comprendre, sinon Dieu seul[6]. [Bonaventure, 1891a, 388.]

Il peut y avoir des interprétations infinies, mais elles doivent rester dans l'horizon de cette cohérence qui rend possible la construction de la cité. Les Saintes Écritures sont brèves, les Évangiles surtout : ils sont livrés à la liberté herméneutique des communautés à la recherche de la paix. Sur ce point, il est intéressant de recevoir avec attention l'enseignement d'Eugenio Corsini, qui a montré l'extraordinaire cohérence des images apocalyptiques avec celles de l'Ancien Testament. Il comprend l'Apocalypse comme une « exégèse ponctuelle des noyaux, des images prophétiques portées par la tradition vétérotestamentaire » afin de clarifier le vrai sens de la mission de Jésus dans l'histoire. L'Apocalypse, pense-t-il, constitue une sorte d'« exégèse » de la révélation du mystère de l'Incarnation elle-même. Il soutient, en conséquence, qu'il ne convient pas de prétendre « transférer les contenus du plan de l'expression symbolique à celui de la rationalité ». L'exégèse que propose le texte sacré « opère directement sur les symboles » [Corsini, 1980, 52] et produit de cette manière un discours cohérent et conclusif, alors même que chaque symbole s'applique à de multiples expériences de tous les temps et de tous les lieux.

---

[6] « *Quis potest scire infinitatem seminum, cum tamen in uno sint silvae silvarum et postea infinita semina ? Sic ex Scripturis elici possunt inifinitae theoriae, quas nullus potest comprehendere nisi solus Deus.* »

La lecture de Corsini est très importante : on y comprend que la prétention à traduire les images en une prévision d'événements est inadéquate parce qu'elle ne respecte ni la vérité ni la grandeur du langage prophétique. La prophétie n'est pas donnée pour prévoir le futur, mais pour prendre « aujourd'hui » des décisions, parce que c'est aujourd'hui que notre liberté est appelée à choisir entre le bien et le mal.

Les citations vétérotestamentaires sont nombreuses dans l'Apocalypse ; on ne peut pas pour autant penser que c'est un livre « construit » de propos délibéré. Dieu est un, nous sommes pluriels. Toutes les prophéties qui parlent de la lumière de l'Esprit disent le même mystère et cependant chacun le perçoit différemment. Les chemins qui montent vers la cime d'un mont le font parfois de versants opposés ; ils sont pourtant cohérents parce que le but où ils conduisent est unique. La même lumière spirituelle se réfracte dans les prophètes anciens « du » Christ à venir et, de manière nouvelle, dans les prophètes du Nouveau Testament qui parlent « dans » le Christ déjà révélé : les images, dans leur connexion, deviennent le récit que tout croyant peut librement accueillir.

Les images qui orientent notre responsabilité sont grandioses et hautement significatives. Saint Jean de la Croix, dans la pureté extrême de la spiritualité carmélitaine, recommande toutefois avec beaucoup d'insistance de ne pas s'y attacher. Comment est-ce possible ? S'agit-il là d'estimations qui contredisent ce que nous avons rappelé jusqu'ici ? La cohérence, nous semble-t-il, reste immuable et reconnaissable. En effet, la rapide succession des images constitue précisément une invitation à ne pas présumer qu'elles sont, chacune par elle-même, la pure vérité, ou mieux, comme le dit l'audacieux maître de la *Nuit obscure*, la « vérité nue » [1967, XXVI, 193]. Dante, de même, et Florenskij parlent d'un moment d'extase qui, dans la mesure où il transcende tout langage, est pour nous le silence de l'ineffable. L'image est une trace qui nous est donnée, à nous qui sommes dans l'ombre, et qui doit être recueillie sans la moindre prétention d'avoir rejoint le sommet de la sagesse ni de posséder la clé pour résoudre toute angoisse. Si nous en tirions l'idée que le chemin sur lequel nous voyageons est la demeure à laquelle nous tendons, nous serions stupides. Les images sont des indications d'un possible itinéraire : elles peuvent se révéler importantes, plus encore, peut-être, que de fines argumentations, mais elles ne sont que des balises vers un plus-loin qui demeure au-delà de tout concept. Les poètes et les artistes divinement inspirés sont des dons auxquels il ne faut pas renoncer. Mais il faut les comprendre comme Jacob lorsqu'il a vu les anges en songe : ils montaient vers l'Ineffable et descendaient pour porter secours [Gn 28, 12]. Une image, parmi toutes celles que nous pouvons rappeler, mérite une mention particulière. Il s'agit d'une vision d'Hildegarde de Bingen, qu'on peut admirer dans un magnifique codex présent à Lucques (Italie) depuis la première moitié du XIIIe siècle. Dans la dernière vision du *Liber divinorum operum* est représentée une vierge qui tient en main les tables de la loi. La vierge est la charité ; les tables de la loi sont transparentes – ce qui est assez significatif. Cela nous montre que la loi n'est pas donnée pour être un poids qui opprime, mais qu'elle est le cristal à travers lequel on voit Dieu et on reconnaît ses frères. La loi n'écrase pas ; elle est la voie vers la cité évangélique. Cela nous semble un rêve inaccessible. Mais il s'agit seulement d'attendre que le monde, enfermé aujourd'hui dans l'opacité, soit enfin subsumé en un univers où le jour est sans couchant grâce à la vive et vivifiante lumière du Soleil de justice lui-même.

Références bibliographiques

Assagioli, Roberto [1980], *Psicosintesi. Armonia della vita*, Roma, Edizioni Mediterranee.

Bonaventure [1891a], *Collationes in Exaëmeron*, XIII, 2, in *Opera omnia*, V, Ad Claras Aquas.

— [1891b], *Itinerarium mentis in Deum*, III, 5, in *Opera omnia*, V, Ad Claras Aquas.

— [1901], *Sermo de Angelis*, in *Opera omnia*, IX, Ad Claras Aquas.

Corsini, Eugenio [1980], *Apocalisse prima e dopo*, Torino, SEI.

Dante Alighieri [2002^2], *Paradiso*, in *Divina commedia*, Milano, Hoepli.

Florenskij, Pavel [1977], *Le Porte regali*, Milano, Adelphi.

Jean de la Croix (Giovanni della Croce) [1967], *La Salita del Monte Carmelo*, Roma.

Hölderlin, Friedrich [1990], *Brod und Wein*, in *Werke-Briefe-Dokumente*, München, Winkler Verlag.

— [2001], « Synopse der Reinschrift und der späteren Bearbeitung », in *Tutte le liriche*, Milano, Mondadori.

Quasimodo, Salvatore [1994], *Acque e terre*, Milano, Mondadori.

Maritain, Jacques [1966], *L'Intuition créatrice dans l'art et dans la poésie*, Paris, Desclée de Brouwer.

Vitruvius Pollio [1993], *De architectura*, Padova, Studio Tesi.

Imagination, foi et raison
Anne BAUDART

1. Trois facultés génériques ?

Imagination, foi et raison : trois facultés humaines, trois dimensions de l'esprit humain s'ouvrant au monde, dans son extériorité comme dans son intériorité, pour en traduire la richesse, la signification, l'orientation. Faut-il impérativement les définir l'une par rapport à l'autre ? Les voir dans leur interaction, leurs liens réciproques ? Ont-elles en elles-mêmes un poids sémantique et ontologique sûr ou le détiennent-elles du fait de leurs relations ?

Il apparaît d'emblée que la première et la dernière faculté nommées appartiennent pleinement à l'être humain et que la foi, dans son versant religieux, par exemple, pourrait entraîner à sortir de la stricte finitude humaine et entraîner les deux autres sur cette voie.

Il est vrai aussi que le « paganisme » et le christianisme peuvent être amenés à définir Dieu comme *Logos*, assomption plénière de la Raison ou de la Parole. Les continents sémantiques sont peut-être plus poreux qu'il peut paraître à un examen rapide et de surface. Mais la raison peut aussi être vue comme lumière naturelle, et la foi comme lumière d'un autre type, dont la source est en Dieu et y conduit par un mouvement de retour.

Au-delà de la séduction des séparatismes et des cloisons étanches, la foi peut être assimilée aussi à une forme de raison supérieure, marquée par « l'ouverture à », en même temps que l'« enracinement dans », la Source de la Lumière, qui lui donne son être et sa consistance. La foi s'apparenterait alors à une raison lumineuse, en quelque sorte, à un agrandissement du regard tendu vers la sphère de l'Invisible, une raison nécessairement imaginante. Un « œil de l'âme », pour reprendre le vocable platonicien, caractérisant le *noûs*, d'une nature bien spécifique, mais non étrangère à la rationalité, en constituant même l'ouverture, l'achèvement, l'accomplissement, pléniers.

L'homme serait alors doté de deux formes de raison, dont l'une voisinerait davantage avec deux formes d'imagination et une de celles-ci ne se satisferait pas de l'ordre sensible, mais chercherait à percer le voile des apparences, quitte à donner un contour « imagé », *imaginal*[1] à ce qu'elle aborde, découvre et pense.

2. Leurs espèces

La foi première, spontanée, sans travail réflexif et critique sur elle-même, celle que les philosophes combattent parce qu'elle détourne du réel vrai – perçu ou conçu –, conduit à préférer les ombres plutôt que leur Source lumineuse. Elle est alors considérée comme puissance de contrefaçon, d'illusion, voire d'hallucination. Une autre foi est nécessaire pour qui souhaite dépasser les apparences et s'ouvrir la Vérité authentifiée, Principe invisible aux sens, présent seulement à la démarche d'intellection poussée à son terme, Source de vision aiguë et éclairante de tout ce qui en dérive. Deux sortes de foi, mais aussi deux sortes de raison, l'une puissance d'entendre, de comprendre et d'expliquer ce qui est, marquée par les limites, l'autre aspirant au dépassement de la sphère sensible, désireuse de s'unir à l'intelligible, véritable sens du sensible, s'élevant par là même à l'au-delà des limites ? C'est ici qu'une forme de l'imagination intellectualisée peut seconder et nourrir, de façon féconde, l'élévation de l'esprit.

La seconde forme de raison pourrait s'apparenter à la foi soucieuse d'appréhender le plus justement possible ce qui la dépasse, d'accéder à la perception de l'Idée pure, de l'Idéal, principe régulateur de l'action concrète, par exemple. Cette oscillation du limité à l'Illimité parsème l'histoire de la philosophie, des temps anciens aux temps modernes. Raison et foi se touchent alors sans se toucher, s'alimentent ou se renient l'une l'autre, se combattent parfois ou feignent de se combattre pour mieux s'unir. Comme si elles avaient besoin l'une de l'autre, comme si, d'une certaine manière, elles se tenaient l'une et l'autre à des étapes différentes de la réflexion. Comme si elles requéraient toutes deux un rôle bien précis de l'imagination.

De Socrate à Kant, l'on sait que l'on ne sait rien, l'on affiche un scepticisme de façade et de méthode, pleinement nécessaire à la connaissance ultimement validée. Les facultés sont distinguées, délimitées un temps avec précision pour ne pas confondre l'Absolu et le relatif, l'Idée et sa représentation sensible,

---

[1] Henry Corbin (1903-1978), dans *Mundus imaginalis* (1976), consacre le terme au sens d'un intermédiaire entre le sensible et l'intelligible. L'imaginal atteste un accès à la dimension transcendante : il relie le visible et l'invisible, le matériel et le spirituel. Il est tourné tout entier vers le monde spirituel. On rappellera l'amitié unissant Corbin et le psychiatre et psychanalyste Carl Gustav Jung.

l'Idéal et ses images. Le célèbre énoncé de Kant parle de soi : « Je dus donc abolir le savoir afin d'obtenir une place pour la croyance »[2]. Est délimité le périmètre de l'entendement pour laisser un champ à incidence pratique à la Raison spéculative, à la foi rationnelle, nécessaire à l'action morale, fondatrice de l'ordre du devoir être, mais impuissante à connaître avec certitude la totalité de ce qui est.

La foi, signe d'impuissance de la faculté de connaissance, mais aussi signe de puissance ouvrant à l'Illimité – seulement « pensé », voire « imaginé, schématisé » – des Idées de Dieu, de l'âme et du monde. Deux formes de raison se trouvent dès lors distinguées : la raison spéculative et la raison pratique ; deux formes de foi : l'empirique et la rationnelle. Même si nous ne pouvons connaître Dieu, son Idée est nécessaire pour réguler la pensée et le jugement autant que l'action. Servons-nous du même argument employé par Kant pour défendre inconditionnellement la belle et bonne Idée de la République platonicienne : l'Idée de République n'est pas assimilable à une fable relevant de l'imaginaire seulement fictif et, pour cela, frappée d'inutilité, voire de nocivité, car elle détournerait du réel. Elle doit, au contraire, servir de base à toutes les constitutions politiques et aux lois qui s'y rattachent. Valorisant l'ordre juste, la liberté, le plus grand bonheur possible,

> L'idée [...] prend ce maximum comme archétype et se règle sur lui pour rapprocher toujours davantage la constitution légale des hommes de la plus grande perfection possible. [...] Platon voit avec raison [dans le domaine moral et dans celui de la nature] des preuves qui démontrent clairement que les choses tirent leur origine des idées. [Kant, 1963, 264-265 ; 1997, 343-345.]

Un hommage est ainsi rendu par le philosophe moderne au philosophe grec auteur de la *République*, car il lui appartient d'avoir démontré la fécondité d'une forme de foi rationnelle, ouvrant sur la pensée d'un monde des fins dont on ne peut ni ne doit faire l'économie. La foi a sa nécessité et ses vertus. Elle élargit le prisme de l'esprit et fonde la possibilité de l'action moralement bonne, politiquement juste. Elle ouvre à un « schématisme » rationnel issu d'une combinaison inédite de la raison et de l'imagination.

Cela montre la complexité des relations pouvant être établies entre les trois notions initialement posées dans leur nature propre, la multiplicité des

---

[2] Préface à la seconde édition de la *Critique de la raison pure*, 1787 [Kant, 1963], 24. « Il me fallait donc mettre de côté le savoir afin d'obtenir une place pour la croyance » [Kant, 1997], 85.

variations à leur faire subir au point de les faire parfois se rapprocher, voire se recouvrer dans leurs fonctions, leurs fins, ou raisons d'être.

3. Platon et la nécessaire médiation de l'image (*eikôn*)

La philosophie de Platon, en son temps, avait déjà montré la variété, la complexité et la combinatoire des démarches mentales.

De la *pistis* (foi) à la *noêsis* (intellection), le chemin philosophique est long et plein d'embûches. Il exige la conversion, la *periagôgê*[3], le retournement complet de l'âme sur l'Essentiel, voire sur l'au-delà même de l'essence : le Bien, l'Anhypothétique, l'Inconditionné, l'Absolu, nominations multiples de l'Un divin. Raison intuitive et foi supérieure ici se rencontrent et se recouvrent.

Ont-elles encore besoin de l'imagination, du recours à l'image pour traduire la vision de l'Invisible ? Le mythe de la caverne [*Rép*. VII] vient après la symbolique mathématique abstraite de la ligne [*Rép*. VI], qui dessine géométriquement les temps et les lieux de la connaissance humaine, qui spécifie les facultés et leurs champs d'expression. Comme si l'image sensible devenait une nécessité patente ! Le raisonnement géométrique, issu de la théorie des proportions mathématiques, ne suffit pas à capter l'attention des auditeurs ou des lecteurs. Il faut recourir à l'image sensible du tracé de la ligne segmentée pour en montrer les faiblesses, voire l'inutilité ensuite ! L'imagination se trouve investie d'une fonction médiane inattendue : éclairer le cheminement abstrait, logico-mathématique, de l'esprit qui a besoin de la représentation sensible pour mieux saisir, en se la représentant, la portée de l'abstraction.

L'image devient milieu (*metaxu* [*Rép*. VI, 511d]), entre le presque rien (l'infériorité du sensible) et le tout (l'assomption de l'intelligible). Elle détient une nécessité épistémologique de passage obligé, mais une nature ontologique déficiente, car dépendante du sensible et de sa représentation. La *dianoïa*, la connaissance discursive, mêle alors l'image et l'abstraction. La science mathématique est, pour cette raison, hypothético-déductive et détient un statut inférieur à la dialectique philosophique [*Rép*. VI, 510d-e, 511d]. Elle travaille sur des « images » mi-concrètes mi-abstraites, de simples hypothèses, se distingue de la pure philosophie, qui ouvre sur les *noêta* supérieurs, les Idées, irréductibles au sensible. Mais elle reste supérieure à l'opinion ou aux facultés qui en sont les supports, l'*eikasia*, la représentation confuse, et la *pistis*, la confiance, la croyance rivée aux formes sensibles naturelles ou artificielles,

---

[3] Platon, *République* VII, 518d. Voir aussi *Rép*. VI, 510a-511e.

tout entières situées dans le visible. Deux niveaux de réalité sont distingués, le sensible et l'intelligible. L'imagination, telle qu'elle se déploie en mathématiques, se tient à la lisière des deux, la foi première appartient au sensible et l'intellection au pôle supérieur de la connaissance.

Ainsi, quatre opérations de l'esprit se dévoilent au terme du livre [*Rép.* VI, 511e] : la plus haute, la *noèsis* (l'intellection, l'intelligence, la connaissance intuitive) ; la deuxième, la *dianoïa* (la connaissance discursive, la pensée) ; la troisième, la *pistis* (la croyance, la foi) ; la dernière, l'*eikasia* (la conjecture, la représentation).

La *dianoïa* revêt aussi un rôle de médiation : tantôt dépendante de l'image en mathématiques, tantôt indépendante en philosophie. La conclusion du raisonnement ne se fait pas attendre :

> Plus leurs objets participent de la vérité (*aletheias metekhein*), plus ils ont de clarté[4]. [*Rép.* VI, 511e.]

La connaissance par images ne délivre pas l'évidence ultime de ce qui est à part entière, ni la foi première, la croyance non rationnelle, source le plus souvent d'errance et de divagation. Seule la *noèsis*, la puissance d'intellection pure, en contact avec le Principe au-delà de tout, permet d'y accéder. Seule la raison « pure », dans son versant contemplatif de l'essence elle-même pure et de son Au-delà, peut y conduire.

Opinions et images sont alors renvoyées au rôle de médiations falsifiables opérant lors de la descente dans le monde sensible. La raison est pourvue d'un rôle à la fois éthique, politique et intellectuel : en tant que *logistikon*, principe rationnel, elle a vocation à commander sur elle-même d'abord et sur la cité, ensuite [*Rép.* IV, 441e]. Individu et groupe social sont régis par la même partie de l'âme, la plus haute et la plus noble, inspiratrice de discernement, de réflexion et de persévérance, dirigeant la volonté et le courage, canalisant appétits et passions. L'imagination doit être tenue en laisse par elle pour ne pas errer. Mais elle a un statut de médiété, utile à un moment du cheminement réflexif. A-t-elle ou peut-elle avoir une autonomie propre ? Il ne le semble pas. Seule la foi supérieure, dans la dimension purement théorétique à laquelle elle conduit, est noble, car expression aboutie et accomplie de la raison qui congédie ou aimerait congédier l'image comme la faculté qui la produit.

---

[4] « Plus les objets de ces états mentaux participent à la vérité, plus ils participent à l'évidence » [Platon, 2002].

4. Justin : une combinatoire apologétique de foi, d'imagination, de raison

Une tradition nourrie de foi et de raison, issue du christianisme naissant, des Pères de l'Église grecs et latins, de l'œuvre augustinienne marquée par l'héritage néoplatonicien et testamentaire, des philosophes médiévaux, va s'abreuver à la source païenne platonicienne, « disposant au christianisme », pour reprendre le célèbre mot de Pascal [1904, 792].

Comme si l'inscience socratique, éclairée par la foi dans le *daimôn*, conduisait graduellement à la rencontre incarnée de Jésus ? Comme si Socrate, à sa manière, avait annoncé, voire préfiguré Jésus ? « Par la bouche de Socrate, le Verbe a fait entendre la Vérité », affirme Justin dès le début de la *Première Apologie*[5]. Nul doute dans l'assertion. Une évidence claire et distincte, une foi pleinement assurée dans la préexistence du Verbe avant tous les temps de l'histoire bouleverse nécessairement l'ordre habituel de la succession historique.

Justin s'est converti au christianisme vers 130, à Éphèse, sous le règne de l'empereur Hadrien. Dès 147, Marc Aurèle est associé à la vie de l'Empire. Justin rédige sa *Première Apologie* vers 150, sous le règne d'Antonin le Pieux, le père adoptif de Marc Aurèle[6], à qui il la dédie, manifestant par là sa pleine confiance dans un empereur philosophe, sage et raisonnable. Façon de le convaincre de l'injustice et absurdité qu'il y a à condamner à mort les chrétiens pour le Nom auxquels ils se réfèrent, celui de Christ.

Il est à noter aussi que la *Première Apologie* se termine par une lettre de l'empereur Hadrien qui a eu vent de la campagne de délation dirigée contre les tenants de la nouvelle religion chrétienne et demande une enquête pour pouvoir examiner le bien-fondé ou non de ce qui n'est peut-être que « prétexte à calomnie »[7]. La *Seconde Apologie* est destinée, cette fois, au Sénat romain, organe juridique de sagesse reconnue et appréciée.

Justin est un des précurseurs, au IIe siècle, d'une grande tradition de littérature apologétique, qui examine les prétendues raisons de la haine dont les

---

[5] [Justin, 1904], *1 Ap.*, V, 4, 11. Voir aussi [Justin, 1987] et [Baudart, 2018], chap. V, « Chrétiens "comme" Socrate », 183-218.

[6] [Marc Aurèle, 1997], I, 16 ; VI, 30, 1142-1143 et 1184. Ces *Pensées* rendent un bel hommage à la droiture politique et éthique de l'empereur Antonin.

[7] « Le fait me semble de nature à demander une enquête pour éviter les troubles et ne pas laisser le champ aux entreprises mauvaises des calomniateurs » [Justin, 1904], *1 Ap.*, 147, Lettre à Minucius Fundanus, § 7. On reconnaît bien ici la culture ancestrale de la *Pax Romana* !

chrétiens sont victimes dans l'Empire de Rome. Pourquoi des persécutions totalement illégitimes à ses yeux ? Alors que les chrétiens peuvent être rapprochés de la quête du Vrai, du Juste, du Beau, exprimée quatre siècles au moins avant, par une philosophie issue de Socrate, celle de Platon. Alors que leur nom même ne fait pas d'eux des déviants ou des débauchés, mais consacre en eux, au contraire, une quête de la vertu.

Le *khreston* désigne, en effet, le vertueux, le bienfaisant. Justin rapproche à dessein les *khrèstotatoi* des *khristianoi* [*1 Ap.*, IV, 1]. Jeu de langue ? Fantaisie verbale ? Arme d'esquive ?

> Le nom seul ne peut raisonnablement être un titre à la louange ou au blâme, si l'on ne peut trouver dans les actes rien de louable ou de criminel. [... Or] pour nous, le nom seul sert de preuve. [*1 Ap.*, IV, 3-4.]

Ils sont condamnés parce qu'appelés, désignés sémantiquement *khristianoi*. Cet argument sera récurrent dans les textes de patrologie et le fondement d'un refus contre un pitoyable grief imputé à la langue en première instance. Justin ouvre la voie à la défense ultérieure des accusés ! De leur nom de *chrétiens* découle quasi automatiquement une condamnation pour « athéisme », qui ne manque pas de les rapprocher de Socrate, « l'impie » ou encore « l'athée » [*1 Ap.*, VI, 1 ; *2 Ap.* X, 5] !

Justin tient aussi à montrer publiquement les liens profonds unissant philosophie de type socratique, platonicienne et religion chrétienne. Mieux, il cherche à les remettre au jour. Voir en Socrate une expression « du Verbe divin disséminé dans le monde » [*2 Ap.*, XIII, 3], certes de façon partielle, mais réelle néanmoins, suppose que le Christ soit déjà à l'origine du temps, que sa Vérité, que sa Sagesse aient soutenu l'Univers[8] depuis l'acte initiateur de la Création. La Sagesse, image de l'excellence et de la puissance divines, se tient au cœur même de la vie et de l'intelligence des sages, auxquels Socrate ou, avant lui, Héraclite et Pythagore se rattachent. Cette lignée d'excellence éthique et spirituelle atteste l'ensemencement dans certaines âmes du Verbe éternel.

Socrate, sans le savoir lui-même, est une image concrète de Dieu, datée, située dans l'histoire de la Grèce et de la philosophie antique. Il est une

---

[8] Paul, Épître aux Hébreux I, 3, à relier à Sagesse, VII, 25-26 : « [La Sagesse] est un souffle de la puissance divine, une effusion toute pure de la gloire du Tout-Puissant [...] elle est un reflet de la lumière éternelle, un miroir sans tache de l'activité de Dieu, une image de son excellence. »

créature choisie de toute éternité pour témoigner de son existence, quatre siècles avant même la naissance historique de Jésus, le Verbe fait chair, le Messie attendu par Israël, reconnu par les chrétiens comme advenu.

Belle lecture transfigurant totalement la raison d'être de ces existences au cœur du paganisme antique ! « Le Christ, que Socrate connut en partie » [*2 Ap.*, X, 8] pourrait être un axiome récurrent de l'apologétique justinienne. Le christianisme est vu comme exprimant la totalité de l'expression christique, mais les Sages de la Grèce d'autrefois en ont attesté plus que des bribes. Lecture positive et absorbante du paganisme, qui va même plus loin que celle de saint Paul, configurant « l'Homme nouveau ». Justin crédite le passé d'être un vecteur de présence du Verbe éternel, y compris lorsque ce Verbe est totalement ignoré des Sages grecs, qui en manifestent les semences sans le savoir, sans la conscience du trésor qui les habite et les porte. Le paganisme n'est au fond qu'un christianisme incomplet, fragmentaire, mais requis pour attester peu à peu l'existence d'une divinité omniprésente ! Une philosophie, une théologie de l'histoire se met en marche, avant même son véritable fondateur, Augustin, trois siècles plus tard.

Une foi panoptique

Foi étonnante, panoptique, conquérante à rebours, résolument affirmative de l'existence, depuis toujours et à jamais, d'une Sagesse à figure christique. Foi qui s'appuie sur une typologie prenant sa source hors du temps, bien avant lui, pour lui conférer une signification définitivement nouvelle. Reconduction, christianisée, certes, de l'éternité immobile dont le temps n'est qu'une imitation et une image mobile (*aiôn eikôna*), mais dont la raison d'être consiste à en témoigner [*Timée*, 37d]. Depuis toujours, le Christ-Dieu est. Il appartient à l'invariante éternité, bien avant sa manifestation sensible dans l'histoire mouvante et changeante des hommes. Sa naissance au temps rend visible ce qui jusqu'alors était invisible et, cependant, en plénitude. Elle stimule la fonction de voir, la consacre. La foi est une modalité originale de la vision.

Elle désigne d'abord un Christ intelligible, invisible aux sens et à la temporalité concrète, elle dirige vers la Forme pure, originaire, le Type parfait, anhistorique ou métahistorique, Sens plénier de tout ce qui s'est manifesté dans le passé comme beau, sage, grand moralement, à l'échelle du monde entier. Elle consacre en vérité l'Universalité comme l'Unicité de la Sagesse christique.

> Notre doctrine surpasse toute doctrine humaine, parce que nous avons tout le Verbe dans le Christ qui a paru pour nous, corps, verbe et âme (*kai sôma, kai logon, kai psukhên*). Tous les principes justes que les philosophes et les législateurs ont découverts et exprimés, ils les doivent à ce qu'ils ont trouvé et contemplé partiellement du Verbe. [*2 Ap.*, X, 1-4.]

Même le *Timée* de Platon est lu explicitement selon ce prisme interprétatif. Lorsque Platon reconnaît la difficulté de dévoiler la texture du cosmos, ses lois, toutes ses composantes, du macrocosme au microcosme, lorsqu'il révèle sa Cause démiurgique et le Modèle sur lequel elle se fonde, il admet qu'« il n'est pas facile de trouver le Père et le Créateur de l'univers, et, quand on l'a trouvé, il n'est pas [possible] de le révéler à tous » [*2 Ap.* X, 6 ; *Timée*, 28e]. L'acte de mise au jour du Premier Principe exige une excellence éthique, intellectuelle et spirituelle que peu ont en partage. Il en découle comme une sacralité dans l'acte de la transmettre.

Les Grands de l'Antiquité païenne n'avaient pas les moyens de connaître la Source de leur vision ni d'entrevoir la portée qu'elle aurait. Ils en témoignaient seulement sans savoir, ils la faisaient voir sans la voir eux-mêmes. Ils n'avaient pas reçu la révélation du Dieu de la Parole biblique ! Autrement dit, le paganisme d'un Pythagore, Héraclite ou Socrate était un christianisme qui s'ignorait comme tel ! L'heure n'était pas venue pour eux du dévoilement plénier, même s'ils en révélaient, à leur insu, l'existence ! Socrate était le dépositaire d'une foi dont il ignorait la nature et la portée.

Triomphe chez Justin de l'imagination ou de la foi sursignifiante, magnifiante, transfigurante ? Difficile de l'établir selon le schème de l'analyse ! Est-il même besoin d'avoir une démarche de dissection vis-à-vis de la lecture apologétique de Justin ? D'aucuns diront vision idéologique, tordant de façon scandaleuse la vérité des faits c'est-à-dire de l'histoire factuelle ! D'autres crieront à l'hallucination délibérée à caractère intellectuel, mais assise sur un socle apparenté au délire interprétatif ! D'autres ne diront rien, saisis, pétrifiés, sidérés par tant d'audace et, au fond, de ruse et d'habileté ! Justin professe la Vérité du christianisme naissant et regarde l'accomplissement de l'histoire bigarrée des hommes et des cultures selon ce schème à caractère dogmatique, irréfutable, de révélation intangible, inviolable. Et qu'importe, au fond ? Le converti montre à l'œuvre une intrication originale entre imagination, foi et raison. Il n'y a pas de doute : les Justes de toute culture, de toute temporalité, sont chrétiens. Grecs et Juifs sont « chrétiens », expressifs, les uns et les autres, à des degrés divers et à leur heure propre, du Verbe éternel.

> Ceux qui ont vécu selon le Verbe sont chrétiens, eussent-ils passés pour athées, comme, chez les Grecs, Socrate, Héraclite et leurs semblables et, chez les barbares, Abraham, Ananias, Azarias, Misaël, Élie et tant d'autres. [*1 Ap.*, XLVI, 3.]

Même si quelques réserves, de temps à autre, nuancent la violence de l'assertion, comme dans ce passage éloquent :

> Je suis chrétien, je m'en fais gloire, et, je l'avoue, tout mon désir est de le paraître. Ce n'est pas que la doctrine de Platon soit étrangère à celle du Christ, mais elle ne lui est pas en tout semblable (*homologô*), non plus que celle des autres, Stoïciens, poètes ou écrivains. Chacun d'eux, en effet, a vu du Verbe divin disséminé (*tou spermatikou theou*) dans le monde ce qui était en rapport avec sa nature, et a pu exprimer ainsi une vérité partielle ; mais en se contredisant eux-mêmes dans les points essentiels, ils montrent qu'ils n'ont pas une science supérieure et une connaissance irréfutable. Tout ce qu'ils ont enseigné de bon nous appartient, à nous chrétiens. Car après Dieu nous adorons et nous aimons le Verbe né du Dieu non engendré et ineffable (*aggennètou kai arrètou theou*), puisqu'il s'est fait homme pour nous, afin de nous guérir de nos maux en y prenant part. Les écrivains ont pu voir indistinctement la vérité, grâce à la semence du Verbe qui a été déposée en eux. Mais autre chose est de posséder une semence (*sperma*) et une ressemblance proportionnée à ses facultés, autre chose l'objet même dont la participation et l'imitation procède de la grâce (*kata kharin*) qui vient de lui. [*2 Ap.*, XIII, 2-6.]

Les « païens » demeurent dans une infériorité d'appréhension du divin, en raison de son incomplétude et, surtout, de la méconnaissance de la Révélation scripturaire.

Platon et Moïse

Justin va même plus loin encore lorsqu'il montre un Platon lecteur ou connaisseur de Moïse. Moïse est-il l'inspirateur de Platon comme cela semble affirmé [*1 Ap.*, LIX-LX] ? Le *Timée* doit-il son existence à la fréquentation de la Sagesse mosaïque ? Dans le récit platonicien, la formation de l'âme du monde [*Timée*, 36b-c] selon un *Chi*/X est éloquente. Platon l'a tout entière reçue de l'enseignement de Moïse et de la Bible [*1 Ap.*, LX, 1-10]. Il l'a empruntée, mais sans en comprendre la portée et pour cause ! Il dessine la Croix de Christ, « le Verbe de Dieu » au sein même de l'univers ! Une théorie de l'emprunt sous-tend l'analyse de l'apologète.

Platon ne peut pas avoir découvert tout seul la texture de la formation de l'Âme du Monde, placée au centre du corps de ce dernier, puis étendue au corps tout entier et même au-delà, en un Ciel se mouvant de façon circulaire, parfaitement régulière, il l'a nécessairement « reçue ». Justin en tire comme conséquence logique que le texte platonicien sur le récit de la formation de l'âme du monde, formée du Même et de l'Autre et d'une troisième substance, se mouvant en cercle, selon un ordre mathématique complexe et régulant le tout [*Timée*, 37a], déborde infiniment la sagesse humaine.

Il tait la complexité de l'analyse mathématique, mais il tient à affirmer que le texte, en son inspiration même, procède « de la puissance divine » ! Platon est à l'évidence inspiré par Moïse.

Une imagination rationnelle, soutien de la foi ?

Voilà comment se trouvent combinées, par la foi unifiante, sagesse biblique et sagesse philosophique ! Vision surplombant l'histoire et la vraisemblance pour mieux affirmer la Vérité du Dieu créateur et rédempteur ainsi que la sagesse biblique qui l'exprime. La foi de l'apologète doit à l'imagination créatrice de réunir ce qui ne peut l'être naturellement et culturellement. Une cohérence rationnelle ou prétendument rationnelle en est dégagée qui « prouve » que Dieu agit à l'insu même de la conscience vive des philosophes antiques.

Cette foi reconstruisant les choses selon son prisme ne peut-elle aussi s'apparenter au mensonge, au délire interprétatif ? Une imagination se voulant rationnelle en serait la cause. Le mot de Pascal aurait-il alors une force inégalée dans le cas des apologistes et de leurs écrits ? Maîtresse d'erreur et de fausseté, puissance trompeuse disant servir le vrai, s'autoproclamant infaillible !

> Voilà ce que nous voulons vous prouver : ces enseignements que nous avons reçus du Christ et des prophètes ses prédécesseurs sont seuls vrais et plus anciens que ceux de vos écrivains, et si nous vous demandons de les admettre, ce n'est pas en raison de ces ressemblances, mais parce qu'ils sont vrais. [*1 Ap*, XXIII, 1.]

L'argument de l'ancienneté du Vrai fonde la lecture interprétative de Justin. L'*arkhê* fait figure de preuve. Le commencement vaut commandement et prescription infaillible dans l'ordre de l'interprétation comme de l'argumentation !

La foi, à l'évidence, commande l'imagination et la raison, d'un bout à l'autre de l'apologétique.

Références bibliographiques
Baudart, Anne [2018], *Socrate et Jésus*, Paris, Le Pommier, « Poche ».
Justin [1904], *Apologies*, trad. Louis Potigny, Paris, Alphonse Picard et Fils.
— [1987], *Apologies*, trad. André Wartelle, Paris, Études Augustiniennes.
Kant, Emmanuel [1963], *Critique de la raison pure*, trad. André Tremesaygues & Bernard Pacaud, Paris, PUF.
— [1997], *Critique de la raison pure*, trad. Alain Renaut, Paris, Aubier.
Marc Aurèle [1997], *Pensées*, in *Les Stoïciens*, II, trad. Émile Bréhier, Gallimard, « Tel ».
Pascal, Blaise [1904], *Pensées*, éd. Léon Brunschvicg, Paris, Hachette.
Platon [1933], *La République*, trad. Émile Chambry, Paris, Les Belles Lettres.
— [1963], *Timée*, trad. Albert Rivaud, Paris, Les Belles Lettres.
— [1992], *Timée*, trad. Luc Brisson, Paris, Flammarion, « GF ».
— [2002], *La République*, trad. Georges Leroux, Paris, Flammarion, « GF ».

Anne BAUDART
Société française de philosophie
Paris
anne.baudart@orange.fr

L'imagination pascalienne et son usage
Guy BERNARD

Comment l'imagination, la foi et la raison s'articulent-elles dans le projet pascalien d'apologétique de la religion chrétienne, dans ce que l'on a coutume d'appeler les *Pensées* de Pascal ? Il n'y a dans ce que je propose rien que de très classique, rien de très novateur, mais il me semble toujours bon et utile de revenir aux classiques, de les revisiter afin de saisir ce qu'ils peuvent nous apporter. De fait, j'examinerai principalement une seule image tirée des *Pensées* : « C'est une sphère infinie dont le centre est partout et la circonférence nulle part »[1].

Avant d'examiner cette image, quelques mots doivent être avancés à propos de l'imagination. Celle-ci est d'abord présentée par Pascal comme modèle des « puissances trompeuses ». Pour s'en convaincre, il suffit de se référer à la note que Pascal lui-même ajoute au fragment 41 [2000, 555] : « Il faut commencer par là le chapitre des puissances trompeuses ». Brunschvicg ne donne pas cette note, mais l'inscrit en tête du fragment 83.

« Puissance trompeuse », l'imagination l'est parce qu'elle est « maîtresse d'erreur et de fausseté, et d'autant plus fourbe qu'elle ne l'est pas toujours ». En effet, si l'imagination nous trompait toujours, elle ne mériterait sans doute pas qu'on s'y attache. Mais il n'en est rien : non seulement elle ne nous trompe pas toujours, mais encore c'est elle qui donne du prix aux choses et c'est sans doute pour cela que nous nous y fions sans nous interroger plus avant. Toute la suite du fragment 41 (fragments 82 et 83 Brunschvicg) ne fait qu'illustrer cette puissance de l'imagination qui ne nous trompe que parce que nous lui donnons du prix. « La raison a beau crier, elle ne peut mettre le prix aux choses » et « le plus grand philosophe du monde, sur une planche plus large qu'il ne faut, s'il y a au-dessous un précipice, quoique sa raison le convainque de sa sûreté, son imagination prévaudra ». Ce dernier exemple, tout inspiré de Montaigne, montre bien à la fois la puissance de l'imagination et la vanité

---

[1] Fragment 72 de Brunschvicg [Pascal, 1904] ou 185 de Le Guern [Pascal, 1977]. L'édition de la Pléiade [Pascal, 2000] adopte le classement Le Guern.

de la condition humaine. En tous points, l'imagination l'emporte sur la raison et ne peut que nous faire comprendre que nous vivons dans un « hôpital de fous ». Bref, le premier usage de l'imagination est de nous faire toucher du doigt, ou comprendre, que nous ne sommes que le jouet des puissances trompeuses dont le fragment 41 détaille les effets.

Il me semble cependant que l'imagination n'est pas seulement aux yeux de Pascal une « puissance trompeuse » et que son usage peut aller bien au-delà de la simple dénonciation de la misère de l'homme. C'est ce que nous voudrions montrer en soumettant à l'analyse l'image déjà citée : « C'est une sphère infinie dont le centre est partout et la circonférence nulle part. » Parler ici d'imagination, alors que Pascal n'y fait pas explicitement référence, c'est faire appel à la définition qu'en donne Bachelard dans *L'Air et les songes* [1943, 6] : « faculté de *former* » ou plutôt de « *déformer* les images ». Arrêtons-nous sur cette définition pour voir comment elle s'applique à l'image que nous voulons analyser. Rappelons d'abord que Pascal n'a pas à proprement parler formé ou forgé l'image de « la sphère infinie dont le centre est partout et la circonférence nulle part ». Si l'on en croit Alexandre Koyré, cette image a été pour la première fois utilisée dans un écrit pseudo-hermétique : *Le Livre des XXIV Philosophes*, compilation anonyme du XIIe siècle. La formule « *sphaera cujus centrum ubique, circumferentia nullibi* » – dont il faut noter qu'elle ne décrit pas la sphère comme infinie – est alors attribuée à Dieu, qui est donc ainsi caractérisé par cette formule. Il faut attendre Nicolas de Cues pour voir dans le *De docta ignorantia* (1440) la formule attribuée non plus à Dieu, mais au monde. C'est là une modification essentielle dont Koyré souligne l'importance et qui marque « l'originalité et la profondeur des conceptions cosmologiques de Nicolas de Cues qui culminent dans le transfert hardi à l'Univers de la définition pseudo-hermétique de Dieu » [Koyré, 1973, 30]. Il faudrait mettre ce transfert en relation avec la doctrine défendue par la *Docte Ignorance*. Celle-ci prend appui sur le caractère non pas infini, mais indéterminé de l'univers et insiste sur le fait que puisque l'univers n'a pas de limites, puisqu'il n'est pas terminé, il ne peut être l'objet d'une connaissance précise et objective. Il ne peut faire appel qu'à une science partielle et conjecturale. En un mot, il ne peut faire l'objet que d'une « docte ignorance » qui, en posant la coïncidence des opposés, constitue un moyen de transcender notre pensée rationnelle.

Pascal connaissait-il l'œuvre de Nicolas de Cues ? Nous ne le savons pas et, après tout, peu importe ! Ce que nous disent les spécialistes de l'œuvre de Pascal, c'est que la source immédiate de l'image semble être un passage de la *Physique* de Gassendi qui prend appui sur un texte de saint Augustin[2]. Quoi qu'il en soit, la lecture de ces sources ne me semble rendre compte ni de la force de l'image, ni de celle que Pascal attribue ici à l'imagination. Voyons ce que l'analyse peut nous en révéler. Disons d'abord qu'il ne suffit pas de remarquer, comme le fait Michel Le Guern, que Pascal donne ici la « plus belle image littéraire de la découverte essentielle de la « nouvelle science » : le monde est infini ». C'est sans doute vrai et cette remarque a le mérite de nous rappeler le contexte dans lequel se déploie l'argumentation pascalienne. Il faut cependant aller plus loin pour saisir comment ce contexte nourrit l'usage que fait ici Pascal de la puissance de l'imagination. Les objets mis en jeu par l'image pascalienne sont avant tout des objets rationnels, mieux des êtres de raison, des objets géométriques, mathématiques. La sphère, le centre, la circonférence sont susceptibles, pour chacun d'entre eux, d'une définition mathématique précise, d'une définition qui permet d'en dégager les propriétés. Or, et c'est là que la puissance de l'imagination intervient avec force, ce que nous demande la formule que Pascal reprend à son compte, c'est de nous représenter ces objets d'une manière qui se révélera *in fine* impossible. Nous savons en effet tous ce qu'est une sphère et nous sommes tous capables non pas de la penser, mais de nous la représenter, c'est-à-dire d'en former une image mentale. De même, nous savons ce qu'est le centre d'une sphère (ou d'un cercle) et sa circonférence, et nous n'éprouvons aucune difficulté à nous en former ou forger une image mentale. Mais « une sphère dont le centre est partout et la circonférence nulle part », comment nous la représenter, nous en forger une image mentale ? Si le centre est partout, où est-il ? Quel lieu occupe-t-il dans l'espace, lui qui est le lieu où se rejoignent tous les rayons de la sphère ? De même, si la circonférence n'est nulle part, où la situer ? Peut-elle être ailleurs que dans l'espace ? Mais alors où serait-elle ? Le travail de l'imagination nous entraîne dans une sorte de tourbillon où chaque fois que nous croyons saisir l'objet que nous cherchons à nous représenter – centre ou circonférence –, celui-ci nous échappe. Il n'est pas un lieu de l'espace où nous puissions situer le centre et la circonférence ; chaque fois que nous croyons l'avoir trouvé, il s'efface devant nos yeux. Que conclure de cette expérience de pensée où nous conduit la construction de l'image d'une sphère dont « le centre est partout et la circonférence nulle part » ? La seule conclusion possible, la seule qui s'impose à nous, c'est que cette sphère ne peut pas être

---

[2] Voir Michel Le Guern, in [Pascal, 2000], 1392-1393.

représentée, ne peut pas être imaginée, bref qu'elle est de l'ordre de l'irreprésentable.

La belle affaire ! Il va de soi que cette sphère ne peut pas être représentée, qu'elle échappe nécessairement à la construction imaginante, puisqu'elle est « infinie ». L'infini, nous le savons depuis Descartes, ne peut pas être saisi par l'imagination, qui ne peut en donner qu'une représentation obscure et confuse. La saisie de l'infini ne peut être l'affaire de l'imagination : elle est celle de l'entendement, qui nous en donnera, lui et lui seul, une idée claire et distincte. Or, ce n'est pas à cette conclusion que nous conduit Pascal. Il ne s'agit pas pour lui d'établir « évidemment la différence qui est entre l'imagination et l'intellection ou conception pure » [Descartes, 1995, 58]. Au contraire il s'agit, si l'on peut dire, de faire jouer l'imagination au détriment de la raison. Ce qui nous frappe ici, c'est la manière dont l'imagination met au défi les objets de la raison d'accéder à leur propre représentation. La « sphère infinie » ne peut pas être représentée et la raison trouve ici sa propre limite : elle conçoit des objets qui lui échappent. L'imagination fait ainsi voler en éclats ce que la raison conçoit et montre que cette dernière ne saurait donc être cette reine des facultés qu'elle voudrait être.

Dans quel but Pascal use-t-il de la puissance de l'imagination, qui loin d'être la « puissance trompeuse » décrite précédemment, se révèle au contraire porteuse de vérité ? De la vérité de la « disproportion de l'homme ». Il convient de replacer non seulement l'image étudiée, mais l'ensemble du fragment auquel elle appartient, dans le cadre du projet des *Pensées*, l'apologétique de la religion chrétienne. Le classement opéré par l'édition Brunschvicg ne nous est d'aucune utilité. En effet, il fait figurer le fragment 72 dans le chapitre consacré à la « Misère de l'homme sans Dieu » et le range ainsi dans la même catégorie que le fragment 82, qui se borne à faire de l'imagination le modèle des « puissances trompeuses ». Ce classement ne permet pas de saisir le rôle que joue précisément l'imagination dans la constitution de l'image que nous avons tenté d'analyser. D'autres classements des papiers découverts à la mort de Pascal, qui respectent plus scrupuleusement la manière dont Pascal lui-même avait rangé ses papiers – les classements Lafuma ou Le Guern –, placent le fragment 199 (Lafuma) ou 185 (Le Guern) dans la Liasse XV, « Transition » (Lafuma) ou « Transition de la connaissance de l'homme à Dieu » (Le Guern). C'est bien au service d'une telle transition qu'est mobilisé l'usage que nous avons décrit de l'imagination. En quoi cette transition peut-elle consister ? Nous savons qu'à l'inverse de la tradition thomiste, Pascal n'accorde pas sa confiance à la raison pour préparer à la foi. Il suffit de rappeler ce qu'il écrit à propos des preuves rationnelles de Dieu pour s'en convaincre : « Les preuves de Dieu métaphysiques sont si éloignées du raisonnement des hommes et si impliquées, qu'elles frappent peu ; et quand cela servirait à quelques-uns, cela ne servirait que pendant l'instant qu'ils voient cette démonstration, mais une heure après ils craignent de s'être trompés » [Fragment 179 Le Guern, Liasse XIV]. Comment alors persuader celui qui n'accorde sa confiance qu'à la raison, le libertin, de se tourner vers Dieu ? Il faut pour cela mettre la raison devant ses propres limites, montrer qu'elle est certes ce que l'homme a de plus noble, mais que malgré sa grandeur, elle ne saurait lui suffire. Dans notre exemple, mais nous pourrions le montrer aisément dans beaucoup de passages du même fragment, ce rôle est dévolu à l'imagination et c'est là sans doute une des originalités de la pensée de Pascal.

La question se pose toutefois de savoir si l'imagination a le pouvoir de faire accéder à la foi, d'être plus persuasive que « les preuves de Dieu métaphysiques ». Rien n'est moins certain, car rien ne se ferait sans la grâce et le Dieu de Pascal demeure un « Dieu caché »[3].

Bibliographie

Bachelard, Gaston [1943], *L'Air et les songes. Essai sur l'imagination du mouvement*, Paris, Libraire José Corti.

Descartes, René [1995], *Méditation VI*, in *Œuvres complètes*, IX, éd. Charles Adam & Paul Tannery, Paris, Vrin.

Koyré, Alexandre [1973], *Du monde clos à l'univers infini*, Paris, Gallimard.

Pascal, Blaise [1904], *Pensées*, éd. Léon Brunschvicg, Paris, Hachette.

— [1952], *Pensées*, éd. Louis Lafuma, Paris, Delmas.

— [1977], *Pensées*, éd. Michel Le Guern, Paris, Gallimard.

— [2000], *Œuvres complètes*, II, éd. Michel Le Guern, Paris, Gallimard, « Bibliothèque de la Pléiade ».

Guy BERNARD
Lycée du Parc
Lyon, France
guybernard@free.fr

---

[3] « *Vere tu es Deus absconditus* », Isaïe, XLV, 15 [Fragment 227 Le Guern].

Religion et imagination dans le discours freudien
Ricardo Jardim Andrade

Sigmund Freud a toujours eu le souci d'offrir un cadre conceptuel à ses recherches et à ses découvertes cliniques. Son projet était de construire un nouveau champ d'intelligibilité des phénomènes et des processus psychiques, fondé sur l'observation clinique des névroses et des rêves. C'est ainsi que surgit ce qu'il appela *métapsychologie*, c'est-à-dire la théorie psychanalytique. Il s'agit de l'étude du psychisme d'un triple point de vue, topique, économique et dynamique. Le point de vue topique recourt à la métaphore du lieu psychique (systèmes inconscient et préconscient/conscient, dans la première topique ; instances du ça, du moi et du surmoi, dans la seconde topique) ; le point de vue économique utilise la métaphore de l'énergie psychique et des investissements énergétiques (désinvestissement, contre-investissement et surinvestissement) ; finalement, au point de vue dynamique correspond la métaphore du conflit psychique, dont la base est toujours d'ordre pulsionnel (pulsions sexuelles contre pulsions d'autoconservation ou du moi, dans le premier classement ; pulsions de vie contre pulsions de mort, dans le second classement).

Freud ne s'est toutefois pas limité à investiguer les phénomènes cliniques et à mettre au point une théorie complexe pour expliquer les phénomènes et les processus psychiques, il a aussi cherché à appliquer les modèles métapsychologiques au domaine de la culture. Le même désir qui dynamise l'« appareil psychique » et produit rêves, symptômes et actes manqués, soutient les créations humaines les plus élevées, sur le plan de l'art, de la morale, de la science, de la philosophie et de la religion. Or, l'interprétation de la culture est plus qu'une psychanalyse appliquée, car la métapsychologie elle-même a été modifiée sous l'impact de données non cliniques. En effet, ni la seconde topique ni le second classement des pulsions n'auraient été possibles si l'attention de Freud n'avait pas dévié du refoulé à l'instance qui refoule, du désir à l'autorité, de la clinique à la culture.

Arrêtons-nous brièvement sur le premier classement des pulsions, qui renvoie à la célèbre théorie freudienne de la libido. Dans la première étape de son parcours théorique[1], Freud distingue explicitement l'ordre biologique, correspondant aux besoins vitaux (manger, boire, dormir...), de l'ordre sexuel, correspondant au désir [Freud, 1972, 603 *sq.* ; Laplanche & Pontalis, 1979, 469]. Tandis que des pulsions d'autoconservation (besoins vitaux) ont des sources (leur base somatique), des objets (ce qui conduit à la satisfaction) et des buts (les satisfactions procurées par les objets correspondants) fixes, les pulsions sexuelles sont « plastiques », c'est-à-dire qu'elles changent de sources, d'objets et de buts[2]. En ce qui concerne la faim, la soif, la miction, la respiration, etc., c'est-à-dire tout ce qui a trait à l'autoconservation, la seule solution possible pour réduire les tensions de l'organisme, qui provoquent de l'insatisfaction, c'est la réalisation de certains « actions spécifiques », par lesquels on obtient directement, sans aucune médiation et sans trop attendre, la satisfaction. Impossible d'éliminer la faim et la soif si ce n'est par l'ingestion de liquides et d'aliments solides (objets réels et prédéterminés), et on ne peut pas reporter excessivement l'assouvissement – et donc, selon Freud, la satisfaction – de ces excitations (buts immédiats), bien localisées dans l'organisme (sources fixes), sans que la personne ne soit en danger de mort (voilà pourquoi nous parlons de besoins vitaux). Mais il n'en va pas de même pour la sexualité. Ses sources (zones érogènes), comme l'a démontré Freud dans sa théorie de la libido, se trouvent dans diverses parties du corps[3], ses objets sont flexibles et changeants[4] et ses buts, ajournables. Voilà pourquoi Freud fait référence à la « plasticité » des pulsions sexuelles. La plasticité est d'un tel ordre qu'elle

---

[1] [Freud, 1972], 602-604, 642 ; [1974b], 93 ; [1974c] ; [1974d], 28, 32-34, 59 ; [1976c], 355-378 ; [1976d], 121.

[2] Freud distingue instinct (*Instinkt*) et pulsion (*Trieb*). Le premier terme désigne l'héritage génétique qui permet à une espèce animale de s'adapter rigidement et mécaniquement au milieu physique et naturel. *Trieb*, au contraire, ne renvoie pas à un comportement préétabli, spécifique et héréditaire ; Freud l'emploie notamment pour caractériser la grande plasticité de la sexualité humaine, ce qui la différencie essentiellement de la sexualité animale. Tandis que celle-ci est instinctive et, donc, rigide, celle-là change de sources, d'objets et de buts au long de notre histoire personnelle. La libido parcourt tout notre corps (phases orale, anale, phallique) jusqu'à atteindre, à la puberté seulement, la phase génitale [Laplanche & Pontalis, 1979], 506-510.

[3] Freud emploie même l'expression *corps érogène*, puisque le corps entier peut être source de plaisir sexuel.

[4] Le premier objet d'amour – ou objet libidinal – de tout être humain est sa propre mère, objet qui est abandonné dans la situation œdipienne, par l'interférence paternelle. Le choix définitif d'objet (par exemple, hétérosexuel ou homosexuel) n'a lieu qu'à la puberté, ou plutôt, dans la phase génitale.

permet même la sublimation (changement d'objet et de but pulsionnel) et l'amour inhibé quant au but (changement uniquement de but pulsionnel)[5] ; autrement dit, le plaisir sexuel humain, comme dans la sublimation en chimie, peut changer d'état, se transformant de satisfaction génitale en plaisir socioculturel [Freud, 1973, 72 ; 1974f, 56]. Freud rapproche donc la sublimation chimique et le sublime esthétique. Quand la libido se transforme en éros, la pulsion sexuelle devient « pulsion sociale », selon l'expression de Freud lui-même. On peut donc dire que tous ceux qui se consacrent à la création artistique, philosophique et scientifique mènent une vie sexuelle intense, car l'énergie qui mobilise ces activités est toujours la libido et le plaisir ainsi ressenti est de nature sexuelle, puisque la sexualité humaine dépasse de beaucoup le niveau génital. Quand nous nous livrons à la sublimation esthétique, « le destin ne peut pas faire grand-chose contre nous », déclare Freud dans *Malaise dans la civilisation* [1974f, 36]. « L'œuvre d'art est à la fois le symptôme et la cure », affirme à son tour Paul Ricœur [1965, 175], comme interprète du discours freudien.

Il convient de rappeler que cette lecture de Freud, à peine esquissée ici, a été réalisée par de grands théoriciens français, notamment Jacques Lacan, Jean Laplanche et Jean-Bertrand Pontalis, qui relèvent aussi la notion freudienne d'« étayage », selon laquelle la sexualité humaine s'étaie sur l'ordre vital ou biologique pour se manifester [Freud, 1973, 76 ; Laplanche & Pontalis, 1979, 66]. Autrement dit, elle ne peut émerger qu'à partir de ce qui n'est pas sexuel[6]. Rien de plus faux, donc, que la critique, si souvent adressée à Freud, selon laquelle sa théorie de l'inconscient réduit toute l'existence humaine à la sexualité (le supposé « pansexualisme » du discours freudien).

Les objets des besoins (pulsions d'autoconservation) sont réels et produisent une *satisfaction* ; quant aux objets du désir, ils sont irréels (imaginaires et symboliques) et procurent du *plaisir*. La sexualité humaine, soulignons-le,

---

[5] C'est par cette notion que Freud explique la tendresse et les liens sociaux. Dans les relations familiales, par exemple, l'objet de la libido est le même (mère, père ou frères et sœurs), mais le but sexuel est « freiné » et se transforme en tendresse ou en amitié. C'est ainsi que Freud explique également la formation des liens sociaux nécessaires à la transformation de la nature par le travail. Curieusement, il présente comme modèle de l'amour inhibé quant au but la figure de François d'Assise [Freud, 1974f], 60.

[6] Voilà pourquoi Laplanche soutient que « la pulsion sexuelle est structurellement perverse », c'est-à-dire déviante par rapport à l'ordre vital ou biologique [Laplanche, 1970], 19-41.

appartient à ces deux ordres : elle est à la fois besoin et désir. Voilà pourquoi elle peut aussi bien être source de satisfaction que de plaisir. Comme l'a montré Lacan, le désir émerge avec la perte de la mère ou, plus précisément, au moment où le père, représentant de la loi, porte-parole de la culture, châtre la relation symbiotique de l'enfant avec la mère – le célèbre « complexe d'Œdipe » –, l'amenant à chercher incessamment des substituts symboliques de l'objet perdu. Le nouvel objet devient représentant (ou signifiant) de l'objet perdu, c'est-à-dire qu'il signifie ou symbolise cet objet. La perte douloureuse de la mère est la condition de possibilité d'émergence de la culture, ce qui permet à l'homme son insertion dans l'ordre symbolique. Le symbole est l'élément-clé de la culture. En effet, celle-ci peut être définie, selon la célèbre formule de Claude Lévi-Strauss [1950, xix], comme « un ensemble de systèmes symboliques ». L'homme est cet être radicalement inachevé, toujours insatisfait de lui-même, toujours en quête de « quelque chose » de plus. Le fondement de l'existence humaine n'est pas *logos*, comme l'affirme la métaphysique occidentale, mais *éros*. « Désirer est le moteur de notre être », proclame Freud dans l'une de ses œuvres les plus importantes, *L'Interprétation des rêves*. Le désir, pour Lacan, est un manque et c'est en tant que manque qu'il humanise l'homme, en le faisant passer dans l'ordre symbolique.

L'étayage de l'ordre sexuel sur l'ordre vital, étudié par Freud dans son premier classement des pulsions, permet de comprendre la projection permanente, propre à la condition humaine, de l'imaginaire et du symbolique sur la satisfaction des besoins. En tant qu'animaux, nous nous alimentons ; en tant qu'êtres humains, néanmoins, nous complexifions nos repas par d'innombrables rituels, dont certains extrêmement raffinés, comme le banquet. On peut en dire de même de la satisfaction de tous les autres besoins (dormir, s'habiller, se laver…). Nous associons la satisfaction des besoins au plaisir procuré par l'accomplissement de nos désirs. Boire un grand vin (un cru millésimé) dans un gobelet en plastique – quelle horreur ! –, ce n'est pas la même chose que de le savourer dans un verre en cristal – quelle merveille ! La satisfaction est la même, mais le plaisir change complètement d'un cas à l'autre.

Nous voici mieux équipés pour traiter de deux essais de Freud qui cherchent à interpréter psychanalytiquement la religion, *Actes obsédants et exercices religieux* (1907) et *L'Avenir d'une illusion* (1927).

Selon les idées religieuses, l'âme est immortelle, Dieu est omniscient, omnipotent et prévoyant, et la justice sera complètement réalisée dans une vie future, *post mortem* : les méchants seront condamnés et les bons, sauvés

[Freud, 1974e, 31][7]. Ces idées ne peuvent pas être prouvées empiriquement. Comme le soutient Freud, « ce sont des illusions, des réalisations des désirs les plus anciens, les plus forts et les plus pressants de l'humanité. Le secret de leur force tient à la force de ces désirs » [1974e, 43].

L'illusion religieuse déguise la réalité et prend pour réel ce qui n'est que production imaginaire. Dans ce sens, elle se distingue tant de l'art que de la science. Tout comme la création artistique, la religion est une satisfaction substitutive, qui vise à rendre la vie plus supportable [Freud, 1974f, 31]. Néanmoins, tandis que les fantasmes esthétiques se maintiennent éloignées du réel, l'artiste étant pleinement conscient de la distinction entre les deux registres [Freud, 1976b, 150], l'illusion religieuse équivaut à un « délire de masse », à la correction d'un aspect insupportable du monde par l'action d'un désir qui identifie l'imaginaire au réel [Freud, 1974f, 38, 42]. Dans la mesure où l'artiste travaille ses fantasmes et les distingue du réel, l'espace pour le savoir scientifique reste ouvert. La science n'est donc pas incompatible avec l'art, mais avec la religion, car cette dernière, en confondant le réel et les fantasmes, intervient dans le savoir objectif, empêchant le progrès de la connaissance[8].

Si elles correspondent à des désirs archaïques, pressants et puissants, les idées religieuses répondent également à des exigences d'ordre pratique. Au tout début, bien avant l'avènement de la société technologique, comment l'homme se défendait-il des pouvoirs supérieurs de la nature et du destin ? Dans un premier temps, il a humanisé les forces naturelles, en créant des dieux. Si la nature est composée d'êtres semblables aux hommes, on peut coexister avec elle de la même manière que dans les relations de la vie sociale.

Cette attitude face à la nature équivaut à la relation de l'enfant avec son père. Il y a une parfaite correspondance entre le désarroi de l'enfant face à la vie et le désarroi de l'adulte face à la nature. C'est ce dernier qui produit les idées religieuses en accord avec le « complexe paternel »[9].

---

[7] Ces idées, qui « ont subi un long processus de développement », ne sont valables que pour les religions occidentales, notamment chrétiennes [Freud, 1974e], 31.

[8] « Pensez au déprimant contraste entre l'intelligence rayonnante d'un enfant en bonne santé et les faibles capacités intellectuelles de l'adulte moyen. Ne pouvons-nous pas être entièrement certains que c'est exactement l'éducation religieuse qui est en grande partie responsable de cette relative atrophie ? » [Freud, 1974e], 61.

[9] « Expression utilisée par Freud pour désigner l'une des principales dimensions du complexe d'Œdipe : la relation ambivalente avec le père » [Laplanche & Pontalis, 1979], 123.

En effet, du point de vue psychanalytique, c'est d'abord à la mère qu'il incombe de nourrir et de protéger le nouveau-né. Elle est le premier objet d'amour de l'enfant. « Dans cette fonction (de protection) la mère est bientôt remplacée par le père plus fort, qui conserve cette position pour le reste de l'enfance » [Freud, 1974e, 36]. Le petit entretient envers son père une attitude ambivalente, un mélange d'amour et de haine, de crainte et d'admiration. Cette attitude se prolonge dans la relation avec les dieux et, dans le monothéisme, avec le Dieu-Père.

C'est donc le désir d'un père, ou plutôt d'un super-père qui produit tant les dieux de l'Antiquité que le Dieu de la tradition judéo-chrétienne. Dans les deux cas, les êtres surnaturels protègent le juste et punissent l'impie, et ils sont de ce fait aimés et craints, admirés et enviés.

Les idées religieuses ont donc surgi « du besoin qu'a l'homme de rendre tolérable son désarroi » et ont été construites « avec le matériel des souvenirs du désarroi de sa propre enfance et de l'enfance de la race humaine » [Freud, 1974e, 30].

Selon Freud, il est permis de concevoir la genèse et la structure de la religion de manière analogue à la genèse et à la structure du symptôme. « Les enseignements religieux sont des reliques névrotiques » [1974e, 58]. En comparant le cérémonial obsessionnel[10] au cérémonial religieux, et en tenant compte du caractère privé et hautement individuel du premier et du caractère public et universel du second, on peut décrire « la névrose comme une religiosité individuelle et la religion comme une névrose obsessionnelle universelle » [1976a, 130]. De même que le dépassement de la névrose individuelle exige l'appel à la raison et à la réalité, incarnées en la personne de l'analyste, le dépassement de la religion, cette névrose sociale, ne peut avoir lieu que par le biais de la connaissance objective ou scientifique[11]. L'ère de la raison remplira par elle-même, naturellement à l'intérieur des limites où la réalité externe le permettra, les mêmes objectifs que le croyant espère de Dieu. L'être suprême, créé à l'image et à la ressemblance du père, sera remplacé par le *logos*, la raison scientifique. « Notre Dieu, *logos*, satisfera tous les désirs que

---

[10] Le névrosé se sent forcé de réaliser certains actes apparemment absurdes, comme se laver à plusieurs reprises pendant la journée, ranger ses affaires dans sa chambre et sur son lit dans un certain ordre avant de se coucher, ne pas goûter à certains aliments ou ne pas toucher à certains objets, entre autres.

[11] « L'heure est venue, comme dans un traitement analytique, de remplacer les effets de la répression par les résultats de l'opération rationnelle de l'intellect » [Freud, 1974e], 58.

permettra la nature extérieure à nous... » [1974e, 68]. Freud remplace ainsi la croyance en Dieu par la croyance en la raison scientifique...

Toutefois, Freud reconnaît les limites de cette analogie entre névrose et comportement religieux.

> Il est facile de noter où se trouvent les similitudes entre les cérémonials névrotiques et les actes sacrés du rituel religieux [...]. Mais les différences sont également évidentes, et quelques-unes si criantes qu'elles font de toute comparaison un sacrilège. [Freud, 1972, 123.]

Parmi les différences les plus significatives, nous soulignerons : 1) le caractère privé des symptômes et le caractère public et communautaire des pratiques religieuses ; 2) le non-sens apparent des actes obsessifs et le sens symbolique qui traverse, à tout moment, les moindres détails des cérémonies religieuses ; 3) le caractère douloureux (déplaisir) des symptômes et le « soulagement énorme pour la psyché individuelle » [Freud, 1974e, 43], procuré par les pratiques religieuses. En fait, les personnes de foi sont protégées du risque de maladie mentale : « leur acceptation de la névrose universelle leur épargne la tâche d'élaborer une névrose personnelle » [Freud, 1974e, 58].

Les deux phénomènes sont donc irréductibles l'un à l'autre et il faut reconnaître à chacun sa spécificité. Freud semble l'admettre plus clairement encore quand, dans *Totem et Tabou*, élargissant les termes de la comparaison, il observe :

> On pourrait soutenir qu'un cas d'hystérie est la caricature d'une œuvre d'art, qu'une névrose obsessive est la caricature d'une religion et qu'un délire paranoïaque est la caricature d'un système philosophique. La divergence se limite, en dernière analyse, au fait que les névroses sont des structures associées ; elles s'efforcent d'atteindre, par des moyens particuliers, ce qui, dans la société, s'effectue grâce à l'effort collectif. [Freud, 1974, 89.]

Comme on le sait, Freud est athée, mais il reconnaît que le désir humain est fondamentalement désir de Dieu, ou plutôt, de ce qu'il représente : un Père tout-puissant. Laissons-le s'exprimer :

> Il serait certes très beau qu'il y eût un Dieu créateur du monde, et une Providence pleine de bonté, un ordre moral dans l'univers et une vie future ; mais il est cependant très curieux que tout cela soit exactement ce que nous pourrions nous souhaiter à nous-mêmes. [Freud, 1974e, 46.]

D'ailleurs, selon Freud, la question du sens de l'existence humaine ne peut émerger que dans le cadre de la religion : « On ne se trompera guère en concluant que l'idée d'assigner un but à la vie n'existe qu'en fonction du système religieux » [1974f, 32].

Par ces commentaires, Freud ne prétend pas, évidemment, adhérer aux enseignements religieux. Il admet que l'athée, tout autant que le croyant, vit l'expérience du désarroi, de l'impuissance et de l'insignifiance de l'homme face à la vie et à l'univers. Néanmoins, tandis que le croyant, régressant psychiquement à l'enfance, a recours à l'illusion religieuse, l'athée « ne va pas au-delà, mais il accepte humblement le petit rôle que les êtres humains jouent dans le grand monde » [1974e, 46]. Freud, comme l'observe le sociologue Peter Berger, adopte donc une attitude stoïque face à la religion.

> Il va presque sans dire que ce type de stoïcisme mérite le plus profond respect et qu'il constitue effectivement l'une des plus impressionnantes attitudes dont l'homme soit capable. Le courage tranquille de Freud face à la barbarie nazie et dans sa propre maladie peut être cité comme un excellent exemple de cette réalisation humaine. [Toutefois,] il semble y avoir un espoir récusant la mort au sein même de notre *humanitas*. Tandis que la raison empirique indique que cet espoir est une illusion, il y a *quelque chose* en nous qui, bien que honteusement à une époque de rationalité triomphante, continue de dire « non ! » aux explications continuelles si plausibles de la raison empirique. [Berger, 1973, 88.]

Ce « quelque chose » à quoi fait allusion le sociologue est bien connu de Freud et des psychanalystes en général : il s'agit du *désir*. Il est tout de même étrange que dans *L'Avenir d'une illusion*, l'auteur de *L'Interprétation des rêves*, imprégné de l'idéologie positiviste, scientiste et évolutionniste, fasse une véritable apologie de la raison scientifique et conçoive l'homme selon le modèle métaphysique, c'est-à-dire comme un animal rationnel. Or l'une des principales contributions de la psychanalyse, comme nous l'avons vu, est de montrer que l'existence humaine est désir et que l'objet du désir n'est pas réel, mais imaginaire et symbolique, et ce de telle sorte que, après tout, ce qui compte pour l'homme, ce n'est pas la réalité empirique, mais ce que Freud a appelé la *réalité psychique*, autrement dit, le désir et ses fantasmes. Ce ne sont pas les faits qui déterminent la manière humaine d'être, mais, comme nous le rappelle Rubem Alves, « les faits transfigurés par l'émotion. L'homme est un rêveur, même éveillé. Voilà l'une des contributions les plus importantes du père de la psychanalyse à la compréhension de l'énigme de l'homme » [1975, 22].

Albert Camus a observé un jour : « L'homme est la seule créature qui se refuse d'être ce qu'elle est. » Or comment concevoir l'imagination humaine si ce n'est comme le refus du réel, la révolte contre la facticité, l'affirmation catégorique que ce qui n'est pas doit être ? « L'imagination est la conscience d'une absence, la nostalgie de ce qui n'est pas encore, la déclaration d'amour pour ce qui n'est pas encore né » [Alves, 1975, 19]. Eh bien, la religion s'inscrit dans le registre de l'imagination. Comme le soutient justement Alves dans la foulée de Ludwig Feuerbach et de Freud lui-même, « les entités religieuses sont des entités imaginaires » [1981, 30]. L'expérience religieuse – et non les institutions qui l'étouffent – nous parle originairement non pas d'objets externes, ni même de Dieu lui-même, mais des profondeurs du cœur humain : « La vérité de la religion ne tient pas à l'infinitude de l'objet, mais plutôt à l'infinitude de la passion » [Alves, 1981, 27]. Freud a très bien perçu cela. Le désir se structure d'une façon telle qu'aucun objet réel n'est capable de l'assouvir : il y a toujours un déficit entre ce qu'il demande et ce qu'il atteint de fait. D'où ses déplacements incessants, ses infinies substitutions imaginaires et symboliques, car le véritable objet n'est jamais atteint, « Le plaisir ne fait que s'annoncer dans les fonctions vitales et dans la sexualité elle-même, mais il n'est jamais totalement assouvi » [Freud, 1975, 58]. On peut douter de l'existence de Dieu, mais pas de ce que le désir humain est fondamentalement désir de Dieu, c'est-à-dire d'absolu. La reconnaissance de l'existence de Dieu ou plutôt l'adhésion à cette existence est un acte de foi, de décision personnelle, donc. Comme le reconnaît Freud, « de même que personne ne peut être forcé à croire, personne ne peut non plus être forcé à mécroire » [1974e, 45]. Pascal l'avait déjà vu bien avant : l'homme religieux est celui qui parie sur l'existence de Dieu. Or, ce *pari*, comme tout autre, ne va pas sans risques. Dans le jeu de la foi, le croyant, dans un geste décisif, risque son existence entière dans l'espoir de gagner la seule chose qui importe vraiment, c'est-à-dire *le sens*. Les certitudes de la foi ne viennent pas a priori, mais a posteriori, elles parlent plus au cœur qu'à la raison. Après tout, comme Freud nous l'a appris, c'est *éros* et non pas *logos* qui fonde l'existence.

Nous conclurons en citant saint Augustin : « Vous nous avez faits pour vous, Seigneur, et notre cœur est inquiet jusqu'à ce qu'il repose en vous. »

Références bibliographiques

Alves, Rubem [1975], *O Enigma da religião*, Petrópolis, Vozes.

— [1981], *O que é religião*, São Paulo, Editora brasiliense.

Berger, Peter L. [1973], *Rumor de anjos. A sociedade moderna e a redescoberta do sobrenatural*, trad. Waldemar Boff, Petrópolis, Vozes.

Freud, Sigmund [1972/1900], *A Interpretação de Sonhos*, 2, trad. Walderedo Ismael de Oliveira, Rio de Janeiro, Imago, « Edição standard brasileira das obras completas de Sigmund Freud » (ESB).

— [1973/1900], *Três Ensaios sobre a teoria da sexualidade*, trad. Paulo Dias Correa, Rio de Janeiro, Imago, « Pequena Coleçao das obras de Freud » (PC).

— [1974a/1912-1913], *Totem e Tabu*, Rio de Janeiro, Imago, « Pequena Coleçao das obras de Freud ».

— [1974b/1915], « O Inconsciente », in *Metapsicologia*, Rio de Janeiro, Imago, « Pequena Coleçao das obras de Freud ».

— [1974c/1915], « Os Instintos e suas Vicissitudes », trad. Christiano Monteiro Oiticica, in *Metapsicologia*, Rio de Janeiro, Imago, « Pequena Coleçao das obras de Freud ».

— [1974d/1915], « Repressão », in *Metapsicologia*, Rio de Janeiro, Imago, « Pequena Coleçao das obras de Freud ».

— [1974e/1927], *O Futuro de uma Ilusão*, trad. José O. de Aguiar Abreu, Rio de Janeiro, Imago, « Pequena Coleçao das obras de Freud ».

— [1974f/1930], *O Mal Estar na Civilização*, trad. José O. de Aguiar Abreu, Rio de Janeiro, Imago, « Pequena Coleçao das obras de Freud ».

— [1975/1920], *Além do Princípio de Prazer*, trad. Christiano Monteiro Oiticica, Rio de Janeiro, Imago, « Pequena Coleçao das obras de Freud ».

— [1976a/1907], *Atos obsessivos e práticas religiosas*, Rio de Janeiro, Imago, « Edição standard brasileira das obras completas de Sigmund Freud ».

— [1976b/1907-1908], *Escritores criativos e devaneios*, trad. Jayme Salomão, Rio de Janeiro, Imago, « Edição standard brasileira das obras completas de Sigmund Freud ».

— [1976c/1915-1917], « Conferências introdutórias sobre psicanálise III – Neuroses », in *Conferências introdutórias sobre psicanálise*, trad. José Luís Meurer, Rio de Janeiro, Imago, « Edição standard brasileira das obras completas de Sigmund Freud ».

— [1976d], *Novas conferências introdutórias sobre psicanálise*, trad. Jayme Salomão, Rio de Janeiro, Imago, « Pequena Coleçao das obras de Freud ».

Laplanche, Jean [1970], *Vie et mort en psychanalyse*, Paris, Flammarion.

Laplanche, Jean & Pontalis, Jean-Bertrand [1979], *Vocabulário da Psicanálise*, trad. Pedro Tamen, Lisboa/São Paulo, Moraes/Martins Fontes.

Lévi-Strauss, Claude [1950], « Introduction à l'œuvre de Marcel Mauss », in Marcel Mauss, *Sociologie et anthropologie*, Paris, PUF, i-lii.

Ricœur, Paul [1965], *De l'interprétation. Essai sur Sigmund Freud*, Paris, Seuil.

Ricardo JARDIM ANDRADE
Universidade Federal do Rio de Janeiro
Rio de Janeiro, Brésil
rjardimfilosofia@yahoo.com.br

Révéler et imaginer – contredire le commandement « Tu n'imagineras pas », à la suite de Vilém Flusser
Vinicius CLARO

Par quels moyens pouvons-nous exprimer l'imagination ? Nous pouvons tomber dans des pièges : celui où l'image et l'imagination se confondent, et celui où elles s'approprient une esthétique spécifique. La capacité de créer des images est plurielle dans la mesure où nous vérifions leur possibilité. Imaginer peut-il être un acte aveugle, sourd et muet ? La mutilation de l'imagination visuelle peut-elle menacer de mort l'expression de l'imagination ? Si notre perception est multiple, l'imagination peut rencontrer des chemins particuliers et pénétrer dans l'âme humaine sans contact direct avec les objets. Nier l'imagination peut être essentiellement incohérent, puisque le symbolisme découlant de l'esprit imaginatif dans la science, l'art ou la théologie est toujours plus abstrait, sans visibilité concrète – comme dans la théorie de la relativité, l'œuvre non figurative et l'iconoclasme religieux. Nous voulons vérifier les incohérences du commandement iconoclaste qui imprègne la civilisation à travers une esthétique du sacré immatériel, un « surréalisme » soutenu par une ambiguïté.

L'imagination est une activité intellectuelle d'abstraction. Son apparition au début de l'Humanité s'est faite sous plusieurs formes ; c'est à Lascaux, par les études paléolithiques, que l'homme contemporain, enchanté, en découvre les manifestations, et aussi par les arts et par la science. Cela nous conduit à réfléchir aux liens qui unissent le palpable et le manipulable avec l'imaginatif intellectuel et abstrait. L'abstrait manifeste l'absence, alors que la perception s'efforce de capter le présent – ici et maintenant. Cette dichotomie nous poursuit et nous surprend quand nous sommes entre ces deux dimensions intellectuelles. La capacité intellectuelle de capter le présent et le tangible est assombrie par l'absence.

Tandis que la perception s'approprie le réel, dans son état de présence, l'imagination s'égare à la poursuite de l'absence, dans l'angoisse d'une perception inepte, incapable de manipuler l'absence. Dans le fossé entre les deux surgit l'imagination pour hanter l'homme. L'homme invente l'image, pour réaliser l'absence. Cependant, du même coup, avec l'image, il cache ce qu'il représente.

Vilém Flusser (1920-1991) touche du doigt cette difficulté et révèle l'image comme un instrument de création pour manipuler l'absence, qui « n'est pas », qui ne peut pas être perçue. Dans « Não imaginarás » [s.d.] – « Tu n'imagineras pas » –, Flusser met en lumière l'origine clairement biblique de l'interdiction de représenter Yahvé, le Dieu juif, le Dieu de l'Ancien Testament. Par quelques comparaisons avec la civilisation du XXe siècle, il établit un lien entre l'iconoclasme vétérotestamentaire et des activités plus récentes : la théorie de la relativité d'Einstein et l'art abstrait, avec un bref coup de projecteur sur le surréalisme.

L'Exode et le Deutéronome présentent des textes assez similaires, jusque dans les constructions syntaxiques et le vocabulaire :

> Tu n'auras pas d'autres dieux devant ma face.
> Tu ne te feras point d'image taillée, ni de représentation quelconque des choses qui sont en haut dans les cieux, qui sont en bas sur la terre, et qui sont dans les eaux plus bas que la terre. [Exode 20, 3-4.]

Selon ces textes, les images sont fausses et doivent donc être rejetées. Ce n'est pas un rejet indifférent, mais un rejet du péché, précise Flusser. Le texte biblique révèle un refus actif du paganisme et de l'idolâtrie. « Le Dieu du monothéisme est inimaginable et il l'est selon deux sens : il ne peut pas être imaginé et il ne doit pas être imaginé » [Flusser, s.d., 1]. Cette interdiction a une haute valeur morale. Ce n'est pas un simple veto, mais une prescription coercitive. D'un autre côté, Flusser révélera une difficulté dans la compréhension de l'homme moderne. Il relève l'incohérence de cet empêchement moral :

> [Dieu] est visuellement inimaginable, mais parfois il est parfaitement audible. Il parle, et entre en dialogue avec les hommes. Évidemment, ce n'est pas un « péché » de l'imaginer acoustiquement, et les Dix Commandements ne l'interdisent pas. Seules les images visuelles que nous faisons de Dieu sont « fausses ». [Flusser, s.d., 1 ; notre traduction.]

L'incohérence se manifeste dans la typologie du péché, où l'ouïe ne semble pas générer un sens imaginatif mais simplement communicatif. Ce n'est pas un péché d'imaginer Dieu par la parole. Si l'imagination peut être activée par le sens de la vue, pourquoi ne pourrait-elle l'être par le sens de l'ouïe ? Qu'y a-t-il dans l'image visuelle qui ne soit pas présent avec l'ouïe ? Ne peut-on pas imaginer par l'expression acoustique ?

L'argument de Flusser prend un tour philosophique. Il spécule que le Dieu du monothéisme est à la réalité ce que l'image divine est aux modèles palpables. Nous comprenons que les modèles sont des représentations de la réalité. L'homme pense à la « réalité » au moyen de modèles :

> Les modèles sont les « faux dieux » contre lesquels la colère et les imprécations des prophètes sont dirigées. Les Dix Commandements définissent comme « péché » la construction de modèles. [Flusser, s.d., 1.]

En ce sens, cette analyse philosophique assume le problème. L'interdiction de la construction d'images aboutit à une incohérence, quand l'imagination trouve une issue et échappe à l'aspect éthique. Ce que Flusser ne dit pas clairement, c'est que le modèle visuel agit plus fortement et plus matériellement sur l'appareil mental humain que les modèles acoustiques possibles, puisque le son ne se matérialise pas en un objet, tel une figurine.

Nous pouvons notamment faire un parallèle avec la richesse et l'abondance des images des religions « ennemies », polythéistes et iconographiques, dans lesquelles l'image sculptée des divinités joue un rôle décisif dans la matérialité de la foi. Flusser évite de traiter cet aspect, qui aurait déplacé la discussion vers le champ théologique et idéologique. Il trouve l'incohérence dans la coercition explicite adressée à la fonction imaginative des modèles de réalité. Il plonge donc dans l'épistémologie de l'imagination et observe qu'aucun commandement n'interdit l'imagination acoustique, à travers l'expression du discours divin. Le modèle acoustique n'est pas interdit, puisque le souffle acoustique divin est une abstraction qui n'est ni modulable ni convertible en image palpable.

Envisageons une comparaison avec un autre type d'écriture : le hiéroglyphe. Si le texte qui porte l'interdiction était hiéroglyphique, cette coercition serait-elle praticable ou cohérente ? L'écriture alphabétique qui perpétue et développe le commandement coercitif sur la construction de modèles de Dieu cache l'image à laquelle elle se réfère. Le mot qui exprime le signifiant saussurien, soufflé par la voix, se reflète et se réplique dans l'écriture alphabétique, où l'on peut interdire sans scrupules l'image visuelle. La perception telle qu'elle se réalise dans la lecture du système alphabétique et dans la perception auditive est étroitement liée à l'aspect phonologique (acoustique) à travers lequel le message est transmis. Notons que l'écriture hiéroglyphique a une épistémologie absolument différente de l'écriture alphabétique, où l'image motivée a été partiellement perdue. Cette comparaison nous dirige vers l'éblouissement du fait de l'objet représenté, lorsque l'image le remplace. L'écriture alphabétique, nécessairement unidimensionnelle, n'est pas impliquée par une iconographie imitative, contrairement au rébus, qui montre la motivation du signe.

Selon le prophète, dit Flusser, « les images apportent de « fausses » connaissances, parce que les images ne correspondent pas à la réalité inimaginable » [s.d., 1]. Ce que le commandement interdit, c'est l'imagination visuelle et non acoustique (ou sonore). Même ainsi, l'imagination a sa prérogative potentiellement réalisable, malgré la restriction obligatoire et despotique. Nous comprenons cette contradiction comme despotique parce qu'elle fait de la modélisation une activité secondaire, alors qu'il est scientifiquement impossible de concevoir une théorie sans modélisation. Flusser, qui en est pleinement conscient, soulève la question théorique de la construction de théories à travers la modélisation par la pensée organisée et classificatrice. C'est la pensée modélisatrice qui favorise la théorie et la représentation de la réalité par l'homme dans son appareil perceptuel du monde.

> L'ensemble des modèles que nous construisons pour imaginer la réalité s'appelle *théorie*. La théorie est l'imagination de la réalité par la vision intérieure. Par exemple : Newton fournit un modèle qui rend imaginable le mouvement des corps, Darwin un modèle qui rend imaginable le développement de la vie, Freud un modèle qui rend imaginable le fonctionnement de la psyché, Marx un modèle qui rend imaginable le comportement de la société. [Flusser, s.d., 1-2.]

L'incohérence du commandement engendre alors le paradoxe de l'imagination auditive. Ce paradoxe montre que le son émis par le souffle divin a permis d'activer l'imagination et a dicté la ligne écrite. L'image divine est donc cachée derrière l'Écriture, dont le texte est capable de révéler la présence de Dieu. Le paradoxe réside dans l'empêchement partiel de l'imagination. Bien que l'écriture linéaire soit visuelle, elle chuchote une connotation : cette image ne peut pas être vue (ou construite), mais entendue ; la parole interprétée suggère une image mentale, pas matérielle. Ce qui est en jeu, par conséquent, est un déni de l'image visuelle, simplement, une posture aniconique. Par défaut, l'obligation absolue permet cependant l'« image acoustique » (pour utiliser un terme de Saussure), que l'écriture alphabétique transmet sans obstacles. Le commandement coercitif est le résultat d'une épistémologie faussée, car ne tenant pas compte de la possibilité de flux d'imagination, à savoir la réalisation d'une conception du Dieu juif par sa manifestation acoustique. Nous savons que l'écriture est un signifiant du signifiant, comme l'a souligné Jacques Derrida dans sa *Grammatologie*, et nous savons que l'épistémologie acoustique juive est l'impossibilité de déplacer un processus de vision du Dieu juif : une redéfinition reste donc interdite.

L'épistémologie soulevée dans la Bible montre que l'image visuelle suggérée par l'esprit humain n'a aucun rapport avec l'origine acoustique du souffle divin.

Figure 1. L'image visuelle de Dieu est interdite,
le souffle divin est permis, selon l'Écriture.

On peut aussi considérer dans ce paradoxe la « concurrence déloyale » pour la matérialisation de la divinité dans sa manifestation auditive, révélée par le prophète dans l'Exode et le Deutéronome. En utilisant le mot de Flusser, *modèle*, on peut distinguer deux instances : le modèle visuel et le modèle auditif. Cette dichotomie permet à l'inférence de mettre en corrélation le modèle visuel avec le contour du corps, habillé de chair ou d'autres matières, que l'artiste utilise pour construire son image, en deux ou trois dimensions (peinture ou sculpture). Déjà dans le modèle auditif, à travers le mot audible, le corps de Dieu demeure en tant qu'esprit ; son immatérialité est préservée. Puisque Dieu n'assume pas un corps de substance terrestre, l'épistémologie concernant Dieu n'est compréhensible que dans sa nature spirituelle, sans lien avec l'imagerie visuelle, c'est-à-dire que Dieu ne peut se matérialiser que par son « souffle », dans une compréhension mentale invisible. À partir de là, nous concluons que le sens de la vision affirme possessivement la valeur matérielle à travers les textes sacrés, où la perception de la divinité appartient au champ de la sphère terrestre et non à la sphère céleste. Flusser rappelle que c'est du paganisme, et que c'est donc faux. L'image est donc banale, comme sa manipulation est païenne.

Dans cette perspective, la manipulation des images est un acte banal, qui permet de placer la divinité entre les mains des hommes, ce qui est inacceptable pour le prophète de l'Ancien Testament. La manipulation est un acte de magie :

> Le culte d'Ishtar est, en effet, une manipulation d'Ishtar par moi, c'est de la magie. La magie est la construction de modèles qui sont pris pour la réalité et ensuite utilisés pour manipuler cette supposée réalité. C'est de l'idolâtrie, et c'est pourquoi c'est repoussant. [Flusser, s.d., 2.]

Le paganisme est une fausse conception de Dieu, car il admet la modélisation divine dans sa pratique de la magie et de la manipulation (imagerie païenne), et en tant que tel, objet de répulsion pour les prophètes de l'Ancien Testament. Dieu doit être inaccessible au peuple et se manifester seulement aux aèdes ou aux prophètes, qui peuvent entendre et transmettre Sa volonté.

> Mais il est presque impossible d'être d'accord avec cette définition sur un plan spéculatif. La science, la technologie et l'art ne nous semblent pas coupables, bien que nous soyons d'accord avec la Bible que ces disciplines contiennent une part de magie. [Flusser, s.d., 2.]

C'est dans le champ idéologique que se déclare la position théologique : le refus et l'exclusion de la différence. Deux courants sont implicites : le refus généralisé du paganisme tout entier à partir des préceptes de l'Ancien Testament ; et le refus particulier de rapprocher Dieu de la sphère terrestre. Ainsi, une statuette ou un tableau représentant la divinité est considéré comme de l'idolâtrie, et donc comme une pratique interdite et pécheresse. C'est ce qui dérive du commandement « Tu n'imagineras pas », comme l'explique Flusser à propos d'Exode 20, 4. Nous ne pouvons pas dissocier une position religieuse et éthique d'une position idéologique implicite.

Dieu, alors, ne peut pas être expliqué parce qu'il ne peut pas être reflété dans les modèles du monde. La prescription peut aussi avoir une autre explication :

> Si nous considérons le darwinisme comme une œuvre humaine, comme un modèle construit par l'homme pour comprendre et manipuler quelque chose qu'il a décidé d'appeler *réalité*, alors nous pouvons soudainement éprouver à quel point cette œuvre est inadéquate et donc horrible et repoussante [...]. Si nous arrivons à adopter cette attitude esthétique envers le darwinisme, nous

aurons, je crois, saisi quelque chose du climat dans lequel le commandement « Tu n'imagineras pas » est apparu. [Flusser, s.d., 3.]

D'un autre côté, c'est dans l'art abstrait que se réalise le commandement « Tu n'imagineras pas ». Cependant, c'est une obéissance non doctrinale, un acte païen :

> Mais c'est l'art non figuratif, ou l'art abstrait, qui est la conséquence ultime de cette attitude. En lui se réalise le sacrifice conscient de la capacité imaginative en tant que constructrice de modèles de réalité. [...] L'œuvre d'art devient l'articulation d'expériences inimaginables. C'est un art qui, sans aucun doute inconsciemment, partage sans équivoque avec les prophètes l'horreur et le dégoût des idoles pleines d'elles-mêmes. [Flusser, s.d., 3.]

Sommes-nous confrontés au besoin essentiel d'extrapoler le réel à travers l'art abstrait ? Quelle relation pouvons-nous établir entre les deux gestes – d'une part, une exploration de la matière artistique sans volumes et sans formes, aux couleurs aléatoires et sans significations formelles, de l'autre, la négation de l'image et de l'imaginaire de la divinité monothéiste ? Est-ce une convergence fatale ou une simple coïncidence ? Si la coercition de l'art sacré dans le commandement « Tu n'imagineras pas » semble avoir une portée très sérieuse et étonnante, l'art abstrait s'étend vers l'amorphisme sans que son geste artistique n'ait un sens formel.

En aucun cas, ce rapprochement ne semble être une convergence à prendre au sérieux. C'est un hasard : non une épistémologie du besoin de nier la figure de la divinité, mais une esthétique qui vise la non-épistémologie dans l'art, car la couleur et la non-forme sont en jeu. Par conséquent, la mention de l'art abstrait par Flusser n'est rien d'autre qu'un accident fourni par un exercice spéculatif. L'art abstrait ne veut pas obéir au commandement « Tu n'imagineras pas » ; au contraire, il veut que l'imagination atteigne le niveau du surréalisme, pour saisir et exprimer la difformité de la pensée et de la mémoire humaines, au détriment de l'épistémologie organisée de la pensée assujettie aux modèles.

Un débordement de l'héritage juif semble donc avoir saisi l'épistémologie moderne : nous sommes pris par des modèles de plus en plus abstraits et nous y réfléchissons. Progressivement, nous manipulons davantage les symboles que la réalité elle-même :

> Mais au stade actuel de notre développement, nous commençons à expérimenter nos modèles comme des « faux dieux ». Cela signifie qu'il y a une irruption de notre héritage juif dans ces domaines, à la suite de laquelle nous commençons à exister dans un monde inimaginable. Cela produit un sentiment de désorientation, la perte du sens de la réalité. [Flusser, s.d., 3-4.]

L'auteur explique que la physique actuelle, avec les théories d'Einstein, nous révèle une « réalité inimaginable », contrairement à la mécanique de Newton. Il relève le risque d'anti-intellectualisme :

> C'est dangereux, car cela peut aboutir à l'anti-intellectualisme. L'interdiction d'imaginer est l'interdiction de faire des modèles. Mais *modèle*, n'est-ce pas un mot très similaire au mot *idée* ? « Imaginer » ne signifie-t-il pas, au fond, « avoir des idées » ? L'irruption de l'héritage juif dans le champ de la science, de la philosophie et de l'art ne représente-t-elle pas une menace pour la pensée *tout court* [en français dans le texte], et pas seulement pour la pensée théorique ? [Flusser, s.d., 4.]

L'idée et l'imagination peuvent être parfaitement confondues, alors que nous avançons avec des idées et les poursuivons pour stimuler l'imagination. Imaginer, c'est avoir des idées et concevoir des modèles. Cependant, une phase préalable à la modélisation est la pensée amorphe et plastique que Saussure postule en établissant une relation entre le signifiant et la signification. Si la plasticité de la pensée ne suit pas l'imagination, les modèles ne pourront pas être projetés dans l'esprit. Flusser dénonce le commandement « Tu n'imagineras pas » comme un danger pour la génération même des idées imaginatives, un danger qui menace donc la pensée même, l'acte de penser. La conformité de l'art abstrait à un tel ordre est le jeu d'accidents dont nous ignorons les règles, car le cours de l'art est toujours inconnu. Il en va de même pour la physique non expérimentale qui prouve par le calcul le comportement de la lumière et l'existence ou non d'une particule, comme l'ont fait Albert Einstein et Peter Higgs. Le modèle standard de la physique est une abstraction, un modèle dérivé de l'imagination intellectuelle – une idée, en somme.

Imaginer, cependant, est une pulsion, sur laquelle l'homme n'a aucun contrôle ou maîtrise. La force du commandement coercitif est inéluctable. Nous sommes voués au matérialisme et au symbolisme. Le risque auquel se réfère Flusser ne semble pas fondé. L'auteur affirme :

> C'est dans cet esprit, je crois, que nous devons considérer l'art abstrait : comme une résurgence soudaine du commandement « Tu n'imagineras pas » à la surface de notre scène, comme la réapparition d'un héritage submergé pendant des milliers d'années. Nous devons cependant toujours le considérer d'un point de vue non seulement esthétique, mais aussi éthique et épistémologique. En d'autres termes, nous devons le considérer comme l'articulation d'une religiosité submergée, et donc dans ce sens comme l'articulation d'une nouvelle religiosité [...]. [Flusser, s.d., 4.]

Flusser se réfère à une nouvelle religiosité et non à une nouvelle forme de religion. C'est une croyance fondée sur l'épistémologie, c'est-à-dire sur la pensée modélisée. L'auteur semble glisser vers un éventuel malentendu, facile à éviter, si l'on considère sa position philosophique et spéculative et non ses piliers mystiques. Son commentaire discute le commandement coercitif dans le sens du reflet d'une forme représentant la pensée, l'idée, et donc la pratique de l'imagination. C'est une religiosité sans normes mystiques ; il propose un modèle d'articulation entre l'esthétique et l'épistémologie.

Flusser lui-même le postule : l'image cache ce qu'elle représente. En ce sens, si nous considérons l'idolâtrie comme une pratique mondaine, non sacralisée, l'homme est en fait controversé et paradoxal. Lors de la manipulation d'un objet qui représente la divinité, le pouvoir suprême qui lui appartient tombe par terre...

Ainsi, nous pouvons nous demander si Flusser rend compte des incohérences du commandement évoqué. Comment pouvons-nous restreindre la force de l'imagination dans un monde de symboles et de calculs mathématiques qui servent à prouver un modèle standard en physique, un modèle qui ne reflète plus la matérialité des corps newtoniens ? Quelle est la place de l'imagination dans un monde connaissable, mais qui se déplace vers sa propre transcendance matérielle ? Est-il possible d'obéir au commandement coercitif concernant l'imagination, ou cherchons-nous toujours un moyen d'établir une relation matérielle avec la divinité, avec le dieu qui fait de nous une créature ?

La plus grande incohérence est l'image qui n'est pas formée ou sculptée – l'image qui est écrite, cachée dans la séquence linéaire de l'écriture, dans la Sainte Écriture. L'inéluctabilité de l'imagination apparaît dans un langage explosif et volatil, et dans une mémoire éphémère. D'où un commandement écrit et sacralisé par la force. C'est dans le langage que l'imagination vole. Quoique artefact de modélisation, le langage est l'instrument par lequel l'homme recrée son imagination à travers une ressource extraordinaire, la métaphore. C'est dans la métaphore que l'imagination se réalise, prenant une forme transitoire dans les phrases, qu'elle transmet la pensée imaginative et stimulante aux nouvelles métaphores et aux nouvelles constructions linguistiques. C'est le moment de la représentation révélée de l'imagination. Aucun commandement ne la réprime.

Le commandement écrit vient soutenir et emprisonner l'homme dans une immobilité artificielle. Cette coercition, qui apparaît comme l'artefact d'une idéologie retorse, pervertit l'éthique, la morale, contre l'épistémologie de l'imaginaire révélateur dans la représentation du monde, de la culture et de l'homme lui-même.

Bibliographie

Flusser, Vilém [2010], *A Escrita. Há Futuro para a Escrita ?*, trad. Murilo Jardelino da Costa, São Paulo, Annablume.

— [2015], *Comunicologia. Reflexões sobre o Futuro*, trad. Tereza Maria Souza de Castro, São Paulo, Martins Fontes, « Selo Martins ».

— [s.d.], « Não imaginarás », http://www.flusserbrasil.com/artigos.html, 388.

Vinicius CLARO
Fundação de Apoio à Escola Técnica do Estado do Rio de Janeiro
(FAETEC)
Rio de Janeiro, Brésil
profviniciusclaro@gmail.com

Structure et dynamique de l'imagination religieuse
Sławomir SZTAJER

Certaines opinions courantes sur l'imagination religieuse reposent sur deux hypothèses de discussion. La première énonce que l'imagination joue un rôle marginal dans la religion, parce que la religion est fondée avant tout sur des convictions reconnues comme vraies. Cette hypothèse est largement partagée dans le discours religieux et théologique, bien que critiquée à plusieurs reprises dans la réflexion philosophique et les études religieuses. Selon la deuxième hypothèse, l'imagination religieuse est, dans une faible mesure, soumise à des règles et à d'autres restrictions, laissant aux sujets une liberté créative considérable. À la lumière des récentes recherches sur la pensée religieuse, les deux hypothèses sont problématiques et nécessitent une réflexion critique.

Je défends ici la thèse que, d'une part, l'imagination joue un rôle clé dans la pensée religieuse et que, d'autre part, la dynamique de l'imaginaire religieux est soumise à de nombreuses limitations. Le rôle important de l'imagination religieuse est principalement dû au fait qu'elle est à l'origine de la formation des convictions et des concepts religieux. Il existe certainement une corrélation entre l'imagination religieuse, les convictions et les concepts religieux. Cependant, les convictions et les concepts religieux ne sont pas le résultat d'une imagination illimitée, mais ont une certaine structure. La structuration de l'imagination religieuse s'effectue aussi bien dans les processus cognitifs que dans les processus de transmission de l'imaginaire religieux. L'architecture universelle de l'esprit humain limite considérablement la création, le traitement mental et la communication des concepts religieux, ce qui offre aux concepts munis d'une structure déterminée plus de chances d'être diffusés et enracinés dans la culture. Un rôle important dans la transmission de l'imaginaire religieux est assumé par des facultés mentales telles que la mémoire et l'attention. Une tâche particulière dans la formation de l'idée religieuse est accomplie par des concepts qui affectent un peu la connaissance intuitive du monde, qui sont plus faciles à retenir et, par conséquent, plus efficacement transmis dans le cadre d'une communauté déterminée. Un autre moyen de structurer l'imagination religieuse est la métaphore, qui permet l'enracinement des domaines abstraits du discours religieux dans l'expérience sensorielle.

Il existe plusieurs raisons qui conduisent à sous-estimer le rôle de l'imagination dans la pensée religieuse. Du point de vue religieux, les idées religieuses ne sont pas des effets d'une imagination créative illimitée, mais des notions qui représentent des êtres réels, devenus l'objet de la foi. La religion repose avant tout sur les convictions, et non sur l'imaginaire. Être convaincu d'un certain état de choses signifie que cet état de choses a véritablement lieu. En revanche, s'imaginer un état de choses donné signifie tenir cela pour inventé, fictif [Gendler, 2016]. Pour la conscience religieuse, les croyances ne représentent pas seulement l'imaginaire parce qu'elles se rapportent vraiment à la réalité. C'est sans doute l'une des raisons pour lesquelles ce sont les critiques de la religion qui mettent l'accent sur l'imagination religieuse, plutôt que les croyants.

Du point de vue des sciences des religions, le rôle clé de l'imagination créative dans la pensée religieuse semble incontournable, ce que prouve l'énorme différenciation des idées religieuses. Au premier abord, cette diversité est sans limites. Par exemple, les représentations des êtres surnaturels présents dans les différentes traditions religieuses créent un large éventail : des divinités incorporelles de religions telles que le christianisme ou l'islam jusqu'aux différents êtres surnaturels prenant une forme corporelle. Cependant, l'analyse de ces représentations mène à une tout autre conclusion.

Des études contemporaines des notions religieuses permettent de proposer la thèse que l'imagination religieuse est certes limitée, mais qui plus est, l'imaginaire religieux possède une structure déterminée. Puisqu'il n'est pas possible de présenter dans ces quelques pages toutes les sortes d'imaginaire religieux, je me concentre sur les créatures surnaturelles, les plus importantes pour la religion. Je me réfère ici aux théories cognitives de la religion qui expliquent le processus de la pensée et du comportement religieux en prenant en compte la façon dont l'esprit humain traite les informations. Les limitations cognitives propres à l'esprit, qui se traduisent dans des processus cognitifs tels que perception, mémoire, attention, raisonnement ou enfin imagination, exercent une influence essentielle sur la structure des représentations intellectuelles.

Selon Pascal Boyer, les concepts d'entités surnaturelles ne sont pas radicalement dissemblables, car ils sont construits sur un répertoire restreint de traits récurrents, indépendamment de la religion. Cela résulte du fait que l'esprit humain est doté d'un ensemble d'attentes intuitives à l'égard des genres de choses qui existent dans le monde. Cet ensemble d'attentes est appelé « l'ontologie intuitive ». Le fonctionnement de l'esprit humain consiste à extraire les attentes intuitives de quelques grandes catégories ontologiques, auxquelles appartiennent les catégories de personne, de plante, d'animal, d'objet naturel et d'artefact. Cette déduction se produit d'une manière automatique, au-delà du contrôle de la conscience. Si par exemple nous classons un objet donné comme personne, notre esprit nous « souffle » une série d'attentes quant au comportement de cet objet : nous savons que les personnes possèdent des corps et comme tels sont soumises aux lois de la nature, et en même temps, elles possèdent des états d'esprit comme par exemple des pensées, des sentiments, des intentions, etc.

Parmi les innombrables concepts religieux créés par l'imagination, ceux qui d'une certaine manière s'inscrivent dans l'ontologie intuitive ont beaucoup plus de chances de pénétrer la culture. Boyer argumente que les concepts faiblement contre-intuitifs, c'est-à-dire ceux qui transgressent peu les attentes intuitives concernant le monde, ont plus de chances de pénétrer la culture. La contre-intuition d'un concept donné consiste à ce que ce concept transgresse les attentes typiques, associées à la catégorie à laquelle ce concept appartient. Pour l'expliquer, je fais appel à l'exemple suivant : le concept d'esprit, présent généralement dans toutes les religions, est un concept minimalement contre-intuitif car, en principe, il s'accorde essentiellement avec la connaissance intuitive du monde et il transgresse peu les attentes intuitives. Le concept d'esprit active automatiquement la catégorie ontologique de « personne » ainsi que les attentes associées (les personnes peuvent percevoir, avoir des convictions et intentions, etc.) et, en même temps, il contient des traits particuliers qui, eux, sont contre-intuitifs car ils transgressent les attentes associées à la catégorie ontologique de « personne ». Ces traits peuvent être, par exemple, l'invisibilité ou la faculté de passer à travers les murs. En d'autres termes, l'esprit est représenté comme une personne, mais il est doté d'un ou de plusieurs traits ne correspondant pas aux attentes que nous avons vis-à-vis des personnes. Cela signifie que dans l'imagination religieuse, en principe, l'esprit est considéré comme une personne et se comporte comme une personne et que seules certaines de ses caractéristiques diffèrent de la norme de celles attribuées aux personnes.

Transgresser les attentes intuitives, c'est l'un des deux moyens de créer la notion d'entité surnaturelle. Le deuxième mécanisme consiste en la transmission des attentes entre les différentes catégories ontologiques. Cela se produit, par exemple, quand on attribue aux objets inanimés ou aux plantes les caractéristiques propres aux humains. Par exemple, une statue qui est censée écouter les prières est un concept contre-intuitif, car elle possède au moins une caractéristique – celle de comprendre le langage humain – contradictoire avec la connaissance intuitive concernant les objets inanimés.

Le fonctionnement de l'esprit humain et surtout les mécanismes de catégorisation et de déduction déterminent la structure de l'imaginaire religieux, superposant les limitations précises en ce qui concerne la création de nouvelles idées. Les limitations cognitives ne concernent pas seulement le moyen auquel l'esprit humain recourt pour créer les idées religieuses, mais elles influencent également le processus de communication des idées et leur propagation. Il faut souligner que la religion est une entreprise collective. Le statut du religieux n'est accessible qu'aux représentations qui seront communiquées avec succès aux autres participants dans le domaine de la culture et transmises aux générations suivantes. Par conséquent, communiquer l'imaginaire religieux conditionne sa propagation, l'imaginaire religieux compris en tant qu'imaginaire collectif. Les limitations cognitives déterminent d'une manière significative le processus de communication des idées religieuses. Le rôle le plus important est joué ici par la mémoire. Les études expérimentales sur la mémorisation des concepts religieux jettent une nouvelle lumière sur les processus de transmission de l'imaginaire religieux dans la culture. Il en résulte que les idées très peu contradictoires avec la connaissance intuitive sont mieux mémorisées que celles qui lui sont contradictoires au plus haut degré. Un phénomène semblable se présente probablement dans le cadre de la transmission culturelle des idées religieuses, ce qui signifie que le fonctionnement de la mémoire influence la diffusion des idées religieuses faiblement contre-intuitives. Cela concerne avant tout les cultures traditionnelles reposant sur la transmission orale. Il en va autrement dans les cultures se servant de l'écriture, de l'imprimerie ou d'autres médias dont le rôle est de soutenir la mémoire. Peut-être est-ce l'une des raisons qui expliquent pourquoi les religions du Livre, telles que le judaïsme, le christianisme ou l'islam, se servent avec succès de l'imaginaire religieux au plus haut degré de contre-intuition. Elles utilisent des moyens de communication qui permettent de transposer et transmettre effectivement un contenu, ce qui charge fortement le système cognitif.

Structure et dynamique de l'imagination religieuse

L'architecture cognitive de l'esprit humain détermine la structure de l'imaginaire religieux de manière telle que cet imaginaire est créé à partir d'un répertoire restreint de catégories ontologiques. L'imagination religieuse apparemment illimitée se laisse réduire à un nombre bien restreint de types de concepts créés à l'instar de transgressions bien typiques. Boyer fait le point sur ce processus :

> Pour fabriquer un bon concept surnaturel, il faut décrire quelque chose qui appartienne à une catégorie ontologique. Mais il n'en existe pas énormément. La liste ANIMAL, PERSONNE, ARTEFACT, OBJET NATUREL (rivière, montagne, etc.) et PLANTE est probablement exhaustive. Une fois la catégorie choisie, il faut spécifier la « mention spéciale » qui viole certaines prédictions intuitives de la catégorie tout en préservant l'arrière-plan d'inférences. Mais comme nous l'avons vu, leur nombre est également limité : certaines violations sont des impasses cognitives ; on peut les imaginer mais on ne peut pas produire beaucoup d'inférences à partir de la situation ainsi décrite. [Boyer, 2001, 115.]

L'imagination créatrice dans la religion et dans d'autres domaines de la culture est possible grâce à la fluidité cognitive qui consiste en la capacité de déplacer les connaissances entre les différents domaines cognitifs et d'intégrer des connaissances provenant de différents domaines [Mithen, 1996]. Beaucoup d'idées religieuses naissent ainsi, avec la métaphore comme outil de création. La métaphore peut être comprise non seulement comme un procédé de langage qui a une fonction esthétique dans le discours religieux, mais aussi comme une structure sémantique qui permet de créer de nouvelles représentations. La métaphore permet de relier de manière systématique les différents domaines conceptuels de sorte que les concepts habituellement abstraits soient exprimés par des concepts plus spécifiques. La métaphore religieuse rend possible la conceptualisation d'entités insaisissables et de phénomènes surnaturels en termes adéquats à l'expérience quotidienne. Un exemple de pensée métaphorique est de penser un dieu transcendant en termes physiques, souvent corporels. La pensée métaphorique, par conséquent, suit un chemin bien précis : les notions moins spécifiques sont exprimées par des concepts plus spécifiques. C'est une des raisons pour lesquelles l'imagination religieuse manifeste une forte tendance à l'anthropomorphisme. La réalité surnaturelle, imperceptible par les sens, peut être représentée seulement par des objets perceptibles sensoriellement.

Le fonctionnement de l'imagination religieuse ne se limite pas à transformer des représentations de la raison humaine, mais il est explicitement lié à la création d'artefacts matériels et à leur manipulation. Il serait erroné de croire que la culture matérielle n'est qu'une extériorisation des idées religieuses. Les artefacts matériels constituent une sorte de prolongement des imaginaires religieux et en même temps ils imposent des restrictions importantes à l'imagination religieuse. En qualité d'objets matériels dotés de valeur, la cathédrale, l'icône ou la statue sont le résultat d'une connexion de différents domaines conceptuels. Cependant, cette connexion n'est pas totalement arbitraire parce que l'esprit humain et la matière à partir de laquelle naissent les représentations matérielles sont soumis à de multiples contraintes. La connaissance de ces contraintes permet, dans une certaine mesure, de prévoir la structure et la dynamique des imaginaires religieux. La formation de nouvelles métaphores et de nouveaux artefacts est, sans doute, un processus créatif, mais la créativité religieuse est basée sur une certaine rigueur.

L'étude de l'imagination religieuse est indispensable à la connaissance de la genèse, de la structure et de la dynamique de la pensée religieuse. La pensée religieuse n'est pas fondamentalement différente de la pensée irréligieuse, car elle est fondée sur les mêmes processus cognitifs que toute autre pensée. Les déterminants cognitifs des imaginaires religieux sont universels ; ils résultent de l'architecture cognitive du cerveau/esprit, commune à tous les représentants de l'espèce humaine. Cela ne signifie pas que les idées religieuses sont universelles et invariables dans toutes les cultures. Bien au contraire, elles sont très variées. Néanmoins, cette diversité présuppose les mêmes mécanismes cognitifs qui font que l'imagination religieuse, agissant sur un fondement culturel bien déterminé, fonctionne partout de la même manière.

Références

Atran, Scott [2002], *In Gods We Trust. The Evolutionary Landscape of Religion*, New York, Oxford University Press.

Avis, Paul [1999], *God and the Creative Imagination. Metaphor, Symbol and Myth in Religion and Theology*, London, Routledge.

Boyer, Pascal [1994], *The Naturalness of Religious Ideas. A Cognitive Theory of Religion*, Berkeley (CA), University of California Press.

— [2001], *Et l'homme créa les dieux: Comment expliquer la religion*, Paris, Robert Laffont.

De Cruz, Helen [2013], "Religious Concepts as Structured Imagination", *The International Journal for the Psychology of Religion*, 23, 63-74.

Gendler, Tamar [2016], "Imagination", in Zalta, Edward N. (ed.), *Stanford Encyclopedia of Philosophy*, https://plato.stanford.edu/archives/win2016/entries/imagination/.

Mithen, Steven [1996], *The Prehistory of the Mind. A Search for the Origins of Art, Religion and Science*, London, Phoenix.

Sławomir SZTAJER
Uniwersytet im. Adama Mickiewicza w Poznaniu (UAM)
Poznań, Pologne
sztajers@amu.edu.pl

L'imaginaire du purgatoire
Dieudonné VAÏDJIKÉ

Les morts sont-ils prêts à contempler directement le Beau ? Les vivants n'offrent-ils pas des sacrifices expiatoires pour qu'ils parviennent au paradis ou à la béatitude de Dieu ? Les païens comme les chrétiens priaient les morts, considérés comme des dieux familiers, leur rendaient des devoirs, imploraient leur assistance. Les vivants demandaient aux morts illustres d'intercéder auprès de Dieu. Mais cette conception s'est progressivement estompée. Les morts ne sont plus des dieux dans l'imagination humaine. Les vivants estiment être soumis au jugement en raison de leur conduite, la vie après la mort ne reflète que la vérité de celle d'ici-bas. Ceux qui ont mené une vie juste et aimable sont envoyés au séjour des bienheureux ; les méchants, les injustes sont précipités dans l'enfer ; ceux qui meurent dans la grâce et l'amitié de Dieu, sans être délivrés de leur corps, subissent une purification afin d'obtenir la sainteté nécessaire pour entrer dans la joie du ciel. La plupart des morts deviennent ainsi des prévenus menacés de peines, qui doivent se purifier par la souffrance avant d'habiter des *régions belles*. Ils persistent dans un espace probatoire entre le paradis et l'enfer : le purgatoire, où les prières et les indulgences gagnées peuvent intervenir en leur faveur, abrégeant leurs épreuves. Des hommes conçoivent l'existence d'une purification de l'âme par-delà la mort, les jeux ne sont pas faits au moment de la mort. On ne passe pas directement de la terre au ciel. Le purgatoire devient une étape normale et nécessaire de la migration de l'âme.

Les païens comme les chrétiens semblent s'accorder sur le fait que la mort, un destin inflexible et inexorable, n'est pas la fin de la vie humaine (foi ou perception idéaliste contestée par le matérialisme). Tout ne s'arrête pas à l'univers visible. L'homme est appelé à continuer la vie dans un autre monde. Le corps meurt ; l'âme, immatérielle, existe.

Certains morts jouissent d'un bonheur indicible [Bilewicz, 2018, 25] dans un endroit incorporel, supposé pur, dont la désignation diffère d'une religion ou un courant doctrinal à l'autre : terre éternelle, champ des bienheureux, paradis, Hadès... Exempt d'impureté et de choses de nature corporelle, il est l'inverse de notre monde mais aussi de l'enfer. D'autres, en revanche, font l'expérience de la douleur de la purification de leurs fautes dans un monde intermédiaire. Pourquoi les âmes sont-elles éprouvées après la mort ? Comment expient-elles leurs peines ou leurs crimes ? Bénéficient-elles de la dévotion des survivants dans leur pérégrination vers le monde supérieur auquel elles sont destinées à l'origine ? Le séjour des bienheureux, ou tout autre monde similaire, offre, à la différence de l'enfer ou du Tartare, le bonheur aux âmes délivrées de leurs chaînes, qu'il annule. Dans ce lieu incorporel, les âmes sont libérées de toute souillure. Totalement libres et purifiées, elles se promènent à leur gré, scrutant parfois avec « un plaisir indicible toutes les merveilles de la nature » [Aubenque & André, 1964, 99]. Un voyage similaire mènerait tout homme à ce pays de bonté et de liberté, à condition de faire le bien, de passer dans le repos et la paix le peu de jours qui lui restent.

Nous examinerons d'abord la croyance à la vie après l'existence terrestre (1) qui implique, dans nombre de sociétés humaines et divers courants doctrinaux, l'imagerie du purgatoire (2) ; puis nous traiterons la considération chrétienne du phénomène (3) ; enfin, nous examinerons (4) la dévotion des vivants ayant pour finalité l'allégement des souffrances des âmes du purgatoire.

1. Spéculations sur la post-existence des âmes

La croyance en une vie future est répandue dans les communautés humaines : occidentale, asiatique comme africaine. Platon, le philosophe grec hellénisé d'Afrique, l'aborde dans ses dialogues métaphysiques tels que le *Phédon* et le *Phèdre*. Reprenant son maître Socrate, il affirme que la destinée de l'âme ne s'arrête pas à la tombe. L'âme continue à être, car elle est indestructible ; elle n'est pas sujette à la dissolution. « Toute âme est immortelle », puisqu'elle se meut soi-même ; elle ne peut donc être « ni quelque chose d'engendré ni quelque chose de mortel » [Platon, 2012, 245c].

Selon un principe de réciprocité, les choses deviennent vivantes après avoir été mortes. Or devenir vivant, c'est revivre, « reprendre vie à partir d'un état contraire qui sera nécessairement qualifié de plus mort » [1991, 72e]. L'opinion s'oppose à la finitude de l'homme, résultat d'un postulat matérialiste où la mort ne signifie rien d'autre que l'anéantissement : *on vit, puis on meurt, c'est tout* ; après l'existence terrestre, c'est forcément le néant. L'homme en est conscient. Il sait qu'il est un être fini et cette finitude prend sens à partir du moment où le terme désigne une caractéristique de l'existence à chaque instant. Dans cette logique qui s'inscrit dans la visée eschatologique heideggérienne, l'homme n'a pas une fin où il cesse simplement, mais existe de manière finie : il meurt tout au long de sa vie [Heidegger, 1986, 329]. À bien comprendre Heidegger, l'homme est un être-vers-la-mort. Cette certitude s'explique par le fait que la mort est la destinée de tous, que « l'être authentique est donc un être-vers-la-mort », renchérit Steiner [1978, 100]. Mais la visée eschatologique de Platon transcende celle de Heidegger, analogue à la pensée d'Épicure et d'Alquié sur la mort ou de tout autre matérialiste. Elle va plus loin que cette réalité existentielle selon laquelle l'âme et le corps s'anéantissent au même moment. Platon l'argumente ingénieusement dans quelques textes. Des deux composantes essentielles de la personne, seule l'âme existe après la mort. La nature du corps est au contraire vouée à se disperser. Dans ce sens, le point de vue de Platon [1991, 80d] est suffisamment clair, l'âme peut être dite très semblable « à ce qui est indissoluble, quand elle s'attache à ces choses indissolubles que sont les réalités intelligibles, alors que le corps semble faire partie de ces choses à qui il convient de se dissoudre rapidement », bien que certaines de ses parties, tels que l'os, soient immortelles, résistent presque indéfiniment à la décomposition.

Certains courants philosophiques tels que le platonisme, tout comme les grandes religions, prennent ainsi le contre-pied de l'existentialisme athée des matérialismes qui apprennent aux gens « à nier la mort et à croire qu'elle ne représente rien de plus qu'un anéantissement et une perte » [Gaffney & Harvey, 1993, 27]. Platon, par exemple, essaye de détruire le postulat apodictique de cette aile montante de la philosophie constituée par le concept d'une mort totale, univoque et absolue, la doctrine de la mort définitive reçue par l'existentialisme athée [Kolpaktchy, 1978, 69]. Il en résulte que les morts sont des vivants dans l'invisible.

Platon tient cette croyance de ses maîtres égyptiens et de Socrate. En face de la mort, celui-ci tente de convaincre ses disciples de l'existence d'une vie après la mort. Il les amène raisonnablement à croire à l'immortalité de l'âme, à ses pérégrinations dans l'au-delà pour expier ses peines en vue d'une vie béate, si elle n'est pas damnée. C'est pourquoi Platon, à la suite de Socrate, définit la mort comme un bien, en ce sens où l'âme, immatériellement conçue et purifiée, atteint la vérité, s'éternise en la divinité après avoir reçu la faveur des dieux et le rachat des peines infligées aux autres.

De ces arguments, nous retenons la croyance à l'élévation possible de l'âme vers ce qui est pur et immortel, auquel elle s'identifiera ; à sa migration vers l'intelligible, la plénitude, le bonheur absolu, avec l'aide de « ses ailes », puisqu'on imagine l'âme quittant le corps sous forme de mouche (en Bretagne), de papillon (en Irlande), visible ou non [Vovelle, 1993, 19] ; les ailes lui permettent de se mouvoir d'ici-bas vers les hauteurs du ciel ou dans l'au-delà.

En tout état de cause, le sage, ou tout homme agissant justement, ne doit pas éprouver de regret devant la mort qui conduit à l'Hadès. Son âme continuera à exister dans une autre vie immatériellement belle et lumineuse. Elle se soustrait du corps dans lequel elle est maintenue pour retrouver une nouvelle vigueur, contempler les vérités éternelles ou, chez Platon, le *Beau*. Séparée du corps, l'âme pénètre dans les mondes de l'au-delà [Kolpaktchy, 1978, 79].

Nous percevons une remarque analogue chez Bernard :

> Le salut va donc consister pour l'âme, à se délivrer de l'emprisonnement du corps (soma = sema / le corps est un tombeau), cela se fera [...] par l'ascèse qui permettr[a] à l'âme de retourner à sa condition antérieure dans la sphère divine. [Bernard, 1989, 181.]

L'âme humaine individuelle n'est pas seulement immortelle mais à proprement parler éternelle, sa vie terrestre n'est qu'un exil transitoire[1].

Puisque l'âme est une parcelle d'essence divine, elle est faite pour rejoindre le monde éternel d'où elle vient. L'âme humaine n'est jamais anéantie. L'existence se poursuit par-delà les frontières de la vie terrestre ; « les morts sont des *trépassés*, ceux qui ont passé au-delà », constate Bovis.

> C'est la sagesse populaire qui les a nommés ainsi, sagesse intuitive que la philosophie s'efforce ensuite de retrouver et de justifier, sagesse intuitive qui provoque les hommes à honorer les morts : tombes, fleurs, salut des passants, ou minutes de silence. Tel est le premier degré de l'Au-delà. [Bovis, 1957, 10.]

Cela signifie que l'âme ne périt pas, comme il est difficile pour un autre corps composé de plusieurs parties d'être éternel, puisque ces parties ne forment pas un assemblage parfait. Que recherchent les âmes ? En vertu de leur parenté avec le divin, elles recherchent l'immortalité et l'éternité. « Telle est la théorie platonicienne de la vie future ; elle complète les vues de Socrate ; elle les précise et les affirmit en remontant à des principes plus élevés » [Piat, 1906, 109-110]. L'ultime désir de l'âme purifiée, séparée du corps, est de trouver ce qui est bien directement : la vérité ou la connaissance. Beaucoup

---

[1] Nous avons mentionné cette thèse dans notre ouvrage sur *Les conceptions métaphysiques relatives à l'idée de la mort et de l'au-delà dans la tradition Zimé en Afrique centrale* (2017).

d'auteurs s'accordent sur cette pensée sur la mort. Cependant, au cours de son voyage, l'âme rencontre beaucoup d'obstacles, de dangers ou de peines.

2. Imagerie du purgatoire : jugement des âmes et expiation de peines

Nous le rappelons : « la mort est le début d'un autre chapitre de la vie » [Gaffney & Harvey, 1993, 31], « la vie ne finit pas [et] la mort n'est qu'une transition vers une autre forme d'existence » [Mohen, 1995, 54]. Mais dans la nouvelle condition, toute âme, à la fin de sa première vie, passe en jugement[2], en raison de la conduite du défunt pendant sa vie.

Un système pénal institue des juges imaginaires pour prononcer des sentences dans l'autre monde où migrent les morts. Certains sont envoyés à la terre éternelle, au paradis ou « aux champs Élysées, séjour des bienheureux », d'autres, les méchants, jugés incurables à cause de l'énormité de leurs crimes, « sont précipités dans le Tartare » [Reinach, 1996, 168]. Il s'agit, selon S. Reinach, du purgatoire, concept passé dans l'eschatologie chrétienne, où il tient une grande place. Cette imagerie est ingénieusement mise en évidence par Platon : « Le jugement rendu, les unes [âmes] vont purger leur peine dans les prisons qui se trouvent sous la terre, tandis que les autres, allégées par l'arrêt de la justice, vont en un lieu céleste, où elles mènent une vie qui est digne de la vie qu'elles ont menée, lorsqu'elles avaient une forme humaine » [Platon, 2012, 249b].

La récompense est proportionnelle à la conduite terrestre ou au dépassement de soi vers l'idée de Dieu. Seul le juste est récompensé pendant son séjour ici-bas ou après son départ de ce monde. Quand il se trouve dans une situation peu confortable et ne désespère point, cela finit par tourner à son avantage. L'expression trouve son sens chez Platon [2004, 378] : « Les dieux ne

---

[2] Chez Philippe Ariès, le jugement a lieu autour du lit de l'agonisant. Des êtres surnaturels envahissent sa chambre et se pressent à son chevet. Il est le seul à vivre le spectacle. « D'un côté la Trinité, la Vierge, toute la cour céleste, et de l'autre Satan et l'armée des démons monstrueux » [Ariès, 1975], 36. Il se passe dans la chambre du mourant une lutte cosmique entre les puissances du bien et du mal se disputant la possession de l'agonisant. Lui-même assiste au combat comme un étranger. Il revoit toute sa vie, est tenté soit par le désespoir de ses fautes, soit par la « vaine gloire » de ses bonnes actions, soit par l'amour passionné des choses et des êtres. Cette épreuve remplace le jugement dernier et s'écarte de ce qui est décrit chez les philosophes et les chrétiens : s'il repousse la tentation, cela efface les péchés, s'il y cède, il annule toutes ses bonnes actions. Ce ne sont pas les juges qui décident, mais l'homme lui-même, libre de son choix, responsable de son destin.

sauraient négliger quiconque s'efforce de devenir juste et de se rendre, par la pratique de la vertu, aussi semblable à la divinité qu'il est possible à l'homme. » Pour donner à sa pensée le caractère d'une révélation divine, le philosophe rapporte le mythe d'Er, le Pamphylien, fils d'Arménios, dont l'âme est revenue sur terre après avoir séjourné dans le monde des morts. Il s'est imprégné de la réalité du séjour des âmes, où la justice et son contraire reçoivent leur vraie sanction : l'âme juste élevée, l'âme injuste jetée dans les corps mortels.

Dans ses dialogues, Platon fait référence aux croyances grecques traditionnelles qui incluent un jugement posthume des âmes envoyant au gouffre du Tartare celles des méchants et conduisant aux « Champs Élysées » celles des justes ; ceux qui sont reconnus pour la sainteté de leur vie sont exemptés de ces séjours souterrains. Dans le récit d'Er, refoulé du ciel par les dieux, les âmes parvenues dans l'au-delà sont conduites devant des juges siégeant dans l'espace intermédiaire entre deux ouvertures dans les hauteurs du ciel situées en face de deux autres, contiguës de la terre. Quand les juges prononcent leur jugement, ils ordonnent aux justes de prendre le chemin qui à droite monte pour entrer au ciel[3] et aux injustes de prendre le chemin qui à gauche va vers la région inférieure [Platon, 2004, 614b-d] ou le Tartare. Quant à Er, il n'a pas été jugé, du moins c'est ce que rapporte le mythe de Platon. On ne lui a pas ordonné non plus de prendre l'un des deux chemins. Pourquoi cette faveur à l'égard d'Er ?

La bienveillance des dieux consiste à sauver les âmes, à les destiner aux endroits magnifiques de la sphère céleste. Ils n'ont pas créé la mort. Autrement dit, les dieux ne veulent pas que les hommes meurent. Platon, l'ayant compris, propose un moyen pour contribuer au salut voulu des humains. Il procède par ce récit où Er est tenu pour le messager du ciel. Ayant écouté et observé tout ce qui s'y passe, il peut accomplir la mission divine qui lui est assignée.

---

[3] Selon L. Feuerbach, « le ciel n'est de toute évidence rien de plus qu'une peinture sensible du bien et de la béatitude qui lui est liée ; de la même manière l'enfer est la représentation sensible du mal et de ses attributs inséparables, la nullité et le tourment. Le vrai sens de cette croyance […] est le suivant : du bien suit le bien, du mal suit le mal ; les suites du bien et du mal ne cessent pas avec la fin de l'existence sensible » [1997], 74. Feuerbach suppose qu'il y a en plus du malheur extérieur et sensible, un autre malheur purement spirituel et moral qui est le mal même : « il n'y a non pas simplement des biens extérieurs et sensibles mais aussi des biens éternels et moraux qui proviennent du bien même et ne consistent qu'en la jouissance de celui-ci » [1997], 75.

Le jugement inventé dans le mythe de Platon démontre que les dieux sont reconnaissants envers tout homme qui essaye d'être juste. Sa place dans la continuité des vivants n'est pas à négliger. Son « verbe » puissant, ses actes dignement posés sont appréciables par ses semblables. Les vivants le considèrent déjà comme classé parmi les ancêtres et jouant le rôle d'intermédiaire entre le ciel et la terre, le monde béatifique et celui du trouble.

L'objectif principal de l'eschatologie platonicienne est la réparation de l'injustice même après la mort :

> Que pour toutes les injustices commises dans le passé par chacune des âmes, et pour chacun de ceux que ces injustices avaient atteint, justice était rendue pour toutes ces injustices considérées une par une, et pour chacune la peine était décuplée – il s'agissait chaque fois d'une peine d'une durée de cent années, ce qui correspond en gros à la durée d'une vie humaine – afin qu'elles aient à payer, au regard de l'injustice commise, un châtiment dix fois plus grand. Par exemple, ceux qui avaient été responsables de la mort d'un grand nombre de personnes, ou ceux qui avaient trahi leur cité ou leur armée et les avaient conduites à l'esclavage, ou ceux qui avaient collaboré à quelque autre entreprise funeste, pour chacun de ces méfaits, ils étaient rétribués par des souffrances dix fois plus grandes. Ceux qui au contraire s'étaient répandus en actions bénéfiques, qui avaient été justes et pieux, ils en recevaient le prix selon la même proportion. [Platon, 2004, 615b.]

Argumentant dans le même sens, G. Kolpaktchy écrit que si à la suite du jugement, le défunt est condamné, il demeure dans le monde inférieur. Si, en revanche, il est absous et déclaré « justifié », il devient un Esprit sanctifié. Une nouvelle vie divine commence pour lui. Il devient libre de ses actes, « d'une liberté absolue ». Il peut « parcourir à son gré le Ciel, la Terre et le Monde inférieur, réconforter les damnés, apporter son secours aux désespérés, visiter les champs de la Paix et les champs des Bienheureux [...], déjouer les ruses et les pièges des démons [...] » [Kolpaktchy, 1978, 21], car il est devenu lui-même un dieu. Le défunt s'identifie, à tour de rôle, avec chaque dieu. Devenu élite de l'humanité – à l'image des saints et initiés surhumains –, il doit prendre sur lui le fardeau du gouvernement cosmique. C'est ici l'humanisme intégral dont parle l'auteur : l'homme devient le pivot de l'univers.

L'injustice, ou le mal, écarte des *Lumières* et conduit au Tartare, car « ce qui détruit et corrompt toute chose, c'est le mal, et ce qui sauve et est avantageux, c'est le bien » [Platon, 2004, 608e]. Ce qui détruit l'homme n'est pas extérieur à lui, venant de quelqu'un d'autre. L'être humain est le responsable de tout le mal qui lui arrive, ici-bas comme après la mort. « C'est donc le mal [...] de chaque être et sa méchanceté propre qui le détruisent » [Platon, 2004, 609a]. Le bien, lui, ne saurait jamais faire périr quoi que ce soit.

Cette morale qu'enseigne le philosophe grec invite tout commun mortel, espérant le bonheur divin, à l'humanisme et à la sagesse et non à ce qui peut rendre l'âme mauvaise comme l'injustice, l'indiscipline, la lâcheté et l'ignorance. « Il faut donc faire la supposition que dans le cas de l'homme juste, s'il devient la proie de la pauvreté, ou des maladies, ou de quelque autre condition qui passe pour un mal, cela aboutira en fin de compte pour lui à un bien, qu'il soit vivant ou mort » [Platon, 2004, 613a]. Comme il convient de concevoir le contraire pour l'injuste, le sort réservé à chaque âme dépend de la vie menée ici-bas.

Au regard du mythe d'Er, nous percevons qu'il existe une vie satisfaisante plutôt qu'une vie médiocre, même pour l'âme qui arrive en dernier, « pour peu qu'il en fasse le choix de manière réfléchie et qu'il la vive en y mettant tous ses efforts » [Platon, 2004, 619b]. Cependant, il y a des âmes qui préfèrent choisir une vie de souffrance, surtout celles qui descendent du ciel et ne sont pas habituées à une vie de souffrance. « Il y avait pour la majorité des âmes une permutation des vies bonnes et des vies mauvaises » [Platon, 2004, 619d]. Ce choix des vies par chaque âme constitue un spectacle qui mérite d'être vu. Dans la plupart des cas, le choix découle des habitudes de vie de leur existence antérieure. L'âme d'Orphée a choisi la vie d'un cygne, parce qu'il haïssait le sexe féminin, celle de Thamyras, la vie d'un rossignol, l'âme d'Ajax, fils de Télamon, la vie d'un lion, l'âme d'Agamemnon, haïssant l'espèce humaine, celle d'un aigle. Quant à l'âme de Thersite, elle a pris la forme d'un singe... Inversement, certains animaux se transforment « pour vivre une existence humaine ». Les âmes des animaux transitent donc vers les existences humaines ou changent entre elles de vies animales. Les âmes des animaux injustes changent pour des vies de bêtes sauvages, les âmes justes choisissent des vies d'animaux dociles [Platon, 2004, 620b][4].

Platon est parti d'un personnage mythique pour décrire l'existence illuminée des âmes justes et celle misérable des âmes injustes. La foi au message

---

[4] Platon montre que les âmes quittent des existences animales pour des vies humaines ou des vies d'autres animaux, suivant les habitudes de vie justes ou injustes de leurs vies antérieures. Cela illustre la doctrine de la métempsychose, puisque les âmes des animaux et les âmes des êtres humains sont, à l'état séparé, assez semblables pour choisir des incarnations semblables.

eschatologique qu'il rapporte consiste à contribuer idéalement au salut de l'âme, si seulement chaque être humain fait l'effort de se persuader philosophiquement de la vérité de la doctrine de l'immortalité et de l'eschatologie qui lui est liée. L'homme est prévenu des menaces de peines plus ou moins longues, qui doivent « se justifier ou se purifier par la souffrance avant d'être admis dans le cercle des élus » [Reinach, 1996, 68]. Il n'y a aucune raison de s'offusquer de ces idées si explicites touchant à la vie future, puisque le désordre et le chaos de la vie moderne, avec sa cacophonie et sa laideur, proviennent de l'incompréhension du phénomène de la mort. Plusieurs tombes découvertes en Occident (par exemple d'Italie médiévale) le prouvent. On y trouve des fragments d'un petit poème orphique qui est comme un guide pour le défunt dans son voyage dans l'au-delà, destiné à le mettre en garde contre les périls qui le menaceraient. Il est remarquablement admis que la même dualité d'opinions s'observe, entre autres, en Égypte et en Italie ; dans ces pays, comme en Grèce, « le mort est censé tantôt habiter sa tombe, où il reçoit des hommages et rend même des oracles, tantôt émigrer vers une région lointaine, au prix d'un voyage semé de fatigues et de dangers » [Reinach, 1996, 68].

3. Du mythe au dogme chrétien du purgatoire

Nous le retenons des écrits platoniciens, la mort n'est pas la fin irréversible de la vie. L'âme, séparée du corps, continue à exister, donc à être et non à vivre, pour emprunter les termes platoniciens. L'âme n'appartient ni aux choses que leur nature prédispose à se disperser comme le corps, ni aux choses dont la nature exclut cette possibilité. Cependant, au cours de leurs pérégrinations, certaines âmes endurent des épreuves expiatrices. Elles séjournent au purgatoire[5] pour se purifier et connaître le vrai bonheur, le Bien.

Le mythe du *Phédon* décrit le purgatoire du lac Achérousias, qui n'est pas une invention médiévale. « Paradis, Purgatoire, Enfer : le mythe final du *Phédon* est l'interprétation platonicienne de la *Divine Comédie* » [Darriulat, 2008]. Les coupables sont jetés dans les fleuves selon le degré et la nature de leur faute : ceux dont la vie se situe dans la moyenne sont acheminés vers l'Achéron, les meurtriers sont jetés au Cocyte, les parricides, ceux qui ont offensé leur père ou leur mère, au Pyriphlégéton, les incurables au Tartare,

---

[5] Le purgatoire est reconnu vers les XIe et XIIe siècles. Il est « la prison des morts, mais ces derniers peuvent échapper pour des brèves apparitions aux vivants » [Lecouteux, 1986, 10] d'une part et, d'autre part, purifiés, ils s'établissent dans la sphère divine.

« et demeurent à jamais prisonnier du flux et du reflux ». Cette ébauche de système pénal semble rappeler certaines peines archaïques : « avec l'établissement de la cité, on passe d'un droit d'exorcisme – purification magique de la souillure – à un droit de responsabilité – où la peine est en proportion de l'intention, et vise à corriger tout autant qu'à châtier » [Darriulat, 2008].

Pour beaucoup de gens, la vie après la mort n'est que la vérité de celle d'ici-bas, de notre monde et des lois qui le régissent ; donc « la qualité de cette vie non terrestre dépend de la qualité de la vie terrestre » [Bilewicz, 2018, 25]. Et pour échapper aux tourments d'après la mort, le *Phédon* propose un seul moyen, vivre une vie pure animée du désir d'apprendre et de comprendre : « Tempérance, justice et courage peuvent sans doute suffire à procurer une résidence à la surface de la Terre, mais quand liberté et vérité s'ajoutent, alors *c'est de cette façon-là* – en toute vérité et liberté – qu'on attend de se rendre dans l'Hadès quand l'heure est venue » [Platon, 1991, 114e].

Tous les morts sont jugés, même ceux qui ont vécu une existence pleine de décence et de piété. Les morts dont les juges de l'au-delà estiment que leur vie se situe dans la moyenne, c'est-à-dire qui ne sont ni extrêmement bons ni extrêmement méchants, sont portés par des barques jusqu'au lac. Ils y sont purifiés par un châtiment approprié, chacun est délivré des injustices qu'il a commises. En raison de l'énormité de leurs fautes, les incurables sont jetés au Tartare, d'où ils ne sortiront jamais, leurs âmes « éternellement malheureuses, éternellement incapables de rompre avec la perversité qui fait leur malheur » [Piat, 1906, 107]. Les sages gagnent la société des ancêtres ou des dieux avec lesquels ils doivent passer l'éternité. Il en est de même de ceux dont on estime qu'ils ont vécu une vie pieuse. Ils sont délivrés et admis à s'établir dans un séjour pur. « Parmi eux, ceux qui ont réussi à se purifier autant qu'il faut grâce à la philosophie vivent, pour tout le temps à venir, absolument sans corps ; ils atteignent des demeures plus belles encore [les Iles des bienheureux] » [Platon, 1991, 114c].

Platon et ses commentateurs ont laissé un héritage considérable ayant servi aux diverses religions. Des anciennes images populaires, on est passé au dogme chrétien du purgatoire, une doctrine fondée sur l'Écriture. Selon M.-C. de Martimprey [1996, 17], le texte majeur est l'Ancien Testament (II Macchabées). On trouve une référence à la purification après la mort dans le Nouveau Testament (I Corinthiens 3, 5-15). Saint Robert Bellarmin (1542-1621) invoque plusieurs textes du Nouveau Testament en faveur de l'existence du purgatoire. Cependant, on ne saurait trouver dans ces textes un enseignement direct des expiations d'outre-monde. « Ce qu'il faut reconnaître c'est que ces textes supposent l'existence du purgatoire » [« Ami de la Miséricorde », 2017].

En quoi le purgatoire consiste-t-il chez les chrétiens ? La tradition liturgique mentionne un état dans lequel les âmes demeurent après la mort et se purifient pour parvenir à la pleine gloire. La croyance en cet état que la tradition nomme *purgatoire* vient de la prière pour les défunts. Le purgatoire est le dogme du bon sens. Les catholiques, en particulier, prient pour leurs morts. Le purgatoire est le corollaire de cette prière. C'est de la messe en faveur des défunts que vient le dogme du purgatoire, porteur d'espérance ; car quand les défunts y sont, ils sont du bon côté. Cependant, l'Église catholique romaine n'a jamais précisé la nature des peines expiatrices et elle n'interdit nullement une conception du purgatoire qui est beaucoup plus profonde que ces images de torture corporelle. Saint Augustin éclaire cette croyance. Son influence semble avoir été grande surtout sur deux points. D'une part, il fixe le temps de l'épreuve dans le purgatoire, entre le jugement individuel après la mort de chaque homme et le jugement collectif ou jugement dernier, à la fin des temps. D'autre part, il souligne que cette épreuve qui conduit obligatoirement au paradis ne doit pas être envisagée comme une facilité de salut : « elle est réservée à un petit nombre de pêcheurs mineurs et elle est très redoutable » [Le Goff, 1975, 7].

Pour la plupart des chrétiens, après cette vie qui est un développement plein de risques, doit commencer un développement sans risques, « dans une autre forme de durée, qui nous permet d'obtenir notre taille selon le vœu de notre volonté profonde » [Guitton, 1957, 24]. Dans cette logique, le purgatoire est un état de maturation dans lequel la croissance de l'homme se poursuit à l'aide de la douleur ou de la souffrance, distincte de celle de l'enfer : « il continue ces métamorphoses ascendantes que les événements de l'existence nous proposaient, mais cette fois sans risque d'en faire un mauvais usage » [Guitton, 1957, 25]. L'âme, délivrée des phantasmes de la chair et éclairée par le jugement particulier, voit la justice et la veut. A. Bourçois-Macé [1957, 36] en déduit qu'elle veut et aime sa peine, « pour dure qu'elle soit ».

Mais pour bien comprendre le purgatoire, il faudrait comprendre le péché et pour cela comprendre Dieu, à qui le péché s'oppose. C'est ce que font les âmes du purgatoire et c'est précisément cela qui est la cause de leurs souffrances : « elles voient et déplorent leurs folies, parce qu'elles ont acquis la sagesse ; elles voient et déplorent leurs laideurs, leurs manques, parce qu'elles sont éclairées, parce qu'elles sont ennoblies » [Bourçois-Macé, 1957, 36]. Le purgatoire n'est pas seulement châtiment, il est aussi *remède*, lieu immatériel où les âmes se purifient, se libèrent de toute corruptibilité. Ainsi, le purgatoire, *remède* et châtiment à la fois, est considéré comme une seconde création. Purifiées, les âmes entrent au ciel où, selon Origène, « trouveront place l'achèvement et la perfection de toutes choses d'une manière stable, sûre et très durable » [cité dans Touati, 2012, 99].

4. Dévotion humaine pour les âmes du purgatoire

Le trouble et l'inquiétude que les morts provoquent dans la vie humaine créent la peur. Cela amène les hommes à rechercher de l'aide pour trouver non seulement l'harmonie existentielle, mais aussi l'apaisement et la libération des âmes victimes de leur méchanceté, errant dans la nature ou se trouvant au purgatoire en attente de délivrance. Face parfois à l'inefficacité des cultes d'expiation païens, les hommes préfèrent l'intervention de l'Église. Celle-ci, en réponse aux besoins des vivants, combat spirituellement les âmes errantes et demande l'intercession des *élu·e·s* ou des *saint·e·s* pour les âmes du purgatoire. Les catholiques offrent des messes pour alléger les souffrances de ceux qu'ils ont perdus. « Les Autels dédiés aux *pauvres âmes* se multiplient dans les églises et chapelles, sollicitant l'intervention de la Vierge, par les mérites de la Passion du Christ, avec l'aide des saints intercesseurs qu'on implore » [Vovelle, 1993, 74].

Selon cette opinion largement répandue, les morts existent entre deux mondes et reviennent parfois réclamer aux vivants leur aide pour échapper à l'enfer, sous forme de prières et de messes. Avec l'invention du purgatoire, nous tenons l'explication logique de cette existence dans un monde intermédiaire entre le ciel ou paradis et l'enfer, entre l'univers supérieur et l'univers inférieur. Leur situation est précaire, dangereuse ; ils ont besoin des prières que les survivants adressent à Dieu.

Pourquoi prier pour les morts ? « [...] aux yeux des Grecs, des Romains et des Indous les morts étaient des dieux à qui leurs descendants rendaient des devoirs et dont ils imploraient l'assistance dans leurs prières » [Reinach, 1996, 159]. Ces peuples priaient les morts parce que les morts, dans leur perception, étaient des dieux familiers. Mais ce culte a été dénoncé par saint Augustin. Pour lui, les morts ne sont pas des dieux ; on ne doit pas avoir en leur honneur des temples, des prêtres, des cérémonies, des sacrifices ou toute autre chose de ce genre. Saint Augustin observe que les chrétiens n'offrent pas de sacrifices aux martyrs ; « la messe célébrée sur leurs tombes, depuis la fin du IIe siècle, avait un tout autre caractère » [Reinach, 1996, 159].

On relèvera que les chrétiens adressent aux saints, considérés comme intercesseurs et médiateurs, les mêmes prières que les païens à leurs morts. En d'autres termes, le culte des saints présente d'étroites analogies avec le culte gréco-romain des morts. Cependant, « dans les religions modernes, les seuls morts auxquels on adresse des prières sont les saints » [Reinach, 1996, 160]. Cette idée de l'intercession des morts héroïsés semble étrangère au paganisme.

L'Ancien Testament connaît l'intercession, il en admet la possibilité et l'efficacité. Des hommes agréables à Dieu peuvent intercéder efficacement auprès de lui.

> Ce qu'on n'y rencontre point et ce qui est, au contraire, très fréquent dans le christianisme dès les premiers siècles, c'est qu'un vivant s'adresse à un mort illustre pour le prier d'intercéder pour lui auprès de Dieu. La prière des Hébreux monte directement vers l'Éternel ; celle des chrétiens réclame souvent un ambassadeur. [Reinach, 1996, 160.]

L'enseignement officiel des chrétiens ne se focalise pas sur les détails de ce que seront le temps, le lieu ou les peines du purgatoire. Il renonce à cette curiosité qui flatte l'imagination. Au contraire, les chrétiens prouvent, en plus de l'existence d'une purification après la mort pour ceux qui n'auraient pas totalement expié leurs péchés, « l'efficacité des prières, des aumônes et des œuvres bonnes offertes pour ces âmes souffrantes » [Vandermeersch, 1957, 30]. L'Église répond ainsi au souci des chrétiens moins préoccupés de savoir ce que deviennent leurs proches après la mort que ce qu'ils peuvent faire pour eux. Plus généralement, cette disposition nous éclaire sur la façon dont l'Église envisage le problème du purgatoire ; elle insiste sur le lien et la responsabilité qui nous attachent aux âmes qui s'y trouvent.

Il est important de comprendre que les chrétiens prient pour les morts. Ils prient pour l'âme d'un être proche, d'un frère ou d'une sœur en Christ. Exprimant l'espoir d'être réunis à eux à la résurrection, les vivants demandent la béatitude pour les défunts, supposés être au purgatoire, et font des oblations à l'anniversaire des décès. La fête des morts, admirablement placée au lendemain de la Toussaint chez les catholiques pour rappeler aux chrétiens la communion qu'il y a entre eux et les âmes du purgatoire, en est une preuve irréfutable. Mais la prière eschatologique ne fait pas l'unanimité. Les réformateurs protestants du XVIe siècle combattent sa pratique[6]. Ils contestent

---

[6] Luther, suivi des théologiens protestants, désireux de supprimer les ressources financières que procuraient au clergé et à certains religieux « la prédication de

l'usage des prières pour les morts restées en honneur chez les catholiques, les orthodoxes grecs et les juifs. Le Concile de Trente donne au purgatoire sa juste valeur au XVIe siècle. Il le définit « comme un état de transition pour les âmes de ceux qui meurent en état de grâce sans être toutefois pleinement purifiées » [Charles, 1957, 83].

Les chrétiens prient pour les morts, contrairement aux païens qui prient les morts, puisque les morts ne sont pas des dieux. Ils estiment que les morts se trouvent dans une situation inconfortable et « ont besoin des prières que les survivants adressent à Dieu pour leur salut, des bonnes œuvres par lesquelles on espère leur concilier la miséricorde divine » [Reinach, 1966, 162]. On ne doit pas négliger de prier même pour les personnes qu'on a jugées les plus vertueuses [Reinach, 1966, 161-162].

L'affirmation de Rondet [1957, 49] est concluante : « La prière pour les morts est donc de tradition immémoriale dans la sainte Église ». Elle vise la délivrance des âmes qui portent leur croix en purgatoire. Celles-ci en ont besoin pour entrer au paradis où vont toutes les âmes bienheureuses. Les prières efficaces servent à délivrer les âmes. On peut convenir qu'il n'est pas ridicule de prier pour les morts dès l'instant où l'on songe à la résurrection ou simplement à la vie future. Cette coutume introduite au Ier siècle avant notre ère dans certaines communautés juives, notamment en Égypte, a été transmise par la Synagogue à l'Église, bien qu'on se soit abusé sur son ancienneté et sur son universalité parmi les juifs [Reinach, 1966, 165]. Les Grecs hellénisés d'Afrique ont rapporté l'invocation des dieux pour l'admission au ciel ou au paradis ou le contact avec l'intelligible. Certaines prières des rituels égyptiens veulent aider le mort dans son voyage vers le séjour des bienheureux.

L'héritage égyptien de la prière pour les défunts, transmis de génération en génération, est repris dans les textes grecs, dont les dialogues platoniciens. Les âmes peuvent compter, pendant leur pèlerinage terrestre et jusque dans leur éternité, sur les prières et les intercessions de leurs frères, des pauvres, des religieux, etc. Les chrétiens, particulièrement, ont cru qu'il était possible par certains actes de dévotion d'abréger les épreuves des âmes après la mort. Ils croient en effet qu'une purgation des péchés est possible dans l'au-delà. « Le témoignage en est surtout donné par les inscriptions funéraires et par la liturgie » [Le Goff, 1975, 7]. Inversement, les brahmanistes et bouddhistes admettent avec beaucoup de logique que c'est la vie présente qui est destinée

---

l'indulgence du jubilé et les honoraires des messes pour les défunts », parce que sans valeur, a fini par nier l'existence du purgatoire [Charles, 1957], 85.

à expier la faute de la vie antérieure [Schopenhauer, 1964, 135-136]. Ce point de vue donne une portée expiatoire à la réincarnation.

Conclusion

Nous pouvons dire que l'âme ne peut entrer en contact avec l'intelligible, le monde des idées dont parle Platon, tant qu'elle est souillée, impure, c'est-à-dire en lien avec ce qui est corruptible. L'âme n'entre en contact avec l'intelligible que par la pensée pure. Et cette condition n'est jamais entièrement réalisée aussi longtemps que notre âme est prisonnière de notre corps. « Il faut que *Dieu lui-même nous délivre*. C'est alors seulement que l'âme peut devenir adulte ; c'est alors que commence la vraie vie » [Piat, 1906, 104], au Ciel, au Paradis ou à l'Hadès. Ou, comme l'illustre C. Touati citant Origène, « toute corruptibilité ayant été rejetée et purifiée et tout l'état de ce monde [...] ayant été dépassé et transcendé, c'est au-dessus de la sphère dite des étoiles fixes que la demeure des pieux et des bienheureux sera établie » [Touati, 2012, 98-99]. D'où il découle que le purgatoire, imaginaire ou dogmatique, plus qu'un simple lieu d'exil, est une épreuve purificatrice ; païens et chrétiens inventent une étape normale et nécessaire de la migration de l'âme. La peine purificatrice se distingue des péchés qui méritent l'enfer. Autrement dit, les fautes moins graves retardent notre entrée au royaume des cieux. Saint Augustin soutient que ces péchés ne donnent pas la mort à notre âme, mais la défigurent. Les vivants parviennent à les racheter par des croyances, des prières et des jeûnes [Touati, 2012, 98-99]. Cette dévotion pour les âmes du purgatoire dans l'Église catholique s'est développée surtout au XIXe siècle. Les prières pour les âmes du purgatoire, ou pour les défunts tout court, ont en somme une très grande valeur aussi bien dans la tradition païenne que chrétienne, puisqu'elles traduisent manifestement les manières humaines de contribuer à leur salut.

Bibliographie

« Ami de la Miséricorde » [2017], « Purgatoire dans le Nouveau Testament par Saint Robert Bellarmin », http://viens-seigneur-jesus.forumactif.com/t28704-purgatoire-dans-le-nouveau-testament-par-st-robert-bellarmin. Dernière consultation le 14 juillet 2018.

Ariès, Philippe [1975], *Essais sur l'histoire de la mort en Occident du Moyen Âge à nos jours*, Paris, Seuil.

Aubenque, Pierre & André, Jean-Marie [1964], *Sénèque*, Paris, Seghers.

Bernard, André [1989], *L'Homme et son accomplissement : essai d'anthropologie philosophique*, Kinshasa, Saint-Paul Afrique.

Bilewicz, J. [2018], « Un cadeau inestimable pour ceux qui souffrent au purgatoire », *Aimez-vous les uns les autres !*, 1, 7, 25-28.

Bourçois-Macé, Andrée [1957], « Réincarnation et purgatoire », in Collectif [1957], 35-37.

Bovis, André de [1957], « Au-delà », in Collectif [1957], 9-14.

Charles, Pierre [1957], « L'Institut des Auxiliatrices des Âmes du Purgatoire », in Collectif [1957], 23-28.

Collectif [1957], *Le Purgatoire. Profond mystère*, Paris, Librairie Arthème Fayard.

Darriulat, Jacques [2008], « Purgatoire », http://www.jdarriulat.net/Auteurs/Platon/Phedon/Phedon3.html. Dernière consultation le 1er juillet 2018.

Drouin-Jollès, Bénédicte [2016], « Pourquoi prier pour les âmes du purgatoire ? », *Famille chrétienne*, 31 août 2016.

Feuerbach, Ludwig [1997], *Pensées sur la mort et sur l'immortalité*, trad. Claire Mercier, Paris, Pocket.

Gaffney, Patrick & Harvey, Andrew [1993], *Le Livre tibétain de la Vie et de la Mort*, trad. Gisèle Gaudebert & Marie-Claude Morel, Paris, La Table Ronde.

Guitton, Jean [1957], « Réflexions sur le purgatoire », in Collectif [1957], 23-28.

Heidegger, Martin [1986], *Être et temps*, trad. François Vezin, Paris, Gallimard.

Kolpaktchy, Grégoire [1978], *Livre des morts des anciens Égyptiens*, Paris, Stock.

Lecouteux, Claude [1986], *Fantômes et revenants au Moyen Âge*, Paris, Imago.

Le Goff, Jacques [1975], « La naissance du Purgatoire (XII-XIIIe siècle) », *La Mort au Moyen Âge. Actes des congrès de la Société des historiens médiévistes de l'enseignement supérieur public*, 6e congrès, Strasbourg, Istra, 7-10, http://www.persee.fr/doc/shmes_1261-9078_1977_act_6_1_1203.

Martimprey, Marie-Claude de [1996], *Purgatoire, notre Pâque*, La Chapelle-Montligeon, Les Éditions du Sanctuaire.

Mohen, Jean-Pierre [1995], *Les Rites de l'au-delà*, Paris, Odile Jacob.

Piat, Clodius [1906], « La vie future d'après Platon », *Revue néo-scolastique*, 13, 50, 101-110, https://www.persee.fr/doc/phlou_0776-5541_1906_num_13_50_1930.

Platon [1991], *Phédon*, trad. Monique Dixsaut, Paris, Flammarion.

— [2004], *La République*, trad. Georges Leroux, 2e éd., Paris, Flammarion.

— [2012], *Phèdre*, trad. Luc Brisson, Paris, Flammarion.

Reinach, Salomon [1996], *Cultes, mythes et religions*, Paris, Robert Laffont.

Rondet, Henri [1957], « La prière pour les morts », in Collectif [1957], 49-56.

Rouster, Lorella [s.d.], « L'eschatologie », http://ecmafrica.org/teachingforafrica/sites/default/files/Eschatologie%20coursFR.pdf. Dernière consultation le 26 juillet 2018.

Schopenhauer, Arthur [1964], *Métaphysique de l'amour. Métaphysique de la mort*, trad. Marianna Simon, Paris, Union Générale d'Éditions.

Steiner, George [1978], *Martin Heidegger*, Paris, Flammarion.

Touati, Charlotte [2012], *Le Purgatoire dans les littératures d'Égypte et de l'Afrique du Nord (Ier-IVe s. ap. J.-C.)*, Université de Strasbourg, École doctorale de théologie et de sciences des religions.

Vandermeersch, Edmond [1957], « Le Purgatoire dans l'Église », in Collectif [1957], 29-37.

Vovelle, Michel [1993], *L'Heure du grand passage. Chronique de la mort*, Paris, Gallimard.

Dieudonné VAÏDJIKÉ
Université de N'Djamena
N'Djamena, Tchad
vaidjiked@yahoo.fr

L'imagination connaît-elle ?
Claire BRESSOLETTE

La définition de l'imagination reste problématique. L'opuscule de Christophe Bouriau sur l'imagination permet de prendre la mesure de la difficulté :

> Nous emploierons à propos de l'imagination le terme de *disposition* plutôt que celui de *faculté*. Le terme de faculté en effet suggère l'existence dans l'âme de plusieurs entités mystérieuses, distinctes les unes des autres (mémoire, imagination, volonté, entendement, etc.) dotée chacune d'un pouvoir propre. Or il s'agit là d'une thèse métaphysique indémontrable, et de plus parfaitement inutile pour notre propos, qui cherche à cerner l'imagination comme un comportement spécifique parmi d'autres comportements de l'esprit humain[1]. [Bouriau, 2003, 7.]

L'imagination décrite comme une faculté renvoie à une anthropologie où les facultés sont hiérarchisées selon leur plus ou moins grande perfection, elle-même définie en fonction de leurs finalités respectives. Cet univers philosophique en amont de l'approche factuelle ici proposée, consécutive à l'emprise de la démarche des sciences expérimentales, peut-il apporter une réponse sur le rôle de l'imagination dans l'esprit humain ?

Pour saint Thomas d'Aquin, l'intelligence, faculté la plus parfaite parce que la plus spirituelle, est à l'origine de toutes les autres, qui émanent d'elles et subordonnent leurs fins à sa finalité ultime, à savoir voir. Tel est le cadre dans lequel s'inscrit l'imagination comme faculté, justifiée et orientée pour l'intelligence, elle-même finalisée pour une vision qui est à la fois acte cognitif et acte contemplatif. Ce cadre métaphysique est « indémontrable » dans un univers où, depuis Claude Bernard, la science est la jauge des critères de vérité, mais n'évacue pas pour autant la question d'une autre approche de la vérité, non restreinte au modèle géométrique, et invite à revenir sur la relation entre philosophie et théologie, relation fondatrice de la métaphysique.

---

[1] Citation en exergue : « Sans elle, toutes les facultés, si solides et si aiguisées qu'elles soient, sont comme si elles n'étaient pas », Charles Baudelaire.

Noblesse et limite de l'imagination : les enjeux

Voisin de Georges Rouault à Versailles, le philosophe Jacques Maritain décrit l'imagination comme une faculté qui permet l'accès à une réalité plus vraie parce que plus profonde. Loin d'éloigner du réel, elle permet de le saisir dans un acte qui est aussi contemplatif :

> Bien qu'il s'attache à représenter les objets et les êtres les plus immédiats, M. Rouault n'entend pas faire de leurs traits une transcription textuelle ; il sait que la vérité n'est jamais dans la copie ; d'ailleurs, il ne voit pas les choses dans l'attitude de leur banalité ; il a d'elles une vision imaginative, il les contemple tout de suite dans le monde de leur plus grande réalité, et c'est dans ce monde qu'il les peint. [Maritain, 1910, OC I, 1080.]

La fréquentation de l'atelier de l'élève de Gustave Moreau, les échanges avec les poètes, musiciens, peintres et compositeurs qui constituent le cercle des amis du couple Maritain à Meudon dans les années 1924-1939, sont le sol nourricier de la pensée de Jacques Maritain sur l'art. Dès *Art et scolastique* (1920), il souligne la « grandeur et la misère » de l'imagination. « Pourvoyeuse en chef de l'art, – qui apparaît ainsi comme le *don* par excellence par lequel on naît artiste »[2], l'imagination reste cependant inférieure dans la création à « la vertu d'art, [...] perfectionnement de l'esprit ; elle imprime à l'être humain un caractère incomparablement plus profond que ne le font les dispositions naturelles » [OC I, 660].

Formation de l'esprit, effort d'invention, solitude, discipline n'ont pour fin que de favoriser le principe intérieur ou lumière intellectuelle qui est la cause ou l'agent principal de l'acquisition de l'art. Plus profondément, cette lumière intellectuelle est ce qui définit l'artiste comme artiste ; visionnaire chez les Romantiques, voyant pour Rimbaud, il « voit plus profondément que les autres, et [...] découvre dans le réel des rayonnements spirituels que les autres n'y savent pas discerner »[3]. De là découle, à propos de l'imitation, que « la création artistique ne copie pas celle de Dieu, elle la continue » [OC I, 681]. Est déjà posé le conflit entre la liberté créatrice de la lumière intellectuelle qui jaillit de l'intériorité de l'artiste et les règles de l'art : l'imagination, première

---

[2] [OC I], 669. En écho à l'exergue citée (n. 1) : « [imagination] dont les poètes font volontiers leur faculté maîtresse, parce qu'elle est si intimement liée à l'activité de l'intellect créateur qu'il n'est pas facile, dans le concret, de la distinguer de celui-ci. »

[3] [OC I], 680. « L'artiste, au contraire, *voit* ; c'est-à-dire, expliquait Rodin dans une heureuse formule, que *son œil enté sur son cœur* lit profondément dans le sein de la nature » [OC I], n. 131, 764.

faculté concernée, est soumise en quelque sorte à une tension existant entre sa propre puissance créatrice et la nécessité d'être perfectionnée d'une part par les facultés de l'intelligence plus hautes, donc plus intérieures et spirituelles, et, d'autre part, par la vertu d'art.

L'Intuition créatrice dans l'art et la poésie (1953) approfondira cet aspect à partir d'une anthropologie fondée sur le préconscient spirituel. Mais ce qui nous interroge, c'est un texte de 1967 qui aborde l'imagination à partir de la blessure liée à l'état de créature déchue. Ce texte ne s'occupe plus du plan pratique comme ceux que l'on vient de citer à propos de l'art, mais du plan spéculatif et du rôle de l'imagination dans le processus cognitif. Notre hypothèse est que, pour les deux plans, spéculatif et pratique, l'imagination est abordée comme la faculté à la fois la plus importante, car indispensable – étant à l'origine de l'idée au plan spéculatif et de la création au plan pratique – et la plus vulnérable, car la plus proche des sens, étant elle-même un sens interne et donc la moins parfaite dans l'ordre d'émanation des facultés.

Dans cet exposé donné à Kolbsheim sur la blessure de l'intelligence, Maritain perçoit, dans le rôle joué par l'imagination, une entrave potentielle dans la formation de l'idée. Du fait qu'« il n'y a pas d'intellection sans "conversion vers les images" » [OC XIII, 780], l'imagination est la première des facultés à pouvoir porter les marques de cet état de nature déchue – dont la marque, en effet, est d'incliner les facultés inférieures à une indépendance qui les détache de leur finalité première, à savoir servir l'intelligence.

Imagination, phantasme, notion deviennent l'objet d'une analyse vigilante puisque que ces termes engagent le processus même de connaissance : l'imagination permet l'idée en transformant ce qu'elle reçoit des sens externes en image. Mais sa propre puissance, blessée dans l'état de nature déchue, peut s'exercer en vue d'affirmer sa propre autonomie et oublier sa véritable finalité qui, de manière ultime dans le service de l'intelligence, reste la connaissance de la vérité. Dans ce cas, l'idée ou concept dans sa pureté se trouve menacé par la puissance même de l'imagination qui va leur substituer un *ersatz*, que Maritain appelle *notion*. Indispensable à l'élaboration de l'acte de connaître en qualité de sens interne avec la mémoire, l'imagination assure le processus de passage des sens au concept, par l'image ou phantasme. Selon la modalité selon laquelle cette dernière « travaille », finalisée vers les facultés supérieures et leurs propres finalités, en vertu de l'émanation naturelle[4] des

---

[4] Par *émanation naturelle*, il faut comprendre avant l'état de nature déchue : « l'intelligence n'existe pas pour les sens, mais ce sont les sens qui, étant, comme le

facultés, ou au contraire régie par sa propre puissance qui tend à l'autonomie, elle est à l'origine d'une confusion subreptice entre l'idée et la notion. Davantage : cette confusion est la véritable ligne de partage entre le réalisme et l'idéalisme.

La position exprimée dans ce texte n'est ni le rejet de l'imagination réduite au rôle de « folle du logis », toujours du côté de la tromperie ou de l'erreur, ni son adoption sans condition dans l'acte de connaissance. Conformément à une anthropologie réaliste qui, contre Bergson, refuse de rendre extérieures à l'intelligence des facultés qui lui sont pleinement et adéquatement intégrées[5], Maritain s'interroge sur le « parasitage de l'opération abstractive » par les phantasmes : « dans l'état de nature déchue l'intelligence philosophique [...] a une inclination naturelle au notionalisme »[6].

Notre hypothèse de lecture est que cette puissance de l'imagination, rendant problématique la vérité de connaissance du réel, va, en quelque sorte, disqualifier cette faculté non seulement au plan spéculatif, mais aussi au plan pratique en raison des règles de la connaissance, de la structure anthropologique et des conséquences philosophiques du mystère de l'incarnation. L'enjeu concerne aussi, en premier chef, le thomisme, appelé, par un approfondissement permanent de sa principale caractéristique, à savoir être une philosophie réaliste, à se dégager définitivement de la tentation de l'essentialisme.

L'idée lestée par le phantasme
Le philosophe rappelle la fonction de l'*imagination imaginante* quant à la *connaissance non rationnelle* de la vérité avant d'analyser le processus entravant des phantasmes dans la production des idées[7] :

---

dit saint Thomas, "une certaine participation défective à l'intelligence", existent pour l'intelligence. [...] Il faut dire par conséquent que l'imagination procède ou découle de l'essence de l'âme par l'intermédiaire de l'intelligence, et que les sens externes procèdent de l'essence de l'âme par l'intermédiaire de l'imagination. Car ils existent dans l'homme pour servir l'imagination, et, par l'imagination, l'intelligence » [Maritain, 1966], 99.

[5] Bergson pense le rôle de l'intuition en dehors de l'intelligence, ce qui est impossible pour Maritain à moins de réduire l'intelligence à ce qu'elle n'est pas. L'enjeu est analogue pour l'imagination, qui ne doit pas trahir l'intelligence en faussant sa finalité, connaître l'être, dans la formation du concept au troisième degré d'abstraction.

[6] [OC XIII], *Approches sans entraves*, « Réflexions sur la nature blessée », 782.

[7] [OC XIII], 780 : « Ce que je voudrais essayer de dire ici ne concerne en rien *l'imagination imaginante* qui, vivifiée elle-même sous la lumière de l'intellect agent

Tout en restant matière de l'opération abstractive, [les phantasmes] gardent en même temps, pour leur propre compte, anarchiquement, une énergie vitale indépendante dans le processus en question, en raison de laquelle l'imagination les attache à l'*intentio intellecta*, à l'idée qui a été abstraite d'eux, comme une doublure qui la renforce et la durcit par en bas, une sorte d'écran sur lequel se dessine l'intelligible perçu par l'intelligence, et sur la luminosité sensible duquel l'intelligence, tout en fixant son regard sur son objet propre (intelligible), s'arrête aussi, restant par-là convertie encore vers le phantasme, et donc inconsciemment soumise à la pression vitale de l'imagination[8].

L'imagination est pensée à partir d'une anthropologie et d'une épistémologie chrétiennes selon lesquelles les puissances les plus parfaites de l'homme « émanent avant les autres parce qu'elles sont à la fois leur fin et leur "principe actif", ou la source efficace de leur existence ». Cette question de l'émanation des facultés est abordée aussi bien dans les textes concernant le plan spéculatif que pratique (Fig. 1), et nous y voyons un parallélisme dans la démarche de Maritain pour restaurer l'ordre des émanations et des finalités des facultés moins parfaites comme l'imagination et plus parfaites comme l'intelligence. Comment restaurer l'ordre originel sinon en tenant compte, au plan philosophique, à la fois des changements inhérents au mystère de l'incarnation du Verbe – et penser l'inscription du spirituel dans le temporel dans son incidence

---

dans le supra-conscient de l'esprit [...] a créé les grands mythes de l'humanité, fréquemment chargés d'erreurs sans doute, mais surtout de grandes vérités (sous forme rationnellement invérifiable). Cette fonction de l'imagination, qui la définit en ce qu'elle a de plus essentiel, ce que dénote la reprise du radical *imago* dans le substantif *imagination* et dans l'adjectif verbal *imaginante*, déborde la dimension adjuvante puisqu'elle s'offre comme un complément de connaissance, une connaissance autre que celle de la raison. »

[8] [OC XIII], 782 : « les phantasmes ne sont plus seulement une matière que, dans l'opération abstractive, l'intellect agent illumine pour tirer d'elle et actualiser les intelligibles qu'elle contient en puissance ; ils exercent aussi, par le moyen de l'idée ou du concept une fois formé – et qui parasitairement doublé par eux, perd un peu (parfois beaucoup) de sa transparence intelligible –, un certain impact sur l'intelligence (ainsi plus ou moins blessée dans son intuitivité) : impact plus ou moins fort selon les cas, parfois très fort et capable de produire quelque aberration (je pense à l'idéalisme et à la phénoménologie), parfois très faible, minimal mais encore assez réel pour empêcher un suprême accomplissement de l'œuvre de sagesse naturelle de l'intellect. »

quant à l'essence de l'âme – et de la théologie de l'Exode[9], socle qui permet la sortie radicale de l'essentialisme ?

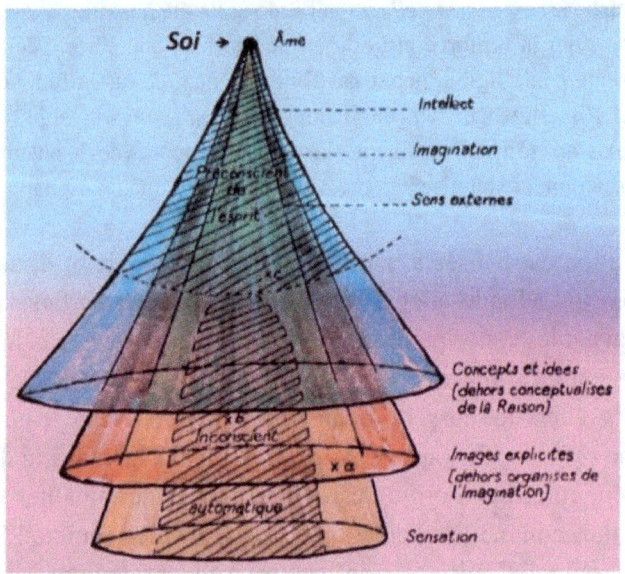

Figure 1. L'anthropologie, schéma de Jacques Maritain mis en couleur par Louis Chamming's [Maritain, 1966, 99-100].

Au plan spéculatif, Maritain décrit ce brouillage causé par l'imagination comme un *impact solidifiant l'idée par l'image* : « comment désigner cet impact ? […] *impact notionalisant l'exercice* de l'intelligence » [OC XIII, 782]. La conséquence dans la formation de l'idée, c'est une inertie. Ce lestage de l'idée par la puissance du phantasme peut être évité s'il est contrebalancé par l'intuition de l'être. Pourquoi ? Parce que, se produisant dans la faculté la plus haute, la plus parfaite et se donnant comme le socle de toute la capacité abstractive, l'intuition de l'être vient rétablir en quelque sorte l'ordre premier des émanations des facultés et corriger la conséquence attachée à l'état de nature déchue : la confusion entre notion et idée et la tendance vers un idéalisme plus ou moins fort.

---

[9] En référence au Buisson ardent (Ex. 3, 14-15), le débat autour de la philosophie chrétienne est en réalité celui des exigences du réalisme. « Un certain thomisme rationaliste qui est un faux thomisme… Le risque pour un thomisme est toujours, par là-même qu'il considère les choses "*formalissime*" et dégage les pures essences, de prendre ces essences pour le réel dans son état concret : erreur grossière que saint Thomas n'a jamais commise », Lettre à Étienne Gilson [Gilson & Maritain, 1991], 79-80.

Nouvel état de la philosophie

Corrélativement, l'être étant un contenu formel complètement différent de tous les autres contenus, du fait de la révélation de Dieu comme être subsistant, il appelle un « outil » exceptionnel, en l'occurrence l'intuition. Est révélatrice la juxtaposition des deux textes concernant, premièrement, la défaillance de l'imagination, et deuxièmement, l'intuition de l'être avec le concept d'existence[10] : imagination et intuition de l'être se trouvent ici dans une complémentarité comme si la seconde pouvait compenser l'altération de la première. L'imagination, en effet, est présentée dans ses défaillances liées à l'état de nature déchue parce qu'elle est plus près des sens externes. L'intuition de l'être, au contraire, parce qu'elle est le plus loin possible de la matière et perçoit le réel au troisième degré d'abstraction, est plus spirituelle et reçoit une altération tangible, pour ainsi dire, du fait de l'incarnation du Verbe. L'intuition de l'être pensée par Aristote ne peut parvenir à la perfection que confèrent la révélation et l'incarnation en instaurant une nouvelle ère, celle de la victoire du Christ sur le monde. La théologie de l'Exode est ainsi relayée par ce changement radical d'ère, accompagné pour la philosophie d'un changement d'état, non de nature. C'est une aide qui vient de plus haut : « il a fallu un théologien privilégié [...] tournant son regard vers Dieu non plus comme vers le Premier Moteur, mais comme vers *Ipsum Esse subsistens* » [OC XIII, 783].

L'emprise de l'imagination est inversement proportionnelle à la possibilité qu'a l'intuition de l'être de s'exercer et engendre, de ce fait, l'idéalisme :

> Chez Descartes, la *solidité rationnelle* est à un haut degré. [...] avec la théorie des idées, prises non comme signes, par où l'esprit se saisit de ce qui est dans les choses, mais comme objets mêmes de l'esprit connaissant, l'impact de l'imagination sur l'intellect a pris une force décisive. [...] Avec Hegel, l'idée a complètement supplanté la chose [...] l'impact de l'imagination sur l'intelligence est devenu absolu : si l'idée a pris la place de la chose, c'est parce que le phantasme qui double parasitairement l'idée enveloppe et renforce l'éclat intelligible de celle-ci de tout éclat sensible dû à la vitalité et à l'intentionnalité de l'imagination. [OC XIII, 784-785.]

---

[10] « Pour une épistémologie existentielle. Réflexions sur la nature blessée » : I. Les blessures de la nature. II. Les blessures de l'intelligence. III. Digression sur l'intuition de l'être. Le concept d'existence. *Dasein* et *Sein*. L'intuition de l'être quand elle est seulement virtuelle. IV. Statut épistémologique de l'exégèse [OC XIII], chap. XI, 767-822.

Le parasitage notionnel par l'emprise du phantasme a également un autre corollaire : l'impossibilité de l'intentionnalité. Or c'est elle qui conditionne la non-transitivité de la connaissance au profit d'une action immanente où « l'âme est ou devient la chose selon une autre existence que son existence propre »[11]. Sans l'intentionnalité, la connaissance reste un acte transitif, une production, et s'accompagne d'une perte de la dimension spirituelle de l'acte de connaissance.

Selon Maritain, avec l'incarnation du Verbe, la philosophie n'a pas changé de nature mais d'état. Aristote n'a, en effet, pas pu se dégager complètement de ce parasitage : « pour Aristote, l'impact de l'imagination sur l'intellect, par le moyen du phantasme doublure parasitaire de l'idée, est encore là, si faible soit-elle je dis presque à la limite où l'intelligence en serait délivrée. La limite pourtant n'est pas franchie » [OC XIII, 786].

Quid de la finalité ultime de l'œuvre d'art ?

Dans la création artistique – qui relève du plan pratique, où l'on attendrait que l'imagination puisse donner libre cours à sa nature –, c'est en fait à l'intuition créatrice que Maritain consacre son œuvre majeure sur l'art[12]. Pourquoi ? Il nous semble que, approfondissant la tension – décrite dans *Art et scolastique* – dans laquelle se trouve l'imagination, Maritain en arrive à une explication analogique parallèle à celle qui handicape la formation adéquate du concept dans le plan spéculatif pour désigner des limites de l'imagination au plan pratique et trouver de quoi les transcender. L'imagination reste bien la faculté essentielle à l'art, mais elle a, elle aussi, besoin d'être rétablie dans l'ordre des émanations et des finalités premières. Lestée par l'inconscient pulsionnel ou automatique, elle se sépare de la faculté supérieure dont originellement elle dépend. Cet inconscient pulsionnel s'origine dans les sens externes et n'atteint pas le Soi profond de l'intellect illuminateur. Il reste affecté des conséquences de l'état de nature déchue alors que les facultés

---

[11] *Distinguer pour unir ou les degrés du savoir* [OC IV], 466. « J'entends le mot *intentionnel* au sens thomiste, réintroduit par Brentano et Husserl dans la philosophie moderne ; il désigne alors le mode d'existence purement tendanciel sous lequel une chose – par exemple l'objet connu – est présente, d'une manière immatérielle ou suprasubjective, dans un "instrument" – par exemple une idée, qui, en tant qu'elle détermine l'acte de connaître, est une pure tendance immatérielle ou *intentio* vers l'objet » [Maritain, 1966], 111. Voir aussi « De la connaissance elle-même » [OC IV], 464-477, particulièrement I-V.

[12] *L'Intuition créatrice dans l'art et la poésie* [Maritain, 1966 ; OC X].

spirituelles portent le signe de la rédemption du monde. Avant de revenir sur le schéma proposé par Maritain pour illustrer l'anthropologie de la philosophie réaliste (Fig. 1), prenons la mesure des changements instaurés par la nouvelle ère initiée par l'incarnation du Verbe.

Ce nouvel état de la philosophie a deux incidences. La première concerne la mise à l'écart de l'inspiration telle que la propose Platon dans *Ion* : le poète est un esclave de la Muse. Inspiré, il en est le jouet et n'est plus véritablement l'auteur de ses œuvres. Au contraire, l'intuition créatrice fait droit à la liberté de la personne puisqu'elle jaillit dans le tréfonds de l'âme ou du *Soi* de l'artiste. Surgie des profondeurs du préconscient de l'esprit, elle traverse ainsi toutes les zones de l'être, dont les facultés internes, parmi lesquelles l'imagination qui se trouve, en quelque sorte, « éclairée » par en haut. Non seulement la liberté de l'artiste est préservée, mais se trouve également rétabli l'ordre d'émanation des facultés. L'imagination étant une faculté imparfaite, penser à la manière de rétablir l'ordre des finalités des facultés avant la nature déchue permet à Maritain d'aborder la philosophie de l'art à partir d'une même modalité de fonctionnement – celle suscitée par l'inscription du spirituel dans le temporel – qui l'unit de manière organique et profonde à celle des degrés du savoir.

La pensée du philosophe de Meudon s'est, en effet, enrichie entre 1920 (*Art et scolastique*) et 1953 (*L'Intuition créatrice dans l'art et la poésie*) d'une anthropologie qui comporte un préconscient spirituel ancré dans le *Soi* profond. L'inconscient pulsionnel de Freud, ancré dans les sens, ne permet ni ce jaillissement de l'intuition créatrice, ni sa traversée de toutes les dimensions de l'homme. Cette disqualification de l'imagination pour assumer seule l'acte créateur de l'artiste nous semble relever du même constat qu'au plan spéculatif : lestée vers le bas, elle n'atteint le véritable réel que transfigurée par l'intuition créatrice qui, la traversant, rétablit l'ordre initial des facultés, de leur émanation et de leur finalité.

La deuxième incidence est liée à la finalité ultime de l'art. *In fine*, poète et métaphysicien ont en commun cette même et unique aspiration qui reste la connaissance de l'être, mais chacun y va par ses moyens propres[13], même si plan spéculatif et plan pratique ont chacun une finalité qui les différencie, respectivement connaître et faire. D'une manière plus profonde, l'imagination

---

[13] Voir, à propos du poète et du métaphysicien, *Distinguer pour unir ou les degrés du savoir* : « L'abstraction, qui est la mort de l'un, l'autre y respire ; l'imagination, le discontinu, l'invérifiable, où l'autre périt, fait la vie de l'un » [OC IV], 277.

a besoin pour les deux plans d'une instance auxiliaire en vertu, nous semble-t-il, de sa relation à l'image. Productrice d'images, elle est menacée de quitter le réel pour n'en offrir qu'un succédané : porte ouverte à une contre-vérité, à un mensonge incompatible avec cette quête de l'être qui n'est pas superfétatoire pour l'homme puisqu'elle donne sens à l'exercice de l'intelligence et de la création, l'être étant le réel le plus consistant qui soit. Ce statut ambigu de l'image comme reflet d'un réel inaccessible, exposé par Platon, ne trouve sa sortie qu'avec le changement d'état de la philosophie apporté par l'incarnation du Verbe. Cette dernière donne toute son ampleur à la dimension cognitive de l'intuition créatrice.

L'émergence d'une philosophie thomiste

L'enjeu de cette *transfiguration* de l'imagination pour que sa puissance s'exerce pleinement au profit de la vérité, tant au plan pratique que spéculatif, est finalement un élagage du thomisme lui-même, enclin en permanence à l'idéalisme, au notionalisme et à l'essentialisme. Ce travail qui donne à la philosophie réaliste sa pleine autonomie la maintient cependant dans un lien organique et non plus ancillaire avec la théologie.

Références bibliographiques

Bouriau, Christophe [2003], *Qu'est-ce que l'imagination ?*, Paris, Vrin.

Gilson, Étienne & Maritain, Jacques [1991], *Correspondances, 1923-1971*, Paris, Vrin.

Maritain, Jacques [1910], *Georges Rouault, Présentation de l'exposition de peintures et de céramiques de G. Rouault*, Galerie E. Druet, Paris, 21 février-5 mars 1910. Texte signé « Jacques Favelle ».

— [1966], *L'Intuition créatrice dans l'art et la poésie*, Paris, Desclée De Brouwer. Première publication en anglais, 1953.

— [1986], *Art et scolastique*, in Jacques & Raïssa Maritain, *Œuvres complètes*, Fribourg/Paris, Éditions Universitaires Fribourg Suisse/Éditions Saint-Paul.

Claire BRESSOLETTE
Institut français et Lycée Georges Clemenceau
Cluj-Napoca, Roumanie et Montpellier, France
Cercle Jacques et Raïssa Maritain, France
augildom@gmail.com

Section 4.
L'imagination dans les questions éthiques et politiques

L'imagination et l'agir moral
Claudia Passos-Ferreira

Introduction[1]

L'idée que l'imagination joue un rôle décisif dans la psychologie morale a une longue histoire. Elle passe par une longue tradition philosophique sentimentaliste, à commencer par David Hume [1739/1978] et Adam Smith [1759/2009] ; plus récemment, Alvin Goldman [2006], Stephen Darwall [1998] et Antti Kauppinen [2010, 2014] ont mis l'accent sur le rôle de l'imagination des sentiments d'autrui dans le jugement moral. Beaucoup de recherches expérimentales en psychologie morale ont également été utilisées pour soutenir l'idée que les capacités imaginatives et l'adoption de la perspective affective d'autrui (*affective perspective-taking*) jouent un rôle clé dans la moralité et dans les comportements prosociaux et altruistes [Eisenberg & Strayer, 1987 ; Batson *et al.*, 1981 ; Batson & Shaw, 1991 ; Zahn-Waxler & Radke-Yarrow, 1990 ; Hoffman, 2000 ; Vaish, Carpenter & Tomasello, 2009 ; Vaish & Warneken, 2011 ; Decety, 2004 ; Tomasello & Vaish, 2013].

De ce fait, la philosophie morale connaît un renouveau des vues sentimentalistes qui attribuent à l'imagination un rôle central dans la délibération morale. Selon les sentimentalistes, nos jugements moraux sont constitués de sentiments d'approbation et de désapprobation et ce n'est qu'à partir de tels sentiments que nous pouvons formuler des jugements moraux. Selon Hume et Smith, ces sentiments s'appuient sur notre tendance à empathiser (sympathiser). L'empathie (*sympathie*)[2] est une tendance de l'imagination à partager les

---

[1] Je tiens à remercier de leurs commentaires les participants au 37ᵉ Congrès de l'ASPLF (Rio de Janeiro, mars 2018), à la IIIᵉ Conférence latino-américaine de philosophie analytique et IIIᵉ Conférence de la Société brésilienne de philosophie analytique (Fortaleza, juin 2014) et au XVIIᵉ Congrès interaméricain de philosophie (Salvador, octobre 2013).

[2] *Sympathie* est le terme original chez Hume et Smith. Conformément à la littérature contemporaine, j'utilise *empathie* pour la capacité de partager les états affectifs d'autrui et *sympathie* pour le sentiment de préoccupation morale pour autrui.

états affectifs d'autrui. L'évaluation morale des actions d'autrui exige de se mettre à la place des autres de façon imaginative et de ressentir ce que les personnes affectées par l'action pourraient ressentir et penser.

Même certains rationalistes voient l'imagination comme cruciale pour le raisonnement moral, dans l'indétermination morale et les dilemmes moraux. Dans la moralité, l'imagination peut avoir divers rôles. L'imagination morale peut être utilisée pour projeter des scénarios futurs, pour se mettre à la place d'autrui, pour projeter des idéaux de vie, pour appuyer le raisonnement sur des métaphores et pour projeter une image morale de soi ou d'autrui [Coeckelbergh, 2007]. Nous nous intéresserons surtout ici à son rôle relatif aux sentiments d'autrui.

Parallèlement, l'idée que l'imagination joue un rôle décisif en psychologie morale est controversée. La démarche rationaliste, par exemple, comprend la moralité comme un système régi par des principes moraux complexes qui déterminent ce qui est le bien et ce qui est le mal [Johnson, 2016]. Les principes moraux rationnels des interdictions et des prescriptions dérivent de la compréhension et du raisonnement pur. Cela laisse peu de place pour des états subjectifs d'imagination.

Dans la littérature récente, divers philosophes soutiennent que l'imagination et la capacité d'adopter la perspective affective d'autrui ne jouent pas un rôle important dans la compréhension morale ou la motivation morale [Nichols, 2004 ; McGeer, 2008 ; Goldie, 2011 ; Maibom, 2010]. Invoquant le cas des personnes autistes et des jeunes enfants, ils rejettent l'idée que l'imagination et l'adoption de la perspective d'autrui jouent un rôle dans la moralité. Malgré leurs difficultés à imaginer et à se mettre dans la peau d'autrui, ces deux groupes semblent comprendre les normes et la désapprobation morales. Cela montrerait que les approches du jugement moral centrées sur l'imagination, comme dans la théorie sentimentaliste, sont empiriquement inadéquates.

Pour moi, au contraire, l'imagination est une caractéristique distincte du jugement moral, et la théorie sentimentaliste peut expliquer le jugement moral, y compris chez les petits enfants et les autistes. L'imagination est impliquée dans une variété d'attitudes morales : dans les comportements prosociaux et altruistes, les actions d'aide et de coopération, mais aussi dans les normes et restrictions morales explicites – telles que les interdictions de nuire et de tuer – et dans l'intériorisation de ces règles.

L'approche néosentimentaliste d'Antti Kauppinen [2010] permet d'expliquer les jugements moraux des jeunes enfants et des autistes, dont les attitudes de désapprobation morale sont liées à l'application rigide des règles. Selon

Kauppinen, les jugements moraux des petits enfants et des autistes ne résultent pas d'une compétence morale authentique ; ils ont un rapport de dépendance avec le jugement moral ordinaire. Et le jugement moral ordinaire résulte du processus sentimentaliste d'empathiser avec les émotions d'autrui ; l'exercice imaginatif et la simulation de la perspective affective d'autrui y jouent un rôle central.

Selon nous, les jeunes enfants, bien que ne disposant pas d'une compétence morale pleinement développée, manifestent une forme de compétence morale primitive qui leur permet d'exprimer un jugement moral conforme à des conditions sentimentalistes. Cette compétence élémentaire est la capacité d'adoption de la perspective affective d'autrui et la préoccupation empathique qui se manifestent quand ils observent une victime dans une situation négative. La capacité à adopter la perspective d'autrui permet aux enfants d'internaliser les règles morales et participe à l'éducation morale.

1. Approches anti-empathiques

L'empathie a été conceptualisée de différentes manières [Eisenberg & Strayer, 1987 ; Batson, 1997, 2011 ; Hoffman, 2000 ; de Vignemont & Singer, 2006 ; Decety & Jackson, 2006]. Largement définie, l'empathie consiste à « ressentir ce que l'autre ressent » ; il s'agit d'une réaction affective indirecte qui se produit en réponse à des indices perceptibles manifestes de l'état affectif d'autrui ou suite à la déduction de l'état d'autrui sur la base d'indices indirects [Eisenberg & Strayer, 1987]. La littérature psychologique contemporaine distingue deux processus : l'*empathie affective* consiste à partager les états affectifs d'autrui ; l'*empathie cognitive* implique l'adoption d'une perspective cognitive sur les pensées et croyances d'autrui. Nous proposons une distinction supplémentaire entre *empathie perceptuelle* et *empathie imaginative*, qui ne s'applique pas aux réactions empathiques (cognitives ou affectives) mais surtout aux mécanismes psychologiques sous-jacents nécessaires pour comprendre les états affectifs d'autrui [Passos-Ferreira, 2015]. L'empathie perceptuelle est une réponse à la perception directe des émotions des autres ; l'empathie imaginative, une réponse à la simulation imaginative ou projective de la perspective affective des autres.

L'empathie soulève de nombreux problèmes éthiques : des questions normatives sur sa partialité, ses périls et ses limites ; des questions méta-éthiques liées à son rôle constitutif dans le jugement moral. Contre l'enthousiasme récent pour le rôle des émotions et de l'empathie en psychologie morale, une réponse opposée a surgi, même parmi les tenants de la théorie sentimentaliste de la moralité. Certains plaident pour un « optimisme prudent » concernant l'empathie [Holton & Langton, 1998]. D'autres, sceptiques, adoptent une vision anti-empathique [Prinz, 2011a, 2011b ; Bloom, 2016]. L'approche anti-empathique plaide de différentes manières contre le rôle nécessaire de l'empathie dans la morale. Pour certains, l'empathie n'est pas requise pour le jugement moral ou la motivation morale [Kennett, 2002 ; McGeer, 2008 ; Prinz, 2011a, 2011b ; Maibom, 2009, 2010]. Pour d'autres, elle a un rôle négatif dans la moralité et ne devrait pas servir de guide moral [Maibom, 2009 ; Prinz, 2011a, 2011b ; Bloom, 2016 ; Goldie, 2011].

La critique récente est largement dirigée contre le rôle de l'empathie affective. Ainsi, Jesse Prinz rejette la thèse que l'empathie affective est une condition préalable à la moralité et un bon guide. Dans notre approche, plus optimiste, l'empathie joue un rôle central dans le développement de l'agir moral et constitue, dans certains contextes, notre meilleur guide [Passos-Ferreira, 2015].

Nous traitons ici surtout de l'empathie imaginative, dont diverses approches anti-empathiques récentes rejettent le rôle dans la morale. Ainsi, selon ces approches, l'empathie imaginative – notre capacité à adopter le point de vue d'autrui et à imaginer les sentiments et les pensées d'autrui – ne serait pas nécessaire à la moralité. La thèse centrale est que la capacité imaginative à penser et imaginer les autres n'est pas nécessaire pour formuler et comprendre les jugements moraux. Nous examinerons deux approches en particulier : la critique par Heidi Maibom du rôle d'imaginer autrui dans la morale[3] et le scepticisme de Shaun Nichols quant aux approches morales centrées sur l'adoption de perspective.

Maibom [2010] n'expose pas de vision spécifique sur la façon dont nous formons nos jugements moraux. Dans sa vision instrumentale de la morale, les actions morales doivent être comprises comme des actions qui résultent du respect des normes morales ou des actions surérogatoires qui ne sont pas

---

[3] Selon Maibom [2010], « s'imaginer dans la peau d'autrui » n'est pas efficace pour la motivation morale et peut même causer de la détresse. Sympathiser avec d'autres en détresse conduit à une détresse personnelle, une forme d'adoption empathique de la perspective d'autrui qui peut mener à la même détresse personnelle. Imaginer les pensées et les sentiments des autres est biaisé, manque de précision et est à éviter comme guide moral. Bien que ces arguments soient pertinents, nous avons déjà discuté ailleurs de ces questions normatives liées aux dangers de l'empathie [Passos-Ferreira, 2015].

intéressées à soi-même ; elle inclut la compréhension que les prescriptions morales sont universelles, inaltérables par une autorité compétente, et que leur transgression est punissable. Maibom distingue deux types de normes morales : les *normes surérogatoires*, plus louables qu'obligatoires – telles que l'aide à l'action et la tentative d'être une bonne personne –, où l'imagination peut jouer un rôle ; les *normes d'interdiction*, des « normes morales brutes » qui incluent des restrictions explicites – telles que l'interdiction de nuire ou de tuer –, où l'imagination ne joue aucun rôle. Nous n'avons pas besoin de capacités d'imagination pour penser à ce qui est bien ou mal. Imaginer ce que les autres ressentent et pensent n'est pas au cœur des aspects fondamentaux de la compétence morale – telle que la compréhension de ce qui est bien ou mal.

Cependant, Maibom examine des preuves psychologiques substantielles selon lesquelles s'imaginer dans la position de quelqu'un d'autre stimule la motivation prosociale et promeut des actions visant à aider les autres. D'après des études menées par Batson et ses collègues [2003], s'imaginer à la place de quelqu'un peut promouvoir des actions prosociales qui profitent aux autres. Ainsi, si l'imagination des sentiments d'autrui joue un rôle dans la moralité, c'est plus dans la promotion des actions d'aide surérogatoires et dans l'établissement de relations sociales que dans la compréhension des normes d'interdiction.

Nichols [2004] propose une approche sentimentaliste plus complexe, selon laquelle un mécanisme psychologique est responsable de formuler et de comprendre le « jugement moral de base » (*core moral judgment*). Notre jugement moral de base nous permet de juger de manière distinctive une classe d'actions inadmissibles ou transgressives. Nous distinguons entre les normes conventionnelles, qui répondent à une autorité donnée, et les normes morales, qui sont des règles sentimentales, c'est-à-dire qu'elles impliquent des règles prescriptives s'accompagnant de réponses affectives. La capacité à formuler un jugement moral de base se développe avant la capacité à adopter la perspective des autres et à simuler mentalement les états mentaux d'autrui. Si c'est le cas, l'empathie imaginative n'intervient pas dans le jugement moral.

Selon Nichols, c'est précisément ce que la recherche actuelle sur les personnes autistes et les jeunes enfants tendrait à montrer. Les deux populations ont des problèmes d'imagination et d'adoption de perspective affective. Quoique capables de s'engager dans des processus empathiques affectifs, elles semblent échouer à imaginer les états mentaux et affectifs des autres, elles ont du mal à penser à ce que les autres ressentent et pensent. Cependant, elles semblent comprendre les normes morales et la désapprobation morale, sont capables de comprendre ce qui est bien et ce qui est mal et de suivre des règles morales. Cela suggère que nous n'arrivons pas toujours aux jugements moraux de la manière standard suggérée par les approches sentimentalistes – au moyen d'exercices d'imagination et de processus de simulation. Parfois, nos jugements moraux résultent de réactions affectives immédiates ou d'un processus non émotionnel de respect des règles explicites – telles que les règles de ne pas nuire et ne pas tuer.

La démarche anti-empathique conclut que le jugement moral ne nécessite pas d'imagination et d'empathie. Nous ne partageons pas ce point de vue. L'imagination joue au contraire un rôle central non seulement dans les actions d'aide surérogatoires, mais aussi dans les normes et restrictions morales explicites et dans l'intériorisation des règles explicites – ce qui permet à la démarche sentimentaliste d'expliquer les jugements moraux des jeunes enfants et des personnes autistes.

2. Approches proempathiques : le sentimentalisme moral

Le sentimentalisme désigne l'approche de philosophie morale selon laquelle les émotions et les sentiments sont au cœur de nos évaluations morales. Hume et Smith mettent l'accent sur le rôle de l'empathie et de l'imagination dans le jugement moral. Nous avons besoin de l'imagination pour désapprouver moralement les personnes ou leurs actions. Que signifie « désapprouver moralement les personnes ou leur actions » ? Nous pouvons désapprouver une action de plusieurs façons : par esthétique, par goût, par préférence. Qu'est-ce qui caractérise la désapprobation morale ? Pour désapprouver moralement une action, je m'éloigne de mes goûts et préférences particulières et j'adopte une perspective impartiale. Ce processus mental comprend l'abstraction ou le détachement de mes propres préférences et la réflexion sur ce que serait la réaction typique de tout être humain normal dans des conditions similaires. Dans ce processus évaluatif, nous nous mettons dans la perspective d'un observateur impartial et nous imaginons les attitudes réactives des personnes affectées par l'action considérée.

Nous nous concentrons ici sur l'approche historique des jugements moraux d'Antti Kauppinen [2010], qu'il qualifie de *sentimentalisme historique*. Les tenants du sentimentalisme moral expliquent la désapprobation morale comme une attitude qui résulte de l'imagination empathique. C'est un processus mental de simulation impartiale de la perspective des personnes touchées par l'action et de partage de leurs attitudes réactives négatives. Ainsi, cela implique l'empathie affective[4], c'est-à-dire le partage des sentiments et des réactions des personnes affectées par l'action ; mais cela implique également et surtout l'*empathie imaginative*, c'est-à-dire la simulation de la réaction d'un spectateur impartial affecté par l'action.

L'attitude de désapprobation morale implique trois sortes de processus : la recherche d'information, l'empathie (*sympathie*) et la correction de la réflexion palliant les distorsions de perspective typiques. Donc, le *processus historique* par lequel nous arrivons au jugement moral est déterminant pour considérer ou non ce processus comme l'expression de la pensée morale. Une attitude n'est morale que si elle résulte d'un processus historique qui transcende une pure perspective égocentrique. Pour des sentimentalistes comme Kauppinen, la pensée morale (*moralizing*) est un processus de formation du jugement qui transcende la perspective égocentrique du sujet à travers la simulation des réactions émotionnelles – comme la colère, la gratitude, la culpabilité ou le dégoût – que tout participant informé et impartial aurait eues dans les circonstances des personnes affectées par l'action ou d'un spectateur idéal, si aucun sujet n'est directement affecté [Kauppinen, 2010]. Ce processus passe par un exercice d'imagination.

Cet exercice d'imagination est un outil épistémique puissant. Il permet au sujet de comprendre la perspective d'autrui et d'éviter les distorsions de cette perspective. De plus, il peut être une source cruciale d'information dans des *situations opaques*[5] – ces situations où les informations sur les états mentaux d'autrui ne sont pas transparentes ou visibles pour le spectateur, c'est-à-dire en l'absence de ressources perceptuelles permettant au spectateur de saisir les états mentaux d'autrui. Dans ces cas, le spectateur doit comprendre la situation sans percevoir directement les signaux affectifs. L'imagination et la simulation peuvent alors jouer un rôle central.

Dans le processus de simulation, lorsque nous attribuons des états mentaux à autrui, notre propre mécanisme psychologique s'exécute hors ligne, pour ainsi dire, en utilisant comme entrées les caractéristiques des situations de la personne cible plutôt que les nôtres. Ce qui est simulé n'est pas une décision

---

[4] Pour un regard un peu différent sur l'empathie affective, voir [Kauppinen, 2014]. Ce qui nous intéresse pour les jugements moraux n'est pas le partage immédiat non contrôlé des états affectifs *effectifs* d'autrui, mais l'*empathie régulée* (*regulated empathy*), c'est-à-dire l'empathie prise comme une forme de régulation émotionnelle.

[5] Pour une discussion détaillée de la fonction de l'imagination empathique dans des situations d'opacité, voir [Passos-Ferreira, 2015].

réelle, mais une réaction hypothétique à une situation. La simulation impliquée dans la génération d'un sentiment moral nous oblige à transcender nos propres réactions immédiates : nous n'imaginons pas seulement comment nous nous sentirions dans la situation de quelqu'un d'autre, mais comment nous nous sentirions dans cette situation si nous étions libres des distorsions potentielles dérivant de notre position particulière.

Quel est le genre de capacité d'imagination impliqué dans le jugement moral ? Imaginer la situation des autres objectivement sans engagement empathique ne provoque pas de détresse, donc évite les problèmes d'empathie, mais ne motive pas à aider ou à agir au profit de l'autre. L'adoption de la perspective qui semble pertinente pour la morale est de s'imaginer dans la position de quelqu'un et d'imaginer être les autres ; c'est celle qui engage l'empathie. Donc, l'imagination empathique qui engage l'agir moral consiste en s'identifier avec l'autre, en s'imaginer soi-même dans la situation de l'autre. Cela semble compatible avec le point de vue d'Adam Smith selon lequel l'empathie ne doit pas nécessairement impliquer les sentiments réels des autres. Comme il l'exprime dans une citation célèbre :

> Que notre frère soit soumis au supplice du chevalet, aussi longtemps que nous serons à notre aise, jamais nos sens ne nous informeront de ce qu'il souffre. Ces derniers n'ont jamais pu et ne peuvent jamais nous transporter au-delà de notre personne. Ce n'est que par l'imagination que nous pouvons former une conception de ce que sont ses sensations. Et cette faculté ne peut nous y aider d'aucune autre façon qu'en nous représentant ce que pourraient être nos propres sensations si nous étions à sa place. [...] Par l'imagination nous nous plaçons dans sa situation, nous nous concevons comme endurant les mêmes tourments, *nous entrons pour ainsi dire à l'intérieur de son corps et devenons, dans une certaine mesure, la même personne.* Et par là nous formons quelque idée de ses sensations et même nous sentons quelque chose qui, quoique plus faible en degré, n'est pas entièrement différent d'elles. Ses souffrances, quand elles sont ainsi ramenées en nous, quand nous les avons adoptées et faites nôtres, commencent enfin à nous affecter ; alors nous tremblons et frissonnons à la pensée de ce qu'il sent. [Smith, 1999, I, i, 1, § 2 ; nos italiques.]

Donc dans l'imagination empathique, nous nous plaçons dans la situation de l'autre pour saisir son sentiment, son expérience, sa souffrance.

3. Variétés de jugement moral : trois cas saillants

Toutefois, l'imagination n'est pas activement impliquée dans chacun des processus de formulation d'un jugement moral. Notre expérience morale quotidienne et notre discours moral suggèrent que certains jugements moraux ne résultent pas du processus de simulation des sentiments, des pensées et de la perspective affective d'autrui. Le sens commun et de nombreux travaux en psychologie montrent que nous pouvons désapprouver moralement des personnes et leurs actions sans forcément passer par l'empathie imaginative. La désapprobation morale peut résulter de réactions affectives immédiates (sentiments viscéraux) ou de règles explicites (ne pas nuire, ne pas tuer). Ces cas posent un défi à la démarche sentimentaliste historique.

En outre, des travaux empiriques semblent montrer que les jeunes enfants et les personnes autistes sont capables de comprendre ce qu'est le bien et le mal et de suivre les règles morales, malgré leur déficience à simuler la perspective affective d'autrui. Comme Maibom [2010] et Nichols [2004] le relèvent, bien que les autistes adoptent souvent un comportement sans considération pour les autres, ils ont rarement un comportement grossièrement immoral. En outre, ils semblent capables d'apprécier les notions de bien et de mal, de comprendre qu'il est mauvais de nuire et de tuer. Cela fait douter que la capacité de simuler les sentiments d'autrui soit une condition nécessaire pour formuler et comprendre le jugement moral et la pensée morale (*moralizing*).

Ces cas suggèrent que nous n'arrivons pas toujours aux jugements moraux de la manière standard suggérée par l'approche sentimentaliste historique, c'est-à-dire au moyen d'exercices d'imagination et de processus de simulation. Ils conduisent à la conclusion que, parfois, nos jugements moraux résultent de réactions affectives immédiates ou du respect de règles explicites telles que ne pas tuer, tenir sa parole, ne pas nuire à autrui.

Cependant, l'approche sentimentaliste du jugement moral peut accueillir ces cas. La désapprobation morale déclenchée par des réactions affectives ou résultant de l'application de règles morales pourrait appartenir à la même classe de jugement sentimentaliste. Tous ces types de jugement moral dépendent de processus qui répondent aux conditions sentimentalistes. Ce qui compte comme pensée morale dépend de la *façon* dont nous parvenons à un jugement moral.

Les processus sentimentalistes sont caractéristiques de la désapprobation morale et toutes les attitudes morales en résultent [Kauppinen, 2010]. Le fait que les jugements moraux ne soient pas tous portés à la suite d'une empathie sentimentale impartiale ne remet pas en cause l'approche sentimentaliste historique. Les attitudes morales déclenchées par des signaux affectifs sont dépendantes ou parasites d'un processus sentimentaliste. Les réactions viscérales et les sentiments non corrigés ont une *dépendance asymétrique* envers les attitudes morales qui résultent de la sympathie et de la correction réflexive. Pour être considérée capable d'attitudes morales, une personne doit parvenir au moins parfois à une approbation ou désapprobation suite à l'adoption de la perspective affective du participant impartial. Les sujets dont les attitudes se basent exclusivement sur des réactions affectives immédiates et des règles explicites n'ont pas de compétence morale, ils ne sont pas un agent moral complet. En revanche, les sujets dont la plupart des attitudes se basent sur l'imagination d'une perspective impartiale ont une compétence morale et sont bien des agents moraux. Les attitudes morales dépendent ainsi au moins indirectement de l'imagination.

Pour une vue centrée sur l'imagination, les cas les plus difficiles sont les réactions viscérales et les règles explicites chez les personnes autistes et les jeunes enfants. Les deux premiers cas peuvent s'expliquer par la dépendance asymétrique [Kauppinen, 2010]. Pour les jeunes enfants, nous proposons une autre explication. Selon les récentes recherches, ils peuvent s'engager dans une perspective affective et manifester de la préoccupation en présence d'une victime dans une situation négative, comportement qui peut être considéré comme précurseur d'un processus sentimentaliste via l'imagination affective du point de vue des autres.

3.1. Réactions viscérales

Les réactions affectives peuvent déclencher des attitudes de désapprobation morale. Nous pouvons moralement désapprouver les autres sans nécessairement passer par l'imagination et l'adoption de perspective affective. Les études de psychologie morale de Haidt, Koller et Dias [1993] montrent que les jugements moraux peuvent être le résultat de réactions affectives automatiques – comme le dégoût ou la colère. Les personnes à faible statut socioéconomique trouvent moralement mauvaises, sans savoir expliquer leurs raisons, les actions qui produisent le dégoût. Elles sont, par exemple, plus enclines à soutenir que l'on devrait arrêter ou punir ceux qui ont des relations sexuelles avec un poulet mort ou nettoient les toilettes avec le drapeau national. Nous pouvons formuler un jugement moral sur la base de sentiments viscéraux, en utilisant des sentiments tels que le dégoût ou la colère comme guides pour l'action morale.

Les jugements moraux fondés uniquement sur les sentiments viscéraux pourraient remettre en cause la fonction essentielle de l'imagination. Cependant, il n'est pas évident que l'on puisse considérer ce type de comportement comme une véritable pensée morale. Sur un plan sentimentaliste, ce qui compte comme pensée morale implique de simuler les réactions émotionnelles que n'importe qui aurait dans les mêmes circonstances [Kauppinen, 2010]. Les sentiments viscéraux ne sont des jugements moraux que lorsqu'ils expriment des attitudes de désapprobation envers un agent capable d'imagination et d'adoption de perspective affective. Les traits caractéristiques du jugement moral dépendent de la façon dont nous parvenons aux attitudes morales ; l'agent peut parfois arriver à une désapprobation morale à la suite d'un processus de simulation de perspective affective. Nos sentiments viscéraux parasitent les attitudes qui résultent du processus sentimentaliste ; ils parasitent la capacité de jugement moral normal. Un agent qui ne reflète ou ne corrige jamais ses sentiments viscéraux ne porte pas de véritables jugements moraux. Ainsi, les jugements moraux basés sur les sentiments viscéraux parasitent-ils l'imagination.

3.2. Règles explicites et autisme

Selon certains philosophes, l'imagination joue un rôle restreint dans la *moralité brute*, les *jugements froids* ou le *suivi de règles explicites*, tels que les principes et l'interdiction de tuer ou de nuire à autrui [Nichols, 2004 ; Maibom, 2010]. Pour Maibom, la capacité d'imaginer les états affectifs et mentaux d'autrui ne joue un rôle que dans les normes qui font essentiellement référence aux états mentaux de représentation du sujet (comme aider quelqu'un si la personne est dans le besoin), mais pas dans la plupart des normes sur ce qui est moralement désapprouvé.

Comme le souligne Kauppinen, un sentimentaliste peut accepter que certains de nos jugements soient basés sur des règles et des principes, mais une telle règle est une généralisation à partir de verdicts sentimentaux sur des cas particuliers. Autrement dit, un jugement moral fondé sur des règles froides doit être, en fin de compte, basé sur des jugements sentimentaux.

Le cas de l'autisme est difficile. Ces personnes sont incapables de simuler la réaction des autres et ont des troubles de la lecture de l'esprit d'autrui (*mind-reading*), mais semblent capables de comprendre la désapprobation morale. Elles semblent capables de distinguer entre la violation de règles morales et la violation de règles conventionnelles. Les personnes avec autisme, qui ont du mal à adopter une autre perspective et à imaginer les états affectifs des autres, n'ont pas de difficulté à comprendre les normes morales centrales et à y adhérer. Certains philosophes (McGeer, Nichols, Maibom, Kennett) en concluent que l'empathie imaginative n'est pas nécessaire pour la compétence morale.

Une façon d'adapter les preuves tirées des règles froides des personnes autistes au sentimentalisme de Kauppinen est de montrer que les règles non sentimentales des autistes parasitent les règles sentimentales ordinaires. « La capacité des autistes de porter des jugements moraux [...] est parasitaire sur la capacité des juges moraux normaux [...] Ils doivent s'en remettre aux autres pour juger quand, disons, la culpabilité est appropriée » [Kauppinen, 2010, 251]. Ainsi, les autistes peuvent avoir une dépendance psychologique à la désapprobation et l'approbation morales des gens normaux. Une autre hypothèse est qu'ils montrent une capacité préservée de réponse émotionnelle et peuvent utiliser leurs propres sentiments et attitudes réactives pour générer des règles morales [Kauppinen, 2010].

De Vignemont et Frith [2008] proposent une troisième explication [Passos-Ferreira, 2015]. Il n'existe aucune preuve solide que la capacité apparente des autistes à formuler des jugements moraux résulte de l'application de règles morales ou de la préoccupation morale. De plus, la recherche empirique montre qu'ils présentent une limitation dans l'expérience et la manifestation de sentiments moraux centrés sur l'autre, tels que la sympathie et la préoccupation ; en outre, ils expriment rarement des sentiments pour et en relation avec d'autres personnes [Hobson *et al.*, 2009]. Les autistes sont capables de détecter la transgression des règles normatives et la détresse des autres. Néanmoins, ils semblent incapables de détecter les violations morales. L'hypothèse de ces auteurs est que les règles suivies par les autistes semblent être simplement perçues par eux comme des règles conventionnelles, et que leur capacité apparente de jugement moral est le résultat de l'application de ces règles conventionnelles.

4. Les jeunes enfants et l'empathie imaginative

Les psychologues du développement soutiennent souvent que les enfants n'ont pas de théorie de l'esprit avant 3 à 4 ans et sont incapables de simuler la perspective ou les réactions d'autrui. En conséquence, ils sont incapables de s'engager dans une adoption de perspective ou un exercice d'imagination de la perspective d'autrui. Malgré cela, ils sont capables d'exprimer des préoccupations et un comportement prosocial. De plus, ils sont également capables de distinguer entre règles non conventionnelles et conventionnelles et de désapprouver certains comportements.

Ces résultats ont été interprétés comme la preuve que les jeunes enfants sont capables de formuler et de comprendre des jugements moraux. Cependant, ils ne semblent pas arriver à un jugement moral par le processus sentimentaliste caractéristique d'imaginer et de simuler la perspective affective des autres. Leurs attitudes semblent exprimer des réponses affectives automatiques ou des règles explicites. Une interprétation est que les jeunes enfants développent d'abord une morale basée sur des normes, en suivant des règles explicites, puis développent plus tard la capacité plus complexe d'imaginer la perspective des autres [Maibom, 2010]. Ou ils suivent des règles sentimentales (*core moral judgments*) [Nichols, 2004]. Si cette interprétation est correcte, nous devons conclure, avec Maibom, que la capacité d'imaginer les sentiments des autres est pertinente pour l'interaction sociale et contribue à améliorer nos relations sociales, mais n'est pas requise pour la compréhension et la formulation des jugements moraux.

Une autre interprétation est l'idée de *dépendance asymétrique* [Kauppinen, 2010]. Kauppinen rejette l'idée que les attitudes des jeunes enfants indiquent qu'ils ont une compétence morale. Puisqu'ils semblent avoir simplement des réponses affectives mais aucune attitude réactive (comme la culpabilité, le ressentiment, la gratitude) via un processus sentimentaliste, leurs jugements ne sont pas encore pleinement moraux. Les jugements non conventionnels des petits enfants ont un rapport de dépendance avec les jugements moraux qui résulte de l'empathie sentimentale impartiale. C'est-à-dire que les jugements formulés par les jeunes enfants sont dérivés de la compétence morale des adultes dont les jugements moraux résultent d'un processus sentimental historique.

Nous ne sommes pas d'accord avec Maibom et Kauppinen. Tout en convenant avec Kauppinen que les jeunes enfants sont incapables d'un raisonnement moral complètement développé, nous soutenons qu'ils affichent une forme élémentaire de jugement moral qui exprime une capacité élémentaire de sympathie et d'adoption de perspective affective. Cette capacité joue un rôle important dans leur éducation morale.

De nombreux travaux en psychologie du développement portent sur le développement de la sympathie, l'empathie et les attitudes prosociales chez les jeunes enfants. La capacité des jeunes enfants à sympathiser en présence d'indices perceptuels visibles a été testée. À l'âge de 3 à 4 ans, lorsque les enfants sont confrontés à une personne visiblement en détresse, ils sont capables d'empathiser avec la victime et de montrer des attitudes prosociales envers elle. L'interprétation courante est que les petits enfants empathisent via la contagion émotionnelle ou l'identification des signaux émotionnels. Cependant, cette voie d'empathie pourrait être entièrement basée sur la lecture des indices émotionnels manifestes de la victime, sans aucun rôle pour l'imagination.

Récemment, un nouveau paradigme expérimental a été développé par Hobson, Harris, García-Pérez & Hobson [2009] et adapté par Vaish, Carpenter & Tomasello [2009] pour tester la sympathie sans lecture émotionnelle perceptuelle. Ils ont vérifié si les jeunes enfants et les personnes autistes sont capables de sympathiser avec une victime qui a subi quelque chose de négatif, mais ne présente aucune émotion. Dans cette expérience, les participants et deux expérimentateurs dessinent chacun une image, puis un expérimentateur (l'agresseur) déchire de façon inattendue le dessin de l'autre expérimentateur (la victime) (dans la condition expérimentale) ou une feuille de papier vierge (dans la condition de contrôle). Dans les deux conditions, la victime observe l'agresseur de manière neutre. L'apparence et le souci des enfants envers la victime ont été analysés. Ce paradigme permet d'évaluer la réponse émotionnelle (préoccupation pour la victime) des enfants à une situation négative et la façon dont ils arrivent à ce jugement moral (réponse affective) sans apport affectif manifeste ou visible (ni sentiments viscéraux ni contagion émotionnelle).

Les données obtenues montrent que les très jeunes enfants (âgés de 18 et 25 mois) peuvent sympathiser avec la victime en l'absence de signal émotionnel manifeste. Ce résultat suggère qu'ils entrent en sympathie par une forme d'adoption de vue affective, en imaginant comment l'autre personne se sent sur la base de divers indices non émotionnels et en se mettant à sa place.

Par quel mécanisme les enfants parviennent-ils à la sympathie ? Dans cette situation, la sympathie ne résulte pas directement de l'exposition aux signaux de la victime (comme l'imitation de signaux émotionnels ou via la contagion émotionnelle). Elle semble résulter de l'imagination et de l'adoption de la perspective affective d'autrui. Elle implique la prise en compte de la source du sentiment d'autrui et donc une concentration sur l'autre. Sur un plan sentimentaliste, cela implique une inférence sur l'état affectif de l'autre en se mettant à la place de celui-ci et en basant sa réponse sur ces inférences. En l'absence d'indices émotionnels perceptuels, une façon de procéder à cette inférence est via la simulation qui consiste à s'imaginer dans la situation d'autrui. Ces travaux montrent que les enfants de moins de 3 ans, avant l'émergence de compétences cognitives et linguistiques sophistiquées, peuvent posséder la capacité d'adoption d'une perspective affective. Bien qu'il n'existe pas de consensus à savoir si à l'âge de 2 ans, les enfants ont une théorie de l'esprit, il y a un consensus que des capacités imaginatives émergent à 24 mois [Passos-Ferreira, 2018].

Les capacités d'imagination et d'adoption de perspective apparaissent donc très tôt dans le développement ontogénétique. Elles permettent d'expliquer comment les jeunes enfants peuvent participer à la désapprobation morale.

Pour résumer : les réactions viscérales et le respect des règles explicites, sans imagination, s'expliquent par la dépendance asymétrique du jugement moral à l'imagination proposée par Kauppinen. Chez les jeunes enfants, cependant, la compétence morale peut impliquer un rôle plus direct de l'imagination. Selon l'approche sentimentaliste de Kauppinen, les petits enfants semblent avoir la capacité minimale d'adoption de perspective que requiert la compétence morale. Ils deviennent des agents moraux par degrés ; ils développeront plus tard d'autres capacités cognitives qui élargiront leur capacité d'agir moral.

Une dernière question est de savoir si les actions surérogatoires d'aide et de coopération et la moralité fondée sur des normes sont associées à deux voies distinctes de la moralité, comme Maibom semble le suggérer. Tomasello et Vaish [2013] avancent que l'émergence ontogénétique de la moralité pourrait être parallèle aux origines phylogénétiques de la moralité humaine. Nous commençons par la coopération mutuelle et des interactions motivées par la pro-socialisation avec des individus spécifiques, puis nous développons une moralité impersonnelle basée sur les conventions sociales et les normes morales. De ce fait, les enfants de moins de 3 ans ne sont pas vraiment capables de comprendre les normes morales brutes. Ce que leur comportement montre n'est pas le respect des normes morales mais plutôt une réponse aux impératifs des adultes. Si cela est correct, les premiers stades du jugement moral peuvent commencer par l'empathie imaginative et l'adoption de perspective affective.

5. Conclusion

Récapitulons. Nous défendons une approche de la moralité centrée sur l'imagination : l'empathie imaginative et l'adoption de perspective sont au cœur du raisonnement moral. L'exercice de la compétence morale avec des sentiments viscéraux et par le respect de règles explicites en cas d'autisme et chez les jeunes enfants ne contredit pas l'approche centrée sur l'imagination. Ces cas trouvent des explications différentes, cohérentes avec l'idée que les jugements moraux sont basés sur des processus sentimentalistes.

Nous présentons une nouvelle explication de la capacité des jeunes enfants à exprimer un jugement moral basé sur l'imagination. Encourager les enfants à imaginer les sentiments et les pensées des autres peut s'avérer le meilleur moyen de contribuer non seulement à leur socialisation et à leur interaction coopérative, mais aussi à leur éducation morale et à l'internalisation des règles morales.

Références bibliographiques

Batson, C. Daniel [2011], *Altruism in Humans*, New York, Oxford University Press.

Batson, C. Daniel, Duncan, Bruce D., Ackerman, Paula, Buckley, Terese & Birch, Kimberly [1981], "Is Empathic Emotion a Source of Altruistic Motivation?", *Journal of Personality and Social Psychology*, 40, 2, 290-302.

Batson, C. Daniel, Lishner, David A., Carpenter, Amy, Dulin, Luis, Harjusola-Webb, Sanna, Stocks, E. L., Gale, Shawna, Hassan, Omar & Sampat, Brenda [2003], "...As You Would Have Them Do Unto You: Does Imagining Yourself in the Others Place Stimulate Moral Actions?", *Personality and Social Psychology Bulletin*, 29, 9, 1190-1201.

Batson, C. Daniel, Sager, Karen, Garst, Eric, Kang, Misook, Rubchinsky, Kostia, & Dawson, Karen [1997], "Is Empathy-Induced Helping Due to Self-Other Merging?", *Journal of Personality and Social Psychology*, 73, 3, 495-509.

Batson, C. Daniel & Shaw, Laura L. [1991], "Evidence for Altruism: Toward a Pluralism of Prosocial Motives", *Psychological Inquiry*, 2, 107-122.

Bloom, Paul [2016], *Against Empathy. The Case for Rational Compassion*, New York, Ecco.

Coeckelbergh, Mark [2007], *Imagination and Principles. An Essay on the Role of Imagination in Moral Reasoning*, London, Palgrave-Macmillan.

Darwall, Stephen [1998], "Empathy, Sympathy, Care", *Philosophical Studies*, 89, 2-3, 281-282.

Decety, Jean [2004], « L'empathie est-elle une simulation mentale de la subjectivité d'autrui ? », in Alain Berthoz & Gérard Jorland (dir.), *L'Empathie*, Paris, Odile Jacob, 53-88.

Decety, Jean & Jackson, Philip L. [2006], "A Social-Neuroscience Perspective on Empathy", *Current Directions in Psychological Science*, 15, 2, 54-58.

De Vignemont, Frederique & Frith, Uta [2008], "Autism, Morality and Empathy", in Walter Sinnott-Armstrong (ed.), *Moral Psychology. Volume 3. The Neuroscience of Morality: Emotion, Brain Disorders, and Development*, Cambridge (MA), MIT Press, 273-280.

De Vignemont, Frederique & Singer, Tania [2006], "The Empathic Brain: How, When and Why?", *Trends in Cognitive Sciences*, 10, 10, 435-441.

Eisenberg, Nancy [2000], "Emotion, Regulation, and Moral Development", *Annual Review of Psychology*, 51, 1, 665-697.

Eisenberg, Nancy & Strayer, Janet [1987], "Critical Issues in the Study of Empathy", in Nancy Eisenberg & Janet Strayer (eds.), *Empathy and its Development*, Cambridge, Cambridge University Press, « Cambridge Studies in Social & Emotional Development », 3-13.

Goldie, Peter [2011], "Anti-empathy: Against Empathy as Perspective Shifting", in Amy Coplan & Peter Goldie (eds.), *Empathy. Philosophical and Psychological Perspectives*, New York, Oxford University Press, 302-317.

Goldman, Alvin I. [2006], *Simulating Minds. The Philosophy, Psychology, and Neuroscience of Mindreading*, New York, Oxford University Press.

Haidt, Jonathan [2001], "The Emotional Dog and Its Rational Tail: A Social Intuitionist Approach to Moral Judgment", *Psychological Review*, 108, 4, 814-834.

Haidt, Jonathan, Koller, Silvia Helena, & Dias, Maria G. [1993], "Affect, Culture, and Morality, or Is it Wrong To Eat Your Dog?", *Journal of Personality and Social Psychology*, 65, 4, 613-628.

Hobson, Jessica A., Harris, Ruth, García-Pérez, Rosa & Hobson, R. Peter [2009], "Anticipatory Concern: A Study in Autism", *Developmental Science*, 12, 2, 249-263.

Hoffman, Martin L. [2000], *Empathy and Moral Development. Implications for Caring and Justice*, Cambridge, Cambridge University Press.

Holton, Richard & Langton, Rae [1998], "Empathy and Animal Ethics", in Dale Jamieson (ed.), *Singer and His Critics*, Oxford, Blackwell, 209-232.

Hume, David [1739/1978], *A Treatise of Human Nature*, ed. P.H. Nidditch, Oxford, Oxford University Press.

Johnson, Mark [2016], "Moral Imagination", in Amy Kind (ed.), *The Routledge Handbook of Philosophy of Imagination*, Abingdon-New York, Routledge, 355-367.

Kauppinen, Antti [2010], "What Makes a Sentiment Moral?", in Russ Shafer-Landau (ed.), *Oxford Studies in Metaethics. Volume 5*, Oxford University Press, 225-256.

— [2014], "Empathy, Emotion Regulation, and Moral Judgment", in Heidi L. Maibom (ed.), *Empathy and Morality*, New York, Oxford University Press, 97-121.

Kennett, Jeanette [2002], "Autism, Empathy and Moral Agency", *The Philosophical Quarterly*, 52, 208, 340-357.

Maibom, Heidi L. [2009], "Feeling for Others: Empathy, Sympathy, and Morality", *Inquiry*, 52, 5, 483-499.

— [2010], "Imagining Others", *Les Ateliers de l'éthique*, 5, 1, 34-49.

McGeer, Victoria [2008], "Varieties of Moral Agency: Lessons from Autism (and Psychopathy)", in Walter Sinnott-Armstrong (ed.), *Moral Psychology. Volume 3. The Neuroscience of Morality: Emotion, Brain Disorders, and Development*, Cambridge (MA), MIT Press, 227-257.

Nichols, Shaun [2004], *Sentimental Rules. On the Natural Foundations of Moral Judgement*, New York, Oxford University Press.

Pacherie, Élisabeth [2004], « L'empathie et ses degrés », in Alain Berthoz & Gérard Jorland (dir.), *L'Empathie*, Paris, Odile Jacob, 149-181.

Passos-Ferreira, Claudia [2015], "In Defense of Empathy: A Response to Prinz", *Abstracta*, 8, 2, 31-51.

— [2018], "Imagination in Infants", *The Junkyard. A scholarly blog devoted to the study of imagination*, March 21, https://junkyardofthemind.com/blog?author=5a39c170419202030ee8459a.

Prinz, Jesse [2011a], "Is Empathy Necessary for Morality?", in Amy Coplan & Peter Goldie (eds.), *Empathy. Philosophical and Psychological Perspectives*, New York, Oxford University Press, 211-229.

— [2011b], "Against empathy", *Southern Journal of Philosophy*, 49, 214-233.

Smith, Adam [1759/2009], *The Theory of Moral Sentiments*, New York, Penguin Books.

— [1999], *Théorie des sentiments moraux*, trad. Michaël Biziou, Claude Gautier & Jean-François Pradeau, Paris, PUF.

Tomasello, Michael & Vaish, Amrisha [2013], "Origins of Human Cooperation and Morality", *Annual Review of Psychology*, 64, 231-255.

Vaish, Amrisha, Carpenter, Malinda & Tomasello, Michael [2009], "Sympathy Through Affective Perspective Taking and Its Relation to Prosocial Behavior in Toddlers", *Developmental Psychology*, 45, 2, 534-543.

Vaish, Amrisha & Warneken, Felix [2011], "Social-Cognitive Contributors to Young Children's Empathic and Prosocial Behavior", in Jean Decety (ed.), *Empathy: From Bench to Bedside*, Cambridge (MA), MIT Press.

Zahn-Waxler, Carolyn & Radke-Yarrow, Marian [1990], "The Origins of Empathic Concern", *Motivation and Emotion*, 14, 2, 107-130.

Claudia PASSOS-FERREIRA
New York University
New York, États-Unis
cpassosferreira@gmail.com

La fabrication d'image en politique et la prise en otage de l'imagination politique citoyenne
Sophie CLOUTIER

Les médias de masse et les médias sociaux jouent un rôle de plus en plus important en politique, comme il a été possible de le constater lors de la dernière élection présidentielle américaine. À cela s'ajoute la question des « faits alternatifs » et du mensonge en politique. Nous proposons de réfléchir à cette problématique de la médiatisation du politique et plus particulièrement, de la fabrication d'image et de son impact sur l'imagination politique citoyenne, à partir de la pensée de Hannah Arendt. Notre hypothèse, c'est que la pensée arendtienne déploie deux registres du sensible qu'il convient de distinguer afin de retrouver le sens authentique de l'action politique et de circonscrire le rôle de l'imagination en politique.

Premièrement, le registre de l'apparence, qui réfère à la présence spontanée faisant intervenir le jugement et l'imagination. Dans *Condition de l'homme moderne*, Arendt décrit en effet le domaine politique comme un espace d'apparence, une scène publique où les acteurs apparaissent et révèlent leur singularité. Cette révélation est spontanée et l'acteur n'est jamais pleinement maître de son apparition, il est toujours à la fois patient et redevable de la présence des autres qui donneront un sens à ses actions et à ses paroles et qui jugeront sa performance. Arendt considérait d'ailleurs le jugement comme notre faculté politique par excellence puisqu'il nous permet de nous orienter dans le monde commun.

Deuxièmement, il y a le registre de l'image fabriquée qui renvoie à une tentative de contrôle du visible, une maîtrise de l'image qui empêche la révélation spontanée de la singularité. Dans ce deuxième registre, les citoyens sont réduits à des spectateurs passifs, consommateurs d'images médiatisées. Leur imagination se retrouve en quelque sorte prise en otage par les images relayées en boucle sur leurs écrans. Tandis que l'imagination des producteurs d'image est totalement débridée, coupée de la réalité. Ce deuxième registre est à l'œuvre dans *Du mensonge à la violence*, où Arendt se penche sur le scandale des

« papiers du Pentagone ». Elle explique notamment que les spécialistes des relations publiques pensent désormais que « la politique est faite, pour une part, de la fabrication d'une certaine « image » et, pour l'autre, de l'art de faire croire en la réalité de cette image » [Arendt, 1972a, 13]. Cette transformation du politique, induite par la société de consommateurs, inquiète Arendt puisqu'elle correspond à un oubli du sens de l'action politique. Le marketing politique risque par ailleurs d'avoir des effets néfastes sur la faculté de juger.

Afin de pouvoir saisir la distinction entre ce que nous appelons les deux registres du sensible, il faut d'abord situer – et se situer dans – le cadre conceptuel arendtien. Ce cadre a en quelque sorte deux versants : un négatif, dans l'expérience totalitaire, et un positif, dans la reconstruction d'une phénoménologie politique. Par souci d'ancrer la pensée arendtienne dans sa généalogie, nous commencerons par le versant négatif, ce qui nous mènera par la suite au versant positif. En dernier lieu, nous nous pencherons plus spécifiquement sur les transformations qu'occasionne l'entrée massive des publicitaires en politique. Nous conclurons par quelques brèves remarques sur la faculté de juger et l'impact des médias sociaux.

1. Le versant négatif : l'épreuve totalitaire

Dans *Les Origines du totalitarisme*, Arendt décrit le système totalitaire comme un événement sans précédent, un nouveau type de régime qu'elle distingue de la dictature et de la tyrannie. Sans entrer dans le détail, mentionnons que le totalitarisme est plus extrême que la tyrannie puisqu'il investit toutes les sphères de la vie. La tyrannie empêche certes les gens d'agir politiquement, mais l'isolement causé par la tyrannie n'atteint pas la sphère privée. Le totalitarisme cherche au contraire à empêcher toute forme de relation entre les gens, même dans leur vie privée. La terreur entre dans les maisons, les murs ont des oreilles.

Selon Arendt, le totalitarisme représente une forme radicale de mal politique puisqu'il s'attaque à la racine même du politique, à savoir la pluralité humaine. Elle avance en effet que la politique est liée au fait que nous sommes plusieurs à habiter cette terre. Elle décrit la pluralité comme l'égalité dans la distinction [Arendt, 1983, 231], c'est-à-dire le fait que chacun est égal aux autres tout en étant unique. Le totalitarisme s'attaque à la pluralité en niant la liberté et la spontanéité humaine, en faisant en sorte que les gens cessent d'agir et de penser par eux-mêmes. Il cherche à remplacer la pluralité des points de vue par une vision unique, à transformer la nation en un seul corps chantant à l'unisson l'hymne de l'idéologie. Les individus se retrouvent contraints par la logique implacable de l'idéologie et le cercle de fer de la terreur, perdant graduellement le sens de la liberté et la capacité d'agir spontanément avec les autres.

Le totalitarisme crée ainsi un climat de terreur qui détruit le tissu social et mène à un stade avancé d'isolement, qu'Arendt nomme *la désolation* et qu'elle décrit comme « l'expérience d'absolue non-appartenance au monde » [1972b, 226]. L'individu désolé se retrouve entouré d'autres individus avec lesquels il ne peut pas établir de contact. La désolation se distingue de la solitude en ce que dans la solitude, l'individu est seul avec lui-même, il se tient compagnie. La solitude est la condition pour la pensée, qu'Arendt décrit justement dans sa forme socratique comme le dialogue silencieux entre moi et moi-même [1981]. La désolation est une situation extrême puisqu'elle atteint la vie de l'esprit elle-même, l'individu désolé n'arrive même plus à se tenir compagnie, son propre moi l'abandonne [1972b, 228]. Comme l'explique Arendt : « Ce qui rend la désolation si intolérable c'est la perte du moi, qui, s'il peut prendre réalité dans la solitude, ne peut toutefois être confirmé dans son identité que par la présence confiante et digne de foi de mes égaux » [1972b, 229]. Ce qui nous semble particulièrement fructueux dans la pensée arendtienne, c'est cette analyse de la relation entre le rapport au monde et la vie de l'esprit qui révèle comment l'atomisation sociale affecte le fonctionnement de nos facultés mentales. Arendt reviendra sur cette question à la toute fin de sa vie dans son œuvre inachevée *La Vie de l'esprit*. Cette analyse est aussi au fondement de sa notion de banalité du mal [1966]. Adolf Eichmann deviendra justement l'idéal-type de l'individu désolé, un être faisant preuve de vacuité de l'esprit, incapable de distinguer entre la fiction et la réalité, incapable de penser par lui-même et de se mettre à la place des autres.

Les masses d'individus désolés deviennent ainsi les proies idéales pour l'idéologie, la propagande et l'endoctrinement. Comme l'explique Arendt, l'efficacité de la propagande « met en lumière l'une des principales caractéristiques des masses modernes. Elles ne croient pas à rien de visible, à la réalité de leur propre expérience ; elles ne font confiance ni à leurs yeux ni à leurs oreilles, mais à leur seule imagination, qui se laisse séduire par tout ce qui est universel et cohérent par soi-même » [1972b, 78]. Arendt est ici tributaire de la défense kantienne de l'usage public de la raison. En effet, sans la possibilité d'échanger avec les autres, l'individu de masse se retrouve coupé de la réalité et du sens commun, contraint par la force logique de l'idéologie. Les masses se laissent ainsi convaincre, non par les faits, même inventés, mais par la cohérence d'un système idéologique. Elles refusent de reconnaître le caractère contingent de la réalité. Selon Arendt, ce refus ne tient pas tant de la stupidité que de la tentative désespérée de s'évader du désastre. L'imagination est ici totalement débridée, déracinée du sol de la réalité et de l'expérience du sens commun. Arendt insiste, les chefs totalitaires ont besoin de cette atomisation sociale pour asseoir leur domination et imposer leur idéologie.

La fabrication d'image joue évidemment un rôle prépondérant dans les régimes totalitaires, que ce soit par la fabrication d'un récit de culpabilité pour inculper des victimes innocentes, la création d'ennemis objectifs, l'invention d'une conspiration juive mondiale, etc. La plus grande image fabriquée par les régimes totalitaires est sans doute celle de la puissance souveraine et de l'omnipotence. *Le Triomphe de la volonté* de Leni Riefenstahl, sorti en 1935 et commandé par Hitler, est un exemple éloquent de l'utilisation du cinéma comme médium de diffusion de masse de l'idéologie. Les images de défilés militaires bien cadencés alimentent le fantasme de l'unité et la répétition de ces images renforce l'idée de cohérence si séduisante pour les masses. L'individu déraciné, désolé, ne peut que vouloir appartenir à un mouvement qui promet enfin de l'inclure. Évidemment, on lui cache bien que cette place sera toujours fragile et son exclusion, arbitraire. Comme outil de propagande destiné au monde extérieur, le film de Riefenstahl produit l'image de la puissance d'une Allemagne souveraine qui renaît de ses cendres.

Il y aurait encore beaucoup à dire sur l'analyse arendtienne du totalitarisme. Soulignons simplement l'importance de l'expérience totalitaire puisqu'elle constitue la toile de fond de la réflexion arendtienne sur le scandale des « papiers du Pentagone » et d'une manière générale, le spectre qui hante sa pensée. L'organisation totalitaire a fait en sorte que les individus agissent conformément aux règles d'un monde fictif et leur a fait croire que « tout est possible ».

2. Le versant positif : la reconstruction

C'est pour répondre à l'épreuve totalitaire qu'Arendt entreprend sa démarche d'élaboration d'une phénoménologie politique. En effet, si le totalitarisme s'est posé comme la tentative d'éliminer la pluralité, comme la négation du politique, la tâche est donc de repenser le politique. Comme le rappelle Paul Ricœur : « Le rapport entre *Condition de l'homme moderne* et *Les Origines du totalitarisme* résulte de l'inversion de la question posée par le totalitarisme ; si l'hypothèse « tout est possible » conduit à la destruction totale, quelles barrières et quelles ressources la condition humaine elle-même oppose-t-elle à cette hypothèse terroriste ? C'est ainsi qu'il faut lire *Condition de l'homme moderne* comme le livre de la résistance et de la reconstruction »

[Ricœur, 1983, 14]. Arendt a en effet montré que le totalitarisme visait une « fabrication du genre humain » [1972b, 210] et elle se plaît à citer cette formule de Montesquieu : « L'homme, cet être flexible, se pliant dans la société aux pensées & aux impressions des autres, est également capable de connoître sa propre nature lorsqu'on la lui montre, & d'en perdre jusqu'au sentiment lorsqu'on la lui dérobe »[1].

Devant cette possible flexibilité de la nature humaine et, surtout, devant l'insolubilité même de la question de la nature humaine, problème augustinien par excellence, Arendt opte pour une analyse de la condition humaine. Il s'agit là d'un choix méthodologique dont l'objectif est de circonscrire les traits permanents de l'existence humaine. Il faut entendre *condition* dans sa double acception, au sens, d'une part, de ce qui conditionne notre existence, la nature et la culture, et d'autre part, au sens de conditions de possibilité, c'est-à-dire ce qui rend possible ce que nous sommes [Arendt, 1983, 43-44]. Arendt avance que notre condition humaine est triple car elle se compose de la vie, du monde et de la pluralité, à quoi répondent les trois activités de la *vita activa* que sont le travail, l'œuvre et l'action. Reprenons schématiquement chacune des activités afin de dégager ce qui fait le propre de l'action et qui constitue le cœur de sa phénoménologie politique.

Premièrement, le travail est l'activité qui répond à la condition de la vie. La vie est donnée par le corps et l'humain doit répondre à ses besoins vitaux par le travail corporel. Le travail produit des biens de consommation qui n'ont aucune permanence : s'ils ne sont pas consommés presque immédiatement, ils se désagrègent d'eux-mêmes. La temporalité cyclique du travail mime le cycle de la nature. Les besoins se répètent continuellement, engageant un effort pour les combler et un plaisir de les avoir assouvis. Le travail est ainsi contraint dans un cycle qui tourne sur lui-même et qui fait que l'*animal laborans* est tout entier absorbé par la satisfaction de ses besoins et la recherche de plaisir.

Deuxièmement, l'œuvre répond à la condition de l'appartenance au monde, à l'impulsion humaine à se créer un habitat non naturel. L'œuvre produit des objets qui ont une certaine durabilité et qui permettent ainsi d'ériger un monde qui survit au passage des générations. Les objets sont certes utilisés et s'usent, mais leur but premier n'est pas d'être consommés. D'autant plus que l'idée, le modèle mental de l'œuvre, perdure dans le processus de réification. L'œuvre d'art occupe par ailleurs une position privilégiée en ce qu'elle n'est pas

---

[1] Montesquieu [1970], « Préface », 35. Cité notamment dans « A Reply to Eric Voegelin », in Arendt [2005], 408.

utilisée et a donc une plus grande mondanéité, une plus grande permanence au monde. La temporalité de l'œuvre rompt le cycle du travail en introduisant l'idée d'un début et d'une fin prédéterminée. L'œuvre nécessite en effet un processus réflexif que ne possède pas le travail.

Enfin, l'action répond à la condition de la pluralité, c'est-à-dire au fait que nous sommes une pluralité d'êtres uniques à partager le monde. Si l'œuvre permet de créer un monde durable, un monde artificiel qui se distingue de l'habitat naturel, l'action permet d'édifier un monde proprement humain. En effet, sans action et sans parole, le monde ne serait qu'un amas de choses dépourvu de signification. L'action permet de réguler les rapports humains par des choses immatérielles telles que les lois, les institutions ou les coutumes.

Arendt accorde à l'action une capacité révélatoire puisque c'est seulement dans l'action et la parole qu'une personne peut manifester son unicité. L'humain acquiert ainsi sa réalité du fait d'être vu et entendu par les autres. L'agent, en s'insérant dans le monde, montre qu'il est capable de dire des paroles et de poser des gestes que personne n'avait prévus, révélant du coup sa singularité. Cette révélation est impossible dans le travail, car comme l'indique Jacques Taminiaux : « Eu égard à la vie, la question « Qui es-tu, toi qui peines? » – ou « toi qui trouves joie et réconfort dans la marche assurée du circuit vital » – ne saurait se poser, car une singularité irremplaçable ne saurait se faire jour dans un processus vital régi par la répétition du même » [1992, 42].

Arendt pose une distinction entre le « qui » et le « ce que ». Le « ce que » représente les talents, les aptitudes ou les défauts d'une personne qu'elle peut choisir de montrer ou de cacher. Dans l'œuvre, par exemple, l'artiste peut démontrer ce qu'il est ; il rend manifestes ses talents et son aptitude à s'opposer à la nature pour la transfigurer en l'objet qu'il a d'abord imaginé. Contrairement, le « qui » ne se maîtrise pas et il faudrait vivre dans un silence et une passivité totale pour le cacher. Comme l'explique Arendt :

> [...] il est presque impossible de le révéler volontairement comme si l'on possédait ce « qui » et que l'on puisse en disposer de la même manière que l'on a des qualités et que l'on en dispose. Au contraire, il est probable que le « qui », qui apparaît si nettement, si clairement aux autres, demeure caché à la personne elle-même, comme le *daimôn* de la religion grecque qui accompagne chaque homme tout au long de sa vie, mais se tient toujours derrière lui en regardant par-dessus son épaule, visible seulement aux gens que l'on rencontre. [Arendt, 1983, 236.]

Selon Arendt, l'apparition de notre « qui » sur la scène publique correspond à une seconde naissance. Cette insertion dans le monde n'est pas imposée par la nécessité, comme dans le travail, et ne relève pas non plus de l'utilité, comme dans l'œuvre. Elle est le lieu de la liberté. Arendt avance que la faculté d'agir s'enracine ontologiquement dans la natalité. Comme elle l'exprime, l'impulsion d'agir vient du « commencement venu au monde à l'heure de notre naissance et auquel nous répondons en commençant du neuf de notre propre initiative. [...] Parce qu'ils sont *initium*, nouveaux venus et novateurs en vertu de leur naissance, les hommes prennent des initiatives, ils sont portés à l'action » [1983, 233]. Le concept de natalité est un concept novateur et on peut y lire la réponse d'Arendt à l'être-pour-la-mort de Heidegger. Dans une très belle formule, elle écrit : « les hommes, bien qu'ils doivent mourir, ne sont pas nés pour mourir, mais pour innover » [1983, 313]. L'action est ainsi une faculté thaumaturgique dont la temporalité est particulière puisqu'elle est le pouvoir d'interrompre le fil du temps pour faire advenir de la nouveauté dans le monde.

En somme, Arendt donne à l'action quatre caractéristiques : l'imprévisibilité, l'irréversibilité, l'illimitation et l'ambiguïté. Autant de caractéristiques qui montrent que le domaine des affaires humaines est immaîtrisable et fondamentalement fragile. Cette fragilité de l'action réside dans son intangibilité, dans le fait qu'elle ne produit rien, excepté sa propre apparition. Étant donné que l'acteur n'agit jamais seul et qu'il est toujours inscrit dans un réseau de relations, le sens de son action et de ses paroles demeure ambigu puisqu'il est tributaire de la réception et de l'interprétation des autres. Nous voilà au cœur du registre du sensible de l'action spontanée. C'est sur la scène publique que l'acteur peut révéler sa singularité. Et son action devra être jugée dans sa pure apparence, comme une fin en soi. Étant donné que le monde commun est fondamentalement un espace d'apparence, la critique arendtienne de l'image en politique ne se situe donc pas au niveau d'une critique platonicienne entre l'être et l'apparaître. Le problème se loge plutôt au niveau de la fabrication de l'image, c'est-à-dire de la tentative de contrôle de l'apparence et de la négation de la pluralité humaine.

3. Les publicitaires en politique

En s'attachant à la description phénoménologique des activités de la *vita activa*, Arendt veut mettre au jour la perte de distinctions entre ces activités qui résulte en un oubli du politique. Elle prend à rebours la tradition de philosophie politique pour montrer comment l'action a été comprise en termes de fabrication. Avec Platon, la tradition occidentale de philosophie politique s'institue dans un geste de rupture avec la contingence et la fragilité propre aux affaires humaines, rupture qui se traduit dans un « désir de substituer le faire à l'agir » [Arendt, 1983, 289], comme si l'on pouvait faire une cité de la même manière qu'on construit une maison. Si Arendt constate ce refus de la contingence dans la philosophie politique, elle comprend surtout que le problème n'est plus seulement d'ordre théorique, il est d'ordre politique, au sens où la rupture a été consommée.

Le totalitarisme est l'exemple paradigmatique de cette rupture. Mais à la suite du scandale des papiers du Pentagone, Arendt s'inquiète de l'état de la République américaine. Dans son *Essai sur la révolution*, elle louait la révolution américaine qui était parvenue à instaurer un espace de liberté, mais elle avertissait du même souffle du risque que les États-Unis oublient leur acte de naissance révolutionnaire. Elle remarquait que les Américains faisaient preuve d'un oubli du sens de la liberté politique, de ce bonheur public inscrit dans la Constitution, au seul profit de la quête du bonheur privé. Ainsi, dès les années 1960, Arendt s'intéresse aux effets de la société de consommation sur la vie politique, une réflexion que prolonge Zygmunt Bauman avec son concept de modernité liquide (voir notamment Bauman [2013]).

Selon Arendt, ce qui fait scandale dans l'affaire des papiers du Pentagone ne tient pas tant dans la mise au jour de mensonges que dans le mépris de la réalité et dans la fabrication d'une image conçue et déployée grâce aux moyens de l'industrie de la publicité, et particulièrement les techniques des publicitaires de Madison Avenue. Rappelons rapidement qu'au début de l'année 1971, le *New York Times* commence à publier, sans autorisation, un rapport interne du Pentagone de 7000 pages sur la guerre du Vietnam alors en cours. En juin, le *Washington Post* se met de la partie et publie une série d'articles sur ce rapport. Les deux journaux recevront des injonctions du président Nixon les sommant de cesser ces publications. À la fin juin, la Cour suprême statue, par 6 voix contre 3, que les injonctions sont des limitations préalables anticonstitutionnelles et que le gouvernement n'a pas satisfait à la charge de la preuve pour appliquer de telles limitations.

Dans son article « Du mensonge en politique. Réflexions sur les documents du Pentagone »[2], Arendt explique que le Pentagone avait accès à des rapports

---

[2] Cet article paraît d'abord dans *The New York Review of Books* en novembre 1971, puis il sera inclus dans l'ouvrage *The Crises of the Republic* en 1972. Nous citons la version française parue dans *Du mensonge à la violence* [1972a].

intègres sur la situation, faits par des gens de qualité sur le terrain, mais que les décisions prises par la Présidence américaine étaient en contradiction avec ces informations. Les papiers du Pentagone révèlent en fait que la guerre au Vietnam n'avait pas pour objectif la conquête de territoires ou la recherche d'avantages économiques, mais visait la création d'un certain état d'esprit et la fabrication de l'image de la superpuissance américaine. Comme elle l'écrit : « À l'arrière-plan de ce cliché, constamment repris, de la « plus grande puissance mondiale », se profilait le mythe périlleux de l'omnipotence » [1972a, 42]. Arendt démontre comment les milieux dirigeants se coupent de la réalité et des faits afin de promouvoir l'image de marque des États-Unis. Comme elle le souligne, ces milieux « n'avaient nul besoin de faits et d'informations : ils avaient une « théorie », et toutes les données qui ne concordaient pas avec elle étaient rejetées ou délibérément ignorées » [Arendt, 1972a, 43]. Afin de diffuser massivement cette théorie et cette image du pays, les milieux dirigeants font appel aux spécialistes des relations publiques et de la résolution de problèmes.

Le scandale des papiers du Pentagone met ainsi au jour un problème beaucoup plus pernicieux que celui du seul mensonge en politique. En effet, Arendt rappelle que le secret, la discrétion diplomatique, la tromperie, la falsification et le mensonge ont toujours fait partie du paysage politique, comme autant de moyens de réaliser des objectifs politiques. Cette possibilité de mentir est liée à la nature même de l'action, c'est-à-dire à la capacité active de déformer, par la pensée et la parole, ce qui se présente comme un fait. Pour citer Arendt : « Autrement dit, la négation délibérée de la réalité – la capacité de mentir – et la possibilité de modifier les faits – celle d'agir – sont intimement liées ; elles procèdent l'une et l'autre de la même source : l'imagination » [1972a, 9]. De manière similaire à Sartre (voir notamment Sartre [1940]), Arendt soutient que l'humain, bien qu'il soit apte à appréhender le monde par les sens et le raisonnement, n'est pas totalement inséré, ou englué, dans le monde. Il peut prendre une distance par rapport au réel pour l'imaginer autrement. Et c'est parce que nous pouvons imaginer les choses autrement que nous pouvons agir dans le monde. Cependant, Arendt avance que le pouvoir de l'imagination en politique doit être limité, au sens où il importe de ramener sur terre les forces de l'imagination. La personne qui agit politiquement est effectivement limitée par la dimension de la réalité quotidienne [Arendt, 1972a, 12], son imagination n'est pas complètement débridée, elle sait que tout n'est pas possible puisqu'elle agit avec d'autres personnes dans un certain contexte. Par ailleurs, le mensonge implique qu'on connaît encore la distinction entre la vérité et la fiction. Cependant, le danger, c'est que le menteur se dupe lui-même et finisse par perdre tout contact avec le monde réel.

Le problème avec les spécialistes des relations publiques, c'est qu'ils ne sont pas limités par la réalité quotidienne, comme les acteurs politiques le sont. Arendt remarque en effet que ces spécialistes se soucient exclusivement de l'opinion publique – ce sont des créateurs de tendances, des vendeurs d'images. Ils viennent du monde de la publicité commerciale, de la société de consommation, donc de la sphère du travail. Comme l'explique Arendt : « La seule limite qui s'impose à l'action du spécialiste de relations publiques se présente lorsqu'il s'aperçoit de l'impossibilité de « vendre » certaines opinions ou certaines convictions politiques à ces mêmes personnes qu'il aurait pu « manipuler » pour leur faire acheter une marque de savon – mais ces opinions peuvent évidemment être imposées par la terreur » [1972a, 12]. En montrant comment ces spécialistes développent des argumentaires différents afin de vendre l'image de la puissance américaine selon les publics cibles, Arendt expose les mécanismes de la transformation du politique en entreprise de marketing. Elle écrit : « Faire de la présentation d'une certaine image la base de toute une politique – chercher, non pas la conquête du monde, mais à l'emporter dans une bataille dont l'enjeu est « l'esprit des gens » – voilà bien quelque chose de nouveau dans cet immense amas de folies humaines enregistré dans l'histoire » [1972a, 22].

L'analyse fine d'Arendt retrace les débuts du phénomène politique, maintenant bien connu, où la sphère militante de la communication, ce qui correspondrait à la propagande dans un régime totalitaire, se confond avec la sphère commerciale du marketing. Les années 1960 marquent ainsi un tournant dans la compréhension du politique et les États-Unis sont à l'avant-scène de ce changement. Pensons par exemple au premier débat politique télévisé, entre John F. Kennedy et Richard Nixon, le 26 septembre 1960. Le public retiendra que le républicain Nixon avait l'air amaigri et était moins bien habillé que son adversaire, le démocrate Kennedy. S'il est difficile d'affirmer que ce débat a coûté la victoire à Nixon, il ne l'a sans doute pas aidé. Nixon, transpirant à grosses gouttes, n'était pas en contrôle de son image. La télévision sera un véritable catalyseur dans cette transformation du politique, un médium efficace de diffusion d'image fabriquée. Comme le constate justement Christian Delporte, dans les années 1980, la présence des publicitaires s'institutionnalise sous l'effet du marketing politique [2001, 116]. Il ajoute :

La fabrication d'image en politique...

> L'image n'est plus, comme naguère, marquée par la solennité, la pompe, le lyrisme, le cérémonial. Son langage s'est simplifié, en même temps qu'elle se banalisait et se pacifiait. Mais si le discours s'est vulgarisé, l'usage de l'image, qui relève désormais de la stratégie politique, est devenu aussi plus complexe. Mêlée au jeu d'imbrication de l'offre et de la demande, l'image fournie au public résulte, au moins pour partie, de tests d'opinion. Thématiques et slogans font l'objet d'enquêtes de marché de plus en plus sophistiquées qui, une fois les cibles de population cernées, permettent de mieux orienter l'offre politique. [Delporte, 2001, 122.]

Cette citation montre à quel point le langage politique s'est transformé pour inclure celui de la société de consommation. Nous sommes bien loin de la description arendtienne de l'action comme révélation spontanée de la singularité. L'action est maintenant comprise dans les termes de l'activité du travail. Les politiques sont comme des produits destinés à la consommation qu'on met sur le marché pour séduire un public cible. Dans la conclusion de son étude sur les papiers du Pentagone, Arendt demeure confiante que l'emprise des publicitaires n'est pas infaillible, il existe encore des personnes qui se soucient de la vérité et des faits. Et surtout, il existe encore une presse libre et non corrompue qui a permis au public de prendre connaissance de ce que le gouvernement essayait de dissimuler. Elle ajoute néanmoins qu'« un autre problème est de savoir si le premier amendement pourra suffire à garantir cette liberté politique particulièrement essentielle : le droit à une information véridique et non manipulée, sans quoi la liberté d'opinion n'est plus qu'une cruelle mystification » [1972a, 49].

Arendt conçoit l'opinion politique dans son sens grec de *dokei moi*, de « il me semble ». Elle avance que la mise en commun des différentes perspectives sur le monde est nécessaire pour le comprendre. Et la compréhension du monde et la formation des opinions relèvent de la faculté de juger. Dans sa lecture politique du jugement esthétique réfléchissant kantien, Arendt avance que la validité du jugement est fondée dans l'appel au sens commun et que la mentalité élargie permet d'atteindre l'impartialité et d'éviter le piège de l'idiosyncrasie. Quoique le juge soit solitaire dans son activité réflexive, il n'est jamais isolé puisqu'« il rend les autres présents et se meut ainsi dans un espace public potentiel, ouvert à tous les points de vue ; en d'autres termes, il adopte la position du citoyen du monde kantien » [Arendt, 1991, 71]. Dans une très belle formule, elle dit qu'il faut « entraîner son imagination à aller en visite » [1991, 71], c'est-à-dire qu'il faut prendre en compte le plus de perspectives différentes, donc donner à notre jugement une forme intersubjective. Notre jugement doit ainsi inclure dans son activité même la pluralité humaine. Pour parvenir à un jugement qui soit impartial ou désintéressé, il faut aussi transformer la chose ou l'événement en représentation mentale, il faut la désensorialiser. Dans la *Critique de la faculté de juger*, Kant distingue en effet le jugement esthétique réfléchissant du jugement sur l'agréable et le bien. Il explique que le jugement esthétique est lié au sentiment de plaisir et de peine, mais ce sentiment n'est pas déterminé par la chose elle-même, il porte sur sa représentation.

Nous avons ici une clé pour appréhender les effets de la médiatisation politique sur les citoyens. Tout se passe comme si l'opération de représentation et de désensorialisation avait déjà été faite pour les citoyens. La télévision et les médias sociaux leur procurent les représentations sur lesquelles portera leur sentiment de plaisir et de déplaisir. Malheureusement, ces représentations sont tronquées, elles sont fabriquées sur mesure par les publicitaires. Le problème est aussi intensifié par les médias sociaux. Les algorithmes auxquels ils recourent font en sorte que l'utilisateur se retrouve pris dans une chambre d'écho. Ils filtrent les informations à l'insu de l'utilisateur et en fonction de son activité sur un réseau. L'utilisateur est de moins en moins exposé à des informations et des opinions qui diffèrent des siennes. À l'intérieur d'une chambre d'écho, une fausse rumeur peut gagner en crédibilité et une majorité d'individus peut croire en une version dénaturée d'une information véridique ou en une information tout simplement fausse. En ce sens, les médias sociaux peuvent avoir un effet désastreux sur la mentalité élargie, condition essentielle au jugement. L'imagination des citoyens est ainsi prise en otage, elle n'a plus la liberté d'aller en visite. À la suite du cinéma et de la télévision, ce sont maintenant vers les médias sociaux que se tournent les politiciens, ce qui n'augure rien de bon pour l'avenir.

En définitive, ce qui est en cause dans la critique de la fabrication d'image en politique concerne la tentative de créer une image unique qui masque la réalité afin de contrôler l'opinion publique. Ce contrôle implique, d'une part, l'imagination débridée des publicitaires qui créent une fiction et, d'autre part, la prise en otage de l'imagination citoyenne à qui on tente de faire croire qu'il n'y a pas d'alternative. Ainsi, le « tout est possible » et le « il n'y a aucune alternative » participeraient du même phénomène de perte du sens de la réalité – sens de la réalité qui ne se cultive que dans l'être-avec les autres. Arendt nous avertissait bien :

Les solutions totalitaires peuvent fort bien survivre à la chute des régimes totalitaires, sous la forme de tentations fortes qui surgiront chaque fois qu'il semblera impossible de soulager la misère politique, sociale et économique d'une manière qui soit digne de l'homme. [1972b, 201-202.]

Bibliographie

Arendt, Hannah [1966], *Eichmann à Jérusalem. Rapport sur la banalité du mal*, trad. Anne Guérin, Paris, Gallimard.

— [1972a], *Du mensonge à la violence*, trad. Guy Durand, Paris, Calmann-Lévy.

— [1972b], *Les Origines du totalitarisme. Le Système totalitaire*, trad. Jean-Louis Bourget, Robert Davreu & Patrick Lévy, Paris, Seuil.

— [1981], *La Vie de l'esprit. 1. La pensée*, trad. Lucienne Lotringer, Paris, PUF.

— [1983], *Condition de l'homme moderne*, trad. Georges Fradier, Paris, Calmann-Lévy.

— [1991], *Juger. Sur la philosophie politique de Kant*, trad. Myriam Revault d'Allonnes, Paris, Seuil.

— [2005], *Essays in Understanding 1930-1954*, New York, Schocken Books.

Bauman, Zygmunt [2013], *La Vie liquide*, trad. Christophe Rosson, Paris, Fayard, « Pluriel ».

Delporte, Christian [2001], « Image, politique et communication sous la Cinquième République », *Vingtième Siècle. Revue d'histoire*, 72, 4, 109-123.

Kant, Emmanuel [1995], *Critique de la faculté de juger*, trad. Alain Renaut, Paris, Aubier.

Montesquieu [1970], *De l'esprit des lois*, Paris, Gallimard.

Ricœur, Paul [1983], « Préface », in Arendt [1983], 1-39.

Sartre, Jean-Paul [1940], *L'Imaginaire. Psychologie phénoménologique de l'imagination*, Paris, Gallimard.

Taminiaux, Jacques [1992], *La Fille de Thrace et le penseur professionnel*, Paris, Payot.

Sophie CLOUTIER
Université Saint-Paul
Ottawa, Canada
scloutier@ustpaul.ca

L'imaginaire social aux sources de la philosophie
André LACROIX

> J'aimerais pouvoir penser que nous avons désormais atteint le moment qui nous permettra de renoncer à la conviction que partagent Platon et Marx, je veux dire l'idée que nécessairement on ne peut découvrir comment corriger l'injustice qu'en s'engageant sur de larges avenues théoriques par opposition à des chemins expérimentaux plus modestes.
>
> [Richard Rorty, cité par Cometti, 2010, 144.]

Introduction

Lorsque le spécialiste en éthique se propose d'intervenir, que ce soit dans un environnement de santé publique ou encore en milieu de travail pour les spécialistes de l'administration publique, du management et de l'éthique des affaires, pour tout sujet d'actualité en fait, il est souvent confronté à une première objection quant au bien-fondé de son travail : au nom de quelle autorité peut-il défendre l'objectivité d'une décision, recommandation ou analyse en matière d'éthique ? C'est la question que pose Lukas Sosoe [1998, 11-52], dans un texte qui fait écho à celui d'Alasdair MacIntyre [1984]. Comment le spécialiste en éthique peut-il, en d'autres termes, prétendre connaître ce qui est bien et mal, au sein d'un milieu donné, dans le cadre d'une situation et d'un contexte spécifiques ? Nonobstant la représentation qu'il se fait de l'éthique et nonobstant celle que s'en font ses interlocuteurs, il y a manifestement là une question qui renvoie à la distinction implicite que l'on doit faire entre les notions de valeur et de fait, entre ce qui relève d'une connaissance objective pouvant être vérifiée et validée et ce qui constitue un jugement reposant sur des valeurs issues de la communauté ; il y a là une question relative à notre manière d'établir ce qui est bien et mal au sein d'une communauté et d'une société données. Et cela reste le cas même si on fait porter le travail d'enquête sur l'identification du problème, la manière de le traiter et l'identification des principes et des valeurs pouvant aider à le résoudre. Ayant eu l'occasion de prononcer de nombreuses conférences sur l'éthique devant des parterres de professionnels, qu'ils le soient de la santé, de l'ingénierie, des affaires, des finances ou de l'administration publique, je ne peux que constater que la question de la portée du travail philosophique et de la manière dont on traite les notions de valeur et de fait dans la réflexion éthique doit être rapidement abordée pour éviter tout malentendu quant à la portée de mon intervention – que certains voudront associer à de pures spéculations et tenir pour une défense du relativisme moral, tandis que d'autres y chercheront de vaines vérités ou des dogmes susceptibles de les conforter dans leurs pratiques. Et cela est également vrai lorsqu'on s'adresse à un public averti comme celui des philosophes – qui ne manqueront pas d'associer l'intervention de l'éthicien à une imposture morale puisqu'ils sont nombreux à croire que l'intervention en éthique consiste à énoncer des recommandations pour lesquelles le philosophe est peu formé et peu qualifié.

Parallèlement à ces prestations devant des pairs et des professionnels, j'ai eu le privilège d'élaborer, avec des collègues, un séminaire de doctorat où nous abordons la notion de « philosophie pratique » en l'opposant aux notions de philosophie et de théorie ou, plus précisément, où nous tâchons de préciser ce que la tradition philosophique associe à la philosophie pratique et à la philosophie théorique afin de nous interroger sur la pertinence de cette distinction, ses conditions épistémologiques et ses présupposés sociaux. Nous avons d'ailleurs adopté pour ce séminaire la forme assez classique d'une recherche en deux temps : d'abord identifier les différentes compréhensions et expressions de la philosophie pratique à travers l'histoire et les courants de pensée, ensuite nommer les différentes déclinaisons contemporaines de la philosophie pratique, qui sont autant de pratiques de la philosophie, allant de l'éthique appliquée aux expériences de pensée en passant par le *counseling* philosophique, pour ne nommer que celles-là. Au terme de plusieurs prestations, lectures et échanges autour de la notion de philosophie pratique avec des étudiants et des collègues, l'évolution qu'a connue notre compréhension de la notion de pratique ne peut que nous interpeller : des Grecs jusqu'aujourd'hui, cette notion n'a rien d'univoque. Elle a reçu des compréhensions fort variées et les interprétations qu'on en a faites ont souvent partie liée avec la représentation que les contemporains du moment se font du monde, de l'être humain et de la science, autant de choses qui correspondent d'assez près à ce que l'on retrouve dans la notion d'imaginaire social.

Ce sont les observations et réflexions faites à l'occasion de ces expériences de communication que je souhaite mobiliser ici en me faisant le raisonnement suivant : et si les bonnes réponses éthiques à propos desquelles les éthiciens sont interpellés, tout comme les bonnes réponses philosophiques quant aux distinctions à faire entre la pratique et la théorie, étaient d'abord ancrées dans notre imaginaire social commun, lequel devrait se laisser continuellement interpréter par le biais de la réalité sociale de l'époque ou, pour le dire autrement, eu égard au monde « empirique » dans lequel nous nous mouvons et déployons nos pratiques ? Et si tel est le cas, notre manière de déployer notre réflexion, de la construire et de la justifier ne s'ancre-t-elle pas elle aussi dans cet imaginaire ? Et si oui, cet imaginaire social ne pourrait-il pas nous donner les clés pour faire tomber une fois pour toutes la fameuse distinction entre philosophies pratique et pure qui nous est si chère depuis Kant, et pour accepter de justifier la pratique à partir de cet imaginaire social constamment en évolution, qui pourrait aussi nous offrir les réponses aux questions éthiques autour desquelles l'éthique appliquée s'est constituée comme discipline ?

En ce sens, pratique et théorie seraient bien davantage un continuum qu'une opposition, voire les deux faces d'une même réalité, et l'éthique devrait par conséquent se laisser penser depuis cet imaginaire, comme une théorie de l'histoire, en quelque sorte, ou à tout le moins comme une « métaphysique empiriquement justifiable », si on ne craint pas la surenchère des formules ! En adoptant une telle posture, nous pourrions trouver un terrain plus sûr pour répondre à l'objection relative à la légitimité de l'intervenant en éthique. À défaut d'une certitude à offrir comme réponse, ce dernier pourrait avoir pour tâches d'aider à bien cerner l'imaginaire social à partir duquel devrait être conduite la réflexion sur une décision mettant en jeu des valeurs bien réelles, puis d'aider à mobiliser cet imaginaire pour identifier les valeurs et les normes pertinentes pour la résolution du problème, de même que la manière d'envisager et de faire vivre ce problème. Nous pourrions également trouver là une manière de revisiter notre compréhension même du travail philosophique et de ce qu'on peut attendre, voire espérer, des philosophes.

Procéder de la sorte implique de relever un défi des plus ambitieux, j'en conviens. Je n'ai donc nullement la prétention de convaincre qui que ce soit, ni de me faire le défenseur d'une métaphysique réaliste, mais plutôt d'explorer quelques pistes de réflexion afin de penser ce que pourrait être le « ciment des choses », pour reprendre le titre de Claudine Tiercelin [2011]. Je propose d'abord une définition de l'imaginaire social, en puisant chez Hilary et Ruth Anna Putnam [Putnam & Putnam, 2017] et John Searle [1998], mais aussi Cornelius Castoriadis [1975] et Paul Ricœur [Ricœur, 1983-1991 ; Castoriadis & Ricœur, 2016]. Étrange famille, diront certains, mais une famille quand même. Je prends la notion d'imaginaire social de Castoriadis comme point d'ancrage de l'éthique et de la philosophie, avant de revoir les distinctions entre pratique et théorie. Je fais ensuite voir comment cet imaginaire nous dicte en quelque sorte notre compréhension de la pratique à partir de laquelle nous élaborons nos théories. À cet égard, théorie et pratique ne pourraient plus décemment être opposées autrement que de manière purement rhétorique, sinon en les ancrant dans des traditions de recherche auxquelles différentes finalités sont attribuées. Pour illustrer cette « non-opposition », j'articule mon interprétation de la notion d'imaginaire social aux travaux d'auteurs associés à la recherche pragmatiste. Cela permet de revisiter le concept d'imaginaire social de Castoriadis. Fort de ces deux propositions, j'avance l'idée que le travail philosophique qui nous reste à réaliser consiste à réactualiser l'unité conceptuelle entre le pratique et le théorique pour réinvestir les sphères du politique et de l'éthique, afin de les penser dans la continuité au profit de l'enquête qui doit être déployée en amont, pendant et en aval de tout travail philosophique. Il s'agit, en d'autres termes, de soumettre la notion d'imaginaire social à une lecture pragmatiste des choses, ce qui permet de donner une tout autre résonance à la philosophie pratique, laquelle devient le point d'ancrage de tout travail philosophique, recueillant même au passage le travail théorique dans les mailles de son filet conceptuel, celui de la pratique.

1. De l'imagination à l'imaginaire

Il convient d'abord de bien distinguer entre l'imagination, ou l'imaginaire d'une personne, et l'imaginaire social dans lequel cette imagination se déploie et s'ancre tout à la fois. L'imagination est la faculté que possède une personne de se représenter des images et des connaissances, selon le Petit Robert. Elle est en ce sens, et pour cette raison, une véritable expérience sensible, qui prend sa source dans le monde vécu, à partir de ce que nous éprouvons. Ce monde vécu, pour reprendre des termes habermassiens, se constitue à partir des institutions qui le structurent, institutions qui s'organisent à partir d'un imaginaire social, un imaginaire commun qui pour Castoriadis est, en soi, une institution. Ainsi, les deux termes *imagination* et *imaginaire*, bien que renvoyant à des univers conceptuels bien distincts, sont en quelque sorte liés dans la mesure où ils se nourrissent mutuellement et se complètent au profit du travail de création et d'enquête propre à toute réflexion philosophique, au profit de l'expérience plus proprement philosophique.

L'imagination est en effet la capacité qu'a une personne de produire des images ou des figures conceptuelles pouvant avoir valeur de connaissance. Elle est également constitutive de puissance et de pouvoir, en ce sens qu'elle nourrit notre volonté d'agir et structure notre manière d'appréhender le monde, de le conceptualiser, bien sûr, mais surtout d'en offrir une explication qui soit acceptable à nos yeux. Les notions de puissance et de pouvoir que nous pouvons associer à l'imagination sont par conséquent déterminantes puisqu'elles nous permettent de situer l'imagination au niveau de notre capacité d'agir. L'imagination renvoie ainsi à la capacité que chacun a de se représenter le monde et de créer à partir de cette représentation. En ce sens, on la présente souvent comme la notion permettant de faire le pont entre théorie et pratique puisqu'elle permet au sujet de mobiliser une théorie pour interpréter le monde réel, la réalité qui s'offre à lui, et intervenir dans ce monde précisément.

L'imaginaire sert pour sa part de référentiel moral et épistémologique, de référentiel normatif par-delà les différentes finalités attribuées à notre interrogation et à notre enquête. Il constitue par conséquent un référentiel ouvert, à la fois ancré dans une tradition, une histoire, et créatif, c'est-à-dire initiateur de pratiques nouvelles. En ce sens, il est ensemble régulateur de pensée et de comportement et générateur d'interprétations audacieuses remettant en question les codes de vie d'une société. C'est pourquoi il m'apparaît tout naturel de l'assimiler à un cadre de référence commun, bien qu'implicite, dans lequel les individus et le collectif puisent la légitimité de leurs actions sociales, tant au plan sociologique qu'au plan conceptuel.

Comme le soutient Castoriadis :

> Nous parlons d'imaginaire lorsque nous voulons parler de quelque chose d'inventé, qu'il s'agisse d'une invention absolue [...] ou d'un glissement, d'un déplacement de sens, où des symboles disponibles sont investis d'autres significations que leur significations normales ou canoniques. [Castoriadis, 1975, 190.]

C'est à partir de cette représentation de l'imaginaire social que se poursuit mon exploration : l'imaginaire social entendu comme un outil régulateur de notre pensée et de nos actions en même temps qu'initiateur d'actions et d'interprétations de la réalité. Un tel imaginaire social est tout à la fois pratique (s'incarnant dans une action) et théorique (une représentation du monde portant l'action). Mais avant d'aller trop loin et trop vite, faisons un détour par Castoriadis, sans aucun doute un de ceux qui ont le plus étudié la notion.

2. L'imaginaire social de Castoriadis interprété à travers une perspective pragmatiste[1]

La compréhension de l'imaginaire social utilisée à partir d'ici est celle présentée par Castoriadis, revue à l'aune de la tradition pragmatiste – même si Castoriadis ne s'est pour sa part jamais réclamé du pragmatisme, à tout le moins publiquement, ni n'a campé son propos dans cet univers conceptuel et discursif. Pour le dire assez librement, Castoriadis défend l'idée que l'imaginaire social s'articule à partir de l'imaginaire institué – qu'il associe aux institutions qui incarnent la tradition et servent de réceptacle à la réflexion – et de l'imaginaire instituant – qui est une œuvre et une création collectives venant bousculer l'institué tout en y plongeant son projet et sa dimension créative.

Pour Castoriadis, la visée d'une société devenue capable d'une reprise perpétuelle de ses institutions est une société qui « s'auto-institue » en quelque sorte [Castoriadis, 1990, 51], ou encore, dans les mots des sociologues Ulrich Beck, Anthony Giddens et Scott Lash, une *société réflexive* [Beck, Giddens & Lash, 1994]. De la sorte, la finalité de la vie en société, calquée sur le « devenir social » qui s'incarne dans la tradition perpétuée par les institutions, sert d'« horizon moral » ou de cadre normatif pour évaluer les comportements des membres de cette société. Cette notion d'un imaginaire social qui prend forme à la faveur des interactions entre les institutions et la population, véritable travail de création, renvoie ainsi à l'immédiateté des actions, ce qui en rend l'évaluation éthique délicate puisque cette dernière doit alors se constituer dans un contexte de fluidité sociale et temporelle.

Dans ces conditions, la distinction entre pratique et théorie semble perdre en importance puisque toute théorisation relève d'un travail pratique qui est l'effectuation de cet imaginaire, la création d'un acte dans le monde. L'imaginaire social de Castoriadis nous donne ainsi quelques clés pour discuter de ce que pourrait être une pratique, c'est-à-dire non pas l'application de théories quelconques postulées a priori, ni non plus une simple technique visant la réalisation d'une action, mais bien une action dans laquelle s'inscrit à la fois l'effectuation d'un geste qui s'inscrit lui-même dans un imaginaire institué, une image de la réalité portée par un groupe d'agents sociaux. À mon sens, Castoriadis n'a rien d'autre à l'esprit lorsqu'il soutient :

> La société constitue son symbolisme, mais non pas dans une liberté totale. Le symbolisme s'accroche au naturel, et il s'accroche à l'historique (ce qui était déjà là) ; il participe enfin au naturel. [Castoriadis, 1975, 188.]

---

[1] [Searle, 1998 ; Putnam, 1995].

Une telle manière d'envisager les choses nous amène au cœur de la tradition pragmatiste. Elle nous permet de revisiter la notion d'imaginaire social et de l'utiliser pour rénover notre compréhension de ce qu'est la philosophie, ou à tout le moins de ce qu'elle pourrait être : non pas simple travail spéculatif, mais véritable travail sur le monde, comme pratique. Et si nous voulions pousser un peu plus loin et nous inscrire dans une autre tradition, celle de l'École de Francfort par exemple, nous pourrions même avancer que nous avons là une lecture émancipatrice du travail philosophique et de la philosophie, comme discipline.

Les tenants du pragmatisme défendent un point de vue continuiste qui refuse toute subordination de la pratique à la théorie, tenant la pratique et la théorie pour une praxis, soit une manière d'inscrire toute théorie au sein d'une pratique qui prend alors les allures d'une enquête sur le monde, pour reprendre les termes de John Dewey. Cette enquête, lorsqu'elle est posée comme démarche, avancée et interrogation, et transposée dans l'univers du raisonnement, prend la forme d'une abduction qui n'est rien d'autre qu'un travail de continuelle reformulation de nos inductions pour les transformer en déduction et mise en forme de notre raisonnement. Si nous établissons maintenant un parallèle entre ce travail d'enquête et de réflexion et le travail philosophique, comme Dewey [2009] nous invite à le faire, nous pourrions ancrer la philosophie dans la pratique plutôt que d'en faire une discipline spéculative et abstraite. Ainsi ancrée dans la pratique qu'incarnerait l'imaginaire social, la philosophie ne pourrait alors se redéfinir que comme une enquête qui s'articule à partir du réel saisi à travers cet imaginaire, sinon décrit par cet imaginaire créateur et interprète de la réalité.

Le réel et notre capacité à le conceptualiser devraient alors s'articuler à partir de cet imaginaire. Certes, la question du réel, de ce à quoi il renvoie reste à traiter. Mais pour les fins de la présente réflexion, posons que le réel pourrait être associé au monde que nous éprouvons à travers nos expériences individuelles et collectives. Ou, à défaut de s'y incarner empiriquement, acceptons avec Searle de reconnaître que l'imaginaire, à défaut d'être concrètement ce réel auquel nous confrontent nos expériences quotidiennes, serait à tout le moins cette symbolique qui prétend interpréter le réel [Searle, 1995]. Et cette symbolique nous donnerait les clés de notre compréhension du monde, tout autant que la manière de conceptualiser science, savoir et philosophie.

L'imaginaire social relu à l'aune d'une interprétation pragmatiste nous obligerait donc à réinterpréter continuellement notre monde et notre manière de « faire » de la philosophie, nous amenant à concevoir cette démarche comme une démarche méliorisme, une enquête et une appropriation continuellement reformulée du monde dans lequel nous évoluons, autrement dit de la réalité dans laquelle nos pratiques s'inscrivent. Une telle lecture de l'imaginaire posé par Castoriadis semble correspondre à la manière dont Jean-Pierre Cometti présente le pragmatisme lorsqu'il affirme que « pour une philosophie de l'enquête, les faits n'ont pas la même signification que pour une philosophie empiriste ou positiviste, qui tend à leur accorder une valeur indépendante et absolue » [Cometti, 2010, 154]. L'imaginaire social pourrait aussi correspondre, au moins partiellement, au troisième monde poppérien [Popper, 1991] tout en situant cette interprétation qui est aussi réflexion dans un monde fluide ou, dans les termes de Zygmunt Bauman, une société liquide [Bauman, 2013]. En termes plus pragmatistes, nous pourrions avancer que « l'expérience finie est sans feu, ni lieu, rien ne lui apporte une garantie de l'extérieur » [Cometti, 2010, 159].

Si « pour le pragmatiste – et pour une épistémologie naturalisée – l'expérience scientifique [...] est un cas particulier de l'expérience [...], c'est-à-dire de l'ensemble des transactions qui placent l'homme en relation avec son milieu » [Cometti, 2010, 156], la philosophie pourrait bien être cette enquête sur le monde qui, tout en étant expérience, est interprétée à partir d'un imaginaire social en constante transformation. L'imaginaire social ainsi relu fait de la philosophie une praxis, une manière de concevoir la réflexion et le travail philosophique comme une pratique au sens plein du terme.

3. L'imaginaire social comme ancrage conceptuel pour repenser la distinction entre pratique et théorie en philosophie

Pour bien comprendre ce qu'implique l'imaginaire social réinterprété selon une conception pragmatiste, nous devons insister tout particulièrement sur les concepts d'imagination et de créativité. Nous entendons par *imagination* une propriété de la pensée importante chez les tenants du pragmatisme qui nous invitent à articuler notre réflexion à partir du réel et des représentations normatives que nous en avons. C'est l'imagination que nous évoquions au départ, distincte de l'imaginaire mais permettant de le rendre effectif, de lui donner son caractère dynamique. La *créativité* est pour sa part ancrée dans une tradition, sans toutefois en être prisonnière, les pragmatistes insistant sur la dimension créative de toute réflexion, pour s'arracher à l'histoire sans pour autant la nier ni l'oublier. Ces deux notions sont intrinsèquement liées à celle d'imaginaire social de Castoriadis, à la fois institué et instituant, qui refuse tout déterminisme historique et sociologique pour penser la société, partant d'un imaginaire institué (les institutions) pour penser l'imaginaire instituant qui nous permet de nous réapproprier le passé afin de penser le présent et l'avenir, là où l'éthique semble se déployer. Selon Cometti :

> La contingence, associée au caractère public de nos croyances et de notre langage fait apparaître la « solidarité » comme la seule alternative que le pragmatisme puisse opposer aux visages que prennent la nécessité et la transcendance dans la tradition philosophique. La solidarité signifie que nous ne pouvons rechercher ailleurs que dans l'élément des croyances et des valeurs que nous partageons avec nos semblables la signification de nos conduites, de nos préférences ou de nos choix. Cela ne leur confère pas pour autant la dimension d'une nécessité qui serait au moins celle du réel. Ces croyances et ces valeurs sont nos valeurs, elles appartiennent à ce que Wittgenstein appelait nos formes de vie, à notre nature, si l'on veut, mais elles n'en demeurent pas moins investies par la convention, et elles ne peuvent avoir d'autres nécessités que celles de l'arbitraire. [Cometti, 2010, 147-148.]

Comme toute tradition de pensée, la philosophie trouve son origine dans l'histoire et dans une culture qui lui est propre, soit l'histoire et la culture occidentale selon les thèses les plus popularisées, bien que d'aucuns attirent l'attention sur les emprunts faits aux traditions chinoise et indienne, pour ne nommer que celles-là. Toute culture produit son propre imaginaire comme un référentiel social, elle se nourrit d'un ancrage à la fois géographique et social.

Partant de cet ancrage historique, géographique et social, la culture s'est donc érigée en fonction d'un imaginaire social qui n'a cessé d'évoluer au cours des siècles, ce qui amène à poser la question de la définition de la philosophie : est-elle encore nourrie des mêmes ambitions et des mêmes prétentions intellectuelles qu'à ses débuts ? Et, surtout, les distinctions conceptuelles qu'elle a mises en place au fil des siècles peuvent-elles encore servir de référentiel conceptuel dans l'imaginaire social actuel ? Lorsqu'on sait que l'imaginaire social peut se définir comme un imaginaire instituant et un imaginaire institué, il convient de s'intéresser à ce que laissent entendre ces deux termes. Par sa notion d'*imaginaire instituant*, Castoriadis souhaitait rendre compte d'un travail de création collectif, celui d'une communauté qui s'est entendue au fil du temps sur un certain nombre de significations symboliques. Ces significations ne sont rien d'autre que le résultat d'un travail de création de la communauté qui impose ainsi une certaine manière de penser et d'agir, bousculant les formes symboliques antérieures. Ces significations symboliques s'incarnent dans des institutions, formelles et informelles – ce que

Castoriadis appelle *imaginaire institué*. Voilà donc deux termes qui nous permettent de mieux comprendre comment la tradition philosophique a forgé son histoire, la manière de se définir et de définir ses termes.

La philosophie comme pensée et réflexion critique doit par conséquent être davantage qu'un discours et qu'une simple histoire des idées. Elle doit se laisser saisir comme démarche, processus et enquête, comme une pratique autant que comme une théorie prétendant rendre compte du monde à partir de notre imaginaire social, auquel elle participe d'ailleurs et dans lequel elle s'inscrit. Sébastien Charbonnier avance ainsi que « la critique ne vaut que si elle est parcourue mais n'a plus aucun effet si elle est seulement rapportée » [Charbonnier, 2013, 244]. Pour le dire autrement, le discours philosophique, ou la philosophie comme discipline, s'inscrit dans une tradition, comme tout discours. Il s'est développé dans le creuset d'institutions qui ne sont rien de plus que l'incarnation d'un imaginaire institué, lequel par ailleurs ne peut conserver son dynamisme que dans la mesure où il est au centre d'un questionnement, un imaginaire instituant qui vient bousculer les certitudes du premier et lui permettre d'évoluer.

4. L'imaginaire social reconfigurant la philosophie

À partir des concepts évoqués, on constate l'importance de l'imaginaire social, toujours en mouvement, en transformation, pour définir notre conception de la philosophie, son rôle, sa finalité et la manière dont les spécialistes de la discipline s'en représentent la fonction. Autrement dit, tout concept s'inscrit dans une tradition de pensée et son histoire est intrinsèquement liée à l'imaginaire social dans lequel il se déploie. Cet imaginaire social renvoie pour sa part à des institutions, des décisions réglementaires, des lois, des énoncés scientifiques, des propositions morales et autres... qui structurent la discipline, c'est-à-dire sa fonction, les exigences méthodologiques attendues de toute production issue d'elle. Tout cela pourrait être qualifié de *dispositif* dans les termes de Michel Foucault et « le dispositif lui-même, c'est le réseau qu'on établit entre ces éléments » [Foucault, 2001, 299].

En fait, si on accepte de substituer l'incertitude assumée au désir et à la quête de certitude, pour citer Dewey, l'imaginaire social semble bien pouvoir incarner le travail philosophique et servir à la fois de réceptacle et de point d'appui pour une réflexion philosophique. Comme l'écrit Patrick Savidan, traducteur de Dewey :

> L'empirisme expérimental de Dewey informe un sens de l'enquête qui met l'intelligence humaine au service de la vie et rend possible la compréhension de l'éthique, en tant que pratique, comme une des modalités de l'enquête. Ancrée dans une ferme distinction entre ce qui est satisfaisant et ce qui ne procure que des satisfactions, cette méthode de l'éthique est et demeure tendue vers l'exigence progressiste, mélioriste, d'une réforme politique et sociale continue. [Savidan, 2014, 15.]

Plus largement, le travail philosophique doit également être associé à cette exigence progressiste et mélioriste, non pas d'une réforme sociale, mais de notre compréhension du monde. Comme le mentionne Cometti [2010], la philosophie pragmatiste s'intéresse avant tout à la culture, à notre manière d'aborder le monde, de le questionner et au matériau linguistique et conceptuel que l'on utilise pour le faire. Subordonné à une lecture pragmatiste, l'imaginaire social devient un lieu de création, de mouvement et de changement qui s'inscrit nécessairement dans le propre de son époque, laquelle tend actuellement à être d'abord pratique et tournée vers l'individu.

Il devient alors intéressant d'emprunter le chemin ouvert par Castoriadis pour ancrer le travail philosophique et la réflexion conceptuelle dans le réceptacle de notre époque, « normativement ouverte » sur les plans anthropologique et culturel, « épistémologiquement plurielle » aux dires des sociologues de la science. Le travail philosophique étant déterminé par l'imaginaire social, celui-ci redessine actuellement une philosophie « continuiste et pragmatiste », c'est-à-dire une philosophie qui s'articule à partir de notre souhait de résoudre des problèmes précis, tels ceux que pose l'intelligence artificielle sur le plan de l'éthique, tout en refusant de subordonner la pratique à la théorie, laquelle serait plutôt grandement déterminée par nos besoins pratiques, comme le fait voir notre imaginaire collectif actuel.

Le pluralisme scientifique (disciplinaire) et le pluralisme méthodologique s'appuyant sur une épistémologie actée, soit une praxis, semblent nous obliger à revoir les distinctions conceptuelles classiques entre théorie et pratique pour permettre l'élaboration d'une éthique appliquée conceptuellement fondée sur notre imaginaire social. Et partant de là, l'éthique appliquée pourrait bien être une manière de rendre compte de cet imaginaire et s'articuler ainsi à partir d'un véritable travail philosophique. Celui d'une enquête, d'une réflexion critique sur nos valeurs – comme le scientifique enquête sur des problèmes spécifiques. Bien sûr, la forme de l'enquête diverge, mais elle n'est pas moins exigeante en termes de rigueur ni d'argumentation. Enfin, comme d'autres types de travail d'enquête, elle est d'abord une pratique qui s'articule elle-même à partir d'un imaginaire.

Conclusion

John Dewey affirme que « la philosophie ne s'est pas développée à partir d'un point de vue pur de tout préjugé » [Dewey, 2014b, 83]. En reprenant cette affirmation sous la lecture de l'imaginaire social évoquée ici, nous dirions que la philosophie s'est développée dans un imaginaire bien précis, lequel n'a cessé de changer, faisant évoluer par la même occasion notre représentation du travail philosophique. Dewey ajoute :

> Un certain mandat lui avait été assigné dès le départ. [...] Sa mission consistait à extraire le noyau moral essentiel des croyances traditionnelles du passé qui se trouvaient menacées. [Dewey, 2014b, 76.]

Si ce mandat n'a pas changé, la manière d'y répondre a sans aucun doute évolué, et la manière de concevoir le travail de théorisation de la philosophie également, ce qui pourrait donner raison à Dewey lorsqu'il affirme que la philosophie est la résultante d'un matériau social et émotionnel.

C'est pourquoi on ne peut en conclusion qu'être d'accord avec Dewey lorsqu'il affirme :

> L'infini ou l'indéfini manquaient de caractère, précisément parce qu'ils étaient non finis. À prétendre être tout, ils n'étaient rien. Ils étaient informes et chaotiques, libres, indisciplinés, sources de déviations et d'Accidents imprévisibles. Notre sensibilité actuelle qui associe l'infini au pouvoir illimité avec une capacité d'expansion qui ne connaît aucune limite externe serait incompréhensible sans la prise en compte de ce déplacement de l'esthétique vers le pratique : la contemplation d'une scène d'harmonie le cède à l'Action sur un ensemble sans harmonie. [Dewey, 2014b, 123.]

Cometti semble aller dans le même sens :

> L'espoir social tel qu'il vient d'être évoqué, sur la base de ce que Cornelius Castoriadis aurait appelé la constitution imaginaire de la société, est une pièce maîtresse de la philosophie sociale et politique du pragmatisme. [Cometti, 2010, 193.]

Dans les faits, nous pourrions même pousser plus loin notre relecture du travail philosophique sous l'égide du pragmatisme en suivant Cometti, selon qui le pragmatisme se prolonge dans une éthique sociale [Cometti, 2010], là même où le travail de l'éthicien doit se déployer. Pour cette raison, et si l'éthique appliquée repose sur une erreur, comme l'avance MacIntyre, c'est bien parce que plusieurs n'y voient qu'application au sens kantien du terme, comme l'avance Sosoe. Mais dès que l'on accepte de l'associer à une enquête où l'enquêteur articule ses propositions à partir de la pratique, tout en acceptant d'associer pratique et théorie dans une seule praxis, l'éthique appliquée relève bien du travail philosophique.

En poussant le raisonnement un peu plus loin, il semble que la tradition pragmatiste prend forme à partir d'une certaine éthique sociale, ce qui nous amène à affirmer, comme Richard Rorty, que la démocratie est plus qu'un système politique, elle est l'essence même du travail philosophique. Et la démocratie étant une pratique qui s'actualise quotidiennement, la philosophie serait d'abord cette pratique à partir de laquelle se développe, se reformule et se repense continuellement le travail philosophique, à partir d'un imaginaire social qui vient lui-même colorer notre manière de vivre la philosophie et de la penser.

Bibliographie

Baczko, Bronislaw [1984], *Les Imaginaires sociaux. Mémoires et espoirs collectifs*, Paris, Payot, « Critique de la politique ».

Bauman, Zygmunt [2013], *La Vie liquide*, trad. Christophe Rosson, Paris, Fayard, « Pluriel ».

Beck, Ulrich, Giddens, Anthony & Lash, Scott [1994], *Reflexive Modernization. Politics, Tradition and Aesthetics in the Modern Social Order*, Stanford (CA), Stanford University Press.

Berger, Thomas & Luckman, Peter [1997/1966], *La Construction sociale de la réalité*, trad. Pierre Taminiaux & Danilo Martuccelli, Paris, Armand Colin, « Individu et Société ».

Castoriadis, Cornelius [1975], *L'Institution imaginaire de la société*, Paris, Seuil, « Esprit ».

— [1990], *La Société bureaucratique*, Paris, Christian Bourgois.

Castoriadis, Cornelius & Ricœur, Paul [2016], *Dialogue sur l'histoire et l'imaginaire social*, éd. Johann Michel, Paris, Éditions de l'École des hautes études en sciences sociales, « Audiographie ».

Charbonnier, Sébastien [2013], *Que peut la philosophie ? Être le plus nombreux possible à penser le plus possible*, Paris, Seuil, « L'ordre philosophique ».

Cometti, Jean-Pierre [2010], *Qu'est-ce que le pragmatisme ?*, Paris, Gallimard, « Folios essais ».

Dewey, John [2009], *Logique. La théorie de l'enquête*, trad. Gérard Deledalle, Paris, PUF, « L'interrogation philosophique ».

— [2014a], *La Quête de certitude. Une étude de la relation entre connaissance et action*, trad. Patrick Savidan, Paris, Gallimard, « Bibliothèque de philosophie ».

— [2014b], *Reconstruction en philosophie*, trad. Patrick Di Mascio, Paris, Gallimard, « Folio essais ».

Fesmire, Steven [2003], *John Dewey & Moral imagination. Pragmatism in Ethics*, Bloomington (IN), Indiana University Press.

Foucault, Michel [2001], *Dits et écrits, II. 1976-1988*, éd. Daniel Defert & François Ewald, Paris, Gallimard, « Quarto ».

Gibert, Martin [2014], *L'Imagination en morale*, Paris, Hermann, « L'avocat du diable ».

Hulak, Florence [2010], « Que permet de penser le concept d'imaginaire social de Charles Taylor ?», *Philosophique*, 37, 2, 387-409.

MacIntyre, Alasdair [1984], "Does Applied Ethics Rest on a Mistake?", *The Monist*, 67, 4, 498-513.

Madelrieux, Stéphane [2010], « Le pragmatisme et les variétés de l'expérience », in Laurent Perreau (dir.), *L'Expérience*, Paris, Vrin, « Thema », 111-131.

Popper, Karl [1991], *La Connaissance objective*, trad. Jean-Jacques Rosat, Paris, Aubier.

Putnam, Hilary [1995], *Pragmatism. An Open Question*, Oxford, Blackwell.

Putnam, Hilary & Putnam, Ruth Anna [2017], *Pragmatism as a Way of Life. The Lasting Legacy of William James and John Dewey*, ed. David Macarthur, Cambridge (MA), Harvard University Press.

Ricœur, Paul [1975], *La Métaphore vive*, Paris, Seuil, « L'ordre philosophique ».

— [1983-1991], *Temps et récit*, 1. *L'Intrigue et le Récit historique*, 2. *La Configuration du temps dans le récit de la fiction*, 3. *Le Temps raconté*, Paris, Seuil, « L'ordre philosophique ».

— [1986], « La raison pratique », in *Du texte à l'action. Essais d'herméneutique, II*, Paris, Seuil, « Esprit », 263-288.

— [1986], « Éthique et politique », in *Du texte à l'action*, 433-448.

Rorty, Richard [1994], *Objectivité, relativisme et vérité*, trad. Jean-Pierre Cometti, Paris, PUF [1990, *Objectivity, relativity and truth. Philosophical Papers*, Cambridge, Cambridge University Press].

Savidan, Patrick [2014], « Présentation de l'édition française. *La Quête de certitude* ou les leçons d'une pratique », in Dewey [2014a], 7-17.

Searle, John R. [1998], *La Construction de la réalité sociale*, trad. Claudine Tiercelin, Paris, Gallimard, « NRF essais » [1995, *The Construction of Social Reality*, New York, The Free Press].

Sosoe, Lukas [1998], « Quand juger, c'est appliquer », in Lukas Sosoe (dir.), *La Vie des normes & l'esprit des lois*, Montréal-Paris, L'Harmattan, « Ethikè », 13-52.

Taylor, Charles [2004], *Modern Social Imaginaries*, Durham (NC), Duke University Press.

Tiercelin, Claudine [2011], *Le Ciment des choses. Petit traité de métaphysique scientifique réaliste*, Paris, Les Éditions d'Ithaque, « Science & métaphysique ».

Zask, Joëlle [2003], « Nature, donc culture. Remarques sur les liens de parenté entre l'anthropologie culturelle et la philosophie pragmatiste de John Dewey », *Genèses*, 1, 50, 111-125.

André LACROIX
Université de Sherbrooke
Sherbrooke, Canada
Andre.Lacroix@USherbrooke.ca

L'officier social en colonie. Imaginaires orientalistes et gouvernementalités hétérotopiques
Théophile LAVAULT

« Imagination et pouvoir » : cette association conceptuelle nous renvoie d'emblée vers deux directions. D'un côté, l'imagination comme force motrice des projections politiques, qui nous conduit vers le problème de l'utopie. De l'autre, l'imagination comme force de *désassujettissement*, comme outil d'émancipation, tel qu'on le retrouve dans le fameux slogan de mai 1968 « L'imagination au pouvoir ! ». Mais c'est encore une autre direction que nous souhaitons prendre, en sondant la manière dont l'imagination participe aussi à l'exercice pratique du pouvoir et à la perpétuation de rapports de domination.

Pour amorcer la réflexion, nous nous appuierons sur le concept foucaldien d'*hétérotopie*, et plus précisément sur l'exemple que prend Foucault de « l'hétérotopie coloniale ». Il s'agira de questionner la place et la fonction de l'imagination dans l'élaboration des gouvernementalités coloniales. Ainsi que Foucault invite à le faire, nous partirons de dispositifs spécifiques d'organisation du pouvoir colonial dans les territoires d'Afrique du Nord, en Algérie et au Maroc plus particulièrement.

1. Hétérotopie et colonie

Dans une conférence radiophonique intitulée *Les Hétérotopies*[1], prononcée en 1966, Michel Foucault cherche à questionner la manière dont la forme de l'en-dehors peut être investie dans une série d'espaces spécifiques ; espaces qu'il qualifie de *contre-espaces* ou de *non-lieux* :

> Les hétérotopies sont la contestation de tous les autres espaces, une contestation qu'elles peuvent exercer de deux manières. Ou bien dans ces maisons closes dont parlait Aragon, en créant une illusion qui dénonce tout le reste de la réalité comme illusion. [...] Une maison close assez subtile ou habile pour pouvoir dissiper la réalité avec la seule force des illusions. Ou bien, au contraire, en

---

[1] Le 21 décembre 1966, sur France Culture [Foucault, 2009].

créant réellement un autre espace réel aussi parfait, aussi méticuleux, aussi arrangé et brouillon. C'est ainsi qu'ont fonctionné, au moins dans le projet des hommes, ces colonies. [...] Avec la colonie, on a une hétérotopie qui est assez naïve pour pouvoir réaliser une illusion. [Foucault, 2009, 34-35.]

La maison close et la colonie représentent deux pôles entre lesquels se déploieraient les hétérotopies. La maison close, c'est l'espace de la forme, la maîtrise absolue de l'illusion formelle ; la colonie, l'espace de la force, un espace où la force de l'imaginaire crée l'illusion d'une forme en devenir. De la subtilité de l'illusion formelle de la maison close, on passe à la naïveté méprisable des forces projetées dans l'espace colonial. Pour mieux identifier ce concept d'hétérotopie coloniale, revenons d'abord aux six critères qui selon Foucault caractérisent toute *hétérotopologie* [2009, 25-34] :

- L'hétérotopie est un espace de *crise* ou de *déviation*. C'est la question de la marge qui se dessine ici et que l'on retrouve dans d'autres types d'espaces tels que la clinique psychiatrique, la prison, la maison de retraite, etc. De ce point de vue, la colonie représente un espace de relégation : relégation des criminels, des révolutionnaires et autres « infâmes » de la métropole ; relégation des populations colonisées elles-mêmes, soumises à des dispositifs de domination et d'exploitation économiques et spécifiques.
- L'hétérotopie se rattache toujours à une certaine fonction. Des fonctions qui peuvent avoir des manières très différentes de se réaliser, mais des fonctions toujours précises et déterminées. On peut se référer ici aux trois grandes fonctions de l'espace colonial identifiées par Ann Laura Stoler et Frederick Cooper : comme espace d'exploitation des hommes et des ressources, comme espace d'assouvissement des désirs inhibés de sociétés métropolitaines de plus en plus bourgeoises, ou encore comme laboratoire de la modernité, c'est-à-dire comme espace d'expérimentation en matière d'« ingénierie sociale » [Stoler & Cooper, 2013, 17-18].
- L'hétérotopie a le pouvoir de juxtaposer « en un seul lieu réel » plusieurs espaces en eux-mêmes incompatibles. Cette dimension s'illustre parfaitement dans le paradoxe indépassable de la situation coloniale, où la société colonisatrice ne doit son existence sociale qu'à la seule force de domination qu'elle exerce sur la société colonisée.
- L'hétérotopie constitue une rupture absolue avec le temps traditionnel. De ce point de vue, l'assimilationnisme ou toute idée d'« œuvre

civilisatrice » propre au colonialisme moderne français doit passer nécessairement par une rupture radicale des temporalités traditionnelles en imposant des temporalités propres aux rationalités libérales de productivité.
- L'hétérotopie fonctionne à partir d'un système d'ouverture et de fermeture qui à la fois la rend pénétrable et l'isole. D'un point de vue épistémologique, on retrouve cette dimension dans la manière dont s'organise la production de savoirs coloniaux sur les populations : une production de savoirs à la fois comme condition de pénétrabilité, d'ouverture de cet espace, et qui en même temps fige l'espace colonial dans son caractère d'extériorité propre au phénomène d'isolement qui le caractérise.
- L'hétérotopie ne fonctionne qu'à partir des relations qu'elle déploie avec l'espace restant. C'est ici toute la question des liens complexes et paradoxaux qui lient la colonie à sa métropole. L'hétérotopie fonctionne toujours en se déployant entre deux pôles extrêmes et, en l'occurrence, cette polarité a été très précisément identifiée par Edward Saïd au travers de l'étude de la relation entre ces deux pôles massifs que sont l'Orient et l'Occident [Saïd, 2005 (1980)].

Tentons à présent de comprendre ce qu'entend exactement Foucault par l'idée d'une « naïveté » inhérente à l'hétérotopie coloniale.

> Bien sûr, ces colonies avaient une grande utilité économique, mais il y avait des valeurs imaginaires qui leur étaient attachées, et sans doute ces valeurs étaient-elles dues au prestige propre des hétérotopies. [...] C'est ainsi que Lyautey et ses successeurs ont rêvé de sociétés hiérarchisées et militaires. [Foucault, 2009, 34.]

Il y a donc pour Foucault, au-delà de la fonction proprement économique de l'espace colonial, comme juxtaposé à elle, un espace de projection de croyances, de valeurs, de rêves et d'imaginaires propres à cette force de l'*en-dehors* qu'incarne la colonie.

Pour le colonialisme moderne, Foucault rattache donc cette sphère d'imagination à l'une de ses figures emblématiques : le maréchal Lyautey, premier résident général du protectorat français au Maroc à partir de 1912. Si cet exemple mérite d'être développé, nous remonterons d'abord un peu plus loin, au moment de la conquête de l'Algérie en 1830.

2. Les « bureaux arabes »

Dès les premières heures de la conquête, la décision fut prise d'installer des échelons intermédiaires entre les actions répressives de l'armée et les populations dites *indigènes*. Ces échelons intermédiaires prennent le nom de « Bureaux arabes » [Frémeaux, 1993, 267] et constituent des unités administratives locales, chacune dirigée par un officier. Ce dernier regroupait entre ses mains la quasi-totalité des prérogatives de l'État : assistance sociale, organisation de l'accès aux soins, pouvoirs de police administrative et de police judiciaire. Tel un seigneur veillant sur son royaume, l'officier du Bureau arabe est maître d'un territoire et doit réussir à incarner dans son individualité propre toute la prétention universalisante de « l'œuvre de civilisation ». L'officier représente en quelque sorte le pivot des velléités réformatrices et assimilationnistes du pouvoir colonial.

Cette prétention politique, conditionnée par une capacité à produire des connaissances sur les populations à gouverner, se réalise dans tout un dispositif sociotechnique fondé sur la production de monographies de tribus, et cela plusieurs décennies en amont de la sociologie scientifique naissante [Berque, 1956]. Cette mobilisation de ce qui était alors qualifié de *sciences de l'homme* s'explique par une influence directe de la pensée saint-simonienne : nombreux furent les officiers à être recrutés à leur sortie de l'École Polytechnique, où Saint-Simon enseigna jusqu'à sa mort en 1825 [Monteil, 1961]. Il semblerait donc que cette prétention réformatrice soit réinvestie dans le cadre des pacifications coloniales, à la fois comme outil de gouvernement, mais aussi comme principe de légitimation ; cet ensemble de « pseudo-raisons » à partir desquelles la situation coloniale « cherche constamment à se justifier » dont parle Georges Balandier [1951]. Ce réinvestissement implique aussi un déplacement en ce que de la capacité d'une société à se connaître elle-même, on passe de la capacité à connaître des sociétés autres, où le regard de l'observateur ne s'identifie plus à l'observé. C'est en cela que l'utopie sociale prend la forme de l'hétérotopie chez Lyautey. Le croisement entre une prétention scientifique d'élaboration de connaissances sur les populations « indigènes » et la valorisation d'un pragmatisme proprement colonial semble faire émerger, en cette fin du XIXe siècle, un régime singulier de gouvernement, dans lequel exercice du pouvoir et production de savoirs appartiennent à un même ensemble qui s'incarne matériellement dans cette figure de l'officier social.

Le pouvoir des officiers des bureaux arabes se fonde sur une imbrication complexe, à l'échelon local, entre production de savoirs et exercice du pouvoir. L'expérience singulière de l'officier devient alors déjà une forme d'expérimentation sociale. Pour en revenir à la question de l'imaginaire, on voit bien comment l'utopie saint-simonienne est réinvestie dans l'espace de la colonie comme un nouveau champ de possibles. On retrouve exactement la fonction de compensation dont parle Foucault à propos de l'hétérotopie coloniale, comme espace de dépassement des limites imposées par le contexte métropolitain.

Cette hybridation entre puissance des imaginaires de l'en-dehors, production de connaissances et exercice matériel du pouvoir nous renvoie à ce qu'Edward Saïd qualifie d'*orientalisme manifeste*[2], soit un régime de production de connaissances sur les sociétés de l'Orient inséparable d'un « intérêt occidental très spécialisé » [2005, 355]. Le dispositif des bureaux arabes, à la lumière de l'influence de la pensée saint-simonienne, permet de mieux situer la place des imaginaires tant collectifs (orientalisme) qu'individuels (pragmatique propre à l'exercice du pouvoir colonial) au sein des épistémologies coloniales qui soutiennent cette gouvernementalité, qui pourrait donc être qualifiée de *gouvernementalité hétérotopique*.

3. Lyautey et la figure de l'officier social

Dans la continuité de la tradition des bureaux arabes, toute une sociologie coloniale émerge peu à peu ; une sociologie qui reste au plus près de l'exercice du pouvoir colonial. Une sociologie, donc, essentiellement stratégique qui, tout en dialoguant avec l'école durkheimienne naissante, tient à en rester à la marge [Berque, 1956]. Revenons à la référence au maréchal Lyautey dans la conférence de Foucault ou, plus précisément, à la référence aux rêves de Lyautey et de ses successeurs de « sociétés hiérarchisées et militaires ». Lyautey, du point de vue de l'histoire du pouvoir colonial, représente une sorte de figure paroxystique d'une gouvernementalité attachée à des valeurs imaginaires inhérentes à la forme proprement hétérotopique de l'*en-dehors* colonial.

C'est d'ailleurs de cette « vie du dehors » dont il parle devant la Réunion des Voyageurs français, à Paris en 1900 : « Cette vie du dehors à nous tous coloniaux et voyageurs ». Une « vie du dehors » qui se caractérise par une certaine immédiateté dans le rapport au réel : « ça me change tant qu'au lieu de travailler dans le vide, de faire des plans de transport qui ne transportent

---

[2] Saïd opère une distinction entre un « orientalisme latent » comme forme de « positivité presque inconsciente » et un « orientalisme manifeste » produit à partir des « différentes affirmations sur la société, les langues, les littératures, l'histoire, la sociologie, etc. de l'Orient » [Saïd, 2005], 354.

rien et de préparer des manœuvres conventionnelles, on fait de l'immédiat, du réel ». À un « obstructionnisme » de « l'esprit de bouton » qui ferait la loi dans l'administration métropolitaine, Lyautey oppose un « solutionnisme » propre à la pragmatique coloniale du pouvoir.

Encore une fois, l'espace colonial est perçu comme un lieu de compensation face aux limites de l'espace et du temps traditionnels. Ce qui intéresse Foucault avec l'idée d'une « hétérotopie coloniale », ce n'est pas la matérialité de l'exercice colonial du pouvoir, mais bien la production des rêves et des imaginaires rendus possibles par l'existence, elle bien réelle, de ce non-lieu qu'incarne la colonie. Sans reprendre ce concept, le philosophe américain Paul Rabinow développe l'idée de l'espace colonial comme théâtre dans lequel on peut projeter plus librement les ambitions de transformation sociale de la société métropolitaine elle-même. Rabinow parle d'un besoin, chez Lyautey, de « régénération politique, sociale et culturelle », dont les colonies représentent le « laboratoire d'expérimentation d'un nouvel art de gouverner capable de donner vie à une société moderne et saine » [Rabinow, 2006, 460].

Au centre de cette projection émerge, dans la pensée de Lyautey, la figure de l'officier social comme rouage essentiel de cette stratégie réformatrice. Cette figure apparaît pour la première fois dans un texte qu'il décide de publier anonymement – pour ne pas contrevenir à son devoir militaire de réserve – sous le titre « Du rôle social de l'officier dans le service militaire universel » [Lyautey, 1891]. Ce texte, extrêmement diffusé et commenté au moment de sa parution, présente l'officier comme « un merveilleux agent social » dont l'abnégation et le pragmatisme doivent en faire le pivot qui permettra l'accès pour les colonisés à une « modernité sociale ». Cette vision sociale de la fonction de l'officier s'inscrit dans la lignée du catholicisme social fondé par l'école leplaysienne au milieu du XIXe siècle ; une conception qui n'est pas non plus étrangère à la courte expérience de Lyautey lui-même dans l'administration coloniale algérienne au début des années 1880 et dont Rabinow rapporte qu'il passait régulièrement ses matinées dans les locaux des bureaux arabes de la circonscription[3].

---

[3] « Lyautey passait régulièrement ses matinées au "Bureau arabe" pour y écouter récits, plaintes et commérages. Rendre visite aux *caïds* et autres chefs locaux devint pour lui un plaisir et un enseignement toujours renouvelés, lui procurant les instruments d'un réexamen général des qualités spatiales et de civilisation » [Rabinow, 2006], 184.

La personnification du pouvoir colonial et la valorisation d'un pragmatisme politique à l'échelle de l'officier prend chez Lyautey une dimension proprement pastorale. Un pastoralisme militaire où la personne même de l'officier incarne un guide pour permettre aux populations « indigènes » d'accéder à la modernité, comme une sorte de retraduction coloniale et matérialiste du salut chrétien. Dans le Maroc de Lyautey, la figure de l'officier social prend corps avec l'officier des Affaires indigènes, créé par Lyautey lui-même sur le modèle des bureaux arabes. Cet effet de personnification induit par le motif pastoral va donner à l'officier colonial une dimension apostolique. Une dimension que l'on retrouve jusque dans les mots du lieutenant-colonel Huot, directeur des Affaires indigènes, qui, dans une conférence prononcée au Musée de l'Homme à Paris en 1922, déclare :

> La vie des soldats du Maroc est faite de sacrifices constants et d'abnégation ! Au lendemain des victoires qu'ils remportent, ils vont prendre par la main les insoumis de la veille, et ils les ramènent dans le chemin de la vérité. De guerriers qu'ils étaient la veille, ils se transforment en apôtres, voilà leur véritable récompense. [Huot, 1922, 146.]

Et pourtant, pour Lyautey – c'est bien le sens de son article de 1891 –, cette personnification du pouvoir de l'officier-pasteur doit fonder un nouvel art de gouverner qui, rappelle Rabinow [2006, 446], est bien destiné à être appliqué en métropole.

Conclusion

Le concept d'hétérotopie permet donc d'éclairer toute la force projective des productions de l'imagination conditionnées par l'existence réelle de l'espace colonial et la manière dont ces projections participent à l'élaboration de nouvelles gouvernementalités. L'imaginaire ne sert donc pas seulement à produire des discours de légitimation de l'ordre colonial, mais, par cette force inhérente de l'en-dehors, fonde davantage des régimes de croyance et des champs épistémologiques qui visent à renforcer les mécanismes de domination coloniale.

On peut ainsi voir comment la régénération militaire et coloniale du motif pastoral fait du pragmatisme de l'officier un champ d'affirmation de valeurs. Un pragmatisme où l'individualité de l'assujettissant marque singulièrement les rationalités politiques à l'œuvre dans l'exercice du pouvoir colonial. Un pragmatisme individualisant de l'action de gouvernement, qui doit pouvoir éclairer aussi, d'un autre point de vue, les rationalités proprement libérales des valeurs de l'action et de l'initiative qui structurent nos sociétés contemporaines occidentales.

Bibliographie

Balandier, Georges [1951], « La situation coloniale : une approche théorique », *Cahiers internationaux de sociologie*, 11, Paris, PUF, 44-79.

Berque, Jacques [1956], « Cent vingt-cinq ans de sociologie maghrébine », *Annales. Histoire, Sciences Sociales*, 11, 3, juillet-septembre.

Foucault, Michel [2009], *Le Corps utopique. Les Hétérotopies*, Fécamp, Lignes.

Frémeaux, Jacques [1993], *Les Bureaux arabes dans l'Algérie de la conquête*, Paris, Denoël.

Huot, Charles [1922], « L'œuvre sociale de la France au Maroc : politique de Protectorat », *Musée social*, 39, 121-152.

Lyautey, Hubert [1891], « Du rôle social de l'officier dans le service militaire universel », *Revue des Deux Mondes*, 15 mars.

Monteil, Vincent [1961], « Les bureaux arabes au Maghreb (1833-1961) », *Esprit*, nouvelle série, 300, II, novembre.

Rabinow, Paul [2006/1989], *Une France si moderne. Naissance du social, 1800-1950*, trad. Frédéric Martinet & Oristelle Bonis, Paris, Buchet/Chastel.

Saïd, Edward [2005 (1980)], *L'orientalisme. L'Orient créé par l'Occident*, trad. Catherine Malamoud, Paris, Seuil.

Stoler, Ann Laura & Cooper, Frederick [2013 (1997)], *Repenser le colonialisme*, trad. Christian Jeanmougin, Paris, Payot & Rivages.

Théophile LAVAULT
Université de Paris 1, Panthéon-Sorbonne
Paris
theophile.lavault@hotmail.fr

Trop ou trop peu d'imagination ? Des neurosciences à la critique de l'unilatéralité de la conscience
Ana BAZAC

L'imagination dans le dispositif de la conscience en philosophie moderne et dans les neurosciences

Tout d'abord, l'imagination est une faculté (dans le langage de Kant) – c'est-à-dire une *capacité* et en même temps une *fonction* – de la conscience. Si la philosophie a pu procéder longtemps en termes de relations sujet-objet, projection-réalité, vérité et fantaisie, correspondance des images mentales aux situations et faits réels, cohérence interne entre images, types de projection et horizons de temps, audace et tempérance, l'approche est devenue plus appliquée quand la philosophie s'est rapprochée de la psychologie, puis s'en est éloignée par la phénoménologie et a commencé à prendre en compte les connaissances acquises par les sciences (mais l'a-t-elle fait ?).

La philosophie a été la première – et la seule jusqu'au XIXe siècle – à se préoccuper des problèmes de l'homme. Parmi ceux-là, la connaissance du monde par l'homme, la reproduction « idéale » du monde dans la conscience et la création « idéale » du monde étaient des questions cardinales. Puis les sciences – comme la psychologie – se sont développées en mettant à l'épreuve des expériences les conclusions des spéculations et des concepts a priori des philosophes. Les philosophies sont donc intéressantes – pour autant qu'elles soient réceptives aux idées scientifiques du temps – justement parce que leurs spéculations profilent ce que les sciences apporteront ensuite.

Kant, évidemment

Selon Kant, la connaissance est le résultat du *traitement* des intuitions sensibles (immédiates et particulières) / des représentations immédiates et particulières – donc elle est toujours relative au monde sensible – *dans* la conscience : ces intuitions sont *synthétisées* par l'imagination (reproductive) / la spontanéité de l'imagination (c'est-à-dire que l'imagination est forgée dans l'esprit et présuppose la compréhension), mais/donc en accord avec les *catégories* (assurant l'unité formelle dans la synthèse de l'imagination) et les *concepts* utilisés universellement (eux aussi conditions transcendantales de la connaissance), en générant les représentations *perceptives*. Autrement dit, nous ne sommes pas liés directement aux choses / nous ne connaissons pas les choses directement, mais par les représentations des choses. Nous posons des jugements – on ne connaît pas sans jugements – sur les représentations. La base des intuitions est donc le monde sensible *et* la spontanéité de la pensée, *l'imagination sans laquelle il n'y a pas de représentations perceptives (immédiates et particulières)*[1]. Bref, le caractère de copie des intuitions sensibles est le résultat de leur traitement dans la conscience.

Comme Kant l'a dit explicitement, il ne savait pas ce que l'imagination est, mais il pensait qu'elle *doit être* cette manifestation de la spontanéité de la pensée. Les représentations sont présentes aussi dans notre expérience, puis l'imagination en fait la synthèse, puis la compréhension consiste à relier la synthèse aux concepts purs. La synthèse *intellectuelle* met en évidence la variété d'une intuition, tandis que la synthèse *figurative* de cette variété met en évidence que les intuitions sensibles sont traitées / ont besoin d'être traitées *in mente* avec les a priori. Mais ce qui permet la synthèse *et* la compréhension est le *schématisme* selon lequel se réalisent les liaisons entre les représentations et entre les représentations, les concepts et les catégories. Qui pourrait construire ce schématisme sinon la spontanéité de la pensée, l'imagination ? Parce que si le schéma n'est pas l'image comme telle mais une « procédure générale » – une *méthode*, dirions-nous aujourd'hui – utilisée par l'imagination pour relier les représentations, il est toutefois approprié aux types de représentations, ou bien cette procédure contient le principe d'adéquation au contenu concret des représentations. C'est seulement ainsi que la spontanéité de la pensée existe : l'imagination n'est pas elle-même une procédure d'application mécanique d'un schéma aux représentations, mais une application *sélective* suivant les représentations et les concepts ; c'est-à-dire que l'imagination inclut et le schéma et le principe de liberté d'utiliser le schéma selon le contenu des représentations et des concepts.

Mais justement, les concepts sont des modèles – des schémas[2] – utilisés par l'imagination pour comprendre les représentations empiriques. En les reliant aux intuitions sensibles, nous arrivons à leur compréhension.

---

[1] Voir aussi [Matherne, 2015].

[2] L'*Urphänomen* de Goethe n'est pas un concept mais une image essentielle saisissable seulement de manière sensorielle, c'est-à-dire un schéma, une esquisse de

Pour Kant, la psychologie – la connaissance de l'âme de l'homme – ne peut être qu'empirique, c'est-à-dire qu'elle peut donner des connaissances véridiques seulement en partant de l'expérience, et pas de la « déduction » (ce serait une espèce de métaphysique). Mais entre cette connaissance – sans recourir ici à sa critique de la psychologie comme science [Leary, 1982] – et les connaissances du monde sensible, il y a toujours la *fonctionnalité* de la raison, de l'esprit (avec tous ses éléments : mémoire, attention, intelligence, imagination, sensibilité, volonté), par laquelle celui-ci n'est pas un simple collecteur d'impressions venues du monde sensible, mais le constructeur des conditions formelles de la compréhension, justement par ses facultés.

Dans cette activité de construction, l'imagination est la faculté liée à la sensibilité, mais elle peut faire des liens entre les intuitions sensibles même sans la présence d'une telle intuition ; elle peut même créer des images sensibles. Ce n'est pas l'existence des schémas – donc des habitudes d'associer les/certaines représentations – qui est importante ici, mais le *caractère créateur de l'imagination, en présence des schémas et de certaines représentations*. Entre l'imagination et les facultés de la compréhension et du jugement, il y a un lien puissant, mais elles sont néanmoins distinctes.

Puis le parfum de la phénoménologie

L'ensemble de tous ces processus et facultés était l'esprit ou *la conscience*. Un ensemble mystérieux, qu'on ne pouvait défricher scientifiquement que par petites portions, mais qui n'expliquent pas le tout. C'est pourquoi la philosophie – toujours elle – en est venue à considérer que la caractéristique principale de la conscience est son *intentionnalité* : sa raison d'être étant justement l'orientation/la direction vers l'objet[3], comme prémisse pour la constitution des représentations – sans lesquelles la conscience ne peut être au service de l'existence/de la persistance d'organismes de plus en plus complexes – et pour leur interprétation.

À leur tour, et toujours dans la philosophie phénoménologique, les *représentations* sont celles des objets désirés/intentionnés et ainsi entraînent l'*attention* et la *mémoire*, comme les *temps* (présent, passé et futur), qui ne sont pas tant ou pas seulement des *cadres* en quelque sorte extérieurs aux phénomènes et

---

l'objet : c'est comment les enfants voient les objets, ou nous tous des formes simplifiées des objets abstraits et toujours avec des traits empiriques.

[3] Comme plus tard, les neurosciences décriront la plus vieille manifestation de la conscience comme *access consciousness*.

aux événements mais des *qualités* internes de ces phénomènes et événements. Tous ces processus, comme celui de l'imagination, formant la *conscience* (c'est-à-dire l'ensemble des idées – ou les susdites représentations – telle une couche « entourant le cerveau comme une aura » [Bazac, 2017a] *et* les résultats prévalents des processus), sont en leur service mutuel, donc s'interdéterminent dans un tout contradictoire et, justement pour cette raison, stable. Les représentations autour de la similarité et du passé – faisant preuve de sagesse rétrospective – n'ont jamais lieu sans un désir lié au *présent* et, forcément, au *futur*. L'imagination n'est pas la simple actualisation de ce qui est déjà arrivé mais, au contraire, la création de quelque chose de neuf : elle est la discontinuité et la provocation, car le présent est toujours vu du point de vue de la perspective, de la sagesse anticipative. En ce sens, l'imagination pourrait être un synonyme de la vie, de la tendance d'aller toujours plus loin.

La tradition husserlienne centrée autour de l'intentionnalité de la conscience et autour des significations des objets (données et trouvées) a un manque essentiel : les significations ne sont point relatives aux expériences sur lesquelles l'attention (subjective, bien sûr) se moule, mais forment un halo impersonnel d'authenticité absolue où l'attention attire seulement, sélectionne, mettant en évidence l'universel comme structure de significations [Crary, 2001, 284-286].

Enfin les neurosciences

Néanmoins, l'idée phénoménologique d'intentionnalité voulait relier les parties et les processus de la conscience. Elle s'est développée en parallèle avec les *neurosciences*, qui ont découvert étape par étape – et le font aujourd'hui de manière accélérée – les mécanismes biochimiques et le jeu des forces physiques qui *expliquent* ce qui jusque-là était seulement « imaginé », ce qui *est exactement ce que c'était censé être*.

(Il faut comprendre la spécificité des mécanismes biochimiques, donnée par les *fonctions* et les « *fins* » d'assurer la fonctionnalité des systèmes basés sur les fonctions. Ces mécanismes sont propres à la matière vivante [Maturana, 2002]. Les réactions chimiques de la matière inorganique reflètent les lois physiques (comme celles de la thermodynamique) et sont donc déterministes, donc prévisibles. La prévisibilité des phénomènes organiques est relative et encadrée par les spécificités des lois physiques dans les systèmes ouverts (vivants) [Maturana, 1981] et par les fonctions et les fins de ces systèmes.)

Par exemple, la conscience de soi (appelée *autonoétique*) est *démontrée* comme « capacité réflexive concernant l'expérience » et parmi les dernières qualités cognitives à se développer dans l'ontogénèse, consistant en la capacité de se rappeler où, quand et quelle espèce d'un certain événement a eu lieu. Ce qui implique la capacité de se représenter comme le sujet de l'expérience passée. Cette conscience de soi se manifeste comme reconnaissance de soi et comme capacité d'inférer des états mentaux chez d'autres personnes[4]. Le niveau de cet état – la conscience – est atteint quand l'information concernant l'énergie ou le déséquilibre énergétique dans une situation définie réalise « la *rectification* des fluctuations microscopiques » pour arriver à l'équilibre ou au niveau optimal d'énergie, et quand cette information est reproductible et ainsi capable de commencer un processus d'adaptation illimité vers une fonction optimale [Eigen, 2013, 231-234, 494, 575]. Mais s'adapter signifie apprendre. Les sciences ont *démontré* que les molécules organiques varient par la création/l'apprentissage des algorithmes les plus appropriés et leur fonctionnement parallèle (et non séquentiel). Par conséquent, les systèmes vivants – pas seulement la conscience humaine – sont caractérisés par l'apprentissage et le changement ; ces processus les rendent de plus en plus complexes, en les maintenant par des processus circulaires entre les niveaux supérieurs et inférieurs d'organisation, selon des règles [Moreno *et al.*, 2011]. C'est parce que les systèmes vivants sont autonomes, c'est-à-dire « loin de l'équilibre et qui doivent se maintenir comme tels ou mourir », que leur fonctionnement implique toutes les espèces de mécanismes bio-physico-chimiques [Bechtel & Abrahamsen, 2011, 260].

En ce qui concerne la conscience, les sciences ont commencé à *démontrer* les relations entre les structures (« système d'autorégulation des transformations » [Piaget, 2007]) et les fonctions dans le cerveau : il existe déjà des cartes de connexions [Tang *et al.*, 2017] et il y en aura davantage. Ces cartes montrent que le processus de transmission d'information en vue de générer la pensée – les liaisons entre les informations *et* l'information concernant ces liaisons – implique à la fois des molécules et des synapses, reliées dynamiquement comme des schémas/modèles d'« action »/de pensée [Traill, 2008]. En effet, les chercheurs parlent de schémas – pensons à la théorie de Piaget sur le développement cognitif – qui sont *figuratifs*, décrivant le monde, et *opérationnels*, transformant et manipulant les schémas figuratifs ; ou/en fait qui sont objectifs ou subjectifs [Kriegel, 2013] – des images et des mots. Les schémas sont des structures abstraites – peu retenues dans les réflexes instinctifs – plutôt stables s'il s'agit de modèles ou modèles de relations, mais qui

---

[4] [Tulving, 1984], cité par [Belzung & Philippot, 2007].

changent selon les informations concrètes liées aux situations concrètes. Ces structures sont comme les *signes* qui sont des configurations d'information.

S'agit-il seulement de *modèles/schémas* ? Pas du tout : justement à cause des multiples relations entre les différents niveaux de réalité (structures et fonctions aux différents niveaux), le *contenu* mental, constitué et joué au niveau moléculaire, se transpose et a des significations au niveau psychique[5], se développant et constituant de nouveaux contenus transmis à leur tour au niveau moléculaire et s'y cristallisant.

Les contraintes multiples, à divers niveaux, génèrent des réorganisations imbriquées mais très rapides à la fois du cerveau et du comportement, presque simultanément. En conséquence, s'il n'y a peut-être pas assez de temps pour traiter l'information dans le cerveau, le comportement change néanmoins en même temps. La cause est la conscience, où sont stockés des modèles de réactions et de situations, ce qui suggère un déterminisme de l'action conjointe plutôt qu'une fragmentation [Van Orden *et al.*, 2011, 660-661].

Ne l'oublions pas : les représentations sont en même temps concepts abstraits et *images*, parce qu'autrement elles ne pourraient pas présenter. Tous les processus mentaux sont impliqués, mais c'est l'imagination qui synthétise les images [McKellar, 1957]. En effet, toutes les images ont deux parties : l'une est toujours associée aux perceptions (donc à l'expérience en cours) – ces images sont les représentations perceptuelles –, tandis que l'autre n'est pas (directement) liée à cette expérience, mais toujours formée par l'imagination comme lieu des *images nouvelles* reflétant des processus de réutilisation des structures neurales initialement impliquées dans l'exécution de certaines fonctions par une exécution *virtuelle* de ces fonctions. Si le cerveau est décrit comme un système hiérarchique de multiples modules fonctionnels pouvant être assemblés selon différentes échelles spatiales et temporelles, l'imagination est la combinaison et la modification des informations perceptuelles et des concepts, réalisées par des mécanismes neurobiologiques [Agnati *et al.*, 2013]. Parmi ces mécanismes, il y a ceux de la mémoire, où les neurones et les systèmes neuronaux ont une capacité et une plasticité incroyables de coder l'information, y compris celle des événements passés et de parties de ceux-là et notamment celle liée aux différences entre aspects perceptuels présents et aspects mémorisés [Mendoza-Halliday & Martinez-Trujillo, 2017]. L'imagination ne

---

[5] Wilhelm Wundt formule ainsi une loi ou principe explicatif en psychologie : « Le principe de la connexion des relations (tout contenu mental est lié à d'autres dont il reçoit le sens) », in [Kusch, 2005], 132.

fait alors que discerner et lier, trier et combiner les informations stockées dans différents systèmes neuronaux.

Cette approche reste cependant trop étroite, car elle semble réduire l'imagination aux mouvements des éléments du cerveau. Il est plus sérieux de s'appuyer non seulement sur ces mouvements – et de mettre en évidence les neurones miroirs qui reconnaissent les actions d'autres systèmes neuronaux, y réagissent et les anticipent – mais aussi sur l'essence de l'imagination, soulignée par la philosophie, sur la création et la créativité du cerveau toujours imbriqué dans le corps humain et ainsi dans le milieu relationnel de l'homme. Au niveau de l'activité des neurones (y compris miroirs), la création consiste en relations de *rétroaction* (*feedback*) *sélective et distribuée* entre *différents systèmes neuronaux* (différentes du simple *feedback* correctif dans *un* système neuronal), y compris des relations récursives donnant le « passé présent » et reconstruisant les réactions, les aspects et les qualités des perceptions et des connaissances. En ce sens, se forment et se propagent les idées [Kaag, 2008]. Par conséquent, tout cela est socialement et culturellement encadré et déterminé [Hirshfield & Gelman, 1974].

Ne désespérons pas !

Face à ces développements, la philosophie devrait-elle céder la place aux neurosciences et abdiquer sa double fonction d'*interprétation critique* et de mise en évidence des *significations* des phénomènes de conscience ? Pas du tout. L'examen philosophique de l'imagination montre encore une fois que la philosophie ne peut se substituer aux sciences – pas plus que celles-ci ne peuvent se substituer à la philosophie – parce que l'une et les autres ne se superposent qu'en partie. Du point de vue historique, dans ses premiers moments, la philosophie était *explication* (en ce sens elle était « science », parce qu'elle voulait comprendre les causes des phénomènes). Cette tradition explicative s'est prolongée longtemps, jusqu'au développement contemporain des sciences. Des penseurs croient certainement encore aujourd'hui que la philosophie donnerait les meilleures explications, ou alors ont un complexe d'infériorité parce qu'ils voient la philosophie « détrônée » par les sciences. Or si les sciences prennent la place de la philosophie du point de vue de l'explication, elles ne peuvent interpréter leurs propres résultats et procédures que d'une manière très limitée. La spécificité des sciences est donc l'explication, tandis que la spécificité de la philosophie est la mise en évidence des *significations* de tous les aspects de l'existence et de la connaissance et leur *intégration*. Cette fonction de la philosophie n'est pas une simple (!) interprétation, mais comporte un traitement scientifique (analyse des causes, etc.) du problème des significations, comme leur approche par des *concepts* philosophiques spécifiques, sans lesquels l'interprétation même est impossible.

Les processus neurobiologiques évoqués ci-dessus semblent normaux pour un philosophe qui a lu dans la philosophie/l'histoire de la philosophie que l'imagination est combinaison, donc tout d'abord un tri/une sélection d'après différents stimuli, y compris des valeurs morales. La philosophie a certainement donné des théories fines qui s'accordent en bonne mesure avec les théories scientifiques. De ce point de vue, il y a une évidente *continuité* entre philosophie et sciences. La *discontinuité* des sciences consiste toutefois en quelque chose que la philosophie ne peut donner qu'en l'imaginant : la démonstration, les expériences, leurs preuves, toutes reproductibles et répétables. C'est justement cette dialectique de la continuité et de la discontinuité qui doit nous éloigner des complexes, à la fois d'infériorité envers les sciences *et* de supériorité envers la philosophie.

L'attention et l'imagination, directement proportionnelles et assujetties à la logique sociale

Les prémisses données par la philosophie moderne et les neurosciences sont ainsi l'interdépendance des processus de la conscience, le rôle de l'imagination dans la construction des images/représentations et la détermination socioculturelle des processus de la conscience.

Nous traiterons ce troisième aspect en faisant valoir concrètement l'interdépendance entre *attention* et *imagination*. Parce que l'attention semble une espèce de *contraire* de l'imagination, la *manifestation de l'intentionnalité* de la conscience est surtout axée sur le *présent*. Si cette compréhension de l'attention est banale, on doit une fois de plus questionner les *objets* de l'attention et le *cadre* empirique fournissant les *valeurs* selon lesquelles l'éducation de l'attention et la pratique de l'attention ont lieu – cela pour voir la *direction* vers laquelle est dirigée l'attention.

L'hypothèse culturaliste

Si l'imagination est traditionnellement liée à la culture, l'attention aussi a une relation étroite avec la culture. Percy Bysshe Shelley a décrit la qualité formative et ainsi créative de l'*imagination* pour la constitution de l'esprit de l'homme, par son caractère synthétisant, opposé aux démarches analytiques liées à la raison. Par sa synthèse créative, l'imagination est le processus constituant de la poésie qui, à son tour, est créatrice de vie et d'humanité, représentant le pouvoir anticipatif humain sur les conditions externes. Pourquoi cela ? Parce que la poésie et donc l'imagination portent le bien et le plaisir, les buts vertueux de l'homme. Tandis que l'*objectif d'utilité – lié à une pensée « mécaniste »* – n'est qu'un moyen à ne pas surévaluer, c'est-à-dire à subordonner à l'imagination poétique [Shelley, 1840]. Le poète démontrait sa thèse par l'histoire de la culture. Les valeurs – le Bien, le Beau et la Vérité – portées par les visionnaires (inévitablement poètes) avaient donné et donnent encore la direction.

Mais le développement de la modernité semble démentir cette supposition. Les processus de l'esprit, attention comme imagination, sont générés dans le cadre concret des rapports sociaux et prennent le relais des significations données aux valeurs par les couches dirigeantes. Ce n'est pas seulement le caractère analytique du rationalisme mais aussi l'utilité imposée comme valeur moderne *principale* qui ont forgé les éléments constitutifs de l'*attention* : la concentration sur des aspects découpés, la négligence envers les perceptions extérieures à ceux-ci, la prise en charge de la représentation du monde formée de coupures, d'une séparation constitutive [Crary, 2001] comme normale et « goûtée ».

Le conditionnement social

Actuellement, le cadre n'est pas simplement le capitalisme mais le capitalisme dans une phase de *crise de système*. La dialectique continuité-discontinuité se manifeste autour du but essentiel qui ordonne l'entière logique des choses et devient visible par les multiples contradictions et la manière dominante dont les couches dirigeantes cherchent à maximiser leurs profits et donc à préserver leur pouvoir : les gens doivent acheter, de plus en plus, toujours plus, consommer ou pas les biens achetés, se soucier de leur qualité, y compris des conditions écologiques de leur production, mais sans douter en principe de la nécessité d'acheter. La thèse de la croissance économique consiste justement dans la croyance que l'arrêt des achats serait fatal pour le système. Et il le serait vraiment : c'est pourquoi n'importe quel moyen de consommation plus raisonnable est transformé en moyen de profit. On ne peut certainement pas stopper seulement le carrousel des achats et de la consommation, parce que le pouvoir réel de changer une croissance démentielle qui détruit l'environnement, les ressources, la santé physique et morale des gens dépend des relations de propriété, c'est-à-dire du contrôle privé des moyens de production et d'existence. Même si on consomme moins et de manière plus saine, *on le fait dans un régime capitaliste*, où même la frugalité devient un mode de vie qu'on doit envier/désirer pour soi-même et... acheter.

On peut déjà déduire que l'attention à de nouveaux achats, à de plus en plus de shopping, et la capacité d'orienter l'attention de manière plus lucrative sont des moyens de « production » pour ceux qui contrôlent le système. Cela a déjà été montré[6]. Comme la technique de vendre seulement les images les plus roses de la vie, en couvrant la réalité désagréable dans un *langage abstrait* et – c'est un aspect inhérent – en assumant les clichés de cette réalité rose comme « la vérité »[7], tout comme l'euphorie des acheteurs devant les objets de leurs désirs et de leur possession [Lipovetsky, 2006].

L'attention est une capacité ou une force humaine. Mais de même que l'ensemble des capacités humaines est une marchandise dans la modernité, certaines capacités y sont instrumentalisées. Il est apparu ci-dessus que l'attention au shopping montre une relation directe avec les marchandises et donc une opposition foncière avec l'imagination, qui serait quelque chose de plus diaphane. En réalité, l'attention est utilisée et instrumentalisée : elle est en relation directe avec ceux qui l'instrumentalisent en dessinant pour elle des objets de désir. Ces objets lui sont imposés et l'attention a avec eux une relation fantasmagorique et schizophrénique, où la fascination consumériste résume et efface toutes les autres significations des objets [Schmid, 2009]. Ce type de relation est le seul qui permette l'utilisation de l'attention comme vecteur de consommation. L'attention a été définie comme la source de valeur la plus précieuse dans l'économie capitaliste [Citton (dir.), 2014] : comme « création des marchés où les consommateurs sont *heureux*, parce que si on leur fournit l'information appropriée, les marchands sont heureux aussi parce que les consommateurs heureux dépensent de l'argent » [Iskold, 2007].

Critique de l'attention, désir d'imagination

Les critiques sont variées. Citton souligne le caractère de « force de production » attribué à l'attention par les décideurs : un caractère réel, qu'on ne peut annuler en substituant l'imagination à l'attention. Parce qu'aucune imagination ne peut contrecarrer une attention restée unilatérale, et donc pauvre. De plus, l'attention instrumentalisée n'est pas pour Citton le signe d'un excès de logique ou de rationalisme, mais au contraire d'un *manque de*

---

[6] Voir [Packard, 1960] ; [Wright Mills, 1959], 168-172, parlant de « joyeux robots » construits pour goûter le consumérisme ; [Debord, 1967], où le spectacle couvre et est la forme des relations sociales [Bazac, 2017b] ; [Marcuse, 2007].

[7] [Wright Mills, 1959], dévoilant les sociologues de « l'empirisme abstrait ».

logique et seulement ainsi de *trop peu d'imagination*. La solution ne peut donc venir d'une éducation individuelle de l'attention afin de la rendre plus efficace pour l'image propre de l'individu, mais doit passer par l'éducation collective non seulement de l'attention de tous et de son utilisation économique, mais aussi de l'environnement de l'attention ou de ses objets. La solution est « une écologie de l'attention » [Citton, 2014] insistant sur la multiplicité des milieux et sur leur unité, et sur la possibilité de mettre l'attention au service du bien commun et de la communauté.

Cette écologie est d'autant plus nécessaire qu'elle répond à la maladie de l'attention (manque d'attention, incapacité à se concentrer), fréquente de nos jours [Cantwell, 1996]. Comme le montre Citton, on peut guérir cette maladie pas (seulement) par une gestion « neutraliste » de l'information, mais justement en signalant les « classes » qui contrôlent l'information et les résultats de ce contrôle. Ce cadre de classe explique le manque d'information lié à la logique de même que le déferlement d'images [Bazac, 2018], tout en générant une *imagination appauvrie*.

Face à tous ces phénomènes, certains penseurs considèrent néanmoins que le déficit d'attention montre seulement l'excès de logique qui étouffe la vitalité des symboles et des visions métaphoriques de l'imagination : trop de logique, manque d'imagination et donc manque d'utopies pleines d'esprit onirique (et pas d'affectivité pathogène subordonnée à l'histoire) [Wunenburger, 1979]. On retrouve le vieux cliché des humanités classiques envers tout ce qui dérangerait la classique séparation travail intellectuel/travail manuel (les sciences et la pratique sociale), voire l'opposition arts libéraux/sciences et pratique sociale.

Sans attention, pas d'imagination

Notre insistance sur les (neuro)sciences n'est pas fortuite et la philosophie contemporaine qui est vraiment sensible à l'esprit profond du temps a montré qu'elle ne peut plus rester au niveau de la spéculation libre : elle doit se corréler avec les sciences, même si elle se focalise sur l'ineffable et sur la sensibilité ou justement pour dépasser la spéculation concernant la sensibilité et l'ineffable – et évidemment pour dépasser une approche scientifique sèche et fragmentée. Ainsi Bachelard a-t-il *uni* le regard phénoménologique – mettant l'accent sur les images telles qu'elles apparaissent à l'être penseur – et l'analyse rationaliste « aussi objectivement que possible »[8], donc utilisant des concepts et des inférences logiques : « le rêveur de rêverie, s'il est un peu philosophe, peut, au centre de son moi rêveur, formuler un *cogito* » [Bachelard, 1969, 129].

En revanche, un consensus implicite associe la séparation spéculative entre science (et pratique sociale) et philosophie (ou leurs objets), et la séparation entre images et langage articulé, rationnel, scientifique (sur les causes), séparation qu'effectue la politique dominante dans le système présent.

Cet aspect est-il trop éloigné de notre problème concernant l'attention et l'imagination ? Nous ne le pensons pas. La séparation spéculative actuelle favorise certainement l'imagination, tout en ignorant l'attention, qui serait trop commune et une « question psychologique », ayant pour amont l'approche scientifique que cette philosophie ignore, et pour aval la logique et l'analyse analytique du processus de la connaissance.

Mais l'imagination n'est pas non plus réellement soutenue ainsi. Pour que l'imagination soit créative *et* vraiment importante, elle doit avoir « de la matière », un riche *contenu* comme réservoir. Ce contenu n'est pas donné seulement par des images, tout comme il ne peut pas être donné par des sons, même les plus musicaux possible. Donc, et c'est notre thèse, *si on appauvrit l'attention en lui présentant principalement des images, et encore liées à l'éphémère* – une avalanche d'images contournant les raisons d'exister de leurs objets ou réduisant ces raisons à *l'immédiateté des relations* entre les êtres présentés par les images –, *alors ce n'est pas seulement l'attention qui souffre*, devenant sans défense devant tant d'images et se défendant en les excluant du champ de la conscience et justement en excluant les images importantes, *mais aussi l'imagination*.

La bonne philosophie avait dépassé l'*éphémère* des images en les reliant au *logos* : la capacité des images à décrire la réalité, donc à faire valoir des *significations*, se manifeste aussi/plutôt par le langage [Bachelard, 1958, 7-8 ; 1961, 5]. Sans comprendre ces significations, donc sans utiliser principalement le langage, on arrive à se situer dans l'imagination *exclusivement en l'absence d'objets présents*. Oui, dépasser la théorie que la vérité serait tout simplement l'adéquation à l'objet est une victoire de la connaissance

---

[8] [Bachelard, 1958], 3, et « Fidèles à nos habitudes de philosophe de la science, nous avions essayé de considérer les images en dehors de toute tentative d'interprétation personnelle ».

philosophique, mais considérer les images comme la vérité est une provocation à rebours.

1. Parce que jamais les images ne peuvent nous donner *le tout/ l'ensemble*, c'est-à-dire l'articulation des éléments particuliers au-delà des relations immédiates.
2. Parce que si on reçoit *principalement* des images, donc *si le langage est réduit au minimum nécessaire pour comprendre les relations immédiates, on ne peut pas discerner les images*, et l'intérêt qui détermine le choix des images est circonscrit au niveau inférieur des valeurs, celui de l'immédiateté des relations particulières, non intégrées dans un tableau cohérent du monde.
3. Parce que si les images *accablent* les gens, en occupant tout leur temps, elles arrivent à *substituer* au champ spécifique humain – *la capacité d'avoir des expériences*, donc d'être un sujet en action – la vie des images. Il n'est plus nécessaire d'avoir des expériences si les images nous les décrivent. Le modèle de l'homme devient le *spectateur passif*.
4. Mais l'expérience est la source primaire du savoir humain. La simplification (standardisation) des expériences et de la capacité d'entrer dans l'expérience conduit au cercle vicieux où la simplification réduit l'appétit pour *l'initiative d'une expérience qui transcende l'immédiat d'une diversité éphémère opposé à la quête de l'humain*.
5. Sans offre rationnelle devant l'attention, sans offre de raisons logiques aux images données, *l'homme ne se souvient pas d'elles* (et perd l'habitude d'être attentif) et ainsi *l'imagination perd du terrain* : elle arrive à relier peu de choses, de moins en moins.
6. Les humains deviennent *de moins en moins responsables* : parce que d'une part, les images « sont la réalité », que seule cette réalité est intéressante et qu'elle est formée de permanences ou de changements qui concernent seulement l'éphémère, tout ce qui se passe semble normal, « il n'y a pas de raison de s'inquiéter » ; d'autre part, ils savent que « ce sont seulement des images », donc en l'absence de relations interhumaines directes, ils se sentent comme des dieux ayant la puissance de tout faire et de regarder d'en haut les problèmes et les souffrances qui restent au-delà de leur propre existence.
7. Parce que l'image questionne et provoque *seulement si elle est entourée de connaissances rationnelles des conditions, des causes, des significations et des conséquences* de l'image *et* de l'objet de l'image.

8. Parce que l'attention à la diversité (synonyme de l'image) annule l'*imagination* de l'universalité humaine. Et justement parce que l'universalité est plus difficile à saisir que le particulier, car elle ne peut être saisie que par le langage articulé et le dialogue, la réduction de la communication aux images génère inévitablement une *réduction de l'imagination et de la sensibilité à l'universel humain*.
9. L'accablement par les images ne résulte pas tant des nouvelles technologies de communication que des intérêts économiques et politiques de ceux qui contrôlent ces technologies et les rapports sociaux. À cela correspond l'éducation systématique à une *attention superficielle à l'éphémère* et ainsi à une *imagination de l'éphémère*. Cette éducation a déjà généré la *dépendance à l'éphémère*, donc une *maladie sociale* aux conséquences à long terme. Si on ne peut plus glisser le doigt sur l'écran de son smartphone et sur les images de Facebook, on *s'ennuie* et on est encore moins prêt à diriger son attention vers des relations interhumaines directes et des problèmes humains.

En guise de conclusion

Aujourd'hui, la critique des apparences de la société ne peut plus répéter l'hypothèse culturaliste de l'opposition entre l'imagination chaude et la raison froide. Elle ne peut plus reprendre l'hypothèse consistant en des lamentations à propos des malheurs faits aux hommes par la technologie (et la science). Ces complaintes ont certainement constitué des efforts pour comprendre l'aventure humaine *et* la dialectique indépendance-interdépendance des systèmes, y compris les résultats de la création humaine et les hommes. Le pire serait de s'arrêter sur la route du déchiffrement de cette dialectique.

L'examen de la relation étroite entre attention et imagination montre le conditionnement social. Le milieu se révèle non comme « ayant une influence » sur des processus neutres de la conscience, mais comme les transformant en profondeur. Comme les autres processus de la conscience, l'attention et l'imagination tombent sous le pouvoir des relations de propriété privée de jouets privés (en fait *privatisés*, mis au service de la propriété privée), et sont donc utilisées pour les fins de cette propriété, et non pour les buts des individus humains dont elles forment les caractéristiques humaines.

La connaissance apportée par les sciences [Wu & Huberman, 2007] est *privatisée* elle aussi : la manipulation de l'attention et de l'imagination afin de maintenir le plus grand nombre possible dans une mentalité de « joyeux robots » dépasse de loin l'utilisation des sciences pour l'éducation de personnes responsables. Les neurosciences et la psychologie qui étudient l'attention et l'imagination sont *instrumentalisées* en vue d'un assujettissement accru des individus à la logique privée.

Il est normal que, par leur nouveauté, les moyens techniques de communication et de divertissement nous prennent par surprise et que l'on ne les analyse qu'après l'accumulation des faits [Ward *et al.*, 2017]. Mais le cadre des rapports structurels accentue la privatisation de l'attention et de l'imagination, et ses résultats dangereux.

Cependant, si la psychosphère est, comme les autres sphères et domaines humains, un champ de bataille, la philosophie peut suggérer que l'horizon du temps ne doit pas être approprié uniquement par le pouvoir dominant. Les nouvelles technologies ont aussi une conséquence révolutionnaire : elles transforment tous les travailleurs en travailleurs cognitifs, c'est-à-dire qui comprennent beaucoup plus qu'un savoir-faire traditionnel. Certainement, le pouvoir veut stopper l'émergence de la dimension cognitive de ceux qui travaillent *et* la dimension émotionnelle de leur existence. Parce que la capacité des travailleurs d'une organisation autonome face aux pouvoirs semble nulle, la situation est aujourd'hui plutôt traumatique et aucun espoir ne paraît réaliste. Toutefois, la *possibilité* infinie n'est pas le résultat de la pensée du Penseur, mais surgit d'une énergie collective qui peut *anticiper et créer les bifurcations/des possibilités* et, ainsi, construire de nouveaux horizons. Au contraire du Pouvoir qui impose une seule possibilité [Berardi, 2017].

Références bibliographiques

Agnati, Luigi F., Guidolin, Diego, Battistin, Leontino, Pagnoni, Giuseppe & Fuxe, Kjell [2013], "The Neurobiology of Imagination: Possible Role of Interaction-Dominant Dynamics and Default Mode Network", *Frontiers in Psychology*, https://doi.org/10.3389/fpsyg.2013.00296.

Bachelard, Gaston [1958], *La Poétique de l'espace*, Paris, PUF.

— [1961], *La Flamme d'une chandelle*, Paris, PUF.

— [1969], *La Poétique de la rêverie*, Paris, PUF.

Bazac, Ana [2017a], "The Intentionality of the Consciousness: From Phenomenology to Neurosciences and Back. The Attitude of Evanghelos Moutsopoulos Towards the Phenomenology of the Consciousness", in Moutsopoulos [2017], 103-158.

— [2017b], "Fifty Years from Guy Debord's *La Société du spectacle/The Society of the Spectacle*", *EgoPHobia*, http://egophobia.ro/?p=11893.

— [2018], "How Much is an Image Worth?", *Wisdom*, 1, 10, 12-29.

Bechtel, William & Abrahamsen, Adele [2011], "Complex Biological Mechanisms: Cyclic, Oscillatory, and Autonomous", in Hooker (ed.) [2011], 257-285.

Belzung, Catherine & Philippot, Pierre [2007], "Anxiety from a Phylogenetic Perspective: Is there a Qualitative Difference between Human and Animal Anxiety?", in Patrice Venault & Georges Chapouthier (ed.), *Plasticity and Anxiety, Neural Plasticity*, London, Hindawi Publishing.

Berardi, Franco 'Bifo' [2017], *On Futurability: The Age of Impotence and the Horizon of Possibility*, London, Verso.

Cantwell, Dennis P. [1996], "Attention Deficit Disorder: A Review of the Past 10 Years", *Journal of the American Academy of Child & Adolescent Psychiatry*, 35, 8, 978-987.

Citton, Yves [2014], *Pour une écologie de l'attention*, Paris, Seuil.

Citton, Yves (dir.) [2014], *L'Économie de l'attention. Nouvel horizon du capitalisme ?*, Paris, La Découverte.

Crary, Jonathan [2001] *Suspensions of Perception: Attention, Spectacle and Modern Culture* (1999), Cambridge (MA), MIT Press.

Debord, Guy [1967], *La Société du spectacle*, Paris, Buchet/Chastel.

Eigen, Manfred [2013], *From Strange Simplicity to Complex Familiarity. A Treatise on Matter, Information, Life and Thought*, Oxford, Oxford University Press.

Hirshfield, Lawrence A. & Gelman, Susan A. [1994], "Toward a Topography of Mind: An Introduction to Domain Specificity", in Hirshfield & Gelman (ed.), *Mapping the Mind: Domain Specificity in Cognition and Culture*, Cambridge, Cambridge University Press, 3-35.

Hooker, Cliff (ed.) [2011], *Philosophy of Complex Systems*, Amsterdam, Elsevier, « Handbook of the Philosophy of Science », 10.

Iskold, Alex [2007], *The Attention Economy: An Overview*, https://readwrite.com/2007/03/01/attention_economy_overview/.

Kaag, John [2008], "The Neurological Dynamics of the Imagination", *Phenomenology and the Cognitive Sciences*, Springer, DOI 10.1007/s11097-008-9106-2.

Kriegel, Uriah [2013], "Two Notions of Mental Representations", in Uriah Kriegel (ed.), *Current Controversies in Philosophy of Mind*, London, Routledge, 161-179.

Kusch, Martin [2005], *Psychologism. A Case Study in the Sociology of Philosophical Knowledge* (1995), London & New York, Routledge.

Leary, David E. [1982], "Immanuel Kant and the Development of Modern Psychology", in William Ray Woodward & Mitchell G. Ash (ed.), *The Problematic Science: Psychology in Nineteenth Century Thought*, New York, Praeger, 17-42.

Lipovetsky, Gilles [2006], *Le Bonheur paradoxal. Essai sur la société d'hyperconsommation*, Paris, Gallimard.

Marcuse, Herbert [2007], *One-Dimensional Man. Studies in the Ideology of Advanced Industrial Society* (1964), introduction Douglas Kellner, London & New York, Routledge.

Matherne, Samantha [2015], "Images and Kant's Theory of Perception", *Ergo. An Open Access Journal of Philosophy*, 2, 29, 737-777, http://dx.doi.org/10.3998/ergo.12405314.0002.029.

Maturana, Humberto R. [1981], "Autopoiesis", in Milan Zeleny (ed.), *Autopoiesis. A Theory of Living Organization*, Boulder (CO), Westview Press, 21-33.

— [2002], "Autopoiesis, Structural Coupling and Cognition: A History of These and Other Notions in the Biology of Cognition", *Cybernetics & Human Knowing*, 9, 3-4, 5-34.

McKellar, Peter [1957], *Imagination and Thinking: A Psychological Analysis*, New York, Basic Books.

Mendoza-Halliday, Diego & Martinez-Trujillo, Julio C. [2017], "Neuronal Population Coding of Perceived and Memorized Visual Features in the Lateral Prefrontal Cortex", *Nature Communications*, DOI 10.1038/ NCOMMS15471.

Mills, Charles Wright [1959], *The Sociological Imagination*, New York, Oxford University Press.

Moreno, Alvaro, Ruiz-Mirazo, Kepa & Barandiaran, Xabier [2011], "The Impact of the Paradigm of Complexity on the Foundational Frameworks of Biology and Cognitive Science", in Hooker [2011], 311-333.

Moutsopoulos, Evanghelos [2016], *La Conscience intentionnée*, Institut de Philosophie de l'Université d'Athènes, « Diotima » ; [2017], *Conștiința intenționată*, trad. Ana Bazac, București, Omonia.

Packard, Vance [1960], *The Waste Makers*, New York, David McKay.

Piaget, Jean [2007], *Le Structuralisme* (1968), Paris, PUF, « Quadrige ».

Schmid, Eiko [2009], *Economy of Fascination. Dubai and Las Vegas as Themed Urban Landscapes*, Stuttgart, Borntraeger Verlag.

Shelley, Percy Bysshe [1840], "A Defense of Poetry" (1821), in *Essays, Letters from Abroad, Translations and Fragments*, I, London, Moxon, 1-57.

Tang, Claire, Hamilton, Liberty S. & Chang, Edward F. [2017], "Intonational Speech Prosody Encoding in the Human Auditory Cortex", *Science*, 357, 6353, 797-801, DOI 10.1126/science.aam8577.

Traill, Robert R. [2008], "Thinking by Molecule, Synapse, or Both? – From Piaget's Schema to the Selecting/Editing of ncRNA", *The General Science Journal* / Ondwelle short-monograph 2, Melbourne, Ondwelle, http://www.ondwelle.com/OSM02.pdf.

Tulving, Endel [1984], "Précis of Elements of Episodic Memory," *The Behavioral and Brain Sciences*, 7, 2, 223-268.

Van Orden, Guy C., Kloos, Heidi & Wallot, Sebastian [2011], "Living in the Pink: Intentionality, Wellbeing, and Complexity", in Hooker [2011], 629-673.

Ward, Adrian F., Duke, Kristen, Gneezy, Kristen & Bos, Maarten W. [2017], "Brain Drain: The Mere Presence of One's Own Smartphone Reduces Available Cognitive Capacity", *Journal of the Association for Consumer Research*, 2, 2, 140-154, http://dx.doi.org/10.1086/691462.

Wu, Fang & Huberman, Bernardo A. [2007], "Novelty and Collective Attention", *PNAS*, 104, 45, 17599-17601.

Wunenburger, Jean-Jacques [1979], *L'Utopie ou la crise de l'imaginaire*, Paris, Jean-Pierre Delarge, éditeur, « Encyclopédie universitaire ».

Ana BAZAC
Universitatea Politehnica din București
Bucarest, Roumanie
ana_bazac@hotmail.com

L'image – le porte-parole ou comment imaginer une bonne communication

Ștefania BEJAN

Pendant la seconde moitié du XXe siècle, l'imagination a récupéré au moins son autorité, voire son pouvoir. Gilbert Durand, l'auteur de *L'Imagination symbolique* et de *L'Imaginaire. Essai sur les sciences et la philosophie de l'image* a signalé l'emploi de « l'imagination » (*phantasia*) dans une nouvelle fonction compensatrice. Il la trouve chez beaucoup d'écrivains, de philosophes, d'esthéticiens, de peintres, etc., sans que ces derniers ne distinguent bien : l'image, l'allégorie, le signe, le symbole, la parabole, le mythe, l'emblème, l'icône, la figure... Dans cette confusion, il voit l'effet de la dégradation que l'imagination avait subie jusque-là dans la réflexion menée dans l'espace culturel européen.

Le XXe siècle est marqué par des progrès techniques en ce qui concerne la (re)production et la transmission de l'image. Le consommateur postmoderne apprécie la structuration efficace du message (pour les nouvelles dans la presse, par exemple), la capacité de persuasion en tant que trait du contenu (dans la communication publicitaire), la beauté de la phrase (dans le discours du porte-parole des relations publiques), le pouvoir de convaincre par l'intermédiaire du langage des images.

Aujourd'hui, communiquer en vue du succès signifie imaginer (créer, réfléchir, voir, construire, prévoir, rêver...) des stratégies, des plans, des mesures, des solutions, etc. Dans ce contexte, nous nageons dans une « culture de l'image ». D'après Douglas Kellner, l'image tient le rôle clé dans les stratégies de l'ère consumériste, se plaçant au cœur de la culture médiatique et de l'existence postmoderne d'un modèle de standing social où « l'apparence et le style deviennent de plus en plus importants pour former une identité individuelle » [Kellner, 2001, 19]. Nous faisons partie d'une « civilisation de l'image » [Durand, 1999, 201, 125, 144] dans laquelle, « grâce » à la vidéocratie, nous sommes libres d'ignorer les discours de vérité, de contester les universaux et les idéaux, mais non la valeur des images [Debray, 1992, 492]. L'accessibilité des images, la vision inconditionnelle de la possession des données et des compétences, et, pourquoi pas, l'éloignement de l'homme postmoderne de l'essence intellectuelle de la vérité et du noyau moral de la valeur, rendent tout à fait valable le *théorème optique de l'existence* : ce qui est, est ; au-delà, « tout ce qui n'est pas à voir, sera réputé non-être, trompe-l'œil ou faux-semblant » [Debray, 1992, 494]. Prisonnier de la technoculture, le réel est victime des machines de communication (**machinerie de vision et d'écoute**) et l'homme devient un consommateur, un utilisateur, un médium irremplaçable dans le « show du réel », dans la direction du **faire croire**. Appelant le passage du magique à l'artistique, puis à l'économique, l'auteur « s'estompe » au fil du temps du visuel (exprimé par le néologisme *vidéosphère*[1]) « incarné » dans « la société du spectacle », où « la lutte pour l'imagination passe par la lutte contre le tout à l'image » [Debray, 1992, 501]. L'injonction de Rousseau de « regarder ou voir moins pour imaginer plus » devient parfaitement valable…

Dans l'approche de Jean Baudrillard [2005, 39], la consommation de la réalité implique l'existence d'une distance (appartenant au signe) dans deux directions : par anticipation ou en rétrospective. L'image (qui implique la réalité), y compris la satisfaction anticipée (dans le texte d'une annonce, par exemple), est « le lieu où les perversions se réalisent », où « nos fantasmes[2] sont ceux qui reçoivent un sens et sont consommés en images », à cause de la transformation de toutes choses (le monde réel, l'événement, l'histoire) en images [Baudrillard, 2005, 40]. Sous l'empire de l'image, apporter des informations sous la forme du fait divers en fait « la catégorie cardinale de notre pensée magique, de notre mythologie », s'appuyant sur la triple exigence de réalité, de vérité et d'objectivité [Baudrillard, 2005, 40] constatée dans le discours médiatique à travers les émissions en direct, les documentaires, les témoignages, les photos choquantes, etc. L'auteur accuse la communication de masse d'offrir non pas la réalité, mais le vertige de la réalité, c'est-à-dire l'illusion d'une présence totale dans l'événement, « le Grand Froid de la Vie », encore et encore le miracle (« je n'étais pas là », telle est la vérité du

---

[1] Debray condamne une vidéo omniprésente, au portefeuille menaçant : « Le cynisme pour vertu, le conformisme pour ressort et pour horizon un nihilisme achevé. Solution ? On redonnera alors du jeu aux invisibles espaces de dedans – via la poésie, la gageure, la lecture, l'écriture, l'hypothèse ou le rêve » [Debray, 1992, 503], s'il est vrai que la meilleure société est celle qui donne l'occasion de rêver…

[2] L'explication de Baudrillard à propos du fantasme, dans la consommation de faits divers dans la presse (forme anodine et miraculeuse), renvoie à « plus que la vérité », en fait à la non-présence du téléspectateur au lieu de l'action décrite. Or c'est justement cette distance qui génère le fantasme – « être là en étant loin ».

travail télévisé). Selon le sociologue français, tous les bienfaits de la consommation sont vécus comme un miracle, avec pour sommet le miracle de l'abondance – l'hypostase du mythe de la cargaison [Baudrillard, 2005, 38]. L'éditeur de communication de masse – capable d'exclure la culture et la connaissance, en gardant un condensé (une somme de questions et de réponses codées) [Baudrillard, 2005, 131] – sanctionnera la culture de masse (médias). Le recyclage culturel est invoqué comme un syndrome de décadence par rapport à une plus grande capitulation – la culture élitiste. Et comment en serait-il autrement, puisque « la substance culturelle » devient « l'élément codifié par le statut social », une simple connotation, une fonction secondaire ? De plus, le contenu culturel et la machine à laver (comme les articles de consommation) manquent d'utilité, mais marquent le prestige, ou au moins le confort [Baudrillard, 2005, 137]. La conséquence ? Beethoven entre dans la catégorie « extraordinaire » (comme on le dirait d'un produit à laver la vaisselle) et l'homme cultivé, « le bijou humaniste embaumé » [Baudrillard, 2005, 138], entre dans un exil lent… Quel qu'en soit le nom (« la Grande Satisfaction virtuelle », « l'Opulence totale », « l'Exaltation finale »…), les signes du bonheur dont rêve « celui qui est touché par le miracle de la consommation » rendent compte d'une vie quotidienne possédée par une mentalité miraculeuse et d'une pratique de la consommation dirigée par la pensée magique [Baudrillard, 2005, 37].

Dans la même logique, après Baudrillard, Giovanni Sartori, constatant la prédominance du visible sur l'intelligible à la suite de l'usurpation de la priorité du mot par un impérialisme de l'image, déplore l'atrophie culturelle des victimes du télévisuel : l'enfant postmoderne ou le « clandestin immature perpétuel », « le ramolli de l'écran », « le digéré »[3] – l'homme d'une nouvelle culture digitale [Sartori, 2008, 27-29]. L'apocalypse selon Sartori ressemble à ceci : la production d'images télévisées détruisant les concepts, atrophiant la capacité de comprendre, pervertissant *homo sapiens* en *homo videns* – ce dernier ne gardant qu'un langage perceptif (concret) pauvre en significations, en pouvoir connotatif [Sartori, 2008, 34]. Lorsque la vision finit par annuler la compréhension, l'image n'assure pas par elle-même son intelligibilité, il devient nécessaire de l'expliquer [Sartori, 2008, 37]. À la question « Finirons-nous tous digérés et dans le cybermonde ? », on pourrait répondre en combinant l'interdiction d'entrée dans le *mundus intelligibilis* par le manque de capacité d'abstraction, le pouvoir de faire du *morphing* dans l'univers

---

[3] *Digéré* est une invention verbale de Luis Rossetto, à partir de *digital generation*.

numérique (décomposer et reconstituer à l'infini des images, des formes, des figures, s'approprier pleinement le message), la diffusion de l'intelligence collective développée dans le cyberespace parallèlement à la croissance diffuse de la « stupidité instable dans un magma sans différence » [Sartori, 2008, 41-44].

Gilbert Durand trouve cependant dans la « civilisation de l'image » une compensation ou une revanche du pouvoir de l'image, longtemps refoulé dans l'histoire européenne. Cela non sans signaler l'excès d'images dans « l'explosion vidéo » comme la multiplication d'un effet pervers prêt à menacer l'humanité : l'anesthésie de la créativité imaginaire – une idée tirée de Bachelard – par le fait que l'image « dicte trop le sens » à un spectateur passif ; puis, la « paralysie » de tout jugement de valeur – dans « l'indifférence spectaculaire » – du récepteur inactif devenant victime de ce qu'on a appelé le « viol des foules » ; finalement, l'anonymat de l'image – qui conduit à la manipulation, à la désinformation, au pervertissement de la « liberté de l'information » en « liberté de la désinformation » ; autrement dit à la simple diffusion des images médiatiques dominant tous les pouvoirs traditionnels de la société [Durand, 1999, 201-202]. Le danger est triple : que l'image étouffe l'imaginaire, que l'image produise le nivellement des valeurs du groupe, que « les pouvoirs constitutifs de toute société [soient] inondés et érodés par une révolution civilisatrice qui les laisse hors de contrôle » [Durand, 1999, 202].

Chez Durand, la protection de l'imaginaire (ce « spécifique de l'homme », une « représentation sans équivoque, la faculté de symbolisation... ») commence, on le voit clairement, par « une suppression complète des sectes de la doctrine classique [...] qui *distingue* la conscience rationnelle des autres phénomènes mentaux et, en particulier, la frénésie subconsciente de l'imaginaire »[4] [Durand, 1999, 82]. Selon lui, il n'y a pas de « divorce » entre le rationnel et l'imaginaire, la pensée s'en trouvant – dans son ensemble – « intégrée » à la fonction symbolique, fonction accordée par Durand à l'imagination. Nous n'allons donc « regarder » l'imagination ni comme un « échec de la pensée adéquate » (Freud) ou une « préhistoire de la pensée saine » (Cassirer) ; ni comme le « maître de l'erreur et de l'hypocrisie » (en opposant le « réel voilé » à « la clarté et la distinction », à la façon de la logique aristotélicienne ou comme « la folle de la maison » [Durand, 1999, 130-131] ; mais comme le « facteur général d'équilibre psychosocial » [Durand, 1999, 83].

---

[4] Citons une autre définition de l'imaginaire : « le « musée » de toutes les images, qu'elles soient passées, possibles, produites ou à produire » [Durand, 1999], 125.

L'image – le porte-parole ou comment imaginer une bonne communication

L'auteur des *Aventures de l'image* explique ce chemin de la manière suivante : l'imaginaire (ce « dynamisme équilibré ») apparaît comme l'intersection de deux « forces de cohésion », de deux « régimes » qui « inventorient chaque image dans deux univers antagonistes » (diurne et nocturne) [Durand, 1999, 83] ; le dynamisme antagoniste des images rend compréhensibles « les grandes manifestations psychosociales de l'imagination symbolique » et leur succession contrastée, qu'il s'agisse des courants artistiques, des mouvements religieux, des styles scientifiques, des systèmes de connaissance, des contes – « ces jeux imaginatifs » [Durand, 1999, 91] – etc., tout cela constituant « des représentations du monde », des systèmes d'images [Durand, 1999, 84]. Les avatars de l'imaginaire – son exil au-delà des techniques intellectuelles (XIIe siècle), sa confusion avec le délire, le fantasme du rêve, de l'irrationnel (XVIIIe siècle), son abolition par le scientisme au XIXe siècle, le refus des valeurs et des pouvoirs qu'il porte, « grâce » au postulat d'une « pensée sans images » (appréciant au maximum « les effets de la raison et de la brutalité des faits » [Durand, 1999, 131-134]) – ont, dans le miroir, des hypostases brillantes. Le langage imaginaire du mythe facilite la « réalisation » des vérités indétectables. Là où la dialectique ne peut pénétrer, il reste à l'image mythique la tâche de parler à l'âme [Durand, 1999, 134]. Ajoutons les références au « sixième sens » (la capacité de réaliser la beauté, à travers « le fonctionnement réel de la pensée », selon André Breton, dans les « limites » d'une philosophie d'un« tout autre » univers de la pensée humaine [Durand, 1999, 143]). Cela sans exclure la troisième voie de la connaissance (l'intuition par les images, la Raison et la Perception usuelle), le « goût du jugement » (Kant), « la Reine des facultés » (l'imagination chez Baudelaire), les lauriers de « symbole » acquis par l'image artistique en forçant le signifiant banal à dire un « symbolisant indicible » [Durand, 1999, 143]), le rôle cognitif obtenu par l'image (la « révolution vidéo » en témoigne, mais aussi ce que Durand appelle « l'effet pervers » – le privilège des moyens techniques de production et de diffusion des images, en fait, la suprématie du progrès de la physique, de la chimie – « la victoire du rationalisme iconoclaste de l'Occident » [Durand, 1999, 144-145]), l'image (en qualité de « symptôme arrière ») vue comme indice de santé psychique (Jung), l'imaginaire en tant que « connecteur obligatoire sur lequel toute représentation humaine est constituée » [Durand, 1999, 151].

On doit à Roger Bastide d'avoir replacé l'imaginaire dans la sociologie de la connaissance (les recherches de la science sociale visant la « pensée obscure et confuse » présente dans les mythes, les symboles, les fantasmes, le rêve, les transes, etc.), un geste associé à une « connaissance diagonale » (que l'on retrouve chez ses descendants comme Edgar Morin avec son épistémologie du « transversal », ou Louis-Vincent Thomas avec la « science joyeuse »), mais aussi reconsidérant la sociologie quotidienne et « surréaliste » : l'hôte hospitalier de l'éphémère, du léger, des banalités dans divers domaines (de la mode à l'aventure ou aux grandes villes), en d'autres termes, des figures banales (du banal), ordinaires (de l'ordinaire), insignifiantes (de l'insignifiant) ou marginales (du marginal)... [Durand, 1999, 157]. La recherche, en traversant l'imaginaire – traité si longtemps pour ainsi dire comme une poussière inutile –, confère le droit à l'image (son statut symbolique), en marchant jusqu'à l'usurpation de l'histoire événementielle (parce que les « essaims », « paquets », « constellations » d'images défient la nouvelle logique temporelle, familière). En ce sens, Durand attire l'attention sur divers usages de l'image : le « germe imaginaire de la création scientifique », la « règle de la logique, de la stratégie, de la méthode d'invention », le « rôle directeur des régimes d'images sur l'orientation singulière de la découverte » – comme chez Gerald Holton, le physicien qui a démontré la « prémonition » des découvertes dans les sciences exactes à partir des « ressources imaginaires de chaque chercheur : relations, éducation, lectures » [Durand, 1999, 169-171]. L'a-logique imaginaire, plutôt voisine de la musique opérant « par un harcèlement des images sonores "obsédantes" », actualisée (mythe « manifeste »), officielle, codifiée ou potentialisée (mythe « latent »), refoulée [Durand, 1999, 187-188], réclame une « dynamique de changement social », avec des zones « chronologiques » homogènes, sur les modes, les styles, les moyens d'expression, les courants, les cycles, les saisons culturelles, etc. Concluons, avec Durand, qu'un système imaginaire socioculturel « n'est jamais sans père, sans mère ou sans enfants » [Durand, 1999, 191]. Mais cette dynamique est largement associée au changement essentiel de l'imaginaire d'une époque, par le changement pur et simple des générations (le « bassin sémantique » se rétrécissant de façon inacceptable à cause du rythme et de la brièveté des émeutes « fils contre pères » [Durand, 1999, 199]).

Signataire de l'importante *Mythologie*, Roland Barthes va « peser » le texte et l'image, et trouver un rapport à deux « visages » : l'« ancrage » (le texte réduit la polysémie de l'image) ou le « relais » (dans la genèse de la signification, il y a soutien mutuel entre le texte et l'image)[5] au sein de l'argumentation (publicitaire, dans ce cas). « Le fleuve argumentatif dans le discours

---

[5] [Barthes, 1964], 43-45, *apud* [Adam & Bonhomme, 2005], 308.

publicitaire donne au texte des vertus d'organisation scientifique », tandis qu'à l'image appartient la force de persuasion « impressionnante et fétichiste » [Adam & Bonhomme, 2005, 308].

La publicité d'aujourd'hui peut très facilement ignorer les démonstrations obsolètes utilitaires, stimuler l'imagination, animer la créativité, rire de tout. Elle n'est « pas seulement courageuse, artistique mais folle dans le meilleur sens du mot » [Cathelat, 2005, 34] ; elle a été et est capable d'offrir « un fragment de rêve », une « valeur ajoutée imaginaire ». Le style « extraordinaire et fantastique », « la fascination de son jeu social » lorsqu'il est immergé dans le « jeu de ses propres images » convertit le commerce anthropique en « style de vie ou fragments de rêve », invitant (précisément en achetant le geste) à la désertion du réel, à la montée constante des « délices d'un surplus qui n'a pas de prix [...] : le rêve » [Cathelat, 2005, 34]. Le parcours du discours social de la publicité passe nécessairement par des « stations » du genre : la fonction utilitaire ; le pouvoir du produit symbolisé dans les archétypes de marque, 1960 ; le « redressement » de la créativité vers l'humour, la joie, l'optimisme hollywoodien, 1980, bousculant l'image et les mots, se proposant de diffuser « un état d'esprit typique « décalé », d'hédonisme cool et ironique » (la publicité devient l'univers parallèle dominé par le geste créateur qui « casse » les frontières du produit et des objets promus, en ajoutant une nécessité « jumelle, imaginaire, fantasmagorique, onirique », désireuse de début [Cathelat, 2005, 35-36]). Il commence par vendre un produit, puis offre à chacun un spectacle plein de « portraits de styles de vie » – avec des « images de soi » (pour l'identification), des modèles socioculturels comme repères dans la « panoplie » des mentalités (c'est exactement ainsi que se font les montages des artefacts médiatiques des cinq à six dernières décennies) [Kellner, 2001, 76].

Pour les connaisseurs, ce n'est pas un secret que « la frénésie créatrice » et « l'éclat superficiel des feux d'artifice publicitaires » sont des bagatelles professionnelles ; en effet, le message de la publicité est rarement un concept (idée-force à valeur ajoutée, symbolique et imaginaire plutôt qu'utilitaire [Cathelat, 2005, 37]). Avec des valences culturelles claires, le contenu du discours publicitaire conduit le locataire de la société de consommation (de la réunion de « Beauté » avec « la Bonté totale » [Baudrillard, 2005, 37] à « oublier les prix dans le rêve idéalisé des valeurs ajoutées symboliques et imaginaires » [Cathelat, 2005, 40]. L'imagerie créative de la publicité contemporaine s'épanouit sur fond de pédagogie de l'ignorance des futures frustrations du consommateur postmoderne, mais aussi du fait que l'objet du discours publicitaire, dans la société de consommation, compte parmi ses dimensions

« l'imaginaire » ; ce qui fait de chaque produit une « image de soi », une réponse aux désirs et aux motivations profondes et irrationnelles : idéalisation, fuite, métamorphose… À la recherche du rêve, le consommateur assiste à un véritable spectacle des fantasmes (le langage publicitaire), à la fin duquel « le rêve se vend mieux que tout » [Cathelat, 2005, 44], promu par « les éphémérides de la communication sociale » – des messages fréquemment commerciaux, mais eux-mêmes produits culturels.

La même stratégie s'applique aux objets manipulés dans le système médiatique : la dimension culturelle capable de faire et intelligible, et les contenus – les informations intéressantes surviennent par « amplification » –, la sursignification culturelle du fait de presse dans la production (par le langage) de la valeur ajoutée des objets en cause [Cathelat, 2005, 42]. Il s'agit de plaider pour des styles de vie, des espaces professionnels de la communication ; leurs acteurs sont légitimement « des producteurs de civilisation » [Cathelat, 2005, 43].

Bibliographie

Adam, Jean-Michel & Bonhomme, Marc [2005], *Argumentarea publicitară*, trad. M.-E. Avădanei, Iași, Institutul European [2005, *L'Argumentation publicitaire*].

Barthes, Roland [1964], « Rhétorique de l'image », in *Communications*, 4, Paris, Seuil.

Baudrillard, Jean [2005], *Societatea de consum. Mituri și structuri*, trad. Alexandru Matei, București, Comunicare.ro [1974, *La Société de consommation*].

Cathelat, Bernard [2005], *Publicitate și societate*, trad. Costin Popescu, București, Trei, « Repere In Publicitate » [1987, *Publicité et société*].

Debray, Régis [1992], *Vie et mort de l'image. Une histoire du regard en Occident*, Paris, Gallimard.

Durand, Gilbert [1999], *Aventurile imaginii. Imaginația simbolică. Imaginarul*, trad. Muguraș Constantinescu & Anișoara Bobocea, București, Nemira [1964, *L'Imagination symbolique* ; 1994, *L'Imaginaire*].

Kellner, Douglas [2001], *Cultura media*, trad. Teodora Ghiviriga & Liliana Scarlatescu, Iași, Institutul European, « Sinteze » [1995, *Media Culture*].

Sartori, Giovanni [2008], *Homo videns. Imbecilizarea prin televiziune și postgândirea*, trad. Mihai Elin, București, Editura Humanitas [1997, *Homo videns*].

Ștefania BEJAN
Universitatea « Alexandru Ioan Cuza » din Iași
Iași, Roumanie
stefania.bejan.uaic@gmail.com

Éclipse de l'imagination ? Imagination et émancipation chez Marcuse
Renata MARTINUSSI

Comment l'art peut-il contribuer à l'émancipation de l'homme et, de fait, à le libérer de sa situation existentielle inhumaine ? Ce problème de nature politique a été traité par Herbert Marcuse, qui a consacré sa philosophie à penser une vie humaine dédiée au plaisir et non au travail aliénant. En réactivant des potentialités biologiques qui ont été réprimées au cours du processus de civilisation de l'humanité, mais aussi avec l'appui de l'imagination, l'art se présente comme une condition fondamentale en vue de l'émancipation du sujet.

Nous allons parcourir ici l'analyse politique de Freud faite par Marcuse dans *Éros et civilisation*, où le philosophe a posé les bases d'une nouvelle raison sensible et d'un monde moins répressif. Dans *La Dimension esthétique*, Marcuse nous parle du potentiel subversif de l'art et de sa relation directe à l'imagination, rejetant le monde en vigueur et nous incitant à désirer un monde meilleur. Il attire notre attention également sur la *Dialectique de la Raison* d'Adorno et Horkheimer, qui ont présenté le phénomène de l'industrie culturelle et de son appareil d'aliénation du sujet comme force contraire à celle de l'émancipation.

1. L'art comme instrument d'émancipation

L'Institut de recherche sociale de Francfort s'est consacré à l'analyse de la condition du sujet dans les sociétés industrielles avancées. Selon ses membres, le sujet a perdu son autonomie et sa capacité de réflexion. Mis en condition par la réalité d'un système aliénant, le sujet accepte librement la répression qui lui a été imposée. Le contrôle ainsi modernisé devient un contrôle technologique appliqué à toutes les sphères de la vie sociale. La raison éclairante a été transformée ainsi en une raison vigilante et totalitaire, travaillant au service d'un renforcement du système économique en vigueur, d'un contrôle de masse et d'une régression sociale. Si cette analyse dit vrai, pouvons-nous encore songer à la possibilité d'une raison *autonome* et libre ? Pouvons-nous concevoir la possibilité d'une vie meilleure, avec moins de répression et un sujet plus heureux ? Comment l'œuvre d'art peut-elle contribuer à affaiblir la situation de *statu quo* et libérer l'homme de sa servitude volontaire ?

Pour Marcuse, la potentialité d'une raison nouvelle existe au sein de l'Histoire. Dans *Éros et civilisation*, le philosophe s'appuie sur la métapsychologie freudienne et expose les éléments montrant une raison sensible en puissance, par opposition à la raison *instrumentale*. Dans cette critique, le philosophe prétend dévoiler le caractère répressif des valeurs culturelles. Freud affirmait que la répression est nécessaire et inévitable, tendant sans cesse à se maintenir et se reproduire au cours de l'Histoire. Freud justifiait la répression dans une certaine mesure. Il affirmait l'impossibilité d'une Histoire de l'humanité sans répression élémentaire et nécessaire, avec une civilisation suivant son parcours historique à partir de déterminations internes – biologiques et autorépressives. D'après Freud, la répression se manifeste selon deux modes distincts : dans la *phylogénèse* et dans l'*ontogénèse*, c'est-à-dire au sein de l'espèce et au sein de l'individu respectivement[1]. Au sein de l'espèce, dans la phylogénèse, la horde primitive se voit attribuer le monopole du pouvoir paternel qui impose des lois répressives à ses fils. Pour l'individu, dans l'ontogénèse, la répression se base sur le *principe de réalité*, c'est-à-dire la restriction du plaisir appliquée aux enfants par les parents. Ce principe de réalité se prolonge et se renforce dans les déterminations du *statu quo* imposées socialement. Freud a introduit le principe de réalité comme un moyen de concilier la nature humaine et l'ordre social. Cela signifie que cette « réalité » n'est pas naturelle, qu'elle est le produit d'un ordre politique et se fonde sur une morale répressive. C'est là qu'agit « une modification répressive des instincts par le principe de réalité, imposée et maintenue pour l'éternelle lutte primordiale pour l'existence » [Marcuse, *Éros et civilisation*, 37].

Ainsi, la répression est considérée par Freud comme un médium nécessaire entre le sujet et la civilisation. Ce principe s'oppose à l'autre principe essentiel de la psychanalyse freudienne : le *principe de plaisir*, qui inclut l'ensemble des désirs exigeant satisfaction. Pour Freud, la civilisation ne dispose pas de moyens suffisants pour vivre sous le principe de plaisir (Éros) tout en subissant des répressions constantes, de sorte qu'elle renonce à la satisfaction des pulsions.

---

[1] Sur la distinction entre ontogénèse et phylogénèse, voir Ernst Haeckel (1834-1919) et sa contribution scientifique à la théorie psychanalytique de Freud.

Marcuse affirme que nous vivons dans une structure sociale excessivement répressive et que la répression est de nature historique, non biologique. Autrement dit, cette structure peut être modifiée. Les données apportées par Freud montrent que cette répression provient d'en dehors de l'être humain et que l'on peut finir par intérioriser cette répression ; mais il ne s'agit pas d'un facteur biologique. S'il est historique, il peut donc être inversé puisque nous vivons un principe de réalité à chaque instant de l'Histoire. Marcuse présente la sur-répression comme une répression supplémentaire au principe de réalité freudien ; ce dernier est donc reformulé sous l'appellation de *principe de rendement*, c'est-à-dire le principe de réalité au quotidien, caractérisé par un intérêt pour la production et la gestion des profits ; il conduit à la libre concurrence entre les individus et à un désir de consommation irrationnel. Le principe de plaisir est fortement combattu et redirigé vers un plaisir réduit à la consommation et aux loisirs aliénants.

2. La société unidimensionnelle

La société unidimensionnelle se présente sous la forme d'une liberté apparente, du contrôle des individus par le biais de la manipulation des désirs humains, associée à de longues journées de travail. Elle élimine les oppositions politique, esthétique, culturelle, établit une société homogénéisée composée de sujets unidimensionnels aux pensées et aux comportements standardisés. Adorno et Horkheimer ont introduit le terme d'*industrie culturelle* pour la première fois dans un texte éponyme de 1947, faisant référence à l'ensemble de l'industrie du divertissement et à ses modes de manipulation du sujet qui incitent à la consommation et déterminent entre autres des modèles de comportement et de beauté. L'industrie culturelle a fini par devenir un des moyens les plus efficaces en vue d'un contrôle des masses. Considérant que les moyens de communication exhibent massivement les comportements adéquats ou inadéquats, les exemples de succès ou d'échec, elle produit un modèle général de comportement acceptable en fonction de ses intérêts financiers. Ladite *culture affirmative* agit en vue de renforcer les idéaux bourgeois et de protéger ses intérêts. L'industrie culturelle élimine les antagonismes sociaux au sens où elle nivelle le sujet et, associée à une formation intellectuelle médiocre des individus, produit une manipulation sensible et rationnelle. En opérant par des effets à court et à long terme, elle contribue à atrophier les facultés sensibles et rationnelles du sujet. L'audition, la vision, l'imagination, la raison demeurent sujettes à caution dans la mesure où elles restent sous l'emprise de stimulations infantiles et contribuant par la suite à un affaiblissement cognitif général. Compromettre la cognition sensible humaine, c'est compromettre l'art dans le même temps ; c'est en ce sens que l'imagination se retrouve atrophiée, sans moyen de développement, et que le potentiel subversif de l'art se trouve compromis.

3. Que faire ?

Pourquoi Marcuse a-t-il porté tant d'attention à l'art ? Quelle est la relation de ce dernier au pouvoir en vigueur ? L'art est le domaine de l'imagination par excellence, il est le lieu où l'imagination peut tout désirer et tout nier. L'imagination est une capacité mentale directement liée au principe de plaisir et renvoyant directement à ce qui a été réprimé par le principe de réalité. C'est au sein de l'imagination que se fait un lien direct avec le principe de plaisir, que la représentation des idées de l'homme ne se soumet pas encore et que le principe de rendement est rejeté. Selon Marcuse, c'est justement au sein de l'imagination que peut être pensé un monde différent. L'imagination est ce qui extrait le sujet du monde ambiant en le faisant imaginer et désirer de ce fait un monde différent. L'éloignement de la réalité offert par l'art, l'*aliénation artistique*, produit un transfert du principe de réalité et de productivité vers le principe de plaisir ; il favorise la subjectivité, les émotions et les passions, affaiblit le système économique fondé sur la morale répressive et l'exploitation :

> L'aliénation artistique rend l'œuvre d'art, l'univers de l'art, essentiellement irréelle – elle crée un monde qui n'existe pas, un monde du *Schein*, de l'apparence, de l'illusion. Mais c'est dans cette transformation de la réalité en illusion, et seulement dans celle-ci, que la vérité subversive se manifeste. [Marcuse, *Contre-révolution et révolte*, 98.]

Si l'individu constitue l'élément fondamental en vue de la transformation sociale, cette transformation prend sa source dans le renforcement de la subjectivité. La subjectivité est une force d'opposition à la société unidimensionnelle. La thèse marcusienne recourt aux valeurs esthétiques universelles de l'art, c'est-à-dire à sa forme esthétique, en guise d'éléments fondamentaux de l'art. C'est justement dans l'autonomie de l'art que celui-ci devient politique, c'est dans l'éloignement de la réalité qu'il interroge la réalité. Il est le « Grand Accusateur, la protestation contre ce qui est ».

L'imagination permet de penser un monde nouveau et de nier le monde factuellement réalisé. Plus l'imagination est invoquée, plus le potentiel subversif de l'art est grand. L'art met la lumière sur la répression vécue, elle fait écho à la nécessité d'un changement. C'est dans l'appropriation de l'art par l'industrie culturelle et sa « démocratisation de l'art » que ce dernier a fini par entrer dans le domaine des marchandises. La réflexion de Marcuse porte en elle cette difficulté fondationnelle : comment libérer l'homme de la société unidimensionnelle par un potentiel imaginaire affaibli en acte par l'industrie culturelle ? Il s'agit entre autres de renforcer la sensibilité esthétique en pratiquant une nouvelle raison sensible basée sur le principe de plaisir, et repenser un monde nouveau. Si l'Histoire n'est rien d'autre que le produit d'une *praxis*, elle laisse cette refondation à notre portée.

Bibliographie

Adorno, Theodor W. & Horkeimer, Max [1985], *Dialética do esclarecimento*, trad. Guido Antonio de Almeida, Rio de Janeiro, Zahar.

Benjamim, Walter, Habermas, Jürgen, Horkheimer, Max & Adorno, Theodor W. [1983], *Textos escolhidos*, trad. José Lino Grunewald, São Paulo, Abril Cultural.

Freud, Sigmund [1988/1908], « Moral Sexual "Civilizada" e Doença Nervosa Moderna », in *Obras completas*, IX, Rio de Janeiro, Imago.

Marcuse, Herbert [2007], *A dimensão estética*, trad. Maria Elisabete Costa, Lisboa/Portugal, Edições 70.

— [1972, 2ª ed. 1991], *Contra-Revolução e Revolta*, trad. Álvaro Cabral, Rio de Janeiro, Zahar.

— [2012], « Crítica cultural e sociedade unidimensional », *Artefilosofia* (UFOP), 158-169.

— [2001], *Cultura e Psicanálise*, trad. Robespierre de Oliveira, Wolfgang Leo Maar & Isabel Loureiro, São Paulo, Paz e Terra.

— [1972], *Eros e civilização: Uma interpretação filosófica do pensamento de Freud*, trad. Álvaro Cabral, Rio de Janeiro, Zahar.

— [1981], *Ideias sobre uma teoria crítica da sociedade*, trad. Fausto Guimarães, Rio de Janeiro, Zahar.

— [2015], *O homem unidimensional: Estudos da ideologia da sociedade industrial avançada*, trad. Robespierre de Oliveira, Deborah Antunes & Rafael C. Silva, São Paulo, Edipro.

Renata MARTINUSSI
Universidade Estadual de Maringá (UEM)
Maringá, Brésil
remartinussi@gmail.com

L'imagination, le désir et le réel
Caroline MILHAU

On affirme souvent que les enfants font preuve d'une très grande imagination et qu'il en est, quelquefois, qui confondent l'imaginaire avec le réel. Autrement dit, il est des choses qui sont dans notre esprit, mais non dans le monde qui nous entoure. N'est-ce pas parce que monte du fond de notre personne un désir que le réel récuse ? Quelles relations l'imagination, le désir et le réel entretiennent-ils ? Sans doute ne peut-on vraiment imaginer que si l'on n'est pas en relation directe avec le réel. On peut, lorsqu'on est emporté par la vie, désirer, mais on n'a pas le temps d'imaginer. L'imagination implique toujours, semble-t-il, un arrêt dans notre préoccupation de la vie. Nous sommes contraints, d'abord, de persister dans la simple présence, et les autres vivants passent leurs journées à cela. Nous, les êtres humains, nous sommes capables de nous arrêter pour imaginer. N'est-ce pas ce qui nous distingue des autres vivants ? S'il en est ainsi, c'est que sans doute, il était utile que nous puissions imaginer. Pourquoi l'évolution nous aurait-elle donné cette capacité si elle ne nous servait pas à quelque chose ? Pourtant, bien souvent, on se méfie aussi de l'imagination ; il en est même qui passent leur temps à médire d'elle. Tire-t-on profit de l'imagination, comme le laisse supposer son existence même, ou est-elle, comme le pensent certains, une chose seulement dangereuse ?

1. L'imagination et le réel : que fait-on avec son imagination ?
Qu'est-ce que l'imagination ? Dans le *Vocabulaire technique et critique de la philosophie*, le deuxième sens nous intéresse particulièrement :

> Faculté de combiner des images en tableaux ou en successions, qui imitent les faits de la nature, mais qui ne représentent rien de réel ni d'existant. [Lalande, 1962, 467.]

Nous devons, alors, distinguer les outils que se donne l'imagination, et qu'elle va chercher dans le réel, et le produit de son action, qui n'existait pas auparavant. De ce fait, nous pourrions sans doute donner la plus grande étendue à cette définition. Pour l'instant, considérons ce qui se passe lorsque nous produisons ce que l'on peut appeler une œuvre d'imagination, par exemple un tableau, *La Naissance de Vénus* de Botticelli. Avant que le peintre ne fasse œuvre d'imagination, ce tableau n'avait rien de réel, mais aujourd'hui, il est simplement présent au monde, indépendamment de son auteur et de tous ceux qui sont susceptibles de l'admirer. Autrement dit, l'œuvre d'imagination consiste bien à se donner un objet réel au moyen d'images d'objets réels, par exemple des personnes, des végétaux ou bien d'autres choses encore.

Ainsi, dans le tableau de Botticelli, nous voyons une femme nue debout sur une coquille géante, et autour de laquelle se trouvent quatre personnes vêtues en lévitation au-dessus du sol, le tout dans un certain paysage terrestre. Toutes ces choses se trouvent dans le réel, mais on ne voit pas dans le réel de coquille capable de contenir une personne humaine, même debout : il n'en est pas d'aussi grande ; et l'on ne voit pas davantage de personnes humaines flottant comme cela au-dessus du sol. Autrement dit, nous avons des choses réelles présentées de telle sorte que l'on ne peut trouver dans le réel une scène identique. Nous sommes face à une scène fantastique, qui est destinée à représenter un événement qui ne s'est jamais produit, la naissance d'une déesse de la mythologie grecque, Vénus, par un peintre qui ne croyait plus à cette mythologie, mais plutôt à une autre, celle de la religion chrétienne. Autrement dit encore, nous avons un incroyant qui décrivait une scène à laquelle, certainement, ont cru de nombreux êtres humains à une période ancienne. Cela signifie que cet événement, dont on dit aujourd'hui qu'il ne s'est jamais produit, a été considéré comme un événement que l'on qualifiera d'historique pour un certain nombre d'individus. C'est un événement qui a été présent dans les esprits, à une certaine époque, comme s'étant effectivement produit dans le réel, même si Botticelli et nous-mêmes tenons pour vrai qu'il est imaginaire.

Sans doute fabrique-t-on de la même manière des objets utiles. Ainsi que nous l'indique Karl Marx, ce qui fait la spécificité de l'être humain, c'est qu'il se donne d'abord les objets dans l'esprit avant de les réaliser dans le monde. Ainsi l'architecte, lorsqu'il souhaite construire une maison, en dessine d'abord le plan, qu'il confie aux ouvriers afin qu'ils réalisent l'immeuble dans la réalité. Or, avant d'être construit, l'immeuble est d'une certaine manière semblable au tableau de Botticelli : un ensemble de dessins sur une surface en deux dimensions. Et avant d'être sur la toile, le tableau de Botticelli fut d'abord dans l'esprit du peintre, peut-être suffisamment achevé pour que le peintre puisse comparer l'œuvre en train de se réaliser à l'idéal qu'il s'est d'abord donné dans sa tête. Autrement dit, dans tous les cas, l'imagination nous place d'abord des objets dans la tête avant que nous les posions dans le réel. Dans le cas de l'œuvre de Botticelli, l'œuvre a existé dans l'esprit des anciens Grecs sous la forme d'une croyance avant d'être dans celui du peintre sous la forme, sans doute, d'une belle histoire qu'il a eu envie d'illustrer, puis sous la forme de cette illustration avant d'être sur la toile comme réalité. De même, l'immeuble est dans l'esprit de l'architecte avant d'être une réalité au milieu de la ville.

Cette capacité, qui consiste à se donner par l'imagination l'artefact que l'on entend produire avant de le produire, est une spécificité humaine. Marx, dans ce passage du *Capital*, décrit d'abord l'activité animale et l'activité humaine de la même manière, mais ce n'est pas ce qui l'intéresse.

> Notre point de départ c'est le travail sous la forme qui appartient exclusivement à l'homme. [...] Mais ce qui distingue dès l'abord le plus mauvais architecte de l'abeille la plus experte, c'est qu'il a construit la cellule dans sa tête avant de la construire dans la ruche. [Marx, 2008, 276.]

Autrement dit, c'est bien parce que l'être humain use de son imagination avant de produire son action que l'être humain se distingue, selon Marx, des autres vivants. Le philosophe espagnol José Ortega y Gasset reprendra la même idée en donnant à cette attitude un nom particulier : le rentrer-en-soi. C'est parce que l'être humain est capable de se détourner du monde et de rentrer-en-lui pour user de son imagination qu'il est capable de créer toutes ces choses, tous ces outils qui font sa particularité [Ortega y Gasset, 2016]. Or, qu'est-ce que se détourner ainsi du monde ? C'est se détourner de l'activité pratique et immédiate. Se tournant vers lui-même, l'être humain peut aussi bien imaginer *La Naissance de Vénus*, comme le fit Botticelli, qu'un moteur de voiture, par exemple. L'imagination semble alors être, d'un certain point de vue au moins, le premier moment de l'activité proprement humaine.

Toute construction d'objet, quel qu'il soit, ne mobilise-t-elle pas, à un moment ou à un autre, l'imagination ? Représentons-nous une personne qui entend fabriquer un objet, quel qu'il soit : ne va-t-elle pas d'abord se représenter par l'imagination les diverses étapes qui rendront possible la fabrication de l'objet ? Ainsi, pour rédiger ce texte, il a fallu que je me donne d'abord le sujet, certes, mais aussi la manière dont j'allais le traiter, autrement dit, je me suis donné le plan de mon texte dans ma tête, avant de l'écrire effectivement dans le réel. Toute fabrication, que ce soit celle d'un objet qui se réfère à la narration quelconque, à un moment quelconque, d'un fait qui ne s'est jamais produit (la naissance de Vénus, par exemple), ou bien celle d'un objet technique (comme une pierre taillée ou une voiture), nous oblige à faire appel à notre imagination – qui consiste à nous donner dans l'esprit des choses construites avec seulement des images, et qui peuvent être compatibles ou non avec le réel. Ainsi, dans le réel, on ne trouve pas de personnes en lévitation, ni de coquilles assez grandes pour accueillir une personne debout, mais le tableau qui les représente, lui, peut s'y trouver, de même que l'immeuble qu'imagine l'architecte ou la voiture dont l'ingénieur fait les plans.

L'imagination nous permet d'assembler des objets du réel de manière à produire un objet dans le réel, que cet objet soit une œuvre d'art ou un objet technique.

2. Le désir et le réel : qu'est-ce qui suscite l'imagination ?

Les êtres humains, comme d'ailleurs tous les vivants, sont jetés dans un monde qui n'est pas fait pour eux. Autrement dit, ils ont des besoins qu'ils ne peuvent pas immédiatement satisfaire, et sont continuellement menacés par quelque prédateur. Il en est ainsi pour tous les vivants, mais Marx et plus encore Ortega y Gasset nous expliquent que de tous les vivants, l'être humain est le seul capable d'interrompre son occupation du monde pour se tourner vers son intériorité et imaginer ce que pourraient être les choses. Dans le secret de son intériorité, parce qu'il dispose d'une imagination, l'être humain peut se donner un monde qui n'existe pas et dans lequel ses désirs seraient satisfaits. Peut-être, d'ailleurs, une telle capacité n'est pas, comme le pensait Ortega y Gasset, une spécificité de l'être humain, mais existe chez d'autres vivants assez proches de lui, par exemple chez certains primates. Ceux-ci, alors, pourraient bien se révéler capables d'utiliser des outils variés pour satisfaire leurs besoins. Mais la question n'est pas là : il s'agit surtout de comprendre que l'imagination a un lien privilégié avec le désir, qui lui-même en entretient un aussi avec le réel. C'est bien, en effet, dans la relation entre le désir et le réel que l'on trouvera, sans doute, la source même de l'imagination…

Qu'est-ce, d'abord, que le désir ? Pour le comprendre, tournons-nous vers l'étymologie. *Désir* vient du latin *sidus* qui désigne l'étoile, précédé du préfixe privatif *de*. On peut lui donner deux sens : soit il existe une étoile dont la possession me fait défaut, et alors le désir est manque, soit il n'existe pas d'étoile, et j'ai tout ce dont j'ai besoin. Généralement, on donne au mot *désir* le premier de ces deux sens. C'est le cas chez Platon, en particulier dans le *Banquet*, lorsque Diotime raconte ce que furent l'ascendance et la naissance de l'Amour. Il est fils de Poros – un dieu – et de Pénia – la Pauvreté. Il tient à la fois de sa mère et de son père. De son père, il tient notamment la connaissance de la sagesse, tandis que de sa mère, il a reçu l'ignorance. Autrement dit, il sait qu'il existe de la sagesse et des sages, mais lui-même n'est pas tel, au contraire, il est ignorant. Ainsi Platon, par la bouche de Diotime, nous décrit le désir comme manque, et notamment comme manque de sagesse. Il applique sa définition au désir de sagesse, mais elle vaut pour toutes choses : désir d'un objet, d'une personne, d'une position dans la société et bien sûr aussi, comme l'explique Platon, désir de savoir, et notamment d'un savoir dont le manque nous saisit parfois, désir de connaître le sens de notre vie.

Or, ce qui me manque se trouve hors de moi, dans le réel, ce réel dans lequel je me trouve jetée. L'expérience d'être jetée consiste effectivement à découvrir que le réel est autre chose que ce qui est en moi, qu'il est hors de moi et qu'il s'impose à moi. Je ne puis le changer à moins d'agir sur lui. Or, en rentrant en moi, autrement dit en usant de mon imagination, je suis capable de me donner dans ma tête un réel dans lequel je ne serais pas jetée, mais qui me serait toujours propice. Ainsi, en changeant le réel, je pourrais me donner un monde dans lequel mes désirs seraient, au moins dans l'imaginaire, immédiatement satisfaits. Il ne me reste plus alors qu'à trouver une stratégie qui me rendra capable de changer ce qui est pour qu'il devienne ce que je veux, et cela, c'est l'affaire du calcul. Mais nous anticipons un peu. Pour l'heure, il s'agit seulement de bien comprendre ce qu'il en est du réel et de l'action de l'imaginaire. Parce que, comme tous les vivants, nous sommes jetés, le réel peut être un obstacle à la satisfaction de nos désirs, ou au contraire en permettre la satisfaction immédiate. L'imagination, de son côté, parce qu'elle peut organiser à sa guise le réel – même si ce n'est pas à l'extérieur de soi, mais seulement à l'intérieur –, nous donne une image de ce qui doit être pour que notre désir soit satisfait. Ainsi, d'une certaine manière, l'imaginaire est au milieu, entre le désir et le réel.

Il l'est dans le concret, parce que nombre de nos désirs sont matériels, sensibles, comme le dit Platon. Mais ils peuvent aussi être intelligibles, comme il nous l'indique. Du côté du sensible, nous avons l'action pratique, susceptible de nous donner le bien-être ; du côté de l'intelligible, nous pourrions avoir la connaissance du Vrai (qu'il convient de distinguer du réel), qui nous permettrait, par exemple, de connaître le sens de notre vie. Nous pouvons nous interroger aussi sur notre place dans le monde et sur notre relation avec le réel qui nous entoure. Ainsi, les Grecs anciens ont pu percevoir les différences réelles entre nous-mêmes et les autres vivants : nous sommes dépourvus de poils, ce qui nous oblige à nous vêtir, tandis qu'ils ont une fourrure qui leur permet de mieux assumer le froid ; nous n'allons pas vite, alors que certains vont très vite, quoique sur une courte distance ; certains sont pourvus d'une carapace, parce qu'ils vont lentement, nous sommes dépourvus de toute protection ; certains sont pourvus de griffes et de dents impressionnantes, nous n'avons ni griffes ni dentition puissante. Autrement dit, il semble que nous soyons indigents, dépourvus de tout ce qui nous permettrait, sans artifice, de nous procurer de la nourriture et de nous défendre. Pourquoi en est-il ainsi ?

Pour expliquer ce qu'ils constataient, les Grecs anciens ont utilisé leur imagination : ils se sont donné un mythe. Ils ont imaginé que les dieux – qui sont eux-mêmes, de fait, le produit de l'imagination – ont fabriqué les vivants sans leur donner leur nature ni, bien sûr, la vie, et ont confié aux Titans la tâche de distribuer les natures. Or, ceux-ci étaient deux, bien différents. Leur nom rend compte de leur différence : Épiméthée agit avant de réfléchir, Prométhée réfléchit avant d'agir. Épiméthée, pour montrer ce qu'il est capable de faire, demande à se charger seul de cette tâche, qui paraît facile, laissant à Prométhée le rôle d'inspecteur des travaux finis. Prométhée, après une longue hésitation, accepte. Épiméthée, de fait, semble avoir bien accompli sa tâche, ayant donné aux vivants les plus faibles d'efficaces protections et aux plus forts des armes puissantes, mais à y regarder de plus près, il avait tout simplement oublié les êtres humains. Ces derniers, dépourvus de nature, ne pouvaient assurément survivre. Prométhée, pressé par le temps, car les dieux allaient bientôt donner la vie aux créatures, décida de voler aux dieux la connaissance des arts et le feu. De ce fait, privés de nature, les êtres humains étaient indigents, mais pourvus de la connaissance des arts et du feu, ils avaient la culture qui palliait avantageusement leur indigence. Outre cela, la solution choisie plaçait les êtres humains à une belle place : au milieu entre le divin et le reste du réel. Ainsi l'imagination a-t-elle répondu à une question que se posaient les humains et en outre satisfait leur orgueil, qui n'est pas peu de chose...

C'est le désir qui requiert l'imagination pour pallier un réel qui ne peut le satisfaire, parce que les êtres humains sont jetés, comme tous les vivants, dans un monde qui n'a pas été fait pour eux.

3. L'imagination, le désir et le réel : comment peut-on tirer profit de l'imagination ?

Nous avons vu l'imagination placée entre le désir et le réel, et agissante lorsque le réel se refusait à satisfaire le désir. Lorsque le réel se refuse à satisfaire le désir, l'imagination nous donne l'image du monde tel qu'il devrait être en organisant autrement le réel tel qu'il est. Une telle manière de faire, dira-t-on, ne convient que pour les désirs sensibles. Certes, mais c'est pour ce genre de désir que l'imagination fut faite, sans doute, et c'est en ayant l'habitude de faire cela que l'on a pu, sans doute, étendre l'imagination à la satisfaction de désirs intelligibles, comme le désir de sens. Toutefois, il ne suffit pas d'avoir une représentation du réel tel qu'il devrait être, car notre désir n'en est pas satisfait pour autant, il faut ensuite se donner les moyens de changer le réel, ce qui ne peut se faire qu'en utilisant la technique. Une fois encore, deux possibilités se présentent : soit on utilise la méthode des essais et erreurs, en gardant mémoire des essais couronnés de succès, soit on s'efforce de connaître mieux le réel, afin de se donner ensuite les moyens de le changer : c'est ce qui fut fait avec la technoscience. Et une fois encore, ainsi que nous l'indique notamment Marx, l'imagination intervient, dans la mesure où elle nous donne l'image de ce qui doit être avant de s'assurer que cela peut être...

Toutefois, il arrive assurément que l'imagination puisse être trompée par la puissance du désir, et ne trouve pas une solution compatible avec le réel. Il convient cependant de ne pas confondre l'imagination, qui assemble des images dans un certain ordre, et la raison, qui calcule. L'imagination nous donne une première interprétation de l'enchaînement des causes et des effets, qui pourra servir ensuite de base pour le calcul. Mais une fois ce modèle construit, il convient de le confronter au réel. Autrement dit, nous affirmons que l'imagination joue un rôle aussi bien dans l'œuvre d'art que dans la pensée scientifique, et que dans les deux cas, elle joue un rôle identique, à savoir satisfaire d'une certaine manière un certain désir. Toutefois, dans l'un et l'autre cas, la relation au réel n'est pas identique : lorsque l'on produit une œuvre d'art, elle est elle-même le réel qui surgit du créateur, devant le spectateur. *La Naissance de Vénus* de Botticelli, dès qu'elle fut achevée, appartenait au réel ; elle échappe de fait aussi bien à son créateur qu'au spectateur qui l'admire aujourd'hui. Par contre, la théorie, si elle est à un moment le fruit de l'imagination, n'existe ensuite dans le réel que grâce à sa confrontation avec lui, au moins dans notre technoscience.

Or, nous tirons profit de l'imagination d'abord au moyen, justement, de la technoscience, qui nous conduit à user d'artifice pour que le réel puisse satisfaire l'un ou l'autre de nos désirs. Ainsi, on connaît l'un des plus anciens désirs des êtres humains, dont témoigne le mythe d'Icare : voler comme un oiseau. Nous avons vu que le mythe est une certaine manière de satisfaire un désir que le réel récuse. Toutefois, à force d'efforts, les êtres humains se sont donné les moyens de savoir de quelle manière les oiseaux parviennent à se déplacer dans le ciel, et de fabriquer ensuite des artefacts pour satisfaire ce désir très ancien. D'abord, ils ont fabriqué des engins plus légers que l'air, qui permettent d'aller dans le ciel, mais non de s'y déplacer aisément, puisque l'on ne peut les diriger : les montgolfières. Ensuite, on a fabriqué des dirigeables, qui étaient malheureusement dangereux et lents. Enfin, les frères Wright ont réussi à fabriquer un avion qui permettait de s'élever et d'aller où l'on voulait, un peu comme les oiseaux : ce fut le début de l'ère aéronautique, grâce à laquelle nous pouvons aujourd'hui aller vite et avec sûreté d'un bout à l'autre de la planète.

Nous pourrions reprendre de même d'autres rêves des êtres humains, dont certains sont à l'origine d'une aventure qui se poursuit aujourd'hui, tel le rêve de conquête spatiale de Cyrano de Bergerac et de Jules Verne...

Autrement dit, l'imagination, dans la perspective qui est la nôtre, peut servir aussi bien d'intermédiaire entre le désir et le réel que de moyen pour le désir de se réaliser directement. Elle sert d'intermédiaire entre le désir et le réel lorsque les êtres humains, s'étant donné une image de ce qui doit être, se donnent des images des moyens possibles pour cheminer de ce qui est à ce qui doit être. Nous sommes alors dans la logique de la technoscience. Les êtres humains, par exemple, ont le désir de voler, qu'ils satisfont d'abord au moyen du mythe, sans confrontation aucune à ce qui est. Ensuite, ils se donnent une image de l'enchaînement de la cause et de l'effet, avant d'user du calcul pour s'assurer de sa vérité formelle, et enfin ils expérimentent, pour s'assurer de sa vérité matérielle. Ce processus, qui demande bien des efforts, permet aux êtres humains d'utiliser le déterminisme à leur profit. On voit le rôle que joue, tout au long du processus, l'imagination.

L'imagination nous sert aussi pour répondre à des questions métaphysiques, en nous permettant de forger des mythes auxquels on pourra croire ou non. Ces mythes sont à l'origine des diverses religions que l'on trouve tout autour de notre planète. Ce sont, eux aussi, des réalités, qui ont la chair que leur donnent les êtres humains qui les ont en tête, car la naissance de Vénus n'est pas la même chose pour un Grec ancien que pour Botticelli, par exemple. Autrement dit, l'imagination nous aide dans notre compréhension du réel aussi bien que dans notre recherche du Vrai (ce qui n'est pas la même chose).

Enfin, l'imagination joue pleinement son rôle dans l'art. C'est ici, sans doute, que la définition que nous avons choisie comme point de départ prend tout son sens. L'œuvre d'art, en effet, si elle existe indépendamment de son auteur comme de celui qui la contemple, n'est pas comme le réel une chose qui est jetée ou face à laquelle on se trouve jeté. On peut aussi se perdre dans ces œuvres d'imagination et en oublier ce qui est, comme cela arrive à Don Quichotte. On peut reprocher, quelquefois, à un certain usage de l'imagination de nous détourner du réel, parce qu'en effet, c'est bien pour cela que nous imaginons, même si ce détour nous ramène aussi parfois au réel, comme cela se produit dans la technoscience.

Autrement dit, il semble que l'on puisse faire un bon ou un mauvais usage de l'imagination. Le bon usage consiste à en faire un intermédiaire entre le désir et le réel ; le mauvais, à remplacer le réel par les images qu'elle nous donne en oubliant le réel qui fait toujours, d'une manière ou d'une autre, face au désir. Autrement dit encore, il est un mauvais usage de l'imagination, qui consiste à s'en servir sans considération du réel. Car une personne, sans même produire d'œuvre d'art, peut donner l'impression au moins de rester enfermée dans son imaginaire et d'être incapable, de ce fait, de vivre dans le monde qui est celui de tous les autres...

L'imagination semble devoir d'abord jouer le rôle d'intermédiaire entre le désir et le réel, qu'elle nourrit parfois de créations artistiques. Pourtant, il arrive parfois, semble-t-il, que certains s'enferment dans l'imaginaire dans l'oubli du réel.

Quelles relations l'imagination, le désir et le réel entretiennent-ils ?

Pour répondre à cette question et conclure, il faut commencer par le désir plutôt que par l'imagination. Cette dernière – la faculté que nous avons d'associer les images pour en faire quelque chose qui n'existe pas préalablement dans le réel – est, si l'on y regarde bien, au service du désir. Celui-ci, dans notre perspective, est manque, soit d'une chose sensible – comme une voiture, de l'argent ou de la considération –, soit d'une chose intelligible – comme la sagesse ou la vérité. Or, le réel se situe face au désir et si parfois il consent à le satisfaire, parfois il s'y refuse. C'est alors qu'intervient l'imagination : elle nous montre, en assemblant les choses d'une autre manière, qu'il serait possible de satisfaire notre désir, si le monde était autre. Et quoique nous soyons jetés dans ce monde qui n'est pas fait pour nous, nous imaginons encore de le changer, pour le rendre propice. Ortega y Gasset fait de l'imagination – qu'il présente comme le rentrer-en-soi, pour bien souligner sa spécificité et son efficacité – la marque même de l'humanité. Si nous sommes humains, c'est parce que nous sommes capables de nous détourner du réel pour nous tourner en nous et imaginer. Ainsi l'imagination apparaît, dans cette perspective, au milieu entre le désir et le réel. Parfois, elle constitue un intermédiaire qui nous rend capables de changer le réel, et parfois, malheureusement, il arrive que nous nous enfermions en elle, sans aller jusqu'à faire hors de nous quelque chose qui aurait trouvé son origine en elle.

Ainsi l'imagination est-elle à la fois une chose dont nous tirons parti et quelquefois ce qui nous sépare du réel, comme cela est arrivé, dit-on, à Don Quichotte…

Bibliographie
Lalande, André [1962], *Vocabulaire technique et critique de la philosophie*, Paris, PUF.
Marx, Karl [2008], *Le Capital, Livre I*, trad. Maximilien Rubel, Paris, Gallimard, « Folio essais ».
Ortega y Gasset, José [2016], *Le Mythe de l'homme derrière la technique*, trad. Frédéric Bourgeois, Claire Mélot & Mathias Rollot, Paris, Allia.

Caroline MILHAU
Société toulousaine de philosophie
Toulouse, France
caroline.milhau@laposte.net

L'image clivée du Monde d'un archipel d'Océanie, la Nouvelle-Calédonie
Hamid MOKADDEM

En mémoire de Guy Lardreau

> « L'imagination transcendantale est sans patrie. »
> [Martin Heidegger, 1981, 194].

Un universel *imaginarisé*[1] en Nouvelle-Calédonie

Les concepts d'imagination, d'imaginaire et d'imaginal constituent une série différenciée avec laquelle nous essaierons de dénouer les complexités anthropologiques conflictuelles. Pour les rendre intelligibles, on doit contextualiser les recolonisations du XXIe siècle. Les déclinaisons conceptuelles de l'image éclairent les « zones d'ombre de la recolonisation », lesquelles, pour l'essentiel, constituent d'obscures perceptions des imaginaires clivés des cultures et sociétés en présence. Élucider ces clivages suppose de revisiter les conceptualisations classiques de l'imagination. De même, l'image mérite d'être revue. En effet, elle est un corrélat de l'imagination, considérée comme pouvoir ou faculté de produire une image du Monde. La plupart des théories ramènent l'imagination aux domaines esthétique, religieux ou politique, pour les fictions juridico-politiques de l'origine des sociétés humaines, ou aux utopies des cités-États. Pour la connaissance (englobant savoirs, techniques, technosciences, technologies politiques et sciences), l'imagination est domestiquée, réglée, régulée, ordonnée et disciplinée. Son pouvoir est subordonné à l'entendement. L'imagination produit les règles subsumées par la puissance régulatrice de l'entendement. Ainsi, le schématisme transcendantal de l'entendement produit des formes imaginées.

---

[1] Ce néologisme est repris des travaux de Guy Lardreau, philosophe à tort méconnu, à qui nous rendons hommage et dédions ce modeste travail. Imaginariser, c'est concevoir et produire des formes par l'imagination transcendantale, pour donner une définition provisoire.

À partir de l'exemple d'un archipel d'Océanie, la Nouvelle-Calédonie, nous analysons comment l'universel se singularise par l'imaginaire. Notre argumentaire porte sur l'imagination contextualisée par les dispositifs politiques mis en place par la « puissance administrante »[2].

Les variations continuées de l'image

Il est difficile de donner une explication satisfaisante aux différents usages du concept d'image tant les définitions varient avec les systèmes de philosophie et leurs styles.

Nous prendrons *pour imager* quelques références classiques. *Matière et mémoire* de Bergson conceptualise l'image en image-souvenir. Derrière la clarté du style, il semblerait que l'image-souvenir soit plus proche du concept de forme, d'idée, d'image mentale, que de représentation ou d'image des choses. L'usage singulier que Bergson fait du concept d'image lui permet de se dissocier des classiques dichotomies « corps/esprit-âme » ou « cerveau/pensée ».

À lire *L'Image-mouvement* et *L'Image-temps*, véritable taxinomie des œuvres cinématographiques, Gilles Deleuze, le plus bergsonien des philosophes français – selon Alain Badiou –, fait subir à l'image un traitement différent de celui de la tradition phénoménologique. Une archéologie de la phénoménologie pourrait montrer que l'analyse de l'image commence avec le *Peri psychès* d'Aristote, passe par le schématisme transcendantal de la *Kritik der Reinen Vernunft* de Kant et aboutit à *Sein und Zeit* de Heidegger. La définition deleuzienne de l'image semble rejoindre ces filiations et généalogies conceptuelles. En fait, elle s'en distancie et diverge complètement : « [les grands auteurs de cinéma] pensent avec des images-mouvement, et des images-temps, au lieu de concepts » [Deleuze, 1983, 7-8].

L'imagination n'est pas une donnée quelconque de la philosophie. En France, il est difficile d'ignorer les contributions d'Henry Corbin. Premier

---

[2] *Puissance administrante*, dans le vocabulaire politique de l'ONU, désigne les puissances souveraines de tutelle des colonies ou anciennes colonies. La souveraineté de la France s'exerce de manière déterritorialisée sur des collectivités d'outre-mer. La France a signé un accord politique avec les représentants du peuple kanak, qui revendiquent l'indépendance et une souveraineté nationale, et avec l'ensemble des autres communautés dites ethniques dont une partie du peuple kanak, qui veulent rester dans la France. Le préambule de l'accord, qui suspend l'idée d'indépendance et la reporte à un référendum organisé le 4 novembre 2018, évoque des « zones d'ombre de la colonisation ». Nous questionnons ici les zones d'ombre de la recolonisation.

traducteur et introducteur de Heidegger pour le lectorat français, initiateur pour ce même public de la philosophie iranienne islamique, ou des « aspects » au sens phénoménologique de l'islam shiite, Corbin reprend aux auteurs iraniens, notamment Mollâ Sadra Shirazî, le concept de Monde imaginal[3]. Le Monde imaginal est un Monde intermédiaire entre Monde phénoménal sensible et Monde intelligible des formes. Ni fantasme ni fiction, le monde intermédiaire structure le Monde imaginal dont le réel est plus réel que le réel, ce que formule Platon au sujet des Idées. Corbin dissocie l'imaginal, néologisme forgé à partir du vieux français, de l'imaginaire, la « folle du logis » de Malebranche. L'imaginal constitue une forme du Monde. L'imagination créatrice, titre d'une œuvre du théosophe Ibn Arabî, autorise une constitution transcendantale des formes, plus communément dénommée « vision du Monde ». La vision est une ontologie de l'intermonde, du « pays du non-où », d'une « hétérotopie », comme diraient respectivement Gilles Deleuze et Michel Foucault[4].

Guy Lardreau, dans ses essais d'épistémologie de l'histoire, complexifie les usages du concept d'image. L'imaginal de Corbin se superpose à l'imaginaire du mathème ou logique du signifiant de Jacques Lacan. À partir d'un texte original consacré à Corbin, Lardreau réactualise l'imaginaire conçu en « imaginarisation » : la puissance créatrice de l'imaginaire n'a aucune commune mesure avec les formes pathologiques délirantes classifiées par la psychiatrie parmi les paranoïas ou les schizophrénies [Lardreau, 1981]. L'image du Monde est *réellement* un Monde imaginal. L'imaginaire, redéfini par l'imaginal, crée des formes qui ne sont pas à l'opposé des réalités.

Ces détours philosophiques nous permettent de revenir aux disciplines anthropologiques, sciences des cultures et des sociétés, et de réévaluer le concept d'imaginaire, pour comprendre comment les cultures et sociétés en présence sont clivées par des imaginaires non partagés. Les mondes sociaux,

---

[3] Henry Corbin, *En Islam iranien*, en quatre tomes. Ce n'est qu'à partir du tome II [1971] que Corbin explicite le sous-titre *Aspects spirituels et philosophiques*. Il s'agit de comprendre selon la méthode phénoménologique le fait religieux et spirituel tel qu'il se manifeste dans l'expérience d'une conscience. Il ne s'agit pas de la manifestation d'un monde social mais du monde spirituel.

[4] [Sohravardî, 1976], 13 : « Sohravardî désigne d'un nom persan forgé par lui-même : *Nâ-kojâ-âbâd*, le « pays du Non-où » (ou encore *Rûh-âbâd*, le lieu ou la cité de l'Esprit) : non plus espace dans lequel serait l'Esprit, mais espace qui est dans l'Esprit, intérieur à lui-même » ; [Foucault, 2009], 23.

interconnectés certes par des structures matérielles, notamment les échanges économiques, sont clivés et structurés par des logiques imaginaires.

Le cas singulier de la Nouvelle-Calédonie

En Nouvelle-Calédonie, le peuple kanak et la communauté calédonienne *imaginarisent* le Monde par deux noms propres, *Kanaky* et *Nouvelle-Calédonie*. Les groupes culturels, constitués par les fictions des individus collectifs, pour citer Vincent Descombes, qui suit les analyses de Cornelius Castoriadis sur les institutions imaginaires, ou encore les collectifs « ethnico-sociaux » convertis en peuple ou communautés, revendiquent respectivement une appartenance territoriale et usent de ces deux noms pour des stratégies identitaires. Cependant, il est possible de penser que les noms propres exercent de puissantes logiques imaginaires. Les noms propres expriment deux formes de souveraineté, deux visions différenciées, pour ne pas parler d'une ontologie différenciée[5]. L'imaginaire exerce une fonction déterminante et structurante d'image du Monde (*Imago Mundi*).

On doit recentrer les analyses autour des formes culturelles du temps pour mettre à jour les divergences de l'imaginaire et connaître les conditions de possibilité d'un échange idéel entre « Kanaky » et « Nouvelle-Calédonie » ou, ce qui revient au même, des échanges possibles entre les formes culturelles imaginées du monde.

L'imaginaire clivé entre Kanaky et Nouvelle-Calédonie

Dans ses publications, Maurice Godelier ne cesse de critiquer le primat du symbolique sur l'imaginaire et vise clairement l'anthropologie structurale de Claude Lévi-Strauss. Il mobilise des recherches autres que les siennes pour synthétiser les expériences des terrains ethnographiés en plusieurs points du globe. Ses conclusions reformulent l'axiome suivant : « Tout ce qui est imaginé n'est pas qu'imaginaire. »

Godelier rejoint en partie Cornelius Castoriadis, Georges Duby et Jacques Le Goff. Dans la conclusion d'*Histoire et mémoire*, Le Goff explique les raisons du succès de l'histoire par « le besoin des sociétés de nourrir […] leur quête d'identité, de s'alimenter à un *imaginaire réel* » [1988, 351 ; nous soulignons]. L'expression paradoxale *imaginaire réel* de Le Goff conjuguée à

---

[5] Au sujet de l'ontologie différenciée du monde conçu comme *kosmos*, deux auteurs kanak de Nouvelle-Calédonie ont produit un essai en tout point remarquable [Camoui & Wayewol, 2018].

L'image clivée du Monde d'un archipel d'Océanie, la Nouvelle-Calédonie

l'axiome de Godelier constitue une excellente entrée en matière. Toutefois, deux retouches s'imposent au vu des terrains de Nouvelle-Calédonie.

1. Les disciplines anthropologiques travaillent presque toutes à partir de la production d'un imaginaire partagé par une *même* société, communauté ou culture. On doit considérer les imaginaires clivés des sociétés et des cultures situées dans des rapports conflictuels ou dissensuels/ consensuels. Les rapports sociaux sont constitués dans l'histoire et résultent des guerres provoquées par les puissances impériales pour coloniser les archipels auparavant habités et exproprier les premiers propriétaires. Il ne s'agit ni d'exagérer ni de sous-estimer les stéréotypes des guerres des races et des cultures. Il s'agit de conceptualiser le paradoxe d'un « imaginaire réel » par le biais d'une culture définie en « transcendantal particulier », pour suivre de près Lardreau, qui reprend la thèse de l'anthropologie linguistique de Lee Whorf. Ainsi l'obligation sera de savoir si les « transcendantaux particuliers » sont interchangeables.

2. Le fait de croire – considéré comme un *besoin* des sociétés – produit des pratiques culturelles structurées par des systèmes agencés en/sur différents plans. Les Océaniens, peuples et communautés autochtones d'Océanie, croient en l'existence des formes ancestrales *inversées* – ou en miroir – situées dans un même plan d'immanence. Aucune transcendance, dans la mesure où les formes invisibles se manifestent sur des plans superposés et se manifestent par des signes rendus visibles et perçus par l'expérience émotionnelle d'une inquiétante étrangeté. Le surnaturel fait une irruption subite dans l'ordre naturel pour le perturber : un lézard ou un requin faisant une apparition dans un lieu insolite, le regard hagard et hébété d'un chien errant, une pluie soudaine lors d'une cérémonie coutumière, etc. Les systèmes de croyances, ordonnés en cosmo-sociologies, hiérarchisent et classifient les parties de la nature, y compris le « vivant humain », sur un même plan d'immanence : des formes totémiques, ancestrales, incarnées en éléments minéraux, végétaux ou animaux, jusqu'aux vivants domestiqués, y compris, pour reprendre le néologisme de Lacan, les hommes, animaux *d'homestiques*. Nous n'avons ni à juger ni à évaluer ces croyances à l'aune des civilisations hiérarchisées. Ces croyances constituent des conceptions imaginées, ou *imaginarisées*, c'est-à-dire la production de formes par l'imagination transcendantale, pour expliciter en raccourci ce néologisme de

Lardreau. Les Océaniens croient à une plus-value idéelle de la coutume ou des échanges cérémoniels au même titre que les Européens croient en la toute-puissance de la plus-value du capital ou en la valeur fétichiste de la marchandise[6]. Les Océaniens croient à l'efficacité des interactions ritualisées du monde invisible sur le monde visible. Le monde invisible est l'*image* inversée du monde visible. Plus précisément, l'invisible, ou monde des morts, est donné en miroir au monde visible. Que se passe-t-il dès lors que ces deux systèmes imaginés de croyances coexistent avec les rapports institués par la force des choses, le plus souvent par l'histoire coloniale ?

Les contextualisations de l'imaginaire clivé

Les divergences d'imaginaires sont à considérer dans leurs rapports différenciés au temps. Pour ce faire, nous cadrons le contexte culturel océanien. La « Nouvelle-Calédonie » est un territoire géopolitique multiple. À la fois archipel océanien sous le carcan de la France en tant que puissance souveraine déterritorialisée et lieu imaginaire revendiqué en « Kanaky » et/ou en « France australe », la Nouvelle-Calédonie fait l'objet d'une image du monde clivée en deux, la Kanaky et la Nouvelle-Calédonie. Une anthropologie des noms *Kanaky* et *Nouvelle-Calédonie* mériterait le détour.

Ce clivage n'interdit pas l'existence de rapports sociaux croisés ni celle de métissages bioculturels. Ils composent un intermonde, un *Middle Ground*[7]. Il n'empêche que les territoires imaginés sont découpés par les cartographies et les groupes répartis (en réserves) par les catégorisations raciales des populations. L'Océanie est imaginée par l'*épistémè* des Européens qui ont classifié les groupes en races et leur ont attribué des noms. Jules Dumont d'Urville classifia les îles et archipels en fonction de critères ethnico-raciaux : les groupes au teint clair sont désignés et baptisés par la morphologie des îles – Polynésiens (multiples îles), Micronésiens (petites îles) – et seuls les habitants des îles peuplées de Noirs sont dénommés par la couleur de leur peau – Mélanésiens (noirs des îles ou îles des Noirs). En s'appuyant sur certains travaux d'historiens et d'anthropologues au sujet de ces classifications, on

---

[6] Il existe un excellent ouvrage documenté sur la « monnaie kanak » d'un ethnologue kanak de Nouvelle-Calédonie [Gony, 2006].

[7] Nom qui désignait la région des Grands Lacs nord-américains du XVIIe siècle [White, 2009].

s'aperçoit que ces puissances du rationnel se fondent sur des structures imaginaires nourries des fantasmes de l'Océanie convoitée[8].

James Cook trace les routes maritimes du Pacifique Sud. Il nomme et dénomme les archipels selon les fictions/fantasmes ethnocentrés européens. *New Hebrida...* et avant... le 24 septembre 1774, *New Caledonia*. Trois mille ans auparavant, des navigateurs « austronésiens » s'étaient déplacés du Sud-Est de l'Asie et avaient colonisé les archipels vides. L'entreprise de Cook fait partie de l'expansion de la *ratio* occidentale. On pourrait dire que certains grands textes de philosophie, les *Grandes Lignes de la philosophie du droit* de Hegel, la fin du livre 1 du *Capital* de Marx, la « théorie moderne de la colonisation » et la *Crise des sciences européennes et la phénoménologie transcendantale* de Husserl, décrivent partiellement l'expansion de cette *ratio*. L'expansion des formes de rationalité, conçue et constituée à partir du socle culturel européen, est un point de recoupement des divergences des formes culturelles constituant le nœud des interconnexions du *Middle Ground*[9].

La France de Napoléon III annexe le territoire le 24 septembre 1853 et transforme l'archipel en « propriété nationale ». Le coup de force conduit à l'expropriation des groupes austronésiens. Les colonisateurs recourent à la fiction juridique de la *terra nullius*, conçue par Grotius, théoricien hollandais du XVIIe siècle. Les fictions juridiques permettent aux empires coloniaux de légitimer l'expropriation des groupes autochtones. La Nouvelle-Calédonie devient une fiction, une terre imaginée et fantasmée, une France australe. L'Angleterre a précédé la France. Les territoires voisins d'Australie et de Nouvelle-Zélande transforment les îles-continents peuplés par les Aborigènes et Mao'his. Les biopolitiques des nouvelles populations transportées les transforment en colons-propriétaires. Les « communautés ethniques » proviennent des populations transportées ou immigrées récemment. Elles recoupent leur identité nationale par le nom de *Calédoniens*. Le fantasme est de diluer ou d'engloutir le peuple kanak dans les Calédoniens comme les biopouvoirs anglais l'ont fait en Australie et en Nouvelle-Zélande. Les colonisations de peuplement se construisent par une structure démographique inégalitaire où les groupes kanak deviennent forcément minorés. Le premier recensement de 1887 évalue la population à 62 500 habitants ; les groupes autochtones étaient encore majoritaires. Le recensement de 2014 dénombre 268 267 personnes ;

---

[8] On peut s'appuyer sur [Douglas, 2011] et [Tcherkézoff, 2008].

[9] On peut mentionner cet autre grand texte, *L'Histoire de la folie à l'âge classique* de Foucault, si on suit sur ce point précis Jambet [1989], 271.

les populations kanak sont devenues minoritaires. Les structures sociales (re)produisent les inégalités des structures ethniques. Les conséquences sont que les populations carcérales sont en majeure partie kanak tandis que l'élite scolaire est pour l'essentiel européenne. Le tri sélectif consécutif filtre une infime portion de « noirs » perchés en haut de la société – portion suffisante pour étayer la caution morale d'une structure inégalitaire, faisant passer celle-ci pour une structure sociale « naturelle ».

Les mécanismes des reproductions se constituent à partir des forclusions des populations kanak. Kanaky, nom de souveraineté imaginé par le peuple kanak, est forclos par l'actuel dispositif juridico-politique. Au point que le racisme culturel d'État transforme la marginalisation ethnique en ségrégation économique et passe pour normal et légitime. Les devenirs des trajectoires des peuples et communautés sont à contextualiser par ces structures inégalitaires clivées et clivantes. En effet, les imaginaires structurent en deux logiques le même monde[10].

Les images du temps

Le rapport imaginé au temps constitue le concept central du différend. En effet, le temps est un rapport imaginé au monde, une image du monde. Les conceptions kanak de l'histoire imaginarisent les rapports différenciés au monde[11].

Le *Pacific Time* renvoie aux catégories spatio-temporelles qui structurent les relations au monde. De même, ce qui est appelé en Nouvelle-Calédonie *Temps Kanak* renvoie aux rythmes et scansions des sociétés et cultures kanak. Corbin dit que les penseurs iraniens privilégiaient l'espace. On pourrait en dire autant des civilisations kanak. Toutefois, il existe une forme imaginarisée du temps. Les divergences des conceptions kanak et européenne du temps sont constitutives des imaginaires culturels du monde.

Le temps kanak est le temps de l'Événement. Tant que l'événement n'aboutit pas ou n'arrive pas à terme, il n'y a pas rupture ou coupure des actions qui

---

[10] Alain Badiou a sans doute raison de postuler que nous vivons dans un même monde et que ce postulat suppose l'égalité. Cependant, l'inégalité du monde est portée par les structures imaginaires qui font croire aux agents en l'existence de mondes sociaux ségrégués [Badiou, 2006].

[11] Dans un court essai, nous avons expliqué une conception kanak du monde et de l'histoire au sujet d'un auteur censuré ou empêché d'être, Apollinaire Anova [Mokaddem, 2014].

réunissent les acteurs impliqués et concernés par l'événement[12]. Le temps est ici vécu en « processus » au point de croire à un temps immobile. Les Européens ont cru, ou ont voulu croire, à une absence de temps dans les sociétés kanak. Oubliant que les rapports culturels au temps sont corrélatifs des valorisations et transformations des événements en avènements. Ils sont constitués en moments. L'image du temps par les transcendantaux particuliers est divergente. L'énergie investie par les sociétés kanak, ou les fictions des sociétés kanak, est orientée vers des actions et pratiques à accomplir, trop souvent incompatibles avec l'urgence des fictions des sociétés occidentales.

La scansion kanak du temps n'est pas celle de l'horloge occidentale. Le temps quantitatif est suspendu par rapport aux blocs des temps de l'événement. Le temps des échanges est une séquence constitutive d'un bloc de temps. Le temps différé du retour de coutume, ou du contre-don, fructifie les chemins des alliances. Le calendrier horticole de l'igname, avec ses séquences et périodisations, rythme les saisons et les cycles. Il y a aussi un rapport esthétique au monde. Or ce rapport prend d'autant plus de signification qu'il est dérégulé par le mode de production capitaliste et/ou religieux, si on inclut les articulations entre l'éthique et l'économie du salut.

Les conflits récurrents s'expliquent par le jeu des compétitions et concurrences des temps institués, normés, ordonnés par le mode de production du capital. Les régulations et structurations temporelles du capital marginalisent les économies d'échanges ritualisés. Les rapports normés au monde par les emplois du temps ont des incidences sur les images clivées du temps, et ce sont eux qui organisent la récurrence des conflits.

Contre les conflits « culturels » et dérégulations « systémiques » coloniales, les survies sociales produisent leurs propres reformulations culturelles. Les sociétés kanak ont imaginé des formes culturelles pour survivre.

Au niveau politique, le pays kanak, défiguré par les reconfigurations occidentalisées, imagine sa propre temporalité. L'imaginaire kanak différé ne cesse d'être actif, bien que suspendu par les calendriers politiques et les temps institutionnels agencés par la France. *Kanaky* est le nom imaginé d'une souveraineté « revendiquée », mais ce nom de souveraineté est une façon de

---

[12] Ces analyses sur le concept kanak du temps, je les dois moins aux lectures savantes qu'aux échanges avec les élèves stagiaires kanak avec qui je partageais mes formations au Centre de développement pédagogique de Touho. L'accomplissement de l'événement, la place de la parenté et toutes ces observations, je les dois en particulier à Noël Poagnide, locuteur cémuhî (langue de Touho), centre nord-est de la Nouvelle-Calédonie [Mokaddem (éd.), 1990].

vivre le temps et d'habiter l'image instituée du monde. Au fond, *Kanaky* est synonyme de survie, de souveraineté et pour finir, de liberté.

Les échanges des formes imaginales

Nous finirons là où nous avons commencé : l'image clivée du monde est typifiée par le cas singulier de « Kanaky-Nouvelle-Calédonie ». Les conditions de possibilité de l'image de Kanaky-Nouvelle-Calédonie supposent que les formes culturelles imaginées deviennent des mises en œuvre de l'imagination intellectuelle[13]. Les guerres coloniales « mondialisées » sont devenues des guerres institutionnelles constituant les imaginaires clivés. Pour que la fiction d'une communauté de destin soit réalisée – dont le mot d'ordre en Nouvelle-Calédonie est celui de « destin commun » –, encore faudrait-il que soient rendues possibles les interconnexions entre les formes culturelles imaginées. Or, il subsiste encore de manière permanente et insidieuse une logique du faux-semblant, par exemple le fantasme d'une « société métissée » ou pire de « fusion culturelle ». Les dispositifs des pouvoirs mis en place n'ont toujours pas construit les conditions pour parfaire les expressions des singularités pour que celles-ci puissent accéder à l'universel. L'imagination intellectuelle pourrait parfaire une image partagée d'un univers socioculturel différencié. Nous voulons dire par là que les transcendantaux particuliers pourraient être reconnus, redistribués et échangés par les structures publiques dont les formations et recherches font partie. La France joue la montre et maintient l'ordre du discours. La puissance souveraine diffuse des dispositifs et technologies politiques (dont celui du corps et des mécanismes électoraux), lesquels produisent des temporalités différées. Les formes spectrales insulaires réussissent à créer une croyance, l'acceptation d'un simulacre ou du bluff : « laisser le temps au temps », sans jamais construire et offrir la possibilité de constituer un imaginaire réellement partagé. Nous ne voudrions pas tomber dans le *faitalisme* d'Auguste Comte, sur lequel ironisait Nietzsche, mais force nous est de constater que le Même se reproduit dans l'Autre et que nous assistons encore à une répétition différenciée de l'histoire. L'image clivée du monde se reproduit par les modélisations des téléologies focalisées vers les mêmes directions.

Y contredire est l'éthique de la philosophie, de l'art, de la religion et de la science. Il s'agit pour nous de produire de l'imagination intellectuelle dont les formes imaginées contredisent les spectres, les simulacres et les faux-

---

[13] Voir [Mokaddem, Robertson & Sykes (éd.), 2018].

semblants du peu de réalité. Pour conclure, nous nous joignons aux propos tenus par un écrivain calédonien pour les infléchir vers une pratique de vie, une forme imaginée d'amitié [Kurtovitch, 2018].

Bibliographie

« Accord sur la Nouvelle-Calédonie signé à Nouméa le 5 mai 1998 » [1998], *JORF*, 121, 27 mai 1998, 8039.

Aristote [2005], *De l'âme*, trad. Pierre Thillet, Paris, Gallimard, « Folio Essais ».

Badiou, Alain [1998], *Deleuze. La Clameur de l'être*, Paris, Hachette, « Coup double ».

— [2006], *Logiques des Mondes. L'Être et l'événement, 2*, Paris, Seuil, « L'ordre philosophique »

Bergson, Henri [1959], *Matière et mémoire. Essai sur la relation du corps à l'esprit*, in *Œuvres, édition du centenaire*, Paris, PUF, 151-379.

Camoui, Luc Énoka & Wayewol, Georges Waixen [2018], *L'Essentialité. Du Singulier à l'Universel. De l'Universel au Singulier*, Marseille/Nouméa, Expressions, La Courte Échelle/Éditions Transit.

Castoriadis, Cornelius [1999/1975], *L'Institution imaginaire de la société*, Paris, Seuil, « Esprit », rééd. « Points essais ».

Corbin, Henry [1971], *En Islam iranien. Aspects spirituels et philosophiques II. Sohrawardî et les Platoniciens de Perse*, Paris, Gallimard.

— [1972], *En Islam iranien. Aspects spirituels et philosophiques IV. L'École d'Ispahan. L'École Shaykhie. Le Douzième Imâm*, Paris, Gallimard.

Deleuze, Gilles [1983], *Cinéma 1. L'Image-mouvement*, Paris, Minuit.

— [1985], *Cinéma 2. L'Image-temps*, Paris, Minuit.

Descombes, Vincent [1996], *Les Institutions du sens*, Paris, Minuit, « Critique ».

Douglas, Bronwen [2011], "Geography, Raciology, and the Naming of Oceania", *The Globe*, 69, 1-28.

Duby, Georges [1978], *Les Trois Ordres ou l'imaginaire du féodalisme*, Paris, Gallimard.

Foucault, Michel [1972], *Histoire de la folie à l'âge classique*, Paris, Gallimard, « Tel ».

— [2009], *Le Corps utopique. Les Hétérotopies*, Fécamp, Lignes.

Godelier, Maurice [2015], *L'Imaginé, l'imaginaire et le symbolique*, Paris, CNRS.

Gony, Yves Béalo [2006], *Thewe men Jila. La monnaie kanak en Nouvelle-Calédonie*, Nouméa, Expressions.

Hegel, G.W.F. [1982], *Principes de la philosophie du droit ou Droit naturel et science de l'État en abrégé*, trad. Robert Derathé, Paris, Vrin, « Bibliothèque des textes philosophiques ».

Heidegger, Martin [1981], *Kant et le problème de la métaphysique*, trad. Alphonse de Waelhens & Walter Biemel, Paris, Gallimard, « Tel ».

— [1986], *Être et Temps*, trad. François Vezin, Paris, Gallimard.

Husserl, Edmund [1976], *La Crise des sciences européennes et la phénoménologie transcendantale*, trad. Gérard Granel, Paris, Gallimard.

Jambet, Christian [1989], « Constitution du sujet et pratique spirituelle », in Collectif, *Michel Foucault philosophe. Rencontre internationale Paris 9, 10, 11 janvier 1988*, Paris, Seuil, « Des Travaux », 271-286.

Kant, Emmanuel [1975], *Critique de la raison pure*, trad. André Tremesaygues & Bernard Pacaud, Paris, PUF, « Bibliothèque de philosophie contemporaine ».

Kurtovitch, Nicolas [2018], « Et si la Crise avait caché un véritable désir d'Amitié », in Mokaddem, Robertson & Sykes (éd.) [2018].

Lacan, Jacques [1966], *Écrits*, Paris, Seuil, « Le champ freudien ».

Lardreau, Guy [1981], « L'Histoire comme nuit de Walpurgis », in Christian Jambet (dir.), *Henry Corbin*, Paris, Cahiers de l'Herne, 110-121.

— [1993], *La Véracité. Essai d'une philosophie négative*, Paris, Verdier.

Lardreau, Guy & Georges Duby [1980], *Dialogues*, Paris, Flammarion.

Le Goff, Jacques [1988], *Histoire et mémoire*, Paris, Gallimard, « Folio Histoire ».

Marx, Karl [1985], *Le Capital, Livre I, Sections V à VIII*, trad. Joseph Roy, Paris, Flammarion, « Champs ».

Mokaddem, Hamid (éd.) [1990], *Inventaire de quelques traits culturels kanak en pays cémuhî*, Touho, ITFM-CDP de Touho.

— [2014], *Apollinaire Anova (1929-1966). Une conception kanak du monde et de l'histoire*, Marseille/Nouméa, Expressions, La Courte Échelle/Éditions Transit.

Mokaddem, Hamid, Robertson, Scott & Sykes, Ingrid (éd.) [2018], *La Nouvelle-Calédonie et l'imagination intellectuelle. Repenser et reformuler les disciplines, savoirs et pratiques*, Paris, L'Harmattan.

Sohravardî [1976], *L'Archange empourpré. Quinze traités et récits mystiques*, trad. Henry Corbin, Paris, Fayard, « L'espace intérieur ».

L'image clivée du Monde d'un archipel d'Océanie, la Nouvelle-Calédonie

Tcherkézoff, Serge [2008], *Polynésie/Mélanésie. L'Invention française des « races » et des régions de l'Océanie (XVIe-XIXe siècles)*, Papeete, Au Vent des Îles.

White, Richard [2009], *Le Middle Ground. Indiens, empires et républiques dans la région des Grands Lacs, 1650-1815*, trad. Frédéric Cotton, Toulouse, Anacharsis.

Hamid MOKADDEM
Institut de formation des maîtres de Nouvelle-Calédonie (IFM-NC)
Nouméa, Nouvelle-Calédonie
mokaddemhamid@gmail.com

La symbolique du mal : en amont vers l'imagination, en aval vers l'action
Adna Candido de PAULA

Le projet philosophique de Paul Ricœur, diffus et fragmenté en apparence seulement, se présente, selon moi, comme une confrontation, comme l'a dit Ricœur lui-même. Il s'agit d'un projet qui dure à la mesure de son existence en tant que « vivant, pensant et agissant ». Ce projet de vie, qui par extension est un projet philosophique, a cherché à faire face à une impasse, dépasser une aporie, qui se traduit par ces questions : comment aller de l'avant, comment continuer, malgré l'absurdité qu'est le mal, que ce soit le mal naturel ou le mal moral ? Comment continuer, malgré le mal subi par le juste, dont le paradigme est la souffrance de Job ? Ce genre de mal qui est justifié, sans légitimité, dans les guerres, les génocides, les systèmes totalitaires et dans les relations sociales inéquitables.

Tout d'abord, il convient de souligner que Ricœur refuse, comme on le sait, toutes les réponses explicitement ou implicitement gnostiques et toutes les formes de théodicée, se refusant à penser la question du mal selon une logique de la rétribution. Sa proposition est d'assumer le problème du mal comme une provocation productive pour la pensée, d'inclure l'aporie dans le travail de la pensée. Ricœur propose donc la convergence entre le travail de la pensée, suscité par l'énigme du mal, la transformation spirituelle des sentiments face à l'aporie du mal, et la transformation de l'action, c'est-à-dire une réponse au mal qui implique la triade sentir, penser, agir. Nul n'ignore que cette « réponse au mal » proposée par Ricœur est présente dans toute son œuvre, notamment dans les trois volumes de *Temps et récit*, dans *La Métaphore vive* et dans *Soi-même comme un autre*. Elle signifie la puissance de l'imagination dans le lien entre la poétique et l'éthique, comme quelques penseurs tel que Jean-Luc Amalric l'ont déjà dit. Le passage de la théorie de l'imagination à une théorie de l'action consiste, comme l'a aussi indiqué Michaël Foessel, en l'inscription de l'imagination « au cœur d'une anthropologie pratique attentive aux capacités de l'individu » [Foessel, 2014, 243].

Néanmoins, j'aimerais aborder une critique fréquente adressée à certaines propositions d'articulation entre l'esthétique et l'éthique. Serait-il possible de détecter dans la proposition de la triple mimesis, de l'identité narrative et de la métaphore vive, qu'évoque Ricœur, une attribution de finalité, de *télos*, à l'art et, par extension, aux récits de fiction ? Certains chercheurs affirment que oui, notamment Jean-Pierre Bobillot [1990, 77], et cela configure un problème pour celui qui approuve, par exemple, les fonctions logiques du jugement de goût proposées par Emmanuel Kant. La téléologie attribuée à l'art est aussi un problème pour ceux qui comprennent que l'art, bien que n'étant jamais moralement neutre, ne se définit pas par la finalité que l'on pourrait lui attribuer, tant dans la configuration que dans la refiguration. Les beaux-arts doivent correspondre à une satisfaction désintéressée, dans un exercice libre de l'imagination et de l'accord fondé sur la possibilité de la connaissance sensible, car c'est là que réside sa plus grande valeur, la Liberté.

Mais y a-t-il dans la philosophie de Ricœur une perception de l'imagination qui conserve la valeur de la Liberté intrinsèque à l'imagination ? Afin d'ouvrir ce débat, je suivrai deux axes. Pour le premier axe, dans le cadre de la relation entre le discours et le symbole, je propose d'aborder deux affirmations de Ricœur : (i) que le symbole est à la limite entre le *bios* et le *logos* ; (ii) que la production humaine de symboles découle d'une impulsion ontologique qui ne se dilue pas dans une structure langagière. Pour le second axe, dans le cadre de la relation entre pensée et action, je propose de nous pencher sur les thèmes suivants : (i) la relation entre la *phronesis* et l'imagination ; (ii) le rapprochement entre le jugement esthétique kantien et l'opération intellectuelle propre du *phronimos*.

En ce qui concerne la relation entre le discours et le symbole, les deux affirmations sont interreliées. Le *logos* est considéré comme ce qui constitue, ce qui éclaire et ce qui exprime l'ordre et le cours du monde. Le *logos* est ce qui relie les phénomènes entre eux. Mais comment le *logos* appréhende-t-il les phénomènes, comment ceux-ci peuvent-ils être traduits en sens par le *logos* ? C'est la manière dont cette appréhension se produit qui insère la dimension symbolique entre le *bios* et le *logos*. Il s'agit de la convergence entre l'expérience, l'imaginaire et la connaissance qui établit le fondement des structures du récit. Ce fondement a été appelé *éfabulation* par Suzi Frankl Sperber, *éfabulation* qui figure comme un niveau de perception antérieur à celui de la pré-figuration. Dans *Temps et récit I*, Ricœur parle de « narrativité inchoative », « qui ne procède pas de la projection, comme on dit, de la littérature sur la vie, mais qui constitue une authentique demande de récit » [Ricœur,

1983, 113]. Il essaie de caractériser des situations qu'il appelle « structure pré-narrative de l'expérience », qui se produisent dans l'expérience de la vie quotidienne et qui sont des épisodes d'histoires de vie « non (encore) racontées », mais des histoires « qui demandent à être racontées, des histoires qui offrent les points d'ancrage au récit » [1983, 141]. Toutefois, les exemples cités par Ricœur sont des situations de la vie adulte, produites par des sujets qui ont déjà une certaine maîtrise du langage. La conclusion à laquelle arrive Ricœur sur les histoires de vie encore non racontées a trait à la notion de reconnaissance : « Nous racontons des histoires parce que finalement les vies humaines ont besoin et méritent d'être racontées. Cette remarque prend toute sa force quand nous évoquons la nécessité de sauver l'histoire des vaincus et des perdants. Toute l'histoire de la souffrance crie vengeance et appelle le récit » [1983, 115]. La notion d'« inchoativité » correspond, au sens grammatical, à l'initiation ou à la progression graduelle d'une action, alors qu'au sens philosophique, elle se rapporte à ce qui est au début et également à l'aspect de quelque chose qui n'est pas fini, pas conclu. J'aimerais me concentrer sur cet aspect de début, de progression, afin d'associer l'idée de « narrativité inchoative » aux deux affirmations indiquées plus haut sur le symbole. Comme on l'observera, tel n'a pas été le parcours suivi par Ricœur, mais j'aimerais le présenter afin de proposer la notion d'éfabulation comme un niveau fondateur de l'imagination, indispensable à la triple mimesis. Afin de justifier sa thèse, Sperber travaille sur quelques présupposés : (i) celui de l'inconscient collectif, proposé par Carl Jung, qui défend l'idée selon laquelle « la psyché a un substrat général, commun à toute l'humanité, qui transcende toutes les différences de culture et de conscience ; qu'à partir de ce substrat, toutes représentation et action conscientes sont développées, notamment quand la conscience ne s'est pas encore développée et dépend plus des pulsions instinctives que de la volonté consciente ou du jugement rationnel » [Jung, 1977, 73] ; (ii) celui de la compréhension sur le langage du psycholinguiste Steven Pinker, pour qui « la langue est une pulsion qui s'exprime, quels que soient les obstacles et les circonstances » [Pinker, 2007, 74] ; (iii) celui de la recherche de la linguiste Cláudia Thereza de Lemos, qui a démontré que, dans la phase de l'*infans*, l'enfant n'attribue pas de sens comme un être pensant, il exprime ses besoins affectifs et physiques par des énonciations utilitaires. Ce n'est qu'à partir de 3 ans que l'enfant commence ses premiers récits, qui sont des manifestations structurées ; (iv) celui de l'épisode analysé par Freud, produit par son petit-fils : un enfant d'un an et demi, normal, sans aucun développement précoce, énonçant clairement quelques mots à peine et quelques sons expressifs, compris par les personnes de son entourage. Néanmoins, cet enfant a produit une énonciation complexe, de caractère ludique, ce fameux épisode de la bobine, dans lequel l'enfant joue avec une bobine attachée à un fil, en la jetant hors de son berceau et en la tirant, à maintes reprises. L'enfant répétait toujours, simultanément, les mots compris par Freud et qui, selon son hypothèse, rapportaient l'événement vécu par l'enfant : *fort-da*, parti/là (ou ici) ou plutôt là-bas/là. Freud remarque que le procédé a lieu après le départ de la mère de l'enfant. Selon l'analyse que fait Freud de cet épisode, l'expérience de se voir éloigné de sa mère laissait l'enfant dans une position passive, mais à partir du moment où il a commencé de jouer avec la bobine, il a assumé une posture active [Freud, 2010, chap. 2].

Sperber attire notre attention sur deux éléments présents dans cet épisode, la répétition et l'activité ludique. Dans la perspective de Freud, la symbolisation, renforcée par la répétition, du départ de la mère, mais aussi de son retour, crée une espèce de stagnation (résolution du problème) quant à l'activité psychique. Cependant, Sperber trouve chez Lacan une autre interprétation, plus productive pour la compréhension de la configuration et de la fonctionnalité de l'éfabulation. Pour Lacan, donc, « la répétition est condition de progrès humain et non de stagnation » [Sperber, 2009, 86]. Cet enfant a transformé la douleur et la souffrance provoquées par l'éloignement en action progressive ; et il l'a fait grâce à la puissance de l'imagination. Il a créé un second événement qui a ressignifié le premier, celui de l'absence de sa mère. L'éfabulation est une nécessité d'expression, une pulsion, qui se produit avant même le processus d'acquisition du langage ; se comprendre et se faire comprendre est une nécessité antérieure à la configuration de l'être qui s'exprime en maîtrisant le langage.

L'observation de ces présupposés qui justifient l'éfabulation indique, par extension, comment le symbole se produit entre le *bios* et le *logos* ; elle explique également le fait que le sens extrapole le langage. Comme le conclut Sperber,

> La pensée n'est pas produit ou productrice de la parole. Elle est préalable et jusqu'à un certain point, indépendante de la parole. Elle est représentée ludiquement et au moyen d'un ensemble relativement grand et diversifié d'instruments comprenant la parole, mais où la parole n'est pas le seul élément. Cette représentation constitue la pensée. [Sperber, 2009, 81.]

La symbolique du mal : en amont vers l'imagination, en aval vers l'action

Deux éléments se détachent dans cette attribution de sens par la puissance de l'imagination : la répétition, caractéristique forte du symbole, signalée par Ricœur ; et le jeu. Kant a élaboré, dans la troisième critique, la notion de jeu libre, parmi les facultés de connaissance, pour une représentation donnée qui présuppose la communicabilité universelle, comme dans le cas du jugement du goût. Mais c'est Friedrich Schiller, s'inspirant de la troisième critique kantienne, qui a attribué l'impulsion ludique au jeu libre des facultés de connaissance. Celui-ci se produit lorsque les besoins naturels ont déjà été satisfaits, vu que le jeu est une décharge des énergies excédentaires, biologiques et psychiques. Ainsi, l'impulsion ludique ne dépend pas des intérêts pratiques. Pour Schiller, l'impulsion pour le jeu se manifeste déjà dans les mouvements libres des animaux, des enfants qui s'amusent, de la nature inanimée, qui exercent une liberté totale quand ils ne répondent pas à un besoin donné et extérieur. Selon Schiller, l'impulsion ludique peut aussi être prise comme un jeu esthétique, vu que celui-ci présuppose la Liberté. Pour Kant, seul le jeu libre de l'imagination avec la compréhension caractérise le jugement du goût, et le goût tient plus à ce que l'imagination souhaite créer fictivement qu'à ce que l'imagination appréhende dans le monde sensible. Il s'agit également d'une imagination ayant une base antérieure à la configuration de l'être pensant, mais à laquelle, en thèse, on pourrait avoir accès à l'âge adulte. L'imagination saute le pas et rompt avec la réalité, agissant selon ses propres lois dans sa qualité productive. La conception du saut a pour objectif de représenter l'énergie et la lutte de l'imagination contre les forces de la nature. Comme force motrice, comme force créative, le saut est l'imagination dotée du potentiel libre qui est disponible dès la première enfance. Comme l'a affirmé Kant, l'imagination a la capacité de s'étendre à une série de représentations qui font penser plus que ce que l'on pourrait exprimer en concepts déterminés par des mots. Ainsi, l'imagination, en tant que pulsion de fiction – éfabulation –, existe déjà, innée et libre, antérieure à la constitution de la compétence linguistique de l'être humain. Toutefois, à la phase adulte, ou même à partir de 3 ans, l'imagination commence à perdre la force du saut, subjuguée ou affaiblie par les processus de civilisation. Il y a donc une seule manière de récupérer la liberté primordiale, et cette manière capable de vaincre les forces du monde sensible, de la nature, est la puissance imaginative, qui est universelle.

Dans le cas de la symbolisation, elle se produit en vertu de la répétition et se manifeste dans le jeu comme un genre d'opérateur de l'éfabulation. La répétition crée un temps propre, une temporalité à l'intérieur du temps chronologique, et il en va de même avec l'espace. La symbolisation crée une temporalité et une spatialité propres. La nouvelle temporalité et la nouvelle spatialité configurent un nouveau monde sensible, non pas celui de l'expérience, mais celui des sensations, de la ressignification des sens. Il convient de considérer ce que la compréhension de la symbolisation, de l'éfabulation et de l'imaginaire, en tant que potentialités communes à tous les êtres humains de toutes les cultures, offre à la réflexion philosophique. Il s'agit de potentialités non pas essentielles, transcendantales, mais biologiques, innées.

On arrive ainsi au second axe de cette réflexion qui a pour objectif de rapprocher la notion de *phronesis*, que Ricœur emprunte à l'*Éthique à Nicomaque*, de la fonction éthique de l'imagination. La *phronesis* est la source du savoir pragmatique sur la base du processus de connaissance humaine. *Phronesis* a été traduit comme « discernement moral », « sagesse pratique » et aussi « prudence ». Plus précisément, Aristote a défini la *phronesis* comme « un mode de connaissance de la vérité dans le domaine, essentiellement changeant, de l'action humaine ; elle suppose dès lors la délibération et, à l'instar de la décision réfléchie, porte sur le possible et sur le bien et le mal comme *moyens* à chercher ou à éviter en vue d'une fin dernière de l'action humaine » [Aristote, 1992, 25]. Il s'agit d'un raisonnement humain pratique, d'une vertu intellectuelle, qui implique l'éthique, étant donné qu'elle comprend que l'individu est capable de juger ce qui est bon pour l'humanité, puis de délibérer sur la meilleure manière d'atteindre ce bien. La vertu, pour Aristote, est une action et elle doit être pratiquée continuellement et non pas de façon aléatoire, car elle existe dans l'être humain comme puissance à développer :

> La vertu est de deux sortes, la vertu intellectuelle et la vertu morale. La vertu intellectuelle dépend dans une large mesure de l'enseignement reçu, aussi bien pour sa production que pour son accroissement ; aussi a-t-elle besoin d'expérience et de temps. La vertu morale, au contraire, est le produit de l'habitude. [Aristote, 1992, 77.]

Il est important de souligner que ni la vertu intellectuelle ni la vertu morale ne sont constituées par la nature, autrement dit par le besoin, car rien de ce qui existe par la nature ne peut être modifié par l'habitude. Bien qu'elles ne soient pas produites par la nature, « la nature nous donne la capacité de la recevoir, et cette capacité est perfectionnée avec l'habitude » [Aristote, 1992, 78]. L'être humain acquiert la vertu par la pratique, par l'action. Toujours attentif à la configuration de l'action, Ricœur attire notre attention sur le fait que la *phronesis* est étroitement liée au *phronimos*, qui devient un homme sage dans la mesure où il la réalise bien. On comprend le développement possible de cette potentialité de la vertu morale si l'on tient compte de la constitution de l'âme. Vu que, comme le postule Aristote, l'âme est divisée en une partie rationnelle et une partie irrationnelle, la première étant subdivisée en scientifique, appliquée à ce qui est nécessaire, et calculatrice, qui délibère sur le contingent. C'est par l'action de la *phronesis* et de la *sophia* que l'âme parvient à la vérité, ce qui permet le rapprochement entre la pratique et l'épistémè. Les éléments constitutifs de la sagesse pratique ne peuvent pas se passer du point de vue du *phronimos*, ce qui indique qu'il y a une intelligence de la vertu de prudence que le penchant intuitif et le bon sens pratique pourraient obtenir. Cette perception permet à Ricœur de rapprocher la *phronesis* de la perspective tragique de l'existence : « C'est bien un penser humain et non divin, fragile et non assuré, singulier et non universel, équilibré et sans excès qu'invite à explorer le riche dictionnaire de la *phronesis* » [Ricœur, 1997, 20]. En considérant que la *phronesis* est une potentialité de discernement moral se penchant sur la complexité de l'agir, voyons comment s'articule la *phronesis* avec l'imagination dans la philosophie d'Aristote.

La *phronesis* et la *phantasia* sont rarement associées par les interprètes des œuvres d'Aristote et cette non-association peut être attribuée à la différence établie par celui-ci, dans *De anima*, entre la *phantasia aisthêtikê* et la *phantasia logistikê*, la première étant attribuée à tous les animaux, à l'exception de l'être humain à qui est attribuée la seconde. La division s'établit afin de marquer la différence entre une imagination calculatrice, la *logistikê*, dont la vertu est la *phronesis*, et une imagination sensitive, qui n'est produite que par l'*aisthesis*. Aristote traite de la *phantasia* comme d'une « faculté de discernement », ce qui vaut également pour l'*aisthesis*, mais il lui associe la notion de *prohairesis*, souvent traduite comme « choix, libre-choix, choix réfléchi ». La *prohairesis*, quant à elle, est régie par un calcul, par une nécessité, comme le signale Jean-Louis Labarrière :

> La *prohairesis*, consécutive à la *bouleusis*, à la délibération, ne saurait être employée à propos des animaux, sauf à imaginer un sens particulièrement lâche de « décision ». Résultat de l'articulation de la *bouleusis* (délibération), qui relève de l'intellect pratique, sur la *boulêsis*, « souhait », « volonté », qui relève du désir, la *prohairesis* désigne ici l'opération effectuée par l'humain sur ce que sa *phantasia* lui présente comme désirable. Cette spécificité de l'humain lui permet de « dépasser » le stade du seul désir. [Labarrière, 2005, 100.]

Le centre d'attention porte ici sur la *phantasia logistikê-bouleutikê*, qui est l'imagination en qualité de représentation calculatrice-délibérative. La *phantasia* ou l'imagination est, comme l'a décrit Aristote au début de *De anima III* : « un acte mental interprétatif en connexion avec la perception ». Il convient de souligner que cette délibération se produit en raison d'un *télos*, qui est le bien. Ce qui revient à dire que l'imagination, en association avec la *phronesis*, a un caractère d'anticipation de l'action. Comme l'observe justement Dorothea Frede : « Il n'y a, de toute évidence, aucune perception sensible de biens et de maux futurs. Toutes les projections sensées sont dues à l'imagination » [Frede, 1992, 289, traduction personnelle]. Dans ce sens, l'imagination est une potentialité pour la formulation des possibles pratiques, étant donné que l'être humain, en puissance, a la capacité de délibérer par anticipation les actions possibles pour obtenir le plus grand bien. Pour reprendre les considérations sur l'éfabulation comme pulsion de fiction, à un niveau antérieur à celui de la triple mimesis, on remarque qu'il ne faut pas nécessairement considérer l'imagination par son noyau verbal et passer ainsi du verbal au non-verbal, en mettant en exergue la redescription inventive de la réalité, comme le fait Ricœur. Ce qui ne nie absolument pas l'importance de la médiation par le langage, mais permet d'identifier l'articulation entre l'imagination et l'éthique, cette fois-ci à un niveau antérieur à celui de l'acquisition du langage.

En considérant la potentialité de l'imagination de contribuer à la maîtrise de la sagesse pratique, par la formulation des possibles pratiques, il reste à comprendre dans quelle mesure il est possible de proposer le rapprochement entre le jugement esthétique kantien et l'opération intellectuelle propre du *phronimos*. Ce rapprochement se justifie si l'on considère qu'il s'agit de ce qu'est la bonne délibération, propre au *phronimos*, portant sur l'action qui apporte un bien, sur *ce qu'*il faut faire, *comment* et *quand*, tout en se rapportant à une fin absolue. Comme l'a justement souligné Danielle Lories, « ni le modèle déductif démonstratif, ni le modèle inductif théorique ne peuvent suffire ni chez Aristote, ni chez Kant. Il est impossible de déduire l'acte à poser – ou le jugement de goût – ici et maintenant d'un énoncé théorique semblable à une loi mathématique universelle » [Lories, 2013, 102]. Justement parce que le jugement du goût est *pur* et *sans concept* déterminé. Néanmoins, il s'agit, selon Kant, d'un jugement réfléchi d'ordre spécial, car, même sans pouvoir être réduit à un concept déterminant, il n'est pas totalement libre de concept.

Dans la troisième critique, Kant parle du jugement du goût comme d'un type de jugement qui crée un « prototype de beauté », qui ne peut pas non plus être réduit aux concepts. Il s'agit d'un processus mental par lequel un individu présente pour lui un idéal de beauté, « qui est une simple idée que chacun doit produire en soi-même » ; ce prototype « repose sur l'idée indéterminée d'un maximum », lequel ne peut être représenté par des concepts « mais seulement dans une présentation particulière ». Cette représentation singulière, que l'individu qui juge se crée lui-même, se rapproche de la manière dont se produit la prise de décision du *phronimos*. Cet idéal de beauté n'est pas donné au sujet, il dépend de son intuition sensible du réel, de son expérience, pour être produit. Il évolue avec les expériences de l'individu, voilà pourquoi il ne s'agit pas d'un concept universel immuable ni de l'idée pure. C'est dans cette perspective que l'imagination participe au jugement, d'après Kant, « il semble permis de supposer qu'effectivement [...] l'imagination sache évoquer les images et pour ainsi dire *les superposer* les unes sur les autres et *dégager un moyen terme* qui serve de mesure commune à toutes, grâce à la congruence de ses multiples images de la même espèce » [Lories, 2013, 104].

Le juste milieu qui, pour Aristote, est la vertu et pour Kant, la beauté, contribue à produire un sommet. Pensant à ce « juste milieu » à la dimension de l'action, nous avons configuré les pratiques possibles par l'imagination, ce que Kant confirme : « l'imagination superpose un grand nombre d'images [...] et [...] dans l'espace où la plupart de ces images concordent et au sein des contours où la lumière projetée y apporte la couleur la plus vive, c'est là où la *taille moyenne* [...] se fait connaître » [Lories, 2013, 104]. Par extension, l'« action moyenne » est une sorte d'acte humain moyen moralement. Le sens interne d'un individu, produit par l'imagination, à partir d'impressions multiples, n'est pas d'une précision arithmétique ni ne pourrait l'être, vu que, comme dans le cas de la *phronesis*, il dépend de la communauté empirique et de ce qu'elle lui laisse voir. De même que pour la *phronesis*, le jugement du goût ne naît pas de règles déterminées, il se forme à partir d'intuitions singulières des individus. Il peut toutefois se configurer comme des règles pour d'autres, dans le sens où il est communicable et transmis au fil des générations. Ce ne sont pas des règles universelles ni absolues mais elles sont communicables, de même qu'est communicable, au fil des générations, une éducation morale ordinaire qui, comme l'a indiqué Lories, peut « stabiliser de bonnes dispositions par une sorte d'entraînement s'appuyant sur les dispositions naturelles de chacun –, cette image peut guider l'individu dans ses choix, dans ses jugements situés quant à l'action. Cette image évolue avec lui, elle reste relative à lui et à son entourage » [2013, 106].

La notion de communication convoque, effectivement, le langage comme médiateur, mais la base qui rend cette médiation possible, c'est l'imagination dans sa valeur de liberté, de liberté créative. Dans un second moment, on passe du verbal au non-verbal, comme le propose Ricœur, et, à ce niveau, la figurativité mise en œuvre par le récit de fiction permet au lecteur d'affronter ses propres problèmes. L'*herméneutique poétique* proposée par Ricœur, comme l'indique Olivier Abel [2000], place le lecteur face à des questions inédites auxquelles il peut répondre, questions qui sont singulières, particulières, auxquelles le texte répond par la question même qu'il pose, par l'espace qu'il ouvre, en aval. Le mal est ce qui *ne peut pas être*, il menace le sens, paralyse l'action et dangereusement, c'est une menace au cercle continu de la vie. Pour aller de l'avant, pour répondre au mal par la convergence entre le penser, l'agir et le ressentir, l'imagination créative est indispensable.

Références bibliographiques

Abel, Olivier [2000], *L'Éthique interrogative : herméneutique et problématologie de notre condition langagière*, Paris, PUF.

Aristote [1992], *Éthique à Nicomaque*, trad. J. Barthélemy Saint-Hilaire, revue par Alfredo Gomez-Muller, Paris, Le Livre de Poche.

Bobillot, Jean-Pierre [1990], « Le ver(s) dans le fruit trop mûr de la lyrique et du récit. Éléments pour une théorie "moderne" des genres, encore », *Procope « Temps et récit de Paul Ricœur en débat »*, Paris, Cerf, 73-110.

Foessel, Michaël [2014], « Action, normes et critique. Paul Ricœur et les pouvoirs de l'imaginaire », *Philosophiques*, 41, 2, 241-252.

Frede, Dorothea [1992], "The Cognitive Role of Phantasia in Aristotle", in Martha C. Nussbaum & Amelie Oksenberg Rorty (ed.), *Essays on Aristotle's De Anima*, Oxford, Clarendon Press, 279-295.

Freud, Sigmund [2010], « Principe du plaisir et névrose traumatique. Principe du plaisir et jeux d'enfants », in *Au-delà du principe de plaisir* [1920, *Jenseits des Lustprinzips*], trad. Jean Laplanche et Jean-Bertrand Pontalis, Paris, Payot, « Petite Biblio Payot », chap. 2.

Jung, Carl G. [1977], « En memória de Richard Wilhelm », in Richard Wilhelm & C. G. Jung, *El secreto de la flor de oro – un libro de la vida china*, Buenos Aires, Paidós, *apud* Sperber [2009].

Labarrière, Jean-Louis [2005], *La Condition animale. Études sur Aristote et les Stoïciens*, Louvain-la-Neuve, Peeters.

Lories, Danielle [2013], « Du *phronimos* ou de l'imagination dans l'action », *Philosophical News*, 7, 101-109. Accessible en ligne : https://www.philosophicalnews.com/old-series-issues/n-7-november-2013/

Pinker, Steven [2007], *The Language Instinct*, New York, Harper Perennial Modern Classics, *apud* Sperber [2009].

Ricœur, Paul [1983], *Temps et récit*, 1. *L'Intrigue et le Récit historique*, Paris, Seuil, « L'ordre philosophique ».

— [1997], « À la gloire de la phronèsis (*Éthique à Nicomaque*, Livre VI) », in Jean-Yves Chateau (dir.), *La vérité pratique. Aristote : Éthique à Nicomaque, Livre VI*, Paris, Vrin, 13-22.

Sperber, Suzi Frankl [2009], *Ficção e Razão. Uma retomada das formas simples*, São Paulo, Aderaldo & Rothschild, FAPESP.

Adna Candido de PAULA
Universidade Federal dos Vales do Jequitinhonha e Mucuri (UFVJM)
Minas Gerais, Brésil
adna.candido.paula@gmail.com

L'imagination de soi : développer le goût d'exister pour réaliser sa vie
Xavier PAVIE

Le goût, c'est de la chimie, c'est une expérience qui mélange un grand nombre d'éléments, qui procure une sensation et tente de l'expliquer. Comme le toucher et l'odorat, la vue et l'ouïe, le goût est d'abord subjectif puis on tente de l'objectiver, par l'explication, par la justification aussi. Si le goût est chimie, c'est parce qu'il est mélange, combinaison ; comme la chimie, il assemble et associe. La chimie s'intéresse à la composition, aux réactions, aux propriétés des matières en étudiant les atomes et leurs interactions. Le goût fait de même ; il analyse, par les yeux, le nez, la langue et le reste du corps, ce qui lui est présenté, pour accepter ou rejeter, pour aimer, pour profiter, pour en jouir ou s'en écarter. Notre goût est en permanence en alerte face à une musique ou un tableau, un aliment ou une odeur, il est en alerte et nous protège, nous apprend quelque chose et nous fait grandir. Le goût est le sens des sens car il nous constitue, il nous fait être ce que nous sommes. Toujours en construction, toujours en apprentissage, le goût est l'essence et le moteur des êtres vivants, surtout pour ceux qui veulent le rester. Car le goût peut être affadi, il peut se réduire à ce qu'il connaît déjà, il peut ne plus apprendre, ne plus être confronté pour se développer encore et encore. Le goût est vivant s'il est considéré comme tel.

La vie d'un être vivant résonne dans les mêmes proportions car c'est une alchimie : corporelle, intellectuelle et spirituelle. Et elle doit être alimentée perpétuellement, sans cesse mise au défi par des expériences et des confrontations, par des découvertes et des essais. C'est par la vivacité de la vie que celle-ci vaut la peine d'être vécue ; son apprentissage se fait en faisant, son développement s'effectue en choisissant, sa croissance se construit en élaborant, sa plénitude n'est possible qu'en la mettant en œuvre. Mettre sa vie en œuvre n'est pas une évidence ; une vie conformiste, traditionnelle, qui ne prend pas la peine d'être vécue n'est pas seulement une possibilité, c'est bien souvent une normalité, pour ne pas dire une banalité. Seule une minorité d'individus cherchent à inventer leur vie, à s'émanciper de la conformité, pour la simple raison que la singularité demande souvent efforts et temps, échecs et désillusions. Dessiner sa vie, imaginer sa vie, avoir le goût d'imaginer sa vie, c'est choisir d'exister en empruntant une voie longue et sinueuse, complexe et chargée d'obstacles, mais qui mène vers la sagesse et la connaissance, les piliers de l'humanité[1]. Dans les années 1970 et au début des années 1980, Michel Foucault a nommé cette quête et cette nécessité de construire sa vie : l'esthétique de l'existence.

Imaginer une esthétique de l'existence
Foucault utilise l'expression *esthétique de l'existence* pour décrire des attitudes, des comportements de vie :

> Je voudrais montrer comment, dans l'Antiquité, l'activité et les plaisirs sexuels ont été problématisés à travers des pratiques de soi faisant jouer les critères d'une esthétique de l'existence. [Foucault, 2001c, 1365.]

Plus précisément, celle-ci se définit comme la pratique des arts de vivre, des arts d'existence, qui sont une pratique éthique consistant à imposer librement à son mode de vie une forme et un style individuels qui font naître une

> [...] façon de vivre dont la valeur morale ne tient ni à sa conformité à un code de comportement, ni à un travail de purification, mais à certaines formes ou plutôt à certains principes formels généraux dans l'usage des plaisirs, dans la distribution qu'on en fait, dans les limites qu'on observe, dans la hiérarchie qu'on respecte. [Foucault, 1997, 120-121.]

Cette esthétique de l'existence ne recouvre pas qu'une dimension liée au plaisir ni qu'une dimension individuelle ; cela se comprend lorsque nous la caractérisons dans la philosophie contemporaine et plus largement dans la pensée contemporaine à travers la modernité. Foucault revient sur la notion de modernité en s'appuyant sur Baudelaire dans *Le Peintre de la vie moderne*. La modernité n'est pas simplement une forme de rapport au présent, c'est aussi un mode de rapport à établir soi-même [Foucault, 2001d, 1389]. C'est pourquoi la modernité est en forte corrélation avec l'ascétisme, car s'accepter dans la vie qui passe dans un présent ne suffit pas ; être moderne, c'est se prendre comme objet de construction spécifique, ce que Baudelaire appelle *dandysme*. Foucault s'attarde à commenter les pages de Baudelaire montrant

---

[1] Pour la question du *bivium* dans l'Antiquité, voir [Pavie, 2015], 35-45.

l'ascétisme du dandy qui use de son corps, de ses désirs, de ses comportements pour faire de son existence « une œuvre d'art » [2001d, 1390].

> [Pour Baudelaire,] l'homme moderne n'est pas celui qui part à la découverte de lui-même, de ses secrets, et de sa vérité cachée : il est celui qui cherche à s'inventer lui-même. Cette modernité ne libère pas l'homme en son être propre ; elle l'astreint à la tâche de s'élaborer lui-même. [Foucault, 2001d, 1390 ; Baudelaire, 1992, 345, 350-351, 369-372.]

Il faut noter que pour Baudelaire, cette élaboration et cette invention de soi ne peuvent avoir lieu que dans l'art exclusivement et non dans la société. Position que ne suit pas Foucault, pour qui l'art n'est pas le seul lieu possible de l'élaboration de soi.

La modernité a rapport à la stylisation de soi à l'instar de la création d'une œuvre d'art. Il y a stylisation dans le sens de travail sur soi, un soi auquel on se doit de donner une forme : une forme de soi et une forme de l'existence. Car ni le soi ni l'existence ne sont en quelque sorte préformés, il faut en faire quelque chose. Il faut travailler à une esthétique de l'existence, et c'est ce que fait le dandy [Gros, 2005, 26]. Il faut veiller à travailler, à former, à styliser ce soi et cette existence. Cette stylisation se met en œuvre sur le modèle de la Grèce antique et de son exigence d'une maîtrise de soi dans le rapport à son propre corps mais aussi à la femme, au garçon et à la vérité. Le dandysme baudelairien, c'est un nouveau façonnage esthétique qui se retrouve discipliné. Se dressant paradoxalement contre les conventions et la modération grecque, le dandysme n'en implique pas moins des « lois rigoureuses auxquelles sont strictement soumis tous ses sujets » [Baudelaire, 1992, « Le dandy », 369].

La référence de Foucault au *Peintre de la vie moderne* est célèbre pour l'argumentation et l'actualisation de la notion d'esthétique de l'existence. Le dandy est en quelque sorte la figure de proue de ce concept foucaldien dans son application moderne.

Le dandysme pour Baudelaire reste une « institution vague » qui se situe hors des lois et s'élabore par le caractère indépendant des individus, dont la seule perspective est de « cultiver l'idée du beau dans leur personne, de satisfaire leurs passions, de sentir et de penser » [Gros, 2005, 370]. Baudelaire à la fois montre l'idée de faire de soi-même une œuvre d'art et développe le concept de résistance tel que Foucault cherchera à l'instaurer dans ses enjeux de pouvoir, même si cette résistance n'est qu'une conséquence indirecte de la volonté de faire de soi-même une œuvre d'art. Autrement dit, on peut se demander si d'une seule et même idée chez Baudelaire – faire de soi-même une œuvre d'art avec pour effet d'être au-delà des lois –, Foucault n'en ressort pas deux : premièrement, la résistance au pouvoir en étant hors des lois et en préservant son caractère indépendant ; deuxièmement, l'idée de faire de soi-même une œuvre d'art. Cela d'autant plus que le concept même de résistance chez Foucault revêt au moins deux axes : l'idée de protestation et de refus vis-à-vis du pouvoir, et un processus positif de création [Foucault, 2001g, 1560].

Si Foucault a montré en quoi il rapproche cette notion d'œuvre d'art d'une esthétique de l'existence moderne, la notion de résistance n'apparaît pas aussi nettement chez Baudelaire. En effet, la résistance que l'on peut lire chez lui, c'est d'une part la constitution du dandy comme œuvre d'art qui se trouve en dehors des lois, mais aussi d'autre part, l'attention à la dimension par laquelle le « dandysme apparaît surtout aux époques transitoires où la démocratie n'est que partiellement chancelante et avilie ». Dans le trouble des époques où les individus sont « déclassés, dégoûtés, désœuvrés », le dandysme vient en quelque sorte proposer une façon de vivre, une méthode « que le travail et l'argent ne peuvent conférer » [Baudelaire, 1992, 371]. Bien entendu, ce n'est pas exactement la même résistance aux relations de pouvoir que Foucault cherche à développer, et c'est vraisemblablement pour cela qu'il n'y fait pas référence : pour Baudelaire, le dandy se tourne vers une forme préférable d'aristocratie, fustigeant presque la démocratie « qui envahit tout et qui nivelle tout » [1992, 372]. On ne peut ici s'empêcher de faire le rapprochement avec Tocqueville, à qui la qualité de dandy, au moins dans une perspective politique, pourrait être attribuée. Néanmoins, si sur le fond, l'optique politique de Foucault s'éloigne de celle du dandysme, cela n'empêche pas le dandysme d'être une forme de résistance par une proposition de vie s'opposant à la tradition.

S'imaginer comme œuvre d'art

La problématique de la création de styles de vie intervient chez Foucault alors qu'il travaille sur la façon dont nous sommes produits comme des individus assujettis et sur les moyens d'échapper à cet assujettissement[2]. À ce

---

[2] L'idée d'une esthétique de l'existence, d'une création de soi par soi que Foucault va chercher dans les textes grecs, il en a le modèle aux États-Unis, dans les années 1970, quand il enseigne à Berkeley et New York. Il y découvre les communautés gays, les pratiques de subjectivation, de création de soi, de nouveaux modèles entre les individus et les nouveaux modes de vie. Il note la stylisation de l'existence, les pratiques de soi et les expériences collectives, tout ce qui le ramène à son travail sur l'Antiquité grecque et romaine. Voir [Éribon, 2001].

moment-là, Foucault se concentre sur la Grèce dans le cadre de son *Histoire de la sexualité*. Les philosophes antiques l'intéressent, car ils montrent que l'on peut façonner sa propre subjectivité par un travail de soi sur soi. Les différents styles de vie de l'époque hellénistique l'inspirent pour une tentative de se déprendre à la fois des modes d'être et des pensées léguées par l'Histoire et imposées par les structures et traditions sociales. La conséquence doit en être la réinvention de soi-même, une nouvelle création originale de soi.

Cette création de soi à l'instar des Anciens réclame un ensemble de pratiques élaborées, rigoureuses, dont l'objectif est de s'infliger un contrôle de soi, un regard sur soi-même, tant du point de vue du comportement que du régime, de son corps que de son esprit. L'enjeu est de retrouver l'esprit antique d'une certaine maîtrise de soi et d'une autosuffisance en vue d'atteindre le bonheur. C'est se styliser, se perfectionner par soi-même, c'est la source du plaisir comme du bonheur. La célèbre « stylisation » des philosophes antiques que Foucault souligne est le processus de ce à quoi l'on se soumet dans l'optique d'une réalisation de ces enjeux. « La culture de soi produit alors un soi qui peut offrir le même type de plaisir à son possesseur qu'un beau physique ou une œuvre d'art » [Halperin, 2000, 84]. Ainsi, chez Foucault, la culture de soi antique est une subjectivation aidant un individu à se maîtriser, à styliser son existence en fonction de sa propre définition du mode de vie, le plus « beau » et « plaisant ».

C'est dans ce contexte que Foucault exprime des regrets sur le fait que la société ne s'intéresse à l'art qu'à travers les objets et non en rapport avec les individus [Foucault, 2001e, 1436]. Il précise son étonnement que l'art soit un domaine de spécialistes. Il se demande pourquoi la vie ne peut être une œuvre d'art :

> Ce qui m'étonne, c'est le fait que dans notre société l'art soit devenu quelque chose qui n'entre en rapport qu'avec des objets et non pas avec les individus ou avec la vie ; et aussi que l'art soit un domaine spécialisé, propre à des experts qui sont des artistes. Mais la vie de tout individu ne pourrait-elle pas être une œuvre d'art ? Pourquoi un tableau ou une maison sont-ils des objets d'art, mais non pas notre vie ? [Foucault, 2001e, 1211 et 1436 (très légèrement modifié).]

À cette question, Foucault répond que l'utilisation du *bios* doit être envisagée comme matériau d'une œuvre d'art, précisant :

> Je pense qu'il n'y a qu'un seul débouché pratique à cette idée du soi qui n'est pas donné d'avance [...], nous devons faire de nous-mêmes une œuvre d'art. [Foucault, 2001e.]

Si Foucault propose de faire de soi une œuvre d'art dans l'intention de constituer une esthétique de l'existence ainsi qu'il se l'applique, ce n'est pas dans un but d'étalement, d'exhibition ou d'exposition artistique. Le projet est de faire de sa vie une œuvre d'art, sans pour cela dire qu'elle est « œuvre d'art » en tant que finalité. L'esthétisation n'est plus seulement entendue comme dandysme-esthétique, mais avant tout comme transformation de soi par soi[3] :

> Mon problème est ma propre transformation. Cette transformation de soi par son propre savoir est, je crois, quelque chose d'assez proche de l'expérience esthétique. Pourquoi un peintre travaillerait-il s'il n'est pas transformé par sa peinture ? [Foucault, 2001b, 1355.]

Par ailleurs, et cela rejoint les notions de changement, de transformation et d'innovation, importantes pour Foucault [2009a, 228 ; 2001a], la réalisation de l'œuvre d'art a une forte dimension d'inconnu au début de sa création. Que sera finalement cette œuvre d'art ? À quoi ressemblera-t-elle ? Quand sera-t-elle achevée, si tant est qu'elle puisse l'être ? Paradoxe du projet de faire de sa vie une œuvre d'art sans pour autant dire ce que sera cette œuvre, ni même l'exposer en tant que telle dans les lieux usuels de l'art.

C'est qu'en fait, ce « remodelage esthétique » [Shusterman, 2001, 57] s'effectue dans une optique méliorste, c'est uniquement la recherche d'amélioration qui conduit la création de cette œuvre d'art : « se former, se surpasser, maîtriser les appétits qui risqueraient de vous emporter » [Foucault, 2001f, 1531]. C'est à la fois le travail sur soi, sur qui l'on est, ce que l'on souhaite être et, d'autre part, l'entraînement, l'exercice, la pratique effective ; il faut « donner un style à sa vie au prix d'un patient exercice et d'un travail quotidien » [2001e, 1437], insiste Foucault, suivant ici une affirmation de Nietzsche. Comme dans le travail artistique, il y faut rigueur, exigence, exercice, entraînement. C'est ce travail répétitif, quotidien, sur soi, sur son style d'être et de vie qui montre l'analogie avec l'art. Il y a chez Foucault la volonté d'un travail sur soi permanent, car « ce qui fait l'intérêt principal de la vie et du travail est qu'ils vous permettent de devenir quelqu'un de différent de ce que vous étiez au départ » [2001h, 1596]. C'est le principe de tout art, de la toile blanche sur laquelle se crée une peinture, du papier à musique où se posent des notes, du bloc de pierre d'où émerge une forme. Il y a

---

[3] « Pour moi le travail intellectuel est lié à ce que vous définiriez comme une forme d'esthétisme – par cela, j'entends la transformation de soi » [Foucault, 2001b], 1354.

de multiples façons de constituer l'art comme il y a de multiples façons de se constituer.

La subjectivation foucaldienne est un geste illimité en termes de temps aussi bien que de méthodes. C'est à chaque individu, à chaque groupe d'inventer la forme qui lui convient et de ne cesser de travailler, en se réinventant constamment. Cette invention de formes de vie est à la fois inconnue et mystérieuse, mais ce jeu de la vie et de la construction de soi, pour Foucault, « ne vaut la chandelle que dans la mesure où l'on ignore comment il finira » [2001h, 1596]. La subjectivation, c'est la permanente réinvention de soi-même qui ne prend existence que dans la multiplicité et dans la pluralité. Ce qui importe, c'est que l'individu s'invente lui-même, pour son propre bien ; qu'il se laisse porter par l'idée d'une autre vie dont on ne connaît pas nécessairement les contours, mais qui conduira à son bien-être.

Ce que Foucault voulait, c'est le bien de ses contemporains et dans le même temps avoir une identité différente de la leur, « il voulait les aider tout en inventant un soi qui n'avait rien de commun avec le leur » [Rorty, 1989, 388].

Cette capacité à faire de soi une œuvre d'art, c'est aussi pour Foucault une manière contemporaine d'actualiser la philosophie cynique. Et c'est dans l'art qu'il nous est encore possible de trouver des aspects du cynisme : « L'art est capable de donner à l'existence une forme en rupture avec toute autre, une forme qui est celle de la vraie vie » [Foucault, 2009a, 173]. Or, viser la « vraie vie » est l'un des enjeux les plus fondamentaux des cyniques. Foucault associe directement l'art avec l'attitude cynique :

> Je crois donc que cette idée de la vie artiste comme condition de l'œuvre d'art, authentification de l'œuvre d'art, œuvre d'art elle-même, est une manière de reprendre, sous un autre jour, sous un autre profil, avec une autre forme bien sûr, ce principe cynique de la vie comme manifestation de rupture scandaleuse, par où la vérité se fait jour, se manifeste et prend corps. [Foucault, 2009a, 173.]

Ce que cherche à montrer Foucault, c'est que l'art moderne établit un rapport qui n'est pas de l'ordre de l'imitation, de l'ornement, au contraire : il dénude, il décape, il réduit à l'élémentaire. L'art moderne procède de la mise à nu de l'existence, « c'est le cynisme dans la culture, c'est le cynisme de la culture retournée contre elle-même » [2009a, 173].

Le cynisme est présent dans la philosophie contemporaine, comme il semble avoir toujours été présent. On pourrait ainsi faire, à travers les siècles, une histoire du cynisme qui s'étendrait de l'Antiquité à nos jours, avec des auteurs allemands tels que Nietzsche, Tillich, Heinrich, Gehlen ou encore Sloterdijk [Foucault, 2009a, 164-165]. On pourrait se demander si Foucault lui-même ne serait pas à intégrer à cette énumération de penseurs qui actualisent le cynisme, celui-ci ne cessant de mêler à la fois le souci d'une esthétique de l'existence et la *parrêsia* [Foucault, 2001i, 131 ; Pavie, 2012, 130] – fondamentale pour les cyniques –, à propos de la politique, mais aussi de la folie et du pouvoir.

Le propos de Foucault exigeant de faire de sa vie une œuvre d'art paraît souvent précurseur. Il n'est pourtant pas l'initiateur de cette métaphore dans la philosophie contemporaine. Curieusement, il ne fait jamais référence, là encore, à la pensée anglo-saxonne, à tout un courant de pensée, de Walter Pater à Oscar Wilde, qui expose expressément l'idée de faire de sa vie une œuvre d'art. Ce dernier affirme en effet que « devenir une œuvre d'art est l'objet de la vie »[4], puisque pour lui, la vie elle-même est une œuvre d'art. L'œuvre et la vie de Wilde se composent de cette façon, celui-ci se référant d'ailleurs, tout comme Foucault, à la période hellénistique pour fonder une esthétique de soi [Wilde, 1954a ; Éribon, 1999, 348]. Dans *Pen, Pencil and Poison*, Wilde développe clairement les dimensions d'une esthétique de l'existence à travers Thomas Wainewright, dont il dit que « critique d'art, il s'intéressa surtout aux impressions complexes que produit une œuvre d'art. Or, prendre conscience des impressions que l'on ressent constitue sûrement la première étape de la critique esthétique » [Wilde, 1996, 812]. On pourrait tout d'abord y lire un simple ressenti face à l'art, mais Wainewright « considérait que la vie en soi est un art, qu'elle possède ses procédés stylistiques au même titre que les arts qui cherchent à l'exprimer » [Wilde, 1996, 810].

Si nous devions chercher cette métaphore dans un passé plus lointain, il y aurait bien sûr Ralph Waldo Emerson, qui explicitement annonce « qu'il faut vivre sa vie comme une œuvre d'art » [Delogu, 2006, 78] ; il y a aussi Nietzsche[5], mais surtout, dans l'Antiquité, Épicrate, dont l'éloge est fait par le pseudo-Démosthène. En effet, celui-ci montre que la vie du garçon, son *bios*, doit être une œuvre « commune » et, comme s'il s'agissait d'une œuvre d'art à parfaire, il appelle tous ceux qui connaissent Épicrate à donner à cette figure à venir « le plus d'éclat possible » [Foucault, 1997, 277].

---

[4] « To become a work of art is the object of living », cité par [Ellmann, 1988], 292 ; [Wilde, 1954], 934. Voir [Éribon, 1999], 347.

[5] Sous le charme de Dionysos, l'homme n'est plus artiste, il est devenu œuvre d'art [Nietzsche, 1995], 289-310.

L'imagination de soi : développer le goût d'exister pour réaliser sa vie

Le rapprochement entre Wilde et Foucault est intéressant, car si, entre les deux protagonistes, les époques et les sociétés sont éloignées, ils se retrouvent nettement concernant la dimension d'esthétisation de l'existence [Éribon, 1999, 348]. Wilde cherchait à constituer un rôle, une position, une attitude qui permettent la création de soi-même là où ne se trouvent pas les normes dominantes. Foucault incite à inventer de nouvelles relations entre les individus, de nouveaux modes de vie, dont la finalité est notamment la résistance au pouvoir, d'une part, et la reformulation de soi, d'autre part [Éribon, 1999, 348].

Apprendre à faire de sa vie une œuvre d'art par la transdisciplinarité

L'exigence d'imaginer sa vie se retrouve dans tous les siècles, à toutes les époques, dans les différentes écoles de pensée, et toutes s'accordent à dire que l'esthétique de l'existence se construit, que faire de sa vie une œuvre d'art s'établit, en fonction de ce que nous vivons, de ce que nous choisissons de vivre, des rencontres que nous faisons et des expériences singulières auxquelles nous sommes confrontés. Cela ne se décrète pas spontanément, mais est issu d'un lent processus de transformation, de compréhension et d'apprentissage. L'esthétique de l'existence n'émerge qu'à travers une phase de découverte, de recherches, d'analyses, d'observations et même d'étonnements.

Si Aristote nous dit que la première qualité d'un philosophe est sa capacité à s'étonner, c'est parce que cette qualité est fondamentale pour qui veut dessiner son existence et la diriger vers la sagesse. La capacité de s'ouvrir au monde, de s'étonner de ce qu'il offre, d'observer avec un œil toujours neuf aide à changer notre regard, à modifier notre prisme pétri de certitude et d'habitude. Le jeune enfant s'étonne facilement, le nourrisson très peu, mais rapidement, il acquiert une curiosité qui l'éveille toutes ses journées durant : un ballon, un animal, un fruit, une musique... Son imagination va de pair et il s'imagine entrer dans le jouet avec lequel il s'amuse, il est prêt à engloutir un légume cru alors qu'il s'agit de le cuire, le grand lit des parents est parfois un océan, de temps à autre un trampoline [Foucault, 2009b]. Dans le système scolaire, les objets de la curiosité sont nombreux : les disciplines, les enseignants, les camarades de classe. Cependant la forme est peu propice à l'imagination, on reste assis sur une chaise plusieurs heures par jour à ingurgiter des matières à travers des paroles et des textes. On commence déjà à tuer autant l'imagination que la curiosité, autant la créativité que le rêve. Si le collège et le lycée ne sont pas spontanément des lieux où l'imagination permet de s'épanouir, les études supérieures ne sont pas mieux adaptées. Faites des études de droit, de philosophie, de management ou de mathématiques, on vous servira la matière choisie en long, en large et en travers par la parole du Professeur, par les livres et autres exercices. L'imagination de l'étudiant est sans cesse remise à sa place : nulle part. Pas d'imagination, pas de curiosité (outre celle nécessaire dans la discipline), pas de créativité : bachotage et apprentissage par cœur sont les figures récurrentes de l'enseignement.

La transdisciplinarité semble la voie permettant de recouvrer imagination, créativité et curiosité. Elle n'a pas la prétention de la discipline mais elle veut les relier toutes. Contrairement à la pluridisciplinarité (juxtaposition de différents regards experts) et à l'interdisciplinarité (dialogue entre les disciplines), la transdisciplinarité veut faire son miel de son écosystème. Le *Manifeste de la transdisciplinarité* [Nicolescu, 1996] la situe, comme le préfixe *trans* l'indique, à la fois entre les disciplines, à travers les différentes disciplines et au-delà de toute discipline. Sa finalité est la compréhension du monde présent, dont un des impératifs est l'unité de la connaissance.

Ce manifeste l'explique bien, nous avons tous été formés par des disciplines, et du point de vue de la pensée classique, il n'y a rien, strictement rien, à travers les disciplines et au-delà de toute discipline. Ce qui nous oblige à penser plusieurs niveaux de réalité, tous indépendants les uns des autres, en négligeant les espaces entre les disciplines.

La recherche disciplinaire concerne tout au plus un seul et même niveau de réalité ; dans la plupart des cas, elle ne concerne que des fragments d'un seul et même niveau de réalité. En revanche, la transdisciplinarité s'intéresse à la dynamique engendrée par l'action de plusieurs niveaux de réalité à la fois. La découverte de cette dynamique passe nécessairement par la connaissance disciplinaire. La transdisciplinarité, sans être une nouvelle discipline ni une nouvelle hyperdiscipline, se nourrit de la recherche disciplinaire, qui, à son tour, est éclairée d'une manière nouvelle et féconde par la connaissance transdisciplinaire. Dans ce sens, les recherches disciplinaires et transdisciplinaires ne sont pas antagonistes mais complémentaires.

Les trois piliers de la transdisciplinarité sont les niveaux de réalité, la logique du tiers inclus et la complexité, et ils déterminent la méthodologie de la recherche transdisciplinaire. Même si, à l'évidence, il y faut un soupçon d'indiscipline.

Le *Manifeste* fait suite à la Charte de la transdisciplinarité [CIRET, 1994] établie lors du premier congrès mondial sur le thème, dont l'un des porte-paroles était Edgar Morin. Cette charte souligne un très grand nombre de valeurs, dont la rigueur, le respect et la tolérance. Veillant indéfectiblement à reconnaître les différentes réalités qui s'offrent à nous, elle nous oblige à ouvrir le dialogue avec les sciences, l'art, la littérature, la poésie et l'expérience intérieure.

Elle prône la dignité de l'être humain comme citoyen du monde et considère l'éducation comme la voie authentique permettant le développement de l'intuition, de l'imaginaire et de la sensibilité du corps. Enfin, cette charte se trouve forgée sur une éthique solide qui postule que l'économie doit être au service de l'être humain, et non l'inverse.

Que nous soyons étudiant, enseignant, créatif, innovateur, intellectuel, artisan, nous devons être les héritiers de la Charte de la transdisciplinarité, la rendre vivante et concrète. Le monde de demain ne peut être construit avec le cerveau d'hier, ni avec les méthodes de formation qui ont fait leur temps. Et si nous avons tous été élevés avec des disciplines, il est nécessaire de repenser à nouveaux frais les structures normatives de l'enseignement en montrant le chemin de la transdisciplinarité.

Références bibliographiques

Baudelaire, Charles [1992], « Le peintre de la vie moderne », in *Critique d'art*, Paris, Gallimard, « Folio ».

Centre international de recherches et études transdisciplinaires (CIRET) [1994], *Charte de la transdisciplinarité*, adoptée au Premier Congrès mondial de la Trandisciplinarité, Convento da Arrábida, Portugal, 2-6 novembre 1994.

Delogu, C. Jon [2006], *Ralph Waldo Emerson. Une introduction*, Bécherel, Les Perséides.

Ellmann, Richard [1988], *Oscar Wilde*, New York, Penguin Random House.

Éribon, Didier [1999], *Réflexions sur la question gay*, Paris, Fayard.

— [2001] (dir.), *L'Infréquentable Michel Foucault. Renouveaux de la pensée critique*, Actes du colloque du centre Georges-Pompidou, 21-22 juin 2000, Paris, EPEL, repris in Didier Éribon [2003], *Hérésies. Essais sur la théorie de la sexualité*, Paris, Fayard, 35-64.

Foucault, Michel [1997], *Histoire de la sexualité II, L'Usage des plaisirs*, Paris, Gallimard, « Tel ».

— [2001], *Dits et écrits, II. 1976-1988*, éd. Daniel Defert & François Ewald, Paris, Gallimard, « Quarto ».

— [2001a], « Le triomphe social du plaisir sexuel : une conversation avec Michel Foucault », in Foucault [2001], 1127-1133.

— [2001b] « Une interview de Michel Foucault par Stephen Riggins », in [Foucault, 2001].

— [2001c], « Usage des plaisirs, techniques de soi », in Foucault [2001].

— [2001d], « Qu'est-ce que les Lumières ? », in Foucault [2001], 1381-1397.

— [2001e], « À propos de la généalogie de l'éthique », in Foucault [2001].

— [2001f], « L'éthique du souci de soi comme pratique de la liberté », in Foucault [2001], 1531-1533.

— [2001g], « Michel Foucault, une interview : sexe, pouvoir et la politique de l'identité », in Foucault [2001], 1560.

— [2001h], « Vérité, pouvoir et soi », in Foucault [2001], 1596-1602.

— [2001i], *L'Herméneutique du sujet*, Paris, EHESS/Gallimard/Seuil, « Hautes Études ».

— [2009a], *Le Courage de la vérité. Le Gouvernement de soi et des autres II*, Paris, EHESS/Gallimard/Seuil, « Hautes Études ».

— [2009b], *Le Corps utopique. Les Hétérotopies*, Fécamp, Lignes.

Gros, Frédéric [2005], « Le souci de soi chez Michel Foucault », *Philosophy & Social Criticism*, 31, 5-6, 697-708.

Halperin, David [2000], *Saint Foucault*, trad. Didier Éribon, Paris, EPEL.

Nicolescu, Basarab [1996], *La Transdisciplinarité. Manifeste*, Monaco, Éditions du Rocher.

Nietzsche, Friedrich [1995], *La Naissance de la tragédie*, trad. Jean-Louis Backès, Paris, Gallimard, « Folio ».

Pavie, Xavier [2012], *Exercices spirituels. Leçons de la philosophie antique*, Paris, Les Belles Lettres.

— [2015], *Le Choix d'exister*, Paris, Les Belles Lettres.

Rorty, Richard [1989], « Identité morale et autonomie privée », in Collectif, *Michel Foucault philosophe. Rencontre internationale Paris, 9, 10, 11 janvier 1988*, Paris, Seuil, 385-395.

Shusterman, Richard [2001], *Vivre la philosophie. Pragmatisme et art de vivre*, trad. Christian Fournier & Jean-Pierre Cometti, Paris, Klincksieck.

Wilde, Oscar [1954], *Works*, New York, Dutton.

— [1954a], *The Soul of Man under Socialism*, in Wilde [1954], 1174-1197.

— [1996], *La Plume, le Crayon, le Poison*, in *Œuvres*, trad. Dominique Jean, Paris, Gallimard, « Bibliothèque de la Pléiade », 812.

Xavier PAVIE
ESSEC Business School / Université Paris Nanterre
Singapour, Singapour / Paris, France
pavie@essec.edu

La philosophie pratique : un ensemble de questions pour examiner les projets et imaginer l'action
Alain LÉTOURNEAU

Introduction

Le cœur de ce texte consistera à montrer que la philosophie pratique a pour contenu un certain nombre de questions adressées à nos projets d'action. Ce faisant, nous opérons un déplacement pour la philosophie (qui a coutume de s'interroger sur le politique, l'éthique, l'épistémologie, la logique, etc.) de son encyclopédisme habituel pour en faire essentiellement un ensemble de lieux d'interrogation. Nous renouvelons ainsi la théorie des lieux philosophiques, appelée *topique* depuis Isocrate et Aristote. Le projet concret qui servira d'espace de discussion porte sur l'adaptation aux changements climatiques dans la Municipalité régionale de comté (MRC) de Memphrémagog, dans le Sud du Québec.

Le questionnement sur l'agir, qu'il s'agisse du plan moral, du plan politique ou même de ce qui est de l'ordre de l'agir ordinaire (ne soulevant pas d'enjeu majeur), intéresse toute philosophie pratique. Certes il faut se demander, pour tout effort de philosophie pratique, de quelle façon il convient d'agir, mais cela suppose forcément de s'interroger sur ce qu'est l'agir. On s'intéressera donc à ce qui le caractérise, aux conditions dans lesquelles on agit, à la façon dont l'action est construite. Première décision à prendre : doit-on s'intéresser aux actions singulières ou aux actions structurées ? Puisqu'il faut se restreindre, nous considérerons l'agir comme un ensemble d'actions coordonnées visant un ou des buts. Selon cette conception, l'agir est donc un groupe d'actions.

Si nous définissons l'action comme la mobilisation de moyens en vue d'un but, l'usage de cette définition comportera toujours un certain but et certains moyens. D'autres paramètres peuvent être pris en compte, notamment les valeurs, l'intention, les normes en vigueur, les effets prévisibles de l'action, les risques courus. Cette brève liste de considérations aide peut-être à saisir qu'il n'est pas possible de considérer tout le champ de l'action humaine : mais plutôt que de prétendre tout englober, il semble souhaitable de s'interroger sur certains domaines et types de l'action. Plus encore, étant donné la complexité des enjeux, il est souhaitable de se restreindre encore plus, à un terrain précis, un champ concret d'intervention en cours ou ayant eu lieu. Avant toutefois d'aborder l'élément très spécifique retenu, l'adaptation aux changements climatiques dans une région donnée[1], quelques points supplémentaires doivent être précisés du point de vue théorique.

Les lieux (ou questions) de la philosophie pratique

Si l'on pose la question des lieux privilégiés d'une philosophie pratique, en référence à plusieurs classiques – dont Aristote, Giambattista Vico et John Stuart Mill, qui ont marqué durablement ce secteur de réflexion –, ce sont bien sûr l'éthique et la politique qui ressortent d'abord[2]. Certains voudront y joindre l'économique repensée, tantôt l'esthétique ou l'épistémologie, et sans aucun doute l'argumentation, en y incluant la rhétorique et la dialectique. Chez Aristote, tous ces éléments sont présents. Bien que pour lui la connaissance doive avoir un caractère apodictique, Aristote souligne que ce n'est pas toujours possible, justement en ce qui concerne l'agir : de là suit l'idée d'une raison pratique, la *phronesis* qui deviendra la prudence [Aubenque, 1963]. De plus, quand Aristote s'intéresse aux chantiers de la connaissance humaine (pensons à sa *Physique*), il utilise très peu le raisonnement apodictique. S'il faut de nos jours apprivoiser l'incertitude et saisir la valeur des savoirs vraisemblables et des assertions probables, l'on ne saurait exclure l'épistémologie de la philosophie pratique [Claveau & Prud'homme, 2018]. Souvent, la considération esthétique, c'est-à-dire ce qui concerne notre perception sensible, est incontournable, au moins à l'échelle du quotidien, où la perception est indispensable à l'action.

La question des lieux philosophiques se rattache à la topique, telle qu'on la trouve chez Aristote, chez Cicéron et dans le *De Locis Theologicis* de

---

[1] Il existe une abondante littérature spécialisée sur l'adaptation aux changements climatiques. En guise de point de départ, la bibliographie donne quelques titres.

[2] Parmi les nombreux auteurs qui se sont inspirés au moins pour une part d'Aristote ou de Kant (ou des deux) pour développer une philosophie qu'on peut qualifier de pratique, on peut mentionner Jürgen Habermas (pensons à sa relecture de Kant après Hegel), Alasdair MacIntyre (qui n'a jamais caché son souhait d'actualiser Aristote) et Gertrude Elizabeth Margaret Anscombe (qui reprend la question centrale du syllogisme pratique chez Aristote). Paul Ricœur a pour sa part puisé chez les deux. Cette liste manifeste déjà le pluralisme qui caractérise la philosophie pratique.

Melchior Cano (1563), où la topique devient un discours sur le discours[3]. Chez les Anciens, la topique est un espace de questionnement, un espace de figures rationnelles qui tendent à revenir dans les discours. Chez Cano, elle demeure une source de questions et d'arguments valables, comme chez Cicéron, mais elle devient de plus une théorie du discours, de sa structuration[4].

Nous considérons ce que l'on nomme parfois les *sous-disciplines* de la philosophie (éthique, politique…) plutôt comme des lieux d'interrogation et de discours, lequel ne peut évidemment pas toujours être catégorique, loin s'en faut. À l'heure où dans les diverses sciences, naturelles ou sociales, l'on conteste les cloisonnements entre disciplines et les frontières parfois artificielles entre domaines pour faire appel au travail en interdisciplinarité, l'on ne voudra sans doute pas sous-diviser la philosophie encore plus qu'elle ne l'est déjà [Létourneau, 2008 ; Thompson-Klein, 1990]. Or c'est pourtant ce qui continue de se produire, en particulier depuis un siècle environ avec le développement du « continent analytique ». La préoccupation de philosophie pratique pourrait devenir un lieu de rassemblement des diverses questions philosophiques.

---

[3] La notion de lieu est mieux développée par Cicéron, bien qu'Aristote ait lancé le bal avec ses *Topiques*. Voir l'article du Brockhaus [Collectif, 1955] : „in der älteren Logik und Rhetorik Fundstätte für Beweise oder für die thematische Stoffsammlung. Der Ausdruck geht auf die Topik und Rhetorik des Aristoteles zurück." On peut laisser de côté les polémiques seiziémistes sur la théologie positive usuelles au temps de Cano, même si une dérive « théologique » demeure possible face à laquelle il faudra faire preuve de prudence.

[4] Melchior Cano est surtout connu pour son important traité « des lieux théologiques ». Peut-on y voir la source d'une dérive disciplinaire qui aurait pu affecter la philosophie ? S'inspirant des lieux philosophiques, Cano développe les bases de la discipline théologique avec ses lieux spécifiques – l'Écriture, la Tradition, la Bible, le Magistère. Ceux-ci permettront progressivement le développement de discours spécialisés à l'intérieur du propos théologique. En tant que discours souvent voisin de la théologie, la philosophie a pu aller dans ce sens elle aussi, se développant comme une systématique incluant l'éthique, la théorie de la connaissance et d'autres secteurs. L'histoire du développement de la philosophie comme ensemble de sous-secteurs ne se limite toutefois aucunement à l'influence de la théologie, puisque les disciplines scientifiques autonomes y ont sans doute aussi joué un rôle. Concernant la théologie, voir [Létourneau, 2000].

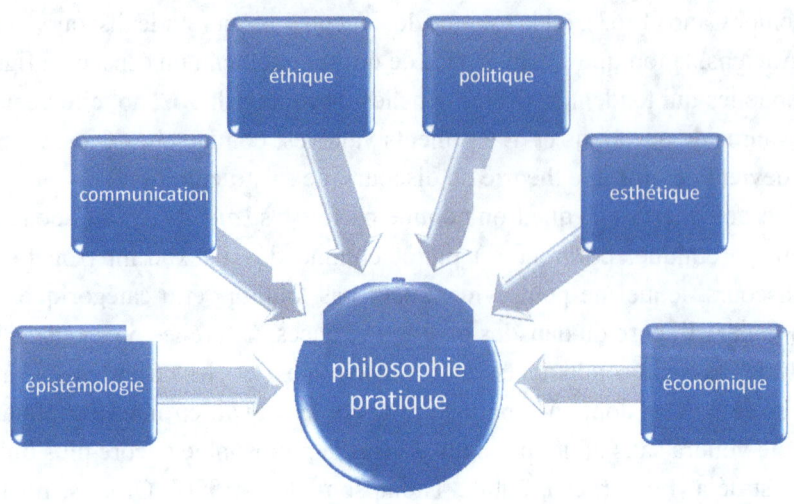

Figure 1. Les lieux de la philosophie pratique.

Tous ces champs d'interrogation peuvent aujourd'hui être associés à la philosophie pratique, alors qu'éthique et politique en fournissent le cœur historique chez presque tous les auteurs – dans le cas de Kant, on ajouterait sans doute la philosophie du droit, celle de la religion et l'esthétique [Létourneau, 2020]. Le thème Communication veut rendre compte aussi bien de l'argumentation, de la rhétorique que du dialogue, Ce n'est pas nécessairement vers les auteurs francophones et anglophones qu'il faut se tourner pour mieux saisir de quoi il retourne en philosophie pratique ; il faut regarder chez les Allemands et les Italiens pour l'histoire, plus récemment chez les Israéliens[5]. La Figure 1 a notamment pour limite d'avoir le travail philosophique pour point de convergence, ce qui peut mener à une dérive encyclopédique. En effet, il devient possible de se centrer sur le discours de l'éthique, de l'épistémologie, etc. – la philosophie revient sur elle-même et devient un discours disciplinaire destiné à des spécialistes. Alors que sur le terrain de l'action, à supposer donc

---

[5] Les articles de Wikipédia ne sont pas toujours parfaits, mais considérer plusieurs articles dans différentes langues procure un portrait d'ensemble assez intéressant. Sur la philosophie pratique, voir : https://fr.wikipedia.org/wiki/Philosophie_pratique ; https://en.wikipedia.org/wiki/ Practical_philosophy ; https://de.wikipedia.org/wiki/Praktische_Philosophie ; https://it.wikipedia.org/wiki/Filosofia_pratica ; https://he.wikipedia.org/wiki/%D7%A4%D7%99%D7%9C%D7%95%D7%A1%D7%95%D7%A4%D7%99%D7%94_%D7%9E%D7%A2%D7%A9%D7%99%D7%AA (liens et articles revus le 12 juillet 2018).

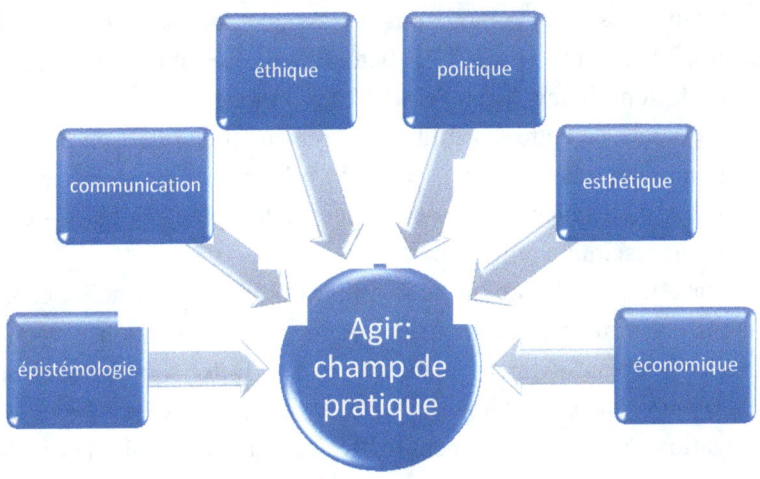

Figure 2. Les lieux resitués comme questions pour la pratique.

un champ de pratique donné comme centre d'intérêt, le schéma prend plutôt la configuration de la Figure 2.

Il se peut qu'une tâche commune nous tienne à cœur et devienne le point de convergence et d'actualité de nos questions. Éviter l'encyclopédisme est alors possible sur la base d'une tâche importante, partagée avec d'autres. Les lieux redeviennent des questions plutôt que de servir de prétexte à des discussions théoriques générales[6]. Mais il faut nuancer : le fait de se centrer sur des questions pratiques vient aussi nourrir une réflexion spécialisée pour les champs du questionnement philosophique, car forcément, le traitement pratique ne permet pas d'épuiser les interrogations !

Si chez Aristote, l'éthique et la politique ne sont pas pensées comme devant chercher la certitude apodictique, mais doivent se déployer plutôt comme une raison pratique, la même chose peut être dite de la rhétorique et de la dialectique. C'est le cas aussi de l'économique, qui concerne alors la gestion de la maison (ce sera la *domus* chez les Romains) – mais une maison liée à un domaine, une culture des champs et son économie, avec ses forces et ses problèmes. Plusieurs économistes contemporains remettent la réflexion en régime de questionnement par rapport aux certitudes antérieures – celles qui

---

[6] Soyons prudents devant la symétrie et sa force rhétorique. Si théoriquement tout point peut être lié à tout autre de manière équivalente, dans la pratique, certains éléments seront probablement plus importants que d'autres. Tout n'a pas à être d'égale importance, la liste de lieux de questionnement peut varier d'un projet à l'autre !

s'étaient stabilisées sous le modèle néo-classique dominant [Ostrom, 2010 ; Mazzucato, 2018 ; Raworth, 2017 ; Victor, 2008]. Les philosophes qu'étaient Adam Smith, John Stuart Mill et Karl Marx ont joué un rôle indéniable dans le développement de cette discipline[7]. En remettant en question des dogmes de l'économie néo-classique, tel l'impératif de croissance, des économistes d'aujourd'hui contribuent à l'œuvre d'une philosophie pratique – du cœur même de leur discipline réinventée[8].

Le retour critique à la notion de lieu philosophique proposé ici consiste à être attentif avant tout à sa dimension interrogative. Il faut ainsi reconnecter les questionnements distincts, mais non isolés. Deux sources peuvent être mentionnées : d'une part, John Dewey et sa théorie de l'enquête, qui remet l'interrogation au cœur de la pensée [Dewey, 1991] ; mais aussi, dans le monde francophone, la problématologie de Michel Meyer [Meyer, 1986 ; 2010 ; Kremer-Marietti, 2008]. On peut aussi bien sûr penser à Socrate.

Dans une approche interrogative et axée sur la problématisation, le questionnement des philosophes rejoint celui d'autres disciplines. Les philosophes n'ont pas pour mandat de refaire toute la science à eux seuls – c'est encore heureux ! Avant d'être l'objet de disciplines prétendument autonomes et séparées, le questionnement sur la sensibilité artistique et celui sur la production et l'échange de biens et de services caractérisent d'abord la vie humaine de quiconque, philosophes y compris, en tant que vie réflexive. Ces champs d'interrogation n'appartiennent « en propre » à personne ni à aucun groupe particulier de chercheurs, car ils concernent toute vie humaine. Certes la spécialisation est un fait massif, qui se poursuit avec la création continue de nouvelles disciplines ou sous-disciplines et le développement de groupes professionnels autonomes qui y trouvent une légitimation. Il faut néanmoins saisir que ce que l'on gagne en délimitant un secteur de réflexion, on le perd souvent en liens avec les autres aspects de la réflexion.

Si l'on se situe dans une logique de questionnement ou de problématisation, et non dans une perspective de savoir, les champs indiqués dans la Figure 2 deviennent un ensemble de valeurs à portée heuristique : ils permettent de faire des découvertes. Ajoutons que la philosophie pratique doit aussi devenir

---

[7] Mariana Mazzucato [2018] s'attache aux contributions de Marx et de Smith. Le traitement de l'apport utilitariste est plus centré sur Mill dans [Hausman, 2018].

[8] Kate Raworth [2017] présente un modèle en double circularité – exigences de justice et de soin des humains en deçà, limites de l'écosystème au-delà –, qui constitue un cadre normatif à portée pratique.

une nouvelle pratique philosophique. Bien des choses se présentent de nos jours comme des pratiques philosophiques, par exemple les cafés philo ou la philosophie pour enfants – pourquoi pas ? Mais, en parallèle, des pratiques philosophiques peuvent avoir une visée sociale, dans une perspective que l'on dira *méliorative* au sens du pragmatisme. Celle qui nous intéresse ici consiste en pratiques sociétales de réinvention des enjeux communs, par lesquelles des acteurs imaginent des parcours d'action inédits.

Un projet de recherche en adaptation aux changements climatiques
Il n'y a pas à choisir entre l'atténuation et l'adaptation face aux changements avérés du système que constitue le climat. Il faut continuer de revendiquer des pratiques sociales sobres en carbone, afin d'au moins atteindre les objectifs des accords de Paris sur le climat (2015). D'une part, nous en sommes malheureusement assez loin et les changements sont déjà perceptibles. Si nous prenons en compte la grande « stationnarité » du système climatique, nous n'avons pas le luxe de ne rien faire au point de vue adaptatif [OCDE, 2014]. De l'autre, les nouvelles technologies de capture et séquestration, les technologies dites négatives qui doivent retirer des quantités astronomiques de gaz à effet de serre (GES) de l'atmosphère, n'ont pas du tout atteint un stade de développement permettant de se reposer sur elles [Minx *et al.*, 2018 ; Fuss *et al.*, 2018 ; Nemet *et al.*, 2018].

La démarche d'adaptation repose sur des valeurs substantielles, avec des enjeux de qualité de vie et d'habitabilité des territoires humains. Si nous voulons que la qualité de vie soit maintenue, tant pour nous, nos enfants et les leurs que pour les vivants non humains qui partagent tant bien que mal avec nous le territoire, quelque chose doit être fait pour améliorer l'adaptation. Et cette adaptation doit évidemment aussi être une transformation, il faut créer de nouveaux modes du vivre-ensemble et de l'habitation du territoire. Elle intégrera la visée d'atténuation, fondée sur le souhait de conserver un climat qui est une condition essentielle de la vie humaine, ce qu'on appelle en Allemagne *la protection du climat*. C'est en raison de la valeur substantielle des territoires habitables que l'engagement pour l'adaptation a un sens au point de vue moral, afin de renforcer la résilience des groupements humains et de minimiser les souffrances évitables. À titre d'exemple, les personnes les plus touchées par les inondations du printemps 2019 dans la petite ville de Sainte-Marthe-sur-le-Lac, au Québec, étaient parmi les plus vulnérables : des retraités vivant dans des maisons mobiles – ce n'est pas un hasard. Les valeurs de solidarité et d'équité sociale sont à prendre en compte et ne peuvent pas être laissées de côté, comme l'ont aussi montré les « gilets jaunes » français.

Un projet de recherche-action en adaptation au changement climatique au plan régional a constitué pour le signataire à la fois une nouvelle pratique et un lieu de philosophie pratique[9]. Les interactions ont été construites de manière dialogique, impliquant pour les acteurs d'imaginer une appartenance à un territoire ainsi qu'une éthique de responsabilité socialement partagée – on peut renvoyer à Jonas [2017]. Le projet a mis en jeu l'interdisciplinarité entre une philosophie pratique fondée sur la communication dialogique d'acteurs en réseau de gouvernance et les ressources de l'urbanisme et de la planification urbaine ; d'autres expertises, notamment sur le climat, sur les eaux et en économie, ont aussi joué un rôle important en appui.

Le projet, élaboré en concertation avec les partenaires concernés, a demandé deux ans de préparation[10]. Nous avons créé avec la MRC un cadre de gouvernance de l'adaptation, comprenant des tables sectorielles et une table régionale comme espaces d'investigation communs[11], cadre complété ensuite par des espaces d'échange au plan local dans certaines villes ciblées, pour permettre une participation citoyenne plus large, la phase 2 tournant autour de ce qu'on a appelé *cafés climat*.

Les tables sectorielles devaient favoriser l'analyse de la vulnérabilité sociale, économique et territoriale de la MRC. Les cafés au plan municipal visaient à préciser la discussion de manière plus locale, en identifiant des actions prioritaires à mener sur le terrain. L'ensemble de la démarche visait à établir une liste de propositions pour que la MRC et les villes qui la constituent puissent prendre des décisions à propos de l'adaptation aux changements climatiques.

---

[9] Je dirige ce projet (2017-2020) avec Isabelle Thomas, professeure d'urbanisme et d'aménagement à l'Université de Montréal. Le projet est financé par un consortium en climatologie régionale (Ouranos) et d'autres partenaires, dont le Centre Sève, le programme Mitacs du gouvernement fédéral canadien, avec la participation humaine et financière de la MRC (Municipalité régionale de comté) de Memphrémagog, sur laquelle porte la recherche.

[10] Voir [Létourneau & Thomas, 2017], le projet Létourneau/Thomas, sous Projets de recherche 2014-2019 : https://www.ouranos.ca/programme/environnement-bati/ ; https://www.ouranos.ca/.

[11] Voir https://www.mrcmemphremagog.com/ et https://www.google.com/maps/place/Memphrémagog,+QC/@45.2263965,-72.4543119,10z/data=!3m1!4b1!4m5!3m4!1s0x4cb63839907ec671:0x2a7db846ff7a1cad!8m2!3d45.2285619!4d-72.2066235.

Le but était qu'au moins certaines de ces propositions soient intégrées dans le nouveau schéma d'aménagement de la MRC, prévu pour 2020.

Afin de faire voir la pertinence d'une approche de philosophie pratique sur un terrain où l'on attendrait plutôt des spécialistes de l'aménagement urbain, nous reprenons les lieux de la philosophie pratique (Figure 1) pour montrer comment se concrétise la réflexion sur ces six axes. Ces questions peuvent surgir à tout moment, sans empêcher le projet de se déployer dans sa logique propre.

Questionnement épistémologique. Une première difficulté concerne le concept même de climat, souvent confondu avec la météo, qui désigne les phénomènes à l'échelle d'un territoire restreint et sur un nombre de jours limité. L'on pourrait parler du *système climat* pour désigner sa complexité et son caractère fluctuant. Le climat est un domaine d'étude examiné en sous-ensembles et à différentes échelles par plusieurs disciplines (sciences de la terre, de l'atmosphère, climatologie, glaciologie, hydrologie, écologie). Le climat est un tout complexe qui a une histoire et qui évolue, il se situe à une échelle temporelle qui lui est propre. Sur la base de données historiques, le travail sur le climat comporte des statistiques, notamment l'établissement de moyennes avec différents référentiels de temps et d'espace, de la paléoclimatologie jusqu'aux moyennes par mois, saison, année glissante ou de calendrier, sur plusieurs décennies, siècles ou millénaires. Le caractère assez abstrait et construit de tout cela ne facilite ni la prise de conscience ni l'action, plus à l'aise avec des objets ou des référents repérables à l'échelle individuelle. L'on ne peut discuter de climat si l'on ne saisit pas bien ce premier niveau de difficulté au point de vue de la connaissance.

Les questions assez fréquentes sur le lien entre tel événement singulier et les changements climatiques relèvent de la difficulté que pose le lien entre les éléments d'un ensemble et cet ensemble. Si parler de causalité n'est pas approprié, ce réflexe assez spontané n'est pourtant pas dépourvu de sens. L'on doit en effet montrer l'appartenance des éléments à l'ensemble, en interaction avec nombre d'éléments concurrents situés sur le même terrain ; par exemple, un cyclone tropical très violent est lié causalement à des masses d'air chaud plus abondantes, tout en faisant partie de l'ensemble de phénomènes désigné sous le nom de *changement climatique*. Nous proposons plutôt l'expression *dérèglement climatique*, qui semble mieux désigner l'état courant, le processus de changement s'étant nettement accéléré depuis la seconde moitié du

XXᵉ siècle, sans que disparaissent pour autant les fluctuations normales si l'on compare saison par saison ou mois par mois.

Un autre enjeu concerne le statut des propositions élevant une prétention à la connaissance. En renonçant à une notion absolutiste de la vérité, nous fonctionnons avec des assertions que l'on peut qualifier de *vraisemblables* à des degrés voulus les plus forts possibles. En termes probabilistes, on dirait qu'on se situe en deçà du 1, parfois près de ce chiffre mais pas toujours. Il faut pouvoir accepter et expliquer cette situation. Ce questionnement concerne la valeur d'une connaissance relevant d'un haut degré de vraisemblance, la question du seuil n'étant pas facile à trancher – alors que la discussion sur les degrés de vérisimilitude n'a pas vraiment lieu. Il est clair également qu'une certaine pensée refuse de considérer comme de la connaissance les énoncés ayant une probabilité inférieure à 1, mais cette position n'est pas tenable. Nous en resterons là de cette question assez interne à l'épistémologie.

La connaissance que les scientifiques cherchent à obtenir doit être empirique et analytique, c'est-à-dire qu'elle doit nous apprendre quelque chose de précis à propos d'un objet ou d'un ensemble de faits ou d'événements reliés. Mais elle doit aussi – c'est particulièrement vrai à propos du climat – avoir une valeur prospective : elle porte en effet en bonne partie sur des futurs prévisibles, modélisables à partir d'observations, lesquelles rendent possibles des projections. Il y a donc un questionnement à avoir sur la valeur épistémique des modélisations – que l'on peut devoir expliquer. Les phénomènes qui intéressent sont multiples : variations de température, précipitations, degrés-jours d'ensoleillement, durée et fréquence des périodes de gel/dégel, etc. Le fait d'être mieux conscient de ces enjeux a forcément des conséquences sur la manière de les aborder ; cette question est liée à l'enjeu argumentatif et communicationnel. Par ailleurs, si l'on considère le point de vue de la prospective, le projet a pu se baser sur les projections climatiques construites par le consortium Ouranos sur la base des travaux du Groupe d'experts intergouvernemental sur l'évolution du climat (GIEC) de 2014[12]. Si nous avons alors affaire à des énoncés probabilistes, l'accent est mis sur les éléments pour lesquels nous disposons des taux les plus élevés de probabilité, sans pouvoir parler de certitude ou de précision absolue – la notion d'intervalle de valeur entre paires de nombres semble ici très importante. Il faut aussi choisir, dans un ensemble de paramètres, ceux qui sont les plus pertinents, ce qui s'évalue en considérant le type d'usage du territoire concerné. Ainsi, à titre d'exemple, certaines

---

[12] https://www.ouranos.ca/portraitsclimatiques/#/.

données pertinentes pour le monde agricole (degrés-jours d'ensoleillement) le sont moins pour d'autres secteurs.

Au plan analytique, il faut caractériser la vulnérabilité de l'espace physique et humain concerné à la fois sur le plan social (par exemple, la pauvreté), physique (certaines faiblesses des infrastructures) et territorial (zones inondables, îlots de chaleur). Il s'agit ensuite, par une méthode reprise et modifiée, de réunir ces dimensions de la vulnérabilité afin de livrer des cartes donnant une vue synthétique, à une échelle assez fine pour être informative pour les acteurs municipaux [Thomas, Bleau et al., 2012]. Plusieurs bases de données statistiques, produites par le gouvernement canadien ou des instituts de recherche québécois, sont alors compilées. La valeur de ces synthèses pratiques sous forme de cartes donne lieu à des discussions à portée épistémologique non seulement chez les chercheurs, mais aussi avec les utilisateurs de la recherche, qui ont fait valoir des interrogations. Nous avons ainsi sollicité des précisions et même recherché, lorsque c'était possible, la réfutation d'aspects compilés sur nos cartes.

Le principal facteur d'incertitude quant à ce que sera la situation climatique dans les prochaines décennies relève de ce que les sociétés humaines pourront accomplir ou non dans un avenir proche en termes de réduction de la quantité de GES dans l'atmosphère et dans l'hydrosphère, sans perdre de vue les valeurs thermiques correspondantes. Nous avons dès lors des intervalles vraisemblables à l'intérieur desquels les prévisions tiennent parfaitement la route, ce qui correspond à des scénarios prévisibles. Nous pouvons alors viser une moyenne entre les projections afin d'éviter un trop grand écart par rapport à celles-ci, ce choix permettant de faire ressortir de manière suffisante les conséquences vraisemblables d'une série d'actions humaines en réduction des GES – cette réduction étant pour le moment insuffisante.

Autre enjeu important, épistémologique mais aussi politique : le rapport (parfois peu évident) entre les savoirs experts et les autres savoirs. Cela rejoint d'autres questions : éthique, argumentation, communication. À l'intérieur du projet évoqué, la visée était d'arriver à un ensemble d'éléments communément partagés, donc connus par plusieurs. Que serait en effet une connaissance qui ne serait pas celle de quelqu'un ? La principale difficulté dans le domaine climatique, souvent soulignée, est la déconnexion entre le savoir scientifique et les prises de décision ; il fallait donc surmonter cette difficulté en permettant l'appropriation des savoirs par les acteurs. Nos tables sectorielles sont inspirées du forum hybride de Callon, Lascoumes et Barthe, en escomptant, de la fréquentation mutuelle de différents types d'expertise, quelque chose comme la co-création de connaissances partagées [Callon, Lascoumes & Barthe, 2001]. Mais ce forum est révisé, en ce que la notion de « profanes » est remplacée par l'idée d'« expertise de terrain » : une pluralité de formes d'expertise sont ainsi confrontées, incluant les savoirs professionnels. Les différents types d'expertise de terrain sont d'abord pris au sérieux dans les compétences et savoirs déjà mobilisés par les acteurs, auxquels nous joignons des savoirs disciplinaires venus de la communauté scientifique élargie (analyse de vulnérabilité, projections climatiques, analyses économiques) et de ce qu'on peut appeler *une communauté éthique en construction*, faisant appel aux valeurs de responsabilité intergénérationnelle et d'habitabilité du territoire. Le projet reconnaît les compétences et les savoirs mobilisés par les partenaires et participants du point de vue empirique et observationnel, utilise des outils de mesure et recourt à des mises en situation permettant la narration à la première personne. Il s'agit de donner voix aux personnes qui voient les changements au fil du temps sur leur terrain.

Questionnement économique. Les questions environnementales peuvent certes être abordées d'un point de vue éthique, mais sont souvent traitées au point de vue social en prenant en compte leur composante économique [Williston, 2019]. Celle-ci étant souvent prioritaire, les conflits décisionnels voient les enjeux, les valeurs du développement s'opposer à celles de la préservation des écosystèmes ou des espèces. Les exemples sont nombreux ; pensons aux incendies massifs dans le Sud-Est de l'Australie au début de 2020. Pour sa balance commerciale, le pays austral dépend largement de son industrie du charbon ; le négationnisme des médias et des décideurs, déployé à l'heure des incendies, ne voulait pas d'enquête plus poussée [Scott, 2019]. Évidemment, nier qu'il y a un problème n'aide jamais à trouver quelque solution que ce soit.

Une MRC, c'est une région incluant en général plusieurs municipalités, c'est aussi un ensemble d'acteurs économiques qui la font vivre, notamment des PME, et d'acteurs gouvernementaux, par exemple les services de santé, d'éducation, l'administration publique et les services sociaux, qui détiennent souvent une expertise sur les vulnérabilités locales. C'est le cas dans notre projet, certaines vulnérabilités ayant été identifiées par les acteurs du réseau de la santé de l'Estrie, région à laquelle appartient la MRC. Mais la vie économique comprend d'autres aspects marquants. Là comme ailleurs, le vieux tissu industriel n'a pas disparu, mais il compte moins qu'auparavant, il y a les champions de la « nouvelle économie » et ce qui va de pair. Chaque région a ses caractéristiques ; dans notre cas, un profond processus de gentrification rurale, le développement de la villégiature dans un monde périurbain, peuplé de petites villes et de villages, de bords de lacs et de collines ou montagnes. Le secteur touristique prend une grande importance, avec des stations de ski, des plages sur de grands lacs, un parc national, des chalets, auberges et restaurants, des forêts et des fermes, de petits marchés locaux, etc. Ces activités dépendent beaucoup des conditions climatiques ; pour avoir réuni diverses tables concernées par ces enjeux (notamment la table touristique, la table agricole, la table de la santé et des services sociaux), il a suffi de se mettre à leur écoute pour constater que le climato-scepticisme n'est pas exprimé[13]. Convaincus, selon toute apparence, de la nécessité de s'adapter aux changements déjà en cours, les acteurs de terrain sont vraiment partants pour aller plus loin. Ce qui est difficile, c'est de regarder à une échelle plus vaste que l'année à venir. La question qui attend au contour est celle du financement des mesures d'adaptation ; en fait, les acteurs la posent déjà. La discussion de stratégies de financement se produit dans un cadre qui compte sur les politiques publiques d'un gouvernement qui s'affiche actuellement sensible à ces questions, alors que cela ne peut pas être tenu pour acquis[14]. Le problème critique rencontré est celui-ci : tant que les coûts sont nuls et la certitude totale, il n'y a pas de difficulté. Toutefois, aucune de ces conditions n'est remplie dans une situation caractérisée à la fois par le risque et par les incertitudes liées entre autres aux fluctuations normales, d'une année à l'autre, dans tout système

---

[13] Un sondage a été réalisé afin de saisir ce qui se dit moins bien lors de rencontres, mais peut mieux se dire sous forme anonyme, par écrit. Les résultats de l'analyse détaillée sont à venir, mais le scepticisme n'est pas une force significative parmi les participants intéressés et qui se sont mobilisés à notre demande pour discuter la problématique du climat. Il s'agit sans doute d'un sous-segment de la population, mais comprenant beaucoup de décideurs et de gens influents du milieu [Roy, 2020].

[14] Des sommes ont été récemment mises à la disposition des municipalités pour faire face à un climat en changement, tant au niveau québécois qu'au niveau canadien, avant la crise de la Covid-19. Reste à voir ce qu'il en adviendra. Voir par exemple https://www.newswire.ca/fr/news-releases/des-municipalites-recevront-du-financement-pour-103-projets-dinfrastructure-realises-dans-tout-le-canada-651626073.html et https://fcm.ca/accueil/programmes/programme-municipalit%C3%A9s-pour-linnovation-climatique/subventions-pour-des-projets-d%E2%80%99immobilisations-li%C3%A9s-aux-changements-climatiques/projets-communautaires---projets-d%E2%80%99immobilisations-pour-l%E2%80%99adaptation-aux-changements-climatiques.htm.

climatique. Face à des fluctuations à la hausse mais en dents de scie, il semble possible de ne pas décider tout de suite, en comptant sur la chance pour un certain temps. On voit les résultats de cet attentisme suite à la pandémie de fin 2019.

Questionnement communicationnel. Il importe de rendre accessibles dans la communication des connaissances valides sur le climat actuel et prévu, mais il s'agit de le faire avec des personnes considérées comme des partenaires dans la co-construction d'un savoir – si l'on comprend la communication comme l'établissement d'une coopération [Dewey, 2014]. C'est après tout aux partenaires du milieu qu'il reviendra de mener des actions. Affirmer et déclamer une connaissance scientifique ne suffit pas. Les choses demandent à être présentées, expliquées et contextualisées. On peut dire que l'aspect argumentatif concerne les inférences (valides ou non, ce qui se discutera). L'aspect communicationnel touche les discours situés, tenant compte des personnes avec qui nous parlons, de leurs valeurs et de leurs perceptions ; on peut l'appeler *rhétorique* si on comprend le mot correctement, soit sans manipulation. Ces deux aspects sont inséparables, Aristote et Cicéron les conservaient à leur manière. Aujourd'hui, on dirait qu'il faut réunir Chaïm Perelman et Douglas Walton, que la seule logique d'un discours est certes utile mais pas suffisante : il faut tenir compte des destinataires du discours. Le dialogue est nécessaire ; pour mieux comprendre à qui l'on s'adresse, il faut devenir nous-mêmes récepteurs attentifs des discours de ces autres [Perelman & Olbrechts-Tyteca, 1970 ; Walton, 1996 ; Létourneau, 2019]. C'est le dialogisme de base de toute pensée constructive qui est mis en jeu.

Nous pensons en produisant des inférences, qui ressemblent dans les grandes lignes à ceci : À propos d'une chose X, nous pouvons penser que P, sur la base des arguments (1,2...n), sans doute avec quelques réserves R prévoyant les cas d'exception [Toulmin, 2003]. Encore faut-il que ce cheminement argumentatif soit compris et mené en commun, autant que faire se peut. La pensée rhétorique a une valeur heuristique, elle ne se limite aucunement à un effort visant à convaincre [Reboul, 1991 ; Kennedy, 1994]. Un aspect mobilisateur doit certes être présent dans le discours de personnes qui agissent comme animateurs, mais il est impossible sans un véritable dialogue permettant aux acteurs d'exprimer ce qu'ils savent, ce qui est important pour eux, ce dont ils doutent et ce qu'ils ignorent. Si l'on veut parler d'une élaboration du sens en commun, essentielle dans le projet évoqué, chaque participant doit pouvoir tenir un discours de façon libre.

Les acteurs des municipalités ne forment pas un congrès de spécialistes au sens universitaire, ce ne sont ni des climatologues ni des philosophes patentés. Les animateurs du projet ne peuvent donc se limiter à tenir des discours savants sur les questions abordées. Une place importante a été prévue pour que s'exprime ce que nous appelons *l'expertise de terrain*, formulée et précisée dans des ateliers (volet épistémologique, tables, cafés climat). Ces ateliers sont structurés, mais pas sur la base d'un cadrage surdéterminé comme on le voit parfois dans les conférences de consensus [Schön & Rein, 1994 ; Wohlrapp, 2014, 175 *sq.*]. Le but des opérations d'échange est de susciter le questionnement et l'interrogation, avant de voir ensemble ce qui est possible et faisable. Cela étant, l'aspect éducatif et formateur de ces ateliers, qui est de la première importance, serait irréalisable sur la base d'un déni des savoirs des participants.

Questionnement esthétique. Explicitement prévu dans la démarche, le recours au récit et au discours à la première personne, fondé sur les impressions empiriques, a eu lieu dès les premières tables sectorielles, à l'automne 2017. En allant chercher la connaissance des gens dans leurs narrations des changements perceptibles sur le système climat, nous touchons aussi un aspect esthétique. Le déplacement relatif des saisons et les fluctuations subites, devenues récemment plus marquées, sont des phénomènes perçus qui affectent la qualité de l'expérience, entre autres pour le ski et la randonnée. L'aspect esthétique se joue dans plusieurs modalités du rapport avec le territoire. L'amour du paysage, de ses sites enchanteurs, du patrimoine et d'un territoire pleinement habitable peut devenir un élément motivationnel ; de fait, il l'est d'emblée pour les habitants et les décideurs. Forêts, montagnes, sentiers, lacs et rivières, villes et villages à taille humaine sont des avantages appréciables et appréciés. Les interlocuteurs étant avisés de ce fait, ils et elles peuvent se convaincre mutuellement de l'importance de ce qui est à préserver ; cela rejoint la dimension rhétorique du discours. Sur la base des perceptions empiriques, l'enjeu de l'appartenance au territoire peut de surcroît se dégager, élément déjà existant mais susceptible d'être repensé avec les premiers intéressés. Il est en bonne partie l'objet d'une construction, puisque la MRC est encore quelque chose d'un peu abstrait dans le paysage administratif québécois, même après quelques décennies d'existence ; il faut permettre aux acteurs de se l'approprier, de le comprendre (et donc aussi de le constituer) comme espace commun. Comme le territoire est extrêmement varié, il fait ressentir des choses très diverses à ses habitants. Ce questionnement ne concerne pas seulement les paysages physiques, mais aussi l'environnement bâti, lié à l'appartenance au territoire.

Questionnement politique. Plusieurs enjeux complexes se regroupent autour du thème politique, au-delà des seuls processus électoraux : le système représentatif et son administration, le rôle des ONG. Le territoire couvert par la MRC de Memphrémagog, entité administrative ayant sa propre équipe, comprend 17 municipalités qui ont chacune leur personnel, en nombre assez variable, selon la taille de leur population. Ces entités sont encadrées par un droit municipal et par des lois et règles qui sont le fait de différents ministères. En plus de ce qui relève des responsabilités municipales, il y a la juridiction provinciale, ici le gouvernement du Québec, dont quelques ministères sont concernés, notamment l'Occupation du territoire, la Sécurité publique, l'Environnement ; le gouvernement fédéral canadien ; et possiblement une composante internationale puisqu'une partie du bassin versant se trouve dans l'État du Vermont[15]. Le projet n'a cependant pas eu à intervenir sur la composante états-unienne. Dans le cadre de la MRC, deux documents politiques retiennent surtout l'attention : le Schéma d'aménagement, révisé aux cinq ans, et le Plan environnemental, qui n'est pas obligatoire mais que la MRC se donne comme outil complémentaire. Ce sont là des éléments cruciaux d'insertion pour les recommandations pratiques ressortant de la démarche de recherche-action.

Nous intégrons à la philosophie politique une perspective de gouvernance multiniveaux : il s'agit de faire travailler ensemble non seulement ces acteurs politiques (eux-mêmes multiples), mais aussi les acteurs sectoriels considérés comme parties prenantes, des constituantes essentielles de la région : les volets planification urbaine, sécurité publique, santé et services sociaux, tourisme et agriculture – nous avons mentionné ces derniers à propos de la composante économique. On regroupe ainsi des fonctionnaires et des citoyens d'appartenance diverse. Réunis en tables sectorielles, ces acteurs ont joué un rôle dans le projet. Il s'agit de reconnaître la valeur de la participation et de la délibération dans la construction de connaissances, escomptant des échanges entre

---

[15] La MRC et le Vermont ont des réunions annuelles pour traiter d'enjeux communs. À l'été 2019, la Ville de Sherbrooke et la MRC déposaient des demandes au Vermont concernant le traitement d'eaux usées. Voir *La Tribune*, journal de Sherbrooke, du 24 juillet 2019 : https://www.latribune.ca/actualites/sherbrooke-depose-son-rapport-sur-coventry-a047219a1b6775dec26d8223aa9055c3.

les participants et le développement d'une sensibilité et d'une compréhension nouvelles qui soient partagées et ainsi favorables à l'action.

Le pouvoir est quelque chose de distribué dans la société ; l'État a son rôle à jouer, mais il ne peut pas remplacer les différents acteurs [Paquet, 2011]. Précisons que le mot *gouvernance* désigne ici un agir en réseau. Ce processus inclut les acteurs politiques ou leurs délégués, mais permet et appelle la participation de la société civile comme les ONG et les acteurs économiques ; il faut le voir comme un élargissement, non comme un rétrécissement du politique. La gouvernance, ce n'est ni la privatisation ni la bureaucratisation, mais plutôt la prise en charge, la reconnaissance de la pluralité des forces en présence et du fait qu'elles ont un mot à dire, en complémentarité et en partenariat avec la représentation politique – et non en conflit avec elle dans la construction d'un univers social parallèle[16].

Il a fallu d'abord se demander comment faire travailler ces acteurs dans le projet. Ils ont été invités sur une base volontaire à participer à des ateliers de travail structuré, souvent à l'aide de cartes et d'outils préparés. Bien que s'appuyant sur un engagement en faveur du territoire, la position que nous prenons ici n'est pas une posture militante. Les personnes engagées dans des groupes non gouvernementaux ont bien sûr été invitées et ont participé. Cette pluralité peut donner lieu à des incertitudes ainsi qu'au développement d'attentes parfois prévisibles, mais pas toujours exprimées et entendues. La participation élargie des ONG et des groupes centrés sur des enjeux environnementaux est intervenue surtout à la table régionale, regroupant tous les secteurs, et dans les *cafés climat* qui se sont déroulés en mai 2019 dans cinq municipalités. Ces activités structurées ont été extrêmement riches pour le projet. Nous nous sommes ainsi donné une structure évolutive permettant de préparer la dernière phase (2019-2020), qui demandait à la fois une concertation étroite avec la MRC et le retour auprès des diverses instances mobilisées depuis le début.

Questionnement éthique. Dewey distingue deux plans de réflexion : l'attribution de valeur et la réflexion critique sur les valeurs (*prizing-appraisal* [Dewey, 1939]) ; on les retrouve au cœur de notre réflexion. Sur le terrain du

---

[16] [Létourneau, 2009 ; 2014 ; 2019]. S'il fallait éliminer de l'usage les notions qui ont un jour donné lieu à des abus (par exemple les versions soit néo-libérales, soit bureaucratiques de la gouvernance), bien peu de notions seraient encore utilisables. Si l'on cherche à étudier les processus (et non à s'en tenir à de purs plaidoyers normatifs), la notion de gouvernance peut validement servir d'outil critique. Voir [Supiot, 2015], une réflexion liée à la situation européenne.

projet, l'enjeu de base nous semble être l'attribution consciente de valeur qui est attendue des acteurs, soit la reconnaissance de la valeur concrète et objective que représente l'habitabilité du territoire, avec une qualité de vie paisible, pour cette génération-ci et les suivantes. Ce sont les valeurs concrètes face auxquelles l'engagement semble requis, quoique dire cela n'engage encore dans aucune action spécifique. Sur tout territoire, il y a des personnes vulnérables, qui seront davantage atteintes par les changements climatiques. Ainsi, les enjeux de justice climatique ne concernent pas seulement l'atténuation des changements climatiques, dont on a beaucoup discuté jusqu'à maintenant en éthique du climat ; pour certains, en effet, cela semble le seul champ d'action pertinent pour cette éthique [Roser & Seidel, 2017]. Or l'éthique des changements climatiques concerne aussi l'adaptation, puisque les bouleversements du système climatique sont devenus pratiquement inévitables ; il devient requis de se donner des adaptations afin de permettre aux générations actuelles et immédiatement suivantes de profiter aussi des territoires et de la qualité de vie disponibles à notre époque. Évidemment, l'adaptation peut être comprise de bien des manières ; nous mettons de l'avant une conception qui accepte d'envisager et de planifier un certain nombre de transformations, mais celles-ci ne pourront advenir que par le fait des acteurs et décideurs eux-mêmes.

Le projet décrit vise à favoriser l'intégration d'un certain nombre de décisions dans le schéma d'aménagement de la MRC ; cela demandera des choix, une priorisation. Il se retrouve par ailleurs au cœur des problèmes habituels de l'action collective, dans le prolongement de la discussion sur la tragédie des biens communs [Ostrom, 2010], donc au-delà de la seule théorie des jeux. On peut faire primer une approche coopérative prenant en compte l'intérêt de tous, c'est un pari qui est à reconduire et face auquel le scepticisme demeure possible. On se retrouve avec des choix à faire entre l'action habituelle, aux visées souvent de court terme, et l'action tenant compte des nouveaux paramètres que nous imposent les changements climatiques, donc une action sur le moyen et le plus long terme[17]. C'est à ce second niveau que la composante délibérative est confrontée à des choix et des priorisations qui supposent une discussion critique. Certains acteurs auront à choisir entre la mobilisation en vue de l'action ou plutôt l'attentisme – en suivant la tendance à se mettre à la remorque de l'action des autres (non encore observée dans ce projet), faire

---

[17] Il est impossible pour le moment d'aller au-delà d'un horizon qui varie entre trente, cinquante ou quatre-vingt ans. L'horizon 2100 semble souvent le point de référence indépassable.

du pouce sur des tiers (ce qu'on appelle *free rider*) et refuser de jouer en attendant. Il peut aussi y avoir des conflits d'intérêts plus immédiats. Ainsi, le régime foncier est directement concerné quand des développeurs de copropriétés en des lieux par ailleurs confirmés inondables de manière récurrente peuvent sembler fournir de belles sources de revenus municipaux, alors que des choix de planification responsable impliqueraient plutôt, du moins dans certaines situations, d'interdire de construire afin d'éviter des coûts collectifs prévisibles et plus lourds. Les solutions passe-partout sont impossibles, il faut y aller au cas par cas.

Conclusion

L'heure n'est pas encore au bilan, il s'agissait de montrer comment un projet mené dans un secteur aussi spécialisé que l'adaptation aux changements climatiques peut donner lieu à une implication du point de vue de la philosophie pratique, dans une perspective de questionnements spécifiques. Et de montrer aussi comment plusieurs questions typiques de la réflexion philosophique, rarement réunies, ont un véritable potentiel d'éclairer les enjeux très concrets d'une adaptation aux changements du climat.

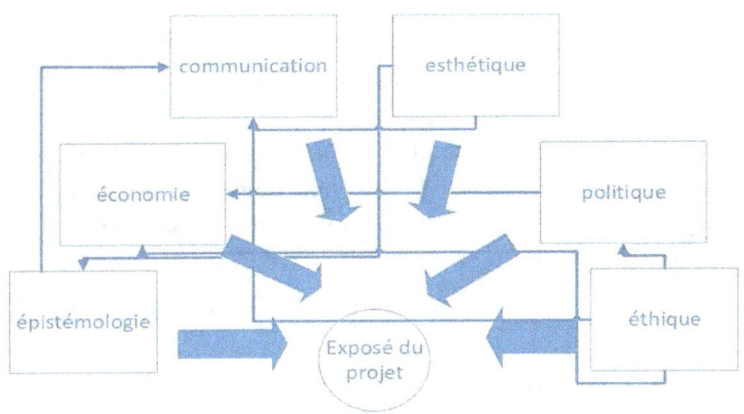

Figure 3. Les recoupements entre les espaces de questionnement.

Finalement, nous attirons l'attention sur les recoupements entre les questions (Figure 3). Celles relevant de l'épistémologie ont donné lieu à d'importants points de contact avec les aspects communicationnels. Les questions esthétiques ont aussi montré leurs liens avec les questions d'épistémologie et de communication. Des enjeux d'ordre politique ont donné lieu à un rapprochement avec les questions économiques. Et les questions d'éthique sont bien sûr connectées aux questions politiques, économiques et communicationnelles. Il ne semble pas possible pour le moment de statuer sur l'importance relative des différents axes de questionnement et sur leur recoupement dans le cadre de la démarche d'ensemble.

Bibliographie

Adger, W. Neil, Brown, Iain & Surminski, Swenja (eds.) [2018], "Advances in Risk Assessment for Climate Change Adaptation Policy", *Philosophical Transactions of the Royal Society A*, 376, 2121, http://dx.doi.org/10.1098/rsta.2018.0106.

Agrawala, Shardul & Fankhauser, Samuel (dir.) [2008], *Aspects économiques de l'adaptation au changement climatique. Coûts, bénéfices et instruments économiques*, Éditions OCDE.

Aristote [1955], *Physique*, trad. Henri Carteron, Paris, Les Belles Lettres.

— [2009 & 2007/1967], *Topiques*, I & II, trad. Jacques Brunschwig, Paris, Les Belles Lettres.

— [2015], *Les Politiques*, trad. Pierre Pellegrin, Paris, Flammarion « GF ».

Aubenque, Pierre [1963], *La Prudence chez Aristote*, Paris, PUF, « Bibliothèque de philosophie contemporaine ».

Callon, Michel, Lascoumes, Pierre & Barthe, Yannick [2001], *Agir dans un monde incertain. Essai sur la démocratie technique*, Paris, Seuil, « La couleur des idées ».

Claveau, François & Prud'homme, Julien (dir.) [2018], *Experts, sciences et société*, Montréal, Les Presses de l'Université de Montréal, « Libre accès ».

Collectif [1955], « Locus », in *Der Große Brockhaus*, 16e éd., 7, *L-Mij*, Wiesbaden, F.A. Brockhaus.

Dewey, John [1939], *Theory of Valuation*, Chicago, University of Chicago Press.

— [1991/1938], *Logic. The Theory of Inquiry*, ed. Jo Ann Boydston, *The Later Works, 1925-1953*, 12, Carbondale (IL), Southern Illinois University Press.

— [2003], *Reconstruction en philosophie*, trad. Patrick Di Mascio, Pau/Tours/Paris, Publications de l'Université de Pau/Farrago/Léo Scheer [1920, *Reconstruction in Philosophy*, New York, Henry Holt and Co.].

— [2014/1929], *L'Expérience et la nature*, trad. Michel Guy Gouverneur, Paris, L'Harmattan, « Ouverture philosophique » [1925, *Experience and Nature*, Chicago, Open Court].

Frommer, Birte, Buchholz, Frank & Böhm, Hans Reiner (dir.) [2008], *Anpassung an den Klimawandel – regional umsetzen! Ansätze zur Climate Adaptation Governance unter der Lupe*, München, Oekom.

Fuss, Sabine Lamb, William F., Callaghan, Max W. *et al.* [2018], "Negative Emissions–Part 2: Costs, Potentials and Side Effects", *Environmental Research Letters*, 13, 6, http://iopscience.iop.org/article/10.1088/1748-9326/aabf9f.

Hausman, Daniel M. [2018], "Philosophy of Economics", in Edward N. Zalta (ed.), *Stanford Encyclopedia of Philosophy*, https://plato.stanford.edu/archives/fall2018/entries/economics/.

Jonas, Hans [2017], *Une éthique pour la nature*, trad. Sylvie Courtine-Denamy, Paris, Arthaud, « Arthaud Poche. Les fondamentaux de l'écologie ».

Kremer-Marietti, Angèle [2008], *Michel Meyer et la problématologie*. Bruxelles, Éditions de l'Université de Bruxelles.

Kennedy, George A. [1994], *A New History of Classical Rhetoric*, Princeton (NJ), Princeton University Press.

Létourneau, Alain [2000], « Regard épistémologique sur la théologie comme discipline », in Jean-Guy Nadeau (dir.), *La Théologie : pour quoi, pour qui ? L'élaboration et l'enseignement d'une théologie pour aujourd'hui*, Montréal, Fides, « Héritage et projet », 301-321.

— [2008], « La transdisciplinarité considérée en général et en sciences de l'environnement », *VertigO*, 8, 2, http://vertigo.revues.org/index5253.html.

— [2009], « Les théories de la gouvernance. Pluralité de discours et enjeux éthiques », *VertigO*, Hors série 6, http://vertigo.revues.org/index8891.html.

— [2014], « O problema da expertise e as questões da governança ambiental », trad. Plínio Junqueira Smith, *Scientiae Studia*, Sao Paulo, 12, 3, 535-548 [« Problématique de l'expertise et questions de gouvernance environnementale », https://www.academia.edu/9694982/Problématique_de_l_expertise_et_questions_de_gouvernance_environnementale].

— [2019], "Situating in a Dialogical Perspective the Tension Between Rhetoric and Argumentation", in Bart J. Garssen, David Godden, Gordon Mitchell & Jean Wagemans (eds.), *Proceedings of the Ninth Conference of the International Society for the Study of Argumentation (ISSA)*, Amsterdam, Sic Sat, International Centre for the Study of Argumentation, 710-718.

— [2020], « Les coordonnées de la philosophie pratique : le "sens en usage" de l'expression dans cinq articles sur Wikipédia », in André Lacroix (dir.), *La Philosophie pratique pour penser la société*, Québec, Presses de l'Université Laval, 17-42.

Létourneau, Alain & Thomas, Isabelle [2017], *Stratégies durables d'adaptation aux changements climatiques à l'échelle d'une MRC : quels processus de gouvernance ? Quelles démarches résilientes ?*, Montréal, Ouranos, http://www.ouranos.ca/publication-scientifique/6a_bio_Roy_Létourneau.pdf.

Mazzucato, Mariana [2018], *The Value of Everything. Making and Taking in the Global Economy*, London, Allen Lane.

Meyer, Michel [1986], *De la problématologie : philosophie, science et langage*, Bruxelles, P. Mardaga, « Philosophie et langage » ; [2007], Paris, PUF, « Quadrige. Grands Textes ».

— [2010], *La problématologie*, Paris, PUF, « Que sais-je? ».

Minx, Jan C., Lamb, William F., Callaghan, Max W. *et al.* [2018], "Negative Emissions–Part 1: Research Landscape and Synthesis", *Environmental Research Letters*, 13, 6, http://iopscience.iop.org/article/10.1088/1748-9326/aabf9b.

Nemet, Gregory F., Callaghan, Max W., Creutzig, Felix *et al.* [2018], "Negative Emissions–Part 3: Innovation and Upscaling", *Environmental Research Letters*, 13, 6, http://iopscience.iop.org/article/10.1088/1748-9326/aabff4.

OCDE [2014], *L'Eau et l'adaptation aux changements climatiques. Des politiques pour naviguer en eaux inconnues*, Éditions OCDE, « Études de l'OCDE sur l'eau » ; https://read.oecd-ilibrary.org/environment/l-eau-et-adaptation-au-changement-climatique_9789264200647-fr#page1.

Ostrom, Elinor [2010], *Gouvernance des biens communs. Pour une nouvelle approche des ressources naturelles*, Bruxelles, De Boeck, « Planète en jeu » [1990, *Governing the Commons. The Evolution of Institutions for Collective Action*, Cambridge, Cambridge University Press].

Paquet, Gilles [2011], *Gouvernance collaborative. Un antimanuel*, Montréal, Liber.

Peirce, Charles Sanders [2002], *Pragmatisme et pragmaticisme, Œuvres I*, éd. Claudine Tiercelin & Pierre Thibaud (dir.), Paris, Cerf, « Passages ».

Perelman, Chaïm & Olbrechts-Tyteca, Lucie [1970/1958], *Traité de l'argumentation. La nouvelle rhétorique*, Bruxelles, Université de Bruxelles.

Raworth, Kate [2017], *Doughnut Economics. Seven Ways to Think Like a 21st-Century Economist*, White River Junction (VT), Chelsea Green.

Reboul, Olivier [1991], *Introduction à la rhétorique*, Paris, PUF, « Premier Cycle ».

Roser, Dominic & Seidel, Christian [2017], *Climate Justice. An Introduction*, trad. Ciaran Cronin, London & New York, Routledge [2013, *Ethik des Klimawandels. Eine Einführung*, Darmstadt, WBG].

Roy, Alexandra [2020], *Élaboration d'une stratégie d'adaptation aux changements climatiques dans la MRC de Memphrémagog : émergence d'une gouvernance participative*, mémoire de maîtrise en environnement, Université de Sherbrooke.

Schön, Donald A. & Rein, Martin [1994], *Frame Reflection. Toward the Resolution of Intractable Policy Controversies*, New York, Basic Books.

Scott, Jason [2019], "The Land Where Coal Remains King", *Climate Changed*, Bloomberg, https://www.bloomberg.com/news/features/2019-05-07/in-australia-coal-remains-king-despite-climate-fears.

Supiot, Alain [2015], *La Gouvernance par les nombres. Cours au Collège de France (2012-2014)*, Paris, Fayard, « Poids et mesures du monde ».

Thomas, Isabelle, Bleau, Nathalie, Soto Abasolo, Pamela, Desjardins-Dutil, Guillaume, Fuamba, Musandji & Kadi, Sonia [2012], *Analyser la vulnérabilité sociétale et territoriale aux inondations en milieu urbain dans le contexte des changements climatiques, en prenant comme cas d'étude la Ville de Montréal. Rapport final pour Ouranos*, https://www.ouranos.ca/publication-scientifique/RapportThomasBleau2012_FR.pdf.

Thompson Klein, Julie [1990], *Interdisciplinarity. History, Theory, & Practice*, Detroit (MI), Wayne State University Press.

Toulmin, Stephen E. [2003], *The Uses of Argument*, Cambridge, Cambridge University Press.

Victor, Peter A. [2008], *Managing Without Growth. Slower by Design, Not Disaster*, Cheltenham, Edward Elgar, « Advances in Ecological Economics ».

Walton, Douglas N. [1996], *Argumentation Schemes for Presumptive Reasoning*, Mahwah (NJ), Lawrence Erlbaum Associates.

Williston, Byron [2019], *The Ethics of Climate Change. An Introduction*, Abingdon, Routledge.

Wohlrapp, Harald R. [2014], *The Concept of Argument. A Philosophical Foundation*, Heidelberg, Springer, « Logic, Argumentation & Reasoning ».

Alain LÉTOURNEAU
Université de Sherbrooke
Sherbrooke, Canada
Alain.Letourneau@USherbrooke.ca

L'avenir n'est pas toujours ce que nous imaginons
Susana de CASTRO

Nous sommes des êtres dont l'existence est marquée par l'expérience de la vie psychologique, par tout ce qui se passe dans la conscience tout au long de notre vie. Avec Bergson, nous pensons que la base de la vie psychologique est le mouvement et la durée, c'est-à-dire l'élan vital qui régit tout et pousse chacun vers le changement. Avec chaque minute qui passe, nous devenons des personnes différentes parce qu'une expérience s'est ajoutée aux expériences passées. Il n'y a pas de répétition dans la vie psychologique.

Parce que nous avons une perception intérieure et profonde de nous-mêmes, nous affirmons que l'existence dont nous sommes le plus certains et que nous connaissons le mieux nous appartient. Lorsque nous nous arrêtons pour nous analyser, nous constatons que nous passons constamment d'un état à un autre. Un jour, nous sommes heureux ; le lendemain, nous nous réveillons mélancoliques. À une certaine heure de la journée, nous avons chaud ; au crépuscule, nous avons froid. Un jour, nous voulons la présence et la chaleur de l'être aimé ; le lendemain, nous voulons être seul. Nous changeons constamment. Les sentiments, les sensations, les désirs et les représentations sont des états de notre conscience.

Une conclusion importante que Bergson tire de cette observation concernant les états de conscience est que s'ils ne variaient pas, ils ne dureraient pas. En fait, nous changeons continuellement. Chaque seconde qui passe ajoute en mémoire un nouvel élément qui nous différencie du précédent. Normalement, nous pensons être passés d'un état à un autre, de joyeux à triste, brusquement, mais selon Bergson, il n'y a pas de rupture car nous sommes dans une progression infinie de changement (« mon état d'esprit progresse sur la route du temps, grandit en continu avec la durée cumulée »). Notre vie psychologique est fondée sur la notion temporelle de durée, entendue comme « le progrès continu du passé qui ronge l'avenir et qui gonfle en avant » [Bergson, 2009, 19]. Ainsi, le passé, la mémoire, n'est pas quelque chose dont on peut se servir pour se souvenir d'une situation vécue, mais bien quelque chose qui nous accompagne en permanence. Tout ce que nous ressentons, pensons et désirons tout au long de notre vie, depuis notre petite enfance, est présent dans notre conscience actuelle et nous pousse à entrer en nous-même.

Mais le mécanisme cérébral ne laisse entrer que la sensation, la pensée et l'émotion qui peuvent être utiles pour clarifier notre situation actuelle. Le changement constant de nos états de conscience est un effet de l'élan créateur vital. Tous les êtres vivants participent à cette évolution créatrice, mais le stade de conscience de l'être humain, plus avancé, lui permet de changer davantage.

Le tournant radical de la vie psychologique basé sur la durée et la présence de tout le passé dans le présent oblige à modifier le paradigme de notre théorie de la connaissance, généralement basé sur l'idée de la permanence logique des choses. Nous avons besoin de l'idée de permanence pour agir, elle a donc une utilité pratique. Mais si tout bouge, c'est-à-dire que tout dure, y compris l'univers, alors nous ne connaîtrons le tout que dans l'instant et nous ne l'appréhenderons que par intuition.

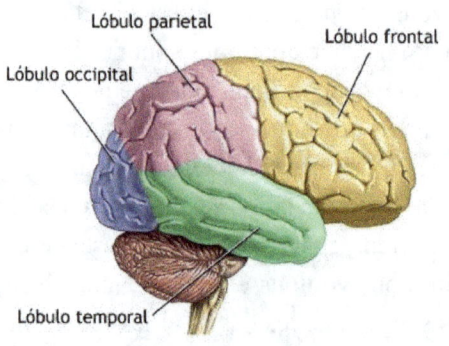

Nous nous intéressons à la dimension de la vie psychologique appelée *volition*, ou *désir*, et à sa relation avec l'imagination. Les recherches en neurosciences montrent que le grand saut évolutif des êtres humains a eu lieu au moment où le cerveau a grossi et développé son lobe central. Avec cet « appareil », l'être humain a commencé à imaginer l'avenir, à planifier. Le lobe central ne s'occupe pas du contrôle de l'activité physique ni de la capacité de langage et de raisonnement, mais sans lui, l'individu ne peut plus imaginer l'avenir, l'après.

> La plus grande réalisation du cerveau humain est sa capacité à imaginer des objets et des épisodes qui n'existent pas dans le domaine de la réalité, et c'est cette capacité qui nous permet de penser à l'avenir. [Gilbert, 2006, 5.]

Certes, l'imagination nous permet de penser aux façons dont nous voulons vivre dans un temps futur. Nous pouvons ainsi agir dans le présent, faire des sacrifices afin de récolter plus tard le fruit de nos efforts. Mais cette capacité d'anticipation ne garantit pas l'efficacité de nos choix.

L'imagination agit comme une machine à avancer dans le temps : elle nous permet de quitter le présent et d'aller vers un futur imaginé. En permanence, dans notre vie quotidienne, nous sommes envahis par la réflexion sur l'avenir, même lorsque nous menons des activités qui mobilisent notre attention, comme la lecture d'un livre. Nos flux de pensées conscientes ne s'arrêtent que lorsque nous dormons.

Tout au long de la journée, nous « simulons » des situations futures. Parfois, nous nous imaginons dans le futur pour sortir d'une mauvaise situation du présent. Ainsi, si nous sommes au chômage, nous pouvons imaginer un avenir différent, avec un bon emploi et un bon salaire, pour atténuer l'angoisse du présent. À lui seul, l'acte d'imaginer de bonnes possibilités lorsque nous sommes dans des circonstances amères peut constituer une source de plaisir.

Il est cependant plus facile d'imaginer les succès futurs que de les réaliser, tant de personnes se laissent séduire par le plaisir de l'imagination et oublient les étapes nécessaires pour répondre concrètement aux attentes. En revanche, il est vrai que l'imagination est parfois plus agréable que la réalité. Dans certains cas, par exemple, la distance de l'être cher provoque davantage de plaisir que sa présence. Le fait que l'être cher soit distant fait que l'imagination crée de grandes attentes de plaisir, irréalisables dans la vie réelle.

Certes, la simulation constante de situations futures peut générer un niveau élevé d'anxiété et de stress, mais nous devons essayer de comprendre pourquoi nous sommes envahis par l'idée « je dois le faire plus tard », « nous devons le faire plus tard », etc. Les psychologues ont conclu que nous devons exercer un contrôle sur nos vies. Nous voulons définir ce que nous allons faire et comment, et si l'on nous prive de la possibilité de choisir, nous sommes déprimés.

La grande question, cependant, est que nous faisons toujours quelque chose aujourd'hui en pensant que notre futur moi approuvera notre conduite. Or, comme nous changeons toujours, le risque existe que les actions actuelles pensées pour notre moi futur soient considérées comme insuffisantes, le moment venu, du point de vue de ce que je suis dans le futur. Nous sommes des êtres en constante évolution et donc pas toujours identiques à nous-mêmes.

Références

Bergson, Henri [2009], *A evolução criadora*, trad. Adolfo Casais Monteiro, São Paulo, Editora Unesp ; [1907], *L'Évolution créatrice*, Paris, Félix Alcan.

Gilbert, Daniel Todd [2006], *O que nos faz felizes. O futuro nem sempre é o que imaginamos*, trad. Liliane Marinho, Rio de Janeiro, Campus/Elsevier ; [2006], *Stumbling on Happiness*, New York, Knopf ; [2007], *Et si le bonheur vous tombait dessus*, trad. Marie-Hélène Sabard, Paris, Robert Laffont.

Susana de CASTRO
Universidade Federal do Rio de Janeiro (UFRJ)
Rio de Janeiro, Brésil
susanadec@gmail.com

Imagination, pseudonymes et humour chez Kierkegaard
Noëlla Patricia SCHÜTTEL

Je propose de mettre l'accent sur la notion de pseudonyme dans le traitement que fait Kierkegaard de l'imagination. Il est surprenant de constater que Kierkegaard a écrit beaucoup de ses œuvres sous différents pseudonymes – non pas un pseudonyme pour une œuvre, mais plusieurs pseudonymes à l'intérieur d'une œuvre donnée. Son ouvrage *Ou bien... ou bien...*, publié en 1843 après l'annulation de ses fiançailles avec Regine Olsen, est le premier à proposer un pseudonyme, celui de Viktor Eremita. Il s'agit d'un jeu de mots se rapportant à la situation de Kierkegaard, qui, ses fiançailles annulées, se sent vivre comme un ermite. Cependant, il vit cette solitude nouvelle comme une victoire, la victoire d'avoir pris une décision. En effet, durant l'écriture de *Ou bien... ou bien...*, il décide de ne plus se laisser séduire par sa fiancée, ce qui le conduit à refuser le mariage. Kierkegaard critique donc la séduction et le mariage, deux thèmes centraux dans *Ou bien... ou bien...* En d'autres mots, il élabore un discours contre les modes de vie esthétique (se rapportant à la séduction) et éthique (se rapportant au mariage). Il se rapproche implicitement d'un troisième mode de vie, le mode de vie religieux, même si celui-ci n'est pas explicitement présent dans *Ou bien... ou bien...* Ce mode de vie ne peut s'atteindre que par l'humour, et la question est de savoir si le pseudonyme fait partie intégrante d'une méthode humoristique pour l'atteindre.

1. Le besoin de pseudonymes

Pour expliquer en quoi l'utilisation des pseudonymes est humoristique, j'examinerai d'abord différents pseudonymes que Kierkegaard a inventés dans ses œuvres. (L'utilisation de pseudonymes ne s'est pas limitée à *Ou bien... ou bien...*) Puis je tenterai de comprendre la signification des pseudonymes en lien avec la situation politique et religieuse vécue par le philosophe. En établissant des connexions avec des penseurs contemporains de Kierkegaard, on pourra proposer une définition plus large de l'humour qui nous permettra de la considérer par rapport à la notion d'imagination. La conclusion visera à montrer que l'utilisation des pseudonymes par

Kierkegaard se fonde sur un humour défini comme partie intégrante de son imagination. En ce sens, l'imagination véhiculée par les pseudonymes est humoristique et l'utilisation systématique de tels pseudonymes peut être comprise comme faisant partie d'une méthode humoristique.

2. Les pseudonymes

Il est toujours surprenant de constater l'abondante utilisation de pseudonymes que fait Kierkegaard dans ses œuvres :

- Victor Eremita, rédacteur de *Ou bien... ou bien...*
- A, auteur de nombreux articles dans *Ou bien.... ou bien...*
- Assesseur Vilhelm, auteur des réfutations à A dans *Ou bien... ou bien...*
- Johannes de Silentio, auteur de *Crainte et tremblement*
- Constantin Constantius, auteur de la première moitié de *La Répétition*
- Jeune Homme, auteur de la deuxième moitié de *La Répétition*
- Vigilius Haufniensis, auteur de *Le Concept d'angoisse*
- Nicolaus Notabene, auteur des *Préfaces*
- Hilarius le Relieur, rédacteur des *Étapes sur le chemin de la vie* (Frater Taciturnus, William Afham, etc.)
- Johannes Climacus, auteur des *Miettes philosophiques* et de *Post-scriptum aux Miettes philosophiques*
- Inter et inter, auteur de *La Crise et une crise dans la vie d'une actrice*
- H. H., auteur de *Deux petits traités éthico-religieux*
- Anti-Climacus, auteur de *La Maladie à la mort* et de *Exercice en christianisme*

3. Modes d'existence

J'évoquerai trois modes de vie. Ces stades ou modes d'existence renvoient toujours à la catégorisation proposée par Kierkegaard. Je privilégie d'ailleurs les expressions *modes d'existence* ou *attitudes* par rapport au terme *stade*. En effet, *mode d'existence* a l'avantage de souligner que nous faisons référence à la théorie d'un existentialiste. Selon Kierkegaard, il y a trois modes d'existence, à savoir l'esthétique, l'éthique et le religieux.

3.1. L'esthéticien

Décrivons tout d'abord le mode d'existence esthétique. L'esthéticien s'oriente avec ses sens. Il s'adonne à ses penchants jusqu'au point où il en vient à s'en désintéresser. Les penchants d'un esthéticien sont régis par des valeurs éphémères, telles que la beauté, la richesse et le pouvoir. L'affection peut aussi être considérée comme un penchant. L'esthéticien manque de stabilité et d'autodétermination, dans le sens où il se laisse guider par ses penchants sans réellement les choisir et peut donc à tout moment s'en désintéresser rapidement. Kierkegaard décrit une telle attitude dans le premier volume de *Ou bien... ou bien...*, dont la dernière partie s'intitule *Le Journal du séducteur*. Le rôle du séducteur est défini comme un cas d'école pour l'esthéticien ; le personnage de Don Juan est l'image même du séducteur. Notons que l'auteur de la première partie de *Ou bien... ou bien...*, à savoir l'auteur A, écrit comme un esthéticien. Il interrompt ainsi ses pensées dès qu'elles ne l'intéressent plus. Il manque aussi de patience dans son analyse, ce qui fait que ses différentes pensées ne sont jamais complètement développées. Il y a donc un manque voulu de cohérence dans le premier volume de *Ou bien... ou bien...*, à l'image du manque de cohérence dans la vie de l'esthéticien. Comme les impulsions viennent toujours du dehors, l'esthéticien semble incapable de les contrôler ; prendre conscience de cette perte de contrôle le conduit à une sorte d'exaspération. Sa vie se vide alors de tout sens et conduit à un état de désespoir, qui doit se comprendre comme un état passager vers un mode d'existence éthique. Cependant, le désespoir peut aussi être supplanté par une attitude d'aller-toujours-plus-loin, comme chez le Faust de Goethe, auquel Kierkegaard se réfère, ou encore chez Don Juan et Papageno. Ces trois exemples kierkegaardiens d'esthéticien décrivent le cas typique de celui qui refuse le passage vers le mode d'existence éthique. Dans ces cas précis, cela revient à penser que l'on naît esthéticien et que l'on se voit déterminé comme tel sans avoir aucun autre choix. L'esthéticien se transforme alors en un héros tragique, qui ne peut échapper à son destin, c'est-à-dire à son propre mode d'existence. Dans le cas contraire, l'esthéticien a la possibilité de devenir un éthicien.

3.2. L'éthicien

L'éthicien kierkegaardien est capable de définir un concept à la fois réaliste et rationnel de ses penchants et de ses talents. Il peut les contrôler et les cultiver en vue d'une finalité, qui doit se comprendre au travers d'une conception générale de sa propre vie. Il investit beaucoup d'énergie dans ce projet, afin de rendre réel ce concept prédéterminé. Les impulsions, pour l'éthicien, ne viennent pas du dehors, c'est-à-dire de la masse de gens qui pourraient l'influencer. En effet, le mode d'existence éthique implique des décisions prises sur le long terme, qui sont ainsi incompatibles avec des influences extérieures soudaines et arbitraires. En prenant des décisions sur le long terme, l'éthicien fait des choix rationnels qui le conduisent à des acceptations et à des renoncements. Par exemple, dans *Ou bien... ou bien...*, pour un éthicien, le concept opposé à la séduction et au séducteur est le mariage. L'éthicien décide comment il veut être, comment il veut vivre et ce qu'il veut faire. Il assume toujours la responsabilité de ses actes.

La question que l'on doit maintenant se poser est la suivante : quelles sont les critères pour déterminer un concept général de vie propre au mode d'existence éthique ? Il est clair qu'un individu ne vit pas dans des principes moraux et abstraits, mais dans des structures sociales et concrètes. Quand l'individu fait des choix qui dépendent de la société dans laquelle il vit, peut-on encore parler d'autodétermination ? Il faudrait plutôt dire que la vie propre au mode d'existence éthique implique le rejet des penchants et des circonstances extérieures fortuites au nom d'institutions préétablies et de relations sociales prédéterminées. On constate donc une tension dans le mode d'existence éthique. Cette tension se situe entre une autodétermination purement individuelle et une prédétermination extérieure dérivant d'institutions et de valeurs sociales. Il existe ainsi le risque pour l'éthicien de ne pas réellement agir par conviction individuelle, mais de simplement s'adapter à un contexte social préexistant.

En conséquence, une action individuelle peut contredire non seulement des penchants esthétiques, mais aussi les commandements éthiques d'une société (*Gebote*). Cette contradiction, ou plutôt cette dialectique, conduit au mode d'existence religieux. Kierkegaard mentionne l'exemple d'Abraham et Isaac, quand le père sacrifie son propre fils. Cet exemple est à comprendre non pas comme un conflit entre différentes obligations éthiques, mais plutôt comme une action qui contredit l'éthique. À noter aussi que quand Kierkegaard annule ses fiançailles avec Regine Olsen, quelques mois avant la publication de *Ou bien... ou bien...*, il se décide contre le mariage, qui est le symbole même d'une attitude éthique. Il s'agit ainsi d'une action appartenant au mode d'existence religieux. D'après Kierkegaard, ces actions sont socialement incompréhensibles et injustifiables. On ne peut les interpréter que comme des cas de force majeure, qui vont au-delà des principes éthiques. En d'autres termes, quand on ne s'adapte plus à l'éthique, on devient d'une certaine façon kierkegaardien. Cela revient à dire qu'il faut, dans certains cas, contredire les revendications générales de l'éthique et privilégier un mode d'existence propre au religieux.

3.3. Le religieux : *Ou bien... ou bien...* signifie *Ni... ni...*

Je m'intéresserai maintenant à trois textes, à savoir les tomes 1 et 2 de *Ou bien... ou bien...* ainsi que *Étapes sur le chemin de la vie*. Nous l'avons vu, *Ou bien... ou bien...* distingue deux modes de vie, le mode d'existence esthétique (se rapportant à la séduction) et le mode d'existence éthique (se rapportant au mariage) ; Kierkegaard ne parle pas encore directement du mode d'existence religieux (se rapportant à Dieu). Par contre, dans *Étapes sur le chemin de la vie*, il y fait une référence explicite. Cet ouvrage comprend trois chapitres qui décrivent les trois modes d'existence : « In vino veritas » renvoie au mode de vie esthétique, « Divers propos sur le mariage » correspond au mode de vie éthique et le dernier grand chapitre, « Coupable ? – Non coupable ? Une histoire de la souffrance : expérience psychologique par Frater Taciturnus », est dédié au mode de vie religieux.

Kierkegaard voulait publier *Étapes sur le chemin de la vie* en deux tomes, mais y a renoncé à la dernière minute, comme le dit la biographie de Joakim Garff [2004]. En effet, *Ou bien... ou bien...*, publié en deux tomes, ayant été mal accueilli par ses contemporains, Kierkegaard n'a pas voulu renouveler l'expérience et a préféré publier *Étapes sur le chemin de la vie* en un seul volume. Mais la raison sans doute ultime est que l'introduction du mode d'existence religieux ne suppose plus de division entre deux modes d'existence distincts. En effet, le religieux subsume l'esthétique et l'éthique. Dans *Sur mon activité d'écrivain*, publié en 1851, Kierkegaard souligne ainsi que toute écriture esthétique est une illusion. Le chapitre intitulé « Que toute la production esthétique est une tromperie, comprise pourtant d'une certaine manière »[1] explique que l'interprétation vraie d'un écrit esthétique ne peut se faire que si elle suppose un point de vue religieux [2003, SÜS, 48 *sq.*]. De ce fait, toute écriture esthétique doit se comprendre à partir du mode d'existence religieux. Les modes d'existence esthétique et éthique, développés explicitement dans *Ou bien... ou bien...*, n'ont de sens que si l'on a implicitement conscience du mode d'existence religieux. Kierkegaard ajoute dans *Sur mon activité d'écrivain* que sa performance comme écrivain esthétique est une illusion, et cela explique l'utilisation de pseudonymes. L'illusion est pour Kierkegaard de faire confiance à une imagination, appartenant à un Autre, lui permettant ainsi de ne pas directement révéler sa propre pensée. Il s'agit donc

---

[1] En allemand : « Dass die gesamte ästhetische Schriftstellerei, im Ganzen der Schriftstellerei angesehen, eine Täuschung ist, jedoch in einem eigenen Sinne ».

d'un élément de communication indirecte qui se nourrit de l'imagination comme illusion [Kierkegaard, 2003, SÜS, 50].

Kierkegaard explique ainsi qu'il a voulu tromper le lecteur dans *Ou bien... ou bien...* en utilisant deux méthodes pour parvenir à ses fins. La première méthode consiste à user de pseudonymes. Elle fait une référence directe à l'imagination de l'auteur et du lecteur. La seconde est inspirée de la méthode préconisée par son modèle Socrate, à savoir l'art de la dialectique. Le but est de promouvoir la position contraire à ce que l'on veut vraiment dire. Dans le cadre abstrait de cette dialectique, il ne s'agit pas de parler d'une idée et d'en estimer une autre, mais plutôt de parler d'une idée en estimant l'exact contraire de cette idée [Kierkegaard, 1964, EO1, 1, 54]. Cela montre clairement que Kierkegaard n'a jamais eu l'intention de dire explicitement aux lecteurs ce qu'étaient ses intentions quand il a écrit *Ou bien... ou bien...* C'est encore plus évident quand il nous dit que quel que soit le choix de se marier ou non, ce choix sera à regretter. On regrettera soit de s'être marié, soit de ne pas s'être marié. En ce sens, le regret est inévitable ; on ne peut y échapper [1964, EO1, 1, 41]. La raison en est que ce choix se limite aux deux modes d'existence esthétique et éthique. Cela veut dire qu'il est impossible, par ce choix, de se libérer de ces deux modes d'existence. Alors que l'attitude esthétique se rapporte au choix de la séduction et au refus du mariage, l'attitude éthique correspondra au choix du mariage et au refus de la séduction. En d'autres termes, les volumes 1 et 2 de *Ou bien... ou bien...* ne permettent pas de sortir de la dialectique entre le pour (la séduction ou le mariage) et le contre (le mariage ou la séduction). Kierkegaard veut ainsi nous faire comprendre que le choix du *Ou bien... ou bien...* conduit à une insatisfaction de l'ordre du *Ni... ni...* ! Le lecteur doit réaliser qu'il ne faut se décider *ni* pour le mode de vie esthétique, *ni* pour le mode de vie éthique, c'est-à-dire ni pour la séduction, ni pour le mariage. Il doit s'imaginer dans un autre mode, qui subsume les deux autres, à savoir un mode de vie religieux. Ainsi, la dialectique offre une méthode qui devrait permettre au lecteur de s'affranchir des modes de vie esthétique et éthique au nom du mode de vie religieux.

Cette forme de raisonnement trouve ainsi son expression dans le réputé « plan dialectique » dont la structure peut se résumer en thèse-antithèse-synthèse : je pose (thèse), j'oppose (antithèse) et je compose (synthèse) ou dépasse l'opposition. Considérant le mode d'existence esthétique comme thèse et le mode d'existence éthique comme antithèse, Kierkegaard produit une synthèse au travers du mode d'existence religieux. Cet art dialectique doit se comprendre comme une méthode de discussion, de raisonnement, de questionnement et d'interprétation. Le mot *dialectique* trouve son origine dans la Grèce antique : il vient du grec *dialegesthai* (converser), *dialegein* (trier, distinguer) et *legein* (parler). On distingue ainsi une thèse de son antithèse, afin de dépasser la contradiction au travers d'une synthèse finale. On ne peut choisir ni la thèse ni l'antithèse, car nul choix ne peut se satisfaire de ce qui est contradictoire, incohérent et incongru. Par contre, la synthèse échappe à ce choix binaire, ce qui signifie que le mode d'existence religieux échappe à la contradiction des deux autres modes. En d'autres termes, on doit postuler la supériorité du mode de vie religieux, qui reste hors d'atteinte comparé aux deux autres. En ce sens, l'humour présent dans les ouvrages de Kierkegaard doit se comprendre non pas dans un rapport d'incongruité, mais dans un rapport de supériorité qui prend forme comme mode d'existence religieux.

Bibliographie

Garff, Joakim [2004], *Kierkegaard. Biographie*, trad. Herbert Zeichner & Hermann Schmid, München/Wien, Carl Hanser Verlag.

Kierkegaard, Sören [1964], *Entweder / Oder*, trad. Emanuel Hirsch, Düsseldorf, Eugen Diederichs Verlag ; [1943], *Ou bien... ou bien*, trad. Ferdinand Prior, Odette Prior & Marie-Henriette Guignot, Paris, Gallimard (abrégé en EO).

— [2003], *Die Schriften über sich selbst*, trad. Emanuel Hirsch, Simmerath, Grevenberg Verlag Dr. Ruff & Co (abrégé en SÜS).

— [1964], *Stadien auf des Lebens Weg*, trad. Emanuel Hirsch, Düsseldorf, Eugen Diederichs Verlag ; [1948], *Étapes sur le chemin de la vie*, trad. Ferdinand Prior & Marie-Henriette Guignot, Paris, Gallimard.

— [2018], *Sur mon activité d'écrivain*, trad. Régis Boyer, in *Œuvres*, II, Paris, Gallimard, « Bibliothèque de la Pléiade ».

— [2003], *Zur Selbstüberprüfung der Gegenwart*, trad. Emanuel Hirsch, Simmerath, Grevenberg Verlag Dr. Ruff & Co. ; [1934], *Pour un examen de conscience recommandé aux contemporains*, trad. Pierre-Henri Tisseau, Bazoges-en-Pareds, chez le traducteur.

Noëlla Patricia SCHÜTTEL
Université de Neuchâtel
Neuchâtel, Suisse
noella.schuttel@unine.ch

L'imaginaire social et la Révolution : Benjamin Constant sur le rapport entre les institutions et les « idées régnantes »
Evgeny BLINOV

> [...] deux ou trois romans, où se reflète le siècle, et où l'homme contemporain est représenté assez exactement, avec son âme amorale, égoïste et sèche, livrée à une rêverie sans bornes, avec son esprit irrité, bouillonnant dans une activité futile.
> [Pouchkine, *Eugène Onéguine*, 7, XXII, sur *Adolphe* de Benjamin Constant ; notre traduction.]

Dans son opuscule *Des réactions politiques*, paru en avril 1797, soit l'An V de la République une et indivisible, Benjamin Constant fait une assertion étonnante pour la nation toujours sous le choc de la Terreur jacobine. Il affirme qu'« il n'y a jamais de révolutions proprement dites » si l'on considère correctement le rapport entre les institutions politiques d'une société et ses « idées régnantes » à un moment donné.

> Pour que les institutions d'un peuple soient stables, elles doivent être au niveau de ses idées. Alors il n'y a jamais de révolutions proprement dites. Il peut y avoir des chocs, des renversements individuels, des hommes détrônés par d'autres hommes, des partis terrassés par d'autres partis ; mais tant que les idées et les institutions sont de niveau, les institutions subsistent.
> Lorsque l'accord entre les institutions et les idées se trouve détruit, les révolutions sont inévitables. Elles tendent à rétablir cet accord. Ce n'est pas toujours le but des révolutionnaires, mais c'est toujours la tendance des révolutions.
> Lorsqu'une révolution remplit cet objet du premier coup, et s'arrête à ce terme, sans aller au-delà, elle ne produit point de réaction, parce qu'elle n'est qu'un passage, et que le moment de l'arrivée est aussi celui du repos. Ainsi, les révolutions de Suisse, de Hollande, d'Amérique n'ont été suivies d'aucune réaction.
> [Constant, 1998, 457.]

Tout change « lorsqu'une révolution dépasse ce terme, c'est-à-dire lorsqu'elle établit des institutions qui sont par-delà les idées régnantes » : à ce moment-là, elle est suivie d'une réaction. Ainsi, la Révolution en France était au niveau des « idées régnantes » quand elle a supprimé les privilèges et fondé une Nation unifiée sans distinction d'états, mais elle est allée « par-delà » en s'attaquant à la propriété (rappelons qu'on est au printemps 1797, c'est-à-dire en plein procès contre les babouvistes). Ce genre de réaction n'est tout simplement pas désirable pour les « amis de la liberté » sans aller à contre-courant des idées des Lumières : il fait partie du même processus d'adéquation. Par conséquent, la réaction, elle aussi, a tendance à dépasser les bornes.

> Lorsqu'une révolution, portée ainsi hors de ses bornes, s'arrête, on la remet d'abord dans ses bornes. Mais on ne se contente pas de l'y replacer. L'on rétrograde d'autant plus que l'on avait trop avancé. La modération finit, et les réactions commencent. [Constant, 1998, 458.]

Constant propose une théorie de la dynamique sociale avec la révolution comme régulateur entre les « idées régnantes » et les institutions politiques, plaçant ainsi le critère de la justification des changements institutionnels dans l'imaginaire social. Sa plus grande originalité consiste à introduire dans ce processus d'*adequatio rei et intellectus* un élément tout à fait inattendu – la « réaction » – sans pour autant rompre avec le progressisme des Lumières[1]. Ultérieurement, il en donnera une formule ciselée, parmi ses plus célèbres :

> La perfectibilité de l'espèce humaine n'est autre chose que la tendance vers l'égalité. [Constant, 1997, 714.]

Néanmoins, ce processus est loin d'être linéaire et Constant semble trouver une solution qui manquait à la pensée historique des Lumières (malgré les tentatives de Rousseau ou Hume[2]) : il introduit, dix ans avant Hegel, le « négatif » comme facteur indispensable du progrès[3]. Peu importe que la

---

[1] Bien que son attitude à l'égard du progressisme exemplaire de l'époque, celui de Condorcet, s'avère problématique. Sur le rapport entre Constant et Condorcet, voir [Fontana, 1989], 42-45 ; [Hofmann, 1980], 123-124.

[2] Sur la « barbarie du raffinement » chez Hume, voir par exemple [Livingston, 1998], 217-224.

[3] Parmi ceux qui cherchent à établir un lien entre Constant et Hegel, il faut noter Domenico Losurdo [2004], chap. 5 et 6 surtout.

liberté et l'égalité semblent faire « deux pas en arrière », pour reprendre le mot de Lénine, les amis de la liberté peuvent toujours se consoler : les vérités qui leur sont chères triompheront grâce à la « volonté suprême de la nature, l'effet inévitable de la force des choses » [Constant, 1998, 505].

Ce renvoi à la « force des choses » distingue clairement Constant des réactionnaires royalistes et catholiques avec leur providentialisme, mais suscite des accusations de machiavélisme, renforcées par ses changements successifs de prise de position politique. Pour la pensée politique, la conjoncture est, à tout le moins, toujours un facteur, qu'on ne saurait négliger. Mais en se plongeant dans le « déluge de papier » produit par les événements révolutionnaires, on doit clairement discerner leur plan microhistorique (ou micropolitique). En ce sens, l'analyse de l'application des principes politiques qu'on trouve dans *Des réactions politiques* ouvre la voie d'une réflexion sur le divorce entre les « idées régnantes » et les mesures concrètes de leur effectuation.

Souvent considéré comme une œuvre mineure ou un simple pamphlet « en soutien du gouvernement du Directoire » dont Constant était proche et qui lui servait à satisfaire ses ambitions politiques, ce texte ne fait pas partie de la vulgate constantienne. On ne le trouve par conséquent pas dans les éditions de ses *Œuvres politiques*[4]. Pour une édition récente, il faut se référer au premier volume de ses *Œuvres complètes*, qui porte le sous-titre *Écrits de jeunesse* – où l'on peut voir une certaine ironie. Au moment de la publication, Constant a déjà 30 ans, soit un âge bien mûr à l'époque tumultueuse de la Révolution, avec un Saint-Just né également en 1767 ou un Bonaparte de deux ans son cadet. Quand il entre brusquement dans la vie politique française en juin 1795 avec une série de *Lettres à un député de la Convention*, Constant a toutes les raisons de croire que « si peu est fait pour l'immortalité »[5].

En 1796, il publie son premier opuscule politique, intitulé sans équivoque *De la force du gouvernement actuel de la France et de la nécessité de s'y rallier*, qui suscite de nombreuses réponses de différents partis. Grâce aux relations parisiennes de Mme de Staël, il est alors proche de la fraction républicaine de la Convention ; il donne son soutien au coup d'État du 18 Fructidor ainsi qu'à celui du 18 Brumaire. Au mois de mars 1797, il obtient la

---

[4] Ce n'est le cas ni de l'édition française préparée par Marcel Gauchet [Constant, 1997], ni de la traduction anglaise publiée par Biancamaria Fontana [Constant, 1988].

[5] Même s'il suivait de près les nouvelles politiques venant de France, comme le montre l'étude minutieuse d'Étienne Hofmann [1980], 79-85.

citoyenneté française ; il essaye à plusieurs reprises de se faire élire député. En 1799, il est finalement nommé membre du Tribunat. Très actif au Tribunat en tant que député de l'opposition, il est forcé de le quitter en 1802 (un bref exil volontaire de France s'ensuit). Ses écrits politiques majeurs ne sont publiés qu'en 1814 et 1815 (*De l'esprit de conquête et de l'usurpation dans leurs rapports avec la civilisation européenne* et *Principes de politique applicables à tous les gouvernements représentatifs et particulièrement à la Constitution actuelle de la France*). Dans ces ouvrages, Constant, républicain ardent à l'époque de la Convention, s'est reconverti en adepte de la monarchie constitutionnelle. Après avoir affirmé dans le premier que « les flammes de Moscou ont été l'aurore de la liberté du Monde » [Constant, 1997, 119], il rencontre à Paris l'empereur Alexandre Ier. Farouche critique de Bonaparte, il se rallie à lui durant les Cent-Jours afin de participer à la nouvelle rédaction de sa Constitution. Suite à Waterloo, il est dans la commission chargée des pourparlers avec les Alliés avant de recevoir un ordre d'exil qui sera révoqué après une lettre d'explication adressée au Roi. Après son retour à Paris, il devient une grande autorité libérale de ce qu'on appelle aujourd'hui *Droit constitutionnel* (et c'est pourquoi il salue la Révolution de Juillet quelques mois avant sa mort)[6]. Marcel Gauchet donne un résumé exhaustif de cette carrière politique embrouillée : « Une canaille arriviste, peut-être, mais canaille au moins passablement maladroite » [1997, 13]. Constant était en un sens le contraire de Talleyrand, connu pour son don de prévision. Néanmoins, malgré sa réputation politique sulfureuse, il donne à son tour la preuve paradoxale de l'esprit de suite que l'on peut nommer *opportunisme conceptuel* ou une sorte de *machiavélisme libéral*. Et c'est dans les *Réactions politiques* que l'on peut trouver la clé pour expliquer cette inconstance étrangement conséquente.

Des réactions politiques s'ouvre avec une distinction fondamentale entre deux genres de réactions : « celles qui s'exercent sur les hommes, et celles qui ont pour objet les idées », en précisant qu'il n'appelle *réactions* ni « la juste punition des coupables, ni le retour aux idées saines ». Dans les deux cas, les réactions relèvent d'une pathologie du processus d'adéquation des institutions et des « idées régnantes » qui sert de charnière à toutes les transformations

---

[6] En cela, il est particulièrement important en Russie, car ses écrits politiques ont beaucoup influencé un groupe d'officiers dits *décembristes* en raison de leur tentative ratée d'imposer la Constitution à l'empereur Nicolas Ier après la mort d'Alexandre Ier. Lors du procès des décembristes, leurs chefs invoquaient Constant comme une source d'inspiration [Tynjanov, 1969], 314-318. Voir aussi [Parsamov, 2001].

sociales. Concernant les réactions contre les hommes, c'est « l'arbitraire à la place de la loi » ; concernant celles contre les idées, c'est « la passion à la place du raisonnement ». L'arbitraire « perpétue les révolutions » car il enchaîne une série d'« oppressions », quand les victimes des crimes précédents punissent à leur tour leurs oppresseurs, et cette vengeance, comme le fait remarquer sagacement Constant, est « étrangement aveugle ». Les réactions contre les idées sont encore pires, car elles « rendent les révolutions infructueuses » et repoussent la société en arrière sans résoudre le problème fondamental de l'accord entre les institutions et les idées. On semble entraîné dans un cercle vicieux :

> Les réactions contre les hommes, effets de l'action précédente, sont des causes des réactions futures. [Constant, 1998, 458.]

Par conséquent, le devoir d'un bon gouvernement (tel celui du Directoire aux yeux de Constant) est de s'en sortir en rétablissant l'accord souhaité. Mais ses devoirs ne sont pas les mêmes à l'égard des deux réactions différentes : en agissant contre les hommes, le gouvernement doit être strict (tout en respectant les formes nécessaires) ; concernant les idées, il ne doit pas *agir*, mais plutôt « maintenir » en s'appuyant, dans l'idéal, sur l'aide des « amis des Lumières ». Dans le passage suivant, on peut déjà reconnaître le futur théoricien du libéralisme :

> Si, dans les réactions contre les hommes, le gouvernement a surtout besoin de fermeté, dans les réactions contre les idées, il a besoin surtout de réserve. Dans les unes, il faut qu'il agisse ; dans les autres qu'il maintienne. Dans les premières, il importe qu'il fasse tout ce que la loi ordonne ; dans les secondes, qu'il ne fasse rien de ce que la loi ne commande pas.
> Les réactions contre les idées portent sur des institutions ou sur des opinions. Or les institutions ne demandent que du temps, les opinions que de la liberté.
> Entre les individus et les individus, le gouvernement doit mettre une force répressive ; entre les individus et les institutions, une force conservatrice ; entre les individus et les opinions, il n'en doit mettre aucune[7]. [Constant, 1998, 464.]

Ainsi le progressisme modéré de Constant se transforme en une sorte de conservatisme, mais ce sont les nouvelles institutions établies au cours de la

---

[7] Sur Constant comme un des pères fondateurs du libéralisme français, voir [Vincent, 2011].

première étape de la Révolution qu'il prétend « maintenir », non pas celles de l'Ancien Régime. Une fois que le « principe général » est reconnu juste par les « amis de la liberté et des lumières », il ne s'agit plus de le révoquer mais de réfléchir sur les moyens de son application. *Des réactions...* est grosso modo un plaidoyer contre ces conservateurs-réactionnaires qui appellent à réagir « contre les idées » justes. Rappelons que Constant nourrit un projet de réfutation du pamphlet d'Edmund Burke depuis le début des années 1790 ; le chapitre important consacré aux principes vise directement la célèbre formule selon laquelle les théories « métaphysiquement vraies » peuvent être « moralement et politiquement fausses »[8]. À ces premières cibles s'ajoutent, vers l'An V de la République, ceux qui ne reconnaissent même pas la « vérité métaphysique » de l'égalitarisme révolutionnaire. *Des réactions...* les nomme : ce sont des royalistes fanatiques comme le comte Ferrand (qui publiera sous la Restauration sa propre *Théorie des révolutions*) ou des modérés comme Adrien de Lezay-Marnésia (l'un des premiers critiques de Constant)[9].

Mais quelles sont au juste ces prétendues « idées régnantes » ? Aucunement le simple produit d'un « fait démocratique », ni au sens rousseauiste ou jacobin de la démocratie directe (les babouvistes vont pousser trop loin la Révolution en s'attaquant à la propriété), ni au sens du « nouvel art social » de la démocratie représentative, pour reprendre l'expression de Sieyès à propos de l'Assemblée Nationale (les royalistes peuvent atteindre la majorité du Directoire et vont pousser trop loin la réaction en restituant les « anciens privilèges »). Constant semble ainsi entrer dans une contradiction d'autant plus grave qu'au moment de la rédaction des *Réactions*, l'abbé Sieyès et Paul Barras sont en train de préparer le coup d'État de Fructidor en s'appuyant sur l'aide de Bonaparte, que Constant soutiendra. Il faut bien mettre en relief ce volontarisme paradoxal de Constant qui contraste avec son appel au respect des formes : il soutient successivement Thermidor, Fructidor, Brumaire et même, en dépit de ses violentes invectives contre Bonaparte, les Cent-Jours. Il ne faut donc pas s'étonner que ses admirateurs russes n'aient pas vu d'autre moyen qu'un coup d'État militaire pour imposer une Constitution.

---

[8] « The pretended rights of these theorists are all extremes; and in proportion as they are metaphysically true, they are morally and politically false » [Burke, 2014], 63. Pour une ébauche de la réfutation de Burke, voir [Constant, 1998], 239. Au moment de la première rédaction de *Principes de politique* en 1806, Constant est beaucoup moins critique par rapport à Burke [Fontana, 1989], 35.

[9] Sur la réception des *Réactions*, voir [Hofmann, 1980], 146-151.

Constant trouve une solution qui lui semble plus conséquente : la justesse des principes abstraits n'empêche pas que les moyens pour les appliquer ne soient pas à leur « niveau » ; et il fait une tentative pour théoriser cette rupture. Celle-ci ne consiste pas, comme chez Burke, dans le constat du décalage entre les vérités dites métaphysiques et leurs avatars politiques et moraux, mais dans le rapport entre les « principes généraux » et les « principes intermédiaires » qui assurent leur adaptation à la vie sociale. Ainsi la Terreur jacobine ne nous fournit aucune preuve contre l'idée d'égalité, mais plutôt sert d'exemple d'un édifiant « abus des principes ». De ces « abus », Constant fait une véritable erratologie, croyant pouvoir démontrer les mobiles particuliers de chaque cas et donnant des exemples de l'analyse psychologique dont il sera proclamé le maître après la publication de son œuvre romanesque. En ce sens, *Des réactions...* semble précurseur d'*Adolphe* au même titre que des *Principes de politique*.

Chaque fois qu'on met en question un principe « métaphysiquement vrai » en indiquant ses conséquences pratiques négatives, il s'agit soit d'une faute logique qui consiste en l'incapacité de trouver un principe intermédiaire, soit de l'effet destructeur de « l'arbitraire » qui est le vrai moteur des réactions politiques (comme des excès révolutionnaires qui les engendrent). Afin d'illustrer la première thèse, Constant se réfère à « un philosophe allemand, qui va jusqu'à prétendre qu'envers des assassins qui vous demanderaient si votre ami qu'ils poursuivent n'est pas réfugié dans votre maison, le mensonge serait un crime »[10]. La solution proposée par Constant se trouve dans la découverte d'un principe intermédiaire du « droit à la vérité » dont ne peut pas profiter celui « qui nuit à autrui ». Kant s'est tout de suite reconnu dans cette description délibérément caricaturale, adressant à Constant sa réponse dans le célèbre essai *D'un prétendu droit de mentir par humanité*, publié la même année (non moins erroné car l'absence du droit à la vérité chez Constant ne signifie pas un « droit de mentir », qui sera d'ailleurs un abus encore plus grave[11]). Nous

---

[10] [Constant, 1998], 493. Hors des études constantiennes, *DRP* est le plus souvent consulté comme un ouvrage auquel Kant a répondu, bien que la source de Constant ne soit pas encore claire. Voir aussi [Boituzat, 1993].

[11] L'expression *droit de mentir* (*Recht zu luegen*) a été inventée par Kant. Curieusement, c'est chez un autre penseur politique, également issu de réfugiés protestants en Suisse et tellement apprécié par Kant, que l'on trouve une véritable apologie dudit droit. Dans le *Contrat social*, Rousseau fait l'éloge des « raisons sublimes » des premiers législateurs qui se faisaient passer pour les médiateurs du divin afin de convaincre leur peuple d'accepter les « bonnes lois » [Rousseau, 1964].

n'entrerons pas dans les détails de cette controverse, fondée, comme souvent dans l'histoire de la philosophie, sur une série de malentendus, rumeurs, manipulations et mauvaises intentions. Il nous parait néanmoins utile de l'évoquer afin de mieux saisir la rupture entre la pensée de Constant et le progressisme normatif et idéocratique de la philosophie des Lumières (dont lui-même était à peine conscient au moment de la publication des *Réactions*). Constant propose une définition circonstancielle et paradoxalement pluraliste des principes, qui aura des conséquences importantes pour leur application politique.

> Un principe est le résultat général d'un certain nombre de faits particuliers. Toutes les fois que l'ensemble de ces faits subit quelques changements, le principe qui en résultait se modifie : mais alors cette modification elle-même devient principe.
> Tout dans l'univers a donc ses principes, c'est-à-dire, toutes les combinaisons, soit d'existences, soit d'événements, mènent à un résultat : et ce résultat est toujours pareil, toutes les fois que les combinaisons sont les mêmes. C'est ce résultat qu'on nomme principe. [Constant, 1998, 490.]

Il serait difficile de trouver une définition des principes plus nettement opposée à Kant, pour lequel la vie politique et sociale doit « être ajustée » (*angepasst werden*) au droit, et non l'inverse[12]. Néanmoins, « un certain nombre de faits particuliers » que l'on pourra observer et fixer lors des événements révolutionnaires vont nous forcer à changer certains principes qui paraissaient évidents avant l'accumulation d'une masse critique. La plus connue des modifications de ce genre sera décrite par Constant en 1819 dans son discours politique le plus célèbre, *De la liberté des Anciens comparée à celle des Modernes*. Il y donne un exemple parfait de la conscience des Modernes, convaincus, selon une définition magnifique de Bruno Latour, que « le passé mélangeait ce que l'avenir devra distinguer » [Latour, 2000, 250].

Juillet 1789 a bien eu lieu, au contraire de Mai 1968 (selon Gilles Deleuze et Félix Guattari [Deleuze, 2003, 215-217]) : tandis que le gouvernement français postgaullien n'a pas suffisamment « réagi » aux défis contemporains, les réactionnaires réfutés par Constant proposaient de réagir trop. Le texte de Constant nous paraît intéressant du fait de sa capacité à fixer non « un point de bifurcation » mais plutôt l'état d'incertitude dans lequel se trouvait la France au moment de la publication des *Réactions*, soit de la formation d'un

---

[12] « Das Recht muss nie der Politik, wohl aber die Politik jederzeit dem Rechte angepasst werden » [Kant, 1923], 8, 429.

« esprit postrévolutionnaire », selon la belle formule de Biancamaria Fontana [1989]. Les événements révolutionnaires de 1789, 1792 ou 1794 ont eu lieu parce qu'ils ont transformé radicalement les esprits « livrés à une rêverie sans bornes ». Le texte de Constant fixe également un moment de la « postvérité » des Lumières quand les points de repère ont disparu et que les révolutionnaires comme les réactionnaires peuvent avoir tort et raison à la fois. Et c'est pour cette raison que le « machiavélisme libéral » de Constant avait le potentiel de durcir les principes politiques des « amis de la liberté » en les rendant plus fluctuants et, si l'on ose le dire, omnipénétrants.

Références bibliographiques

Boituzat, François [1993], *Un droit de mentir ? Constant ou Kant*, Paris, PUF, « Philosophies ».

Burke, Edmund [2014], *Revolutionary Writings: Reflections on the Revolution in France and the First Letter on a Regicide Peace*, New York, Cambridge University Press, « Cambridge Texts in the History of Political Thought ».

Constant, Benjamin [1988], *Political Writings*, trad. Biancamaria Fontana, Cambridge, Cambridge University Press, « Cambridge Texts in the History of Political Thought ».

— [1997], *Écrits politiques*, éd. Marcel Gauchet, Paris, Gallimard, « Folio essais ».

— [1998], *Des réactions politiques*, éd. Mauro Barberis, in *Œuvres complètes*, série 1, *Œuvres*, 1, *Écrits de jeunesse (1774-1799)*, Tübingen, Max Niemeyer, 447-506.

Deleuze, Gilles [2003], *Deux régimes de fous. Textes et entretiens 1975-1995*, Paris, Éditions de Minuit.

Fontana, Biancamaria [1989], *Benjamin Constant and the Post-Revolutionary Mind*, New Haven (CT), Yale University Press.

Gauchet, Marcel [1997], « Préface », in Constant [1997].

Hofmann, Étienne [1980], *Les « Principes de politique » de Benjamin Constant*, I, *La Genèse d'une œuvre et l'évolution de la pensée de leur auteur, 1789-1806*, Genève, Droz, « Travaux d'Histoire éthico-politique ».

Kant, Immanuel [1923], *Gesammelte Schriften*, Berlin, Königlich Preußische Akademie der Wissenschaften.

Latour, Bruno [2000], *Politiques de la nature. Comment faire entrer les sciences en démocratie*, Paris, La Découverte.

Livingston, Donald W. [1998], *Philosophical Melancholy and Delirium. Hume's Pathology of Philosophy*, Chicago, University of Chicago Press.

Losurdo, Domenico [2004], *Hegel and the Freedom of Moderns*, Durham (NC), Duke University Press.

Parsamov, Vadim Surenovic [2001], *Dekabristy I frantzuskij liberalism*, Moskva, Polimed.

Rousseau, Jean-Jacques [1964], *Du Contrat social*, II, chap. VII « Sur le législateur », in *Œuvres complètes*, 3, Paris, Gallimard, « Bibliothèque de la Pléiade », 381-384.

Tynjanov, Yuri [1969], *Pushkin I ego sovremenniki*, Moskva, Nauka.

Vincent, K. Steven [2011], *Benjamin Constant and the Birth of French Liberalism*, New York, Palgrave Macmillan, « Palgrave Studies in Cultural and Intellectual History ».

Evgeny BLINOV
Académie des Sciences de Russie
Moscou, Russie
moderator1979@hotmail.com

Section 5.
Imagination, questions esthétiques, théorie du design

Le problème de la traduction chinoise du concept d'« imagination » et ses conséquences philosophiques
GUO Zhenzhen

La notion d'« imagination » apparaît en chinois avec l'occidentalisation de la culture chinoise et la modernisation de la langue chinoise. Elle arrive en Chine au début du XXᵉ siècle avec beaucoup d'autres concepts de la culture occidentale, qui n'existaient pas dans la culture chinoise traditionnelle, tels que « nature », « science », « politique », « philosophie », etc. Cependant, sa traduction, différente en cela des traductions des autres concepts, qui ont été fixées une fois pour toutes, a connu de nombreuses péripéties avant d'être enfin arrêtée sous les formes 想象力 *xiǎngxiàngli* et 想象 *xiǎngxiàng*.

Sans parler d'un autre terme chinois qui a été employé aussi pour traduire *imagination*, ces deux traductions encore actuelles posent des problèmes. Il faut d'abord noter que les deux termes *imaginer* et *imagination* sont arrivés dans la langue chinoise en même temps, et que l'expression chinoise désignant l'« imagination » est en fait un mot dérivé de celle qui traduit le verbe *imaginer*. Aujourd'hui, le verbe *imaginer* est traduit par 想象 *xiǎngxiàng*, et le substantif *imagination* par 想象力 *xiǎngxiàngli* et également par 想象 *xiǎngxiàng*, le même terme que le verbe. Mais 想象力 *xiǎngxiàngli* signifie la faculté d'imaginer alors que 想象 *xiǎngxiàng* est compris ici comme la forme nominale du verbe *imaginer*, c'est-à-dire l'acte d'imaginer.

Par exemple, l'expression *par l'imagination* peut être traduite aussi bien par 通过想象力 *tongguo xiangxiangli* que par 通过想象 *tongguo xiangxiang* (par la faculté d'imaginer / par l'acte d'imaginer). Pourtant, dans la culture occidentale, le concept d'« imagination » a un sens assez clair : l'imagination est une faculté en relation directe avec les images, plus précisément celle de créer et de combiner des images mentales de manière originale, ou encore celle de mémoriser et de reproduire des images réelles. En d'autres termes, le concept d'« imagination » signifie dans la culture occidentale, et cela sans ambiguïté, une capacité mentale à produire ou reproduire des images. Au contraire, dans la langue chinoise, les deux termes possibles traduisant la notion d'« imagination », à savoir 想象力 *xiǎngxiàngli* et 想象 *xiǎngxiàng*, compliquent la compréhension. Si l'un des deux, 想象力 *xiǎngxiàngli*, désigne bien une capacité mentale plus ou moins précise, l'autre, 想象 *xiǎngxiàng*, qui désigne l'acte d'imaginer, relève plutôt, d'un point de vue occidental, d'un usage inhabituel du terme. Ce qui est certain malgré tout, c'est que pour les Chinois, le terme *imagination* de la culture occidentale ne désigne pas spécifiquement une capacité ou une faculté mentale, mais aussi un acte en soi.

Apparemment, il s'agit d'un malentendu, dû au mélange du verbe *imaginer* et du substantif *imagination*. Cependant, on peut aussi voir le problème autrement : si les Chinois insistent pour comprendre, dans certains cas, le terme *imagination* comme l'acte d'imaginer et non comme une faculté de produire ou reproduire des images, c'est probablement qu'ils sentent que l'expression 想象力 *xiǎngxiàngli* (faculté d'imaginer) ne parvient pas, dans certains cas, à exprimer pleinement leur conception de l'imagination. Le mot 力 li (capacité, faculté) particularise peut-être trop, voire même banalise, le pouvoir qu'ils accordent à l'imagination, tandis que l'expression 想象 *xiǎngxiàng* (l'acte d'imaginer) est en effet une notion plus générale.

Cette question nous servira de fil conducteur pour mettre au jour la complexité de la traduction chinoise du terme *imagination* et en tirer quelques conséquences philosophiques. Nous commencerons par présenter l'évolution du terme *imagination* (ou plutôt *imaginer*) dans la langue chinoise moderne, en soulignant notamment les ambiguïtés causées par deux idéogrammes chinois semblables, 象 *xiàng* et 像 *xiàng*. Ensuite, nous retracerons le développement de la notion de 象 *xiang* dans l'histoire de la culture chinoise, afin d'en comprendre la particularité et l'importance philosophiques. Après ces aspects historiques, nous examinerons un courant de pensée moderne chinois cherchant à constituer une théorie du raisonnement liée à la notion de 象 *xiang*. Ces analyses permettront de dégager peu à peu une conception de l'imagination imprégnée des éléments de la culture chinoise traditionnelle.

I. Le problème de la traduction chinoise d'*imaginer* et *imagination* : hésitation entre 象 xiàng et 像 xiàng

La traduction chinoise actuelle du mot *imaginer* est 想象 *xiǎngxiàng*, celle du mot *imagination* est 想象力 *xiǎngxiàngli* (la faculté d'imaginer) et 想象 *xiǎngxiàng* (l'acte d'imaginer). L'expression 想象 *xiǎngxiàng* est composée de l'idéogramme 想 *xiǎng*, verbe signifiant « penser », et de l'idéogramme

象 *xiàng*, substantif signifiant « apparence », « aspect », « état et forme ». Cependant, dans l'histoire, on a utilisé d'abord, pour traduire *imaginer*, une autre expression, 想像 *xiǎngxiàng*, composée du même verbe *penser*, 想 *xiǎng*, et du substantif 像 *xiàng*, qui signifie « image », « portrait », « ressemblance ». Il s'agit en fait de deux expressions qui ont la même prononciation, qui partagent aussi le même idéogramme 想 *xiǎng* (penser) et qui diffèrent par ces deux idéogrammes : 象 *xiàng* et 像 *xiàng*. Il nous semble important de bien montrer les distinctions entre 象 *xiàng* et 像 *xiàng*.

象 *xiàng*

Son étymologie renvoie à l'image de l'éléphant :	
Sa forme dans « l'écriture ossécaille » (utilisée du XVe au Xe siècle av. J.-C.) :	
Sa forme dans « le style de bronze » (calligraphie créée sous la dynastie Shang, 1570-1045 av. J.-C.) :	
Sa forme dans « le style petit sceau » (calligraphie standardisée sous la dynastie Qin, 221-207 av. J.-C.) :	

Le sens de 象 *xiàng* est « apparence », « aspect », « état et forme », « image ». Dans le chinois moderne, le caractère 象 se trouve dans un grand nombre d'expressions : 景象 *jingxiang* (paysage), 气象 *qixiang* (météorologie), 印象 *yinxiang* (impression), 形象 *xingxiang* (figure), 表象 *biaoxiang* (représentation), 现象 *xianxiang* (phénomène), 抽象 *chouxiang* (abstraction), 象征 *xiangzheng* (symbolique), etc.

像 *xiàng*

Sa composition : 像 = 亻 (radical signifiant homme) + 象	
Sa première apparition intervient dans « le style petit sceau » :	

Historiquement, on a créé le caractère 像 dans le but de le substituer à 象 lorsqu'il s'agissait d'images. Cependant, les Chinois anciens continuaient d'utiliser 象 pour désigner la figure et l'image. Ainsi, ces deux caractères étaient-ils déjà une source de confusion dans l'Antiquité. Dans le chinois moderne, 像 signifie « image », « image fabriquée d'après un modèle », « portrait », « ressemblance » ; par exemple : 图像 *tuxiang* (image), 肖像 *xiaoxiang* (portrait), 雕像 *diaoxiang* (statue), et en optique 实像 *shixiang* (image réelle) et 虚像 *xuxiang* (image virtuelle).

Revenons à la traduction des termes *imaginer* et *imagination*. Au début du XXᵉ siècle, les traducteurs chinois, pour traduire les concepts occidentaux, se référaient à la langue japonaise et introduisaient souvent directement les traductions japonaises des concepts occidentaux dans la langue chinoise. Ainsi ont-ils emprunté l'expression japonaise 想像 (亻+ 象) *xiǎngxiàng* comme traduction chinoise d'*imaginer* et 想像力 *xiǎngxiàngli* pour *imagination*. En analysant le sens de ces deux expressions japonaises, on constate qu'elles sont assez conformes aux significations des deux concepts qu'elles traduisent.

Tableau 1. Les expressions japonaises 想像 *xiǎngxiàng* et 想像力 *xiǎngxiàngli*

想 *xiǎng* (verbe) : penser, réfléchir	想像 *xiǎngxiàng* : penser une image ou (re)produire une image en pensée
像 *xiàng* (nom) : image, image reproduite	
力 *li* (nom) : faculté, force	想像力 *xiǎngxiàngli* : faculté de penser une image ou de (re)produire une image en pensée

Pourtant, en 1950, avec la simplification des caractères chinois, 像 (soit 亻+ 象) – dont l'écriture était plus complexe que 象 – a été supprimé. Par la suite, 想像 (imaginer) a été remplacé par 想象 et, de même, 想像力 (imagination) par 想象力. La confusion a commencé en 1986, l'année où *Le Tableau général des caractères simplifiés* 《简化字总表》 a réhabilité le caractère 像 (亻+ 象). Le terme 想像 (亻+ 象) est alors revenu dans la langue chinoise. Par conséquent, les termes 想象(力) et 想像(力) ont coexisté pendant les années 1990, ce qui a causé de véritables confusions dans l'enseignement et la presse. À la fin du XXᵉ siècle, enfin, l'autorité chinoise a pris la décision de conserver 想象(力) et de supprimer, à nouveau, 想像(力).

Mais pourquoi a-t-on choisi 象 et non pas 像 ? Plus précisément, pour quelle raison a-t-on décidé de modifier les traductions japonaises d'*imaginer* et d'*imagination*, tandis qu'on a conservé presque tous les autres termes importés du japonais, tels que *nature, philosophie, science*... ? Cela est d'autant plus surprenant qu'il est évident que c'est le caractère 像 (亻 + 象), signifiant spécifiquement « image », qui correspond de la façon la plus exacte aux concepts d'« imaginer » et d'« imagination » comme acte ou faculté étroitement liés aux images. Donc, pourquoi le choix de 象 ?

II. L'aspect ontologique des images et des figures nommées 象 *xiang* dans la culture chinoise traditionnelle

Pour répondre à ces questions, nous devons d'abord comprendre le sens du caractère 象 *xiang* dans la culture chinoise traditionnelle. En fait, le caractère 象 *xiang* est un concept important de la pensée chinoise, qui désigne un type d'images ou de figures particulières, supérieures aux images ou représentations concrètes, des images et figures révélant l'essence du monde.

Pour la pensée chinoise, les images et les figures nommées 象 *xiang* sont censées produire une carte de l'univers et nous conduire aux véritables lois du monde. En ce sens, ces images et ces figures sont des sortes d'images archétypales du monde, qui possèdent une puissance ontologique et deviennent ainsi, pour les Chinois, une des preuves d'une intuition immédiate de l'ensemble de l'univers, sur laquelle est fondée l'idée de l'union de l'homme et du ciel (天人合一).

1. La naissance de 象 *xiang* dans le *Yi Jing*

C'est dans le *Yi Jing* que se forme la conception de 象 *xiang* en tant qu'image archétypale du monde. Selon différentes hypothèses, la rédaction du *Yi Jing* va du VIIIe siècle av. J.-C. au début de l'ère chrétienne. Ce texte divinatoire considéré comme l'un des textes fondateurs de la culture chinoise a influencé cette culture tout au long de son évolution. D'après le *Yi Jing*, les deux forces fondamentales de l'univers, le *Yin* et le *Yang*, engendrent d'abord huit trigrammes, qui engendrent à leur tour 64 hexagrammes (nous savons aujourd'hui qu'il s'agit d'un calcul binaire, une combinatoire booléenne). Dans la pratique divinatoire, on tire d'abord un trigramme ou un hexagramme à l'aide d'une méthode arithmétique, puis on consulte le *Yi Jing* pour obtenir une réponse. Les images des huit trigrammes et des 64 hexagrammes sont alors appelées 象 *xiang*. Selon le *Yi Jing*, les images des trigrammes et des hexagrammes, c'est-à-dire 象 *xiang*, correspondent directement à la genèse du monde. C'est par le moyen de ces images que d'autres images naissent, qu'on comprend le fonctionnement du monde et que l'on construit une carte de l'univers.

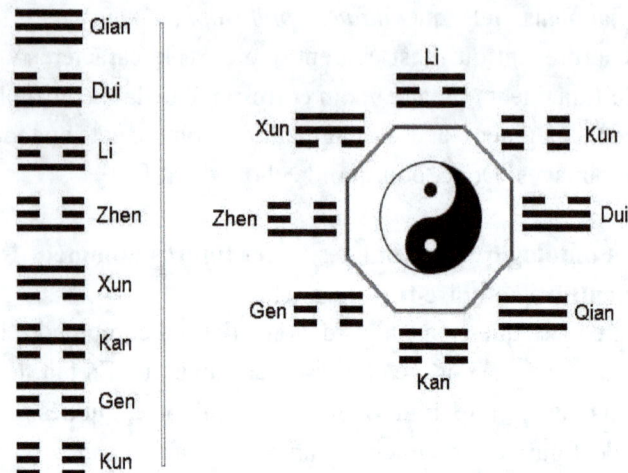

Figure 1. Les huit trigrammes.

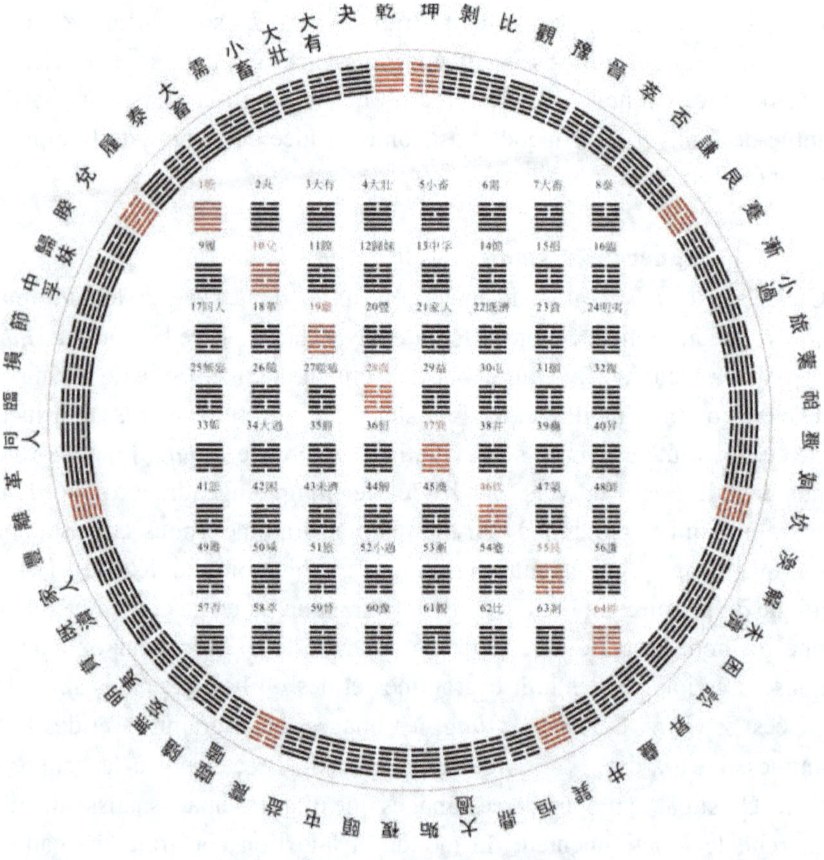

Figure 2. Les 64 hexagrammes.

Le problème de la traduction chinoise du concept d'« imagination »...

Tableau 2. Les images engendrées par les huit trigrammes

Tri-gramme	Sino-gramme	Images engendrées par 象 *xiang*		
		Image naturelle	Images des mouvements	Autres images
☰	乾 *qian*	Ciel	créativité, force, initiative	le créateur, le prince, le père, le jade, le rond, le froid, la glace, le cheval (bon, vieux, maigre, sauvage), un fruit, etc.
☷	坤 *kun*	Terre	disponibilité, adaptabilité, accueil, don de soi	le réceptif, la mère, l'égalité, la multitude, l'économie, la vache, le veau avec la vache, le tronc, une étoffe, un chaudron, un grand char, etc.
☳	震 *zhen*	Tonnerre	impulsion, secousse, mise en route	l'éveilleur, le fils aîné, le dragon, une grande rue, un roseau ou un jonc, etc.
☴	巽 *xun*	Vent	pénétration, soumission, intériorisation	le doux, la fille aînée, le travail, l'indécis, le long, le haut, le coq, le corbeau, etc.
☲	离 *li*	Feu	clarté, lucidité, vivacité, éclat	ce qui s'attache, la fille cadette, le brillant, la sècheresse, la lance et les armes, le faisan, l'arbre desséché dans sa partie haute, etc.
☵	坎 *kan*	Eau	profondeur, endurance, peur	l'insondable, le fils cadet, la lune, les fosses, les pièges, l'arc et la flèche, le porc, le bois ferme avec beaucoup de marques, etc.
☶	艮 *gen*	Montagne	rigueur, cohésion, calme, solidité	l'immobilisation, le troisième/ le plus jeune fils, les pierres, les portes, le chemin détourné, les semences, les fruits, le chien, etc.
☱	兑 *dui*	Marais	aptitude à l'expression et à la communication, joie, légèreté	le joyeux, la troisième/la plus jeune fille, la magicienne, la voisine, le mouton, écraser, briser en morceaux, le sol dur et dallé, etc.

Le tableau 3 présente les images évoquées dans le jugement de l'hexagramme 乾 *qian* et dans le jugement de chacun de ses six traits composants [*Yi King*, 1973].

Tableau 3. Les images engendrées par 象 *xiang*

Jugement de l'hexagramme		Jugement de chaque trait (l'ordre de la lecture est de bas en haut)
Le créateur opère une sublime réussite, favorisant par la persévérance. Le mouvement du ciel est puissant. Ainsi l'homme noble se rend fort et infatigable.	☰ ☰	Si on n'obtient que des neuf, cela signifie : Il apparaît un vol de dragons sans chef : Fortune.
	—	Neuf en haut signifie : Dragon orgueilleux aura à se repentir.
	—	Neuf à la cinquième place signifie : Dragon volant dans le ciel. Il est avantageux de voir le grand homme.
	—	Neuf à la quatrième place signifie : Vol hésitant au-dessus des profondeurs. Pas de blâme.
	—	Neuf à la troisième place signifie : L'homme noble exerce tout le jour une activité créatrice. Le soir il est encore rempli de soucis intérieurs. Danger. Pas de blâme.
	—	Neuf à la deuxième place signifie : Dragon apparaissant dans le champ. Il est avantageux de voir le grand homme.
	—	Neuf au commencement signifie : Dragon caché. N'agis pas.

2. Le développement de 象 *xiang* dans le système des cinq agents

La lecture des textes anciens montre qu'à l'époque des Royaumes combattants (Ve siècle-221 av. J.-C.), la théorie des cinq agents (eau, feu, bois, métal, terre) était déjà très développée. Ces cinq images de la nature jouent aussi un rôle de 象 *xiang* et engendrent, comme les trigrammes et les hexagrammes du *Yi Jing*, une carte cosmologique, mais encore plus précise et régulière.

Tableau 4. Les propriétés des cinq agents [Guo, 2017, 136]

Agent	Propriétés	Équivalent moderne	Goût
eau	absorption, égouttement, descente (avec dissolution)	état fluide ou liquide (solution)	salé
feu	chauffage, brûlage, ascension	chaleur, combustion	amer
bois	possibilité d'acquérir une forme au moyen d'instruments de taille et de coupe	solidité impliquant l'aptitude à être travaillé	acide
métal	possibilité d'acquérir une forme par modelage d'un état liquide et aptitude à changer de forme par refonte et remodelage	solidité impliquant cuisson et recuit avec refroidissements successifs (aptitude à être façonné)	âcre
terre	production d'une végétation comestible	capacité nutritive	doux

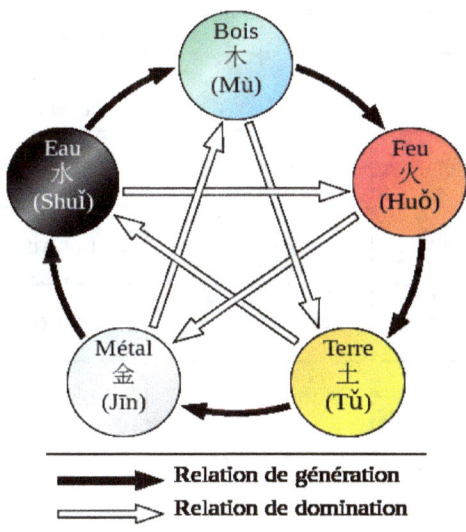

Figure 3. Les cinq agents et les relations entre eux.

Tableau 5. Les correspondances
entre les douze mois et les cinq agents
[Guo, 2017, 138]

Mois	Cinq agents	Sens	Nombre	Odeur	Animal
janvier	bois	Est	8	odeur de mouton	dragon
février	bois	Est	8	odeur de mouton	dragon
mars	bois	Est	8	odeur de mouton	dragon
avril	feu	Sud	7	brûlé	oiseau
mai	feu	Sud	7	brûlé	oiseau
juin	terre	Centre	5	parfumé	qilin
juillet	métal	Ouest	9	odeur de poisson	tigre blanc
août	métal	Ouest	9	odeur de poisson	tigre blanc
septembre	métal	Ouest	9	odeur de poisson	tigre blanc
octobre	eau	Nord	6	pourri	tortue
novembre	eau	Nord	6	pourri	tortue
décembre	eau	Nord	6	pourri	tortue

Tableau 6. Les correspondances entre le corps humain
et le monde de la nature dans le système des cinq agents
[Li & Li, 2017, 16]

Le monde de la nature						Cinq agents	Le corps humain				
Goût	Couleur	Mouvement	Tempérament	Temps	Sens		Viscère	Entrailles	Membre	Trait facial	Surface
acide	indigo	naître	vent	printemps	Est	**Bois**	foie	vésicule biliaire	tendon	œil	ongle
amer	rouge	croître	chaleur	été	Sud	**Feu**	cœur	intestin grêle	veine	langue	visage
doux	jaune	mûrir	humidité	fin xd'été	Centre	**Terre**	rate	estomac	chair	bouche	lèvre
âcre	blanc	récolter	sécheresse	automne	Ouest	**Métal**	poumon	gros intestin	peau	nez	poil
salé	noir	stocker	froid	hiver	Nord	**Eau**	rein	vessie	os	oreille	cheveu

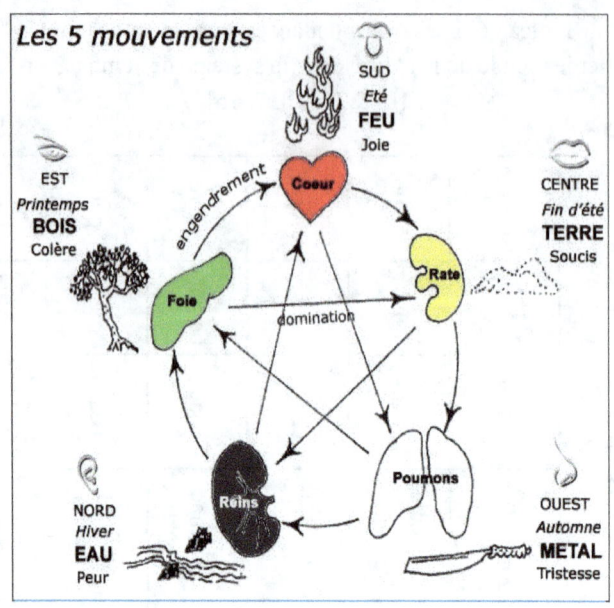

Figure 4. Les cinq mouvements.

3. Le point culminant de la puissance archétypale de 象 *xiang* dans le « système du *Yin* et du *Yang* et des cinq agents » (阴阳五行)

Très vite, le système des cinq agents s'est superposé au *Yi Jing*. De la fusion de ces deux systèmes de 象 *xiang* s'est formé le « système du *Yin* et du *Yang* et des cinq agents », le système cosmologique final de la culture traditionnelle chinoise, dans lequel, d'une part, avec les images engendrées par les cinq agents, la nature devient plus régulière et le rapport entre la nature et la vie humaine plus précis, et d'autre part, avec le principe de transformation entre le *Yin* et le *Yang*, le monde garde sa souplesse et ses possibilités infinies.

Tableau 7. Les correspondances entre les huit trigrammes et les cinq agents

象 *xiang*			
Huit trigrammes	Cinq agents	Huit trigrammes	Cinq agents
☰	Métal	☲	Feu
☷	Terre	☵	Eau
☳	Bois	☶	Terre
☴	Bois	☱	Métal

III. Le « raisonnement fondé sur 象 *xiang* » (象思维) et la conception de l'imagination liée à 象 *xiang*

Après cette présentation rapide du concept de 象 *xiang*, nous comprenons donc que 象 *xiang* renvoie aux images et figures archétypales révélant le fonctionnement de l'univers. Dans la culture chinoise, à part les trigrammes, les hexagrammes et les cinq agents, il existe également d'autres images et figures qu'on peut nommer 象 *xiang*, par exemple les signes du cycle sexagésimal[1] (干支 *ganzhi*). Ces images et figures nommées 象 *xiang* non seulement mettent d'emblée la pensée chinoise dans un rapport avec le monde pris dans son ensemble, mais aussi la guident dans l'exploitation du savoir. Certains intellectuels chinois modernes, inspirés par la philosophie contemporaine, vont jusqu'à faire de 象 *xiang* une base de raisonnement[2]. Dans ce contexte, la théorie du « raisonnement fondé sur 象 *xiang* » (象思维) élaborée par Wang Shuren[3] est celle qui a eu le plus de succès. Selon cette théorie, le « raisonnement fondé sur 象 *xiang* » est caractérisé par un effort de connaître les lois du monde et de construire le modèle du fonctionnement de l'univers à l'aide du matériel ou des outils fournis par 象 *xiang* (sous forme d'images et de signes). Ce type de raisonnement place ainsi les lois de la nature dans un rapport analogique et une interactivité permanente. Ce faisant, il produit une vision holographique du monde et parvient à expliquer le mode d'être, la structure, la forme et l'évolution de tout ce qui existe.

Pour mieux expliquer les caractéristiques du « raisonnement fondé sur 象 *xiang* », Wang Shuren se réfère à la phénoménologie heideggérienne en le comparant au « raisonnement conceptuel » qu'il considère comme spécifique de la pensée occidentale.

> Nous pouvons emprunter les termes heideggériens *Dasein* et *Ereignis* pour expliquer notre terme de 象 *xiang*, qui ne correspond pas à la « substance » de la métaphysique classique, mais qui est quelque chose de « non fait » et de non substantiel. Cet aspect « non fait » et non substantiel est dû au fait que l'Être lié à 象 *xiang* est un être ex nihilo. En ce sens 象 *xiang* est une image archétypale de l'origine, qui ne cesse de naître et de faire naître.

---

[1] Système de numérotation des unités de temps basé sur la combinaison de deux séries de signes, les dix tiges célestes (天干 *tiangan*) et les douze branches terrestres (地支 *dizhi*), permettant d'obtenir soixante combinaisons différentes.

[2] Voir [Zhang & Cheng, 1991], [Yu, 2016], [Liu, 2016].

[3] Wang Shuren, 王树人 (né en 1936) est un ancien chercheur de l'Académie des sciences sociales de Chine. Voir [Wang Shuren, 2005 ; 2004 ; 2006].

[…]
La totalité saisie par le « raisonnement fondé sur 象 *xiang* » se distingue fondamentalement de la totalité saisie par le raisonnement conceptuel. Toute conceptualisation doit passer par l'abstraction, qui est en fait une fossilisation de la pensée, même le « concept concret » de Hegel ne peut y échapper. En conséquence, la totalité saisie par le raisonnement conceptuel n'est que la connaissance synthétique d'un certain type de totalité. Cette connaissance, formée dans le dualisme substantialiste, ne peut être qu'une objectivation. Ainsi le sujet se situe-t-il toujours en dehors de l'objet. La connaissance de la totalité obtenue par le « raisonnement fondé sur 象 *xiang* » touche, en revanche, une totalité non fossilisée. […]Le « raisonnement fondé sur 象 *xiang* » non seulement évite l'objectivation de la totalité mais aussi se fond dans la totalité qu'il saisit. [Wang Shuren, 2004, 6-7.]

Nous pouvons maintenant revenir sur la traduction chinoise du concept d'« imagination » : 想象力 *xiǎngxiàngli* et 想象 *xiǎngxiàng*. Il nous semble clair, désormais, que le choix du caractère 象 *xiang* est loin d'être un hasard, mais montre, avant tout, un attachement profond de la culture chinoise actuelle au passé de sa pensée. En choisissant ce caractère pour traduire le concept d'« imagination », on crée, consciemment ou non, une conception de l'imagination imprégnée de la vision du monde de la pensée chinoise traditionnelle, qu'on peut théoriser ainsi :

1. L'imagination n'est pas simplement une faculté de produire ou de reproduire des images, mais une sorte d'intuition ou de pouvoir de pénétrer dans l'essence du réel, qui met l'homme et le monde en continuité l'un avec l'autre.
2. Elle ne se déploie ni dans les concepts ni dans la logique classique, mais dans une sorte de saisie immédiate du monde.
3. Elle saisit le temps dans sa continuité, un temps indivisible et qui l'emporte sur l'espace.
4. Elle saisit le monde dans son ensemble en produisant des images holographiques de celui-ci.

Par là, nous comprenons que le caractère 像 (亻 + 象) *xiang*, qui désigne l'image concrète, ne parvient point à exprimer la conception chinoise de l'imagination et que le fait de traduire *imagination* par « l'acte d'imaginer », 想象 *xiǎngxiàng*, suggère en fait un pouvoir puissant et mystérieux, qu'il ne suffit pas de définir comme une faculté mentale trop concrète, c'est-à-dire la faculté d'imaginer, 想象力 *xiǎngxiàngli*.

IV. Conclusion : quelques questions adressées à certains intellectuels chinois

Au final, la traduction chinoise du mot *imagination* est un exemple, parmi beaucoup d'autres, de la réception de la pensée occidentale dans les cultures non occidentales. Cependant, si certains intellectuels chinois croient fermement que le « raisonnement fondé sur 象 xiang » ou l'« imagination propulsée par 象 xiang » est un pouvoir supérieur au « raisonnement conceptuel », il nous semble qu'il leur reste quelques difficultés essentielles à surmonter :

1. Les arguments en faveur de ce pouvoir supérieur sont problématiques : le *Yi Jing* est en réalité un texte divinatoire ; de même, le « système du *Yin* et du *Yang* et des cinq agents » n'est qu'une construction arbitraire et la pertinence de la médecine chinoise, malgré sa pratique étendue dans le monde, reste encore à prouver.
2. Le statut des images et des figures nommées 象 *xiang* fait problème : ces images « archétypales » ne sont-elles pas plutôt une expression due à une insuffisance conceptuelle ?
3. Le prétendu « raisonnement fondé sur 象 *xiang* » est-il aussi autre chose qu'un raisonnement de type prélogique, opéré simplement par ce qu'on appelle une logique « corrélative » fondée sur l'expérience ?
4. Si l'objectif de réhabiliter le concept de 象 *xiang* est de créer une pensée au-dessus de la philosophie occidentale, supposée entravée par le dualisme du sujet et de l'objet, peut-on vraiment croire qu'une pensée qui n'a jamais connu cette distinction, et donc jamais reconnu le sujet comme agent connaissant, puisse accomplir un tel projet ?

Références bibliographiques

Guo Zhenzhen [2017], *Pensée chinoise et raison grecque*, Dijon, EUD, « Histoire et Philosophie des sciences ».

Li Shanyu & Li Jianmin [2017/2009], *La Thérapie de Xiangshu du Bagua*, Unity Press ; 李山玉, 李建民, 《八卦象数疗法》, 团结出版社.

Liu Changlin [2016], *La Conception de la science de* 象 *xiang chinoise*, Press Xueyuan, 刘长林, 《中国象科学观》, 学苑出版社.

Wang Shuren [2004], « La comparaison du "raisonnement fondé sur 象 *xiang*" chinois et du raisonnement conceptuel occidental », *Philosophical*

Researches, 王树人,《中国象思维与西方概念思维之比较》, 载《哲学研究》, 10, 5-15.

— [2005], *Le Retour à la pensée de l'origine : la sagesse chinoise dans la vision du « raisonnement fondé sur 象 xiang »*, Jiangsu People's Publishing House,《回归原创之思——"象思维"视野下的中国智慧》, 江苏人民出版社.

— [2006], « Zhuangzi, Heidegger et le "raisonnement fondé sur 象 *xiang*" », *The Journal of Jiangsu Administration Institute*,《庄子、海德格尔与"象思维"》, 载《江苏行政学报》, 3, 5-11.

Yi King [1973], trad. Étienne Perrot, Paris, Librairie de Médicis.

Yu Chunhai [2016], *Le Yi Jing et le raisonnement s'appuyant sur 象 xiang*, Presses des sciences sociales de Chine, 于春海,《<易经>与取象思维》, 中国社会科学出版社.

Zhang Dainian & Cheng Zhongying [1991], *L'Orientation du raisonnement chinois*, Presses des sciences sociales de Chine, 张岱年, 成中英,《中国思维偏向》, 中国社会科学出版社.

Guo Zhenzhen
Université Tsinghua
Pékin, Chine
guozhenzhen2015@163.com

Devons-nous croire ce que nous imaginons ?
Gerhard SEEL

Avant-propos

Avec la philosophie analytique, la théorie de l'imagination a pris un tournant marquant. Tandis que chez Aristote, l'imagination occupe un rôle important dans la connaissance et dans l'action, la philosophie analytique met l'accent sur son rôle dans la création et la réception des œuvres d'art. Mais un deuxième changement est peut-être encore plus important. Comme l'indique le terme *imagination*, la fonction de l'imagination est de produire des images. C'est du moins ce qu'a pensé la tradition philosophique, d'Aristote à Kant, mais la philosophie analytique y ajoute une seconde fonction : la production inventive d'énoncés. Non seulement elle change la signification du terme, elle innove sur un troisième point encore : si, traditionnellement, on soutient que l'imagination a une fonction dans l'acte de voir ou d'entendre, la philosophie analytique établit une nette opposition entre voir ou entendre et imaginer. Ce qu'on voit ou entend, ce sont des choses réelles ; ce qu'on imagine, ce sont des choses non réelles.

Ces changements suscitent un certain nombre de problèmes. Le plus important est le suivant : si la faculté d'imagination a également la fonction de produire des énoncés, comment se distingue-t-elle de la faculté de juger, qui est censée faire la même chose ? On pourrait répondre que *nous croyons* ce que la faculté de juger nous fait penser, tandis que *nous ne croyons pas* ce que nous imaginons. Mais cette réponse est justement mise en question par certains protagonistes du courant analytique. Ils déclarent que l'imagination nous permet de jouer à des jeux de faire croire (*games of make-believe*) qui reposent sur le fait que nous croyons ce que l'imagination nous présente. Quelle est donc en réalité la relation entre croire, penser et imaginer ?

C'est le problème que nous tenterons de résoudre, par la démarche suivante :

1. Jeter un bref regard sur l'histoire du concept philosophique d'imagination, car revenir sur l'ancien concept peut aider à résoudre les problèmes que pose le nouveau.

2. Résumer l'état de la discussion actuelle.
3. Introduire la notion de monde fictif qui est la clé pour résoudre notre problème.
4. Étendre les clarifications en analysant le cas spécial de l'œuvre littéraire.
5. Essayer – sur la base de ces analyses – de résoudre trois des principaux problèmes que suscite la théorie analytique de l'imagination.

1. Aperçu historique

L'histoire de la philosophie compte un certain nombre de formules qui sont restées dans la mémoire collective. Le *cogito* de Descartes en est un exemple, le *dictum* d'Aristote « l'âme ne pense jamais sans image » [*De anima* III, 7, 431a 16-17], un autre. Cette citation concerne les opérations de l'âme dans la préparation d'une action, mais elle est valable aussi pour les opérations théoriques. En effet, selon Aristote, l'imagination fait le pont entre la faculté de percevoir (*aisthêsis*) et la faculté de penser (*dianoia* [*De an.* III, 3, 427b 14-15]). C'est pourquoi on peut attribuer à Aristote un principe complémentaire du premier : « Chez les êtres doués de raison, l'âme n'imagine jamais rien sans le penser. »

Aristote distingue trois fonctions de l'imagination [Calvo-Martinez, 2011, 57-71] : 1. la production d'images de choses réelles et présentes, 2. la production d'images de choses réelles, mais absentes, et 3. la production d'images de choses absentes qui ne sont pas réelles, mais seulement possibles. La première fonction est essentielle dans la formation de notions par l'induction et dans l'application de notions déjà formées. C'est en effet l'imagination qui transforme les données empiriques en images. Elle permet ainsi de voir quelque chose de réel et de présent. Sur cette base et en comparant les images, la faculté de penser forme des notions générales. Mais l'imagination peut aussi nous faire voir une chose réelle en son absence ; je peux par exemple m'imaginer le visage d'une amie qui est partie. Finalement, l'imagination permet de voir des choses qui n'existent pas du tout. Dans ce cas, elle est créative. Cette fonction est surtout à l'œuvre dans la pratique. Car elle permet d'imaginer une situation concrète qui est située dans l'avenir et qui est seulement possible, puis de la fixer comme but de l'action.

La conception aristotélicienne de l'imagination est restée déterminante dans l'histoire de la philosophie jusqu'à Kant. La distinction de Descartes entre « imagination passive » et « imagination active », par exemple, repose sur la distinction entre la première fonction et les deux autres. La conception de Kant dépend également de celle d'Aristote ; il distingue clairement les trois fonctions aristotéliciennes. Il n'est donc pas tout à fait exact que les interprètes ne parlent que de la distinction entre imagination reproductive et productive. Mais Kant y ajoute deux fonctions qu'Aristote ne connaît pas. D'abord, la faculté d'imaginer joue un rôle décisif dans l'application de concepts purs aux données empiriques en servant de pont entre la sensibilité et l'entendement, puisque le schéma est une production de la faculté d'imaginer [Seel, 1998, 217-246]. Ensuite, l'imagination joue un rôle dans la réception esthétique. Kant explique en effet le plaisir que nous prenons à regarder des choses belles par le fait que l'imagination et l'entendement entrent dans un jeu libre qui les stimule et les euphorise [Seel, 1988, 317-356]. Mais la faculté d'imaginer – sous la forme de l'esprit qui est définie comme « talent de l'imagination » [AA, V, 313] – a en plus une fonction essentielle dans la création artistique. Cela a certainement préparé le champ aux théories modernes qui voient la fonction principale de l'imagination dans le domaine de l'art. Mais Kant reste aristotélicien en excluant que l'imagination soit une faculté d'inventer des concepts et des propositions comme le veut la philosophie analytique.

2. Juger, imaginer et croire

Le premier point auquel un philosophe du courant traditionnel pourrait se heurter dans la philosophie analytique de l'imagination est la thèse que l'imagination n'est pas seulement la faculté de se présenter des images, mais qu'elle a de plus la fonction d'inventer des concepts et des états de choses. On parle à ce sujet de *propositional imagination*, par opposition à *sensory imagination* [Currie & Ravencroft, 2002].

Cette thèse semble s'appuyer sur des phénomènes incontestables. Si je m'imagine gagner à la loterie, je ne me vois pas seulement avec des billets de banque dans les mains, je pense aussi, et en même temps, que je serai le chanceux gagnant dans ce jeu de hasard. Sur ce point, nous constatons une analogie entre imaginer une chose et voir une chose. Si je regarde un arbre en face de moi, je ne vois pas seulement l'image de l'arbre, je forme en même temps la proposition qu'il y a un arbre en face de moi. C'est ce que je veux dire quand j'affirme : « Je vois qu'il y a un arbre face à moi. » Nous exerçons la même double fonction mentale quand nous affirmons : « Je m'imagine que je gagne à la loterie. » Car nous ne formons pas seulement une image, nous pensons également un état de choses. La différence entre voir et imaginer[1] est

---

[1] En opposant *voir* et *imaginer*, nous laissons de côté le fait que l'imagination joue également un rôle dans l'acte de voir quelque chose.

seulement que dans le premier cas, la chose vue et pensée est réelle et présente, tandis que dans le second, elle n'est pas présente et elle est seulement possible. Aristote a donc raison de compléter l'affirmation citée ci-dessus. L'intellect, quand il pense, ne pense rien sans image, et la faculté d'imaginer, quand elle imagine, n'imagine rien sans pensée. Mais Aristote insiste toujours sur le fait qu'imaginer et penser sont des fonctions de deux facultés complètement différentes.

C'est sur ce point que la philosophie analytique innove. Elle dit que la faculté d'imaginer crée elle-même des énoncés. L'exemple qu'elle avance en faveur de cette thèse est la création littéraire. En effet, un roman est considéré comme le produit de l'imagination de l'auteur, mais il ne contient pas d'images : il contient des propositions. Il semble donc tout à fait justifié par l'usage que nous faisons du terme *imaginer* de considérer l'imagination comme une production d'images et de propositions. La philosophie analytique va encore plus loin dans cette direction. Elle ne dit pas seulement que la création d'un roman est due à l'imagination, elle ajoute que la lecture repose aussi sur elle. Quand nous lisons un roman, nous n'imaginons pas seulement des scénarios, nous pensons en plus des propositions. Et ces actes de pensée sont considérés comme des actes d'imagination. Nous avons donc – sans aucun doute – la capacité de produire spontanément des énoncés et d'inventer ainsi des états de choses. Vu l'histoire de la notion, il est peut-être maladroit d'appeler cette faculté *imagination*. Mais nous ne discuterons pas ici de la terminologie.

Si la faculté d'imaginer permet de produire des propositions, comment se distingue-t-elle de la faculté de juger ? Une première façon de différencier les deux fonctions s'offre immédiatement : nous croyons ce que nous pensons et jugeons être le cas, tandis que nous ne croyons pas nécessairement ce que nous imaginons.

Cette différenciation est cependant mise en doute par un protagoniste du courant analytique, Kendall L. Walton. Comme l'indique le titre de son livre, *Mimesis as Make-Believe*[2], il pense que le but de la création de mondes fictifs est de nous amener à croire ce que l'imagination nous présente. Imaginer et croire ne sont pas opposés, ils vont plutôt ensemble. Mais Walton soutient également le contraire : « Ce qui est vrai doit être cru, ce qui est fictif doit être imaginé » [MMB, 41]. Selon cette deuxième affirmation, imaginer est

---

[2] « La mimesis comme faire-croire » [Walton, 1990], ci-après abrégé en MMB.

– comme croire – une attitude propositionnelle et l'une exclut l'autre[3]. Quelle est alors la vraie relation entre imaginer et croire ?

La philosophie analytique actuelle donne des réponses très différentes et contradictoires à cette question. Cela tient au fait que dans la plupart des cas, elle part d'une fausse conception de la relation entre imagination et croyance. En effet, bon nombre de philosophes de ce courant placent l'imagination et la croyance au même niveau puis se demandent en quoi elles se distinguent. Neil Sinhababu, par exemple, dit que « la croyance et l'imagination sont toutes les deux des états mentaux qui représentent des choses comme existant d'une façon particulière » [2016, 111] ; il affirme que, partant de là, certains philosophes pensent que les deux sont « fondamentalement similaires », tandis que d'autres soutiennent qu'elles sont trop différentes pour être expliquées de façon unifiée[4].

Pourtant, cette approche nous semble partir d'une hypothèse complètement erronée. La croyance n'est pas un état mental qui présente des choses, c'est une attitude propositionnelle qui en tant que telle présuppose une proposition à laquelle elle se réfère. L'imagination, d'autre part, n'est pas une attitude propositionnelle, c'est la faculté et l'acte de se présenter des choses. Ce qui correspond à la croyance comme attitude propositionnelle est du côté positif la certitude et du côté négatif le doute et la non-croyance. Il existe également une attitude propositionnelle neutre : la suspension du jugement. Imagination et croyance ne doivent donc pas être placées au même niveau. Ce qui se trouve au même niveau, ce sont l'imagination propositionnelle et le jugement théorique d'un côté ; la croyance, l'abstention de jugement et le doute de l'autre. Cette rectification permet de distinguer croyance et imagination en précisant que la dernière peut être l'objet d'une attitude propositionnelle, d'un acte de croire ou de ne pas croire, tandis que la première est une de ces attitudes possibles.

Cela ouvre la possibilité de donner raison à la première thèse de Walton et de refuser la seconde. Comme la première thèse repose sur la conception que

---

[3] Kathleen Stock [2016, 206] veut éviter cette contradiction en disant – à tort – que Walton appelle l'acte d'imaginer « faire croire ».

[4] Selon Sam Liao et Tyler Doggett [2014, 262], la position que croire et imaginer impliquent des états mentaux complètement différents est « *the orthodoxy in contemporary debates about imagination* ». Sinhababu [2016, 116] évoque Currie & Ravenscroft [2002], Doggett & Egan [2007, 2011], Kind [2011], Weinberg & Meskin [2005, 2006] et Nichols & Stich [2000] comme défenseurs de cette position. Mais ces philosophes ne voient pas tous la différence de la même façon.

Walton se fait de la fiction et du monde fictif, nous devons analyser ces concepts pour mieux comprendre leur impact sur notre question.

3. Le rôle de l'imagination dans la création et l'exploitation de mondes fictifs

Les concepts de monde fictif et de fiction jouent un rôle central dans l'esthétique analytique actuelle. Mais très souvent, la détermination de ces concepts souffre d'un faux départ qui mène à la confusion et à la contradiction. Au lieu de partir du concept de monde fictif pour définir sur cette base les concepts de fiction et d'énoncé fictif, bon nombre de participants au débat partent de la question de savoir ce qu'est un « énoncé fictif » (*fictive utterance*) et s'appliquent à clarifier sur cette base le concept de fiction. Ils perdent ainsi de vue le concept de monde fictif.

Il y a, en effet, un groupe de philosophes [Lamarque & Olsen, 1994 ; Currie, 1990 ; Davies, 2007] – appelons-les *imaginistes* – qui définissent la fiction comme un « texte qui contient des énoncés fictifs » [Stock, 2016, 204-216]. Selon eux, un énoncé est fictif seulement si son auteur prescrit au lecteur ou à l'auditeur d'imaginer le contenu de l'énoncé. Ils y ajoutent une deuxième condition : le contenu de l'énoncé doit être faux ou seulement vrai par accident ; si bien que l'auteur de l'énoncé ne croit pas que ce qu'il dit est vrai. Ces deux conditions impliquent qu'imaginer et croire sont opposés l'un à l'autre et ne vont pas ensemble.

Cette théorie se heurte à trois objections : 1. Elle ne parle que du texte fictif et n'envisage pas d'autres accès à un monde fictif[5]. 2. La thèse que l'auteur d'un texte fictif prescrit au lecteur d'imaginer le contenu de l'énoncé est tout simplement fausse, car l'énoncé fictif n'a ni la forme ni la signification d'un énoncé prescriptif. L'auteur ne dit pas au lecteur « Imagine que p ! », il affirme simplement p. À cet égard, la théorie selon laquelle l'auteur prétend que p, soutenue par Searle [1975, 332], est beaucoup plus plausible. Elle n'est, cependant, pas confirmée non plus par notre usage du langage. 3. La théorie imaginiste de la fiction rencontre un problème plus grave encore. Si une fiction est composée d'énoncés faux et vrais, faut-il imaginer les premiers et croire les derniers ? Si tel était le cas, la théorie ne permettrait pas de distinguer la fiction d'un texte non fictif, puisque les deux contiennent et des énoncés qu'il faut imaginer et des énoncés qu'il faut croire. Ce point critique a été avancé par Stacie Friend [2008, 154-158].

---

[5] Currie [1990, 39] s'efforce d'inclure aussi une fiction visuelle.

Pour sauver la théorie imaginiste, Kathleen Stock propose de remplacer la seconde condition par une autre [2016, 213-15]. Elle définit « imaginer que p » comme (a) « représenter que p » et (b) « ou bien ne pas croire que p ou bien croire que p et lier p par voie d'inférence à un autre énoncé q qu'on ne croit pas ». Par cette formulation, la théorie imaginiste établit à nouveau une opposition entre imaginer et croire. Stock soutient sur cette base qu'un texte est une fiction si et seulement si « il prescrit d'imaginer en ce sens » [2016, 213]. Mais, comme on le voit tout de suite, ces changements ne la font pas échapper à la critique adressée à la théorie imaginiste : 1. Il reste vrai que cette théorie n'envisage que le texte comme accès à un monde fictif. 2. Il reste vrai que la sémantique prescriptiviste n'est pas confirmée par notre usage linguistique. 3. Il reste vrai que – selon cette théorie – la fiction contient des énoncés qu'on peut croire et des énoncés qu'on doit imaginer. La fiction ne peut donc pas être définie comme un ensemble de ces derniers. Le problème de savoir comment définir la fiction n'est donc toujours pas résolu. Stock l'a bien vu. Elle argumente que « les fictions qui prescrivent de croire que p prescrivent également d'imaginer que p », tandis que les textes non fictifs, s'ils « prescrivent d'imaginer que p [...] normalement ne prescrivent pas de croire que p » [2016, 214]. La première affirmation n'est pas compatible avec l'opposition entre croire et imaginer que Stock a établie auparavant. La relation entre imaginer et croire reste donc toujours à clarifier.

Pour répondre à cette exigence, nous inversons la direction de la recherche. Au lieu de commencer par définir le concept d'énoncé fictif et de définir ensuite ce qu'est un monde fictif, nous partons du concept de monde fictif pour établir sur cette base ce qu'est une fiction et ce que sont les éléments qui forment une fiction. Un premier avantage de cette façon de procéder est que nous pouvons traiter depuis le début d'autres formes d'accès à un monde fictif comme la peinture, le théâtre, le cinéma et le jeu.

Pour déterminer le concept de monde fictif, on part d'habitude de l'idée de Wittgenstein qu'un monde est un ensemble cohérent et complet d'états de choses qui sont le cas. Suivant Leibniz, Saul Kripke [1959], Jaakko Hintikka [1961] et d'autres ont élargi ce concept pour introduire l'idée de monde possible. Un monde possible est, comme le monde réel, un ensemble cohérent et complet d'états de choses, mais à la différence des états de choses qui forment le monde réel, ces états de choses-là ne sont pas tous le cas. On peut également exprimer cette différence en disant que les états de choses qui forment un monde possible sont le cas dans le monde possible, mais pas forcément dans le monde réel. Cela a comme conséquence que nous devons définir le terme *vrai* en relation au monde dont nous parlons. Une proposition peut être fausse dans le monde réel, mais vraie dans un monde possible.

Le concept de monde possible a servi de modèle pour l'introduction du concept de monde fictif. Un monde fictif est un monde stipulé par une convention – très souvent artistique – qui, comme un monde possible, est un ensemble complet d'états de choses. Mais à la différence du monde possible, un monde fictif n'est pas nécessairement cohérent. Parfois, un monde fictif résulte du recouvrement de plusieurs mondes possibles et admet des contradictions entre les états de choses qui le forment[6].

Quel est le but de l'institution d'un monde fictif ? Selon Walton, nous créons des mondes fictifs pour y jouer des jeux amusants. C'est ce qu'il appelle des *jeux de faire croire* (*games of make-believe*). Il prend l'exemple d'un jeu d'enfants. Un groupe d'enfants décide de jouer à la chasse aux ours dans une forêt. Les participants conviennent que chaque tronc d'arbre va être considéré comme un ours et traité en conséquence. Par cette convention, ils créent un monde fictif dans lequel des ours existent. Les troncs d'arbre servent de support réel pour ces ours. Walton appelle ces ours *ours fictifs*, mais cette façon de parler n'est pas claire. Ce sont des ours fictifs dans la perspective de quelqu'un qui regarde le monde fictif de l'extérieur, mais pour celui qui joue et qui se trouve par conséquent à l'intérieur du monde fictif, les troncs d'arbre sont des ours réels. Walton pèche par la même ambiguïté quand il détermine le statut des propositions qu'on peut penser à propos de ces ours. Un enfant dit par exemple : « Au secours, il y a un ours à cinq mètres devant moi ! » Cette phrase, prononcée par un participant à l'intérieur du monde fictif, est vraie dans le monde fictif. Par contre, si on la regarde de l'extérieur, elle est fausse, puisque dans le monde réel, il n'y a aucun ours à la place du tronc.

Cette façon de voir les choses est tout à fait conséquente, mais – nous l'avons déjà signalé – Walton ne la partage pas entièrement. Il établit un parallélisme entre vérité et croyance d'un côté, fiction et imagination de l'autre : « Ce qui est vrai doit être cru, ce qui est fictif doit être imaginé » [MMB, 41]. L'imagination devient ainsi une attitude propositionnelle comme la croyance. En effet, pour Walton, il n'y a ni être ni vérité dans le monde fictif et par conséquent, la croyance n'y a pas de place non plus. Cela ne sape-t-il pas sa thèse que les mondes fictifs sont créés pour y jouer des jeux de faire croire ? En fait, cela crée un autre problème pour Walton. À la fin de son livre, il exige à juste titre

---

[6] Nous donnons ainsi raison à Jean-Yves Beziau [2016], qui soutient que l'ensemble des choses possibles n'est pas identique à l'ensemble des choses imaginaires.

que dans l'analyse sémantique des phrases prononcées dans un contexte fictif, on distingue toujours le discours qui a lieu dans le monde fictif et le discours qui a le monde fictif comme objet. S'il avait appliqué cette règle à la question des vérités fictives, il aurait évité bien des contradictions. Car ce qu'affirme Walton peut être accepté seulement si on adopte un discours sur le monde fictif, non pas si on parle comme participant au monde fictif.

Cela a de graves conséquences pour le concept d'imagination également. Walton dit que la convention par laquelle les participants créent un jeu de faire croire les oblige à imaginer certaines choses, par exemple que le tronc en face d'eux est un ours[7]. En affirmant cela, il contredit clairement sa propre thèse selon laquelle l'imagination exclut la croyance, car la convention oblige les participants à croire qu'il y a un ours et à agir en conséquence. À la différence de Walton, nous soutenons que l'imagination joue le même rôle dans le jeu que dans le monde réel. Dans ce dernier, elle permet de trouver des solutions à des problèmes pratiques réels. Dans un jeu, elle offre des solutions aux problèmes posés par la situation de jeu dans laquelle on se trouve. En voyant dans le monde fictif un ours en face de moi, je me demande comment je peux lui échapper. J'imagine différentes solutions : me cacher derrière un rocher, m'enfuir, affronter l'ours courageusement. L'imagination sert donc à penser des états de choses possibles, sa fonction n'est pas d'observer et penser ce qui est actuel dans le jeu. (Elle a également une place importante en dehors du jeu quand il s'agit d'établir les règles sémantiques du jeu. On imagine que les troncs d'arbre pourraient recevoir la signification d'ours, on imagine qu'il sera difficile de les chasser, etc., et on propose ces règles aux autres joueurs.) Mais si l'imagination et la croyance ont les mêmes fonctions dans le monde fictif et dans le monde réel, la différence entre elles ne peut plus nous permettre de distinguer les deux mondes. Cette distinction est préalable. Nous avons déjà montré comment la philosophie distingue les deux types de monde. Il reste à expliquer comment – à l'intérieur du monde réel – un monde fictif est concrètement établi.

L'établissement d'un monde fictif est dû à l'acte créateur d'un artiste ou de quelqu'un qui arrive à mettre en vigueur les règles conventionnelles d'un jeu. Ces conventions contiennent également des mesures à prendre pour ériger des frontières spatiales ou temporelles entre le monde réel et le monde fictif. En effet, pour éviter que le spectateur ne prenne le monde fictif pour le monde réel, on a – dans la plupart des arts – installé des frontières concrètes entre les

---

[7] Peter Langland-Hassan [2012] soutient une position semblable.

deux mondes. Dans la peinture, le cadre du tableau marque la frontière entre le monde réel et le monde fictif dont le spectateur ne voit qu'une tranche sur le tableau. Au théâtre, c'est le rideau qui établit cette frontière. Dans un livre, le titre indique qu'en ouvrant le livre, on entre dans un monde narratif ; parfois, l'auteur s'adresse explicitement au lecteur pour lui faire remarquer que ce qu'il va lire est une fiction. Dans le cas d'une fête, on quitte le monde réel pour un monde fictif en entrant dans un espace démarqué par des bornes conventionnellement établies ; on marque par des vêtements surprenants, des masques et d'autres accessoires qu'on fait partie du monde fictif. Il y a également des bornes temporelles qui séparent le monde fictif du monde réel. Une fête est ouverte par un coup de canon ou par la déclaration officielle du président. Le cadre temporel d'un film est établi par le générique et très souvent par le mot *Fin* à la fin. Nous pourrions prolonger la liste.

Prenons l'exemple qu'utilise Walton : *Un dimanche après-midi à l'île de la Grande Jatte* de Georges Seurat. Le tableau présente une scène au bord de l'eau, avec entre autres un couple qui se promène. Selon Walton, le tableau est un support qui « prescrit des imaginations » [MMB, 51]. Mais est-ce qu'on imagine la scène et le couple ? Pas du tout, on les voit. Mais on les voit sur le tableau à l'intérieur d'un cadre. On sait donc que ce qu'on voit, ce sont des choses et des personnes d'un monde fictif. Cela distingue d'ailleurs le trompe-l'œil de la peinture figurative : le trompe-l'œil fait semblant que les choses vues font partie du monde réel, la peinture figurative prétend qu'elle offre un regard dans un monde fictif.

La même analyse s'impose pour une scène de cinéma. Je vois dans un film que l'agresseur rate sa cible. Je tiens donc comme vrai dans le monde fictif présenté dans le film que l'agresseur a raté sa cible. Peut-être qu'avant de voir cette scène, j'ai imaginé qu'il ne raterait pas sa cible et craint cette issue. Maintenant, comme je vois que ce que je craignais ne s'est pas produit, je suis soulagé. Il y a donc bien une différence entre « voir que » et « imaginer que » dans l'activité de regarder un film. Et la différence est la même que dans le cas où on ne regarde pas des extraits d'un monde fictif, mais des extraits du monde réel. Si je vois ou entends quelque chose, je n'ai pas besoin de l'imaginer. Je tente de l'imaginer quand je ne le vois ou ne l'entends pas.

Il est important de remarquer la différence entre d'un côté les joueurs qui participent activement à un jeu de faire croire et font ainsi eux-mêmes partie du monde fictif, et de l'autre côté les spectateurs qui regardent de l'extérieur dans le monde fictif. Les participants à une fête sont un exemple de la première catégorie, les spectateurs d'une séance de cinéma ou ceux qui contemplent un tableau sont des exemples de la seconde. Walton reconnaît cette distinction, mais sans l'appliquer de façon conséquente. Il soutient par exemple que pour participer à un jeu, il faut s'installer dans le monde fictif du jeu[8]. Mais cela est évidemment faux. Si lire un roman est un jeu[9] (on joue à avoir accès à un monde fictif), on joue ce jeu dans le monde réel et non dans un monde fictif. La salle de cinéma fait partie du monde réel, je suis assis dans un fauteuil réel, je vois réellement ce qui se passe sur l'écran. Walton pense par contre qu'il est fictif que je vois sur l'écran la mort d'Emma Bovary et il pense que cette fiction implique un second monde fictif. Il soutient donc qu'il y a dans ce cas une double fiction : la fiction des événements présentés sur l'écran et la fiction que le spectateur observe ces événements. Mais cette théorie de la double fiction est erronée.

Ces clarifications nous permettent maintenant de définir les concepts de fiction et d'énoncé fictif. Nous appelons *fiction* tout moyen qui donne accès cognitif à un monde fictif. Ce peut être un texte, mais aussi une peinture, une performance de théâtre ou de cinéma ou un jeu. Ces moyens ne se limitent pas – même dans le cas du livre – à l'emploi d'énoncés. Il est donc faux de définir la fiction comme un ensemble d'énoncés. Mais les énoncés jouent un rôle important dans l'accès à un monde fictif.

Comment faut-il alors définir le concept d'énoncé fictif ? Nous ferons d'abord une remarque terminologique. Il faut bien distinguer les énoncés qui forment une fiction et les énoncés qui sont prononcés dans le monde fictif. Il est inadéquat d'appeler les premiers *énoncés fictifs* – comme certains le font [Stock, 2016, 205] – puisque ce sont plutôt les seconds qui sont fictifs. Nous préférons donc appeler les premiers *énoncés constitutifs de fiction*. Comment faut-il les définir ? C'est tout simple : un énoncé est un énoncé constitutif de fiction si et seulement s'il est un élément d'une fiction. Les phrases qui composent un roman – à l'exception du titre et du mot *Fin* – sont donc toutes des énoncés constitutifs de fiction. Les phrases fictives, par contre, sont citées dans les énoncés constitutifs, mais ne sont pas constitutives de leur propre droit. Un énoncé constitutif fait partie d'une fiction parce que l'auteur de la fiction l'y a mis. Pour cela, il n'est pas nécessaire que l'auteur l'ait imaginé, il peut l'avoir trouvé dans un autre texte ou l'avoir pensé dans le cadre d'une

---

[8] Walton admet [MMB, 274-289] que parfois l'auteur, en déclarant que son œuvre est fictive, tente de dissuader le lecteur de participer. Mais cela reste une exception.

[9] Nous avons argumenté à plusieurs reprises [2003, 2006, 2011, 2018] que l'art est essentiellement une activité qui partage avec le jeu des propriétés caractéristiques.

réflexion externe. C'est pourquoi il est complètement sans importance de savoir si l'énoncé qui fait partie de la fiction est vrai ou faux dans le monde réel. Ce qui est important, par contre, c'est le fait que tous les énoncés qui forment une fiction sont vrais dans le monde fictif. Il faut donc croire qu'ils sont vrais dans ce monde fictif.

Par contre, les énoncés fictifs ne sont pas tous vrais dans le monde fictif, car on peut mentir dans un tel monde. C'est pourquoi ni les figures du monde fictif ni les lecteurs ne sont tenus de croire que ces énoncés sont vrais dans le monde fictif. Le lecteur d'une fiction doit-il imaginer les énoncés qui la forment ? Si on appelle *imagination* l'acte de penser un énoncé qui n'a pas une base cognitive dans l'observation, le lecteur va certes imaginer ces énoncés. Mais on n'a pas besoin de le lui prescrire. Il le fait en lisant le texte, comprenant qu'il s'agit d'une œuvre littéraire. Par contre, en lisant le texte, il va automatiquement croire les énoncés qui le constituent. C'est pourquoi toute théorie qui construit une opposition entre imaginer et croire est erronée.

4. L'œuvre d'art littéraire

L'œuvre littéraire est un cas spécial et pose des problèmes que le jeu d'enfants, la peinture, le théâtre et le cinéma ne posent pas. Nous traitons donc ce cas séparément et plus en détail. L'œuvre littéraire se distingue de ces autres œuvres d'art par le fait qu'elle ne donne rien à voir ou à entendre. Ce qu'elle offre au lecteur, ce sont des phrases que celui-ci doit comprendre. Cela donne à l'imagination un rôle qu'elle n'a pas dans les autres arts. L'imagination doit suppléer au manque d'images et de sons, et présenter au lecteur les images et les sons concrets que le texte décrit abstraitement par des propositions. Dans la création littéraire, l'imagination joue également un rôle important. C'est l'auteur qui imagine les épisodes et les tournants de son récit. Le lecteur qui plonge dans le monde fictif ainsi créé prend ces épisodes et tournants comme des faits réels dans ce monde. Cela ne veut pas dire qu'il prend le monde fictif lui-même pour le monde réel. S'il le faisait, il serait conduit à réagir aux faits du monde fictif comme s'ils étaient réels dans le monde réel et par exemple à se suicider s'il voyait que la fin du monde est arrivée.

Comme pour les autres arts et jeux, nous devons distinguer différents niveaux de discours. Il y a même un niveau de plus, puisque nous distinguons : (1) le discours prononcé par les personnages du récit, (2) le discours de l'écrivain qui constitue le récit, (3) le discours du lecteur qui comprend les phrases du récit et (4) le discours du critique littéraire ou de l'érudit en littérature. Ces discours peuvent se recouper partiellement, mais ne doivent pas être confondus. Nous lisons par exemple dans *Madame Bovary* :

> Pour amasser diligemment
> Les épis que la faux moissonne
> Ma Nanette va s'inclinant
> Vers le sillon qui nous les donne.

Ce sont les vers d'une chanson que chante un aveugle selon le récit (1er niveau). Ces vers ont été mis dans le récit par Flaubert (2e niveau). Le lecteur les comprend et imagine éventuellement la mélodie chantée d'une voix rauque. Il se dit peut-être : « La pauvre, elle doit encore supporter cela » (3e niveau). Finalement, le critique littéraire trouve dans ces vers une allégorie de la mort, très souvent présentée comme un moissonneur avec une faux (4e niveau).

Ces quatre niveaux ne sont pas toujours distingués suffisamment, au détriment de la juste compréhension de ce qui se produit dans le texte littéraire. On discute surtout le statut ontologique des objets du discours, on se demande ce que sont les entités et les faits qui rendent chaque fois le discours vrai ou faux [Seel, 2006, 119-129]. De façon schématique, on peut distinguer trois grandes lignes ontologiques :

1. la théorie des objets intentionnels
2. la théorie des mondes possibles
3. la théorie des entités abstraites

La théorie des objets intentionnels a été introduite par des philosophes du courant phénoménologique comme Edmund Husserl [1913-1921, 1950] ou Jean-Paul Sartre [1948, 1986]. Selon eux, ces entités et états de choses sont – tout comme les entités réelles et les faits – les objets intentionnels d'actes de conscience. Mais à la différence des entités réelles et des faits, nous devons l'accès à ces entités et états de choses à la faculté d'imagination. Cela a comme conséquence que leur existence dépend d'actes d'imagination et que nous n'y avons pas accès de façon intersubjective, si bien qu'il n'y a aucun moyen de vérifier les prétendus faits. Il y a autant de Madame Bovary et de façons de mourir qu'il y a de lecteurs du roman. Cette situation est évidemment néfaste pour les prétentions à l'objectivité de la science de la littérature.

Les choses vont mieux pour elle si on adopte la deuxième conception des objets littéraires. Elle suit la démarche que nous avons empruntée auparavant en disant qu'il s'agit d'entités et de faits appartenant à un monde possible ou un monde fictif qui est introduit par l'écrivain. Mais un problème majeur se pose néanmoins : le texte de l'écrivain n'est pas assez précis pour qu'on puisse identifier sans ambiguïté le monde fictif en question. Il y a plutôt une pluralité de mondes fictifs, tous compatibles avec le texte. C'est le lecteur qui – par son imagination – concrétise le monde fictif et ainsi lui donne une identité. Mais dans ce cas, nous retrouvons le problème que ces mondes ne sont pas accessibles de façon intersubjective.

La troisième conception donne une solution radicale aux problèmes que rencontrent les deux premières. Selon elle, les objets de la science de la littérature sont des objets abstraits. Si on doit donner un exemple d'objet abstrait, on pense d'abord aux nombres ou aux ensembles, pas aux figures littéraires. Ce qui rend ces dernières abstraites est le fait que l'écrivain ne les a pas décrites de façon complète. À la différence des choses réelles, on ne peut pas dire que de toutes les paires de prédicats contradictoires, l'un leur revient nécessairement. L'existence de telles choses ayant été postulée pour la première fois par Alexius Meinong, on appelle *meinongiens* les adhérents de cette position, dont les plus importants sont Terence Parsons, Edward N. Zalta et Nicholas Wolterstorff. Mais cette conception a aussi des faiblesses. Selon Zalta, les entités abstraites existent nécessairement. Cela veut dire qu'elles sont communes à tous les mondes possibles. Cela exclut que ces objets soient les créations d'un écrivain. Mais la science de la littérature ne peut pas renoncer à cette conviction : pour elle, la littérature a une histoire et dans cette histoire, chaque œuvre a été créée à un moment précis. Essayons de sortir de ces impasses en faisant attention à la différence entre les niveaux de discours.

Commençons par analyser ce que fait l'écrivain. Il invente des figures littéraires en assemblant un certain nombre de propriétés et en déclarant que ces propriétés caractérisent une personne dans un monde fictif et permettent de l'identifier. Il décrit ensuite des suites d'événements que ces personnes vivent dans le monde fictif. Ce que l'écrivain crée par son discours, ce sont des entités abstraites. Porter un certain nom est une qualité abstraite, comme le sont les pseudo-dates et les pseudo-lieux employés dans la description des événements. Sur ce point, les adhérents de la troisième conception du discours littéraire ont raison. Il faut remarquer qu'un rapport de police ou un essai historique ne se distinguent pas d'un roman sur ce point : ils contiennent également des descriptions abstraites. Ce qui les distingue cependant, c'est le fait que les noms et les dates qu'ils contiennent se réfèrent à des individus et des points ou périodes de temps du monde réel. Comme dans ce cas le lecteur fait également partie du monde réel, il peut en principe vérifier les propositions que contient le rapport de police ou l'étude historique. Par contre, cela n'est pas possible pour le lecteur d'un roman, pour deux raisons : premièrement, les noms et les dates figurant dans un roman ne se réfèrent normalement pas à des individus du monde réel, mais à des individus d'un monde fictif. Deuxièmement, les lecteurs d'un roman ne font pas partie du monde fictif dont un segment est décrit dans le roman et n'ont donc aucun moyen pour identifier les individus en question. Et sans identification, pas de vérification.

Mais l'écrivain fait encore une autre chose très importante. Il déclare – le plus souvent en lui donnant un titre – que son texte est une œuvre littéraire et il invite ainsi le lecteur à jouer le jeu de croire que tout ce qui est affirmé dans le roman est vrai dans un monde fictif. Cela implique de croire qu'il y a dans ce monde des individus auxquels les noms et dates du roman se réfèrent. C'est cet aspect de l'œuvre littéraire qui donne raison à la deuxième théorie mentionnée ci-dessus. La fameuse formule « Il était une fois un village » est en effet l'affirmation qu'il y a une telle période et un tel lieu dans le monde fictif, mais sans description définie qui permette de les identifier. Pour identifier un individu du monde fictif, l'écrivain compte sur l'imagination du lecteur, qui peut, sur la base des descriptions que l'écrivain lui offre, imaginer la présence de cet individu. Sur ce plan, on doit donner raison à la position phénoménologique et admettre que les individus imaginés par le lecteur ne sont pas accessibles de façon intersubjective. Il y a autant de mondes fictifs qu'il y a de lecteurs et même de lectures. C'est pourquoi les individus existant dans les mondes fictifs ne sont pas des objets propres à la science de la littérature.

Ce que cette dernière étudie, c'est le texte écrit par l'écrivain et sa signification. Cette signification inclut que l'écrivain déclare vouloir décrire un monde fictif. Le critique littéraire évalue la maîtrise et le génie que l'écrivain a montrés dans la composition de ce monde fictif ; l'historien de la littérature détermine les influences sociales et historiques qu'il a subies.

Il y a enfin des discours qui se passent dans le monde fictif lui-même. Il peut même y avoir des rapports de police qui se réfèrent aux événements réels du monde fictif et des récits qui créent des mondes fictifs de second degré à l'intérieur du monde fictif du premier degré. L'exemple le plus frappant est peut-être le drame *Pyrame et Thisbé* mis en scène par les artisans à l'intérieur du *Songe d'une nuit d'été* de William Shakespeare.

5. Comment résoudre les problèmes de l'imagination et de la fiction

Voyons comment on peut – sur la base de la position défendue ci-dessus – résoudre les problèmes et les paradoxes concernant l'imagination et la fiction [Liao & Gendler, 2019]. Nous nous concentrons sur les trois problèmes les plus importants :

1. Le problème de la vérité des énoncés concernant un monde fictif
2. Le problème de la vue de l'invisible
3. Le problème des émotions provoquées par des choses imaginées

1. Si je dis : « Emma Bovary s'est suicidée à l'issue d'une mésaventure », il semble que je réclame la vérité de mon énoncé. Mais pour cela, le nom *Emma Bovary* devrait se référer à un individu identifiable. Dans le monde réel, toutefois, aucun individu portant ce nom n'existe. Mon énoncé doit donc être faux[10]. Nous pensons néanmoins qu'il est vrai. Voilà le premier problème.

Pour le résoudre, il faut d'abord déterminer à quel niveau de discours cet énoncé appartient. C'est ce que Walton fait également. Si l'énoncé appartient au discours d'un critique littéraire, il s'agit du raccourci d'un tout autre énoncé, à savoir « La figure *Emma Bovary* constituée par Flaubert contient la propriété abstraite de commettre un suicide à l'issue d'une mésaventure ». Pour que cet énoncé soit vrai, il n'est pas requis que l'expression *Emma Bovary* se réfère à un individu identifiable dans le monde réel. Dans ce qui précède, la seule expression qui a une telle référence est le nom *Flaubert*.

Si, par contre, l'énoncé en question fait partie du discours d'un lecteur du roman, ses conditions de vérité sont tout autres. Walton argumente que dans ce cas, l'énoncé n'a pas besoin d'une référence pour être vrai. Selon lui, le lecteur « prétend décrire le monde réel plutôt que décrire un monde fictif » [MMB, 392]. Ainsi le lecteur n'exprime pas vraiment une proposition, il fait seulement semblant de le faire. L'énoncé ne porte pas sur quelque chose de fictif, il est lui-même une fiction. En tant que tel, il ne comporte aucune prétention à la vérité. Nous n'avons donc pas besoin d'en chercher les conditions. Mais Walton ne tire pas cette conséquence. Il attribue plutôt une valeur de vérité à l'énoncé et l'explique comme suit : « Ce qui rend l'énoncé [...] vrai, je suggère, est simplement le fait que c'est une fiction dans son

---

[10] En effet, certains philosophes pensent que ces énoncés sont faux [Ryle, 1933, 18-43], d'autres soutiennent qu'ils n'ont pas de valeur de vérité [Devine, 1974, 389-399].

[du lecteur] jeu [autorisé] qu'il dit la vérité. » Cette solution souffre de contradictions et d'erreurs évidentes.

On voit d'emblée que l'affirmation que l'énoncé ne contient aucune proposition et qu'il est néanmoins vrai est contradictoire. On se demande ensuite comment le fait qu'un énoncé est une fiction dans un jeu peut le rendre vrai. Enfin, nous ne voyons pas en quoi un lecteur qui prononcerait l'énoncé prétendrait décrire le monde réel : il sait parfaitement que les faits qu'il apprend dans sa lecture sont des faits d'un monde fictif. Le cas des enfants qui jouent à la chasse aux ours est tout différent : les enfants font partie du monde fictif. Mais eux ne prétendent pas non plus être des chasseurs réels dans le monde réel. Ils sont réels dans le monde fictif et ils le savent. Seul un adulte qui les observe de l'extérieur peut dire qu'ils prétendent seulement être des chasseurs.

Il est étonnant qu'on puisse entrer dans tant de complications pour résoudre ce problème si la solution est simple et évidente. S'il est vrai – comme nous l'avons dit – que le lecteur imagine un monde fictif et comprend le texte qu'il lit comme un rapport sur ce monde fictif, il est clair que ce qui rend vrais les énoncés concernant ce monde fictif, ce sont des faits de ce monde fictif. Il nous semble clair également que des noms comme *Emma Bovary*, quand ils sont utilisés par un lecteur, réfèrent à des individus existant dans ce monde fictif. On a objecté contre cette thèse que la théorie causale de la référence des noms (avancée par Kripke) ne s'applique pas à des individus fictifs et que par conséquent, les noms utilisés dans un roman n'ont pas de référence. Mais l'argument ne parvient pas à le prouver. La seule différence entre les noms utilisés dans un discours sur le monde réel et les noms d'une fiction est que dans le premier cas, la chaîne causale qui garantit la référence du nom est une chaîne réelle, tandis que dans le cas des noms de la fiction, c'est une chaîne qui n'existe que dans le monde fictif.

2. À l'origine, le deuxième problème relève de la théorie de la connaissance. Il est introduit par Berkeley dans le *Traité sur les principes de la connaissance* et dans le *Premier Dialogue entre Hylas et Philonoüs*, où il fait dire à Hylas qu'il « conçoit un arbre comme existant sans être perçu ou pensé ». Walton propose un exemple tiré de l'histoire de l'art. Dans la chapelle Sixtine, on voit sur les fresques de Michel-Ange des scènes de la création du monde. Mais la fiction veut que ces scènes se déroulent avant même qu'une créature ne puisse les regarder. Comment est-il alors possible que les visiteurs de la Sixtine les voient ? [MMB, 237]. Walton a recours à sa théorie de la double fiction pour résoudre le problème : « c'est une fiction que nous voyons

la création et c'est également une fiction que personne ne la voit, mais la conjonction de ces deux propositions n'est pas une fiction » [MMB, 239]. Nous ne voyons pas comment il peut échapper à la contradiction de cette façon. Il faudrait déjà que les deux fictions et leurs mondes ne soient pas identiques. Mais Walton ne dit pas cela. Il argumente par contre que la contradiction des deux affirmations doit être ignorée. Mais ignorer un problème ne peut en constituer la solution.

Si, par contre, on suit la façon de voir les choses que nous avons exposée, la solution saute aux yeux. Selon notre conception, la théorie de la double fiction est fausse. Ce n'est pas une fiction que je regarde les fresques de la Sixtine. C'est un événement qui a lieu dans le monde réel. Par contre, ce que je vois est une fiction, puisque la peinture me permet un regard sur un morceau d'un monde fictif. Dans ce monde fictif se passe une scène que – selon la fiction – personne ne voit. Cela ne contredit d'aucune façon le fait que dans le monde réel cette scène est vue par le biais de la peinture. C'est la théorie de la double fiction qui crée le problème au lieu de le résoudre. Nous avons donc un argument supplémentaire pour la rejeter.

3. Dans la littérature philosophique, on présente souvent le troisième problème sous la forme d'un paradoxe[11]. Il semble, en effet, que les trois propositions suivantes soient vraies toutes les trois, mais incompatibles dans leur ensemble :

1. Nous éprouvons des émotions par rapport à des personnages et des événements fictifs.
2. Nous n'éprouvons pas d'émotions si nous ne croyons pas que les objets de nos émotions existent.
3. Nous ne croyons pas que des personnages et événements fictifs existent.

Pour résoudre ce paradoxe, il faut prouver qu'au moins une des propositions est fausse. C'est exactement ce qu'ont tenté les protagonistes du débat.

Il n'est pas étonnant que la plupart des auteurs visent d'abord la proposition 2. En effet, on peut se demander pourquoi nos émotions présupposeraient une croyance en la réalité de leur objet. Mais la théorie traditionnelle des émotions, à savoir celle des cognitivistes au sens strict, a toujours souligné qu'elles ont une base cognitive sous forme de croyance [Lyons, 1980 ; Oakley, 1992].

---

[11] Friend [2016, 217] l'appelle *the paradox of fiction*.

Il fallait donc mettre en doute cette théorie standard des émotions. Pour ce faire, il y a deux options : ou bien on argumente que l'élément cognitif n'est pas nécessairement une croyance [Stocker, 1987 ; Greenspan, 1988], ce que font les cognitivistes au sens large ; ou bien on nie carrément la nécessité d'un tel élément [Robinson, 2005 ; Prinz, 2004], ce que font les non-cognitivistes. L'attaque contre la deuxième proposition semble donc prometteuse.

Cependant, ces arguments n'atteignent pas vraiment leur but. Certes, on ne peut pas nier qu'il y a des émotions sans base cognitive directe. Mais notre question concerne les émotions dues à l'expérience d'événements fictifs et ces derniers ont certainement une base cognitive. La question qui reste est donc de savoir si cette base a le caractère d'une croyance. Les cognitivistes au sens large argumentent que dans le cas de la fiction, une croyance n'est pas nécessaire et l'imagination suffit. De cette façon, ils placent à nouveau l'imagination et la croyance au même niveau, alors que nous avons montré qu'elles occupent des niveaux différents. Mais l'erreur la plus grave est de comprendre le terme *exister* dans le sens d'exister dans le monde réel, alors que les personnages et événements fictifs existent avant tout dans le monde fictif. À notre avis, il n'y a aucun problème à soutenir que les émotions de la fiction présupposent la croyance en l'existence de ces entités dans le monde fictif, tandis qu'une croyance en leur existence dans le monde réel n'est évidemment pas requise. C'est pourquoi nous ne suivrons pas la stratégie de réfuter la deuxième proposition. Nous l'acceptons plutôt dans le sens que nous venons d'expliquer.

Il nous faut donc mettre en doute une des deux autres propositions. Qu'en est-il de la première ? Certains auteurs s'en prennent en effet à elle en argumentant ou bien que les émotions de la fiction sont d'un tout autre genre que les émotions de la vie réelle ou bien qu'il ne s'agit pas du tout d'émotions réelles, mais d'émotions fictives. Pour défendre le premier point, on argumente que les émotions provoquées par des faits fictifs – à la différence des émotions de la vie réelle – n'ont pas de force motivante. C'est tout à fait exact. L'auteur ou le metteur en scène prend des mesures pour assurer que le spectateur et le lecteur ne confondent pas le monde fictif avec le monde réel. Il y a donc ce qu'on appelle un *effet de quarantaine* [Gendler, 2003 ; Friend, 2016, 222] qui protège le spectateur ou le lecteur des maux et des biens qu'il voit ou imagine. Mais cette quarantaine ne concerne que la motivation d'agir, pas les émotions elles-mêmes. On a donc tort de conclure de l'effet de quarantaine que les émotions de la fiction ne sont pas de vraies émotions.

La deuxième démarche est celle de Walton. Comme selon lui notre accès à un monde fictif est lui-même fictif, les émotions qu'il provoque le sont également [MMB, 250-51]. Mais cette conséquence rend la théorie de la double fiction encore plus douteuse. On ne peut pas éprouver des émotions fictives. Elles sont toujours bien réelles.

Nous avons donc de bonnes raisons de refuser le rejet des propositions 1 et 2. Mais si ces propositions sont maintenues, il ne reste que le rejet de la troisième pour résoudre le paradoxe. C'est exactement ce que nous ferons. Comme la proposition 2, la proposition 3 – telle que formulée par Friend – est ambiguë. Elle ne spécifie pas s'il s'agit de l'existence dans le monde réel ou de l'existence dans un monde fictif. La proposition est correcte si et seulement s'il s'agit de l'existence dans le monde réel ; et dans ce cas, elle est trivialement correcte. Si, par contre, il s'agit de l'existence dans un monde fictif, elle est évidemment fausse. Car les personnages et événements fictifs existent – par définition – dans un monde fictif et nous le croyons à juste titre.

En effet, selon la théorie que nous avons développée, l'attitude propositionnelle de croire ne concerne pas seulement les propositions qui sont vraies ou fausses dans le monde réel, mais également des propositions qui sont vraies ou fausses dans un monde fictif. Nous croyons donc bel et bien ce que nous lisons dans un roman et ce que nous regardons dans un film, mais nous serions naïfs de confondre le monde fictif avec le monde réel et de croire que les faits concernés se sont produits dans le monde réel.

Il n'y a donc pas besoin de réfuter l'une des propositions 1 et 2 pour résoudre le paradoxe de la fiction, il suffit de lever l'ambiguïté dans la deuxième et la troisième proposition. En effet, si l'on interprète le terme *exister* dans le sens d'« exister dans le monde fictif », la deuxième est vraie et la troisième est fausse. Cela montre encore une fois la force de notre théorie. Elle offre une solution simple et élégante aux problèmes et apories de l'imagination et de la fiction.

Conclusion : quelle est donc la relation entre croyance et imagination ?

1. En disant « Je crois que p », j'exprime mon attitude propositionnelle envers p. En disant « J'imagine que p », je produis une représentation de p – sous forme d'image ou de proposition – en l'absence d'une évidence sensible et immédiate pour p. À la différence de la croyance, l'imagination n'est donc pas une attitude propositionnelle, mais un acte de créer une représentation.

2. Cela ouvre la possibilité que la représentation ainsi créée devienne l'objet d'une attitude propositionnelle. On peut, en effet, croire ce qu'on imagine.

3. La question se pose alors de savoir quand une telle attitude propositionnelle est justifiée. La réponse dépend évidemment du type de monde dont l'état de choses est censé faire partie. S'il fait partie du monde réel, croire ce que j'imagine est justifié si et seulement s'il y a dans le monde réel un fait qui correspond à l'état de choses imaginé. Si, par contre, il fait partie d'un monde fictif, croire que ce que j'imagine est le cas dans le monde fictif est justifié si et seulement s'il y a un fait dans le monde fictif qui correspond à ce que je crois.

À la différence des faits du monde réel, les faits du monde fictif ne sont pas indépendants de ce que nous imaginons. Ils sont plutôt établis artificiellement par ce qu'un peintre nous fait voir, un acteur nous fait vivre et un auteur nous fait comprendre, et par ce que nous imaginons à partir de ces informations.

Bibliographie

Beziau, Jean-Yves [2016], "Possibility, Imagination and Conception", *Princípios: Revista de Filosofia*, 23, 40, 59-95.

Calvo-Martinez, Tomás [2011], "The Aristotelian Conception of Imagination : *De anima* III 3, 427b14-428b10", in Cristina Rossitto, *La Psychologie d'Aristote*, Paris/Bruxelles, Vrin/Ousia, « Études aristotéliciennes », 57-71.

Currie, Gregory [1990], *The Nature of Fiction*, Cambridge, Cambridge University Press.

Currie, Gregory & Ravenscroft, Ian [2002], *Recreative Minds*, Oxford, Clarendon.

Davies, David [2007], *Aesthetics and Literature*, Basingstoke, Palgrave Macmillan.

Devine, Philip E. [1974], "The Logic of Fiction", *Philosophical Studies*, 26, 389-399.

Doggett, Tyler & Egan, Andy [2007], "Wanting Things You Don't Want", *Philosophers' Imprint*, 7, 1-17.

— [2011], "How We Feel about Terrible, Non-Existent Mafiosi", *Philosophy and Phenomenological Research*, 84, 277-306.

Friend, Stacie [2008], "Imagining Fact and Fiction", in Kathleen Stock & Katherine Thomson-Jones (eds.), *New Waves in Aesthetics*, Basingstoke, Palgrave Macmillan, 150-169.

— [2016], "Fiction and Emotion", in Kind (ed.), 217-229.

Greenspan, Patricia S. [1988], *Emotions and Reasons: An Enquiry into Emotional Justification,* New York, Routledge.

Hintikka, Jaakko [1961], "Modality and Quantification", *Theoria*, 27, 119-128.

Husserl, Edmund [1913-1921], *Logische Untersuchungen*, 2ᵉ éd., Halle.

— [1950], *Ideen zu einer reinen Phänomenologie und phänomenologischen Philosophie, 1. Buch: Allgemeine Einführung in die reine Phänomenologie*, Haag (Husserliana III).

Kind, Amy [2011], "The Puzzles of Imaginative Desire", *Australasian Journal of Philosophy*, 89, 3, 421-439.

— (ed.) [2016], *The Routledge Handbook of Philosophy of Imagination*, Abingdon, Routledge.

Kripke, Saul [1959], "A Completeness Theorem in Modal Logic", *Journal of Symbolic Logic*, 24, 1, 1-14.

— [1972], *Naming and Necessity*, Cambridge (MA), Harvard University Press.

Lamarque, Peter & Olsen, Stein Haugom [1994], *Truth, Fiction and Literature*, Oxford, Oxford University Press.

Langland-Hassan, Peter [2012], "Pretense, Imagination, and Belief: The Single Attitude Theory", *Philosophical Studies*, 159, 2, 155-179.

Liao, Sam & Doggett, Tyler [2014], "The Imagination Box", *Journal of Philosophy*, 111, 5, 259-275.

Liao, Shen-yi & Gendler, Tamar [2019], "Puzzles and Paradoxes of Imagination and the Arts, Supplement to Imagination", in Edward N. Zalta (ed.), *Stanford Encyclopedia of Philosophy* (Winter 2019 Edition), https://plato.stanford.edu/entries/imagination/puzzles.html.

Livingston, Paisley & Mele, Alfred R. [1997], "Evaluating Emotional Responses to Fiction", in Mette Hjort & Sue Laver (eds.), *Emotion and the Arts*, New York, Oxford University Press, 157-176.

Lyons, W.E. [1980], *Emotion*, Cambridge, Cambridge University Press.

Meinong, Alexius [1971], *Abhandlungen zur Erkenntnistheorie und Gegenstandstheorie*, Graz, A. Meinong Gesamtausgabe, vol. 2.

Neill, Alex [1991], "Fear, Fiction and Make-Believe", *Journal of Aesthetics and Art Criticism*, 49, 47-56.

Nichols, Shaun B. & Stich, Stephen [2000], "A Cognitive Theory of Pretense", *Cognition*, 74, 115-147.

Oakley, Justin [1992], *Morality and the Emotions*, London, Routledge.

Parsons, Terence [1980], *Nonexistent Objects*, New Haven (CT), Yale University Press.

Prinz, Jesse J. [2004], *Gut Reactions. A Perceptual Theory of Emotion*, New York, Oxford University Press.

Robinson, Jenefer [2005], *Deeper than Reason. Emotion and its Role in Literature, Music, and Art*, Oxford, Oxford University Press.

Ryle, Gilbert [1933], "Symposion: Imaginary Objects", *Proceedings of the Aristotelian Society*, 12, 1, 18-43.

Sartre, Jean-Paul [1948], *L'Imagination*, 2ᵉ éd., Paris, Gallimard.

— [1986], *L'Imaginaire*, éd. Arlette Elkaïm-Sartre, Paris, Gallimard.

Searle, John R. [1975], "The Logical Status of Fictional Discourse", *New Literary History*, 6, 2, 319-332.

Seel, Gerhard [1988], « Über den Grund der Lust an schönen Gegenständen. Kritische Fragen an die Kantische Ästhetik », in Hariolf Oberer & Gerhard Seel (éd.), *Kant. Analysen – Probleme – Kritik*, Würzburg, Königshausen & Neumann, 317-356.

— [1998], « Die Einleitung in die Analytik der Grundsätze, der Schematismus und die obersten Grundsätze. (A 130/B 169 – A 158/B 197) », in Georg Mohr & Marcus Willaschek (éd.), *Immanuel Kant, Kritik der reinen Vernunft*, Akademie Verlag, Berlin, 217-246.

— [2003], « Kunstwerke als Spielzeuge und Spielplätze », in Kiyokazu Nishimura, Ken-ichi Iwaki, Tanehisa Otabe, Ken-ichi Sasaki & Eske Tsugami (eds.), *Selected Papers of the 15ᵗʰ International Congress of Aesthetics*, Tokio, 383-395.

— [2006], « Wesen der Kunst – Geschichte der Kunst, Eine unerwartete Begegnung », in Gerhard Seel (éd.), *End of Art – Endings in Art*, Basel, Schwabe, 116-141.

— [2006], « Wer träumt den Sommernachtstraum? Zur Stufenontologie fiktiver Welten im Ausgang von Shakespeare », in Peter Csobádi, Gernot Gruber, Jürgen Kühnel, Ulrich Müller, Oswald Panagl & Franz Viktor Spechtler (éd.), *Traum und Wirklichkeit in Theater und Musiktheater*, Salzburg, Müller-Speiser, 108-129.

— [2011], « L'art dans l'histoire et l'art du futur », *Diogène*, 1, 233-234, 226-240.

— [2018], « La beauté va-t-elle sauver le monde ? », in Petru Bejan & Daniel Schulthess (éd.), *Le Beau. Actes du XXXVIᵉ Congrès de l'Association des Sociétés de philosophie de langue française (ASPLF)*, Iași, Editura Universității Alexandru Ioan Cuza, 83-99.

Sinhababu, Neil [2016], "Imagination and Belief", in Kind [2016], 111-123.

Stock, Kathleen [2016], "Imagination and Fiction", in Kind [2016], 204-216.

Stocker, Michael [1987], "Emotional Thoughts", *American Philosophical Quarterly*, 24, 59-69.

Thomasson, Amie L. [1999], *Fiction and Metaphysics*, Cambridge, Cambridge University Press, « Cambridge Studies in Philosophy ».

Walton, Kendall L. [1990], *Mimesis as Make-Believe. On the Foundations of the Representational Arts*, Cambridge (MA), Harvard University Press.

Weinberg, Jonathan & Meskin, Aaron [2005], "Imagine That", in Matthew Kieran (ed.), *Contemporary Debates in Aesthetics and the Philosophy of Art*, Cambridge (MA), Blackwell.

— [2006], "Puzzling over Imagination", in Shaun Nichols (ed.), *The Architecture of the Imagination. New Essays on Pretence, Possibility, and Fiction*, New York, Oxford University Press, 175-202.

Wolterstorff, Nicholas [1980], *Works and Worlds of Art*, Oxford, Oxford University Press, « Clarendon Library of Logic and Philosophy ».

Zalta, Edward N. [1983], *Abstract Objects. An Introduction to Axiomatic Metaphysics*, Dordrecht, Reidel.

Gerhard SEEL
Universität Bern
Berne, Suisse
gerhardjseel@gmail.com

Émotions, imagination et art ou Pourquoi peut-on pleurer avec Anna Karénine tout en sachant qu'elle n'existe que dans notre imagination ?
Mihaela POP

Dans l'art contemporain, on assiste à un transfert intéressant de l'intérêt centré sur l'objet vers le processus créatif et l'imagination productrice. Nous abordons les significations anciennes et récentes des notions d'émotion artistique et d'expérience artistique produites par l'imagination créatrice de l'artiste. Nous utilisons des ouvrages de philosophie appartenant à deux méthodes d'analyse, la phénoménologie et la philosophie analytique.

A) Après une courte définition de l'imagination poétique selon Gaston Bachelard, nous nous rapportons à la notion phénoménologique d'*Erlebnis* comprise comme expérience directe et comme résultat de l'expérience (le sentiment, l'attitude esthétique valorisante).

B) Les études récentes sur les aspects psychiques et cognitifs des émotions de la philosophie analytique nous semblent très pertinentes. Un problème majeur serait le statut des émotions artistiques et esthétiques : sont-elles réelles, authentiques ou simplement... imaginaires ? Les émotions artistiques ne sont pas simples, elles ont une multitude de causes individuelles mais aussi culturelles. Noël Carroll parle de leur caractère cognitif double : a) l'intentionnalité de l'émotion qui dirige notre attention et b) les mentalités (pré-jugés) culturelles qui déterminent notre émotion artistique. Comment ces émotions sont induites chez le récepteur par le processus artistique créatif qui stimule l'imagination serait une autre question à discuter.

L'accent mis dans l'art du XXe siècle sur l'expérience immédiate, directe, attire l'attention sur le corps humain, qui devient objet et instrument artistique en même temps dans certains arts contemporains comme le *performance art*, le *body painting*, les *happenings*, etc. Dans un tel univers exploratoire, l'esthétique philosophique nous semble en étroit rapport avec la démarche artistique. Nous abordons ici des notions comme l'émotion, l'expérience artistique et le vécu (*Erlebnis*) qui, selon nous, sont des éléments constitutifs de la création de l'œuvre d'art à côté de l'imagination.

Nous avons partagé notre démarche en deux : A) Quel est le rôle attribué à l'émotion par la phénoménologie et l'herméneutique ? B) Comment l'émotion est-elle pensée dans la philosophie analytique fondée sur les neurosciences et les sciences de la cognition ? Nous voulons voir si les deux directions de pensée, bien distinctes l'une de l'autre, peuvent offrir une image plus complète de la contribution de cette forme affective à la valeur artistique de l'œuvre d'art.

A. L'imagination artistique est en rapport étroit avec l'émotion. Bachelard définit l'imagination comme une « faculté majeure de la nature humaine capable de stimuler l'ouverture vers le possible et la totalité » [2005, 10]. Elle est objet de recherche surtout depuis Aristote puis dans la démarche kantienne et durant le Romantisme. Au XIXe siècle, Baudelaire la considère comme « la faculté reine » de la création artistique, idée reprise par B. Croce au début du XXe siècle.

L'émotion comme expérience affective et produit de la sensibilité humaine fut longtemps ignorée par la pensée philosophique. Depuis Platon, on pensait que les émotions appartiennent à ce qui est incontrôlable et irrationnel et par conséquent, on les considérait comme dangereuses pour la vie orientée vers la raison et la vérité (*Phèdre*, la métaphore de l'attelage). C'est surtout au XVIIIe siècle que la philosophie anglaise empiriste tourne son intérêt vers la sensibilité humaine ; les émotions semblent devenir elles aussi un « chapitre » à explorer d'une manière philosophique. Les contributions d'Anthony Shaftesbury ou d'Edmund Burke et aussi d'Alexander Baumgarten en Allemagne témoignent de cet intérêt. Mais celui qui nous semble avoir attiré l'attention sur le rôle des émotions dans les sciences de l'esprit est Wilhelm Dilthey. Il considère l'*Erlebnis* (le vécu) comme « une manière de saisir le monde ». L'on sait que la notion provient du verbe allemand *erleben*, qui signifie vivre, sentir, avoir des émotions, et suppose le caractère immédiat, direct d'une expérience. Pour Dilthey, l'*Erlebnis* suppose non seulement l'expérience directe mais aussi le résultat de celle-ci, car toute expérience renvoie vers la totalité de la vie psychique individuelle et se rapporte d'une manière dynamique à toutes les autres expériences de l'individu. Au-delà du terme *Erlebnis*, Dilthey suppose la notion de vie comme totalité des événements vécus, des émotions et expériences personnelles. Nietzsche et Bergson reprennent l'idée dans des concepts comme la *philosophie de la vie* ou l'*élan vital* et la *durée*.

Cette vision sera reprise par la phénoménologie du XXe siècle. Jean-Paul Sartre affirme que l'émotion doit être pensée comme « une manière d'exister de la conscience, celle sensorielle et intuitive et comme une expérience immédiate qui implique le corps directement » [2000, 12]. Par conséquent, l'émotion est capable d'inclure des réactions corporelles, des conduites, des attitudes et des états de conscience car, selon Sartre, « l'émotion exprime la réaction de l'homme au monde ». Elle ne doit pas être conçue seulement comme un accident ou dans ses aspects particuliers, car elle signifie à sa manière la conscience dans sa complexité entière, elle est la réalité humaine même. Si l'on tient compte que pour la phénoménologie, toute action humaine a une signification, l'émotion indique, signifie, donc nous devons chercher son signifié. D'ailleurs, la psychanalyse freudienne avait déjà affirmé la nécessité de trouver la signification de l'émotion, car pour la psychanalyse, tout état de conscience signifie autre chose que lui-même. Selon Sartre, une théorie de l'émotion qui affirme son caractère signifiant doit chercher cette signification dans la conscience même.

L'*Erlebnis* est aussi capable d'assurer le processus cognitif, car c'est un connaître immédiat, subjectif et authentique. Elle suppose réflexivité et intériorité. Husserl signale le caractère intentionnel de l'*Erlebnis* car elle est orientée et son objet est donné en même temps qu'elle. Elle devient un terme commun pour les actions de la conscience qui sont fondées sur l'intentionnalité. Hans-Georg Gadamer lui ajoute une signification supplémentaire : l'expérience artistique, qui n'est pas une expérience comme n'importe quelle autre, mais « une modalité essentielle de l'*Erlebnis* », car l'œuvre d'art contient un monde entier et, par conséquent, l'expérience artistique est lourde de significations. C'est ainsi que l'œuvre d'art, par cette expérience, extrait le récepteur du continuum de son existence et l'amène dans la proximité de la totalité de cette existence, qui se révèle pour une courte période par le contact du récepteur avec l'art. Le récepteur acquiert une connaissance existentielle qui l'aide à avoir l'intuition des significations majeures de sa vie. Dans le dernier chapitre de *Vérité et Méthode*, Gadamer parle [1996, 428-439] du beau comme manifestation éclairante de la vérité de l'existence humaine en nous rappelant les dialogues de Platon. C'est par le beau que le bien et le vrai trouvent leur expression médiée. La vérité humaine *advient* (dit Heidegger) par l'*éclat* de la beauté artistique. Dans l'expérience artistique, on assiste à la valorisation comme vérité de l'expérience du vécu en sa totalité, car une certaine expérience artistique s'ouvre ainsi vers d'autres expériences de la vie. Le sujet et l'objet interfèrent, car le sujet est impliqué directement dans la perception artistique. Si pour Gadamer l'expérience du vécu a un caractère herméneutique et que l'herméneutique elle-même est expérience authentique, l'émotion, comme partie de cette expérience, peut être considérée elle aussi comme une expression du monde et du vécu. Elle est donc herméneutique et manifestation de la vérité humaine. Dans ces conditions, du point de vue herméneutique et phénoménologique, le fait de pleurer avec Anna Karénine, même si elle n'est qu'une fiction littéraire, est bien compréhensible. L'imagination productrice, stimulée par le texte de Tolstoï, aide mon imagination à me figurer les expériences d'Anna qui sont aussi les miennes ou qui ressemblent au vécu auquel j'appartiens aussi. Par conséquent, comme dans un jeu, je suis là, à côté d'elle, dans son univers imaginé par l'artiste. À l'aide d'une *mimesis cognitive* qui est une re-connaissance, le texte nous amène en présence de l'essentiel du vécu humain. L'image intuitive que l'artiste crée est vrai-semblable ou semblable au vrai et éclairante.

Du point de vue phénoménologique et herméneutique, l'émotion fait donc partie de l'expérience du vécu, elle n'est pas un simple phénomène particulier mais *un type organisé de conscience* car elle reflète la conscience même. L'émotion artistique est une *modalité privilégiée* de l'expérience du vécu car elle contribue à la constitution d'une conscience herméneutique appelée à révéler la vérité de la vie avec toute sa multitude de significations valorisantes.

B. Dans la philosophie analytique, les recherches ont été récemment orientées vers la dimension psychologique et cognitiviste des émotions. En tenant compte des études récentes[1], il y a deux grandes directions de recherche sur les émotions : a) une orientation cognitiviste centrée sur l'intentionnalité qui met l'accent sur une composante rationnelle et b) une orientation sociale et constructiviste où les émotions sont perçues comme ayant leur origine dans le langage et la culture, ce qui suppose des éléments de morale, de religion, en général, des éléments de spiritualité.

En ce qui concerne la structure de l'émotion, les recherches affirment qu'il y a deux composantes essentielles : a) la sensation comme réponse du corps à une expérience précise et b) la pensée qui représente la contribution de la cognition. On pourrait dire ainsi que *l'émotion est une réponse corporelle ayant pour but l'orientation de l'attention vers une direction précise et qui suppose une certaine connaissance à divers niveaux de profondeur*, depuis la prise de conscience d'un évènement (état) jusqu'à des attitudes morales,

---

[1] [Hjort & Laver, 1997] ou [Evers, Fuller *et al.*, 2016].

artistiques, religieuses ou scientifiques plus complexes. Par conséquent, elle n'est plus un agglomérat chaotique de sensations et de désirs comme Platon l'avait affirmé, elle devient un complexe ordonné et qui suppose une causalité entre les relations des diverses composantes.

La question qui nous intéresse se rapporte aux émotions artistiques : sont-elles différentes ? Comportent-elles aussi des éléments cognitifs ? Sont-elles réelles, authentiques ou sont-elles imaginées ? Autrement dit : pourquoi peut-on pleurer avec Anna Karénine si elle n'est qu'un produit de l'imagination littéraire, si elle n'existe pas en réalité ? La philosophie analytique nous offre des réponses variées : soit les émotions artistiques sont seulement des « simulacres » car elles sont imaginaires [Levinson, 1997], soit, à l'autre extrême, le récepteur est complètement impliqué, attitude considérée comme irrationnelle et qui renvoie à Platon. Il y a aussi des opinions plus équilibrées qui affirment que l'art produit des émotions réelles envers des personnages imaginaires. Selon William James [1890], les émotions ont divers degrés d'intensité et de subtilité. Il y a 1) des émotions déterminées par les perturbations corporelles causées par la stimulation des sens ou par des évènements extérieurs ; il y a aussi 2) des émotions plus subtiles qui ne supposent pas de modifications dramatiques au niveau de la physiologie mais qui ont un impact au niveau de la pensée. Il s'agit des émotions morales, religieuses et scientifiques. Les émotions artistiques sont générées par des combinaisons de sons, de lignes et de volumes ou par les émotions des personnages et leurs actions, etc. Elles sont individuelles mais aussi culturelles, spécifiques à une époque ou à un mouvement culturel (par exemple les émotions du Romantisme). On peut avoir des émotions artistiques au niveau sensoriel et aussi à des niveaux plus profonds qui supposent des degrés de spiritualité. Ces émotions peuvent générer des souvenirs personnels qui peuvent à leur tour amplifier les états émotionnels plus individualisés.

Les émotions en général supposent une augmentation de l'activité du cortex prémoteur de même que du cortex moteur. Il s'agit d'une préparation à agir au niveau du cœur, des muscles abdominaux et aussi de l'augmentation de la tension artérielle. Des recherches récentes [Keysers & Gazzola, 2016] ont prouvé que nous avons la capacité de copier les actions des autres. Les neurones du cortex prémoteur deviennent actifs lorsque la personne se prépare à agir. Mais 10 % de ces neurones (dits *neurones miroir*) deviennent actifs même si l'individu n'agit pas mais qu'il voit, entend ou imagine seulement d'autres personnes qui font les gestes. Le cortex prémoteur est une région responsable de la planification des actions et déclenche l'intervention du cortex moteur primaire qui doit exécuter l'action planifiée. Cette préparation ne devient active que si l'individu décide d'agir, mais un certain nombre de neurones deviennent actifs même si l'individu ne décide pas d'agir.

Il y a aussi une théorie de Donald Hebb [1949] qui affirme que le cerveau humain ne s'associe pas seulement d'une manière réactive aux actions des autres individus mais a aussi la capacité de prévoir ce qu'un autre est en train de faire. Il s'agit d'une manière de se connaître soi-même car la capacité de prévoir est fondée sur l'expérience personnelle antérieure. C'est pour cela que l'émotion artistique est si intense, semblable à l'émotion causée par une action réelle, immédiate. Par conséquent, on peut accepter que pleurer à côté d'un personnage imaginaire n'est pas une émotion inauthentique, simplement imaginaire ; au contraire, elle est semblable à l'émotion vécue dans une situation réelle. Les chercheurs considèrent ainsi que nous avons un cerveau empathique et donc une intelligence émotionnelle. D'autres chercheurs comme Susan L. Feagin [1997], Jerrold Levinson [1997] et Kendall Walton [1997] considèrent que dans l'art, l'empathie est « imaginaire et cognitive » car « nous nous imaginons que nous avons une émotion vécue par le personnage mais que nous ne la vivons pas réellement » : nous sommes dans un simple état imaginaire et cognitif. Notre émotion est en fait une « simulation » d'un état cognitif dans l'imaginaire. On entend ici la simulation comme un procédé scientifique ayant pour but la connaissance, car on simule un phénomène, un fait pour mieux le comprendre. Par conséquent, une tragédie serait, dans ce sens, une simulation d'une action humaine. Selon moi, on ne peut pas considérer une œuvre d'art comme une simulation scientifique ; je suis d'accord avec Noël Carroll, qui affirme que les émotions artistiques doivent être discutées à l'intérieur du champ artistique, considéré comme un domaine autonome. Comparer l'émotion artistique à toute autre émotion est clairement une erreur.

On considère qu'il y a plusieurs types d'émotions artistiques selon leur source et leur cible : a) émotions personnelles qui déterminent l'artiste à peindre ou écrire (on parle d'habitude d'un désir incontrôlable de créer), b) émotions transmises à l'œuvre ; c) émotions induites chez le récepteur.

Le groupe b est le plus varié. On peut mentionner trois grandes catégories : 1) l'émotion représentée par le peintre même s'il ne l'a pas ressentie lui-même, par exemple *Les Aveugles* de Pieter Brueghel l'Ancien ; 2) l'émotion provoquée par l'œuvre dans le processus de la contemplation, par exemple *Le Jugement Dernier* de Michel-Ange, qui produit une émotion forte tenant compte du sujet abordé et de la manière artistique appliquée ; 3) l'émotion *découverte* dans l'œuvre par le récepteur, par exemple Van Gogh,

Autoportrait à l'oreille bandée. Le récepteur qui connaît la biographie du peintre et son amitié avec Gauguin est capable de découvrir l'émotion exprimée par le peintre et son intention de marquer, par son œuvre, la souffrance personnelle ressentie lors de leur séparation.

Le troisième groupe renvoie aux émotions ressenties par le récepteur lors de la contemplation du tableau, par exemple ceux de Kasimir Malevitch ou Wassily Kandinsky. Dans ce cas-ci, les émotions sont individuelles et variées selon la culture personnelle du récepteur.

Noël Carroll [1997] est surtout intéressé par le caractère intentionnel des émotions artistiques, qui sont capables d'orienter notre attention vers certains détails choisis par l'auteur. Cette intentionnalité suppose une composante cognitive organisée à son tour par les valeurs culturelles héritées par la tradition. Par conséquent, les émotions artistiques ont une double dimension cognitive : d'un côté, le caractère cognitif est assuré par l'intentionnalité de l'émotion et de l'autre, il y a aussi la contribution des pré-jugements culturels dans lesquels l'émotion se produit. Par conséquent, le texte de l'œuvre est *pré-orienté* en utilisant certains contextes qui peuvent générer certaines émotions. Dans ce cas, l'identification avec le personnage et son comportement serait produite par l'intentionnalité du texte qui oriente l'attention du récepteur.

Martha Nussbaum [1990, 15-25] réinterprète la notion de *catharsis*. Elle considère que celle-ci peut être traduite par le résultat cognitif de l'émotion, comme *clarification*, *illumination*, ce qui est assez proche du terme phénoménologique d'*éclat* associé au verbe *luire* (*phainesthai*) dont parle Gadamer en se rapportant à la beauté artistique comme exemple clarificateur pour le rôle de l'herméneutique et du langage dans l'interprétation.

En conclusion, on peut dire que la philosophie analytique reconfirme le rôle cognitif de l'émotion artistique qui prépare le récepteur à la compréhension par identification avec le personnage. Par cette identification, une certaine modélisation culturelle et morale du récepteur se produit, tout comme dans la démarche herméneutique où la rencontre avec le personnage suppose la rencontre avec l'histoire et la tradition, autrement dit avec la vérité du monde humain dans son ensemble.

Max Scheler disait que la rencontre avec les valeurs spirituelles humaines se réalise par les sentiments et les émotions à l'aide de l'imagination. Les valeurs nous offrent l'image profonde de notre humanité. L'art, en tant qu'expression imaginante, imagée et valorisante est un domaine favorisé de la manifestation (comme *éclat*) du vécu humain en sa totalité intuitive.

Bibliographie

Bachelard, Gaston [2005], *La Poétique de la rêverie*, Paris, PUF, « Quadrige ».

Carroll, Noël [1997], "Art, Narrative and Emotion", in Hjort & Laver [1997], 190-215.

Evers, Dick, Fuller, Michael *et al.* (eds.) [2016], *Issues in Science and Technology: Do Emotions Shape the World?*, Berlin, Springer.

Feagin, Susan L. [1997], "Imagining Emotions and Appreciating Fiction", in Hjort & Laver [1997], 50-63.

Gadamer, Hans-Georg [1996], *Vérité et Méthode*, Paris, Seuil.

Hebb, Donald [1949], *Organization of Behavior: A Neuropsychological Theory*, New York, Wiley.

Hjort, Mette & Laver, Sue (eds.) [1997], *Emotions and the Arts*, New York, Oxford University Press.

James, William [1890], *The Principles of Psychology*, New York, Henry Holt and Company.

Keysers, Chris & Gazzola, Valeria [2016], "From Vicarious Actions to Moral Behavior", in Evers, Fuller *et al.*, 99-118.

Levinson, Jerrold [1997], "Emotion in Response to Art. A Survey of the Refrain", in Hjort & Laver, 20-36.

Nussbaum, Martha C. [1990], *Love's Knowledge: Essays on Philosophy and Literature*, Oxford University Press.

Sartre, Jean-Paul [2000], *Esquisse d'une théorie des émotions*, Paris, Livre de Poche.

Walton, Kendall [1997], "Spelunking, Simulation, and Slime. On Being moved by Fiction", in Hjort & Laver, 37-49.

Mihaela POP
Universitatea din Bucuresti
Bucarest, Roumanie
pop.mihaela.a@gmail.com

Aux origines de l'imagination : nature et fonctions de *pretence*
Gaetano ALBERGO

Gareth Evans restreint la discussion du statut des fictions à celles qui ont la propriété d'être, dans sa terminologie, « existentiellement créatives », c'est-à-dire qui reposent sur la simulation que quelque chose existe qui n'existe pas réellement. Comme contraire, il pose les fictions « existentiellement conservatives », qui reposent sur la simulation que des choses réellement existantes sont autrement qu'elles ne sont [Evans, 1982, 358]. Selon Jérôme Pelletier [2004], la portée de cette restriction est que le système cognitif va, dans le cadre de ce type de simulation, produire de manière automatique et naturelle des pensées et des émotions en faisant semblant qu'elles sont requises par la fiction. La question la plus controversée, à notre avis, consiste dans le fait que les énoncés métafictionnels contiennent pour Evans un opérateur, exprimé par l'adverbe *réellement*, qui affecte leurs conditions de vérité. Cet opérateur appartient selon Evans à la structure profonde des phrases sur la fiction, c'est-à-dire qu'il est présent même lorsqu'il n'est pas explicitement utilisé. À travers l'analyse d'un phénomène largement discuté par Evans, l'activité de *prétendre*, nous pensons qu'il est utile d'économiser les opérateurs, surtout lorsque la notion de vérité en jeu se prête bien à une analyse fonctionnelle qui ne se limite ni au contexte de la fiction ni à l'usage réel de cette notion.

Limites du modèle de la métareprésentation

Prétendre que *p* alors qu'en réalité il est vrai que *p*, serait, selon Alan Leslie, un exemple de jeu de fiction tout sauf rare, en fait omniprésent, ce qui pourrait s'expliquer par le modèle métareprésentatif [Leslie, 1988, 205 ; 1994, 225]. Pour justifier cette prédiction, Leslie décide de montrer comment l'autre option disponible, qui « marque la fausseté », est insuffisante. En fait, marquer comme fausse une proposition incluse dans la représentation de *prétendre*, par exemple *je* PRÉTENDS *que (ce morceau de bois est une barre de savon) faux*, devrait être un moyen d'éviter le risque d'abus représentationnel et constituer la meilleure objection contre un mécanisme de détachement (*découplage*) qui introduit deux niveaux de représentation distincts. Mais Leslie examine cette objection attentivement et constate qu'elle entraîne une série de conséquences désagréables. Car si un enfant maintient la proposition complexe *maman* PRÉTEND *que (cette banane soit un téléphone) faux* et qu'alors la mère offre à l'enfant la banane en disant « le téléphone sonne », il s'ensuit que l'enfant aura la nouvelle proposition *maman* PRÉTEND *que (le téléphone sonne) faux*. Quel téléphone ? Comment expliquer que la référence normale a été suspendue ? Et puis, si nous décidons de marquer les propositions de fiction comme fausses, il s'ensuit que le sujet impliqué maintiendra en même temps la proposition contradictoire comme vraie. En d'autres termes, *maman* PRÉTEND *que (la tasse vide contient de l'eau) faux* impliquera que *maman* PRÉTEND *que (la tasse vide ne contient pas d'eau) vrai*. Enfin, à partir du dernier exemple, si l'enfant renverse la tasse, il peut également conclure *je* PRÉTENDS *que (l'eau a mouillé la table) faux*. Quels mécanismes permettent-ils de bloquer l'implication existentielle contenue dans la dernière phrase, à savoir celle de la présence réelle de l'eau ? La solution de Leslie consiste dans l'hypothèse du mécanisme de détachement comme un instrument qui serait à la base de la logique de l'opacité.

Essayons de résumer comment il est possible, à partir de ces observations, de traiter le cas qui nous a servi de point de départ, c'est-à-dire la possibilité de prétendre que p alors qu'en réalité p est vrai. Nous pourrions d'abord nous trouver devant une séquence de ce genre :

a) *Je* PRÉTENDS *que (remplir la tasse vide avec de l'eau) faux*.
b) *Je* PRÉTENDS *que (vider l'eau de la tasse) faux*.
c) *Je* PRÉTENDS *que (remplir à nouveau la tasse vide) faux*.

Le problème se situe entre les deux dernières occurrences de *Je* PRÉTENDS, car si nous insérons

b') *Je* PRÉTENDS *que (la tasse est à nouveau vide) faux*.

il en résulte que dans le modèle du marqueur de fausseté, prétendre que p quand p est vrai est quelque chose de *logiquement impossible*. Ainsi, nous avons deux options : d'une part, une mauvaise solution qui exclut la possibilité de prétendre ce qui est vrai ; d'autre part, une hypothèse à partir de laquelle il devrait dériver que ce phénomène est très probable.

Essayons d'interpréter l'argument de Leslie d'un point de vue différent, en nous demandant non pas à quelle fréquence prétendre ce qui est vrai arrive,

Aux origines de l'imagination : nature et fonctions de pretence

mais « quand » cela se produit. Nous pouvons résumer les quatre propositions utilisées par Leslie [1994] pour définir la forme canonique du prétendre :

    a) La tasse est vide.
    b) La tasse vide est pleine.
    c) Je PRÉTENDS que la tasse « est à la fois vide et pleine ».
    d) Je PRÉTENDS que la tasse vide « est pleine »[1].

Un mécanisme inférentiel élémentaire capable de réaliser des déductions simples pourrait, à partir de la proposition *a*, déduire que, pour le principe de compositionnalité de la valeur de vérité des énoncés, les trois autres sont contradictoires car paraphrasables dans la proposition contradictoire *e* :

    e) La tasse est vide et n'est pas vide.

Pour démontrer que cette déduction n'est pas valide, il serait alors nécessaire d'identifier le rôle fonctionnel joué par l'expression PRÉTENDRE.

Nous comparons donc les propositions *c* et *d* qui la contiennent. La différence entre les deux propositions devient évidente si nous analysons la gamme ou l'amplitude de l'opérateur PRÉTENDRE. Dans le premier cas, « être vide » est une caractéristique prédite dans le cadre de l'opérateur. Dans le second, la prédiction tombe à l'extérieur de l'opérateur. Selon Leslie, ce n'est que dans le premier cas que le prétendre est contradictoire. Pour le démontrer, il suffit de mettre en évidence la forme logique, au moyen des paraphrases *c'* et *d'* :

    c') Je PRÉTENDS qu'il y a une tasse vide et pleine.
    d') Il y a une tasse vide et je PRÉTENDS qu'elle est pleine.

La contradiction en *c'* est donnée par le caractère « large » de l'opérateur, qui en *d'* reste étroit. Ainsi, pour arriver à la première moitié de la prédiction, celle relative à la question *quand*, il suffit de garder inchangé ce qui vient de l'opérateur de *d'* et de changer le contenu de *prétendre* :

    f) Il y a une tasse vide et je PRÉTENDS qu'elle est vide.

---

[1] Nous modifions l'ordre dans lequel Leslie [1994, 220] présente les deux dernières propositions pour rendre notre exposé plus clair. De plus, alors que chez Leslie [1994], c'est la proposition *d* qui exemplifie la forme canonique de *prétendre*, dans Leslie [1987, 420], c'est une proposition similaire à *c* qui joue ce rôle, c'est-à-dire « Je PRÉTENDS que "cette *tasse vide* contient du thé" ».

Nous avons ainsi un exemple de fiction dans lequel le scénario contrefactuel est en réalité une situation réelle. Ce modèle simplifié devrait résumer l'argument de Leslie à l'appui de l'hypothèse sur l'utilité d'un système méta-représentatif pour traiter les cas de *prétendre* ce qui est vrai et sur la fréquence de ce phénomène.

Cette explication a cependant suscité deux objections. La première, que nous appelons *chauvinisme psychologique*, affirme qu'il n'est jamais justifié de passer de conclusions obtenues dans le domaine de la logique à des hypothèses sur la psychologie de l'enfant. En d'autres termes, l'erreur de Leslie serait d'avoir poussé trop loin la comparaison avec la logique des contextes opaques, jusqu'à modéliser une capacité cognitive sur l'espace logique qu'une théorie mécaniste comme la sienne pourrait offrir. De plus, une paraphrase logique des explications possibles des états mentaux n'équivaut pas à une analyse de la fréquence selon laquelle un phénomène se produit, donc n'a pas la même puissance prédictive que l'étude des données décrivant un phénomène. Nous ajouterons que si d'un côté, une capacité cognitive n'est pas réductible à une interprétation logique des phénomènes où elle se manifeste, il ne serait d'autre part pas judicieux d'exclure un programme qui, reconnaissant les points communs fondamentaux entre une capacité cognitive et une compétence logique, se proposerait de développer, à côté d'une explication génétique de la capacité, une explication intégrée de la manière dont cette capacité contribue au développement de compétences rationnelles normales. Pour le moment, il suffit de faire l'hypothèse d'un lien entre la capacité de considérer des hypothèses imaginaires comme des prémisses et le développement de compétences analytiques en général.

La deuxième objection, présentée par Gregory Currie [1998], consiste à observer que *prétendre* fait partie des verbes d'attitude propositionnelle non sensibles à la connaissance réelle de la valeur de vérité des contenus, comme *désirer*. Par contre, des verbes tels que *croire* ou *souhaiter* sont soumis à cette contrainte. En fait, par exemple, il n'est pas raisonnable de croire quelque chose que nous savons faux ou de souhaiter ce que nous savons vrai. Dans l'activité de *prétendre*, les choses changent. Il est possible de s'engager dans une activité de *prétendre* indépendamment de ce que nous savons sur la valeur de vérité de la proposition qui décrit son contenu. Ce serait, selon Currie, la prémisse qui permet à Leslie de traiter l'activité de « prétendre ce qui est vrai » dans sa théorie. En fait, si nous poursuivons dans notre façon d'interpréter l'argument de Leslie, il ressort que la transition de d' à f :

d') Il y a une tasse vide et je PRÉTENDS qu'elle est pleine.
f) Il y a une tasse vide et je PRÉTENDS qu'elle est vide.

peut être reformulée comme un argument qui passe de la vérité possible de *g* :

g) Il y a une tasse dont je sais qu'elle est vide et que je PRÉTENDS être pleine.

à la vérité possible de *h* :

h) Il y a une tasse dont je sais qu'elle est vide et que je PRÉTENDS être vide.

On ne peut pas dire la même chose d'un verbe sensible à la connaissance de la valeur de vérité. Par exemple, la transition de la vérité possible de *i* à celle de *l* :

i) Il y a une tasse dont je sais qu'elle est vide et j'espère qu'elle sera pleine.
j) Il y a une tasse dont je sais qu'elle est vide et j'espère qu'elle sera vide.

est empêchée par la simple observation que la situation présentée dans *j* n'est pas une vérité possible. Leslie éviterait ainsi à sa théorie d'avoir à résoudre des troubles identiques à ceux qui émergent dans une situation comme celle décrite en *j*. Mais selon Currie, le problème est que « le fait que le prétendre ne soit pas sensible à la connaissance de la valeur de vérité est ce que Leslie essaie de déduire de sa théorie : il ne peut pas l'assumer comme prémisse auxiliaire » [1998, 51]. On peut ajouter que même si l'argument prouve que le *prétendre* n'est pas sensible à la valeur de vérité du contenu propositionnel, cela pourrait confirmer qu'il fait partie des attitudes propositionnelles, mais n'implique pas encore qu'il soit basé sur des métareprésentations. En effet, si nous le comparons au verbe *désirer*, il ressort que ce dernier appelle aussi une proposition introduite par *que*. De plus, il n'est pas non plus sensible à la valeur de vérité du contenu, c'est-à-dire que savoir que x est vrai ne nous empêche pas de continuer à le désirer, mais « le fait que ce passage soit valide dans le cas de désirer ne présuppose ou n'implique pas que le désirer soit métareprésentationnel, parce que désirer quelque chose et savoir que vous le désirez sont des choses distinctes et séparées » [Currie, 1998, 52].

L'objection de Currie a le mérite de mettre en lumière une autre prémisse, probablement la plus fondamentale, à partir de laquelle Leslie construit sa thèse. En fait, Leslie n'aurait pas pour but d'expliquer le *prétendre* ce qui est vrai, mais ce que l'on *croit* être vrai. Cela expliquerait le choix d'introduire un « détacheur » pour suspendre les relations normales de vérifonctionnalité, de référence et d'implication existentielle dans des situations de *prétendre*. Et en effet, peut-on observer, la même chose pourrait être vraie pour les cas où l'on prétend quelque chose de faux ; par exemple, prétendre que la banane est un téléphone impliquerait que l'opérateur fictif laisse ouvert l'accès épistémique à la vérité de la proposition concernant la situation perçue. En d'autres termes, Leslie aurait fait l'erreur de concevoir la relation épistémique entre, d'une part, l'agent engagé dans le *prétendre* et, d'autre part, la proposition qui décrit la situation réelle, comme si elle était transparente aussi du point de vue de l'agent. Cela, *prima facie*, aurait offert une justification partielle de l'introduction d'un mécanisme qui bloque la confusion possible due à la pensée simultanée de deux scénarios incompatibles. À partir de ces prémisses, le choix de Leslie d'identifier comme objection pertinente celle concernant les pouvoirs de la théorie portant une « marque de fausseté », décrite ci-dessus, est compréhensible. En fait, si nous revenons à l'un des exemples précédents – *maman* PRÉTEND *que (la tasse vide contient de l'eau) faux* –, soutenir, avec Leslie, que l'implication qui suit sera *maman* PRÉTEND *que (la tasse vide ne contient pas d'eau) vrai*, n'est qu'une manière de lier le *prétendre* aux intuitions de l'agent sur les conditions qui rendraient une proposition vraie si les conditions de vérité de la proposition fausse correspondante étaient transparentes pour l'agent lui-même.

Le concept de transparence peut être compris ici de deux manières différentes. Une version minimale nous conseille de penser que l'agent croit au moins que le monde n'est pas tel et tel. C'est, après tout, la façon dont Leslie semble avoir compris la question ; en fait, la deuxième proposition représente l'implication minimale, une fois la première acceptée. Dire, cependant, comme Leslie, que l'implication de vérité que nous trouvons entre les deux expressions « normalement » serait vraie, est tout à fait invraisemblable si nous libérons le prétendre de la prémisse qui rendrait l'implication vraie. D'ailleurs, même si nous décidions de maintenir la marque de fausseté dans la première proposition, cela ne rendrait pas valide l'implication de la seconde. Qui pourrait estimer absurde de supposer que, la proposition contenue dans la première phrase étant marquée comme fausse, l'agent décide d'accepter l'implication suivante *maman* PRÉTEND *que (la tasse vide contient du lait) vrai* ? L'implication, dans ce cas, serait motivée par une raison différente de la prémisse, selon laquelle : si x implique y, étant donné x, alors y. Cela ne signifie pas que la règle du *modus ponens* n'est plus valable dans notre exemple ; en effet, *prétendre* est tout sauf une activité illogique. Au contraire, cela signifie que si *prétendre* a un caractère productif, c'est-à-dire capable de concaténer des situations possibles en termes inférentiels, cela n'a de sens que dans un cadre qui commence par une stipulation.

Ajoutons un dernier détail. L'implication minimale entre les deux propositions rencontrées serait invalide pour une autre raison encore. Je pourrais avoir une croyance sur les conditions de vérité de la proposition qui décrit le contenu de ma fiction, mais je peux ne pas vouloir prétendre ce que la proposition contradictoire correspondante décrit. Si cela est vrai, la critique de Leslie semble alors négliger la nature intentionnelle de tout acte de fiction. L'opérateur PRÉTENDRE n'implique pas cette implication s'il ne justifie pas l'utilisation d'un détacheur.

Conclusion

À ce stade, notre argumentation aurait donc dû affaiblir la critique de Leslie selon laquelle, si nous suivions le modèle jusqu'aux marqueurs de fausseté, il serait logiquement impossible de prétendre ce qui est vrai. Si la transparence consiste dans l'ouverture à la valeur de vérité de la proposition de fiction, alors il est vrai qu'avec *maman* PRÉTEND *que (la coupe vide est vide) faux*, il ne sera pas possible de prétendre ce qui est vrai. Le fait est que dans l'activité de prétendre, c'est un type de transparence différent de celui-ci qui vaut. Le fait que l'engagement avec la réalité soit important ne signifie pas que celui-ci continue à jouer le même rôle qu'il joue normalement dans des situations non fausses. Dans un article précédent, nous avons insisté sur la nécessité d'énoncer une condition qui permettrait de distinguer entre l'erreur et la fiction [Albergo, 2013]. Il s'agit de formuler un principe permettant de mieux définir la relation entre agent et monde dans l'activité de *prétendre* :

> **Principe de suspension en principe** : Prétendre que p, et ignorer la connaissance de sa valeur réelle de vérité, implique que je peux toujours suspendre le scénario possible et adopter l'attitude réaliste, sans contradiction.

Préciser que l'agent qui prétend décide d'ignorer la valeur de vérité de p serait aussi une façon de traduire la prémisse implicite dans l'argument de Leslie, à la fois pour les cas dans lesquels on prétend quelque chose qui, en réalité, est faux, que dans ceux où on prétend quelque chose qui, en fait, est vrai. Dans ce dernier cas, plutôt, le choix d'inclure cette clarification dans la définition est raisonnable si l'on remarque le point suivant : si d'une part il n'y a rien d'étrange à prétendre que p est vrai quand l'agent ne croit pas que *p*, d'un autre côté, le cas est certainement plus curieux si nous nous trouvons devant quelqu'un qui, même sachant que *p*, décide de prétendre que *p*. De ce point de vue, si la théorie de Leslie semble présupposer cette condition et non en dériver, avec pour conséquence de faire du mécanisme de détachement une solution *ad hoc*, cependant, poser la question de savoir comment la réalité peut être incorporée dans la fiction a au moins le mérite de nous faire réfléchir au rôle fonctionnel important de la notion de vérité.

Bibliographie

Albergo, Gaetano [2012], "Does Ontogenesis of Social Ontology Start with Pretence?", *Phenomenology and Mind*, 3, 120-129.

— [2013], « L'impegno ontologico del pretence », *Rivista di Estetica*, 53, 155-177.

— [2015], "The First-Person Perspective Requirement in Pretence", *Phenomenology and Mind*, 7, 224-234.

Currie, Gregory [1998], "Pretence, Pretending and Metarepresentation", *Mind and Language*, 13, 1, 35-55.

Currie, Gregory & Ravenscroft, Ian [2002], *Recreative Minds*, Oxford, Oxford University Press.

Evans, Gareth [1982], *The Varieties of Reference*, Oxford, Blackwell.

Leslie, Alan M. [1987], "Pretense and Representation: The Origins of 'Theory of Mind'", *Psychological Review*, 94, 412-426.

— [1988], "Some Implications of Pretense for Mechanisms Underlying the Child's Theory of Mind", in Janet W. Astington, Paul L. Harris, & David R. Olson (eds.), *Developing Theories of Mind*, Cambridge, Cambridge University Press, 19-46.

— [1994], "Pretending and Believing: Issues in the Theory of ToMM", *Cognition*, 50, 1-3, 211-238.

Pelletier, Jérôme [2004], « *Pensées "de re" sans "res"* », in Stéphane Chauvier (dir.), *Gareth Evans*, Caen, Presses universitaires de Caen, « Cahiers de philosophie de l'Université de Caen », 65-84.

Gaetano ALBERGO
Università di Catania
Catane, Italie
gaetanoalbergo@yahoo.it

Le corps et la peau – image et enjeu de l'identité
Petru BEJAN

Nous examinerons : 1) l'actualité de la perspective anthropologique dans le domaine de l'imaginaire ; 2) le rôle du corps dans le fonctionnement du registre symbolique et la mise en place des fantasmes ; 3) le dynamisme de l'imaginaire d'une métaphore ancienne (les « tuniques de peau ») ayant des échos dans la théologie, la philosophie, les arts visuels et la vie quotidienne ; 4) la place du corps dans la formation et la consolidation de l'identité.

1. Image, imagination, imaginaire – cadre méthodologique et conceptuel

Les recherches sur l'imaginaire se sont multipliées dans la seconde moitié du XXe siècle, avec la parution des livres de Jean-Paul Sartre, Roger Caillois, Claude Lévi-Strauss, Paul Ricœur, Henry Corbin, Gilles Deleuze, Jacques Derrida, Jean-François Lyotard et Mircea Eliade. Grâce à Gaston Bachelard, Ernst Cassirer et Gilbert Durand, les études sur l'image et sur l'imaginaire proposent une perspective éminemment anthropologique. Des ouvrages comme *L'Air et les songes* (Bachelard) et *Les Structures anthropologiques de l'imaginaire* (Durand) se sont rapidement répandus partout dans le monde et ont influencé les recherches ultérieures.

Malgré cela, Durand a attiré l'attention sur la confusion terminologique opérée à propos de l'imaginaire, probablement due à « l'extrême dévaluation qu'a subie l'imagination, la « phantasia », dans la pensée de l'Occident et de l'Antiquité classique. Quoi qu'il en soit, « image », « signe », « allégorie », « symbole », « emblème », « parabole », « mythe », « icône », « idole », etc. sont utilisés indifféremment l'un pour l'autre par la plupart des auteurs »[1].

---

[1] [Durand, 2012], 7, renvoie à Georges Dumas, *Traité de psychologie*, et Francis Édeline, « Le symbole et l'image selon la théorie des codes », *Cahiers internationaux du symbolisme*, 2, 1963.

Bachelard avait affirmé la nécessité d'un surcroît de clarté conceptuelle et fait quelques remarques tout à fait nécessaires :

> Le vocable fondamental qui correspond à l'imagination, ce n'est pas *image*, c'est *imaginaire*. La valeur d'une image se mesure à l'étendue de son auréole *imaginaire*. Grâce à l'*imaginaire*, l'imagination est essentiellement *ouverte*, *évasive*. Elle est dans le psychisme humain l'expérience même de l'*ouverture*, l'expérience même de la *nouveauté*. [Bachelard, 1943, 5-6.]

De son côté, dans la même veine, Durand étend la sphère de l'imaginaire à l'ensemble des productions culturelles (de la psychanalyse, des institutions rituelles, du symbolisme religieux, de la poésie, des œuvres d'art, de la mythologie, de l'iconographie, de la psychologie pathologique) [Durand, 1963, 33].

Ces dernières décennies, le Centre de recherche sur l'imaginaire de Dijon, qui a des sièges dans plusieurs pays d'Amérique latine, d'Asie et d'Europe, y compris en Roumanie, a largement contribué à l'étude de l'imaginaire. Selon son directeur Jean-Jacques Wunenburger [2001, 17], le désordre conceptuel relatif à l'imaginaire dérive du fait que la philosophie contemporaine est tributaire d'une tradition, datant du XVIIe siècle, qui conçoit l'imagination comme une activité productrice de fictions et appartenant principalement à l'art. Le philosophe français propose au contraire une définition assez large de l'imaginaire :

> Un ensemble de productions mentales ou matérialisées dans des œuvres à base d'images visuelles (tableau, dessin, photographie) et langagières (métaphore, symbole, récit), formant des ensembles cohérents et dynamiques qui relèvent d'une fonction symbolique au sens d'un emboîtement de sens propres et figurés. [Wunenburger, 2013, 5.]

En mettant en valeur le champ épistémique propre aux arts visuels, Hans Belting propose une « anthropologie des images » où il met en avant le rôle décisif du corps humain dans l'activation et la stimulation du dispositif imaginaire. L'homme « est naturellement le *lieu des images*… une sorte d'organe vivant pour les images » [2004, 77]. Reprenant à son compte l'une des thèses de Durand selon laquelle l'imagination est un moyen d'expression de la liberté humaine confrontée à l'horizon de la mort, Belting insiste sur la manière dont le phénomène de la mort suscite l'imagination, en devenant une source importante dans la structuration de l'imaginaire d'une époque ou d'une communauté[2]. Dans ce contexte, le corps devient le repère symbolique privilégié.

L'histoire de la culture a décrit le corps humain, selon les circonstances, en employant parfois des métaphores. Le discours philosophique l'a successivement envisagé comme : microcosme, tombeau, geôle, organisme, machine, automate. De la sorte, Gilles Deleuze et Félix Guattari parlent du « corps sans organes » de la société capitaliste, et Paul Ardenne invoque les esthétiques disparitionnistes qui proclament « la mort du corps » et, à la fois, « le sacrifice de l'image » [Ardenne, 2001, 441 *sq.*]. Il serait temps de faire ses adieux au corps… Pour cet horizon gnostique de la haine envers le corps humain qu'une partie de la culture virtuelle préfigure, le paradis devient obligatoirement un monde sans corps… Dans le réseau, la communication sans corps, sans visage même, engendre des identités multiples. Le corps humain est par conséquent un élément facultatif [Le Breton, 2001, 259-263].

2. La métaphore des « tuniques de peau »

De nombreux philosophes, sociologues et anthropologues envisagent le corps comme une « invention culturelle » ; ils motivent leur opinion par le recours à au moins trois types d'explications : créationniste, artistique et scientifique (médicale).

L'explication créationniste, tirée de la *Genèse* (3, 21), renvoie au fait que Dieu a créé à son image les corps des premiers êtres humains. Adam a été créé à partir de la poussière de la terre et animé du souffle divin, alors qu'Ève a pris naissance à partir d'une côte de son mari. Le texte dit qu'ils se promenaient tout nus dans le jardin d'Éden, sans avoir honte, et qu'ultérieurement, après avoir commis le péché originel, ils se sont habillés de « tuniques de peau » (« Et Yahveh Dieu fit à Adam et à sa femme des tuniques de peau et il les en revêtit », *Genèse*, 3, 21) et ont été exilés sur la Terre. À ce moment-là, gênés par leur propre nudité, ils se sont couvert le corps de feuilles de figuier. Ce passage a donné naissance à plusieurs interprétations. Certains exégètes ont souligné l'ambiguïté et l'ambivalence de l'expression – envisagée comme une clé décisive même dans la compréhension de l'être humain et de l'histoire.

Dieu leur a fabriqué des « tuniques de peau » qu'ils ont dû porter parce qu'Il les a envoyés commencer une nouvelle vie sur la Terre. Que serait par conséquent la signification de ce passage ? Suite à sa désobéissance, l'homme est

---

[2] « L'expérience de la mort a été l'un des moteurs les plus puissants de la production humaine des images. » [Belting, 2004], 77.

chassé du Paradis et obligé d'assumer sa faute. La perte de la perfection entraîne fatalement la dégradation, la perte de l'innocence, l'entrée dans l'ordre de la précarité biologique. L'homme se défait de son apparence céleste pour en revêtir une autre, charnelle et éphémère. La mort pénètre ainsi le corps et la vie de l'être humain lorsque celui-ci s'éloigne de Dieu et déchoit moralement.

Le Grec Panayotis Nellas, auteur d'un ouvrage d'anthropologie chrétienne, reprend quelques-uns des arguments patristiques et scolastiques forts pour conclure que les « tuniques de peau » sont une conséquence du péché originel et de la punition inhérente ultérieure.

Que sont les « tuniques de peau » ? En bref, des corps humains mortels différenciés du point de vue sexuel (Philon, Origène, Ambroise) ou des habits, au sens fort du terme (Irénée, les pères antiochiens) ou le signe de la corruption et de la mortalité (Hippolyte, Origène, Augustin). Vladimir Lossky, philosophe et théologien orthodoxe russe, considère que les « tuniques de peau » sont notre nature actuelle, notre état naturel biologique présent, complètement différent de la corporalité du Paradis. On assiste à la création d'un nouveau cosmos, qui se défend contre la finitude par le sexe, en fondant la loi de la naissance et de la mort [Ică, 2009, 40]. Chez Nellas [2009, 111], les « tuniques de peau » représentent le « nouvel habit », celui avec lequel l'être humain affronte la mort. En d'autres mots, les habits sont aussi bien une conséquence du péché que l'effet de l'intervention judicieuse de la divinité, apportant des chances de survie et de rédemption.

3. Le « défi » de saint Barthélémy

Les historiens de l'art situent le moment de « l'invention du corps » dans l'iconographie franciscaine de la pré-Renaissance. Cimabue et Giotto, deux de ses illustres représentants, ont surpris dans leurs toiles non pas le corps spiritualisé de Jésus-Christ, mais sa dimension physique, en insistant sur la reproduction fidèle du détail anatomique. Les *Crucifix* de Florence et d'Assise « humanisent » la représentation du divin. En plus, chez Giotto, on trouve les solutions les plus courageuses d'allégorisation des vertus et des vices humains, avec une gestuelle signifiante.

Cependant, celui qui illustre de la façon la plus convaincante le moment de la « découverte du corps humain » est Michel-Ange. Après sept ans d'effort, il a fini de peindre la scène du *Jugement dernier*, recouvrant un mur entier de la chapelle Sixtine. Les dimensions de la fresque sont impressionnantes et sa beauté, singulière. Les critiques n'ont cependant pas hésité dès son inauguration même à sanctionner âprement la « conduite inconvenante », le manque de respect dont le peintre faisait preuve, le soupçonnant à égale mesure de défi, d'obscénité et de blasphème. Trop de corps dénudés, trop de nudité – ont pharisaïquement imputé quelques prélats de l'Église.

Figures 1 et 2. *Saint Barthélémy*, par Matteo di Giovanni (1480) et Michel-Ange (1541).

Le *Jugement dernier* renferme plusieurs scènes qui donnent lieu à des interprétations toutes chargées de symboles mystiques et religieux. Saint Barthélémy, par exemple, qui figure au centre de l'image, aux pieds de Jésus-Christ, tient dans ses mains une tunique de peau. Sa représentation ne respecte pas le modèle iconographique de l'époque ; il n'est pas jeune, il ne fait pas pousser sa première barbe, mais il n'est pas non plus « écorché vif », selon le terrible martyre qu'il a souffert. Tout au contraire, saint Barthélémy a le corps intact et sur la surface de la peau qui pend, il y a *le visage de l'artiste* – un exemple classique d'« insertion » de la signature de l'artiste.

Michel-Ange fait allusion, à ce qu'il paraît, à l'épisode biblique de l'expulsion d'Adam et d'Ève du Paradis et aux tuniques de peau que les deux portaient pour ne pas être gênés par leur propre nudité. La pudeur est par conséquent une « trouvaille » chrétienne. En arrière-plan, nous pourrions croire que Michel-Ange dénonce l'hypocrisie, la fausseté moralisatrice des moralistes d'occasion – des critiques de la nudité. Dans la fresque du *Jugement dernier*, saint Barthélémy abandonne la « tunique de peau » de la sacralité et la laisse tomber en enfer. Il laisse ainsi de côté la honte et s'exhibe complètement nu, c'est-à-dire en toute franchise. Il renonce à son masque, afin de retrouver le langage de l'innocence perdue à l'aide des lambeaux de son habit charnel et, de cette manière, le corps idéalisé cède la place au corps biologique, naturel.

4. Les « abandons » successifs du corps humain

Les artistes de la Renaissance transformèrent la morgue en un des lieux préférés pour l'étude et pour l'inspiration qu'elle apporte aux peintres et aux anatomistes qui la fréquentent obsessivement. Dépourvu de tout intérêt macabre, le corps non animé est longuement étudié – le bistouri dans une main et le crayon dans l'autre, comme les ébauches de Léonard de Vinci en témoignent. Comment connaître le corps en profondeur, sinon en le disséquant pour le regarder de l'intérieur, en pénétrant au-delà de l'épiderme ?

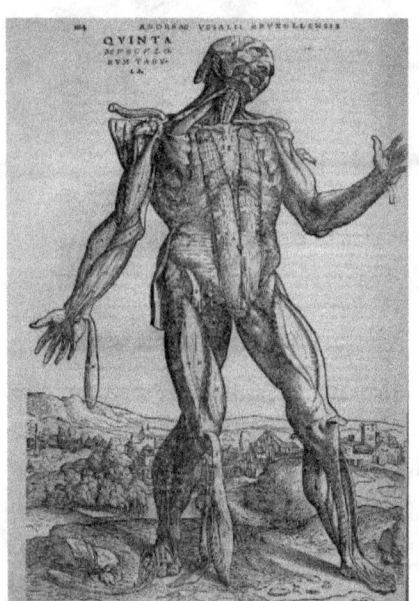 

Figures 3 et 4. Vésale, *De humani corporis fabrica libri septem* (1543).
Juan Valverde, *Anatomia del corpo humano* (1560).

Andreas Vesalius (1514-1564), anatomiste d'origine flamande, auteur de l'un des premiers livres d'anatomie humaine basé sur des dissections et des observations originales (*De corporis humani fabrica*, 1543), est considéré comme l'initiateur de l'étude moderne de l'anatomie humaine. Le cadavre n'est qu'un corps quelconque, vidé de celui qu'il incarnait et réduit à la condition d'écorché ou de squelette. C'est aussi de cette façon qu'il apparaît, par exemple, dans l'*Anatomia del corpo humano* (1560) de Juan Valverde.

Dans la plupart des sociétés traditionnelles, l'image du corps était l'image de soi, ce qui révélait la convergence et la réciprocité des deux images. On ne considérait donc pas le corps comme différent de l'individu auquel il appartenait. Une fois les premières dissections officielles réalisées (au XVe siècle), leur prolifération et leur banalisation accomplies (XVIe-XVIIe siècles), on est parvenu à faire la distinction entre corps et personne. « L'individualisme marque l'apparition de l'homme *enfermé dans son corps*, marque de sa différence, et cela surtout dans l'épiphanie du visage » [Le Breton, 2001, 55].

Le corps devient une simple frontière ente les gens, la ligne de démarcation entre le moi et le toi. Après la parution de l'ouvrage de Vésale, la mise en place de la notion de « corps » correspond à une triple rupture : l'homme est séparé de soi-même (on commence à opposer l'homme au corps, l'âme au corps, l'esprit au corps), des autres (après le passage de l'éthos communautaire à l'individualisme), de l'univers (la connaissance du corps ne dépend plus de la cosmologie) [Le Breton, 2001, 16]. Le dualisme cartésien accentue la faille entre le corps et l'âme, envisagés comme deux substances distinctes/différentes. L'homme, c'est son âme et non son corps, bien que les deux semblent se confondre/être confondus (« Je ne suis point cet assemblage de membres, que l'on appelle le corps humain ») [Descartes, 1970, 29]. Le corps humain devient un simple accessoire, dépourvu d'importance. Descartes n'hésite pas à le comparer à un cadavre, à une « machine » composée de muscles, d'os, de nerfs, de veines, de sang et de chair ou à une horloge – « comme une horloge composée de roues et de contrepoids » [1970, 99], affirme-t-il dans la *VIe Méditation*.

L'étude anatomique revêt à la longue une direction artistique parce que les peintres, les sculpteurs et les dessinateurs s'efforcent de représenter toutes les intimités, les plis et toute la raideur du corps humain. L'*écorché*, c'est-à-dire la reproduction du corps sans peau, « écorché vif », constitue l'une des épreuves déterminantes dans la plupart des écoles de Beaux-Arts. Une telle tradition prend naissance graduellement ; parmi ses précurseurs français, on trouve Edme Bouchardon, Louis-Pierre Deseine, André-Pierre Pinson, suivis à distance par Cézanne, Van Gogh et Matisse. Ajoutons ici le Roumain Brâncuși, dont l'*Écorché*, réalisé à la fin de ses études à Bucarest, est considéré comme l'une des œuvres d'art de ce type les plus réussies.

 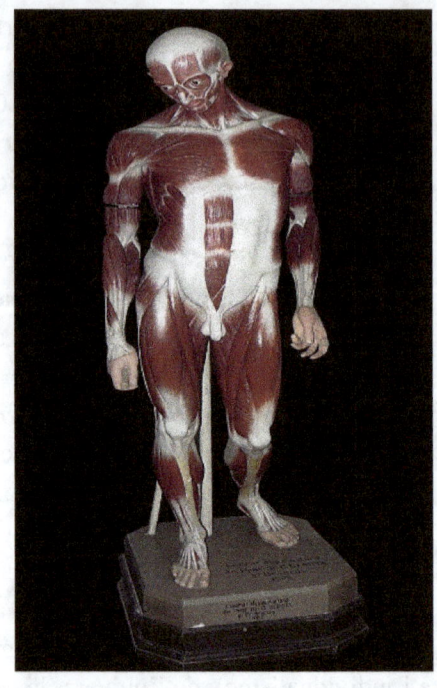

Figures 5 et 6. Marco d'Agrate, *Saint Barthélémy* (1562).
Constantin Brâncuși, *Ecorșeu* (1902).

De nos jours, Gunther von Hagens, médecin anatomiste, a inventé la « plastination ». Les cadavres humains, écorchés, séchés et modelés, prennent des postures dynamiques, voire audacieuses comme s'ils étaient vivants. Von Hagens pense avoir trouvé de la sorte une manière inédite de prolonger la vie des corps humains, au-delà de leur mort biologique, et ses expositions combinent le scandale à la fascination. C'est pourquoi de nombreux donateurs virtuels se sont inscrits sur une liste d'attente, préparant leur voyage posthume, imprévisible, à travers les galeries et les musées où ils seront admirés en tant qu'œuvres d'art.

Von Hagens propose assurément une perspective cynique et athée, en remarquant que la mort est le terme final de l'âme, alors que le corps est définitivement conservé. Comme l'être humain a la chance de survivre par l'intermédiaire de la conservation, il peut décider de vivre sa propre mort, en assumant consciemment un rôle dans la perspective de l'éternité. Devenu acteur, le cadavre remplira le rôle anticipé par le donateur ou attribué par le metteur en scène de la mort, ce qui veut dire que dans les spectacles de von Hagens, le paradis des corps humains est comme une arène de cirque macabre.

Le corps humain devient, sans faute, l'acteur d'un théâtre macabre, source d'un étrange divertissement morbide.

Figures 7 et 8. Gunther von Hagens, *The Skin Man* (1997).
Damien Hirst, *Exquisite Pain* (2006).

5. L'identité, un problème ?

La philosophie moderne associe en général le corps humain à une machine ou à un automate, en le dévalorisant de la sorte, ce qui incite David Le Breton à relever le problème du lien entre l'identité et le corps. En d'autres mots, il nous invite à établir le rôle du corps humain dans la définition de la personne [Le Breton, 2001, 13]. Compte-t-il encore, lors d'un effort normal d'individualisation ?

Le corps de l'homme contemporain marque plutôt la limite entre deux individus en soi ; il est considéré comme différent de la personne incarnée, car, à ce qu'il paraît, l'être humain n'habite plus son propre corps. Les études de Le Breton sur l'imaginaire du corps confirment une réalité difficile à contester : l'homme n'est pas à l'aise à côté des autres, mais il essaie d'être bien « dans sa peau », en accord avec lui-même. Le corps humain devient ainsi une sorte d'« écran » ou une image sur lesquels on peut projeter un sentiment identitaire toujours remaniable ; par conséquent, l'anatomie n'est plus un destin, comme Freud le pensait, mais une instance facile à modeler. S'appuyant sur la dispute qu'il mène avec soi-même ou sur son estime de soi toujours diminuée, l'être humain recourt à un véritable « bricolage identitaire », corrigeant ou améliorant ses qualités physiques en cours de route. Le corps humain devient de la sorte un « brouillon » qui attend d'être pris au sérieux ou achevé[3].

La « société du spectacle » (Baudrillard) généralise un culte de l'apparence qui met un signe d'égalité entre l'*être* et le *paraître*, entre la réalité et l'apparence. Le visage – le principal repère identitaire – est soumis à une pression publique inimaginable et l'impuissance de se regarder dans un miroir, de ne pas aimer ce que l'on y voit, indique l'installation d'une crise identitaire. Une « tyrannie de l'apparence » qui réclame d'atteindre des standards physiques idéaux renferme des pratiques dures sur le corps (body building, fitness, diètes, gymnastique, remodelage corporel, tatouages, piercings) assumées par une industrie spécialisée, en perpétuel développement. Grâce aux techniques de modification du soi, l'identité est perçue en termes de forme physique, de beauté extérieure ou de performance corporelle. La modification des paramètres corporaux naturels, leur augmentation périodique devient une marque distinctive, un badge identitaire, une empreinte personnelle. « Le corps, c'est un brouillon incapable d'incarner le soi si celui-ci n'est pas transformé »[4]. De là dérive le besoin de masques, de stratégies réparatrices et de solutions cosmétiques, témoignant d'un narcissisme généralisé. Que reste-t-il du corps ? Un brouillon, un lieu d'expériences auto-mutilantes, un clown triste et solitaire, déshabillé totalement des « tuniques de peau », comme le montre le duo de plasticiens britanniques Jake et Dinos Chapman. Quel est le but de cette « préoccupation excessive de soi » ? Retrouver « l'estime » ou « le respect » de soi. Quelle en est la signification ? Elle est profonde et intime : être « bien dans sa peau », se sentir à l'aise « dans sa propre peau » – signe certain de la réussite personnelle et du succès. En conférant une attention particulière aux

---

[3] [Le Breton, 2001], 263. Le Breton ajoute : « Pour les orientations techniques et scientifiques de la modernité, le corps humain est une esquisse, un brouillon dont il importe de contrôler et d'améliorer les performances. »

[4] [Le Breton, 2001], 263. Nous retenons les affirmations suivantes : « La sinistrose marque le négatif exact de ce « retour ludique au corps », chez un acteur réduit à lui-même, atomisé par les conditions sociales de la modernité et recherchant le contact par une mise en avant de son corps. [...] Quand l'identité personnelle est en question à travers les remaniements incessants de sens et de valeurs qui marquent la modernité quand les autres se font moins présents, que la reconnaissance de soi fait problème, même si ce n'est pas à un niveau très aigu, il reste en effet le corps pour faire entendre une revendication d'existence. Il s'agit de faire de soi une écriture par l'intermédiaire des signes de la consommation ou, au pire, par la somatisation. »

« tuniques en cuir », l'homme contemporain semble se détacher définitivement de la tradition et des sens originels.

Conclusion

La métaphore des « tuniques de peau » est ambivalente. Dans la dynamique de l'image et de l'imaginaire, elle connote le blasphème et la bénédiction, ce qui donne lieu à une occasion de retour au Paradis perdu. Les peintres de la Renaissance « humanisent » les représentations et les « tuniques de peau » sont des remèdes à la pudeur. En accord avec les études anatomiques, la science moderne sépare le corps de l'âme et le premier devient facultatif. Dans les représentations artistiques récentes, l'être est envisagé comme un écorché, dépourvu de peau, d'enveloppe, d'humanité. Dans la vie au jour le jour, l'être humain est préoccupé par « sa propre peau », par la façon dont il la soigne, abandonnant l'habit spirituel dont le Créateur le pourvoit.

Bibliographie

Ardenne, Paul [2001], *L'Image corps. Figures de l'humain dans l'art du XXe siècle*, Paris, Éditions du Regard.

Bachelard, Gaston [1943], *L'Air et les songes. Essai sur l'imagination du mouvement*, Paris, Librairie José Corti.

Belting, Hans [2004], *Pour une anthropologie des images*, Paris, Gallimard.

Bernard, Michel [1995], *Le Corps*, Paris, Seuil.

Bruaire, Claude [1968], *Philosophie du corps*, Paris, Seuil.

Chazal, Gérard (éd.) [2007], *Le Corps*, Dijon, Centre Gaston Bachelard de recherche sur l'imaginaire et la rationalité, Université de Bourgogne.

Comar, Philippe [1993], *Les Images du corps*, Gallimard, Paris.

Descartes, René [1970], *Méditations métaphysiques*, Paris, PUF.

Durand, Gilbert [1963], *Les Structures anthropologiques de l'imaginaire*, Paris, PUF.

— [2012/1964], *L'Imagination symbolique*, Paris, PUF.

Ică jr., Ioan I., [2009], « Îndumnezeirea omului, P. Nellas şi conflictul antropologiilor », in Nellas [2009].

Jeudy, Henri-Pierre [1998], *Le Corps comme objet d'art*, Paris, Armand Colin.

Laneyrie-Dagen, Nadeije [2006], *L'Invention du corps*, Paris, Flammarion.

Le Breton, David [2001/1990], *Anthropologie du corps et modernité*, Paris, PUF, « Quadrige ».

Nellas, Panayotis [2009], *Omul – animal îndumnezeit. Perspective pentru o antropologie ortodoxă*, Sibiu, Deisis.

Merleau-Ponty, Maurice [1945], *La Phénoménologie de la perception*, Paris, Gallimard.

O'Reilly, Sally [2010], *Le Corps dans l'art contemporain*, Paris, Thames & Hudson, « L'univers de l'art ».

Wunenburger, Jean-Jacques [1997], *Philosophie des images*, Paris, PUF.

— [2001], *Utopia sau criza imaginarului*, trad. Tudor Ionescu, Cluj-Napoca, Dacia ; [1979], *L'Utopie ou la crise de l'imaginaire*, Paris, Jean-Pierre Delarge, éditeur, « Encyclopédie universitaire ».

— [2013], *L'Imaginaire*, Paris, PUF.

Petru BEJAN
Universitatea « Alexandru Ioan Cuza » din Iaşi
Iaşi, Roumanie
pbejan@gmail.com

Sartre et Merleau-Ponty : l'espacement de l'imagination
Renato BOCCALI

Pour définir et expliquer la phénoménologie de l'imagination de Husserl, John Sallis recourt à l'expression « espacement de l'imagination »[1]. D'après lui, il existe une modalité spécifique d'espacement liée à l'imagination telle qu'elle rend « manifeste l'imaginalité de l'apparence » [Sallis, 1989, 77]. Cela met en évidence la fausse primauté de la perception sur l'imagination en dévoilant que ce privilège est déterminé par un téléologisme orienté vers la pleine présence. Or l'imagination, suivant Husserl, produit un espacement comme apparition sur la scène de quelque chose qui est effectivement présent sans pour autant être présent. Autrement dit, l'objet image apparaît sur la scène sans faire partie de la scène. L'espacement produit alors une apparition à la présence de quelque chose de non présent (l'image) ; et en même temps il produit une séparation de cet objet de la présence, donc de la réalité effective. Au fond, l'espacement de l'imagination ouvre une distance et une profondeur qui trouent la présence, « laissant une image se montrer sur la scène de la présence en étant précisément en retrait de cette scène – la laissant errer de-ci de-là. Peut-être pourrait-on alors commencer à comprendre le pouvoir qu'a l'imagination d'ouvrir la phénoménologie » [Sallis, 1989, 88].

Or, mon hypothèse est que l'espacement de l'imagination entrevu par Sallis chez Husserl a été développé à partir de la réception de la phénoménologie en France. Au-delà donc d'un simple transfert, il s'agit de montrer comment l'imagination joue un rôle fondamental dans la phénoménologie française et comment l'espacement phénoménologique de l'imagination, saisi par le biais de l'analyse des objets esthétiques, constitue un véritable tournant de la phénoménologie française dès son début et jusqu'à nos jours. Je me concentrerai sur le moment génétique de ce tournant en m'appuyant sur l'œuvre de Sartre et Merleau-Ponty, avec *L'Imaginaire* de Sartre comme point de départ.

---

[1] [Sallis, 1989]. Voir aussi [Sallis, 1987].

Sartre : la constitution eidétique de l'image et l'irréalisation du monde

À la fin de *L'Imagination* (1936), Sartre pose la question fondamentale qu'il développera dans *L'Imaginaire* (1940) : déployer une « psychologie phénoménologique de l'imagination » pour examiner la vie imaginaire de la conscience et ses contenus, les images, rendues à leur statut de conscience en tant que « néant d'être ». Il s'agit, suivant l'esprit des analyses husserliennes, d'étudier la structure intentionnelle de l'image, de « décrire la grande fonction irréalisante de la conscience ou "imagination" et son corrélatif noématique l'imaginaire » [Sartre, 2005a, 11]. L'imagination n'intentionne pas un objet du monde externe à une présentation originale, comme dans le cas de la perception, mais présentifie une absence ou une quasi-présence car l'objet-image est donné comme absent à l'intuition à travers le support d'un analogon, c'est-à-dire d'une matière qui agit comme équivalent de la perception. Il s'agit d'un contenu physique ou psychique, cinesthésique ou affectif, qui ne se donne pas en propre mais comme « représentation analogique » de l'objet intentionné. Sartre reconnaît que « la *chair* de l'objet n'est pas la même dans l'image et dans la perception. Par "chair" j'entends la cotexture intime » [Sartre, 2005a, 38]. L'analogon remplit, « par procuration », la conscience à la place d'un autre objet, sans pour autant être le signe de l'objet absent. « L'acte imaginatif est à la fois *constituant, isolant* et *anéantissant* » [Sartre, 2005a, 348]. Constituant, car il crée l'objet en image. Isolant, car l'objet est détaché du fond perceptif et se donne spontanément comme absolu. Enfin anéantissant, car l'objet imaginaire peut être posé selon quatre modalités d'irréalisation : inexistant, absent, existant ailleurs, neutralisé (c'est-à-dire non posé comme existant). Ces quatre modalités d'affirmation de l'absence impliquent la catégorie de négation, bien qu'à des degrés différents. L'image est donc constituée par un acte de négation et il faut une thèse d'irréalité pour que l'image puisse se produire.

L'image s'avère un objet constitué en marge de la totalité du réel, qui est mis à distance et nié. Il faut toutefois bien considérer qu'il y a une circulation entre la position du monde comme totalité synthétique et sa distanciation néantisante. L'imagination est essentiellement l'expression de la liberté de la conscience, qui, insérée dans le monde, le nie toujours à partir d'un certain point de vue. Chaque appréhension d'un objet réel suppose la libre capacité de la conscience de le néantiser, même si chaque acte de néantisation imaginaire se réalise toujours à partir du monde. Entre réel et imaginaire il y a donc opposition et, en même temps, cooriginarité. L'imagination est alors ou bien une forme de conscience ou bien un acte de phénoménalisation du néant, c'est-à-dire de liberté.

Le texte de Sartre se conclut par un bref paragraphe sur l'œuvre d'art (demandé, entre autres, par l'éditeur). L'œuvre d'art y est présentée comme l'expression de la liberté de la conscience et donc comme une activité éminemment liée à l'imaginaire. L'œuvre d'art est au fond un irréel. Sartre est très explicite sur ce point. Quand on observe un tableau, la conscience active une modalité intentionnelle de type perceptif qui vise les lignes, les traits, les couleurs, autrement dit la structure matérielle du tableau. Il est toujours possible, toutefois, de viser l'objet tableau non pas comme un simple objet mais comme un objet artistique, en activant une perception esthétique qui, au fond, ne sera rien d'autre qu'un acte imaginatif. La conscience réalise alors une conversion, elle vise l'objet sous forme imaginative à travers l'anéantisation du monde et donc de la conscience réalisante. Ce qui reste sur la toile est un irréel qui s'offre à l'évaluation esthétique. Alors, « la beauté est une valeur qui ne saurait jamais s'appliquer qu'à l'imaginaire et qui comporte la néantisation du monde dans sa structure essentielle » [Sartre, 2005a, 245]. L'objet esthétique n'est donc plus perçu mais fonctionne comme analogon de soi-même, c'est-à-dire comme image irréelle de ce qui se manifeste à nous à travers sa présence actuelle. Le plaisir esthétique qui en dérive est désintéressé, au sens de Kant, puisqu'il est seulement une manière de viser l'objet irréel et imaginaire, tout en passant par la toile, pour lui attribuer une valeur esthétique de beauté.

Merleau-Ponty : la chair de l'imaginaire

L'imagination est donc un acte non positionnel qui neutralise la teneur d'existence de l'objet imaginé, qui est irréel. Mais la position de Sartre n'est pas exempte d'apories. Si l'acte imaginatif (irréalisant) est hétérogène par rapport à l'acte perceptif (réalisant), alors la séparation entre matière et forme – *hylé* et *morphé* selon les termes de Husserl – n'arrive pas à justifier le lien de l'analogon à son objet. Ce lien serait possible seulement sur le fond d'une conscience constituante omniprésente, qui ferait toutefois retomber Sartre dans une position idéaliste aux dépens de sa tentative de surmonter l'opposition entre idéalisme et réalisme. La nature de l'analogon est donc profondément ambiguë, car elle semble impliquer la nécessité d'un rapport réel entre l'analogon et l'objet analogisé. La simple constatation d'un rapport de ressemblance ne suffit pas à le justifier, puisqu'elle relève d'une décision arbitraire et injustifiée de la conscience. Merleau-Ponty, remarquant ces hésitations, reconnaît que « la conscience ici se prend à son jeu. Il y a entre elle et l'image un rapport de complicité, de fascination. Mais si ma conscience est fascinée, il y a donc un rapport secret entre elle et sa hylé » [Merleau-Ponty, 1978, 28].

Entre l'analogon et l'objet, il y a un rapport secret, quasi magique, qui s'impose à la conscience assujettie à sa fascination. Il faut alors repenser le schéma hylémorphique proposé par Sartre. Dans ce schéma, la perception est constituée par la conscience, qui anime de sens la matière sensible et passive issue de la réception hylétique, à travers une opération de mise en forme. L'imagination présenterait au contraire un caractère différent puisque la forme de l'action vise l'objet comme absent, n'arrivant pas à déterminer clairement la matière de l'image qui semble dérivée, mais seulement à titre d'hypothèse, des structures affectives et des mouvements cinesthésiques. À ce point, n'importe quelle matière peut se changer en analogon, mais alors, « la conscience imageante vise n'importe quoi à travers n'importe quel analogon » [Merleau-Ponty, 2003, 190]. Mais pourquoi certains analoga fonctionnent-ils mieux que d'autres ? Cela reste incompréhensible.

Entre autres, fait remarquer Merleau-Ponty, Sartre n'assume pas pleinement la portée novatrice des descriptions husserliennes des modalités intentionnelles de perception de l'objet. L'objet, en effet, se donne à une conscience qui l'intentionne seulement par esquisses en laissant des lacunes profondes qui, selon Sartre, sont remplies de présence par extension de continuité de l'appréhension perceptive. Dans sa théorisation, cela implique une pleine possibilité d'observation de l'objet perçu, contrairement à ce qui arrive dans le cas des productions imaginaires, qui sont des « quasi-observables », en n'étant rien d'autre que de purs néants. En réalité, ce que Merleau-Ponty conteste de cette lecture est l'idée que la perception soit conçue comme une observation pleine alors que l'expérience phénoménologique montre clairement qu'il n'y a pas d'inspection sans lacunes. Les esquisses, actuelles ou potentielles, ont un caractère d'horizon qui invite à surmonter une simple ontologie de la présence en vue d'une conception de l'être fissuré et ouvert par ses plis. La donation par esquisses révèle en effet que l'objet est déterminé par un certain vide, un manque, une dimension d'absence qui interdit de déterminer le perçu comme plénitude, présence et observabilité : car il repose sur un élément implicite, qui ne sera jamais complètement manifeste. Le réel est alors lacunaire, tant que « la plénitude absolue est résultat d'analyse isolante ; [le] monde sensible [est] plein de lacunes, d'ellipses, d'allusions, les objets sont des "physionomies", des "comportements" » [Merleau-Ponty,

2003, 167]. Si le réel est tramé d'absence, s'il n'a pas de présence pleine, alors il n'y aura même pas d'absence totale ou de néantisation et la distinction radicale entre perception et imaginaire se dissoudra.

Prenant comme point de départ le questionnement sur le sens de l'ouverture perceptive, Merleau-Ponty reconnaît une lacune dans la donation qui est à la base tant de la perception que de l'imagination :

> Erreur de *L'Imaginaire* : décrire la conscience imageante comme néantisation : c'est toujours un néant circonscrit, un néant de ceci ou de cela, et c'est pourquoi Sartre n'a pas décrit dans *L'Imaginaire* [...] *ce qu'il y a d'imageant dans l'image* : il a montré ce par quoi elle n'est pas un réel ou une présence vraie ; il n'a pas montré ce par quoi elle est une présence imaginaire ou une quasi-présence [...]. [Merleau-Ponty, 2003, 163n.]

En dissociant si nettement perception et imagination, Sartre n'arrive pas à penser jusqu'au bout la simultanéité de la présence et de l'absence, emprisonné qu'il est par un dualisme insurmontable malgré la tentative de synthèse représentée par l'analogon. La synthèse qui en résulte est en effet seulement superficielle, car l'être et le néant, l'en-soi et le pour-soi sont complètement hétérogènes, s'excluant l'un l'autre. Pour Merleau-Ponty, il faut repenser le rapport entre présence et absence en partant de l'unité originaire d'où procède la dualité. Un manque commun fonde les deux actes conscientiels, dû à une même modalité d'être de la chose qui se donne à la conscience comme présence esquissée sur un fond d'horizon. C'est bien la dimension d'horizon ou de latence qui demeure prédualistique. Alors, à la présence (thèse) et à l'absence (antithèse) s'ajoute la latence (synthèse), qui implique une sorte de présence virtuelle. Le rapport en chiasme entre visible et invisible est justement pensé dans ces termes :

> [...] l'invisible n'est pas seulement non visible (ce qui a été ou sera vu et ne l'est pas, ou ce qui est vu par autre que moi, non par moi), mais où son absence compte au monde (il est « derrière » le visible, visibilité imminente ou éminente, il est *Urpräsentiert* justement comme *Nichturpräsentiertbar*, comme autre dimension) où la lacune qui marque sa place est un des points de passage du « monde ». C'est ce négatif qui rend possible le monde *vertical* ; l'union des incompossibles, l'être de transcendance, et l'espace topologique et le temps de jointure et membrures, de dis-jonction et de dé-membrement – et le possible comme prétendant à l'existence [...]. [Merleau-Ponty, 1964, 277.]

En ce sens, l'invisible n'est pas la négation absolue du visible, il n'est pas un néant, mais ce qui n'est pas donné à voir. Un résidu, un écart qui rend présent quelque chose. En somme, l'invisible est le visage caché et secret du visible, « le relief et la profondeur du visible », il est sa membrure ; il est prêt toutefois à disparaître chaque fois qu'on essaye de le fixer « réflexivement », en en forçant l'absence.

Merleau-Ponty parle du rapport entre visible et invisible en termes de prégnance, le définissant comme la « chair de l'imaginaire », pour indiquer l'aspect d'un enveloppement réciproque. Ou, pour le dire autrement, d'un enchevêtrement (*Ineinander*) génétique des actes intentionnels perceptifs et imaginatifs dans la conscience. Notre perception se trouve alors tramée d'imaginaire au point qu'on peut parler de « texture imaginaire du réel », un réel conçu comme un système d'équivalences ou de pivots autour desquels tournerait la perception. L'analogie se fonde sur ces systèmes et n'est donc plus d'ordre ontique mais ontologique, car à la base, il y a une même matrice charnelle : les rayons de la chair du monde.

C'est l'activité artistique qui permet de penser cet Être d'enveloppement qui unit le réel et l'imaginaire. L'artiste, à travers son œuvre, rend manifeste l'invisible du visible, autrement dit, il rend visible ce qui avant n'était que virtuellement visible. Cette latence d'invisibilité au fond n'est donc pas une absence ; mais elle n'est pas non plus une pleine présence. Elle est plutôt de l'ordre de la « quasi-présence ». Elle est présentifiée, bien que de façon toujours incomplète, par le geste créateur de l'artiste, comme Merleau-Ponty le montre magistralement dans son analyse de l'obsession de Cézanne pour la Montagne Sainte-Victoire. Il s'agit au fond d'une présence créée, qui n'avait jamais été présente auparavant, grâce à la capacité de voir du peintre, un voir qui est par principe « un *voir plus* qu'on ne voit » ou, pourrait-on dire, une voyance : « je ne [...] regarde pas [le tableau] comme on regarde une chose, je ne le fixe pas en son lieu, [...] je vois selon ou avec le tableau plutôt que je ne le vois » [Merleau-Ponty, 2002, 23]. Le peintre nous offre sa « rumination du monde » [2002, 15], il nous fait voir selon ou avec le tableau « la quasi-présence et la visibilité imminente qui font tout le problème de l'imaginaire » [2002, 23].

Encore Sartre : Tintoret ou la pesanteur de l'image-matière

Il me semble utile de revenir sur Sartre en repartant des conclusions de *L'Imaginaire*, en particulier de la question de l'œuvre d'art. Si *L'Être et le néant* (1943) semble confirmer les avancées de *L'Imaginaire*, dans les essais sur l'art, où l'objet esthétique est directement convoqué, la position sartrienne devient plus nuancée. On pourrait dire qu'à travers l'œuvre d'art,

Sartre esquisse une nouvelle théorie de l'image à partir justement de ce qu'il refusait auparavant, c'est-à-dire la matérialité du support. Dans *Qu'est-ce que la littérature ?* (1947-1948), on trouve, en passant, une remarque sur l'image picturale qui s'avère capitale pour atténuer la rigidité de la position sartrienne :

> Le réalisme de Vermeer est si poussé qu'on pourrait croire d'abord qu'il est photographique. Mais si l'on vient à considérer la splendeur de sa matière, la gloire rose et veloutée de ses petits murs de brique, [...] on sent tout à coup au plaisir qu'on éprouve, que la finalité n'est pas tant dans les formes ou dans les couleurs que dans son *imagination matérielle* ; c'est la substance même et la pâte des choses qui est ici la raison d'être de leurs formes ; avec ce réalisme nous sommes peut-être le plus près de la création absolue puisque *c'est dans la passivité même de la matière que nous rencontrons l'insondable liberté de l'homme*. [Sartre, 2001, 63.]

La référence à l'imagination matérielle renvoie évidemment à Bachelard et à ses études sur l'imagination réveillée par le contact avec les quatre éléments de la cosmologie classique, alors que dans *L'Être et le néant*, la stigmatisation de la position bachelardienne était nette[2]. Et toutefois, dans les mots cités ici, la référence à la matérialité de l'œuvre d'art et à sa capacité d'engendrer un plaisir esthétique semble primer sur la fonction irréalisante de la conscience, en renversant les thèses de *L'Imaginaire*.

Tout sauf marginale s'avère donc cette remarque, qui sera corroborée par des textes sur l'art rédigés par Sartre à partir de la fin des années 1950. Il me semble nécessaire de nous arrêter encore un peu sur *Qu'est-ce que la littérature ?* car, en lisant attentivement, on discerne d'autres traces qui pointent dans la même direction que le passage sur Vermeer. Ici, il s'agit de montrer comment l'activité du peintre ne se réduit pas à tracer des signes sur la toile, mais bien plus concrètement à créer autre chose :

---

[2] « À vrai dire, ce terme d'*imagination* ne nous convient pas, ni, non plus, cette tentative de chercher derrière les choses et leur matière gélatineuse, solide ou fluide, les "images" que nous y projetterions. La perception, nous l'avons montré ailleurs, n'a rien de commun avec l'imagination : elle l'exclut rigoureusement, au contraire, et inversement. Percevoir n'est nullement assembler des images avec des sensations : ces thèses, d'origine associationniste, sont à bannir entièrement ; et, par suite, la psychanalyse n'a pas à rechercher des images, mais bien à expliciter des *sens* appartenant réellement aux choses. » [Sartre, 1976], 661. Voir [Rodrigo, 2009].

> Cette déchirure jaune du ciel au-dessus du Golgotha, le Tintoret ne l'a pas choisie pour *signifier* l'angoisse, ni non plus pour la *provoquer* ; elle *est* angoisse, et ciel jaune en même temps. Non pas ciel d'angoisse, ni ciel angoissé ; c'est une angoisse faite chose, une angoisse qui a tourné en déchirure jaune du ciel et qui, du coup, est submergée, empâtée par les qualités propres des choses, par leur imperméabilité, par leur extension, leur permanence aveugle, leur extériorité et cette infinité de relations qu'elles entretiennent avec les autres choses ; c'est-à-dire qu'elle n'est plus du tout lisible, c'est comme un effort immense et vain, toujours arrêté à mi-chemin du ciel et de la terre, pour exprimer ce que leur nature leur défend d'exprimer. [Sartre, 2001, 15.]

Le ciel, alors, n'est pas simplement un objet mais il est un objet imaginaire, dans la mesure où cet objet se donne picturalement sous forme imaginaire, c'est-à-dire qu'il ne se donne pas immédiatement en perception, mais comme une certaine matière qui fonctionne comme un analogon. Il y a toutefois quelque chose de plus et, pourrait-on dire, de radicalement nouveau, par rapport à la thèse d'irréalité de l'acte imaginatif et du jugement esthétique conçus comme liberté néantisante de la conscience. Le dispositif pictural mis en acte par le Tintoret produit une condensation esthétique qui charge le ciel-analogon d'une tonalité émotive. Le ciel n'est pas à la place de cette tonalité, il *est* cette tonalité tout en étant en même temps un analogon irréalisant. Comment peut-on alors concevoir cette présentation en absence ?

En 1948, on remarque donc dans les analyses sartriennes des éléments qui font entrevoir un chemin parallèle qui conduira à la transformation des thèses sur l'imaginaire conçu comme néant et irréalité. Il y a en somme déjà en ébauche l'idée d'une entrée en présence de l'image en tant que chose ; le ciel-angoisse est empâté des propriétés des choses et se fait chose matérielle.

Cette idée, paradoxale par rapport aux thèses précédentes, assume des traits bien plus distincts avec *Saint Marc et son double*, texte posthume consacré essentiellement à l'analyse du *Miracle de saint Marc délivrant un esclave* ou *Miracle de l'esclave* du Tintoret, réalisé à Venise en 1548[3]. La peinture montre

---

[3] En 1933, Sartre découvre le Tintoret à Venise ; il est complètement fasciné. Il retournera à Venise et publiera « Venise de ma fenêtre » [1953], première ébauche d'un livre jamais terminé, *La Reine Abermarle et le dernier touriste* [1991]. « Le Séquestré de Venise » paraît en 1957 dans *Les Temps modernes*. Sartre écrit ensuite *Un vieillard mystifié*, sur l'autoportrait conservé au Louvre. Un véritable projet Tintoret prend forme. Une partie de *Saint Georges terrassant le dragon* paraît dans *L'Arc* en octobre 1966 ; Michel Sicard publiera le reste peu après la mort de Sartre

saint Marc qui libère miraculeusement un esclave condamné à l'aveuglement et à la paraplégie ; cela à cause du geste imprudent l'ayant amené à ne pas respecter l'interdit de son propriétaire païen qui lui avait refusé de se rendre en pèlerinage à Venise pour vénérer les reliques du saint. Saint Marc déferle sur la scène – il « dégringole » du ciel, dit Sartre – en tombant de toute sa masse et brise, sans le toucher, le marteau qu'un bourreau enturbanné était en train d'utiliser pour frapper sa victime, alors que tous les spectateurs de l'exécution semblent « matériellement » écrasés par le poids du miracle.

Le Tintoret casse toutes les conventions picturales développées par les maîtres florentins de la perspective et consolidées par l'école vénitienne avec Véronèse et Titien. Il rompt l'ordre de la distribution verticale des sujets de la représentation, leur structuration selon des plans descendants ; il invalide l'utilisation de la lumière comme instrument de mise en relief des visages. La densité des volumes, la masse des corps, la chute du saint avec sa masse de ténèbres, concrète et lourde, l'inversion de son corps – tête en bas, jambes en haut – et encore la position face à face du saint et de la victime, comme pour créer une sorte de colonne invisible dont l'un est le chapiteau et l'autre la base, montrent clairement non seulement que tous les corps sont soumis aux lois de la gravité (y compris le corps du saint, qui devrait être un « corps glorieux ») mais aussi qu'ils sont ontologiquement équivalents. On pourrait dire que le corps est « la condition de possibilité du pathos provoqué par l'imaginaire » [Alloa, 2007, 139]. Le Tintoret brise ainsi la hiérarchisation traditionnelle de la représentation, fondée sur le respect de l'ordre constitué et institué par la religion, la politique, les mœurs. Le peintre semble animé par un profond matérialisme, il s'intéresse à la matière, aux rapports physiques, à la densité réelle contre les idéalisations du christianisme, en particulier celles liées à la lévitation des corps dans les toiles.

> Pour la première fois dans l'Histoire, entre 1540 et 1545, à une date qu'il est malheureusement impossible de préciser, un tableau cesse d'être une surface plate, hantée par un espace imaginaire pour devenir un circuit monté par le peintre, qui se referme sur l'aimable clientèle et la force d'intégrer sans en altérer la nature les objets à la réalité. [Sartre, 2005b, 153.]

Le peintre esquisse sur la toile une première ébauche de représentation suivant les lois classiques de la perspective, puis la transforme selon une modélisation qui suit une recomposition spatiale en trois dimensions grâce à

(« Les Produits finis du Tintoret », *Magazine littéraire*). Le texte le plus important reste celui sur *Saint Marc délivrant un esclave* [Sartre, 1981 ; Sicard, 2005].

l'utilisation de statuettes en cire. Cela produit une ouverture de la toile en induisant une osmose entre espace imaginaire et espace du monde car, manipulant directement les choses plutôt que les signes, l'artiste a à faire avec des présences concrètes et avec un espace qui, à proprement parler, est celui de la sculpture. Le Tintoret peint donc à partir des rapports spatiaux qui président non pas à la peinture mais à la sculpture, n'ayant d'autre objet que la matière. De cette manière, il arrive à ouvrir l'espace au volume en donnant vie à des présences concrètes et tangibles, puisqu'« il voulait retrouver l'espace tel qu'il est vécu pour nous avec ses distances infranchissables, ses dangers, ses fatigues, pensant que c'était la réalité absolue de l'espace et c'est ce qui l'a fait trouver malgré lui la subjectivité »[4]. La sortie de l'espace imaginaire vers l'espace du monde est littéralement produite par la matière qui, presque à la façon bachelardienne, est en mesure d'activer une participation esthétique où l'imaginaire n'est plus un néant ou un irréel. La peinture devient organique, en mesure d'activer un imaginaire matérialisé, un imaginaire qui se fait réalité grâce au « geste brutal du peintre » par lequel « homme et choses livreront leur absolue présence au cœur de la représentation » [Sartre, 1981, 174].

En utilisant avec habileté les dispositifs optiques et les mouvements rétiniens, le Tintoret arrive à enchanter les yeux qui prêtent aux formes peintes un mouvement réel, en soutenant l'imaginaire qui nous permet de voir plus que ce qu'on verrait en réalité. Le peintre est un prestidigitateur qui, exploitant jusqu'au bout les ressources du regard et les composantes fictives de nos perceptions réelles, « nous dispose sourdement à imaginer l'imaginaire » [Sartre, 1981, 193]. La profondeur, la pesanteur, la chute, l'ombre rendent au spectateur la troisième dimension selon un jeu qui flotte constamment entre perception et imagination.

> Cela veut dire qu'un tableau ramasse en lui les structures réelles du monde visible et les livre à nos yeux telles quelles : il le faut puisque la peinture est possible, il faut qu'elle tienne ensemble et toute dans l'unité d'une composition ; quant à la fiction, ce n'est rien : on lui donnera sa valeur positive, devant tant de corps magnifiques, tant de soies, tant de belles attitudes, en déclarant que la Nature imite l'Art. Négativement, c'est une lacune qu'on devine, une instabilité fuyante à travers le plein, c'est l'envers de l'être, par l'être seul manifesté. [Sartre, 1981, 193.]

---

[4] [Sartre, 1991], 171. La technique du Tintoret et ses pratiques préparatoires ont été analysées par Tietze [1948], texte particulièrement retenu par Sartre.

L'imagination se montre alors solidaire du règne du visible, car dans la peinture, elle permet au spectateur de s'installer au-delà de la dimension perceptive habituelle en introduisant un nouvel horizon de sens. C'est seulement ainsi que la conscience peut exercer sa liberté, en faisant démarrer à l'intérieur de l'image un processus dialectique de construction et déconstruction du réel qui seul peut donner vie à un engagement de transformation et de renouvellement au cœur concret de la praxis. Comme le tableau de Tintoret nous le montre, il y a une part d'invisible qui habite le visuel et qui, grâce à l'imagination, se donne à voir en puissance (« en possibilité », dirait Merleau-Ponty) par ses effets, sans pour autant se faire présente.

Conclusion

Notre bref parcours nous a montré que l'imagination n'est pas seulement une puissance formatrice de figuration, mais qu'elle est, plus originairement, un mode d'être spécifique, celui d'une présence espacée par des trous et des lacunes, des plis et des chevauchements de couches d'expérience. Comme le note Nathalie Depraz :

> Si l'on s'intéresse à la production esthétique, il convient de mettre l'accent sur la genèse de l'œuvre plutôt que sur son résultat. C'est à partir de cette distinction première que peut prendre sens une phénoménologie génétique de l'imagination : thématiser la genèse de l'acte d'imaginer (que ce soit l'acte de figuration, de pure imagination ou encore d'imagination perceptive) invite à rejeter toute typologie des images. La vertu de la présentification imageante réside dans sa capacité à modifier le perçu sans le dissoudre, à transformer le corporel sans l'abolir. Loin de répéter la perception, loin de reconduire à un empirisme naïf, l'imagination neutralise sans nier : elle fait apparaître le corps du réel sous un autre jour, en prenant la mesure de notre lien incompossible avec la perception. [Depraz, 1996, 198.]

Au fond, l'espacement phénoménologique de l'imagination ne saurait que produire un éloignement, un écart et une distance dans le réel en permettant de créer un espace pour l'enchevêtrement (*Ineinander*) génétique des actes intentionnels perceptifs et imaginatifs dans la conscience. Dans ce sens, et comme les successeurs de Sartre et Merleau-Ponty nous le montrent, la phénoménologie ne serait rien d'autre qu'un devenir imagination de l'*aisthesis*.

Bibliographie

Alloa, Emmanuel [2007], « Suspension et gravité. L'imaginaire sartrien face au Tintoret », *Alter. Revue de phénoménologie*, 15, *Image et œuvre d'art*, 123-141.

Depraz, Natalie [1996], « Comment l'imagination "réduit"-elle l'espace ? », *Alter. Revue de phénoménologie*, 4, *Espace et imagination*, 179-211.

Merleau-Ponty, Maurice [1964], *Le Visible et l'invisible. Notes de travail*, Paris, Gallimard.

— [1978], *L'Union de l'âme et du corps chez Malebranche, Biran et Bergson. Notes prises aux cours à l'École Normale Supérieure (1947-1948)*, éd. Jean Deprun, Paris, Vrin.

— [2002], *L'Œil et l'esprit*, Paris, Gallimard.

— [2003], *L'Institution, la passivité. Notes de cours au Collège de France (1954-1955)*, Paris, Belin.

Rodrigo, Pierre [2009], « Sartre et Bachelard : variations autour de l'imagination matérielle », in *L'Intentionnalité créatrice. Problèmes de phénoménologie et d'esthétique*, Paris, Vrin, 255-266.

Sallis, John [1987], *Spacings – of Reason and Imagination*, Chicago, University of Chicago Press.

— [1989], « L'espacement de l'imagination. Husserl et la phénoménologie de l'imagination », in Éliane Escoubas & Marc Richir (dir.), *Husserl*, Grenoble, Million.

Sartre, Jean-Paul [1953], « Venise de ma fenêtre », *Verve*, VII, 27-28, 87-90.

— [1976/1943], *L'Être et le néant*, Paris, Gallimard.

— [1981], « Saint Marc et son double », in Michel Sicard (dir.), « Sartre et les arts », *Obliques*, 24-25.

— [1991], *La Reine Albermarle ou le dernier touriste. Fragments*, Paris, Gallimard.

— [2001/1948], *Qu'est-ce que la littérature ?*, Paris, Gallimard.

— [2005a], *L'Imaginaire*, Paris, Gallimard.

— [2005b], « San Marco e il suo doppio », in *Tintoretto o il sequestrato di Venezia*, dir. Michel Sicard, trad. Fabrizio Scanzio, Milano, Christian Marinotti, 2005.

Sicard, Michel [2005], « Approches du Tintoret », http://michel-sicard.fr/textes/sartre/approches-tintoret-2005.pdf.

Tietze, Hans [1948], *Tintoretto. The Paintings and Drawings*, London, Routledge.

Renato BOCCALI
Università IULM
Milan, Italie
renato.boccali@iulm.it

Le monde imaginaire. Depuis la phénoménologie matérielle de Michel Henry
Paula LORELLE

Le monde imaginaire dont il est ici question ne désigne pas un monde inexistant, distinct du monde réel, résultant d'une pure production fantasmatique, et l'imagination désigne moins l'imagination empirique que l'imagination transcendantale, constitutive du monde lui-même. Seulement, le concept d'« imagination transcendantale » semble impliquer une contradiction interne entre, d'un côté, sa fonction constitutive du monde et, de l'autre, son indépendance présumée à l'égard du monde. Comment l'imagination peut-elle nous donner le monde alors qu'elle est le pouvoir même de s'en détacher ? Ce paradoxe apparent explique selon nous la difficulté qui est celle de la phénoménologie à repenser la fonction transcendantale de l'imagination tout en satisfaisant à son exigence de s'en tenir aux choses mêmes – de tenir ensemble le monde et l'imagination sans noyer l'imagination dans le monde, ni le monde dans l'imagination. Face à cette difficulté, nous entendons montrer que l'ontologie phénoménologique, prenant sa source dans la lecture heideggérienne de Kant et se prolongeant dans sa critique henryenne, s'enferre dans une alternative insatisfaisante, ayant pour effet de séparer l'imagination comme mode de manifestation de son contenu phénoménal et mondain.

Dans *Kant et le problème de la métaphysique* (1929), Martin Heidegger repense le concept kantien d'« imagination » à l'aune de son rôle dans l'instauration du fondement de la métaphysique. Mais l'imagination apparaissant d'emblée en son essence objectivante, depuis un concept kantien qui reste ininterrogé, n'apparaît pas à proprement parler, repliée comme elle l'est sur l'horizon du monde qu'elle projette. Dans *L'Essence de la manifestation* (1963), Michel Henry refuse à juste titre le repli heideggérien de l'imagination sur son contenu objectif et repense l'imagination depuis son propre mode de phénoménalité qu'est l'affectivité. Mais il la sépare ainsi du monde qui se phénoménalise en elle, et ne repense pas le monde depuis elle. Soit, donc, l'on perd le mode de manifestation propre à l'imagination au nom du monde objectif qu'elle produit – l'imagination au nom du monde – soit l'on perd le monde imaginaire au nom d'un retour à la phénoménalité immanente de l'imagination – le monde au nom de l'imagination.

Cette alternative repose en fait sur un présupposé ontologique commun à ces deux approches qu'il s'agira de faire apparaître et selon lequel la représentation serait le mode fondamental sur lequel l'imagination se rapporte au monde. C'est dans l'œuvre ultérieure de Henry, dans ses développements esthétiques sur Kandinsky, que ce présupposé ontologique semble dépassé, permettant à la fois de repenser l'imagination en deçà de toute faculté de représentation – comme un mode d'expression – et de repenser le monde imaginaire en deçà de toute objectivité – comme un monde de part en part pathétique, ou comme un *monde vivant*.

I. L'imagination objectivante
§ 1. *La lecture heideggérienne de Kant*

Heidegger, dans sa lecture de la première édition de la déduction transcendantale, ancre le rôle fondamental de l'imagination dans l'insuffisance d'une intuition qui serait strictement réceptrice de son objet. « Une intuition réceptrice ne peut s'accomplir que dans une faculté ob-jectivante, dans une manière de se tourner vers » [Heidegger, 1991/1965, 72/131]. Le fait d'intuitionner un objet ou de s'en laisser affecter suppose donc une objectivation préalable laissant l'objet s'objecter ainsi. Cette faculté objectivante ne crée pas l'objet ou l'étant qu'elle reçoit, mais bien l'horizon de sa réception. Elle ne crée donc rien d'étant mais un néant, pur horizon du monde, et se trouve n'être autre que l'imagination. Conformément au concept kantien de *Gegenstand*, cette objectivation est une « opposition » : « Dans l'objectivation comme telle se manifeste quelque chose qui "s'oppose" » [Heidegger, 1991/1965, 73/133]. L'imagination crée l'horizon d'objectivité de toute réceptivité au sein duquel tout étant peut venir s'opposer.

Cette première conceptualisation heideggérienne de l'imagination se voit complétée par sa lecture du schématisme. L'objectivation ou la création d'un horizon de réceptivité, condition de l'intuition, consiste en la création d'un horizon de *visibilité*, à savoir en la transposition sensible des concepts de l'entendement (§ 19). L'imagination transcendantale est donc une faculté de représentation, au sens d'une *Vorstellung* ou d'une pré-vision : d'une vue schématique préalable à toute perception (§ 21). Comme l'écrit Henry en commentant Heidegger :

Le monde imaginaire

> Œuvrer comme le fait l'imagination, présenter un horizon dont on assure la présentation en le formant et en le recevant, c'est représenter. La représentation est le processus par lequel l'essence s'objecte l'horizon pur qu'elle reçoit. [Henry, 1963, 220.]

L'horizon créé par l'imagination est donc un horizon sensible de réceptivité par lequel elle doit elle-même se laisser affecter : un horizon qu'elle ne crée que pour recevoir ou qu'elle ne reçoit qu'en ayant créé.

De l'imagination transcendantale, Heidegger retient donc sa triple dimension productrice, objectivante et oppositionnelle depuis laquelle se comprend sa fonction « re-présentative »[1]. Seulement, si l'imagination produit ou crée l'horizon de toute réceptivité, comment peut-elle s'en trouver à son tour affectée ?

§ 2. *La critique henryenne ou l'insuffisance du monisme*

La critique qu'adresse Henry à Heidegger en ce point précis ne porte pas sur la pertinence exégétique de sa lecture de Kant. En témoigne ce feuillet inédit des notes préparatoires, portant le titre « monisme représentation » :

> L'interprétation de Kant par Heidegger n'est [nullement] arbitraire. Heidegger prolonge Kant, <u>va au fond du monisme</u>.
> L'interprétation heideggérienne répète véritablement l'instauration kantienne de la métaphysique générale. [Henry, s.d., Ms A 6094.]

Ce que Henry appelle *monisme* et qui se révèle ici être pleinement accompli par la lecture heideggérienne de Kant, c'est le présupposé ontologique, commun à toute une tradition philosophique, selon lequel l'apparaître ou la manifestation trouverait sa seule et unique condition dans la séparation à l'œuvre dans la représentation – l'opposition ou l'objectivation. Apparaître, ce serait donc se séparer de soi pour se poser en face comme objet ou s'opposer. La critique de Henry porte sur l'insuffisance ontologique de ce mode de

---

[1] La fonction transcendantale de l'imagination vient transfigurer la sensibilité (§ 29). La sensibilité, repensée depuis l'imagination, n'est pas une simple intuition réceptrice de son objet. L'imagination est l'« unité originelle et non composée de la réceptivité et de la spontanéité », une « spontanéité réceptive pure ». L'imagination est donc en partie intuitive ; l'intuition pure qu'elle suppose se trouve à son tour désensibilisée, créatrice de l'objectivité qu'elle reçoit. L'affection par les sens, finit par déclarer Heidegger, « n'appartient pas à l'essence de la sensibilité ».

manifestation, telle notamment qu'elle se révèle dans la problématique du schématisme et du rôle supposé fondateur de l'imagination.

L'argument mobilisé par Henry contre cette conception heideggériano-kantienne de l'imagination semble d'abord un argument logique qui consiste à en dénoncer la circularité. Si, d'un côté, l'intuition suppose l'imagination – l'intuition d'un objet suppose la création d'un horizon de réceptivité –, de l'autre, l'imagination suppose l'intuition en ce qu'elle doit se laisser elle-même affecter par cet horizon qu'elle crée. L'intuition est donc à la fois le conditionné et la condition de l'imagination [Henry, 1963, 220-221].

Mais cet argument logique se révèle proprement phénoménologique en ce qu'il fait retour, depuis ce concept hérité d'imagination, à la condition effective de sa phénoménalisation. L'imagination est conditionnée par une intuition plus originaire que celle, empirique, qu'elle conditionne. Pour se trouver affectée par ce qu'elle crée, elle doit d'abord pouvoir se comprendre en sa propre réceptivité. C'est la possibilité même de cette réceptivité originaire de l'imagination qui se trouve n'être pas ainsi explicitée ou fondée. À savoir son *affectivité* :

> Recevoir un contenu, c'est être affecté par lui. [Henry, 1963, 288.]
> La perceptibilité de l'horizon réside dans la possibilité ultime appartenant à la transcendance d'être affectée par lui. [Henry, 1963, 241.]

Comment l'imagination peut-elle se laisser affecter par ce qu'elle crée ? D'où tient-elle son affectivité ?

II. L'imagination pathétique
§ 3. *De l'imagination objectivante à l'imagination pathétique*

C'est la réceptivité de l'imagination qu'il s'agit ici de fonder, sa capacité d'être affectée par ce qu'elle représente ou « de le maintenir près de soi ». Or, maintenir son produit près de soi pour l'acte d'imagination, c'est d'abord pouvoir s'y maintenir soi-même.

> Avant de recevoir le contenu pur qu'il s'oppose et qui l'affecte, c'est lui-même, toutefois que, conformément au mode originaire de la réceptivité, l'acte d'objectivation reçoit, c'est par lui d'abord qu'il est affecté. [Henry, 1963, 303.]

Le concept de réceptivité se dédouble donc pour venir désigner, à côté de la réceptivité par la représentation de l'horizon qu'elle crée, la réceptivité immanente de cet acte par lui-même. L'acte imaginatif doit bien s'affecter lui-même s'il doit pouvoir se laisser affecter par l'horizon qu'il produit. La sensibilité, ainsi définie, suppose l'affectivité. Aussi l'imagination se voit-elle repensée en deçà même de son acte représentatif objectivant, depuis l'immanence d'une auto-affection, comme un mode de réceptivité originaire et immanent qui, avant même de créer un contenu extérieur, se trouverait passivement affecté par sa propre réalité. Loin donc d'être la libre production de représentations, elle partage l'impuissance de l'affectivité, sa passivité, se trouvant ainsi livrée à elle-même, comme le dit Henry du sentiment [1963, 588].

Seulement, la voici par là même privée du monde et, pour être repensée en sa propre phénoménalité, séparée de son contenu phénoménal et mondain.

> La manifestation de l'imagination n'est pas constituée par la phénoménalité du monde. [Henry, 1963, 328.]
> Autre est la phénoménalité du monde, autre celle de l'imagination. [Henry, 1963, 330.]

L'imagination, ainsi repensée comme « conscience sans monde »[2], en son propre mode de réceptivité, tient d'elle-même sa réalité phénoménale, indépendamment du monde qu'elle contribue à constituer. Cette auto-affection de l'imagination en constitue la réalité, lui conférant la matérialité de ce qui se donne effectivement dans la plénitude d'une auto-affection. Et le monde se voit, lui, frappé d'irréalité, d'où son caractère imaginaire. Non qu'il soit finalement question d'un monde irréel, au sens métaphysique d'un monde inexistant[3], mais en ce que, pour être l'objet d'une représentation, le monde n'est pas fait de cette matière pathétique originaire, vidé de ce qui confère à l'immanence sa plénitude, sa concrétude ou sa réalité. À défaut donc de dissoudre l'imagination dans le monde, Henry ne perd-il pas le monde en retrouvant l'imagination ?

§ 4. *Le présupposé ontologique de Henry*

Pourquoi Henry n'a-t-il pas repensé le monde depuis son affectivité originaire ? Non plus comme ce monde représenté dont l'objectivité serait synonyme d'irréalité, mais comme un monde lui-même affectif, fait de cette

---

[2] Comme l'indique le titre du § 34 de *L'Essence de la manifestation*.

[3] Voir la note préparatoire : « La distinction réel-irréel n'a aucune signification métaphysique (comme si le transcendant était seulement une "image" ou une "production" de la "conscience") mais phénoménologique et ontologique, la plus précise et la plus rigoureuse » [Henry, s.d.], Ms A 7-14-5478.

même réalité ? C'est en raison, semble-t-il, du maintien au moins partiel du présupposé ontologique de la représentation. L'imagination, pour se donner à elle-même dans l'affectivité, ne se rapporterait pas moins au monde sur le mode de la représentation – se trouvant ainsi divisée entre l'immanence d'une auto-affection et la transcendance d'une objectivation. Comme sise entre deux néants – un néant de monde et le néant du monde.

Dans *L'Essence de la manifestation*, le présupposé de la représentation est maintenu en sa pertinence ontologique. La représentation objectivante relève bien, en un sens, de l'essence de la manifestation. Non seulement en ce premier sens d'essence comme *eidos* – en ce que l'objectivité relèverait d'une propriété essentielle de l'apparaître comme monde – mais en un sens plus profondément ontologique – en ce que le monde n'est autre que l'auto-séparation objectivante de l'essence[4]. La représentation n'est pas récusée en sa pertinence ontologique, mais seulement en son originarité, restant de fait l'un des deux modes ontologiques et fondamentaux de la manifestation.

> Représentation désigne l'événement ontologique fondamental dans lequel l'essence s'oppose l'horizon[5]. [Henry, 1963, 787.]

Contrairement à une grande partie de la phénoménologie post-husserlienne, Heidegger compris, Henry ne remet pas en question la pertinence de l'objectivité comme mode essentiel de phénoménalité. Pas plus ne questionne-t-il la dimension représentative de l'imagination transcendantale : cette dimension reste essentielle, fût-elle non originaire. C'est ce présupposé ontologique commun qui permet d'expliquer que l'entreprise de fondation henryenne de l'imagination objectivante sur l'imagination pathétique ne s'accompagne pas explicitement d'une entreprise de refondation du monde imaginaire. Et c'est ce même présupposé qui conduit autant Heidegger à perdre la phénoménalité de l'imagination au nom du monde que Henry à perdre la phénoménalité du monde au nom de l'imagination.

---

[4] Ce, depuis l'équivocité du concept d'« essence » qui désigne tout à la fois une propriété structurelle de l'apparaître et sa réalisation ou son accomplissement originaire. Au premier sens de l'essence, il y a donc deux « essences » – deux modes essentiels d'apparaître hétérogènes (§ 51). Mais au second sens, il n'y a qu'une seule essence qui soit se réalise originairement, en elle-même, dans la plénitude de l'auto-affection, soit se sépare d'elle-même dans l'objectivation.

[5] Ou : « L'essence de l'intuition réside dans l'objectivation » [Henry, 1963], 217.

Ce présupposé est déjà en partie dépassé par *L'Essence de la manifestation*, d'un double point de vue sémantique et phénoménologique. En témoigne ce passage de la dernière section :

> Par « monde affectif » il convient tout d'abord de ne pas entendre, à la manière des psychologues, une région déterminée de la réalité ou de l'existence, propre à chacun, on ne sait quel jardin secret et intérieur où l'imagination, projetant librement ses désirs, aimerait se reposer et vivre en elle-même à l'écart du monde. C'est le monde lui-même, ce monde extérieur et « réel », le monde des choses et des objets, qui est affectif et doit être compris comme tel. [Henry, 1963, 608.]

Il est donc bien question d'un monde affectif comme du « monde lui-même ». Et l'affectivité comme mode de manifestation ne serait pas réservée à un type de contenu subjectif et acosmique. Ce dont témoignent les notes préparatoires sur la subjectivité. Le monde, loin d'être confiné à l'objectivité, pourrait donc bien, lui aussi, être repensé depuis ce mode de manifestation originaire qu'est l'auto-affection. Et l'imagination pathétique désignerait moins la propriété de contenus psychiques déterminés qu'un « mode » de manifestation originaire du monde lui-même. L'irréalité du monde objectif prendrait alors un tout autre sens : non plus celui de l'aliénation de l'essence dans la représentation objectivante – l'essence se séparant de sa propre réalité pour apparaître comme monde – mais celui de l'inanité d'un spectre philosophico-scientifique dénué de toute réalité phénoménologique.

Si Henry ne peut pas, d'un certain point de vue, repenser la fonction transcendantale de l'imagination depuis sa réalité pathétique, c'est parce qu'il suppose encore la vérité ontologique de la représentation. Mais se dessine déjà une autre voie phénoménologique, que Henry suivra plus explicitement dans certains textes ultérieurs, tels notamment ses développements esthétiques sur Kandinsky, et qui consiste à dés-essentialiser l'objectivité en la considérant comme pur résultat de révolutions historiques, pour re-sensibiliser le monde d'un même geste, le rendant à son essence affective originaire.

III. Le monde pathétique
§ 5. *Le monde esthétique : de la représentation à l'expression*

Voir l'invisible porte sur l'essence de la peinture telle qu'elle se révèle dans la peinture abstraite de Kandinsky. Pourquoi donc l'imagination transcendantale pourrait-elle être repensée depuis cet acte imaginatif singulier qui non seulement est celui empirique d'un artiste particulier, mais, en plus, semble se déprendre de tout contenu figuratif et mondain ? Pour deux raisons que nous expliciterons successivement. Premièrement, se déprendre de la représentation, ce n'est pas pour Kandinsky se déprendre du monde, mais le faire apparaître, au contraire. Deuxièmement, l'imagination empirique de Kandinsky consiste justement à faire se révéler l'affectivité transcendantale, immanente au monde, et depuis laquelle seulement il serait possible de repenser l'imagination.

Avec l'abstraction, la peinture se déprend du monde objectif du point de vue de son contenu non figuratif et du point de vue de sa matière même ou des moyens mondains qui en permettent l'expression [Henry, 2005, 22-23]. L'analyse de la matière picturale dont se composent les tableaux de Kandinsky permet donc de repenser la matérialité même du monde, en-deçà de son contenu représentatif. « *Les éléments de la peinture sont aussi ceux du monde* » [Henry, 2004, « La peinture abstraite et le cosmos », 239]. Et ces développements esthétiques concernent donc, au-delà de l'essence de l'art, l'essence même de la sensibilité. La mise hors-jeu de toute figuration nous reconduit « à la sensibilité et à ses éléments premiers » [Henry, 2005, 73]. Défait de son carcan figuratif et objectivant, le monde se révèle en sa nature affective, comme ce monde dont les éléments – lignes, formes et couleurs – sont dotés d'une affectivité propre qui n'est autre que leur « force imaginaire ».

L'on comprend donc ensuite que l'acte imaginatif de composition puisse reposer sur l'imagination au sens transcendantal d'une structure du monde lui-même. Les éléments du monde – ses formes, ses lignes et ses couleurs – sont en eux-mêmes dotés d'affectivité comme d'un « pouvoir expressif » [Henry, 2005, 95] autonome avec lequel l'artiste doit composer. L'auto-affection ou l'auto-impression devient une auto-expression de l'intériorité de la vie dans l'extériorité du monde. Si Kandinsky invente les lignes, il n'invente pas leur *pathos*, écrit Henry. Et, plus que de se limiter aux couleurs et aux formes géométriques, c'est aux objets qui en sont composés ou aux choses elles-mêmes que s'étend ce pouvoir expressif, disqualifiant définitivement, et de l'intérieur, la pertinence phénoménologique d'un monde objectif. Le monde ainsi révélé en sa propre force imaginaire n'est pas ce monde « sans lacune » offrant un « spectacle rassurant » [Henry, 2005, 165]. C'est un monde aussi trouble qu'il est vivant, à la fois troublé et troublant, affecté et affectant.

L'« imagination transcendantale » désignerait moins ici une faculté spontanée de représentation que l'auto-expression de la réalité pathétique des éléments picturaux dont se compose le monde lui-même. Ces développements permettent une refondation phénoménologique radicale du concept d'imagination transcendantale.

§ 6. *Esquisse d'une refondation phénoménologique de l'imagination transcendantale*

La difficulté inhérente au concept d'« imagination transcendantale » consistait en la caractérisation paradoxale d'une imagination qui serait constitutive du monde tout en en étant indépendante. Cette difficulté explique, en un sens, le présupposé ontologique du caractère représentatif ou objectivant de son rapport au monde, ayant pour effet de séparer l'imagination comme mode de manifestation de son contenu phénoménal imaginaire. Le premier mouvement heideggériano-kantien de l'imagination comme objectivation sépare le mode de manifestation imaginatif de son propre contenu phénoménal. Le second mouvement henryen a le mérite de repenser l'imagination depuis son propre mode de manifestation, mais aboutit à la sevrer de nouveau de tout contenu mondain. Seul le dépassement radical du présupposé ontologique selon lequel l'imagination se rapporterait au monde sur le mode de la représentation permet de repenser l'identité de l'imagination comme mode de manifestation et de son contenu phénoménal et mondain. L'imagination ne serait plus le pouvoir subjectif de création d'un monde qui lui serait extérieur, mais une possibilité expressive du monde lui-même, comme monde imaginaire.

Pareille refondation phénoménologique de l'imagination exigerait que soient repensées ses trois déterminations habituelles, conservées par la problématique transcendantale : *premièrement*, son identification à une faculté ou un pouvoir du sujet ; *deuxièmement*, son identification à une faculté de spontanéité productrice ou créatrice de son objet ; *troisièmement*, son identification à une faculté de distanciation d'avec le réel, productrice d'un objet irréel ou inexistant.

Il s'agirait donc *premièrement* de redéfinir l'imagination au-delà d'une faculté ou d'un pouvoir du sujet. Ce que tend déjà à faire Heidegger, affirmant que la faculté transcendantale doit être repensée au-delà d'une faculté d'un sujet préalablement posé, comme une possibilité ontologique, « structure essentielle de la transcendance » [Heidegger, 1991/1965, § 27, 134/193], depuis laquelle il serait seulement possible de repenser la subjectivité. En ce sens, l'imagination serait moins un pouvoir du sujet qu'une possibilité ontologique du monde lui-même, comme monde imaginaire. Il s'agirait *deuxièmement* de redéfinir l'imagination en deçà de la spontanéité productrice qui lui est généralement attribuée, depuis la passivité originaire qu'elle revêt chez Henry – l'imagination se trouvant moins libre qu'ainsi livrée à elle-même. Et il faudrait *finalement* pouvoir repenser la distance ou l'indépendance de l'imagination eu égard au réel. Cette distance ici ne séparerait plus l'acte imaginatif de son œuvre ou de son produit. Ce ne serait plus celle d'un horizon vide d'étant ni même celle de ce milieu d'objectivité, vide de la réalité matérielle de l'auto-affection, mais la distance, inhérente au monde lui-même, de l'affectivité. Non pas la distance de l'objectivité du monde, mais celle qui justement le sépare et le préserve de toute objectivation. Non pas la distance depuis laquelle viennent s'opposer les objets, mais celle de l'invisible affectivité qui préserve le monde de venir se figer en une seule et unique réalité objective et désaffectée, ouvrant en lui l'espace même de l'imagination empirique, justement. Le monde imaginaire serait tout entier transi de cette invisible affectivité qui fait de lui un monde non seulement affectif, mais un monde affecté – un monde triste, désirant ou terrifié.

> Ce monde étrange est une « vie ». [Henry, 2005, 54.]

Références bibliographiques

Heidegger, Martin [1991], *Kant und das Problem der Metaphysik*, Gesamtausgabe 3, Frankfurt am Main, Vittorio Klostermann ; [1965], *Kant et le problème de la métaphysique*, trad. Alphonse de Waelhens & Walter Biemel, Paris, Gallimard.

Henry, Michel [1963], *L'Essence de la manifestation*, Paris, PUF.

— [2004], *Phénoménologie de la vie*, III, Paris, PUF.

— [2005], *Voir l'invisible. Sur Kandinsky*, Paris, PUF.

— [2012], « Notes préparatoires à *L'essence de la manifestation* : la subjectivité », éd. Gégori Jean & Jean Leclercq, *Revue internationale Michel Henry*, 3, Presses universitaires de Louvain.

— [s.d.], Université catholique de Louvain, Plate-forme technologique Alpha, Fonds Michel Henry.

Paula LORELLE
Université catholique de Louvain, Fonds Michel Henry
Louvain-la-Neuve, Belgique
paulalorelle@hotmail.com

À travers temps et terrains : d'un paysage à l'autre. Étude comparative entre Occident et Extrême-Orient
Caroline PIRES TING 丁小雨

> Seules les pensées qui nous viennent en marchant ont de la valeur. [Friedrich Nietzche, *Le Crépuscule des idoles*, Sentences, § 34.]

Des liens multiples rapprochent l'action de marcher et la réflexion esthétique. Le parcours du voyageur nous pousse à des considérations sur le temps et sa durée, ainsi que sur les rapports entre l'Orient et l'Occident, à partir de l'ascension du mont Ventoux par Pétrarque (1304-1374) et du mont Lu par François Cheng (né en 1929). Nous accompagnons cette étude de quelques œuvres personnelles.

Une des activités de l'imagination, qui prend sa source dans l'imaginaire, consiste à parcourir l'espace et le temps du monde. Le flâneur parcourt des paysages et des horizons variés, comme une séquence imaginative.

Entre la marche, le récit et le mythe, il y a un lien : l'imagination y est fortement stimulée et tous sont un moyen de cheminer vers une vérité plus haute. La marche est pour l'individu une quête à plusieurs dimensions : quête de connaissances sur le monde, sur soi-même, quête de sa véritable identité ou d'une vérité supérieure, comme dans le pèlerinage. Le mythe, la religion et le conte sont des cheminements vers telle ou telle vérité. Le thème de la marche offre l'occasion de porter un regard particulier sur l'esprit hétéroclite du voyageur, collectionneur d'objets, de traces, mais aussi, à l'opposé, du sujet qui s'évide, comme chez les taoïstes.

1. Philosophie chinoise et philosophie de la Renaissance

À côté de différences abyssales, certaines analogies sont frappantes, par-delà le temps et l'espace. Ainsi, le poète Xie Tiao (464-499) découvre que la fenêtre « impose un ordre ; elle découpe la nature infinie pour n'en retenir qu'un fragment qui vaut totalité. En l'isolant de l'ensemble, le poète se l'approprie comme un tableau » [Hu-Sterk, 2004, 127]. Or, « en 1435, Alberti n'avait rien dit d'autre quand, juste avant d'ouvrir sa fameuse fenêtre – qui ne donne pas sur le monde, mais sur la composition mesurée de l'œuvre –, il avait évoqué Protagoras et sa célèbre formule sur "l'homme est la mesure de toute chose" » [Arasse, 2009, 54].

Le paysage traverse le corps par la « fenêtre » de la vision. La perspective permet de fixer sur la toile un instant du monde. Elle immobilise le temps au profit d'un espace intellectuellement construit ; elle requiert corrélativement l'immobilité du peintre et du spectateur afin d'assimiler le contenu établi. C'est dans ce sens que nous pouvons comparer la peinture à un paysage. Contempler un paysage, c'est vouloir s'y perdre ; métaphoriquement, c'est s'évanouir au milieu des choses.

« L'esprit du paysage et mon esprit se sont concentrés et, par-là, transformés de sorte que le paysage est bien en moi », affirme le peintre chinois Shi Tao (1641-après 1710, Ming) [Jourdan & Vigne, 1998]. Marcher vraiment dans le paysage, c'est s'y fondre, un peu comme – dit la légende – Shi Tao a disparu dans ce qu'il venait de peindre sur un mur. On retrouve cette production d'images de la nature et du mouvement sur le mur chez Léonard de Vinci :

> Si tu regardes des murs souillés de beaucoup de taches ou faits de pierres multicolores, avec l'idée d'imaginer quelque scène, tu y trouveras l'analogie de paysages au décor de montagnes, rivières, rochers, arbres, plaines, larges vallées et collines de toute sorte. Tu pourras y voir aussi des batailles et des figures aux gestes vifs et d'étranges visages et costumes et une infinité de choses. [Cité par Danielle Sonnier, in Alberti, 2007, 43.]

2. De l'écriture à l'image

Les Chinois aiment à établir des correspondances entre les vertus des choses de la nature et les vertus des choses humaines. C'est par exemple ce que nous rappelle l'écrivain et poète François Cheng : « aux deux pôles de l'univers correspondent les deux pôles de la sensibilité humaine » [Cheng, 1996, 93].

Le savoir était herméneutique, l'écriture appartenait à une élite qui avait le pouvoir de décrypter le monde [Vandermeersch, 1974, 42-43]. Cheng nous apprend que *Siao yao* signifie « aller et venir », « muser » ; *yeou*, « se promener ». Pour le Chinois, le mot *yao* doit être rapproché de termes signifiant « franchir », « aller au-delà », et d'autres qui expriment le plaisir, l'agrément, le peu de profondeur ; *yeou* évoque l'image d'un drapeau flottant. L'ensemble, souvent traduit par *randonnés lointaines*, exprime à la fois une idée de légèreté et de mouvement de dépassement, un envol libre au-delà. Ces idées, basées sur la notion que l'artiste se fait « déchiffreur » de la Nature et transcrit des symboles, font songer aux *Contemplations* de Victor Hugo, pour qui l'univers est un « hiéroglyphe énorme », comparable à une « bible » ou à un « livre écrit dans l'azur, sur l'onde et le chemin, avec la fleur, le vent, l'étoile [...] La nature est un drame » [Hugo, 1973, 277].

En marchant, nous créons le paysage, puisque percevoir, c'est créer une image à partir d'énergies qui changent sans cesse. Marcher, c'est dessiner le paysage. C'est peindre avec son souffle, avec son corps, à la façon de Shi Tao :

> À présent que le Paysage est né de moi et moi du Paysage, celui-ci me charge de parler pour lui. J'ai cherché sans trêve à dessiner des cimes extraordinaires. L'esprit du paysage et mon esprit se sont rencontrés et par là transformés, en sorte que le paysage est bien en moi. [Cheng, 1989, 30.]

3. L'écriture et l'image, la même origine : le thème de la Montagne dans la peinture orientale

En chinois, comme dans plusieurs langues orientales, un des principaux vocables utilisés pour désigner le paysage est *shanshui*, ce qui veut dire littéralement « montagne-eau », mais renvoie aussi au tableau représentant ces deux éléments. C'est pourquoi la peinture de paysage se dit « Peinture de Montagne et d'Eau » [Cheng, 1996, 92-93].

On retrouve d'ailleurs ces deux motifs dans toute la peinture paysagère d'Extrême-Orient. Pour Augustin Berque, le *shanshui* implique une fusion cosmique de l'Homme et de l'Univers. Le peintre revient sans cesse au thème de la montagne, elle qui est devenue « très tôt, dans l'imaginaire chinois, le visage même du Mystère ». « Il s'établit en Chine une véritable mystique de la montagne qu'exaltaient inlassablement poètes, peintres et maîtres spirituels » [Berque, 1976].

> En Chine, le voyage d'initiation faisait partie de la formation d'un lettré [...] Tout lettré digne de ce nom, avant de se présenter au degré supérieur de l'examen impérial, se devait de visiter les différentes régions de la vaste Chine, de connaître les différentes traditions vivantes qui avaient enrichi la culture chinoise. [Cheng, 2008b.]

La peinture chinoise a introduit les notions de « spatialisation de la poésie » et, réciproquement, de « temporalité de la peinture » [Hu-Sterk, 2004, 166-177]. Cependant, à la différence de l'Europe, ce sont les poètes plutôt que les peintres qui ont les premiers vu la nature comme un paysage.

Jacques Pimpaneau souligne d'ailleurs les origines chamaniques de la peinture chinoise : « Le poète chinois, qui marchait beaucoup, essayait comme le chaman de sortir de lui-même pour pénétrer dans le monde extra-humain, dans la vie des arbres, des fleurs, des animaux », de se rendre indépendant du « moi » et de trouver sa place dans l'univers.

Ce mouvement se manifeste dans toutes les étapes de la création. Ainsi l'exemple célèbre de la technique du halo d'encre (*moyun*) : elle « représente le critère ultime de l'appréciation d'une peinture monochrome [car] pour réussir un halo d'encre, il faut que le peintre soit aidé par le divin ». Tout comme le Dao (ou Tao), l'encre se diffuse d'elle-même pour créer un halo et le peintre n'a plus prise sur elle. La main de l'homme laisse alors à la Nature, ou au divin, le soin d'achever son geste.

4. Regards sur des récits sur la montagne et la contemplation
i. *L'Ascension du Mont Ventoux* de Pétrarque

En lisant *L'Ascension du Mont Ventoux* (1336) du poète et humaniste italien Pétrarque, le concept de paysage comme expérience de connaissance nous vient immédiatement à l'esprit, dans son rapport avec la cosmologie. Le texte de Pétrarque a souvent été considéré comme l'acte fondateur en Europe du regard distancié porté sur le paysage.

Le 26 avril 1335, Pétrarque se met en route. Il veut apprécier depuis le sommet le vaste panorama s'étendant sous lui. Ce sont d'ailleurs les premières lignes : « Aujourd'hui, mû par le seul désir de voir un lieu réputé pour sa hauteur, j'ai fait l'ascension d'un mont, le plus élevé de la région, nommé non sans raison Ventoux » [Pétrarque, 1990]. Or, ce « seul désir » va se révéler autre que purement géographique et touristique.

Pour accessible qu'elle paraisse, l'expérience – gravir une montagne – constitue une révélation. Pour Pétrarque, emprunter « la route plus plate qui passe par les bas plaisirs terrestres et qui semble à première vue plus facile » peut mener à « vivre une nuit éternelle de perpétuels tourments ». La pensée de l'effort nécessaire permet à Pétrarque de reprendre le chemin et de se diriger vers « le sommet, le plus haut de tous, que les montagnards nomment "L'Enfant" […] peut-être par antiphrase, comme cela se fait parfois : car il semble le père de tous les monts alentour » [Pétrarque, 1990].

Dans la narration d'une expérience, Cheng projette un sentiment voisin de cette vision de « l'éternel retour » chez Pétrarque : « tout vrai voyage est la transmutation d'un voyage qu'on a déjà fait en soi, un soi qui cherche à se transcender en vue d'un dépassement, d'une réconciliation » [Cheng, 2008b, 111].

Le récit de Pétrarque est particulièrement éclairant. En réalité, ce célèbre texte est une méditation sur la destinée humaine et sur le divin. C'est vraisemblablement dans les notes du journal de Pétrarque que pour la première fois dans la tradition européenne est relatée une expérience dans laquelle la nature est observée comme un tout en tant que paysage, c'est-à-dire visible par les sens autour de soi.

Dans la tradition philosophique de la théorie du cosmos, la totalité était réservée à la contemplation spirituelle. Mais l'observation de l'ensemble de la nature en tant que paysage fait atteindre une nouvelle forme de totalité. Le paysage est la nature présente esthétiquement au regard d'un observateur. Le paysage n'apparaît qu'à partir du moment où l'être humain se tourne vers la nature avec tous ses sens dans la contemplation. Pétrarque nous incite à poursuivre ce qu'il a commencé : réaliser la nature. Il nous permet d'ouvrir le champ d'étude au thème du paysage.

ii. La montagne médiévale et la cosmologie

La montagne médiévale par excellence est le Paradis terrestre, véritable « sommet du monde ». Toutes les hautes montagnes connues participent quelque peu de son essence paradisiaque (l'Éden). De nos jours encore, la trace de cette origine édénique se retrouve dans le mythe [Jouty, 1991].

L'historien de l'art britannique Kenneth Clark examine la fonction de la réintroduction du paysage depuis le Moyen Âge, dans « un cycle d'intégration harmonieuse de l'esprit humain [au] monde extérieur » [Clark, 1994, 7 ; chapitre « Le Paysage symbolique »]. Sans doute, cette géographie sacrée est-elle à rechercher dans l'ancienne géomancie du paysage appelée en Chine *Vent et Eau* (*Feng Shui*).

Umberto Eco traite de la propension allégorique du Moyen Âge, qui fait de toute chose le symbole d'une autre, en associant l'expression métaphorique à la mentalité primitive dans son rapport entre les images et ses signifiés :

> [...] une façon d'agglomérer dans la notion d'une chose déterminée tout ce qui peut entretenir avec elle un quelconque rapport de similitude et appartenance. Néanmoins, plutôt que d'un primitivisme au sens étroit du mot, il s'agira d'une aptitude à prolonger l'activité mythico-poétique de l'époque classique, en produisant des nouvelles représentations. [Eco, 1997, chapitre « Symbole et allégorie ».]

Eco insiste sur la relation établie, à l'époque médiévale, entre tous les champs du savoir, fondée sur le rapport de similitude : chaque créature reflète le monde. Les reproductions de « l'homme astrologique » dans les livres d'heures, considèrent le corps humain comme l'image réduite mais fidèle de l'univers. Gaston Bachelard a lui aussi réfléchi à cette imagination : « on sent bientôt l'idée vague se reformer derrière les précisions intempestives. Cette idée vague et puissante, c'est celle de la Terre nourricière, de la Terre maternelle, premier et dernier refuge de l'homme abandonné » [Bachelard, 1938, 177].

iii. L'ascension du mont Lu par François Cheng, éveil à la beauté

À propos de son expérience sur le mont Lu, Cheng parle d'une « beauté que la tradition qualifie de mystérieuse, au point qu'en chinois l'expression "beauté du mont Lu" signifie "un mystère insondable" ». Son expression « une musique ininterrompue » fait l'éloge « des chutes et des cascades qui [se] font entendre à longueur de jours et de saisons » [Cheng, 2008a, 16].

Il se souvient d'avoir gravi le mont Lu à l'âge de 6 ou 7 ans. Par la beauté de la Nature, révélée à travers ce vécu de jeunesse, il éprouve plus tard la manifestation de la beauté sur le corps féminin. Elle sera ensuite confirmée par la beauté des œuvres d'art :

> Il semble que la Nature a trouvé là un langage spécifique, capable de la célébrer. [...] Il faut bien que les humains fassent quelque chose de cette beauté que la Nature leur offre. Je ne tarde pas à découvrir la chose magique qu'est l'art. [Cheng, 2008a, 17-18.]

Shen Zhou 沈周 (1427-1509), *Évocation du mont Lu.*

Puis « *La Source* d'Ingres, emblématique, pénètre l'imaginaire de l'enfant », lui « tire les larmes, lui remue le sang ». Poète et peintre lui-même, Cheng approfondira sa vision esthétique par l'étude de la calligraphie chinoise qui « recrée merveilleusement la nature du mont Lu » et par la découverte de la peinture occidentale (Botticelli, Titien, Chassériau, Ingres), qui « représente si charnellement et si idéalement le corps nu des femmes ».

5. Conclusion

Le récit de François Cheng peut être considéré comme un véritable éloge de la beauté artistique, comparable à la beauté humaine – et de toute la nature, par extension. Même quand il aborde des œuvres occidentales, Cheng inscrit la durée dans la perception de la beauté. Dans la troisième méditation, il se penche sur la beauté énigmatique de Mona Lisa, « qui recueille l'admiration universelle » [Cheng, 2008a].

Il exprime le désir d'entendre sa voix, partie intégrante de la beauté d'une femme, car « par la voix, la femme exprime ses sensations, mais aussi ses nostalgies, ses rêves, et cette partie indicible qui cherche néanmoins à se dire ; le désir de dire se confond avec le désir de beauté ».

Il admire son visage transfiguré par la grâce et il est frappé par le mystère de son regard : « les yeux sont "la fenêtre de l'âme". La beauté du regard vient d'une lumière qui sourd de la profondeur de l'Être. »

Chez Pétrarque, la promenade est bien souvent un déplacement, ou un replacement intérieur cherchant la rencontre mentale avec ce que le promeneur aime, avec ce qui compte pour lui. Cela s'exprime dans un autre texte, où la parole se fait silencieuse :

> *Di pensier in pensier, di monte*
> *in monte mi guida Amor ...*
> [Pétrarque, *Canzionere*, 129, 1-2.]

La relation est étroite alors entre le mouvement extérieur toujours plus solitaire de la déambulation et un mouvement intérieur toujours plus exclusif. Le physique et le psychique se répondent à tel point que la syntaxe met sur le même plan l'ascension de la montagne et celle des pensées – « De pensée en pensée, de montagne en montagne / me guide Amour... »

Pour Cheng, tant qu'elle n'est pas vue, la beauté est « en pure perte » :

> La beauté du monde est un *appel* et l'homme, être de langage, y répond de toute son âme. Tout se passe comme si l'univers, se pensant, attendait l'homme pour être dit. C'est donc lorsqu'elle est captée par le regard que la beauté prend tout son sens. [Cheng, 2008a, « Quatrième méditation ».]

L'écrivain, dans son enthousiasme, va plus loin en estimant que l'Univers, qui a été capable d'engendrer des êtres doués de regard, a dû lui-même posséder un regard : si l'Univers s'est créé, il a dû « se voir ». Le paysage se développe aussi dans la compréhension entre êtres humains : l'échange des expériences individuelles approfondit et élargit la perspective d'ensemble : « Ce qui est en jeu n'est rien moins que la vérité de la destinée humaine, une destinée qui implique les données fondamentales de notre liberté » [Cheng, 2008a].

Caroline Pires Ting 丁小雨, *Autoportrait*.

À travers temps et terrains : d'un paysage à l'autre

Caroline PIRES TING 丁小雨

À travers temps et terrains : d'un paysage à l'autre

Bibliographie

Alberti, Leon Battista [2007], *De pictura*, trad. Danielle Sonnier, Paris, Allia.

Arasse, Daniel [2009], *On n'y voit rien. Descriptions*, Paris, Gallimard, « Folio essais ».

Bachelard, Gaston [1938], *La Formation de l'esprit scientifique*, Paris, Vrin.

Berque, Augustin [1976], « Les Paysans-ouvriers », in Collectif, *Encyclopédie permanente du Japon*, décembre, 1-8.

Brémond, René [1955], *La Sagesse chinoise selon le Tao : pensées choisies [de Lao tseu, Lie tseu et Tchouang tseu] et traduites*, Paris, Éditions d'histoire et d'art, Plon.

Bueno, André da Silva [2004], « O problema do pensamento asiático. Filosofia ou não? », *Crítica. Revista de Filosofia e Ensino*, http://criticanarede.com/his_filosofiaasiatica.hml (consulté le 23 décembre 2016).

— [2014], « Poesia e escrita da história na China Antiga », *Sobre Ontens. Revista online de História*, 1, 1-9, https://www.academia.edu/9973870/Poesia_e_Escrita_da_História_na_China_Antiga (consulté le 23 décembre 2016).

Clark, Kenneth [1994], *L'Art du paysage*, trad. André Ferrier & Françoise Falcou, Paris, Gérard Monfort, « Imago mundi ».

Cheng, François [1989], *Souffle-Esprit. Textes théoriques chinois sur l'art pictural*, Paris, Seuil.

— [1996], *Vide et plein. Le langage pictural chinois*, Paris, Seuil, « Points ».

— [2008a], *Cinq méditations sur la beauté*, Paris, Albin Michel.

— [2008b], *L'Un vers l'autre. En voyage avec Victor Segalen*, Paris, Albin Michel.

Eco, Umberto [1997], *Art et beauté dans l'esthétique médiévale*, trad. Maurice Javion, Paris, Grasset.

Hu-Sterk, Florence [2004], *La Beauté autrement. Introduction à l'esthétique chinoise*, Paris, You-Feng.

Jourdan, Michel & Vigne, Jacques [1998], *Marcher, méditer*, Paris, Albin Michel, « Espaces libres ».

Jouty, Sylvain [1991], « Connaissance et symbolique de la montagne chez les érudits médiévaux », *Revue de géographie alpine*, 79, 4, 21-34.

Hugo, Victor [1973], *Les Contemplations*, Paris, Gallimard, « Poésie ».

Pétrarque [1990], *L'Ascension du Mont Ventoux*, trad. Denis Montebello, Rezé, Séquences.

Pimpaneau, Jacques [2004], *Chine : culture et traditions*, Arles, Philippe Picquier.

Tchouang Tseu, Lie Tseu & Lao Tseu [1955], *La Sagesse chinoise selon le Tao : pensées choisies*, trad. René Brémond, Paris, Éditions d'histoire et d'art, Plon.

Vandermeersch, Léon [1974], « De la tortue à l'achillée », in Remo Giudieri (dir.), *Divination et rationalité*, Paris, Seuil, « Recherches anthropologiques », 29-51.

Caroline Pires Ting 丁小雨
Universidade do Estado do Rio de Janeiro
Real Gabinete Português de Leitura et Instituto Internacional de Macau
Rio de Janeiro, Brésil, et Macao, Chine
carolting18@hotmail.com

L'émergence d'une forme : le modèle d'Alan Turing et la conception de l'image entre *Naturalia* et *Artificialia*
Irene CAZZARO

Nous considérons l'imagination et ses relations avec des théories particulières à partir de l'exemple d'Alan Turing, qui a imaginé un modèle de la morphogenèse pour expliquer le développement des êtres vivants et un moyen pour visualiser ce mécanisme. Il a ainsi pu reconstruire plusieurs stades du développement d'un système stochastique capable de décrire un grand nombre de processus naturels, appliqué récemment à la forme des villes et à la création d'objets. Tous ces cas partagent la même logique d'émergence d'une forme à partir d'une matière qui n'est pas inerte, un mécanisme qui permet d'analyser les analogies à la base de nos catégories eidétiques.

1. Imaginer un modèle de la morphogenèse

Dans « The Chemical Basis of Morphogenesis », le mathématicien Alan Turing présente en 1952 un modèle de la morphogenèse pour expliquer la différenciation d'un organisme à partir d'une seule cellule sphérique (un embryon), au moyen de deux substances chimiques, appelées *morphogènes*, subissant des processus de réaction et de diffusion.

Ce mécanisme conduit à la différenciation par auto-organisation, provoquant la rupture de la symétrie sans l'action de forces extérieures : cela ne dépend que de quelques irrégularités telles que la variation du nombre de molécules réactives. Ces fluctuations peuvent donner lieu à une série de pics de concentration qui tendent à se développer au détriment de leur environnement, générant différents agencements dans le temps, qui peuvent être composés de taches, de rayures, de motifs labyrinthiques, mais peuvent aussi se transformer en états uniformes ou oscillatoires [Turing, 1952].

Par conséquent, l'évolution du système est stochastique, en fonction de la configuration initiale et de petites différences qui peuvent conduire à des variations considérables, selon des processus dynamiques non linéaires typiques des systèmes complexes : dans ces conditions, faire des prédictions sur ce qui émergera après un certain nombre d'itérations devient impossible.

Nous ne pouvons décrire que quelques caractéristiques de ce développement et les résultats obtenus ; nous pouvons par exemple observer que le nombre et la dimension des pics dépendent principalement des vitesses de diffusion des substances [Gierer & Meinhardt, 1972] : si elles sont basses, la portée des pics est courte et beaucoup de petites taches sont formées, alors que si elles sont plus hautes, la portée est plus longue et les taches deviennent plus grandes et moins nombreuses. Les rayures émergent de la connexion des taches qui atteignent la saturation (Fig. 1).

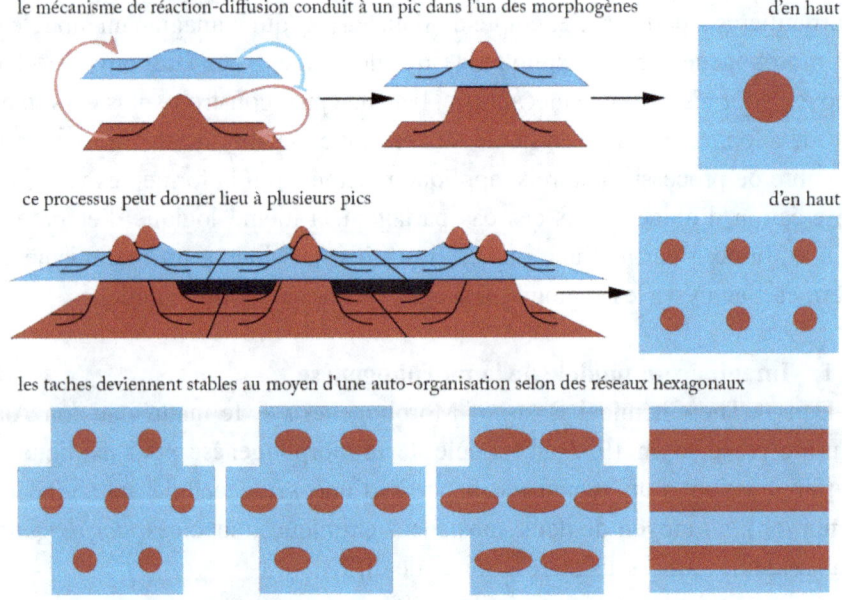

Figure 1. La formation de taches et de rayures selon le modèle de Turing. Cette simplification extrême produit des taches circulaires ou des bandes régulières, mais on doit imaginer une très grande variété de motifs pouvant se modifier dans le temps et évoluer sans cesse. © Irene Cazzaro.

En fait, ce sont des prémodèles de concentration, qui peuvent correspondre à une étape dans le processus de différenciation d'un organisme, c'est-à-dire que la gastrulation, ou le développement d'un embryon, et par conséquent la disposition des organes dans un être vivant, s'effectue à cause des variations de concentration des substances chimiques qui donnent une information positionnelle. Ils peuvent aussi réguler d'autres phénomènes naturels comme les motifs de pigmentation sur certains animaux, par exemple les taches des léopards ou les rayures des zèbres [Murray, 1988].

Les configurations résultantes représentent donc des stades de l'évolution d'un système dynamique – reposant sur des paramètres de contrôle – dotés d'une certaine stabilité structurelle. Cependant, dans ce processus de rétroaction positive (*positive feedback*), l'écart par rapport à l'équilibre peut augmenter de plus en plus ; de petites variations initiales peuvent correspondre à des résultats très différents les uns des autres, selon le comportement typique des systèmes dynamiques non linéaires.

Si on considère généralement Turing comme un mathématicien, un cryptographe et un pionnier des technologies de l'information, sa théorie de la morphogenèse est très proche de ses intérêts.

Figure 2. Motifs naturels pouvant être décrits avec le modèle de Turing.
Sources : http://www.crm.umontreal.ca/~durand/Murray-Sc.Am.pdf,
http://www.pure-spirit.com/more-animal-symbolism/306-jaguar-symbolism,
http://www.nature.com/scitable/content/29207/10.1038_422481a-f1_full.jpg,
http://rstb.royalsocietypublishing.org/content/370/1666/20140218,
http://complex.upf.es/wet-lab/ (consulté le 29.07.2018 à 14 h 51).

D'une part, il considérait la nature comme un système de cryptographie, avec un code à déchiffrer, et utilisait des algorithmes pour la décrire ; d'autre part, il était fasciné par la nature, en particulier par la phyllotaxie, depuis son enfance [Hodges, 2015]. C'est pourquoi il visait à rendre compte d'une vaste série de phénomènes naturels qui impliquent la transformation d'un état initial homogène en un état final différencié, comme il l'a écrit en 1950 au zoologiste J. Z. Young[1] : il essayait de développer un modèle capable d'expliquer la gastrulation, la phyllotaxie, la formation de pigmentations animales, la configuration de structures à symétrie polygonale (comme les fleurs et les étoiles de mer) ou encore de structures sphériques (comme les *Radiolaria*).

Plus récemment, d'autres exemples dépendant d'un processus similaire de réaction-diffusion ont été observés dans la nature (Fig. 2) : on peut citer le mécanisme d'agrégation de l'amibe *Dictyostelium discoideum* en cas de famine, l'organisation des colonies de fourmis ou même l'apparition des rides de sable [Ball, 2015] ou des motifs sur les coquillages [Fowler *et al.*, 1992]. Ces processus sont similaires parce qu'ils traitent de l'agrégation d'une substance dont la quantité croît en certains points de l'espace au détriment de la zone environnante : ils doivent donc toujours respecter une logique d'espaces pleins et vides.

2. Imaginer un moyen pour visualiser le modèle

Turing a aussi imaginé un moyen pour visualiser graphiquement des étapes du développement de son modèle à l'aide du Manchester Electronic Computer. Après l'installation de cette machine à l'Université de Manchester en 1951, Turing écrivit à son collègue Mike Woodger qu'il espérait l'utiliser pour ses études sur la morphogenèse. C'est précisément à cette fin qu'il réservait régulièrement l'ordinateur le mardi et le jeudi soir [Hodges, 2015].

Il l'utilisait pour calculer les résultats de deux équations différentielles pour de nombreux instants et points dans l'espace. Ces données, qui indiquaient la concentration dans un certain état du système des deux produits chimiques capables de générer la forme, étaient reportées sur une feuille quadrillée, associées aux valeurs obtenues et divisées en fonction de la substance dominante, ce qui a permis à Turing de visualiser le premier motif composé de taches (Fig. 3), qui est donc un prémodèle de la concentration morphologique contenant l'information spatiale et qui peut se développer en donnant lieu à

---

[1] La lettre peut être consultée dans les archives digitalisées d'Alan Turing : http://www.turingarchive.org/browse.php/K/1/78 (consulté le 16.06.2018 à 21 h 45).

des pigments réels sur la fourrure de certains animaux ou aux caractéristiques particulières des organes ou des feuilles.

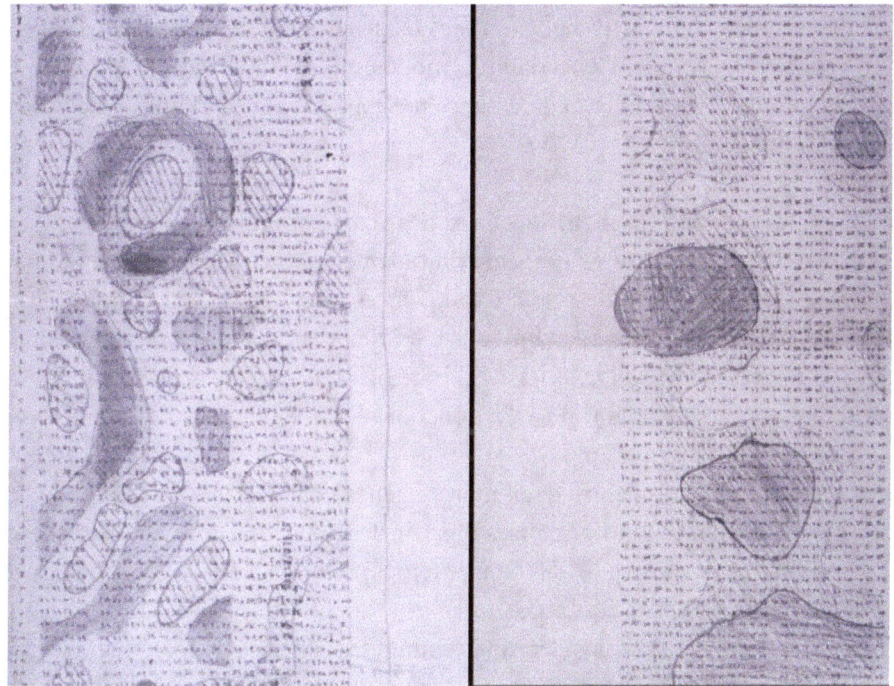

Figure 3. Les motifs calculés avec le Manchester Electronic Computer puis dessinés par Alan Turing, http://www.joostrekveld.net/?page_id=340 (consulté le 29.07.2018 à 12 h 34).

Turing dédie le dernier paragraphe de son essai à la nécessité de simulations par ordinateur, indiquant que, pour visualiser le processus de réaction-diffusion, il faudrait utiliser un système qui, pour chaque cas particulier, appliquerait itérativement les équations de la morphogenèse [Turing, 1952].

Avec les ordinateurs modernes, il est devenu facile de calculer les résultats des équations et, en même temps, de simuler l'évolution du modèle graphiquement, ce qui permet d'étudier sa variation par rapport au temps et aux paramètres considérés, comme les vitesses de réaction et diffusion, qui peuvent être modifiés à chaque fois[2].

---

[2] « Ready », un des programmes qui permettent de simuler un modèle de réaction-diffusion, a été créé par Tim Hutton, Robert Munafo, Andrew Trevorrow, Tom Rokicki et Dan Wills, et peut être téléchargé depuis le site https://github.com/GollyGang/ready (consulté le 29.07.2018 à 19 h 22).

Ces nombreux arrangements sont le produit d'un développement continu, non seulement de l'homogénéité à un motif, mais aussi d'un motif à un autre. En changeant les paramètres relatifs à la diffusion des deux substances, on peut aussi reproduire artificiellement les taches des girafes et des léopards ou les rayures des zèbres. Cependant, le modèle ne se limite pas à ce domaine et ces simulations peuvent également être appliquées à certaines catégories d'objets artificiels.

3. Imaginer des applications dans d'autres domaines

L'hypothèse de Turing, qui était initialement un modèle mathématique abstrait et schématique destiné à expliquer les phénomènes biologiques, n'a été étayée par des preuves chimiques expérimentales que quarante ans plus tard [Lengyel & Epstein, 1992]. Entre-temps, ce modèle a été appliqué à différents domaines allant de la production de modèles décoratifs au développement du tissu urbain.

En fait, l'interaction entre deux morphogènes peut décrire la dynamique de nombreux systèmes auto-organisés à partir desquels les « formes » émergent (dans l'espace) en tant qu'états (dans le temps) d'un système qui peut traverser des genres différents d'équilibre.

Abstraction faite des considérations chimiques et biologiques, le seul facteur qui influence le développement de chaque point du système est l'état de l'espace environnant, une interaction locale qui engendre un comportement général : de ce point de vue, il n'y a pas de différence considérable entre ce modèle et les automates cellulaires (Fig. 4), qui sont basés sur un ensemble d'instructions simples appliquées à un groupe d'éléments qui, à partir d'un arrangement initial défini et d'une règle prédéterminée (dépendant de l'état actuel de l'élément en question et de ses voisins) peuvent prendre un nombre fini d'états [Gardner, 1970 ; Dewdney, 1984 ; Wolfram, 2002]. Les automates cellulaires permettent de représenter et de simuler l'évolution globale de phénomènes qui ne dépendent que de lois locales, tels que l'évolution d'une population ou d'un écosystème. Le modèle de Turing peut en ce sens être comparé aux simulations que l'informaticien américain Christopher Langton a regroupées en 1986 sous le nom de *vie artificielle* (*artificial life*), précisément parce qu'elles examinent et tentent de recréer des systèmes biologiques dans des environnements artificiels et, dans de nombreux cas, virtuels [Langton, 1997].

Le même mécanisme est également devenu influent, par analogie, dans d'autres domaines, comme la conception d'artefacts humains dans les termes de la morphogenèse numérique en architecture, en design et même à l'échelle urbaine. Dans tous ces exemples, même de légères variations dans la concentration d'éléments donnés (ou dans les paramètres d'un algorithme) peuvent conduire à différents types d'équilibre stochastique, donc à un large éventail de formes évoluant dans le temps. Cependant, le modèle de Turing implique que la forme est le résultat de conflits et de synergies inhérents à la matière des objets.

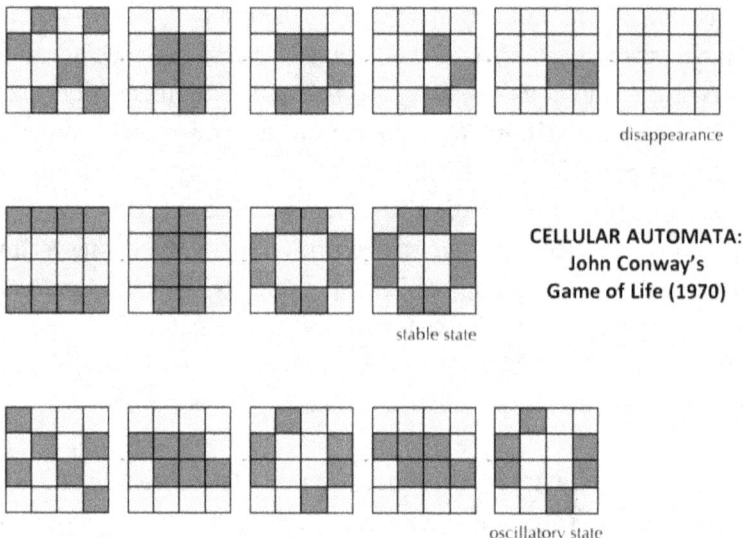

Figure 4. Un cas particulier d'automate cellulaire : le « jeu de la vie » de John Conway [1970]. © Irene Cazzaro.

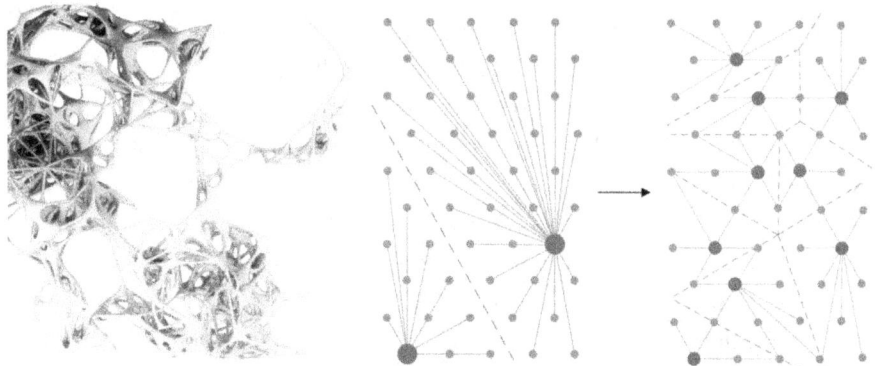

Figure 5. Exemples de design morphogénétique et de morphogenèse urbaine. © Irene Cazzaro.

Même dans ce cas (Fig. 5, à gauche), la matérialité n'est pas une propriété passive, mais elle devient un générateur actif, ce qui permet la croissance d'une « structure performative complexe », proche du concept deleuzien d'*objectile* [Cache, 1995], qui se développe en plusieurs étapes : conception computationnelle, simulation, fabrication et effet des influences externes. Ainsi, la matérialité devient le point de départ d'un « processus de conception ouvert » impliquant la recherche en design et en architecture [Menges, 2012] et conduisant à une « personnalisation de masse » (*mass customisation*), une technique combinant production en série et flexibilité.

Ce processus est généralement exprimé par une série de formations de motifs possibles qui nous rappelle les progrès récents en génétique, soutenant que, même s'il existe différentes voies dans le développement d'un organisme, tout n'est pas possible [Ball, 2012].

Le calcul permet l'intégration à différents niveaux, de la microéchelle (composition du matériau) à la macroéchelle (comportement du système) : ces deux niveaux s'influencent mutuellement et sont soumis à des forces externes. Au-delà de ces constantes, il existe différentes approches dans la conception morphogénétique, chacune mettant l'accent sur la dimension topologique, isomorphe, métamorphique, paramétrique ou évolutive des processus [Kolarevic, 2000].

Quant à la simulation des mécanismes de morphogenèse urbaine, l'interaction entre les morphogènes est représentée par la relation entre les forces économiques impliquées [Allen & Sanglier, 2010], conduisant à des arrangements fonciers (Fig. 5, à droite) qui, bien que suffisamment persistants pour être reconnaissables [Pumain, 1998], ne sont qu'« une étape dans un processus de morphogenèse en cours » [Courtat, Gloaguen & Douady, 2011]. En particulier, la ville – l'artefact technique le plus précieux pour l'être humain – évolue en soi différemment des autres objets techniques ; elle peut donc être comparée à un « organisme » réel en raison de la relation étroite entre les formes physiques des milieux urbains et les formes de vie qui les génèrent et les transforment sans fin. Bien qu'il n'y ait pas un schéma géométrique général de la ville, il existe un ensemble de traits distinctifs communs à diverses expressions historiques et (on peut le deviner) futures de la ville.

Le facteur déterminant est que la forme d'une ville est la forme politique – donc polémique – par excellence : c'est toujours le résultat négocié d'un conflit entre des valeurs et des demandes opposées – et souvent contradictoires – qui sont, par exemple, de nature économique, géographique, culturelle, politique ou technique.

Le développement de la géométrie computationnelle et l'utilisation de l'infographie dans la simulation automatique de motifs étudiée par Turing aident donc à décrire la logique contradictoire partagée par les systèmes auto-organisés, qui essaient de saisir l'apparition des propriétés figuratives dans les corps naturels comme dans les objets. L'état de l'art de cette géométrie « qualitative » est essentiellement constitué par les références littéraires traditionnelles qui combinent la morphogenèse naturelle de Thompson [1917], Waddington [1940] et Turing [1952], jusqu'à l'*Esquisse d'une sémiophysique* [1980] de René Thom, avec ce que H. A. Simon [1969] appelle *sciences de l'artificiel*, c'est-à-dire la science du design que Christopher Alexander étudie dans le cadre architectural et urbain dans ses *Notes on the Synthesis of Form* [1964].

Ces séries hétérogènes de *topoi* morphologiques pourraient nous fournir des catégories de formes plus appropriées pour comprendre la nature des grands objets esthétiques, de la ville à la décoration, pourvu qu'ils soient conçus comme des modèles de ces analogies.

Conclusions

Ces différents modèles illustrent clairement qu'ils sont capables de générer des formes et des organismes qui évoluent progressivement d'un espace régulier à différents états stationnaires. Cependant, il ne faut pas oublier que ces modèles restent « une simplification et une idéalisation, et par conséquent une falsification » [Turing, 1952]. En outre, ce ne sont que quelques-uns des moyens qui peuvent être utilisés pour expliquer les phénomènes du monde réel.

Cela dit, ils peuvent être utiles de toute façon, car ils nous aident à comprendre les principes partagés par les êtres vivants et les objets humains : ils émergent et évoluent au moyen d'un jeu de forces qui engendre un système dynamique, qui peut être analysé en utilisant des méthodes computationnelles et une géométrie stochastique.

Ainsi, loin d'un point de vue hylémorphique cher à Aristote, ces modèles ne considèrent pas la forme comme une chose imposée par un démiurge à une matière inerte, mais plutôt comme le résultat de l'action de forces émergeant de la matière elle-même, qui devient une partie active du processus.

C'est pourquoi l'importance des modèles morphogénétiques et des automates cellulaires, initialement appliqués à la biologie et à la chimie, puis étendus au design, à l'architecture et au développement urbain, réside non seulement dans la modélisation paramétrique, mais aussi dans l'exploration des catégories, en considérant l'interaction entre les objets et leurs milieux de vie [Simondon, 2012].

Par conséquent, au lieu de fournir des prédictions déterministes, ils servent d'outils d'explication qualitative pour les processus naturels et artificiels : ils peuvent montrer quelles catégories sont capables de rendre compte de phénomènes particuliers, surtout quand la complexité du monde réel semble défier notre possibilité de calcul et d'imagination.

Bibliographie

Alexander, Christopher [1964], *Notes on the Synthesis of Form*, Cambridge (MA), Harvard University Press.

Allen, Peter & Sanglier, Michèle [2010], "A Dynamic Model of Growth in a Central Place System", *Geographical Analysis*, 11, 3, 256-272.

Ball, Philip [2012], "Pattern Formation in Nature: Physical Constraints and Self-Organising Characteristics", *Architectural Design*, 82, 2, 22-27.

— [2015], "Forging Patterns and Making Waves from Biology to Geology: A Commentary on Turing (1952) 'The Chemical Basis of Morphogenesis'", *Philosophical Transactions of the Royal Society B. Biological Sciences*, 370, 1666, 2014.0218.

Cache, Bernard [1995], *Earth Moves: The Furnishing of Territories*, trad. Anne Boyman, Cambridge (MA), The MIT Press.

Courtat, Thomas, Gloaguen, Catherine & Douady, Stéphane [2011], "Mathematics and Morphogenesis of Cities: A Geometrical Approach", *Physical Review E, Statistical, Nonlinear, and Soft Matter Physics*, 83, 3 Pt 2, 036106.

Dewdney, Alexander Keewatin [1984], "Sharks and fish wage an ecological war on the toroidal planet of Wa-Tor", *Scientific American*, 251, 6, 14-22.

Fowler, Deborah R., Meinhardt, Hans & Prusinkiewicz, Przemyslaw [1992], "Modeling Seashells", *Computer Graphics*, 26, 2, New York, ACM SIGGRAPH, 379-387.

Gardner, Martin [1970], "Mathematical Games. The Fantastic Combinations of John Conway's New Solitaire Game 'Life'", *Scientific American*, 223, 120-123.

Gierer, Alfred & Meinhardt, Hans [1972], "A Theory of Biological Pattern Formation", *Kybernetic*, 12, 1, 30-39.

Hodges, Andrew [2015], *Alan Turing. Storia di un enigma*, trad. David Mezzacapa, Torino, Bollati Boringhieri.

Kolarevic, Branko [2000], "Digital Morphogenesis and Computational Architectures", in José Ripper Kós, Andréa Pessoa Borde and Diana

Rodriguez Barros (ed.), *Proceedings of the 4th Conference of Congreso Iberoamericano de Grafica Digital, SIGRADI 2000 – Construindo (n)o Espaço Digital, Rio de Janeiro (Brazil) 25-28 September 2000*, 98-103.

Langton, Christopher G. [1997], *Artificial Life. An Overview*, Cambridge, A Bradford Book.

Lengyel, István & Epstein, Irving R. [1992], "A Chemical Approach to Designing Turing Patterns in Reaction-Diffusion Systems", *Proceedings of the National Academy of Sciences of the United States of America*, 89, 9, 3977-3999, http://www.pubmedcentral.nih.gov/ articlerender.fcgi?artid=525614.

Menges, Achim [2012], "Material Computation: Higher Integration in Morphogenetic Design", *Architectural Design*, 82, 2, 14-21.

Murray, James D. [1988], "How the Leopard Gets Its Spots", *Scientific American*, 258, 3, 80-87.

Pumain, Denise [1998], « Les modèles d'auto-organisation et le changement urbain », *Cahiers de géographie du Québec*, Département de géographie de l'Université Laval, 349-366.

Simon, Herbert A. [1968], *The Sciences of the Artificial*, Cambridge (MA), MIT Press.

Simondon, Gilbert [2012], *Du mode d'existence des objets techniques*, Paris, Aubier.

Thom, René [1980], *Stabilità strutturale e morfogenesi : saggio di una teoria generale dei modelli*, trad. Antonio Pedrini, Torino, Einaudi.

— [1988], *Esquisse d'une sémiophysique. Physique aristotélicienne et Théorie des Catastrophes*, Paris, InterÉditions.

Thompson, D'Arcy Wentworth [1917], *On Growth and Form*, Cambridge, Cambridge University Press.

Turing, Alan Mathison [1952], "The Chemical Basis of Morphogenesis", *Philosophical Transactions of the Royal Society B. Biological Sciences*, 237, 641, 37-72.

Waddington, Conrad Hal [1940], *Organisers & Genes*, Cambridge, Cambridge University Press.

Wolfram, Stephen [2002], *A New Kind of Science*, Champaign (IL), Wolfram Media.

Irene CAZZARO
Università IUAV di Venezia
Venise, Italie
irene.ca3@gmail.com

L'imagination réaliste et l'idéation des artefacts d'après Gilbert Simondon : eidogenèse et morphogenèse
Fabrizio GAY

Gilbert Simondon a élaboré une théorie philosophique de l'imagination opposée à celle de Sartre [(1936) 2003], notamment dans son cours de psychologie à la Sorbonne en 1965-1966 intitulé *Imagination et invention* [Simondon, 2008]. Mais c'est bien par l'intégralité de son œuvre qu'il a initié une théorie de l'imagination placée au cœur de l'idéation des artefacts techniques et esthétiques. Bien que Simondon n'emploie pas explicitement le terme grec *eidos* et ne professe pas une perspective clairement « textualiste » et « sémiotique », il nous donne l'abrégé d'une théorie réaliste de l'imagination technique qui affirme différents modes d'existence des images jusqu'à inclure les concrets artefacts humains (les inventions) dans la classe des « images ».

Sa théorie (réaliste) de l'imagination est aussi une philosophie de la conception qui met en question les présupposés fondamentaux des actuelles *design studies* et, en revanche, convoque le témoignage de la réalité matérielle des objets artefacts comme la pierre de touche de l'adéquation des théories philosophiques, anthropologiques et psychologiques.

Les rapports entre imagination et invention forment la réalité de l'idéation des artefacts humains dans toute leur évolution technique et esthétique. Donc, l'évolution des techniques montre le côté vraiment objectif, indéniable et cumulatif de l'imagination. Cette objectivité historique de l'idéation par images est fondée sur la réalité a posteriori des « idées » entendues non comme des images mentales ou des concepts privés, mais comme « images-modèles » et, en même temps, comme « objets sociaux »[1] – au sens du

---

[1] Car nous saisissons cette notion dans un sens plus sémiotique que philosophique, on peut bien se référer sur ce point aux notions de « type cognitif », « contenu nucléaire » et « contenu molaire » établies par Umberto Eco [1999].

« textualisme faible »[2] – constituants de ce que – au sens de la sémiotique d'Umberto Eco – on appelle *encyclopédie* d'une culture.

Bref : « le réalisme de l'imagination »[3] est un thème philosophique de grande importance technique – car il régit les rapports entre imagination technique et techniques de l'imagination – et dans lequel il faut que se croisent et se traduisent entre eux les points de vue des philosophes, des réalisateurs et des concepteurs (artistes, techniciens et sémioticiens) pour améliorer notre vie, si on le peut réellement.

1. Du design naïf (matière/image = ingénierie/mercatique) aux modèles techniques de l'imagination créatrice de la nature

La rationalité organisationnelle de la production industrielle et architectonique semble imposer une nette séparation du travail de conception (le design) d'un produit entre deux phases : 1) l'esquisse de la forme visuelle (*shaping*) du produit et 2) le calcul de sa fonction et de sa fabrication matérielle. Cette spécialisation et séparation en deux phases, les deux savoir-faire des concepteurs (*styling*/*engineering*) et les deux ontologies des objets (forme/matière) – séparation héritée de l'ancienne division entre arts libéraux et arts mécaniques – servirait à contenir le coût de conception d'un produit et à augmenter le profit de sa vente, parce que cette distinction hylémorphique (forme/matière, âme/corps, image/substance), on la considère toujours commune au producteur et aux acheteurs. Elle correspond exactement à la dichotomie que le sens commun fait toujours en concevant le design (l'idéation) et la production d'un objet – encore selon le modèle grec ancien – comme un acte de « démiurgie » qui confère une « idée » (forme et image) à une « matière » brute, inerte, toute prête à se faire façonner. En effet, le sens commun – notamment dans la société de consommation – et la plupart des cultures naïves du design ont une telle ontologie dualiste des objets. D'un côté, ils retiennent que la forme, l'image visuelle, la carrosserie d'un produit sont question d'auteur, de style, d'imagination, de nouveautés de marketing, de mode, d'usage ostentatoire et sémiotique. D'un autre côté, ils pensent que la matière et la fabrication du produit sont, pour la plupart, affaire de calcul d'ingénierie et de travail automatique.

---

[2] Le terme fait référence à l'ontologie de la réalité sociale appelée *documentalité* et formulée par Maurizio Ferraris [2009].

[3] C'est le thème bachelardien bien connu [Bachelard, 1943 (1990[17])], 109.

L'imagination réaliste et l'idéation des artefacts d'après Gilbert Simondon

Les cultures du design qui sont moins naïves que le sens commun savent bien que cette dichotomie forme/matière n'est pas rationnelle du tout, car elle nous coûte une très grande perte de ressources et empêche le véritable progrès technique des espèces des artefacts. Donc, au nom de l'innovation technologique ou de la durabilité écologique, dans les *design studies*, on compte de plus en plus d'exceptions au modèle démiurgique hylémorphique de la conception. Dans quelques secteurs les plus avancés du design d'aujourd'hui, on ne distingue guère entre une phase de conception imaginative (de la forme) et une phase d'ingénierie (de la matière) : à l'opposé, on demande une approche holistique, intégrée et synchrone entre les différentes compétences convoquées dans le projet. Cela arrive au moins dans trois domaines du design contemporain :

1) dans les secteurs technologiquement très complexes, notamment dans la conception collaborative en mécatronique (pour l'industrie automobile et aérospatiale), où les spécialistes de différents savoirs sans communication entre eux développent toutefois synchroniquement un même prototype virtuel[4] ;
2) dans la conception des produits étroitement liés à l'invention de nouveaux matériaux ou de nouvelles combinaisons de matériaux existants[5] ;
3) dans les projets d'artefacts biomimétiques[6], surtout quand ils sont réalisés en matériel hybride (en partie vivant) traité avec des moyens de prototypage numérique.

Ces trois branches particulières du design contemporain, bien que différentes, ont un trait commun : l'objet – qu'il soit ou non constitué en matériel biologique – y est conçu d'une façon assimilable à des processus de genèse naturelle (ontogenèse, morphogenèse, phylogenèse). Il ne s'agit pas

---

[4] Il s'agit, par exemple, du *Integrated Design Center* destiné à la *Integrated Concurrent Engineering* dans l'industrie aérospatiale [Ogawa & Rhodes, 2009].

[5] Il faut rappeler qu'aujourd'hui un secteur des *design studies* traite des méthodes de sélection des matériaux [Ashby & Johnson, 2010], [Karana, Pedgley & Rognoli, 2014] et que cela advient aussi à travers de nouveaux logiciels – par exemple le *Cambridge Engineering Selector* – et des bases de données consultables en ligne où les matériaux sont classés selon leurs propriétés physico-chimiques, économiques et sensorielles (esthésiques) [Barnes, Childs, Henson & Southee, 2004], propriétés liées à la consommation ostensive (sociale) et à l'interaction entre l'utilisateur et le produit.

[6] La tendance biomimétique dans la conception est illustrée par le travail de Janine M. Benyus [Benyus, 2011], [Swiegers, Benyus & Lehn, 2013].

simplement de ressemblance biomorphique de l'image visuelle du produit conçu, comme on pourrait le croire à propos du design biomimétique (cas 3). On ne trouve pas de ressemblance visuelle aux formes naturelles dans les cas de conception simultanée intégrée (cas 1 et 2), qui sont plutôt inspirés d'un processus d'« exaptation » (adaptation sélective bricoleuse) des organes au long de la phylogenèse naturelle.

Ces cas de design technologiquement complexe, par des moyens artificiels, tendent à suivre une idée d'imagination créatrice analogue à celle attribuée à la nature. Comme dans les processus morphogénétiques naturels, dans ces cas aussi, il serait irréaliste de croire que forme et matière soient des entités séparables et préexistantes aux individus. Ainsi, dans ces branches du design, forme et matière (géométrie, physique et chimie) sont indiscernables de la structure intrinsèque de l'individu (l'objet) inventé.

Donc, dans ces cas particuliers, le design cherche des analogies opérationnelles avec l'imagination créatrice de la nature, imagination qui se caractérise, avant tout, comme une morphologie paradoxalement non hylémorphique, c'est-à-dire une morphologie sans distinction entre forme et matière, image et fonction, ou entre physique, chimie et géométrie.

Mais quels sont les modèles de cette imagination technique de la nature ?

Cette morphologie non hylémorphique se réfère surtout à l'étude matérialiste et physicaliste de la forme organique que D'Arcy Thompson – dans son *On Growth and Form* – a juste nommée du terme goethéen de *morphologie*, en la définissant comme « la plus large science de la forme, celle qui traite des formes assumées par la matière sous tous les aspects et dans toutes les conditions, et dans un sens encore plus large, la science des formes qui ne sont imaginables qu'au niveau théorique » [Thompson, 1945, 1026, notre traduction].

D'origine goethéenne, la « morphologie » préconisée par Thompson a converti l'idée romantique de « l'imagination créatrice de la Nature » (qui déborde l'imagination humaine) en une recherche des modèles mathématiques de la « prise de forme » par la matière, c'est-à-dire en études qui cherchent à simuler la façon dont la matière se donne sa forme par elle-même. C'est la généalogie de la recherche physicaliste qui a abouti notamment au modèle mathématique conçu par Alan Turing – dans son *The Chemical Basis of Morphogenesis* [1952] – et, entre autres, aux modèles morphodynamiques de la morphogenèse conçus par René Thom à la fin des années 1960.

Ces modèles théoriques (de toute généralité) ne s'appliquent pas directement à la pratique du design. Mais, par d'autres côtés, dans le design dit

« paramétrique » d'aujourd'hui, au moyen de logiciels, une partie de l'imagination est déléguée à des modèles nés dans les sciences naturelles et devenus des outils pour la simulation algorithmique de la forme, pour le calcul des forces et pour le traitement automatique d'immenses réseaux d'images. Il faut rappeler que la conception assistée par ordinateur a une histoire qui remonte à la troisième révolution industrielle (dans les années 1940-1950) : le tournant historique marqué par l'origine des technosciences actuelles, c'est-à-dire de la convergence entre sciences naturelles et techniques concomitantes au développement des « sciences de la complexité » (von Neumann, McCulloch, Pitts, Wiener…), des fondements de l'informatique, de la théorie des réseaux neuronaux, des automates cellulaires, des systèmes auto-organisés et auto-régulés, de la biocybernétique, des prodromes de la géométrie algorithmique et des modèles computationnels en psychologie de la vision.

Bref : de nos jours, le travail du design peut profiter de techniques algorithmiques d'élaboration des formes et aussi du traitement d'immenses réseaux d'images disponibles sur Internet [Yi *et al.*, 2017] pour construire des iconographies ad hoc utiles à concevoir de nouvelles formes et catégories d'objets (Fig. 4). D'ailleurs, les applications actuelles de la géométrie algorithmique à la vision artificielle (robotique ou par réseaux d'images numériques) sont articulées en suivant les chapitres de la psychologie de la vision, niveau après niveau : de l'élaboration du stimulus proximal jusqu'aux processus de catégorisation perceptive et cognitive[7] (Fig. 2, à gauche).

Donc, en plusieurs sens, dans presque tous les secteurs du design, on peut constater une présence opératoire d'une imagination tout à fait artificielle, puisqu'elle est faite d'une multiplicité accablante de moyens techniques d'invention d'images dites « naturelles ». Mais si cette masse d'outils ne servait qu'à imiter des formes visuelles tenues pour naturelles, elle serait presque inutile ou, à peine, décorative ; ce ne serait qu'un moyen pour une imagination délirante. Au contraire, une imagination réaliste prétend savoir en quoi un modèle morphologique peut surmonter les différences entre *naturalia* et *artificialia* : quelles analogies opérationnelles y a-t-il entre eux ? Une réponse décisive à cette question fondamentale vient de la théorie simondonienne de l'imagination et de l'individuation.

---

[7] Nous soutenons qu'il y a une continuité profonde dans l'histoire de la géométrie en tant que science naturelle et esthétique, nous entendons la géométrie comme un savoir toujours négocié entre « science de la forme » et « science de la perception » [Gay, 2018].

2. L'imagination des objets hors de l'hylémorphisme : eidogenèse et morphogenèse

Dans les premières pages de sa double thèse de doctorat d'État (soutenue en 1958) sur *L'Individuation à la lumière des notions de forme et d'information* et sur le *Mode d'existence des objets techniques*, Gilbert Simondon aborde la critique de l'hylémorphisme. Comme le schème hylémorphique est un schéma ontologique d'origine technologique – il est tiré de l'opération de moulage d'une matière plastique, tel que pratiquée dans l'industrie céramique, métallurgique, polymérique, etc. –, Simondon dément l'adéquation même de ce modèle à la plus simple des réalités technologiques du moulage : celle d'une brique en argile. Il montre que, dans l'opération de « prise de forme » de la brique, la forme (parallélépipède de dimensions satisfaisant un vaste ensemble d'instances techno-esthétiques) est déjà matérialisée dans un moule, tandis que la matière (argile) est déjà chimiquement et physiquement formée et travaillée dans l'atelier. Donc, Simondon peut bien noter :

> Le schéma hylémorphique correspond à la connaissance d'un homme qui reste à l'extérieur de l'atelier et ne considère que ce qui y entre et ce qui en sort ; pour connaître la véritable relation hylémorphique, il ne suffit pas même de pénétrer dans l'atelier et de travailler avec l'artisan : il faudrait pénétrer dans le moule lui-même pour suivre l'opération de prise de forme aux différents échelons de grandeur de la réalité physique. [Simondon, 2005, 46.]

Dans la « prise de forme » de l'argile à l'intérieur du moule, deux ordres et échelles opposées de la réalité se rencontrent :

A) un ordre infra-élémentaire à l'échelle moléculaire – microphysique et chimique – des tensions internes qui se développent dans la masse de l'argile et d'autres composants pendant les processus de fabrication et de vie des briques ;
B) un ordre inter-élémentaire – physique et sémiotique – des caractéristiques matérielles et dimensionnelles permettant l'utilisation des briques pour les types spécifiques de maçonnerie, avec des valeurs esthétiques distinctes.

L'objet artefact est toujours une médiation planifiée entre ces deux échelles que nous – par abstraction – appelons *matière* (A) et *forme* (B). Par conséquent, la réalisation d'un objet n'est jamais une imposition gratuite de forme à une matière inerte ; au contraire, il s'agit toujours d'une médiation (plus ou moins adéquate, informée, naïve ou stupide) entre deux ordres et des échelles opposées d'une même réalité.

Comme la brique, chaque être individué (minéral, végétal, vivant, psycho-social) ne subsiste vraiment qu'en rendant compatibles ces deux échelles (micro et macro) physico-géométriques. Nécessairement, chaque objet individué est toujours composant d'un environnement technique ; il n'est qu'un nœud d'un système de réseaux d'objets et de pratiques et il consiste physiquement toujours en la complémentarité systématique de ses ambiances interne et externe (géographique).

En concevant l'objet produit comme rencontre et complémentarités (disparation) d'échelles et d'ambiances, Simondon remplace les notions de « forme » et « matière » (composant la présumée substance des choses) par la notion d'« information », définie comme « [...] formule de l'individuation, une formule qui ne peut préexister à cette identification ; [car] on pourrait dire que l'information est toujours au présent, actuelle, puisque c'est le sens même selon lequel un système est identifié » [Simondon, 2005, 31].

Cette notion d'information permet à Simondon de surmonter – sans les confondre – la différence entre objets naturels (vivants) et objets artificiels et, donc, d'étudier les objets techniques [Simondon, 1958] soit d'un point de vue ontogénétique, soit d'un point de vue phylogénétique.

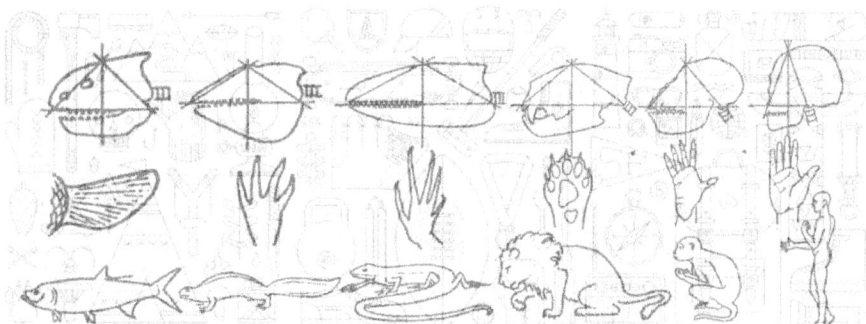

Figure 12. André Leroi-Gourhan [1986], comparaison entre géométries de crânes par rapport à la face, à la position de la ligne temporale et aux segments terminaux des membres, comparaison analogue à la définition d'une lignée technique.

La théorie simondonienne de la « concrétisation » des objets techniques suit une idée de « spéciation » des artefacts similaire à celle décrite par André Leroi-Gourhan. Elle identifie une normativité rationnelle, une tendance évolutive des connaissances – historiquement opposée à d'autres tendances (irrationnelles) – qui produit une spéciation des artefacts selon des lignées techniques, à travers les croisements généalogiques de l'invention. En ce sens, on dit que l'objet primitif est « abstrait » et schématique, tandis que l'objet évolué est « concrétisé » et devenu un « quasi-organisme ». La tendance vers la « concrétisation » fait évoluer une lignée d'objet d'un état de schématisme initial à l'état avancé quasi organique, de la distinction primitive de ses pièces composantes à l'intégration de ses constituants en quasi-organes, d'un isolement environnemental primitif à la symbiose perfectionnée de ses ambiances intérieures et extérieures, du déterminisme et de la spécialisation de son fonctionnement primitif à l'exaptation qui caractérise la polyvalence de l'objet techniquement évolué.

Bien qu'une lignée d'objet inorganique n'aboutisse jamais à un véritable organisme vivant, cette vision encyclopédique de Simondon nous permet d'imaginer des développements possibles (rationnels) de la lignée à l'aide des modèles morphologiques.

La multiplicité de modèles morphologiques que nous avons mentionnée ci-dessus (§ 1) peut être finalement rangée en deux perspectives selon ce qu'on appelle *forme* ou *matière* de l'objet, donc, selon les deux échelles complètement opposées de sa réalité matérielle (Fig. 2).

D'une part (A) – à l'échelle des propriétés infra-élémentaires du système matériel –, des hypothèses physicalistes, réductionnistes et différentielles cherchent à expliquer l'auto-organisation morphogénétique de la « matière » elle-même. D'autre part (B) – à l'échelle inter-élémentaire d'un environnement –, des hypothèses écologiques, globales, intégrales cherchent à expliquer les processus de sélection phylogénétique de spéciation : ce que nous appellerons l'*eidogenèse* des artefacts[8].

Dans la première perspective (A), les modèles d'autoconstruction de la forme apparaissent disposés par une voie ascendante, du local au global, du microscopique au macroscopique, en partant de chaque cellule jusqu'à l'organisme entier à travers la statistique chorale de l'auto-organisation.

---

[8] *Eidogenesis* (εἰδογένεση) est un terme grec moderne du jargon des naturalistes qui parlent cette langue. Il signifie « spéciation » au sens strictement technique : phénomène de formation (sympatrique, péripatiatique, allopatrique ou parapatrique) de nouvelles espèces zoologiques et botaniques à partir d'une espèce commune, en raison de l'isolement reproducteur ou de la polyploïdie. Puisque le mot grec ancien *eidos* désigne le « modèle-image » réel et essentiel d'une chose, nous proposons d'utiliser le mot *eidogenèse* pour désigner la « spéciation » des « catégories culturelles » concernant les espèces d'artefacts humains [Gay & Cazzaro, 2017].

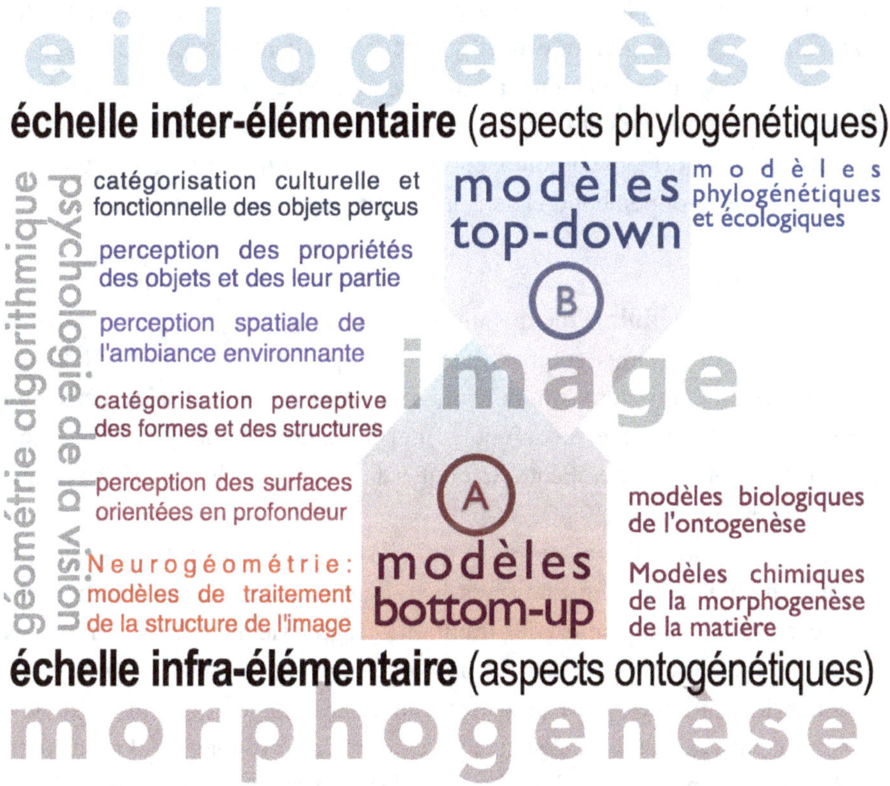

L'imagination réaliste et l'idéation des artefacts d'après Gilbert Simondon

eidogenèse

échelle inter-élémentaire (aspects phylogénétiques)

psychologie de la vision — géométrie algorithmique

- catégorisation culturelle et fonctionnelle des objets perçus
- perception des propriétés des objets et des leur partie
- perception spatiale de l'ambiance environnante
- catégorisation perceptive des formes et des structures
- perception des surfaces orientées en profondeur
- Neurogéométrie : modèles de traitement de la structure de l'image

modèles top-down (B)

image

modèles bottom-up (A)

- modèles phylogénétiques et écologiques
- modèles biologiques de l'ontogenèse
- Modèles chimiques de la morphogenèse de la matière

échelle infra-élémentaire (aspects ontogénétiques)

morphogenèse

Figure 13. Schéma alternatif au modèle hylémorphique dans l'explication de l'image phénoménale d'un organisme dans un milieu donné.

À l'opposé, la seconde perspective (B) correspond aux modèles qui ont pour but d'expliquer l'émergence des formes en tant que processus descendant, du global au local, du « tout » à ses « parties » ou de l'environnement externe vers l'organisme. C'est, par exemple, le cas de la théorie de la perception de la *Gestaltpsychologie* (von Ehrenfels, Wertheimer, Köhler, Koffka, Goldstein, Lewin...) ou – en biologie de l'évolution – des théories qui cherchent à expliquer la fonction de l'image phénoménale que les organismes donnent aux autres. En ce qui concerne la production naturelle des images, la complémentarité des deux perspectives (A et B) et des environnements (intérieur/extérieur) associés à l'individu est tout à fait évidente. Si nous voulons expliquer scientifiquement pourquoi un organisme arrive à donner une certaine image phénoménale de soi-même aux autres formes de vie qui peuplent son environnement externe (Fig. 2), il faut considérer les deux échelles et perspectives : ontogénétique (A) et phylogénétique (B). Par exemple, d'une part (B) la biologie et la psychologie du développement, d'autre part (A) la biochimie de l'ontogenèse tentent d'expliquer – sur le même fond génétique – la même réalité phénoménale, même si leurs modèles ne sont pas techniquement traduisibles entre eux. Cependant, les deux points de vue ont un horizon commun comme ce qui, aujourd'hui, complète la biologie du développement (A) dans la biologie de l'évolution (B).

Conclusions

En essayant de définir le thème (simondonien et anti-sartrien) du « réalisme de l'imagination », nous sommes parti des rapports entre design et image naturelle (§ 1), qui nous ont amené à la question des différences entre *naturalia* et *artificialia*, et aux modèles morphologiques non hylémorphiques, c'est-à-dire ceux qui cherchent à expliquer la façon dont la matière se donne sa forme par elle-même.

C'est bien la notion de « matière » qui s'est élargie – en suivant la critique simondonienne de l'hylémorphisme (§ 2) – jusqu'à saisir la signification que lui accorde la sémiotique de tradition greimassienne. Déjà Hjelmslev employait indifféremment les mots *matière* et *sens* – en anglais *purport* – pour indiquer le fond même où il n'y a encore aucune distinction entre une substance physique et une substance psychique, l'arrière-plan (tout immanent) d'où se détachent les manifestations qui forment la *semiosis*, c'est-à-dire le rapport entre une « forme de l'expression » et une « forme du contenu ». Mais, évidemment, Hjelmslev employait juste le schème hylémorphique (substance = matière + forme) et cela pouvait être cause de malentendus substantialistes de la sémiotique. C'est pour éviter ces malentendus qu'Umberto Eco [1984, 53 et 74] préférait dessiner le schème hjelmslevien de la sémiose sans aucune différence entre la matière (sens) de l'expression et la matière (sens) du contenu, pour faire comprendre que tout (qu'il soit physique ou psychique) peut être utilisé indifféremment soit comme expression, soit comme contenu d'une relation sémiotique.

Or, cette notion sémiotique de « matière » est interrogée et enrichie par les théories simondoniennes de l'individuation et de l'imagination. Ces théories se prêtent très bien à se confronter à une sémiotique matérialiste [Groupe μ, 2015] sur le thème fondamental du réalisme de l'imagination et sur le design. Ces thèmes sont encore plus importants aujourd'hui, à l'ère de l'industrie 4.0, en raison de la multiplicité des outils numériques pour la production de formes et d'images. Cette multiplicité de moyens morphologiques permettrait d'explorer certaines structures organisationnelles matérielles si complexes qu'elles dépassent les possibilités individuelles d'imagination et de calcul, mais ces configurations n'auraient aucune valeur en dehors de la région de l'imagination humaine que nous avons appelée *eidogène*.

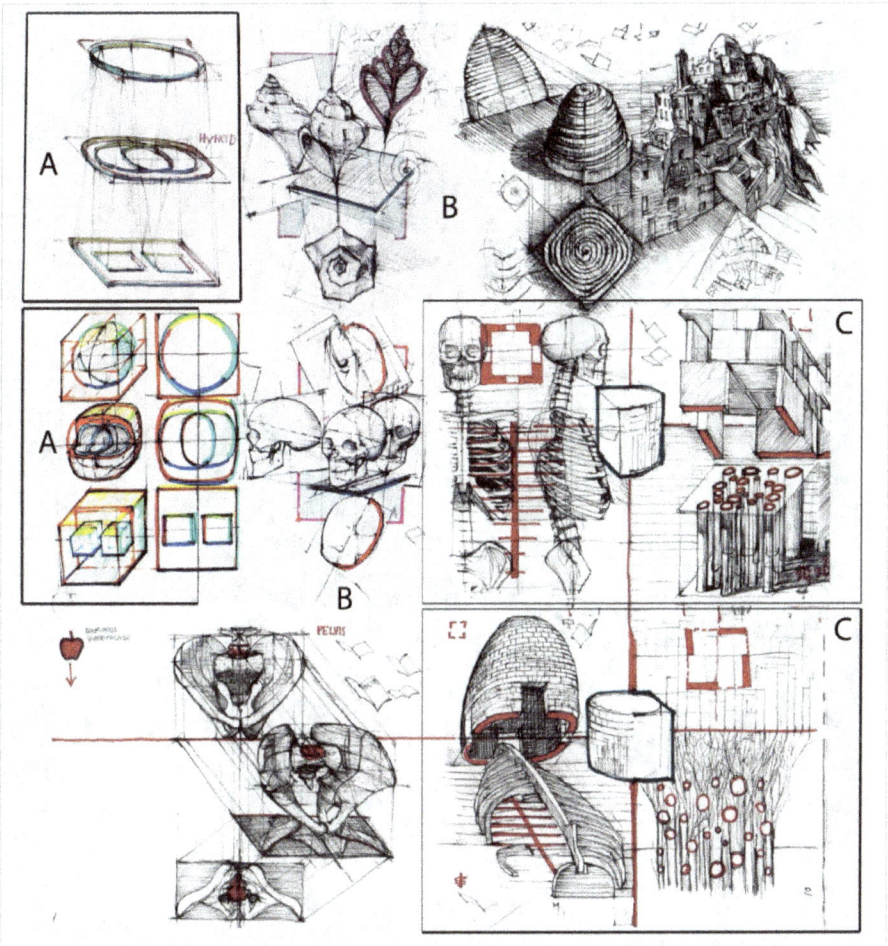

Figure 14. Fabrizio Gay, *Études graphiques d'analogies morphologiques entre corps divers*.
A) Genèse de courbes ou de surfaces par des procédures de morphing à partir de deux autres courbes ou surfaces cartographiées les unes sur les autres.
B) Exosquelettes et endosquelettes.
C) Analogies et oppositions de figures (coquilles, squelettes, tissus, pattern).

Figure 4. Fabrizio Gay, *Étude d'objets hybrides, nature morte*, 1990.
Encre et tempera sur papier, 21,7 x 42 cm.

Bibliographie

Ashby, Michael F. & Johnson, Kara [2010/2002¹], *Materials and Design, the Art and Science of Materials Selection in Product Design*, Oxford, Butterworth Heinemann.

Bachelard, Gaston [1990¹⁷/1943], *L'Air et les songes. Essai sur l'imagination du mouvement*, Paris, Librairie José Corti.

Barnes, Cathy, Childs, Tom, Henson, Brian & Southee, Christian H. [2004], "Surface Finish and Touch – A Case Study in a New Human Factors Tribology", *Wear*, 257, 7-8, 740-750.

Benyus, Janine M. [2011], *Biomimétisme. Quand la nature inspire des innovations durables*, trad. Céline Sefraoui, Paris, Rue de l'échiquier.

Eco, Umberto [1984], *Semiotica e filosofia del linguaggio*, Torino, Einaudi.

— [1999], *Kant et l'ornithorynque*, Paris, Grasset.

Ferraris, Maurizio [2009], *Documentalità. Perché è necessario lasciar tracce*, Roma-Bari, Laterza.

Gay, Fabrizio [2018], "On the Genealogy of Geometry in Drawing for Design: Primitive Future of a Techno-aesthetic Issue", *Disegno*, 3.

Gay, Fabrizio & Cazzaro, Irene [2017], "Eidogenesis of the Artificial: The Case of the Relationships between Models of the 'Natural Image' and Cellular Automata", *Proceedings*, 1, 9, 929. En ligne : http://www.mdpi.com/2504-3900/1/9/929.

Groupe μ [2015], *Principia semiotica : aux sources du sens*, Bruxelles, Les Impressions nouvelles.

Karana, Elvin, Pedgley, Owain & Rognoli, Valentina (eds.) [2014], *Materials Experience: Fundamentals of Materials and Design*. En ligne : http://www.books24x7.com/marc.asp?bookid=58803.

Leroi-Gourhan, André [1986], *Meccanica vivente: il cranio dei vertebrati dai pesci all'uomo*, trad. Ruth Elisabeth Lenneberg Picotti, Milano, Jaca Book [1983, *Mécanique vivante*, Paris, Fayard].

Ogawa, Akira & Rhodes, Donna H. [2009], "Culture: A Key Factor for Implementing the Integrated Concurrent Engineering Approach", *INCOSE International Symposium*, 19, 1, 1030-1043.

Sartre, Jean-Paul [2003/1936¹], *L'Imagination*, Paris, PUF.

Simondon, Gilbert [1958], *Du mode d'existence des objets techniques*, Paris, Aubier.

— [2005], *L'Individuation à la lumière des notions de forme et d'information*, Grenoble, Jérôme Millon.

— [2008], *Imagination et invention (1965-1966)*, Chatou, Éditions de la Transparence.

Swiegers, Gerhard (ed.), Benyus, Janine & Lehn, Jean-Marie [2012], *Bioinspiration and Biomimicry in Chemistry: Reverse-engineering Nature* (accessible en ligne), Hoboken (NJ), Wiley.

Thompson, D'Arcy W. [1945], *On Growth and Form*, Cambridge, Cambridge University Press.

Turing, Alan Mathison [1952], *The Chemical Basis of Morphogenesis*, London, The Royal Society by Cambridge University Press.

Yi, Li *et al.* [2017], "Learning Hierarchical Shape Segmentation and Labeling from Online Repositories", in Association for Computing Machinery, *SIGGRAPH – ACM Transactions on Graphics*, Los Angeles, 36, 4, 70:1-70:12.

Fabrizio GAY
Università IUAV di Venezia
Venise, Italie
fabrizio@iuav.it

Au-delà de l'écran – Chris Marker, un cinéaste sur *Second Life*

Vincent JACQUES

Le cinéaste Chris Marker est-il passé au-delà de l'écran ? Vers la fin de sa vie, il s'installe en effet au-delà de l'écran, dans un espace virtuel construit sur la plateforme numérique 3D *Second Life*[1]. Baptisé *Ouvroir*, ce territoire naît à l'occasion d'une exposition du Musée du design de Zurich (Museum für Gestaltung Zürich) autour de son œuvre, *Abschied von Kino/A Farewell to Movies*, du 12 mars au 29 juin 2008[2]. Avec le graphiste-informaticien Max Moswitzer, Marker crée alors un archipel (adresse 189.70.39) sur lequel on trouve un musée virtuel que les visiteurs de l'exposition peuvent parcourir grâce à un terminal informatique. Par après, l'archipel se développe, un cinéma vient côtoyer le musée. L'*Ouvroir* créé sur *Second Life* renvoie selon Marker à *L'Invention de Morel* d'Adolfo Bioy Casares, conte fantastique à l'étrange temporalité. Dans le roman, une île, aussi, où le narrateur rencontre de singuliers personnages qui réapparaissent régulièrement chaque jour au même endroit et au même moment pour rejouer inlassablement les mêmes scènes, sans qu'il puisse entrer en communication avec eux…

Marker est présent sur son archipel sous un double avatar : sous la forme féline de son alter ego Guillaume-en-Égypte et sous la forme d'un jeune homme grand et musclé, jeans et maillot de corps blanc moulants, son avatar russo-japonais Sergei Murasaki. Du moins, *était* présent, car depuis sa mort,

---

[1] Lancé en 2003, le réseau social *Second Life* permet à ses utilisateurs de créer leur monde et leur identité. Avatars, bâtiments et objets sont élaborés par les utilisateurs ; le programme offre diverses possibilités d'interactions entre les joueurs. Dans cet univers parallèle, le droit de propriété est respecté : ce que vous construisez vous appartient (il faut d'ailleurs payer ses constructions et autres nécessités avec une monnaie virtuelle, le dollar Linden, convertible en dollars US). Nous reprenons ici des éléments de [Jacques, 2018], chap. 2, en les développant dans un autre sens.

[2] Le titre de l'exposition fait référence au livre d'Hemingway *A Farewell to Arms* (1929). *Ouvroir* renvoie à l'Ouvroir de littérature potentielle (Oulipo, 1960).

les avatars ont sombré dans une sorte de sommeil cataleptique, présence éternelle dans un Hadès virtuel, un *no man's land* entre la vie et la mort... « Vous m'avez permis de réaliser un rêve d'enfance : vivre dans un environnement de science-fiction, non pas une aventure exotique, mais juste la vie quotidienne » affirme Marker [2008-2012 ; je traduis]. Qu'est-ce que vivre sous forme d'avatar dans un monde virtuel ? Quel imaginaire un cinéaste touche-à-tout développe-t-il dans un réseau social aux attributs esthétiques de jeu vidéo ? Quelle est la nature de ce monde virtuel, comment décrire cet espace numérique ? Qu'est-ce que faire de l'art dans ce monde informatique imaginaire ?

Commençons par visiter le musée, ou laissons-nous plutôt conduire par Guillaume-en-Égypte dans le court métrage *Ouvroir. The Movie* (2010)[3]. On aborde d'emblée « un monde où tout glisse, apesanteur qui épouse la marche, la course, on ne sait » [Bellour, 2012, 20] : le rondelet félidé orange nous introduit progressivement à l'intérieur d'un étonnant dispositif architectural. Un chemin rouge nous mène au musée, une grande sphère de la même couleur flottant dans les airs, à laquelle est attachée une salle de projection plate et circulaire (la sphère, telle une virtuelle Saturne, est ceinturée d'un cercle blanc, un morceau du chemin maintenant assagi). Sinueux, le chemin est cerclé par intermittence d'anneaux rectangulaires blancs à l'extérieur et noirs à l'intérieur, où défile un texte en lettres blanches. Plus espacés et plus grands, deux anneaux circulaires composés d'une sorte de treillis ou de brume blanchâtre tournent autour de ce chemin cerclé de boîtes à l'enchaînement sporadique. Une fois entré dans la sphère, on constate que celle-ci se divise en trois étages que ne relient nuls escaliers, car dans ce monde, on vole. Une architecture étrange donc, délivrée de certaines contraintes qu'imposent d'ordinaire les mouvements humains pour se mouvoir dans l'espace, même si la capacité de voler n'élimine pas le sol, car les avatars s'y meuvent aussi[4].

Dans le musée, les espaces sont différenciés : dans l'un, on voit des photos de Marker, dans un autre, les installations *Silent Movie* (1995) et *The Hollow Men* (2007). Dans les espaces d'exposition, l'artiste-cinéaste s'amuse à mélanger les temps en offrant au visiteur la possibilité de voir ou revoir des

---

[3] On peut voir le film sur Internet sur gorgomancy.net. Nous reviendrons sur la particularité de ce film.

[4] À propos de l'oiseau et de son rapport au sol, Husserl affirme : « L'oiseau quitte la Terre sur laquelle il a, comme nous, des expériences non volantes, il s'envole et revient à nouveau : de retour, il a, une fois encore, les modes d'apparence du mouvement et du repos comme moi qui suis rivé à la Terre » [1989, 19].

Au-delà de l'écran – Chris Marker, un cinéaste sur Second Life

œuvres anciennes et d'en découvrir de nouvelles (c'est la version « numérique » d'une pratique qui lui est propre : la reprise des mêmes images d'une œuvre à l'autre, d'un médium à l'autre). Une salle de lecture présente quelques guides « Petite Planète »[5], une galerie expose les portraits de cinéastes amis, une autre des affiches de cinéma (*premakes*[6]), une suivante, labyrinthique, les collages « X-Plugs ». Il y a aussi une salle de projection où est diffusé *Leila Attacks*, un court métrage d'une minute et des poussières composé de prises de vues « réelles » : une rate attaque un chat (dans le monde virtuel une fenêtre sur l'autre facette du monde, ce réel qu'on oppose trop souvent à tort au virtuel[7]). Voilà sommairement pour le musée, pièce centrale de l'*Ouvroir*, qui est un archipel : on y trouve une réplique du bar *La Jetée* de Tokyo, un cinéma qui ressemble à un chapiteau de cirque et où l'on joue en boucle le célèbre film de science-fiction. Depuis la disparition de son créateur, l'île lui survit : on y a construit des totems de chats, on y croise, debout, la fusée d'Hergé et, couchée, une sorte de fusée de Noé où s'engouffrent des animaux numériques. Le nez piqué sous l'eau dans le sol de la berge, un avion ne laisse voir que sa queue et ses ailes, on aperçoit le Nautilus, on rencontre trois *Space Invaders* rosés flottant à la surface du sol, etc.

Sur son île, sous la forme d'un avatar, Marker mène une nouvelle vie : lui, « l'homme invisible en plus discret », selon le mot de Remo Forlani [1995, 87], s'y promène et y vit au gré des rencontres sous une nouvelle identité virtuelle (on y croise l'avatar de proches, comme celui d'Agnès Varda, une silhouette bien reconnaissable avec laquelle la cinéaste s'amuse depuis quelques années). À propos de *Second Life*, il s'enthousiasme ainsi :

> Le monde de Bioy : un monde de fantômes, ces gens dont on ne sait rien, dont l'apparence est forcément un mensonge, mais où justement il est si facile de

---

[5] Collection de guides de voyage que Marker dirige de 1953 à 1964 aux Éditions du Seuil. Il y assure une mise en page qui rompt avec les habitudes des livres de voyage : l'image n'est plus là pour illustrer le texte, mais tend à dialoguer d'égal à égal avec lui. La page est déjà une forme de montage cinématographique, une sorte de montage sur papier.

[6] « Films qui se différencient des *remakes* en ceci qu'ils ont été faits avant les originaux... » dixit Guillaume-en-Égypte. Par exemple : l'affiche de la version de 1928 d'*Hiroshima mon amour* avec Greta Garbo et Sessue Hayakawa pour vedettes.

[7] Entendons ici *virtuel* au sens strict de « numériquement simulé », comme le propose Stéphane Vial dans sa critique de l'usage courant et théorique du terme pour parler des nouvelles technologies : [Vial, 2017], chap. 4, « Vie et mort du virtuel ».

mentir que certaines âmes perverses, j'en suis sûr, éprouvent un malin plaisir à dire la vérité, juste pour ne pas être crues. Maintenant, j'ai mon île dans SL. J'y donne des rendez-vous à des gens qui viennent de tous les coins du monde. Et c'est un fait qu'on y accomplit quelque chose d'absolument nouveau dans l'histoire de la communication. Ce n'est pas tout à fait la réalité, et pourtant... Le téléphone, les e-mails, même une vidéoconférence n'abolissent pas la distance, ils soulignent plutôt notre effort pour la surmonter. Dans SL, elle est abolie. On est là et on n'est pas là dans le même moment, comme mon autre cousin, le chat de Schrödinger. Jamais personne n'avait éprouvé ça. [Marker, 2012.]

Paradoxe du nouveau monde numérique, une présence/absence réelle enveloppée dans une présence/absence virtuelle (présence réelle dans le monde simulé, absence de rapport corporel comme dans le face-à-face physique). Marker a été un voyageur invétéré, il est maintenant séduit par la possibilité d'un voyage instantané : dans ce nouvel espace numérique, les contraintes de l'espace réel n'existent plus, les distances sont abolies, des gens d'un peu partout se rencontrent malgré la distance physique. S'il affirme que c'est autre chose que le téléphone, c'est probablement à cause de la possibilité d'évoluer dans un monde parallèle sous forme d'avatar. « S'incarner » dans un monde simulé, vivre, se représenter et avoir des relations sociales sous une autre forme dans un univers numérique, un jeu bien réel porté par un imaginaire de fusion du corps et de la machine. Comme le remarque Paul Sztulman : « Se coordonner avec la machine pour agir sur le monde qu'elle simule et dans lequel on s'absorbe est un rêve qui accompagne la cybernétique » [2012, 70]. Et l'auteur de poursuivre : « Poussé à son comble, l'utopie du cyborg est celle d'un corps devenu incorporel et immortel par sa dissolution intégrale dans une machine » [Sztulman, 2012, 72]. Ce désir de refouler le corps de chair et de renaître dans le corps imputrescible de la simulation numérique est en effet un puissant ferment imaginaire porté par les possibilités de la technique contemporaine. À ce propos, Sztulman [2012, 71] cite Foucault : « Il se peut bien que l'utopie première, celle qui est la plus indéracinable dans le cœur des hommes, ce soit précisément l'utopie d'un corps incorporel. » Mais selon Foucault, ce lien entre corps et utopie ne tient pas à ce que le corps serait trop situé, ancré dans cet espace que l'utopie tendrait à nier : au contraire, « mon corps, en fait, il est *toujours* ailleurs, il est lié à tous les ailleurs du monde, et à vrai dire il est ailleurs que dans le monde », il ne m'apparaît « qu'au mirage des miroirs », « à la fois indissociablement visible et invisible », il est ce lieu paradoxal à partir duquel le monde s'organise pour moi : « c'est autour de lui que les choses sont disposées » [Foucault, 2009, 17]. Être avatar, être dans la place vide d'un corps numérique fantasmé, ne serait alors qu'une énième modalité de cet ailleurs émanant du corps, le rapport du corps et de l'utopie à l'heure de la réalité simulée. Mais quelle est la nature de la réalité simulée de *Second Life* ?

Plastiquement, l'aspect de ce nouveau monde est celui des jeux vidéo : des espaces qui tendent au mimétisme, à une reproduction plus ou moins fidèle de la réalité, dans l'*Ouvroir*, le bar *La Jetée*, et à des échappées vers un monde imaginaire avec des airs de science-fiction, pensons au musée, cette grande sphère rouge flottant dans les airs (« Vous m'avez permis de réaliser un rêve d'enfance : vivre dans un environnement de science-fiction, non pas comme une quelconque aventure exotique, mais comme simple vie quotidienne » [Marker, *Ouvroir*]). Quelle est la nature de cet espace ? En quoi son « réalisme » est-il différent de celui du cinéma ? Mathieu Triclot offre un critère intéressant pour distinguer « l'effet de réel » propre au cinéma de celui des jeux vidéo : « le *réel*, ce n'est pas simplement ce que nous percevons, c'est aussi ce sur quoi nous agissons. Par le terme *réel*, nous ne visons pas seulement l'objectivité d'une représentation, mais aussi le support d'une action ou plus généralement ce qui produit un effet » [Triclot, 2017, 112]. En réalité, il y a une grande différence entre la position du spectateur d'un film, installé dans un dispositif qui tend à « une sorte de surinvestissement du regard » (car dans la salle de cinéma, les mouvements du corps sont contraints) et le joueur pris dans un dispositif, écran et clavier/joystick, qui le plonge dans « une forme d'engagement dans l'image ». Ainsi, bien que les jeux vidéo deviennent de plus en plus « réalistes », c'est le rapport à l'action qui caractérise vraiment ce mode de représentation de monde imaginaire : « Pourquoi les mondes du jeu paraissent-ils si réels ? Non seulement parce que la machine parvient à imiter (depuis peu) la qualité de l'image photographique (photoréalisme), mais surtout parce que les objets y interviennent depuis longtemps comme supports d'une manipulation réglée » [Triclot, 2017, 113]. On notera que *Second Life* n'est pas un jeu vidéo comme les autres, car ce n'est pas un jeu d'action : ici pas de défis, d'objectifs, d'obstacles, de courses, d'ennemis, etc. Il s'agit quand même d'un monde où on *fait* des choses, c'est-à-dire qu'on y construit des bâtiments, des infrastructures, des monuments, des sculptures… Comme le remarque justement Anne Besson, le joueur d'aujourd'hui, qu'il soit plutôt contemplatif ou amateur de sensations fortes, veut avant tout *s'immerger* dans un monde virtuel : « Emblématisé par le geek mais le dépassant de toutes parts (classe d'âge, sexe, catégorie socioculturelle), le pop-consommateur postmoderne veut des *mondes pour jouer* : pour jouer avec, jouer dedans » [Besson, 2015, 270]. Dans ces mondes imaginaires virtuels, il y a plusieurs types d'action : la compétition bien sûr, mais aussi l'exploration, la découverte de mondes qui font de plus en plus reculer les bornes de leur propre finitude. Ces mondes, on peut alors les documenter, on peut se les approprier, des appareils de capture d'images fixes ou animées étant aujourd'hui fournis dans la plupart des jeux (on peut en rapporter des « souvenirs »). Avec *Second Life*, on peut même faire un peu plus, vu que le joueur participe au développement du monde virtuel :

> La proposition fictionnelle d'un métavers comme *Second Life* (qui n'est plus vraiment un « game » parce qu'il ne comporte pas d'objectifs et très peu de règles), celle d'un monde donné comme ouvert, que les productions de chacun participent à créer, se comprend également comme le prolongement de cette aspiration à continuer le voyage dans l'autre univers, au-delà de limites fatalement réductrices. [Besson, 2015, 300.]

Revenons à cette idée de « documentation » du monde imaginaire virtuel. Comme le dit Besson, l'industrie des jeux vidéo a bien compris la dynamique d'aller-retour entre « réel » et « réel simulé », ce mouvement de balance entre deux situations propres aux jeux vidéo à fort potentiel de fiction :

> [...] situations où le joueur se projette, « s'exporte », par le biais du personnage-avatar, dans l'autre monde, et où symétriquement il « importe » dans le sien en s'entourant des fétiches représentatifs, de propos, objets « issus » de l'autre monde, contribuant à le susciter et à le maintenir au sein du nôtre. [Besson, 2015, 260.]

L'auteur parle ici des usages de ces fictions de monde dans la culture populaire : qu'en est-il de leur versant artistique ? On a vu que Marker a fait de *Second Life* un lieu d'exposition ; on peut également remarquer qu'il rapporte des images de ce monde virtuel. Il y tourne même un documentaire : en effet, qu'est-ce que *Ouvroir. The Movie*, sinon une sorte de cinéma du réel, à ceci près qu'il témoigne d'un réel simulé ? Si les images virtuelles du court-métrage peuvent nous faire penser aux films d'animation d'aujourd'hui (en effet, de plus en plus, il ne s'agit pas de « dessins animés », mais d'animation informatique), on a bien affaire ici à des prises de vues documentaires d'un monde imaginaire ou « espace artificiel informatiquement synthétisé » [Vial, 2017, 128] qui « existe » en dehors du film. Que ces espaces de la culture populaire soient maintenant investis par des artistes qui en extraient des images, on en a un exemple avec le travail photographique de Thibault Brunet, un photographe de paysage dont les terrains de prises de vues sont les mondes virtuels, les territoires paysagés des jeux vidéo.

> Je fais beaucoup d'expositions de photographes alors que je n'utilise pas d'appareil photographique [...]. Ma démarche [...] pose la question de « Qui est l'artiste ? » : est-ce le directeur artistique du jeu ? est-ce le modélisateur 3D ?... est-ce que je prends cette matière pour l'interpréter à ma manière ? Le regard que je pose est totalement différent de l'intention du jeu. On reconnaît rarement le jeu derrière mes photos. Et c'est bien d'être dans cette ambiguïté-là. [Brunet, 2014.]

On imagine que ce genre de pratique va se multiplier ; quoi qu'il en soit, soulignons qu'à son habitude, en ce domaine comme dans d'autres, Marker a été novateur. De cette aventure, il reste un musée ainsi qu'un domaine qui survit à son créateur et s'enrichit sans cesse de divers artefacts sur *Second Life*, plus un « film documentaire », une bande dessinée coécrite avec Max Moswitzer (*Ouvroir – A Voyage with Serguei Murasaki*) racontant son expérience du lieu, çà et là quelques photographies de l'archipel, une petite vidéo où on le voit danser (le = l'avatar Serguei Murasaki) avec le chat Guillaume-en-Égypte et, sûrement, bien d'autres choses dans les archives conservées à la Cinémathèque française[8]...

À la fin d'*Ouvroir. The Movie*, Guillaume-en-Égypte évoque Chateaubriand qui écoute les échos de la bataille de Waterloo « et il savait / qu'il était en train de regarder la fin d'un monde ». Puis le chat nous pointe du doigt : « Que regardez-vous ? » Que regardons-nous ? *A Farewell to Movies*, l'*Ouvroir*, une façon de « dire adieu au cinéma, sans doute »... Que veut dire Marker par cet adieu ? Comme Jean-Luc Godard et Serge Daney, il a développé le thème de « la mort du cinéma », mais contrairement à ses deux contemporains, nulle nostalgie chez lui, plutôt une très forte appétence pour tout ce que les techniques informatiques peuvent apporter de nouveauté dans la création de nouvelles images :

---

[8] « Ses volumineux cartons de déménagement se décomposent comme suit, en dépit de certains mélanges : archives : 103 cartons ; bibliothèques : 190 ; photos : 34 ; audiovisuel pro : 20 ; musique : 11 ; vidéothèque : 136 ; objets : 45 ; appareils : 30 ; informatique : 7. Soit 576 cartons, sans compter 39 tubes d'affiches et 11 cartons à dessins. Ajoutons à cela 10 disques durs, dont certains rassemblent une infinité de fichiers de textes et d'images. » [Bellour, 2018], 105.

> J'étais très conscient des limites qui pesaient sur les premiers synthétiseurs d'images, et insérer ces images telles quelles dans le montage pouvait provoquer quelques malentendus, comme si je fanfaronnais « ceci est la modernité » quand elles étaient le premier pas trébuchant sur la longue route qui mènerait au monde virtuel et informatisé. Je voulais simplement souligner le fait que de telles images étaient possibles et changeraient notre perception du visuel – ce en quoi je n'avais pas tout à fait tort[9]. [Marker, s.d. ; je traduis.]

Pour voir ces images, on peut se rendre sur *Second Life*, un lieu qui existe toujours[10], même si sa popularité a été mise à mal par les réseaux sociaux tels qu'on les connaît aujourd'hui : l'archipel de Marker est toujours à la même adresse ou coordonnée géographique – 189.70.39 –, il croît par intermittence, on ne sait jamais à l'avance ce qu'on va y trouver…

Références bibliographiques
Bellour, Raymond [2012], « Marker forever », *Trafic*, 84, 15-21.
— [2018], « L'archiviste » in Christine Van Assche, Raymond Bellour & Jean-Michel Frodon (dir.), *Chris Marker*, Paris, La Cinémathèque française, 104-109.
Besson, Anne [2015], *Constellations. Des mondes fictionnels dans l'imaginaire contemporain*, Paris, CNRS Éditions.
Brunet, Thibault [2014], « Thibault Brunet : la photographie version Web 3.0 », Artist UP.fr, https://www.artistup.fr/articles/548/thibault-brunet-la-photographie-version-web-3-0 (consulté le 12 octobre 2018).
Forlani, Remo [1995], *Changement de bobines, la nouvelle donne du cinéma français*, Paris, Denoël.
Foucault, Michel [2009], *Le Corps utopique. Les Hétérotopies*, Fécamp, Lignes.
Husserl, Edmund [1989], « L'archè-originaire Terre ne se meut pas » (1934), in *La Terre ne se meut pas*, trad. Didier Frank, Paris, Minuit.

---

[9] Sur le thème de la mort du cinéma, on consultera *Immemory* : « De *Wings* à *Star Wars*, j'aurai vu voler beaucoup de choses sur les écrans du monde. Peut-être le cinéma a-t-il donné tout ce qu'il pouvait donner, peut-être doit-il laisser place à autre chose. Jean Prévost écrit quelque part que la mort, ce n'est pas si grave, ça consiste seulement à rejoindre tout ce qu'on a aimé et perdu. La mort du cinéma ne serait que cela, un immense souvenir. C'est un destin honorable. » (*Immemory* est un CD-Rom de 1997, publié sur Internet quelques années plus tard sur gorgomancy.net.)

[10] Voir le reportage publié dans *Le Monde* [Tual, 2016].

Jacques, Vincent [2018], *Chris Marker, les médias et le XXe siècle. Le revers de l'histoire contemporaine*, Grane, Créaphis.

Marker, Chris [2008-2012], *Ouvroir – A Voyage with Serguei Murasaki*, bande dessinée montée par Max Moswitzer, consultable sur le site Internet du cinéaste, http://www.gorgomancy.net (consulté le 20 août 2018).

— [2012], « Sans Chris Marker », entretien de Guillaume-en-Égypte avec Poptronics, http://www.poptronics.fr/sans-chris-marker (consulté le 14 mars 2016).

— [s.d.], « Letter to Theresa by Chris Marker – Behind the Veils of Sans Soleil », 19 août, année inconnue, https://chrismarker.org/chris-marker/notes-to-theresa-on-sans-soleil-by-chris-marker/ (consulté le 28 janvier 2016).

Sztulman, Paul [2012], « Les explorateurs des abîmes », in Elsa Boyer, Elie During, Emmanuel Siety, Paul Sztulman, Madeleine Aktypi & Erwan Higuinen (dir.), *Voir les jeux vidéo. Perception, construction, fiction*, Montrouge, Bayard, 84-85.

Tual, Morgane [2016], « Absurde, créatif et débauché : dix ans après, *Second Life* est toujours bien vivant », *Le Monde*, reportage publié sur Internet : https://www.lemonde.fr/pixels/article/2016/04/28/absurde-creatif-et-debauche-dix-ans-apres-second-life-est-toujours-bien-vivant_4909910_4408996.html (consulté le 3 septembre 2018).

Triclot, Mathieu [2017], *Philosophie des jeux vidéo*, Paris, La Découverte.

Vial, Stéphane [2017], *L'Être et l'écran. Comment le numérique change la perception*, Paris, PUF, « Quadrige ».

Vincent JACQUES
École nationale supérieure d'architecture de Versailles (ENSA-V)
Versailles, France
vincent.jacques@versailles.archi.fr

Brancusi ou la sculpture de l'imaginaire dans la translucidité de la matière
Vasile MARUTA

« Toi, tu as transformé l'antique en moderne », disait son confrère et ami Henri Rousseau (le Douanier) de Constantin Brancusi [Rolet, 1995]. Et on ne saurait mieux dire de l'œuvre de cet artiste sculpteur, créateur de la modernité, qui aspirait profondément à l'essentiel de l'existence de l'humanité et finalement à l'éternité, par le truchement de la *nature* et de la *vie* dans leur plus pure expression rappelant les premières manifestations artistiques de l'homme dans les arts figuratifs.

Ses origines, les influences orientales, sa philosophie

Ce n'est pas uniquement la géographie et sa naissance dans l'espace carpato-danubien roumain qui porteront leur « voix » dans la structure intime, voire dans la formation du sculpteur franco-roumain Constantin Brancusi (1876-1957). Il est vrai que la métapoésie des forêts carpatiques roumaines, la « voix du bois » en prise aux outils des maîtres de son village natal, Hobitza, de l'Olténie sous-carpatique, non loin de Târgu-Jiu, en Roumanie, marquèrent à jamais l'âme et l'esprit de l'enfant et du grand artiste Brancusi de plus tard. Un livre publié par Radu Varia [1989] présente pertinemment le *cursus* de sa vie : sa formation dans les beaux-arts à Craiova, Bucarest et Paris, le rôle et l'influence du mystique tibétain du XIe siècle qui vécut en sage il y a presque mille ans sur les hauts plateaux himalayens : Jetsun Milarepa. La conception structurelle de vie et de conduite de Milarepa a profondément influencé Constantin Brancusi. Au point que l'un des amis de celui-ci, l'écrivain américain Peter Neagoe, auteur du *Saint de Montparnasse*, une biographie de Brancusi, a pu affirmer, non sans étonnement, que Brancusi « croyait être la réincarnation de Milarepa » [Varia, 1989, 18]. En effet, partant d'un autre livre, celui-ci sur Milarepa, intitulé *Jetsun-Kahbum* et traduit à Paris en 1925 par Jacques Bacot, sous le titre *Le Livre de Jetsun*, on retiendra facilement que par-delà le temps et l'espace, les voies du sage asiatique et du grand sculpteur moderne européen du XXe siècle sont, à bien des égards, semblables. Rappelons ici seulement la *philosophie* et la *stratégie* de Milarepa dans la maîtrise et l'élévation artistique, auxquelles ressemblent celles de Brancusi.

En s'appropriant cette philosophie, Brancusi accorde *un rôle véritablement central à l'imagination*. Par exemple, même si la simplicité n'est pas l'unique but, il s'applique avec acharnement à l'idée de construire la « simplicité » en l'imaginant. « La simplicité s'impose même au-delà du *soi* » [Varia, 1989, 18] disait-il. Mais force est de constater que chez lui, elle n'est pas arrivée sans un travail presque surhumain sur les formes et sur les idées. Comme Milarepa, par ce travail assidu, Brancusi préconise d'éliminer de son parcours artistique toute zone d'ombre, toute obscurité, pour faire passer la lumière et la pureté – ce qu'il pense avoir retrouvé dans l'homme et dans la matière. Comme le remarquait Radu Varia, par son œuvre, Brancusi voulait atteindre le « passage vers la dimension spirituelle [...] vers l'espace absolu, des formes, vers le ciel immobile de la forme pure » [Varia, 1989, 16].

Il faut ajouter aussi l'influence du livre *Isis dévoilée* de la comtesse polonaise Helena Petrovna Blavatsky. Sur ce livre, Peter Neagoe notait encore : « Avec le temps, *Isis dévoilée* finira par changer toutes ses pensées, et jusqu'à sa vie même » [Varia, 1989, 31].

Quant au rôle que Brancusi accordait à l'image intérieure des choses, autrement dit à *l'éclat intérieur du matériau*, V. G. Paleolog se souvient que le sculpteur lui-même reconnaissait l'influence de Giambattista Vico : « De cette vision qui me portera toujours à pénétrer vers l'intérieur des choses, à ne chercher que leur essence [dira Brancusi], je reste redevable à Giambattista Vico » [Varia, 1989, 23].

Il faut rappeler le point de vue de l'historien d'art roumain Cristian-Robert Velescu, qui a mis en valeur les relations entre Brancusi et Duchamp, soulignant avec raison que la création de Brancusi a pu être influencée tant par la philosophie platonicienne que par les « thèmes alchimistes » dont il aurait eu connaissance justement grâce à son ami Duchamp. Celui-ci agissait en alchimiste « sans le savoir » [Velescu, 2001, 128-131].

Contexte parisien

Les liens artistiques de Brancusi avec Rodin sont connus, leur séparation aussi. « Rien ne pousse à l'ombre des grands arbres », dira Brancusi. Et le grand maître Rodin de répliquer « Je connais bien Brancusi, il est aussi têtu que moi ! » [Rolet, 1995]. Brancusi s'installe désormais dans une véritable rupture à l'égard de la manière de concevoir et d'imaginer la création d'une œuvre de *sculpture*.

C'était juste au moment où la progression des sciences néoeuclidiennes et surtout la théorie de la relativité étaient adoptées de plein gré presque partout. La découverte d'Einstein, en particulier, encourageait non seulement les recherches scientifiques mais aussi le renouvellement dans tous les domaines. Si tout était « relatif », tout était discutable et le moment était propice à remettre en cause les valeurs établies...

Paris devient rapidement un creuset d'expériences nouvelles, un véritable champ du renouveau où des créateurs français et étrangers, d'Europe et du monde entier, vont stimuler et développer leur propre vocation et surtout se sentir et rester libres dans leurs démarches artistiques. Le vent des révoltes commence à souffler.

En Italie, poussé par des visions futuristes, Filippo Tommaso Marinetti *imagine* un nouveau type humain. C'est le Règne de la machine (*Il Regno della macchina*) qui, à partir de 1910, stimule aussi l'imagination dans tous les domaines de création. En Suisse, au Cabaret Voltaire de Zurich, Tristan Tzara et Marcel Janco, à côté de leurs amis Hugo Ball, Jean Hans Arp et Richard Huelsenbeck, lancent à leur tour, le 5 février 1916, le *dadaïsme* – le mouvement littéraire le plus révolutionnaire du 20e siècle. Tandis qu'en Allemagne, Kurt Schwitters réalise lui aussi, dans le domaine de la peinture et de la sculpture, des compositions dadaïstes et surréalistes, et enrichit la création moderne d'une façon spectaculaire.

En France, les fauves, d'abord, revendiquent la liberté de la couleur. Matisse et Derain délaissent les règles figuratives dans la peinture et s'adonnent à la recherche de *l'essence de l'existence* en visant les éléments fondamentaux de la vie : les femmes, les enfants, les paysages, la beauté des fleurs. Ensuite,

> les cubistes, en particulier Picasso et Braque, essaient d'analyser presque scientifiquement le rapport entre le sujet et l'objet de la peinture, d'un côté, et l'artiste et le public qui regarde l'œuvre d'art, de l'autre. La bombe esthétique de Picasso – *Les Demoiselles d'Avignon* – éclate en 1907. La tension est grande. Les critères esthétiques et la perspective qui depuis la Renaissance régnaient en maîtres sur toute création dans la peinture, devaient céder du terrain. [...] on exige désormais que l'œuvre d'art ne soit plus regardée de façon frontale mais en variant les angles de la perception. Le tableau devait avancer vers le public et surtout il devait façonner une nouvelle définition de la réalité [Maruta, 2001, 89].

En littérature, les « méditations esthétiques » de Guillaume Apollinaire montrent la fascination du poète devant les solutions graphiques et typographiques adoptées ou suggérées avec beaucoup d'*imagination* dans les domaines figuratifs.

Bref, pour réaliser leurs créations, des artistes de toute une génération prônent la suppression de toute règle et de toute valeur préétablie. Le *Manifeste Dada*, signé par Tristan Tzara en 1918, s'érige contre tout système artistique et contre toute esthétique. Il affirme qu'il y a « un grand travail destructif, négatif à accomplir » et que « la pensée se fait dans la bouche » [Tzara, 1975, 1, 379]. La *spontanéité* et le *hasard* deviennent des valeurs artistiques authentiques. De la même façon, le *Manifeste du surréalisme*, signé par André Breton en 1924, exige lui aussi un changement radical de la création artistique dans son ensemble.

En sculpture, Constantin Brancusi avait déjà commencé dix ans plus tôt, avant Tristan Tzara, sa révolte intérieure et de l'intérieur de l'art sculptural lui-même. Sa démarche artistique se trouvait déjà en quête du renouveau artistique, sauf qu'à la violence de Tzara, il préférait *la profondeur des valeurs éternelles*. Pareillement à Jetsun Milarepa, Constantin Brancusi adopte, dès le début (1906-1907), la solitude pour vivre toutes ses révoltes et transformations intérieures. Il s'isole dans son travail, sans se détacher en revanche complètement de *l'esprit nouveau* qu'Apollinaire voulait annoncer et généraliser dans l'art. En dehors de sa contribution de 1928 au célèbre livre, qui venait de sortir [Rowell, 1995a], Brancusi fournit peu de points de vue personnels sur son art ou sur la sculpture en général, même s'il était déjà l'auteur de quelques chefs-d'œuvre dont *Le Baiser*, *La sagesse de la Terre*, *La Maïastra*, *La Muse endormie* et *Mademoiselle Pogany,* créés entre 1907 et 1913, qui susciteront de vifs débats théoriques. Fort de ses convictions sur la *pureté*, la *lumière* et la *clarté* du matériau et grâce à un fabuleux *travail artistique en solitaire*, il réussit à mettre au jour les étincelles inouïes de la beauté intérieure des choses ainsi que le mystère d'une création sculpturale sans équivalent dans l'histoire de l'art.

Comme chez Milarepa, la « simplicité », à laquelle on arrive « malgré soi » [Varia, 1989, 18], est un élément fondamental dans la sculpture de Brancusi. On pourrait affirmer qu'il réalise une *création imaginaire* dans le cadre de sa propre conception et de son propre accomplissement artistique, au fur et à mesure que le travail effectué par sa main devient le résultat d'un processus de *simplification* et, implicitement, de *sacralisation* de la forme de l'objet artistique. Cette création *imaginaire* exprime sa propre existence symbolique à l'intérieur d'un matériau quelconque. Mais pour la faire ressortir ou plus exactement pour la révéler à la lumière du jour, la *taille directe* et tout particulièrement le *polissage* représentent pour Brancusi les procédés spécifiques pour éliminer tout détail non significatif afin d'épurer le contenu même de l'œuvre d'art. Radu Varia pensait à ce titre que, dès son premier *Baiser* de 1907, Constantin Brancusi sentit pour la première fois qu'il « exprimait l'essentiel » [Varia, 1989, 135] grâce à la taille directe, ce qui représenta son chemin de Damas. Et c'est dans cette méthode de travail, la *taille directe* et, avant tout, dans la façon très particulière du *polissage*, que l'on pourrait parler d'une transparence ou d'une lumière intérieure *simplifiée* et révélée grâce à la translucidité de la matière, dans sa plus pure expression, ce qui caractérise un grand nombre d'œuvres de Brancusi.

Essayons donc d'appliquer à cette recherche une réflexion qui se rattache à celles de Carola Giedion-Welcker, Sidney Geist, Radu Varia, Pontus Hultén, Barbu Brezianu et d'autres, qui parlent justement du « rôle de la lumière dans l'accomplissement des œuvres de Brancusi » [Maruta, 2001, 92]

Comment imaginer la structure du matériau

Évidemment, il est important de comprendre qu'en faisant un usage permanent d'un travail artistique tout à fait particulier, devenu presque sacré au fur et à mesure de son évolution artistique, Brancusi ouvrait grand les portes à *l'imagination*, voire à une certaine *stratégie de création de l'imaginaire* qui prenait forme à mesure que le processus de réalisation de l'œuvre d'art avançait.

Il me semble avant tout utile d'apporter le témoignage du chef de file des dadaïstes, au plan européen et mondial, Tristan Tzara, compatriote et ami de Brancusi, établi à Paris lui aussi :

> La façon d'envisager le monde de Brancusi n'est pas analytique mais tient des idées universelles. Il est fermement convaincu que nous faisons tous partie d'une masse solide et que nous sommes des atomes qui communiquons entre nous. Sur le mur de son atelier il a dessiné plusieurs cercles concentriques. Avec simplicité il explique que nous tous, qui nous trouvons au centre, avons besoin de sortir, là où se trouve la lumière et la clarté, qu'il y a une marche lente en ligne droite et une autre en zigzag dont le résultat est incertain. [Tzara, 1975, 620.]

Partant du contenu même du travail artistique accompli par Brancusi, on pourrait dire que, par le truchement de sa sculpture, il ne fait pas autre chose que de s'accorder l'espoir de faire ressortir à la « lumière » et à la « clarté » une autre lumière plus pure, plus mystérieuse, qui existe déjà dans ces « atomes » que nous sommes. Mais elle existe surtout au cœur même de la matière ; et comme la matière, nous nous retrouvons aussi hypothétiquement au centre d'une « masse » d'autres matériaux ou d'autres éléments ou, pourquoi pas, de la société, tout en ayant la vocation d'aspirer à vivre dans la lumière. L'intuition de Brancusi là-dessus ne pouvait être que subtile et créatrice. Il entreprenait ainsi un travail de révélation ou de transfert de la lumière intérieure vers l'extérieur en s'imaginant que grâce à la translucidité de la matière, il pouvait faire ressortir et réfléchir cette pure flamme intérieure, en l'installant dans la surface polie du matériau dans lequel est conçue l'œuvre d'art. Même en voulant éviter toute rhétorique, nous devons constater que la sculpture de Brancusi est ainsi le résultat d'un tel labeur.

> Brancusi veut accomplir des organismes entiers et complets, qui vivent d'une vie lente qu'il leur partage. C'est pour cela qu'il travaille tout seul à les polir et à leur donner perfection. Chaque sculpture sort des conditions de la matière. Il n'a pas d'image préconçue. L'idée lui vient au cours du travail. Chaque bois dans ses fibres, est déjà une sculpture en elle-même. [Tzara, 1975, 620.]

Brancusi lui-même disait à ses amis « qu'il n'a pas encore fini l'apprentissage » [Tzara, 1975, 620]. Pourtant, il savait mieux que quiconque, justement grâce à son travail inouï, que « la réalité n'est pas la forme extérieure des choses, mais son essence profonde » et qu'il est impossible à quelqu'un « d'exprimer quelque chose de réel en restant à la surface des choses » [Rolet, 1995].

De plus, la dynamique intérieure des « formes pures », venant justement de l'intérieur de la matière (par ordre chronologique : les muses, les nouveaunés, les commencements du monde et surtout les oiseaux), vers lesquelles aspire l'œuvre de Brancusi, n'est que la confirmation d'une ascèse géométrique qui affirme l'existence dans l'éternité de l'œuvre d'art elle-même. C'est donc cette conscience du chemin parcouru et sa méditation profonde, que l'on retrouve dans la sagesse des philosophies de type oriental, qui l'amènent à agir différemment sans tenir compte des points de vue théoriques du moment. Comme l'écrivait Pontus Hultén, Brancusi avait déjà compris que « la forme d'une sculpture venait de l'intérieur et que par conséquence, ce n'est qu'en regardant longuement la pierre, que l'on pouvait obtenir la fusion totale de ce qui était dans l'esprit et de ce qui était dans le matériau » [Varia, 1989, 135].

Brancusi ou la sculpture de l'imaginaire dans la translucidité de la matière

On se rend compte que tant Pontus Hultén que Tristan Tzara trouvaient la spécificité ou l'originalité de la sculpture de Brancusi dans la corrélation existant entre l'artiste et les matériaux utilisés et le caractère du travail dispensé. Brancusi lui-même s'identifie ainsi : « C'est en taillant la pierre que l'on découvre l'esprit de la matière, sa propre mesure. La main pense et suit la pensée de la matière » [Rolet, 1995]. À ce titre, sa volonté de gommer les taches d'ombre, de faire briller l'éclat intérieur de la matière est véritablement phénoménale. À l'évidence, « les valeurs essentielles de son œuvre se retrouvaient autant dans la matière elle-même que dans la qualité du travail artistique entrepris » [Maruta, 2001, 92].

L'*idée imaginée*, se trouvant selon Brancusi enfouie à l'intérieur d'un matériau qu'il emploie, n'est pas préconçue, selon un modèle préétabli, mais elle le devient en tant qu'objet d'art, au fur et à mesure que la taille directe ou le polissage s'accomplit, tandis que s'accomplit ainsi une création de la pensée conforme le plus souvent à la structure du matériau en soi, dont Brancusi tient compte au plus haut point. Ce constat a par ailleurs depuis longtemps été fait, à leur manière, par Sidney Geist, Pontus Hultén, Carola Giedion-Welcker, Radu Varia et autres. Ils ont surtout affirmé que les matériaux ont le don de « parler » au sculpteur. Suite à ce dialogue réellement installé par Brancusi entre lui-même et le matériau, cette image intérieure est amenée à la surface de l'œuvre d'art, qui se veut un récepteur où est cristallisé et retenu l'éclat intérieur de la matière. Il s'agit bien d'une transparence et d'une lumière qui, dans la majeure partie des cas, impriment au matériau une sorte de translucidité qui laisse transparaître une image. Par son extériorisation, cette image stimule la dématérialisation des formes – c'est-à-dire des sculptures proprement dites – en suggérant une possible progression de l'œuvre d'art vers la transcendance. Il est donc établi que le travail artistique ainsi conçu et dispensé par le sculpteur révèle son ancrage dans une profonde méditation et dans une réflexion symbolique qui attestent la volonté de transcender la réalité.

Données essentielles de l'imagination chez Brancusi

La bipolarité. L'idée ancestrale de l'existence à travers le couple humain se traduit ou prend forme dans l'une des plus admirables suggestions de synthèse : *Le Baiser*. Les amants créent la bipolarité, car ils se créent *l'un l'autre*. Ils n'ont d'autre existence que *la leur*. La forme est l'*idée imagée* de l'existence du couple. Les plus de cinquante répliques de ce *Baiser*, toutes aussi mystérieuses, émanent de la même énergie et du même équilibre intérieur.

Quant au *Torse de jeune homme*, même s'il n'a pas eu de répliques, l'articulation aux jambes ne pourra en être dissociée, ni modifiée, ce qui veut dire que lui aussi présente la qualité de l'immuabilité. L'imagination résout ou amplifie le reste du mystère, car dans les deux cas, la force du lien réside dans l'existence même de l'idée imagée par le matériau dans sa structure.

Le Baiser, 1907. *Torse de jeune homme*, 1916.
Pierre. Érable.

Qui plus est, « la simplicité des formes archaïques, voire modernes [idée reprise de la philosophie de Milarepa], la charge symbolique du milieu environnant, la tension intérieure de la matière » [Maruta, 2001, 92] de même que le respect et la connaissance du matériau se retrouvent chez Brancusi dans sa profonde conscience de la sacralité du travail artistique. Il se détache ainsi de tout système théorique et de tout mouvement à la mode : « Je ne souhaite pas être à la mode. Ce qui est à la mode, passe comme la mode… et si tu es contesté aujourd'hui, ce n'est pas grave. Lorsque tu seras compris, ce sera pour l'éternité » [Rolet, 1995]. Une conception formelle d'« une sculpture fondée sur la géométrie », mais qui préconisait « l'allongement » démesuré des formes, idée soutenue avec ardeur par Nadelman, ne pouvait donc pas être acceptée par Brancusi, pour qui l'aspect formel devait être imaginé en conformité avec l'esprit de la matière. La géométrie, pour lui, n'était pas quelque chose de nouveau, car il avait déjà adopté « une conception fondamentalement géométrique du monde, de la vie, du Tout Cosmique »[1]. Son enfance et son adolescence ont justement été marquées par de tels « éléments géométriques essentiels ». Sorana Georgescu-Gorjan, essayant d'expliquer pourquoi

---

[1] Hultén, *apud* [Hultén, Dumitrescu & Istrati, 1986] ; voir [Maruta, 2001], 91.

la *Colonne sans fin – Endless Column, Axis mundi –* se trouve en Roumanie, écrit : « *The universal archaic theme of the cosmic column has been better preserved in Rumania than anywhere else in Europe* » [Georgescu-Gorjan, 2001, 241].

La femme. En tant qu'élément de bipolarité, dont les racines se retrouvent dans l'origine du monde, la femme est elle-même source de vie, symbole de l'existence sans prétention de valeur au niveau esthétique. On peut donc très profondément imaginer la femme en regardant cette pas très belle *Sagesse de la Terre* – qui reste malgré tout une œuvre unique.

La Sagesse de la terre, 1907. *Léda*, 1926.
Calcaire crinoïde. Acier inox.

Léda non plus – la femme d'une extrême beauté métamorphosée en cygne pour échapper à la discorde entre les dieux – ne s'évertue à la hauteur de ce regard perdu, venant presque de l'espace et pourtant si proche de nos âmes, de nos inquiétudes de nos indices d'existence, de nos questionnements de l'énigmatique sculpture *La Sagesse de la terre*. Que pourrait-on dire de plus sur cette « sagesse » ainsi présentée ? « Rien [dirait Brancusi] car l'art fait naître les idées, elle ne le représente pas » [Rolet, 1995].

Installée par Brancusi sur un disque d'acier inox, elle-même du même matériau, *Léda* est conçue pour suggérer la fécondité et la fertilité. Tantôt sur l'acier inox, tantôt sur le bronze poli, elle souligne et stimule l'imaginaire en premier lieu, justement par le truchement de l'inouï polissage du matériau employé. L'effort considérable de Brancusi d'orienter le regard vers *l'intérieur brillant et le translucide de ce matériau* est évident. Il ouvre l'imagination vers un espace mystérieux. C'est le cœur même de la matière d'où ressortirait aussi la *Princesse X*, dont Brancusi précisait : « cinq ans j'ai travaillé, raboté mon œuvre » et le résultat, disait-il : « C'est le symbole de l'éternel féminin de Goethe » [Rolet, 1995].

C'est le symbole *féminin imaginé et préexistant* dans la matière et dans la lumière qu'elle contient. C'est l'image qui s'est révélée à Brancusi lors de son travail. Comme *Léda*, la *Princesse X* se révélera toujours à nous aussi en tant que fabuleuse source d'inspiration et d'imagination qui nous fait suivre le cheminement de son apparition de l'intérieur vers l'extérieur, vers la surface de l'œuvre artistique qu'elle incarne.

Le polissage acharné fait certainement que ces œuvres, une fois accomplies, puissent exister ou, plus exactement, commencer leur existence symbolique nouvelle. Une existence choisie et voulue par le créateur en fonction du dialogue qu'il a mené avec son œuvre et avec le matériau d'où elle est sortie. Car, après tout, Brancusi laisse entendre qu'il existait vraiment une sorte de relation sacrée entre lui et le matériau à travailler. L'idée qu'il avait imaginée, voire vécue dans son esprit et dont il a accompli la genèse en réalisant la sculpture selon un modèle existant à l'intérieur de la matière est très proche de sa méthode ou en tout cas de sa stratégie artistique. Il croyait vraiment être guidé par la « voix intérieure de la matière ».

Que les matériaux lui parlaient d'une façon différente, c'est déjà bien connu. Relisons, par exemple, une lettre à John Quin de 1919, où Brancusi écrit :

> [...] ce n'est pas ma faute si je fais le bois autrement que les pierres, les pierres autrement que les marbres et les marbres autrement que les bronzes et ainsi de suite [...] car je ne cherche qu'à identifier ma pensée avec les matériaux que je rencontre. Chaque matière a sa langue propre que mon but n'est pas de supprimer pour la remplacer par la mienne, mais simplement de lui faire dire ce que je pense, ce que je vois, dans sa langue à elle [...] Ainsi vous saurez que le bois, autant que le marbre ne sont d'aucune manière le résultat d'un hasard, mais celui d'un très grand et très long travail et d'un souci d'équité absolu. [Hultén, Dumitrescu, & Istrati, 121.]

Les Muses. Dans la lignée des femmes, tout aussi atemporelles et hiératiques, les emblématiques *Muses* de Brancusi « parlent » de sa vocation de mettre en exergue les lumières de l'intérieur de la matière en révélant les qualités pures et simples de ces symboles chargés d'une si grande tension humaine et d'une si grande aspiration à la perfection.

Brancusi ou la sculpture de l'imaginaire dans la translucidité de la matière

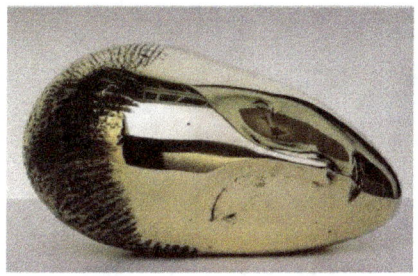   

La Muse endormie, 1910.   *La Muse endormie*, 1918.
Bronze poli.   Albâtre.

Au fait, *Le Baiser* et, sur un autre plan artistique, ces *Muses*, comme la célèbre *Mademoiselle Pogany*, avec toutes ses répliques en marbre de différentes nuances (blanc, veiné), en bronze poli ou partiellement poli, les *Danaïdes*, les *Têtes d'enfant*, la *Tête de Prométhée*, *La Négresse blanche* et *La Négresse blonde* ainsi que la *Princesse X* sont conçus comme des symboles qui stimulent l'imagination. Leur autonomie et leur vitalité intérieure révèlent la lumière, assurent une valeur artistique et un raffinement qui font penser à certaines réalisations de l'Égypte antique ou de l'Extrême-Orient.

Les ovoïdes. Pareilles aux muses et aux oiseaux, ces créations supposent de fortes tensions intérieures. *Le Commencement du monde*, la série des *Nouveau-Nés* et les *Têtes d'enfant* de même que le motif de l'œuf apportent aussi une dimension humaine au cosmos tout en rappelant sa circularité, sa perfection, sa beauté et sa dynamique structurelle divine comme dans l'esprit de Platon et des anciennes théories cosmogoniques.

C'est encore une fois le travail acharné et chargé par la sacralité du polissage qui transforme avec bonheur la surface des sculptures de Brancusi en un éclat de lumière. Généralement de volume réduit, les sculptures ainsi conçues ne sont que des idées imagées et ressorties du matériau, autrement dit des tréfonds de la matière cosmique. Sous la main du sculpteur, la matière devient flamme, lieu d'interférence de la lumière avec la surface de l'objet, nous conduisant vers les mystères fascinants de l'espace.

Les règles du travail artistique sont appliquées avec rigueur. Le rythme du bras devait suivre le rythme de la respiration, qui à son tour devait se produire « sans effort ni contrainte », comme le croyait Pontus Hultén [Hultén, Dumitrescu, & Istrati, 1986, 94]. Tout mouvement intérieur de la matière devait être senti par la main de l'artiste et tout mouvement physique du corps devait accompagner en harmonie le « langage » de la matière.

Le Commencement du monde, 1924. *Le Nouveau-Né*, 1925.
Acier inox. Bronze poli.

Les vertus d'un tel travail d'exploration de la matière ont été soulignées aussi par Margit Rowell, commissaire et organisatrice d'une exposition réalisée en 1995 au Centre Pompidou, à Paris. Les effets artistiques presque indéfinissables produits sur le public par le « poli » des œuvres exposées avaient le don de « choquer » la commissaire elle-même : « Le polissage était devenu (chez Brancusi) une discipline mystique. Il a passé des journées et des journées à polir. Polir le bronze, le bronze doré, polir le marbre pour avoir un reflet lumineux presque laiteux ou incandescent. [...] Brancusi a été le premier à polir le bronze pour qu'on puisse voir, se voir dedans. Avant, le bronze était patiné ou foncé. Il dématérialisait la matière et la matière devenait lumière » [Rolet, 1995 ; voir aussi Rowell, 1995b].

C'était, comme disait Radu Varia, un « éblouissement » qui donnait à l'œuvre un état nouveau, « un état de transcendance » [Maruta, 2001, 95]).

Les oiseaux. Ils représentent la *donnée essentielle philosophique et artistique* la plus importante de l'œuvre sculpturale de Brancusi et imaginent au mieux la tension intérieure de la matière. En réduisant au maximum les détails naturalistes – bec, pattes, plumes – dans la conception d'un oiseau, ces créations s'efforcent d'éliminer toute trace d'obscurité dans *l'image constituée* lentement, secrètement, de ces œuvres d'art. Suite au labeur artistique sans pareil évoqué plus haut, Brancusi fait ressortir à la surface des parties du mystère de la matière. Il s'installe par la solitude et, il faut le souligner, par la sacralité de la relation artiste-œuvre d'art, dans une « simplicité » d'ordre philosophique. Devant l'idée ainsi *imaginée* ou *figurée* de l'œuvre, le créateur lui-même ainsi que le public qui regarde vivent une sorte de fascination et de pure délectation. L'objet artistique devient presque l'aboutissement d'un miracle de simplicité et de *symbole*. Si *Maïastra* est l'écho d'une légende roumaine qui parle d'un oiseau mystérieux d'une beauté inégalée par son chant et par son plumage, rappelant en quelque sorte le dieu Horus des Égyptiens, *Le Coq* est lui aussi une création dont Brancusi affirme en plaisantant : « Ce Coq, c'est moi-même » [Rolet, 1995]. Autrement dit, Antiquité et contemporanéité, mythe et actualité, matérialité et vie se retrouvent dans une unité dynamique aspirant à une existence éternelle ou cosmique.

Maïastra, 1910.　　　　　*Le Coq saluant le soleil*, 1935.
Bronze poli.　　　　　　　　Érable.

Ces œuvres supposent ainsi de fortes énergies intérieures et extérieures susceptibles de produire une élévation. Conçue de manière à concentrer le temps et l'espace, la création en soi contribue, chez Brancusi, à définir un nouvel état existentiel proche de la transcendance.

Les oiseaux dans l'espace. Réalisées en bronze poli, acier inoxydable, marbre blanc ou marbre noir, ces œuvres sont considérées comme des pièces maîtresses. Au-delà de leur thématique, elles se distinguent par une extraordinaire élégance, un équilibre et une relation avec la lumière. On dirait que des entrailles profondes de la matière jaillit la lumière et que celle-ci est incorporée paisiblement à la surface de certaines formes symboliques dont la signification ne fait plus de doute. Le nom d'*Oiseau dans l'espace* est accepté par tous.

De l'intérieur comme de l'extérieur, la lumière solaire est reçue par la surface de ces présences symboliques dans un espace qui se plie aux règles de la simplicité, de la beauté et de la grandeur. Un véritable état d'impondérabilité est ressenti suite à l'émanation, à travers une forme lisse et presque translucide, d'une énergie intérieure et d'un équilibre qui épousent l'imagination la plus fertile. L'œuvre sculpturale de Brancusi, dans sa majeure partie, est *un Tout de lumière* qui englobe des forces intérieures et extérieures capables de produire l'élévation. La création, en soi, contient et définit le double jeu de la lumière retrouvée, qui existait à l'intérieur de la matière, et de la lumière solaire, qui est installée dans un nouvel état existentiel vers lequel aspire l'œuvre d'art. Brancusi pensait avoir « vraiment enfin dépassé la matière » [Rolet, 1995], car il avait réussi à réaliser, même pour le marbre blanc, un épiderme presque translucide. Avec la série des *Oiseaux dans l'espace* et leur élégance inouïe, Brancusi rend presque effective l'idée imagée du vol dans l'espace. Ces créations sculpturales uniques deviennent, grâce à la *force* et, peut-on dire, au *génie de Brancusi d'imaginer les idées*, de véritables chefs-d'œuvre.

Oiseau dans l'espace, 1926.
Bronze poli.

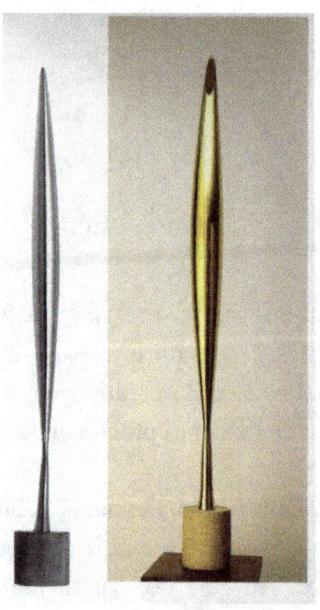
Oiseaux dans l'espace, 1930.
Marbre noir et bronze poli.

Épurées de tout détail naturaliste, allongées à l'extrême sous des formes, somme toute, de dimensions limitées, ces œuvres donnent véritablement l'impression de s'élever et de s'envoler. La volonté de Brancusi de *matérialiser le vol* après avoir fait jaillir l'image intérieure de la matière « et, par conséquent, le désir de dématérialiser cette structure cachée du matériau à travers le polissage et les effets lumineux » [Maruta, 2001, 96] se sont traduits dans de véritables performances artistiques.

Brancusi ou la sculpture de l'imaginaire dans la translucidité de la matière

Rappelons qu'en 1928, dans le cadre du procès historique « Brancusi vs États-Unis », les Douanes de New York voulaient imposer à Brancusi le payement de droits d'entrée pour ces sculptures sur le territoire américain. On considérait que les *Oiseaux dans l'espace* étaient de simples artefacts ou, se moquait-on, « rien que pierre, bois et bronze, tout simplement » [Rowell, 1995a, 136]. La commissaire d'art américaine Margit Rowell, réalisatrice de cet important livre, ne pouvait que rougir !... Dans l'esprit du bon sens, elle rappelle que pourtant, Williams Hans Fox, directeur du Brooklyn Museum of Art, interrogé par le procureur Higginbotham : « Pourquoi appelez-vous cela une œuvre d'art ? », répondit : « D'abord elle est expressive, elle a une forme, elle traduit une idée, probablement suggérée par le vol d'un oiseau, ou elle suggère simplement le vol d'un oiseau » [Rowell, 1995a, 42]. De la même façon, Henry Mc Bride, critique d'art au *Sun* et au *Deal*, déclara lors du procès : « l'*Oiseau dans l'espace* de Brancusi éveille en moi un sentiment de beauté et parle à mon imagination » [Rowell, 1995a, 45]. Plus tard, il écrivit dans le *Sun* que la sculpture de Brancusi « a la valeur d'*un test d'imagination*. Ses sujets réduits à une extrême simplicité formelle exigent la participation de ceux qui les regardent » [Rowell, 1995a, 129].

Avec l'intuition digne de ce qu'allait devenir Brancusi dans l'histoire de l'art et tout à leur honneur, le juge Waite, président de l'instance, ainsi que les juges Young et Cline, avec courage et après mûre réflexion, jugèrent ainsi :

> Il nous apparaît que l'objet sur lequel nous devons statuer n'a d'autres fins que décoratives, que sa finalité est la même que celle de n'importe quelle sculpture des maîtres anciens. Il est beau et a des lignes symétriques, et en dépit d'une certaine difficulté à pouvoir l'assimiler à un oiseau, il n'en demeure pas moins agréable à regarder et d'une grande valeur ornementale. [Rowell, 1995a, 117-118.]

Dans le prolongement des pensées des personnalités d'alors, nous affirmons qu'un temps viendra où la *Colonne sans fin*, par exemple, chef-d'œuvre absolu du « berger des collines » – comme le qualifia Carola Giedion-Welcker [Varia, 1989, 18] –, Brancusi, pourra fonder à elle seule une **véritable école de l'imaginaire**.

La Colonne sans fin, 1937.
Facettes des octaèdres en laiton.

Par la beauté de ses sculptures, par la suggestion permanente d'un *au-delà serein, pur et clair*, Brancusi semble vouloir stimuler l'imagination et « apporter du bonheur aux gens », comme il l'affirmait lui-même. Avec cette *Colonne sans fin* – un vrai *Axis mundi* – coulant de bas en haut, il nous *invitait* et il nous *invite* à imaginer qu'en regardant le sommet de celle-ci, on peut être porté vers la transcendance…
Quod erat demonstrandum !

Bibliographie

Brâncuşi la apogeu. Noi perspective. Colocviul international (Brancusi à son zénith. Nouvelles approches) [2001], Colloque international organisé à l'occasion de la commémoration des 125 ans de la naissance du sculpteur, Bucarest–Targu-Jiu, 18-21 mai 2001, Gabriela Tarabega (coord.), Gheorghe Vida, Ioana Vlasiu & Elena Badescu (ed.), Bucureşti, Univers Encyclopedic.

Georgescu-Gorjan, Sorana [2001], "Thoughts on the *Endless Column*", in *Brâncuşi la apogeu*, 239-254.

Hultén, Pontus, Dumitrescu, Natalia & Istrati, Alexandre [1986], *Brancusi*, Paris, Flammarion.

Maruta, Vasile [2001], « Brancusi ou la transparence intérieure de la matière », in *Brâncuşi la apogeu*, 88-97.

Rolet, Patrice [1995], *Constantin Brancusi* [vidéo], La Cinquième ARTE, « Cercles d'art ».

Rowell, Margit [1995a], « Préface », in *Brancusi contre États-Unis. Un procès historique, 1928*, Paris, Adam Biro.

— [1995b] *et al.*, *Constantin Brancusi*, Catalogue de l'exposition du Centre Pompidou (avril-août 1995), Paris, Gallimard/Centre Georges Pompidou.

Tzara, Tristan [1975], *Œuvres complètes*, Paris, Flammarion.

Varia, Radu [1989], *Brancusi*, Paris, Gallimard.

Velescu, Cristian-Robert [2001], « Brancusi-Duchamp, évolutions artistiques convergentes », in *Brâncuşi la apogeu*, 128-131.

Vasile MARUTA
Université de Lorraine
Nancy, France
vmaruta@yahoo.fr

Index des philosophes, artistes, autrices et auteurs cités

Abel, O. 704
Adam, J.-M. 662-663
Adorno, T. 621, 665, 667
Alberti, L. B. 857-858
Alchourrón, C. 114
Alexander, C. 879
Alloa, E. 843
Alquié, F. 555
Alves, R. 530-531
Amalric, J.-L. 324, 695
Ambroise, s. 826
Anova, A. 688n
Anscombe, G. E. M. 720n
Aquila, R. 420n
Arasse, D. 857-858
Ardenne, P. 825
Arendt, H. 601-613
Ariès, Ph. 557n
Aristippe 498
Aristote 32, 33, 46, 220n, 224, 236, 263, 309-311, 313, 315, 383-384, 403-404, 468, 577-578, 682, 700-703, 715, 719-720, 721n, 723, 732, 783-786, 808, 879
Arnauld, A. 393-408
Asimov, I. 207
Augustin, s. 510, 512, 519, 531, 563-564, 567, 826
Assagioli, R. 499
Bachelard, G. 236, 242, 246, 324, 339, 467-483, 518, 649-650, 660, 807-808, 823-824, 841, 844, 862, 884n

Bacon, F. 210-211, 229-230, 233-234
Badinter, É. 412
Badiou, A. 14, 16, 682, 688n
Baker, L. R. 182
Balandier, G. 634
Bally, Ch. 85n, 96
Barbosa, E. 471, 477, 479
Barcan, R. 145
Barnett, L. 41-42
Barthe, Y. 729-730
Barthes, R. 662
Bastide, R. 661
Batson, C. D. 583, 585, 587
Battistelli, D. 77
Baudelaire, Ch. 222, 571n, 661, 708-710, 808
Baudrillard, J. 658-659, 663, 832
Bauman, Z. 608, 622
Baumgarten, A. 808
Beck, U. 620
Beethoven, L. van 462n
Beltrami, E. 454, 458
Bellarmin, s. R. 562
Belting, H. 824-825
Benveniste, E. 85n
Benyus, J. M. 885n
Bérard, V. 121, 126n, 131
Berger, P. 530
Bergson, H. 162, 461-466, 574, 682, 743, 808
Bernard, A. 556
Bernard, C. 571

Bernard, G. 24, 64 ; voir aussi l'index des autrices et auteurs
Berkeley, G. 799
Berque, A. 859
Berque, J. 634, 635
Bertalanffy, L. von 265
Berto, F. 149, 162, 164
Besson, A. 901-902
Beth, E. W. 66n
Beziau, J.-Y. 42, 149, 166-167, 274, 284, 790n ; voir aussi l'index des autrices et auteurs
Bioy Casares, A. 897
Bishop, M. 240
Blanché, R. 34
Blavatsky, H. P. 908
Bobillot, J.-P. 696
Bohr, N. 65, 277
Bollack, J. 318
Bolzano, B. 30, 38, 193-194
Bonaventure, s. 497, 502
Bonhomme, M. 663
Boole, G. 57, 452-454
Botticelli, S. 72, 672-678, 863
Bouchardon, E. 829
Bourbaki 73
Bourçois-Macé, A. 563
Bouriau, C. 571
Boutroux, P. 349, 350
Bovis, A. de 556
Boyer, P. 546-549
Brahe, T. 116-117
Brâncuşi, C. 829-830, 907-923
Brandom, R. 178
Bréal, M. 15, 17
Brendel, E. 240
Brentano, F. 192, 194, 578n
Breton, A. 661, 910
Brillouin, L. 286

Brueghel l'Ancien, P. 812
Brunet, T. 903
Brunschvicg, L. 517, 520
Bulcão, M. 471, 474, 477
Burge, T. 237
Burke, E. 760-761, 808
Buzzoni, M. 240
Byrne, R. M. J. 166n, 206, 261
Caillois, R. 823
Callon, M. 729-730
Camus, A. 168, 531
Camus, M. 18
Cano, M. 720-721
Cantor, G. 68
Carnap, R. 199-200, 201, 216
Carpenter, M. 596
Carr, E. H. 247
Carroll, L. 15, 51, 56
Carroll, N. 807, 812-813
Cartwright, N. 209, 214n
Caspar, M. 116-117
Cassin, B. 16
Cassirer, E. 83, 660, 823
Castoriadis, C. 617-626, 684
Cathelat, B. 663-664
Cayley, A. 451-460
Cervantès, M. de 679-680
Cézanne, P. 829, 840
Chalmers, D. 163, 166n
Chamming's, L. 576
Chapman, J. et D. 832
Charbonnier, S. 624
Chasles, M. 438, 454
Chassériau, T. 863
Chateaubriand, F. R. de 903
Cheng, F. 857-864
Chomsky, N. 103
Cicéron 487-493, 720-721, 732
Cimabue 826

Index des philosophes, artistes, autrices et auteurs cités

Citton, Y. 648-649
Clark, K. 861
Cometti, J.-P. 622-627
Comte, A. 19, 212-213, 231-233, 248, 690
Condorcet, N. de 409-413, 756n
Constant, B. 755-764
Contessa, G. 111
Conway, J. 877
Cook, J. 687
Cooper, F. 632
Corbin, H. 464, 506n, 682-683, 688, 823
Cordero, N.-L. 304
Corsini, E. 502-503
Cosmides, L. 258-263
Costa-Leite, A. 141, 146-148, 165n
Couturat, L. 47, 55-56
Crelle, A. L. 452
Crilly, T. 452-453
Croce, B. 208, 808
Culioli, A. 85n, 96, 103-104
Currie, G. 787n, 788n, 818-819
Curry, H. B. 87, 88, 95
Cyrano de Bergerac, S. de 678
Dagognet, F. 482
Damásio, A. 253-265, 344-345
Daney, S. 903
Dante 500-501, 503
D'Arcy W. Thompson 879, 886
Darwall, S. 583
Darwin, C. 241, 538, 540
Debray, R. 657-658
Dedekind, R. 9
Deleuze, G. 682-683, 762, 823, 825, 878
Delporte, C. 610-611
Démocrite 312, 338
Depraz, N. 845
Derrida, J. 539, 823

Descartes, R. 15, 31, 32, 38, 64, 140-141, 147, 166, 223n, 253, 261-264, 331-341, 343-351, 353-359, 386, 400-404, 454-456, 520, 577, 784, 829
Desclés, J.-P., 62n ; voir aussi l'index des autrices et auteurs
Descombes, V. 684
Deseine, L.-P. 829
Des Périers, B. 323-329
Dewey, J. 621-626, 724, 732-736
Dias, M. G. 592
Diès, A. 304
Dilthey, W. 808
Diogène le Cynique 383, 713-714
Diotime 674-675
Dortier, J.-F. 343-345
Duby, G. 684
Duchamp, M. 908
Duhem, P. 245
Dumas, G. 823n
Dumont d'Urville, J. 686
Durand, G. 657-662, 823-824
Durkheim, É. 245, 635
Eco, U. 48, 861-862, 883n, 884, 892
Édeline, F. 823n
Einstein, A. 38, 41-42, 71, 142-143, 148-149, 211, 241, 471-472, 536, 542, 909
Eliade, M. 823
Emerson, R. W. 220, 714
Empédocle, 309-321
Engel, P. 344-345
Épicrate 714
Épicure 338, 555
Escher, M. C. 69, 166
Euclide 46, 334-335, 393-407, 437
Euler, L. 45-60
Evans, G. 815
Faraday, M. 283
Feagin, S. L. 812

Ferguson, A. 246
Ferraris, M. 884n
Feuerbach, L. 531, 558n
Field, H. 214n
Fine, A. 214n
Fine, K. 182
Florenskij, P. 499-500, 503
Flusser, V. 535-544
Fodor, J. 101
Foessel, M. 695
Forlani, R. 899
Forsyth, A. R. 452
Foucault, M. 624, 631-638, 683, 687n, 708-715, 900-901
Fraassen, B. van 214n, 215
François d'Assise, s. 525n
Frede, D. 702
Frege, G. 77, 102, 164, 195
Frémeaux, J. 634
Freud, L. 318
Freud, S. 161, 226, 499, 523-533, 538, 579, 660, 665-667, 697-698, 809, 831
Friend, S. 164n, 788, 801, 802
Frigg, R. 110-111
Frith, U. 594
Gadamer, H. G. 809-810, 813
Galilée, G. 41, 239-241
García Márquez, G. 207n
García-Pérez, R. 596
Gärdenfors, P. 114, 117
Gårding, L. 268-269
Garff, J. 751
Gassendi, P. 519
Gauchet, M. 757n, 758
Gaultier de Tours, L. 443, 449
Gendler, T. 39, 546, 801
Gentner, D. 211
Georgescu-Gorjan, S. 914-915
Giddens, A. 620

Giedion-Welcker, C. 911-913, 921
Gilbert, D. 744
Giotto 826
Godard, J.-L. 903
Gödel, K. 71
Godelier, M. 684-685
Goethe, J. W. von 80, 640n, 749, 916
Goldman, A. 583
Gracián, B. 224n
Granger G.-G. 80
Grotius, H. 687
Groupe µ 892
Guattari, F. 762, 825
Guilbaud, G. Th. 80
Guillaume, G. 82, 84, 93
Habermas, J. 230, 618, 621, 720n
Haeckel, E. 666n
Hagens, G. von 830-831
Häggqvist, S. 240
Haidt, J. 592
Hanson, N. R. 211, 270, 281
Hansson, S. O. 114
Harnad, S. 124
Harris, R. 596
Harvey, W. 212
Hebb, D. 812
Hegel, G. W. F. 497, 577, 687, 720n, 756, 780
Heidegger, M. 210, 425-436, 555, 607, 681-682, 779, 809, 847-856
Hemingway, E. 897n
Hempel, C. G. 213
Henry, M. 847-856
Héraclite 511-514
Higgs, P. 542
Hildegarde de Bingen 504
Hintikka, J. 119, 143-145, 149, 173, 789
Hippolyte de Rome, s. 826
Hirst, D. 831

Index des philosophes, artistes, autrices et auteurs cités

Hjelmslev, L. 892
Hobson, J. A. 594, 596
Hobson, R. P. 594, 596
Hofmann, É. 756n, 757n, 760n
Hölderlin, F. 496
Horace 490n
Horkheimer, M. 621, 665, 667
Hugo, V. 39, 858-859
Hultén, P. 911-917
Hume, D. 141, 147, 162, 165, 214-215, 229-230, 235, 426, 583, 756
Humphreys, P. 240
Huot, C. 637
Husserl, E. 77, 192-196, 578n, 642, 687, 795, 809, 835, 837, 898n
Hu-Sterk, F. 857, 859
Hutton, T. 875n
Ibn Arabî 683
Ierodiakonou, K. 315n, 316n
Ingres, J. A. D. 863
Isocrate 719
Jackendoff, R. 82, 102
Jambet, C. 687n
James, M. R. 183
James, W. 811
Janco, M. 909
Jaskowski, S. 178n
Jaspers, D. 61n, 66
Jean de la Croix, s. 503
Jentsch, E. 161
Johnson-Laird, P. N. 125
Johnston, M. 182
Jonas, H. 726
Jung, C. G. 661, 697
Jung, J. 181
Justin Martyr 510-515
Juvénal 490n
Kandinsky, W. 813, 848, 853-854

Kant, I. 4, 30, 83-84, 133, 237, 241, 243, 415-423, 425-436, 465, 506-507, 603, 611-612, 617, 627, 639-641, 661, 682, 696, 699, 702-703, 720n, 722, 761-762, 783-785, 808, 837, 847-850, 855
Kauppinen, 583-597
Kekulé, F. 211
Keller, H. 219-228
Kellner, D. 657, 663
Kennett, J. 586, 594
Kepler, J. 115-116, 211-212
Kierkegaard, S. 747-753
Kiikeri, M. 211
Klein, F. 167, 454-459
Knuuttila, T. 115
Koller, S. H. 592
Kolpaktchy, G. 555-559
Koyré, A. 241, 518
Kripke, S. 30, 119, 166, 169-170, 201-202, 215, 789, 799
Kuhn, T. S. 243-244
Kurosawa, A. 498
Labarrière, J.-L. 701
Lacan, J. 525-526, 683, 685, 698
Lactance 488, 493
Lafuma, L. 520
Lagrange, J.-L. 452
Lambert, J. H. 50
Lamy, B. 399-400
Lancelot, Cl. 400
Langacker, R. 78-79, 82
Langton, C. 876
Laplace, P. S. de 241, 269, 452
Laplanche, J. 524-525
Lardreau, G. 681-686
Lascoumes, P. 729-730
Lash, S. 620
Latour, B. 762
Lautréamont 476, 479

Le Breton, D. 825, 829-832
Lecouteux, C. 561n
Leechman, J. 52
Le Goff, J. 563, 566, 684
Le Guern, M. 517n, 519-521
Leibniz, G. W. 47, 50, 349, 350, 789
Lemos, C. T. de 697
Léonard de Vinci 12, 212, 828, 858, 863
Le Play, F. 636
Leroi-Gourhan, A. 889-890
Leslie, A. M. 815-822
Leucippe 309
Levinson, J. 811-812
Lévi-Strauss, C. 222, 225-226, 526, 684, 823
Lewis, C. I. 80
Lewis, D. 171-172, 176-177, 215
Lincoln, A. 216
Liouville, J. 452
Lobachevsky, N. 458
Locke, J. 182, 237
Lories, D. 702-703
Lossky, V. 826
Loty, L. 413
Lucien de Samosate 328
Lucrèce 338
Luther, M. 565n
Lyautey, H. 633-637
Lyotard, J.-F. 823
Macfarlane, A. 51
Mach, E. 239-240
MacIntyre, A. 615, 627, 720n
Maibom, H. L. 584, 586-595, 597
Makinson, D. 114, 117
Malaguti, M. 495 ; voir aussi l'index des autrices et auteurs
Malebranche, N. 683
Malevitch, K. 813
Manzoni, A. 207

Marc Aurèle 510
Marco d'Agrate 830
Marcuse, H. 621, 648n, 665-669
Marinetti, F. T. 909
Marion, J.-L. 296
Maritain, J. 499, 572-580
Marker, C. 897-905
Markovits, H. 257
Marquand, A. 51
Martimprey, M.-C. de 562
Marx, K. 497, 538, 615, 672-673, 674, 677, 687, 724
Masaccio 180
Matisse, H. 829, 909
Maturana, H. 642
Maupassant, G. de 161-189
Mazzucato, M. 724n
McGeer, V. 586, 594
Meinong, A. von 164, 194-198, 796
Mel'Čuk, I. 94
Méliès, G. 73n
Merleau-Ponty, M. 80, 835-846
Mersenne, M. 331n, 340
Mesarović, M. 274-276
Meyer, M. 724
Michel-Ange 799-800, 812, 826-828
Milarepa, J. 907-914
Mill, J. S. 720, 724
Möbius, A. F. 454
Montesquieu, C. L. de 409, 605
Moraes, V. de 18
Moreau, G. 572
Morin, E. 662, 716
Moswitzer, M. 897, 903
Murray, J. D. 873
Muybridge, E. 9
Nadelman, E. 914
Neagoe, P. 907-908
Nellas, P. 826

Index des philosophes, artistes, autrices et auteurs cités

Nelsen, R. 10
Neumann, J. von 887
Newton, I. 212, 234, 315n, 350, 452, 538, 542
Nichols, S. 584, 586-595, 787n
Nicole, P. 397-406
Nicolescu, B. 716
Nietzsche, F. 226n, 690, 712, 714, 808, 857
Niiniluoto, I. 143-146, 150-151, 165n
Nolan, C. 132
Nonancourt, F. de 393, 397
Nussbaum, M. 813
Nuzzo, A. 415n
Oppenheim, P. 213
Origène 564, 567, 826
Ortega y Gasset, J. 673-674, 679
Oulipo 897n
Paine, T. 410
Paleolog, V. G. 908
Papy-Lenger, F. 9
Papy, G. 9
Parsons, T. 195n, 197-198, 796
Pascal, B. 1, 229, 395-397, 510, 515, 517-521, 531
Pater, W. 714
Paul de Tarse, s. 328, 511-512
Peacock, G. 452
Peirce, C. S. 46, 52, 88, 213n
Pelletier, J. 815
Penrose, R. 69n, 166, 209
Perelman, C. 732
Perez, B. 220
Pétrarque, F. 857, 860-863
Philon d'Alexandrie 826
Pimpaneau, J. 860
Pinker, S. 697
Pinson, A.-P. 829
Plagnol, A. 267, 282 ; voir aussi l'index des autrices et auteurs

Platon 9, 62, 172, 215, 223, 236, 293-307, 309, 328, 383, 403, 406, 415-423, 435, 488, 491, 496, 499n, 505, 507-515, 554-562, 566-567, 579, 580, 607, 608, 615, 674-675, 683, 808-809, 811, 908, 917
Pline l'Ancien 315n, 490n
Ploucquet, G. 50
Plücker, J. 438, 453-455
Poagnide, N. 689n
Podolsky, B. 241
Poincaré, H. 209, 241, 242, 245, 458
Polybe 490
Poncelet, J.-V. 437-450
Pontalis, J.-B. 524-525
Popper, K. 110, 212, 231, 622
Pottier, B. 78-79, 82, 84
Priest, G. 148-149, 162, 164, 166n
Protagoras 858
Putnam, H. 237, 617, 620n
Putnam, R. A. 617
Pythagore 511, 513
Quine, W. V. O. 39, 62, 67, 77, 208, 214, 235
Rabinow, P. 636-637
Ramus, P. 393-394, 395, 398, 407
Rantala, V. 149, 176
Rawls, J. 246
Raworth, D. 724n
Rebuschi, M. 164n
Reinach, S. 557-566
Rescher, N. 178
Reutersvärd, O. 166
Ricœur, P. 323, 326, 328, 525, 604-605, 617, 695-705, 720n, 823
Riefenstahl, L. 604
Riemann, B. 454, 458
Rimbaud, A. 572
Robinet, A. 5
Rodin, A. 572n, 908
Rolet, P. 912-920

Rondet, H. 566
Rorty, R. 615, 627, 713
Rosanvallon, P. 411
Rosen, G. 214n
Rosen, N. 241
Rosen, R. 272, 274, 275, 282-283
Rosenfeld, B. 458
Rosset, C. 16, 167n, 172
Rossetto, L. 659n
Rouault, G. 572
Rousseau, H. (Douanier) 907
Rousseau, J.-J. 225, 411, 462n, 658, 663, 756, 761n
Routley, R. 195n
Rowell, M. 910, 918, 921
Russell, B. 67-68, 164, 195
Sadra Shirazî 683
Saïd, E. 633, 635
Saïd, S. 296
Saint-Simon, C. H. de 634, 635
Sallis, J. 835
Santoro, F. 16 ; voir aussi l'index des autrices et auteurs
Sapir, E. 101
Sartori, G. 659-660
Sartre, J.-P. 64, 162, 323-324, 609, 795, 809, 823, 835-846, 883
Saussure, F. de 84, 537, 538, 542
Savidan, P. 624-625
Scheler, M. 813
Schiller, F. 699
Schopenhauer, A. 56-57, 567
Schrödinger, E. 241, 470, 900
Scott, D. 215
Scott, J. 730
Searle, J. 238, 617, 620n, 621, 788
Sellars, W. 231
Senneville, P. de 16
Seurat, G. 792
Sextus Empiricus 223n
Shaftesbury, A. 808
Shannon, C. E. 286
Shaumyan, S. 101-102
Shelley, P. B. 646-647
Shi Tao 858, 859
Shusterman, R. 712
Sicard, M. 842n
Sieyès, E.-J. 410, 760
Simon, H. A. 879
Simondon, G. 880, 883-896
Simplicius 314
Sinhababu, N. 787
Smith, A. 246, 583, 588, 590, 724
Smullyan, R. 66n.
Socrate 297-305, 506-514, 554-556, 603, 724, 752
Sohravardî 683n
Sorensen, R. 209n, 241-242
Sosoe, L. 615, 627
Sperber, S. F. 696-698
Spinoza, B. 237, 361-391
Staël, G. de 757
Stalnaker, R. 149, 171
Steiner, G. 555
Steiner, J. 438
Stock, K. 787n, 788, 789, 793
Stoler, A. L. 632
Strawson, P. F. 205
Suárez, M. 112, 214
Sullivan, A. 219-221
Sully, J. 221
Swedenborg, E. 220n
Swoyer, C. 112
Sylvester J. J. 17, 73, 452
Sztulman, P. 900
Tacite 490n
Takahara, Y. 274-275
Tesnière, L. 92

Thom, R. 78-79, 82, 879, 886
Thomas d'Aquin, s. 571-580
Thomas, I. 726n, 729
Thomas, L.-V. 662
Thomasson, A. 164
Thompson, D'Arcy W. 879, 886
Tiercelin, C. 617
Tietze, H. 844n
Tintoret, le 840-845
Tite-Live 490n
Titien 843, 863
Todorov, T. 162, 181, 183
Tolstoï, N. 810
Tomasello, M. 583, 596, 597
Tooby, J. 258-263
Torricelli, E. 399n
Triclot, M. 901
Turing, A. 238, 871-881, 886
Twardowski, K. 193-194
Tzara, T. 909-913
Vaidya, A. 40
Vaihinger, H. 214
Vaish, A. 583, 596, 597
Valliez, C. 77
Valverde, J. 828-829
Vandermeersch, E. 565
Vandermeersch, L. 858
Van Gogh, V. 812-813, 829
Varda, A. 899
Varia, R. 907-913, 918
Vasiliev, N. A. 147
Vax, L. 181-182, 184
Velescu, C.-R. 908
Venn, J. 45-57, 61, 166
Vermeer, J. 841
Verne, J. 120-121, 207, 678
Véronèse 843
Vésale, A. 828-829
Vial, S. 899n, 902

Vico, G. 720, 908
Vignemont, F. de 585, 594
Villalón, C. de 323-329
Vitruve 498
Voelke, J.-D. 457
Voltaire, F.-M. A. 1
Waddington, C. H. 879
Walton, D. 732
Walton, K. L. 176, 786-788, 790-793, 798-802, 812
Wang Shuren 779-780
Wansing, H. 148-149, 165n, 180
Wason, P. 258
Weaver, W. 269
Weber, M. 208
Weenix, J. B. 331, 340
White, A. R. 205-206
White, R. 686n
Whorf, B. L. 101, 685
Wierzbicka, A. 86
Wiggins, D. 182
Wilde, O. 714-715
Wilkes, K. 240
Williamson, T. 40
Wittgenstein, L. 210, 216, 623, 789
Wolff, E. M. 418n
Wolterstorff, N. 796
Woodger, M. 874
Wright, G. H. von 150-151
Wu, J. 267, 271
Wundt, W. 644n
Wunenburger, J.-J. 649, 824
Xie Tiao 857
Young, M. 417n
Zabarella, J. 220n, 225n
Zalta, E. N. 197, 796
Zeffirelli, F. 323
Zweig, S. 22

Index des autrices et auteurs

Gaetano ALBERGO 815
Anne BAUDART 495, 505
Ana BAZAC 639
Petru BEJAN 823
Ștefania BEJAN 657
Guy BERNARD 331, 517
Jean-Yves BEZIAU 7, 61
Evgeny BLINOV 755
Renato BOCCALI 835
Dominique BOUILLON 219
Claire BRESSOLETTE 571
Flavio CARVALHO 467
Susana de CASTRO 743
Irene CAZZARO 871
Saloua CHATTI 29
Jansley Alves CHAVES 437
Vinicius CLARO 535
Sophie CLOUTIER 601
Rodica CROITORU 415
Baudoin DECHARNEUX 487
Jean-Pierre DESCLÉS 77
Leandro da Silva DIAS 451
Nicolas ERDRICH 161
Jean FERRARI 1
Fabrizio GAY 883
Gérard Émile GRIMBERG 437, 451
GUO Zhenzhen 767
Vincent JACQUES 897
Ricardo JARDIM ANDRADE 523
André LACROIX 615
Théophile LAVAULT 631
Bruno LECLERCQ 191
Alain LÉTOURNEAU 719

Paula LORELLE 847
† Maurizio MALAGUTI 495
André MARTINS 361
Renata MARTINUSSI 665
Vasile MARUTA 907
Caroline MILHAU 671
Hamid MOKADDEM 681
Amirouche MOKTEFI 45
Jorge Alberto MOLINA 393
Masumi NAGASAKA 425
Alberto OLIVA 229
Claudia PASSOS-FERREIRA 583
Adna Candido de PAULA 695
Xavier PAVIE 707
Claudio PIZZI 205
Arnaud PLAGNOL 119
Mihaela POP 807
Juan REDMOND 109
Patrícia Carvalho REIS 409
Serge ROBERT 253
Fernando SANTORO 309
Raquel Anna SAPUNARU 343
Fabien SCHANG 139
Daniel SCHULTHESS 3, 353
Noëlla Patricia SCHÜTTEL 747
Gerhard SEEL 783
Makoto SEKIMURA 293
Slawomir SZTAJER 545
Ichiro TAKI 461
Caroline PIRES TING 丁小雨.... 857
Dieudonné VAÏDJIKÉ.............. 553
Maurício VIEIRA KRITZ 267
Ruxandra VULCAN 323

www.ingramcontent.com/pod-product-compliance
Lightning Source LLC
Chambersburg PA
CBHW071211290426
44108CB00013B/1161